CATIA V5-6 R2016 for Beginners

Vol.2 Intermediate

CATIA V5-6 R2016 for Beginners
Vol.2 Intermediate

 청담북스

CATIA V5-6 R2016
for Beginners

Vol.2 Intermediate

초판 1쇄 인쇄 2016년 7월 20일
초판 1쇄 발행 2016년 7월 25일

저 자	김동주, 김정성, 양길진 공저
발행인	유미정
발행처	도서출판 청담북스
주 소	(우)10909 경기도 파주시 하우3길 100-15(야당동)
전 화	(031) 943-0424
팩 스	(031) 600-0424
등 록	제406-2009-000086호
정 가	30,000원
ISBN	978-89-94636-70-2 93550

※이 책은 저작권법에 따라 보호를 받는 저작물이므로 무단 전재나 복제를 금지하며,
　이 책 내용의 전부 또는 일부를 이용하려면 반드시 저작권자나 발행인의 서면동의를 받아야 합니다.

※잘못된 책은 구입하신 서점에서 바꾸어드립니다.

Preface

이 교재는 CATIA를 처음 접하는 이공계 대학생 및 제조 및 설계 분야 엔지니어들을 위한 기초 지침서로 필자의 Start CATIA V5 Release19 for Beginner 도서를 기반으로 CATIA의 Release 업데이트에 따른 개정판의 성격을 지니고 있습니다. 또한 이전 교재에서 지적된 문제점을 수정하고 개선하였으며 완성도를 높이는데 주력하였습니다.

CATIA는 차세대 CAD/CAM 프로그램으로써 국내를 비롯한 전 세계 제조업 분야에서 설계 솔루션으로 각광 받고 있는 소프트웨어입니다. 항공 우주 산업 분야에서 시작한 CATIA는 미라지와 라팔 전투기를 만든 프랑스 DASSAULT Aviation에서 독립하여 DASSAULT SYSTEMS로 전 세계 제조업 분야의 솔루션으로 주목받게 되었습니다. 이미 국내의 현대·기아 자동차, 두산 인프라코어 등을 비롯한 제조 산업 분야 중추 기업들의 생산 및 연구 부서에서 사용되고 있으며 많은 대학들도 그 필요성을 인식하여 수업을 개설하여 설계 인재를 양성하고 있습니다.

필자가 공부와 연구를 병행하던 대학에서도 많은 해에 걸쳐 CATIA 수업이 진행되어 왔습니다. 특히 필자의 경우 정규 수업을 벗어나 소모임 형성을 통한 학생들 간의 교류가 활발해 지면서 더 많은 것을 배울 수 있었고 많은 발전을 이룰 수 있었습니다. 인하대학교 항공우주공학과 99학번들의 학술 모임인 AG(Across Gravity)로 시작한 본 CATIA 소모임은 이후 ASCATI(Aero Space CATIA Application & Training Institute)라는 조직으로 독립하여 CATIA 및 3차원 설계에 관한 지식 커뮤니티의 장소로 발돋움 하였습니다. 교내에서 이루어지던 교육 활동을 좀 더 체계적으로 꾸려나가고자 인터넷 다음카페(cafe.daum.net/ASCATI)를 통해 온라인 동호회를 결성하게 되었으며 이러한 온라인을 통한 도면들과 강좌, 질문 게시판을 운영하면서 국내 수많은 학생들과 연구원 그리고 현업 종사자들의 관심과 열의를 통해 더 큰 지식 공동체로 성장할 수 있게 되었으며 2016년 상반기 현재 약 21,000여명의 회원들이 함께 하고 있습니다.

CATIA를 사용하면 사용할수록 흥미로운 프로그램이라는 생각을 가지게 합니다. 설계자가 생각하는 형상을 표현하는 데 있어 무한한 표현 가능성을 제공한다는 것이 CATIA를 오랜 시간 접해온 사람들의 일치된 의견입니다. 실제로 CATIA는 형상 모델링 구현 능력에 있어 타사의 3차원 설계 프로그램들에 비해 뛰어나는 것이 객관적인 평가이기도 합니다. 또한 CATIA는 형상을 만드는 것에서 그치지 않고 각 형상들을 이용한 조립 제품의 제작 및 공간 분석을 통한 제품의 가상 제품 개발(VPD: Virtual Product Development)에 탁월합니다. 마지막으로 전 작업 과정에 있어 데이터 업데이트에 따른 형상의 수정에 있어서 모델링 및 조립, 도면 작업이 연계 되어 있어 손쉬운 데이터 관리가 가능합니다.

Preface

Vol.2에서는 CATIA를 배우는데 있어 가장 기본이 되는 Workbench들을 벗어나 좀 더 고급 작업을 수행할 수 있도록 구성하였습니다. CATIA의 가장 큰 장점이라 할 수 있는 곡면 설계 기능에 대해서 정형화된 치수로 설계 하는 방식을 대표하는 GSD와 자유 곡면을 활용한 설계 기법을 다루는 FreeStyle은 솔리드 기반 모델링에 익숙하였던 여러분에게 새로운 도전과 능력을 함께 전해 줄 것입니다. 더불어 지식 기반 설계 방법과 추가적인 곡면, STL 데이터를 활용하는 설계 방법에 대해 알아두면 실무에서도 큰 도움이 될 것입니다.

현재 DASSAULT SYSTEM사의 CATIA 제품의 경우 V5 기반 플랫폼은 V5-6로 변경되어 CATIA V5-6 R2016이 최신 Release에 해당할 것입니다. 국내 자동차를 포함한 제조 업계에서 아직은 V5 R19~21사이의 버전을 유지하고 있지만 최신 Release의 업데이트를 확인하기 위하여 이번 교재에서는 CATIA V5-6 R2016 까지를 참고하였습니다.

용현동에서 필자 올림
e-mail: mirineforyou@gmail.com
homepage: cafe.daum.net/ASCATI

Contents

Chapter 08 | Knowledge Advisor — 8

- Section 01 KWA Workbench 시작하기 — 10
  - A. Know-How: Knowledge Based Design — 10
  - B. Knowledge Advisor 시작하기 — 15
  - C. Knowledge Advisor 용어 정리 — 16
- Section 02 Toolbar — 18
  - A. Knowledge — 18
  - B. Reactive Features — 109
  - C. Action — 152
  - D. Organize Knowledge — 177
  - E. Control Features — 184
  - F. Set of Equations — 206

Chapter 09 | Product Engineering Optimizer Workbench — 214

- Section 01 Toolbar — 216
  - A. Product Engineering Optimizer — 216
  - B. Constraints Satisfaction — 224

Chapter 10 | Generative Shape Design — 230

- Section 01 GSD Workbench에서의 모델링 특징 및 접근 방법 — 232
- Section 02 Geometrical Set Management — 233
  - A. Geometric Set 만들기 — 233
  - B. Geometric Set을 이용한 Spec Tree 구성 — 236
  - C. Geometric Set으로 형상 요소 정렬하기 — 239
  - D. Geometric Set 삭제하기 — 242
  - E. Geometrical Set으로 Group 만들기 — 243
  - F. Ordered Geometrical Set(O.G.S) — 244
- Section 03 Toolbar — 246
  - A. Insert — 246
  - B. Wireframe — 247
  - C. Surface — 302
  - D. Operation — 359
  - E. Replication — 420
  - F. Advanced Surface — 432
  - G. Developed Shapes — 443
  - H. BIW Template — 450
  - I. Product Knowledge Template Toolbar — 467
  - J. Law Toolbar — 477

		K. Analysis	480
		L. Tools	487
	Section 04	Multi-Result Management	495

Chapter 11 | FreeStyle   500

	Section 01	FreeStyle Workbench에서의 모델링 방식 접근하기	502
	Section 02	Toolbar	506
		A. Generic Tools Toolbar	506
		B. Curve Creation	516
		C. Surface Creation	526
		D. FreeStyle Constraints Toolbar	544
		E. Operation	547
		F. Shape Modification	553
		G. Shape Analysis	569
		H. Tools Dashboard	577

Chapter 12 | Quick Surface Reconstruction(QSR)   584

	Section 01	STL 이란?	586
		A. STL(STereoLithography) 파일 형식이란 무엇인가?	586
		B. STL 파일 형식의 특징	586
		C. STL 파일의 수정	588
		D. STL 파일의 활용 분야	589
	Section 02	Toolbar	590
		A. Cloud Edition	590
		B. Scan Creation	592
		C. Curve Creation	597
		D. Domain Creation	606
		E. Surface Creation	611
		F. Operations	619
		G. Segmentation	623
		H. Analysis	624
		I. Deviation Check	627

Chapter 13 | Digitized Shape Editor   630

	Section 01	Toolbar	632
		A. Cloud Import and Cloud Export	632
		B. Cloud Edition	633

        C. Cloud Reposit   637
        D. Mesh   640
        E. Operations   651
        F. Scan Creation   658
        G. Mesh Edition   666

Chapter 14 | Sketch Tracer   670

    Section 01   Sketch Tracer란?   672
    Section 02   Sketch Tracer 의 활용 예   673

Chapter 15 | Imagine & Shape   684

    Section 01   Imagine & Shape Workbench에서의 모델링 특징 및
                  접근 방법   686
    Section 02   GSD vs. Imagine & Shape vs. FreeStyle   688
    Section 03   Toolbar   689
        A. Text Help Toolbar   689
        B. Creation   691
        C. Modification Toolbar   702
        D. Styling Surface   750
        E. Operation   764
        F. View Management   774
        G. Shape Operation   775
        H. Update   776

Chapter 16 | Photo Studio   778

    Section 01   Materials   780
    Section 02   사용자 정의 재질 만들기   782
        A. 재질 이미지   786
        B. 해석치   786
    Section 03   Photo Studio   788

부록   CATIA Workbench 구조도   795
찾아보기   796

Chapter 08

Knowledge Advisor

Mechanical Engineering
Optimizing end to end design to manufacturing process

Electrical & Fluid Systems Design
Managing product complexity

Design
Delivering advantage by design

Systems Engineering
Bringing products to life

Section 01 | KWA Workbench 시작하기
Section 02 | Toolbar

Section 01 | KWA Workbench 시작하기

A. Know-How: Knowledge Based Design

■ **Knowledge란?**

오늘날 많은 분야에서 '지식'이라는 단어를 사용합니다. Knowledge라는 말은 단순히 사전 속에서 '교육, 학습, 숙련 등을 통해 사람이 재활용할 수 있는 정보와 기술 등을 포괄하는 의미'라는 뜻을 찾게 됩니다.(위키 백과) 아래 그림에서 Data, Information, Knowledge의 상관관계를 짐작해 볼 수 있을 것입니다. 무작위로 널려있는 여러 개의 데이터들을 조작하여 정보를 만들고 이러한 정보를 조작, 관리하는 방법을 통해 지식을 구성할 수 있습니다. 여기서 Information은 Explicit Knowledge(문서화 된 디지털화된 공개적인 지식)로, Knowledge는 Tacit Knowledge(작업자의 기술과 경험에 근간한 숨겨있는 지식)로 구분하기도 합니다.

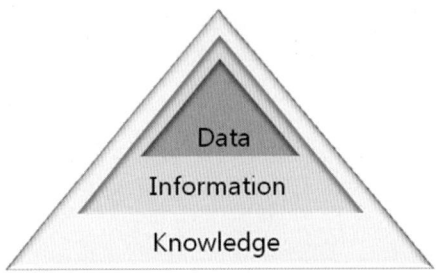

그렇다면 설계에서 Knowledge란 무엇을 의미할까요? CATIA에서 Knowledge는 또 무엇을 의미하는지 많은 궁금증을 갖게 될 것입니다. 그러나 오늘날 여기서 단번에 몇 줄의 용어로 이 단어를 설명하기는 어렵습니다. 따라서 다음의 내용들을 읽어 보고 독자 스스로 Knowledge의 의미를 정의해 보기 바랍니다.(물론 여기에 답은 나와 있습니다.)

설계에서의 일반적인 Design Cycle은 CAD(Computer Aided Design) ⇨ CAE(Computer Aided Engineering) ⇨ DMU(Digital Mock-Up) ⇨ RP(Rapid Prototyping) ⇨ CAM(Computer Aided Manufacturing)입니다. 이러한 순서로 제품을 개발하여 양산의 단계로 들어가게 됩니다. 여기서 각 작업 단계에 필요로 되는 형상의 정보와 함께 작업자의 작업 방식이나 형상의 특성들을 정보로 저장하여 작업을 보다 수월하게 할 수 있는데 이러한 제품과 작업 방식에 대한 총체적인 지식의 관리(PLM: Product Lifecycle Management)를 오늘날 제조업을 비롯한 많은 산업 분야에서 추구하고 있습니다.

설계 기술의 진보에 있어 지식 습득의 개념으로 분류를 하면 다음과 같은 일련의 도표로 정리할 수 있습니다. 60년대 까지만 해도 전문적인 작도 프로그램 없이 작업자의 손을 통한 설계 작업이 시대에 변화에 맞추어 점차 어떤 방향으로 발전해 왔는지 확인할 수 있을 것입니다. 수작업에 의한 도면 작업이 2차원 도면 작성 프로그램의 등장으로 작업의 속도를 향상 시켰으며, 3차원 형상으로 설계 작업을 하게 되면서 간섭이나 충돌과 같은 실제 형상들로부터 발생할 수 있는 문제점들을 양산 이전에 발견할 수 있게 되었습니다. 그리고 오늘날 축적된 지식을 바탕으로 설계의 편의와 규칙을 따르는 자동화된 설계의 길을 가고 있습니다.

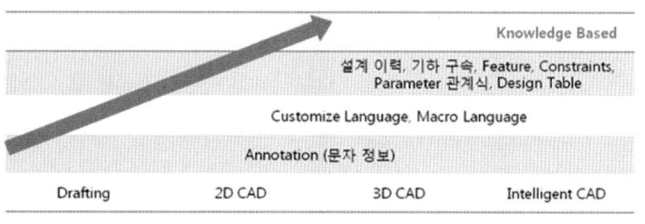

출처: Nikkei Computer Graphics, Feb.2000

KBE(Knowledge Based Engineering)는 이미 제조업 분야에서 널리 적용되는 기법으로 그 역사는 그리 길지 않다. 초기의 설계 전문가 시스템에서 지식 기반 설계 시스템으로의 전이는 불과 수 년 전에 진행되었으며, KBE는 CAD 모델 속에 전문가의 설계지식 및 의도를 포함시켜 설계자의 경험을 기업의 데이터화 하여 생산 효율성의 증가에 따른 이윤을 극대화할 수 있습니다.(기업의 총괄적인 노하우를 이용하게 함으로써 기업의 비즈니스 프로세스를 가속화) 이는 단순히 형상을 설계하는 것에 그치지 않고 어떻게, 왜 설계하는가와 같은 공학적 의도를 형상에 담아내는 것에 의미를 두고 있습니다.

실제로 Knowledge에 기반을 둔 모델링 기법이 작업자와 회사에 가져다주는 효과는 크다고 할 수 있는데, 다음의 내용을 참고하기 바랍니다.

- Improvement of the designer skills
- Improvement of hardware and software components
- Improved design methodology
- Process redesign
- Standardization
- Automations
- Use of Expert Knowledge Based Design

출처: Friedrichshafen, Lake Constance, Germany

이러한 KBE는 앞서 언급한 Explicit Knowledge를 다루는 것으로, 단순히 형상에 대한 정보를 포함하는 이전 시대의 CAD 모델과 달리 KBE CAD 모델은 제품 모델에 설계에서 요구되는 모든 종류의 정보를 포함합니다. 또한 설계 변경에 의한 제품의 수정 역시 능동적으로 대처할 수 있는 기술을 제공받을 수 있습니다. 제품에 관련된 설계 정보가 저장된 제품 모델을 이용하여 설계 기술자는 제품이 요구하는 입력정보를 변경하는 작업만으로 신속하고, 용이하게 새로운 제품 설계를 만들어 낼 수 있으며, 이를 확장 변경하여, 설계 변경을 할 수 있습니다. 일반적으로 제품 설계의 전 과정을 100으로 친다면 20내지 30 정도만이 본 설계 작업을 수행하는 것이고 나머지 70에서 80은 수정 작업이 그 비중을 차지합니다. 그 만큼 설계의 변경을 고려한 설계 방식을 개발하고 체계화하는 것이 중요한 것이며 KBE 기법은 이러한 방향을 제시할 수 있습니다.

시대의 변화와 컴퓨터 산업의 발전에 따라 2차원 도면에서 3차원 모델링, 그리고 VR(Virtual Reality)에 이르기까지 순차적인 기술의 진보를 겪고 있는 것과 연관되어 설계 지식에 대한 방법론적인 진보를 통하여 제품을 구상하여 실제 제품이 나오기까지의 과정을 단축하고 보다 양질의 데이터를 산출해 낼 수 있습니다. 또한 전 세계 작업자들 간의 협업 네트워크 형성은 거리, 공간, 시간적 제약을 더욱 약화시키고 거대한 지식의 축적을 불러올 것입니다.

다음은 Knowledge를 연상하였을 때 떠오를 수 있는 단어들을 필자 나름으로 정리해 본 것입니다. 각 단어들을 조합하면 앞서 언급한 시대적 설계의 시대적 변화와 더불어 지식 기반 설계가 가져다주는 이점을 떠오를 수 있을 것입니다.

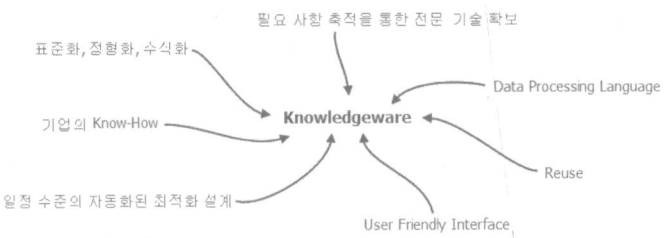

이와 같은 기본적인 지식 기반 설계의 흐름과 함께 CATIA에서는 Knowledgeware라는 지식 기반 분야의 엔지니어링 기능을 지원합니다. CATIA 사용자들은 Knowledge 관련 Workbench를 통하여 제품 전체 단계의 프로세스와 방법론을 검증할 수 있는 Rule 기반의 데이터베이스에 접근할 수 있으며 이것은 고급 설계 파라미터화, Knowledge 수집, 설계 품질 평가를 위한 표준 규칙과 확인 사항 정의, 설계 프로세스의 최적화 등을 포함합니다. CATIA에서 Knowledgeware를 통한 데이터의 저장, 재사용, 자동화, 조사, 최적화는 기존 CAD 시스템들과 비교할 수 없는 제품 정보와 작업자간의 능동적인 작업 환경을 구축해 줄 것입니다. 간단히 말하자면 Knowledgeware는 설계 공정의 자동화를 가져다주며, 이는 곧 설계에 목적을 부여하게 되는 것입니다.

이러한 Knowledge를 활용한 설계를 실제 적용하기 위해서는 우선 적용하고자 하는 대상이 있어야 하며, 대상에 대한 전략을 구상해야 합니다.(Target & Strategy) 다음으로 이러한 지식 기반 설계 기술을 활용할 수 있는 Tools에 대한 이해를 바탕으로 작업 계획을 구상해야 합니다.(Understanding & Strategy Plan) 섣불리 바로 설계하고자 하는 대상에 변수를 생성해 주고 Formula를 구성한다고 해서 앞서 언급하였던 지식 기반 설계를 구현하는 것은 아닙니다. 반드시 계획 하에 설계 대상에 맞게 기술을 사용할 수 있어야 합니다.

■ **Parametric Modeling**

Knowledge와 더불어 중요한 의미를 담고 있으며 그 맥락을 같이한다고 할 수 있는 Parametric Modeling을 소개하도록 하겠습니다. Parametric Modeling이란, 형상의 정의에 필요한 부분을 Parameter(매개변수)로 설정하고 변수를 조정하면서 이들 간의 관계를 설계의도에 따라 조정하면서 형상을 만들어 가는 기법을 의미합니다. 즉, 형상에 설계치수를 부여하고 변수들을 지정한 수 관계식 등을 이용하여 주요 값들만 변경하면 설계자가 원하는 형상으로 변경시켜 줌으로 다양한 형상 설계와 수정을 용이하게 하는 Knowledgeware를 구현하기 위한 기법이라 할 수 있습니다.

이러한 Parametric Modeling 기법 상에서 형상 사이에는 Parent/Children 관계를 설정할 수 있으며, 정의가 완료되면 정의할 때 필요한 정보들은 변수로 인식하게 됩니다. 또한 변수를 수정하고 재정의 하면 형상이 변수에 의해 다른 피처에도 전달되어 수정되는 것을 알 수 있습니다.

이러한 Parametric Modeling 기법은 형상 기반 모델링(Feature Based Modeling)에 근간하여 그 작업을 수행합니다. CATIA와 같이 3D 전용 설계 프로그램에서는 형상(Feature)라는 독립된 구성 개체들을 모아서 하나의 Part를 만들어 나가는 것을 연상하면 이해가 쉬울 것입니다. 각각의 고유한 형상을 만들어 내는 개체들은 그 형상이 단순할 수록 해당 Part의 활용도를 높일 수 있습니다. 복잡한 형상의 모델링에 있어 작업자가 형상 분석을 어떻게 하느냐에 따라 다양한 생성 방법이 존재하며, 3차원 모델 자체의 다음 단계에서의 활용 및 수정에 영향을 줍니다.

다음은 설계 시 변수화를 위한 가장 일반적인 방법론의 일부입니다.

> Give parameters logical names
> Create as many parameters as needed, but avoid cluttering the model with them
> Order parameters in a logical sequence
> Use parameters to clarify a design intent
> Be sure to avoid calculation loops
> Create user parameters mapped to intrinsic parameters if there will be a need to modify intrinsic values
> Be sure to use consistent types and units when working with parameters and formulas

출처: Joe Konecny, Manager - PLM Automation, MSC Software

■ CATIA V5 & Knowledge

앞서 언급한 Knowledge와 Parametric Modeling을 구현하기 위한 최적의 설계 프로그램 중에 하나가 바로 CATIA입니다. CATIA는 이미 위와 같은 기법의 구현의 실현을 위한 모든 Workbench를 구성하고 있으며, In-Process와 Out-Process 방법을 통하여 프로그램 자체를 벗어나 무한한 확장성을 제공하고 있습니다. 다음의 표는 이러한 CATIA V5의 Knowledgeware의 구성을 보여주고 있습니다.

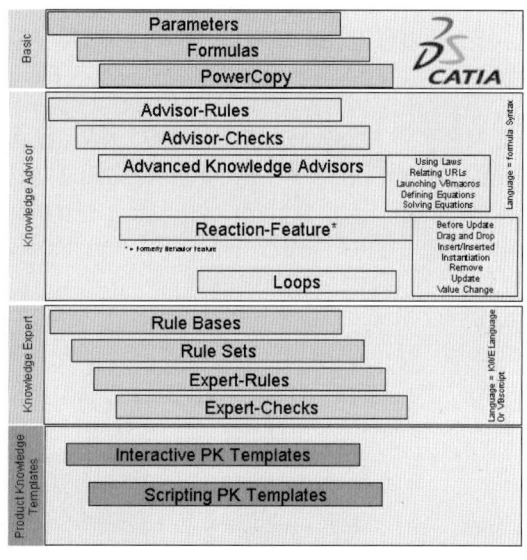

출처: Dassault Systems

위 표에서 언급한 CATIA의 Knowledgeware 관련 Workbench로는 Knowledge Advisor , Knowledge Expert , Product Engineering Optimizer , Product Knowledge Template , Business Process Knowledge Template , Product Function Definition 이 있습니다. 이러한 CATIA Knowledgeware 기술의 활용은 단계적으로 구성이 되며, 이러한 단계적 구성에 의한 실제 업무와의 비례관계는 다음과 같다고 할 수 있습니다. 설계 유연성을 나타내는 X축을 따라 CATIA 의 각 제품군을 나열하고 있으며, 이에 따른 잠재 비용 절감 양상을 확인할 수 있습니다.

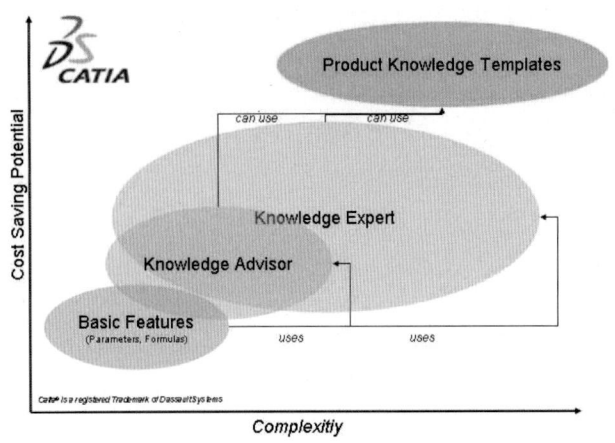

출처: Dassault Systems

Knowledge Advisor 는 CATIA에서 Knowledge를 사용하기 위한 가장 기본이 되는 Workbench로 설계 단계에서 중요한 여러 변수들이나 관계(Relations)를 정의할 수 있습니다.(Parameters & Relationship) 이렇게 정의된 데이터는 앞서 언급한대로 설계 자동화를 통한 생산성 최대화나 수정의 용이성을 제공하여 형상 변경 시 Error 발생 빈도를 낮추어 줄 수 있을 것입니다.

CATIA의 Knowledgeware의 첫 시작인 이 Knowledge Advisor(이하 KWA)를 통하여 작업자는 손쉬운 형상의 모델링 및 수정, Process Automation에 점차 다가갈 수 있을 것입니다. 그리고 이러한 Knowledgeware의 학습의 다음 단계를 공부하고자 하는 학생은 다음의 표를 참고하여 다음 공부의 목표를 설정하고 탐구하기 바랍니다.

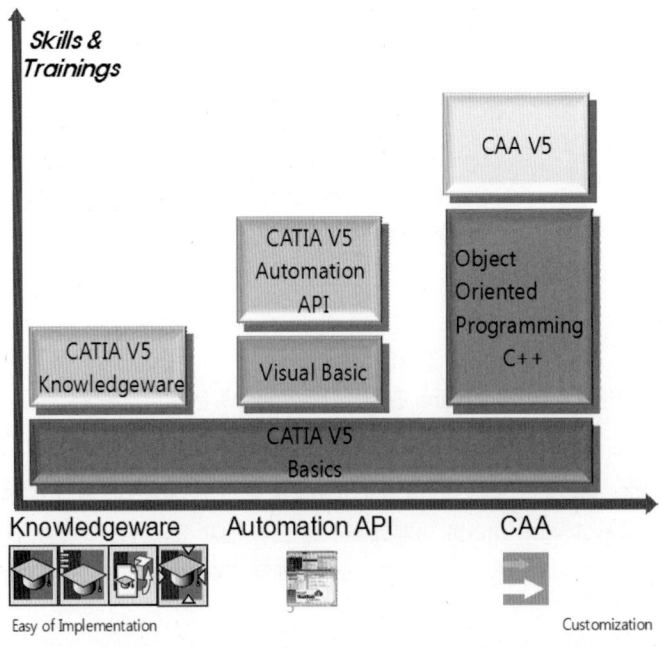

출처: Dassault Systems

마지막으로 이제 시작하는 Knowledgeware를 공부하면서 다음의 일련의 과정을 머릿속에 떠올리면서 지식 기반 설계의 틀을 맞이하기 바랍니다.

- STEP 1: Understand User Requirements
- STEP 2: Define user inputs
- STEP 3: Understand interactive process
- STEP 4: Build user interface
- STEP 5: Create necessary V5 models
- STEP 6: Create(or re-use) necessary algorithms
- STEP 7: Build the application

출처: Joe Konecny, Manager - PLM Automation, MSC Software

B. Knowledge Advisor 시작하기

기본적인 Spec Tree 구성이나 Compass 등의 위치와 역할은 모든 Workbench에서 동일하므로 Knowledge에서 추가되는 사항만을 소개하고자 합니다.

앞으로 기본 Knowledge Workbench 관련 설정을 마친 후, Knowledge 관련 작업을 수행하면 다음과 같은 화면 구조를 확인할 수 있을 것입니다. Part Document의 경우 기본적으로 Reference Plane 하단에 Parameters와 Relations가 해당 요소를 최초 정의할 때 자동적으로 생성되며 순차적으로 각각의 대상이 자동으로 기록됩니다. Product Document의 경우에는 Constraints 상단 위치에 생성되는 것을 확인할 수 있습니다. 여기서 보이는 Parameters나 Relations 요소의 등장은 앞으로 우리가 배우게 될 Knowledge Advisor에서 필수적인 요소이므로 다음과 같은 화면 구성에 대해서 친숙해질 필요가 있습니다.

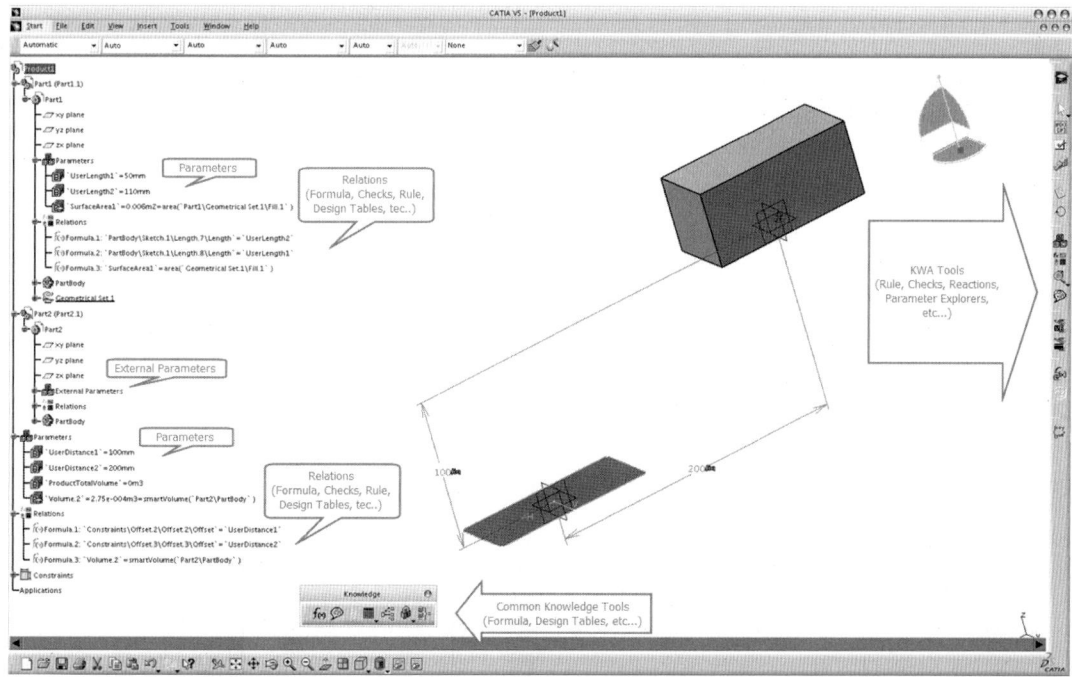

위와 같은 사용자 환경을 감안하였을 때 다음으로 Toolbar에 대해서 생각을 해볼 것입니다. 별도의 Knowledge 관련 Workbench로 이동하지 않아도 Knowledge Toolbar는 일반적인 모든 Workbench에서 사용 가능한 명령들

을 포함하고 있습니다. 따라서 Knowledge Toolbar에 속한 명령을 사용하고자 할 경우에는 굳이 Knowledge Workbench로 이동하지 않아도 됩니다.

C. Knowledge Advisor 용어 정리

Knowledge를 이용한 작업을 설명하기에 앞서 일반적인 작업 명령 또는 방식, 접근 개념상의 차이가 있기 때문에 간단히 Knowledge Advisor에서 사용하는 용어를 정리하고자 합니다.

Object	개체라고 하며, CATIA에서 형상을 구성하는 가장 기본이 되는 블록이라고 생각하면 됩니다. Point, Line, Pad 역시 모두 각각이 하나의 개체이며, 이들 개체는 각각의 종속 관계에 따라 하나의 개체가 다른 개체의 하위에 포함 될 수 있습니다. 개체는 그 개체를 구성하는 하위 개체들과 속성에 의해 정의됩니다.
Method	Knowledgeware에서 개체를 사용하는데 사용할 수 있는 함수를 일컫는다. 이러한 Method를 사용하여 작업자는 원하는 값을 구할 수 있으며, 개체를 조작할 수 있습니다.
Parameters	Parameters는 일반적으로 '매개 변수'의 의미로 사용됩니다. CATIA에서 그 의미를 좀 더 확장하여 원하는 형상을 모델링 한다거나 구속한다고 하였을 때 작업상에 필요로 하는 치수 또는 낱개의 명령에 의한 작업(Features)을 Parameters라고 할 수 있습니다. 즉, 값(Values)을 가지는 치수나 구속, 활성/비활성 등이 모두 Parameters입니다. Parameters는 CATIA 작업 자체에서 가지고 있는 Intrinsic Parameters와 작업자에 의해 만들어지는 User Parameters로 나눌 수 있습니다. 이러한 Parameters는 Relation에 의해 다른 Parameter들과 조건을 가지거나 상관관계를 만족하도록 구성됩니다. Knowledge 또는 Parametric Modeling을 구성하는 핵심 요소입니다. 앞으로 이 Parameters를 이용하여 형상을 구속하고 Component들 간의 조건을 부여하는 방법을 배우게 될 것입니다.
Relations	Relations은 CATIA에서 Parameters들 간의 상관관계를 정의하거나 구속하기 위해 사용하는 총칭적인 방법들을 말합니다. 단순히 정의된 Parameters에 대해서 의미와 노하우를 축적할 수 있도록 하는 핵심 요소입니다. Relations에 포함되는 작업으로는 Formula, Rules, Checks, Reactions, Design Tables 등이 있습니다.
Formula	Parameters가 다른 Parameters들과 어떠한 관계로 계산되는지를 정의하는 역할을 합니다. Parameters들 간의 수치적인 사칙연산을 만들어 Parameters들 간의 수식 관계를 만들 수 있습니다. 이러한 수식으로 인해 Parameters들 간의 데이터 변경에 따른 자동적인 동기화 작업과 그에 의한 작업 효율을 Knowledge Advisor에서는 기대합니다.
Tolerance	변수의 설계에서 각각의 변수의 실제 가공이나 공정을 고려하여 부여하는 오차 값을 의미합니다. 단순한 개념상의 설계나 수치상의 설계가 아닌 실제 제작을 고려한 설계를 할 경우에는 반드시 공차를 고려하여야 합니다. 각 고유 공정 방식이나 머신에 따라 공차 값의 부여는 대부분 정해져 있습니다.
Design Table	Design Tables에서는 Parameters들의 일련의 데이터들의 묶음을 만들어 동시적으로 여러 데이터를 한 번에 변경 가능하도록 할 수 있습니다. 엑셀이나 메모장 같은 외부 파일에 선택한 Parameters들을 선택하고 데이터 시트처럼 만들어, 각 Parameters들의 데이터 묶음 단위로 정보를 만들어 둘 수 있습니다. Design Tables를 이용하여 CATIA의 라이브러리 개념인 Catalog 제작에도 사용할 수 있습니다.
Units	기본적인 설계 작업을 하는데 있어 필요 되는 단위의 기준입니다. 특별한 언급이 없는 한 KWA에서는 SI 단위를 유지합니다.
Operator	Knowledge에서 변수들 간의 연산을 수행하기 위한 연산자들이 존재합니다. 이러한 연산자들을 사용하여 작업자는 변수를 새로 정의하거나 논리식을 구성할 수 있습니다.
Rule	Rule은 앞서 언급한 Formula보다 한 차원 수준 높은 기능으로 Parameters들이 단순히 수식적인 조건에서 동기화되는 것이 아니라 조건 만족 여부에 따른 Parameters들의 동기화를 가능하게 합니다. 프로그래밍 언어에서 if문을 사용하여 독립 변수 값의 조건에 따른 종속 변수의 값을 결정하도록 하는 일을 CATIA에서는 Rule이 담당합니다.

Argument	구문이나 함수 내에서 사용하게 되는 인자를 의미합니다.
Check	Check의 기능은 Relations에 의한 Parameter들의 상태가 경우가 어떠한지를 작업자에게 알려주기 위한 목적으로 사용합니다. 작업자가 정의한 작업에서 Parameters들의 조건이나 상태가 정해진 조건을 벗어나거나 문제가 될 경우 이러한 사항을 작업자가 한 번에 알아차릴 수 있도록 알림 기능의 역할을 합니다.
List	변수들의 묶음으로 앞서 작업한 매개 변수를 사용하여 구성할 수 있으며, 이렇게 구성된 List를 사용하여 작업자는 이들 간의 연산을 수행 할 수 있습니다.
Script	구문 형태로 만들어진 CATIA 모델링 방식으로, 우리가 흔히 사용하는 GUI 방식과는 다른 Text 기반의 형상 모델링 및 기타 형상의 재사용 기능을 활용하기 위한 도구입니다. KWA의 Action이나 Reaction, Loop등을 사용하기 위해서 기본적으로 다룰 수 있어야 합니다. Product Knowledge Template Workbench를 공부하면 보다 고급의 Script Editor를 다룰 수 있습니다.
Constructor	CATIA에서 사용하는 모든 명령들은 앞서 언급한 개체를 생성하는 것과 수정, 변형에 필요한 모든 기능을 아이콘화 하여 사용하고 있습니다. Constructor는 이러한 명령들을 Text화 된 코드를 이용하여 생성하는 것을 말합니다. 각각의 개체에 대한 생성자를 이용하여 작업자는 Script 상에서 원하는 형상을 설계할 수 있습니다.
Action	Action은 작업자가 작업을 명시해 놓고 나중에 작업자가 실행(Run)시킬 경우에 명시된 작업이 수행되도록 하는 기능을 합니다. 단순한 기능적인 측면을 넘어 작업에 필요한 작업자의 행동 요소를 지식화 할 수 있습니다.
Reaction	Reactions는 선택된 Source에 대한 반응으로 어떠한 정해진 행동을 수행하게 할 수 있습니다. Source로는 Features나 Parameters를 이용할 수 있으며 이러한 Source에 대해서 생성, 삭제, 업데이트, Parameters 값의 변경과 같은 Action을 하게 할 수 있습니다. 앞에서 설명한 Rule과 비슷한 기능을 유도할 수 있으나 Rule 보다 표현할 수 있는 범위가 더 넓다.
Macro	자주 사용하는 여러 개의 명령어를 묶어서 하나의 키(Key) 입력 동작으로 만든 것을 매크로라고 합니다. CATIA 상에서 형상을 모델링 하는 단계를 Visual Basic의 Script로 저장하여 일련의 작업 과정을 반복 실행하거나 Script의 수정을 통하여 형상을 개선하거나 응용하는데 사용합니다. Macro는 작업자의 GUI 상에서의 작업을 그대로 저장할 수 있습니다.
VBA	Visual Basic for Applications의 역자로, Visual Basic을 이용하여 Application을 개발하고 응용하는 것으로, CATIA와 같이 특정 프로그램에서 지원하지 않는 기능 자체를 만들어 내 사용하게 할 수 있습니다.

Section 02 | Toolbar

A. Knowledge

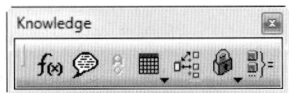

■ Formula $f(x)$

● Parameters 란?

- Parameters의 정의

Parameters의 개념은 CATIA의 Knowledgeware 작업을 수행하는데 있어 가장 핵심적인 역할을 하는 변수(Variables)를 의미합니다. CATIA에서 원하는 형상을 모델링 한다거나 정의한다고 하였을 때 작업상에 필요로 하는 치수 또는 구속, 그리고 낱개의 명령에 의한 작업에 필요한 수치 등을 Parameters라고 할 수 있습니다. 즉, 값(Values)을 가지는 치수나 구속, 활성/비활성, 논리 값 등이 모두 Parameters입니다.

Parameters는 CATIA 작업 자체에서 가지고 있는 Intrinsic Parameters와 작업자에 의해 만들어지는 User Parameters로 나눌 수 있습니다. Intrinsic Parameters는 CATIA에서 작업을 하는 과정에서 사용되는 인위적인 조직이 불가능한 Parameters입니다. CATIA에서 작업자의 knowledge 사용 목적에 의해 임의적으로 생성하여 사용하는 Parameters인 User Parameters가 바로 Knowledge 구현을 위한 Parameters입니다. Parameters는 작업자들만의 특정 정보 또는 노하우를 Document 상에 추가시킬 수 있으며 이러한 User Parameters는 Formula 등에 의해 다른 Parameter들과 조건을 가지거나 상관관계를 만족하도록 구성됩니다.

Intrinsic Parameters	Parameters inherent to a CATIA Document or Feature
User Parameters	Parameters created by the user for a specific purpose • Magnitude(Real, Length, Angle, Speed) • String • Boolean • Geometric(Point, Line, Plane) • Import From Spread Sheet(In Design Table)

User Parameters를 설명하기에 앞서 이러한 Parameters들이 CATIA에서 Document에 따라 사용되는 단계와 경우를 알아 둘 필요가 있습니다. 각 단계에 따라 Parameters들이 작용할 수 있는 역할이 다를 수 있기 때문입니다. Parameters는 다음과 같은 Level별로 정의 될 수 있습니다.

- Parameters의 사용 Level

● Feature Level
Feature 단계에서 적용할 수 있는 Parameters로 각 Feature에 따른 다양한 종류의 Parameters를 가질 수 있습니다. Parameters Explorer 를 이용하여 원하는 Feature에 입력합니다. 특정 Features에 대해서 그 Features에 추가적인 Parameters를 추가해 줄 경우에 작업하거나 또는 그 Feature를 구성하는 속성을 정의하기 위해 사용하기도 합니다.

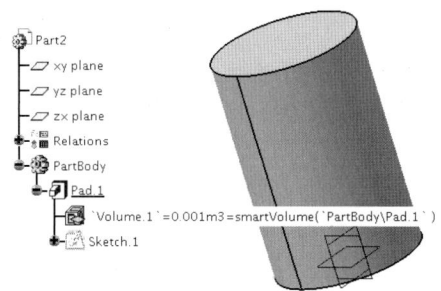

• Part Level

Part Document 내에서 정의되어 Part Document를 구성하는 Feature나 Part 속성에 적용할 수 있습니다. Feature의 활성화, 작업 유형, 구속 치수나 변수 등으로 사용합니다. 즉, 형상의 모델링에 직접적으로 관여하는 Parameters들을 주로 만들어 작업이 가능합니다.

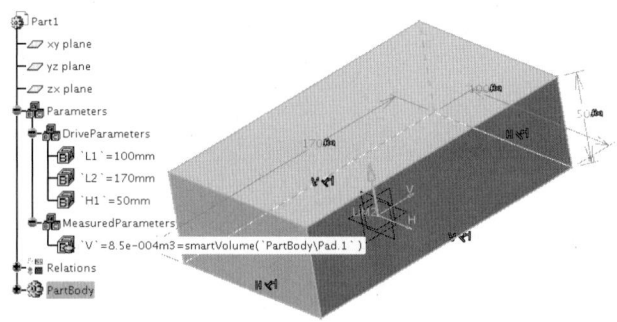

※ Drawing Document

Mechanical Design 제품군에서 또 하나의 중요한 Document가 바로 도면 작업을 수행하는 Drawing Document라할 수 있는데 여기서도 물론 Parameter의 지정과 Formula의 적용, 사용이 가능합니다.
아래 그림과 같이 치수 변수에 대해서 Parameter를 활용하여 정의가 가능한 것을 확인할 수 있습니다.

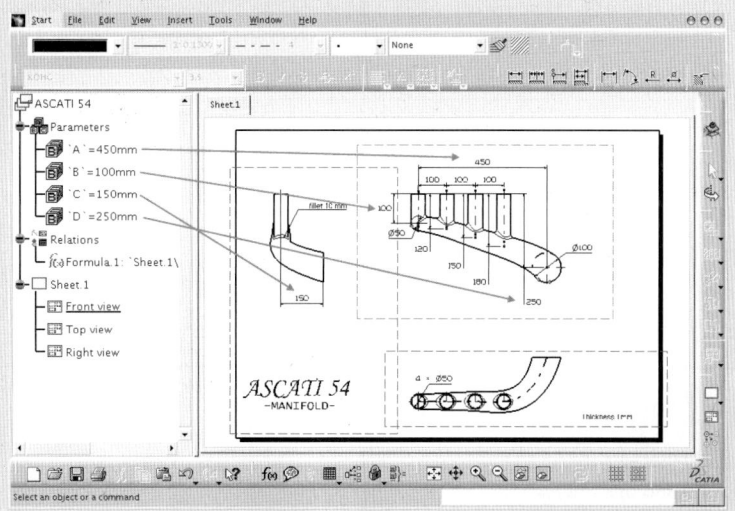

• Product Level

Product Document 상에서 Component들 사이의 구속을 주거나 Product 단계에서 필요한 속성상의 변수 값 등을 설정하는데 사용할 수 있습니다. 즉, Sub Component들 사이에 관계를 정의하거나 Top-Down 방식으로의 작업을 진행할 경우에 Product Level에서 작업에 필요한 Parameter들을 생성한 후 이를 External Parameter로 하위 Component들로 복사하거나 링크하여 사용할 수 있게 할 수 있습니다. 또한, Product Level에서는 Part Level의 Parameters를 불러와 사용할 수 있습니다.

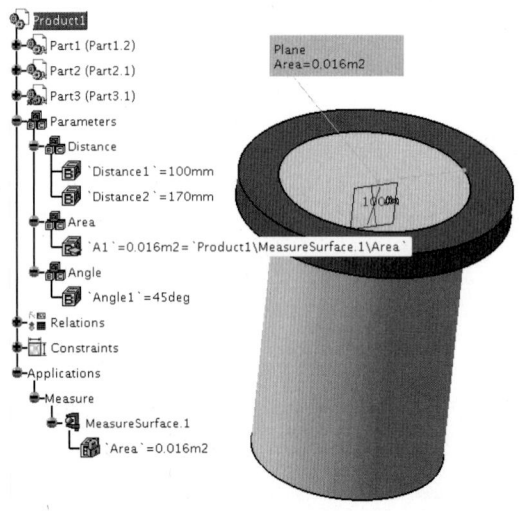

• Parameters의 종류

이러한 Parameters의 변수의 종류는 다양한 종류가 있으며 작업 목적에 따라 원하는 Parameters를 선택하여 사용할 수 있습니다. 다음은 주로 사용되는 Parameters들에 대한 간단한 정리입니다.

Parameters	Description
Real	길이나 거리 치수가 아닌 단순 수치나 값의 개념 등으로 사용할 수 있는 크기 값에 관하여 사용하는 실수 숫자형 변수. 프로그램 언어에서 기본 변수형 중 하나로 소수 표현이 가능하며 양수나 음수로 정의 가능. 단위 없음. `Real.1`=42.195
Integer	길이나 거리 치수가 아닌 Instance(수량의 개념) 등으로 사용할 수 있는 크기 값에 관하여 사용하는 정수형 변수. 프로그램 언어에서 기본 변수형 중 하나. Integer는 양수나 음수로 정의 가능하나 소수점 표현이 불가능함. 단위 없음. `Integer.1`=12
String	텍스트나 문자를 그대로 변수로 사용할 수 있음. 초기 값을 가지거나 비어있어도 정의가 가능. 논리식을 구성하는데 사용할 수 있는 문자열 변수. Formula 상에서 사용할 수 있는 문자열 변수. 단위 없음. 문자열 변수는 반드시 값을 입력할 때, " " 안에 변수를 정의해 주어야 함. " " 없이 문자열을 입력하면 Error 발생.
Boolean	참(true), 거짓(false) 값을 가져서 Feature의 활성과 비활성을 정의하는데 사용하는 논리 변수. Boolean 변수는 반드시 참(true) 또는 거짓(false) 값을 가짐. `Boolean.1`=true `Boolean.2`=false

Parameters	Description
Length	길이(Length)나 거리(Distance, Offset), 반지름(Radius) 개념 등으로 수치 값으로 사용할 수 있는 수치 변수. 거의 모든 치수에 대한 변수를 담당.
Angle	각도(Angle) 값을 가지는 수치에 사용할 수 있는 변수. 옵션의 Unit 설정에 따라 Rad, Turn 등으로 표기 변환이 가능.
Mass	질량(Mass)을 나타내는 변수. `Mass.1`=75kg
Volume	Part Document나 Feature, Product에 대한 부피(Volume)를 나타내는 변수. `Volume.1`=1000m3
Area	Feature의 면적(Area) 값을 나타내는 변수.
List	변수들을 성분으로 가지는 변수. 변수들의 묶음을 나타내는 변수. 이러한 변수들의 묶음 값을 사용하여 또 다른 변수나 연산을 수행할 수 있음. 프로그램 언어에서 배열(Array) 개념. 이러한 List에 포함된 변수들 사이에 별도 작업이 가능. `List.1` `ListSize`=8
Curvature	곡률 값을 나타내는 변수
Surface, Plane, Curve, Circle, Line, Point	각각의 Constructor에 의해 구성될 수 있는 형상(Feature)이자 변수로 각 형상 변수에 직접 형상을 대입하여 수치나 텍스트가 아닌 형상 자체를 변수처럼 다룰 수 있음. Line.1 → f(x)Line.1

여기서 언급된 변수들 이외에도 각 작업에 따라 추가적인 변수의 종류가 존재한다는 것을 반드시 알아 두기 바랍니다.

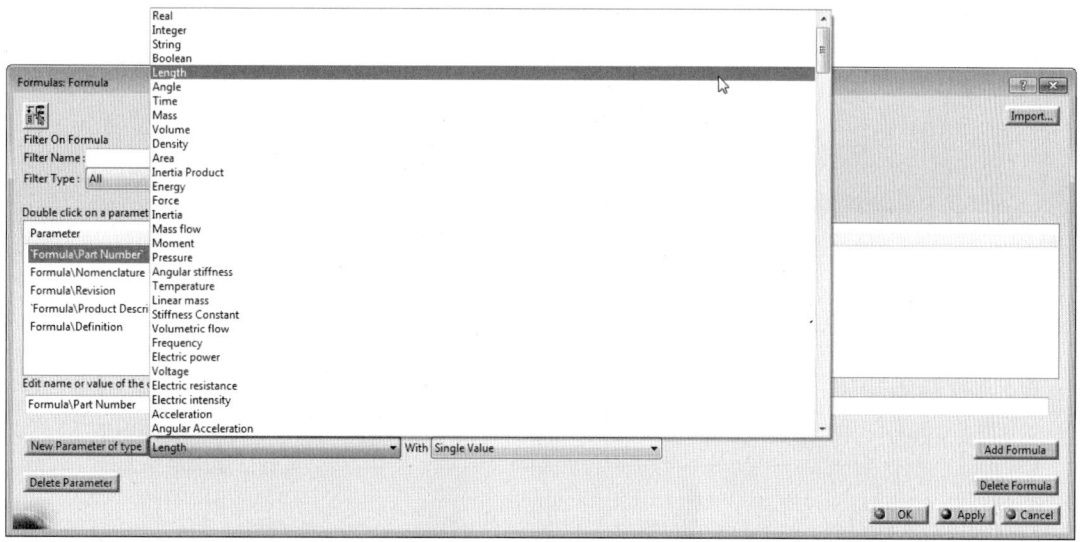

특히, Boolean이라는 변수형의 기능을 잘 기억해 두기 바랍니다. 참(True)/거짓(False)로 정의되는 이 변수형은 CATIA Feature의 그 자체 형상이나 형상의 세부 옵션 사항들을 활성 또는 비활성으로 조건 짓는 결정 인자로 사용됩니다.(굉장히 유용합니다.)

- Parameters 생성하기

• Parameters 생성하기

CATIA에서 Parameters를 이용한 작업을 수행하기 위해서는 미리 설계 작업에 필요한 Parameters들을 미리 정한 후 이를 Document 상에 만들어 주는 것이 좋다. 물론 Parameter의 생성은 Document가 열려있는 동안이라면 언제든 가능하지만 미리 설계 대상에 대한 변수 정의를 미리 해두는 것이 유리하기 때문입니다. 이것은 마치 우리가 프로그래밍을 하는 과정에서 필요한 변수를 미리 정의하는 것과 비슷한 이치입니다. 물론 Parameters를 생성하지 않은 상태에서 형상 요소에 대해서 Formula나 Relations과 같은 작업이 불가능한 것은 아니나 사용하는 변수를 보다 간편히 정의할 수 있고, 해당 변수의 가독성을 높일 수 있습니다. 보다 체계적으로 Knowledge를 사용하고자 한다면 반드시 Parameters를 생성한 후에 이들에 값에 대해서 Relations를 지정해 주어야 합니다. Parameters를 생성하는 방법은 다음과 같습니다.

우선 Parameters를 생성해 주기 위해서는 현재 작업하는 Workbench나 Knowledge Advisor Workbench에서 Knowledge Toolbar를 찾아야합니다.(일반적으로 초기 설정 후 이동시키지 않는 경우 화면 중앙 하단에 위치합니다.)

이 Toolbar는 일반적인 Part Document나 Product Document에서도 바로 찾을 수 있기 때문에 굳이 Knowledge Advisor Workbench로 이동하지 않아도 됩니다.(현재 자신이 실행한 Workbench에서 Knowledge Toolbar를 찾아보기 바랍니다.) 단축키를 지정하는 것도 좋은 방법이라 할 수 있겠습니다.

그리고 이 Toolbar의 가장 앞에 있는 Formula $f_{(x)}$ 아이콘을 선택합니다. 그럼 다음과 같은 Formula Dialog Box가 나타납니다.

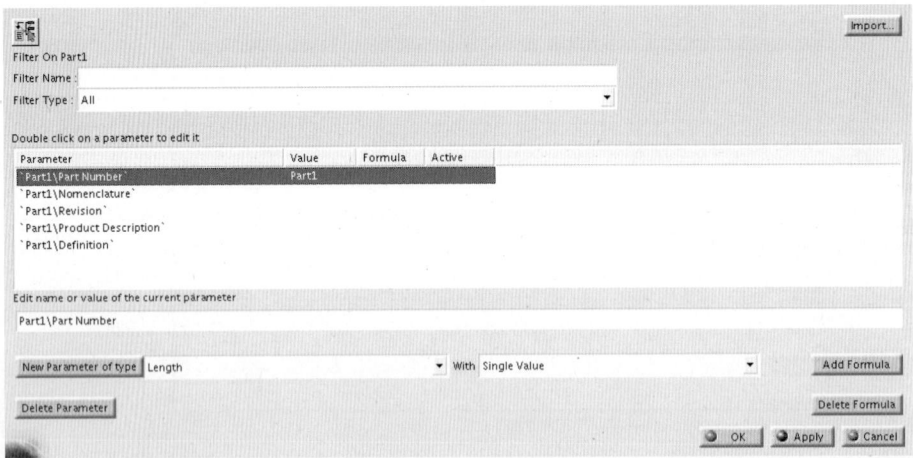

이 창에서 우리가 원하는 Parameters를 생성할 수 있으며 그 각각의 Parameters에 대해서 값을 입력할 수도 있습니다. 또한 현재 열려있는 Document가 가지고 있는 모든 Parameters나 지정한 Feature가 가진 Parameters를 확인할 수 도 있습니다.

여기서 원하는 Parameters를 만들고자 한다면 왼쪽 하단의 'New Parameters of Type' [New Parameter of type] 버튼을

이용합니다. 그러나 버튼을 클릭하기에 앞서 자신이 원하는 변수가 어떤 값인지를 먼저 목록에서 선택해 주어야 합니다. 다음과 같이 마우스를 사용해 아래 방향 화살표를 클릭합니다.

그러면 Parameters에 사용할 수 있는 변수들의 드롭다운(Drop-Down) 리스트가 나타납니다. 여기서 원하는 변수를 선택합니다.(이 책의 설명에서는 'Length'를 선택하도록 하였습니다.)

Parameter의 종류를 선택할 수 있는 드롭다운 리스트 옆에는 Parameters가 단일 값(Single Value)을 가지는지 또는 여러 개의 값(Multiple Values)을 가지는지 선택할 수 있는 또 다른 드롭다운 리스트가 있습니다. 하나의 변수라 하더라도 변수가 가실 수 있는 값은 단수 또는 복수가 가능하기 때문에 이러한 선택란이 존재합니다. Multiple Value로 변수를 정의할 경우 작업자는 이 변수의 값을 설계 중간에 입력하는 것이 아닌, 미리 정의한 값들 중에서 선택하게 됩니다. 단순히 하나의 값을 가지는 변수만으로 Relations을 만들고자 하는 경우에는 Single Value 상태로 놔두도록 합니다.(일반적으로 대부분의 변수는 Single Value인 경우가 많습니다.)

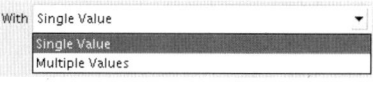

이제 'New Parameters of Type'  버튼을 클릭해 줍니다.

다음과 같이 사용자가 정의한 Parameters가 만들어 지는 것을 확인할 수 있습니다. Spec Tree에서도 Parameter가 만들어 진 것을 확인할 수 있을 것입니다.

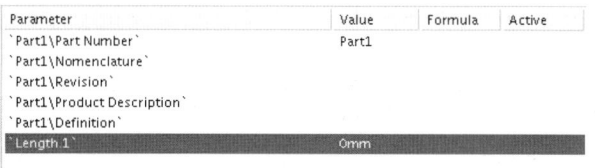

이렇게 만들어진 Parameters에 직접 이름(Name)과 값(Value)을 입력해 주고 Apply를 클릭하면 원하는 Parameters가 만들어 지게 됩니다. Parameters의 이름과 값을 입력 또는 수정하고자 하는 경우 우선 해당 Parameters를 Formula 목록에서 선택한 후 원하는 이름을 다음 칸에 입력하도록 합니다.

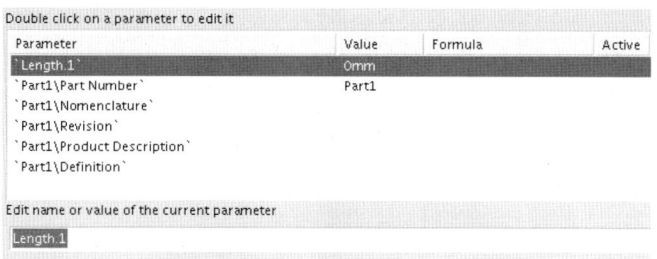

그리고 원하는 값을 오른 쪽의 Value 입력란에 기입합니다.

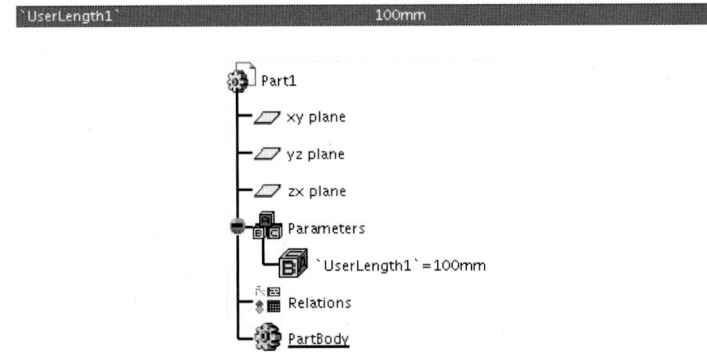

여기서 이름과 값을 입력하고 반드시 Apply를 클릭해 주어야 선택한 Parameter가 수정이 된다는 것을 기억하기 바랍니다.(가끔 이름과 값을 변경하고 Apply나 OK 버튼을 누르지 않아 초기화 또는 적용되지 않는 경우를 경험할 것 입니다.) 이렇게 Parameter를 생성하고 이름과 값을 입력해 주면 다음과 같이 Formula Dialog Box와 Spec Tree에 표시되는 것을 확인할 수 있습니다.

이렇게 생성된 Parameter는 Spec Tree에서 해당 변수를 더블 클릭한 후에 나타나는 Edit Parameter 창에서 값을 변경하는 것도 가능합니다.

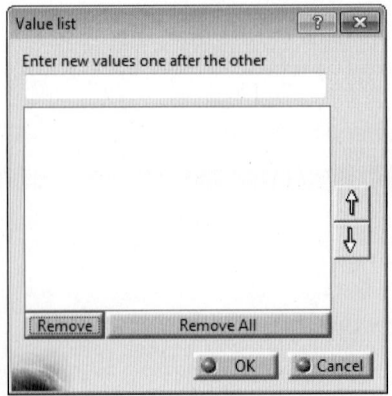

만약에 Parameter를 생성하는 과정에서 Single Value가 아닌 Multiple Values를 선택했다면 변수 이름을 정의하고 New Parameter of Type 버튼을 누르면 다음과 같이 여러 개의 Value들을 목록처럼 만들 수 있도록 Value List 창이 나타납니다.

이 창에서 원하는 복수의 변수 값을 입력하고 우측의 화살표시를 이용하여 값을 하단의 목록에 추가할 수 있으며 순서 정렬이나 개개의 값을 삭제 시키는 것도 가능합니다.

위의 Single Value로 'UserLength1'을 만든 것과 같이 Formula에서 Multiple Value로 값을 다음과 같이 'UserLength2' Parameter를 만들어 주도록 합니다.

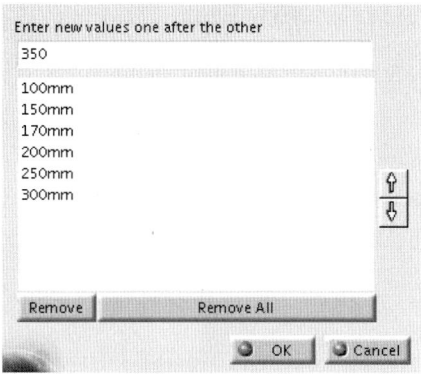

OK를 눌러 변수 정의를 마치면 Value List 목록에 여러 개의 값이 입력되었지만 Formula Dialog Box와 Spec Tree에서는 앞서 정의한 값 중에 맨 위의 값으로 초기 설정되어 있는 것을 확인할 수 있습니다.

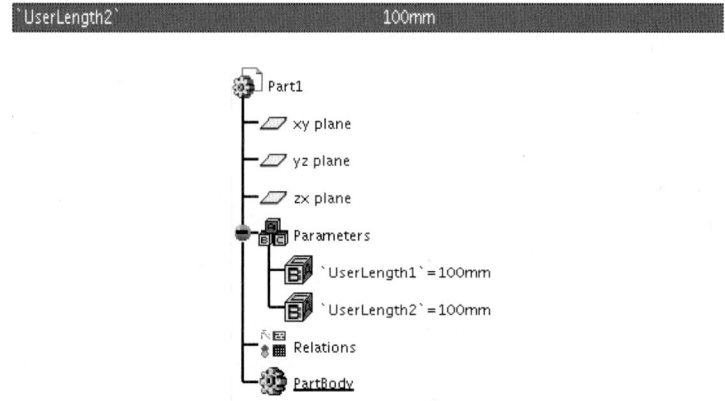

그러나 Spec Tree나 Formula Editor 창에서 'UserLength2'를 선택하게 되면 아래와 같이 우측의 화살표(드롭다운 리스트)를 통해서 앞서 입력한 값들을 확인 할 수 있으며 따로 입력하여 값을 바꾸어 줄 수 없이 입력된 값들 중에서 원하는 값으로 선택하여 변경이 가능한 것을 확인할 수 있습니다.

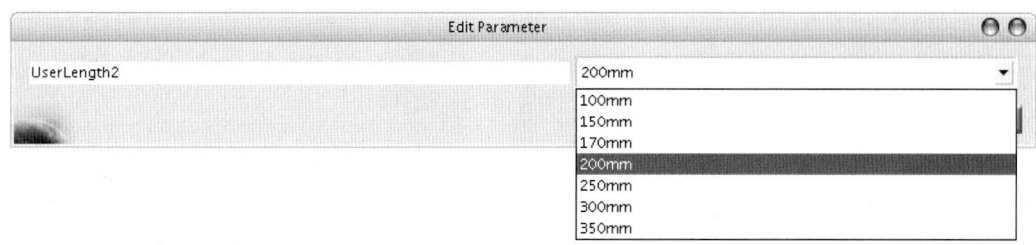

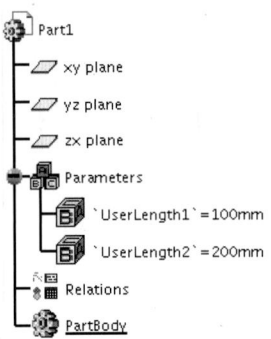

이러한 복수의 값을 가지는 Multiple Value는 Formula나 Relation을 통해서 값을 변경하려는 접근이 불가능합니다. 만약 이러한 접근 시도가 있다면 CATIA는 다음과 같은 메시지를 띄울 것입니다.

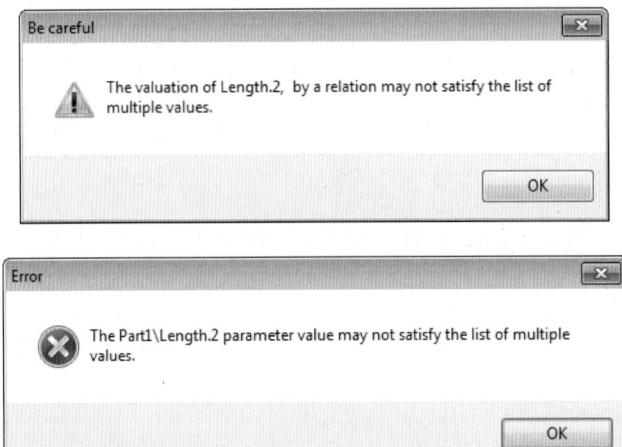

일부 데이터 형에는 정의 가능한 Value 값이 미리 정해진 것도 있습니다. 이러한 정해진 값만을 사용할 수 있는 데이터 형일 경우에는 변수를 생성하고 원하는 Value를 드롭다운(Drop-Down) 리스트에서 선택해 주면 됩니다. 다음은 'True', 'False' 값만을 Value로 가질 수 있는 'Boolean' 데이터 형에 대한 예시입니다.

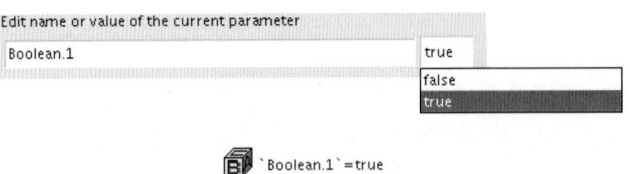

이렇게 작업자의 정의에 의해 만들어진 Parameters는 이름을 변경해 준 경우 Formula Editor창에서 'User Parameters'로 Formula 창에서 Filter를 사용하여 정렬할 수 도 있습니다.

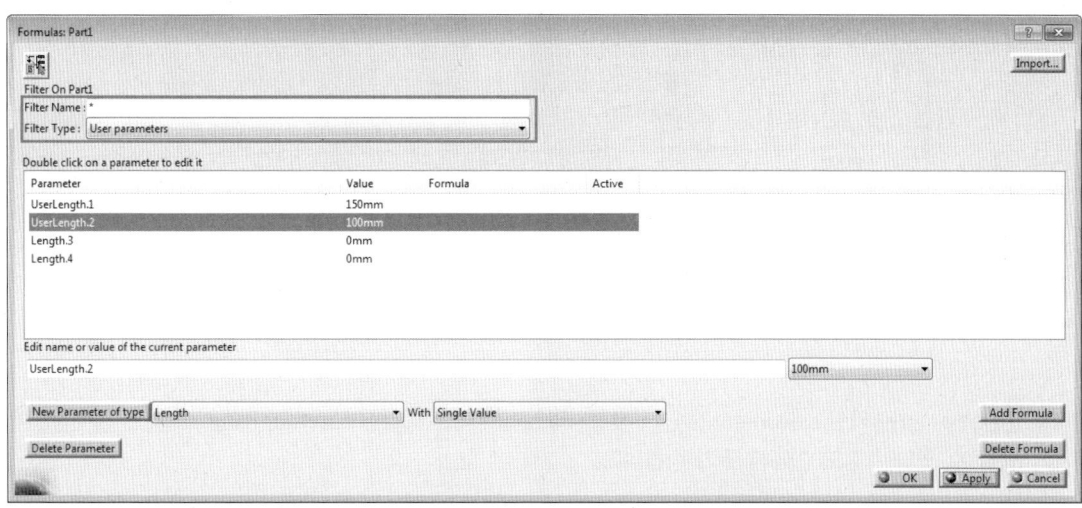

일반적으로 Parameters의 이름을 정의할 경우에는 아래와 같이 처음 글자를 대문자로 하여 띄어쓰기 없이 만들어 주며, 기본적으로 두 개 이상의 단어의 조합과 숫자를 이용하여 정의하여 주는 방법을 생각해 볼 수 있습니다. 물론 단어를 조합할 경우에는 변수나 작업과 연관 있는 단어들을 선택하는 게 작업자에게 작업과 변수의 이름을 떠올리는데 있어 큰 도움을 줄 것입니다.

UserParameterName01
UserParameterName02
…

물론 반드시 이와 같은 변수 이름의 규칙을 따를 필요는 없으나 회사 내규나 조직 내에서 하나의 틀을 정한다면 일관성 있는 변수 설정 습관을 기르기 권합니다. 그렇지 않으면 서로 간의 변수명의 차이로 혼동을 겪을 수도 있습니다.

• External Parameters

하나의 CATIA Document에서 새로운 변수를 정의나 사용하는데 있어 이미 만들어 놓은 다른 Document의 변수를 링크하여 사용할 수 있습니다. 즉, 현재 Document에 만들어 놓은 변수가 아닌 값을 다른 Document로부터 링크를 가진 채 복사하여 현재의 Document에서 변수로 지정해 사용하는 것을 External Parameters라고 합니다. 변수를 외부 파일 형식으로부터 불러와(Import) 현재 Document에 사용하는 것과는 다른 개념입니다.

External Parameters는 외부 Document와 링크가 된 상태로 사용하는 변수이므로 직접 값을 입력하거나 생성하지 않으며 Product Document에서 여러 개의 하위 Document들(Sub Assembly나 Part Document들)을 불러와 작업할 때 변수를 공유하고자 하려는 경우, 여러 개의 Document를 열어서 작업하는 경우에 유용하게 사용할 수 있습니다.

이러한 External Parameters는 생성 후에 다음과 같이 아이콘 모양에 녹색 표시(Part1의 L1과 Part2의 L1의 아이콘을 비교해 보기 바랍니다. Part2의 L1이 Link된 변수를 나타냅니다.)가 있으며 Body를 복사해 링크를 걸고 복사하여 붙여 넣은 것과 같이(Paste Special ⇨ As Results With Link) 복사해 온 대상과 연결되어 그 값의 변동에 대해서 같은 영향을 받는 기능을 합니다.

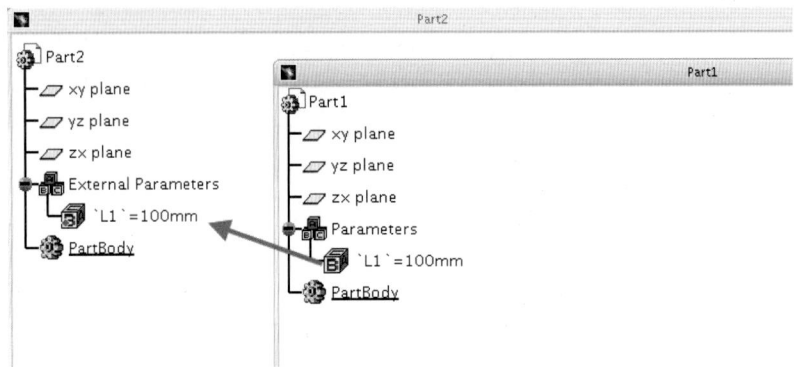

따라서 원본 변수 값을 가진 Document가 닫히거나 사라진 경우에는 이러한 External Parameters도 업데이트에 문제가 생길 수 있다는 점도 기억해 두기 바랍니다.

`L1`=100mm

External Parameters를 연습하기 위해 다음과 같이 Part Document를 구성하도록 합니다. Parameters를 생성하는 방법은 앞에서와 마찬가지로 Formula $f(x)$를 사용하면 됩니다.(L1, L2, V1모두 Length Type의 Single Value입니다.)

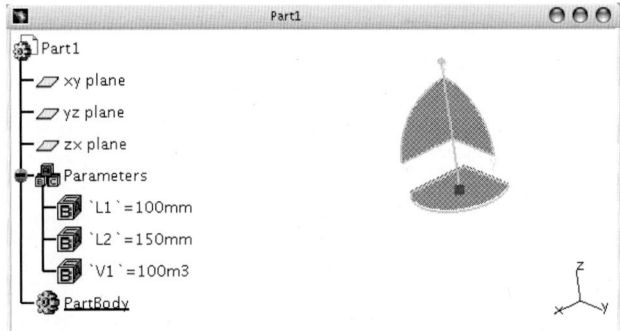

그리고 위에서 구성한 Document에서 Parameters중에 'L1'을 복사하도록 합니다.(CTRL + C)

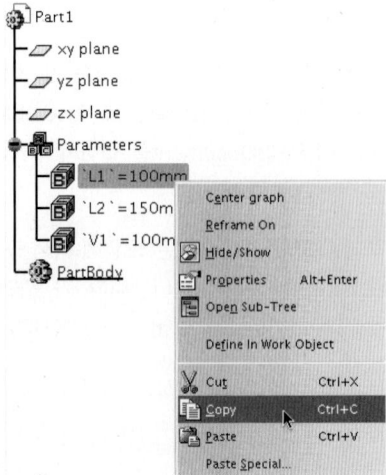

이제 새로운 Part Document 하나를 생성합니다.(Part2) 다음으로 새로운 Document의 Spec Tree를 선택하여 Paste Special을 클릭합니다.(Part2를 선택하고 복사하여 붙여넣기 합니다.)

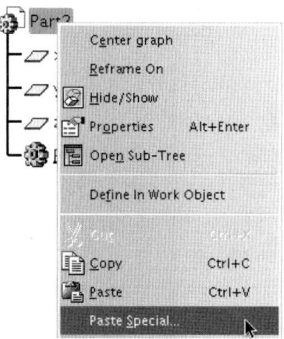

그럼 다음과 같은 Paste Special 창이 나타납니다. 여기서 3가지 값 중에 'As Results With Link'를 선택해 준 후에 OK를 선택합니다.

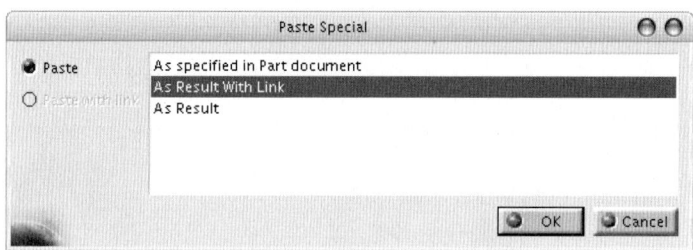

Spec Tree에 나타나는 결과를 확인하면 External Parameters라는 이름의 Parameter Set에 변수가 복사되어 붙여지는 것을 확인할 수 있습니다.(따로 이름을 변경하지 않고 자동으로 External Parameters라는 Parameter Set이 만들어 진다.)

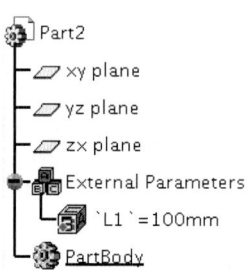

이와 같이 Link된 변수는 작업을 하면서 직접 생성한 변수와 차이 없이 사용할 수 있습니다. 그러나 한 가지 다른 점은 원본 변수가 들어있는 Part가 수정되거나 삭제되는 것에 의해서 영향을 받는 다는 것입니다. 따라서 작업자는 외부 참조 변수에 대해서 각별한 주의를 가져야 합니다.

아래와 같이 Part1에서 L1 값을 130mm로 변경해 보기 바랍니다. 그럼 Part2가 열려있는 상태라면 녹색으로 복사된 변수임을 나타내는 표시가 붉은색 'x'표시로 변경되는 것을 확인할 수 있습니다.

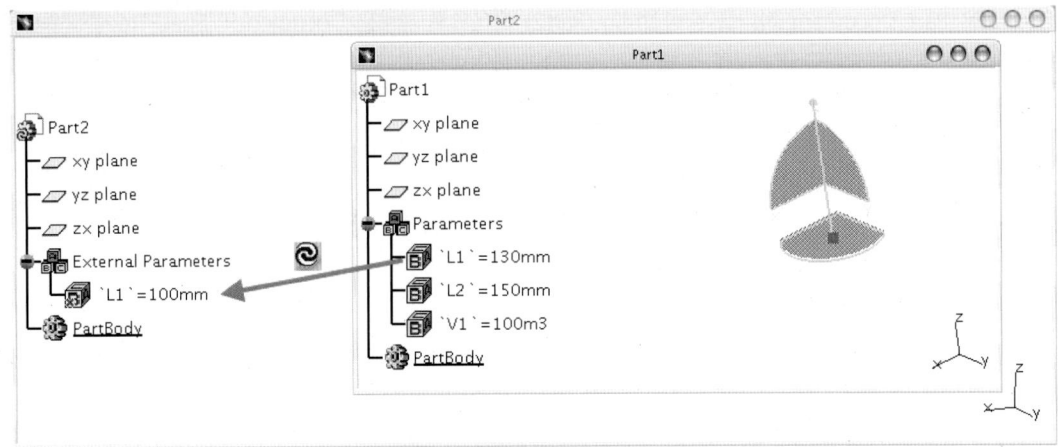

이때 Part2에서 업데이트(CTRL + U)를 실행하면 아래와 같이 원본 변수의 값으로 업데이트 되는 것을 확인할 수 있습니다.

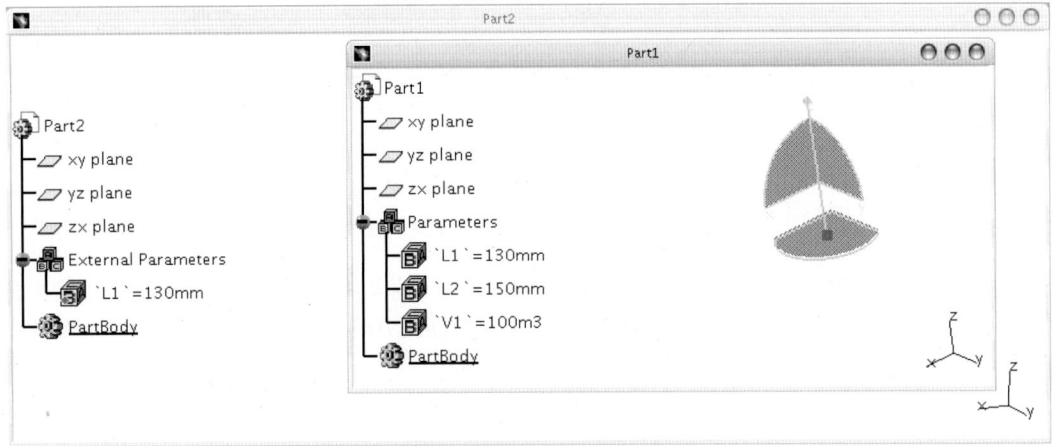

만약에 원본 변수가 들어있는 Document가 열려있지 않은 상태에서 복사된 Document만을 불러오게 되면 다음과 같이 복사된 변수의 아이콘에 붉은색 물음표가 표시되는 것을 확인할 수 있습니다. 이것은 원본 Document가 열려있지 않기 때문에 현재 물음표 표시된 변수의 실제 값 상태를 알 수 없음을 의미합니다.

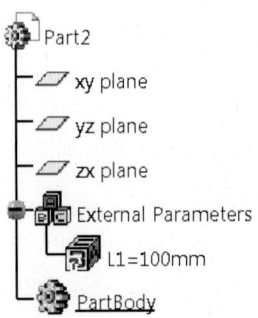

또한 외부 참고 변수를 사용하면서 변수 이름에 대해서도 주의를 가져야 합니다. 중복된 이름의 변수를 다른

Document에서 복사해 올 경우 작업에 혼란을 줄 수 있습니다. 다행이 External Parameters와 Parameters로 Parameter Set이 분리되는 한 실제 작업에서 변수 이름이 같더라도 경로가 다르기 때문에 오류가 생기는 경우는 없습니다. 아래는 같은 변수 이름 L1이더라도 Parameter Set의 위치가 달라 서로 다른 변수로 충분히 구분이 가능함을 나타냅니다.(그러나 변수 이름의 중복 사용은 권장하지는 않습니다.)

Link가 없이 그대로 외부 참조 변수를 붙여 넣기(Paste)하거나 External Parameters Set에 있던 변수를 일반 Parameter Set으로 잘라내어 이동시키면 Link가 사라지면서(Isolated) 다음과 같이 일반 변수가 되어 버립니다. 아래의 경우에는 이미 L1이라는 변수가 있는 상태에서 같은 이름의 변수가 External Parameters Set에서 이동되어 온 것이기 때문에 자동적으로 Rename된 경우입니다.

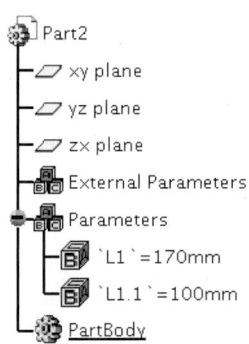

한기지 주의할 것은 외부 참조 변수를 이미 작업에 사용한 후에(형상에 적용하거나 다른 변수들과 Formula를 구성한 경우) Parameter Set으로 이동시키지 않도록 주의하기 바랍니다. 이런 경우 앞서 사용한 곳에 사용된 Formula가 깨지게 됩니다.

$f(x)$ Formula.1: `PartBody\Sketch.1\Length.5\Length` = `deleted_L1`

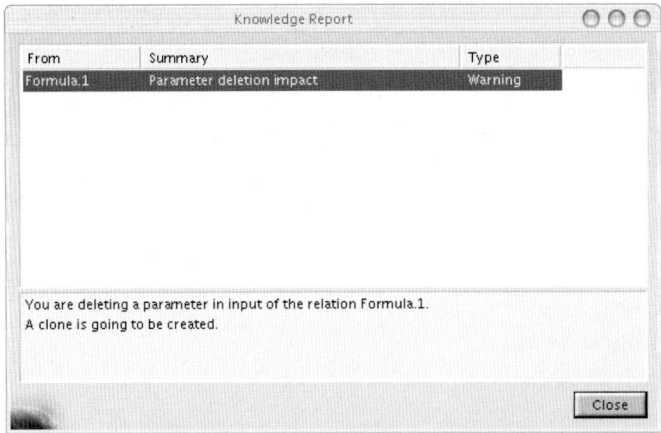

만약에 작업에 사용하던 외부 참조 변수의 링크를 제거하고자 한다면 다음과 같이 해당 변수를 선택하여 Contextual Menu에서 Isolate를 사용합니다. 그러면 위에서처럼 링크되었던 변수가 Isolate되면 변수는 일반 Parameter Set으로 이동됩니다.

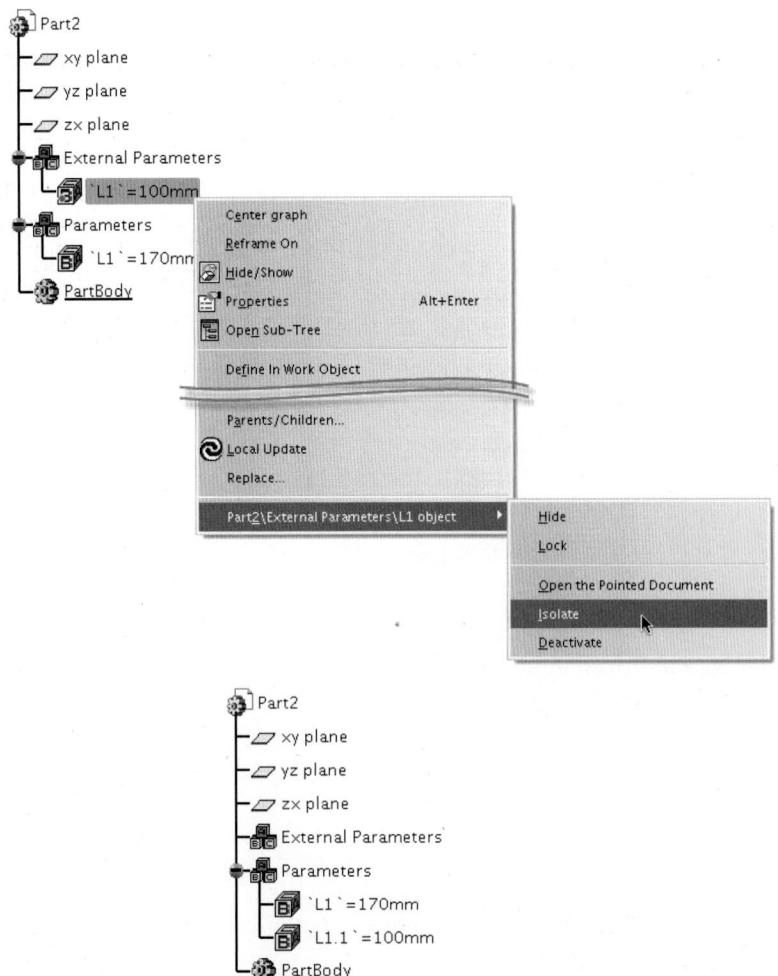

Isolate는 외부 참조 변수의 Link를 완전히 끊는 방법입니다. 그런데 만약에 완전히 Link를 제거하지 않고 임시적으로만 변수의 Link를 끊어주고자 한다면 어떡해야 할까? 방법은 외부 참조 변수를 비활성화 하는 것입니다. 일반적으로 변수나 형상을 비활성화 한다면 그 기능을 하지 못하는 것으로 생각하고 있습니다. 그러나 외부 참조 변수의 경우에는 비활성화 해줄 경우 단순히 그 값의 Link만이 효력을 상실할 뿐 해당 외부 참조 변수를 그대로 사용할 수 있습니다.

외부 참조 변수를 비활성화 하는 방법은 Contextual Menu에서 Deactivate를 선택해 줍니다.

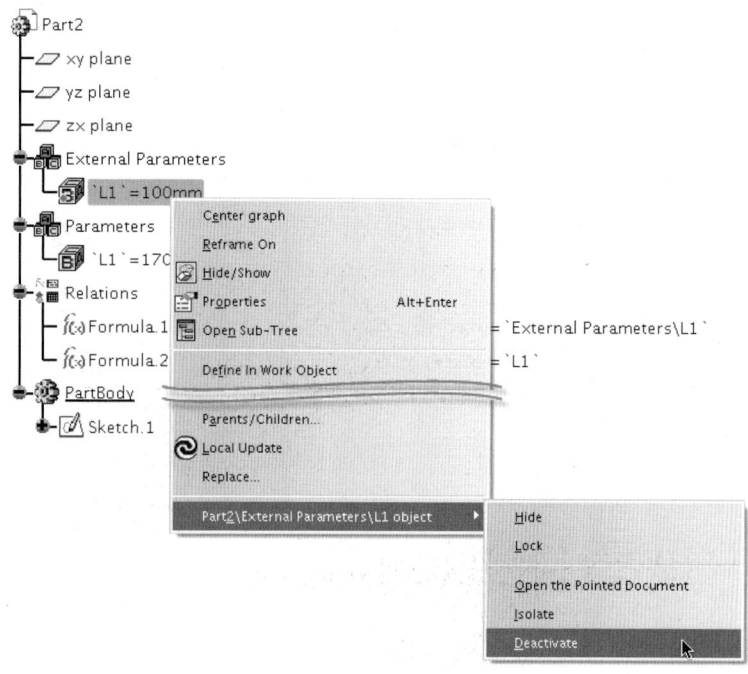

비활성화 된 변수의 아이콘은 다음과 같이 변경되며, 링크가 비활성화 되었다하더라도 변수에 임의적인 값을 입력해 줄 수 없습니다.

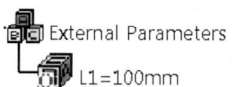

앞서 외부 참조 변수를 임의의 형상에 사용한 후에 Deactivate를 하더라도 Document 자체에 어떠한 Error도 발생하지 않는 것을 확인할 수 있을 것입니다. 만약에 다시 이 외부 참조 변수의 Link를 활성화하고자 한다면 이번에는 Contextual Menu에서 Activate를 선택해 주면 됩니다.

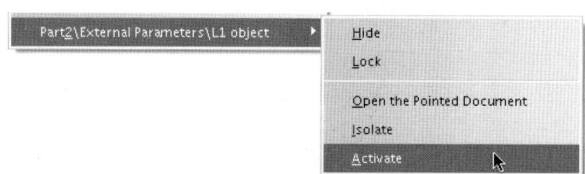

하지만 작업 순서에 따라 종종 한번 비활성화된 변수는 다시 활성화해주어도 업데이트 명령을 통하여 원본 변수와 Link된 값이 살아나지 않습니다.(Deactivate 된 상태에서 원본 변수가 수정된 경우) 이런 경우에는 Contextual

Menu에서 Synchronize(동기화)를 선택해 주어야 한다는 것을 기억해 두기 바랍니다.

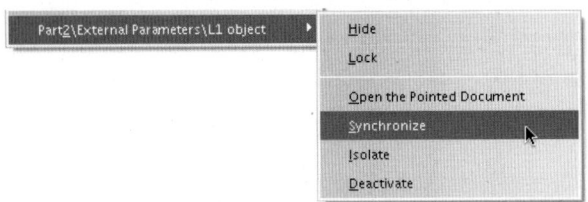

보다 고차원적으로 External Parameters를 사용하는 부분은 Formula를 공부하는 부분에서 학습하게 될 것입니다.

• Parameter Tolerance

우리가 변수 설계를 하는 과정에서 절대 간과할 수 없는 요소가 있습니다. 바로 변수가 가지게 되는 공차 (Tolerance)가 바로 그것입니다. 아무리 정밀한 공작 기계를 사용한다 하더라도 허용 오차의 범위는 존재하기 마련입니다. 여기서는 앞서 우리가 만들어 보았던 변수의 공차를 입력하는 방법을 설명하도록 할 것입니다.

- Default Tolerance

일반적으로 모든 길이 및 각도 변수에 대해서 공차를 만들어 주고자 할 경우 Options에서 공차를 설정해 줄 수 있습니다. Options에서 Default Tolerance를 설정해주면 앞으로 작업하는 모든 길이 및 각도에 대한 변수는 공차를 가진 채 만들어 지게 됩니다.

풀다운 메뉴에서 Tools ⇨ Options ⇨ General ⇨ Parameter & Measure ⇨ Parameters Tolerance Tab을 선택합니다. 그럼 다음과 같이 Default Tolerance가 보일 것입니다. 공차에 대한 설정은 기본적으로 설정이 되어 있지 않다. 여기서 Default Tolerance를 체크해 주도록 합니다.

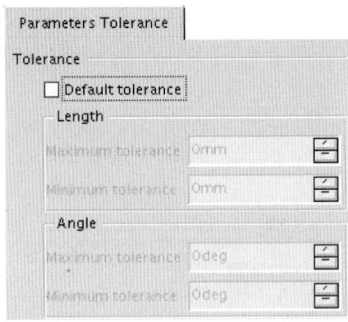

그럼 아래와 같이 길이 및 각도에 대한 공차 값을 지정해 줄 수 있습니다.

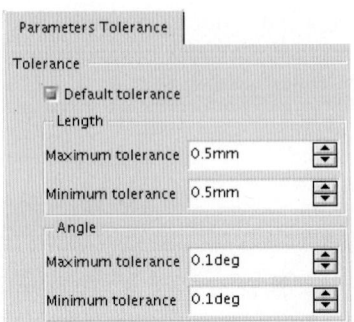

Ok를 선택, Options를 나와 일반 모델링 Workbench에서 형상을 모델링 하는 경우 다음과 같이 입력하는 모든 치수에 공차 표시 ±가 생기는 것을 확인할 수 있습니다. 이러한 표식은 공차가 적용된 치수임을 나타내는 것으로, 따로 Parameter를 이용해 변수의 값을 만들어준 경우에도 공차가 들어있음을 확인할 수 있습니다.

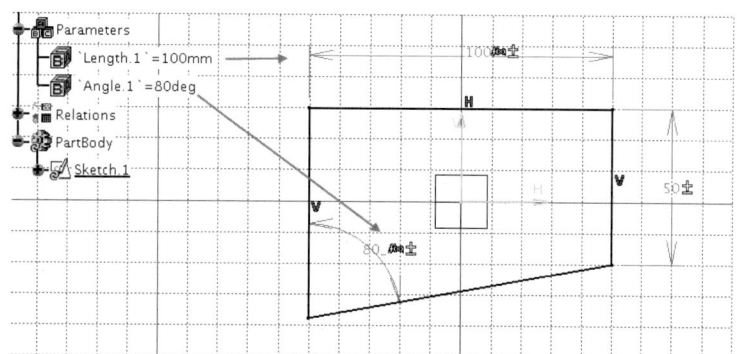

이와 같이 전체 모델링 작업에 대해서 공차를 입력해 주면 일일이 변수에 대해서 공차를 입력하는 번거로움을 피할 수 있을 것입니다.(그러나 모든 변수에 대해서 전체 공차를 주는 경우는 드물다.)

만약에 이렇게 전체 작업에 대해서 공차를 준 뒤에 일부 변수의 공차를 제거하고자 한다면 다음과 같이 변수의 Contextual Menu에서 Tolerance를 선택하여 'Suppress'를 선택하면 됩니다.

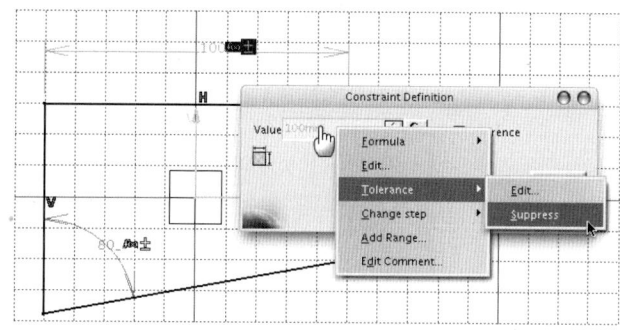

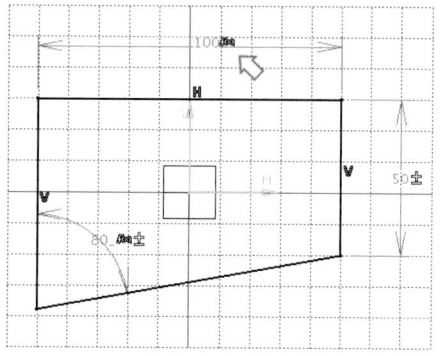

- Customized Tolerance

만약 위와 같이 전체 변수들에 대해서 공차를 입력하고자 하는 경우가 아니라 자신이 지정한 일부 변수에 대해서만 공차를 입력하고자 하는 경우에는 위와 같이 Options 설정을 하지 말고 다음과 같은 방법을 사용하기 바랍니다.

우선 만들어준 변수나 치수에 대해서 다음과 같이 더블 클릭으로 Edit Parameter 창을 열고 Contextual Menu에서 'Add Tolerance'를 선택합니다.

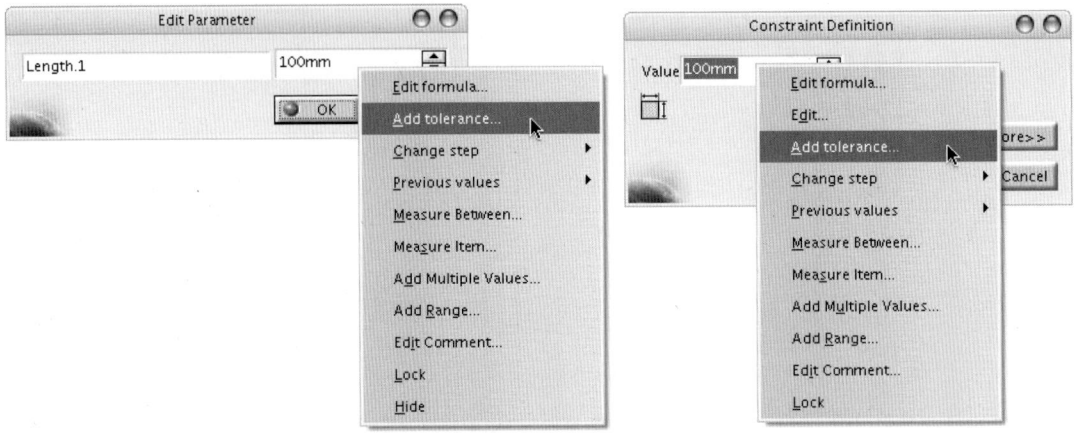

그럼 다음과 같은 공차 설정 창이 뜨는 것을 확인할 수 있을 것입니다. 여기에 원하는 +, - 공차 값을 입력하고 OK를 클릭합니다.

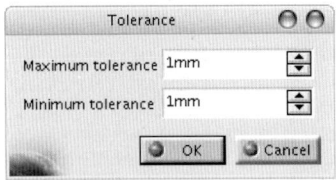

그러나 Parameter에 공차를 입력할 경우에는 주의해야 합니다. 위와 같이 먼저 공차를 입력하고 형상에 이 변수를 대입하면 대입한 치수에 대해서 공차는 적용되지 않습니다.

.100

이런 경우 변수를 생성한 후에 공차의 입력은 치수에 적용한 후에 만들어 주면 됩니다.

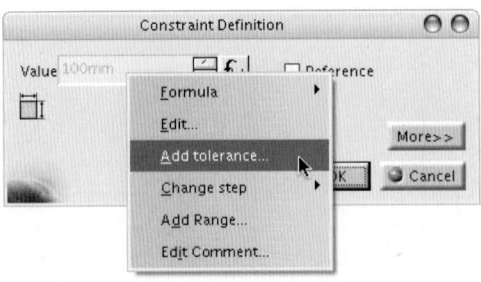

이제 앞서 공차를 입력한 변수를 사용할 경우에는 항상 공차 표시와 함께 변수가 적용될 것입니다.

100

• Parameters 수정/삭제하기

위와 같은 과정을 통해서 만들어진 Parameters들은 처음 만들어진 후에 수정 또는 삭제가 가능합니다. 연습을 위해 아래와 같이 변수들을 Document에 구성합니다. Parameters의 값을 수정한다고 할 경우에는 다음과 같이 Spec Tree 상에서 원하는 Parameters를 더블 클릭해 줍니다.

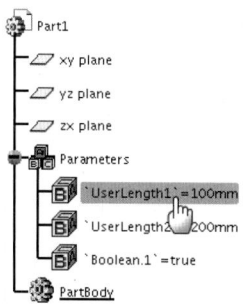

그럼 다음과 같이 Edit Parameter 창이 나타납니다. 여기서 원하는 값으로 수정하여 주면 해당 Parameter의 값을 변경해 줄 수 있습니다.

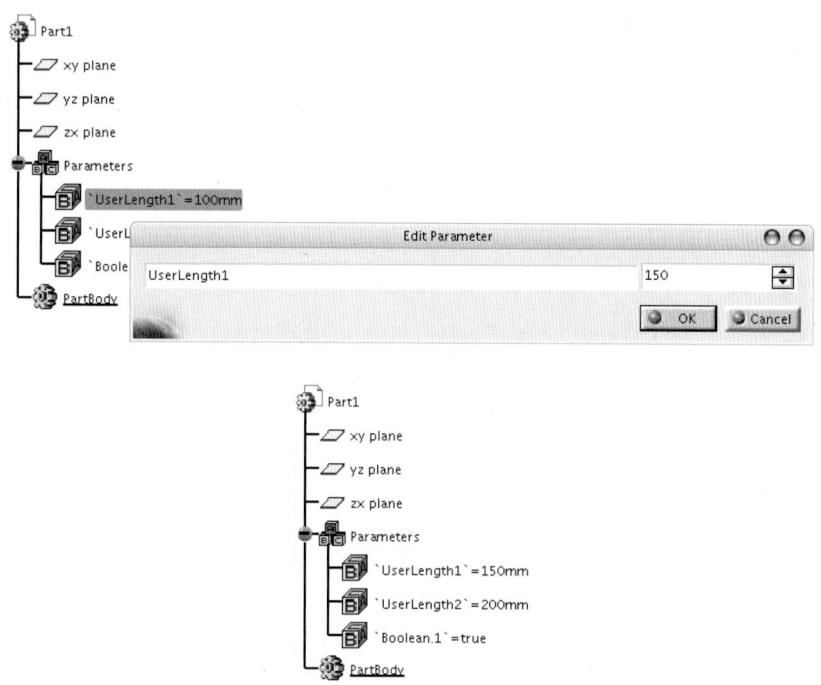

변수의 속성을 변경해 주고자 한다면 다음과 같이 원하는 변수를 선택하고 Alt + Enter를 이용 속성에 들어갈 수 있습니다. 여기서는 변수의 값을 변경하는 것이 아니라 변수의 이름 속성을 변경해 줄 수 있습니다.

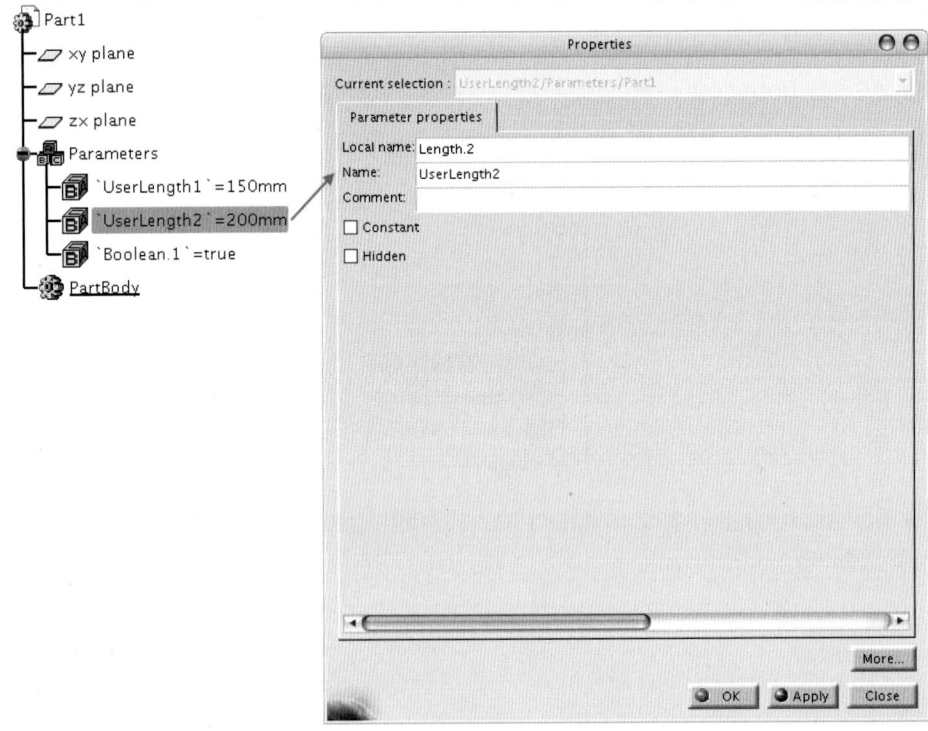

또한 Formula ![fx] 명령을 사용하여 다음과 같이 Formula Dialog Box를 사용하여 원하는 Parameters를 수정해 줄 수 있습니다. 여기서 원하는 Parameter를 선택한 후에 'Delete Parameter' Delete Parameter 를 클릭하면 Parameter를 삭제 시킬 수 있습니다.

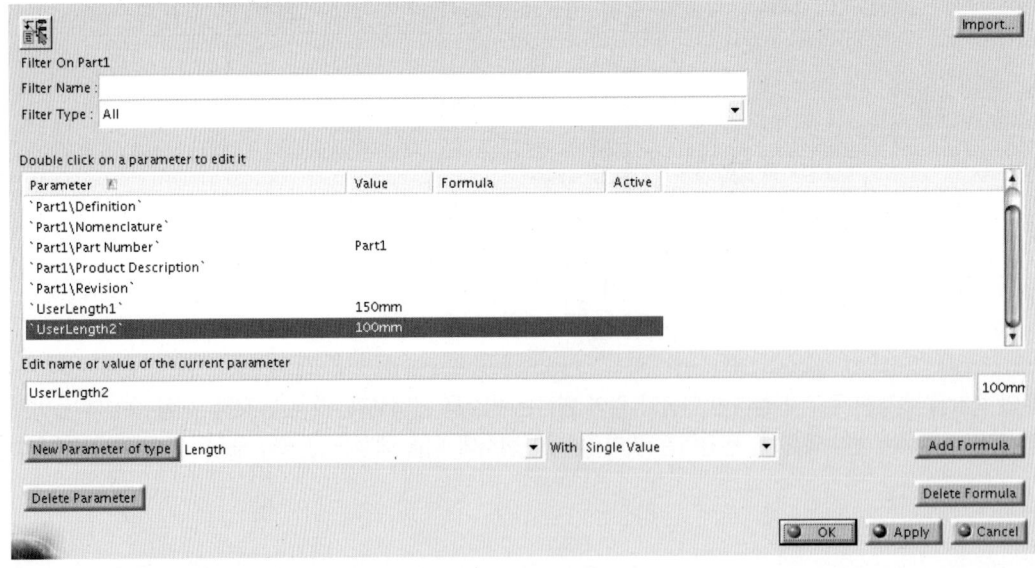

그러나 여기서 주의할 것은 어떠한 Parameter를 삭제시키거나 수정한다고 할 경우 선택한 Parameter가 다른 Parameter와 관계가 있는 경우라면 주의해야 합니다. 다른 Parameter와 관계가 있는 Parameter를 삭제하면 연관

있는 다른 Parameter나 Knowledge 관계가 깨져버릴 수 있습니다. 다른 Parameter들과 연관이 있는 Parameter는 Spec Tree상에 다음과 같이 아이콘 모양이 달라진다. 만약에 여기서 'UserLength1'이나 'UserLength2'를 삭제한다면 'Userlength3'가 어떻게 될지 생각해 보기 바랍니다.(앞으로 Formula등의 명령을 배우면서 이러한 다른 변수에 의한 Parameters(종속 변수)를 만드는 방법도 배우게 될 것입니다.)

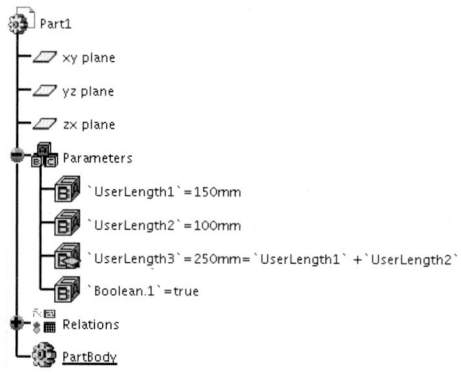

• Parameter에 Range 설정하기

앞서 만들어준 Parameter에 그 값이 가지는 범위를 한정해 줄 수 있습니다. 실제로 길이 값에 음수를 적용할 수 없는 부분이 있을 수 있으며, 정해진 범위를 넘어서 값이 입력되는 경우 이러한 값은 의미 없는 데이터가 될 수 있으며, 전체 작업에 있어서도 이러한 요소가 있으므로 치명적인 오류를 만들어 줄 수 있습니다. 이런 경우 변수가 생성될 때 자신이 가질 수 있는 범위를 정의해 줄 수 있습니다.

> Multiple Value는 그 변수 자체가 가지는 값이 여러 가지인 경우이고, 변수에 Range를 지정해 주는 것은 변수가 가질 수 있는 최대, 최소의 범위를 정해주는 것이므로 확실히 다르다는 것을 기억하기 바랍니다.

새로 Document를 실행하여 다음과 같이 Length Type의 변수 하나를 만들어 보도록 하자. 값은 넣지 않은 상태로 Parameter만 만들어 줍니다.

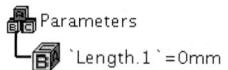

다음으로 변수를 더블 클릭하여 Edit Parameter 창을 실행합니다. 그리고 여기서 값을 입력하는 부분에서 Contextual Menu ⇨ Add Range를 선택합니다.

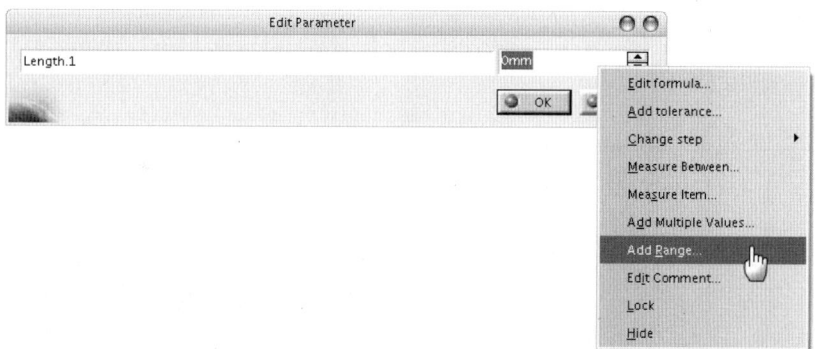

그럼 다음과 같은 창이 나타나는 것을 확인할 수 있습니다.

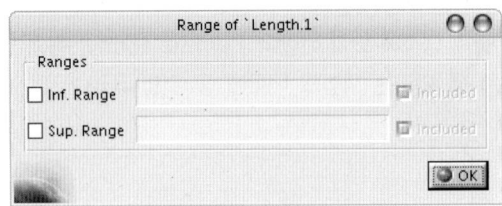

여기서 최소값(Inferior Range)과 최대값(Superior Range)을 나타내는 각각의 Range 값을 체크한 후 값을 입력해 주도록 합니다. 여기서 Included가 체크되어 있는 것을 확인할 수 있는데 이는 해당 값을 포함하도록 정의하는 것입니다. Included가 체크되면 Inf.Range ≤ P ≤ Sup.Range가 되고 Included를 해제하면 Inf.Range < P < Sup.Range가 됩니다.

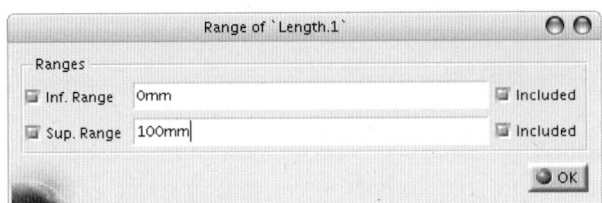

다음으로 OK를 누르고 Range 설정 창을 나온다.

이제 Parameter 값을 입력하는 부분에 0mm에서 100mm를 벗어난 값을 입력해 보도록 합니다. 그런 아래와 같은 경고 메시지를 확인할 수 있을 것입니다.

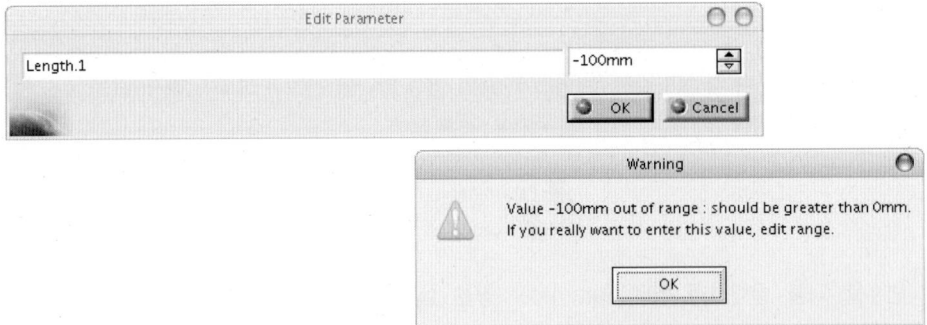

이렇게 경고 창이 나타난 후에 범위에 속하지 않은 값의 경우에는 입력이 거부된다는 것을 기억하기 바랍니다. 또한 이러한 Range를 갖는 변수들은 Range가 적용된 값에 대해서 다음과 같은 Method가 제공되어 Formula를 이용하여 다른 변수에 대입이 가능합니다.

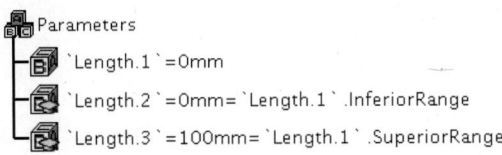

• Parameters Publish 하기

하나의 형상을 작업하는데 있어 변수들을 하나의 Document 이상에서 공유해서 사용하거나 변수들의 업데이트를 편하게 하기 위해서 Parameters들을 공개할 수 있습니다. 일반적으로 Product 상에서 여러 개의 Sub Component 들을 사용하여 Component들을 구속하거나 형상을 설계한다고 할 경우 이렇게 공개된(Published) 변수들은 다른 Document들과 함께 작업할 경우 Tree에서 바로 노출되어 손쉽게 선택이 가능하며 같은 이름으로 작업된 변수가 들어 있는 다른 Document로 변경할 경우 자동적으로 동기화 되는 것을 확인할 수 있습니다.

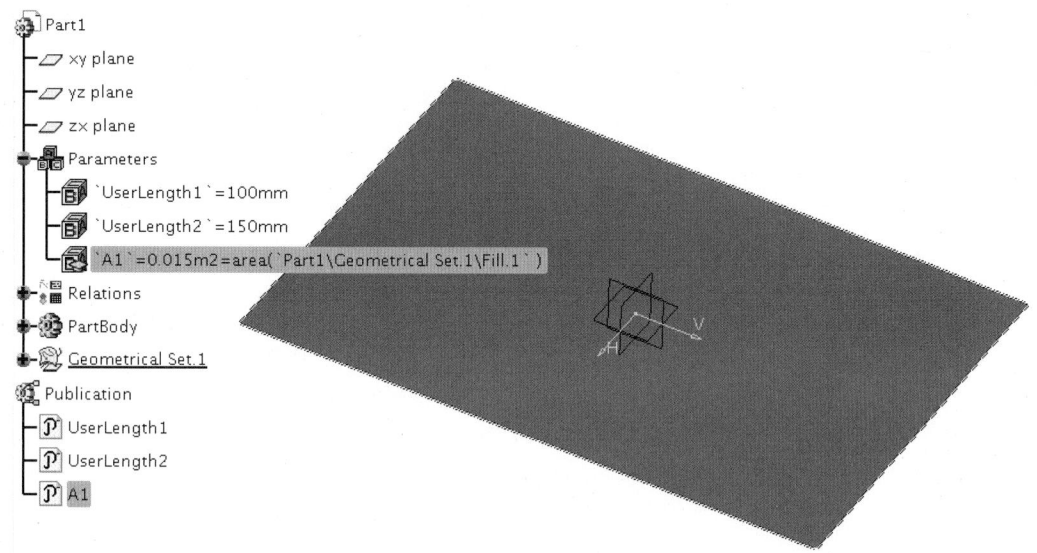

변수를 Publish하는 방법은 일반적인 형상을 Publish하는 것과 같으며 일련의 과정으로 설명하자면 다음과 같습니다. 우선 작업에 사용하고자 하는 변수를 다음과 같이 생성합니다.(변수를 생성하지 않고 바로 형상의 구속이나 치수를 Publish 할 수 도 있으나 여기서는 권하지는 않습니다.)

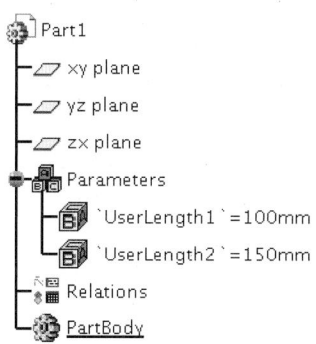

변수 생성 후 풀다운 메뉴에서 Tools ⇨ Publication을 선택합니다. Knowledge Advisor Workbench에서는 나타나지 않으므로 Part Document의 경우 Part Design이나 GSD와 같은 모델링 Workbench로 이동하여 선택해 줍니다.

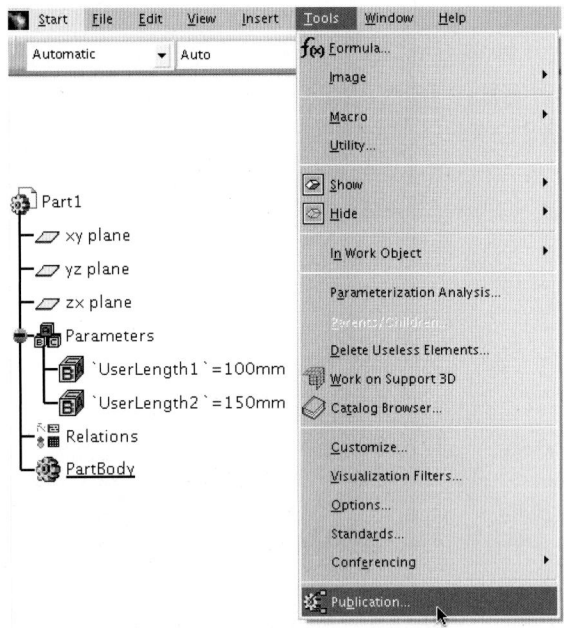

그럼 다음과 같이 Publication을 정의하는 창이 나타납니다.

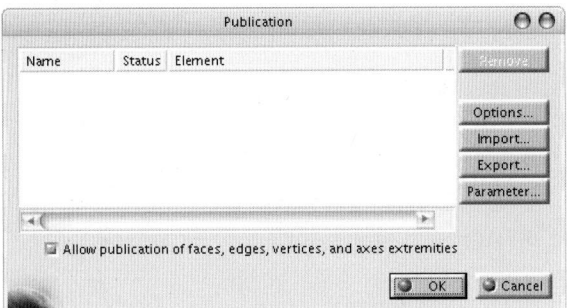

여기서 Publish하고자 하는 변수를 선택해 줍니다. 변수를 선택하면 바로 Publication 창에 입력되는 것을 확인할 수 있습니다. 만약에 변수를 잘못 선택한 경우에는 Publication 창에서 변수를 선택한 후에 Remove로 제거해 줍니다.(Spec Tree에서 삭제가 되지 않습니다.)

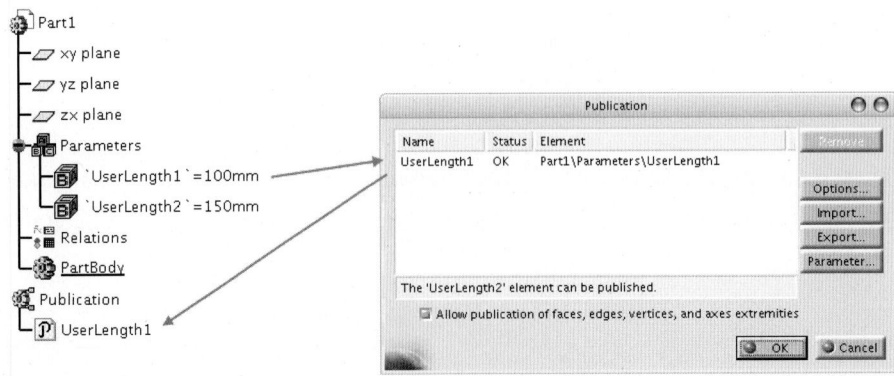

만약에 Parameter의 이름을 변경하고자 한다면 해당 변수를 선택한 후 Rename을 선택해 이름을 변경해 줍니다. 이렇게 만들어진 Publish 요소는 Product 상에서 여러 개의 Document를 다루는 경우 매우 유용합니다. 아래 그림에서 Length.1은 Publish된 변수로 다른 Document에서 사용할 경우를 보여줍니다.(변수 아이콘에 P라는 표시를 확인할 수 있습니다.)

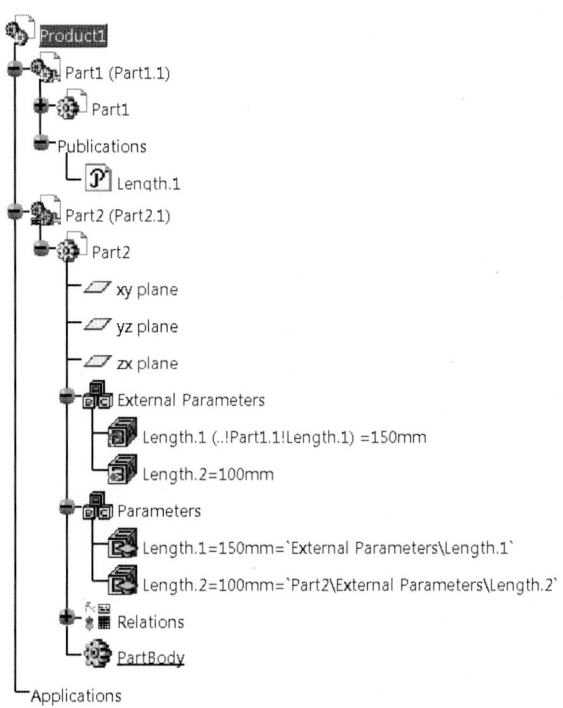

• Importing Parameter

이와 같은 Parameters는 작업자의 필요에 따라 외부 파일로부터 그 변수와 값을 불러올 수 있습니다. 따라서 반드시 CATIA내에서 작업한 변수가 아니더라도 필요에 따라 텍스트(.TXT)나 엑셀(.XLS) 파일로 구성된 변수들을 불러와 사용 가능합니다.

Parameters를 불러오기에 앞서 주의할 것은 이미 현재 Document에 존재하는 Parameters 이름이 외부 파일로부터 불러오는 변수에 포함되어 있다면 CATIA는 자동적으로 불러오는 파일의 값으로 변수를 업데이트 한다는 것입니다. 따라서 변수들의 이름에 특히 신경을 쓰기 바랍니다.

외부 파일로부터 Parameters를 불러오기 위해서는 다음과 같은 형식으로 기술되어 있어야 합니다.

Parameter Names	Parameter Values	Formula	Optional Comment

- Parameter Names
변수의 이름을 입력해 줍니다. 반드시 입력해 주어야 합니다.

- Parameter Values
변수가 가지게 되는 값을 입력합니다. Single Value의 경우에는 단일 값만을 입력하면 됩니다. 그러나 만약에 Multiple Value를 사용한다면 각 값들을 ";"를 사용하여 입력해 구분해 주어야 합니다. ";"의 표현의 경우에는 가장 마지막 값 다음에는 사용해서는 안 됩니다. 그럴 경우 마지막 값 다음에 또 다른 값이 있는 것으로 인식이 되기 때문입니다. Import해오는 값 중에 "〈"와 "〉"로 묶인 값이 현재 값으로 출력이 됩니다.

- Formula
변수에 적용되는 공식이 있는 경우 해당 공식을 입력해 줍니다.(없을 경우 엑셀의 경우에는 한 칸을 공백으로 놔두고 일반 텍스트의 경우에는 Tab Key를 눌러 칸을 비워줍니다.)

- Optional Comment
추가적으로 변수에 대해서 코멘트를 달아놓을 수 있습니다.

추가적으로 텍스트로 Parameters를 가져올 때 하나의 Parameter에 대한 모든 값이 입력된 후에 ";" 표시를 해주면 다음 Parameter가 들어가는 것으로 인식됩니다. 즉, 줄 바꿈이 된다고 생각하면 됩니다.

다음은 간단한 Parameters를 Import하기 위한 예입니다. 메모장 프로그램을 실행하여 다음과 같이 변수의 이름과 변수의 값, 식을 입력해 보기 바랍니다. 메모장의 경우에는 각각의 데이터 구분이 Tab에 의해서 인식이 되므로 값과 값 사이를 띄어쓰기 할 경우에는 반드시 키보드에서 Tab Key를 사용하도록 합니다.(스페이스 바는 인식하지 못합니다.)

```
UserLength1    100mm ; 〈150mm〉 ; 200mm
UserLength2    150mm ; 〈300mm〉
UserLength3    0mm      UserLength1+2*UserLength2
UserLength4    100mm ; 〈180mm〉 ; 200mm
A1      200m2
A2      0m2      2*A1
V1      1000m3
```

위와 같이 메모장에 입력한 후에 저장을 하도록 합니다. 그리고 CATIA에서 빈 Part를 실행하여 다음과 같이 Formula를 실행합니다. 그리고 오른쪽 위의 Import를 선택하고 앞서 만들어준 메모장 파일을 불러온다. 그럼 다음과 같은 Import Results 창을 확인할 수 있습니다.

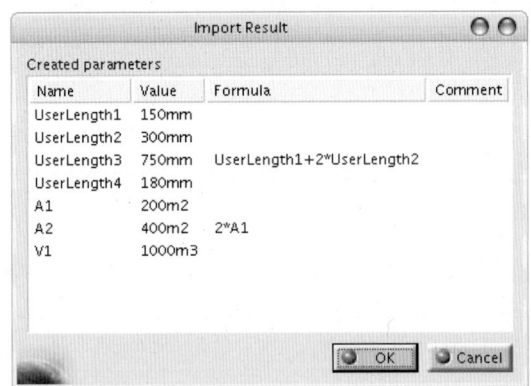

입력한 변수들이 바르게 불러온 것을 확인하고 OK를 누릅니다. 그럼 다음과 같이 Spec Tree 상에서 변수들이 불러와 지는 것을 확인할 수 있습니다.

이와 같이 변수들을 손쉽게 워드 프로그램에서 작성한 후에 CATIA로 불러옴으로써 보다 간편한 작업과 동일 변수에 대해서 중복되는 작업 손길을 줄일 수 있습니다.

물론 엑셀에서 작업이 더 편리할 것입니다.

	A	B	C
1	UserLength1	100mm ; <150mm> ; 200mm	
2	UserLength2	150mm ; <300mm>	
3	UserLength3	0mm	UserLength1+2*UserLength2
4	UserLength4	100mm ; <180mm> ; 200mm	
5	A1	200m2	
6	A2	0m2	2*A1
7	V1	1000m3	

● Parameters 적용하기

위의 과정을 통해서 만들어진 Parameters를 이용하여 이제 설계하고 있는 Part 형상이나 Product에 적용함으로써 Parametric Modeling의 가장 기초적인 단계에 돌입할 수 있습니다. Parametric Modeling이란 간단히 변경이 자주 일어나는 모델의 특정 부위에 대해 변수화를 선언하고, 이를 관리함으로써, 특정 치수가 변경된 모델의 생성을 쉽게 관리 할 수 있도록 하는 모델링 방법이라고 생각하면 됩니다. 우리가 Knowledge 기능을 사용하려는 주요 목적 중에 하나가 이와 같은 Parametric Modeling을 통한 제품 데이터의 보다 쉬운 관리인 것입니다. 이제 주요 Parameter들을 작업 Tree에 노출시켜 모델링 작업과 함께 이러한 Parameter를 형상의 치수에 적용시키는 방법을 설명하도록 하겠습니다.

Parameter를 적용시키는데 있어 가장 먼저 고려되어야 할 것에는 작업에 알맞은 Parameter를 만드는 것입니다. Parameter는 각각 고유한 데이터 형이 있기 때문에 이 값들을 적용할 수 있는 경우도 다르다. 만약에 길이 구속 값에 Parameter를 적용 시킨다고 하였을 때 Parameter Type이 'Length'가 아닌 'Real'이나 'Integer'이었다고 가정해 보자. 분명 맞지 않는 결과가 나타나고 Error가 발생할 것입니다. 따라서 Parameter 요소를 활용한 모델링 도입은 작업에 대한 전체적인 윤곽이 잡힌 상태에서 이루어지는 맞는 사용하는 Parameter에 대해서 올바른 데이터 형을 사용해야 합니다.

Parameter를 Feature에 적용시키려면 우선 올바른 Parameter Type으로 Parameter를 만든 것인지를 확실히 해야 합니다.

- Formula Dialog Box를 이용한 Parameter 적용하기

Parameter를 Part Document의 형상에 적용시키기 위해 다음과 같이 빈 Part를 실행한 뒤에 아래 Parameter들을 정의하도록 합니다. Length.1, length.2, Length.3은 모두 Length Type이고 Angle.1은 Angle Type의 변수입니다.

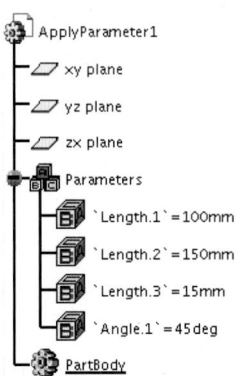

Parameter를 만든 후에 XY평면으로 스케치를 들어가 다음과 같이 스케치 하도록 합니다.

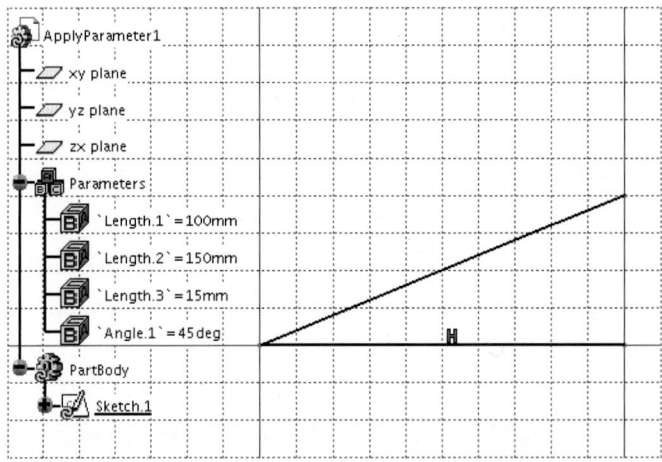

다음으로 이 형상에 Constraints를 이용하여 구속하도록 합니다. 구속을 통해서 Constraints를 생성해 놓지 않으면 Parameter를 적용할 수 없기 때문입니다. 구속과 동시에 두 직선이 만나는 지점에 Corner를 해주도록 합니다. 여기서 Constraints는 생성하되 구속 치수 값은 임의로 무시하여도 됩니다.(나중에 Parameter들에 의해 자동으로 변경될 것 입니다.)

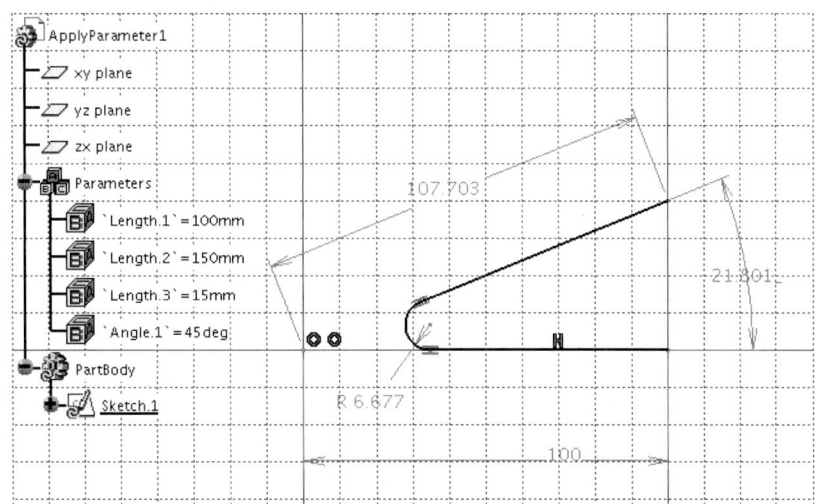

이제 Parameters를 적용할 차례입니다. 우선 'Length.1'을 대각으로 기울어진 직선에 적용시키도록 할 것입니다.

Formula ƒ(x) 명령을 실행시킨다. Formula Dialog Box에 현재 Document에 대한 모든 Parameters가 보일 것입니다. 모든 Part Document에 대한 Parameters가 나타나기 때문에 원하는 Parameter를 찾기가 힘들 경우 우선 Filter Type을 'All' 에서 원하는 Type으로 변경해 줍니다. 여기서는 Length로 변경을 해주도록 합니다.

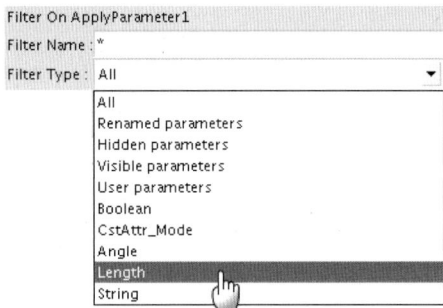

그러면 데이터 Type이 Length인 Parameter들만이 목록에 나타날 것입니다.

Parameter	Value	Formula	Active
`PartBody\Sketch.1\Offset.46\Length`	100mm		
`PartBody\Sketch.1\Offset.47\Length`	107.703...		
`PartBody\Sketch.1\Radius.52\Radius`	6.677mm		
`Length.1`	100mm		
`Length.2`	150mm		
`Length.3`	15mm		

여기서 앞서 정의한 Parameters 외에 다른 Parameter가 보일 것입니다. 이것들은 앞서 형상을 구속하기 위해 사용한 Constraints들 중에 Length Type이었던 값들입니다. 이제 이 값들에 앞서 정의한 3개의 Parameter를 각각 적용시킬 것 입니다.

화면상에서 대각선으로 기울어진 직선의 구속을 선택하거나 Parameter 목록상에서 해당 Parameter를 선택합니다. 그리고 Formula Dialog Box의 우측에 있는 'Add Formula' Add Formula 버튼을 클릭합니다.

반드시 원하는 Parameter를 선택하고 Add Formula를 눌러야 합니다. 그렇지 않으면 의도하지 않은 다른 Parameter가 손상되거나 뒤섞일 수 있습니다.

그럼 다음과 같이 Formula Editor 창이 나타납니다.

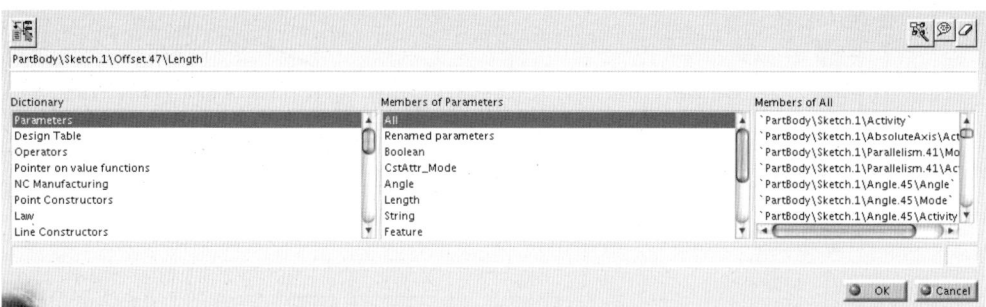

이 창을 통해서 우리가 원하는 Parameter를 각각의 구속 요소에 대입을 시키거나 수식 화할 수 있습니다. 여기서도 앞서 Formula Dialog Box와 마찬가지로 모든 Parameter가 나타나기 때문에 쉽게 원하는 Parameter를 찾지 못할 수 있습니다. 이런 경우에는 가운데의 'Members of Parameters'에서 원하는 Parameter Type을 선택하도록 합니다. 본 예에서는 'Length'를 선택하도록 합니다. 그럼 아래와 같이 길이에 관련된 Parameter만이 표시되는 것을 확인할 수 있습니다.

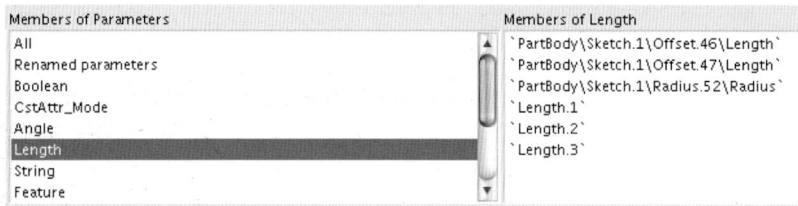

여기서 'Length.1'을 더블 클릭하여 선택해 주도록 합니다. 그러면 다음과 같이 Formula Editor창의 상단에 표시가 나타날 것입니다.

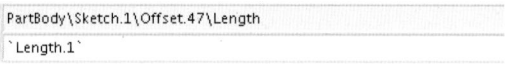

이것의 의미는 앞서 선택한 Parameter와 현재 더블 클릭하여 선택한 Parameter가 동일하다는 의미가 됩니다. 즉, 위의 표시는 다음과 같은 의미가 됩니다.

PartBody₩Sketch.1₩Offset.47₩Length = `Length.1`

이제 OK를 선택해 Formula Editor를 닫은 후에 Formula Dialog Box를 보면 다음과 같이 앞서 선택한 Parameter에 대해 다음과 같이 가장 간단한 형태의 Formula가 생성된 것을 확인할 수 있을 것입니다.

Parameter	Value	Formula	Active
`PartBody\Sketch.1\Offset.46\Length`	100mm		
`PartBody\Sketch.1\Offset.47\Length`	100mm	= `Length.1`	yes
`PartBody\Sketch.1\Radius.52\Radius`	6.677mm		
`Length.1`	100mm		
`Length.2`	150mm		
`Length.3`	15mm		

그리고 이 상태에서 Apply를 클릭하면 다음과 같이 선택한 기울어진 직선의 치수가 앞서 'Length.1'으로 만들어준 치수와 동일해 지는 것을 확인할 수 있습니다.

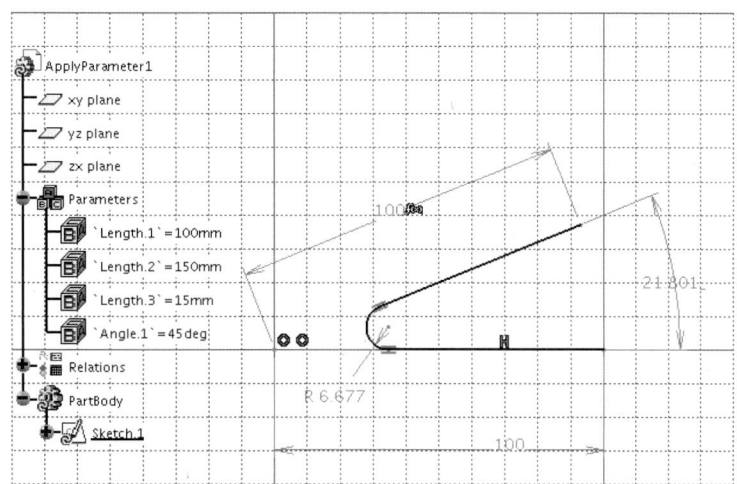

100mm라는 수치 뒤에 붙은 ⚙️표시는 이 Parameter가 Formula에 의해 구성된 것임을 보여줍니다. 이렇게 만들어진 구속은 더 이상 Constraints를 이용하여 수정할 수 없으며 Parameter나 Formula를 이용해서만 수정이나 변경이 가능합니다.

아래 그림은 User Parameter를 적용시킨 구속을 더블 클릭하였을 때 나타나는 Constraints 창입니다. 보이는 바와 같이 값을 입력하는 부분은 닫혀있으며 Formula 표시가 나타난 것을 확인할 수 있습니다.

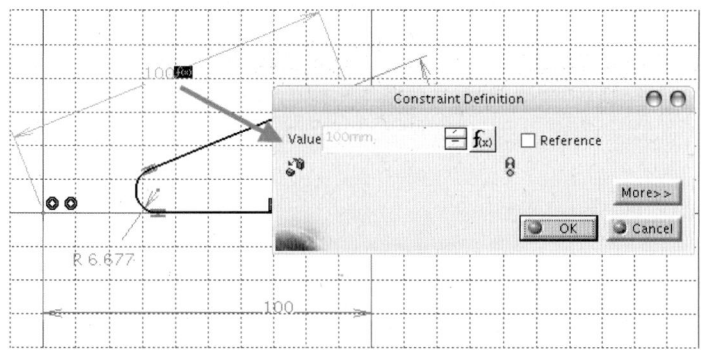

마찬가지 방법을 사용하여 나머지 구속에 대해서도 User Parameter를 입력하면 다음과 같이 모든 Parameter를 입력할 수 있습니다. 각도의 경우에는 Parameter Type을 'Angle'로 변경하여 동일 작업을 수행하면 됩니다.

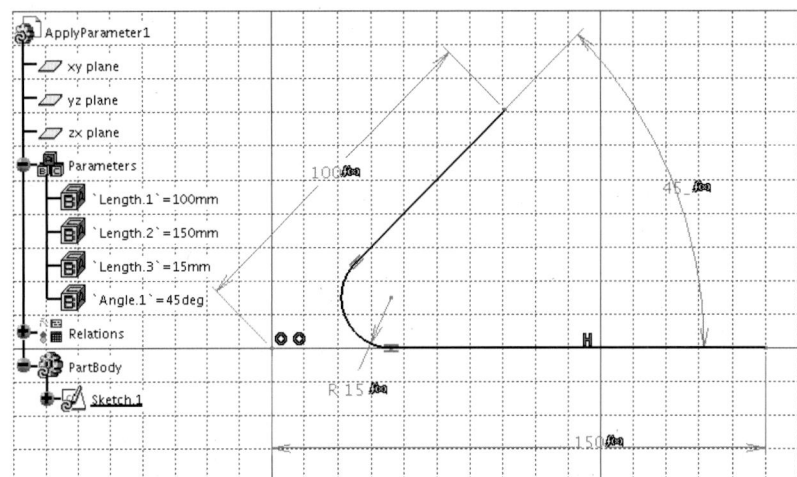

이러한 Formula Dialog Box를 이용하게 되면 모든 Parameter에 대해서 한 번에 수정작업이 가능합니다.

※ Feature에 적용된 Parameter의 제거 및 수정

만약, 위의 방법을 사용하여 Parameter를 Feature에 대입해 준 후에 다시 입력된 변수를 제거하고자 할 경우에는 다음과 같이 변수를 더블 클릭하여 치수 정의 창을 연 후에 Contextual Menu의 Delete를 선택하여 제거가 가능합니다.

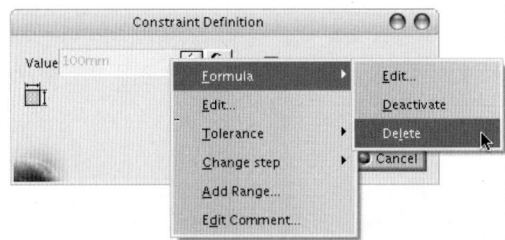

또는 위의 Contextual Menu 상태에서 Edit을 선택할여 Formula의 수정도 가능하다는 것을 알아두기 바랍니다.(Edit을 선택하면 Formula Editor 창이 나타납니다.)

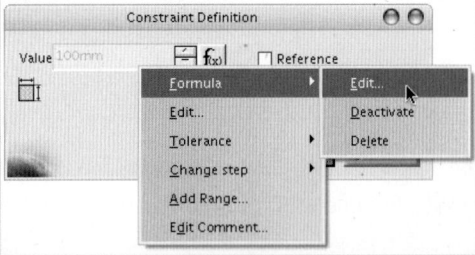

다음과 같이 Formula 버튼을 클릭하는 것도 Formula Editor를 실행하는 방법이 됩니다.

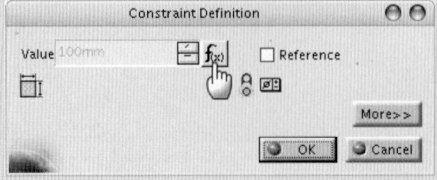

- Contextual Menu를 이용한 Parameter 적용하기

Formula Dialog Box를 이용하면 동시에 여러 개의 Parameter를 수정해 주는 작업이 가능하여 편리합니다. 그러나 이 보다 좀 더 직관적인 작업을 원할 경우에는 값(Value)를 입력하는 곳에서 마우스 오른쪽 버튼을 눌러 Contextual Menu를 이용할 수도 있습니다.

앞의 예제와 동일한 예를 이용하여 설명하면 다음과 같이 원하는 Constraints를 더블 클릭하여 다음과 같이 치수를 입력하는 자리에서 마우스 오른 쪽을 눌러 'Edit Formula'를 선택해 주도록 합니다.

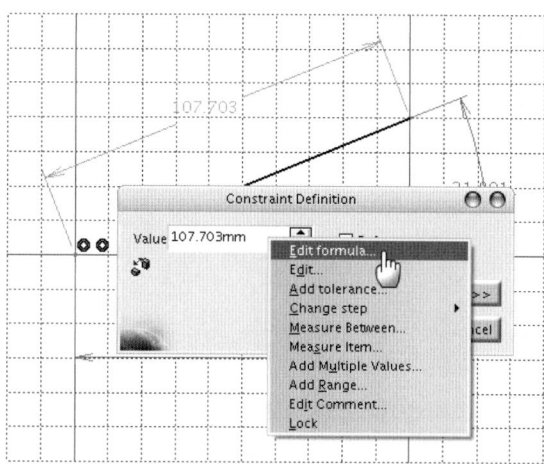

그럼 다음과 같이 Formula Editor창이 나타나 위와 같은 Parameter 적용을 할 수 있습니다.

또한 여기서 Parameter를 선택할 때 Spec Tree의 Parameter에서 직접 선택해 주어도 된다는 것을 알아두기 바랍니다. 이렇게 Contextual Menu를 이용하여 작업할 경우 좀 더 직관적으로 형상과 Parameter를 연관시켜 작업할 수 있어 작업자가 선호하는 방식이기도 합니다.

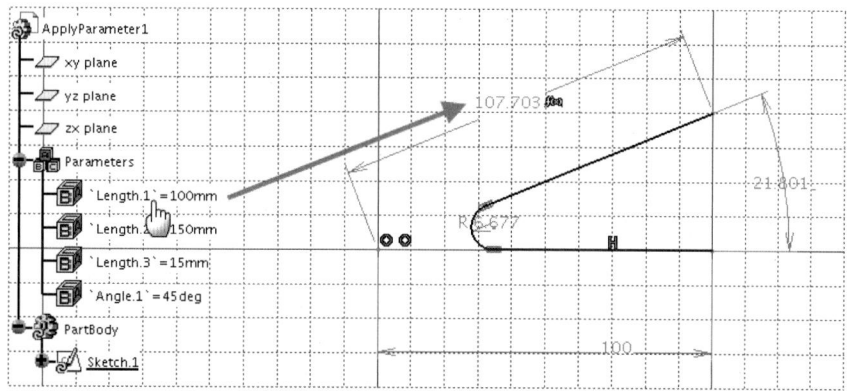

그런데 이렇게 Contextual Menu에서 Edit Formula를 사용하면서 주의할 것은 Corner로 만든 Arc 형상이나 원(Circle)에서 Constraints를 생성하였을 때, 만약에 치수가 반지름(R)이 아닌 지름(D)으로 표시가 되어 있다면 Parameter를 적용시킬 수 없다는 것을 유의해야 합니다. 지름으로 표시된 Constraints에서는 Contextual Menu에서 Edit Formula가 나타나지 않습니다. 만약에 Arc나 Circle 형상이 지름으로 구속 표시가 되어 있다면

Constraints를 더블 클릭하여 Dimension을 Radius로 변경한 후에 Parameter를 적용시키면 됩니다.

아래 그림과 같이 실제로 Diameter의 경우에는 Edit Formula 메뉴가 나타나지 않습니다.

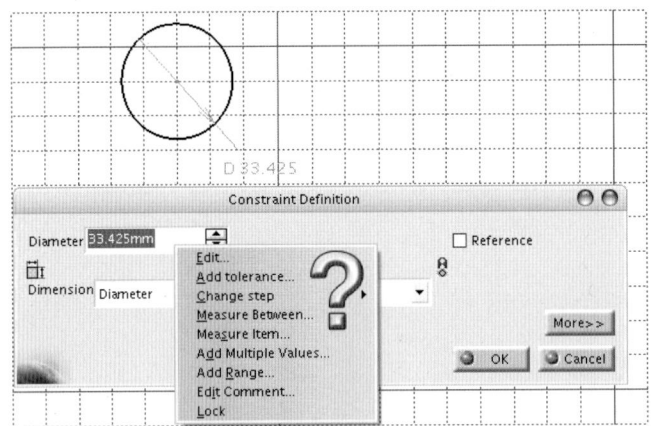

그러나 이 원에 대한 구속을 Radius로 변경하면 다음과 같이 Edit Formula가 나타납니다.

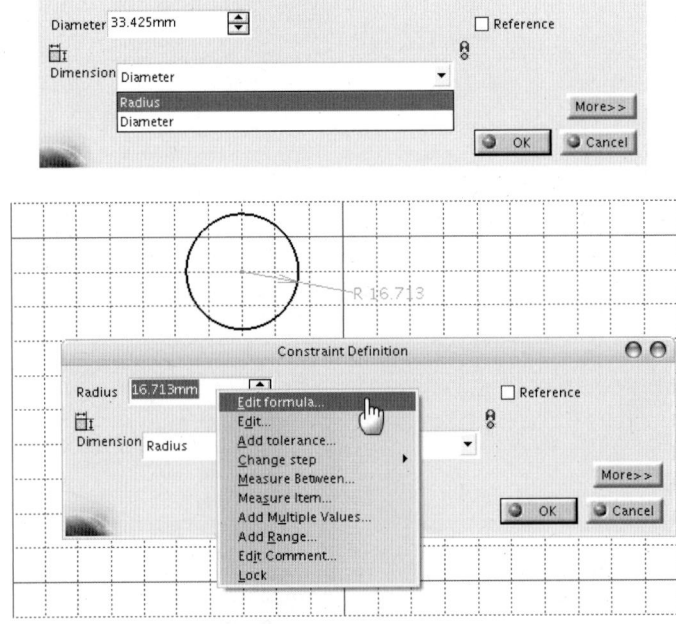

> Arc나 Circle 형상에 User Parameter를 적용시키고자 할 경우에는 반드시 Constraints를 Radius로 수정해 주어야 합니다.

- 3차원 형상에 Parameter 적용하기

앞서 간단한 2차원 스케치 형상의 구속에 Parameter를 적용하는 방법을 보았다. 이제 3차원 형상(Feature)에 Parameter를 적용시키는 방법을 통해서 Parameter를 통한 모델링 방법의 한 걸음을 더 나가도록 할 것입니다. 일반적으로 형상이라 했을 때 CATIA에서는 단순히 디자인하는 대상만을 의미하는 것이 아닌 대상을 만드는데 사용하는 명령 자체를 의미하기도 합니다.(즉, Pad.1의 경우도 하나의 형상이라 부를 수 있고 Pocket.2 도 마찬가지로 하나의 형상으로 생각할 수 있습니다.)

> 기본적으로 Parameters의 사용은 2차원 프로파일 형상의 치수뿐만 아니라 3차원 형상 및 Drafting의 치수, Assembly Design의 구속, Measure 기능에서도 모두 사용할 수 있습니다.

- Feature에 Parameter 적용하기

앞서 3차원 형상에 Parameters를 입력하는 방법은 만들어진 형상에 대해서 작업하는 것이고 형상을 구성하는 변수에 대한 Parameters 작업이 아닌 추가적인 Parameters를 만들어주는데 사용하는 방법입니다. 이번에는 실제로 형상을 구성하는 치수를 변수와 연결해 주는 방법을 설명하고자 합니다. 이 방법을 통하여 작업자는 3차원 형상을 구성하는 변수들이나 3차원 형상들의 위치를 Parameters로 조절하고 구속하는 동기화의 방법을 사용할 수 있게 될 것입니다.

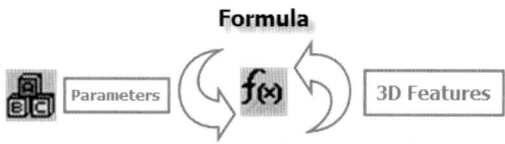

3차원 형상을 만드는데 있어 일반적인 방법은 2차원 프로파일을 작성한 후에 이것에 3차원 형상을 구성하는 여러 치수 값을 사용하는 것이라 할 수 있습니다. 여기서 Parameter를 통하여 프로파일을 3차원화 하는데 필요로 되는 각 명령의 요구 치수를 모두 변수로 동기화 시키는 것이 가능합니다. 즉, Pad할 때 길이(Length)나 Shaft할 때 축 기준 회전각도(Angle), Pattern에서의 복사 개수(Instance)나 간격(Spacing) 등이 모두 Parameter로 동기화할 수 있습니다.

다음의 예를 따라 해 보도록 하자. 우선 Part Document를 실행시킨 후에 다음과 같이 Parameters를 구성합니다. 여기서 L1, L2, H1은 'Length' Type이고 Instance는 "Integer" Type입니다.

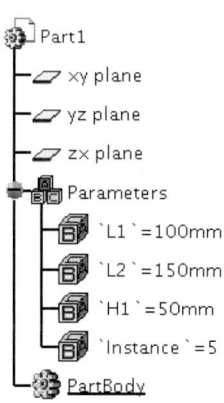

이제 XY평면에 사각형 형상을 스케치하고 가로, 세로 치수에 각각 L1, L2를 대입시킨다.(Constraints를 더블클릭하여 Parameter 선택)

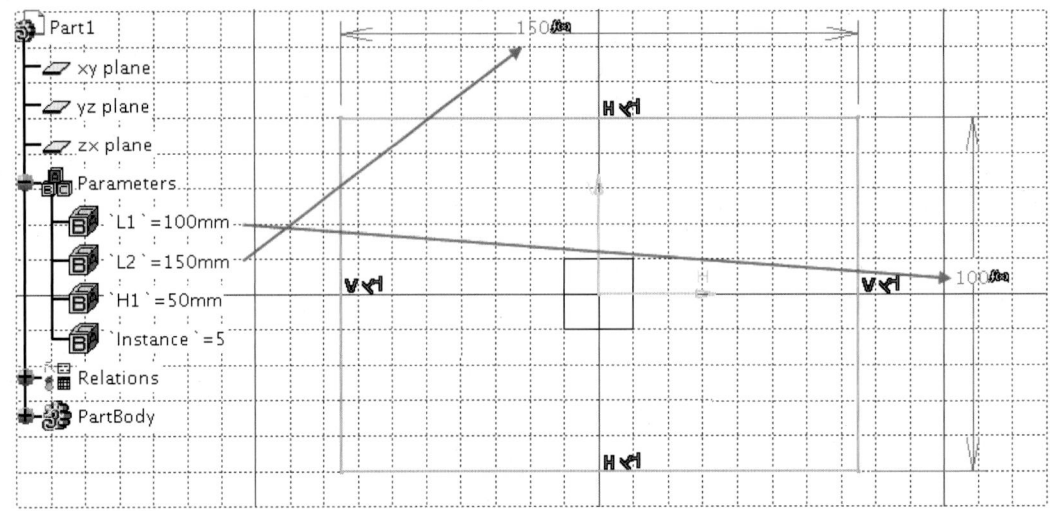

다음으로 Part Design으로 Workbench를 이동해 Pad를 사용하여 앞서 만들어준 스케치 형상에 높이 3차원 치수를 부여합니다.

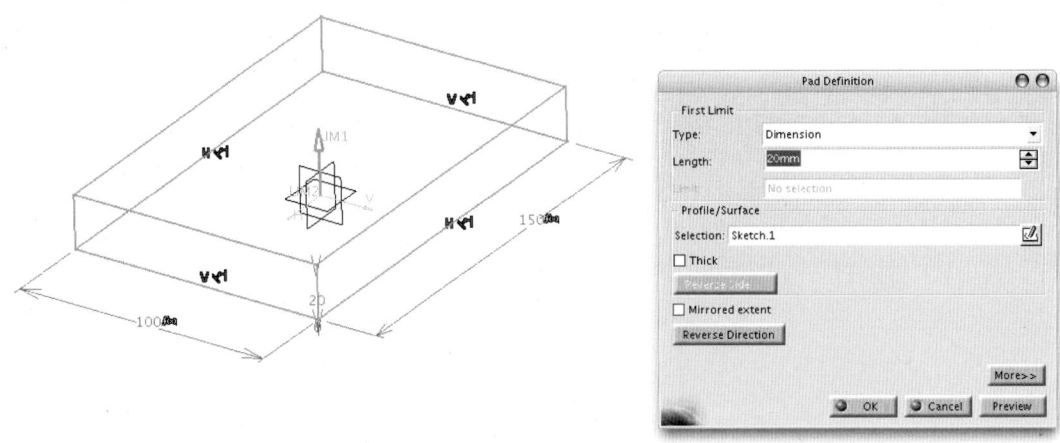

여기서 Length를 입력하는 부분에서 Contextual Menu를 사용하여 Edit Formula를 선택합니다. 그리고 앞서 만들어준 변수 중에 H1을 대입해 줍니다.

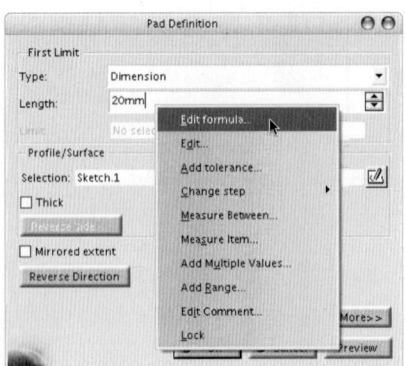

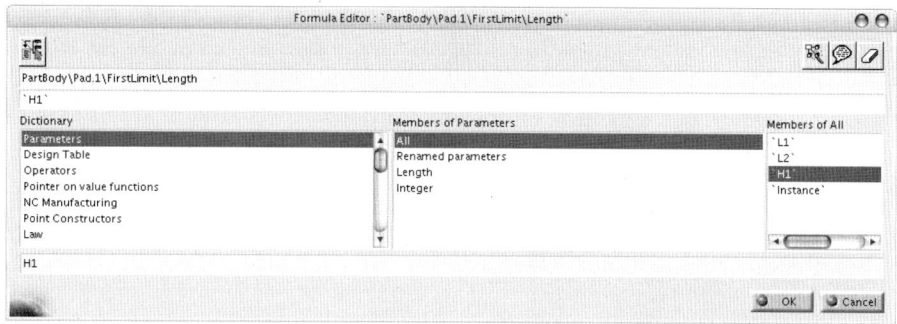

OK를 해주면 다음과 같이 Pad의 Length 값을 입력하는 부분에 Formula가 적용된 것을 확인할 수 있습니다.

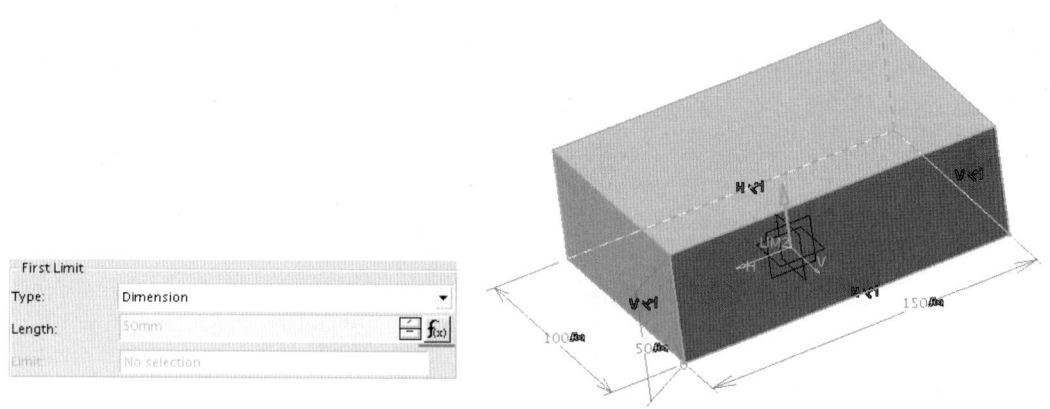

여기에 다음과 같이 간단한 형상을 만들어 준 후에 Pad해주고 Rectangular Pattern 을 사용해 보도록 하자.(여기서 형상이나 수치는 작업자 임의로 작업합니다.) Pattern에서 복사하고자 하는 대상의 개수를 입력하는 곳에서 Contextual Menu를 사용하여 앞서 만들어준 변수 'Instance'를 대입해 줍니다.

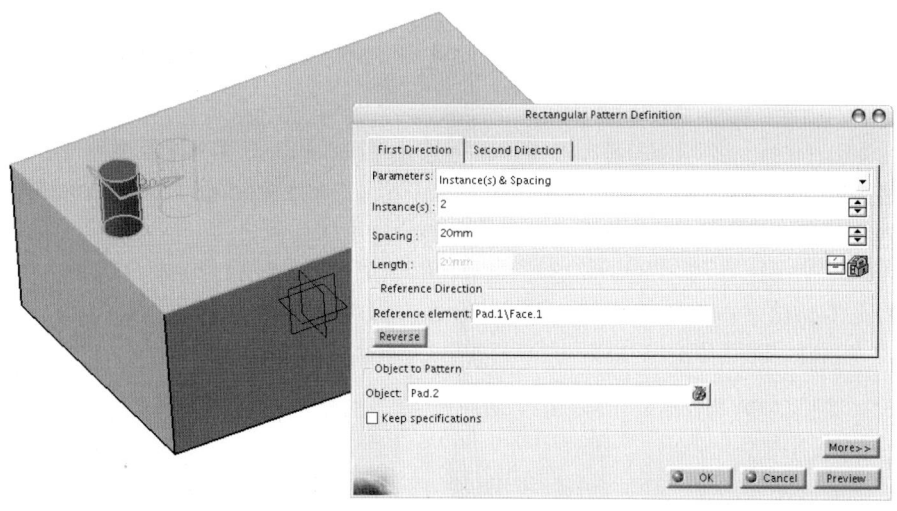

그럼 다음과 같이 Rectangular Pattern의 복사 개수를 Parameter를 사용하여 조절해 줄 수 있습니다.

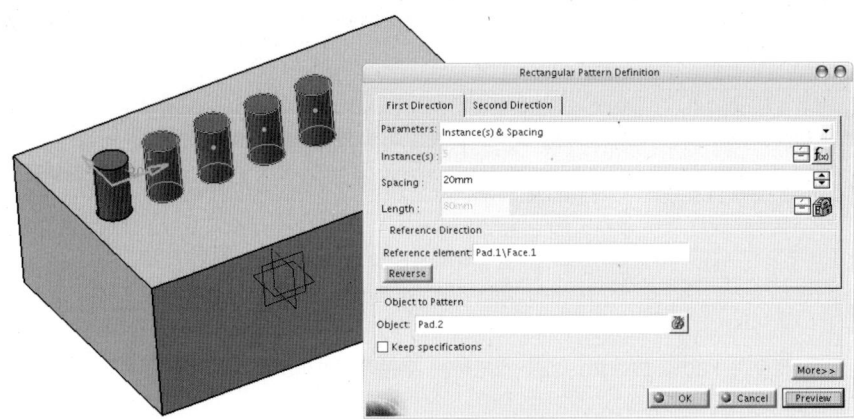

이제 작업자는 원하는 변수의 값을 임의적으로 변경해 보기 바랍니다. 작업자가 변경하는 변수의 값에 따라 형상이 함께 업데이트 되는 것을 확인할 수 있을 것 입니다.

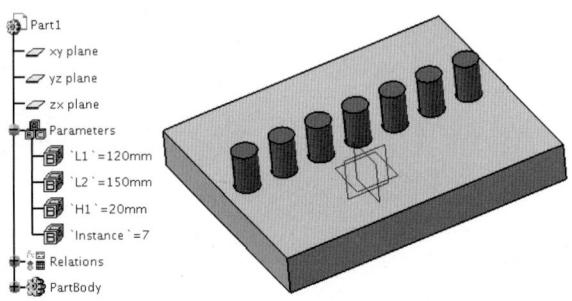

이렇게 변수로 동기화된 치수들은 각 작업에 있어서 일일이 명령들의 편집 창을 사용하여 수정할 필요 없이 오로지 Parameter의 값을 변경하는 것만으로도 손쉽게 형상의 데이터를 수정할 수 있습니다.(여러분이 하나의 명령으로 작업을 한 후에 다시 해당 명령을 Spec Tree에서 더블 클릭하거나 형상을 더블 클릭하여 작업한 명령을 수정하고자 할 때 뜨는 창은 사용한 명령의 편집 창입니다. 명령을 생성할 때와 모양과 구조가 동일하여 같다고 인식하고 있지만 생성 창과 편집 창이라는 개념을 알아두기 바랍니다.) 이것이 Parameter를 이용한 손쉬운 형상 데이터 관리의 가장 간단한 예라고 할 수 있습니다.

이렇게 Parameter를 Feature에 적용하게 되면 일단 변수가 Tree 상에 노출됨으로 인해 주 설계 변수가 되는 값들을 손쉽게 변경할 수 있다는 이점을 생각해 볼 수 있을 것입니다. 물론 모든 치수들을 다 Parameter화하여 작업할 필요는 없습니다. 이러한 작업은 오로지 주요 설계 인자로 작업을 하는데 있어 변경의 소지가 있거나 중요한 변수들에 대해서 적용해 주면 좋은 경우일 뿐입니다. 실상 한번 만들어 작업한 후에 다시 이 대상을 수정하거나 변경하지 않는 경우라 했을 때 위와 같은 Parameter화 작업은 오히려 번거롭고 불필요하다 할 수 있습니다. 어느 작업이나 마찬가지지만 쉽게 할 수 있는 경우가 있을 때 굳이 어려운 과정이나 절차를 이유 없이 따를 필요는 없다고 생각합니다.

한 가지 주의할 것은 CATIA 명령에 따라 사용할 수 있는 변수들의 종류가 정해져 있으므로 이러한 기본 변수 종류를 만족하는 상태에서 변수를 생성하고 선택해주어야 한다는 점을 기억해 주기 바랍니다.(Length 값을 입력해야 하는데 해당 Parameter에 Angle 값의 변수를 대입할 수 는 없는 것입니다.)

- Attribute Link to Drafting

여기서는 3차원 형상을 설계한 후에 데이터를 도면(Drawing)으로 만드는 과정에서 치수 정보를 3차원 형상으로부터 동기화하여 사용하거나, Table에 형상으로부터 직접 변수의 속성을 이어서 값을 가져오는 방법을 설명하도록 하겠습니다. 이 방법을 사용하면 작업자는 3차원 형상과 관련 있는 치수 중에 Dimension으로 표현할 수 없는 값에 대해서 직접 형상으로부터 변수의 속성을 Link해 줄 수 있습니다. 이렇게 변수의 속성과 Link된 값은 형상의 업데이트와 더불어 수작업의 필요 없이 동기화하는 것이 가능합니다.

Attribute Link의 연습을 위해 다음과 같이 Part Document를 구성하도록 합니다. L1, L2는 각각 사각 프로파일의 가로, 세로 치수 값이며, H는 Pad의 높이를 나타냅니다. Radius는 가운데 Pocket 원의 반지름이며, FilletRadius는 네 끝 모서리의 EdgeFillet 값을 나타냅니다.

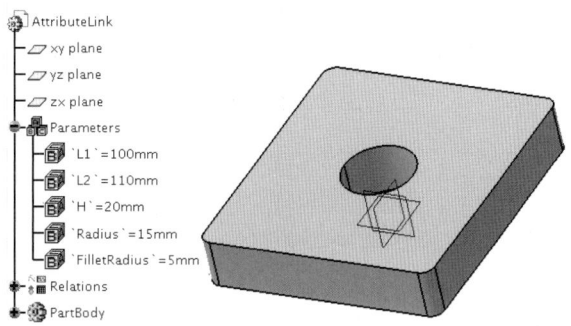

다음으로 위 형상에 대해서 도면을 작성하기 위해 Drafting을 실행시키도록 합니다.

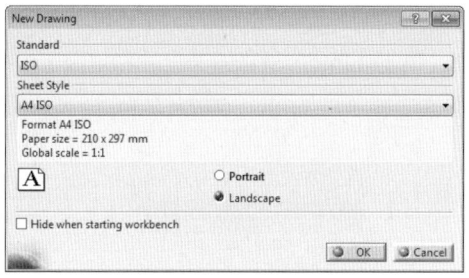

그리고 다음과 같이 Front View와 Isometric View를 생성하도록 합니다.

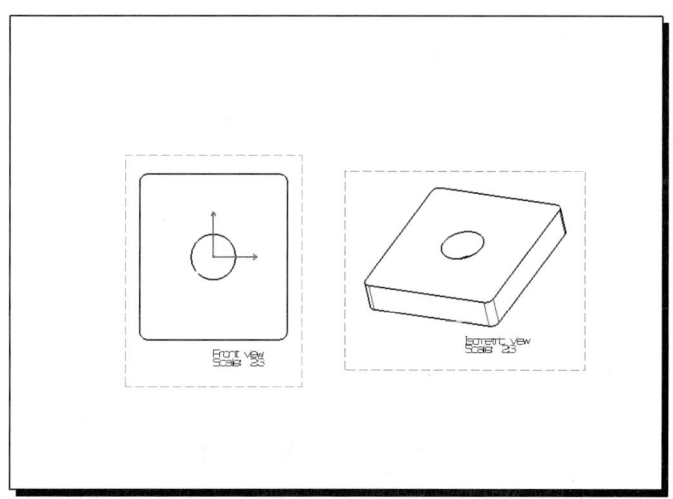

이제 다음과 같이 Table 을 만들어 주도록 합니다.

1	L1	
2	L2	
3	H	
4	Diameter	
5	Fillet	

여기서 지금까지의 과정이었다면 당연히 이에 해당하는 수치 값들을 손수 입력했을 것입니다. 그러나 손수 입력한 Table의 수치 값은 Part나 Product등에서 해당 값의 업데이트 시 변수와 동기화가 되지 않는다! 이제 다시 값을 입력하기 위해 Table을 더블 클릭하고 원하는 위치를 선택하도록 합니다.(여기서는 L1) 그럼 다음과 같은 Text Editor 창이 나타납니다.

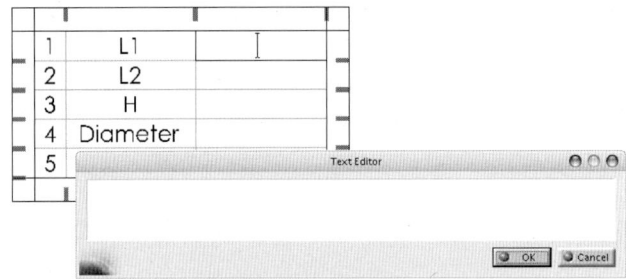

여기서 Text Editor 안이 아닌 Drawing의 비어있는 화면에서 Contextual Menu를 실행해 보기 바랍니다. 그럼 다음과 같은 메뉴가 나타나는 것을 확인할 수 있습니다. 여기서 Attribute Link를 선택합니다.

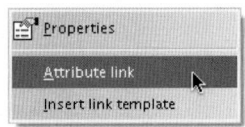

선택 후에 아무런 변화가 나타나지 않습니다. 여기서 작업 화면을 3차원 형상이 있는 Document로 이동합니다.(CTRL + Tab Key) 그런 다음 Spec Tree의 가장 상위에 있는 Part Number를 선택합니다.

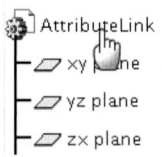

CATIA에서 동시에 열려있는 Document 사이를 전환하는데 CTRL + Tab Key를 자주 사용하는데, 이것이 불편한 경우 화면에 Document들을 Tile로 정렬할 수 있는 Tile Vertically나 Tile Horizontally를 사용하기 권장합니다.

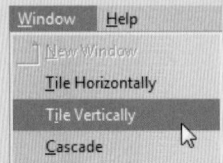

그럼 다음과 같은 Attribute Link Panel창이 Drafting에서 열리는 것을 확인할 수 있습니다.

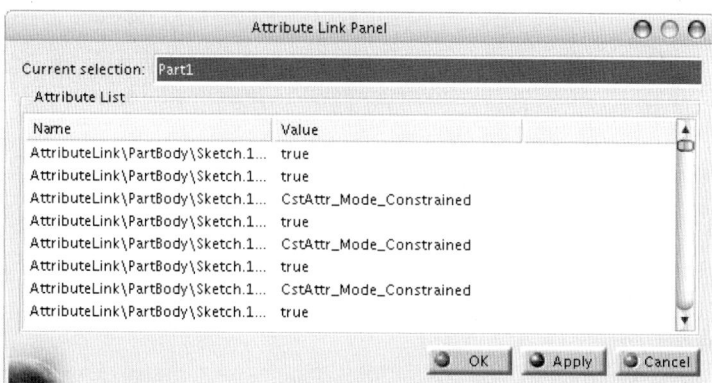

여기서 앞서 만들어 주었던 L1 변수를 선택한 후에 Apply를 선택하도록 합니다.

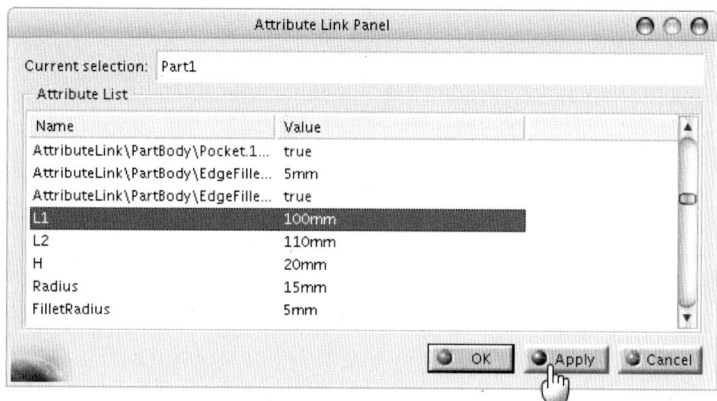

그럼 다음과 같이 변수의 값이 Drafting에 선택한 Table 칸으로 입력되는 것을 확인할 수 있습니다.

1	L1	100mm
2	L2	
3	H	
4	Diameter	
5	Fillet	

마찬가지 방법을 사용하여 다음과 같이 Table을 완성하기 바랍니다.

1	L1	100mm
2	L2	110mm
3	H	20mm
4	Diameter	2 * 15mm
5	Fillet	5mm

이제 Part Document의 변수를 수정한 후, Drafting을 업데이트하면 다음과 같이 Table의 값 역시 동기화 되는 것을 확인할 수 있습니다.

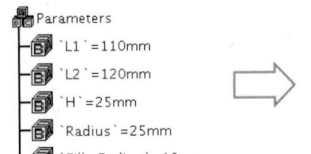

1	L1	110mm
2	L2	120mm
3	H	25mm
4	Diameter	2 * 25mm
5	Fillet	10mm

물론 이와 같은 변수의 속성을 Link하는 것은 수치 변수에만 한정되는 것은 아니며, 이러한 작업을 통하여 작업자는 보다 수월한 데이터 변경과 업데이트 작업을 수행할 수 있습니다.

- Formula를 이용한 Parameters 관리하기

• Formula f(x)가 적용된 Parameter만들기

Formula f(x)는 앞서 현재 Document에 사용자가 정의하는 Parameter를 만들어 주기 위해 사용한 것을 기억할 것입니다. 앞서 경우에서는 오로지 사용자가 변수를 정의하여 변수 하나하나가 서로 독립적으로 만들었다는 것을 기억할 것입니다. 이런 독립적인 변수들은 단순히 생성되어 형상에 대입되는 역할만을 할 뿐 조건에 맞추어 다른 변수들과 연관을 맺는 방법의 핵심은 아직 설명하지 않았다. 이번에 여러분이 공부할 내용은 아래 그림과 같이 일반적으로 생성된 변수들을 사용하여 새로운 변수의 값을 정의 내리는 것입니다.

이제 앞서 만들어 준 독립 변수들을 이용하여 새로운 변수를 정의하며, 독립 변수에 따른 종속 변수 사이의 관계를 공부하도록 할 것입니다. 변수들의 종류와 그 변수들이 가지는 값에 따라 여러 가지 작업에서 응용이 가능하다는 점은 인지하였으리라 생각합니다. 이제 여러분은 종속 변수의 개념에 대해서 이해하고 활용할 수 있어야 합니다. 종속 변수란 한 마디로 다른 변수에 의해 그 값이 결정되어지는 변수를 의미합니다. 독립 변수의 경우 독립적으로 값을 변경하는데 아무런 제약이 없으나 종속 변수는 다른 변수들의 관계에 의해 그 값이 수동적으로 정해지게 됩니다. 이러한 종속 변수 사용에서의 이점은 변화하는 독립 변수들에 의해서 구하고자 하는 다른 변수의 값을 손쉽게 구할 수 있다는 점에 있습니다. 만약에 변수들 사이에 계산에 의해서 얻어지는 다른 변수가 있다고 했을 때, 변경된 초기 값에 의해서 결과 변수의 값을 별도로 계산하여 입력하지 않아도 되며 CATIA 이외의 다른 계산용 프로그램을 필요로 하지 않는다는 것은 큰 이점이 될 것입니다. 여기서는 그 중에 몇 가지 종속 변수 정의의 예를 이용하여 독립 변수들을 이용한 종속 변수들의 사용에 대해서 학습하도록 할 것 입니다. 여기서 다루는 내용은 주로 수치 연산을 이용한 Relates Parameters의 생성입니다.(이 외 Measure나 기타 변수들의 특정 기능을 담아 수행하는 부분은 각 기능에 맞게 따로 설명하였습니다.)

우선 다음과 같이 새로운 Part Document와 변수를 구성하도록 합니다. L1, L2, H1은 Length Type이며 V는 Volume Type, A는 Area Type입니다.

여기서 Formula에 의해 값을 가지게 되는 종속 변수는 'V'와 'A'입니다. 'V'를 더블 클릭하여 변수에 Edit Formula를 실행 시킨다. 여기서 V는 앞서 만들어준 3개의 길이 변수의 곱을 이용하여 값을 가지도록 변수를 정의할 것 입니다. 즉, L1 * L2 * H1 = V 입니다.

Edit Formula가 실행된 상태에서 다음과 같이 수식을 완성합니다. Dictionary를 사용하면 편리하게 변수나 연산 기호를 입력할 수 있을 것 입니다.

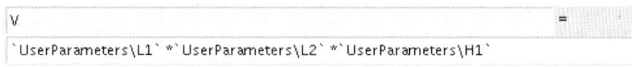

위와 같이 변수와 수식 입력을 마무리하였다면 OK를 선택합니다. 그럼 다음과 같은 결과를 확인할 수 있을 것입니다. 가로, 세로, 높이가 각각 100mm이므로 부피는 0.001m3이 맞는다는 것은 쉽게 검산할 수 있을 것입니다.

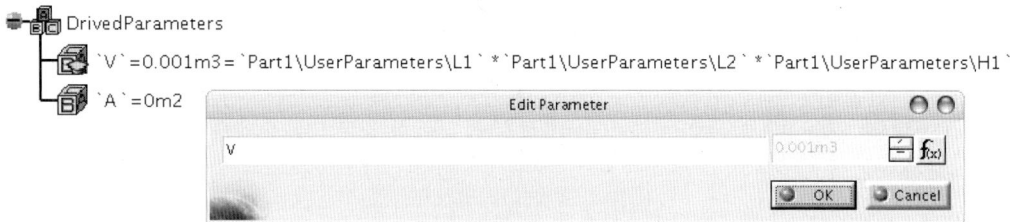

이번에는 마찬가지 방법을 사용하여 면적에 관한 변수 A를 L1과 L2의 곱으로 정의를 해보기 바랍니다.

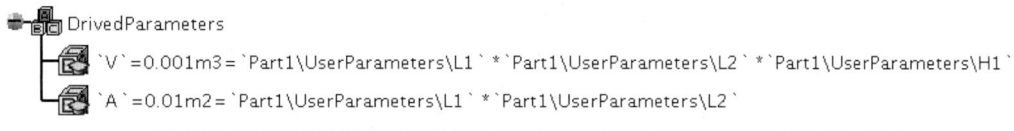

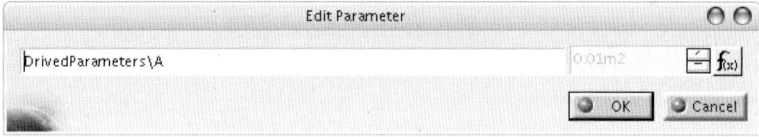

이와 같이 다른 독립 변수들에 의해 값을 정의 받아 가지는 변수들은 수학에서는 종속 변수라 부릅니다. 즉, 자기 스스로 값을 가지는 것이 아니라 다른 변수들의 값과 상관관계에 의해 값을 가지는 변수를 말합니다.

이러한 변수들 사이의 상관관계는 Spec Tree의 Relations에서 확인이 가능하다는 것을 반드시 기억하기 바랍니다. 작업자가 Edit Formula를 사용하는 모든 경우에는 이와 같은 Relation에 정의가 되어 있는 것을 확인할 수 있을 것입니다.

위와 같이 변수들을 정의하여 관계를 부여한 후에 이 값을 사용하여 형상을 모델링에 직접 적용시켜보는 연습도 해 보기 바랍니다.

• Formula에 Measure 명령 사용하기

Parameter를 다루는 작업에 있어서 또 하나의 이슈는 우리가 작업을 하면서 만드는 변수와 함께 작업을 통해서 구해지는 측정 값(Measure)을 어떻게 활용할 수 있는지라 할 수 있겠습니다. 측정값은 작업을 통해서 의도하는 변수들에 의해 얻어지는 임의의 결과 변수들입니다. 따라서 작업의 경우에 따라서는 원하는 조건에 의해서 작업을 한 후에 얻어지는 결과는 이 Measure 값을 통해서 검토하기도 합니다. 그 예로 항공기 설계에서 동체의 단면적을 일정 간격 단위로 구하는 경우에 이러한 Measure의 기능이 절실하다고 할 수 있으며 조림 품이나 플랜트 설계 시 충돌을 감지하기 위한 공간 분석, 거리 측정 등에 Measure의 기능을 필요로 합니다.

이제 이러한 Measure의 기능을 Formula에 적용함으로써 측정치를 Knowledge 작업에 사용하는 방법을 설명하도록 할 것입니다. 우선 본 기능을 학습하기에 앞서 Formula에서 사용할 수 있는 Measure의 3가지 Type에 대해서 공부해 보도록 하겠습니다.

■ Measure Between

선택한 두 대상 사이에 수치적인 측정을 하는 Type으로 주로 대상 간의 거리나 각도 값 등을 측정하고자 할 때 유용하게 사용할 수 있습니다. Measure Between으로 측정 가능한 값은 다음과 같습니다.

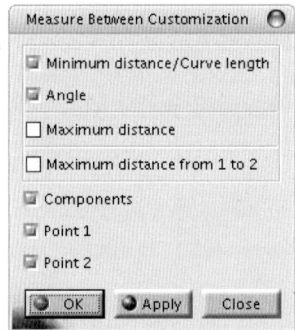

■ Measure Item

선택한 대상이 가지는 값을 측정할 수 있습니다. 길이나 곡률, 면적 등에 대한 측정을 해주는 Type입니다. Measure Item으로 특정 가능한 값은 다음과 같습니다.

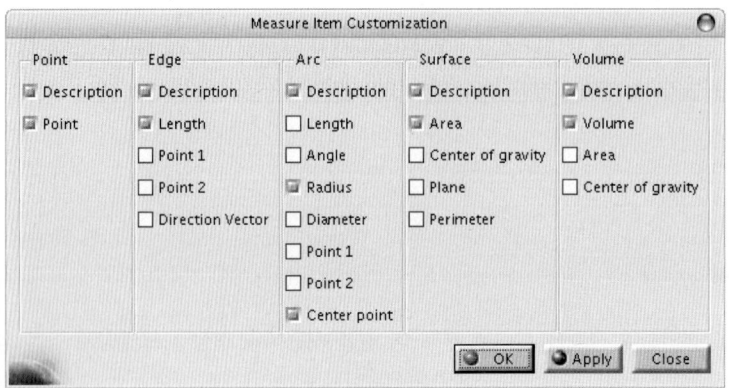

■ **Measure Inertia**

선택한 대상이 가지는 질량이나 부피와 같은 물리적 성질에 대한 측정값을 구할 수 있습니다. Measure Inertia 값은 2차원, 3차원으로 분류하여 각각 측정을 할 수 있습니다.

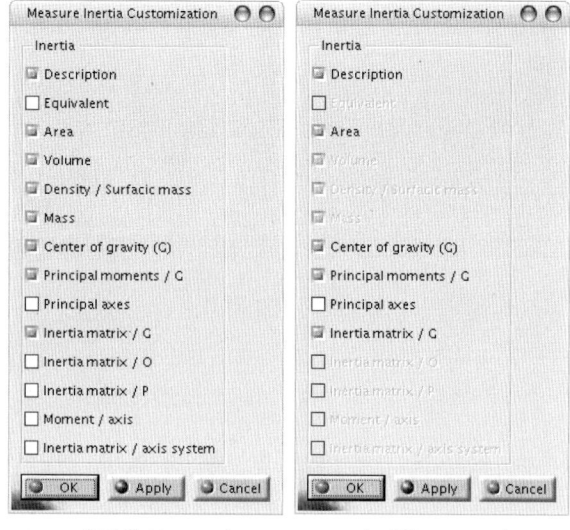

〈3차원 Measure〉 〈2차원 Measure〉

특히, Measure Inertia를 사용할 때는 사용에 앞서 Material을 정의한 후에 해주어야 바른 물성치 값이 나온다는 점을 기억하기 바랍니다.

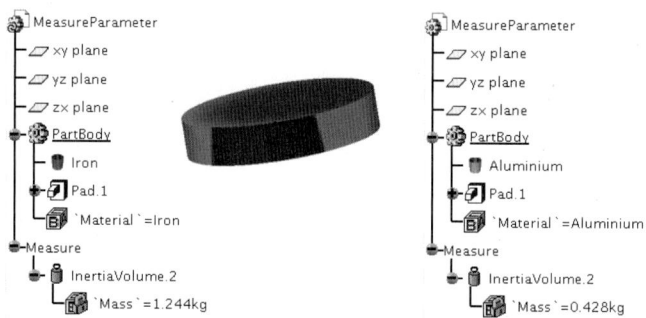

이제 이 3 가지 Measure의 기능을 가지고 Formula에 사용하는 방법을 설명하도록 하겠습니다. 우선 다음과 같이 Document를 구성하도록 합니다. XY평면에 가로 세로의 길이가 각각 100mm인 사각형을 스케치합니다. 그리고 이 형상을 Pad를 사용하여 100mm만큼 높이를 부여합니다.

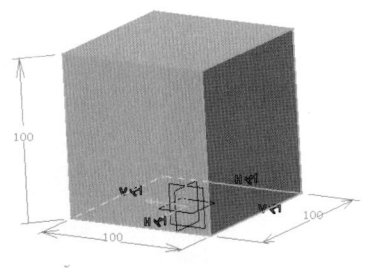

이제 새로운 변수 하나를 만들어 주도록 합니다. Parameter Type은 Length입니다.

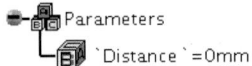

이렇게 만들어준 변수를 더블 클릭하여 수정 창을 띄우도록 합니다. 그리고 값을 입력하는 부분에서 Measure Between을 선택하도록 합니다.

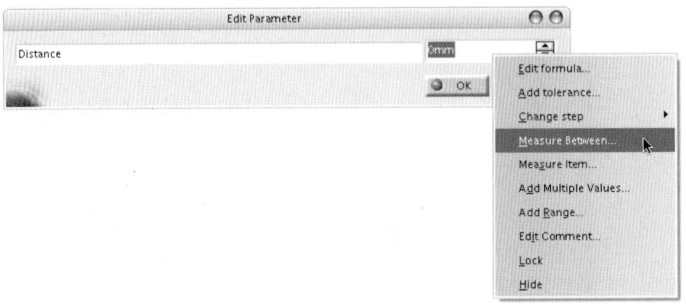

그럼 다음과 같은 Measure 명령이 실행되는 것을 확인할 수 있습니다. 여기서 정육면체의 대각선 양끝 점을 선택해 주도록 합니다.

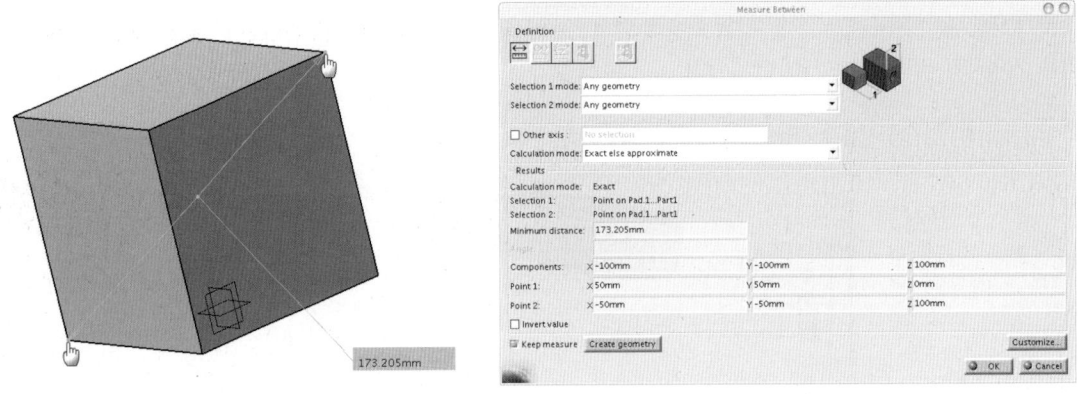

이제 OK를 해주면 두 대상간의 측정값이 앞서 만들어준 변수의 값으로 입력이 되는 것을 확인할 수 있을 것입니다.

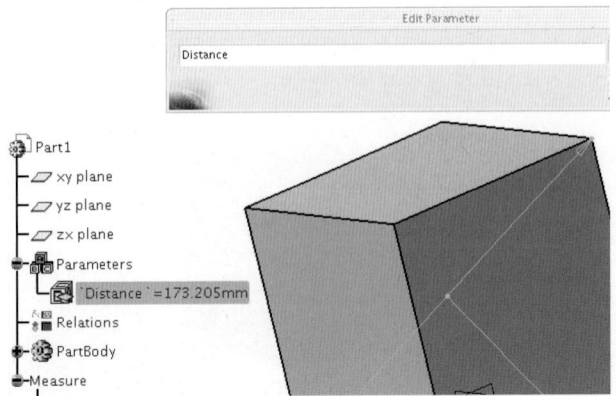

이제 Document의 형상이 변경 되어 측정값이 업데이트될 조건을 만들어 주면 Measure가 수정되어 업데이트 표시가 뜨고 이것을 업데이트 해주면 다음과 같이 변수 역시 Measure와 함께 업데이트 되는 것을 확인할 수 있을 것입니다.(여기서는 Pad의 높이 값을 120mm으로 변경하였습니다.)

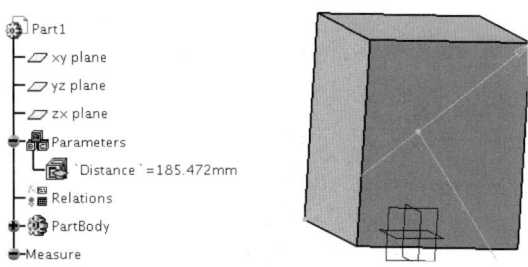

일부 변수들은 이렇게 Edit Parameter를 통해서 변수를 바로 가져오지 못하는 경우가 있습니다. 그런 경우에는 Measure를 먼저 수행하고 나서 입력하고자 하는 Parameter에 입력해 줄 수 있습니다. 물론 Measure 명령 창에서 Keep Measure 옵션을 체크해야지만 Spec Tree상에 Measure가 유지된다는 것을 기억하기 바랍니다. 다음은 Measure Item을 사용하여 Measure 기능을 먼저 수행하고 변수를 나중에 입력하는 경우를 설명하는 그림입니다.

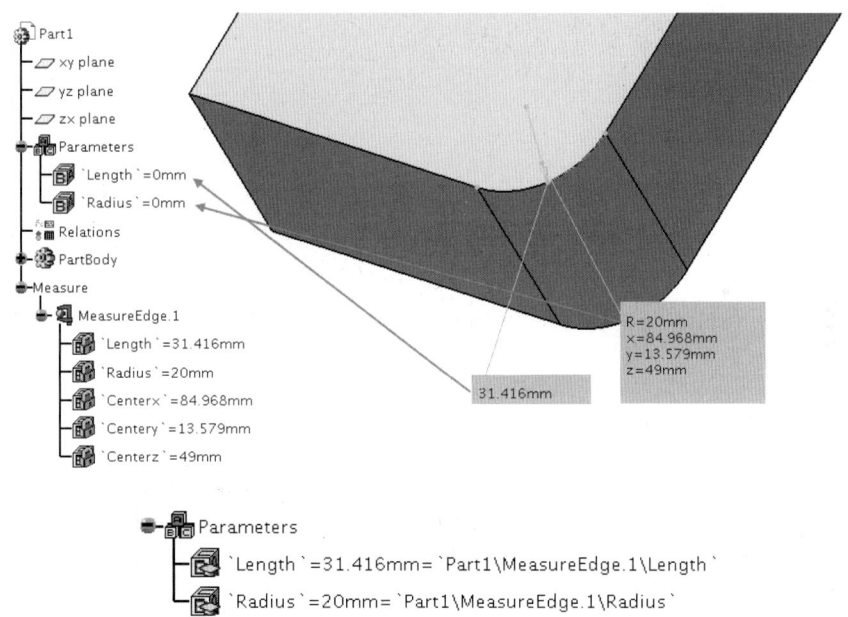

이러한 변수들을 적절히 이용하면 Rule나 Reaction에서 조건문을 구성하여 두 대상 간에 조건에 따라 변수의 수정이나 확인 작업을 Document에 부여할 수 있습니다.

참고로 풀다운 메뉴의 Tools ⇨ Options ⇨ General ⇨ Parameter & Measure ⇨ Measure Tools Tab에서 다음과 같이 Measure에 대한 자동 업데이트를 설정해 주면 편리합니다.

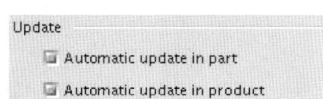

이것과 함께 CATIA Knowledge에서 지원하는 Measure의 기능을 좀 더 알아보도록 하겠습니다.

※ Part Measure

- smartVolume(elem: Solid, ...): Volume
  입력한 Solid 요소에 대한 부피를 계산합니다.

- smartWetarea(elem: Solid, ...): Area
  입력한 Solid 요소의 외부 면적을 계산합니다.

※ Measure

- distance(Body, Body): Length
  입력한 Body 사이의 거리를 계산합니다.

- distancedir(Body, Body, Direction): Length
  입력한 Body와 Body 사이의 거리를 지정한 방향에 대해서 계산합니다.

- curvature(crv: Curve, pt: Point): Real
  입력한 Curve 요소와 Point 요소로 곡률 값을 계산합니다.

- minimumCurvatureRadius(Curve): Length
  입력한 Curve 요소에 최소 곡률 반경을 계산합니다.

- nbDomains(Body): Integer
  입력한 Body의 도메인 수를 계산합니다.

- length(Curve): Length
  입력한 Curve의 길이를 계산합니다.

- length(Curve, Point, Boolean): Length
  입력한 Curve의 길이를 Point를 기준으로 Boolean으로 방향을 지정하여 계산합니다.

- length(Curve, Point, Point): Length
  입력한 Curve의 길이를 두 Point를 통하여 해당 부분의 값만을 계산합니다.

- area(Surface): Area
  입력한 Surface의 면적을 계산합니다.

- area(Curve): Area
  Curve에 의해 범위가 결정되는 면적을 계산합니다.

- perimeter(Surface,...): Length
  입력한 Surface의 둘레의 길이를 계산합니다.

- Point-)coord(x: out Length, y: out Length, z: out Length): Void Type
  직교 좌표의 x, y, z 길이 값을 입력받아 Point를 정의합니다.

- Point-)coord(rank: Integer): Length
  입력한 Point의 지정한 방향으로의 값을 반환합니다. Rank 값이 1이면 x, 2이면 y, 3이면 z 방향의 길이를 의미합니다.

- volume(closed_surface: Surface, ...): Volume
  입력한 닫힌 상태의 Surface의 부피를 계산합니다.

- volume(Volume geometry,...): Volume
  입력한 GSD Volume의 부피를 계산합니다.

- angle(Center: Point, Pt1: Point, Pt2: Point): Angle
  입력한 세 Point에 의한 각도를 계산합니다. 처음 지정한 Point가 기준점이 됩니다.

- angle(Direction, Direction): Angle
  입력한 두 방향에 의한 각도를 계산합니다.

- angle(Line, Line): Angle

입력한 두 Line 요소가 이루는 각도를 계산합니다.
- angle(Plane, Plane): Angle
  입력한 두 Plane이 이루는 각도를 계산합니다.
- angleoriented(Direction, Direction, Direction): Angle
  입력한 두 방향이 이루는 각도를 세 번째 방향 성분을 기준으로 계산합니다.
- angleoriented(Line, Line, Direction): Angle
  입력한 두 Line이 이루는 각도를 지정한 방향을 기준으로 계산합니다.
- angleoriented(Plane, Plane, Direction): Angle
  입력한 두 Plane이 이루는 각도를 지정한 방향을 기준으로 계산합니다.

• External Parameter를 사용한 Formula 작업

앞서 External Parameters의 개념을 공부하면서 다른 Document의 변수를 외부 참조 변수로 가져오는 것을 공부한 바 있습니다. External Parameters는 Formula를 사용하여 사칙 연산에 의한 고수준의 작업이 가능합니다. 단순히 외부 변수를 참조하여 작업을 하는 경우는 그리 많지 않다. 이 외부 변수들을 이용하여 현재 Document의 변수의 값을 조절하거나 서브 요소로 사용할 수 있어야 합니다.

다음의 예를 통하여 간단한 외부 참조 변수를 이용한 변수 설계를 설명하도록 하겠습니다. 다음과 같이 2개의 Document를 구성합니다. 우선은 원본 변수가 들어있는 Document는 다음과 같이 변수를 생성합니다.

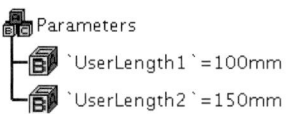

다음으로 두 번째로 구성한 Document의 변수는 다음과 같이 구성합니다.

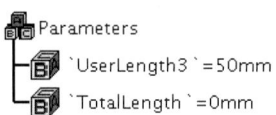

'TotalLength'라 명명한 변수를 다음과 같이 더블 클릭하여 Edit Parameter 창을 띄운다.

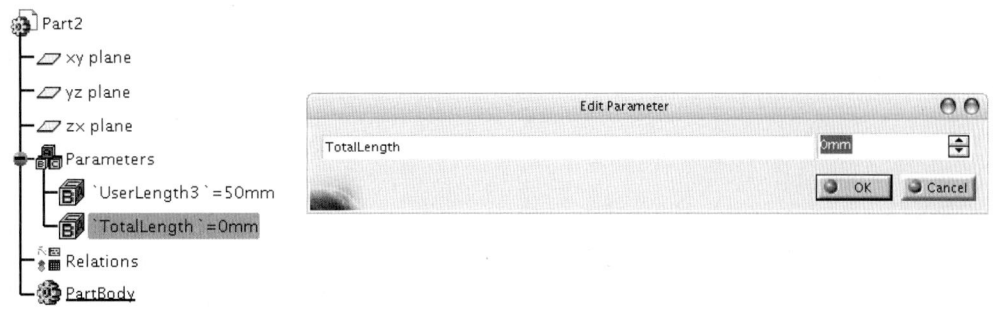

그리고 여기서 변수의 값을 입력하는 곳에서 마우스 오른쪽을 눌러 Contextual Menu에서 Edit Formula를 선택하도록 합니다. 그러면 Formula 창이 나타나게 되고 여기서 다른 Document 창으로 전환하여(CTRL + Tab Key) Part를 선택해 줍니다. 그럼 다음과 같이 External Parameters를 선택하는 창이 나타납니다.

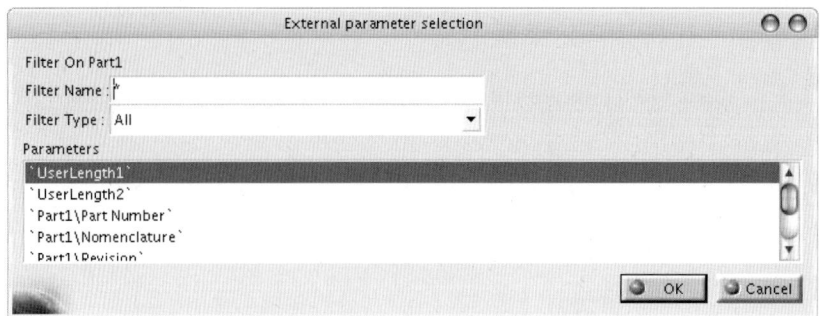

여기서 'UserLength1'을 더블 클릭으로 선택합니다. 그럼 다음과 같이 외부 참조 변수가 입력됩니다.

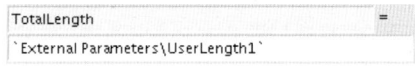

위와 같은 방법을 사용하여 나머지 변수들을 모두 사용 다음과 같이 'TotalLength'의 Formula를 구성합니다.

이제 OK를 누르면 다음과 같이 Spec Tree에 External Parameters Set이 생기며 그 안에 앞서 선택한 외부 참조 변수가 나타나는 것을 확인할 수 있습니다. 이와 동시에 현재 Formula를 적용한 변수가 만들어 지는 것이 보일 것입니다.

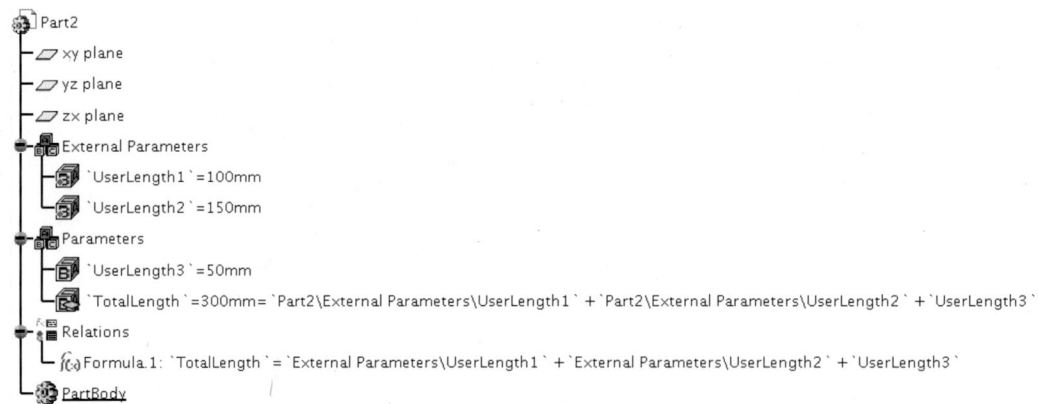

이렇게 만들어진 외부 참조 변수를 사용한 변수의 작업은 항상 원본 변수를 가지고 있는 Document와 관계를 잘 고려해서 작업하기 바랍니다.

External Parameters를 선택할 때, Part를 선택하여 External Parameter Selection 창을 이용하지 않고 CTRL + Tab Key를 사용하여 바로 변수를 선택하여도 됩니다.

■ URL & Comment

이 명령은 사용자 Parameter 또는 Relation에 URL 링크 또는 Comment를 생성해 주는 기능을 합니다. 명령을 실행하고 대상을 선택해 주면 다음과 같은 창이 나타나 URL 또는 Comment 정의가 가능합니다.

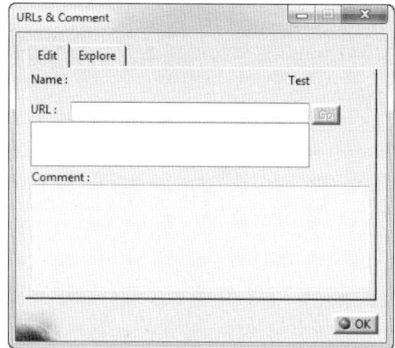

■ Check Analysis Toolbox

이 명령은 KWA의 Check 기능이 사용된 Feature에 대해서 분석을 위해 사용하는 기능입니다. 뒤에 이어질 Check 명령을 참고 바랍니다.

1. Relation Sub Toolbar

■ Design Table

• Design Tables 란?

Design Tables은 Knowledge 관련 기법 중에 동시적으로 여러 개의 변수들을 목록화하여 관리하는데 유용한 명령이라 할 수 있습니다. 어떤 형상을 설계한다고 할 경우 동일한 형상과 방식으로 작업이 이루어지며 오로지 변수들의 값(Value)들만이 변경된다고 할 경우 작업자는 일일이 이러한 변수들의 값들만을 수정하여 작업을 원하는 만큼 반복할 것입니다. 이런 경우 사용할 수 있는 CATIA Knowledge 기능이 바로 Design Tables입니다. Design Tables은 TEXT나 Excel과 같은 외부 데이터로부터 변수의 정보를 불러들여(Import) 변수들의 값들을 묶음 화하여 처리할 수 있으며 형식에 맞게 데이터만 준비된다면 원본 형상을 언제라도 간편하게 재사용할 수 있습니다. 또한 작업한 형상에 대한 변수들의 값들을 외부 파일로 내보낼 수 도 있으며(Export) Catalog과 결합하여 더욱 효율적인 데이터 관리와 개발이 가능합니다.

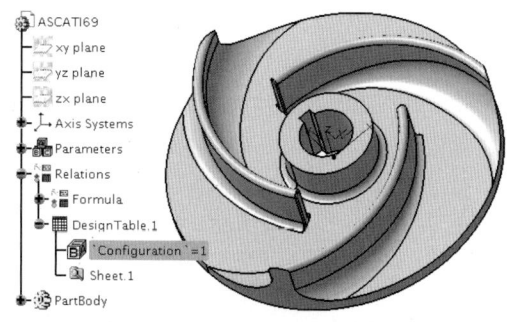
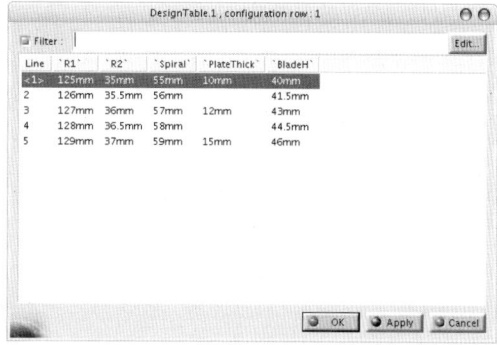

실제 Design Tables를 응용할 수 있는 분야를 하나 예를 들어 보도록 하겠습니다. 항공기 날개 형상의 단면 형상

(Airfoil)의 정보를 불러들여 형상을 만드는데 있어, Airfoil의 정보가 XY 좌표로 구성된 테이블의 경우가 많습니다. 이런 경우 각 Airfoil 단면의 형상을 그리기 위해 각 포인트의 위치를 일일이 스케치하여 구속하지 않고 테이블 자체를 불러오게 되면 손쉽게 작업을 진행할 수 있습니다.

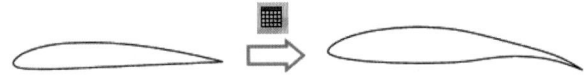

Design Table을 통하여 작업자는 원본 파일에 대한 효율적인 재사용의 유용한 방법 하나를 더 배우게 될 것이며, Design Table의 핵심은 외부 데이터 값들로부터 원본 형상을 손쉽게 구현 하는 것이라 할 수 있습니다.

• Design Tables 작성

Design Tables을 공부하기에 앞서 작업자의 컴퓨터에 MS Office가 설치되어 있는지 확인하기 바랍니다. 노트패드 등을 사용하여 작업할 수 도 있으나 본 교재에서는 MS Office Excel을 기준으로 설명을 할 것입니다.(MS Office 2010)

Design Tables 작성을 위한 기본적인 요령은 다음과 같습니다.

> • Design Tables를 사용하고자 하는 CATIA Document는 반드시 저장되어 있어야 합니다.
> • Design Tables의 변수는 반드시 Parameter로 생성되었거나 Constraints, Value에 의해 치수로 정해진 값이어야 합니다.
> • Document의 파일 이름이 다른 파일들과 중복되지 않도록 해야 합니다.
> • Design Tables 작업 시 Excel 파일이 만들어지는데 이 파일을 Document 파일과 함께 저장해 두도록 합니다.
> • 하나의 Document에 동일 변수들을 이용한 Design Tables는 만들어 지지 않습니다.

- Create a design tables from a pre-existing file Mode

우선 본 작업을 수행하기에 앞서 다음과 같이 Part Document를 구성하도록 합니다. 그림에서 확인할 수 있듯이 L1부터 R1까지는 Length Type이며, Angle은 Angle Type의 변수로 값을 별도로 지정하지 않은 상태입니다.

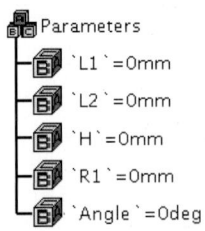

여기서 Parameters들만을 구성하여도 Design Tables 작업에는 지장이 없으며 만약에 형상과 함께 동기와 되는 것을 확인하고자 할 경우에는 앞서 만들어준 Parameters들을 실제 형상의 치수로 적용하도록 합니다.(다음 예에서 실제로 작업해 볼 것 입니다.) 이제 Design Tables 명령을 실행 시킨다.(Design Tables는 Knowledge Toolbar 에 확인할 수 있습니다.)

그럼 다음과 같은 Creation of a Design Tables 창이 나타나는 것을 확인할 수 있습니다. 여기서 Design Table의 이름을 변경할 수 있으며, 간단히 주석을 Comment할 수 있습니다.

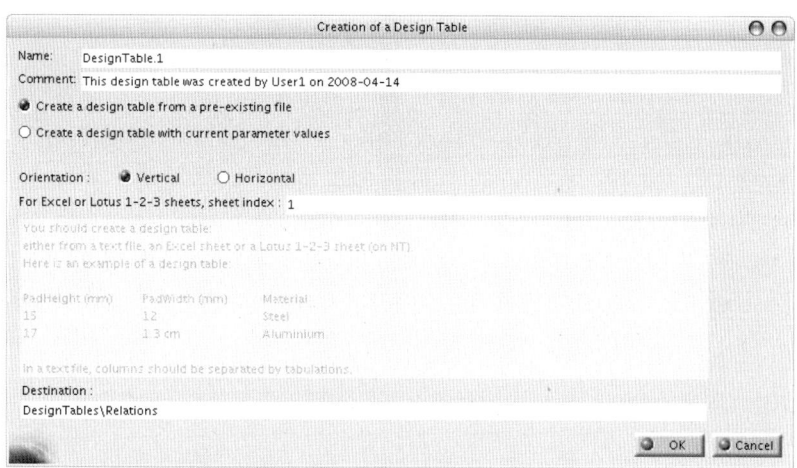

Design Tables는 두 가지 모드로 작업을 진행할 수 있습니다.

※ Create a design tables from a pre-existing file
'Create a design tables from a pre-existing file' 모드를 선택하는 경우에는 이미 본 작업을 수행하는데 필요한 Design Tables의 변수들을 외부 파일 형태(Text나 Excel)로 만들어 놓은 경우에 선택하여 사용합니다. 이 옵션을 체크하고 OK를 누르면 외부 파일을 불러오는 창이 나타나게 됩니다. 여기서 불러온 외부 파일 변수와 현재 Document에 속한 변수들을 지정해 주어야 합니다.

※ Create a design tables with current parameter value
'Create a design tables with current parameter value' 모드를 선택하게 되면 현재 Document에 작업을 하면서 작업 형상에 대한 변수들을 사용하여 Design Table 외부 파일(Text 또는 Excel)과 함께 Design Table 정보를 Document에 정의해 줄 수 있게 됩니다. 이 모드를 선택하면 작업자는 Design Table 파일을 저장하기 위한 저장 위치 및 파일 이름 정의가 필요합니다. 정의 후에는 현재 Document를 기준으로 Design Table에 지정해 주고자 하는 변수들을 지정해 주어야 합니다.

그 다음으로 Orientation에서는 데이터를 정의하는 방향을 Vertical 또는 Horizontal로 변경하여 정의가 가능합니다. 여기서 정의한 방향에 따라 Sheet나 Text 상에 정의한 데이터의 방향을 제대로 인식시킬 수 있습니다.

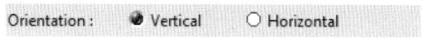

가운데 보이는 Excel에서의 Sheet의 Index 번호를 입력하는 부분은 동일한 Excel 파일에서 Sheet만 다르게 작업하고자 할 경우에는 번호를 바꾸어 주어야 합니다.(자칫 잘못된 Sheet 번호를 입력하면 덮어 쓰기가 될 수 도 있습니다.) Excel은 Sheet를 단위로 정보를 저장할 수 있는 유용한 도구이므로, 하나의 Design Table을 만들기 위해 하나의 Excel 파일을 만들지 말고 Sheet를 적극 활용하기 추천하는 바입니다.

여기서는 앞서 정의한 Part Document에 대해서 'Create a design tables with current parameter value' 모드로 Design Table을 정의해 볼 것입니다. 앞서 Design Table 정의 창에서 'Create a design tables with current parameter value'를 선택한 후에 OK를 누른다. 앞서 정의한 변수들을 사용하여 새로운 Design Table을 생성할 것 입니다.

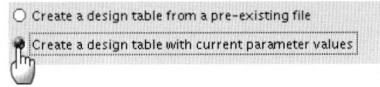

그럼 다음과 같이 Design Tables에 넣고자 하는 변수를 선택할 수 있는 Select parameters to insert 창이 나타납니다. 여기서 좌측으로 나누어져 있는 Parameters to insert 변수 중에서 원하는 값들을 선택해 줍니다. 현재로서는 Part Document에 작업한 형상이 없어 변수를 선택하기 편한 상태이나 다수의 형상과 변수 등을 가지고 작업할 경우에는 원하는 변수들만을 정의해 주기 위해 상단의 Filter 메뉴를 잘 활용하여야 할 것 입니다. 특히 새로 생성된 변수들에 대해서는 User Parameter로 지정할 경우 사용자가 생성한 변수만을 목록에서 확인할 수 있습니다.

여기서 가운데 보이는 화살표를 사용하여 우측의 Inserted parameters 메뉴로 이동시켜 줍니다. 여기서 Inserted parameters에 있는 값들이 Design Table에 의해 Sheet에 정의될 것입니다.

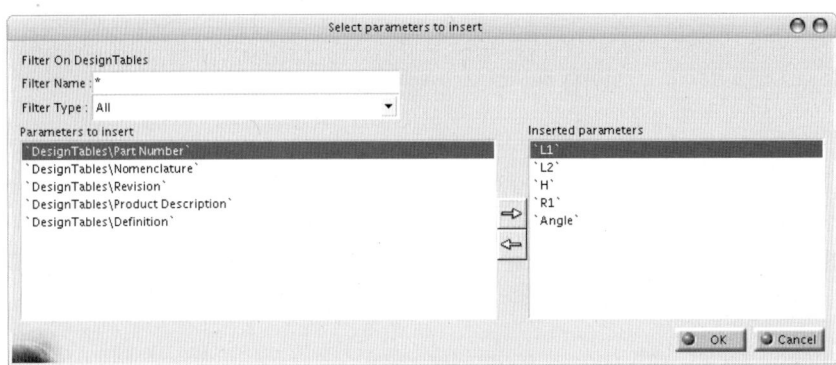

한 가지 주의할 것은 다른 변수에 의해 계산된 값을 가지게 되는 종속 변수는 선택해서는 안 됩니다. 이러한 종속 변수 값은 작업자가 임의로 변경할 수 없기 때문입니다.(사실 종속 변수를 선택하려 하더라도 입력되지 않습니다.)

이제 원하는 변수들을 모두 선택해 주었다면 다시 OK를 선택합니다. 그럼 이번에는 데이터를 저장하는 파일을 저장하는 창이 나타납니다. 여기서 적절한 이름과 파일 형식, 그리고 파일 이름을 변경해줍니다. 그리고 저장을 실행합니다.(가급적 현재 작업하는 Document와 관계된 이름과 경로를 사용하길 권장합니다.)

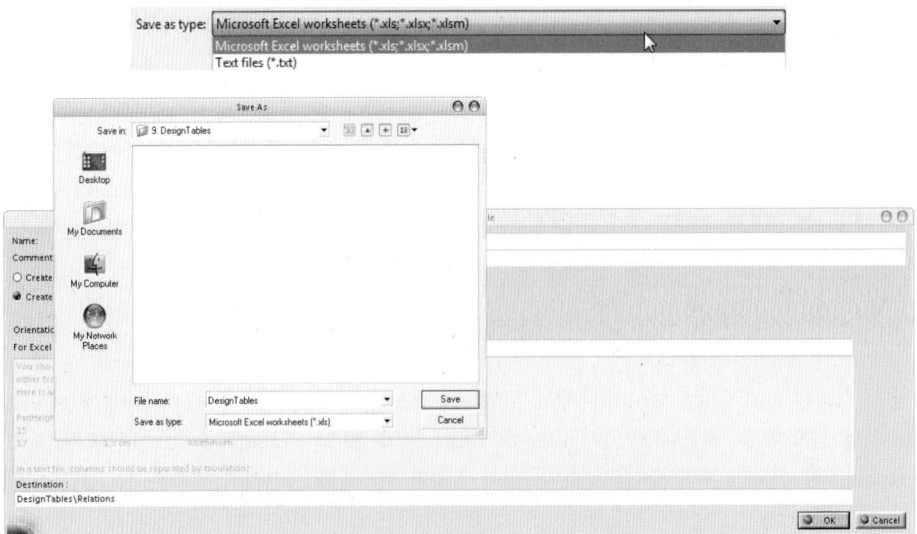

그럼 다음과 같은 Configuration 창이 나타나는 것을 확인할 수 있습니다. 현재로서는 앞서 아무런 값을 입력해 주지 않았으므로 Table이 비어있는 것을 확인할 수 있습니다.

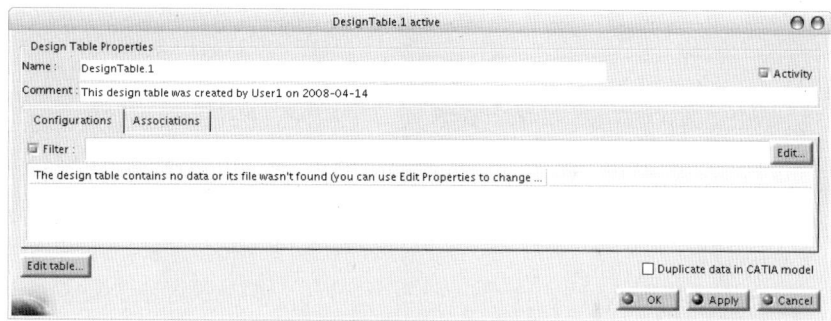

여기서 추가적으로 데이터를 입력해 주기 위해 좌측하단의 Edit Table 버튼을 선택합니다.

그럼 앞서 저장하였던 Excel 파일이 열리는 것을 확인할 수 있습니다.

	A	B	C	D	E	F
1	L1(mm)	L2(mm)	H(mm)	R1(mm)	Angle	
2						
3						
4						
5						
6						

이제 열린 Excel 파일의 형식에 맞추어 데이터들을 입력해 줍니다. 데이터를 입력할 때 단위는 생략하는 경우가 많은데, 생략할 경우 국제 규격의 기본 단위인 SI 단위로 인식이 됩니다. 다음과 같이 값을 입력해 주도록 합니다.(SI 단위가 아닌 값으로 입력하고자 할 경우에는 반드시 단위까지 입력해 주어야 합니다.)

	A	B	C	D	E	F
1	L1(mm)	L2(mm)	H(mm)	R1(mm)	Angle	
2	100	150	50	25	15	
3	110	155	51	25.5	20	
4	120	160	52	26	25	
5	130	165	53	26.5	30	
6	140	170	54	27	35	

이제 저장 버튼을 눌러준 후에 Excel을 종료하도록 합니다. 그럼 다음과 같은 동기화 메시지 창과 함께 해당 Document 창이 업데이트 되는 것을 확인할 수 있습니다.

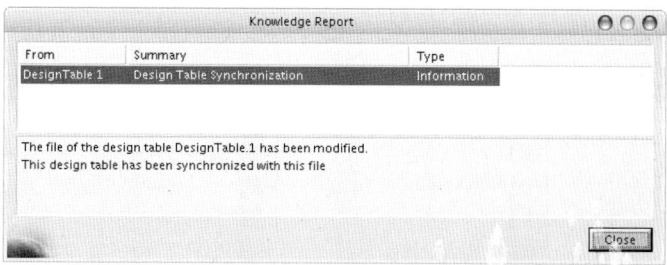

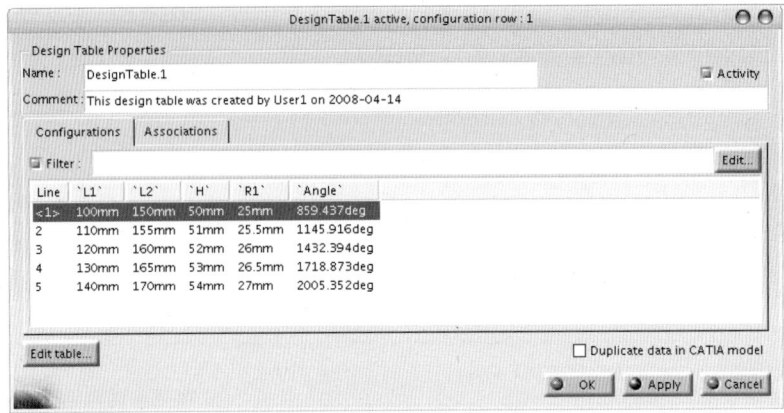

그런데 그림에서 보이듯 'Angle'의 값이 앞서 입력한 값과 다른 것을 알 수 있을 것입니다. 이것은 우리가 앞서 'Angle'를 입력하면서 단위를 입력하지 않았기 때문에 CATIA 내에서 입력한 값을 rad에서 deg로 변경한 것입니다. 다시 Edit Table을 선택하여 'Angle'를 'Angle(mm)'로 변경해 줍니다.

	A	B	C	D	E	F
1	L1(mm)	L2(mm)	H(mm)	R1(mm)	Angle(deg)	
2	100	150	50	25	15	
3	110	155	51	25.5	20	
4	120	160	52	26	25	
5	130	165	53	26.5	30	
6	140	170	54	27	35	

그리고 저장을 누르고 Excel을 종료하면 다음과 같이 Table이 업데이트 되는 것을 확인할 수 있습니다. 값을 잘못 입력하면 오류가 날수 있으니 주의 바랍니다.

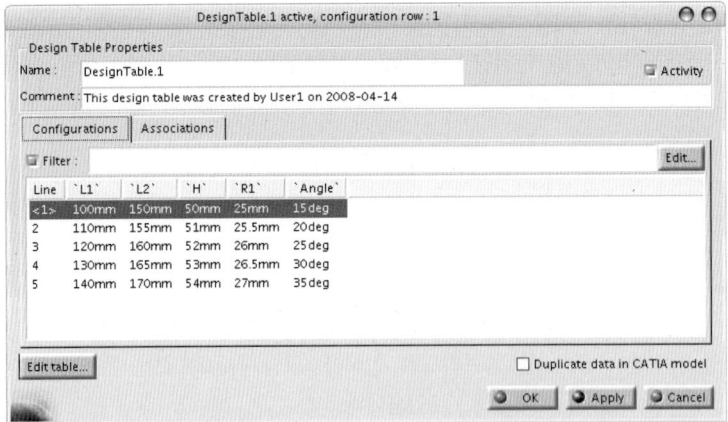

여기서 원하는 목록 값을 선택하고 Apply를 누르면 현재 Document의 변수 값을 변경해 줄 수 있습니다.

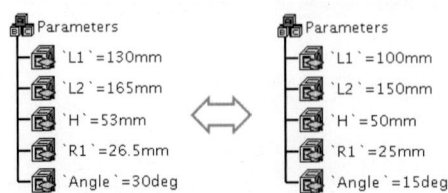

또한 Design Table의 우측의 Edit 버튼을 사용하여 변수에 Relation을 적용할 수 도 있습니다.

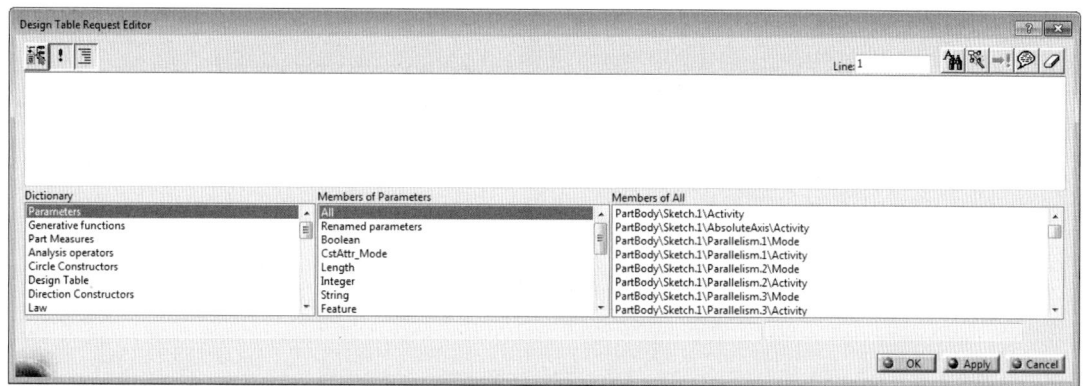

Configuration Tab에서는 앞서 만들어준 각 변수들에 대해서 Design Table 값에서 추가하거나 제거해 주는 작업이 가능하며 Design Tables 상에서 순서를 변경해 주는 것 역시 가능합니다.

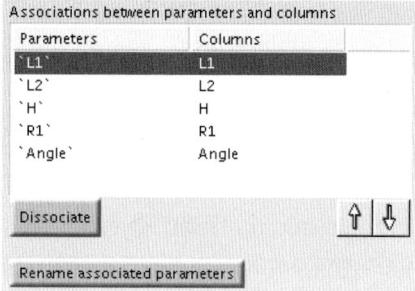

여기서 Design Table로 사용하고자 하지 않는 변수를 선택하여 Dissociate해주면 Table List에서 해당 변수가 빠진 것을 확인할 수 있습니다.

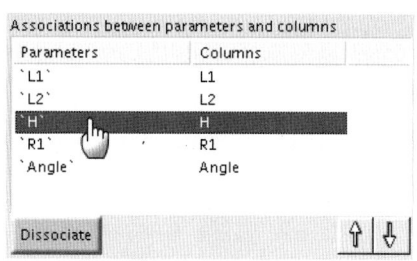

간혹 자신이 작업한 Design Table에 원하는 변수가 나타나지 않거나 새로 추가하고자 할 경우에도 이 Association Tab 부분을 사용하여 해당 변수를 수정해 주거나 추가해 줄 수 있습니다.

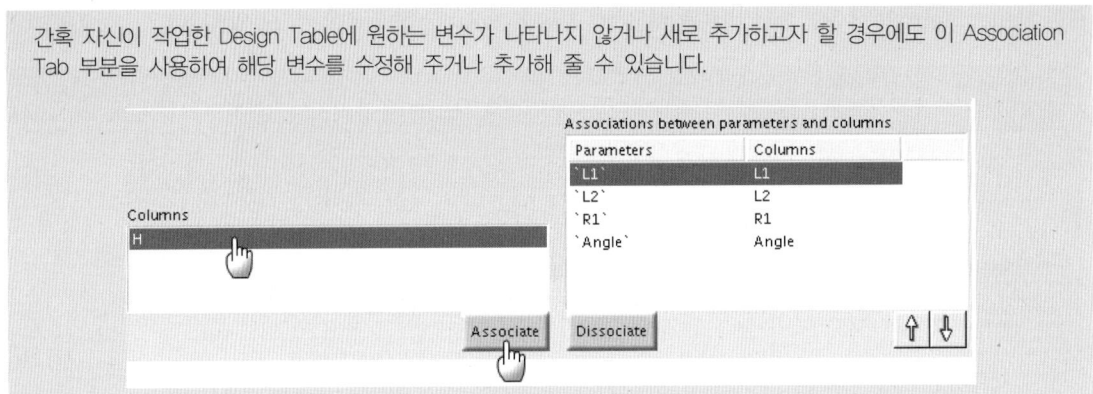

Design Tables 작업이 마무리된 후에는 반드시 Document 파일 역시 저장을 해주어야 한다는 것을 잊지 말아야 합니다.

- Create a design tables from a pre-existing file Mode

만약에 기존에 작업한 Text 또는 Excel 파일 또는 별도로 형상의 치수에 대한 정보를 저장하고 있는 데이터를 파일을 불러오고자 할 경우 앞서 Design Table을 정의하는 창에서 'Create a design tables from a pre-existing file' 모드를 사용하면 된다고 언급하였습니다. 여기서 적용 Document 형상의 변수의 이름과 앞서 작업한 Excel 파일에서 변수들의 이름이 매치되어야지만 각 변수들이 Excel의 데이터와 동기화가 쉽다는 점을 기억해야 합니다.(물론 변수의 이름과 Data 파일의 이름을 다른 경우 수동으로 Associate해 줄 수 있습니다.)

또한 'Create a design tables from a pre-existing file'모드를 통해서 데이터를 불러올 경우 Design Tables를 불러오면 자동으로 현재의 Document의 형상 치수들이 Design Tables의 것으로 동기화 됩니다. 따라서 의도하지 않은 변수가 값을 수정하지 않고 Design Tables를 불러오면 문제가 발생할 수 있습니다.

만약에 수동으로 작업자의 선택에 의해 데이터를 동기화 하고자 한다면 Design Tables를 불러오기 전에 Options에 가서 다음과 같이 설정을 바꾸어 주도록 합니다. 풀다운 메뉴에서 Options ⇨ Parameter and Measure ⇨ Knowledge Tab ⇨ Design Tables 에서 'Manual Synchronization'을 선택해 줍니다.

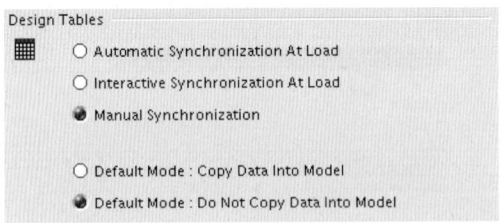

또는 다음과 같이 데이터 파일을 선택하였을 때 나타나는 Automatic Association 창에서 No를 선택하고 수동으로 Associate해 주어도 됩니다.

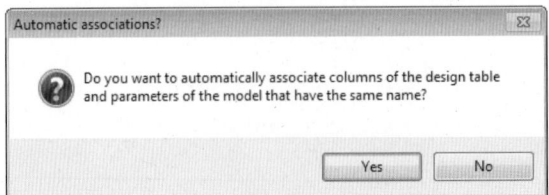

그럼 이제 Design Table을 불러올 경우 다음과 같이 현재의 형상과 Design Tables의 값을 동기화할 것인지를 묻는 창이 나타납니다. 여기서 OK를 선택하면 본 Document의 치수가 Design Tables의 것으로 동기화 되는 것을 확인할 수 있습니다.

이번에 이미 만들어진 Excel 파일을 통하여 Design Table을 구성하는 방법을 활용해 보도록 하겠습니다. 우선 다음과 같이 MS Office Excel을 실행하여 변수를 정의하고 아래와 같이 값들을 입력하도록 합니다. 입력한 후에 반드시 Excel 파일을 임의의 경로에 저장하도록 합니다. 아래 그림에서 보면 'Material' 변수의 값 하나가 비어있는 것을 확인할 수 있는데 이렇게 Material 변수의 경우 비어있는 칸의 데이터는 이전 적용된 변수의 데이터를 그대로 사용한다는 의미가 됩니다.

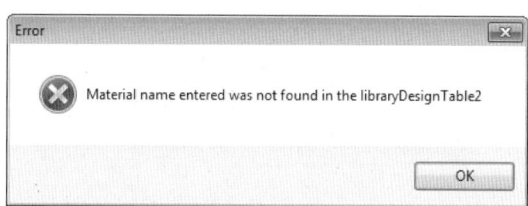

물론 다음과 같은 메시지가 나타나면서 말입니다.(가끔은 재질의 이름을 잘못 기입하여서도 이런 메시지가 나타나기도 합니다.)

데이터들을 Design Tables Excel 파일에 입력한 뒤에 가장 마지막 열에 다음과 같이 PartNumber라 입력하고(대소문자 주의!) 각각의 리스트에 x1, x2, x3, … 또는 a, b, c, … 등 과 같이 표시해 주면, 이후 Design Table을 불러와 Catalog를 정의할 때 각 데이터 리스트들을 쉽게 구분할 수 있습니다.

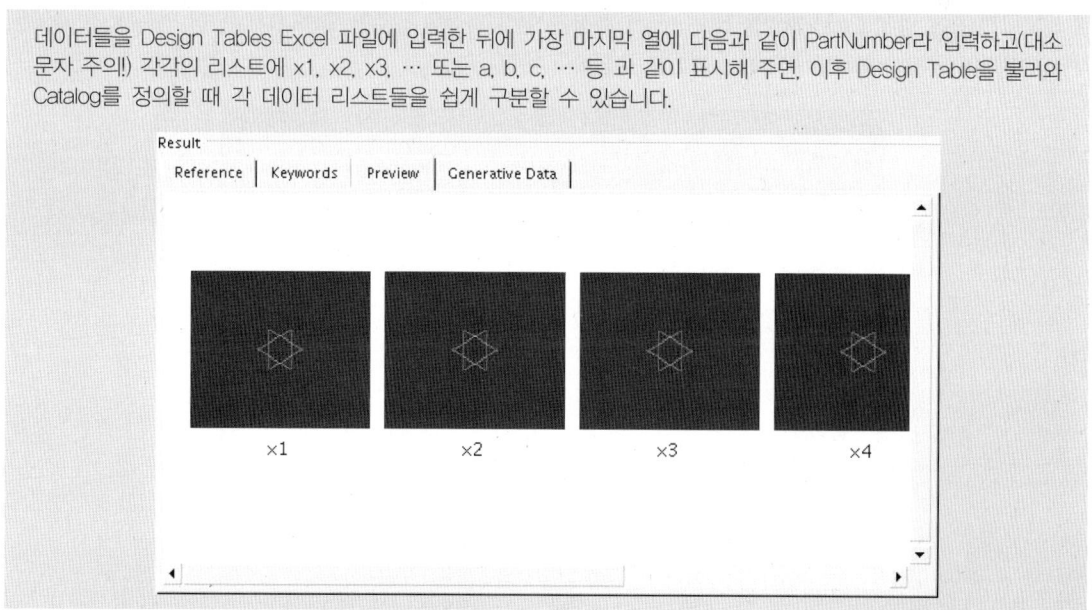

다음으로 새로운 Part Document를 실행하여 다음과 같이 변수를 설계하도록 합니다. 여기서 Length1, Length2

는 Length Type으로, MachineType은 String Type으로 정의해줍니다. Material 변수의 경우는 Formula에서 생성이 안 되기 때문에 Apply Material 을 사용하여 Parameter를 선택하고 임의의 재질을 하나 지정해 줍니다. (임의의 재질을 정의하여도 Design Table과 동기화하면 지정한 변수로 변경되기 때문입니다.)

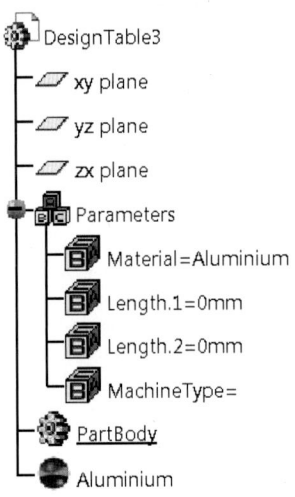

이제 Design Tables 을 실행시킵니다. 그리고 'create a design table from a pre-existing file'을 체크하고 Ok를 선택합니다.

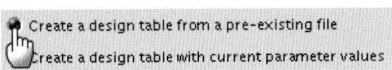

그럼 다음과 같은 파일 선택 창이 나타납니다. 여기서 앞서 만들어준 Excel 파일을 선택하여 불러옵니다.(일반적으로 하나의 형상에 맞게 Excel 파일을 Document 형상과 함께 저장을 해주면 좋습니다. 좀 더 익숙해 진 후에는 작업의 용도에 맞게 데이터를 관리하는 방법을 정립하기 바랍니다.)

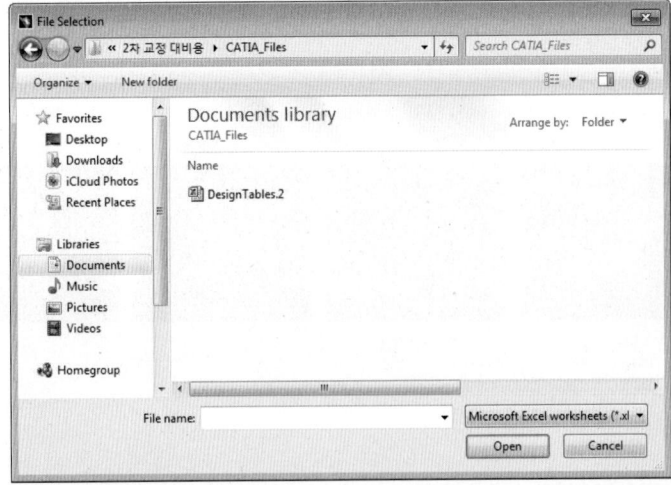

그럼 다음과 같이 현재의 변수들을 Design Table의 변수로 자동으로 동기화 할 것 인지를 묻는 창이 나타날 것입니다. Yes를 선택하면 Excel의 데이터가 불러와 지면서 현재 Document의 변수가 Design Table 목록의 첫 번째 변수

로 동기화되는 것을 확인할 수 있습니다. 그런데 모든 변수가 동기화되지는 않을 것입니다. 자동으로 동기화되는 부분은 변수의 이름이 같은 변수에 대해서만 해당됩니다.

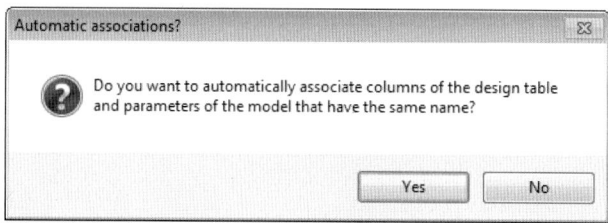

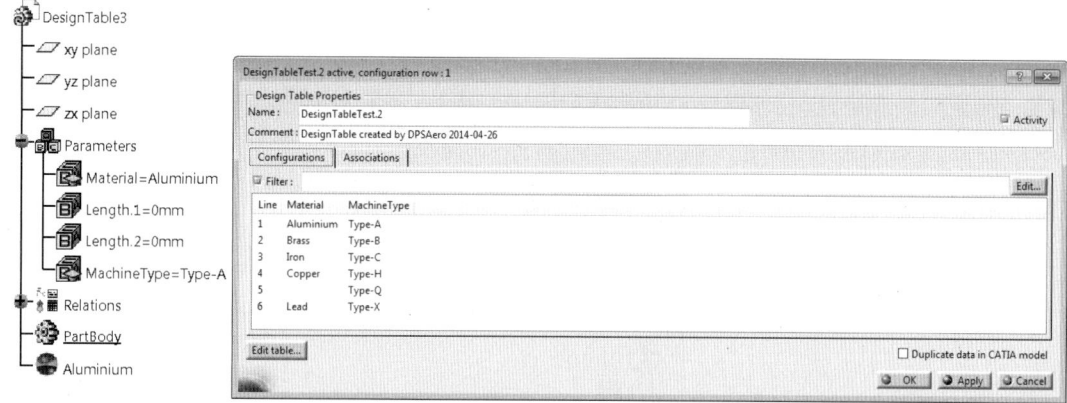

여기서 나머지 변수에 대한 동기화 작업을 위해 Configurations Tab에서 Associations Tab으로 이동해 주도록 합니다. 그럼 다음과 같은 창을 확인할 수 있을 것입니다. 여기서 좌측에 있는 값들은 현재 Part Document에 속한 값들이며 Column에 있는 값들은 데이터 파일에 든 동기화 되지 않는 변수들을 가리킵니다. 변수 이름을 살펴보면 단순히 '.' 하나의 차이로 자동으로 동기화가 안 된 것이지만 데이터 인식 차원에서는 확실히 다르게 인식이 됩니다.

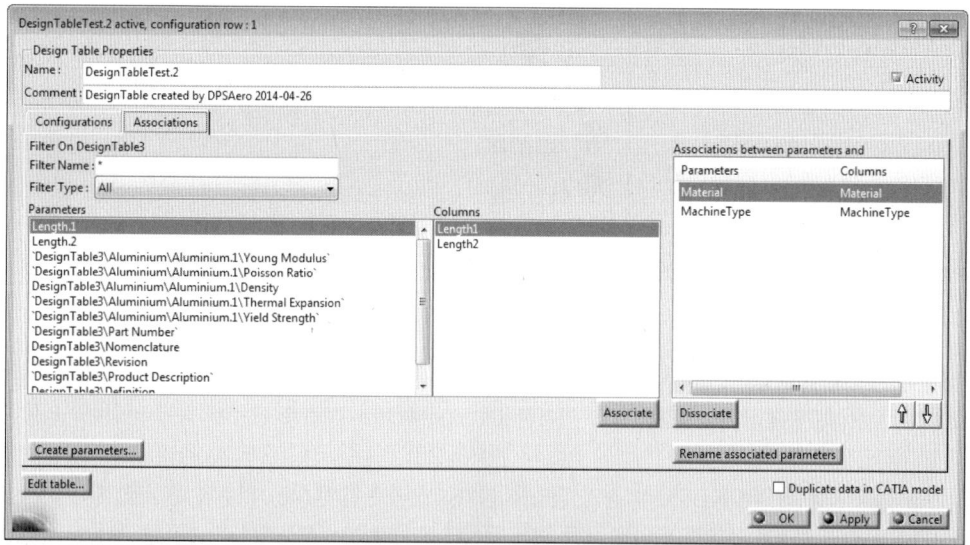

여기서 목록에 Length.1과 Length1을 좌우 메뉴에서 각각 선택하여 하단의 Associate 버튼을 클릭합니다. 그러면

우측의 Associations between parameters and column으로 이동되는 것을 확인할 수 있습니다.

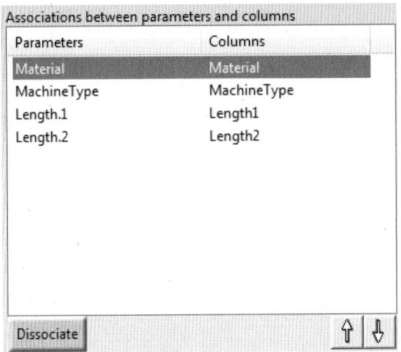

이렇게 작업을 마친 후에 반드시 Part Document를 저장해야 한다는 것을 잊지 말아야 합니다.

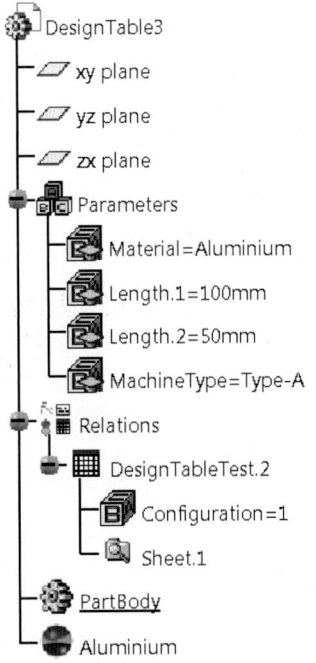

• Catalog Editor를 사용한 Design Table의 응용

Design Tables이 구성된 Document는 Catalog Editor 를 사용하면 손쉽게 본 형상에 대한 리스트 별로 만들어진 형상들을 불러와 사용할 수 있으며, Catalog Browser 를 사용하여 이미 정의된 리스트별로의 형상을 Product Document에서 불러올 수 있습니다. 이러한 Catalog Editor 작업은 사용자 정의 라이브러리를 만드는 작업이라 할 수 있는데, 자주 사용되는 형상에 대해서 반복적으로 형상을 정의해서 Assembly에 적용할 번거로움 없이 한 번의 형상 적용 및 데이터 Sheet 정의 작업을 통하여 언제든지 원하는 치수의 형상을 불러와 사용할 수 있는 것입니다. 우리가 물건을 구매하기 위해 제품 구매 목록에서 선택하는 것과 유사한 원리로 제품을 골라서 선택할 수 있기 때문입니다.

실습을 위해 다음과 같이 변수와 형상을 정의하도록 합니다. 기본적인 변수화 형상은 아래 그림으로 추측할 수 있을 것입니다. Shell 두께는 3mm입니다.

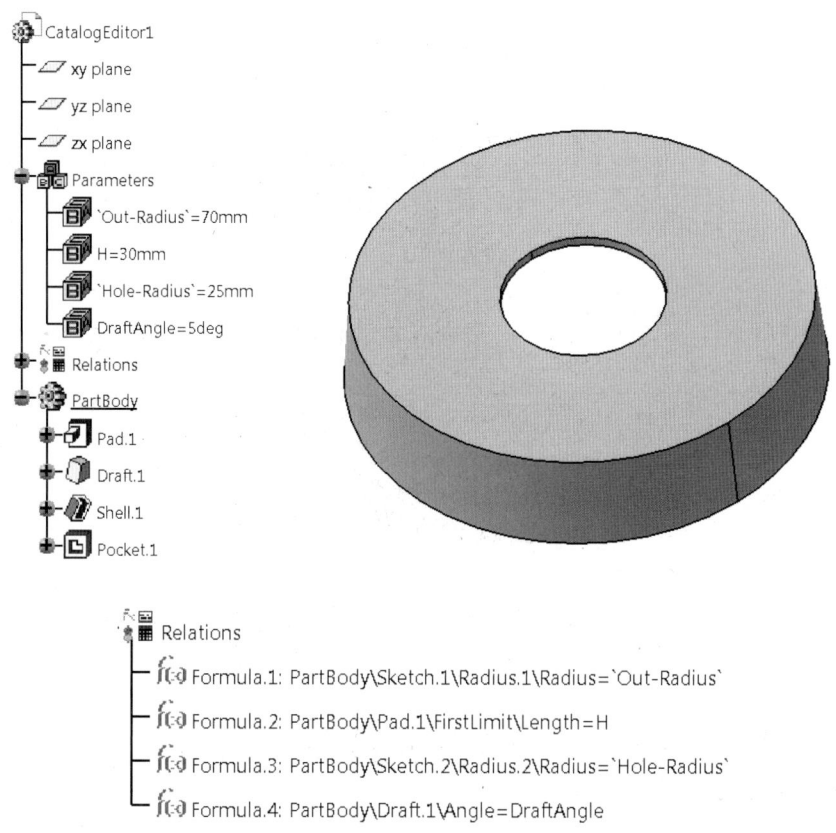

그리고 이에 대한 Design Table을 다음과 같이 정의하도록 합니다.

Line	`Out-Radius`	H	`Hole-Radius`	DraftAngle
<1>	70mm	30mm	25mm	5deg
2	72mm	40mm	25.5mm	5deg
3	75mm	45mm	26mm	10deg
4	75mm	50mm	26.5mm	10deg

Excel Sheet에는 반드시 뒤에 PartNumber가 기입되어 있어야 합니다. 대소문자와 띄어쓰기에 주의하기 바랍니다.

	A	B	C	D	E
1	`Out-Radius` (mm)	H (mm)	`Hole-Radius` (mm)	DraftAngle (deg)	PartNumber
2	70	30	25	5	a
3	72	40	25.5	5	b
4	75	45	26	10	c
5	75	50	26.5	10	d

이제 동기화된 Part Document와 Excel 파일을 모두 저장하고 닫아 줍니다.

그리고 CATIA 풀다운 메뉴에서 Start ⇨ Infrastructure ⇨ Catalog Editor 를 실행합니다. 그럼 다음과 같은 Catalog Editor가 실행되는 것을 확인할 수 있습니다.

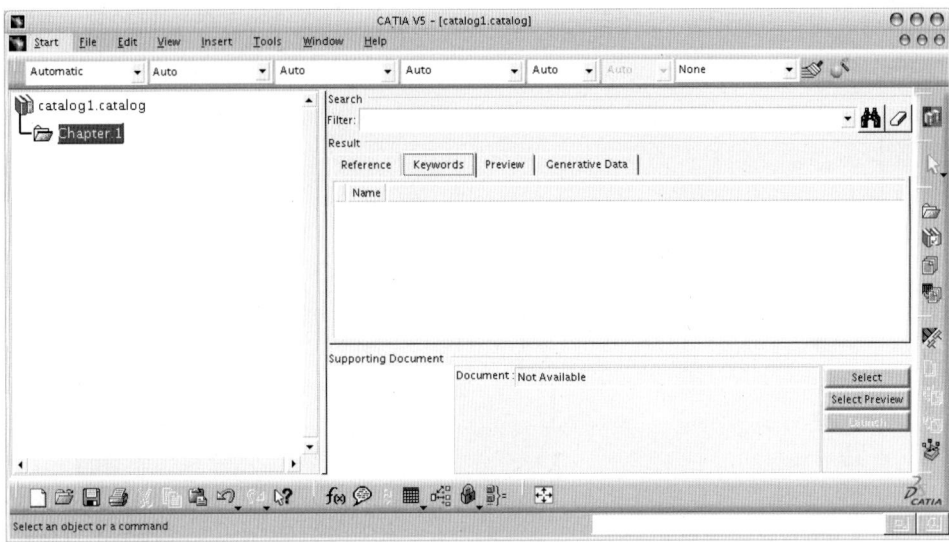

이제 Add Family 명령을 사용하여 현재의 Chapter.1에 새로운 그룹을 생성해 줍니다. 그럼 다음과 같은 정의 창이 나타나는데 적당한 이름으로 변경해 준 후 OK를 선택합니다.

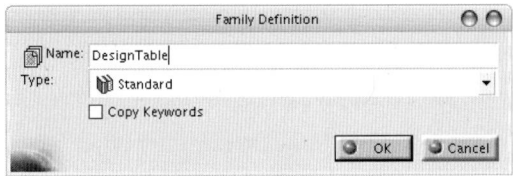

그럼 다음과 같이 Spec Tree에 Family가 생성되는 것을 확인할 수 있습니다.

이제 앞서 만들어준 Family를 더블 클릭한 후, Add Generative Part 명령을 선택합니다. 그럼 다음과 같은 Document를 선택하는 창이 나타납니다. 여기서 Select Document 버튼을 클릭하여 앞서 만들어준 Design Table 이 적용된 Document를 선택해 줍니다.

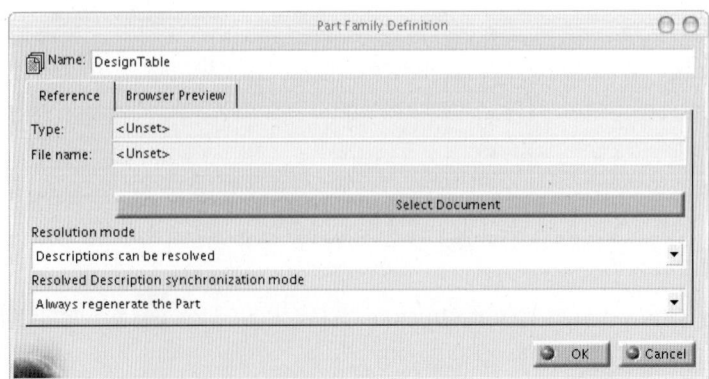

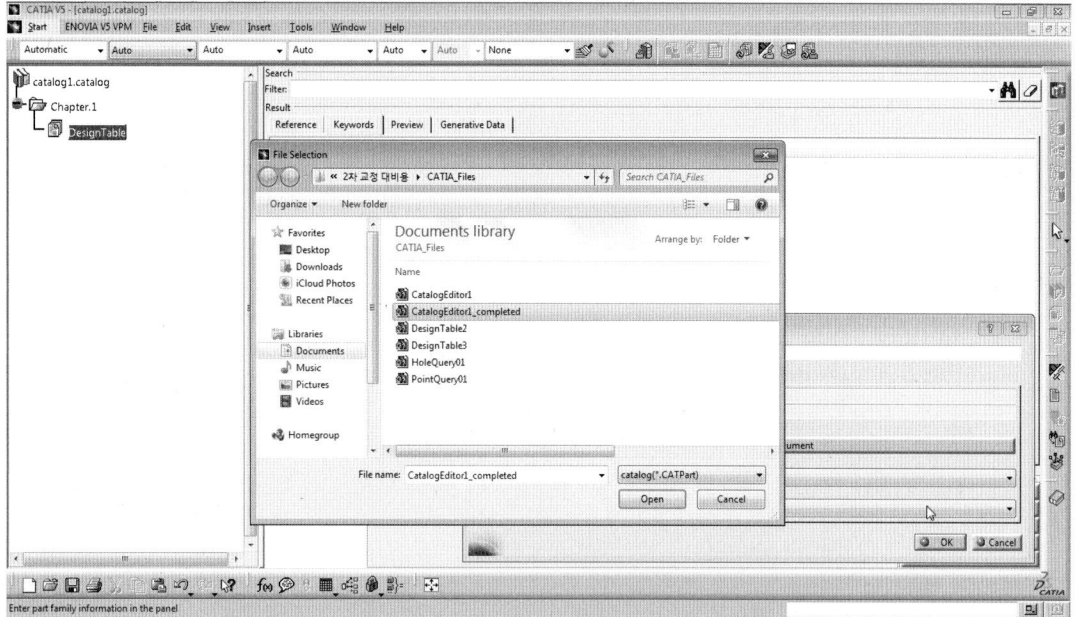

OK를 선택하면 다음과 같이 앞서 만들어준 Document에 대한 각 Design Table 값들로 구성된 형상들이 불러와지는 것을 확인할 수 있을 것입니다.

※ Keywords Tab

※ Preview Tab

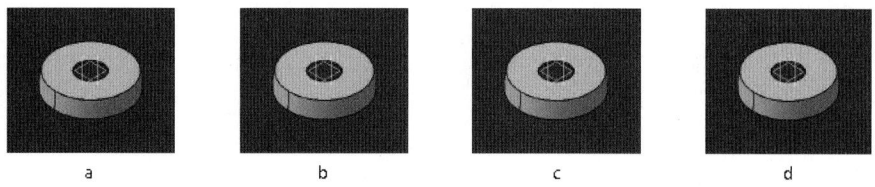

여기서 작업자는 Design Table로 만들어진 값들을 변경하거나 수정해 주는 것이 가능합니다. 또한 Product Document 상에서 Catalog Browser 를 통하여 이렇게 만들어진 Catalog 파일을 불러와 각각의 Component 들을 선택해 불러올 수 있습니다.

Catalog Browser를 실행하면 다음과 같은 창이 나타납니다. 기본적으로 CATIA를 설치한 후에 Dassault에서 제공하는 Catalog 유형을 확인할 수 있습니다. 여기서 우측 상단의 Browse another catalog 버튼을 클릭하여 앞서 작업한 Catalog 파일을 선택해 주도록 합니다.

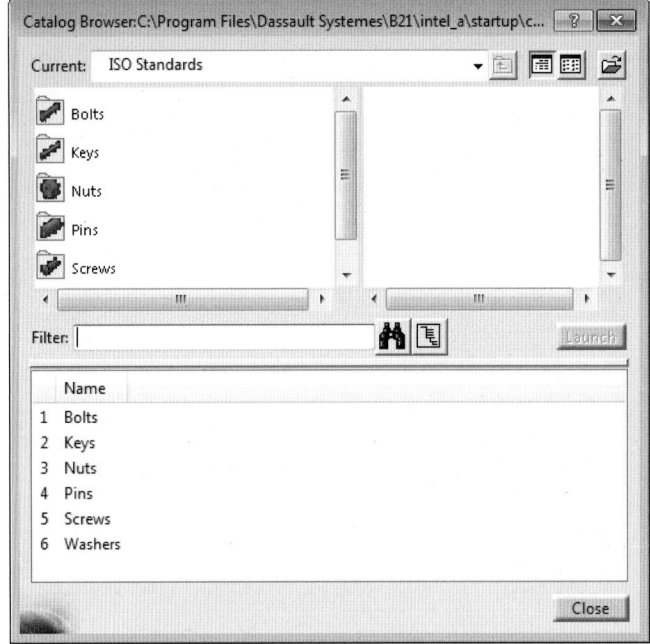
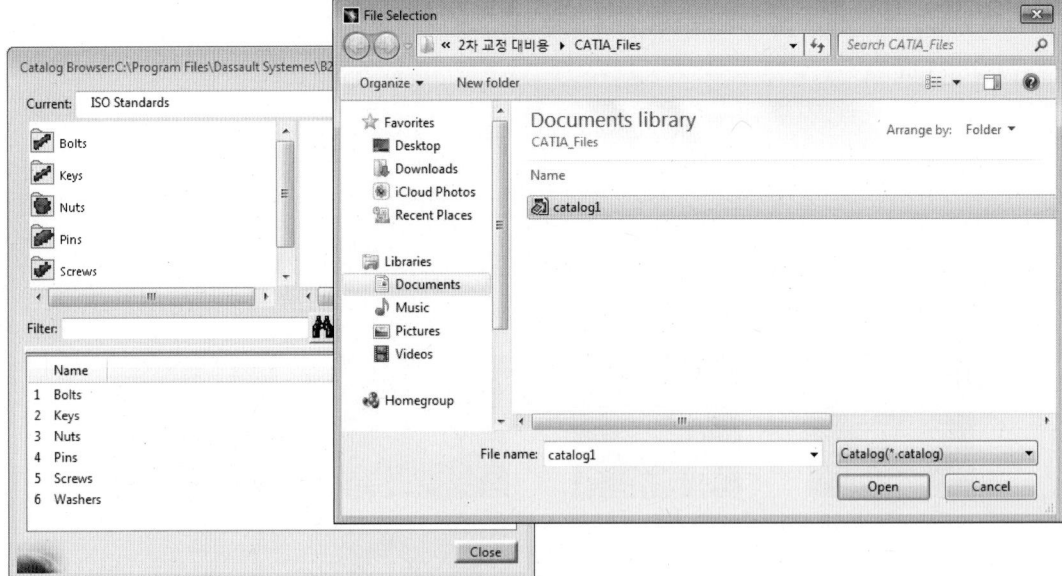

그럼 다음과 같이 앞서 우리가 정의한 Catalog가 불러와 진 것을 확인할 수 있습니다.

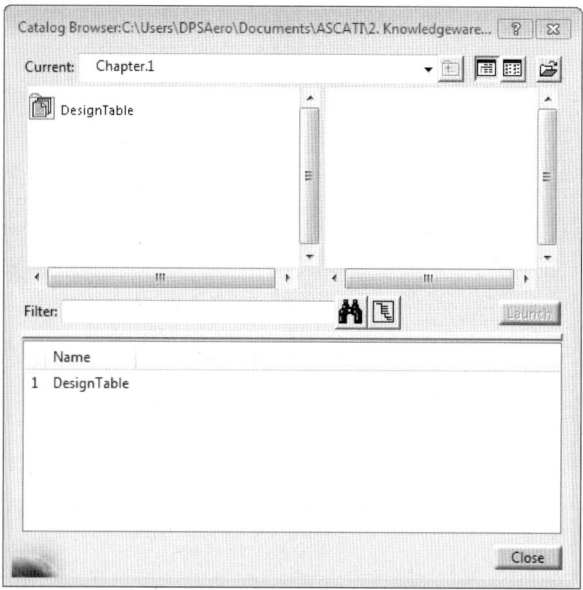

여기서 상단에 보이는 Design Table을 더블 클릭하면 해당 Catalog에 접근이 가능합니다. 더블 클릭을 해보자. 그럼 아래와 같이 앞서 정의한 PartNumber의 기입 문자대로 형상들이 만들어진 것을 확인할 수 있을 것입니다.

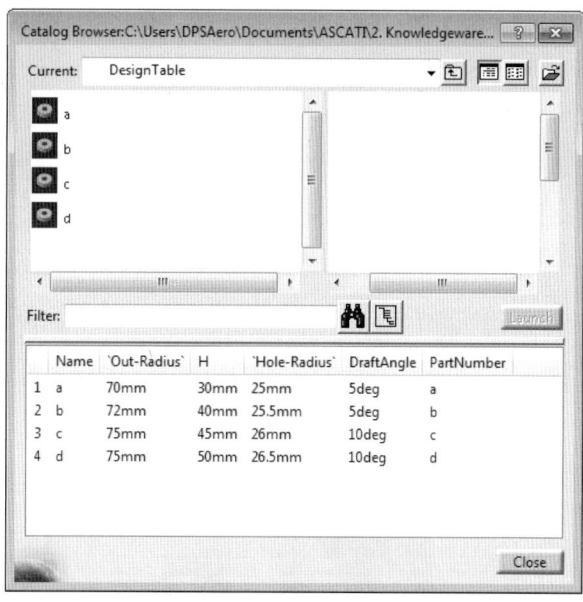

여기서 원하는 유형의 값을 Product에 불러오고자 할 경우 간단히 해당 값을 더블 클릭만 해주면 됩니다. 'a'를 더블 클릭해 줍니다. 다음과 같이 Product에 a 유형의 형상이 불러와진 화면을 확인할 수 있을 것입니다.

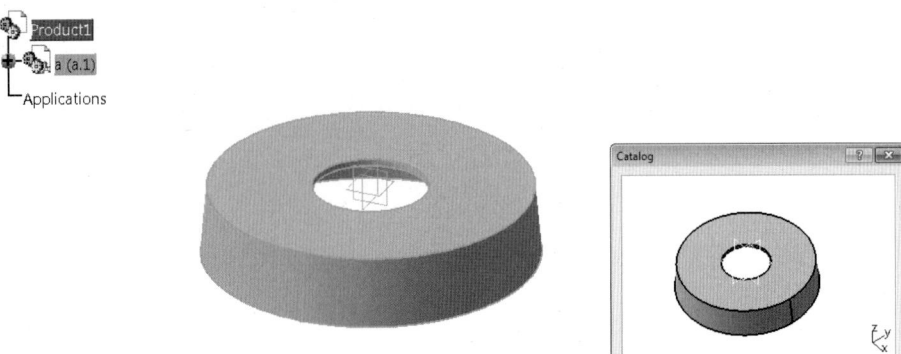

여기서 우측의 창을 닫아주면 다시 Catalog Editor를 통해서 Component들을 추가해 줄 수 있는 상태로 돌아갑니다. 여기서 이번에는 d 유형을 더블 클릭하여 불러오도록 합니다.

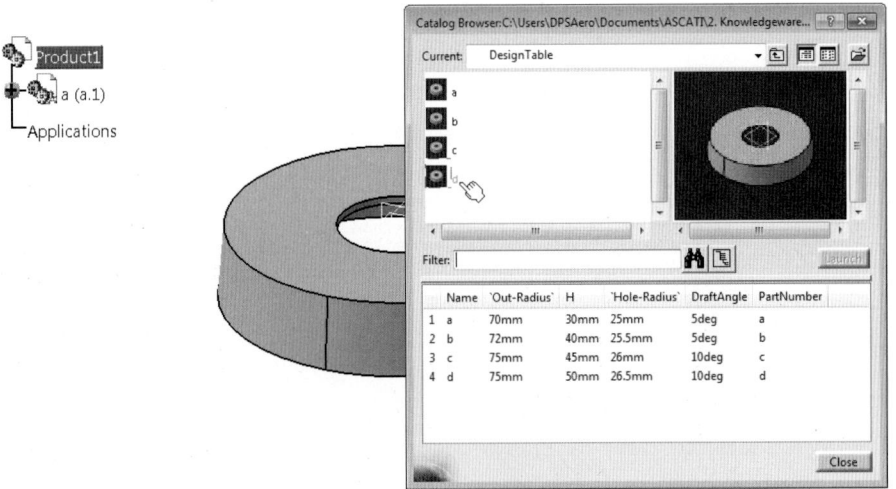

그럼 다음과 같이 a, d 두 개의 서로 다른 크기를 가진 형상이 불러와진 것을 확인할 수 있을 것입니다.

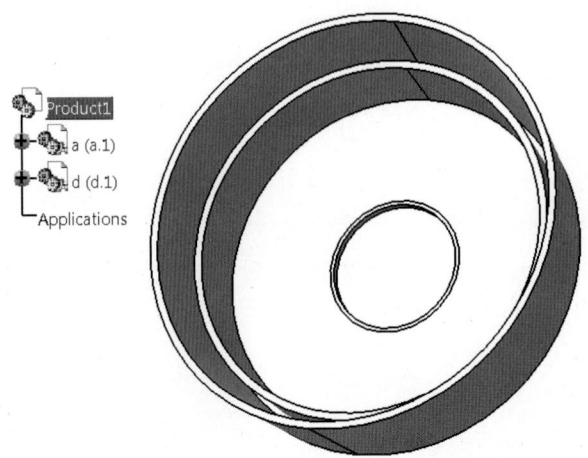

이렇듯 Catalog를 사용하면 미리 정의된 유형의 형상에 대해서 반복적인 설계 작업을 피할 수 있어 생산성을 높일 수 있습니다.

Catalog Editor를 외에도 Design Table은 Power Copy 를 통하여 다른 Document로의 재사용이 가능합니다.

• Duplicate data in CATIA model

Design Table을 공부하는데 있어 한 가지 더 기억할 게 있습니다. 앞서 만들어준 예제 Part Document 중에 하나를 불러와 Design Table을 더블 클릭하여 수정 창을 띄워보도록 합니다. 여기서 우측 하단의 'Duplicate data in CATIA model' Option을 체크해 보도록 합니다.

그리고 OK를 눌러 Design Table을 저장하고 종료하면 다음과 같이 Spec Tree에 Design Table의 아이콘 형상이 변경되는 것을 확인할 수 있습니다.

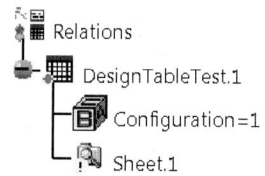

여기서 Design Table 아이콘이 녹색으로 표시되는 것을 이전과 비교해 볼 수 있는데, 이 표시의 의미는 외부 파일의 Sheet 데이터를 CATIA Document 안에도 저장하고 있음을 의미합니다. 따라서 Duplicate data in CATIA model 옵션이 활성화 되어있다면 Excel 파일이 누락되었더라도 Design Table 내에서 데이터 변경은 가능합니다. 그러나 Excel 파일로의 접근이나 데이터 수정 자체는 불가능합니다.

Design Table은 불러와 지지만 하단에 Edit table 버튼이 비활성화 된 것을 확인할 수 있습니다.

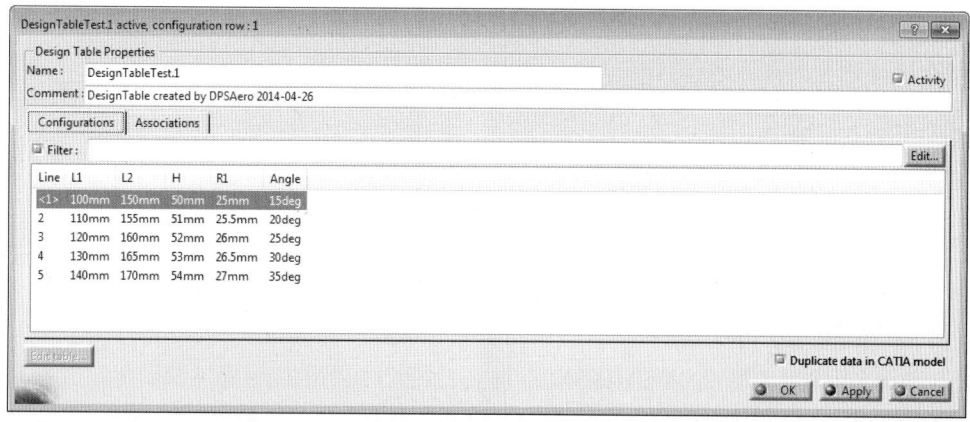

만약에 Duplicate data in CATIA model 옵션을 체크하지 않은 상태에서 Excel 파일이 누락된 상태에서 CATIA Document를 불러온다면 어떻게 될까요? Design Table 자체에 Error가 발생합니다.

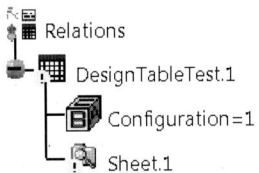

이 외에도 외부 파일과 Document의 상태에 따라 다음과 같이 4가지 표시를 확인할 수 있을 것입니다.

Icon	Status	Description
🔳	Synchronized	외부 파일과 완벽하게 데이터가 일치하는 경우
🔳	No Synchronized	외부 파일과 Design Table의 데이터가 일치하지 않음
🔳	Deactivated	Design Tables이 비활성화 됨
🔳	Broken	외부 파일과 링크가 깨짐

'Duplicate data in CATIA model' Option은 외부 파일인 Excel 파일의 정보를 복사하여 Design Table 자체에 가지고 있는 것입니다. 따라서 원본 외부 파일과 링크가 깨지거나 Excel 파일이 삭제되어도 Design Table을 사용하는 데에는 아무런 지장이 없습니다. 또한 'Duplicate data in CATIA model' Option이 체크된 상태에서는 다음과 같이 Document 상에 Design Table 데이터를 외부 파일 형태로 내보내는 것이 가능합니다.

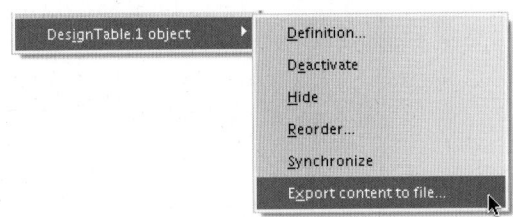

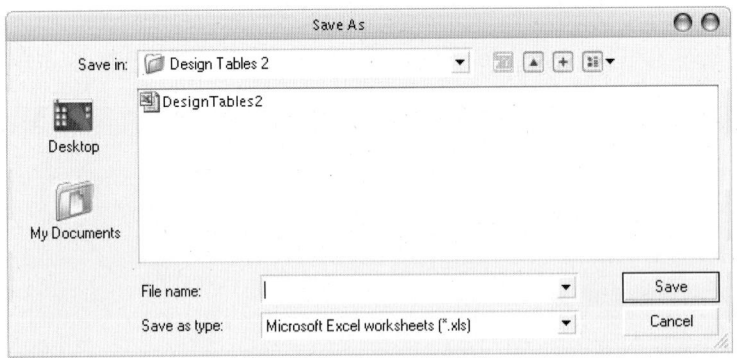

• Design Table 🔳 활용하기

Design Table을 이용하기 위해서는 우선 사용하고자 하는 변수들의 치수나 Type 등이 모두 알고 있는 상태에서 시작한다는 점을 한 번 더 강조하며 또 하나의 예를 해보도록 하겠습니다. 앞서 본문에서는 변수들만을 이용하여

Design Table을 구성하여 형상과 변수들을 값만으로 확인해보았을 것입니다. 이번에는 형상에 직접 변수들을 매치하여 Design Table을 구성해 보도록 할 것입니다.

우선 다음과 같이 변수를 설정해 줍니다.(Fillet과 Chamfer 두 개는 Boolean Type의 변수이고 나머지 변수들은 Length, Angle Type입니다.)

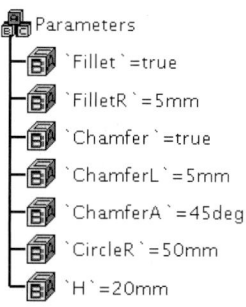

다음으로 XY 평면에 원을 스케치하여 Pad해 준 후 한 모서리에는 EdgeFillet을 다른 한 모서리에는 Chamfer를 해줍니다. 그리고 위의 각각의 치수 변수를 Edit Formula로 대입해 줍니다.

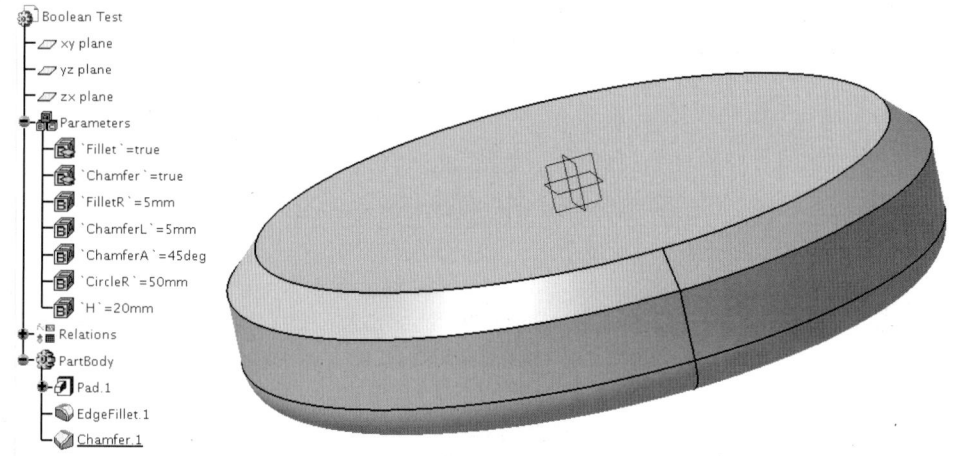

Fillet 값과 Chamfer 값을 지정해 줄때는 Formula에서 EdgeFillet.1과 Chamfer.1을 각각 선택하여 Feature의 Activity 값을 선택해 Add Formula 기능을 통해 변수와 연결해주도록 합니다.

Parameter	Value	Formula	Active
PartBody\EdgeFillet.1\CstEdgeRibbon.1\Radius	5mm	= FilletR	yes
PartBody\EdgeFillet.1\Activity	true	= Fillet	yes

Parameter	Value	Formula	Active
PartBody\Chamfer.1\ChamferRibbon.1\Length1	5mm		
PartBody\Chamfer.1\ChamferRibbon.1\Length2	1mm		
PartBody\Chamfer.1\ChamferRibbon.1\Angle	45deg	= ChamferA	yes
PartBody\Chamfer.1\Activity	true	= Chamfer	yes

이제 모든 변수들을 형상에 매치하는 작업이 끝이 났다면 현재의 Part를 저장한 후에 Excel을 실행하여 다음과 같이

Sheet를 구성해 줍니다.(대문자 및 철자 주의)

	A	B	C	D	E	F	G	H
1	Fillet	Chamfer	FilletR	ChamferL	ChamferA	CircleR	H	PartNumber
2	TRUE	TRUE	5mm	5mm	45deg	50mm	20mm	x1
3	FALSE	TRUE	-	7mm	deg	60mm	25mm	x2
4	TRUE	FALSE	15mm	-	-	70mm	30mm	x3
5	FALSE	FALSE	-	-	-			x4
6								
7								

마찬가지로 만들어준 Excel Sheet도 저장해 준 후 이제 다시 CATIA로 돌아와 Design Table을 실행합니다. Table 은 이미 만들어져 있으므로 'Create a design table from a pre-existing file'로 진행합니다.

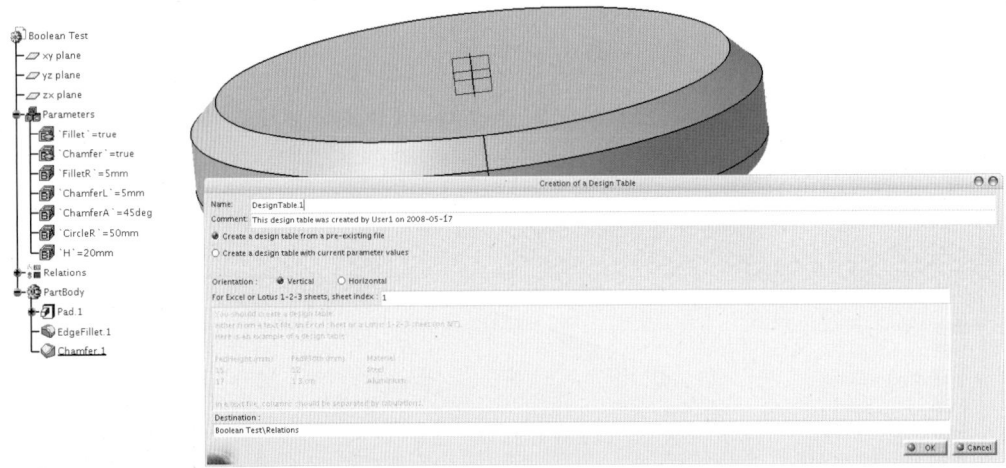

앞서 만들어준 Excel 파일을 불러오면 다음과 같은 상태를 확인할 수 있을 것입니다. 형상이 붉은 색으로 변한 이유는 현재의 Design Table로 인해 형상이 업데이트 중이기 때문입니다.

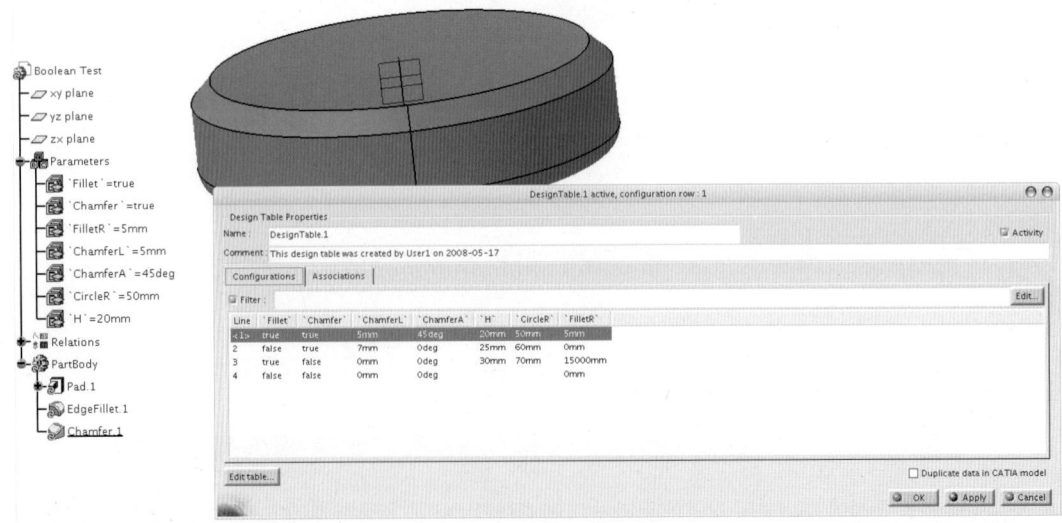

여기서 원하는 유형의 값들을 선택한 후에 Apply를 실행하면 정해진 값으로 변경이 되는 것을 확인할 수 있을 것입니다.

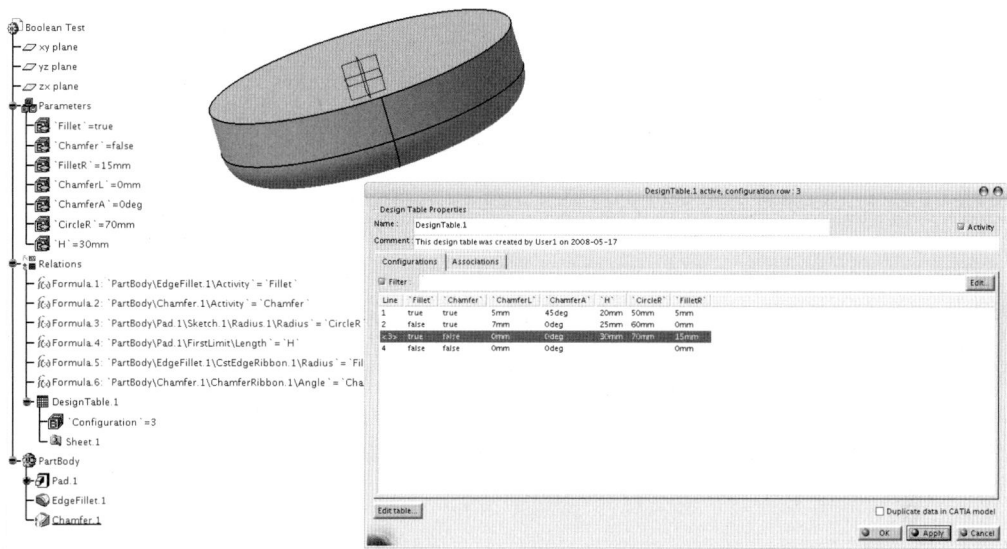

이와 같이 Boolean Type의 변수를 사용하여 형상에 사용된 명령을 조절하는 Design Table의 작성도 가능하다는 점을 기억하면 형상 설계 시 보다 큰 확장성을 가질 수 있을 것입니다.

위의 과정을 따라 해 본 후에 반드시 Catalog Editor를 만드는 연습도 함께 해 보기를 권합니다.

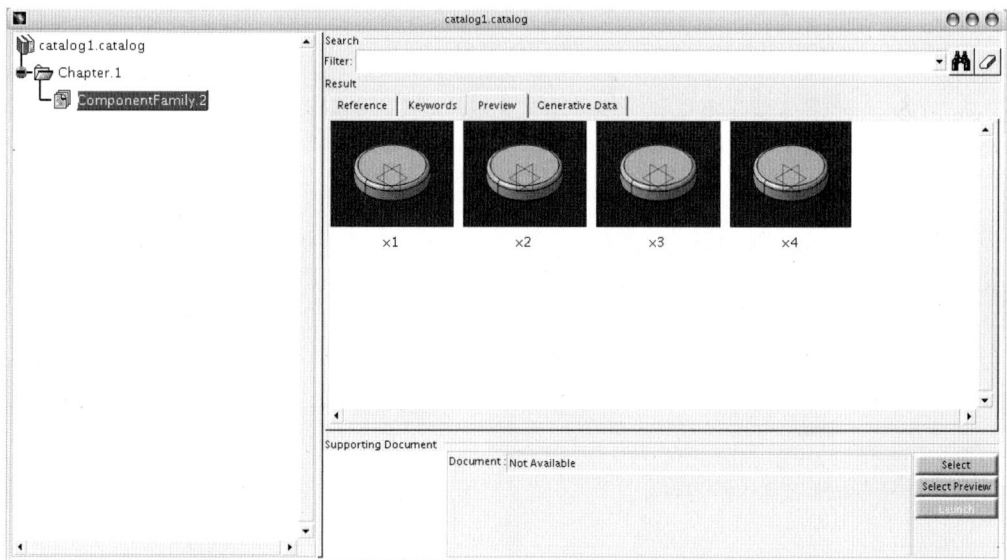

■ Law

• Law 란?

우리가 GSD Workbench에서 서피스 또는 와이어프레임 모델링 작업을 하면서 수식화 된 곡선 형상을 설계해야 하는 경우가 있습니다. 이런 경우에 작업자는 곡선 형상에 대한 정보를 CATIA 내에 가져오기 위한 방법을 고려해야 하는데 흔히 해당 곡선이 지나가는 좌표를 수동으로 입력하거나 또는 Design Tables 이나 Macro를 이용한 방법을 생각하게 될 것입니다.

그러나 곡선의 형상에 대한 정확한 함수를 알고 있는 경우 KWA Law 를 사용하면 작업자는 그러한 함수를 정의하여 CATIA 내에서 직접 그려 줄 수 있습니다. 예전에 수치해석관련 프로그램을 사용하여 함수식을 구성하고 그러한 함수식을 바탕으로 그래프를 그렸던 기억을 떠 올린다면 이 Laws 명령의 개념은 쉽게 이해할 수 있을 것 입니다.

이러한 Law 명령 자체는 함수식만을 구성할 수 있으며 이렇게 만들어진 Law의 함수식을 사용하여 곡선이나 곡면을 설계할 경우에는 GSD에서 별도의 명령을 사용해야 합니다. 사실 KWA Law는 그 명령 자체만으로는 형상화하는 기능은 없으며, GSD Workbench에서 대표적인 Parallel Curve 나 Sweep 과 같은 명령에서 사용할 수 있습니다.

KWA Law 명령을 사용하기 위해서는 Laws Editor를 사용하여 함수식을 구성해 주어여하며 기본적인 Mathematical Engineering Language(M-EKL)를 사용합니다. 한 가지 특징적인 것은 KWA Law에 사용하는 변수들은 Law 자체에서만 사용하는 변수이며, Lwa에 사용된 변수를 따로 Spec Tree에 Parameters를 만들거나 하지 않습니다. 또한 Law에 사용되는 변수들은 'Formal Parameter'라고 하며 실제로 변수의 값을 가지는 것이 아닌 미지수의 개념으로 생각하면 됩니다. 여기서의 미지수들은 따로 범위를 가지지 않으며 GSD 작업에 선택하는 와이어프레임 요소를 기준으로 그 유효 범위 값을 가진다. 만약에 길이 100mm인 Line을 사용하여 Parallel Curve를 만든다고 하였을 때 이 직선의 길이 100mm가 Law의 입력 범위가 되는 것입니다.

새로운 Part Document를 실행한 후, Law 명령을 실행 시키면 다음과 같은 정의 창이 나타납니다. 여기에 이름을 'SinLaw'로 변경하고 OK를 선택합니다.

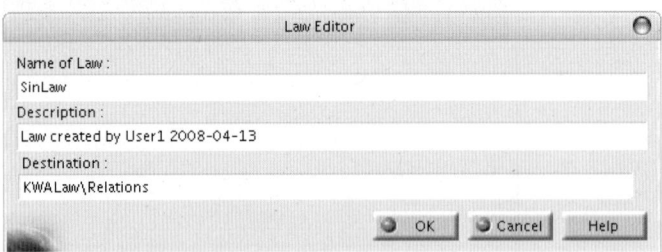

그럼 다음과 같은 Editor 창이 나타납니다.

• Law Editor

KWA Law 명령 역시 일반적인 Knowledge 명령들과 유사한 명령 창 구조를 하고 있습니다. 여기서 Law 만의 특징적인 것은 Formal Parameter의 생성 부분입니다. 앞서도 설명하였듯 KWA Law의 Formal Parameter는 외부 변수가 아닌 오로지 Law안에서만 사용 가능한 변수입니다.

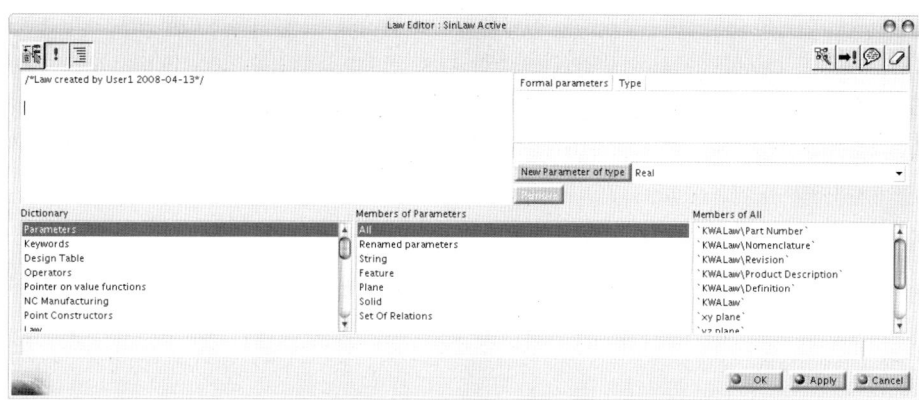

기본적인 명령의 구조는 앞서 다른 명령들을 통하여 설명하였으므로 간단한 예제를 통하여 Law의 이해를 돕도록 하겠습니다. 우측의 Formal Parameter에서 Real Type으로 두 개의 변수를 만들어 줍니다.(Law에서는 최소한 두 개의 Formal Parameter가 필요합니다.)

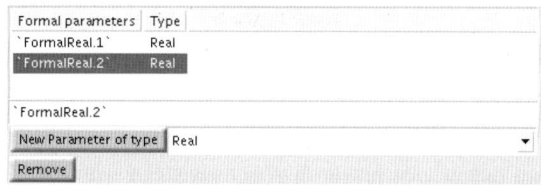

다음으로 이 두 개의 변수의 이름을 간단히 하기 위해 각각 'X', 'Y'로 변경해 줍니다.

이제 좌측의 Editor에 함수를 구성해 줄 차례입니다. 이번 예에서는 삼각함수를 사용하여 Law를 만들어 볼 것 입니다. Dictionary를 사용하여 다음과 같이 식을 입력해 줍니다.(Parameter의 입력 역시 앞서 만들어준 Formal Parameter를 더블 클릭하여 입력해 주면 됩니다.)

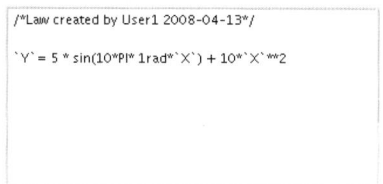

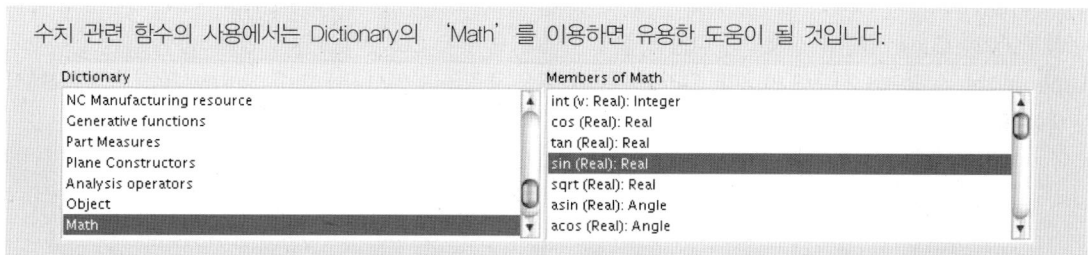

위와 같이 Editor의 입력이 마무리되면 Apply를 실행해 보도록 합니다. 그럼 다음과 같은 메시지가 출력되는 것을 확인할 수 있는데, 처음 Law를 사용하는 경우라면 당황할 수 도 있으나 메시지를 읽어보면 앞서 입력한 Editor 창에 상수 값 '5'의 경우 단위를 지정하지 않았으므로 기본 단위인 mm 단위로 인식이 된다는 것입니다.(여기서의 기본 단위는 SI단위를 말합니다.) 또한 참고로 CATIA에서 각도 입력은 라디안(rad.) 단위로의 입력입니다. 잊지 말기 바랍니다.($1rad = 180/\pi$)

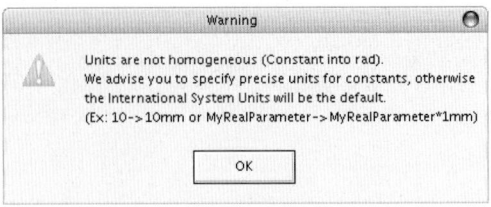

이제 OK를 누르면 Law가 완성이 됩니다.

이렇게 만들어진 Law는 앞서 언급한대로 GSD의 Parallel Curve 나 Sweep 등에 사용할 수 있습니다. 여기서는 Parallel Curve를 사용한 KWA Law의 사용에 대해서 예를 들어 보도록 하겠습니다.

Workbench를 GSD로 이동하여 다음과 같이 직선을 원점에서 X방향으로 100mm만큼 떨어진 직선을 하나 만들어 줍니다.(Line : Point-Point Type 또는 Point-Direction Type)

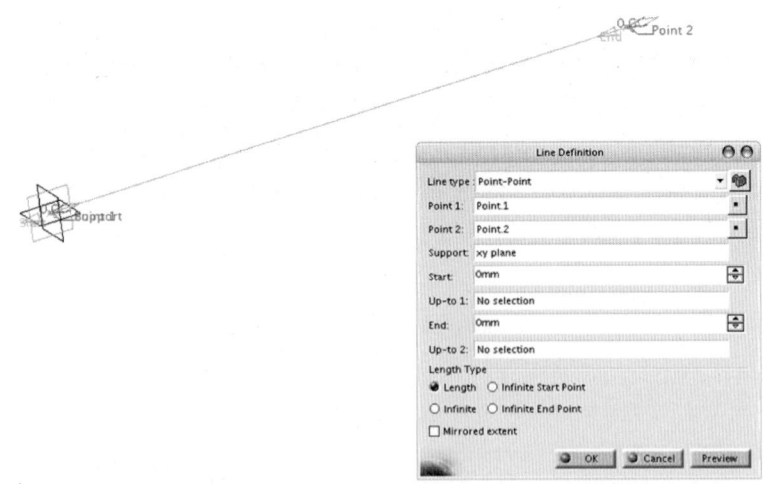

이제 Parallel Curve 명령을 실행하여 다음과 같이 선택해 줍니다. Curve에는 앞서 만들어준 직선을 선택하고 Support에는 XY평면을 선택해 줍니다. 그리고 Law 버튼을 클릭하여 앞서 만들어준 'SinLaw'를 Spec Tree에서 선택해 줍니다.

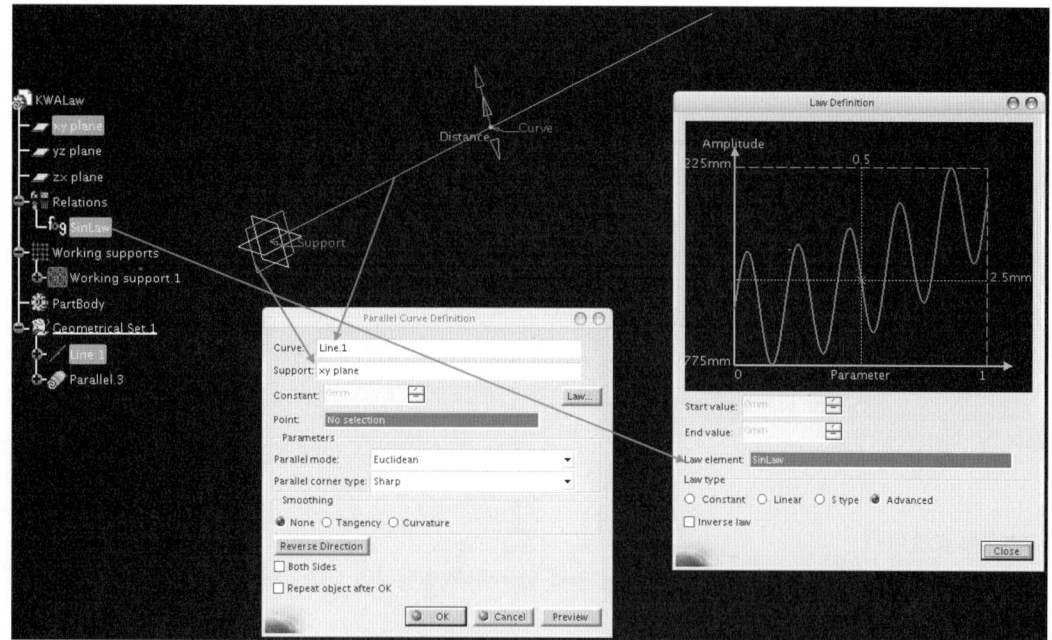

Law Definition 창을 Close한 후에 Apply를 선택하면 다음과 같은 결과를 확인할 수 있습니다.

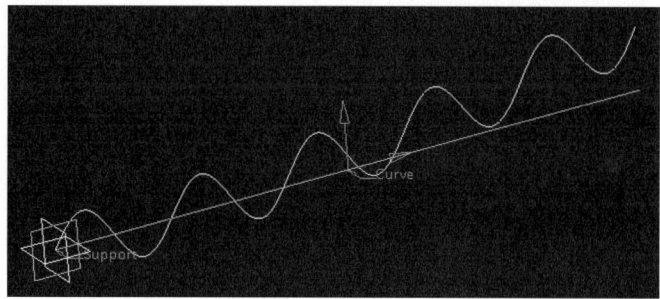

이제 OK를 선택하면 Law에 의해 만들어진 Parallel Curve를 확인할 수 있을 것입니다.(X축에 해당하는 직선 요소는 숨기기(Hide)해 주어도 됩니다.) 여기서 한 가지 주의할 것은 X축에 해당하는 직선 요소의 길이가 변경되거나 삭제되면 Law에도 영향을 미친다는 것을 기억하기 바랍니다.

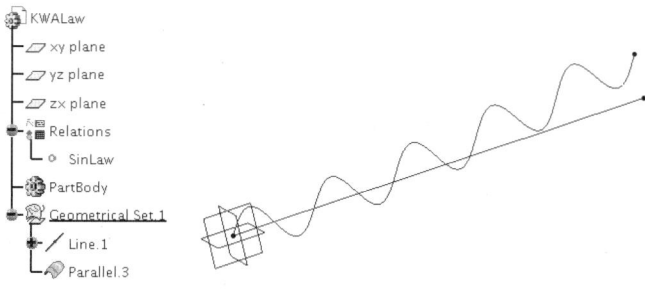

앞서 언급한대로 Law에 의해 구성된 함수의 범위는 만들어준 직선의 길이에 의해 좌우됩니다. 따라서 위 직선의 길이가 길어지거나 짧아짐에 따라 Parallel Curve 형상이 다르게 만들어질 수 있다는 점을 기억하기 바랍니다. 우리가 사용할 수 있는 Math 함수는 매우 다양하므로 우리가 작업에 사용할 수 있는 일반적인 함수의 형상은 모두 가능하리라 생각합니다. 물론 위의 예에서 만들어준 Curve 형상은 작업의 목적에 따라 충분한 활용이 가능합니다.

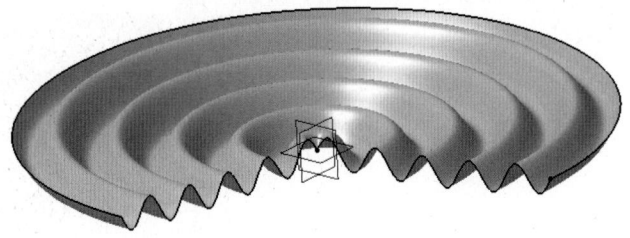

> Law에 대한 감을 잡았다면 바로 새로운 Law를 구성하여 삼각함수만을 Cos()로 변경하여 위의 예를 다시 한 번 수행해 보기 바랍니다.

● Law 활용하기

다음의 몇 가지 예제를 통하여 KWA Law의 생성 원리 및 수학적 방정식에 대한 개념의 이해를 해보기 바랍니다.

1. KWA Law연습

다음의 식들을 Law를 사용하여 구현한 후 GSD의 Parallel Curve등을 사용하여 사용해 보기 바랍니다. 변수와 식의 구성, Parallel Curve의 적용은 동일합니다. 기준이 되는 Curve의 길이에 유의하기 바랍니다.

※ 이차 함수

`y = x**2 - 5*x + 6`

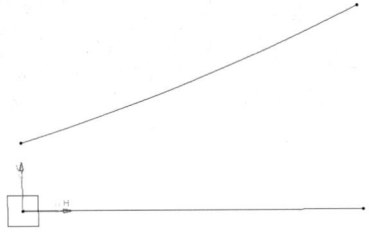

※ 지수(Exponential) 함수

`y = exp(x**2) - x**2 - 1`

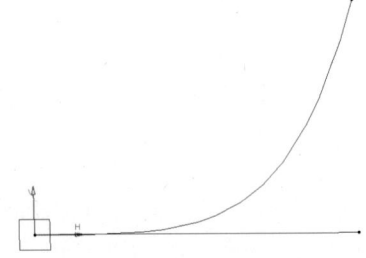

※ 루트(Root) 함수

`y'= sqrt(2 * 'x')`

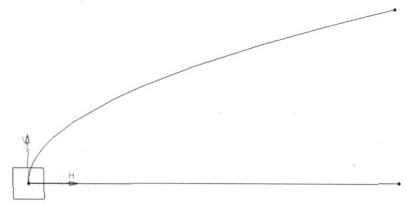

• Knowledgeware Laws vs. GSD Laws

GSD에서의 Law는 Reference와 Definition에 의해서 정의된다는 것을 기억할 것입니다. 따라서 작업자가 Parallel Curve나 Sweep등의 명령에 사용하기 위해 Law를 생성하려 한다면 우선 이 두 개의 요소가 준비되어야 합니다. 즉, Geometry에 의한 Law의 생성이 GSD Law라고 할 수 있습니다.

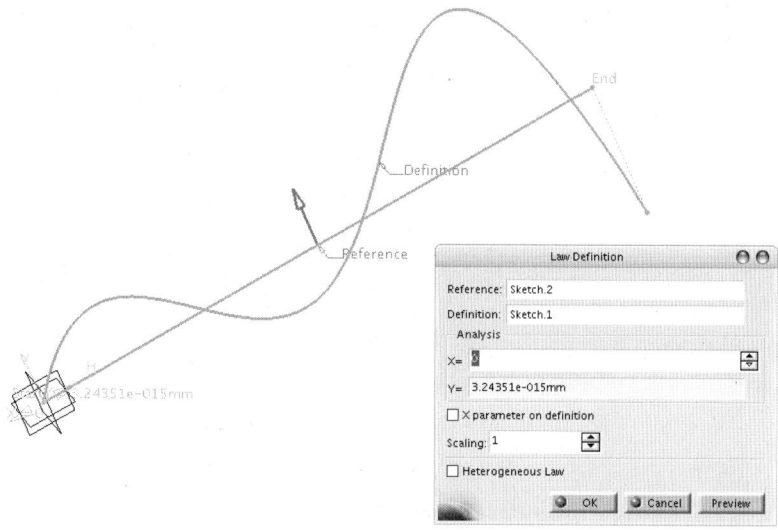

이와 달리 KWA Law는 수학적 방정식의 구성에 의한 보다 고차원의 생성 방식을 취한다고 생각할 수 있습니다.

■ Knowledge Inspector

• Knowledge Inspector 란?

우리가 변수 설계 작업을 할 경우에 독립 변수에 따른 종속 변수의 개념을 사용하곤 합니다. 독립 변수는 작업자가 고려하여 직접 값을 입력하여 만든 변수라고 생각하면 됩니다. 종속 변수는 이와 달리 앞서 만들어준 변수들에 의해서 값이 결정되는 변수를 말합니다. 즉, 종속 변수 스스로 어떤 의도적인 값을 가지는 것이 아니라 독립 변수나 또 다른 종속 변수에 의해서 연산된 값의 결과만을 종속 변수는 가질 수 있습니다.

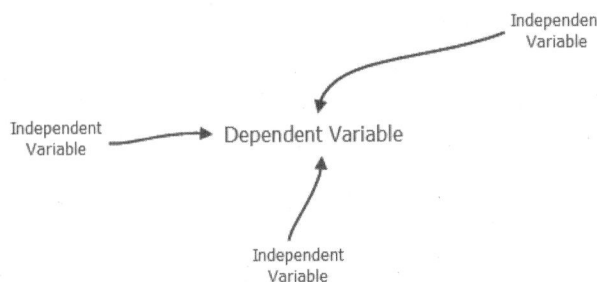

Knowledge Inspector 란 이러한 독립 변수와 종속 변수 사이에 정의된 관계를 찾아주기 위한 도구인 셈입니다. 물론 이러한 독립 변수와 종속 변수 사이의 관계를 확인하면서 독립 변수의 값을 조절하는 것 역시 가능하며 일일이 변수를 수정하면서 결과적으로 나오는 종속 변수 값이나 형상을 관찰할 필요 없이 즉각적인 변경과 결과의 확인, 이전 데이터와의 비교도 가능합니다.

Knowledge Inspector를 공부하기 위해 다음과 같이 Document를 구성합니다. Spec Tree에 나타나는 변수의 Type은 'Var'을 제외하고 모두 Length로 합니다. 'Var'은 Real Type입니다.

```
Parameters
 ├─ `Independent Var1`=100mm
 ├─ `Independent Var2`=50mm
 ├─ `Dependent Var1`=0mm
 ├─ `Dependent Var2`=0mm
 └─ `Var`=0
```

이제 Formula 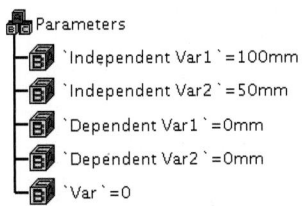 를 사용하여 다음과 같이 'Dependent var1'과 'Dependent var2'의 값을 수식화 해줍니다.

```
Relations
 ├─ Formula.1: `Dependent Var1` = `Independent Var1` + `Independent Var2`
 └─ Formula.2: `Dependent Var2` = `Independent Var1` - 0.3*`Independent Var2`

    `Dependent Var1`=150mm= `Independent Var1` + `Independent Var2`
    `Dependent Var2`=85mm= `Independent Var1` - 0.3*`Independent Var2`
```

마지막으로 Rule 을 사용하여 'Var'의 값을 정의해 줍니다. 아래 정의한 Rule은 종속 변수 2개의 값의 변화에 따라 'Var' 변수의 값을 변경하도록 합니다. 이와 같이 Rule을 통해 변수 'Var'은 Formula의 사용 없이 종속 변수로의 정의가 가능해 진다. Rule 명령에 사용된 'and'는 논리 연산자로 앞과 뒤에 입력한 조건을 모두 만족한 경우만 참으로 인정합니다.

```
if(`Dependent Var1` == 150mm and `Dependent Var2` == 85mm )
{
        `Var` = 1
}
else
{
        `Var` =0
}
```

위와 같이 작업을 모두 완료하고 Spec Tree를 확인해 보기 바랍니다. 위와 같은 작업 순서대로 작업을 한 경우 아래와 동일하게 표시가 날 것입니다.

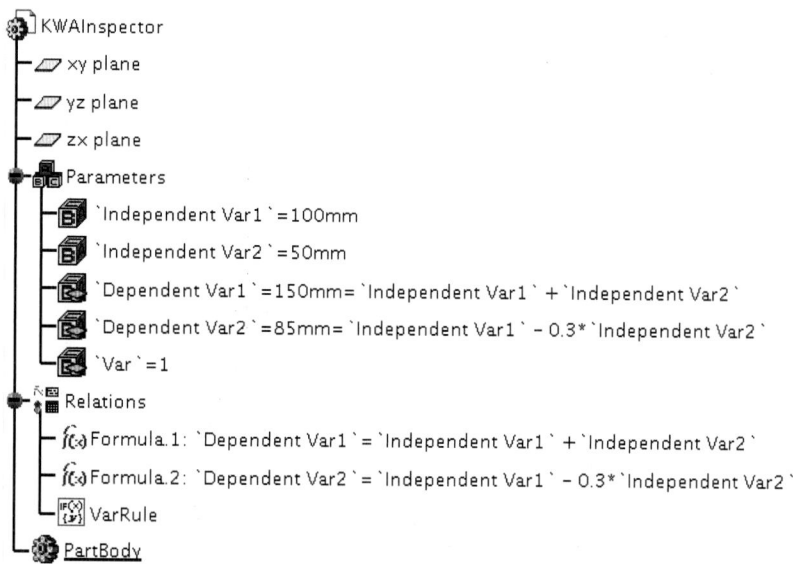

이제 Knowledge Inspector를 실행시키면 다음과 같은 창이 나타나는 것을 확인할 수 있습니다.(Knowledge Inspector는 Common knowledge Toolbar에 있습니다.)

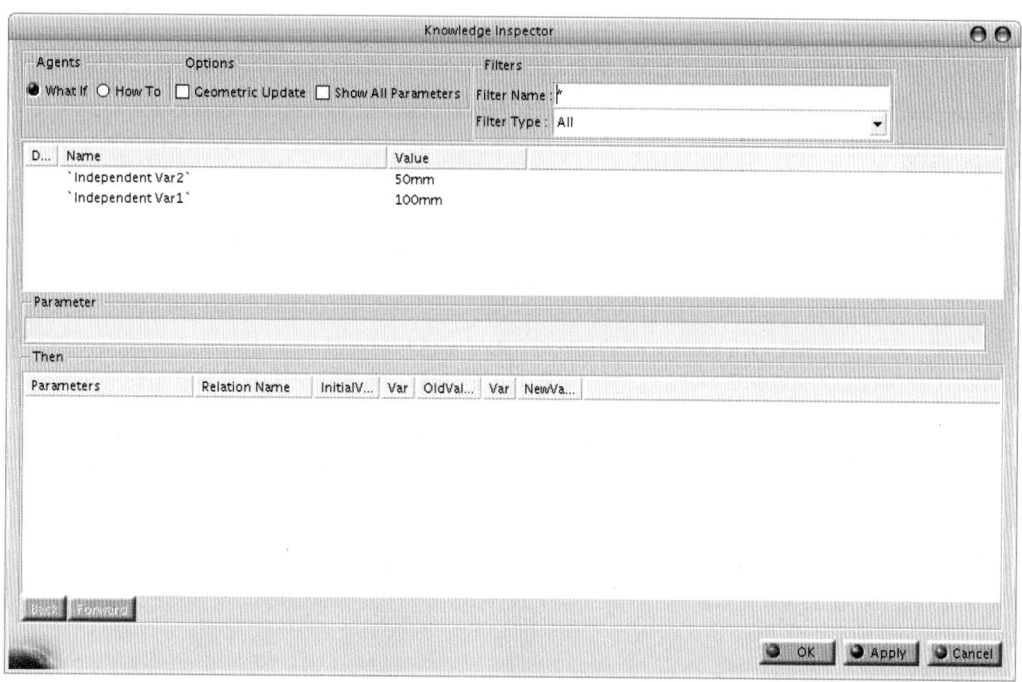

여기서 좌측 상단을 보면 두 개의 Agents 값이 보일 것 입니다. 여기서 'what If' 모드는 독립 변수에 대한 종속 변수의 상관관계를 볼 수 있으며 'How To'모드에서는 종속 변수에 대한 독립 변수들의 상관관계를 파악할 수 있습

니다.

- **"What If" mode(impacts)**

'What If' 모드에서는 상단에 독립 변수가 불러와 진다. 우선 원하는 독립 변수 하나를 선택합니다. 그리고 Apply를 클릭하면 이 독립 변수들과 종속변수들 간의 관계가 하단의 Then 밑에 출력이 됩니다.

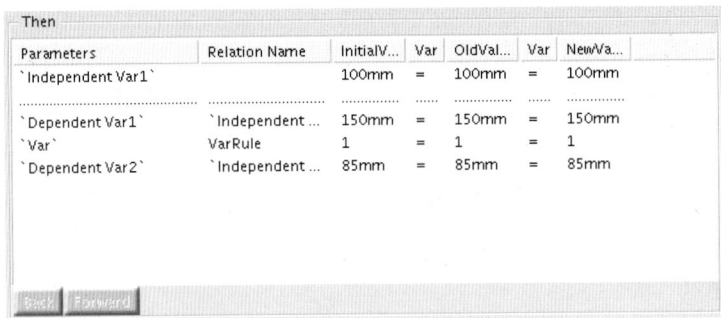

여기서 첫 줄에 출력되는 것은 앞서 선택한 독립 변수이며 그 다음으로 출력되는 변수들이 종속 변수의 값들이 됩니다. 여기서 Relation Name에서 변수들 간의 관계를 확인할 수 있습니다.

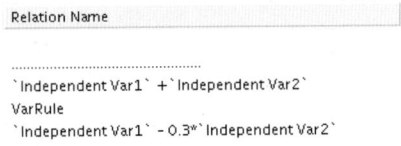

변수들이 가지는 값을 보게 되면 하나의 값을 InitialValue, OldValue, NewValue 이렇게 3가지로 구분하여 나타내고 있는 것이 보일 것입니다. 이 각각의 값들이 가지는 의미를 선택하면 다음과 같습니다.

※ InitialValeue

Knowledge Inspector를 실행하기 이전에 변수가 가지는 값을 의미합니다. 이 값은 새로 변수를 변경하고 Knowledge Inspector를 실행하기 전까지는 변하지 않습니다. 그러나 변수를 변경한 후에 Knowledge Inspector를 실행하면 변경된 후의 값이 초기 값으로 설정이 됩니다.

※ OldValue

Knowledge Inspector를 실행하고 나서의 값을 의미합니다. 명령을 실행 후에 변수에 새로운 값을 입력하고 Apply를 누르기 전의 값입니다. 새로운 값을 입력하고 Apply를 누르게 되면 이전의 값과 현재의 값을 비교할 수 있도록 OldValue라는 값이 출력되는 것입니다. 이 값은 확실히 InitialValue와 다른 값으로 변수의 값이 변경되기 바로 전의 값으로 생각하면 편합니다.

※ NewValue

작업자의 의도로 변수를 변경해 보고자 할 경우 새로이 입력하는 값이 바로 NewValue가 됩니다. 이렇게 값의 변화를 주어 각 상관관계에 의한 다른 변수들 사이의 변화를 관찰할 수 있는 것이 Knowledge Inspector의 기능이라 할 수 있습니다.

앞서 선택한 독립 변수의 값의 변경은 명령 창의 가운데 보이는 Parameter의 우측의 Equals에 입력해 주면 됩니다. 여기서는 'IndependentVar1'의 값을 100mm에서 150mm로 변경합니다.(만약에 Equals라는 부분이 보이지 않는

다면 명령 창의 한단 끝을 선택하여 옆으로 늘려보기 바랍니다.)

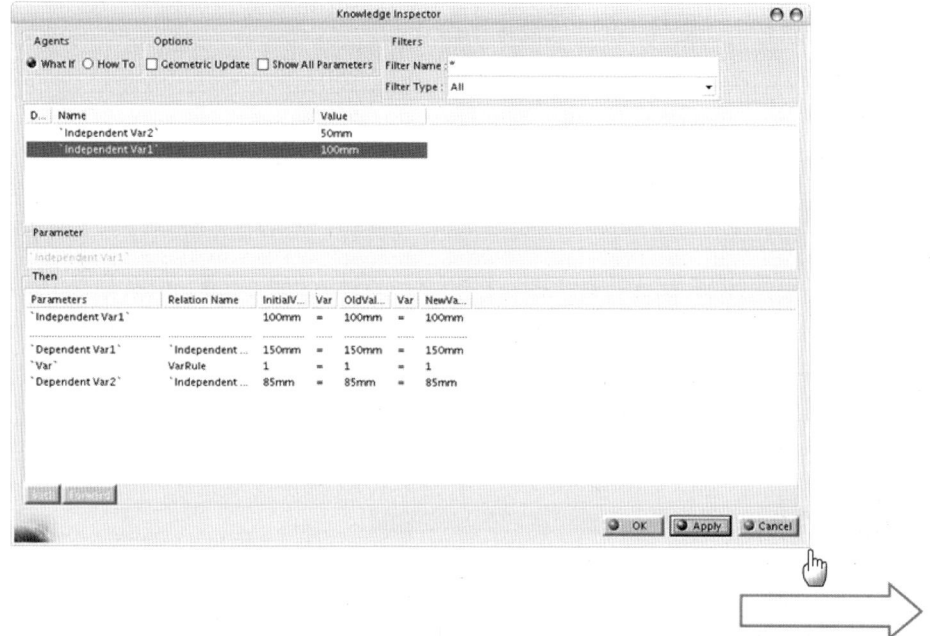

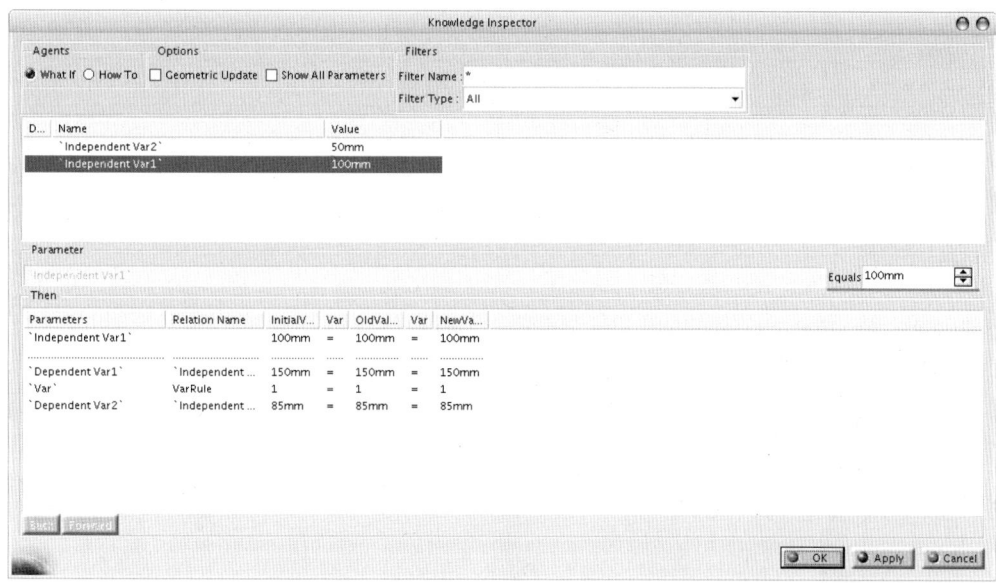

Equals의 값은 처음 독립 변수를 선택한 후에 입력해서는 안 되며, Apply를 한번 해준 후에 입력하고자 하는 값을 넣어줍니다. 그래야 변수를 변경하기 전의 상관관계를 먼저 파악할 수 있기 때문입니다. 물론 이러한 변수의 값을 넣을 수 있는 것은 앞서 선택해준 독립 변수에만 가능합니다.

여기서 원하는 변수의 값을 Equals를 통해 변경해 준 후에 Apply를 눌러 보면 다음과 같이 변경된 변수의 값이 변경 전과 어떤 차이가 있는지 확인할 수 있으며 독립 변수에 의한 종속 변수의 값 변화도 즉각적으로 확인이 가능합니다.

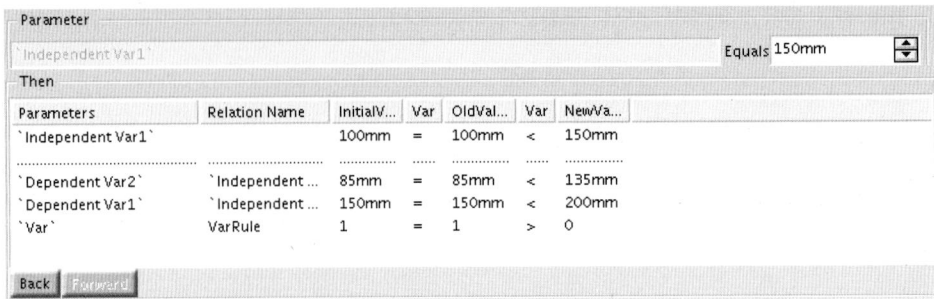

여기서 만약 독립 변수라 하더라도 Lock이 걸린 변수의 경우에는 Knowledge Inspector에서 변경 가능한 변수로 인식하지 않습니다. 즉, Lock된 변수는 독립 변수도 종속 변수도 아닌 상수와 같이 인식이 됩니다. 따라서 명령 창이 실행되어도 변수를 건드릴 수 없습니다.

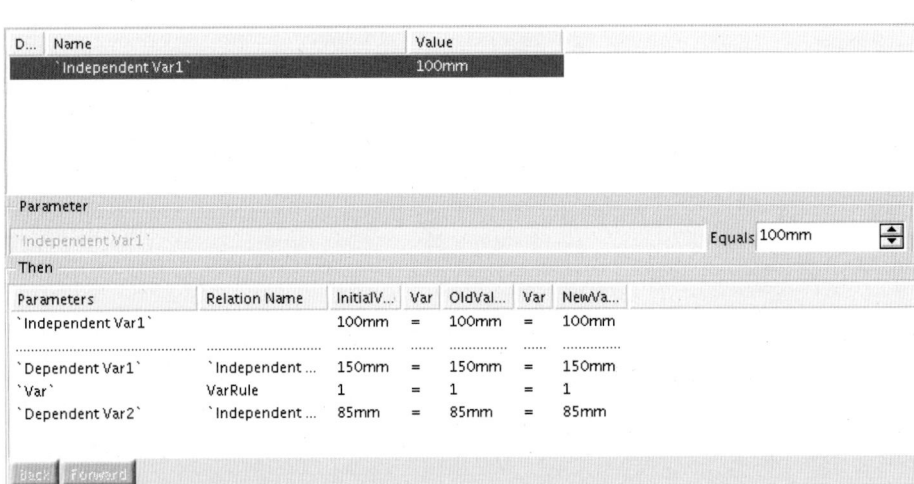

이렇게 Knowledge Inspector에서 변수의 값을 변경해 본 후에 OK를 누르고 명령을 종료하게 되면 변수가 앞서 변경한 값으로 변수들이 업데이트 된다는 것을 기억하기 바랍니다.

단순히 값의 변경에 의한 상관관계만 파악하고 원래의 변수 값으로 놔두고자 할 경우에는 반드시 Cancel을 눌러야 합니다. 한번 변수가 변경된 이후에 새로 Knowledge Inspector를 실행하더라도 이전의 변수로 실행되지 않습니다.

- "How to" mode(dependencies)

'How To' 모드의 경우에는 위 부분에 종속 변수가 먼저 나타나게 됩니다. 종속 변수들에는 반드시 좌측의 Dvn에

'f'라는 표시가 나타납니다. 이것은 Formula에 의해 다른 변수에 종속되어 있음을 의미합니다.

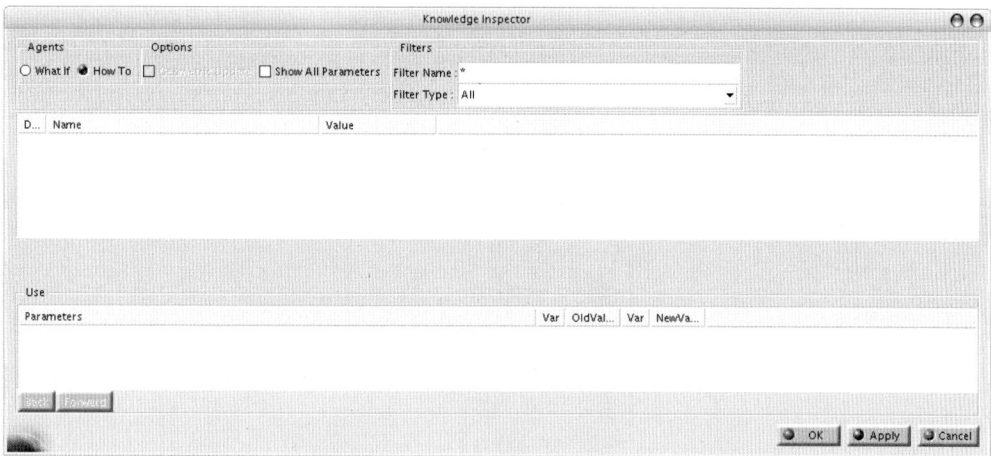

그리고 Apply를 누르게 되면 하단의 Use에 독립 변수가 나타나게 됩니다. 따라서 종속 변수들을 수정하기 위해서 사용해야 하는 독립 변수가 무엇인지 파악할 수 있습니다.

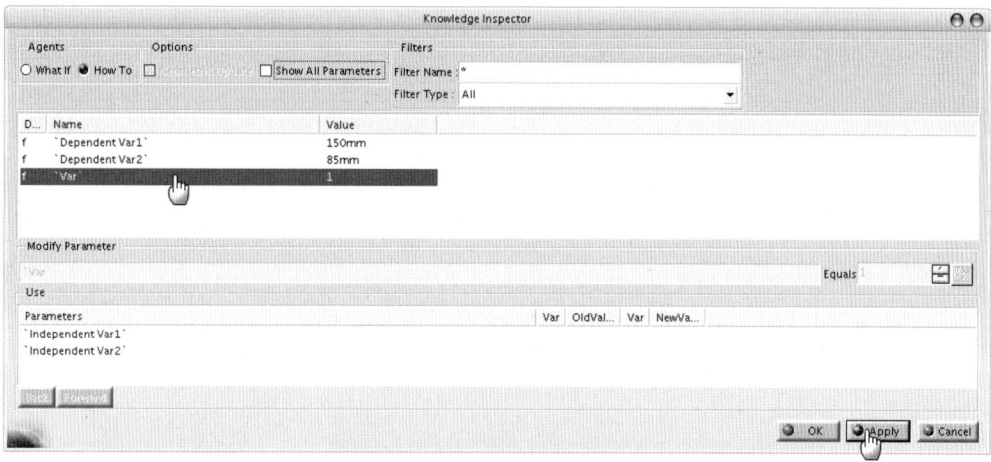

이와 같은 Knowledge Inspector를 사용하여 작업자는 독립 변수와 종속 변수 사이의 관계를 이용하여 동시적인 변수의 수정과 변경을 도모할 수 있습니다.

• **Knowledge Inspector의 활용**

Knowledge Inspector의 사용은 현재 Document의 KWA 작업에 의해 변수 설계가 마무리 된 상태에서 현재 작업에 사용된 변수들의 변경 사항을 검토하기 위해 사용하도록 합니다. 따라서 현재의 Document가 가진 독립 변수들에 의한 종속 변수, 그로 인한 형상의 변경 사항을 체크하면서 설계 치수의 변경을 도모할 수 있다는 점을 십분 활용하기 바랍니다.

다음의 예는 Formula와 Rule을 사용하여 현재 Document의 변수 설계를 마친 상태입니다. 여기서 원하는 독립 변수의 변경을 통하여 종속 변수들의 값이 어떻게 변경되는지 확인할 수 있습니다.

Parameter	Parameter Type	Value
L	Length	-
H	Length	`L` / 2
Type	String	090377A-1, 090377A-2, 090377C-1, 090378B-1
Cost	Real	-
Instance	Integer	-

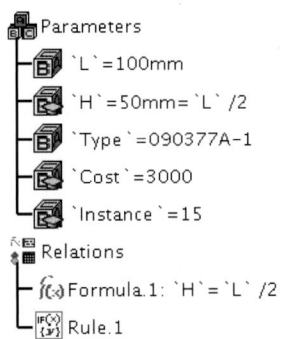

※ Rule

```
if `Type` == "090377A-1"
{
        `Cost` = 3000
        `Instance` = 15
}
else if `Type` == "090377A-2"
{
        `Cost` = 3000
        `Instance` = 20
}
else if `Type` == "090377C-1"
{
        `Cost` = 4500
        `Instance` = 15
}
else if `Type` == "090378B-1"
{
        `Cost` = 5000
        `Instance` = 100
}
```

이제 Knowledge Inspector를 실행하면 다음과 같은 상태를 확인할 수 있습니다. 여기서 독립 변수는 2개로 이 각각의 값을 변경할 경우 각각의 종속 변수가 변하는 값들을 확인할 수 있습니다. 'Type'의 경우에는 Multiple Value로 정의를 하였으므로 원하는 값을 정의한대로만 변경이 가능합니다. 'L'은 작업자가 원하는 임의의 값의 변경을 통하여 'H'의 값을 확인해 볼 수 있습니다.

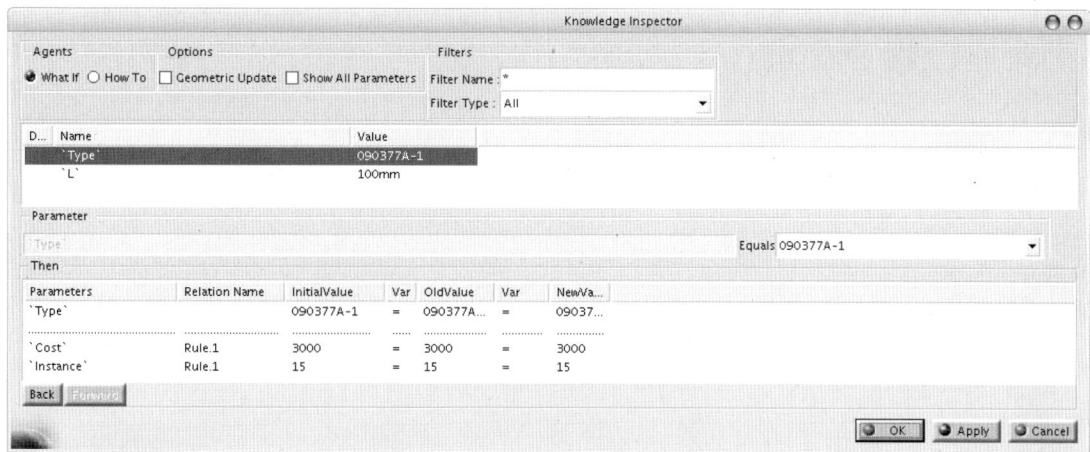

2. Lock Sub Toolbar

● Lock Selected Parameters

우리가 작업해서 만들어준 Parameter들은 다시 변수를 더블 클릭하고 값을 새로 입력하면 그대로 수정이 됩니다. 즉, 작업자가 임의의 값을 입력해도 그대로 수정이 된다는 것입니다. 물론 이러한 즉각적인 변수 값의 수정이 형상에 적용되는 것은 바람직한 일입니다. 그러나 변경하려는 변수가 아닌 변수의 값을 수정했거나 절대로 변경해서는 안 되는 변수를 수정했을 경우에 나타나는 문제를 생각할 수 있을 것입니다. 이러한 경우 작업을 취소해서 형상이 원래대로 복구되는 경향도 있지만 그렇지 않은 경우도 존재합니다. 따라서 작업자는 자신이 만드는 형상에 사용되는 변수들을 보호할 수 있어야 합니다.

만들어준 변수의 값을 고정시키는 방법으로 CATIA Knowledge에서는 Lock Selected Parameter 라는 명령을 제공합니다. 이 명령을 사용하여 작업자는 고정시키고자 하는 변수를 수정하지 못하게 할 수 있습니다.

우선 연습을 위해 다음과 같이 Part Document에 Parameter를 구성하도록 합니다.

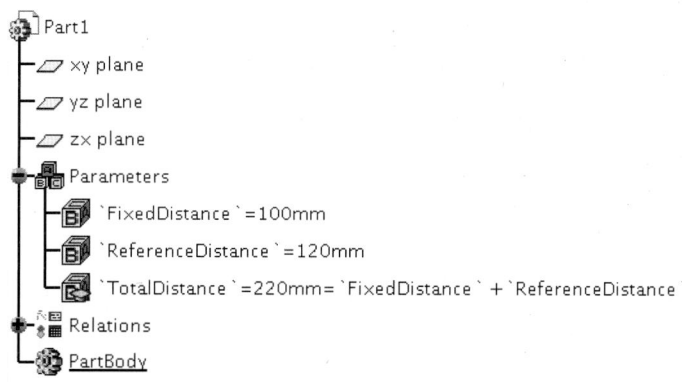

다음과 같이 Spec Tree에 여러 개의 변수들이 있다고 했을 때 Lock selected Parameters 명령을 실행하고 Lock 시키고자 하는 변수를 선택합니다.

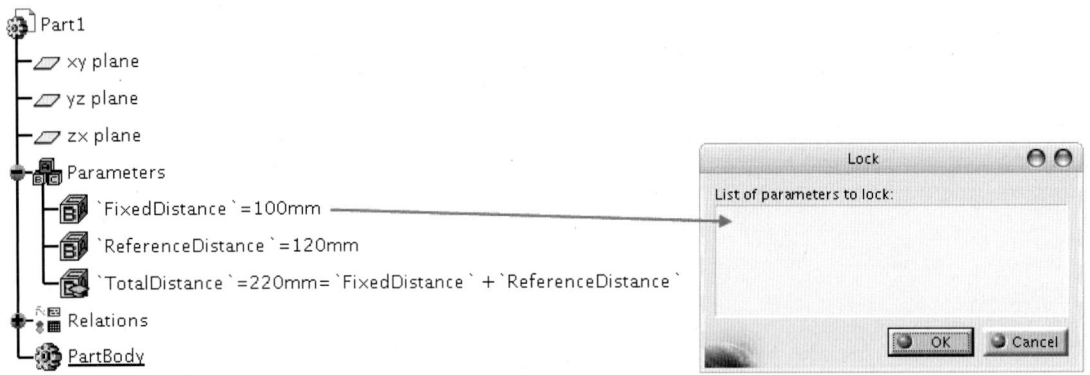

그럼 다음과 같이 Lock된 변수의 값과 Spec Tree에 변화가 나타나는 것을 확인할 수 있습니다.

이제 이 변수를 더블 클릭하여 편집 창을 열어도 수정할 수 없다는 것을 확인할 것 입니다.

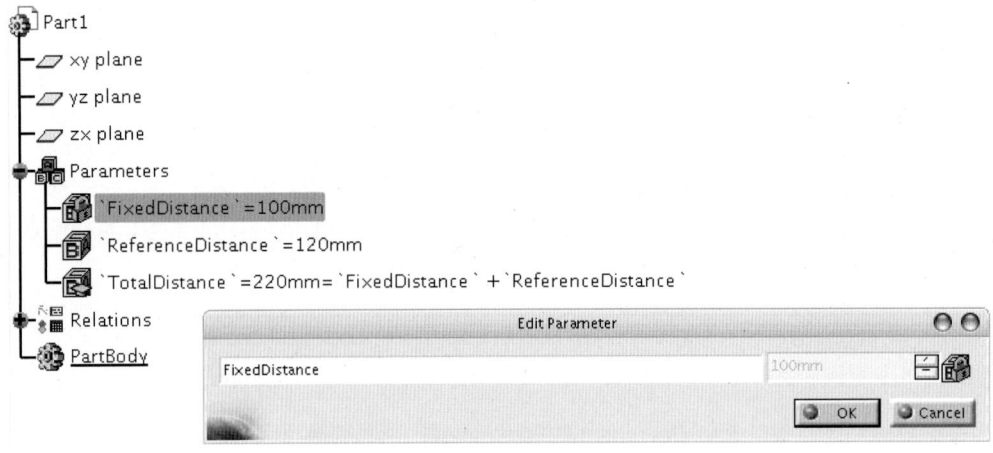

물론 여러 개의 변수를 CTRL Key를 이용하여 동시에 선택한 후에 Contextual Menu에서 Selected Objects ⇨ Lock를 선택해 주어도 선택한 변수들을 Lock하는 것이 가능합니다.

• Unlock Selected Parameters

작업자는 Lock된 변수들을 다시 Unlock selected Parameter 를 사용하여 잠금 해제시킬 수 있습니다.

한 가지 기억할 것은 종속 변수(다른 변수에 의해 정의되는 변수)는 Lock를 사용하여 잠글 수 없다는 것입니다. Lock명령을 실행하여 위의 예에서 'TotalDistance'를 잠근 후 'ReferenceDsitance'의 값을 변경해 보도록 하자. 그림에서 확인할 수 있듯이 Lock된 'TotalDistance' 의 값이 변경되는 것을 확인할 수 있을 것입니다. 이와 같이 종속 변수는 Lock 명령에 의해 잠길 수 없다는 것을 기억하기 바랍니다.

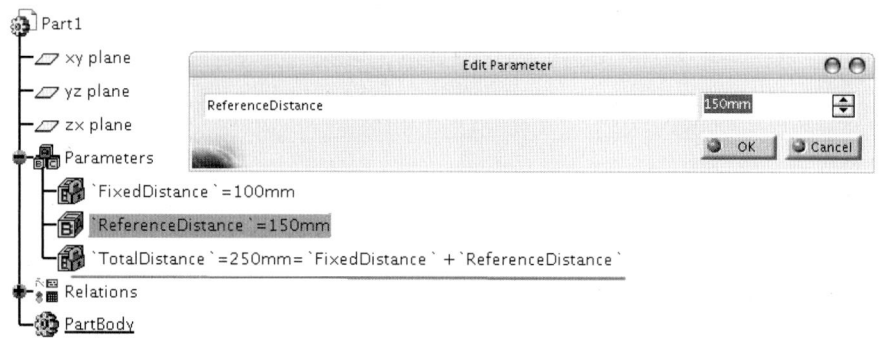

• Equivalent Dimensions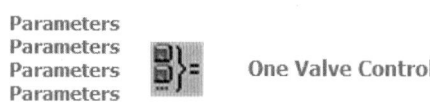

여러 개의 형상에 동일한 치수가 여러 번 사용한다면 여러분은 어떻게 할 것인가? 이 각각에 대해서 모두 일일이 수치가 변경될 때 마다 손수 작업할 것인가? 만약에 그러한 치수들이 대여섯이라고만 하더라도 선뜻 귀찮아도 일일이 변경하겠다는 생각을 하는 사람은 거의 없을 것입니다. 형상을 설계하는 과정에서 작업자는 종종 여러 개의 변수를 동일한 치수로 한 번에 다루고자 하는 필요성을 느낀다. 이제 Equivalent Dimensions 명령을 통하여 이러한 여러 개의 변수에 대한 동시적인 동기화 방법에 대해서 공부하게 될 것입니다.

Equivalent Dimensions 은 동시적으로 여러 개의 치수 값에 대해서 하나의 값에 의한 정의를 해 줄 수 있습니다. 즉, 각각의 형상의 요소에 필요로 되는 변수 값에 대해서 서로의 상관관계에 구애 받지 않고 오로지 값의 동기화가 가능합니다. 이러한 Equivalent Dimensions 명령의 사용은 하나의 작업에 항상 같은 가지는 값에 대해서 이들 사이에 동일 값의 조건을 주어 하나의 값으로 모든 형상의 변수의 치수를 조절할 수 있는 방법인 것입니다. 이제 여러분은 동일한 치수를 가지는 형상의 변수에 대해서 일일이 수정하거나 동일한 값을 가지는 변수들을 찾는 번거로움 없이 동일한 값을 가지는 변수들의 묶음을 만들어 줄 수 있습니다.

앞서 언급한 대로 Equivalent Dimensions 는 작업에 사용되는 변수가 가지는 치수 값에 대해서 동일한 값으로 동기화 시킬 수 있습니다. 따라서 Equivalent Dimensions에 의해 묶여진 변수들은 항상 같은 값을 가지도록 동기화 되며 이를 이용하여 번거로움 없이 같은 값을 가져야 하는 변수들에 대해서 한 번에 동일 조건을 부여할 수 있습니다.

다음의 예를 통하여 Equivalent Dimensions 은 통한 변수 값의 동기화에 대해서 공부해 보도록 할 것 입니다. 우선 다음과 같이 Document를 구성하도록 합니다.

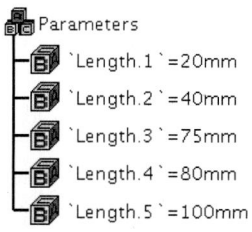

그리고 여기서 Equivalent Dimensions 명령을 실행 시킨다. 그럼 다음과 같은 Equivalent Dimensions feature Edition창이 나타납니다. 여기서 오른쪽 상단의 Edit List 버튼을 클릭합니다.

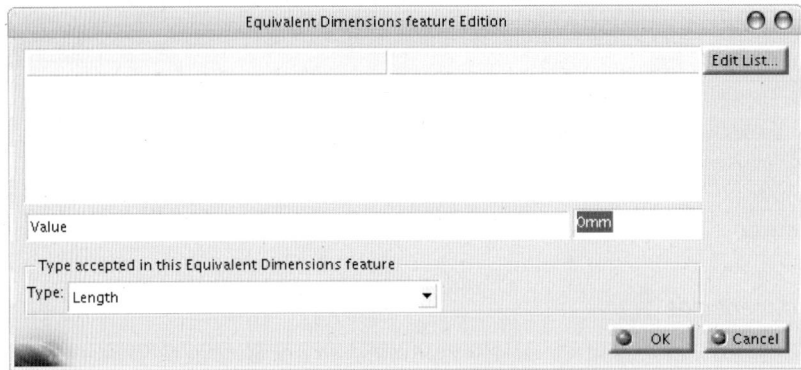

이제 변수들을 선택할 수 있는 Choose the Parameters for the Equivalent Dimensions feature창이 나타납니다. 여기서 Equivalent Dimensions하고자 하는 변수들을 선택해 줍니다. 변수의 종류에 맞게 Filter Type을 선택해 주면 원하는 변수의 선택이 보다 수월할 것입니다. 또는 원하는 변수가 들어있는 형상을 Spec Tree나 실제 화면에서 직접 선택해 주면 변수들이 표시되어 작업에 편의를 줄 수 있습니다.

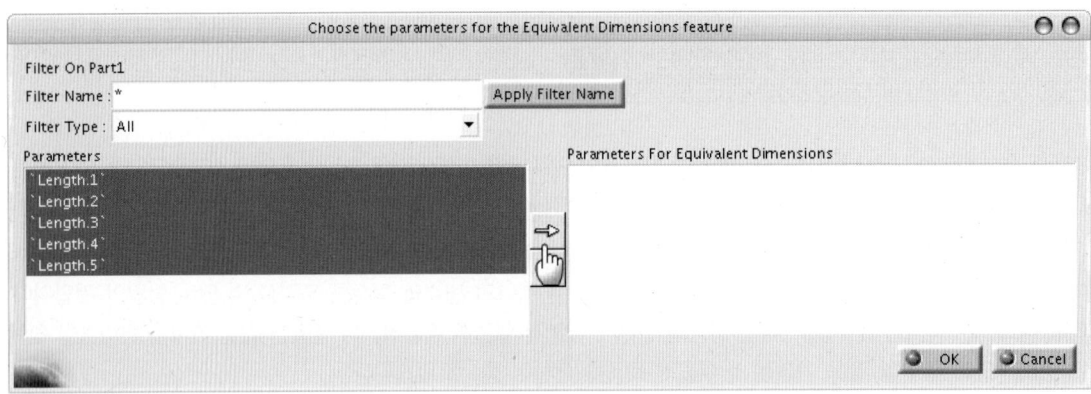

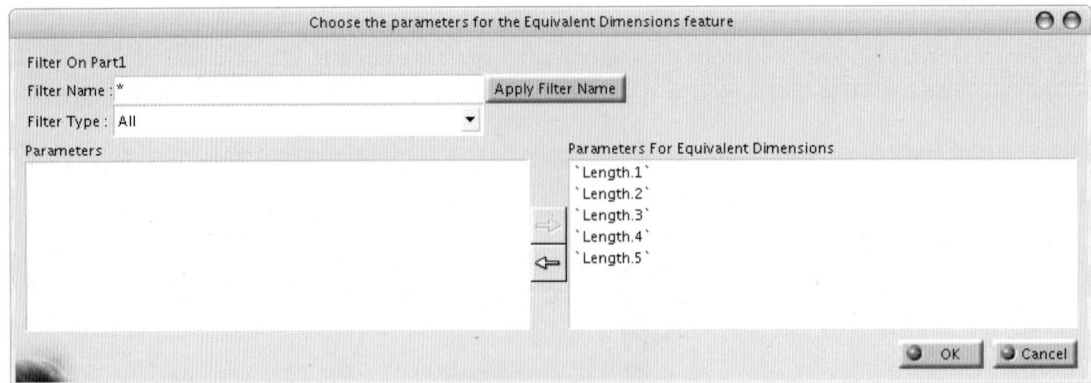

원하는 변수들을 모두 선택하여 오른쪽 Parameters for Equivalent Dimensions으로 이동을 시킨 후 에 OK를 선택한 후에 다음과 같이 Value 값을 넣어 줍니다.

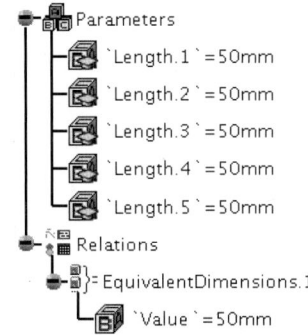

그리고 변수의 Type을 한 번 더 확인해 준 후에 OK를 누르면 Equivalent Dimensions가 완성됩니다.

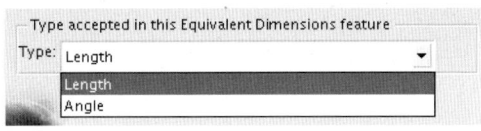

참고로 Equivalent Dimensions 명령을 사용할 수 있는 변수의 유형에는 Length Type과 Angle Type 두 가지입니다.

B. Reactive Features

■ Rule

• Rule 의 목적

Rule이란 CATIA KWA에서 지식 기반 설계를 구현하는데 있어 중요한 명령 중에 하나로 앞서 공부한 Parameter, Formula 개념과 접목하여 각 변수들 사이에 조화된 규칙을 만들고 관계(Relation)를 정의해줄 수 있습니다. 이제 작업자는 단순히 형상을 수동적으로 치수를 보고 설계하는 것이 아니라 각 형상에 대해서 체계화된 구문과 양식에 의해 형상을 필요에 따라 일일이 수정하지 않고 조절할 수 있습니다. 이는 특히 Rule은 조건문에 의한 변수들 사이의 관계의 제어가 핵심 관건이 됩니다. 다시 간단히 Rule 기능을 설명하자면 변수들 사이에 관계를 조건문으로 정의 내리고 중요 변수들에 조건 변화에 의해 전체 형상에 대한 정보를 자유자제로 변경할 수 있는 명령입니다. Rule

역시 Check와 같이 Knowledge Advisor에서만 사용 가능합니다. 일반적인 형상 모델링 Workbench에서는 아이콘을 찾을 수 없습니다.

다음은 간단한 Rule의 구동 원리입니다.

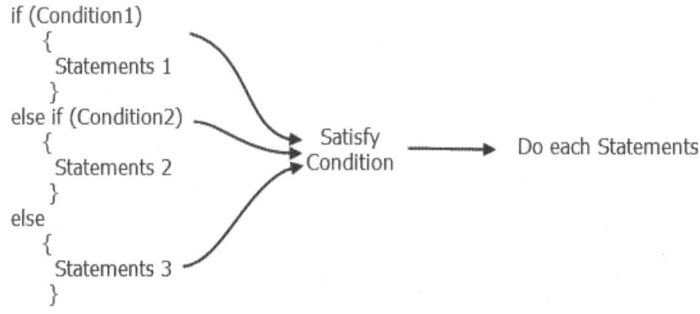

Rule의 정의는 반드시 조건문의 형태로 정의되어야 하므로 'if문'을 사용한 구문의 작성이 필수적입니다. 처음 생성한 조건 이외의 새로운 조건을 지정하고자 할 경우에는 else if를 사용해야 하며, 이러한 else if의 사용은 무제한적으로 반복할 수 있습니다.(그러나 'if'나 'else'에 의한 구문 정의는 Rule에서 단 한번 사용이 가능합니다.) 마지막으로 앞서 입력한 조건들을 배제하는 모든 경우를 나타내는 else 구문을 마지막에 입력해 줍니다.(반드시 입력하지는 않아도 됩니다.) 'else'의 경우는 따로 조건 부분을 입력해 주지 않아도 되며 단지 앞서 조건들을 만족하지 않는 경우에 대해서 실행 구문을 구성해 주면 됩니다.

CATIA에서는 Rule을 사용하여 다음과 같은 작업을 수행할 수 있다고 명시되어 있습니다.

- 조건문을 통하여 형상에 정의되는 Parameter들에 수치 연산을 넘어 보다 고수준의 Formula를 적용시킬 수 있습니다.
- 형상 요소의 Activity를 조절하여 각 작업들을 조건에 따라 활성 또는 비활성화 하여 작업 형상의 치수 조절 이상의 설계 변경을 적용할 수 있습니다.
- 조건 변화에 따라 설계 변경 사실의 인식을 높이기 위해 필요에 따라 화면에 정보를 출력시킬 수 있습니다.
- 조건에 따라 형상 요소의 Parameter는 물론이고 물성치나 부피, 체적과 같은 외부 변수들의 적용을 보다 쉽게 해 줍니다.
- 외부 파일로 만들어진 Visual Basic Macro를 형상에 적용시키고자 할 때 Rule을 사용합니다.
- 3차원 Wireframe, Curve, Surface와 같은 요소의 형상 변경을 용이하게 할 수 있습니다.

위에 언급된 것 이외의 작업도 Rule 상에서 어떻게 Code화 하느냐에 따라 충분히 상위 작업이 가능하다는 점을 기억하기 바라며 이러한 표현 능력은 CATIA의 구동 원리에 대한 이해와 프로그래밍 능력에 따라 좌우됩니다.

다음의 간단한 예를 통하여 Rule의 기능에 대해 감을 잡아 보도록 하자. 우선 새로운 Part Document를 실행하여 Part의 이름을 'MachineRule'로 정의한 후, Formula를 사용하여 다음과 같이 변수를 구성하도록 합니다. 여기서 'L1', 'L2', 'L3', 'D'는 모두 Length Type의 변수이며 'MachineType'은 A, B, C를 Multiple Value로 가지는 String Type의 변수입니다.('MachineType'을 생성할 때는 변수를 Multiple Value로 변경한 후 생성하도록 합니다.) 'Material' 역시 String Type 변수입니다. 초기의 값은 비워 놓는다.

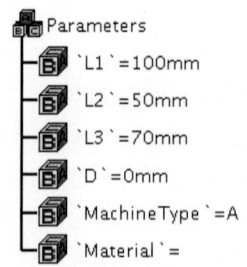

이와 같이 변수를 지정하였다면 다음과 같이 KWA에서 Rule 명령을 실행합니다. 그리고 다음과 같은 초기 입력

창에 'MachineRule'이라 입력하고 OK를 선택합니다.

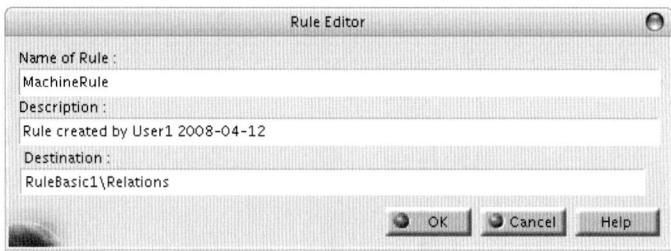

아래와 같은 Editor 창에 다음과 같은 구문을 작성하도록 합니다.(철자나 기호에 유의해서 입력하기 바랍니다. 대소 문자도 구분되기 때문입니다.)

```
if `MachineType` == "A"
{
        `D` = `L1` + `L3`
        `Material` = "A1_Type"
            Message("Machine_A1, D = # ", `D` )
}
else if `MachineType` == "B"
{
        `D` = `L1` + `L2`
        `Material` = "A2_Type"
            Message("Machine_A2, D = # ", `D` )
}
else
{
        `D` = `L1`
        `Material` = "Default_Type"
            Message("Machine_A0, D = # ", `D` )
}
```

위와 같이 Editor에 입력이 끝났다면 Apply를 선택해 보기 바랍니다. 아무런 Error 없이 실행이 된다면 다음과 같이 초기 조건에 따른 결과가 나올 것 입니다.

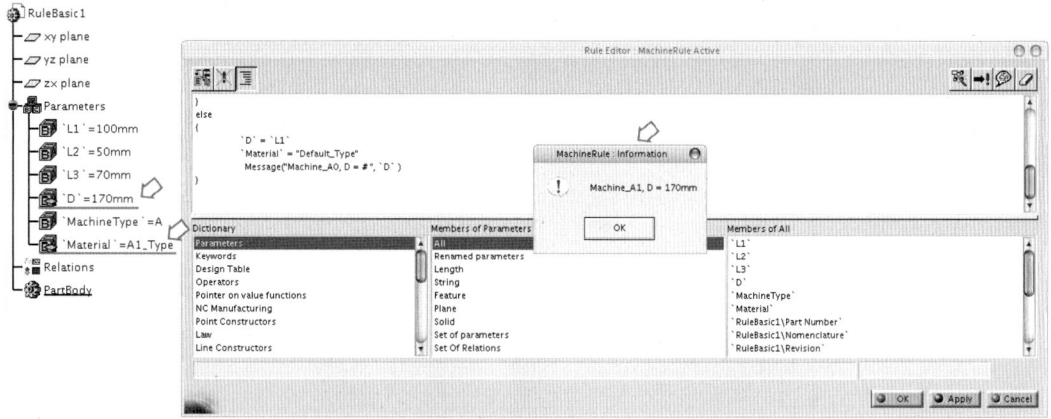

이제 OK를 선택해 Rule을 저장하면 다음과 같이 Spec Tree상에 Relations에 앞서 작업한 Rule이 만들어지는 것을 확인할 수 있습니다.

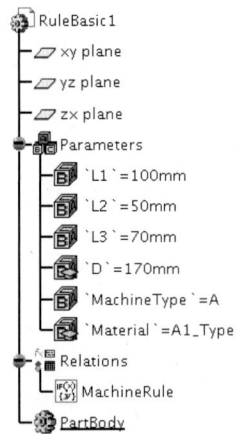

이제 'MachineType'의 변수를 'B'나'C'로 변경해 보기 바랍니다. 'MachineType' 변수를 더블 클릭하여 Edit Parameter 창을 띄워 변수를 변경해 보기 바랍니다.(이는 앞서 여러분이 MachineType'이라는 변수를 Multiple Value로 만들었기 때문입니다. Single Value로 변수를 만들고 수동으로 입력해 주어도 가능하지만 이럴 경우 Rule 에 정의되지 않는 값이 입력되면 문제가 발생할 수 도 있음을 유의하기 바랍니다. 정의 되지 않은 값에 대한 오류 방지를 위해 Multiple Value가 사용되는 것이기도 합니다.)

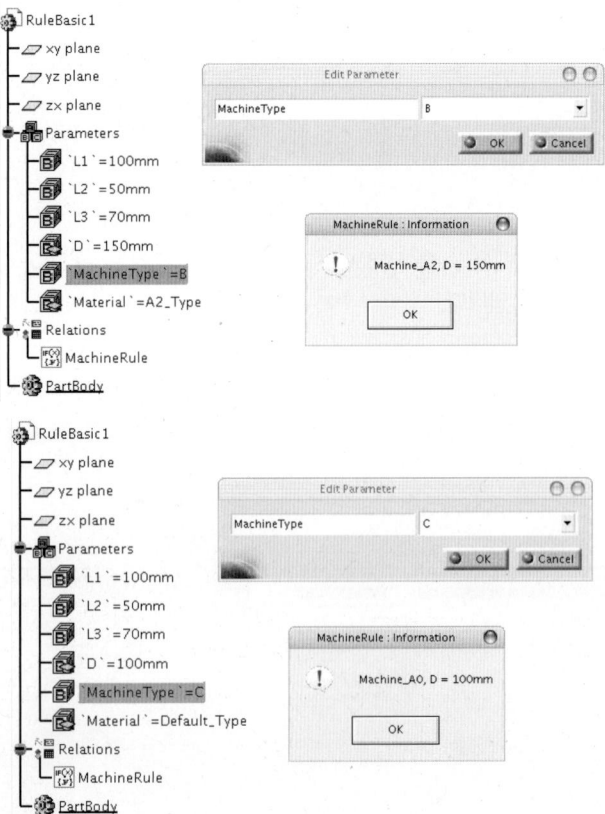

앞서 예에서 사용한 구문을 간단히 해석하면 다음과 같습니다.

```
if 'MachineType' == "A"
   ⇨ 'MachineType'이 'A'일 경우에 대한 조건문을 정의한다
{
        'D' = 'L1' + 'L2'
        ⇨ 'D' 변수에 'L1'과 'L2' 값을 합하도록 정의합니다.
        'Material' = "A1_Type"
        ⇨ 'Material' 변수에 A1_Type을 지정해 줍니다.
        Message("Machine_A1, D = # ", 'D' )
   ⇨ 화면에 메시지를 출력합니다. 임의로 출력할 내용을 입력할 수 도 있으며, 변수의 값 등을 출력하게 할 수 도
     있습니다. Message 함수는 Appendix B를 참고 바랍니다.
}
'MachineType'이 A이면 'D'의 값을 'L1' + 'L2'로 정의하고, 'Material'은 "A1_Type"으로 입력합니다. 작업 창에는
"Machine_A1" 인 것을 출력해 주며 이와 함께 변수 'D'의 값을 출력해 줍니다.
```

else if와 else에서도 유사한 구문의 형태를 가지고 있으므로 해석은 생략하였습니다.

이와 같이 Rule을 사용한 변수 설계는 작업자에게 폭넓은 Knowledge 구현을 가능케 하며, 앞서 공부한 Parameters, Formula와 더불어 CATIA Knowledge Advisor에서 핵심이 되는 기능 중에 하나입니다. 다음에 이어지는 Rule Editor 부분을 통하여 이러한 Rule 명령에 대한 자세한 접근을 해보기 바랍니다.

• Rule Editor

Rule 명령을 사용하기 위해 명령을 실행시키면 다음과 같은 Rule Editor창이 나타납니다. 여기서 현재 작업하는 Rule의 이름을 정의해 줄 수 있으며 작업에 대한 간단한 정보를 정의 및 확인할 수 있습니다. 또한 Rule이 기록되는 경로를 확인 및 정의할 수 있습니다. 작업자는 Rule을 생성하면서 현재 작업하는 Rule에 대한 이름을 별도로 명시해 주는 것이 좋다. 그래야 추후 여러 개의 Rule 구문들이 있는 경우 확인이나 수정이 용이해 지기 때문입니다.

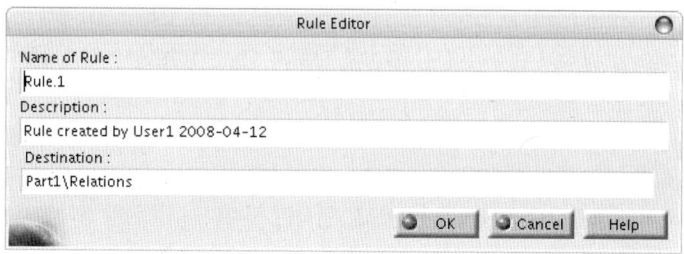

이제 Ok를 누르면 다음과 같이 실제 Rule 작업을 수행하는 Editor창이 나타납니다. 여기서 상단의 빈 공백 부분에 작업자는 Rule 구문을 작성하게 됩니다.(첫 줄에 나타나는 '/*Rule created by User1 2008-04-12*/' 라는 문구는 Rule 작업이 처음 언제 생성되었는지를 나타내는 것으로 초기 값이기 때문에 삭제해도 무방합니다.)

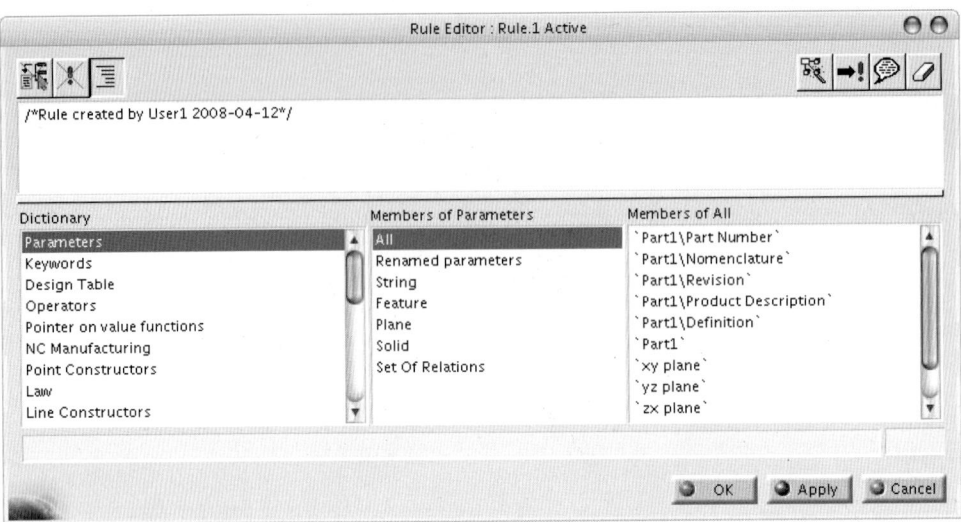

작업자는 이 Editor창을 통해서 형상에 대한 조건문 형식의 Rule 구문을 작성하게 됩니다. 여기서 작성된 구문이 바르게 구성되어야 Rule은 완성될 수 있으며 만약에 작성한 Rule 구문이 오류(Error)가 있을 경우에는 Rule은 완성되지 않습니다. 따라서 작업을 하는 중간마다 Apply를 클릭하여 구문에 이상이 없는지 체크해 보는 습관을 가질 필요가 있습니다.

다음의 아이콘은 Rule Editor 상단에서 확인할 수 있는 것으로 일반적으로 다른 Knowledge 관련 명령에서도 공통적으로 적용할 수 있는 부분이므로 잘 알아두기 바랍니다.

※ **Status Toolbar**

- Check to work in optimized mode(Incremental parameters with selection)
이것은 Editor에서 작업을 할 경우에 변수나 형상 요소를 오로지 Spec Tree에서 직접 선택하는 값만을 인식하게 할 수 있습니다. 즉, 이 아이콘을 활성한 후에 작업자는 Editor에 직접 변수의 이름이나 형상 요소의 이름을 입력(타이핑)해서는 안 됩니다.(키보드에 의한 변수의 이름 입력이 원천적으로 안 되는 것입니다.) 왜냐하면 아예 타이핑으로 입력한 데이터가 인식이 되지 않기 때문입니다. 오로지 변수나 형상 요소의 이름은 Spec Tree에서나 형상 자체를 또는 Dictionary에서 더블 클릭으로 선택하는 것만으로 인식이 됩니다. 디폴트인 상태에서는 비활성화 되어 있습니다.

- Check to have an expression parsing, with visual notifications in case of syntax error
이것은 Editor를 통하여 구문을 작성하면서 생기는 Syntax Error에 대해서 작업자에게 Error의 내용을 출력하여 보여주게 합니다. 즉, 이 아이콘을 체크해 놓으면 구문을 작성하는 과정에서 문법상에 오류나 잘못된 값을 입력한 경우에 즉각적으로 우측 하단에 문제되는 점을 말풍선식의 메시지 창을 통하여 작업자에게 알려줍니다. 디폴트의 경우 해제되어 있으나 아직 Editor의 사용이 익숙하지 않은 경우에는 활성화 해놓고 사용하기를 권장합니다.

- Check to have an automatic text formatting
이것은 Rule 구문을 작성하는 과정에서 때 자동으로 들여쓰기 기능을 사용할 수 있게 해줍니다. 프로그래밍을 조금 해본 사람들은 알겠지만 구문의 자동 들여쓰기 기능은 코드를 해독하는데 매우 유용합니다. 기본 모드로 체크되어 있으며 Editor를 사용하는 동안 이 상태를 유지하기 바랍니다.

※ **Action Toolbar**

- Show language browser panel
이것은 Language Browser를 보이게 하는 아이콘으로 선택한 대상에 대한 사용 가능한 함수를 골라서 선택할 수 있습니다. 작업자가 모든 기능에 대한 함수 명령을 암기하는 것이 아니기 때문에 이러한 Language Browser는 절대적으로 필요합니다. Language Browser는 필요한 경우에 출력하여 사용하도록 합니다.

- Highlights syntax error line and gives visual notifications for syntax errors
이것은 구문을 정의하면서 Syntax Error가 발생하는 Column을 하이라이트 시킨다. 따라서 작업자는 자신이 작성한 구문에서 Error가 나는 Column을 눈에서 바로 찾아서 확인할 수 있으며 손쉽게 변경하는 데에도 도움을 줍니다. 디폴트인 상태에서는 활성화되어 있지 않지만 활성화해 놓고 사용하기 권장합니다.

- URLs & Comment…
이것은 URL이나 주석을 입력해 줄 경우에 사용할 수 있습니다.

- Erase the text field
이것은 Editor의 작성한 구문을 한 번에 지워버리는 아이콘입니다. 작성한 구문을 완전히 초기화하고자 할 경우에 사용합니다.

※ **Dictionary**

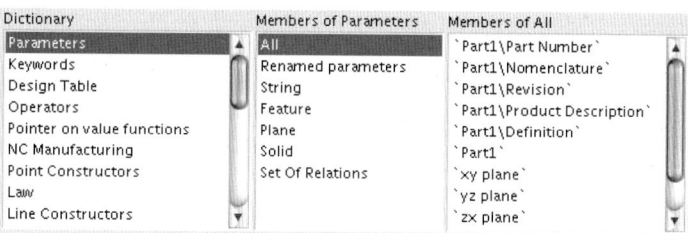

Rule Editor를 사용하여 구문을 작성하면서 사용되는 모든 변수와 함수를 작업자가 기억하여 사용하는 데에는 한계가 있으므로 Dictionary를 통하여 작업에 사용하고자 하는 변수의 종류나 사용 함수를 불러올 수 있도록 하고 있습니다.

Dictionary의 사용은 다음과 같이 우선 Dictionary에서 원하는 유형을 선택해 줍니다. 변수를 선택하고자 할 경우에는 Parameters를 선택하고, 연산자가 필요한 경우에는 Operators를 선택하는 식입니다.

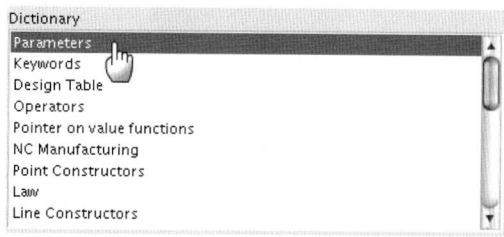

그러면 이에 맞게 Members of Parameters에 앞서 선택한 유형에 속한 군들의 값들이 나타납니다. 여기서 또 다시 원하는 세부 값을 선택해 줍니다.

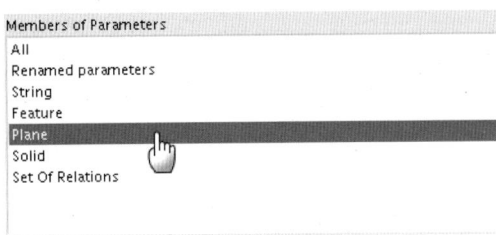

마지막으로 Members of All에서 원하는 변수나 함수를 선택할 수 있을 것입니다. 여기서 더블 클릭을 하게 되면 선택한 변수 또는 함수가 Editor로 입력이 되는 것을 확인할 수 있을 것입니다.

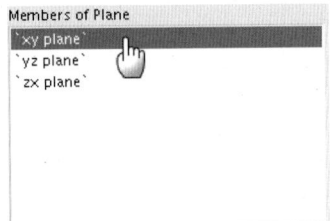

여기서 Dictionary의 모든 변수와 함수를 하나하나 설명하는 데에는 무리가 있으므로 Knowledgeware 관련 문서를 참고하기 바랍니다.

Dictionary를 사용한 Rule 생성의 예를 따라 해 보도록 하겠습니다. 우선 다음과 같이 새로운 Part Document를 실행하고 변수를 구성합니다. 여기서 'MachineType'은 String Type으로 Multiple Value로 'A'와 'B'를 가진다. 'L1' 과 'R'은 Length Type입니다.

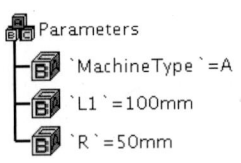

다음으로 XY 평면에 원을 스케치하여 반지름을 위에서 만들어준 'R'을 매치 시킨다. 그리고 Pad를 수행하는데 Dimension 값을 'L1'으로 대입합니다.

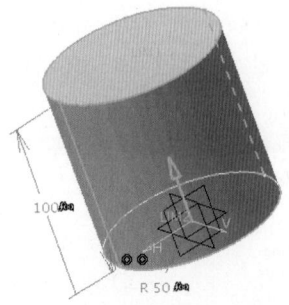

다음으로 Chamfer 명령을 사용하여 윗부분의 모서리를 5mm로 다듬어 줍니다.

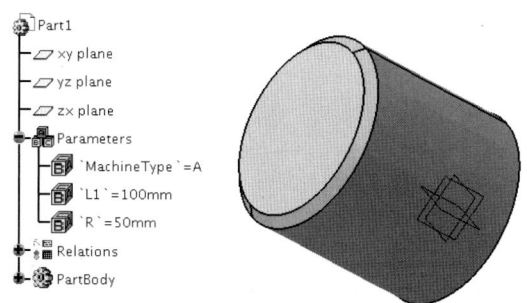

이제 KWA로 이동해 Rule 명령을 실행합니다. Rule 이름은 'ChamferActivity1'로 변경해 줍니다.

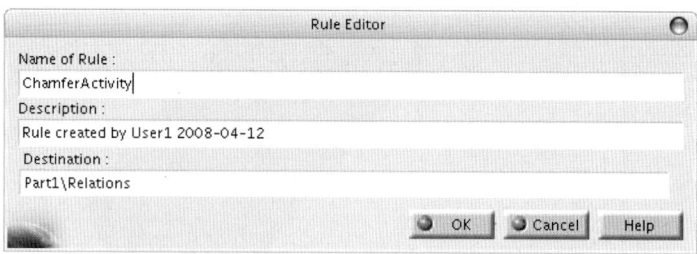

OK를 누르고 Editor에 들어오면 다음과 같이 조건문을 작성해 줍니다. 여기서 빨간 색으로 표시한 것은 Dictionary를 사용하여 입력을 시키도록 합니다. 'MachineType', 'L1'과 같은 변수의 이름의 경우 Dictionary에서 Parameters 선택하고 Renamed Parameters를 선택하면 앞서 만들어준 변수들을 선택할 수 있습니다. Chamfer의 'Activity'와 'Length1' 부분은 Spec Tree에서 Chamfer를 먼저 선택해 주고 Dictionary를 사용하면 됩니다.

```
if(`MachineType` == "A" )
{
        `L1` = 100mm
        `PartBody\Chamfer.1\Activity` = true
        `PartBody\Chamfer.1\ChamferRibbon.1\Length1` = 5mm
}
else if(`MachineType` == "B")
{
        `L1` = 200mm
        `PartBody\Chamfer.1\Activity` = true
        `PartBody\Chamfer.1\ChamferRibbon.1\Length1` = 7mm
}
```

위와 같이 Editor에 입력을 한 후에 아무런 Error가 없다면 'MachineType' 변수의 값을 변경해 보기 바랍니다.

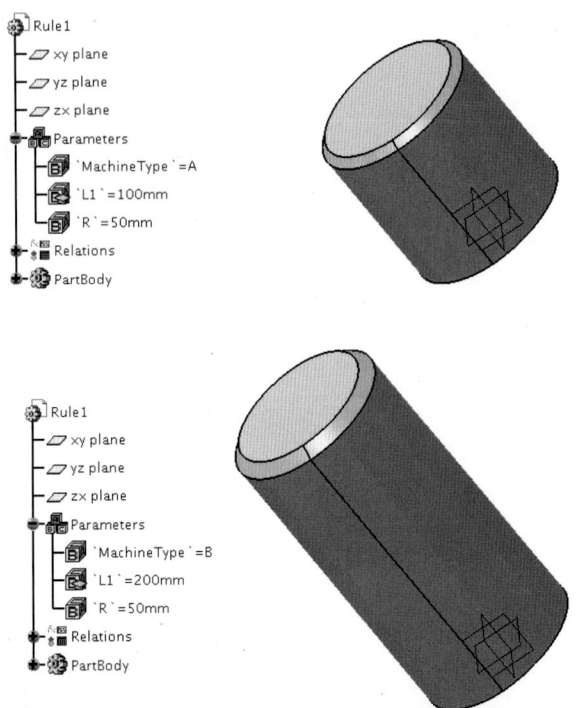

이와 같이 Dictionary를 사용하면 복잡한 변수의 값 이름을 직접 입력하지 않고 손쉽게 구문을 작성할 수 있습니다.

위의 Rule 구문을 간단히 해석하면 다음과 같습니다.

```
if(`MachineType` == "A" )
    ⇨  `MachineType`이 A인 경우
{
        `L1` = 100mm
        `PartBody\Chamfer.1\Activity` = true
⇨ Chamfer를 활성화 합니다. 만약에 이 값을 false로 정의하면 `MachineType`이 A인 경우 Chamfer는 비활성화 됩니다.
        `PartBody\Chamfer.1\ChamferRibbon.1\Length1` = 5mm
⇨ Chamfer의 길이 값을 임의로 변경해 줄 수 있습니다.
}
   `MachineType`이 'A'인 경우 L1의 값을 100mm로 하고 Chamfer를 활성으로 하되 그 값을 5mm로 합니다.
라고 구문은 해석됩니다.
```

사실 이 Rule 구문에서 Chamfer의 'Activity' 부분은 필요하지 않다. 이미 Chamfer가 활성화된 상태이기 때문입니다. 따라서 위 Rule 구문에서 해당 부분을 삭제하여도 무방합니다.

그러나 경우에 따라서 Activity 값의 변경에 따라 형상에 적용된 명령을 제어할 수 도 있습니다. 앞서 작업한 형상에서 처음 만들어준 Rule을 Deactivate해 준 후에 다음과 같이 새로운 Rule을 만들어 보도록 합니다.

```
if('MachineType' == "A" )
{
        'L1' = 100mm
        'PartBody\Chamfer.1\Activity' = true
}
else if('MachineType' == "B")
{
        'L1' = 200mm
        'PartBody\Chamfer.1\Activity' = false
}
```

위와 같은 Rule 구문의 경우에는 'MachineType'이 'B'인 경우에는 Chamfer 형상을 비활성화 하는 결과를 만들어 냅니다. 따라서 작업자는 Rule과 같은 명령을 통해서 하나의 Document를 사용하여 여러 개의 형상들의 조합으로 이루어진 다양한 형상으로 수정이 가능합니다.

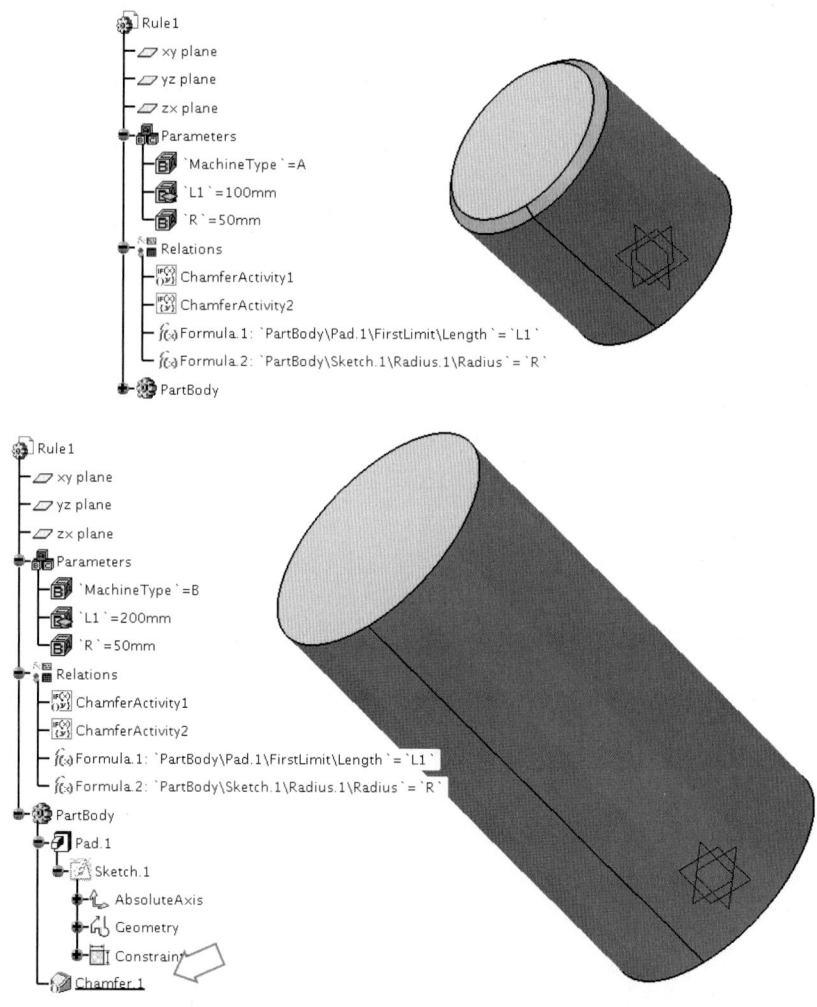

앞서 하나의 Document에서 두 개의 Rule 구문을 작성할 때, 다른 하나의 Rule 구문은 비활성화(Deactivate) 해준 것을 기억할 것입니다. 이것은 동일 변수에 대해서 서로 다른 Knowledge 방법에 의한 접근을 막기 위함입니다. 앞으로 설계 작업을 수행할 때 하나의 변수에 대해서 서로 다른 구문이나 조건문에 의하여 복수의 접근 및 정의는 불가능하다는 것을 기억해야 할 것 입니다. 즉, Knowledge 간의 충돌을 막기 위한 이유라고 생각하면 됩니다.

● Language Browser

앞서 잠시 언급하였던 Language Browser 에 대해서 추가 설명을 하도록 하겠습니다. Dictionary와 함께 Language Browser 는 CATIA에서 Knowledge를 사용하는데 필수적인 요소입니다. 작업자가 모든 함수의 기능을 일일이 찾아서 사용할 수 없는 작업 환경에서 그야말로 좋은 Knowledge 사전 기능이 되어 줍니다.

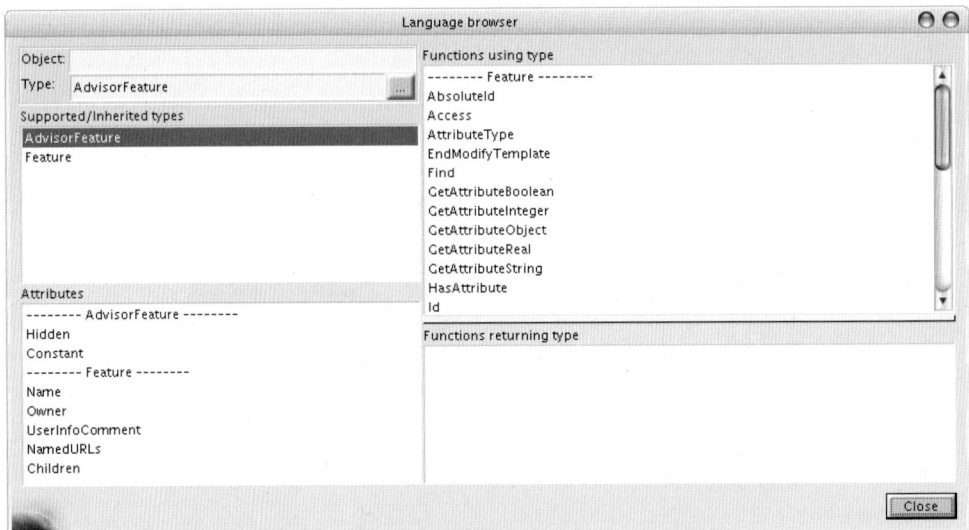

그러나 Dictionary의 경우에는 현 Knowledge 환경 내에서 선택할 수 있는 모든 변수와 함수를 알려주는 반면 Language Browser는 선택한 대상(Object)에 대해서 사용 가능한 값들을 찾아준다는 것을 차이로 볼 수 있습니다. 따라서 작업자는 Language Browser를 통하여 현재 선택한 대상의 구성이나 수정, 생성에 관련된 함수의 기능을 찾아 활용할 수 있습니다.

※ Object/Type

우선 Language Browser에서 원하는 형상을 선택하면 좌측 상단에 Object에 선택한 대상이 입력됩니다. 그러면 Type에 선택한 대상의 데이터 종류가 표시됩니다.

※ Supported/Inherited Types

여기에는 앞서 선택한 대상이 가지는 Type이 지원하거나 이에 속해진 함수들의 정보를 선택할 수 있습니다. 여기서 원하는 Type을 선택해 주게 되면 그에 대한 세부 사항으로 선택이 가능합니다. Supported/Inherited Types는 선택한 대상에 따라 모두 다른 Type들을 가지며 작업하고자 하는 조건에 맞추어 원하는 Type을 선택해 주어야 다음 세부 메뉴 선택이 가능합니다.

※ Attributes

앞서 Supported/Inherited Types에서 선택한 Type이 가지는 속성을 설명해 줍니다. 이곳을 통해서 선택한 대상의 지원 Type에 대한 정보를 확인할 수 있습니다.

※ **Functions using type**
앞서 선택한 대상이 지원하는 Type이 가지는 사용할 수 있는 함수들이 표시됩니다. 여기서 사용하고자 하는 함수를 선택하여 더블 클릭하면 Editor로 입력이 됩니다. 선택한 함수에 대한 설명은 ! 은 체크하면 우측 하단의 말풍선을 통해서 정보를 얻을 수 있습니다.

※ **Functions returning type**
앞서 선택한 대상이 지원하는 Type이 반환할 수 있는 함수들이 표시됩니다. 여기서 사용하고자 하는 함수를 선택하여 더블 클릭하면 Editor로 입력이 됩니다. 선택한 함수에 대한 설명은 ! 은 체크하면 우측 하단의 말풍선을 통해서 정보를 얻을 수 있습니다.

Rule 명령은 기본적으로 작업자의 설계 대상에 대한 노-하우(Know-How)가 집적된 상태에서 프로그래밍 지식과 CATIA내의 변수와 함수에 대한 지식을 바탕으로 사용할 수 있을 것입니다. 기본적인 모델링 단계 수준의 지식에서 변수 설계 능력을 갖춘 작업자가 되는 과정이 처음에 굉장히 어려울 수 도 있지만 이해를 바탕으로 꾸준히 연습하기 바랍니다.

● Rule 활용하기
앞서 기본적인 이론을 바탕으로 학습한 Rule에 친숙해지기 위해 다음과 같은 몇 가지 예제를 통하여 작업 요령이나 구동 원리에 대해 감을 잡기 바랍니다.

- 형상 치수에 따른 문자열 및 치수의 변경
Rule을 사용하여 작업할 수 있는 가장 일반적인 경우가 임의의 기준이 되는 변수의 값의 변경에 의해서 다른 변수의 값의 변경이라고 할 수 있을 것입니다. 조건문을 구성하여 기준이 되는 변수의 변경에 따른 다른 변수들의 Set을 구성하는 방법을 연습해 보도록 합니다. 우선 다음과 같이 Part Document를 생성한 후, Parameter들을 구성하도록 합니다.(Part Design에서 작업입니다.)

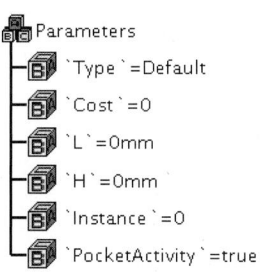

Parameter	Parameter Type	Value
Type	String	Default, A, B
Cost	Real	-
L, H	Length	-
Instance	Integer	-
PocketActivity	Boolean	-

이제 KWA에서 Rule을 이용하여 다음과 같이 구문을 작성하도록 합니다. 하나의 Key Parameter에 의해 다른 변수들의 조건이나 값을 변경하도록 하는 것이 이번 작업에서의 요점이라 할 수 있습니다.

```
if('Type' == "Default")
{
        'Cost' = 1000
        'L' = 100mm
        'H' = 50mm
        'Instance' = 1
        'PocketActivity' = false
}
else if('Type' == "A")
{
        'Cost' = 3000
        'L' = 150mm
        'H' = 75mm
        'Instance' = 10
        'PocketActivity' = true
}
else if('Type' == "B")
{
        'Cost' = 4500
        'L' = 250mm
        'H' = 100mm
        'Instance' = 17
        'PocketActivity' = true
}
```

Rule에 이와 같이 구문을 작성한 후에 실제 형상을 설계하여 각 Parameter를 적용해 주면 다음과 같은 결과를 얻을 수 있습니다.

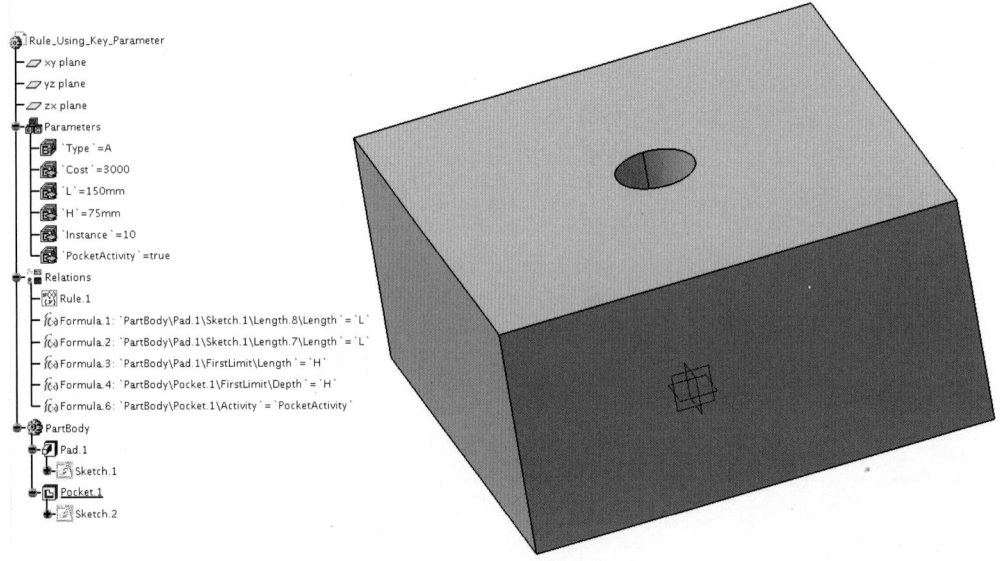

Pocket의 활성/비활성 조건을 앞서 만들어준 'PocketActivity'를 이용하려면 Formula 명령을 실행하여 Add Formula 기능을 사용하거나 다음과 같이 Parameter Explorer를 사용하여 Pocket을 선택한 후 'Activity'라는 'Boolean' Type 값을 선택한 후에 값 입력란에서 Edit Formula를 이용하면 됩니다.

[Parameter Explorer 대화상자 이미지]

- 형상 치수에 따른 치수의 변경

이번에도 역시 변수의 값의 변경에 따른 종속 변수들의 수정과 형상 설계 작업의 예를 들어 보도록 하겠습니다. Body를 기준으로 작업한 후 Boolean을 이용한 Body들 간의 연산을 적절히 이용하면 하나의 작업으로 여러 가지 형상의 관련 작업을 수행할 수 있습니다. 우선 본 작업 실행에 앞서 새로운 Part Document를 생성하고, 다음과 같이 변수를 구성하도록 합니다.(Part Design에서 작업입니다.)

```
Parameters
 ├─ `Type`=Default
 ├─ `A_Type_Activity`=false
 └─ `B_Type_Activity`=false
```

Parameter	Parameter Type	Value
Type	String	A, B, Default
A_Type_Activity, B_Type_Activity	Boolean	-

다음으로 3개의 Body를 이용하여 설계에 사용할 형상을 모델링 하도록 합니다. PartBody에는 Base 역할을 하는 Pad 형상을 만들어 줍니다. 그리고 나머지 두 개의 Body에는 각각 앞서 만든 Base 형상에 Boolean Operation의 Remove 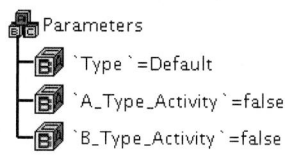를 사용하여 제거하고자 하는 Pocket 형상을 만들어 줍니다.(간단한 나사 모양을 만들어 준 후

Rectangular Pattern ▦을 사용하여 복사해주었다.)

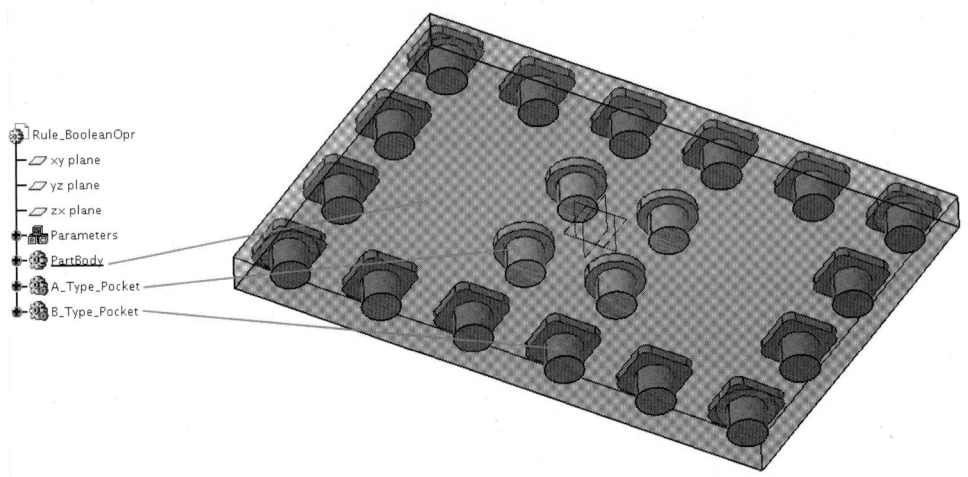

이제 A, B 두 Type의 Pocket 형상을 PartBody와 Remove ▩를 사용하여 제거해 줍니다.

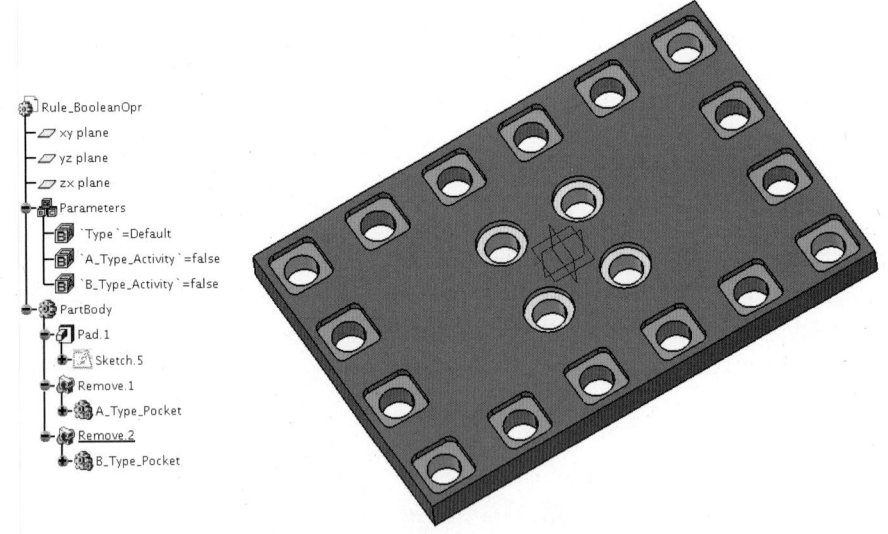

이제 KWA에서 Rule을 사용하여 다음과 같은 구문을 작성하도록 합니다. 이 구문으로 작업에 사용한 두 개의 Boolean Operation은 서로 독립된 경우에 활성화하게 할 수 있습니다.

```
if `Type` == "A"
{
        `A_Type_Activity` = true
        `B_Type_Activity` = false
}
else if `Type` == "B"
{
        `A_Type_Activity` = false
```

```
            'B_Type_Activity' = true
}
else if 'Type' == "Default"
{
            'A_Type_Activity' = false
            'B_Type_Activity' = false
}
```

Rule을 완성한 후에 각각의 Remove의 Activity 값을 앞서 만들어준 변수로 적용시켜 주도록 합니다. 방법은 역시 Formula $f\omega$나 Parameter Explorer 를 사용해주도록 합니다.

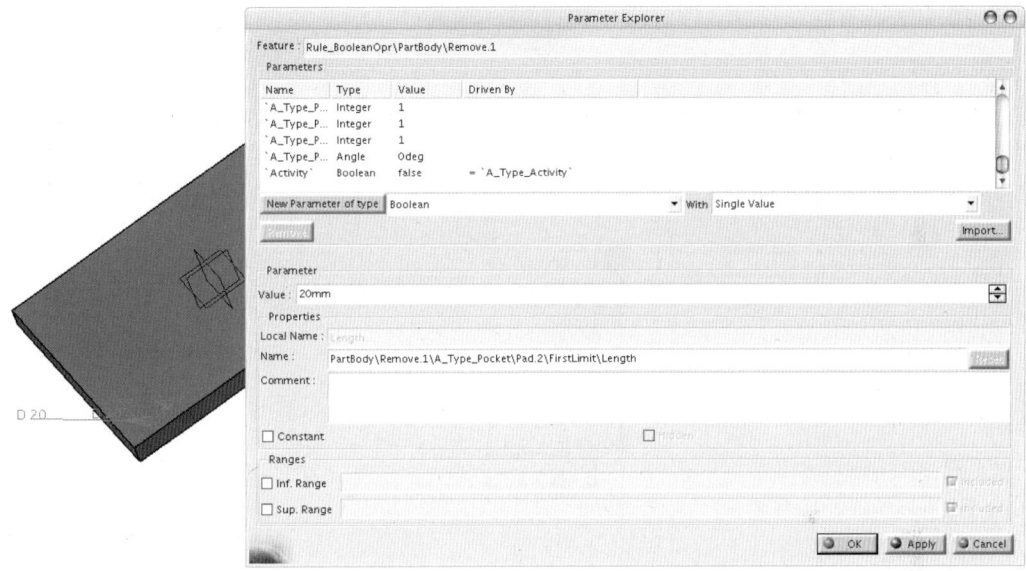

이제 Type의 변수의 값을 변경해 보면 다음과 같은 결과를 확인할 수 있을 것입니다.

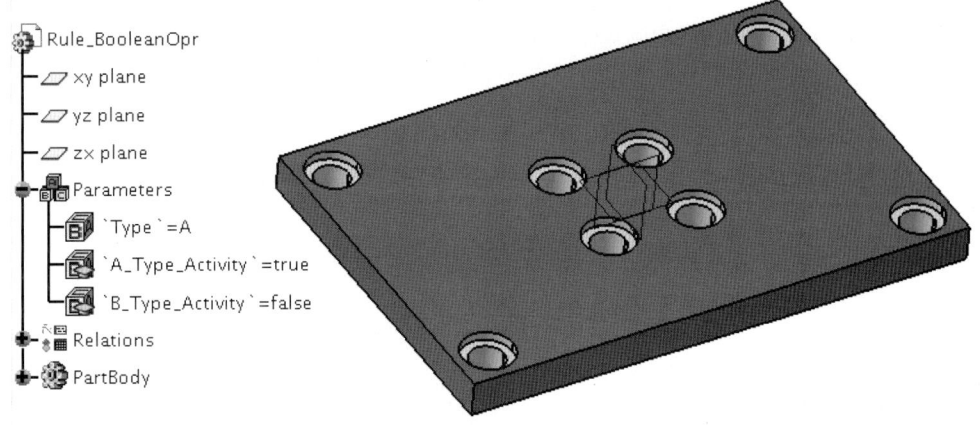

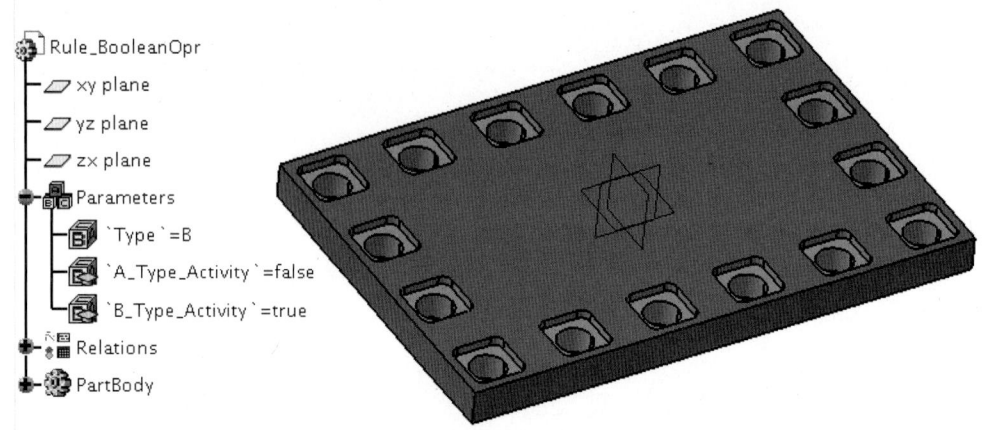

다음은 Default 상태에서의 Spec Tree의 모습입니다. 두 개의 Boolean Operation이 모두 비활성화 되어 있는 것을 확인할 수 있으며, 이렇게 비활성화 된 형상은 삭제된 것이 아니므로 언제든 활성화하여 사용할 수 있다는 점을 이용한 또 하나의 예라 할 수 있습니다.

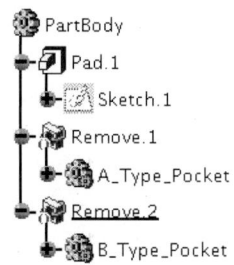

- Rule 작성 시 유의 사항

Rule을 이용한 형상의 변수 설계의 경우 Update Cycle에 위배되지 않도록 주의하여야 합니다. 만약에 구문을 정의하는 과정에서 조건에 들어가는 변수나 값에 대해서 내부 실행문의 영향을 줄 수 있는 값의 경우라면 구문을 강제로 완성하여도 자동으로 Rule이 Deactivate됩니다.

다음의 예를 보도록 하자. Rule을 사용하여 다음과 같이 구문을 작성한 경우 실제로 이 Rule은 작동할 수 없게 되는 것입니다.

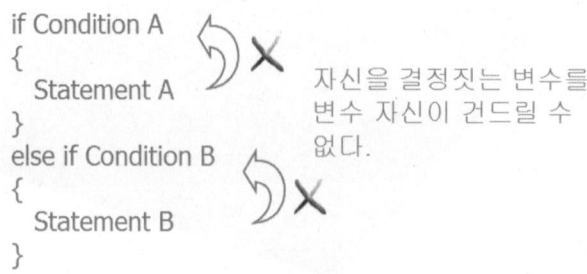

얼핏 생각하기에는 가능한 것처럼 보이나 절대로 실행될 수 없다는 것을 기억하기 바랍니다. KWA를 정의하는 과정에서는 단순히 수치 정보를 수식으로 대체하는 것보다 변수들과 관계 및 보다 효율적인 수식화에 대해서 관심을

가져야 할 것 입니다.

■ **Check**

Check 란 작업자가 설계 작업을 수행하는데 있어 현재 Document에 정의한 Parameters의 조건이나 데이터 변경에 의해 그 값이 변경된 경우 이것을 작업자에게 알려주거나 경고할 수 있는 알림 기능의 도구입니다. 설계 작업을 하는데 있어 모든 변수에 대해서 그 값의 변경 사항을 일일이 Spec Tree에서 확인하는 것은 쉬운 일이 아니기 때문에 Check와 같은 도구를 사용하여 작업의 편의를 도모할 수 있습니다. Check는 단지 Parameters의 변경에 대한 변경 사항을 선언해주는 기능만 하며 Parameters를 수정하거나 하지는 않으며 입력한 구문이 만족하는지 또는 만족하지 않는지에 대한 조건만을 가질 수 있습니다.

Check를 만들게 되면 다음과 같이 Spec Tree에서 Check 아이콘이 녹색 또는 조건 위배 여부에 따라 빨간색으로 표시되며 만들어진다. 여기서 Check 아이콘이 녹색인 상태는 정의한 조건이 만족하고 있음(Valid)을 나타내며 만약에 조건에 위배될 경우(Invalid)에는 즉각적으로 빨간색으로 Check 의 아이콘 색상이 변하여 작업자에게 알려주게 됩니다.

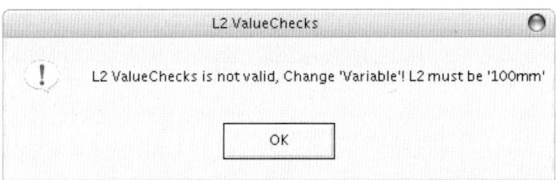

또한 다음과 같이 작업자가 입력한 구문으로 작업자에게 메시지를 전달해 줄 수 있으므로 단순히 아이콘 색상의 변경으로 인한 작업자의 미확인을 방지할 수 도 있습니다.

이렇게 빨간 색으로 변한 Check  아이콘 형상은 어느 때나 다시 조건을 만족할 경우 녹색으로 변함으로써 작업자에게 입력한 일련의 조건에 대한 유효성을 알려줍니다.

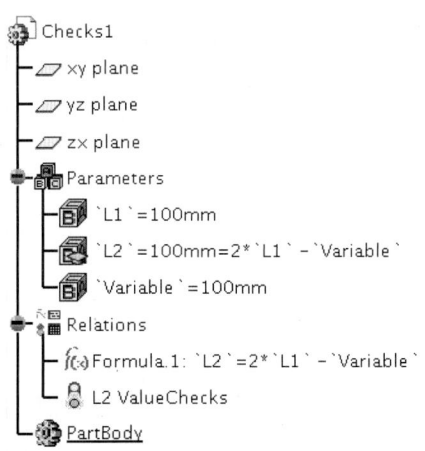

다음의 간단한 예를 통하여 Check 의 기능에 대해서 알아보도록 하자. 다음과 같이 새로운 Part Document를

실행하여 변수를 정의 하도록 합니다. 3개의 변수 모두 Length Type이며 'L2'의 경우 Formula를 사용하여 구성해야 합니다.(3장 참고) 마지막의 'Variable' 변수는 Multiple Value로 100mm, 150mm의 값을 가진다.

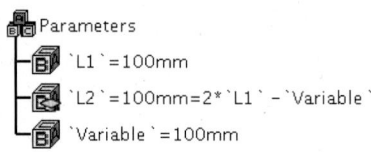

다음으로 Knowledge Advisor Workbench로 이동하여 Check 명령을 실행합니다. 그럼 다음과 같은 Check Editor 창이 열리는 것을 확인할 수 있습니다. 우선은 간단히 정의하고자 하는 Check의 이름과 작업 날짜와 같은 가벼운 주석을 입력해주기 위한 정보를 Descriptions에 입력해 줍니다.(Destination에는 Check가 저장되는 Spec Tree 위치를 지정해 줄 수 있습니다.)

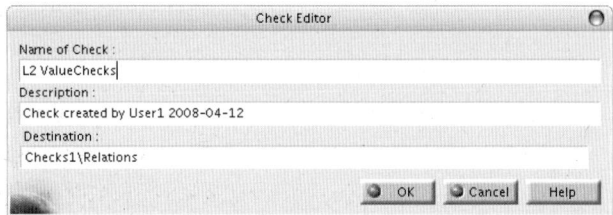

위와 같이 Check에 대한 작업 시작 정의를 마치고 OK를 누르면 다음과 같은 실제 Check 내용 정의가 가능한 Editor 창이 나타나는 것을 확인할 수 있습니다.

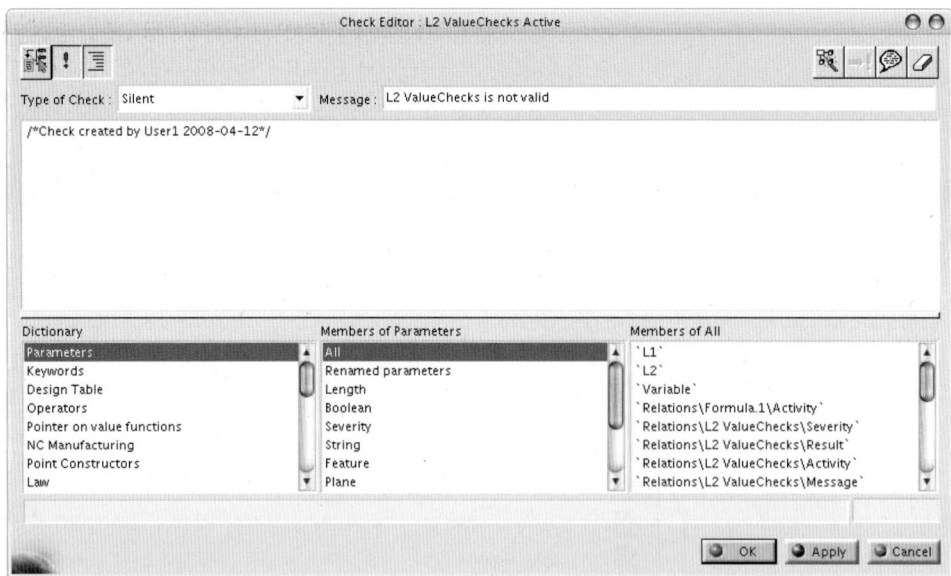

이제 이 Editor 창에 다음과 같이 입력을 하도록 합니다. 여기서 입력하는 내용은 생성하고자 하는 Check가 유효한 상태(Valid)를 가리킬 조건을 나타냅니다.(Check 아이콘은 녹색으로 표시됨) 아래 입력한 예시는 간단히 'L2' 변수의 값이 200mm일 경우가 유효함을 나타냅니다.

```
/*Check created by User1 2008-04-12*/
`L2` == 100mm
```

그러고 나서 Editor 상단의 Type of Checks에서 Check Type을 'Information'으로 변경해 주고 Message를 다음과 같이 입력해 줍니다.(여기서 입력하는 대로 나중에 Check의 값이 유효해지지 않으면 화면에 출력이 될 것입니다.)

이제 Editor를 OK해 주면 Check가 완성이 됩니다. Check가 맞게 실행되는지 확인해 보기 위해 다음과 같이 'Variable'의 값을 150mm로 변경해 보기 바랍니다. 아마 바로 다음과 같은 메시지가 출력되는 것을 확인할 수 있을 것입니다.

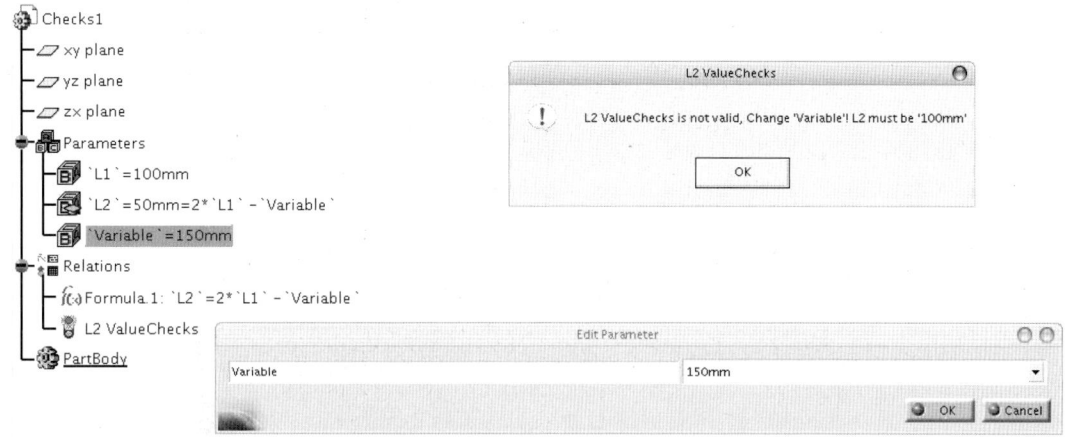

이와 같은 Check의 생성을 통하여 작업자는 일일이 확인해야 하는 변경 사항에 대해서 더 이상 기억이나 수동적인 도구가 아닌 CATIA 작업 창 내에서 바로 확인할 수 있다!

- Check Editor
위 예제를 통해 이제 Check에 대한 원리는 간단히 이해했을 것이므로 Check 기능에 대해 좀 더 자세히 알아보도록 하겠습니다. Check 를 실행하기 위해 명령을 실행시키면 다음과 같은 Check Editor를 통해서 조건을 입력할 수 있습니다.

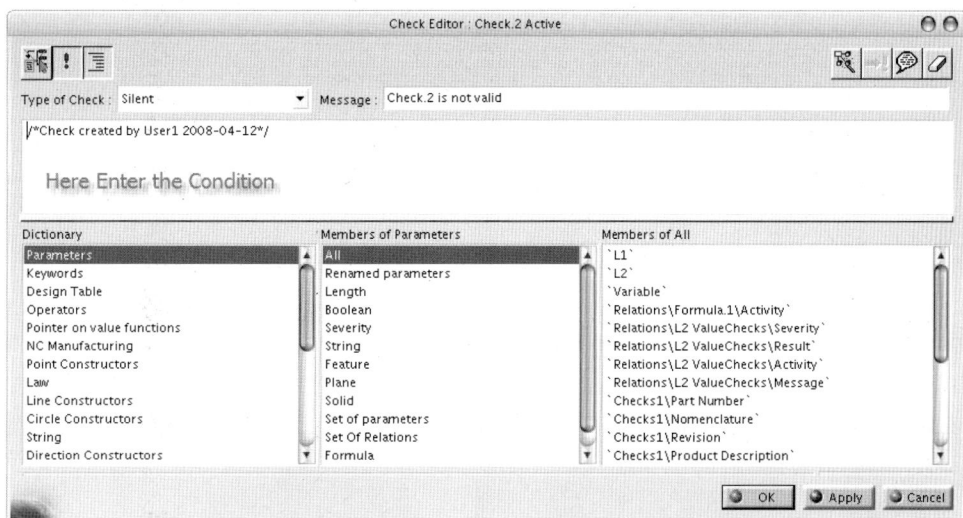

이 창에서의 주 작업은 변수에 대한 조건을 입력하는 부분으로 우선적으로 목적에 맞도록 Type을 정의하고, 그 다음으로 유효 조건이 되는 구문에 오류가 없도록 정의하여야 Check를 실행할 수 있습니다. 앞서 학습한 예제를 통해서 알 수 있듯이 Check에서 만드는 조건문의 형태는 어떠한 변수에 대한 변수의 값이나 상태를 언급할 수 있도록 작성해야 하며 이는 간단한 프로그래밍 언어에 대한 지식 없이도 충분히 적용가능 합니다.

※ **Type of Check**
Type of Check에서 정의한 조건에 대한 결과 반응을 설정해 줄 수 있는데 다음과 같이 3가지 유형이 존재합니다.

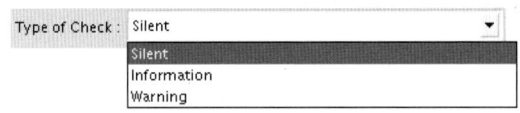

- Silent
이 Check 유형의 경우 조건의 변경에 대해서 특별한 동작을 취하지 않고 단순히 Spec Tree에서 색상으로만 표현합니다. 조건의 변화에 대한 가장 간단한 선언 형태입니다. 주로 많은 수의 변수들을 이용해서 작업할 때 중요하지 않거나 작업 화면에 출력 창이 뜨는 것을 원하지 않을 경우에 사용합니다.

조건에 위배 될 경우: 단순히 Spec Tree Check 아이콘이 녹색에서 빨간색으로 변경됩니다.

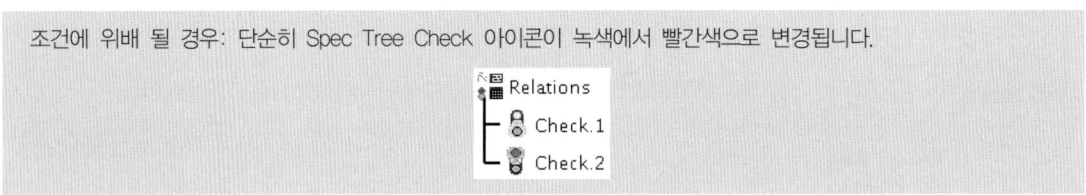

- Information
이 Check 유형의 경우 조건의 변경에 대해서 메시지 창을 화면에 출력함으로 작업자에게 알려주는 방식을 사용할 수 있습니다. 여기서 메시지는 Check Editor 좌측의 입력란을 통해서 작업자가 직접 입력할 수 있습니다. 설계 작업에 있어서 중요한 변경 상황일 경우에 작업자가 미처 확인하지 못하고 넘어가지 않도록 메시지 창을 출력하는 이 유형을 사용합니다.

조건에 위배 될 경우: Spec Tree에 Check 아이콘 색상이 녹색에서 빨간색으로 변경됨과 동시에 다음과 같이 화면에 작업자가 입력한 메시지 창이 출력됩니다.

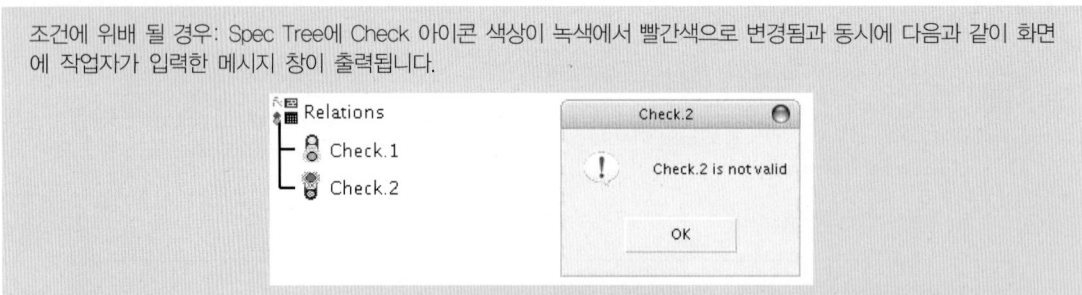

- Warning
이 유형의 경우에는 입력한 조건에 대해서 위반이 발생한 경우 경고 창을 띄워 작업자에게 데이터의 변경이 중요한 사항임을 알려줍니다. 이 유형은 앞서 Information 유형과 유사하다 할 수 있으며 일반 메시지 창이 뜨는 것과 달리 경고 창으로 Check 메시지를 표시하는 것이 차이라 할 수 있습니다.

조건에 위배 될 경우: Spec Tree에 Check 아이콘 색상이 녹색에서 빨간색으로 변경됨과 동시에 경고 창을 통해서 작업자에게 조건에서 벗어남을 알려 줍니다.

- Dictionary

Check 에서도 마찬가지로 조건을 입력하는데 있어 두 가지 방법으로 접근할 수 있는데 하나는 모든 조건의 문장들을 작업자가 직접 타이핑하는 방법과 다른 하나는 Dictionary를 이용하여 현재 Document에 들어있는 변수들과 구문 형식을 입력하는 방법이라 할 수 있습니다. 일반적으로 변수나 구문을 정의하는데 있어서는 직접 입력 보다는 Dictionary를 사용하는 방법을 권장합니다. 이는 작업자가 절대로 CATIA내의 모든 함수나 변수형을 기억할 수 없기 때문입니다.

CATIA의 모든 작업에서는 설계 명령과 형상 자체와의 상호 교환적인 작업이 잘 이루어지기 때문에 이를 잘 활용한다면 누구보다도 간편하게 CATIA를 사용할 수 있을 것입니다.

Worker - Feature - CATIA

Dictionary는 다음과 같은 순서 구조를 하고 있으며 일반적인 Knowledge 명령에서 이와 같은 구조는 동일합니다.

첫 번째 Dictionary 항목에서 원하는 대상을 선택하면 해당 항목에 속한 Parameter Member가 나타나고 여기에 해당하는 모든 Member들이 우측에 표시됩니다. 아래 그림에서는 'Parameters'를 선택한 후 'All'을 선택하였을 때 현재 Part에 속한 모든 Parameter들이 목록에 나타나는 경우를 보여주고 있습니다.

Dictionary - Members of parameters - Members of All

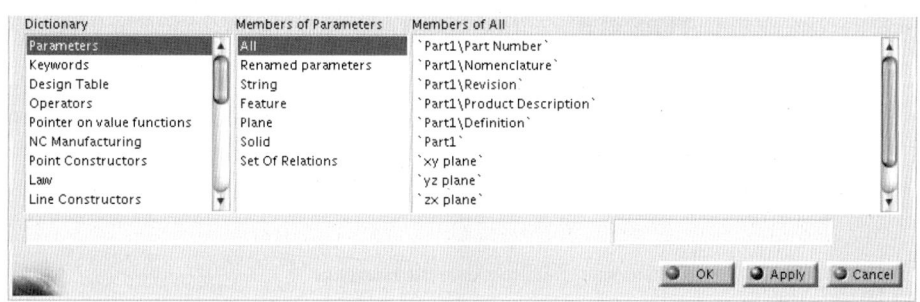

Dictionary를 통한 조건의 입력 과정을 간단히 예를 설명하면 다음과 같습니다. 다음과 같이 새로운 Part Document를 실행하여 'ChecksDictionary'라고 정의한 후, XY 평면에 지름 50mm의 원을 그리고 100mm로 Pad 해 줍니다. 그리고 마무리로 Chamfer를 사용하여 원기둥의 끝단을 모 따기 해 줍니다.(5mm) 완성된 형상은 다음과 같습니다.

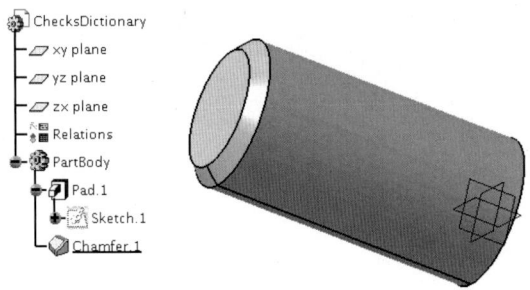

Check ☑ 명령을 실행시키고 다음과 같이 'ActivityChecks'라 명명하고 Editor에 들어간다.

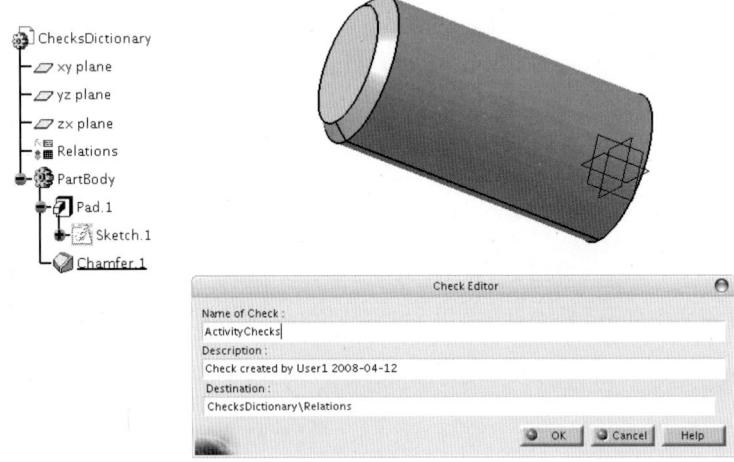

Editor에 들어간 상태에서 Chamfer형상을 직접 선택하거나 Spec Tree에서 선택해 주면 다음과 같이 Dictionary에서 Chamfer에 관계된 변수들만이 나타나는 것을 확인할 수 있습니다.

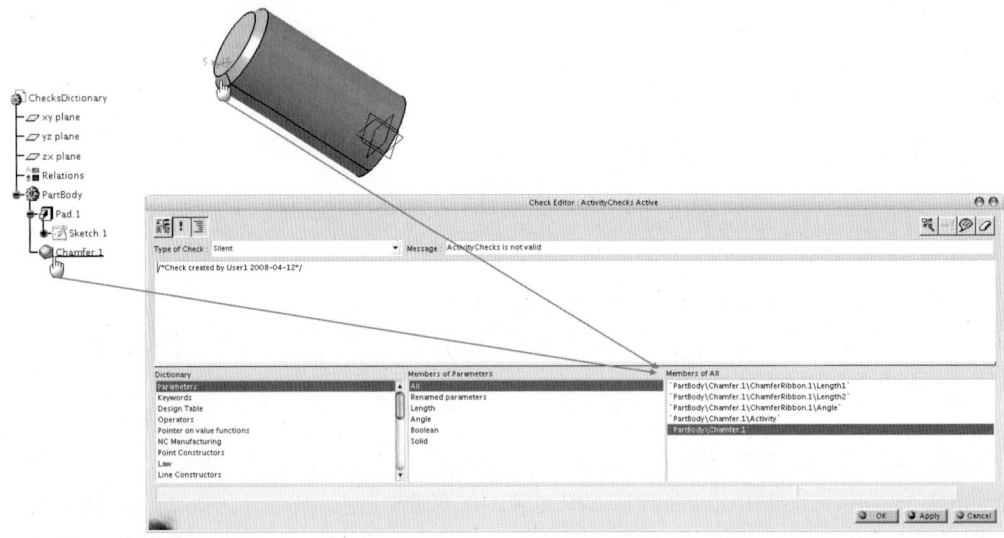

여기서 `PartBody₩Chamfer.1₩Activity` 값을 더블 클릭하도록 합니다. 그럼 다음과 같이 선택한 변수가 Editor로 입력되는 것을 확인할 수 있을 것입니다.(Editor 상에서 줄 바꿈에 유의하기 바랍니다.)

이제 이 변수 뒤에 다음과 같이 입력해 조건을 완성합니다. 이 Check는 Chamfer가 활성화 된 경우가 참이 됩니다.

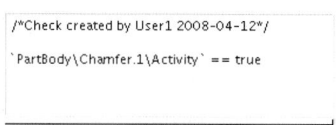

따라서 Chamfer가 비활성화 될 경우 Check는 다음과 같은 메시지를 출력하게 할 수 있습니다. Type은 Information 으로 해줍니다.

구문에 이상이 없는 것을 확인한 후 OK를 눌러 저장합니다. 이제 Spec Tree에서 Chamfer를 비활성화해 (Deactivate) 줍니다.(KWA에서 Part Design으로 Workbench를 이동한 후에 해주기 바랍니다.)

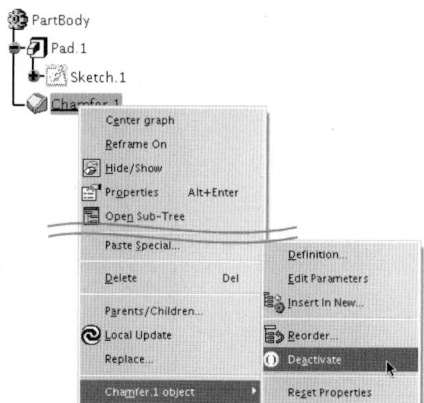

그럼 다음과 같은 Check 메시지가 출력되는 것을 확인할 수 있습니다.

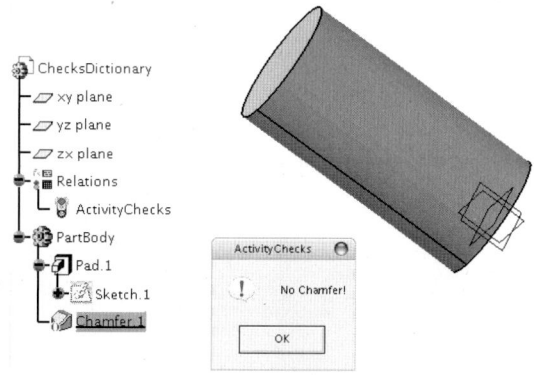

이와 같이 Dictionary를 사용하는 방법은 무척 간단하며 편리하게 사용할 수 있습니다. 또한 작업자가 인지하지 못하는 형상이 가지고 있는 Parameters들을 확인할 수 있어 더욱 유용하다고 할 수 있습니다. Dictionary의 기능은 앞으로도 많은 Knowledge 작업에서 확인할 수 있을 것입니다.

- Check 활용하기
Check의 활용은 다음과 같은 경우에 유용하다고 할 수 있습니다.

- 입력한 변수가 정해진 범위 안이나 값을 벗어나서는 안 될 경우 작업자에게 알려주기 위해
- 작업에 사용하는 변수가 참 또는 거짓과 같이 이분 화될 경우 이것을 작업자에게 명시해 주기 위해

이제 몇 가지 유용한 Check의 사용 예를 작업해 봄으로써 본 기능에 대해서 완전히 이해해 보도록 하자.

• Range Over

설계 작업에 있어서 복잡한 형상과 변수들, Component들의 관계를 이용할 경우 어떤 변수가 어떠한 변화가 발생하는지 탐지하는 것은 쉬운 일이 아닙니다. 이런 경우에 Check 를 이용하여 작업자가 바로 인식하지 못하는 변경 부분에 대해서 설정해 놓을 수 있습니다. 다음의 예를 보도록 하자.

하나의 Product 상에 두 개의 Component가 있습니다. 이 두 대상은 각각의 Part에서 작업 한 후 두 평면을 기준으로 Offset으로 거리 구속을 준 상태입니다.

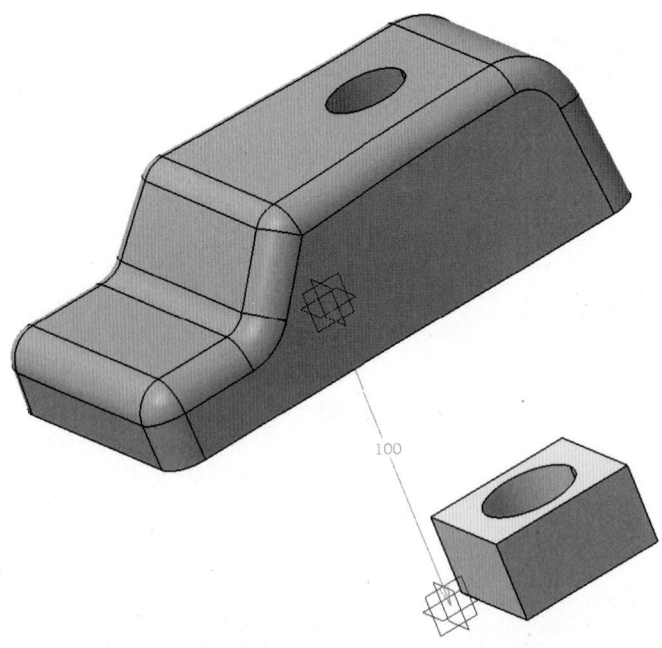

이 형상에서 중점을 두고자 하는 부분을 형상의 바닥 면 사이의 거리라고 했을 때(그림에 보이는 두 개의 빨간 점) Length Type의 변수를 만들어준 후 Measure를 사용하여 다음과 같이 설정해 줄 수 있을 것입니다.

Measure Between을 실행하여 두 포인트를 선택해 두 포인트의 거리를 측정합니다. 그리고 이 거리 값을 Edit formula를 이용하여 앞서 만들어준 변수에 적용해 줍니다.

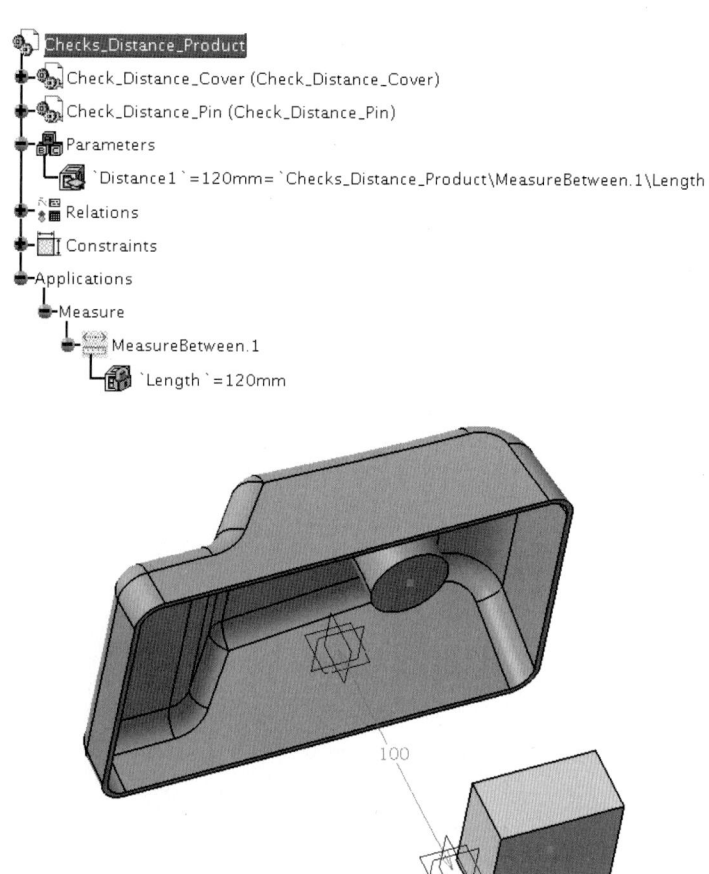

이제 KWA에서 Check를 실행합니다. 그리고 다음과 같이 두 Component들 사이의 거리가 가져야 하는 값의 범위를 정의합니다. 그리고 Check Type은 'Information'으로 해 준 뒤, 'Distance Range Over' 라고 Message를 입력해 줍니다.

`Distance1` <= 120mm and `Distance1` >= 10mm

• Cost Check
형상의 설계 작업에 소요되는 비용이나 견적 등의 범위를 정의하고 이 값의 범위를 벗어나거나 초과할 경우를 작업자에게 알려줄 수 있습니다. 다음과 같이 Real Type을 이용하여 비용을 입력하고 Length Type을 이용하여 치수를 만들어 줍니다.

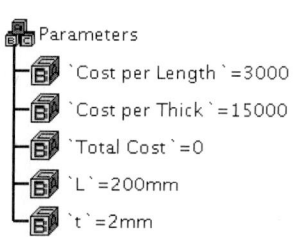

다음으로 'Total Cost'를 더블 클릭하여 Edit Formula를 사용하여 다음과 같이 종속 변수화 해 줍니다.

1000 + `L` * `Cost per Length` + `t` *`Cost per Thick`

그럼 다음과 같이 현자 작업에 대한 비용을 정의할 수 있습니다.

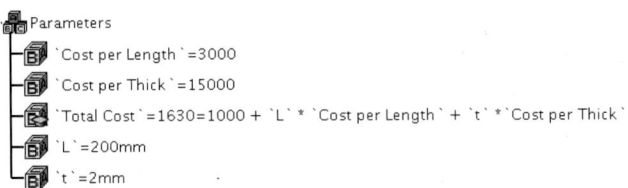

이제 간단한 형상을 만들어 준 후에 각 형상의 치수에 길이('L')와 두께('t')를 적용해 줍니다.

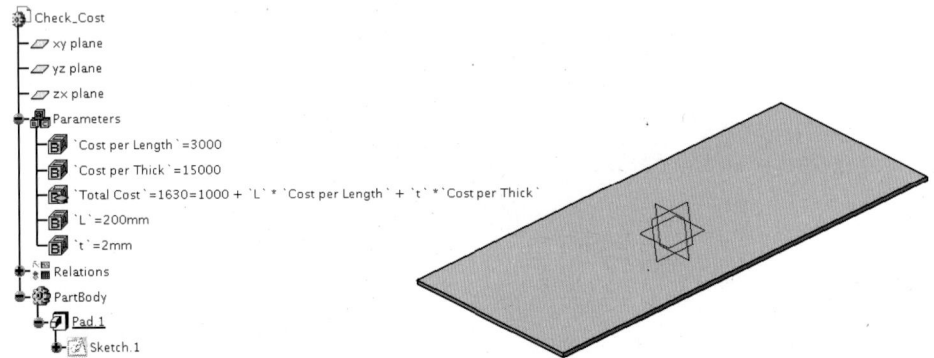

이제 KWA에서 Check를 사용하여 다음과 같이 정의해 줍니다. Check Type은 'Information'으로 해주고 Message에는 'Cost Over'라고 입력해 줍니다.

`Total Cost` <= 2000

Check가 완료 된 후 Length 변수들을 변경해 보면 정의한 비용의 범위를 초과하게 되면 다음과 같은 결과를 얻을 수 있을 것입니다.

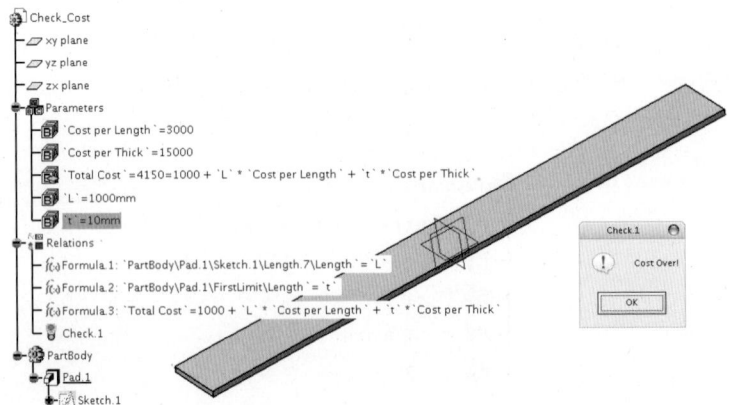

• Mass Check

형상을 설계하는 과정에서 중요한 인자 중에 하나로 형상의 총 무게를 따질 수 도 있을 것입니다. 일정 무게 이상을 초과하여 형상이 설계된 경우 설계 변경이 필요하다는 것을 작업자에게 알려야 할 것입니다. 이런 경우 형상의 Material이 적용된 상태에서 작업이 이루어져야 한다는 점을 기억하기 바랍니다.

다음과 같이 간단한 형상과 함께 변수의 구성을 준비하도록 합니다. 본 형상은 두 개의 Body에서 작업한 후에 따로 재질을 부여하고 Boolean Operation으로 Add한 결과입니다.

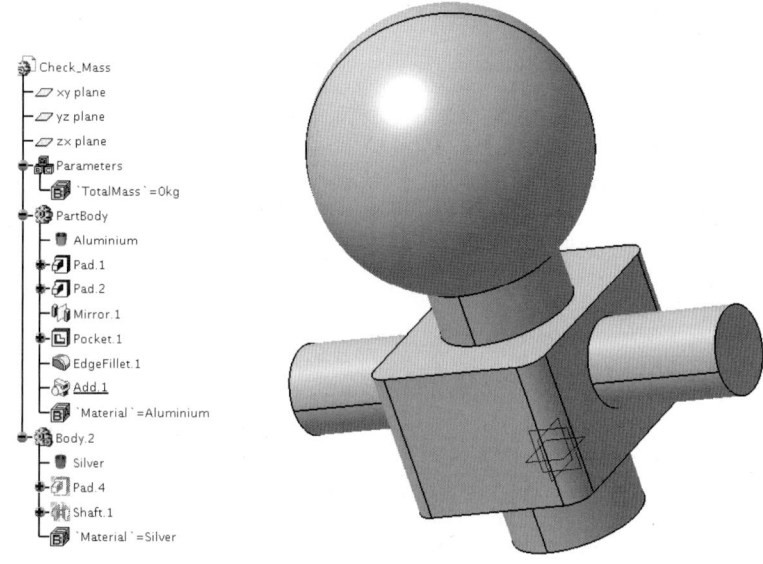

이제 Measure Inertia를 이용하여 무게를 측정한 후에 이 값을 Formula를 이용하여 앞서 만들어준 TotalMass에 값을 지정해 줍니다.

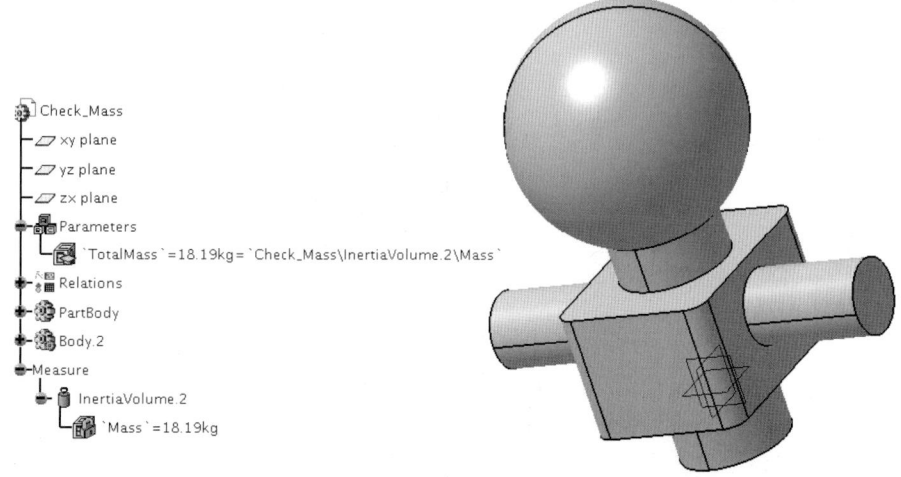

이제 KWA에서 Check를 이용하여 다음과 같이 정의해 줍니다. Check Type은 'Information'으로 설정하여

'Weight Is Over Limit!! Change Your Design Or Choose Another Material!' 이라 Message를 입력해 줍니다.

'TotalMass' <= 20kg

이제 형상을 수정하거나 추가 작업을 진행하면서 Part의 무게가 20kg를 넘어가는 경우에 대해서 작업자는 확인할 수 있게 됩니다.

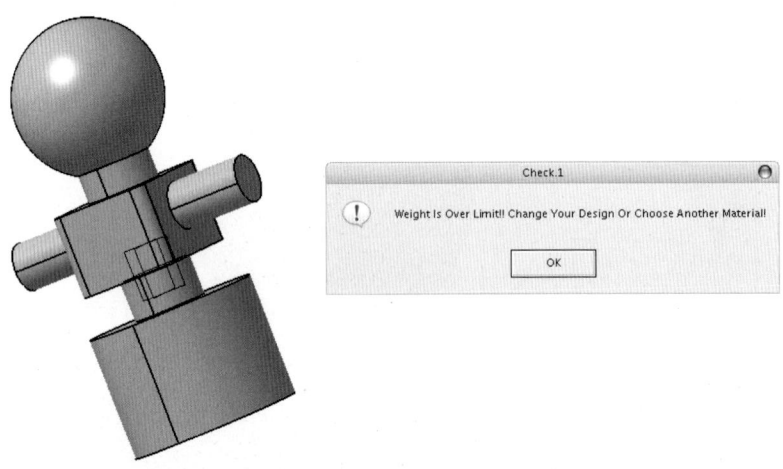

- Check Analysis Tool

앞서 Check를 사용하여 작업자는 현재 작업에서 사용되고 있는 변수나 형상들에 대해서 일일이 수정 창을 열거나 Formula를 뒤적이지 않아도 변경 사항에 대한 정보를 확인할 수 있음을 배웠다. 그러나 이러한 Check를 여러 개 사용하는 경우에는 보다 포괄적으로 Check 정보에 접근하기 위한 도구를 필요로 합니다. 바로 Check Analysis Tools입니다.

이 명령은 현재 작업 중인 Document 내에 Check가 사용된 경우에만 사용이 가능하며 Knowledge Common Toolbar에서 확인할 수 있습니다. 앞서 Check를 연습한 Document를 열어보면 다음과 같이 Check Analysis Tools 명령을 확인할 수 있을 것입니다.

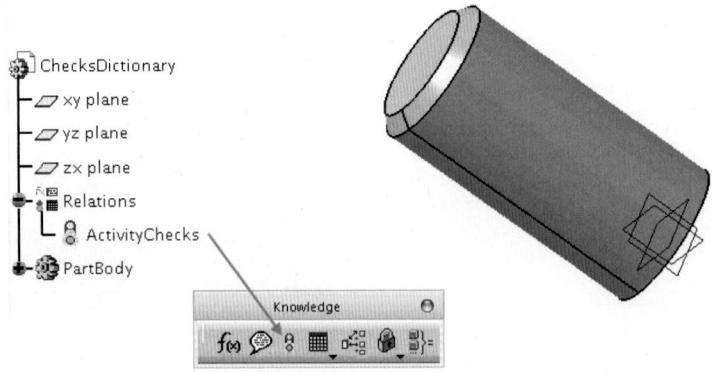

Check가 사용되지 않은 Document에서는 다음과 같이 Check Analysis Tools 아이콘이 비활성으로 표시가 되어있습니다.

만약 위와 같은 상태에서 Check의 조건에 위배되는 Check가 Spec Tree에 있다면 Check Analysis Tools 명령 역시 이를 나타내 줍니다.

이 상태에서 Check Analysis Tools 명령을 실행하면 다음가 같은 창이 나타납니다.

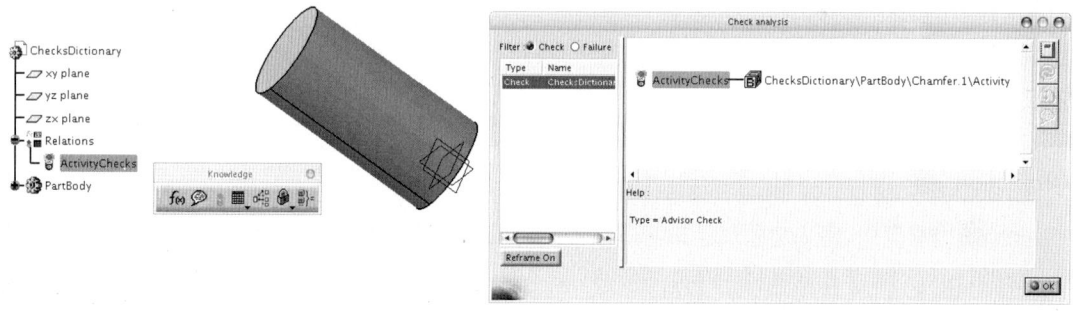

이 창을 통하여 작업자는 여러 개의 Check에 대해서 일괄적으로 조건과 현재 상태 등을 파악할 수 있습니다. Analysis 창의 좌측 상단을 보면 두 가지 모드를 선택할 수 있는데, Check 모드의 경우에는 앞서 작업에서 만들어준 Check 중에 조건에 위배되거나 업데이트가 필요한 Check를 표시해 줍니다. Failure 모드는 선택한 변수의 위배되는 상태의 값을 보여줍니다. 위의 예를 통하여 확인하면 두 가지 모드는 각각 다음과 같은 출력 값을 보여줍니다.

※ Filter: Check

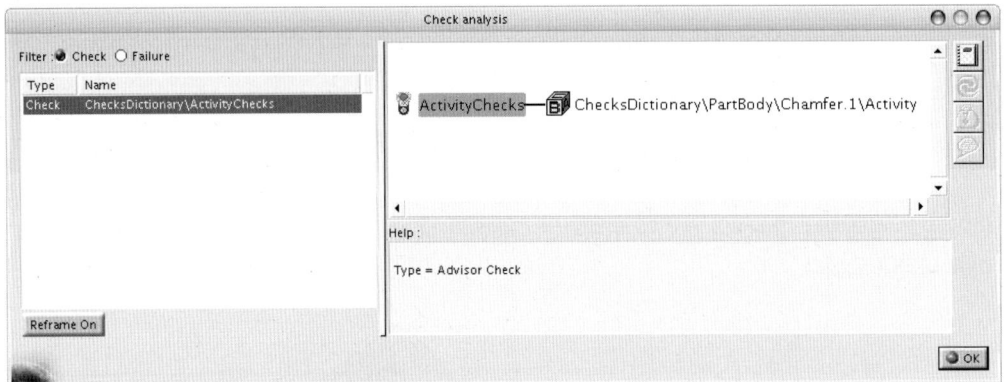

※ Filter: Failure

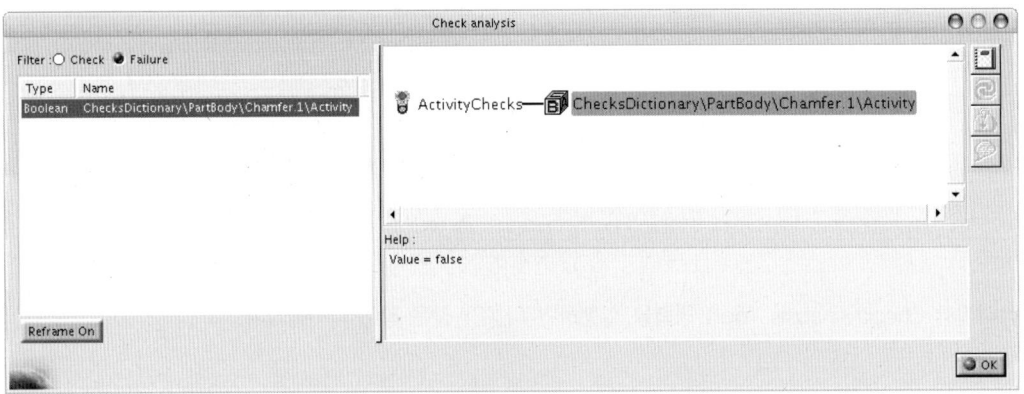

물론 이러한 Check Analysis에 표시되는 Check들은 입력한 조건에 벗어나는 경우의 것들뿐이며

조건을 만족하는 Check들은 Check를 실행하여도 Analysis 창에 나타나지는 않습니다.

■ Reaction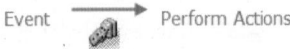

Reaction 명령의 아이콘 모양을 보면 도미노와 같습니다. 이에 그 기능을 연상할 수 있듯이 이 명령은 도미노와 같이 일련의 시작 작업(또는 동작)에 대해서 미리 정의된 상황(Event)에 대해서 결과로 따라오는 다음 작업들을 자동적으로 정의해 줄 수 있습니다. 도미노 효과와 같이 말 그대로 어떠한 조건이 갖추어 지면 이에 따라 다음 작업을 자동적으로 실행할 수 있도록 설정해 줄 수 있습니다. 이러한 Reaction은 스크립트에 의해 정의할 수 있습니다.

Event ⟶ Perform Actions

일반적인 조건식에 의한 일련의 작업의 수행을 수행하도록 하는 방법은 앞서 Rules 를 통해서 학습한 바 있습니다. 그러나 Reactions는 이러한 Rules 보다 확장성을 높이고 번거로운 조건문의 구성이 필요 없이 손쉽게 작업할 수 있습니다. 간단한 조건식의 반응은 Rules을 사용하는 것이 한결 간단할 것이나 보다 복잡하고, 업데이트 메커니즘의 제한에 구애 받지 않는 작업을 하고자 한다면 Reactions을 사용해야 합니다. 특히 Reactions은 CATIA Script 나 Visual Basic 언어를 활용할 수 있다는 장점 역시 가지고 있습니다.

Reactions ⚙ 명령을 실행하면 다음과 같은 창이 나타납니다. 앞서 언급한 3가지 주요 입력 대상을 잘 확인해 두기 바랍니다.

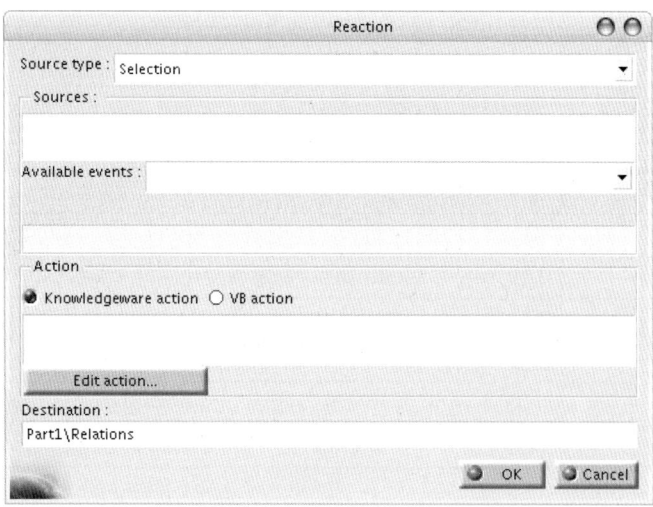

Reaction에서 가장 중요한 3가지는 Source Type과 Source Contents 그리고 Action Contents입니다.

※ Source Type

Source Type에 따라 작업자는 그에 맞게 정해진 Actions을 수행할 수 있으므로 작업 목적에 맞게 잘 선택해 주어야 합니다. Reaction에서 정의하는 Source Type에는 실제 형상(Feature)을 이용할 수 있으며 또는 만들어진 Parameter를 이용할 수 있습니다.

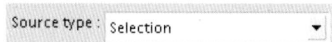

- Selection: 작업자가 Spec Tree에서나 형상 요소 자체를 선택함으로 Reaction이 시작되는 Event를 정의해 줄 수 있습니다.
- Owner: 작업자가 수행하려는 Actions을 Spec Tree에 표시되는 대상들이나 실제 형상과 링크시킬 수 있습니다.

※ Source & Available Events

Reactions의 Source에 대한 입력 구문으로는 도큐먼트의 형상(Feature)이나 Parameters를 사용할 수 있으며 앞서 공부한 일반적인 Knowledgeware 구문으로 정의하게 됩니다.

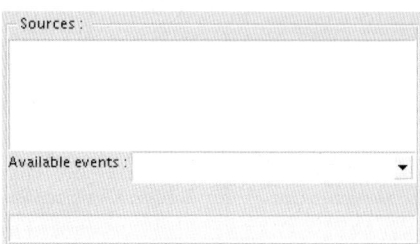

Available Events에는 작업자가 선택한 Source Type에 따라 선택할 수 있는 값에 차이가 있습니다. 여기서 선택한 Events가 발생하여야 Reactions에 정의된 Actions이 수행되게 됩니다. Reactions에서 사용 가능한 Events에는 다음과 같은 것들이 있습니다.(이 후 각 Event들에 대한 자세한 설명은 따로 장을 할애하였으므로 해당 Event에 대한 연습은 각 장을 참고 바랍니다.)

Available Events	Description
DragAndDrop Enevt	형상을 드래그 하여 드롭 된 후에 Reactions이 작동합니다.
AttributeModification Event	Selection Type에서 속성의 상태의 변경에 따라 Reactions이 작동합니다.
Insert Event	새로 형상이 삽입 추가될 때 Reactions이 작동합니다.
Inserted Event	새로 형상이 삽입 추가된 후에 Reactions이 작동합니다.
Remove Enevt	형상이 제거되는 경우에 Reaction이 작동합니다.
BeforeUpdate Event	새로 형상이 업데이트되기 전에 Reactions이 작동합니다.
ValueChange Event	Selection Type에서 변수의 값이 변경될 경우에 Reactions이 작동합니다.
Update Event	새로 형상이 업데이트된 직후 Reactions이 작동합니다.
FileContentModification Event	현재 도큐먼트에 적용된 Design Table이 수정될 경우 Reactions이 작동합니다.
Instantiation Event	새로 User Feature를 불러오는 경우 Reactions이 작동합니다.

※ Action

Actions Content에는 작업자가 Knowledgeware 스크립트를 사용하거나 VB Script를 사용하여 Event에 대한 반응을 정의해 주어야 합니다. 아래 그림과 같이 원하는 스크립트 도구를 선택한 후 Edit Action 버튼을 클릭합니다. 그럼 각 도구에 따른 Editor가 나타나는 것을 확인할 수 있을 것입니다.

- Knowledgeware action

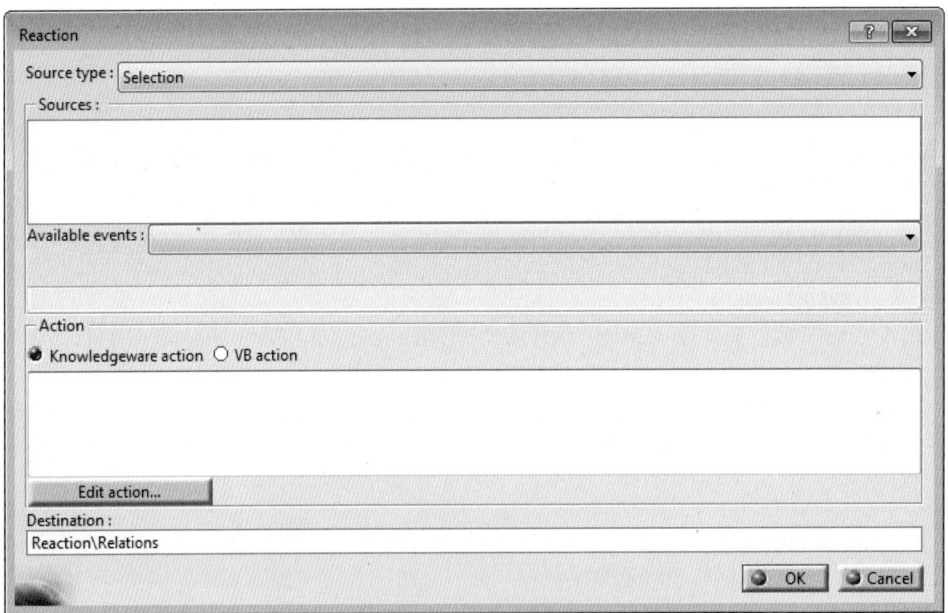

⇨ Edit action을 실행했을 때

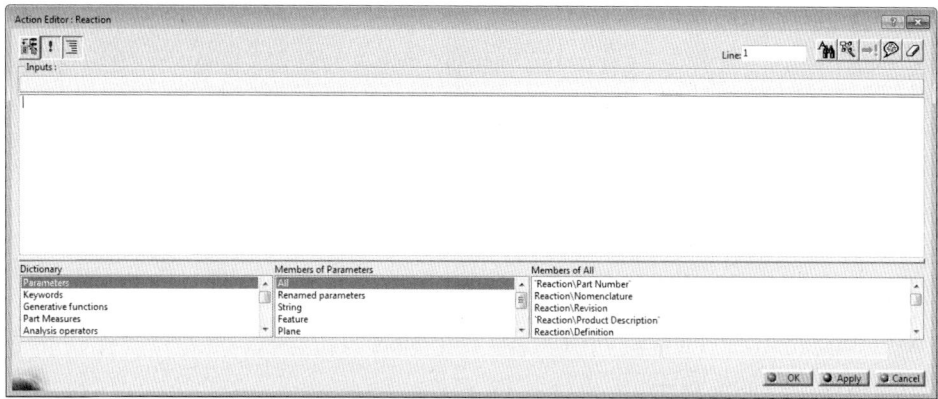

- VB action

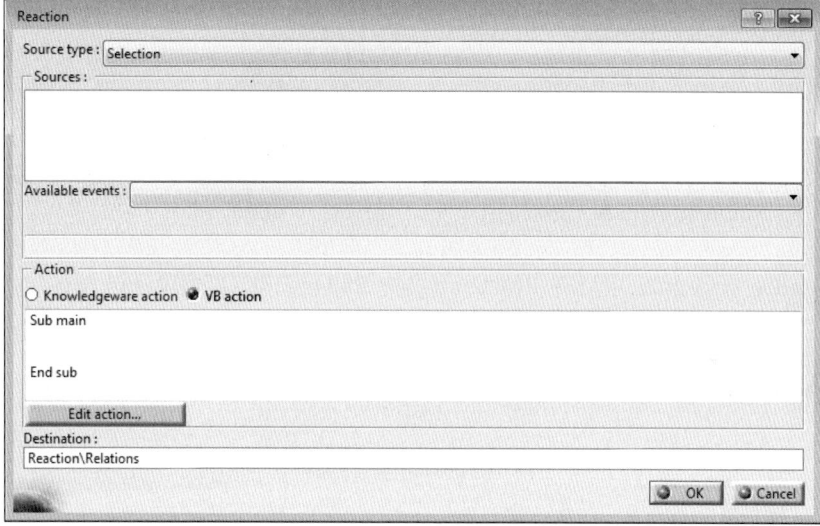

⇨ Edit action을 실행했을 때

앞으로 이와 같은 Reaction 작업 환경 하에서 정의하는 방법을 자세히 배우도록 할 것 입니다.

• Reaction Events

앞서 간단히 살펴본 Reactions의 Event들을 각각의 세부 활용 예들을 통해 Reaction의 작동을 설명하도록 할 것 입니다. 각 Event에 맞는 조건의 구성과 실행을 주의 깊게 살펴보기 바랍니다.

- DragAndDrop Event

Drag & Drop을 이용한 Reactions은 선택한 형상에 대해서 일련의 React Action 구문을 작성한 후에 작업자가 해당 형상을 Spec Tree의 자신에 드래그 앤 드롭하는 방법으로 해당 동작을 수행하게 하는 방법입니다. 여기서 직접 대상이 되는 형상을 선택하여 드래그, 드롭 하는 작업이 Event가 되는 것입니다.

실제로 이러한 Reaction 작업을 구현해보기 위해 다음과 같이 새로운 Part 도큐먼트의 XY 평면에 반지름 25mm의 원을 그린 후 100mm로 Pad해 줍니다.

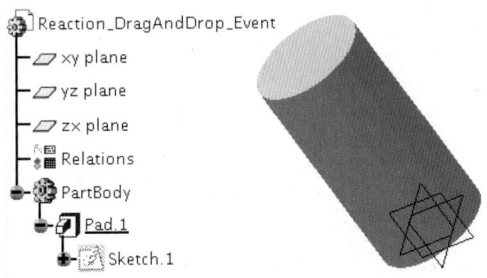

다음으로 Knowledge Advisor로 이동하여 Reaction을 실행합니다. 그리고 다음과 같이 설정해 줍니다.

Source Type: Owner
Available events: DragAndDrop

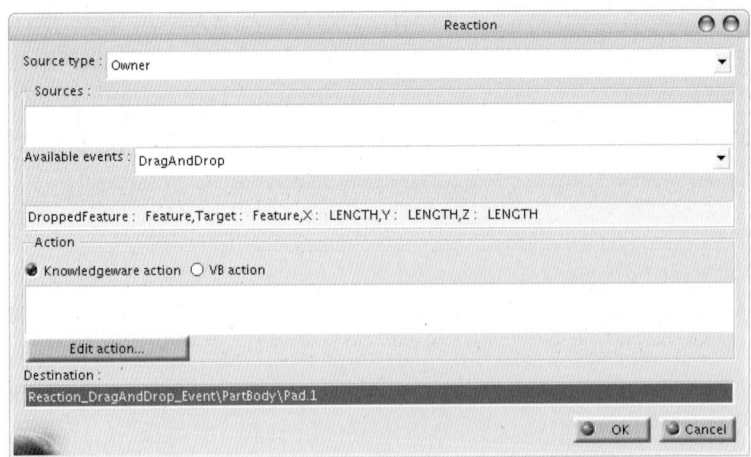

그리고 Destination에는 Spec Tree에서 Pad.1을 선택해 줍니다. Pad.1에 대해서 이 Reaction을 정의하겠다는 의미가 됩니다.

다음으로 Action을 Knowledgeware Action을 체크한 상태에서 Edit action 버튼을 클릭합니다. 그럼 다음과 같은 Action Editor 창이 나타나는 것을 확인할 수 있습니다. 여기서 Spec Tree에서 Pad.1을 선택하여 다음과 같은 값들이 Dictionary의 Members of all에 출력되게 한 후에 이것을 이용하여 다음 구문을 완성합니다.

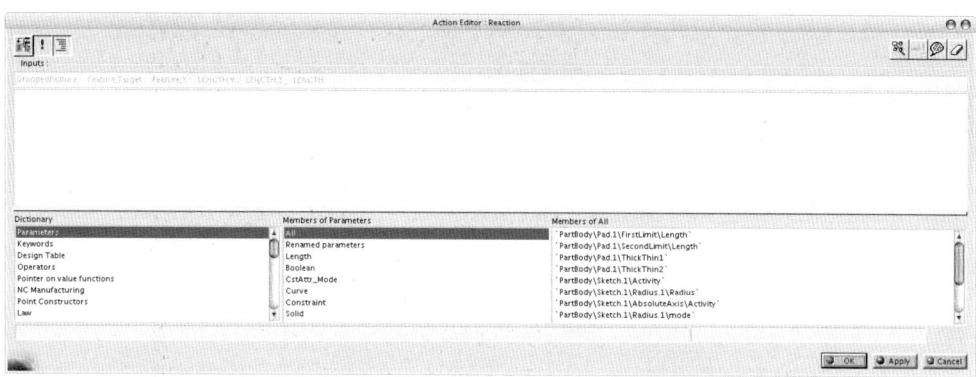

```
PartBody\Pad.1\FirstLimit\Length = 20mm
PartBody\Pad.1\SecondLimit\Length = 20mm
PartBody\Sketch.1\Radius.1\Radius = 50mm
Message ("Value Change! | H1 = #, H2 = #, R = # ",
PartBody\Pad.1\FirstLimit\Length ,
PartBody\Pad.1\SecondLimit\Length ,
PartBody\Sketch.1\Radius.1\Radius )
```

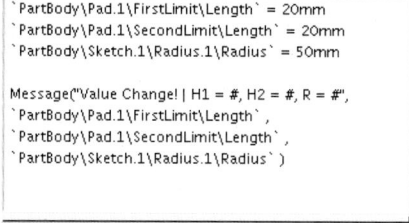

위와 같이 구문을 완성한 후에 Apply를 눌러 이상이 없는지 확인한 후에 OK를 선택, Reaction을 완료합니다.

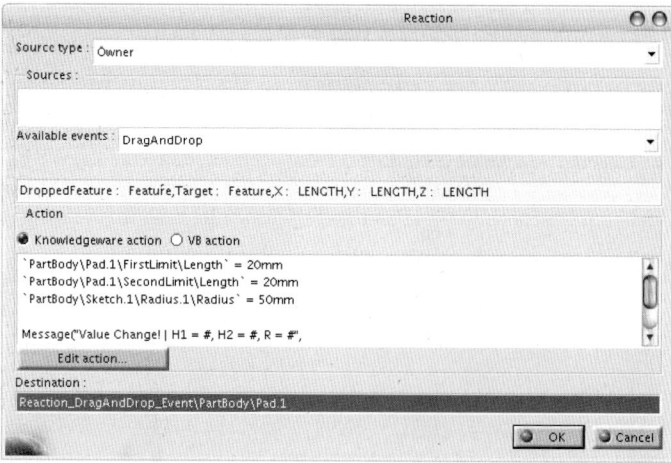

그럼 다음과 같이 Spec Tree에서 Pad.1 내부에 Reaction이 만들어 지는 것을 확인할 수 있습니다. 이것은 앞서 Reaction을 정의하면서 Destination에 Pad.1을 선택해 주었기 때문이며, 여기서의 Reaction은 Pad.1을 위한 작업입니다.(다른 형상에서는 사용할 수 없다.)

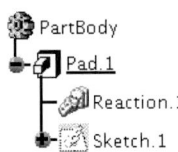

이제 Drag와 Drop을 해줄 차례입니다. 화면에서 Pad 형상을 직접 선택하여 드래그 한 후 Spec Tree의 자신에게 (Pad.1) 드롭해 보기 바랍니다.

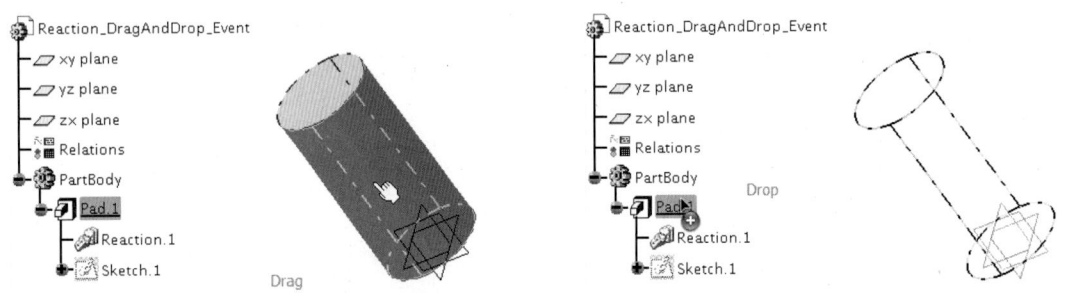

그럼 다음과 같은 결과를 얻을 수 있을 것입니다. 그림에서 확인할 수 있듯이 초기 치수가 그려진 Sketch.1은 Pad에서 나오고 새로운 변수의 치수에 의한 Sketch.2가 자리하는 것을 확인할 수 있을 것입니다.(물론 그 외 pad의 양 쪽 길이 값이 변경된 것도 확인할 수 있을 것입니다.)

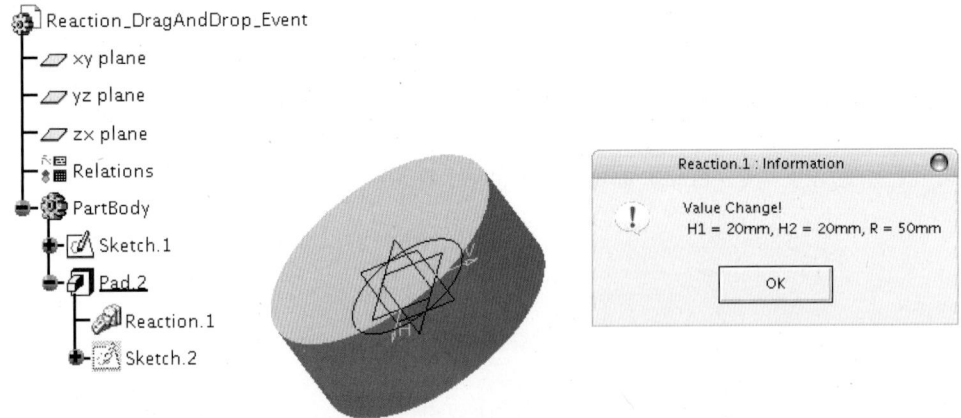

잘못된 위치로 Drag와 Drop을 한 경우에는 다음과 같은 창이 나타날 것입니다.

- AttributeModification Event

AttributeModification Event는 Source로 선택한 대상에 대해서 그 특성이나 속성이 변경된 경우 이에 대한 Reaction을 정의할 수 있습니다. Reaction에서 선택하여 사용할 수 있는 속성에는 선택한 각 대상에 따라 다르다.

그리고 이러한 AttributeModification Event가 모든 형상에 적용할 수 있는 것은 아니라는 것을 기억하기 바랍니다. AttributeModification Event는 특별히 세분화된 형태의 Reaction 작업이라 할 수 있습니다.

간단한 예제를 수행해 보기 위해 새로운 도큐먼트를 실행하여 다음과 같이 XY평면에 지름 50mm짜리 원을 그리고 50mm만큼 Pad해 줍니다. 그리고 형상의 윗면에 지름 30mm짜리 원을 그린 후 50mm로 Pocket해줍니다.

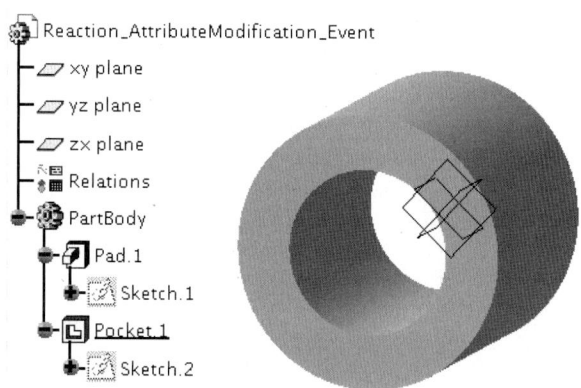

다음으로 Knowledge Advisor에서 Reaction을 실행합니다. 그리고 다음과 같이 Reaction을 선택해 줍니다.

Source Type: Selection
Available events: AttributeModification

그리고 Spec Tree에서 Pad.1을 선택해 줍니다. 그러면 다음과 같이 변수를 선택하는 창이 나타납니다. 여기서 Pad.1을 선택하고 OK를 클릭합니다.

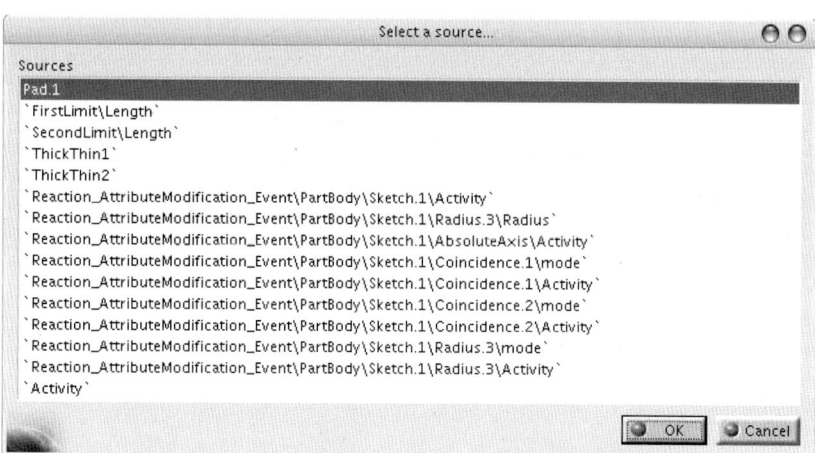

그럼 이제 Attribute에 다음과 같은 값들이 있는 것을 확인할 수 있을 것입니다. 바로 Pad 형상에 사용 가능한 속성들 값입니다.(Pad를 구성하고 있는 요소들로 볼 수 있습니다.) 다른 형상을 선택하였다면 다른 Attributes 값들이 나타난다는 것을 기억하기 바랍니다.

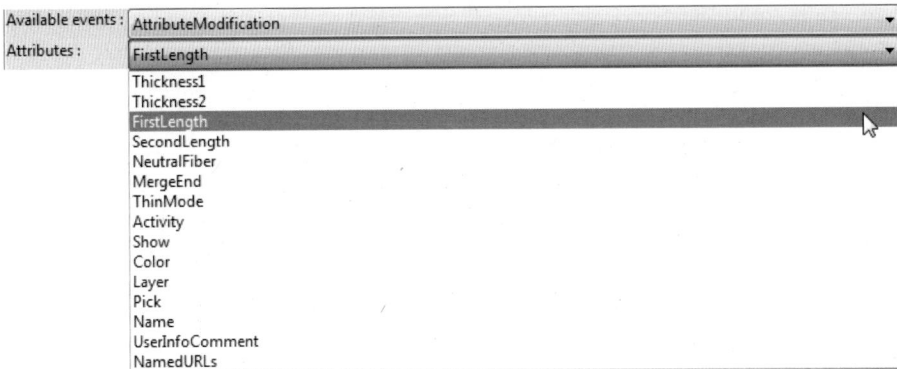

여기서 FirstLength를 선택해 줍니다. 그리고 Edit action을 클릭합니다. 그리고 다음과 같이 Action Editor에 입력해 줍니다.(Dictionary 사용)

```
`PartBody\Sketch.2\Radius.4\Radius` = 17.5mm
`PartBody\Pocket.1\FirstLimit\Depth` = 10mm
Message("Pocket Parameter Changed!!")
```

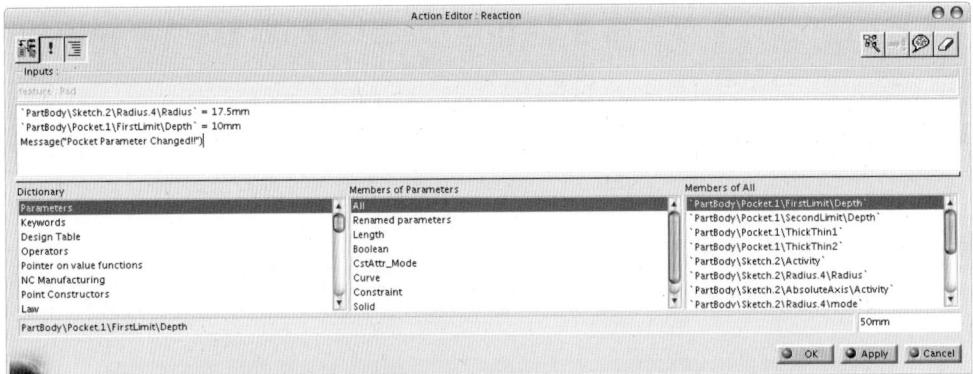

이제 OK를 클릭하면 만들어준 구문을 확인할 수 있습니다.

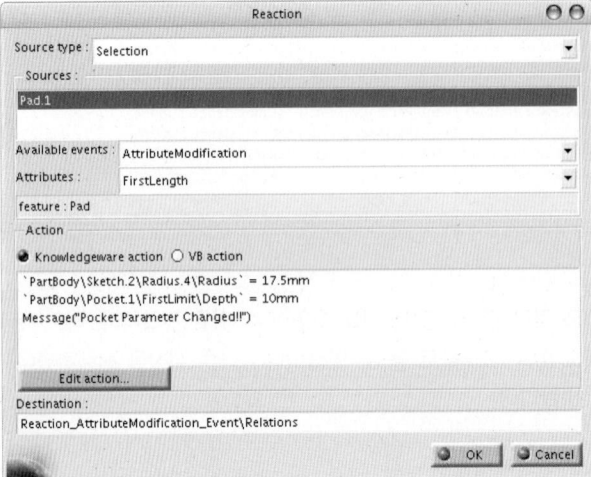

이제 OK를 선택하면 다음과 같이 Reaction이 만들어 진다.

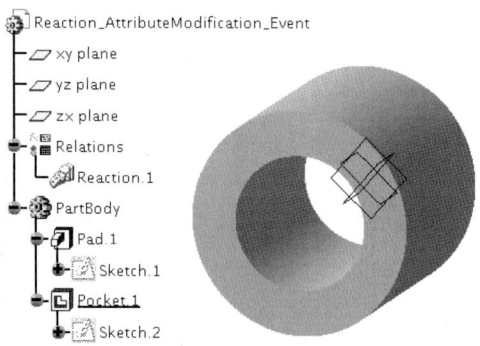

이제 Pad.1의 First Length를 변경해주면 다음과 같이 Pocket.1의 형상이 변경되는 것을 확인할 수 있습니다.

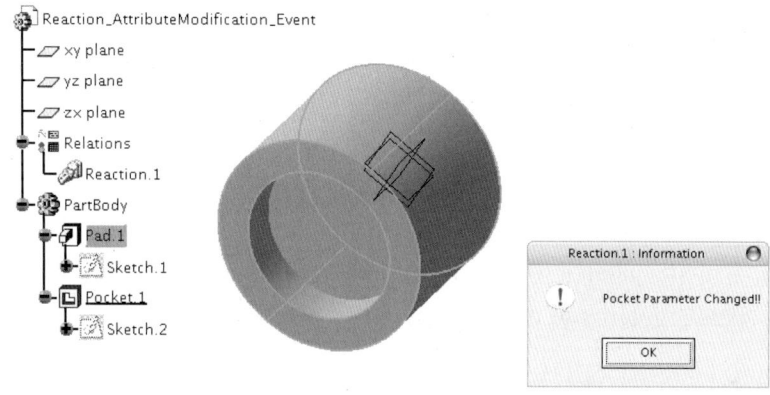

이와 같은 Reaction 작업을 통하여 작업자는 디폴트 상태의 변수의 초기 값을 설정해 주거나 임의의 형상 요소의 변경에 의한 반응(Reaction)을 형상에 담아놓을 수 있습니다.(물론 이런 조건에 의한 변경은 Rule을 통해서도 구현이 가능하다.)

이외에도 Activity를 이용하여 형상의 비활성에 따른 다른 성분 요소의 값의 설정과 같은 작업을 Attribute Modification Event는 수행할 수 있습니다.

- Inserted Event

이 두 가지 Event는 현재의 도큐먼트에 새로운 형상이 삽입될 경우에 이것을 기준으로 Action이 일어나도록 하는 방법을 제공합니다. Product 상에서 Component의 추가의 경우가 제일 좋은 예라고 할 수 있을 것입니다.

다음과 같은 빈 Product를 구성하도록 합니다. 여기에는 Integer Type의 변수를 생성합니다. 변수는 '1'로 초기 값을 정의합니다.

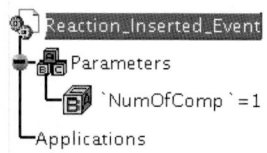

그리고 여기에 빈 Part 도큐먼트 하나를 생성하도록 합니다. 이 도큐먼트는 비어있어도 되며 임의의 형상을 만들어 사용하여도 됩니다. 다음과 같이 적절한 이름으로만 변경해 준 후에 저장해 주어도 됩니다.(저장은 필히 해주어야 합니다.)

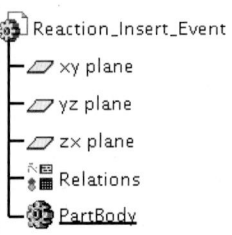

이제 앞서 만들어준 빈 Product에 Part를 추가합니다.(풀다운 메뉴의 Insert ⇨ Existing Component를 사용하여 선택해 줍니다.)

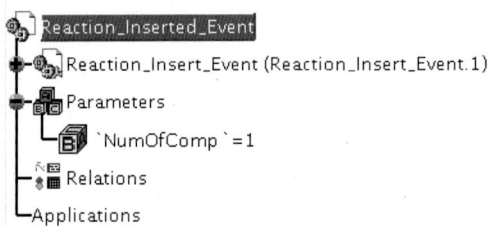

그리고 이제 Reaction 명령을 실행합니다. 그리고 이번에는 다음과 같이 설정해 주도록 합니다. (Insert와 Inserted와는 크게 다르지 않으므로 Inserted 한 가지 설명만을 하도록 하겠다)

Source Type: Selection
Available events: Inserted

이제 Part 도큐먼트를 선택해 주도록 합니다. 그럼 다음과 같이 Source 부분에 앞서 만들어준 Part 도큐먼트가 입력되는 것을 확인할 수 있습니다.

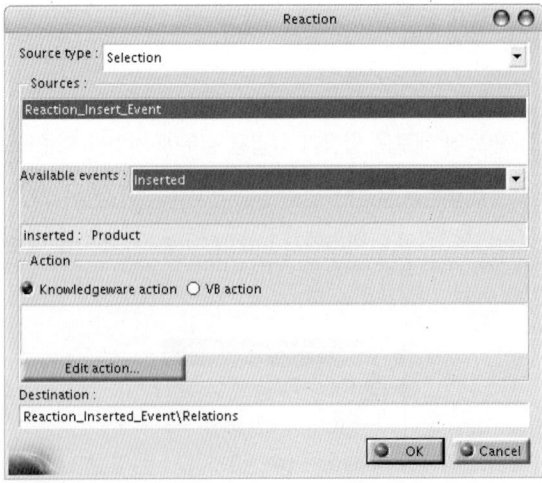

다음으로 Edit action을 선택하여 실행 문을 다음과 같이 입력해 주도록 합니다. 이 구문의 가리키는 의미는 'NumOfComp' 변수에 1씩을 더하여 그 값을 저장하고, Component가 추가됨을 출력해주라는 것이 됩니다. 마지막에 입력된 최종 Component의 수가 표시됩니다.

입력 후 Apply를 클릭하여 이상이 없는 경우 OK를 선택합니다.

```
`NumOfComp` = `NumOfComp` + 1
Message("Component Inserted! | now Component : #", `NumOfComp` )
```

Reaction에 입력되는 최종 값은 다음과 같습니다.

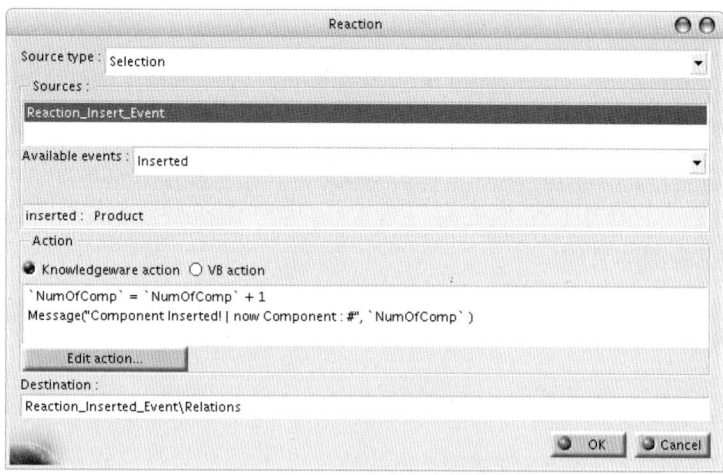

OK로 Reaction 생성 창을 나온 다음 이제 새로 앞서 삽입해 준 Component를 추가해 주면 다음과 같은 결과를 확인할 수 있을 것입니다.(Component를 삽입해 주려면 다시 Assembly Design Workbench로 이동하여야 합니다.)

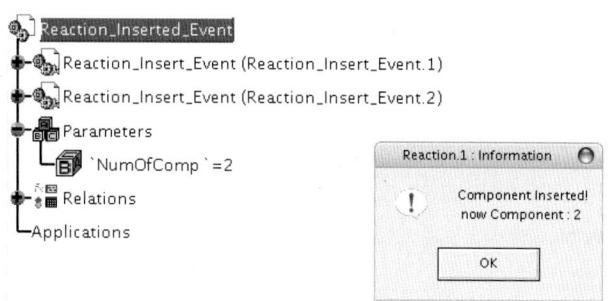

Inserted Event와 유사한 원리로 Remove Event의 정의도 가능할 것입니다.

앞서 3가지 Event에 대한 개념이 잡힌 상태라면 나머지 Event의 사용에 대해서도 손쉽게 접근할 수 있을 것입니다. 다시 한 번 정리하는 의미로 Reaction 기능에 대해 언급하자면 Reaction은 세분화되고 특성화된 조건에 의해 그에 대한 형상에 적용되는 작용(Action)을 정의할 수 있는 명령입니다.

Reactions의 경우 Knowledgeware Script와 더불어 VB Script를 통해 작업하게 되면 보다 풍부한 기능을 사용할 수 있을 것입니다.

C. Action

■ Macros with Arguments

Visual Basic Script(VBS 또는 VB Script)를 사용하면 CATIA Script보다 풍부한 표현 및 확장성을 가지고 있어 활용적인 측면에서 우수합니다. 본 교재에서 VBS를 상세히 다룰 수는 없지만 기본적으로 설계 형상을 VBS로 표현하여 활용하는 방법에 대해서 간단히 설명하도록 하겠습니다.

Macros with Arguments 명령은 VBS로 정의된 Script를 실행하는 기능을 합니다. 형상을 정의하거나 Parameter를 생성하는 등의 일련의 설계 과정을 Script로 정의하는 것이라 생각하면 됩니다.

우선 새로운 Part 도큐먼트를 실행하여 Macros with Arguments 명령을 실행하도록 합니다. 그럼 다음과 같은 화면을 확인할 수 있습니다. 여기서 VB Script를 정의하게 됩니다. Name과 Comment에 간단히 변경해 주고 Definition을 주목하도록 합니다.

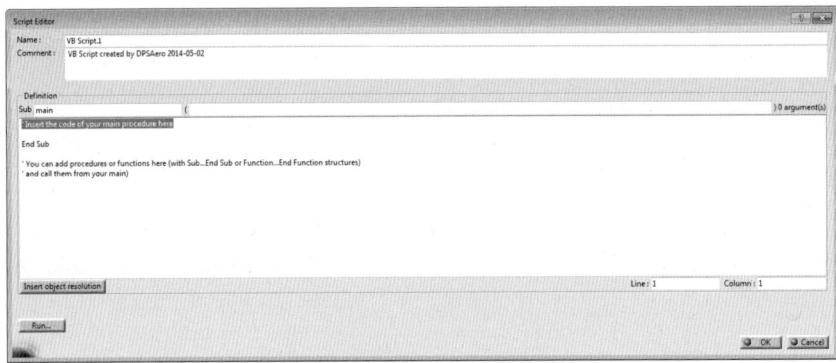

아직 VB Script 언어에 익숙하지 않기 때문에 우선은 다음과 같이 입력 후 실행해 보도록 하겠습니다.

```
        MsgBox("Hello Macro!")
End Sub
```

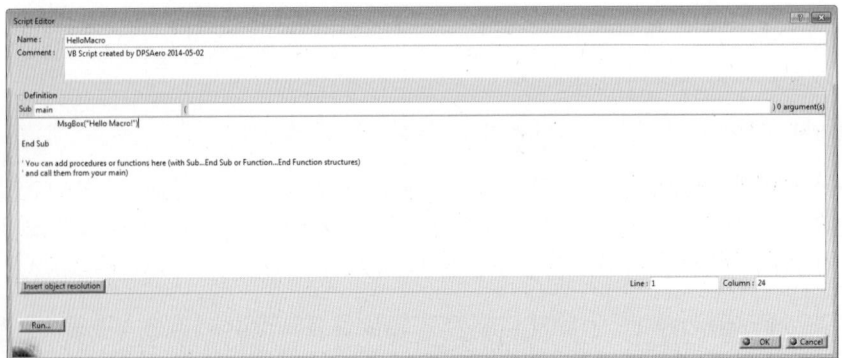

이제 Script Editor를 실행하면 다음과 같은 결과를 확인할 수 있습니다.

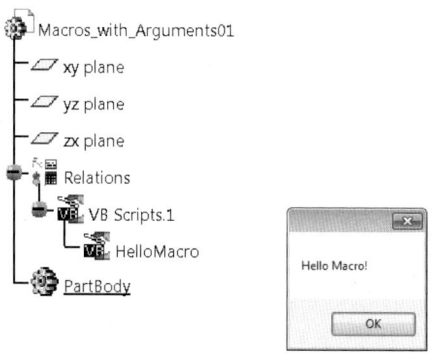

이제 조금 단계를 높여 보도록 하겠습니다. 다음과 같이 새로운 Macros with Arguments를 생성해 주고 Script를 정의합니다.

```
        Set partDocument1 = CATIA.ActiveDocument
        Set product1 = partDocument1.GetItem("Macros_with_Arguments01")
        product1.PartNumber = "Macros_with_Arguments01"
End Sub
```

이 Script를 실행하게 되면 현재 Part 도큐먼트의 Part Number를 다음과 같이 변경합니다. "Macros_with_Arguments01"

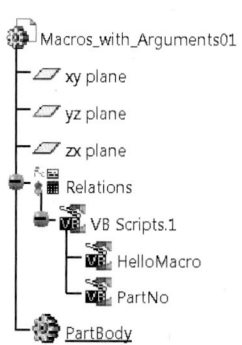

이제 VB Script를 활용하여 변수의 생성 및 값 지정을 연습해 보겠습니다. Macros with Arguments를 실행하여 3번째 Script를 생성하도록 합니다. 구문은 다음과 같이 정의합니다. 여기서 InputBox라는 구문을 통해서 Script 실행 시 Part에 정의한 변수에 대해 그 값을 입력받게 됩니다.

```
Set parameters1 = part1.Parameters
Set length1 = parameters1.CreateDimension("", "LENGTH", 0.000000)
length1.Rename "H"
Height = InputBox("", "Depth")
length1.Value = Height
part1.Update
End Sub
```

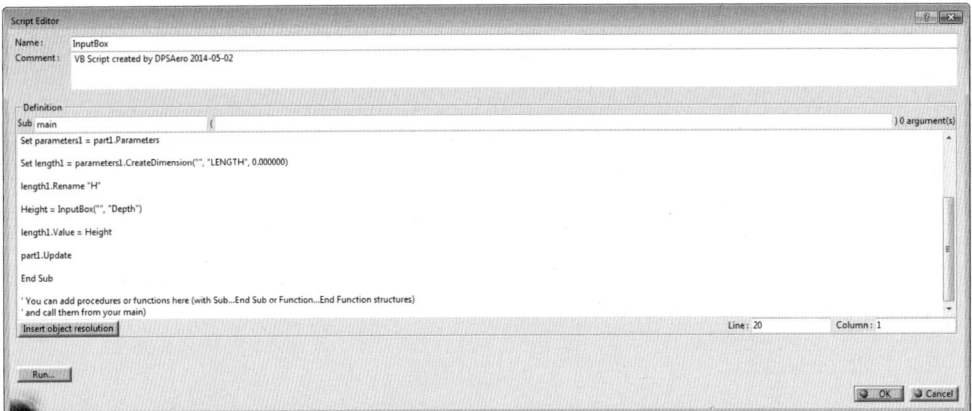

실행 결과는 다음과 같습니다.

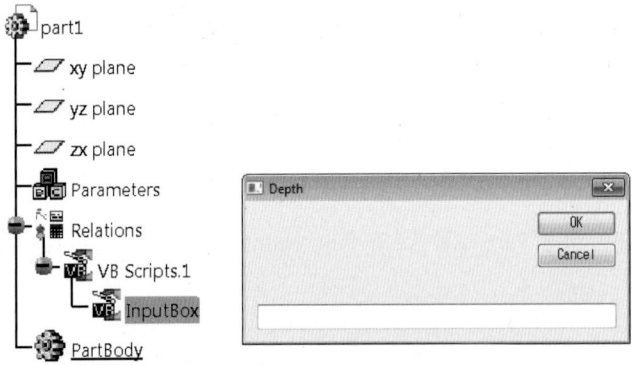

여기에 수치 100을 입력하고 OK를 누르면 다음과 같이 변수가 생성되는 것을 확인할 수 있습니다.

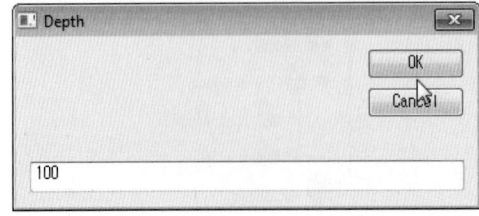

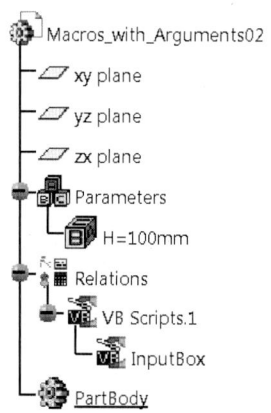

이렇게 VB Script만 있으면 번거롭게 작업하지 않고 동일 작업을 반복하여 사용할 수 있을 것이라는 생각이 들게 될 것입니다. 하지만 아직 확연히 좋다거나 우수하다고 할 만한 무언가를 경험하진 못했을 것입니다. 우선은 일일이 타이핑하는 것에 지칠 것이며, 아직 형상 자체에 대한 접근을 배우지 않았기 때문입니다. 실제로 VB Script를 사용하여 도큐먼트를 구성하는 전부를 일일이 타이핑하는 것은 무리일 것입니다. 필자도 실제로 예제를 정의하는 과정에서 모든 구문을 타이핑한 것은 아닙니다. 그럼 어떻게 하였을까요? 바로 Macro Recording을 사용한 것입니다!

※ **Macro Recording**

CATIA에서도 여타 프로그램들과 유사하게 작업 내용을 기록할 수 있는 Macro Recording 기능을 가지고 있습니다. 그리고 이러한 Macro의 기록은 CATIA Script 또는 VB Script 언어로 기록이 가능합니다. 작업자가 도큐먼트를 정의하기 위해 스케치하고 솔리드나 서피스를 생성하는 일련의 모든 정보를 자동으로 Script로 저장해 주는 것입니다. 따라서 작업자는 이 Script를 열어 필요한 부분을 수정하거나 다른 Script와 병합하여 새로운 Script를 정의할 수 있습니다.

Macro를 활용하는 방법을 공부하기 위해 다음과 같이 새로운 Part 도큐먼트를 실행한 후 풀다운 메뉴의 Tools ⇨ Macro로 이동합니다. 여기서 우리는 두 가지 메뉴에 주목하면 되는데 하나는 Macro를 Recording하기 위한 Start Recording과 Macro 파일을 실행하거나 수정, 편집하기 위한 Macro입니다.(아래 그림에서 Start Recording에 아이콘 그림과 단축키는 필자가 임의로 지정한 것입니다. 원래는 단축키나 아이콘이 없는 상태이며, Macro만이 기본적으로 Alt+F8의 단축키가 지정되어 있습니다.)

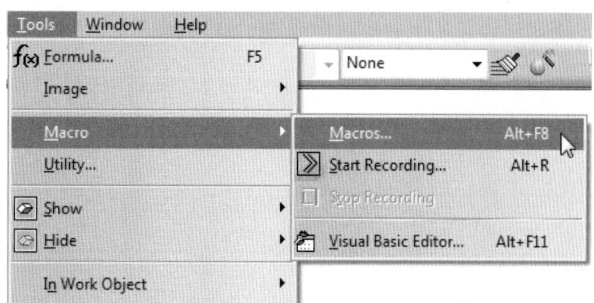

우선 Macro를 실행 시켜 보도록 하겠습니다. Macro를 실행시키면 다음과 같이 화면에 창이 나타납니다.

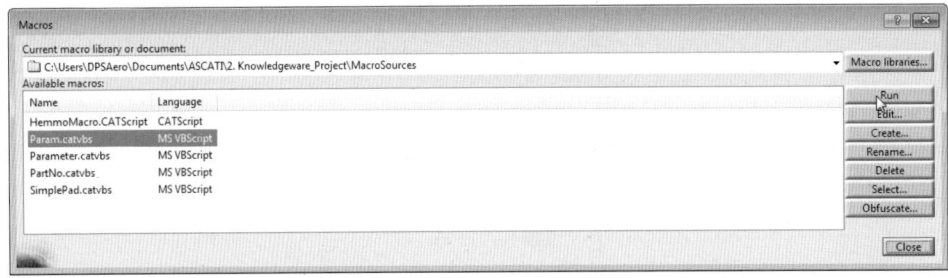

여기서 우측 상단의 Macro libraries를 통해서 Macro들이 저장되는 위치 또는 대상을 지정할 수 있습니다. 일반적으로 Macro의 저장은 Directories로 Library type을 변경한 후에 폴더를 지정해 주어 별도의 Macro 폴더로 관리하기를 권장합니다. 편의에 맞게 폴더의 위치를 정의해 주도록 합니다.

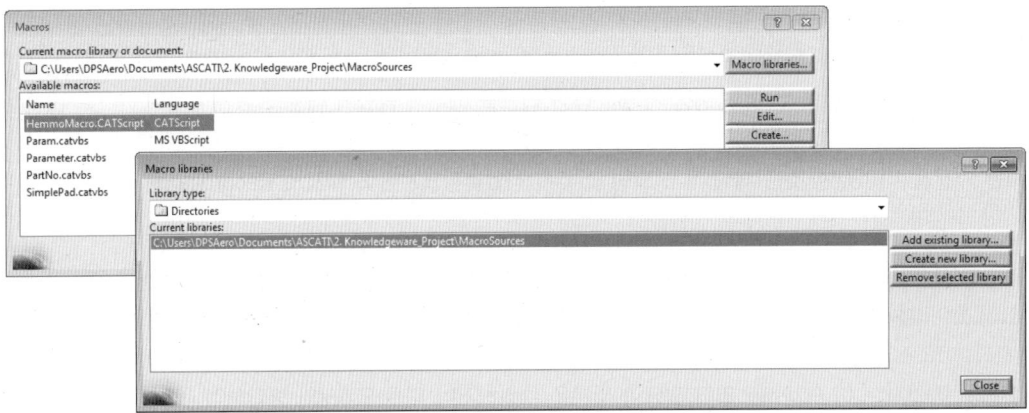

아직 Macro를 저장한 상태가 아니라면 Available macros에 아무런 Script 목록이 나타나지 않을 것입니다. 따라서 여기에서 우선 실습에 사용할 하나의 예제 형상을 Macro로 만들어 보도록 할 것 입니다. Macro 창을 닫고 다시 풀다운 메뉴에서 Tools ⇨ Start Recording을 실행합니다.

그럼 다음과 같은 Record macro 창을 확인할 수 있을 것입니다. 여기서 작업자는 다시 Macro의 저장 폴더 관리를 할 수 있으며 기록할 언어의 종류를 CATIA Script와 VB Script 중에 선택해 줄 수 있습니다. 그리고 마지막으로 Macro의 이름을 정의할 수 있습니다. VB Script로 언어를 정의한 경우 Macro의 파일 확장자는 .catvbs가 됩니다. 여기서 저장될 Macro 파일 이름을 SimplePad로 정의해 줍니다.

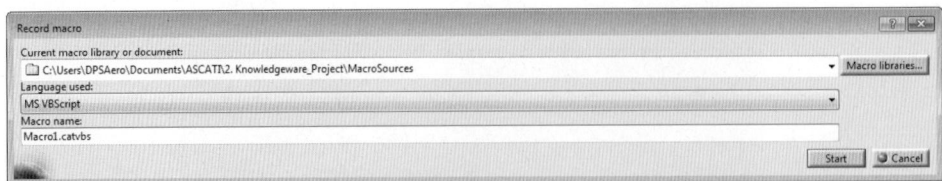

이제 Start 버튼을 누르게 되면 창은 사라지고 작은 버튼이 하나 생성됩니다. Stop macro recording 버튼으로 Macro 기록 작업을 마치고자 할 때 눌러주어야 하므로 위치를 잘 파악해 놓기 바랍니다.

이제 이 상태에서 여러분이 작업하는 모든 내용은 Macro에 기록됩니다. 아래와 같이 XY 평면에 들어가 Centered Rectangle을 이용하여 사각형을 그려주고 이를 Pad할 것입니다. 여기서 사각형 형상의 가로 세로 높이는 각각 100mm, 150mm, 50mm로 정의해 줍니다.

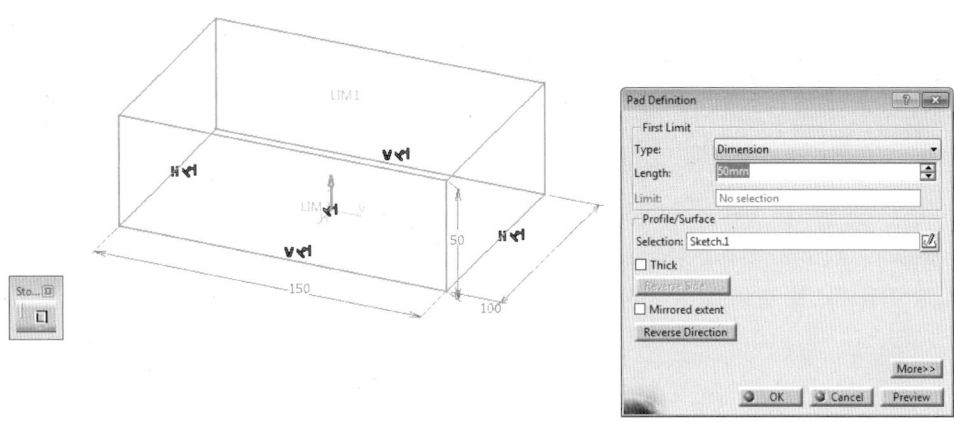

이제 Macro 기록을 중지하고 기록된 Macro를 살펴보도록 합니다. 풀다운 메뉴를 따라 들어가도 되지만 Alt + F8을 누르면 자동으로 실행됩니다. 여기서 앞서 정의한 SimplePad.catvbs 파일을 선택한 후 Edit을 클릭합니다.

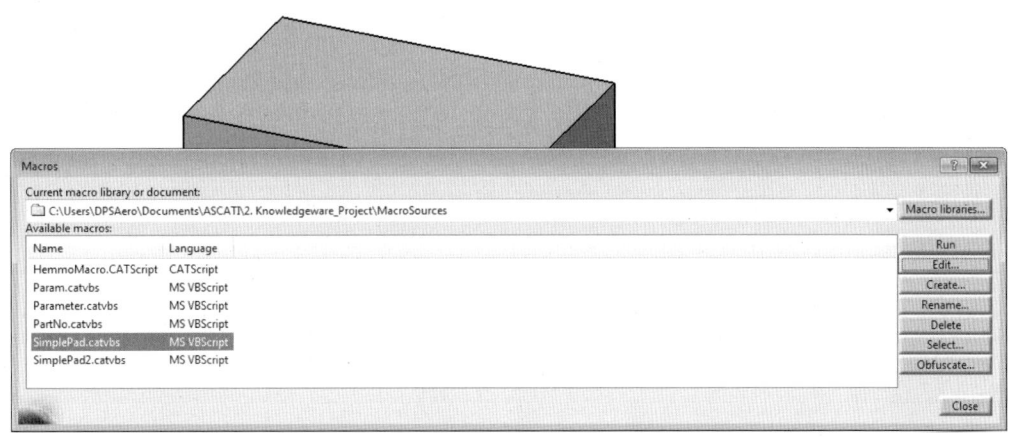

그럼 다음과 같은 Script 파일을 확인해 볼 수 있을 것입니다. 아직 정체를 알 수 없는 많은 구문들이 보일 것이나 여기서 페이지를 끝까지 내려 보기 바랍니다.(정체를 알 수 없는 구문들은 사실 여러분이 앞서 Pad 형상을 정의하는 데 사용하였던 모든 동작이 포함되어 있는 것입니다. 평면을 지정해 스케치하거나 스케치 상에서 사각형 프로파일을 그려준 것, Part Design에서 Pad 작업을 수행해 준 것 등이 말입니다.)

아래와 같이 3개의 변수를 찾을 수 있어야 할 것입니다. 앞서 모델링에서 사용된 가로 세로 높이 값임을 추측할 수 있을 것입니다. 이 예제 형상이 단순히 이 3개의 데이터 값만 변경되면서 동일한 작업이 여러 번 반복된다면 데이터 입력 창을 가지는 형식으로 변환하여 손쉽게 활용할 수 도 잇을 것입니다.

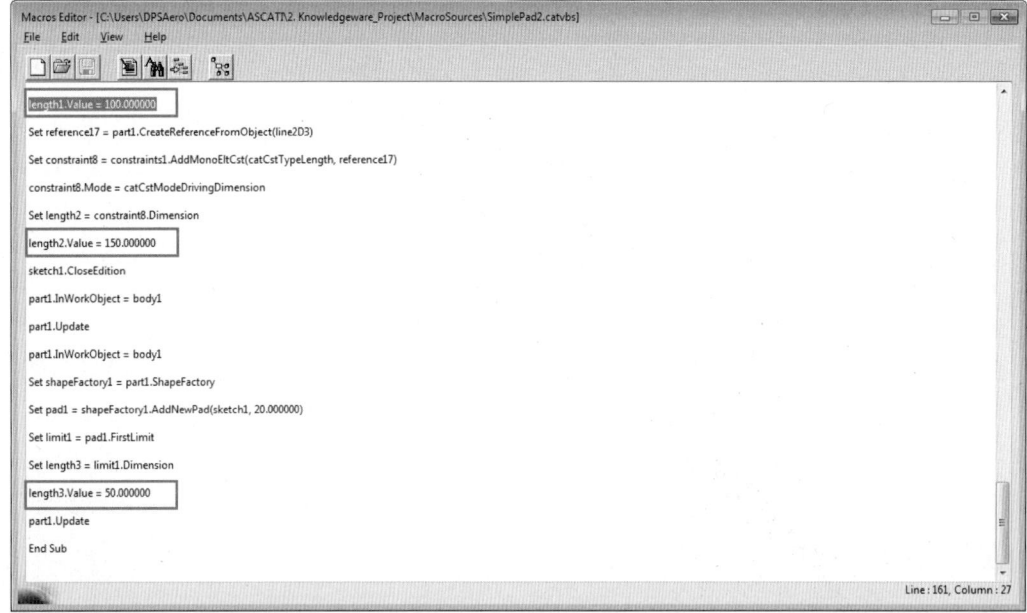

이제 수정을 해보자. Input Box를 활용하여 앞서 정의한 Macro를 좀 더 유용한 형태로 바꾸어 보겠습니다. length1.value가 정의되는 상단에 다음과 같이 입력을 해주도록 하겠습니다. 이 추가되는 구문의 의미는 H, V, Height라는 변수를 정의하며, 이 값을 InputBox를 통해 화면에서 작업자가 직접 입력할 수 있게 하는 것 입니다.

```
H = InputBox("Enter the H length","H")
V = InputBox("Enter the V length","V")
Height = InputBox("Enter the Height length","Height")
```

그리고 다음과 같이 앞서 정의된 length1, length2, length3를 각각 다음과 같이 수정해 줍니다. 이렇게 변경해 주어야지만 위에서 입력받은 변수를 Macro 설계 형상의 수치 입력 값으로 대입하게 되는 것입니다. 이제 초기에 100mm, 150mm, 50mm를 가지던 Pad 형상의 치수는 작업자의 직접 입력을 받아 정의할 수 있는 변수로 변경됩니다.

```
length1.Value = 100.000000  ⇨  length1.Value = H
```

```
length2.Value = 100.000000  ⇨  length2.Value = V
```

```
length3.Value = 100.000000  ⇨  length3.Value = Height
```

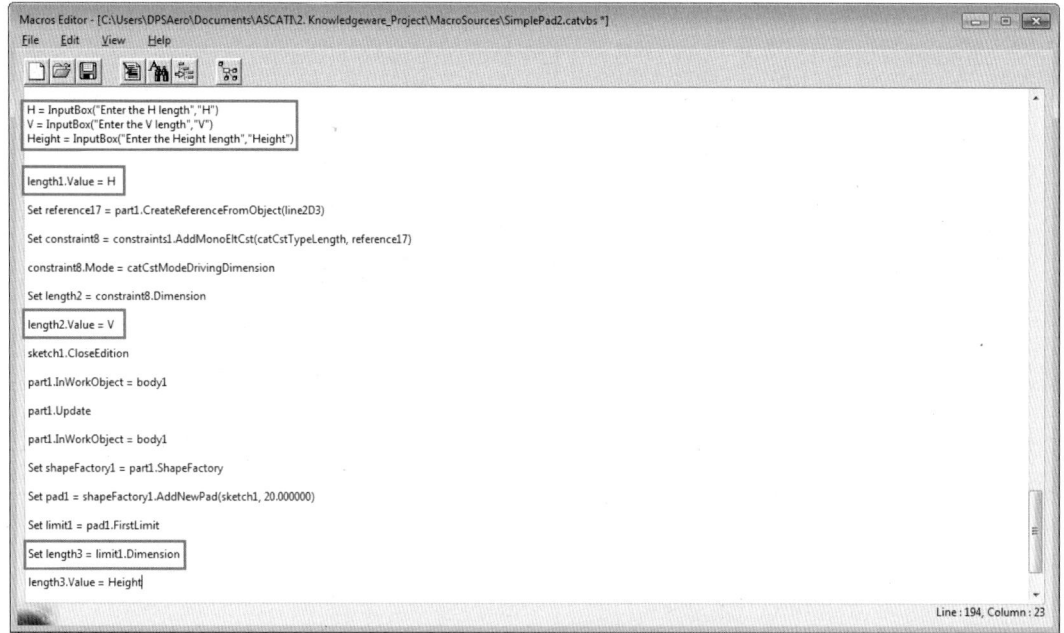

이제 Macro를 저장하도록 합니다. 앞서 작업에 사용한 Part 도큐먼트는 닫아주도록 합니다. 그리고 새로운 Part 도큐먼트를 실행하여 Macro를 실행(Alt + F8)하여 앞서 수정해준 SimplePad.catvbs 파일을 선택 후 이번엔 실행(Run)을 클릭합니다. 그럼 다음과 같은 화면을 확인할 수 있습니다.

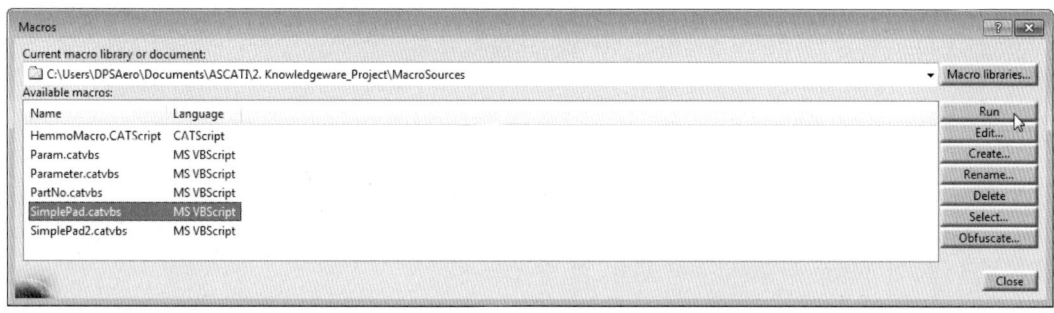

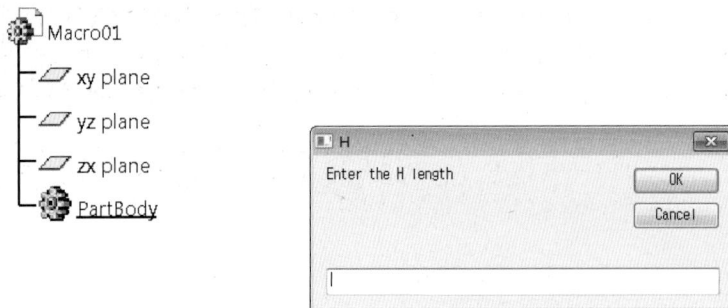

여기서 H 부터 시작하여 3개의 값을 입력 받게 되며 순차적으로 값을 입력해야 합니다. 순서대로 100, 300, 50을 입력해 보기 바랍니다.

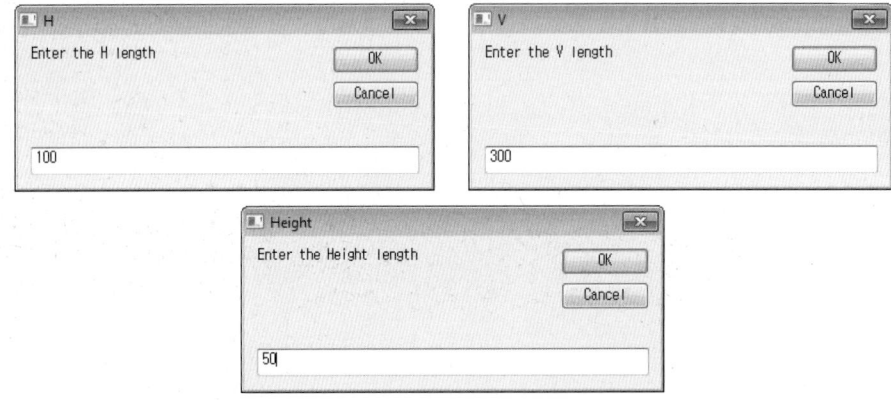

마지막 Height 값을 입력하면 아래와 같이 간단한 Pad 형상이 사용자의 지정 값을 입력받아 만들어 지는 것을 확인 할 수 있습니다.

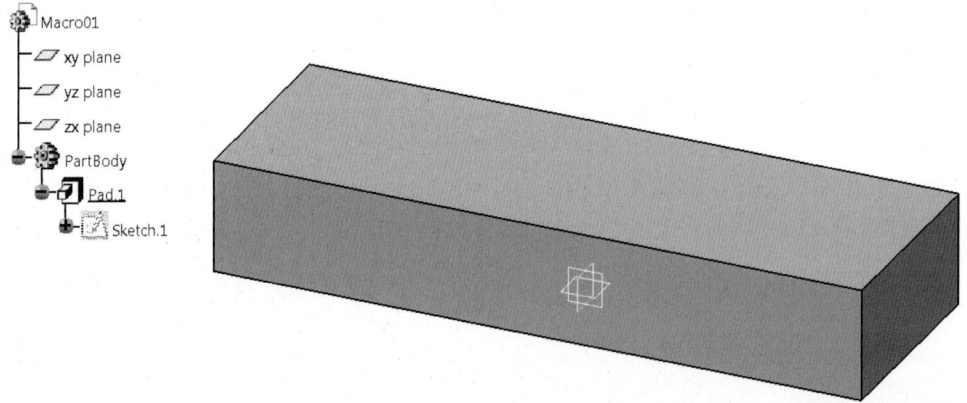

이렇게 만들어진 Macro 파일의 경우 아이콘화 하여 Toolbar에 고정해 필요할 때 마다 사용할 수 도 있습니다. 풀다 운 메뉴의 Tools ⇨ Customize에 들어가 다음과 같이 Commands 탭으로 이동합니다. 여기서 좌측에서 Macro를 선택해 주면 작성한 Macro 파일들의 목록을 확인할 수 있습니다.

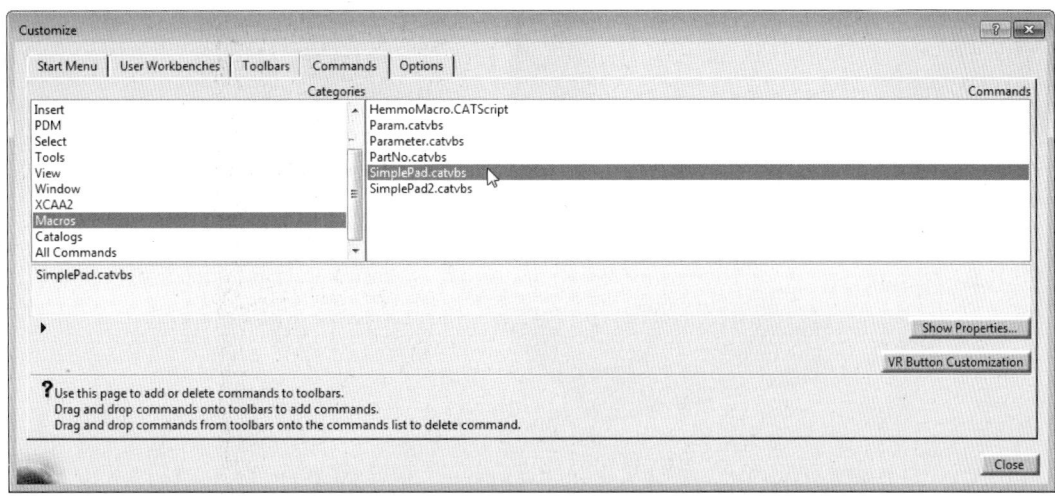

여기서 앞에서 생성한 SimplePad.catvbs 파일을 선택한 후 아래처럼 Sketch-Based Feature Toolbar에 드래그 해 보도록 합니다.

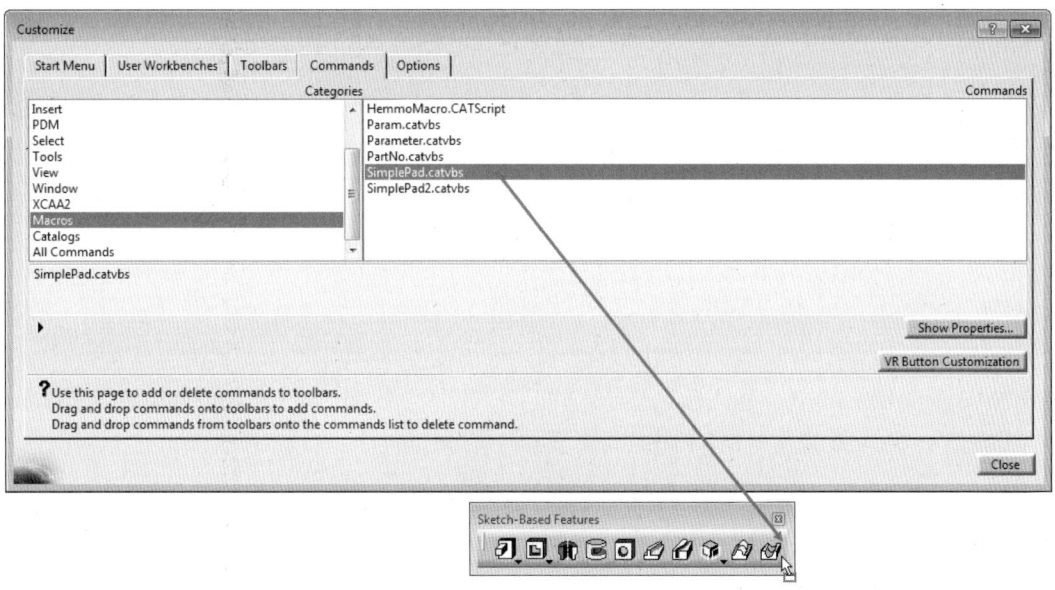

그럼 다음과 같이 화살표 모양의 아이콘과 함께 SimplePad Macro가 Toolbar에 생성되는 것을 확인할 수 있습니다.

어떤가? 작업에 사용되는 모든 동작을 포함한 자신만의 명령어를 생성할 수 있다는 점은 반복적인 설계 형상을 수행하는 작업자에게 또다른 편의를 제공할 수 있으리라 생각합니다.

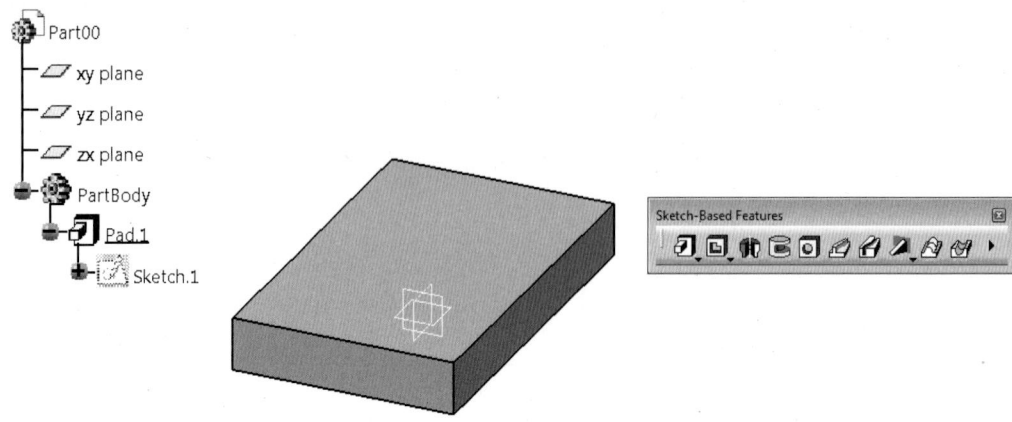

Macro의 처음 두 줄을 제외하면 Macros with Arguments에서도 이 Script를 실행할 수 있습니다.

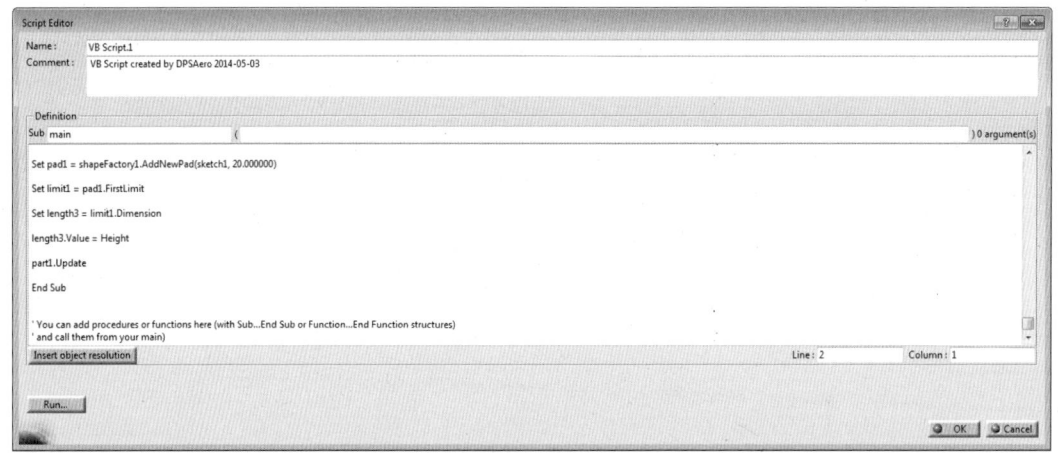

기본적인 VB Scripts는 시작과 끝을 다음과 같이 정의합니다. 따라서 Macros with Arguments에는 상단에 Sub Main () 부분이 정의되어 있기 때문에 해당 부분을 별도로 표기할 필요가 없는 것입니다.

```
Sub Main()
End Sub
```

CATIA Script와는 문법이 조금 다르기 때문에 사용에 어려움을 느낄 수도 있으나 CATIA의 Macro Recording 기능을 통해서 설계 작업이나 형상을 VBS로 기록하여 이를 분석하는 연습이 도움이 될 것입니다. 잘만 이해하고 활용할 수 있다면 이러한 Script 기술은 독자에게 큰 작업 효율을 가져다 줄 것 입니다. 다만 장점과 단점을 잘 구분하여 활용하기를 권장합니다. 특히 초기에 오타에 의한 실행 Error에 주의해야 합니다.

또는 Script를 잘못 정의하는 경우에도 Macro가 실행되지 않으니 주의 바랍니다. 다음은 Script Editor에서 실행 Error가 발생하는 경우를 보여주고 있습니다. Error 이유와 위치를 알려주기 때문에 작업자는 이러한 문제되는 위치에 대해서 수정을 마치고 다시 Script를 실행해 주면 됩니다.

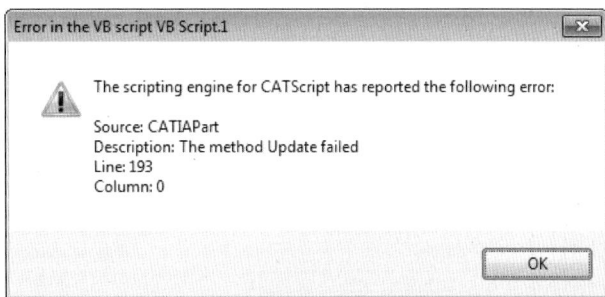

VB Script를 깊이 있게 공부하고자 한다면 CATIA Online Document와 V5 Automation.Chm 파일을 참고하기를 권장하는 바입니다. 별도로 Visual Basic에 대한 지식을 필요로 하기 때문에 Appendix E 역시 읽어두기를 바랍니다.

Onlie Documents를 제공 받은 경우

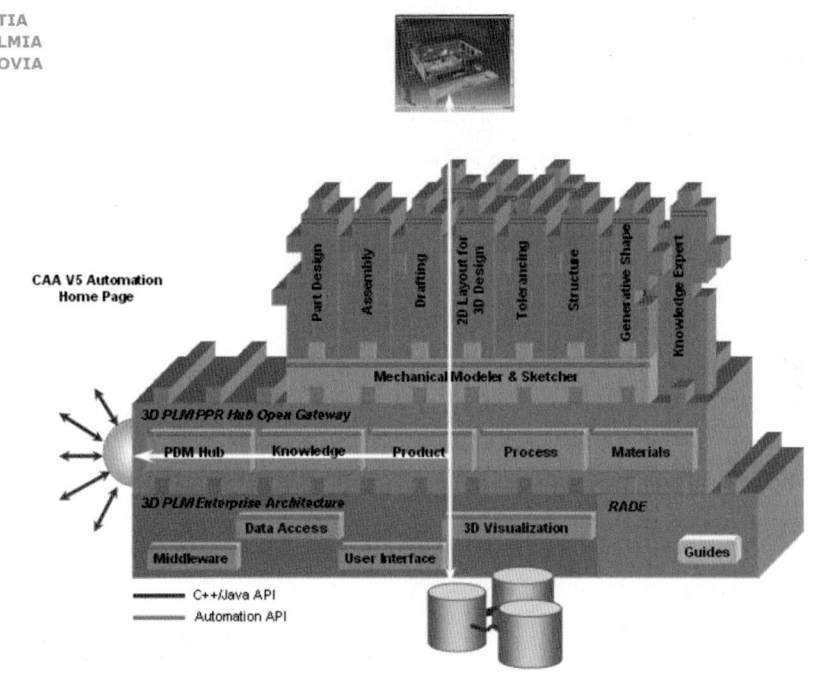

V5 Automation.chm 파일 경로 ⇨ C:₩Program Files₩Dassault Systemes₩B26₩win_b64₩code₩bin

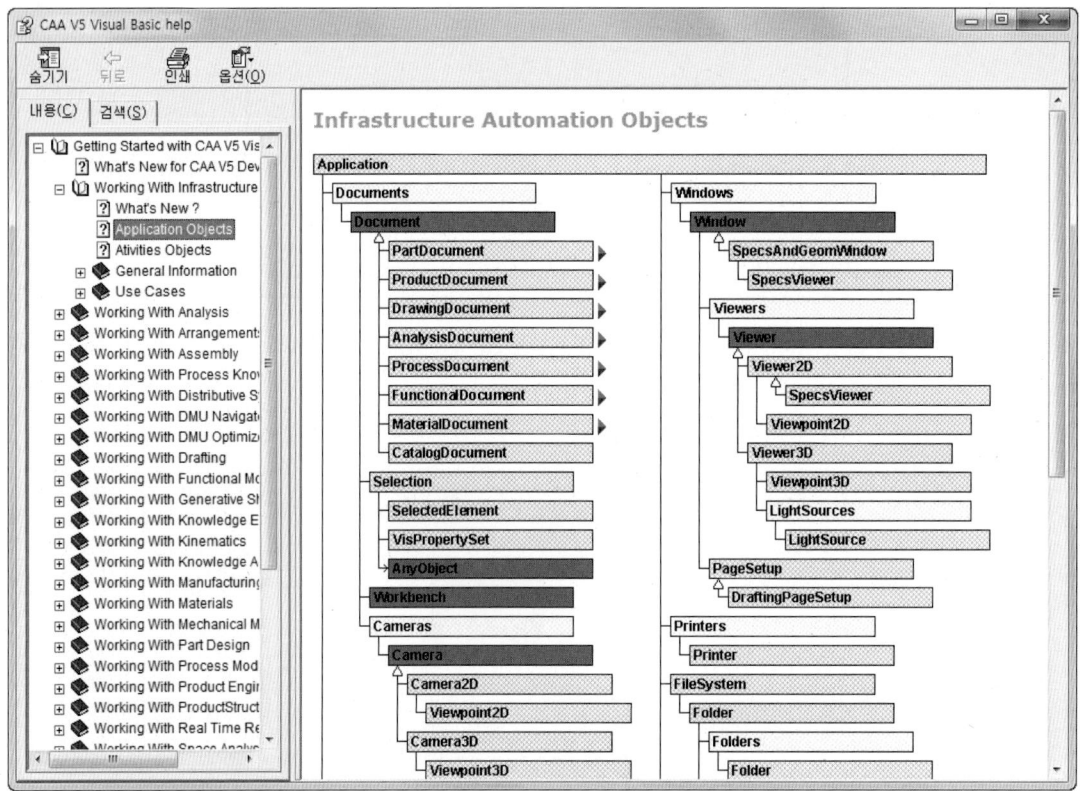

■ Actions 이란?

Actions 명령은 작업자가 일련의 작업을 정의한 후에 어떠한 조건이나 상황에 맞게 실행(Run)할 경우에 앞서 정의한 구문의 내용을 수행하도록 하는 명령입니다. 이 Actions 명령은 작업자가 실행을 시켜야지만 구문 내의 작업을 수행하기 때문에 앞서 공부한 조건에 의해 자동으로 수행되는 Rule 명령과는 다르다고 할 수 있습니다.

이러한 Actions의 사용은 앞서 정의한 작업을 통하여 사용 중인 도큐먼트의 형상이나 변수를 초기화하는 단순한 작업 형태에서부터 본 파일에 만들어놓은 Actions 값을 Catalog로 만들어 다른 도큐먼트 파일에서도 작동할 수 있도록 하는 작업도 가능합니다. Actions 역시 기본적인 Knowledge Language에 익숙하여야 능숙한 사용이 유리하다는 점을 기억하기 바랍니다.

실제로 Actions을 수행해 보기 위해 간단히 다음과 같은 변수를 구성하도록 합니다. 모든 변수의 Type은 Length입니다.(이번 예는 두 개의 변수를 입력 받아 평균을 구하고 이를 출력하는 Actions입니다.)

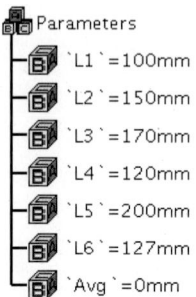

Actions ![icon] 명령을 실행시키면 다음과 같은 Actions Editor창이 나타납니다. 기본적인 Editor의 구성은 앞서 공부한 명령들과 유사합니다. 하단에 보이는 Dictionary를 통해 작업자는 원하는 작업을 하는데 필요한 변수나 함수를 찾아서 사용할 수 있습니다.(Dictionary를 얼마나 잘 활용하느냐에 따라 무한한 Actions 동작을 만들 수 있다는 점을 기억하기 바랍니다.)

Action Editor 창을 보면 상단에 Inputs라는 부분을 확인할 수 있을 것입니다.

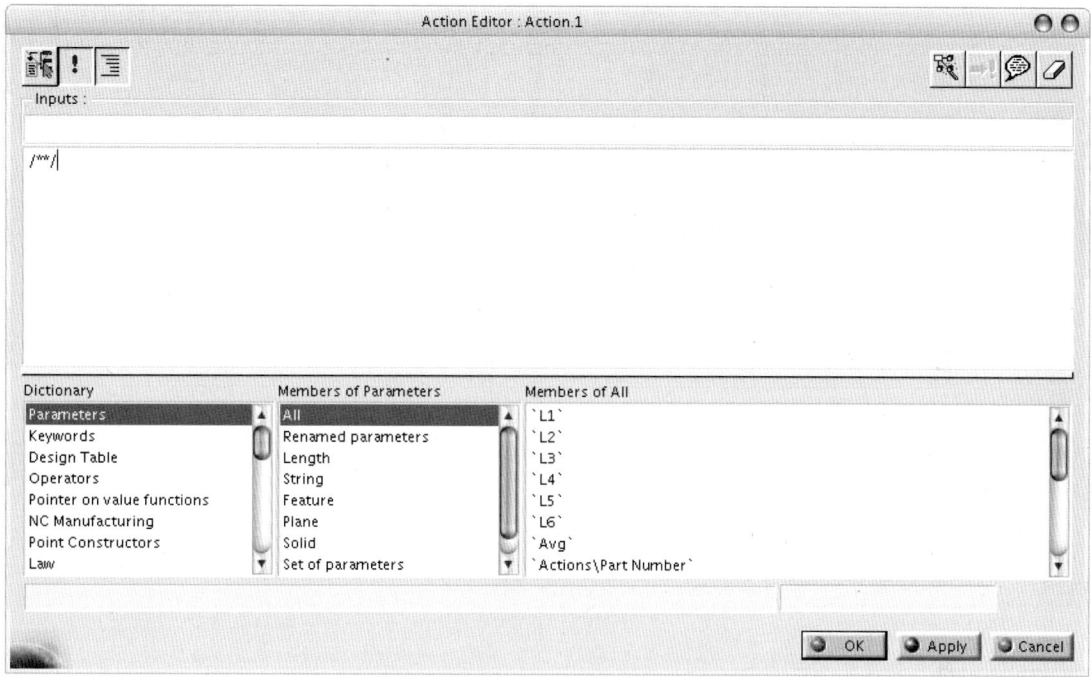

한 가지 기억할 것은 Actions에서는 Inputs를 통하여 입력 받을 값을 정의할 수 있다는 것입니다. 즉, Actions을 실행하는데 있어 입력 값을 받아 그 값으로 부터 Actions에 정의한 작업이 실행된다는 것입니다. 물론 Actions의 Input 요소는 Action에 정의한 구문에 포함되어 있어야 합니다. 입력 변수의 정의는 다음과 같은 규칙을 따라 주어야 합니다.

> 입력 변수 이름: 변수의 자료형
> 예시) Variable Name1: Variable Type1, Variable Name2: Variable Type2,

이러한 입력 변수는 작업자의 임의로 설정이 가능하며, 설정한 이름을 하단의 Editor 창에서 사용해 도큐먼트로부터 매칭 시킨 변수를 가지고 구문을 수행할 수 있게 합니다. 여기서의 입력 변수는 수치 값이 아닌 형상 또는 Body나 List와 같은 대상 역시 가능하다는 점을 알아두기 바랍니다. 만약에 입력 받고자 하는 변수가 없는 경우에는 공백으로 놔둡니다.

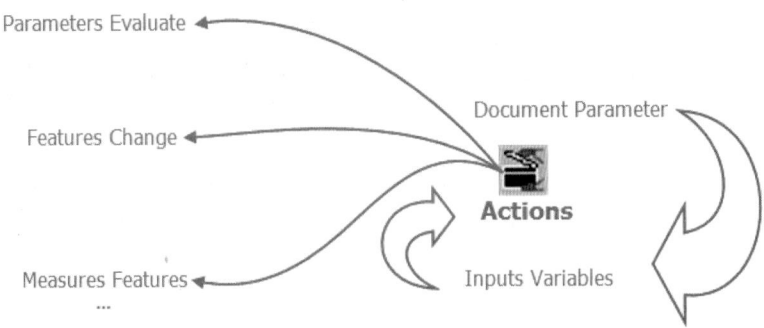

여기서는 두 개의 변수가 필요한데 각각 Length Type을 가집니다. 여기에 입력하는 변수 이름은 다음의 Editor 창에서 사용할 변수의 이름이 된다는 것을 기억하기 바랍니다.

```
Inputs :
num1 : LENGTH,num2 : LENGTH
```

다음으로 Editor창에는 실행시키고자 하는 구문을 작성해 줍니다. 앞에서와 마찬가지로 Dictionary 기능을 사용하여 편리하게 작업이 가능합니다. Inputs에 의해 입력을 받아 사용하는 변수를 제외하고 Actions문에 사용하려는 변수들은 사용하기 이전에 Formula $f_{(x)}$를 통해서 도큐먼트에 만들어 주어야 한다는 것을 잊지 말기 바랍니다.

```
`Avg` = (num1 + num2 )/ 2
Message("Agerage Calculation!! | Average = #", `Avg` )
```

이 구문의 해석은 다음과 같습니다.

> num1과 num2 변수를 더해서 2로 나눈 값을 'Avg'에 입력합니다. 그리고 메시지 창을 통하여 "Average Calculation!!"이라는 메시지와 함께 그 계산 값을 화면에 출력합니다.

Message를 출력하는 란에 표시된 "|" 표시는 줄 바꿈을 의미합니다.

위와 같이 Editor에 입력을 마무리하였다면 Apply를 실행합니다. Syntax Error가 없다면 Actions이 오류 없이 완성된 것입니다. 이제 Actions을 사용해 보도록 하겠습니다. Relations에서 Action.1을 선택하고 Contextual Menu에서 Run을 선택합니다.(Actions를 실행하려고 Spec Tree 더블클릭하면 Actions가 실행되는 것이 아니라 수정 모드로 들어가니 주의하기 바랍니다.)

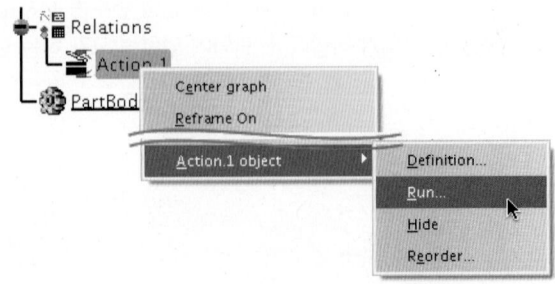

그럼 다음과 같은 Insert Object 창이 나타나는 것을 확인할 수 있습니다. 이것은 앞서 Actions에서 Inputs로 정의한 요소들을 현재 도큐먼트에서 선택해 주기 위함입니다.

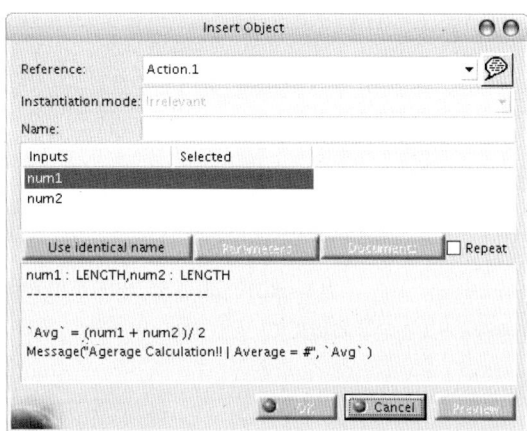

여기서 나타나는 입력 요소 'num1'과 'num2'를 Spec Tree에서 선택해 주고 OK를 선택하면 Actions 문이 실행됩니다.(앞서 만들어준 변수들 중에서 'Avg'를 제외한 임의의 변수 두 개를 선택합니다.)

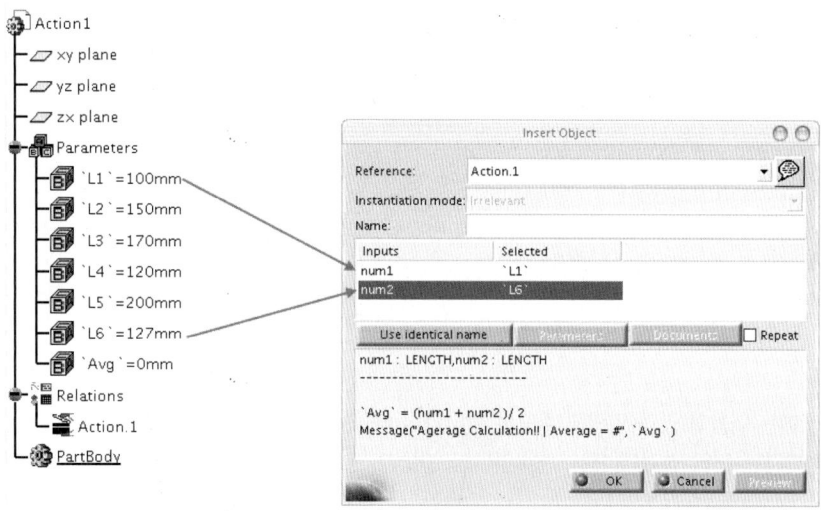

이제 OK를 클릭하면 다음과 같이 앞서 정의한 Action이 실행되는 것을 확인할 수 있을 것입니다.

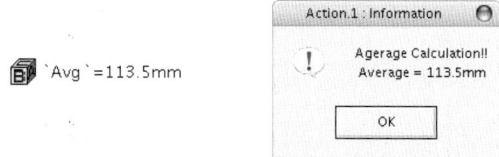

이와 같이 Actions은 작업하고자 하는 도큐먼트의 입력 대상을 도큐먼트로부터 받아 내부에서 실행 후, 그 결과를 출력해 작업자가 원하는 작업을 수행하게 합니다. Actions 명령은 특히 입력 받을 대상을 임의로 정할 수 있다는 점을 이용하면 매우 활용도 높은 명령이 될 수 있습니다.

• Catalog Editor를 이용한 Actions의 응용

Catalog Editor 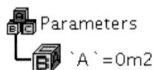를 사용하여 하나의 도큐먼트에 사용하던 Actions을 다른 도큐먼트로 불러와 사용하는 방법을 설명하도록 하겠습니다. 이러한 Catalog를 사용하여 작업자는 Knowledge 기술의 활용을 확대할 수 있습니다.

우선 새로운 Actions을 만들어 보도록 하겠습니다. 다음과 같이 도큐먼트를 구성하도록 합니다. 여기서 A는 Area Type의 변수입니다.(값은 따로 입력하지 않습니다.)

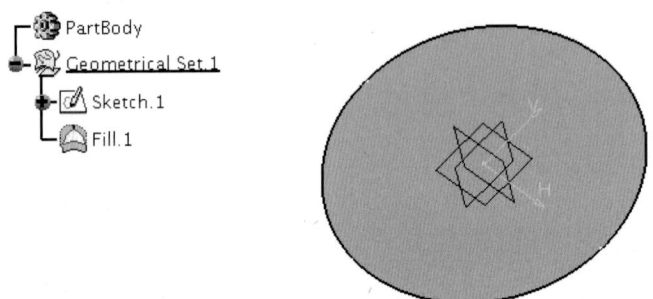

다음으로 Part 도큐먼트에 Geometrical Set을 추가한 후에 Define을 걸고 XY평면에 지름 100mm짜리 원을 그린다. 그리고 Fill을 사용하여 이 원을 서피스로 채워줍니다.

이제 Knowledge Advisor로 이동하여 Actions을 실행합니다.

그리고 다음과 같이 입력 요소를 설정해 줍니다. A는 면적을 가리키는 변수가 될 것이고, S는 면적으로 측정하고자 하는 대상인 서피스가 될 것입니다.

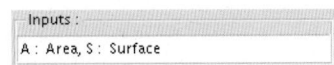

다음으로 Editor에는 다음과 같이 입력해 주도록 합니다. 아래 Editor의 'A'와 도큐먼트의 변수 'A'는 실제 Actions 을 실행하기 전까지는 전혀 상관이 없는 변수입니다. 이름이 같다고 해서 같다고 생각하지는 않기 바랍니다.

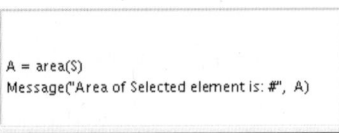

이 구문에 대한 해석은 다음과 같습니다.

> Surface의 면적을 측정하는 Measure 함수 'area'를 사용하여 선택하여 입력된 서피스 요소 S의 면적을 측정하여 A에 그 값을 입력합니다. 그리고 면적 값을 화면에 출력합니다.

이제 Apply를 클릭하여 구문에 이상이 없는지 확인한 후에 OK를 눌러 Actions을 저장, 종료합니다. 그리고 실제로 동작을 수행하는지 확인을 위해 Actions을 실행합니다. 다음과 같은 Insert Object 창이 뜨면 앞서 만들어준 변수와 Fill로 만든 서피스를 각각 선택해 줍니다.

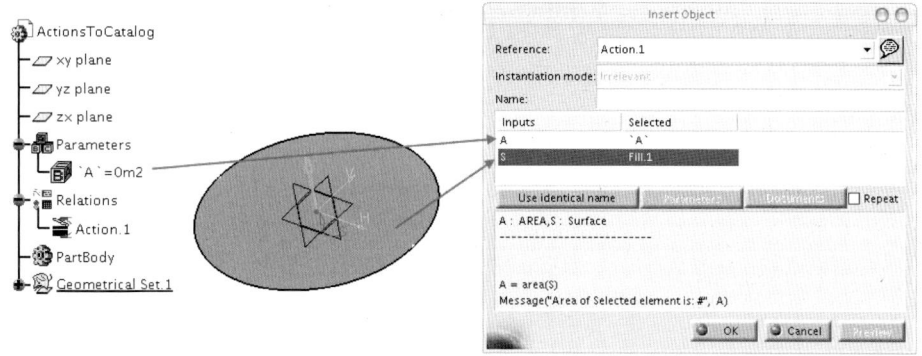

OK를 누르면 다음과 같은 결과가 나타날 것입니다.

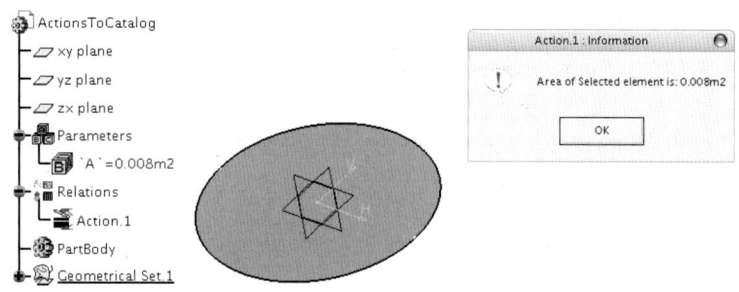

이제 Part 도큐먼트를 저장하고 풀다운 메뉴에서 Start ⇨ Infrastructure ⇨ Catalog Editor 를 선택합니다. 그런 다음 새로운 Family를 Add Family 를 사용해 추가해 줍니다.

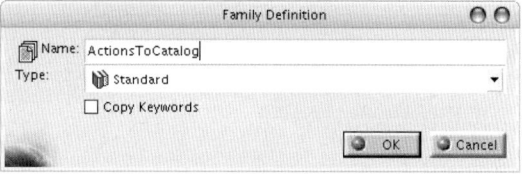

그리고 이 그룹을 더블 클릭한 후, Add Component 명령을 실행합니다.

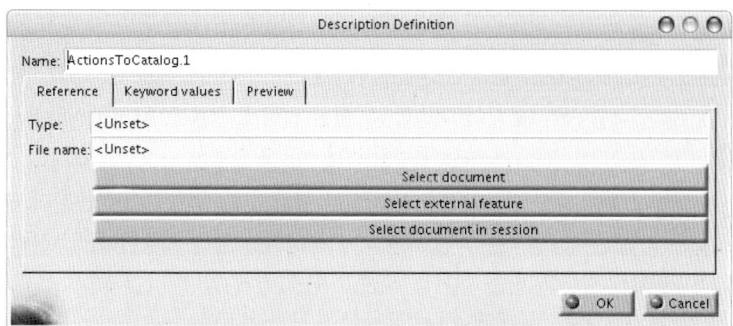

여기서 Select external feature를 클릭하고 앞서 Part 도큐먼트에서 작업한 Actions을 선택해 줍니다. 키보드로 CTRL + Tab 키를 이용하여 화면을 전환한 후에 앞서 작업한 Part 도큐먼트의 Spec Tree에서 Actions을 선택해

주면 됩니다. 그럼 다음과 같이 Actions 형상이 Component로 입력이 되는 것을 확인할 수 있습니다.

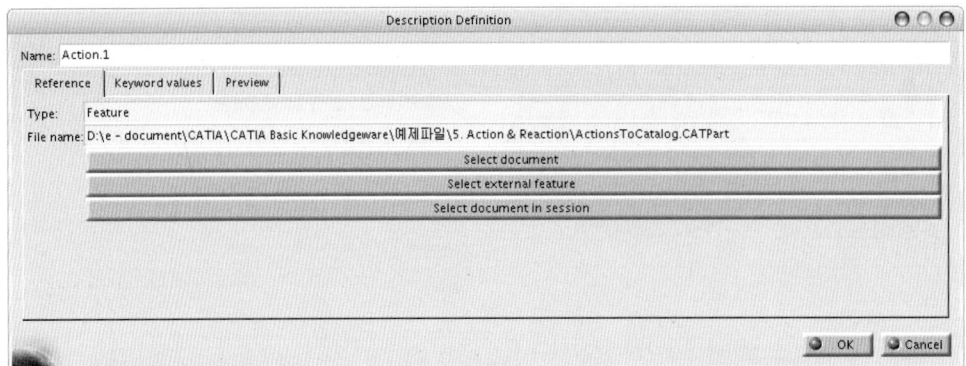

이제 현재의 Catalog를 저장 후 종료합니다. 그리고 다음과 같이 Part 도큐먼트를 구성한 후에 Catalog Browser를 사용하여 Actions을 불러오는 연습을 해 볼 것입니다. 아래 형상은 항공기 형상의 동체를 설계하는 경우 중요한 인자로 작용하는 각 단면 형상의 단면적을 측정하는 경우를 예로 구성한 것입니다. 각 단면의 수에 맞게 Area Type 의 변수를 만들어 주었으며, Catalog Browser를 이용하여 앞서 만들어준 Actions의 Catalog를 불러와 각 단면적 을 나타내는 변수의 값으로 대입할 것입니다.

위와 같은 형상을 반드시 구현할 필요는 없으며 작업자의 기호에 따라 원하는 서피스의 수와 이에 맞는 Area Type 의 변수만을 구성해 주면 됩니다.

이와 같이 앞서 Actions를 실행할 경우와 같이 대입할 수 있는 입력 조건을 만들어준 상태에서 Catalog Browser ⬡ 명령을 실행합니다. Catalog Browser를 처음 사용하는 경우라면 다음과 같이 CATIA에서 기본적으로 제공하는 ISO Standard 규격의 일부 형상에 대한 Catalog를 확인할 수 있을 것입니다. 앞서 여러분이 작업한 Catalog 형상 에 대해서도 아래와 같은 작업 군에 의한 분류 및 사용이 가능하다는 점을 기억한다면 Actions 명령을 설명하는 과정에서 Catalog와의 연계작업을 설명하는 이유를 체감할 수 있을 것입니다.(실제로 Catalog 기능은 CATIA의 많은 형상 요소나 작업들을 재사용할 수 있게 하는 유용한 도구입니다.)

Catalog Browser를 실행시킨 상태에서 우측 상단의 Browse another Catalog 버튼을 클릭하여 앞서 작업자가 만들어준 'ActionsToCatalog.catalog' 파일을 선택해 줍니다.

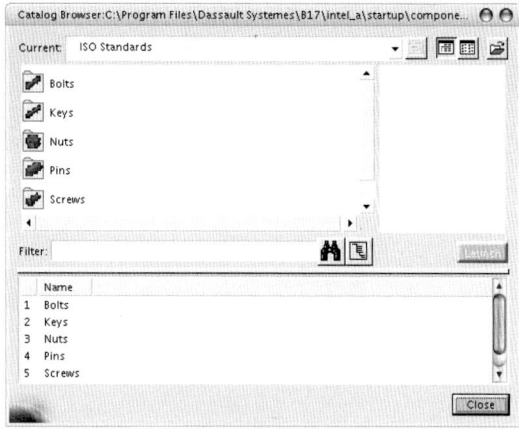

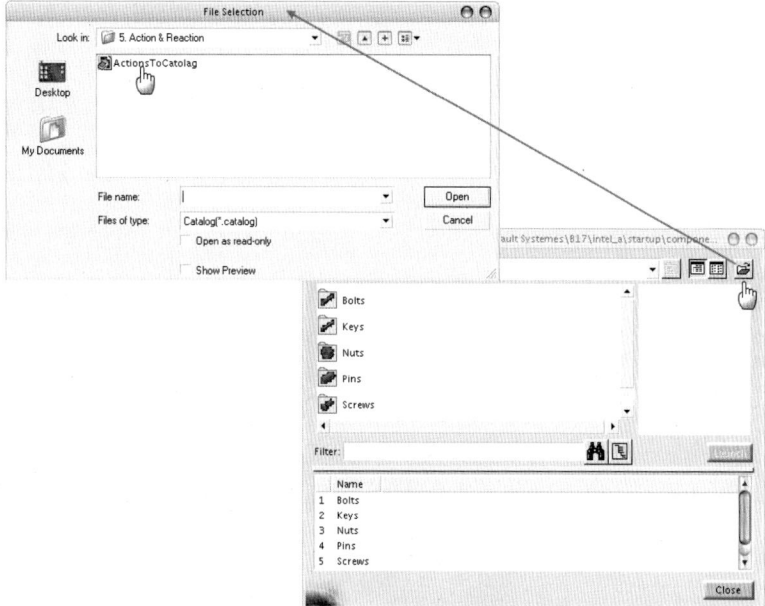

그럼 다음과 같이 Chapter.1의 ActionsToCatalog가 보일 것입니다. 이것을 더블 클릭하면 Action.1이 보일 것입니다.

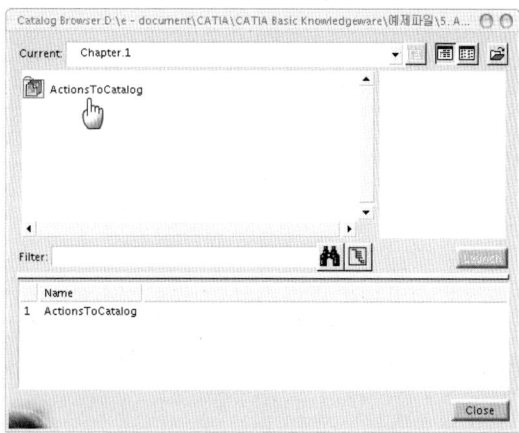

이것을 다시 더블 클릭해 줍니다. 그럼 앞서 Actions를 만들어 사용한 것 과 같이 다음과 같은 Insert Object 창이 나타나는 것을 확인할 수 있습니다. 이제 작업자는 앞서 입력 요소들을 선택해 주는 일만이 남았다.

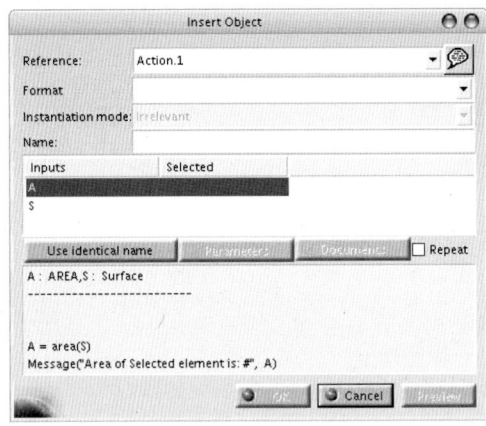

다음과 같이 각 변수와 단면 서피스 형상을 순서대로 선택해 줍니다.

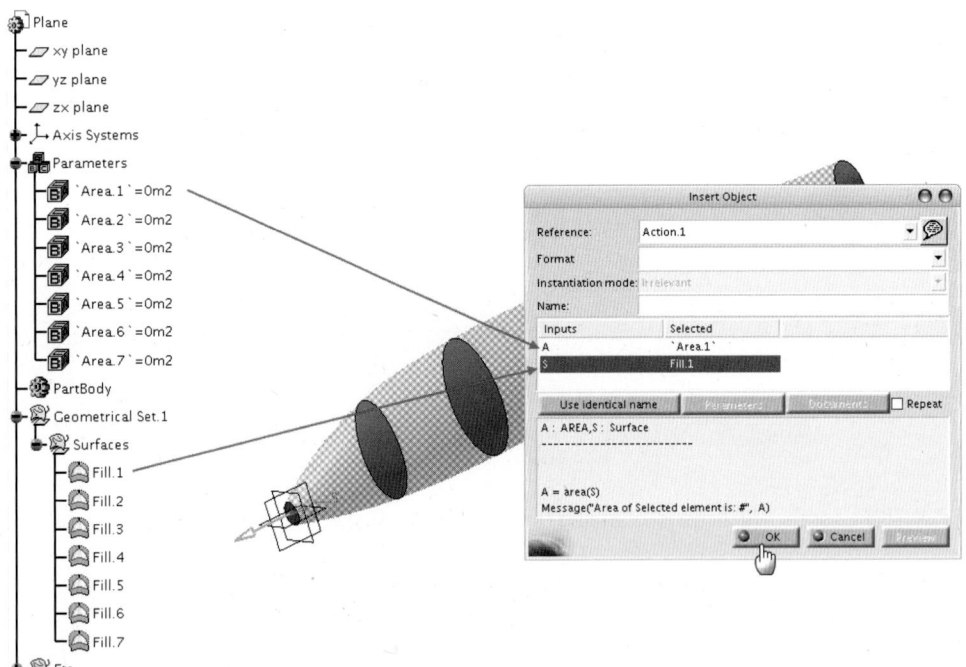

그럼 다음과 같은 결과를 얻을 수 있을 것입니다.

OK를 클릭하면 가장 첫 번째 단면에 대한 면적이 구해지는 것을 확인할 수 있습니다. 그리고 다음과 같이 Catalog Browser를 사용하여 계속적인 Actions 명령의 사용에 의한 단면적 계산이 가능합니다.

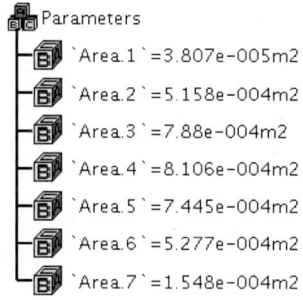

이와 같은 Actions 기능의 Catalog를 이용한 재사용 기술을 이용하여 작업자는 보다 편리하고 효율적인 작업 능력을 갖출 수 있게 됩니다. 비단 Action 뿐만 아니라 다른 명령들에 대해서도 Catalog로 저장하여 활용이 가능함을 필히 기억해 두기 바랍니다.

- **Actions 의 활용**

- 면적 비교

Actions을 이용하는 이점을 자신이 원하는 입력 요소를 선정하여 그 대상에 적용되는 작업을 수행할 수 있다는 것입니다. 따라서 작업자가 필요로 하는 경우에는 Constructor 함수를 이용하여 원하는 형상을 입력 요소를 가지고 만들어 내는 것도 가능합니다. 이번에는 두 개의 형상의 면적을 입력 받아 이 둘의 차이를 메시지로 출력하는 간단한 Actions을 만들어 보도록 할 것 입니다. 우선 다음과 같이 변수를 구성하도록 합니다.

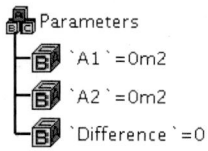

다음으로 KWA에서 Actions을 실행하여 다음과 같이 두 개의 면적 값과 두 개의 서피스를 정의합니다. 그리고 구문을 입력하도록 합니다.

• Inputs

```
Area1 :  AREA, Area2 : AREA, Surface1 : Surface, Surface2 : Surface
```

```
Area1= area(Surface1)
Area2= area(Surface2)
`Difference` = abs(Area1-Area2)
Message("Area Compare |Differece = # ", `Difference` )
```

위와 같이 Actions이 정의되었다면 다음으로 현재의 Part 도큐먼트의 두 개의 서피스 요소를 만들어 줍니다. 그리고 다음과 같이 Actions을 실행(Run)하여 두 개의 변수와 두 개의 서피스를 잡아 줍니다.

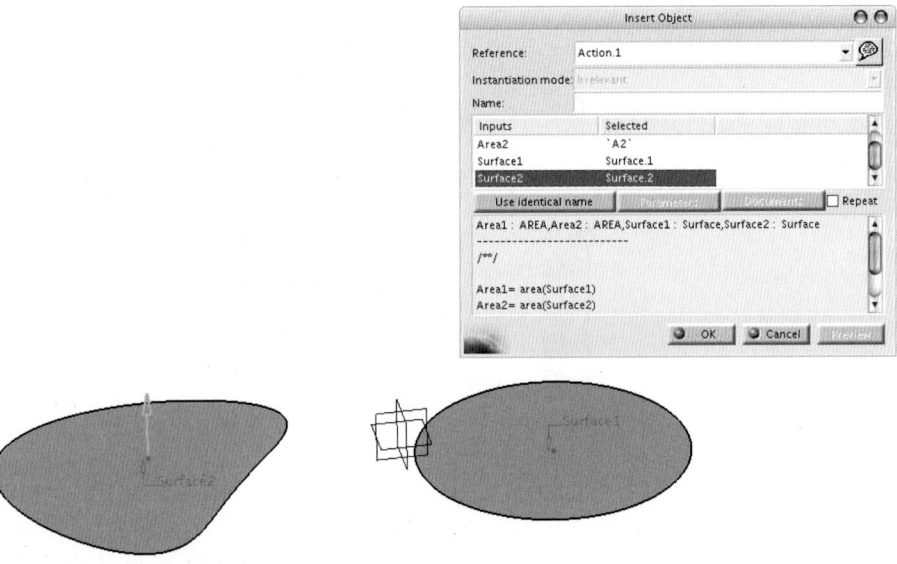

그리고 OK를 선택하면 다음과 같은 결과를 확인할 수 있습니다.

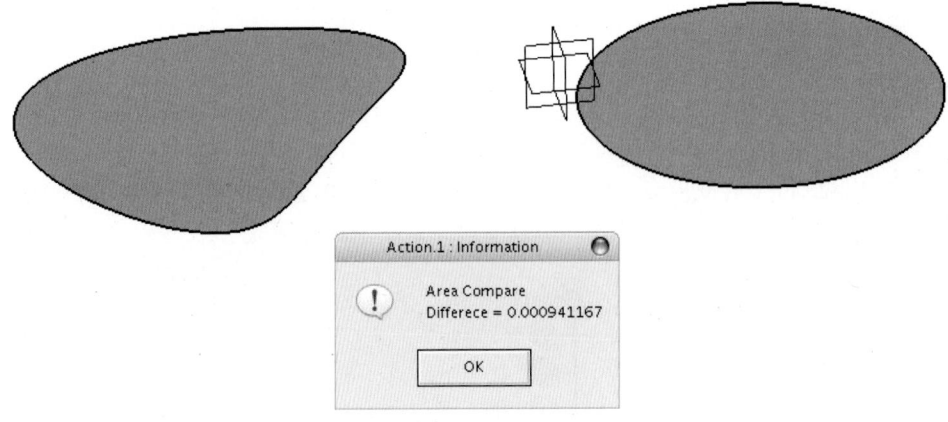

- 두 점을 이용한 Line 만들기

Actions은 기본적으로 Script Language를 이용해 변수 설계 작업을 수행할 수 있도록 만들어져 있습니다. 여러 개의 생성자(Constructor) 함수와 변수들을 조합하여 작업자는 단순한 변수 값들의 계산이 아닌 형상을 만드는 작업 역시 가능합니다. 이번 예에서는 두 개의 Point를 입력 받아 직선을 생성하는 작업을 해줄 것입니다.

우선 Part 도큐먼트를 실행하여 두 개의 포인트를 생성합니다. 그리고 Formula를 사용하여 하나의 직선을 생성합니다.(이 직선은 어떠한 정보도 들어있지 않은 상태입니다.)

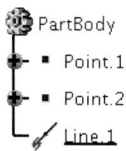

다음으로 KWA 에서 Action을 실행하여 다음과 같이 정의하도록 합니다.

• Input

P1 : Point, P2 : Point

`PartBody\Line.1` = line(P1,P2)

여기서 우측의 line()은 Line Constructor의 하나로 두 개의 포인트를 입력 받아 직선을 생성하는 함수입니다.

이제 Actions을 저장하고 실행을 시킨다. 두 개의 포인트를 입력하고 Ok를 선택하면 다음과 같은 결과를 얻을 수 있습니다.

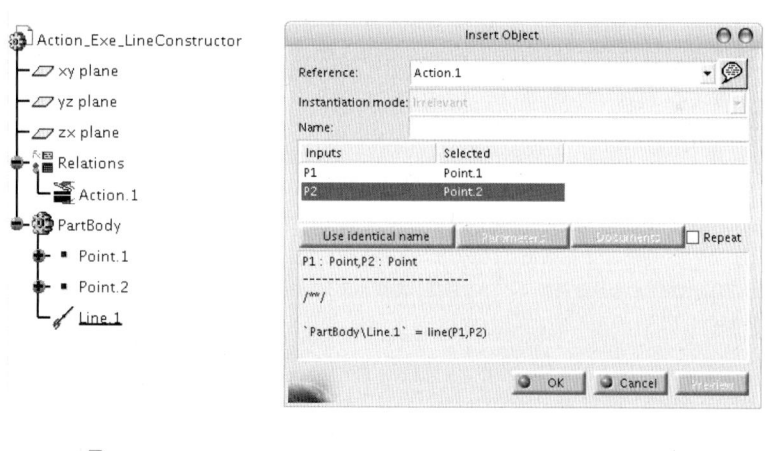

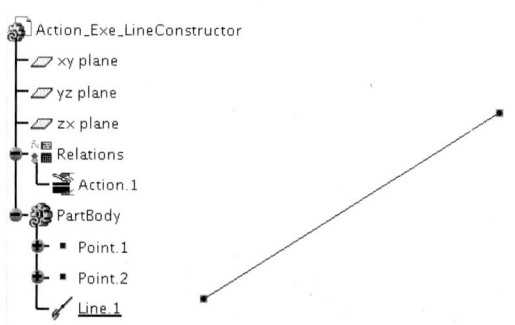

이와 같이 Script Language를 이용한 형상의 설계의 방법을 습득하면 동일 방식으로 입력 요소가 변경되는 설계

형상을 한결 손쉽게 처리할 수 있을 것입니다. 앞서 3장에서 List 사용 예로 설명한 Action 예제들을 다시 한 번 살펴보기 바랍니다.

- Query를 이용한 Action 작업

Action 명령의 경우 Inputs 요소가 필요하기 때문에 작업을 정의하고자 할 경우 입력 요소를 어떻게 정의하느냐가 중요하게 작용할 수 있습니다. 그래서 이번 예제에서는 Body에 있는 형상 중에 원하는 요소 값만을 추출 조회하여 활용하도록 Query를 사용할 것 입니다.

여기서는 다음과 같이 새로운 Part 도큐먼트를 실행하여 Action 명령을 실행하여 다음과 같이 구문을 작업해 주도록 합니다.

• Input

```
B: Body
```

```
let V(Volume)
B.Query("Solid","").Compute("+","Solid","smartVolume(x)",V)
Message( "Volume : ", V)
```

여기서 위 구문의 의미는 우선 B라는 Body를 입력 받게 정의하고, V라는 Volume 변수를 생성하며, B라는 Body에 속한 Solid를 모두 조회하여 더하기 한 후 이 값을 smartVolume으로 부피를 계산합니다. 그리고 이 값을 화면에 출력한다는 의미를 가지고 있습니다.

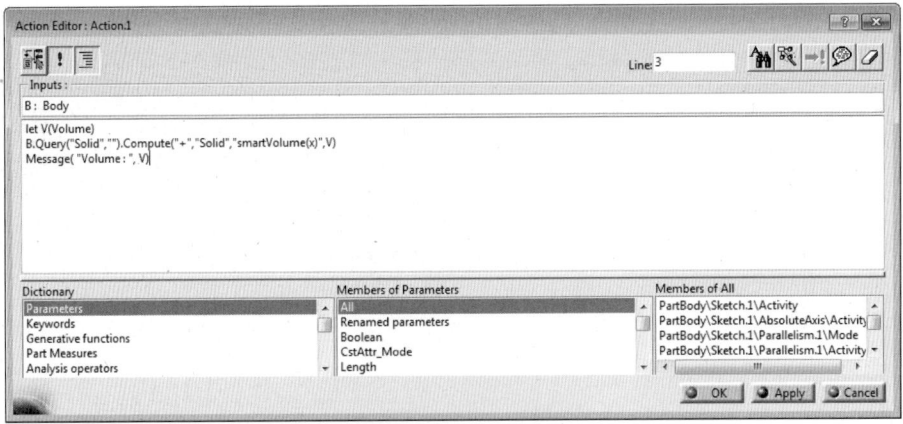

그리고 아래와 같이 PartBody에 임의의 Solid 형상을 만들어 주도록 합니다.

이제 Action을 수행시켜 Body를 선택합니다.

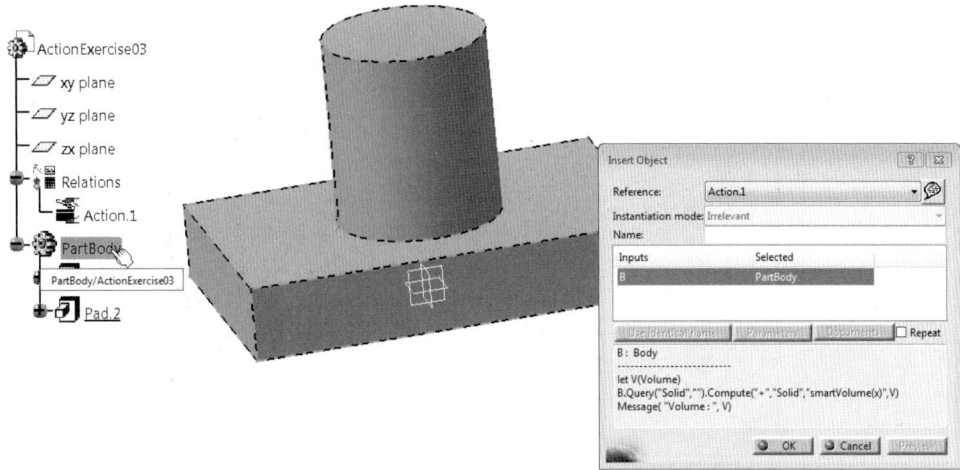

그럼 다음과 같은 결과를 확인할 수 있습니다. 여기서 부피 값은 설계한 형상에 따라 차이가 날 수 있습니다.

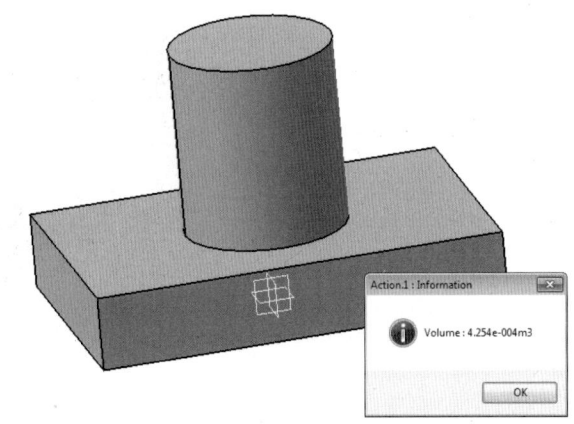

앞서 3장의 5절에서 List를 설명하는 과정에서 Action을 활용하여 다수의 예제를 구현하였으니 추가로 연습이 필요한 독자는 다시금 해당 파트를 참고하기 바랍니다.

D. Organize Knowledge

• Add Set of Parameters

Set of Parameters 란 앞서 작업을 위해 만들어주는 Parameter들을 일련의 연관이나 분류 목적에 의해 정리해 줄 수 있는 꾸러미(묶음)를 만드는 기능이라 할 수 있습니다. 적은 수의 Parameter를 사용할 경우에는 그다지 필요하지 않을 수 있지만 여러 종류의 변수와 많은 수의 변수들을 가진 작업을 다다 했을 때 정리하지 않고 Parameter 들을 나열한다면 변수들의 이름을 파악하는데 만으로도 상당한 비효율을 경험하게 될 것 입니다. 따라서 작업자는 작업의 필요에 맞게 같은 데이터 형들을 분류하거나 작업 단계, 외부 변수들을 Set으로 분류해 두기를 권장합니다.

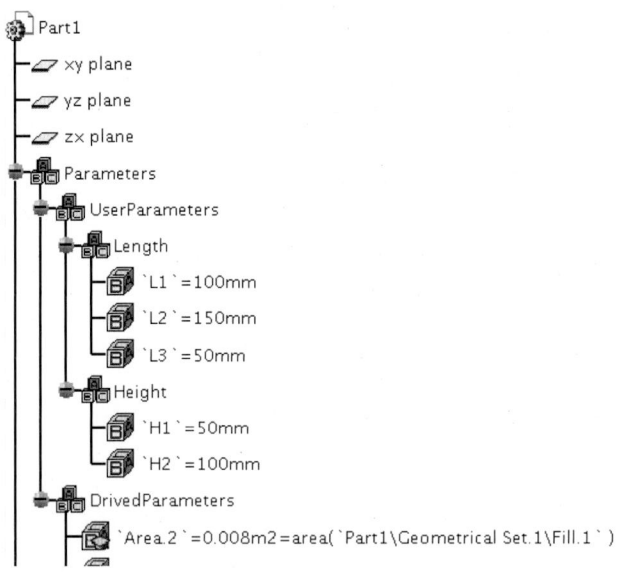

Set of Parameter의 추가는 작업 목적에 맞게 작업자가 결정해 주어야 하며, 작업의 중요 변수들을 인식하기 쉽도록 분류해 주어야 합니다.

새로운 Document를 구성하고 Add Set of Parameter 명령을 실행하여 Part를 선택하면 다음과 같이 Spec Tree에 Parameter Set 이 만들어 지는 것을 확인할 수 있을 것입니다.

이제 다시 Add Set of Parameter 명령을 실행하고 Spec Tree의 Parameters를 선택하면 다음과 같이 Parameters Set이 만들어 지는 것을 확인할 수 있습니다.

이렇게 만들어진 Parameter Set에 작업자는 Parameters Explorer 명령을 사용하여 변수들을 추가해 줄 수

있습니다.

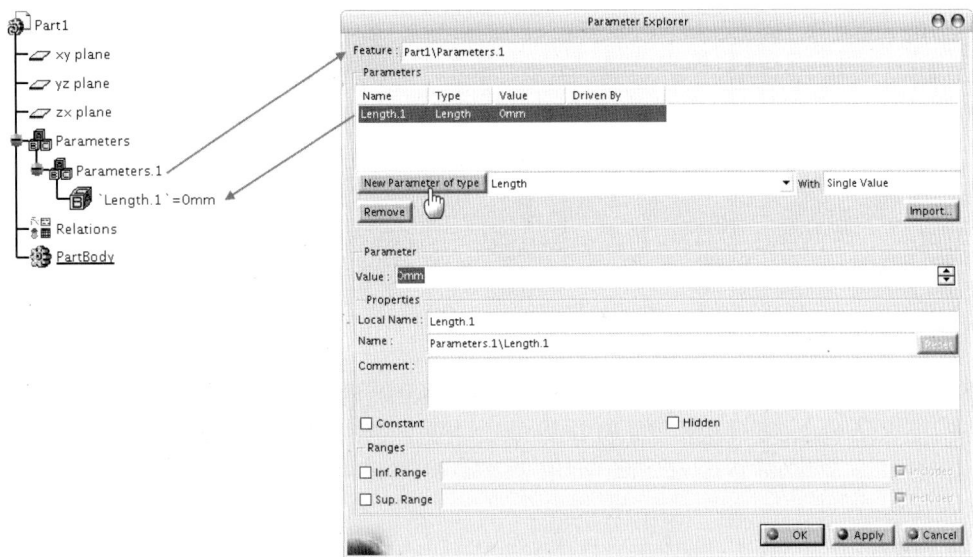

위와 같은 방법을 통하여 작업자는 변수들을 각각의 정의된 Parameter Set에 추가하여 보다 정돈된 변수들의 관리를 수행할 수 있습니다.

> 완전히 바람직하고 할 수 는 없으나 Parameter와 Parameter Set을 구성한 후에 드래그와 드롭(Drag & Drop)을 사용하여 이동시키는 것도 가능합니다. 그러나 작업상에서 이미 사용된 변수들을 인위적으로 옮길 경우는 항상 Error가 발생할 수 있다는 점을 기억하기 바랍니다.

• Add Set of Relations

Parameters Set과 더불어 여러 개의 Knowledge 관련 작업을 하는 경우 Relations에 작업자의 Formula나 Checks, Law, Rule 등이 많이 생성이 됩니다. 이러한 명령들을 그대로 놔둘 경우 적은 수의 경우에는 큰 문제가 되지 않지만 여러 개의 Knowledge 기능들을 사용할 경우 정리의 필요가 있습니다. 이런 경우 Set of Relations를 사용하여 각 명령에 맞게 Relations을 만들어 주고 정리해 줄 수 있습니다. 앞으로 배울 Knowledge 명령들에 앞서 이러한 Set of Relations에 의한 Relations의 정리를 공부해 보도록 하자.

Set of Relations 명령도 앞서 공부한 Set of Parameter 와 마찬가지로 명령을 실행한 후에 Spec Tree에 Relations를 선택해 주면 쉽게 Relation Set이 추가되는 것을 확인할 수 있습니다.

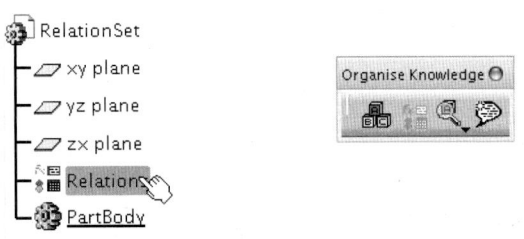

이렇게 만들어진 Relation Set은 적당한 이름으로 변경해 주어 작업자가 Set을 구분해 주어야 합니다.(원하는 Relation Set을 선택한 후에 속성(Alt+Enter)에 들어가서 변경해 줍니다.)

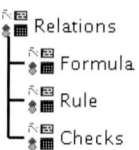

앞으로 작업을 하면서 여러 개의 Knowledge 기능에 의해 Relations가 복잡해지는 경우에는 위와 같이 Relation Set을 구성해 주고 사용하도록 합니다. 이러한 Relation Set이 만들어진 후에 Knowledge 명령을 넣어 주려면 간단히 다음과 같은 Knowledge 정의 창이 떴을 때 Destination 부분을 클릭하여 원하는 Relation Set을 선택해 주면 됩니다.(다음은 Rule 명령에서 Relation 기록 위치를 변경해 주는 예입니다.)

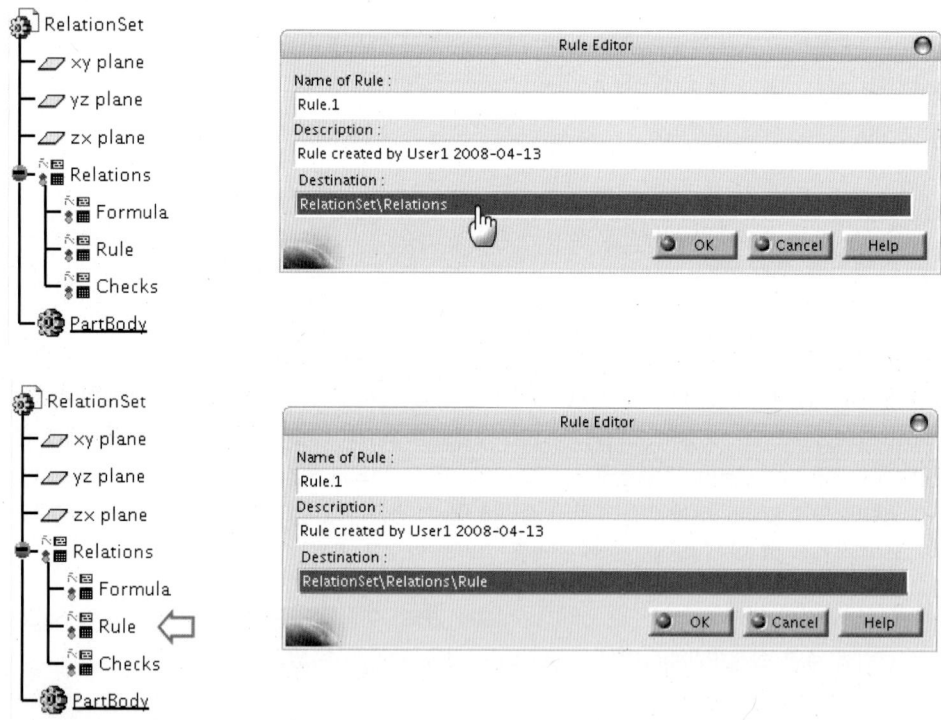

일부 명령에 이러한 Destination 선택 부분이 없는 경우나 이미 만들어진 Knowledge 명령의 경우에는 해당 명령을 드래그 하여 원하는 Relation Set에 드롭(Drag & Drop)해 주면 이동되는 것을 확인할 수 있을 것입니다. 그러나 Drag & Drop 방식은 해당 명령의 링크나 이름의 변경에 유의해서 사용해야 한다는 것을 기억하기 바랍니다.

■ Parameters Sub Toolbar

• Parameters Explorer

원하는 3차원 형상에 Parameter를 입력하고자 할 경우에는 Parameters Explorers 라는 명령을 사용하여야 합니다.(이 명령은 Knowledge Advisor에서 확인할 수 있을 것입니다.) Parameters Explorers를 실행하면 다음과 같은 창이 나타나는 것을 확인할 수 있습니다.

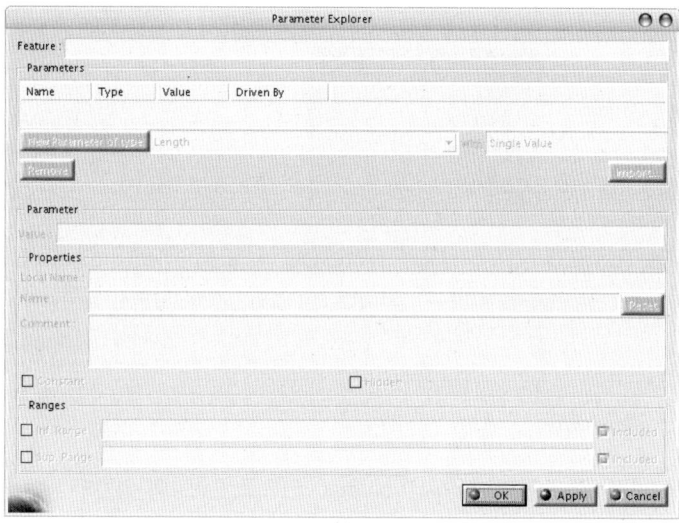

Parameter Explorer 창을 실행하기 위해서는 Parameter를 분석하고자 하는 형상 요소를 선택해 주어야 합니다. 이 Feature 요소는 대부분은 V5 형상 모두 가능합니다. 실제로 Parameter Explorer를 연습해 보기 위해 다음과 같은 형상을 만들도록 합니다. 형상은 Part Document의 XY평면에 지름 100mm짜리 원을 그리고 100mm로 Pad 해 줍니다. 그리고 Knowledge Advisor에 가서 Parameter Explorer를 실행해 줍니다. 그리고 Feature에 Pad.1를 선택해 줍니다.

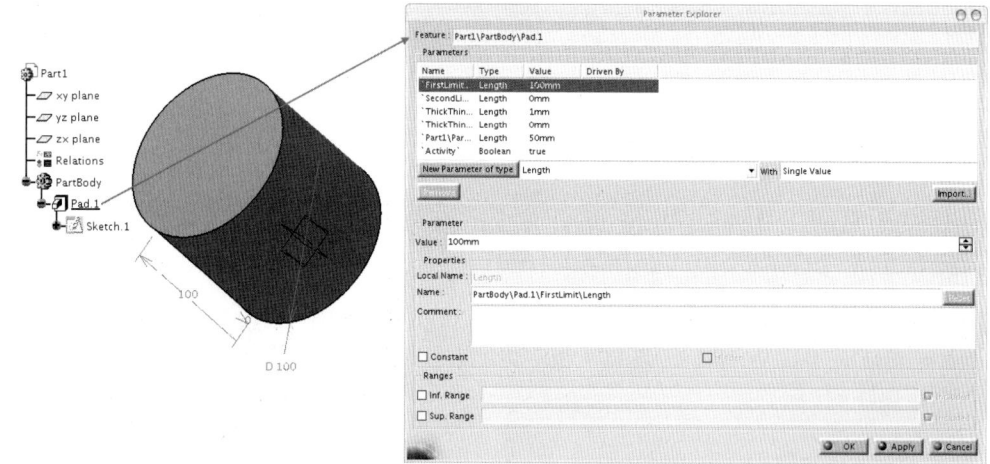

이렇게 Feature를 입력해 주면 선택된 Feature에 속해있는 변수들에 대한 정보가 나타나는 것을 확인할 수 있습니다.

여기서 이제 원하는 변수를 입력하기 위해 가운데 보이는 New Parameter of Type의 좌측의 변수 드롭다운(Drop-Down) 리스트에서 변수의 종류를 선택해 주고 'New Parameter of Type' 버튼을 클릭합니다.

그리고 나서 하단에 보이는 변수의 값을 입력하는 부분에 변수의 정보를 입력해 줍니다. 이번 예에서는 직접 값을 입력하지 않고 의미 있는 데이터를 입력하기 위해 다음과 같이 값 입력란에서 Contextual Menu를 선택하여 Edit Formula를 선택합니다.

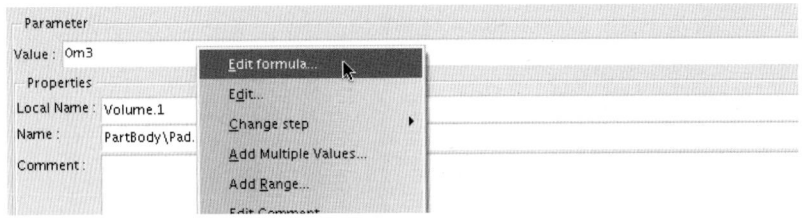

그리고 다음에 나타나는 Formula Editor 창에서 Dictionary ⇨ Part Measure를 그리고 Members of Part Measure ⇨ smartVolume()을 더블 클릭합니다. 그러면 smartVolume()함수가 입력되는 것을 확인할 수 있습니다.

이제 Pad.1을 더블 클릭하면 앞서 입력한 smartVolume() 안으로 Pad.1이 입력되는 것을 확인할 수 있습니다.

이제 OK를 눌러주면 선택한 Pad 형상의 부피를 CATIA내에서 직접 계산하여 값을 반환해 줄 것 입니다.

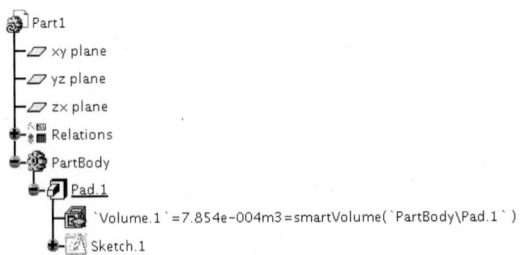

여기서 Parameter Explorer 창의 하단의 Inf. Range와 Sup. Range를 체크하고 값을 입력해 주면 변수의 값 이동 범위를 설정해 줄 수 있습니다.

이러게 만들어진 형상(Feature) 내부의 Parameter는 다양한 목적에 맞게 사용할 수 있습니다. 물론 이러한 Parameter는 형상이 삭제되면 함께 삭제된다는 점을 기억하기 바랍니다.

• Add parameters on Geometry

만약에 명령을 구성하는 형상이 아닌 실제 형상(Geometry)에 직접 Parameter를 적용하고자 하는 경우에는 형상을 선택하고 Add Parameters on geometry 라는 명령을 사용하여 작업할 수 있습니다.(이 명령은 Knowledge 관련 Workbench에서 사용할 수 있습니다.)

Add Parameters on geometry 명령을 실행하고 형상을 선택하면 다음과 같은 Parameter Explorer창이 나타납니다.(여기서는 솔리드 형상의 원통 면을 선택하였습니다.)

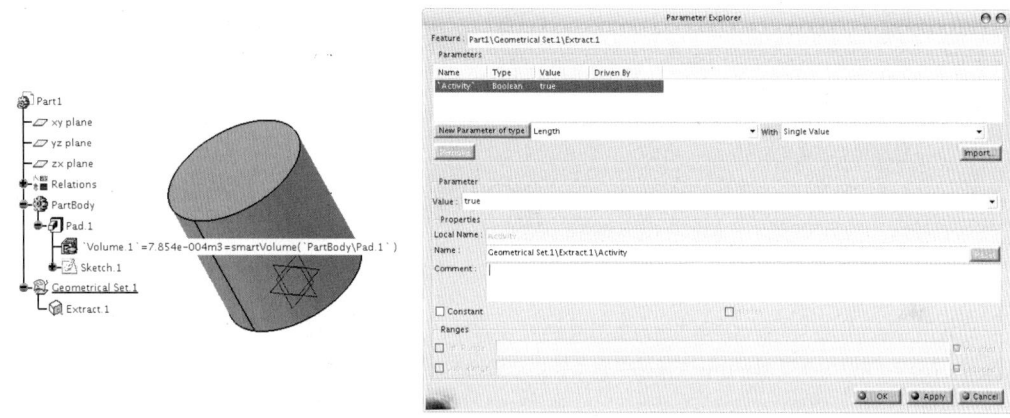

여기서 앞서 형상에 Parameter를 입력하는 방식과 동일한 방법을 사용하면 아래와 같이 형상 요소를 추출하여 Parameter를 넣어줄 수 있습니다. 이번에는 Edit Formula를 사용하여 원통 서피스의 면적을 Parameter로 입력해 보기 바랍니다. 물론 추가해 주는 변수는 area Type으로 해줍니다.(서피스의 면적 측정은 Edit Formula ⇨ Measure에서 area() 함수를 선택하여 Extract된 서피스 면을 선택해 주도록 합니다. 그럼 다음과 같은 원통 면의 단면적을 원통 면의 형상에 직접 입력할 수 있습니다.

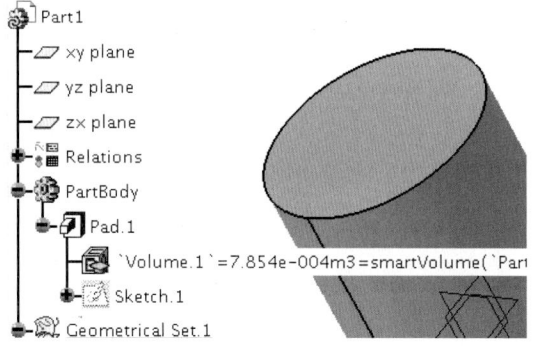

Add Parameters on geometry 명령을 사용하면 선택한 Geometry가 위와 같이 만들어 진다는 점을 기억해 두기 바랍니다.

E. Control Features

■ List

여기서는 List의 생성 방법과 원리, 그리고 응용에 관하여 간단한 실습을 통해 설명하도록 하겠습니다. List란 프로그래밍에서 1차원 배열(Array)과 비슷한 개념으로 Knowledge에서 사용하는 변수들이나 형상들에 대한 정보를 묶어줄 수 있습니다. List에는 동일한 데이터 형들만 정의가 가능하며, 여러 개의 변수들을 가지고 있는 List는 변수들을 사용하여 List 내 함수의 사용이 가능합니다. 즉, 현재 만들어진 List의 변수 값 중에 최대이거나 최소인 값들을 반환하는 명령을 List에 해줄 수 있습니다. List의 사용은 단순히 변수의 개념으로만 사용할 수 있는 게 아니기 때문에 Formula를 통하지 않고 별도의 명령이 노출되어 있습니다.

> ※ 배열(Array)이란?
> • 같은 자료형을 가진 연속된 메모리 공간으로 이루어진 자료구조
> • 같은 자료형을 가진 변수들이 여러 개 필요할 때 사용
> • 많은 양의 데이터를 처리할 때 유용

다음은 간단히 Part Document에서 Length Type 변수들을 통해서 List를 정의한 예를 보여주고 있습니다. Parameter Set은 아니더라도 Length Type의 변수들을 정의하여 List를 구성해 보도록 합니다. Parameter를 선택하고 List Edition 창에 Add 버튼을 클릭하면 됩니다.

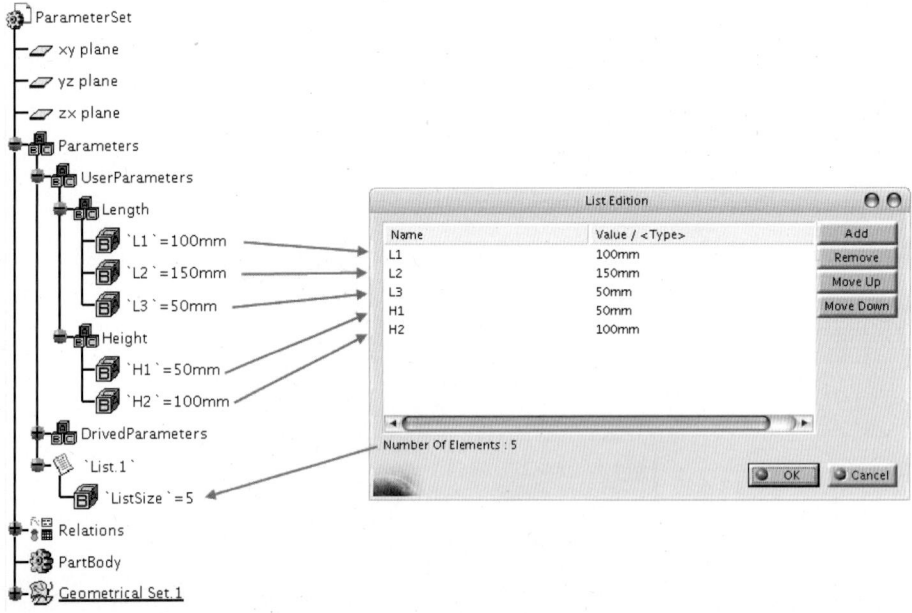

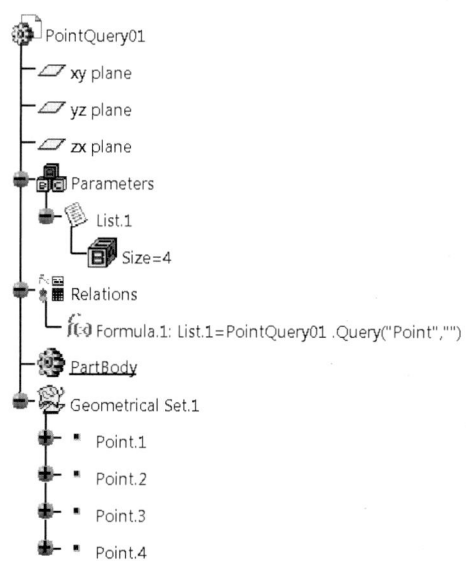

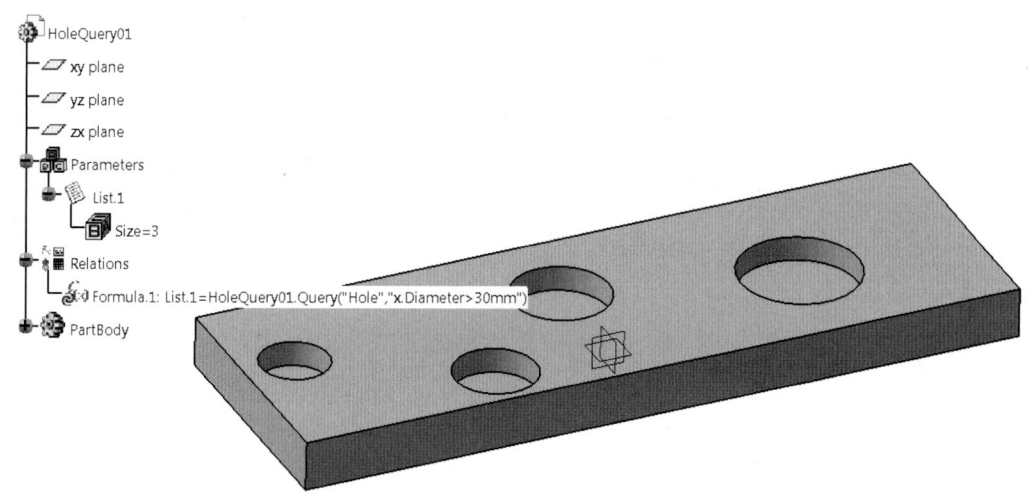

여러 개의 변수들을 묶어 필요한 함수 연산을 할 경우 일일이 Formula를 구성하지 않고 List를 사용하여 매우 유용하게 작업할 수 있다는 점을 기억해 두기 바랍니다.

이렇게 생성된 List를 통해서 사용 가능한 List 함수는 다음과 같으며 이들 각각의 사용 방법을 간단히 정리하였습니다.

> ※ 모든 KWA 사용 가능한 List Method
> List-)Size(): Integer
> 현재 List에 속한 성분의 수를 Integer 형으로 반환합니다. 생성한 List에 속한 변수의 수를 활용하고자 할 경우에 사용합니다.
> List-)GetItem(Index: Integer): ObjectType
> List에 속한 성분의 개체를 반환합니다.
> List-)Sum(): Real
> List에 속한 변수의 값들을 List 입력 순서대로 합 연산을 수행하고자 할 때 사용합니다.(각각의 값을 합치는 것이 아니

라 순차적으로 더해 나열하는 기능입니다.) Integer, Real 값에 대한 List에서만 사용 가능합니다.

```
예시) Action
/* Inputs */
L:List
/* Action 구문*/
let r(Real)
r = L->Sum()
Message("L =", L)
```

List->IndexOf(Element: ObjectType, StartIndex: Integer): Integer
List 성분의 첫 번째 요소에 대한 Index를 반환합니다.
Copy(List: List): List
List의 값을 복사하여 다른 List에 붙여넣기 위한 기능을 합니다.
List(Next: ObjectType, ...): List
Editor내에서 List를 생성하는 기능을 합니다.

※ Action, Reaction에서만 사용 가능한 List Method
List->Apply(Type: String, Expression: String): VoidType
List에 속한 요소들에 대해서 동일한 어떤 적용(Expression)을 해주고자 할 경우에 사용합니다. List에 속한 변수들은 x 값으로 정의 됩니다.

```
예시) Rule
// 현재 Document의 모든 Rule 기반 명령들을 실행(업데이트)
let L(List)
L = P->Query("'Rulebase'","")
L->Apply("'RuleBase'","x -> Update()")
```

✓ List->Filter(Type: String, Condition: String): List
List에 속한 변수들 중에서 선별적으로 값을 추출하고자 할 경우에 사용합니다. 첫 번째 ""에 변수 TypeName을 지정하며, x로 지정된 List의 값들에 정의 가능합니다.

```
예시) Action
/* Inputs */
L:List
/* Action 구문 */
let r(Integer)
let s(List)
s = L->Filter("Hole","x.Diameter >= 10mm")
// Part의 Hole 정보가 담긴 List를 선택받아 지름 10mm이상인 대상만을 List로 추출
r = s->Size()
Message("Hole Number: ", r )
```

List->AddItem(Object: ObjectType, Index: Integer): VoidType
List에 속한 대상을 다른 값으로 Index 위치에 더해주고자 할 경우에 사용합니다.
List->ReorderItem(Current: Integer, Target: Integer): ObjectType
List에 속한 값을 원하는 순서로 재정렬하고자 할 경우에 사용합니다.

✓ List->Compute(Operation: String, Type: String, Expression: String, Result: out UndefinedType): VoidType
List에 속한 값들에 대해서 사용자가 정의한 계산을 수행합니다. List 요소가 수치적인 값이라면 수치 계산이 가능하며 개체의 경우라면 Expression에 의한 계산을 수행할 있습니다.

```
예시 1) Action
/* Inputs */
L:List
/* Action 구문 */
let H(list)
let K(Length)
```

```
L->Compute("+","","",K)
// List에 속한 모든 변수를 합하는 연산 수행
Message("Sum=",K)
```

List->InsertItem(Object: ObjectType, Index: Integer): VoidType
List에 대상을 추가하고자 할 경우에 사용합니다.
List->Append(Object: ObjectType)
List의 마지막 위치에 대상을 추가하고자 할 경우에 사용합니다.
List->SetItem(Object: ObjectType, Index: Integer): VoidType
List의 속한 값을 변경해 주고자 할 경우에 사용합니다.
List->RemoveItem(Index: Integer): VoidType
List에 속한 값을 제거해 주고자 할 경우에 사용합니다. Index 위치의 값이 제거됩니다.
List->RemoveAll(): VoidType
List에 속한 모든 값을 제거하고자 할 경우에 사용합니다.
+(List1: List, List2: List): List
List끼리 합 연산을 할 때 사용합니다.
List->Extract(Type: String, TypeOutput: String, Expression: String): List
List의 일부를 추출하여 새로운 List를 정의하고자 할 경우에 사용합니다.
List->Sort(Operator: String, Type:String, TypeOutput:String, Expression: String): List
List에 속한 값들을 정렬해 주고자 할 경우에 사용합니다. Operator에서 "⟨" 또는 "⟩" 로 내림이나 오름 정렬 방식을 정의할 수 있습니다.

우선 Part Document를 생성한 후, 다음과 같이 변수들이 정의되어있다고 가정하였을 때 List를 만든 방법을 설명하고자 합니다. 본 과정을 작업하기에 앞서 다음과 같이 변수들을 구성하기 바랍니다.

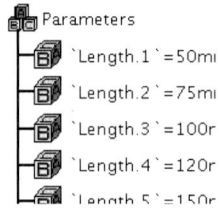

이제 이렇게 구성된 변수들을 바탕으로 List 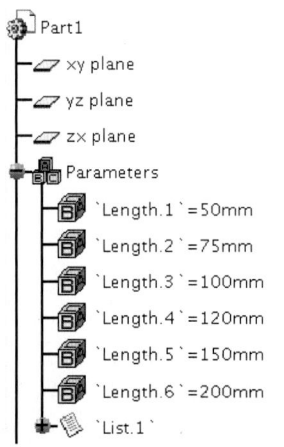 명령을 실행하도록 합니다. 그럼 다음과 같은 List Edition 창이 나타납니다.

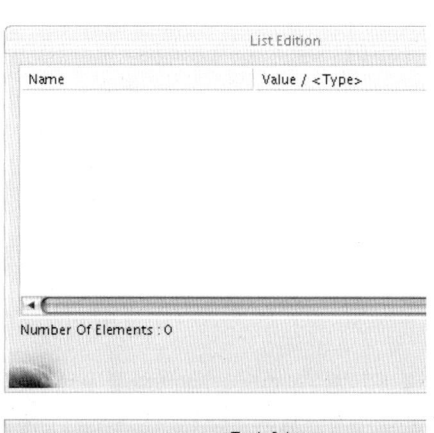

여기서 현재 List에 변수들을 추가해 주기 위해 변수를 선택한 후에 Add 버튼을 눌러줍니다.

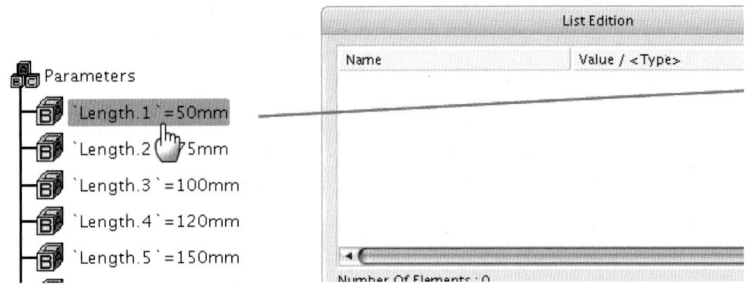

만약에 List에 입력한 변수들 중에 불필요한 것이 있다면 대상을 선택하고 Remove를 클릭하면 선택한 변수가 List에서 제거됩니다. 또한 Move Up과 Move Down 버튼을 이용하여 List에 입력된 값들을 정렬시킬 수 있습니다. 다음과 같이 6개의 변수 모두 List에 입력해 줍니다.

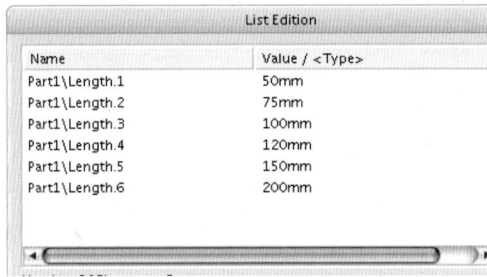

이렇게 만들어진 List를 이용하여 작업자는 Formula, Rule 등을 통해서 앞서 설명한 List 함수를 사용하여 List에 들어있는 변수들을 이용한 계산을 할 수 있습니다.

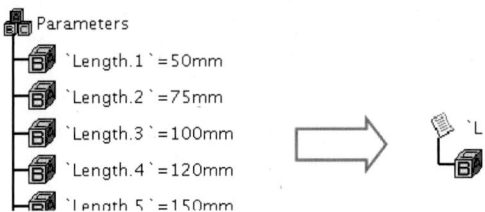

다음의 예를 보도록 하자. 위와 같이 변수를 만들어 준 상태에서 새로운 변수 하나를 생성합니다.

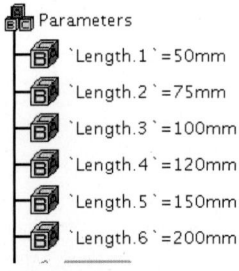

그리고 방금 만들어준 변수에서 Edit Formula를 사용하여 다음과 같이 앞서 만들어준 List.1을 입력해 주고(List.1을 더블 클릭하면 창에 입력이 됩니다.) 다음으로 Dictionary에서 'List'를 Members of List에서 'List->Sum() : Real'을

선택합니다.(역시 더블 클릭합니다.)

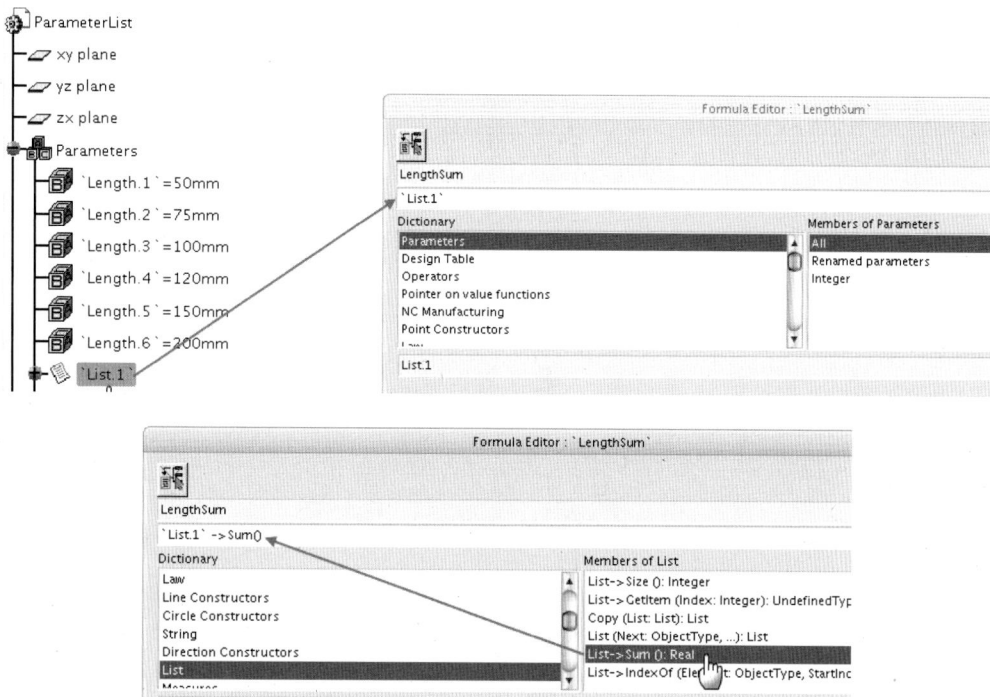

위와 같이 입력된 것을 확인한 후에 OK를 선택하면 다음과 같이 List에 입력된 값들의 합을 구하는 List->Sum() 연산이 수행되는 것을 확인할 수 있습니다.

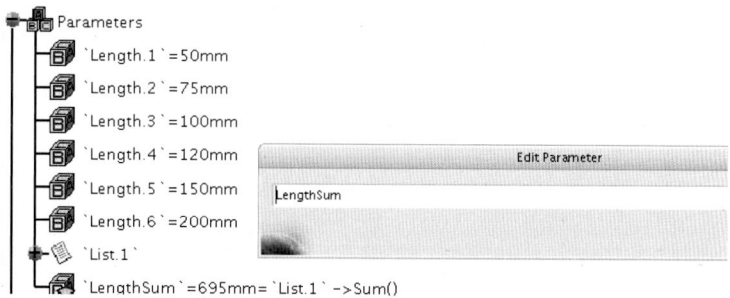

List에 적용할 수 있는 함수(Function)에 대해서는 다음과 같이 Dictionary를 활용할 수 있습니다.

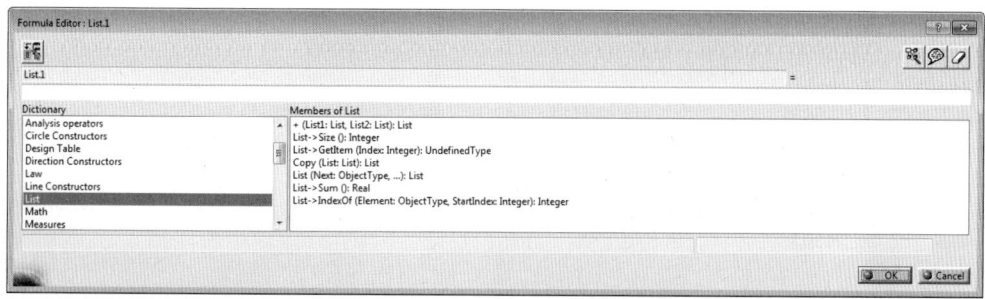

이번에는 Query라는 Search Function을 통하면 단순히 List를 통해서 Parameter들을 묶는 것이 아닌 형상에 대해서 좀 더 세밀한 접근이 가능합니다. 다음의 예를 보도록 하자.

우선 Part Document를 생성하여 Point를 3개 정도 생성합니다.(Point의 유형이나 수치 정보는 무시합니다.)

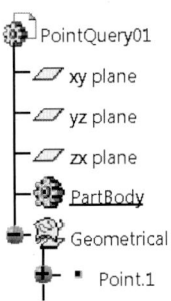

이제 Formula에서 List Type 변수를 생성합니다.

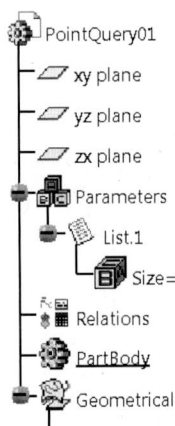

다음으로 Formula를 통해서 List를 선택, Add Formula를 클릭하여 Relation을 구성합니다.

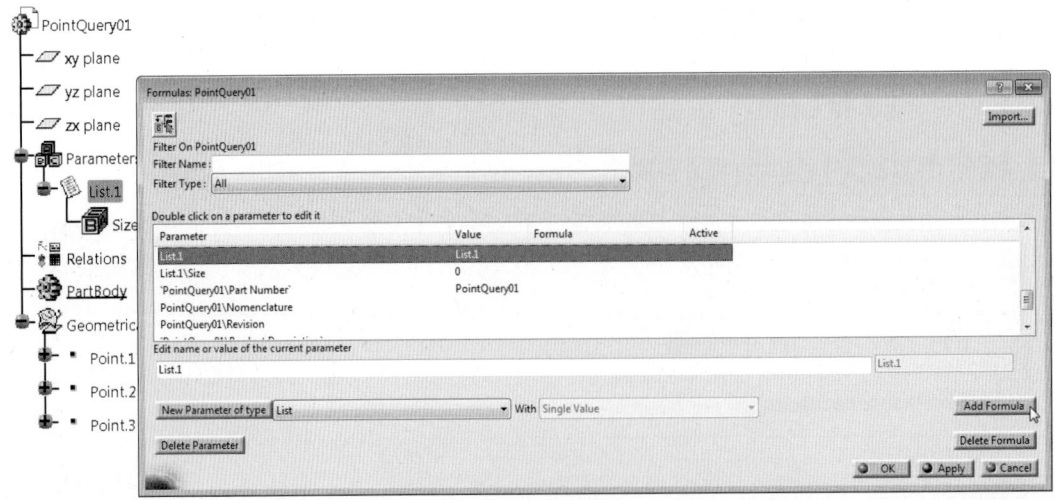

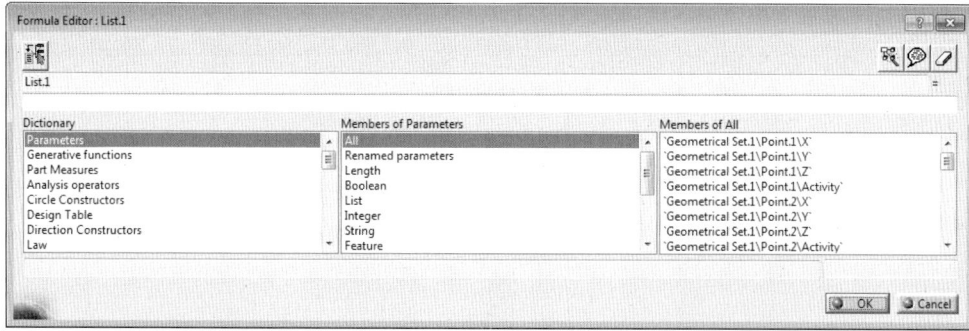

입력은 다음과 같이 해주도록 합니다.

```
PointQuery01.Query("Point","")
```

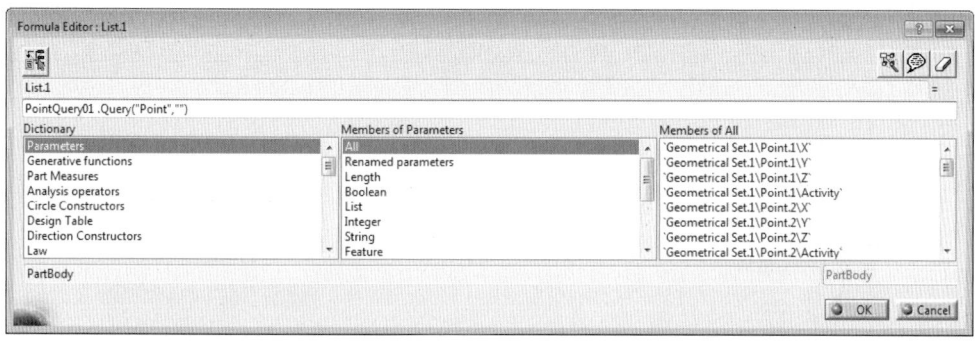

이 구문의 의미는 List.1에 PointQuery01이라는 Part에 속한 모든 Point들을 List에 추가하게 하라는 뜻이 됩니다.

Formula Editor를 Error 없이 나오면 다음과 같이 List.1의 Size가 3으로 정의된 것을 확인할 수 있을 것입니다.

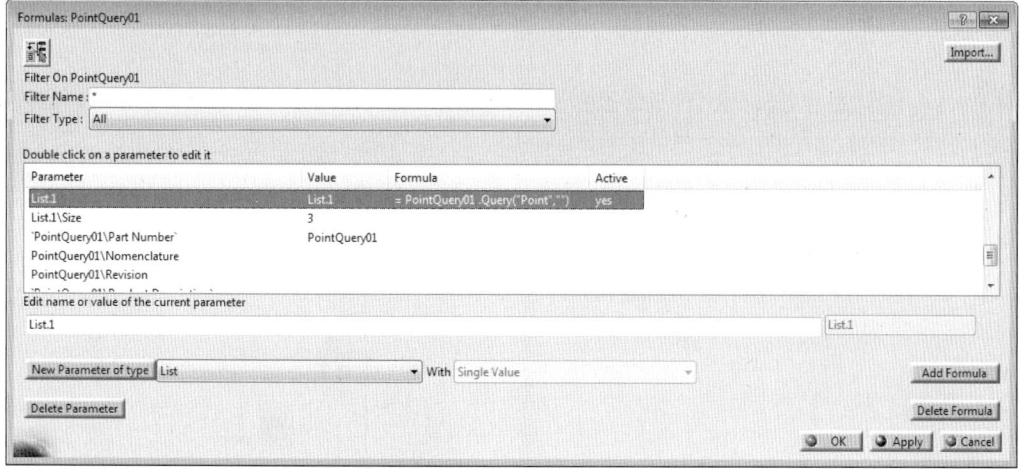

Spec Tree에서도 다음과 같이 확인이 가능합니다.

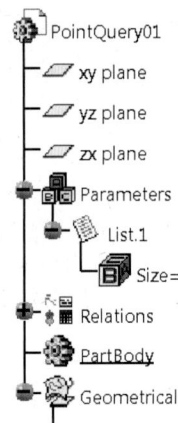

이제 여기서 Part에 Point 요소를 추가해 보기 바랍니다. 마찬가지로 Point의 유형이나 수치 값은 고려하지 않습니다.

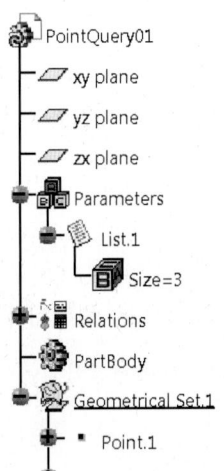
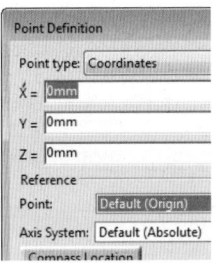

여기서 Point.4가 생성된 후에도 List.1의 Size 값은 3인 상태를 유지할 것 입니다. 이는 Part의 형상 정보 업데이트를 List가 바로 따라서 업데이트 하지 못하기 때문입니다.

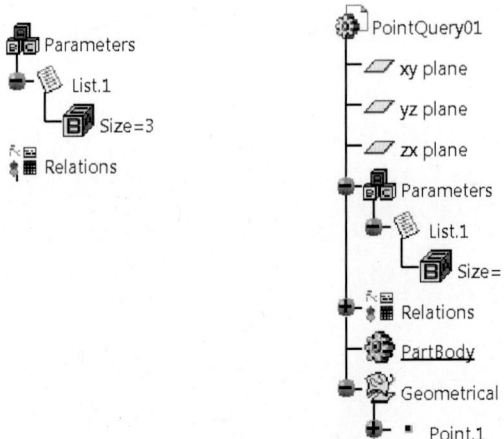

이제 List.1.을 선택하여 Contextual Menu에서 Local Update를 선택해 줍니다.

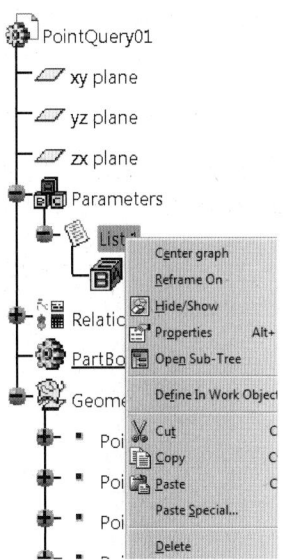

그럼 다음과 같이 업데이트 된 결과를 확인할 수 있을 것입니다.

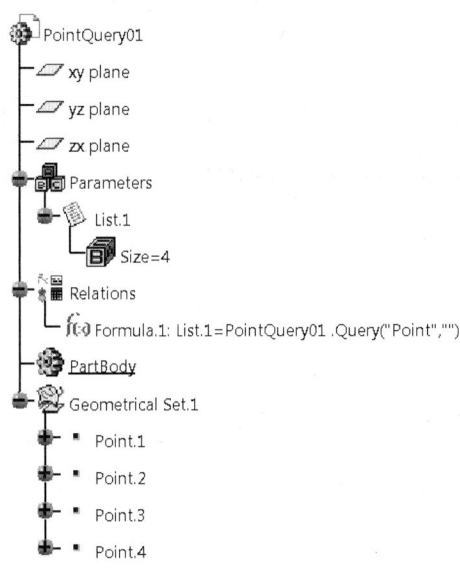

이렇듯 Query를 사용하면 보다 편리하게 형상으로부터 원하는 정보들을 손쉽게 추출해내는 것이 가능합니다.

한 가지 예를 더 보도록 하자. 다음과 같이 Part Document를 구성하도록 합니다. XY 평면을 기준으로 가로 세로 높이가 각각 300mm, 100mm, 20mm인 Pad 형상을 생성한 후, Hole 명령으로 각각 지름 28mm, 34mm, 40mm, 50mm인 Hole을 생성합니다.(Hole의 정확한 위치 및 깊이는 무시하도록 합니다.)

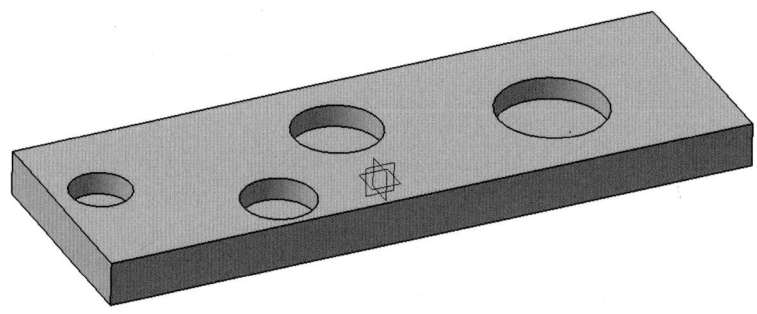

다음으로 List 변수를 생성하여 다음과 같이 Formula를 정의하도록 합니다.

HoleQuery01.Query("Hole","x.Diameter>30mm")

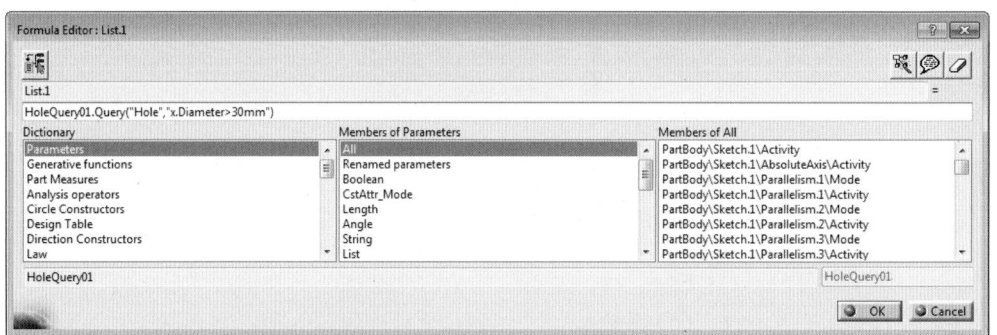

그럼 다음과 같은 결과를 확인할 수 있을 것입니다.

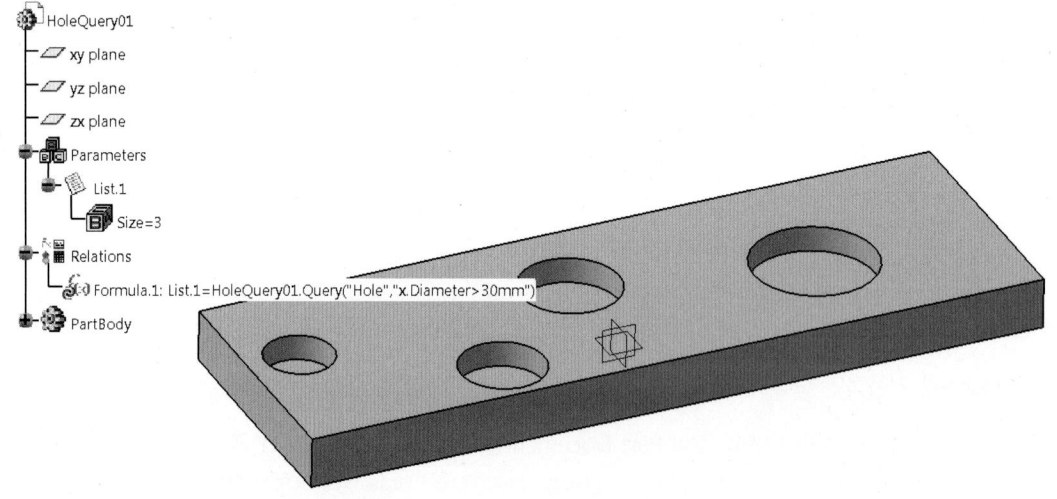

여기서 List.1의 값이 3을 가리키는 것은 Part에 속한 Hole 요소 중에 지름 값이 30mm를 초과하는 Hole에 대해서만 List에 속하도록 정의를 해주었기 때문입니다.

이와 같은 List 작업과 관련 함수의 작업을 통하여 작업자는 변수들의 꾸러미를 이용한 연산을 실행하여 보다

고차원적인 변수 설계를 구현할 수 있습니다. List가 Parameter의 한 가지 Type임에도 별도로 설명을 추가한 것은 이에 대한 활용도가 높음을 의미한다고 할 수 있습니다.

■ Loop

• Loop 란?

Loop라는 말을 들었을 때 생각나는 것은 순환하는 일련의 작업 수행일 것 입니다. 즉, 어떠한 작업을 반복하여 수행하는 것을 Loop 명령으로 정의할 수 있을 것이라 연상해 볼 수 있을 것입니다. Loop 명령을 통해서 작업자는 일련의 반복되는 작업을 일일이 작업하지 않고 정의한 횟수만큼 자동적으로 실행하도록 할 수 있습니다. 일반적으로 Loop 명령은 Creation, Modification, Deletion에 대한 반복 작업을 수행할 수 있습니다.

Loop 명령을 사용하면 여러 개의 동작을 한 번에 묶어 일련의 작업 과정과 같이 실행할 수 있도록 할 수 있으며 PowerCopy와 같은 기능을 통하여 다른 Document로 재사용하는 것이 가능합니다. 이제 조금 더 고급적인 방법을 통하여 단순 작업이나 복잡하면서 빈번한 작업을 Loop 명령으로 작업해 보도록 하자. Loop 역시 전반적인 Knowledge 관련 언어에 친숙해야 합니다.

• Loop 문 작성하기

Loop 명령을 실행시키면 다음과 같은 창이 먼저 나타납니다. PKT와 KT1 라이센스가 있는 경우라면 Loop 명령 보다 KnowledgePattern이라는 기능을 사용하길 권장한다는 메시지를 담고 있습니다. OK를 클릭하면 Loop 정의 창이 나타납니다.

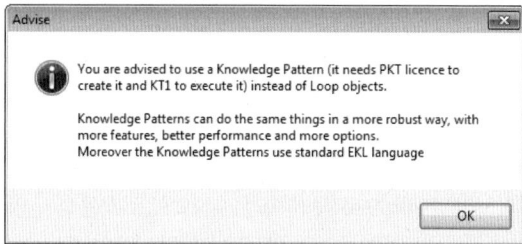

여기서 작업자는 입력 요소를 정의하고 Loop의 수행 횟수를 조절할 수 있습니다. 또한 Loop를 통한 작업 내용의 정의를 하게 됩니다. Loop Window의 각 세부 설명을 주의 깊게 확인하기 바랍니다.

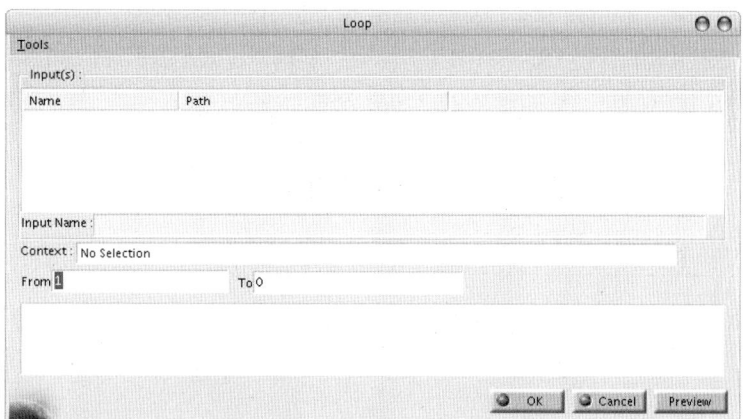

※ Tools

명령 창의 상단에 표시되며 Object Browser와 현재 작업 중인 Loop 명령을 비활성(Deactivate)/활성(Activate)을 선택해 줄 수 있습니다.

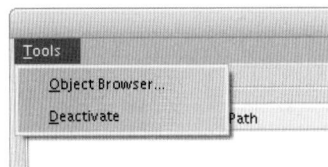

Object Manager는 작업자가 모든 명령어를 외워서 작업할 수 없기 때문에 손쉽게 관련 범주에서 원하는 함수 구문을 찾아 사용할 수 있도록 지원합니다. 다른 Browser와 마찬가지로 입력하고자 하는 함수를 선택하여 더블 클릭하면 Editor 창으로 입력이 됩니다. Loop를 실행하고 Object Manager를 실행하여 Editor에 구문을 입력 작업을 돕는다.

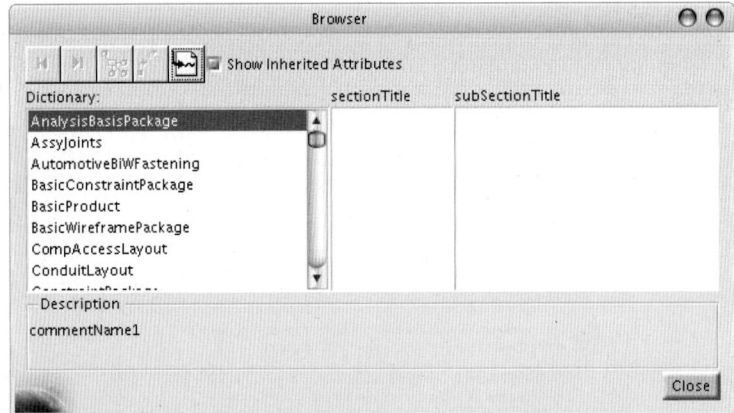

Loop 명령이 실행되면 일련의 작업이 순차적으로 여러 차례 수행되므로 사용하지 않을 경우 비활성화 해두기 쉽도록 비활성(Deactivate)/활성(Activate) 메뉴를 풀다운 메뉴에 가지고 있습니다. 이미 활성화 된 경우에는 비활성 메뉴가, 비활성화 된 경우에는 활성화 메뉴가 명령 창의 풀다운 메뉴에 나타납니다.

※ Input(s)

Input(s)에는 Loop 명령에 사용하고자 하는 대상을 선택해 줍니다. Spec Tree나 형상 자체에서 원하는 대상을 선택해 주면 Input(s)에 순차적으로 입력이 됩니다. 여기서 입력된 대상들의 이름은 하단의 Input Name을 통해서 변경이 가능합니다. 여기서 선택한 입력 요소만이 Loop 명령을 통해서 Document에서 불러와 Editor에서(Loop Body) 쓰일 수 있습니다.

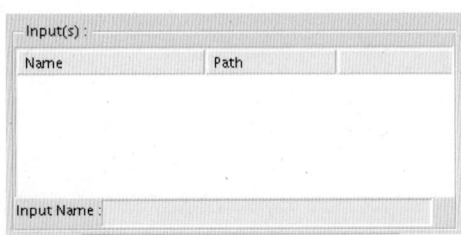

※ **Context**

Loop 명령의 수행을 통해서 작업 내용을 적용하고자 하는 대상을 선택합니다. V5의 어떠한 대상이나 선택 가능하며, 명령 창의 Context의 'No Selection'을 선택하고 원하는 대상을 선택해 주면 됩니다.

Context는 다음의 3가지 방법을 사용하여 정의가 가능한데, 가장 일반적인 Context 란에 형상을 직접 선택하는 방법이 있고, 또는 이미 만들어진 Part Document나 Product Document 등을 사용하여도 가능합니다. 그리고 Knowledgeware keyword 중 Context 관련 Keyword를 사용할 수 도 있습니다.

※ **From/To(Iterators)**

Loop의 수행 횟수를 정의하는 부분으로 수를 직접 입력하거나 Contextual Menu를 통하여 다음과 같이 Formula 가 적용된 방식을 통하여 값을 입력할 수 있습니다.

※ **Editor**

Loop문의 Syntax를 작성하는 부분입니다. 앞서 정의한 Input(s)와 Object Browser를 이용하여 구문을 완성시킨다. 이 부분은 Scripting Language에 대한 지식이 필요하므로 11장의 Scripting Language를 먼저 학습하고 사용한다면 더욱 쉽게 이해가 될 것 입니다.

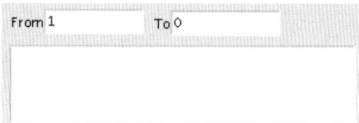

Editor상에서 Contextual Menu를 클릭하면 다음과 같은 Get Commands를 확인할 수 있습니다.

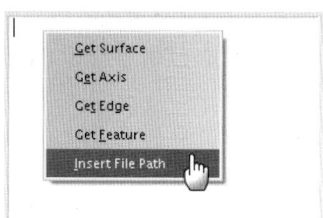

Get Commands를 사용하여 작업자는 4가지 Type의 형상 요소를 Editor상으로 가져올 수 있습니다.

일반적으로 Loop를 구성하는 순서는 다음과 같습니다.

① Input Data를 정의합니다.
② Context를 정의 또는 선택합니다.
③ Iterators의 수를 정합니다.
④ Action Script의 몸체 구문을 구성합니다.

다음의 예를 따라 해 보도록 하자. 여기서는 Loop를 사용하여 2개의 Box 형상의 Pad를 만들어 줄 것입니다. 우선 다음과 같이 두 개의 변수를 구성해 줍니다.(Length Type)

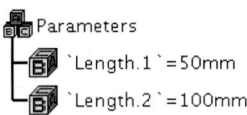

다음으로 Loop문을 실행시킨다. 그리고 다음과 같이 앞서 만들어준 변수를 Inputs에 입력시킨 후 이름을 각각 'L1', 'L2'로 변경해 줍니다.

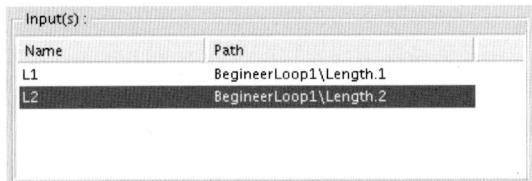

다음으로 Iterator의 수를 1에서 2로 입력해 줍니다. 그리고 하단의 Editor에 다음과 같이 입력해 줍니다.(띄어쓰기 와 대소문자 구별에 특별히 유의해야 합니다.)

```
MyBody$i$ isa BodyFeature
{
        P isa Box
        {
         Width = `L$i$` ;
         Height = `L$i$` ;
         Length = `L$i$` ;
        }
}
```

위 구문에 대한 해석은 다음과 같습니다. 스크립트 언어를 이용하여 Body를 구성한 후에 이 Body에 'P'라는 이름의 Pad 형상을 만들어 줍니다. 여기서 Weight, Height, Length 값은 각각 육면체의 가로 세로 높이를 의미합니다. 'i'는 Iterator의 번호를 입력 받는다. 즉, i 는 Iteration 횟수에 따라 'L1'에서 'L2'로 변경이 될 것입니다. 전체적 으로 이 구문은 두 개의 Body를 만들며 이 두 개의 Body에는 각각 가로, 세로, 높이가 각각 L1, L2인 Pad 형상이 만들어 진다.

아래 그림과 같이 입력이 되었으면 OK를 클릭해 Loop를 실행시킨다.

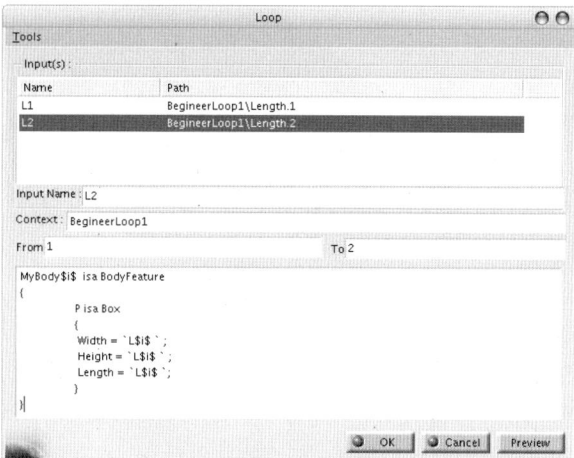

그럼 다음과 같은 결과를 확인할 수 있을 것 입니다.(아래 그림에서 색상과 투명도는 Loop생성 후 필자가 임의로 변경해 준 것입니다.)

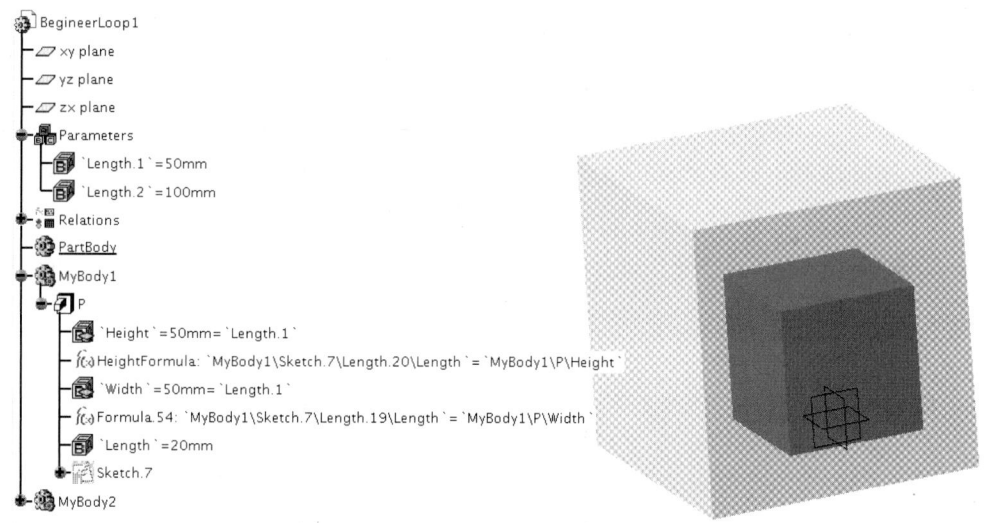

• Loop 의 활용

이번 Loop의 활용 예제에는 User Feature를 한번 활용해 보도록 하겠습니다. User Feature란 사용자가 작업한 작업 내역을 몇 가지 입력 요소만 가지고 재사용할 수 있도록 하는 유용한 기술 중에 하나로 Power Copy와 함께 유용하게 사용할 수 있습니다.

우선 다음과 같이 원본 User Feature가 정의될 Part Document를 만들어 보자. 이름은 Loop001로 정의합니다.

여기서 Surface 요소와 Surface위에 놓인 Point 요소는 Datum 으로 정의하여 다른 형상과 Link되지 않도록 생성하여야 합니다.(예제 파일을 참조하여도 좋으나 직접 작업해 보기를 권장합니다. 형상이 어떻게 정의되는지 알지 못하고 이러한 기능을 써보려 한다는 것은 자칫 위험하기 때문입니다.)

다음으로 앞서 생성한 Point와 Surface를 기준으로 Line 요소를 생성합니다. 여기서 Line 생성 Type은 Normal to Surface로 합니다. Line의 높이는 20mm 기본 값을 사용합니다.

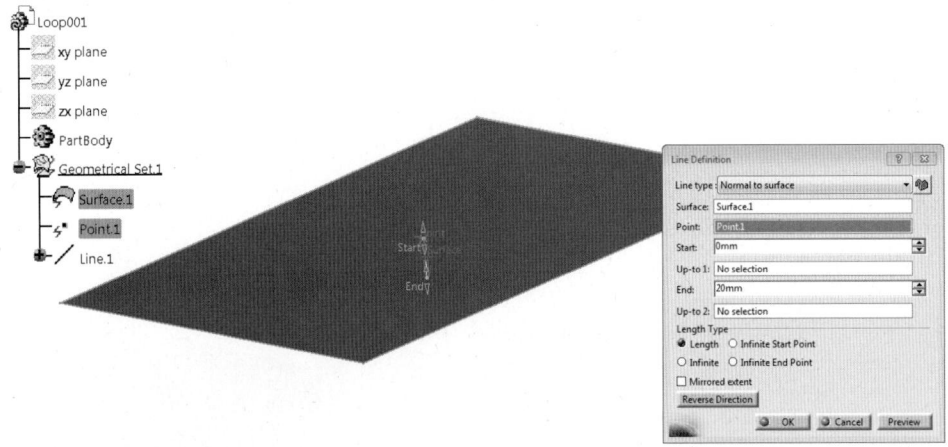

다음으로 GSD에서 Circle 명령을 사용하여 다음과 같이 원을 생성합니다. 여기서 반지름은 우선 5mm로 지정하며 Geometry on support를 체크하도록 합니다.

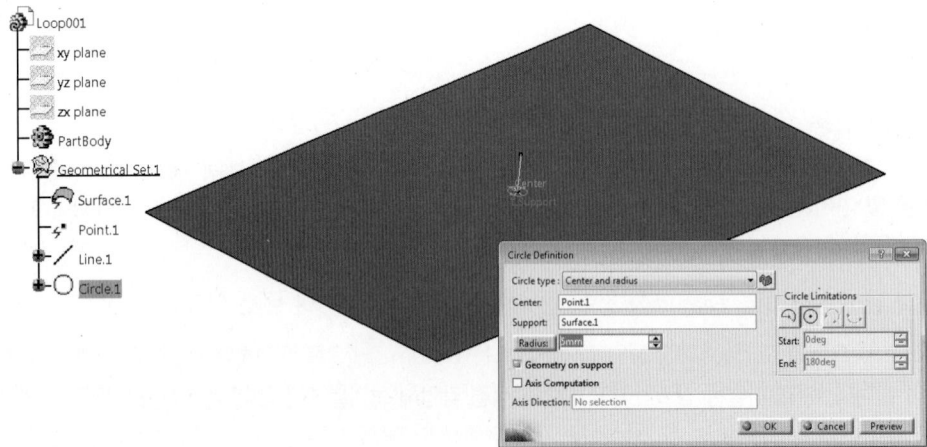

다음으로 앞서 생성한 Circle과 Line을 사용하여 Sweep 곡면을 생성합니다. Explit Type으로 정의합니다.

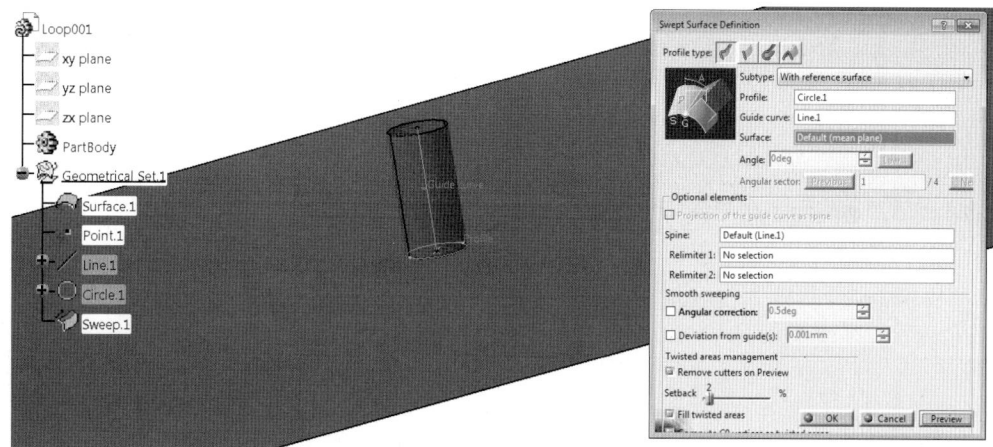

이제 Part Design으로 이동하여 Thick Surface 기능으로 내부 방향으로 두께 1mm를 지정합니다.

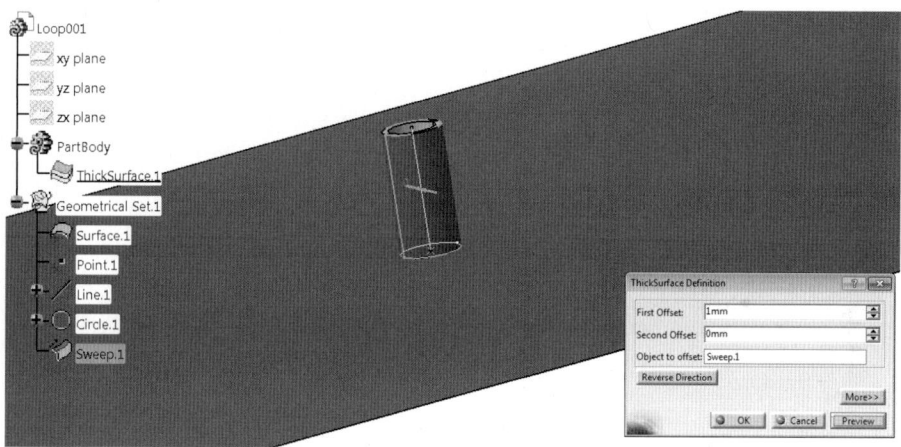

이제 User Feature를 생성할 것입니다. 그전에 다음과 같이 두 개의 Parameter를 생성하여 앞서 생성한 형상에 적용해 보도록 할 것입니다. 실제 예제와는 큰 연관은 없으나 Formula와 Relation 요소가 User Feature에 포함되는 것을 확인해 보기 위해서입니다.

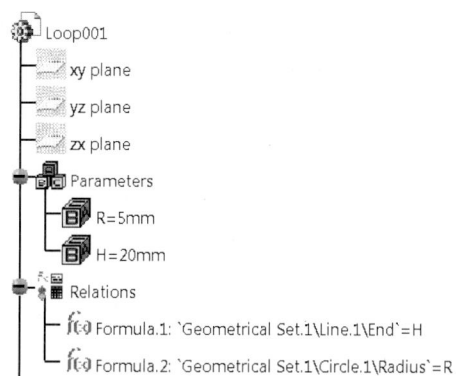

User Feature를 실행하도록 합니다. User Feature 실행은 다음과 같은 경로를 통해도 됩니다.

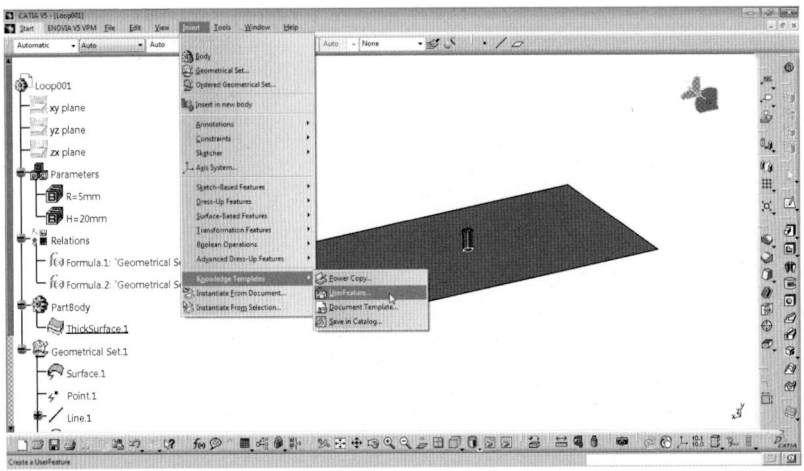

User Feature의 이름은 LoopTest로 할 것이며, 아래와 같이 입력 요소를 정의할 때 Parameter와 Formula를 먼저 선택해 주도록 합니다.

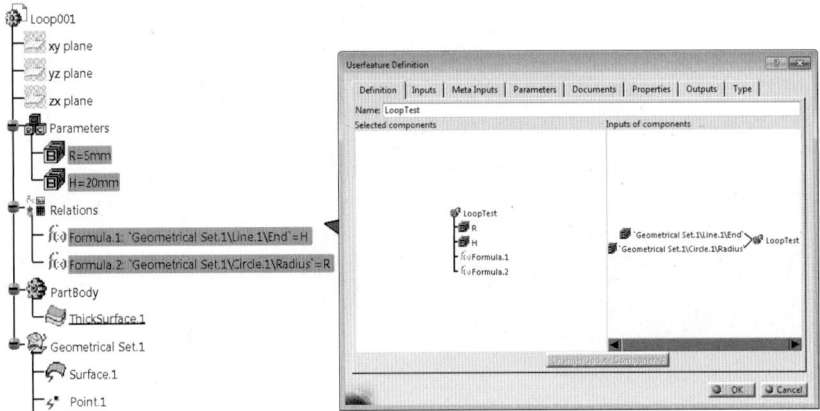

이제 다음과 같이 형상 요소들을 선택해 줍니다. Body에 있는 요소와 Geometrical Set에 있는 요소를 순차적으로 선택해 줍니다. 여기서 Inputs에는 Datum으로 생성한 Point와 Surface만이 필요로 합니다.

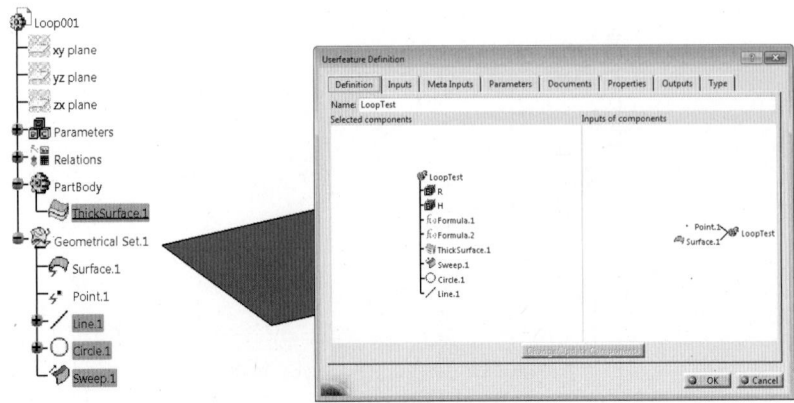

이제 Inputs Tab에서 간단히 이 두 Inputs 요소에 대해 이름을 변경해 줍니다.

```
Surface.1 ⇨ Ref
Point.1 ⇨ Center
```

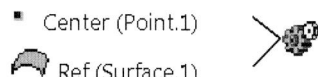

부가적으로 앞서 생성한 R, H 변수에 대해서 Published Name을 적용하도록 합니다.

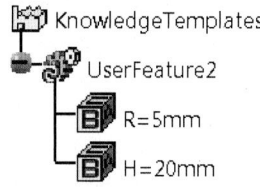

이제 LoopTest가 있는 Part Document를 바탕화면에 저장하도록 합니다. 원본은 준비가 된 것입니다.

다음으로 실제 Loop를 생성할 새로운 Part를 생성할 것입니다. 다음과 같이 새로운 Part Document를 생성한 후 하나의 곡면과 이 Surface 위에 놓인 4개의 Point를 생성합니다. 물론 Datum 상태로 생성합니다. Point의 위치는 Surface위에 놓인 상태라면 어디든 괜찮습니다. 다만 위치 중첩은 피하도록 합니다.

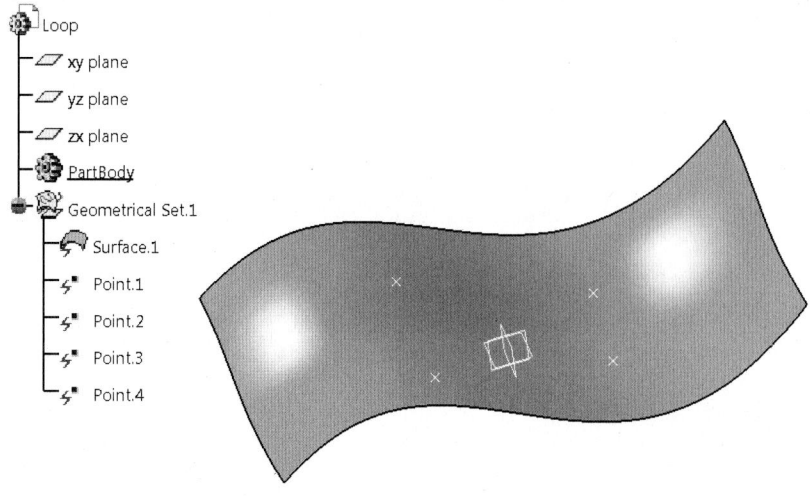

이제 여기서 위에 생성한 Point들을 List로 정의하도록 합니다.

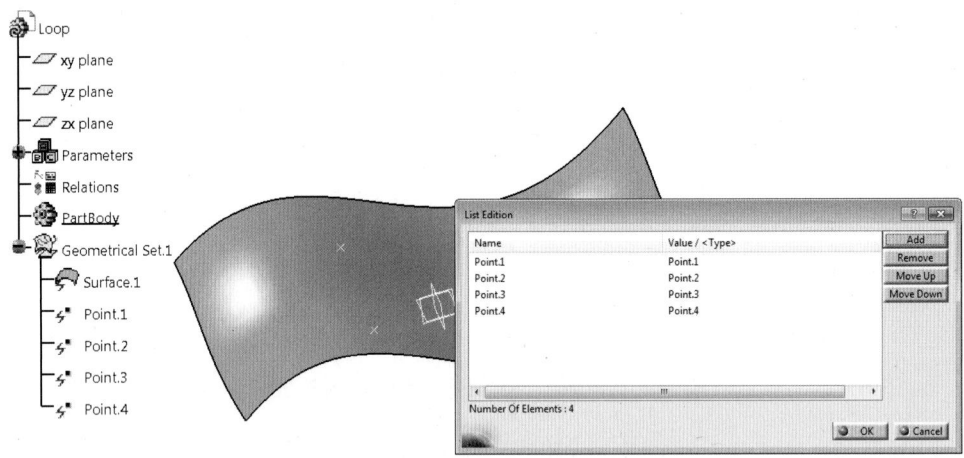

이제 Loop를 정의할 차례입니다. 다음과 같이 Loop를 실행하도록 합니다. 여기서 Inputs에 들어갈 대상은 Surface.1과 List.1입니다. 필요하면 이름을 변경해 주어도 됩니다.

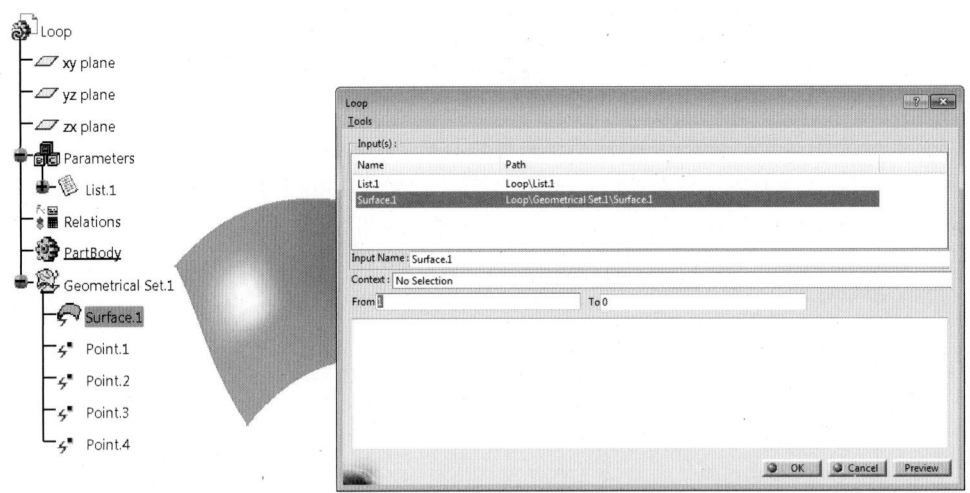

다음으로 수식을 정의해 줄 차례입니다. 우선은 User Feature로 정의한 것을 불러와야 하기 때문에 앞서 저장한 Part Document를 불러오는 명령과 이중에 User Feature를 정의하는 부분을 정의할 것입니다. 우선 다음과 같이 정의합니다. 여기서 파일의 경로는 작업자가 위 파일을 저장한 경로에 맞게 기입해 주어야 합니다.

```
import "C:\Users\DPSAero\Desktop\Loop001.CATPart";
```

이제 다음으로 User Feature를 정의하기 위한 부분을 기입합니다. 아래와 같이 정의하면 Loop의 수행 횟수에 따라 UDF가 생성될 것이며 자동으로 수행 횟수만큼 내부에 정의한 정보에 의해 작업될 것 입니다.

```
UDF_$i$ isa LoopTest
{
}
```

중괄호 안에는 다음과 같이 기입하도록 합니다. 앞서 User Feature에 정의한 Center라는 Point는 이번 Part Document에 정의한 Point의 List에서 Loop 실행횟수 순서에 맞게 정의하도록 정의하며, Ref인 Surface는 이번에 생성한 Surface.1이 됩니다.

```
UDF_$i$ isa LoopTest
{
        Center = object: List.1[$i$];
        Ref = object: Surface.1;
}
```

이제 Loop의 From 값을 4로 입력하고, Context를 Part Number인 Loop를 선택해 줍니다.

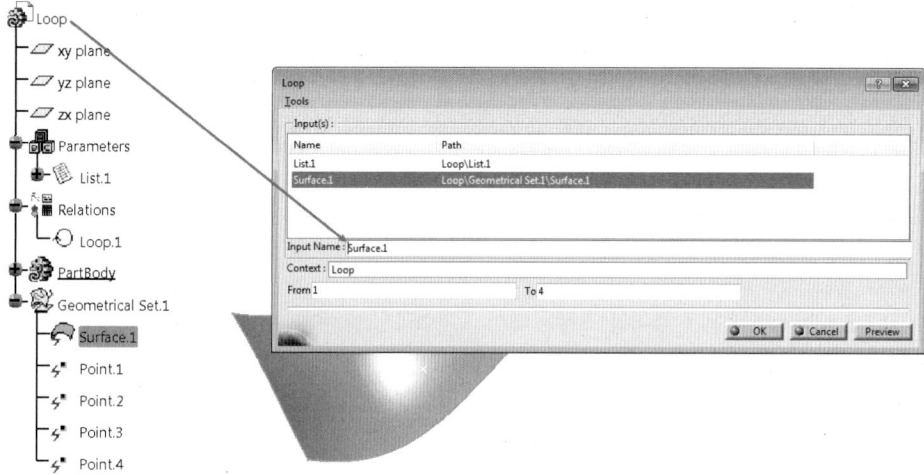

모든 요건이 갖추어 졌다면 Preview를 실행해 보도록 합니다. 여기서 Error가 없다면 OK를 선택하면 됩니다. Error가 발생하였다면 틀린 부분을 반드시 찾아내어 고쳐 주어야 합니다. 맞게 생성되었음에도 OK를 누르지 않고 Cancel을 누르면 Loop에 의한 작업 형상은 만들어지지 않음을 기억해야 합니다.

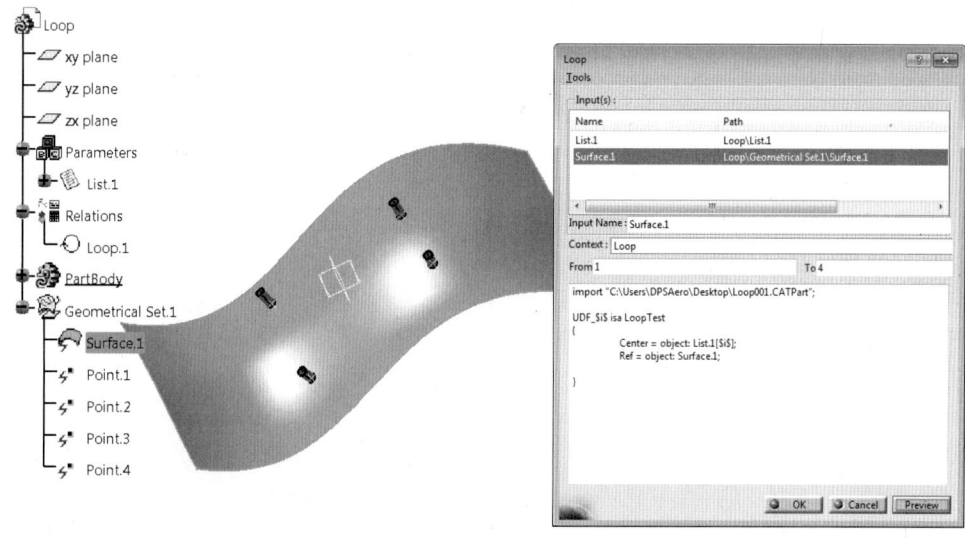

이렇게 Loop 작업은 동일 반복적인 작업에 대해서 원하는 입력 요소 및 Loop 횟수만 정의하면 손쉽게 재정의가 가능합니다.

F. Set of Equations

■ Set of Equations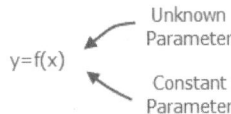

• Set of Equations 란?

Set of Equations 는 CATIA내에서 미지수를 이용한 수치 방정식을 정의하기 위한 명령으로 앞서 만들어준 Parameter 값을 가지는 변수를 사용하여 방정식을 구성하고 미지수의 값을 구할 수 있습니다. 방정식에 사용되는 값에는 미지수(Unknown)과 상수(Constant)가 있으며 이들 값을 이용하여 방정식을 구성합니다.

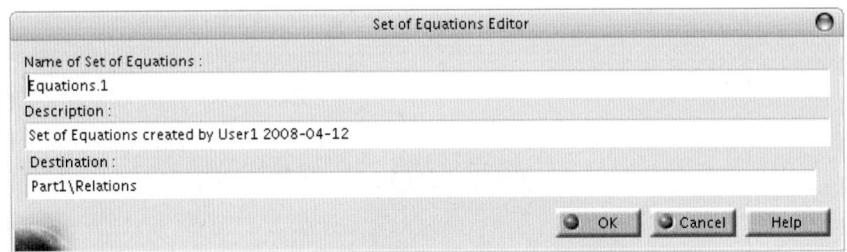

이러한 Set of Equations의 사용은 주어진 조건에 대한 미지수의 값을 구하여 실제 작업에 사용할 수 있으며 복잡한 수치적 계산과 형상 디자인 작업을 연계할 수 있는 큰 이점을 제공합니다. 수치 계산에 의해 변동되는 변수의 값을 매번 변수의 변동될 때 마다 다시 계산하여 입력할 필요가 없는 것입니다. 일반적인 수치관련 언어에 대한 지식을 알고 있어야 하겠습니다.

• Equations Editor

Set of Equations 명령을 실행시키면 다음과 같은 Editor창이 나타납니다. 여기서 Equation에 대한 기본 정의를 해주고 본 Editor창으로 이동하게 됩니다.

앞서 창에서 OK를 선택하여 본 Editor를 확인하면 다음과 같은 창 구조를 하고 있습니다. 아래 부분의 Dictionary 부분은 Rule과 같이 일반적인 Knowledge 명령에 반드시 포함되는 부분이 됩니다.

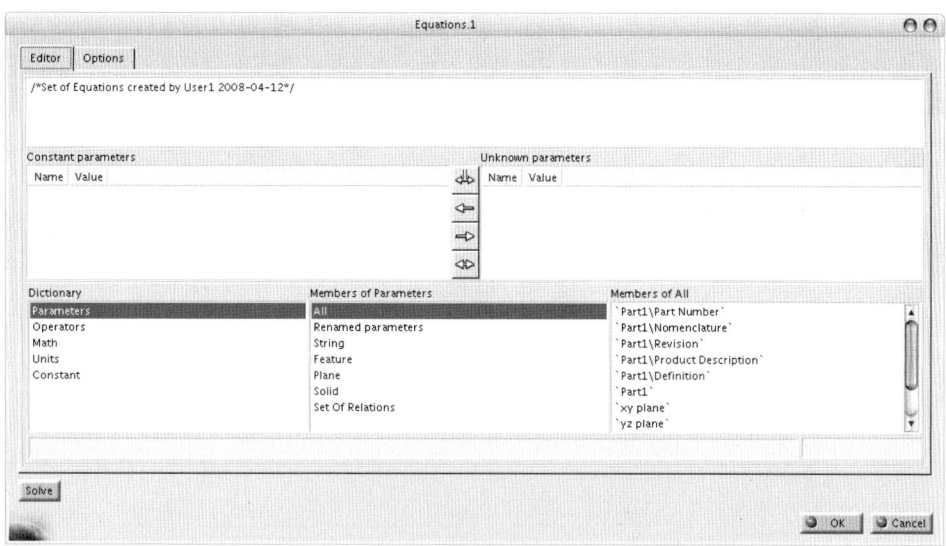

여기서 상단에 두 개의 Tab 메뉴를 확인할 수 있는데 바로 Editor Tab과 Options Tab입니다. 이 두 Tab 메뉴에 대한 설명은 다음과 같은 수식을 푸는 경우를 예제로 사용해 볼 것이며, 이와 같은 변수의 정의 및 방정식의 정의는 다른 모든 방정식의 경우에도 동일하다고 생각하면 됩니다.

식)　$2x^3 + 5x^2 + 7x = y$

- Editor Tab

Editor Tab에서는 Equation에서 핵심이 되는 방정식의 정의와 상수, 미지수를 설정해 줍니다.

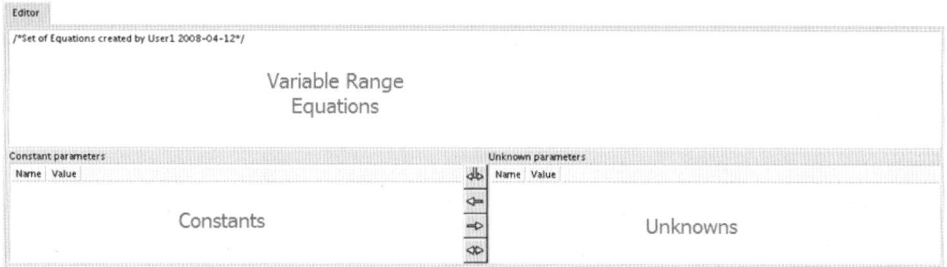

상수와 미지수의 정의하기 위해서는 앞서 Formula를 이용하여 변수들을 Document에 만들어 주어야 합니다. 상수와 미지수에 따라 Parameter Set을 만들어 주어도 좋은 작업 습관이라 할 수 있습니다. 여기서 'a', 'b', 'c' 는 Real Type의 변수이며, 'x', 'y'는 Length Type으로 정의 해 줍니다.(Set of Equations를 이미 실행한 후 변수 생성이 필요하다면 Set of Equation을 닫지 말고 그 상태에서 Formula를 실행하도록 합니다. Formula로 변수 생성을 마치고 닫아주면 바로 Set of Equation으로 이어서 작업이 가능합니다.)

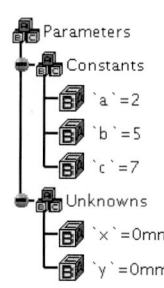

Parameter Set으로 변수들을 묶어줄 경우 주의할 것이 하나 있는데, 그것은 변수의 이름에 Parameter Set의 경로가 추가된다는 것입니다. 즉, 위와 같이 만들어준 변수들의 이름은 실제로는 아래와 같으며 식을 구성할 때 입력도 이와 같이 입력해 주어야 합니다.

> `Constants\a`, `Constants\b`, `Constants\c`, `Unknowns\x`, `Unknowns\y`

따라서 작업의 편의를 위해서라면 변수들의 이름을 속성에 들어가 변경해 주어도 무방합니다. 각각의 변수를 선택하여 속성에 들어가(Alt + Enter) 변수의 이름을 변경해 줍니다.

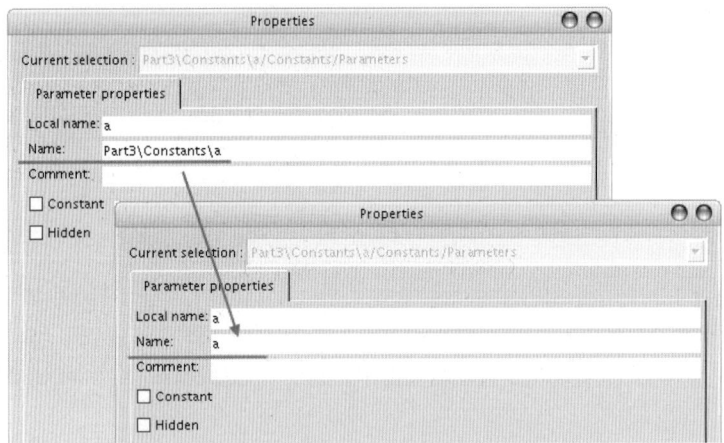

위와 같이 상수(Constant Parameter)로 만들고자 하는 변수와 미지수(Unknown Parameter)로 사용하고자 하는 변수를 만들어 준 후에 Editor창에 방정식을 입력해 줍니다. Editor에서 식을 구분하는 기준은 세미콜론(;)으로 각각의 식의 끝단에 입력해 주어야 합니다.(마지막 식 다음에는 사용하지 않습니다.)

```
/*Set of Equations created by User1 2008-04-12*/

0mm < `x` ; `x` < 1000mm;
0mm < `y` ; `y` < 1000mm;

`a`*`x`**3 + `b`*`x`**2 + `c`*`x` == `y`
```

미지수의 경우에는 값을 미리 지정할 수 없으므로 미지수가 가지는 값의 범위를 지정해 주도록 합니다. 범위의 지정은 Editor창에 가장 상단에 해주어야 합니다. 그 이유는 방정식이 계산되기 전에 사용되는 모든 변수와 상수가 정의되어야 하기 때문입니다. 미지수의 범위 지정은 위와 같이 부등호를 사용해 줍니다.

Editor에서 식의 정의가 끝났다면 다음으로 변수들을 Editor상으로 분류해 주어야 합니다. 방정식에 사용되는 변수는 가운데 보이는 ⇔ 버튼을 클릭합니다. 그러면 앞서 만들어준 Editor의 방정식에 사용된 모든 변수가 Unknown Parameters로 불러와 집니다.

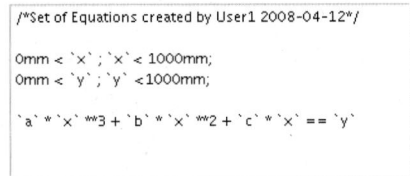

여기서 상수로 정하고자 하는 변수를 선택하여 ⇐을 사용하여 좌측의 Constant Parameters로 이동시켜 줍니다. 여기서는 'a', 'b', 'c'의 변수를 Constant Parameters로 보내주어야 합니다.

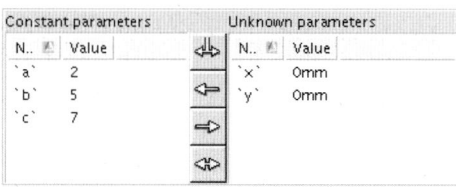

이제 방정식과 미지수, 상수에 대한 설정이 끝났다.

- Options Tab

상수와 미지수의 설정이 마무리되었다면 이제 Options Tab으로 이동합니다. Options Tab에서는 계산의 정밀도와 시간 계산 시간의 제한 설정을 해줄 수 있습니다.

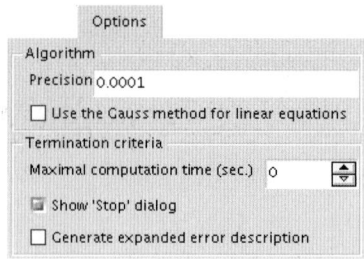

Algorithm의 Precision은 계산의 정밀도를 나타내는 수치로 컴퓨터상에서 수치 계산을 한다고 할 경우 연속적인 값을 그대로 계산하는 것이 아니라 컴퓨터가 허용하는 간격 내에서 끊어서 계산을 수행하게 됩니다. 즉, 1부터 10사이에서 수를 계산한다고 할 경우에도 정밀도 값에 따라 계산 횟수가 달라진다. 일반적으로 정밀도가 높을수록 계산 값은 정밀해 지는 반면 계산 시간은 길어진다. 디폴트의 경우 Precision 값은 0.0001입니다. 보다 높은 정밀도로 값을 계산하고자 할 경우에는 이 값을 더 작게 합니다.

그 아래 'Use the Gauss method for linear equations'는 선형 방정식을 푸는 과정에서 계산 속도를 높이고자 할 경우 선택해 줄 수 있는 추가 옵션입니다.(Gauss Method에 대한 설명은 수치 해석 책의 정의를 참고하기 바랍니다.)

Termination Criteria는 많은 수의 계산을 할 경우 컴퓨터의 계산 시간을 제어하게 하는 부분입니다. 디폴트의 경우 Maximal Computational Time이 0으로 되어있으나 큰 계산을 할 경우 제한 시간을 초 단위로 입력할 수 있습니다.

만약에 Options 설정을 초기화 하고자 한다면 우측 하단의 Restore Defaults 버튼을 클릭합니다.

이와 같은 값의 입력과 설정이 마무리 되면 Equation을 풀기 위한 모든 조건이 만족됩니다. 우측 하단의 Solve 버튼을 클릭합니다.

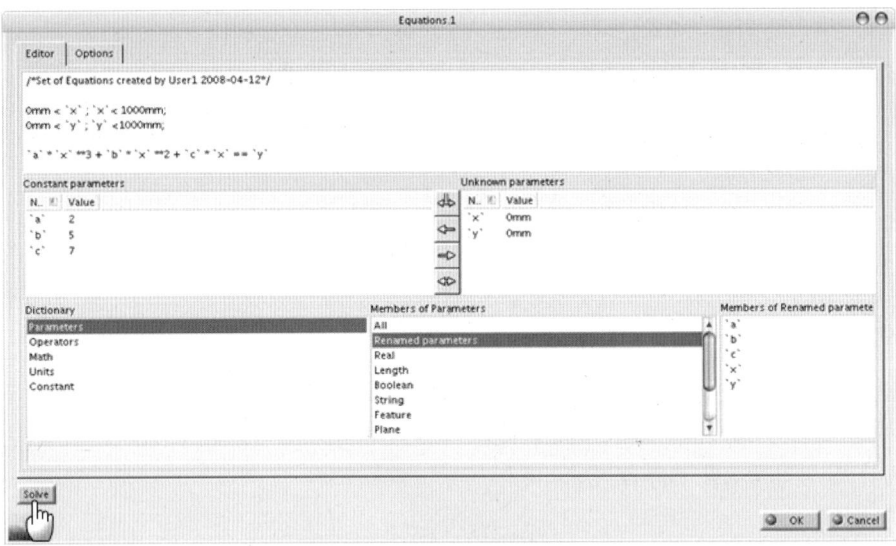

여기서 'Solving was successful' 이라는 메시지가 출력이 되어야 계산이 맞게 실행된 것을 의미합니다.

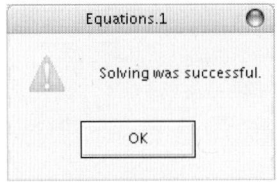

이제 계산으로 얻어진 결과를 확인할 수 있을 것입니다.

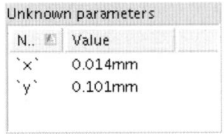

이렇게 계산된 해의 값은 CATIA Knowledge를 이용한 변수로 정의가 가능합니다. 또한 이제 이렇게 정의된 변수는 Equation에 의한 종속변수가 되기 때문에 임의로 변경하는 것은 불가능합니다.

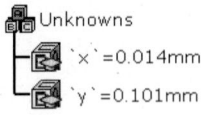

흔히 복잡한 작업이나 수치와 정밀 해가 필요한 CATIA 작업에 있어 수치 값을 전적으로 계산 후에 변수로 입력해 사용하는 경우가 많습니다. 그러나 이런 경우 변수의 조건이나 상수 값의 변경에 따른 다른 해의 변화가 있을 경우 이를 다시 손수 입력해야 하는 불편이 있습니다. 그러나 이러한 Equation을 통한 계산과 즉각적인 해의 사용을 통하여 작업자는 한결 더 능률적인 작업이 가능하게 됩니다.

만약에 위와 같은 계산 명령 실행 후 성공 메시지가 나타나지 않는 경우 값 입력이나 구문상의 오류가 없는지 잘 살펴보기 바랍니다.

• Equation의 활용

- 타원의 방정식

Set of Equation ![icon]을 사용하는 이유 중에 하나가 동시에 구하고자 하는 미지 변수의 값이 두 개 이상이 경우입니다. 이런 경우라 한다면 작업자는 계산기를 사용하거나 따로 손을 써서 구하고자 하는 변수의 값을 찾아야 할 것입니다. 그리고 구하고자 하는 미지 변수의 값이 하나라 하더라도 Formula를 사용한 수치계산으로 해를 구하려면 식을 미지 변수에 대해서 이항 정리한 후에나 가능할 것입니다. Set of Equation을 사용하므로 얻을 수 있는 미지 변수의 해에 대한 이점을 십분 활용한다면 CATIA 하나의 툴만을 사용하여 충분한 공학적 설계 능력을 구현할 수 있을 것입니다.

이번에는 간단한 타원의 방정식을 사용하여 x, y 두 개의 해를 구하는 방법을 해보도록 한 것 입니다. 우선 다음과 같이 변수를 구성하도록 합니다. 여기서 'a', 'b' 두 개의 변수는 상수로 고정하는 값을 사용하므로 'Lock'해 주어도 무방합니다.

Parameter	Parameter type	Value
a, b	Real	2, 5
x, y	Length	Unknown

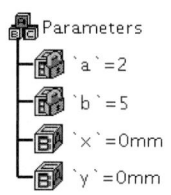

이제 KWA로 이동하여 다음과 같이 Set of Equation을 실행합니다. 그리고 식을 작성해 줍니다. 식을 먼저 작성하고 변수들을 불러온다는 것을 기억하기 바랍니다. 따라서 식에 이상이 있거나 잘못된 경우라면 변수 불러오기가 안 됩니다.

```
0 < `x` ; `x` < 10000mm;
0 < `y` ; `y` < 10000mm;
(`x`**2/`a`**2) +(`y`**2 / `b`**2) == 1
```

식을 완성한 후에는 'Parse'를 사용하여 다음과 같이 변수를 불러온 뒤, 상수와 미지 변수를 설정해 줍니다.

Constant parameters		Unknown parameters	
N.. Value		N.. Value	
`a` 2		`x` 747.605mm	
`b` 5		`y` 4637.542mm	

이제 'Solve'를 실행하면 다음과 같은 결과를 얻을 수 있을 것입니다. 이렇게 얻어진 해의 값을 이용하여 설계에 이용할 수 있다는 점을 반드시 기억하기 바랍니다.

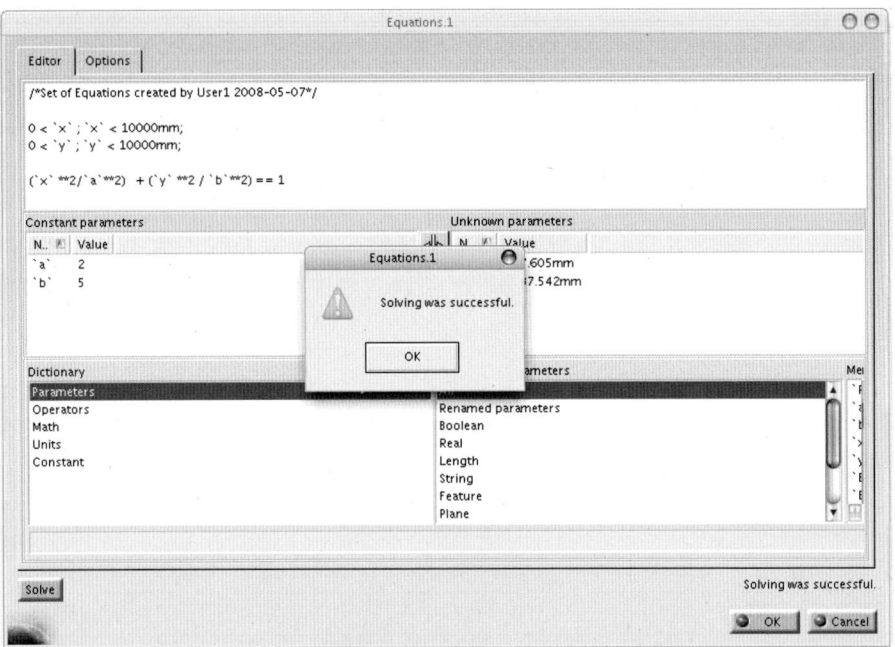

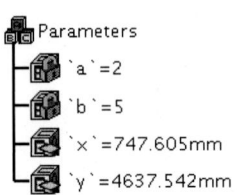

이 장에서 여러분은 Knowledge Advisor Workbench에서 사용하는 작업 순서나 방식 그리고 이에 필요한 기능들을 공부하였습니다. 이에 대한 기본적인 이론을 습득하고 다음으로 수행해야 할 것은 많은 연습의 시간입니다. 따라서 이 교제의 카페(cafe.daum.net/ASCATI)에서 수 백여 장의 연습 도면과 실기 강좌를 통하여 실제 모델링 하는 감을 익히기 바랍니다.

MEMO

Chapter 09

Electrical & Fluid Systems Design
Managing product complexity

Mechanical Engineering
Optimizing end to end design to manufacturing process

Systems Engineering
Bringing products to life

Design

Product Engineering Optimizer Workbench

Section 01 | Toolbar

Section 01 | Toolbar

A. Product Engineering Optimizer

여기서는 사용자가 설계하고자 하는 형상에서 특정 치수와 조건을 사용하여 원하는 목표의 값(최적의 값)을 구해주는 최적화 도구들을 공부하게 될 것입니다. 다시 말해 주어진 조건으로 원하는 목표의 값이나 치수를 사용자가 반복하여 수정하고 체크하지 않아도 스스로 그 최적이 되는 조건이 될 때 까지 CATIA에서 작업을 반복해 그 값을 찾아주는 것입니다. 본 Workbench 역시 Knowledge Advisor와 마찬가지로 Part나 Product 도큐먼트 모두 사용가능합니다.

■ Optimization

이 명령은 주어진 설계 대상에 대해서 직접 수기 계산의 범위를 벗어나는 최적의 값을 구하는 기능을 수행합니다. 명령을 실행하면 다음과 같은 창이 나타납니다. 크게 3가지 Tab 메뉴가 있는 것을 확인할 수 있습니다.

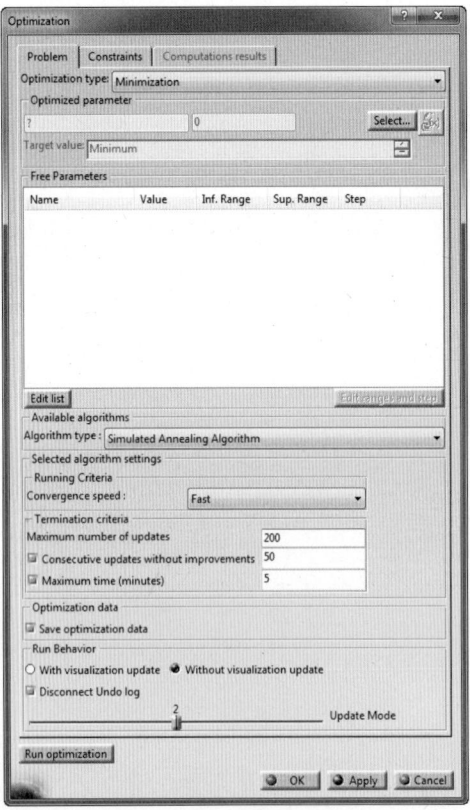

각각의 Tab 메뉴를 나누어 상세히 들여다보면 다음과 같습니다.

• **Problem Tab**

여기서는 최적화하고자 하는 방식과, 각종 변수들, 최적화 알고리즘, 종료 조건 등을 정의하게 됩니다.

- Optimization Type: 최적화 하고자 하는 방식을 정의합니다. 4가지 방식이 존재하는데 최적화할 변수에 대해서 최대화(Maximization), 최소화(Minimization), 지정한 값(Target Value) 또는 오로지 구속만 적용된 상태(Only Constraint)로 선택해 줄 수 있습니다.

- Optimized Parameter: 최적화하고자 하는 변수를 선택해 줍니다. 우측의 Select 버튼을 눌러 잠재적으로 최적화가 가능한 변수를 선택해 줄 수 있습니다. 여기서 변수는 Integer 값은 선택될 수 없음을 주의 바랍니다.

- Free Parameters: 최적화가 가능하도록 문서 내 변경되어도 되는 변수들을 선택해 줍니다. 여기서 선택한 변수들이 최적화 알고리즘을 따라 제약 조건과 해당 변수의 범위 안에서 변경되어 Optimized Parameter의 값을 찾아 준다는 점을 기억하기 바랍니다. 독립 변수 개념으로 생각하면 되며 일반적인 Parameter처럼 최대 최소의 범위나 증분 등을 정의해 줄 수 있습니다. 좌측 하단의 Edit List 버튼을 눌러 변수들을 선택해 줄 수 있습니다.

- Available Algorithms: 여기서는 최적화 문제를 풀기위한 알고리즘을 선택할 수 있습니다. 다음과 같이 5가지 종류가 있으며 고급 단계를 익히면 직접 알고리즘을 생성하여 정의할 수 도 있습니다. 선택한 알고리즘에 따라 Algorithms Setting의 항목이 달라진다는 점도 기억해두기 바랍니다.

```
#Local Algorithm for Constraints and Priorities:
  A Gradient based search using a modified feasible direction.

#Simulated Annealing Algorithm

# Algorithm for Constraints & Derivatives Providers:
  A gradient based search for features that provide their own derivatives such as some analysis sensors.

#Gradient Algorithm without Constraints:
  Fast: A successive quadratic interpolation that allows fast but less accurate optimization.
  Medium: A randomly restarted conjugate gradient.
  Slow: A steepest descent algorithm (slow but more accurate than the Fast category).

#Gradient Algorithm with Constraints:
  A gradient based feasible direction algorithm.
```

- Running Criteria: 최적화 알고리즘의 수렴 속도를 정의해 줄 수 있습니다.

- Termination Criteria: 여기서는 최적화 수행 작업의 종료 조건을 정의할 수 있습니다. 업데이트 회수나 계산 시간 등을 정의할 수 있지만 정확한 값이나 최적화 특성을 모르는 단계에서는 디폴트값으로 사용하기 권장합니다.

- Optimization Data: Optimization Curve를 활용하기 위해서는 체크해 주도록 합니다.

- Run Behavior: 여기서는 최적화 업데이트 과정에서 시각화 애니메이션을 할 것 인지 등을 부수적으로 설정해 줄 수 있습니다.

• **Constraints Tab**

Constraints Tab에서는 최적화에 사용되는 변수들 사이에 구속 조건을 정의하게 됩니다. 주어진 Free Parameter 들이 어떤 조건하에서 변하면서 목표로 하는 변수의 최적 조건을 찾는지 그 조건을 정의해 주는 것이라 할 수 있습니다. 필요한 수만큼의 제약 조건을 만들어 최적화에 필요한 경계 조건 또는 제약 조건을 만들어 주도록 합니다.

Constraint를 생성하기 위해서는 New 버튼을 클릭해 줍니다. 그럼 다음과 같은 Editor 창이 나타납니다.

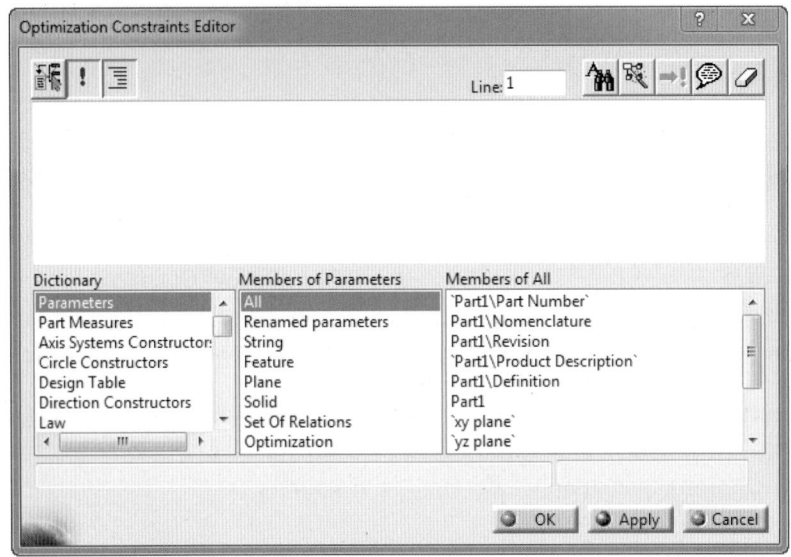

여기에 구속 조건을 정의해 주면 됩니다. 기본적인 Editor 상에서 구문 정의는 단일 조건으로 만들어야 하며 서로 다른 제약의 경우 별도의 Constraint를 생성해야 합니다. Knowledge Advisor의 Rule등에서 공부한 것과 유사하다고 보면 됩니다.

Constraints를 생성할 때 알고리즘에 따라 다음과 같이 연산자를 사용할 수 있습니다.

== (Simulated Annealing와 Algorithm for Constraints & Derivatives Providers 알고리즘에서만 정의 가능)
< , > (모든 알고리즘에서 정의 가능)

생성한 Constraints를 수정하고자 할 때는 더블 클릭해 주면 됩니다.

• Computations Results Tab

Save optimization data 옵션이 체크된 경우 최적화 시뮬레이션을 실행하고 그 과정의 변수들의 내역을 확인할 수 있습니다.

간단히 한 가지 예제를 따라해 보도록 하겠습니다.

새로운 Part Document를 생성한 후 다음과 같이 변수를 Real Type으로 생성해 주겠습니다.

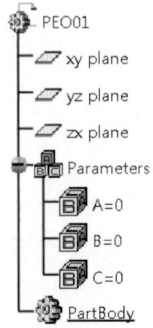

다음으로 이 변수들로 구성된 Formula를 생성해주도록 하겠습니다. 여기서 생성하는 Formula가 최적화를 위한 함수가 될 것입니다.

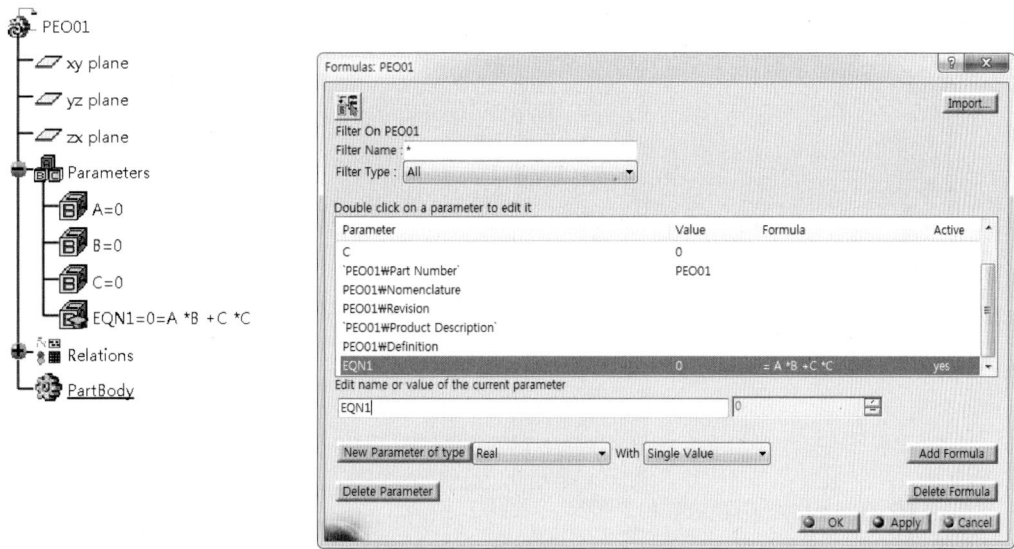

이제 Optimization 명령을 실행합니다.

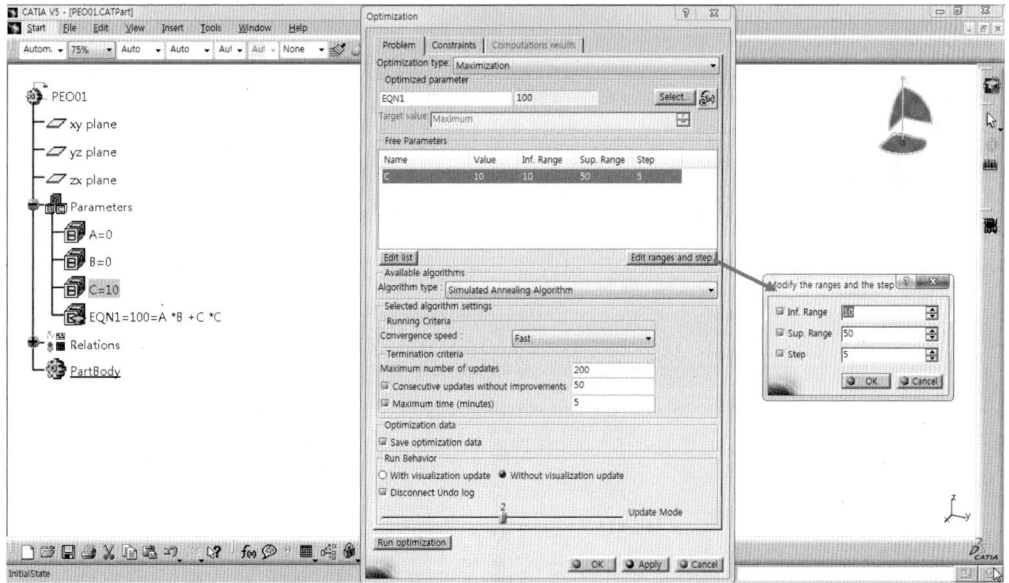

이렇게 입력을 바르게 하였다면, Run Optimization을 클릭합니다. 그럼 다음과 같이 Excel Sheet를 저장하는 창이 나타납니다.(최적화 수행 결과에 대한 정보를 담게 됩니다.) 적당한 위치와 파일 이름을 정의해 줍니다.

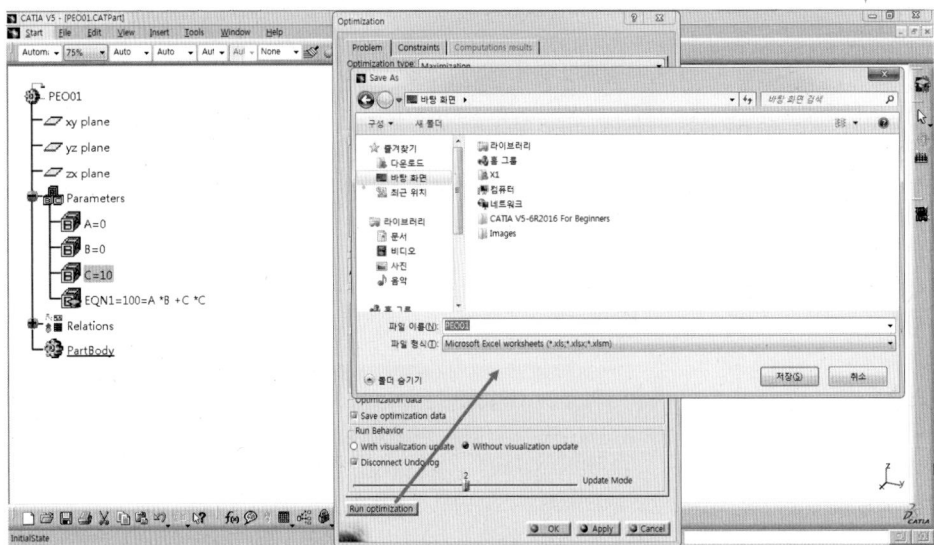

그럼 다음과 같은 Process 진행 창이 나타나며 최적화 과정을 진행합니다.

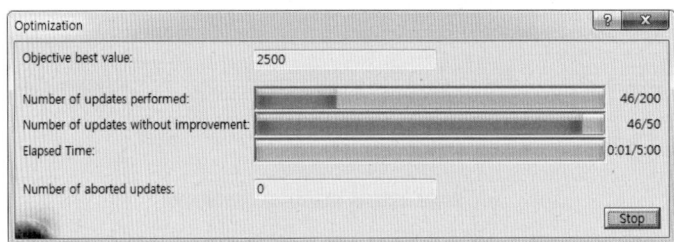

Computations results 창에 가면 다음과 같은 결과 값을 확인할 수 있습니다.

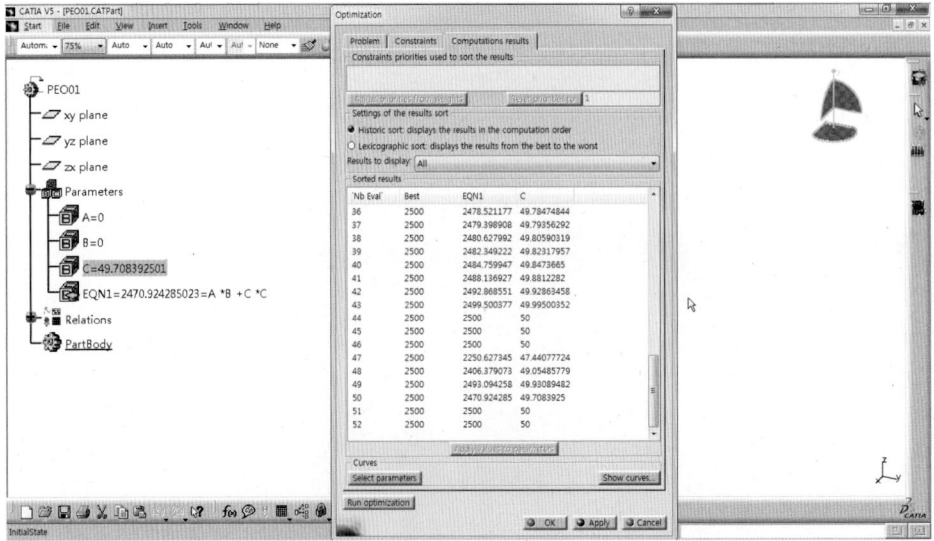

저장된 Excel 파일에서도 이러한 결과 확인이 가능합니다.

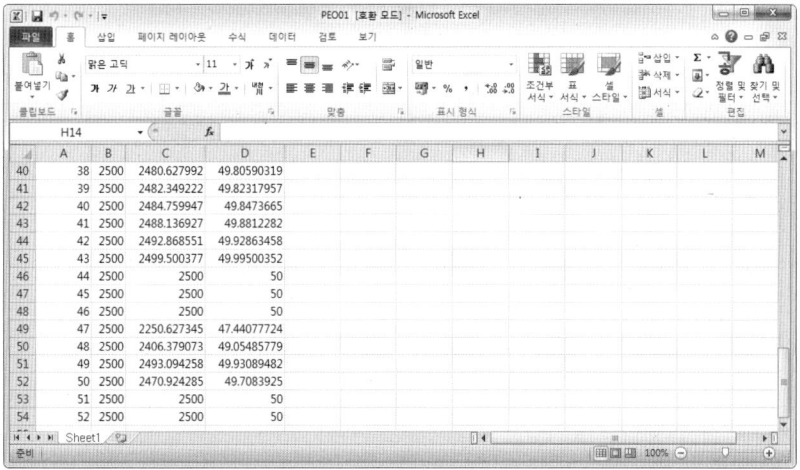

물론 여기서 Free Parameter의 수를 달리한다거나 조건을 다르게 줄 경우 또 다른 시뮬레이션도 바로 가능합니다.

■ Design of Experiments(DOE)

이 명령은 설계에 사용하고자 하는 변수들의 변화에 따라 어떤 결과가 될지를 추측하기 위하여 가상의 변수 시뮬레이션을 수행하는 기능을 합니다. 이 DOE 명령을 사용함으로 작업자는 변수들 사이의 상관관계를 분석할 수 있으며, 변수 수정에 따른 예측 그리고 설계 형상에서 영향을 주는 인자에 대해서 파악할 수 있는 기능을 합니다. Knowledge Advisor Workbench의 Knowledge Inspector와 다소 유사하다고 할 수 있을 것입니다.

명령을 실행하면 다음과 같은 창이 나타납니다. 크게 3가지 Tab 메뉴가 있는 것을 확인할 수 있습니다.

• Setting Tab

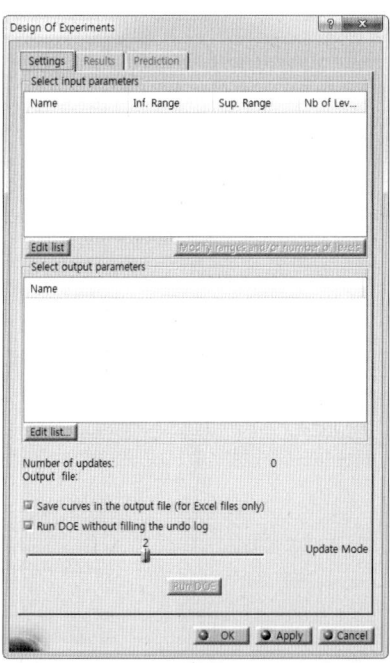

- **Select input parameters**

DOE를 정의하기 위한 독립 변수들을 정의합니다. 여기에 입력하는 변수 값에 의해서 DOE가 실행될 것입니다.

- **Select output parameters**

앞서 정의한 Input Parameter를 바탕으로 변형되어야 할 종속 변수들을 정의합니다.

● **Results Tab**

실험 결과에 대한 변수들의 값과 그래프를 확인할 수 있는 Tab입니다.

● **Prediction Tab**

Run DOE를 실행한 후 예측 값을 분석하기 위하여 이 Tab에 들어 갈 수 있습니다. Run prediction을 다시 한 번 실행해 주어야 합니다.

다음의 예를 살펴보도록 하겠습니다. 앞서 PEO01 예제를 그대로 활용하겠습니다. Design of Experiments를 실행 합니다. 그리고 다음과 같이 정의해 주겠습니다.

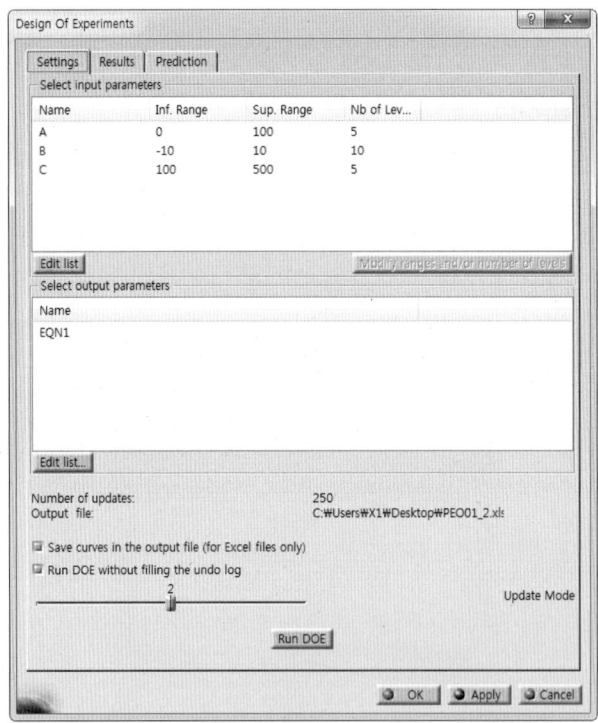

이제 Run DOE를 실행해 줍니다. 그럼 파일 저장 경로를 묻는 창이 나타나게 되고 이를 저의해 준 후 다음과 같은 Computation이 진행되는 것을 확인할 수 있습니다.

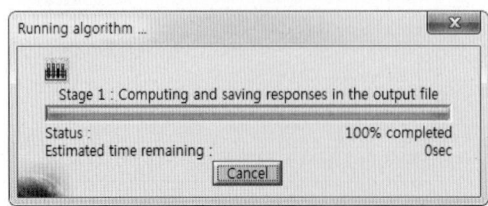

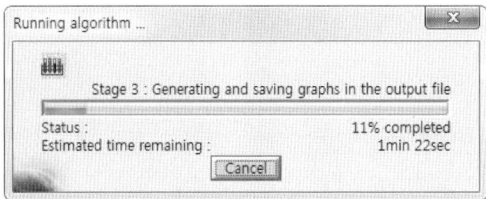

Results Tab에서 다음과 같이 변수들이 어떤 과정을 거치는지 확인이 가능합니다.

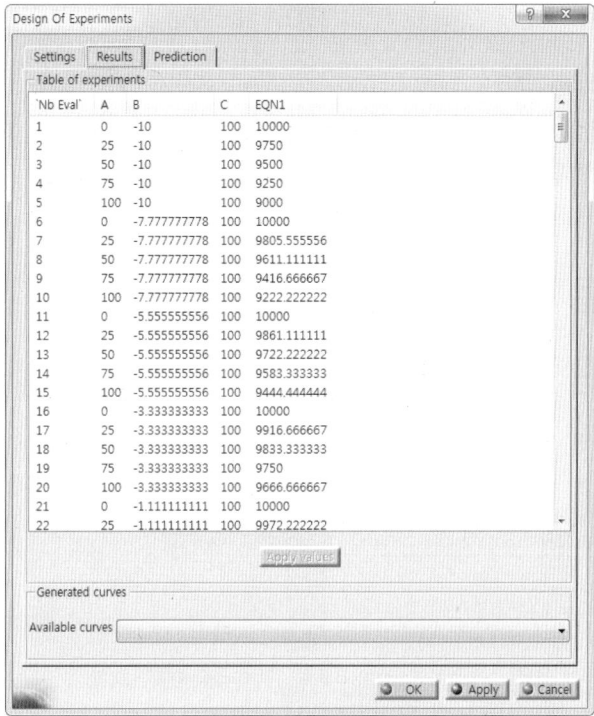

여기서 Generated Curves에서 원하는 값을 선택해 주면 그래프를 통한 확인도 가능합니다.

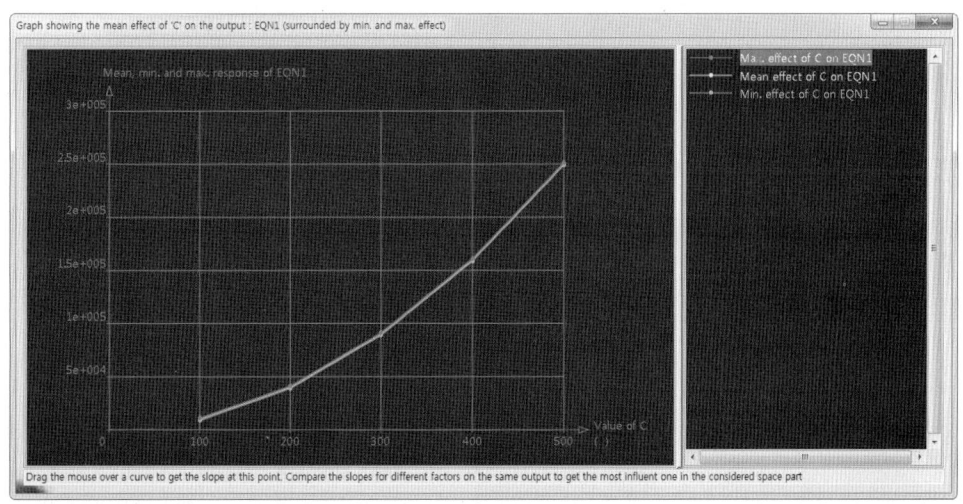

여기서 추가적으로 Prediction 값을 확인하기 위해 추가 분석이 가능하기도 합니다.

B. Constraints Satisfaction

■ **Constraints Satisfaction**

이 명령은 일련의 구속 조건을 만족하는 값을 찾기 위하여 사용합니다. 명령을 실행하면 다음과 같은 창이 나타납니다. 3가지 Tab 값을 가지게 됩니다.

• Editor Tab

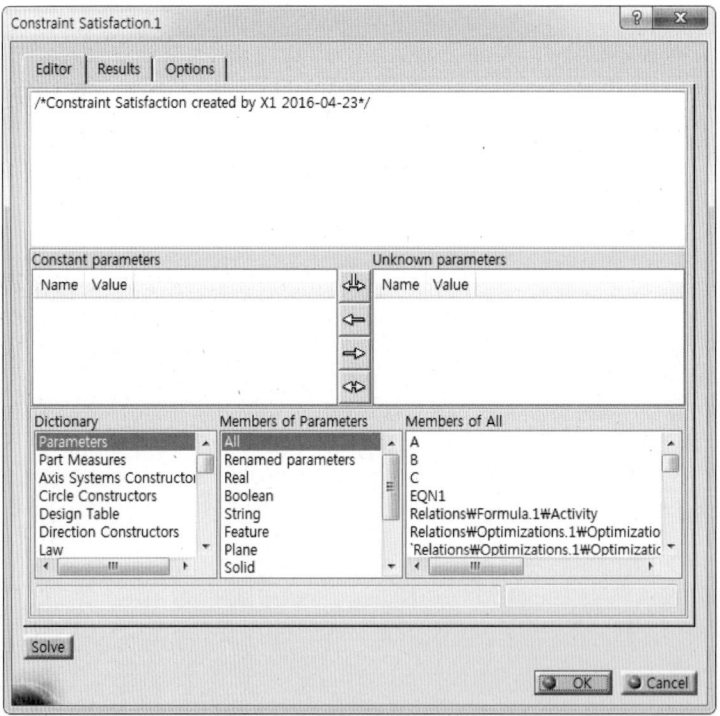

여기서 작업자는 구속으로 작용할 조건과 변수를 적용하게 됩니다. 그 값을 적용한 후에 Solve 버튼을 눌러 그 결과를 확인할 수 있습니다.

• Results Tab

계산 작업에 의한 결과를 확인할 수 있는 Tab입니다.

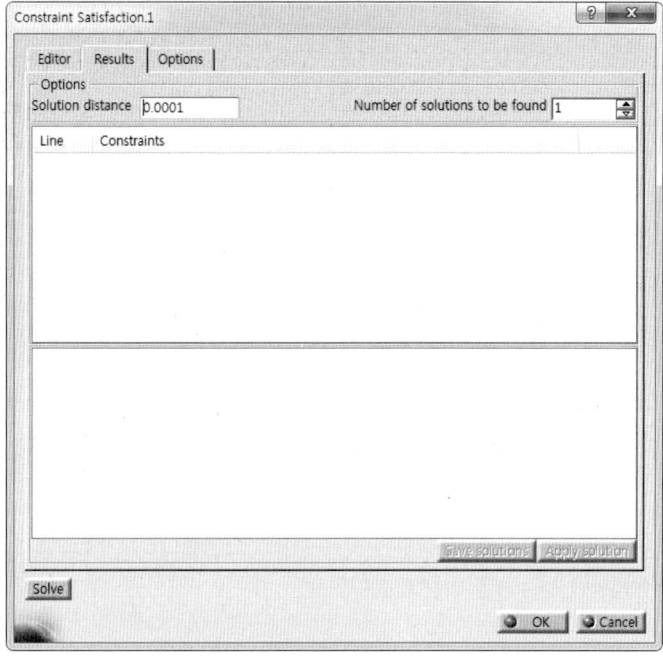

• Options Tab

계산 작업에 필요한 옵션 값을 설정할 수 있는 Tab입니다.

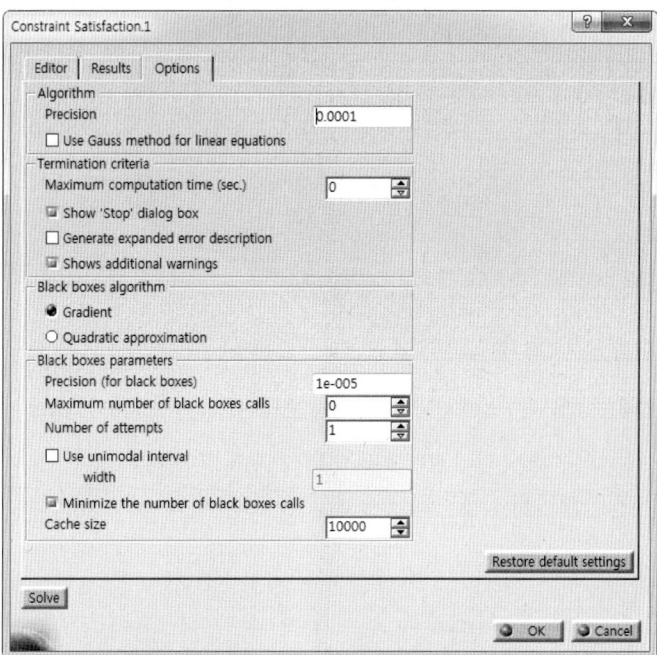

다음의 예를 보도록 하겠습니다. 우선 새로운 Part 도큐먼트를 생성한 후 다음과 같이 변수를 생성해 주겠습니다.

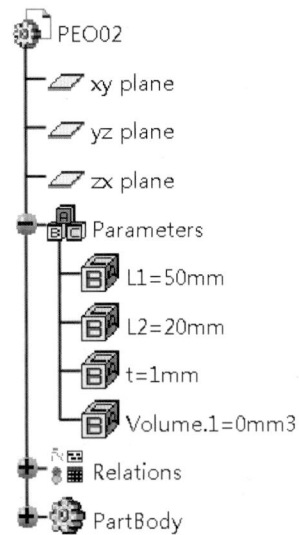

그리고 다음과 같이 간단한 Pad와 Shell로 구성된 형상을 만들어 주겠습니다. 가로(L1), 세로(L2) 높이(L2) Shell 두께(t)에 대해서 위에서 생성한 변수들을 적용해 줍니다.

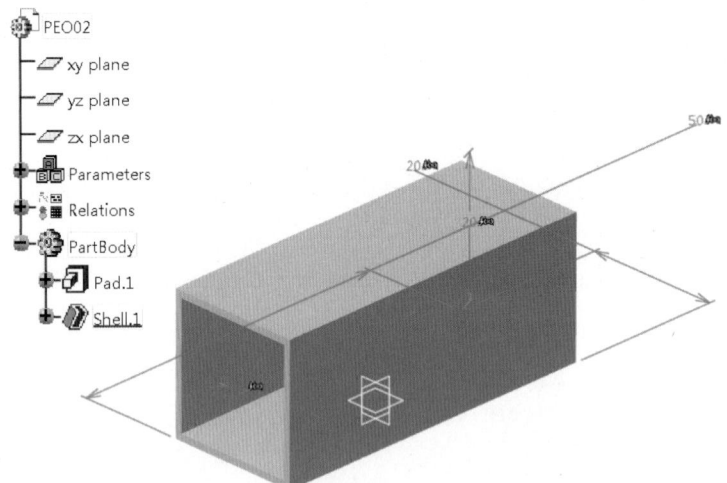

여기에 다음과 같이 정의해 주겠습니다. smartVolume 함수는 앞서 Knowledge Advisor에서 배운 Body의 부피를 측정하는 역할을 합니다. 하단에 Constant Parameter와 unknown parameter는 창의 중간에 Parse. 버튼을 눌러 입력하게 됩니다.

L1 〈100mm;	
L2 〈100mm;	
t 〈2mm; t 〉0.5mm;	
Volume.1 == smartVolume(PartBody)	
L2 t	L1 Volume.1

그러고 나서 Solve를 실행하면 해가 수렴하는 경우 성공 메시지를 출력할 것입니다.

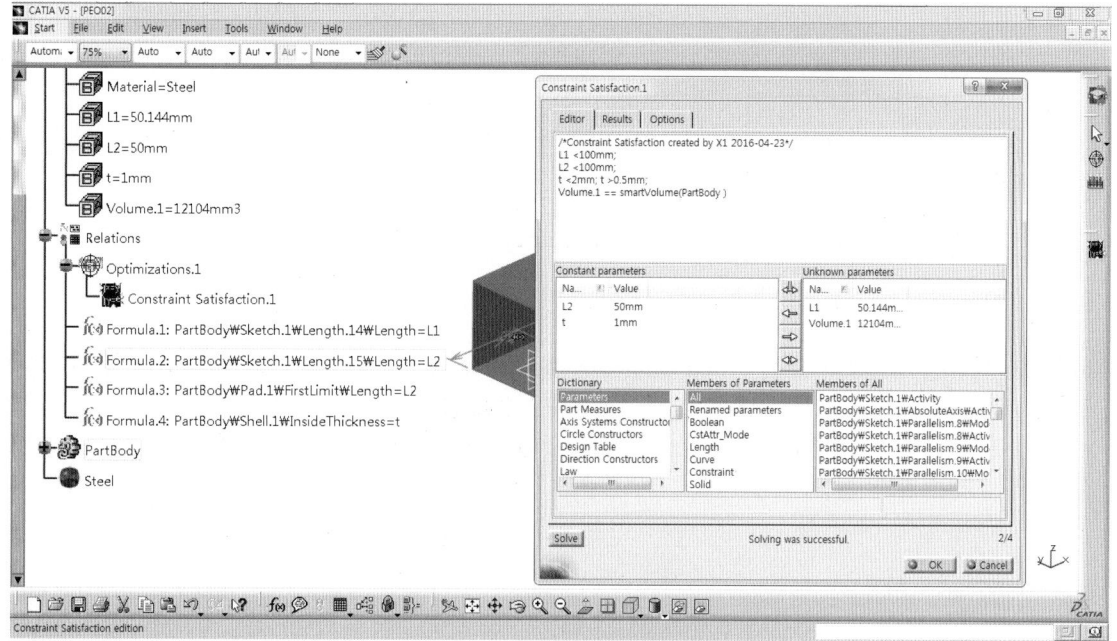

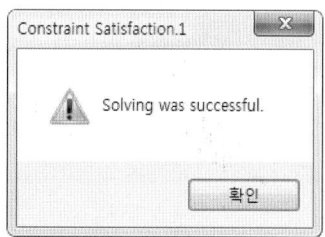

해가 수렴하지 않는 경우엔 해가 없다는 메시지가 출력되기 때문에 작업자는 원하는 값을 출력할 수 있도록 주의를 기울여야 합니다.

명령을 종료할 때 Log를 저장할지 묻게 됩니다. OK를 누르면 Excel 형식으로 계산 Results Tab에 있는 정보가 저장됩니다.

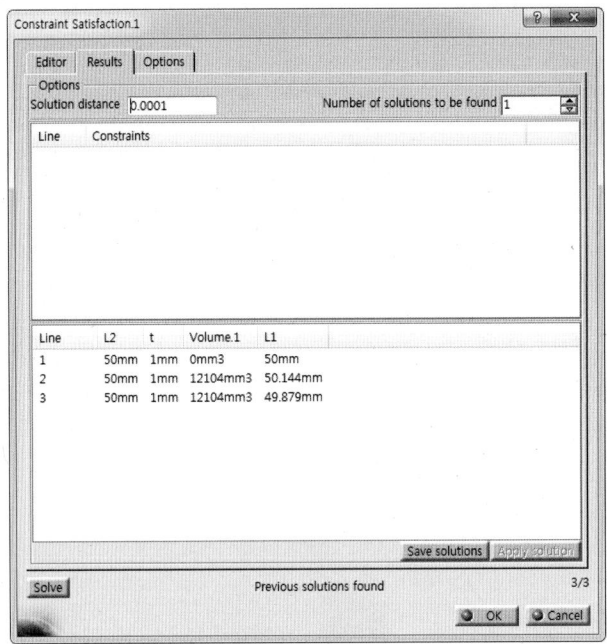

이 장에서 여러분은 Product Engineering Optimizer Workbench에서 사용하는 작업 순서나 방식 그리고 이에 필요한 기능들을 공부하였습니다. 이에 대한 기본적인 이론을 습득하고 다음으로 수행해야 할 것은 많은 연습의 시간입니다. 따라서 이 교제의 카페(cafe.daum.net/ASCATI)에서 수 백여 장의 연습 도면과 실기 강좌를 통하여 실제 모델링 하는 감을 익히기 바랍니다.

MEMO

Chapter 10

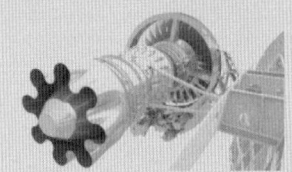

Generative Shape Design

Section 01 | GSD Workbench에서의 모델링 특징 및 접근 방법
Section 02 | Geometrical Set Management
Section 03 | Toolbar
Section 04 | Multi-Result Management

이번 장에서는 CATIA 3차원 곡면 설계의 가장 중요한 부분이라 할 수 있는 Generative Shape Design Workbench입니다. 곡면이 두께가 없는 형상이다 보니 표현이 자유롭고 보다 풍부한 표현 능력을 나타내고 있습니다. 따라서 Workbench의 학습을 통하여 독자 여러분은 보다 복잡하고 난이도 있는 형상을 다룰 수 있으며 Surface로 모델링 후에 Solid화 하여 제품으로 활용하는 방법을 공부할 것입니다. 더불어 IGES와 같은 중립 파일로 전달받은 형상을 수정하거나 변환하는 방법 또한 친숙해 질 것입니다.

Section 01 | GSD Workbench에서의 모델링 특징 및 접근 방법

일반적으로 기계 제도를 공부하시거나 기계공학을 전공하신 분들이 곡면 설계를 하는 경우 어려움을 겪는 경우가 종종 있습니다. 형상을 이해하는 방식 또는 모델링에서 접근 방식의 차이에서 오는 어려움이라 할 수 있는데요. Solid 모델링 방식을 통해 하나씩 쌓아나가거나 제거하는 방식은 간편한 모델링 방식에 속합니다.(Solid 모델링이 나중에 정립된 모델링 방식이지만 접근은 더 편리합니다.) 그러나 곡면 모델링의 경우 내부가 비어있는 상태(두께 0)를 고려하여 정의하기 때문에 중첩이나 틈(Gap)이 생길 경우 처리해야 하는 문제점도 있습니다. 또한 작업 내역이 순차적 기록이 아닌 단순 묶음에 의한 정렬이라는 점도 우리가 CATIA에서 모델링을 하면서 단순히 형상 위주의 모델링을 할 때 주의해야할 사항이기도 합니다. Geometrical Set을 이용한 Tree 정리 및 작업 구상을 확실히 정의한 후에 모델링하는 습관을 들이시길 권장합니다. Solid 모델링에서 Body를 나누는 것 보다 더 비중 있는 사항입니다.

또한 우리는 곡면 모델링의 경우 다루게 되는 대상이 Solid 모델링에서 보다 훨씬 복잡하다는 점을 염두에 두어야 합니다. Solid 모델링 방식으로 처리할 수 없는 형상이기에 Surface 모델링으로 작업 하는 경우가 많기 때문입니다. 그것은 Surface 모델링이 형상을 정의하는 제약이 거의 없기 때문입니다. 그리고 이웃하는 곡면들과의 연속성도 살펴야 하는 문제구요. 단순히 우리가 형상들을 이어 붙인다고 해서 실제 제작까지 가능한 형상이 나오는 것은 아닙니다. 얼마나 매끄럽게 부드럽게 정의하는지가 Skin 형상을 정의하는 작업에서는 큰 영향을 미치게 됩니다. 선도 Class A라는 말을 종종 들어보신 분들이시라면 곡면에 연속성에 대해서 잘 이해하시리라 생각됩니다.

여기 Generative Shape Design Workbench의 경우 Surface 모델링을 하는 가장 대표적인 CATIA Workbench 라고 할 수 있습니다. Wireframe & Surface(WFS) Design Workbench와 기능이 거의 일치하는데요. GSD Workbench 쪽이 더 많은 기능과 표현 능력을 가지고 있습니다. 아마도 라이센스가 있는 곳이라면 WFS가 아닌 GSD로 작업을 주로 하실 것입니다. 일반적으로 Profile과 치수를 이용한 설계 방식이기에 곡면이 들어간 정형화된 형상을 정의할 때 GSD에서 작업을 수행합니다. Profile을 그리고 거기에 형상에 관련된 3차원 기능을 적용하는 것은 Solid 모델링과 유사하다고 할 수 있습니다. 그리고 이렇게 만들어진 각각의 곡면들을 교차하는 지점을 기준으로 잘라낸다거나 이어 붙여주는 작업을 수행하게 됩니다. 아마도 Solid 모델링을 익히신 후에 Surface 모델링을 공부하신다면 GSD가 가장 쉬운 Workbench라 할 수 있을 것입니다. 그러면서 곡면 설계에서 비중도 높은 편이니 깊이 관심을 가지시기 바랍니다. 다음에 공부하게 될 FreeStyle Workbench와 작업 방식을 비교해 보기도 권장합니다.

자 그럼 GSD Workbench를 이용한 Surface 모델링을 공부해 보도록 하겠습니다.

Section 02 | Geometrical Set Management

Geometrical Set은 Surface 또는 Wireframe, Sketch 형상을 나누어 보관하는 꾸러미 역할을 합니다. 작업 순서와 상관없이 위의 형상 요소들을 묶어 두는 기능을 하기 때문에 우리가 필요한 형상들만을 모아서 새로운 Geometrical Set을 구성할 수도 있으며 하나의 Geometrical Set을 다른 Geometrical Set에 넣을 수도 있습니다.

이러한 Geometrical Set의 특성을 잘 이용한다면 현재 작업한 형상을 보다 수정하기 쉽도록 Spec Tree를 구성할 수 있는데 우리가 모델링을 하면서 우선적으로 고려해야 할 사항 중에 하나입니다.

'수정이 용이한 모델링'

물론 간단한 형상에서는 금방 변경 사항이 무엇이고 오류가 무엇인지 찾아내기 쉽습니다. 그러나 Spec Tree가 화면을 넘어가는 수준부터는 맘먹고 Spec Tree를 관찰하지 않고서는 웬만한 사람들의 경우 수정할 엄두를 내지 못합니다. 특히 Surface 모델링 방식은 형상을 순서대로 쌓아 나가는 방식이 아니기 때문에 어떠한 요소를 어디에 사용했는지 단번에 찾아내기 힘들 수 있습니다. 이러한 이유로 하여금 우리는 Spec Tree 상의 작업 관리 필요성을 강조합니다. 무조건 형상만 맞게 만든다고 만점이 되지는 않는다는 것입니다. 이제 Geometrical Set을 다루는 방법을 통하여 보다 효율적이고 수정이 용이하도록 모델링 작업 방식을 소개하겠습니다.

A. Geometric Set 만들기

앞서 기본 설정 단계에서 명령어에 단축키를 입력하는 방법으로 Geometrical Set을 Part에 손쉽게 추가하도록 단축키를 지정할 수 있습니다.

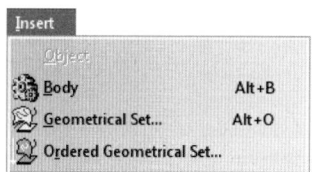

또한 Option을 이용하여 Part Document가 시작하면서 Axis System과 더불어 Geometrical Set을 가진 상태로 시작할 수 있도록 하는 방법도 공부하였습니다.

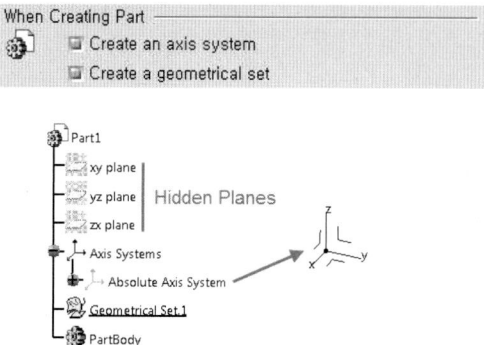

현재 Part의 Spec Tree가 다음과 같다고 할 때 이제 여기에 새로운 Geometrical Set을 추가해 보도록 하겠습니다.

풀다운 메뉴에서 Insert ⇨ Geometrical Set을 선택하면 다음과 같이 Insert Geometrical Set 창이 나타날 것입니다.

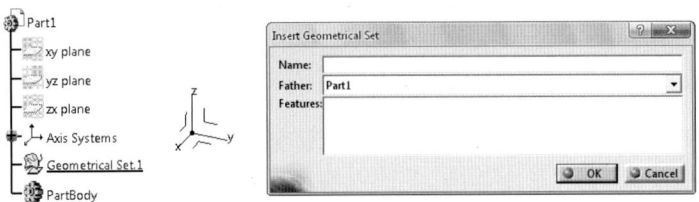

여기서 원하는 Geometrical Set의 이름을 Name에 입력을 해줍니다. Name을 빈칸으로 두면 자동적으로 Geometrical Set. X와 같이 나타납니다. X는 숫자입니다.

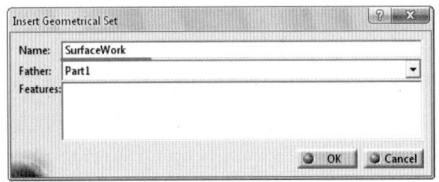

그리고 이 상태에서 바로 OK를 입력하면 현재의 Spec Tree에서 Define 된 곳의 다음 부분에 Geometrical Set이 추가됩니다. 이것은 위의 Geometrical Set의 Father가 루트인 Part1으로 되어 있다는 점을 생각하면 쉽게 이해할 수 있을 것입니다. 자식 요소(Children)은 반드시 부모 요소(Parents)의 안에 위치하게 됩니다.

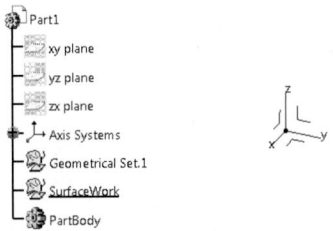

만약에 Insert Geometrical Set을 추가하는 과정에서 이미 Spec Tree에 있는 Geometrical Set을 선택해 보도록 하겠습니다.

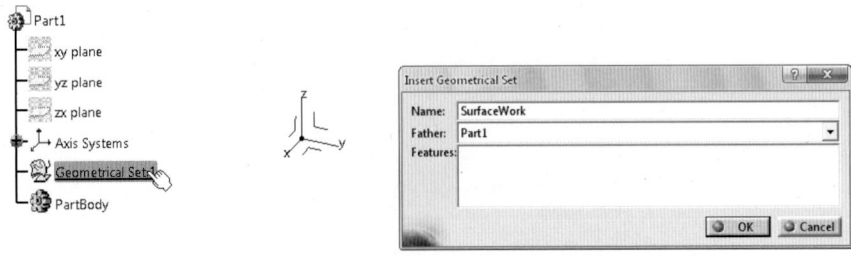

그러면 다음과 같이 Feature Selection 창이 나타나는 게 보일 것입니다.

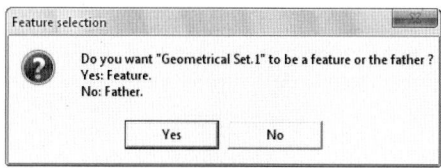

여기서 'No'를 선택하면 현재 선택한 Geometrical Set을 상위 Geometrical Set으로 놓고 새로이 만들어지는 현재 Geometrical Set을 그 하위 Geometrical Set으로 놓는 구조를 만들 수 있습니다.

즉, 현재 만들려는 Geometrical Set의 Father를 루트인 Part1에서 'Geometrical Set. 1'을 선택하게 되는 것입니다.

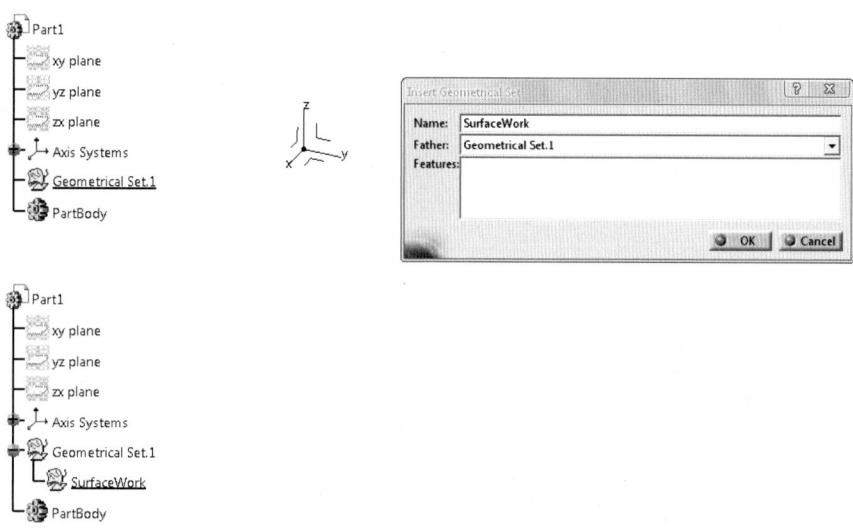

만약에 'Yes'를 선택한다면 그 반대로 새로이 만들어지는 현재 Geometrical Set을 상위 Geometrical Set으로 놓고 선택한 Geometrical Set을 그 하위 Geometrical Set으로 하는 구조를 갖게 할 수 있습니다. 여기서는 추가하는 Geometrical Set의 이름을 'Job1'으로 변경하였습니다. Features에 Surface라는 Geometrical Set이 첨가되는 것을 Definition 창에서 볼 수 있습니다.

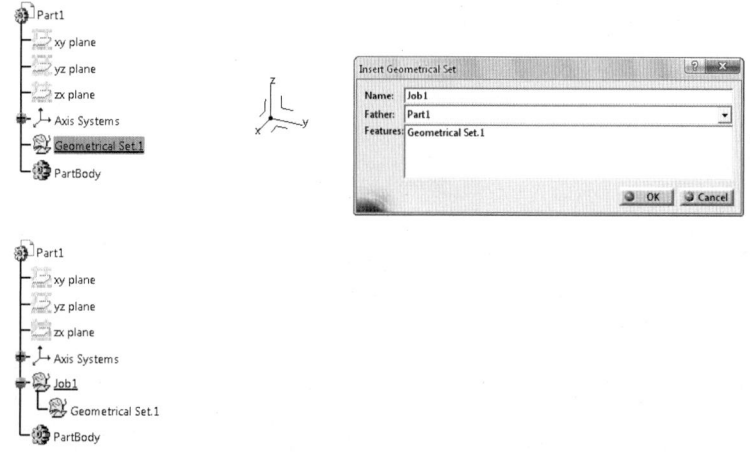

이러한 Geometrical Set 속의 또 다른 Geometrical Set을 적절히 이용하면 각 작업을 분류하여 정리하는데 큰 도움을 줄 수 있습니다.

Geometrical Set은 Insert Toolbar에서도 추가해 줄 수 있습니다.

B. Geometric Set을 이용한 Spec Tree 구성

앞서 Geometrical Set을 추가하는 방법을 사용하여 다음과 같은 구조를 만들 수 있습니다.

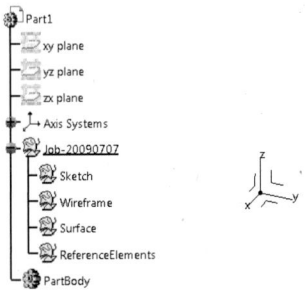

하나의 Main Part에 대한 Geometrical Set 아래에 Wireframe, Surface, Operation의 하위 Geometrical Set을 만들어 주었습니다. 이렇게 Spec Tree를 구성하여 Sketch나 Wireframe 요소는 'Sketch' 혹은 'Wireframe' Geometrical Set에 모아두고 Surface 관련 명령은 'Surface'라는 Geometrical Set에 모아둡니다.

물론 이와 같은 구조는 간단히 Toolbar의 이름으로 나누어준 하나의 예에 지나지 않습니다. 작업의 효율을 생각하여 또 다른 분류 목록을 작성하여 Geometrical Set으로 구조를 만들어 주어도 됩니다.

다음은 간단한 형상을 작업한 예제의 Spec Tree입니다.

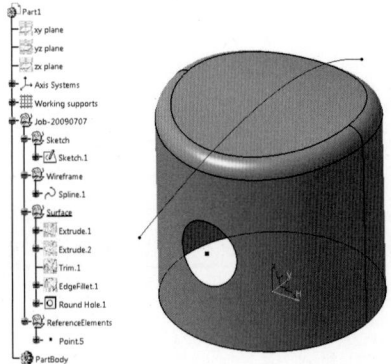

여기서 마지막으로 한 가지로 다음과 같이 최종 결과 형상을 복사하여 Geometrical Set 최 하단에 'Paste Special' 합니다. 'As Result with link'로 합니다.

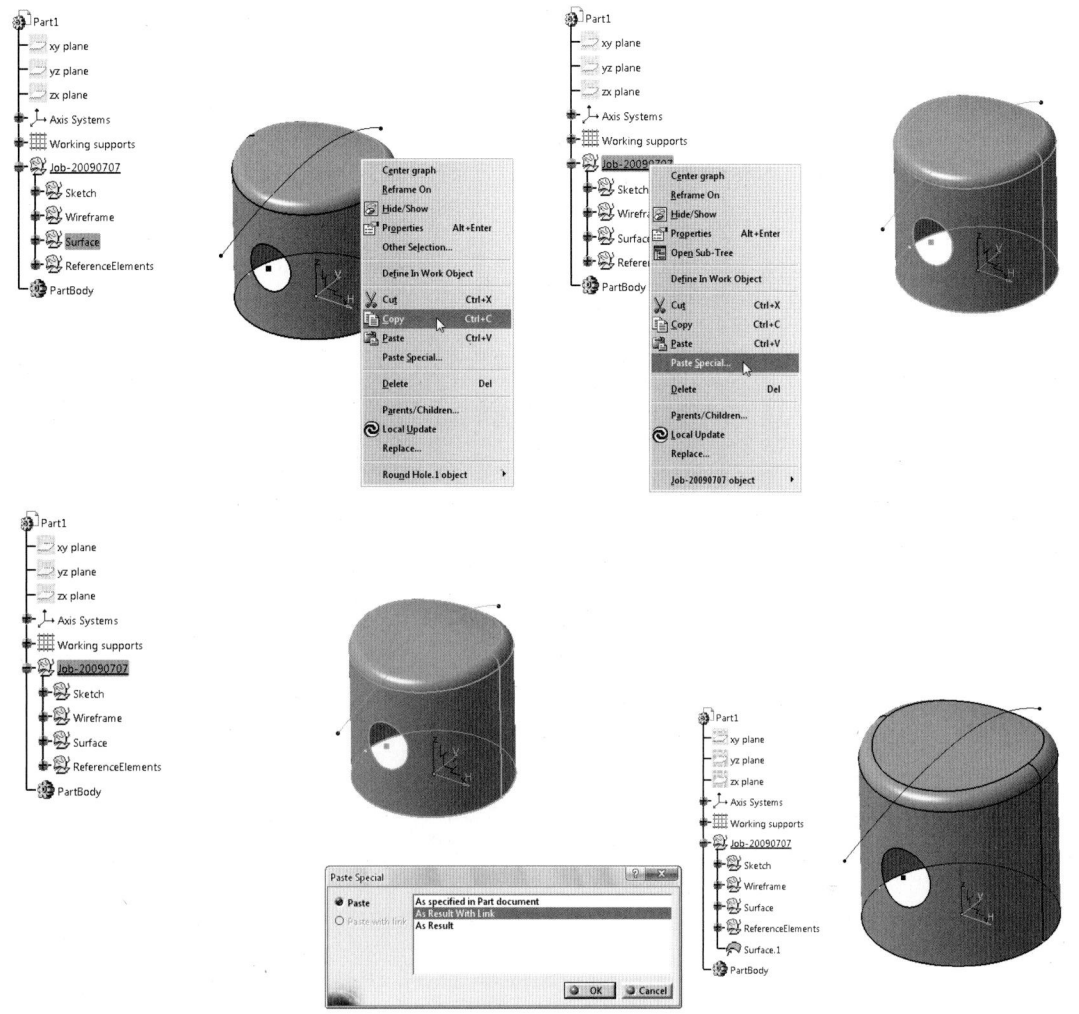

이렇게 작업을 수행하여 놓으면 완료 형상이 마지막에 어디에 정렬되었는지라 수정을 위해 Spec Tree를 건드릴 때 훨씬 수월하게 됩니다.

그리고 이러한 Geometrical Set의 구조는 앞서 설명한 Duplicate Geometrical Set 명령을 사용하여 현재 Document에 여러 개를 복사하여 틀로 사용할 수 있습니다.

이렇게 Geometrical Set 구조를 완성 한 후에 Main Part에 해당하는 Geometrical Set을 Group으로 바꾸어 주면 한층 더 정돈된 상태로 Spec Tree를 구성할 수 있습니다. Main Part에 해당하는 상위 Geometrical Set을 선택하고 Contextual Menu(MB3 버튼)에 들어가 가장 아래 있는 Geometrical Set. X object에서 Create Group를 선택합니다.

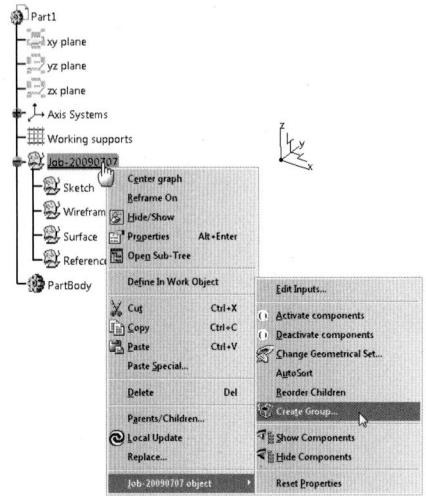

그러면 다음과 같이 Group 정의 창이 나타납니다.

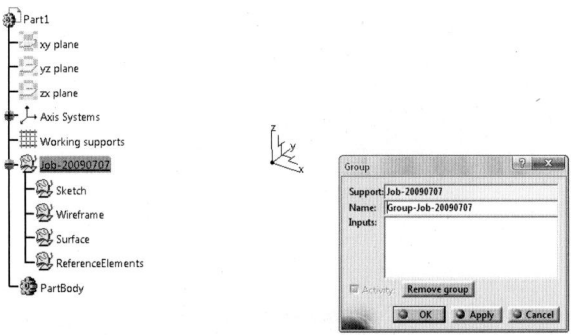

생성될 Group 이름을 변경하거나 다른 Input 요소를 추가하려는 요소를 선택을 해주고 OK를 누르면 다음과 같이 Geometrical Set이 Group으로 바뀌는 것을 볼 수 있습니다.

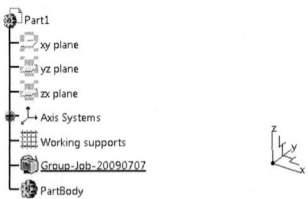

Group을 처음 만들게 되면 Group의 요소가 보이지 않고 접혀있는데 다시 Contextual Menu(MB3 버튼)를 선택하여 Geometrical Set. X object로 이동한 후, 그 안의 Expand Group를 이용하면 Group 안의 성분을 열어 볼 수 있습니다.

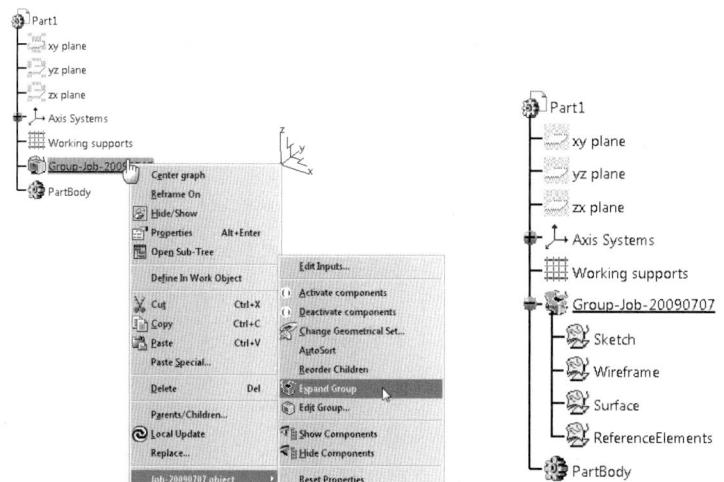

반대로 Group을 접어서 성분을 보지 않으려면 같은 메뉴로 이동하여 이번엔 Collapse Group를 선택해 줍니다.

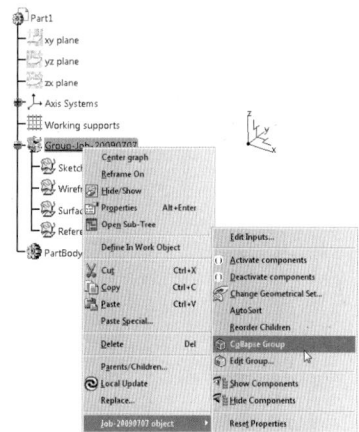

C. Geometric Set으로 형상 요소 정렬하기

위에서 Geometrical Set을 구조적으로 정렬하였다면 다음으로 할 일은 이곳에 각각의 형상에 맞는 Geometrical Set으로 요소들을 이동을 시켜주어야 합니다. 작업을 하면서 즉각적으로 각 요소에 맞게 'Define in work object'를 원하는 Geometrical Set에 걸어 작업을 할 수도 있습니다. 물론 가장 바람직한 방법일 것입니다.

다음과 같이 Sketch에 Define을 걸고 Sketch 작업을 하는 것을 따라해 보고 작업 과정에서 이 과정을 이해해 보기 바랍니다.

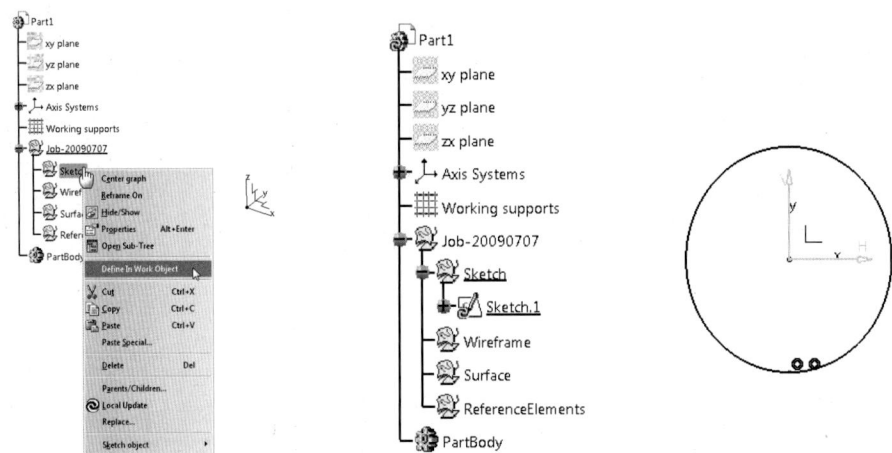

그러나 항상 이렇게 Define을 걸며 작업을 하기가 쉬운 것은 아닐 수도 있습니다. 따라서 어떤 경우에는 메인 Part 에 작업을 모두 해 놓고 작업이 완료된 후 이것을 각 하위 Geometrical Set으로 옮기는 경우도 있습니다. 이렇게 작업을 할 때는 우선 이동하고자 하는 요소들을 CTRL Key를 이용하여 복수 선택합니다. 그리고 Contextual Menu(MB3 버튼)를 열어 가장 아래 보이는 Selected object로 이동해 그 안에 Change Geometrical Set을 이용 하여 형상 요소들을 원하는 Geometrical Set으로 이동시킵니다.

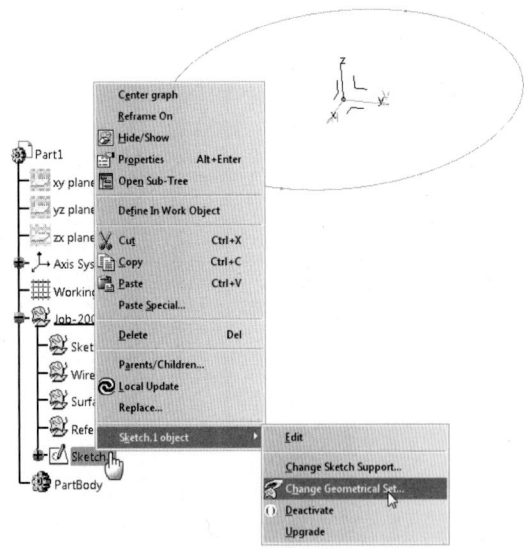

Change Geometrical Set을 선택하면 다음과 같은 창이 나타날 것입니다. 여기서 옮기고자 하는 Geometrical Set 을 선택해 줍니다. 그럼 다음과 같은 창이 나타납니다. 여기서 'Yes'를 선택하면 지정한 Geometrical Set 다음에 정렬이 되는 것이고, 'No'를 선택하면 지정한 Geometrical Set의 안으로 대상을 이동시키게 합니다.

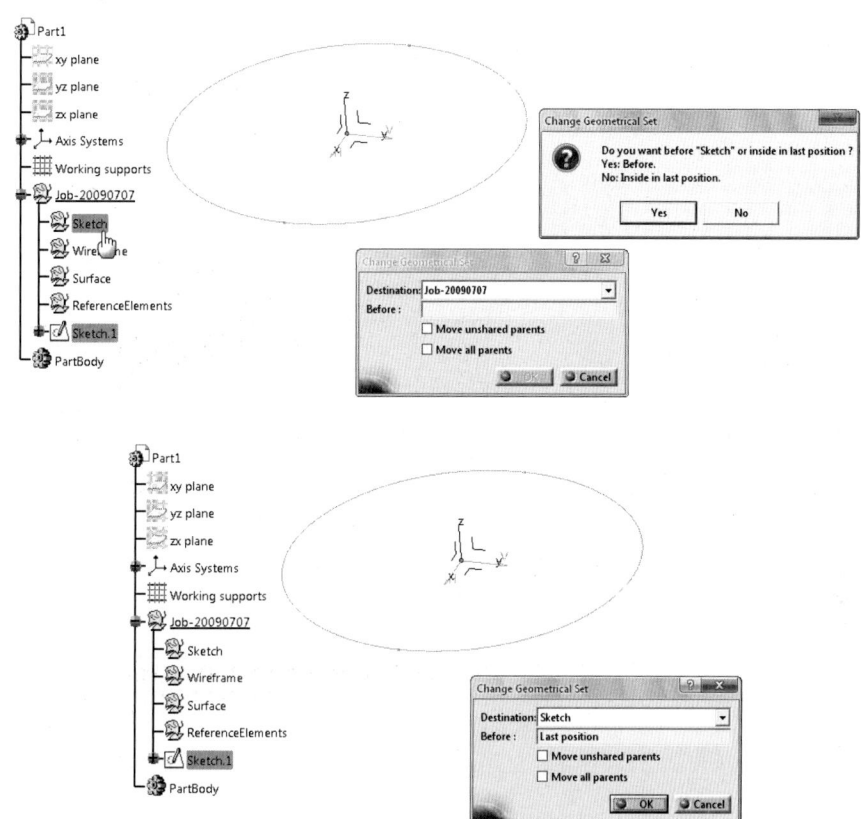

다음과 같이 형상이 옮겨지는 것을 볼 수 있습니다.

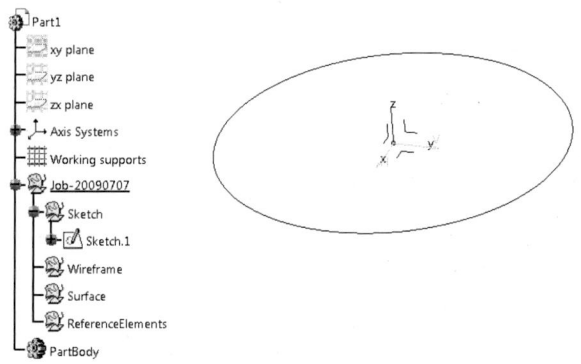

Change Geometrical Set 명령은 Geometrical Set 자체를 이동시키는 데에도 사용할 수 있으며 아래와 같이 복수 선택으로 대상을 한 번에 이동시킬 수 있습니다. 복수 선택은 CTRL Key를 누르고 대상을 선택하면 됩니다.

이러한 방법을 사용하여 원하는 Geometrical Set을 작업하는 중간에 구성할 수 있습니다.

다음으로 이렇게 옮겨진 형상 요소들을 정렬하는 방법을 소개합니다. Geometrical Set의 Contextual Menu(MB3 버튼)에 들어가 가장 아래 있는 Geometrical Set. X object에 가면 Reorder Children이 보일 것입니다. 이것을 선택하게 되면 현재 선택한 Geometrical Set 안에 있는 형상 요소 및 Geometrical Set 들의 순서를 정렬할 수 있습니다.

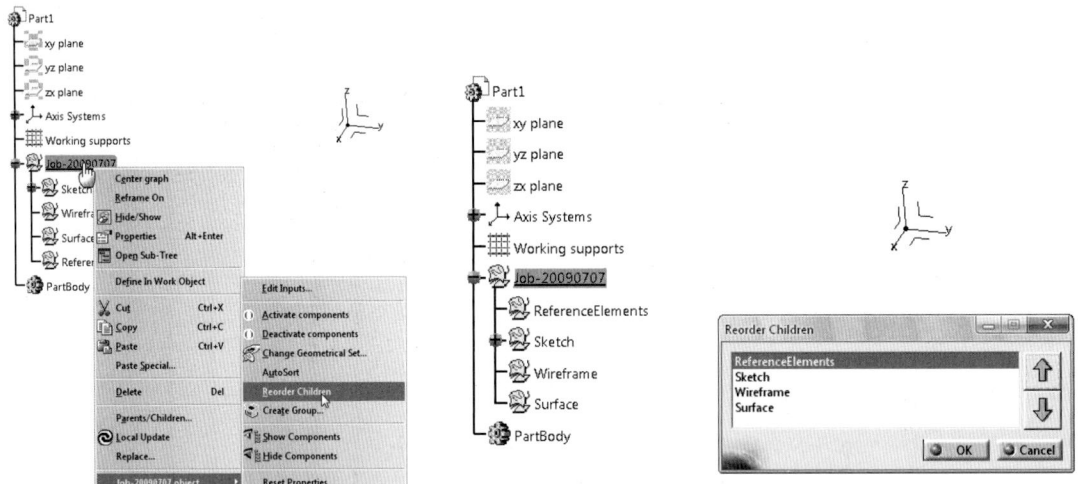

D. Geometric Set 삭제하기

Geometrical Set을 삭제하고자 한다면 Delete Key를 누르면 됩니다. 물론 이렇게 할 경우 그 안에 들어있던 모든 성분 역시 모두 사라지게 됩니다.

만약에 Geometrical Set만 지우고 내부 구성 요소는 보존하고자 할 때는 어떻게 해야 할까요?

이런 경우라면 다음과 같이 제거하고자 하는 하위 Geometrical Set의 Contextual Menu(MB3 버튼)를 열어 여기서 가장 아래에 있는 Geometrical Set. X object에서 Remove Geometrical Set을 선택해 줍니다.

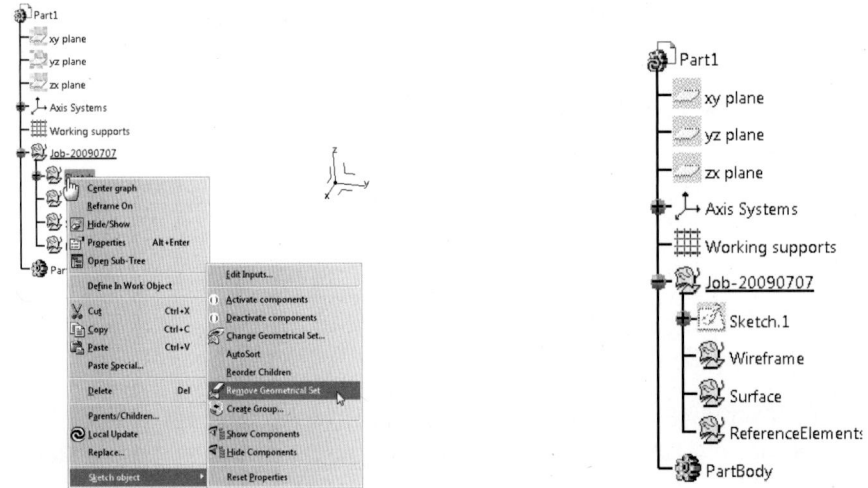

그러면 Geometrical Set만 삭제가 되고 그 안에 들어있던 요소들은 상위 Geometrical Set으로 옮겨집니다.

루트에 직접 나와 있는 메인 Geometrical Set에는 이러한 Remove Geometrical Set 명령이 없으니 유의하기 바랍니다. 오로지 하나의 Geometrical Set에 속한 하위 Geometrical Set에서만 Remove Geometrical Set 명령 사용이 가능합니다.

E. Geometrical Set으로 Group 만들기

Geometrical Set으로 정렬된 형상 요소들은 나중에 Group이라는 요소로 하나의 묶음으로 바꾸어 놓을 수 있습니다.

다음과 같이 Group으로 묶어주고자 하는 Geometrical Set을 선택하여 마우스 오른쪽 Contextual Menu를 선택합니다.

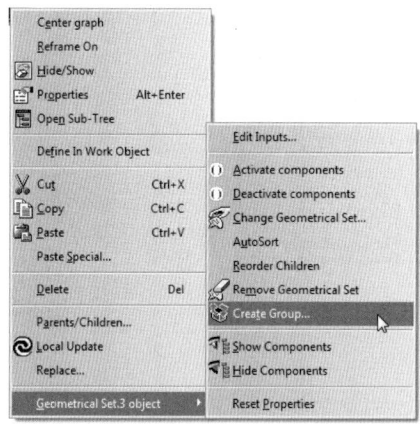

Object안에 Create Group을 선택해 줍니다. 그럼 다음과 같은 창이 나타나는데 여기에 Group 이름과 입력 요소를 선택해 줄 수 있습니다. 입력 요소로 선택된 대상은 Group에서 Tree에 나타납니다. 그 외 Geometrical Set 안에 있던 대상은 Group안으로 들어가 숨겨집니다.

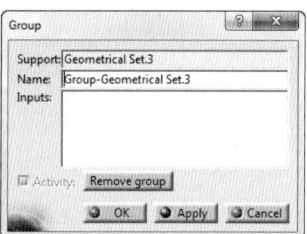

만약에 Group으로 묶인 대상들을 다시 열어 수정 또는 보고자 한다면 다음과 같이 Group을 선택하고 Contextual Menu를 선택하여 Expand Group을 선택해 줍니다.

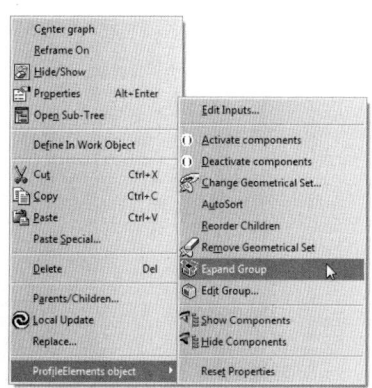

F. Ordered Geometrical Set(O.G.S)

Ordered Geometrical Set(OGS) 은 작업한 형상과 작업한 내용이 작업 순서를 가진 채 저장이 됩니다. 즉, 시작에서부터 끝까지 하나의 Ordered Geometrical Set의 내용은 이전 작업과 다음 작업에 영향을 주고받는 것입니다. 일반적인 Geometrical Set이 아무런 작업 순서에 구애 받지 않음을 안다면 확실한 차이를 알 것입니다. 따라서 OGS에서 작업한 형상들 사이에서는 'Define in work object'를 사용할 수 있습니다.

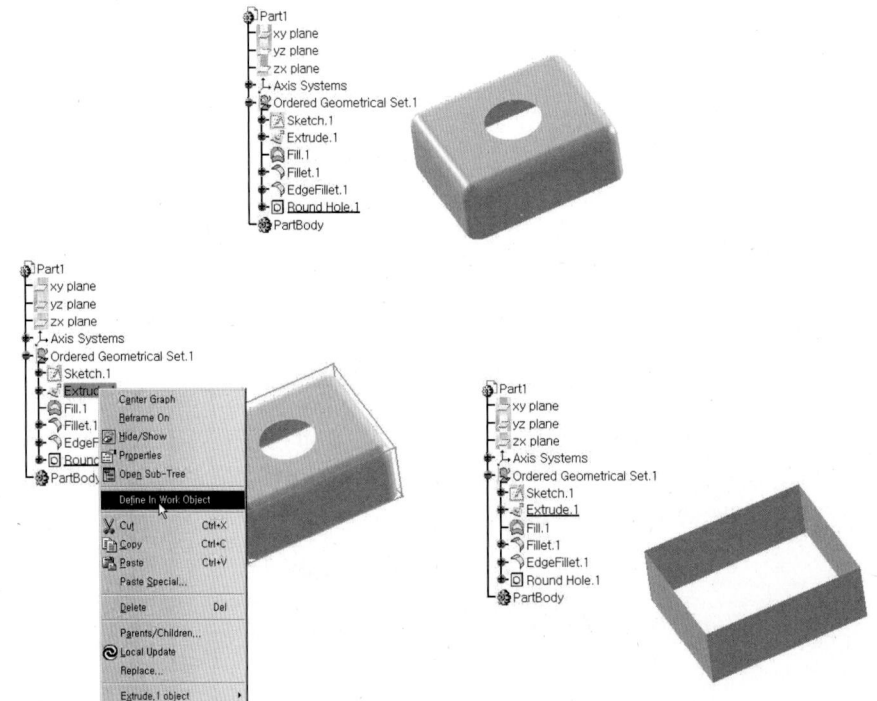

또한 Reorder 기능도 사용이 가능합니다.

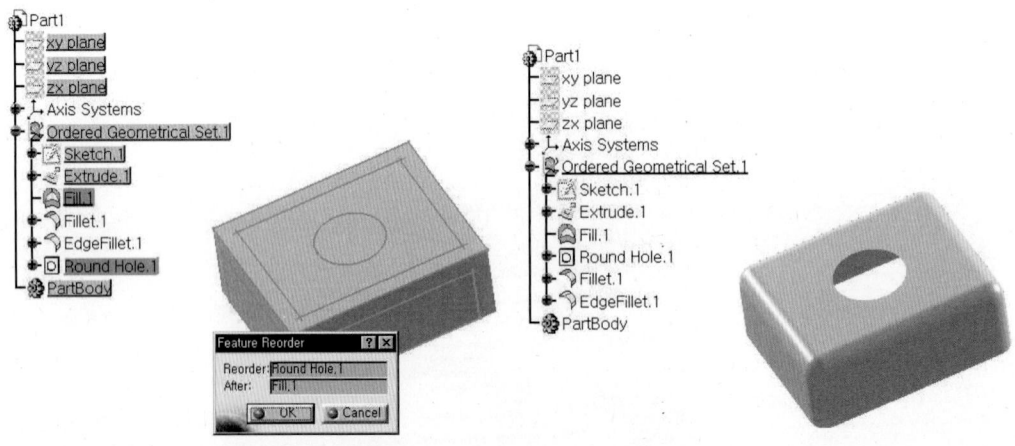

Surface 모델링에서 많은 사용은 하지 않으나 다음과 같이 Hybrid Design Option이 체크된 상태에서 Body와 섞어

서 사용하는 것이 가능합니다. Option에서 Enable Hybrid Design을 활성화하면 다음과 같이 PartDocument가 시작할 때 OGS를 생성할 수 있습니다. 이 때 OGS는 Body 안에 만들어집니다.

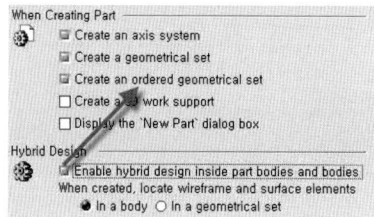 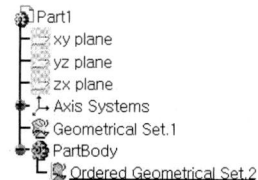

또한 Order Geometrical Set을 일반 Geometrical Set으로 바꾸어 줄 수 있습니다. Contextual Menu (MB3 버튼)에서 Ordered Geometrical Set. X object에서 Switch To Geometrical Set을 선택합니다.

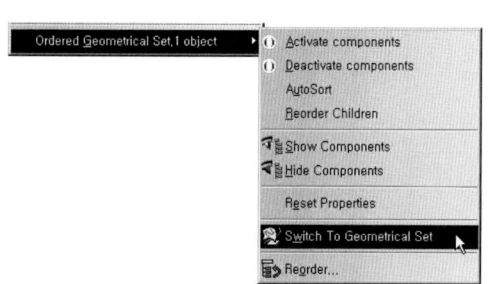 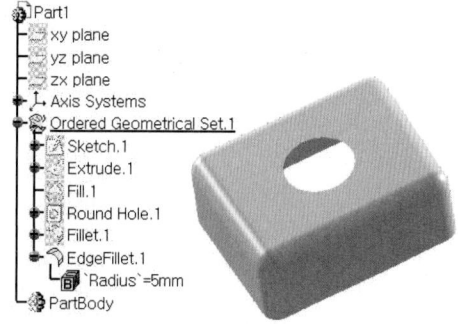

물론 이렇게 OGS를 Geometrical Set으로 변경한 경우 다시 OGS로 돌릴 수는 없으니 유의하기 바랍니다.

Section 03 | Toolbar

A. Insert

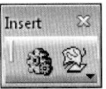

- **Body**

CATIA에서 하나의 Part Document의 Solid 형상을 구분하는 기준입니다. 따라서 하나의 Part Document엔 반드시 한 개 이상의 Part Document가 필요합니다.

CATIA에서 Part Document를 실행하였을 때 다음과 같이 이미 하나의 Body가 정의된 것을 Spec Tree 구조를 통해 확인할 수 있습니다.(PartBody는 하나의 Part Document에서 기준이 되는 Body라고 생각하면 됩니다.)

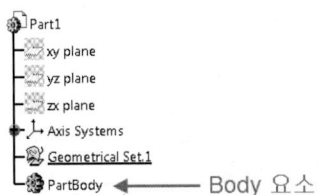

Multi Body를 이용한 Boolean Operation을 위해 이러한 Body를 추가해 주고자 할 경우에 이 명령을 사용합니다. Body 명령을 실행하면 다음과 같이 Spec Tree에 Body가 추가됩니다.

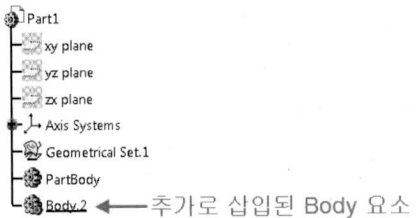

Part Design 등과 같은 Solid 기반 Workbench에서 사용합니다.(Surface 모델링에서는 Body를 거의 사용하지 않습니다.)

- **Geometrical Set**

CATIA Surface 모델링에서 Wireframe 및 Surface 형상 요소에 대해 정렬 및 구분을 짓기 위한 꾸러미 도구로 Surface Design을 수행하는데 있어 기본 틀이 되는 명령입니다. Sketch, Wireframe, Surface, Reference Elements 등에 대해서 Geometrical Set안으로 정렬하여 그룹처럼 지정할 수 있습니다.

단순히 Workbench 상에서 형상을 만들어 결과를 얻으려는 것이 아닌 데이터 관리 및 수정 등을 고려한 체계적인 모델링을 수행하고자 할 경우에 반드시 짜임새 있는 Geometrical Set Tree 구조부터 구성할 수 있어야 합니다. Geometrical Set은 작업 순서에 상관없이 대상들을 정렬할 수 있습니다.

Spec Tree 구성 예

Geometrical Set에 대한 자세한 설명은 'Geometrical Set Management' 부분을 참고 바랍니다.

■ Ordered Geometrical Set

Geometrical Set과 마찬가지로 Wireframe 및 Surface 요소들에 대해서 정렬 및 데이터 관리를 위한 꾸러미 기능을 하는 명령으로 Geometrical Set과 달리 정렬한 대상들에 대해서 작업 순서에 대한 영향을 받는다.

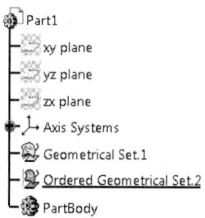

따라서 OGS는 Defined in work object에 영향을 받습니다. Ordered Geometrical Set에 대한 자세한 설명은 'Geometrical Set Management' 부분을 참고 바랍니다.

B. Wireframe

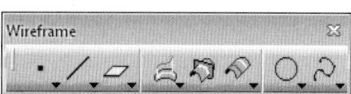

기본적인 Reference Element와 작업으로 만들어지는 결과가 Wireframe인 명령, 그리고 그 자체가 Wireframe인 형상 명령이 들어 있습니다. Wireframe Toolbar 안에는 많은 Sub Toolbar가 있음으로 그 Sub Toolbar의 기능까지 알아 두도록 합니다.

1. Points Sub Toolbar

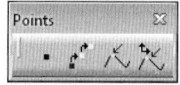

■ Point

3차원 상에서 Point를 생성하는 명령입니다. 평면이 아닌 3차원 좌표 상에 Point를 생성하는 명령이기 때문에 다양한 방식으로 정의가 가능합니다. 개략적인 Point 생성 방식을 나열하면 다음과 같습니다. 총 7가지 Type이 있습니다.

• Coordinates

가장 단순한 형태로 Point의 위치를 각각 X, Y, Z 방향의 좌표 값으로 입력받아 Point를 생성합니다. 여기서 입력되는 값은 Reference를 기준으로 입력되며 하단에 따로 Reference를 입력하지 않을 경우 절대 좌표를 기준으로 하며 따로 원점이 되는 지점의 Point를 선택하거나 Axis를 선택하면 이것을 기준으로 좌표의 값을 정의합니다.

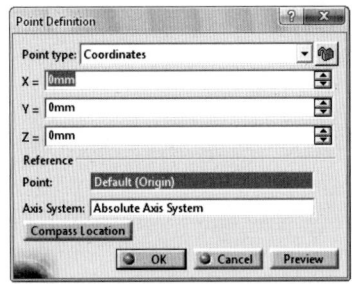

다음과 같이 원점을 기준으로 XYZ 세 축 방향의 좌표를 입력하여 Point의 위치를 결정합니다.

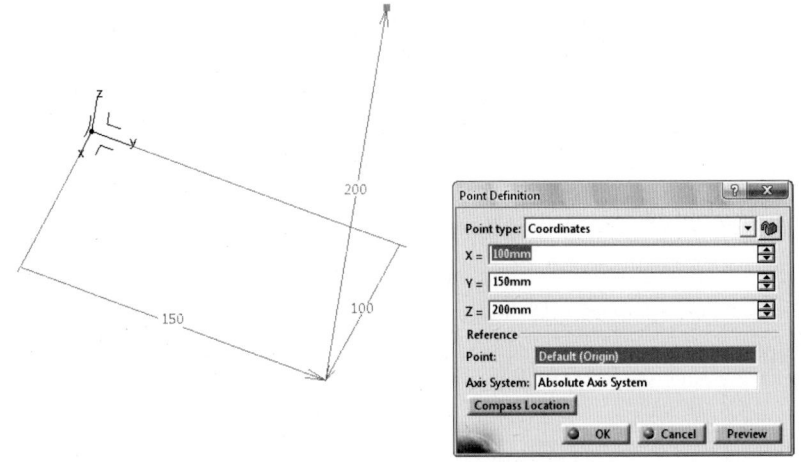

또는 아래와 같이 원점이 아닌 임의의 Point를 기준으로 Point의 위치를 정의하는 것이 가능합니다.

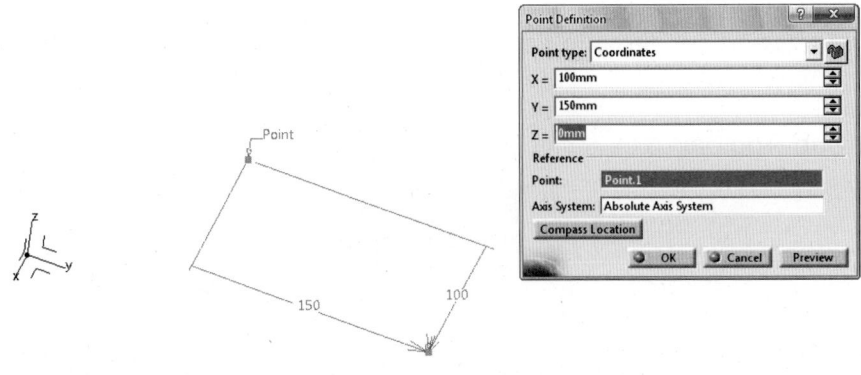

3차원 물체의 꼭짓점에 Point를 생성할 때도 사용할 수 있습니다.

• On Curve

이 Type은 곡선이나 직선상에서 그 선 위에 Point를 찍고자 할 경우에 사용할 수 있습니다.(3차원 형상의 Edge를 선택하는 것도 가능합니다.) Curve를 선택하면 다음과 같은 Definition 창이 나타납니다.

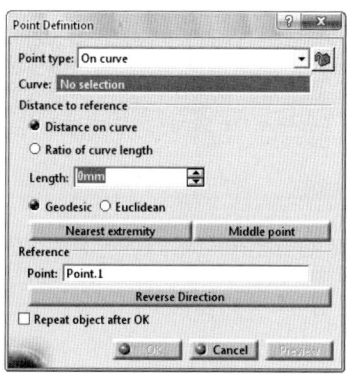

• Distance to reference

Curve 위의 거리는 나타내는 것을 실제 길이(Distance on Curve)로 할 것인지 아니면 전체를 1로 보고 그 비율로 할지(Ratio of Curve length)를 선택할 수 있습니다.

• Middle Point

여기서 Middle Point를 클릭하면 Curve의 정 중앙에 Point를 만들 수 있습니다.

• Reference

현재 선택한 Curve 위에 있는 임의의 Point를 선택하여 이것을 기준으로 시작점의 위치를 잡을 수 있습니다. Reverse Direction을 클릭하면 시작점의 위치를 바꿀 수도 있습니다.

다음과 같이 Curve 요소를 선택하면 바로 Type이 변경되며 곡선 위에 거리 값이나 위치에 대한 정보를 입력할 수 있습니다. 여기서 화살표의 방향이 Point가 거리를 측정하는 기준이 되므로 만약에 반대 방향으로 변경하고자 한다면 마우스로 선택하여 반대 방향으로 보내주거나 Reverse Direction을 선택해줍니다.

부록 CD GSD 폴더에서 'PointOnCurve.igs' 파일을 열어 연습해 보기 바랍니다.

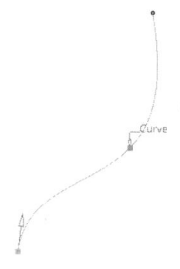
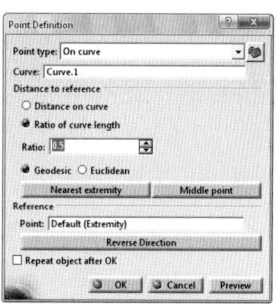

• On plane

평면상에 Point를 만들고자 할 경우에 사용하는 Type으로 평면을 선택하면 그 평면상에서 Part의 원점을 기준으로

H, V 두 방향으로 값을 입력하여 Point를 만듭니다.

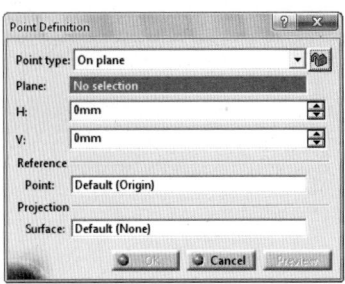

만약에 다른 임의의 기준 위치를 잡고자 한다면 Reference에 Point 성분을 입력합니다.

그리고 현재 생성되는 Point를 곡면에 투영하고자 하는 경우라면 해당 곡면을 선택하여 투영 작업을 동시에 수행할 수 있습니다.

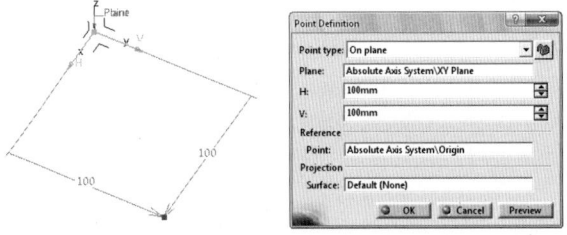

- On Surface

곡면 위에 Point를 생성하는 명령으로 Surface를 선택하고 방향을 지정하여 거리를 입력할 수 있습니다. 그러면 선택한 Surface에서 선택한 방향으로 입력한 거리만큼 떨어진 위치에 Point를 만들 수 있습니다.

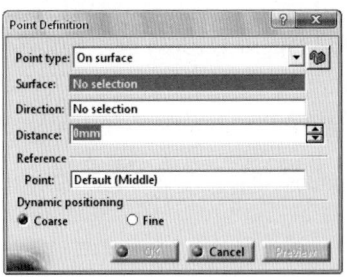

- Circle/sphere/ellipse center

3차원 형상 중에 일정한 곡률을 가진 부분이면 원이나 호, 타원 어디에든 사용할 수 있으며 이러한 형상의 중점 위치에 Point를 생성합니다. 사용 빈도가 높으며 R18 이후부터 타원 형상도 지원합니다.

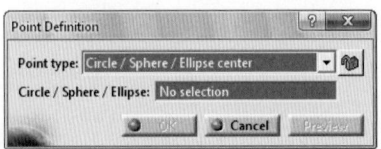

다음과 같이 원 또는 구형 요소를 선택하면 중점에 Point가 생성되는 것을 확인할 수 있습니다.

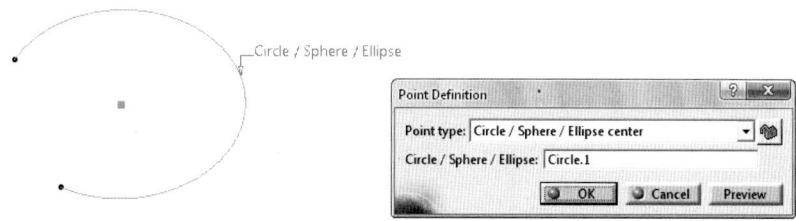

● **Tangent on Curve**

이 Type은 어떤 Curve에 대해서 이 Curve에 선택한 방향으로 Tangent 한 위치에 Point를 만들어 주는 방식입니다. Curve를 선택하고 임의의 방향을 직선 또는 축으로 방향을 잡아 주게 되면 Tangent 한 부분에 대해서 Point가 생깁니다. 물론 Tangent 한 부분이 없다면 만들어 지지 않습니다.

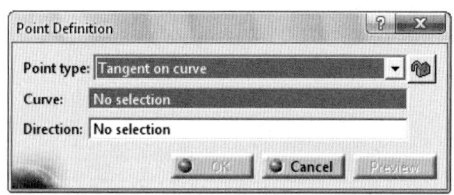

● **Between**

이 Type은 말 그대로 선택한 점과 점 사이에 이등분 하는 지점에 Point를 생성해 주는 방식으로 Solid 형상의 꼭짓점이나 실제 Point, 직선이나 곡선의 끝점 등을 사용할 수도 있습니다. Ratio 값을 입력하면 그 값에 따라 정 중앙이 아닌 위치로도 Point 생성이 가능합니다. Point를 중앙에 찍고자 한다면 Middle Point를 클릭하거나 Ratio에 '0.5'를 입력합니다.

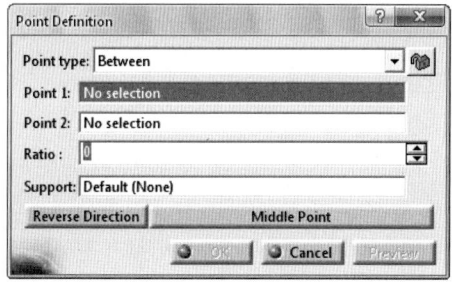

■ **Point & Planes Repetition**

이 명령은 선택한 Curve 요소에 일정한 간격으로 Point(Point)와 평면(Plane)을 생성하는 명령입니다. Sketcher Workbench에서 EquiDistance Point 와 같은 기능을 3차원 Workbench 상에서 수행할 수 있다고 보면 됩니다.

따라하기

다음과 같이 XY 평면상에 Spline을 사용하여 곡선을 Sketch하고 GSD Workbench로 이동합니다.

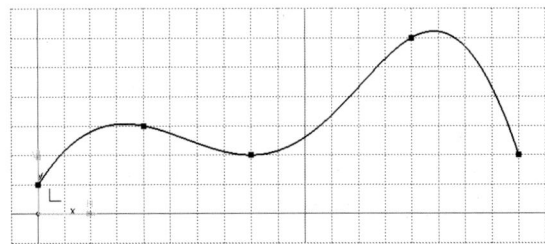

Point & Planes Repetition 을 실행시키면 다음과 같은 창이 나타납니다.

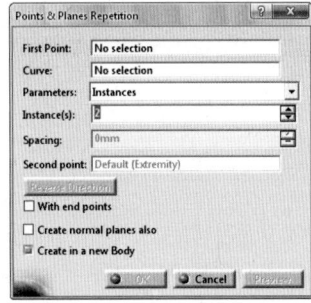

- Instance: 만들고자 하는 Point의 수를 입력합니다.
- With end points: Curve의 끝점을 포함해서 Point를 만들지를 선택할 수 있습니다. 이 Option을 체크하면 다음과 같이 곡선의 양 끝점을 포함한 Point가 만들어지는 것을 확인할 수 있습니다.

- Create normal planes also: 이 Option을 체크하면 현재 Point가 만들어지는 지점에 Curve에 수직한 평면을 함께 만들 수도 있습니다.

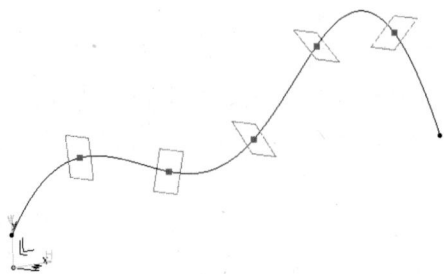

- Create in a new body: Point가 만들어 질 때 현재의 Body가 아닌 새로운 Geometrical Set에 만들게 하는 Option입니다. 이 Option을 체크해 놓으면 Point들을 현재 작업하는 Geometrical set이나 Body 안에 새로운

Geometrical Set을 만들어 그 안에 Point들과 Plane들을 만들어 줍니다.

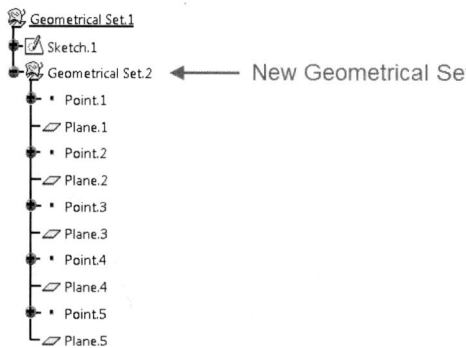

일반적으로 Curve를 선택한 경우에는 전체 Curve에 대해서 등 간격으로 Point를 만드는 작업을 합니다. 여기서 Curve 위에 놓여있는 Point를 선택하여 명령을 사용하면 전체 Curve를 그 Point를 기준으로 선택한 방향으로의 부분만을 등 간격으로 나누어 Point를 만들 수 있습니다.

따라하기

앞서 생성한 곡선의 중앙에 Point 명령을 사용하여 중점의 위치에 점을 하나 생성합니다.

Point Type: On Curve, 'Middle point' 체크

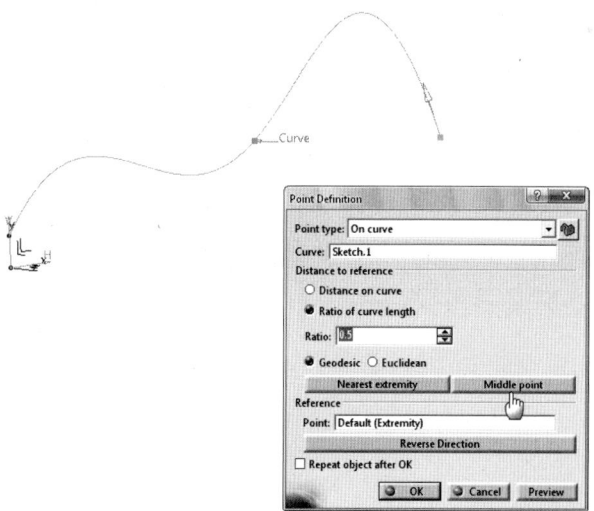

Points & Plane Repetition 명령을 누르고 Curve가 아닌 Point를 먼저 선택합니다. 그럼 First Point에 해당 Point 가 입력됩니다.

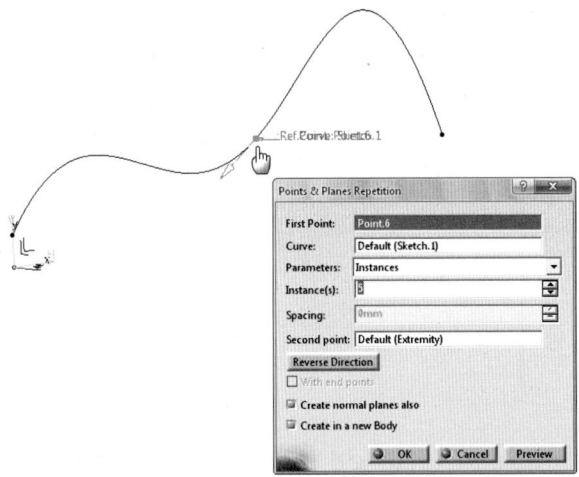

그럼 다음과 같이 Point에 화살표가 생기는데 이 방향으로 Curve 위에 Point를 만들게 될 방향을 지정할 수 있습니다. 화살표를 클릭하면 원하는 방향으로 변경이 가능합니다.(여기서는 원점 방향으로 변경합니다.)

다음과 같이 앞서 선택한 Point를 기준으로 지정한 화살표 방향으로 Point가 만들어집니다.

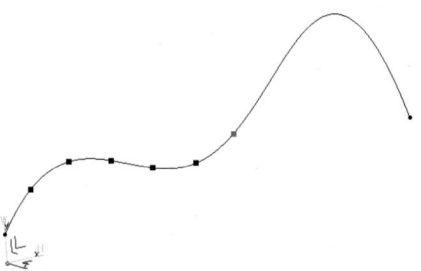

또한 Curve 위의 두 개의 Point를 이용하여 그 사이의 부분만을 이용할 수도 있습니다. 아래 그림과 같이 Curve 위에 두 개의 Point가 있는 경우를 가정하겠습니다.

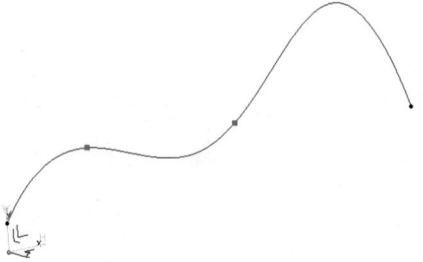

다음과 같이 먼저 Points & Plane Repetition 명령을 실행하고 좌측 Point를 먼저 선택해 줍니다. 그리고 화살표 방향을 맞춰 줍니다. 가볍게 마우스로 클릭해 주면 변경 가능합니다.

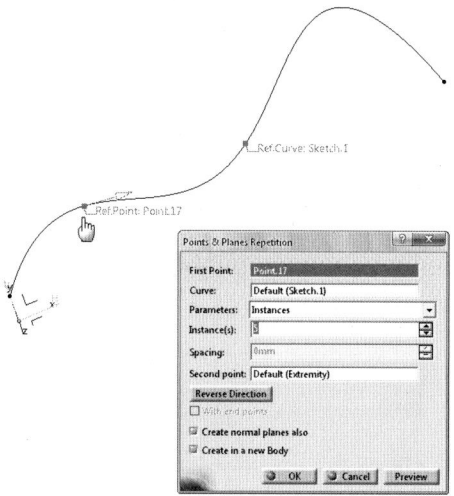

다음으로 Definition 창에서 Second Point 입력란을 선택하고 우측에 있는 Point로 지정해 줍니다.(먼저 Definition 창에서 'Second Point'를 선택하고 실제 Point를 선택해 주어야합니다.)

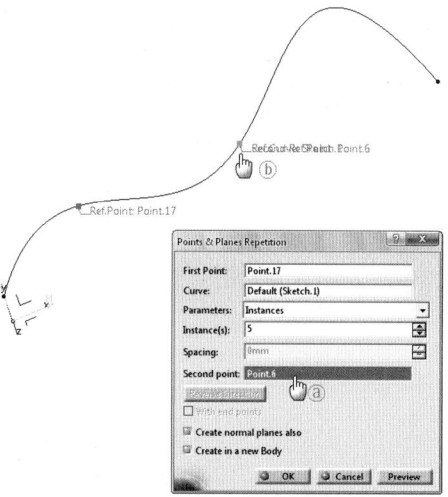

결과는 다음과 같이 앞서 선택한 두 개의 Point 사이를 등 간격으로 Point들이 만들어집니다.

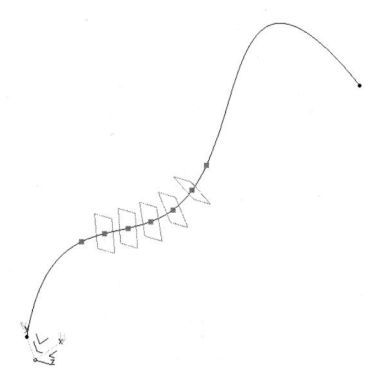

■ Extremum

이 명령은 선택한 형상 요소를 지정한 방향으로의 극 값, 즉, 최대 또는 최소 거리의 값을 찾아 해당 지점을 형상 요소(Point, Edge, Face 등)로 만들어 주는 명령입니다.

명령을 실행하면 다음과 같은 창이 나타납니다.

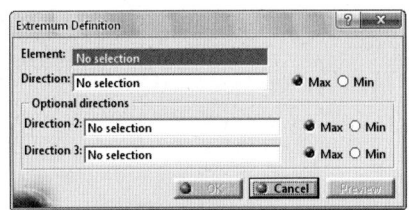

- Element: 극값을 정의할 대상을 선택합니다.
- Direction: 선택한 대상과 최대 또는 최소 거리를 측정할 기준 방향을 선택합니다. 직접 기준 요소를 선택할 수 있으며 또는 Contextual Menu에서 지정할 수 있습니다.

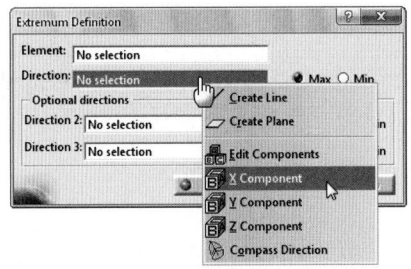

- Max/Min: 극값을 최대로 할지 최소로 할지를 선택합니다.

- Optional Directions

앞서 지장한 방향 성분 외에 추가적인 방향 성분을 두 개 더 지정할 수 있습니다.

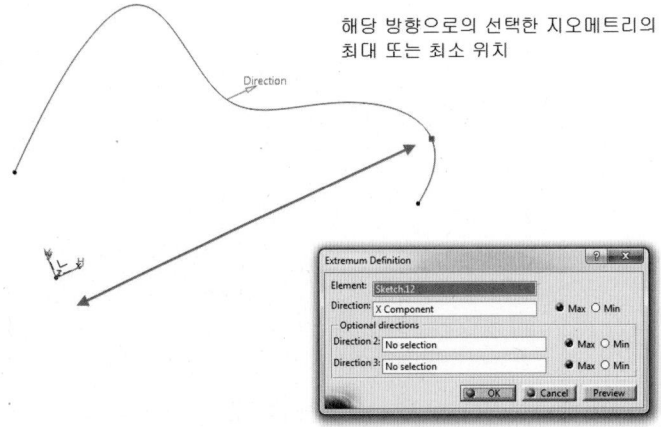

■ ExtremumPolar

이 명령은 앞서 Extremum을 생성하는 명령과 동일한 결과 형상을 만들어 내는 명령입니다. 그러나 극값의 정의로 입력하는 정보가 원점, 평면에서의 반경과 각도 성분이라는 점이 다릅니다.

명령을 실행시키면 다음과 같은 Definition 창이 나타납니다.

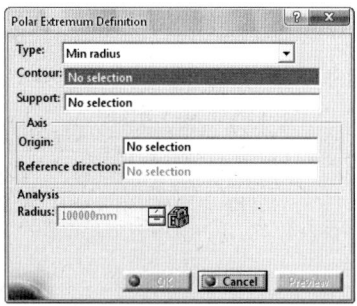

극값을 생성하는 Type에는 Min radius와 Max radius, Min angle와 Max angle이 있습니다.

2. LinesAxisPolyLine Sub Toolbar

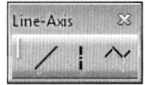

■ Line

3차원 상에서 Line 요소를 그리는 명령입니다. 평면이 아닌 3차원 상에서의 제도이기 때문에 다양한 정의가 가능합니다.

• Point-Point

선택한 두 개의 점과 점 사이를 잇는 Line을 생성하는 명령입니다. 미리 두 개의 Point 또는 형상의 꼭짓점을 활용하여 사용하거나 Stacking Command로 Line 명령을 실행한 상태에서 두 포인트를 생성하는 작업을 수행할 수 도 있습니다.

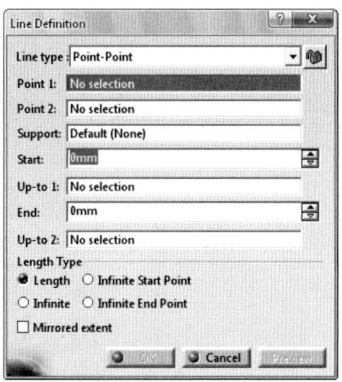

Point 1과 Point 2를 선택하면 이 사이에 Line 이 만들어집니다. Support는 Surface와 같은 면을 선택하여 그 면을 따라가게 가게 할 수 있습니다. 그리고 Start 부분과 End 부분에 값을 입력하면 Line의 길이가 Point를 지나 그 길이만큼 확장이 됩니다. 단순히 양 끝점을 연결하고자 하는 경우에는 이 두 값을 모두 0으로 지정합니다.

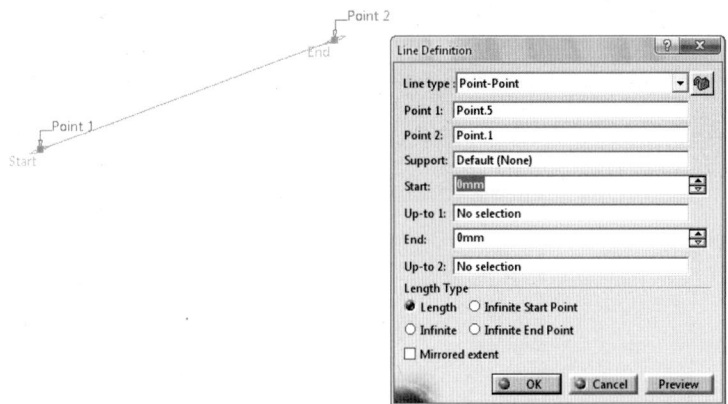

- **Point-direction**

이 방법은 하나의 시작 기준점(Point)을 선택하고 선이 만들어 질 방향(Direction)을 선택해 줍니다. 그리고 길이를 입력해 주는 방법을 사용합니다. End 부분에 해당 방향으로의 직선 길이 값을 넣어주면 직선이 완성됩니다.

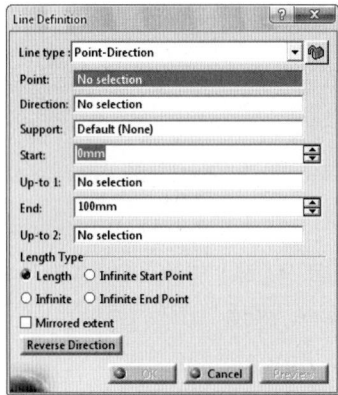

다음과 같이 하나의 Point를 선택하고 Line이 만들어질 방향을 선택, 길이 값을 각각 입력해 줍니다.

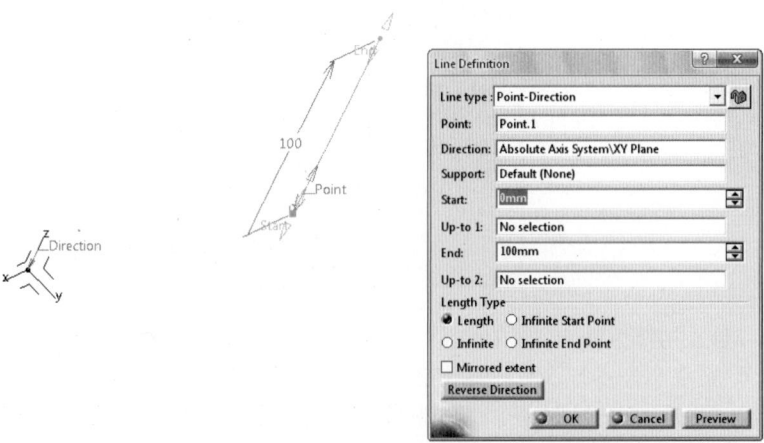

• Angle/normal to Curve

선택한 Curve 또는 모서리에 대해서 Support를 기준으로 각도를 입력받아 Line을 그리는 방법입니다. Curve와 Support를 반드시 입력해 주어야 하며 입력 후 각도와 길이를 넣을 수 있습니다.

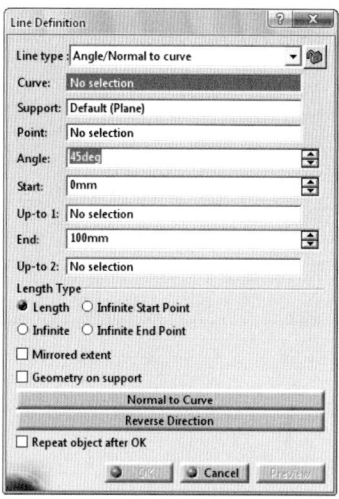

추가로 이 Type을 활용하면 반드시 직선 요소뿐만 아니라 geometry on support 옵션에 의해 곡면 위를 지나는 곡선의 정의가 가능합니다.

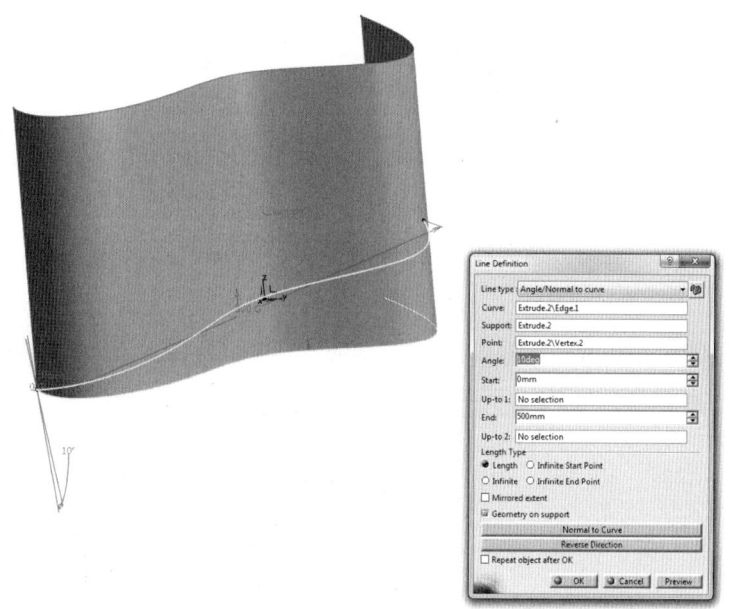

• Tangent to Curve

Curve에 접하게 직선을 그리는 방법으로 Sketch Workbench에서 Bi-tangent Line 을 3차원 Workbench 상에서 사용할 수 있는 것이라고 생각하면 됩니다. 두 개의 Curve를 순차적으로 Curve와 Element 2에 선택해 주면 됩니다.

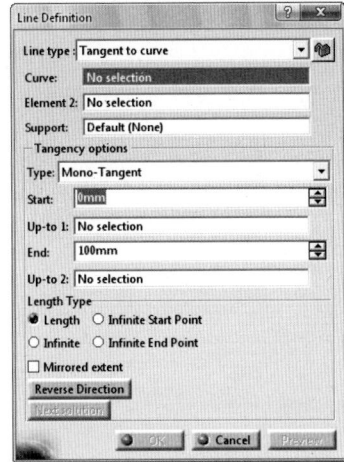

• Normal to Surface

Surface에 대해서 수직인 직선을 그리는 명령으로 선택한 Surface로 임의의 Point에서 수직한 직선을 그릴 수 있습니다.

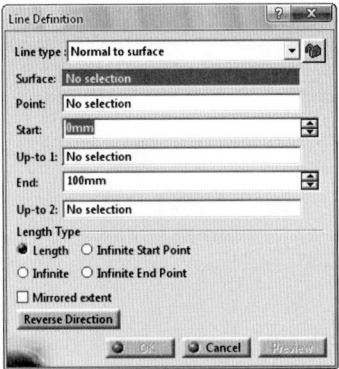

• Bisecting

이등분선을 그리는 명령으로 두 개의 Line에 대해서 이 사이를 지나는 Line을 그릴 수 있습니다.

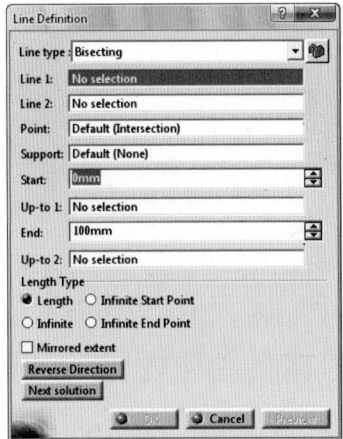

■ Axis

3차원 공간에 Axis 요소를 생성하는 명령입니다. 이전의 Sketcher에서의 Axis와 같은 기능을 합니다. 그러나 3차원 상에서 만들기 때문에 실제 형상들과의 관계를 이용하여 여러 가지 방식으로 만들 수 있습니다.(필자의 의견으로 3차원 Axis는 그렇게 많이 사용하지는 않습니다.)

Axis를 만들기 위해 선택할 수 있는 대상은 다음과 같은 요소들이어야 합니다.

- 원이나 원의 일부가 잘려나간 호 형상
- 타원이나 타원의 일부가 잘려나간 형상
- 회전으로 만든 Surface 형상

Axis를 실행시키면 다음과 같은 3가지 방식으로 Axis를 형상을 만들 수 있습니다.

• Aligned with reference direction

선택한 요소와 평행한 방향으로 Axis를 만드는 명령입니다. 우선 다음과 같이 Element를 선택합니다.

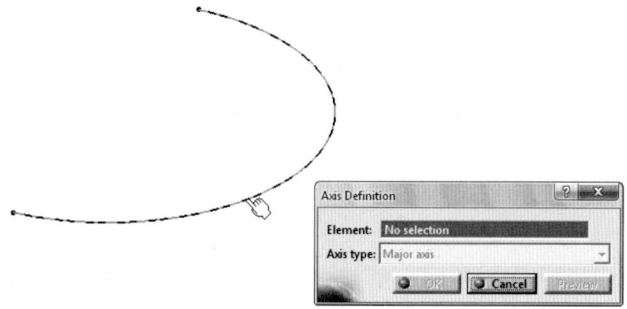

다음으로 이 Element와 평행한 방향으로 Direction을 선택해줍니다. Contextual Menu를 사용하거나 실제 작업 화면에서 요소를 선택해 주어도 됩니다.

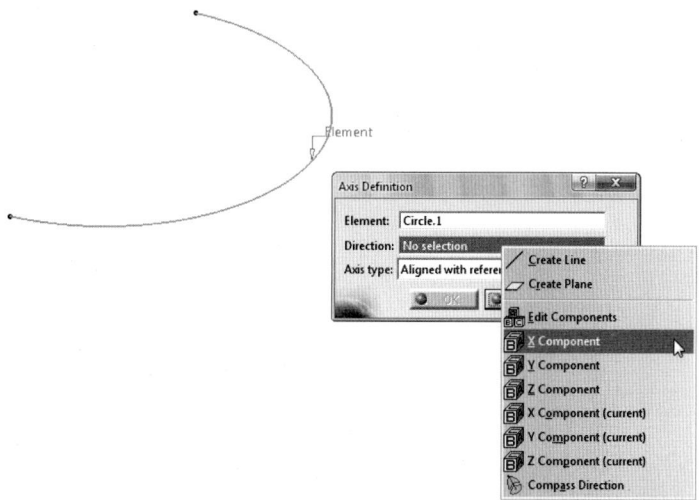

다음과 같이 호 형상을 기준으로 X 방향으로 Axis가 만들어집니다.

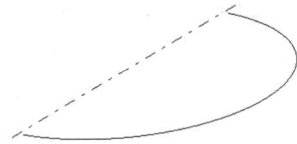

• **Normal to reference direction**

앞서 경우와 유사하게 Element에 대해서 수평 하게 Axis를 만드는 명령입니다. 그러나 이 경우에는 선택한 기준 방향에 대해서 수직하게 Axis를 만듭니다. 그 것 이외에는 모두 일치합니다.

위의 예에서 Axis Type을 Normal to reference direction으로 수정을 합니다.

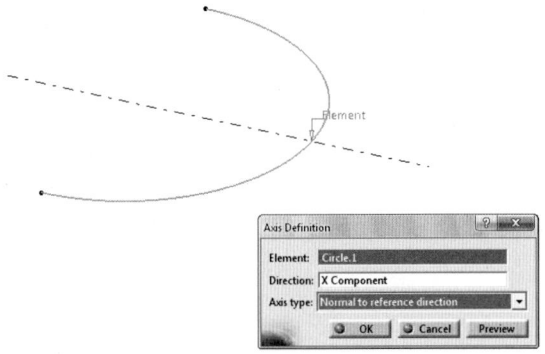

다음과 같이 X 방향에 수직하게, 결국 Y 방향으로 Axis가 만들어집니다.

• **Normal to circle**

이 Axis Type은 선택한 Element에 대해서 수직하게 Axis를 만드는 방식으로 Direction을 지정하지 않아도 Element의 수직한 방향으로 Axis를 잡아 줍니다.

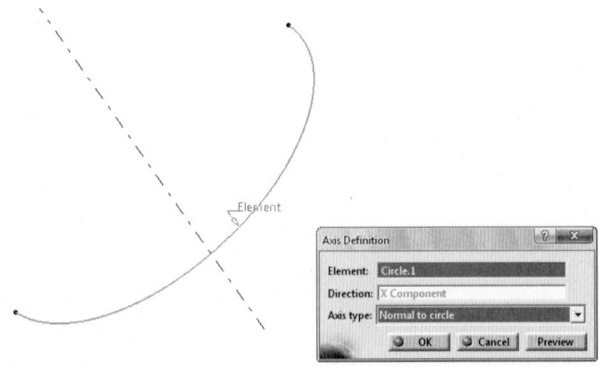

■ **Polyline**

여러 개의 절점을 가진 선을 만드는 명령으로 Point와 Point를 이어 직선을 만드는 방식을 이용합니다. 작업을 마쳤을 때 나오는 형상은 여러 개의 직선들이 이어진 것으로 나옵니다.(3차원 다각형 형상) 3차원 상에 퍼져있는 점들을 이어 선을 만들 수 있는 매우 유용한 명령입니다.

Polyline 명령을 실행시키면 다음과 같은 Definition 창이 나타납니다.

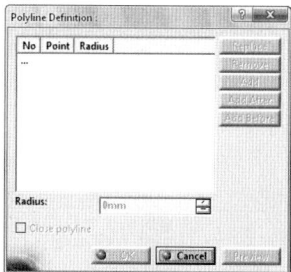

여기서 Point를 하나씩 선택해 주면 그 순서대로 Line으로 이어주게 됩니다.

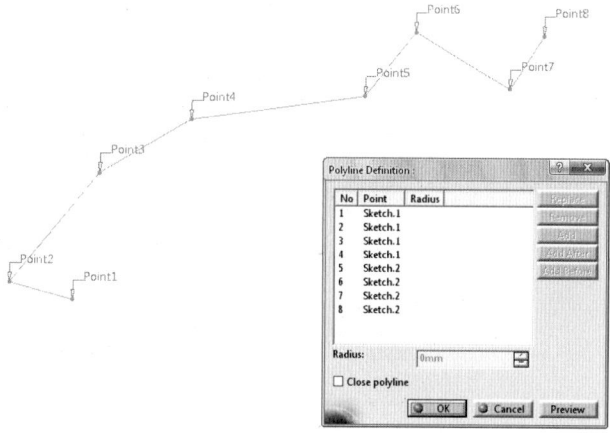

또한 선과 선이 이어지는 부분에 Corner를 줄 수 있어 다듬는 일 또한 손쉽게 작업할 수 있습니다. 물론 이는 두 선 요소 사이에 있는 Point에 대해서만 가능합니다.

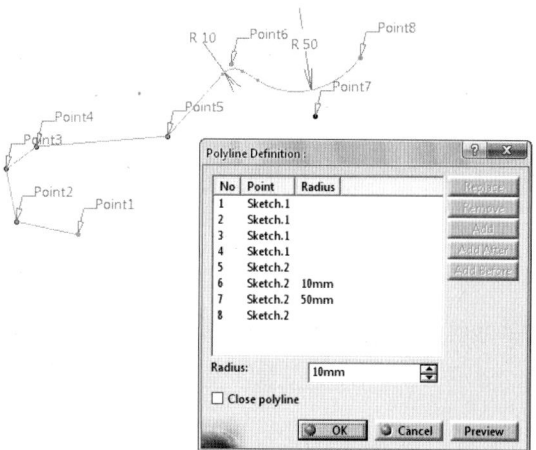

마지막으로 'Close Polyline'을 체크하면 시작점과 끝점을 이어 닫힌 형태의 Polyline을 만들어 줍니다.

3. Planes Sub Toolbar

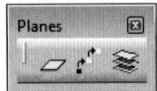

■ Plane

Reference Elements 중에 가장 중요한 요소라고 할 수 있는 Plane은 작업 평면의 기능을 가지고 있어 임의의 위치에 Plane을 만들어 그 곳에서 Sketch 작업을 할 수 있으며 Plane을 기준으로 다른 형상을 대칭 시키거나 작업하는데 기준으로 삼을 수 있습니다. 따라서 Plane을 필요에 맞게 상황에 맞게 잘 선택해서 만들 수 있는 능력이 절대적으로 필요합니다.

Plane의 종류는 다음과 같습니다.

• Offset from plane

가장 일반적인 Plane 생성 명령으로 기준으로 선택한 평면과 같은 평면을 거리만 띄워서 만드는 방법을 사용합니다.

다음과 같은 Definition 창에서 Reference로 기준으로 사용할 Plane이나 형상의 면(Face)을 선택한 후 거리 값을 입력합니다.

다음과 같이 XY 평면을 기준으로 잡고 Offset을 직접 수행해 보기 바랍니다.

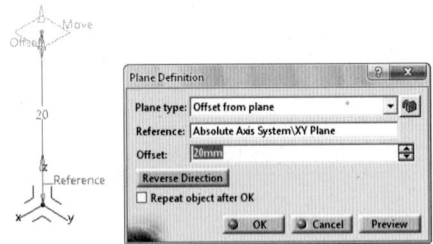

• Parallel through point

이 방법을 사용하면 선택한 기준 평면을 임의의 Point의 위치로 평행하게 새 평면을 만들어 줍니다. 거리 값을 알 수 없거나 Curve의 끝이나 형상의 꼭짓점에 평면을 만들어 주고자 할 때 사용하면 됩니다.

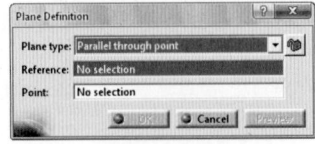

다음과 같이 임의의 Point를 생성한 후에 'Parallel through point'로 ZX 평면을 생성해 보기 바랍니다.

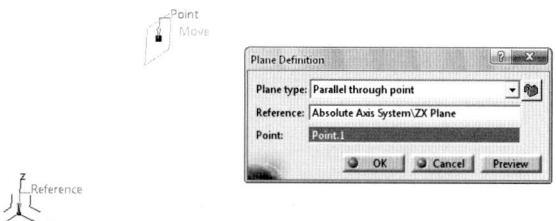

• Angle/normal to a plane

이 방법은 평면을 만들 때 선택한 기준 평면에 대해서 입력한 각도만큼 기울어진 평면을 만들 수 있습니다. 먼저 기준이 될 회전축을 선택해야 합니다. 필요에 따라 Line을 그려주거나 또는 Contextual Menu를 통해 축을 선택할 수도 만들 수도 있습니다. 다음으로 기준이 될 평면을 선택해 줍니다. 평면이어도 되고 형상의 면을 선택해도 됩니다. 이 기준면을 시작으로 몇 도의 기울기를 가질지 입력하면 됩니다. 마지막으로 원하는 각도를 입력하면 Plane 이 각도 만큼 기울어져 만들어지는 것을 볼 수 있습니다.

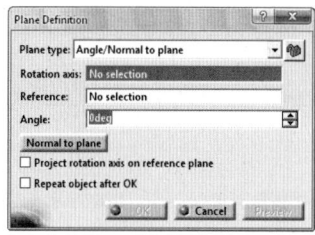

다음과 같이 Axis를 사용하여 손쉽게 연습할 수 있습니다. Rotation axis에 'X축'을 선택하고 Reference에 'XY 평면'을, 각도 값으로는 '-45'를 입력합니다.

 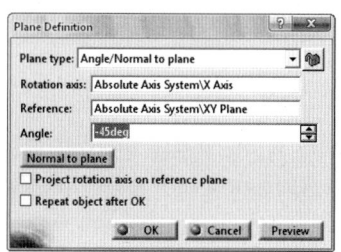

• Through three points

평면을 결정짓는 조건 정의 중에 하나로 '한 평면을 지나는 3개의 점을 알면 그 평면을 그릴 수 있다'는 수학적 원리에 의해 평면을 만드는 방법입니다. 말 그대로 3개의 Point를 선택해 주면 평면이 만들어집니다.

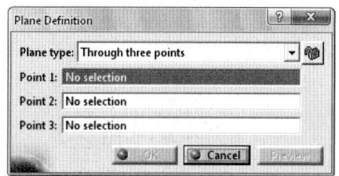

● Through two lines

평면을 결정짓는 또 다른 조건으로 '한 평면을 지나는 두 개의 직선을 알면' 평면을 만들어 낼 수 있습니다. 따라서 두 개의 Line 요소를 선택하여 평면을 만들어야 하루 경우 유용합니다. 물론 3차원 형상의 모서리(Edge)를 이용할 수도 있습니다.

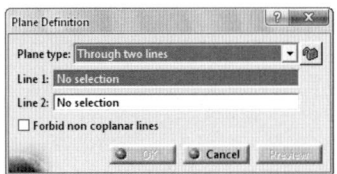

● Through point and line

평면을 지나는 직선 하나와 점 하나를 사용하여 평면을 만드는 방법으로 이 두 가지 요소를 선택하면 평면을 구성할 수 있습니다.

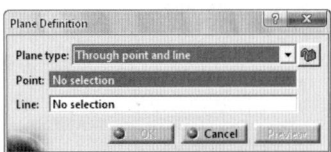

● Through planar Curve

Curve가 하나의 평면상에서 그려진 경우라면 이 Curve를 이용하여 평면을 만들 수도 있습니다. Curve가 평면상에 그려진 것이라면 이 Type으로 평면을 만들 수 있습니다.

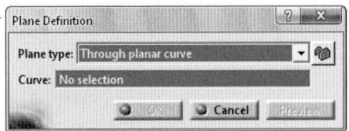

● Normal to Curve

선택한 Curve에 대해서 수직인 평면을 만드는 명령으로 곡선이나 직선에 대해서 그 선의 수직 방향으로 평면을 만듭니다. 단순히 Curve만을 선택하면 평면이 중앙에 만들어지고 마지막으로 선의 점(Vertex)을 선택해 주면 그 곳에 평면이 만들어집니다. Sweep이나 Multi-section 형상을 만드는데 많이 사용되는 평면 생성 방식입니다.

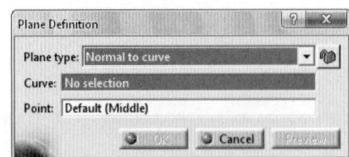

Plane Type을 'Normal to Curve'로 변경한 후에 곡선을 선택합니다. 그럼 아래와 같이 곡선의 중앙에 Plane이 생성되는 것을 확인할 수 있습니다.

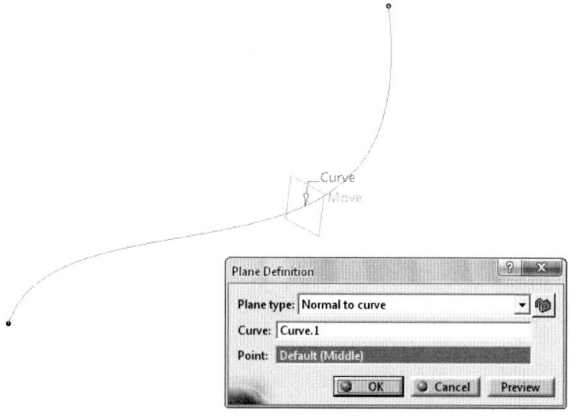

여기서 곡선의 한 끝 점을 선택하면 해당 위치로 Plane이 이동되어 생성되는 것을 확인할 수 있습니다.

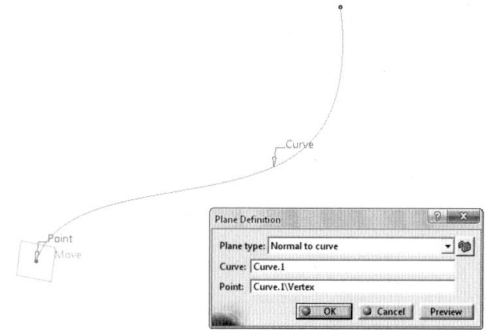

이렇게 만들어진 Plane을 사용하여 Positioned Sketch를 다음과 같이 들어가 보기 바랍니다.

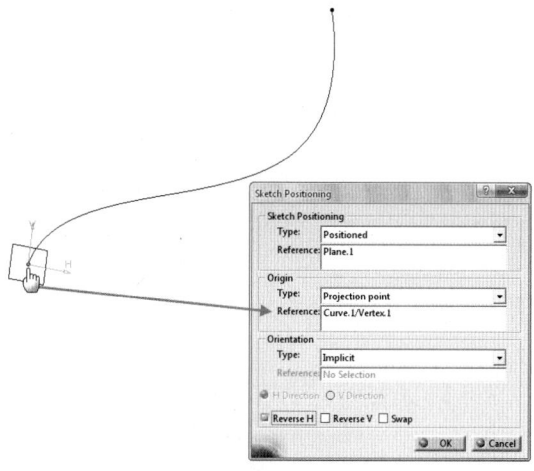

• Tangent to Surface

Surface 면에 대해서 접하는 평면을 만드는 방법으로 Surface와 평면이 위치할 점이 필요합니다. 이 점은 반드시 Surface 위에 있어야 할 필요는 없으며 그 점이 있는 위치에 접하는 방향으로 평면이 만들어집니다.

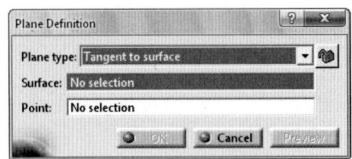

- Equation

이 방법은 다음과 같은 평면의 방정식의 상수 값을 이용하여 평면을 만드는 방법입니다. 자주 사용하지는 않습니다.

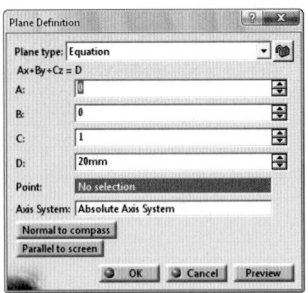

- Mean through points

3개 이상의 점을 이용하여 평면을 만드는 방법입니다. 이렇게 3개 이상의 점을 선택한 경우 이 점들의 평균 위치에 평면이 만들어집니다.

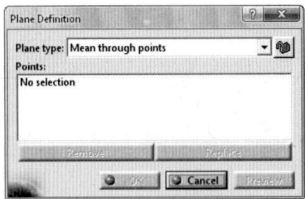

■ Point and Plane Repetition

곡선위에 일정한 간격으로 포인트와 평면을 생성하는 명령입니다. Replication Toolbar를 참고 바랍니다.

■ Planes Between

선택 한 두 평면 사이에 등간격으로 평면 요소를 생성하는 명령입니다. Replication Toolbar를 참고 바랍니다.

4. Projection-Combine Sub Toolbar

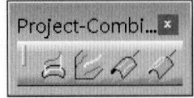

■ Projection

Projection은 Surface 면에 Sketch나 Wireframe 요소를 투영시키는 명령입니다.(물론 Surface 위에 놓인 Point를 만들 수도 있습니다.) 즉, Surface 위에 놓여진 Wireframe을 만드는 명령입니다. Surface 위를 따라 가는 Curve를 만들거나 Surface를 자르기 위해 Surface 위에 놓여진 Curve를 만들 때 사용합니다.

Projection을 실행시키면 다음과 같은 Definition 창이 나타납니다.

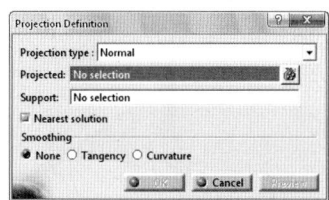

- **Projection Type**: Project를 어떤 방식으로 할 지 결정하는 것으로 다음 두 가지 Type이 있습니다.

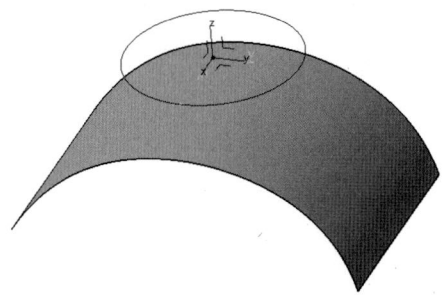

그리고 다음과 같이 투영될 대상(Projected)과 곡면(Support)을 차례대로 선택해 줍니다.

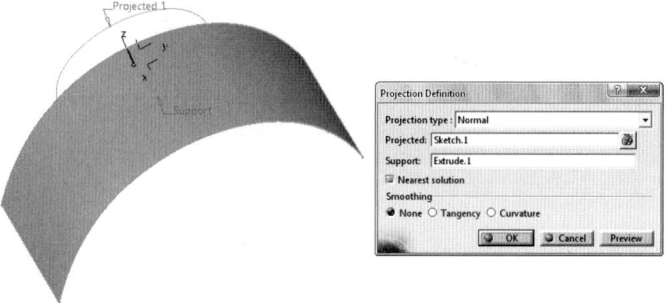

- **Normal**

Surface 면에 대해서 수직하게 Project합니다. 이 Type은 Surface의 곡률을 따라 Curve가 투영됩니다.

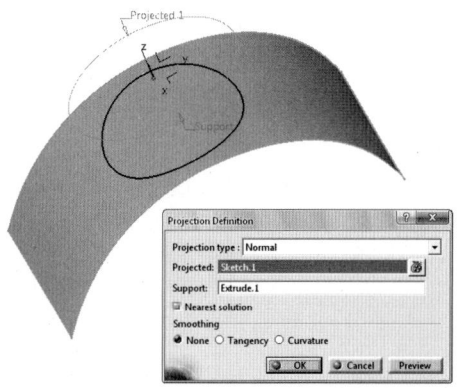

● Along a direction
투영시킬 요소를 선택한 임의의 방향으로 Surface에 투영시켜 줍니다. Surface에 원하는 방향으로 Wireframe이나 Sketch를 투영하고자 한다면 이 Type으로 해야 합니다.

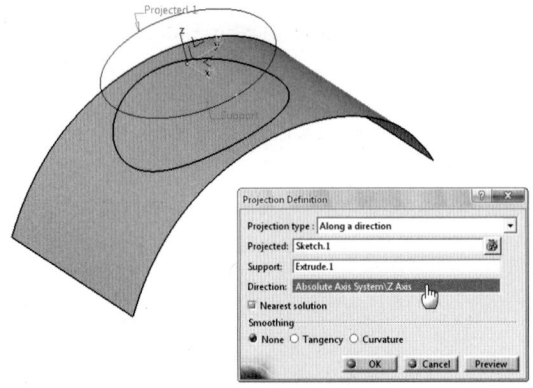

Projection을 Along a direction Type으로 하게 되면 선택한 방향에서 바라보았을 때 형상이 원본 형상과 완전히 일치해 보이는 것을 확인할 수 있을 것입니다.

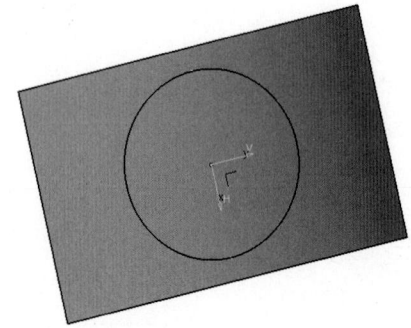

이 Type은 Definition 창에서 반드시 Direction을 지정해 주어야 합니다. Direction으로 선택할 수 있는 요소는 Axis나 Line, 형상의 직선형 모서리(Edge) 등이 가능합니다.

- Projected
투영 시키고자 하는 대상으로 Sketch나 Wireframe 또는 Point 요소입니다. 복수 선택이 가능하며 여기에 선택한 요소를 Surface로 투영시킬 것입니다.

- Support
투영될 Surface 면입니다. 일반적인 곡면은 모두 선택 가능합니다.

- Nearest solution
투영될 Surface에 Wireframe 요소가 여러 번에 걸쳐서 만들어질 경우 가장 Wireframe 요소와 가장 가까운 부분에만 투영되는 형상을 만들게 하는 Option입니다.

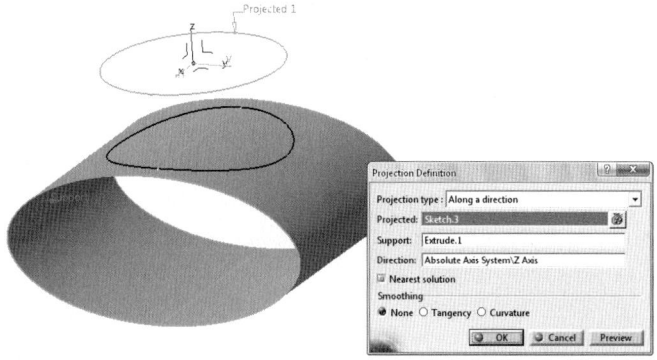

이 Option을 해제하면 선택한 Surface에 대해서 교차하는 모든 위치에 형상이 투영됩니다.

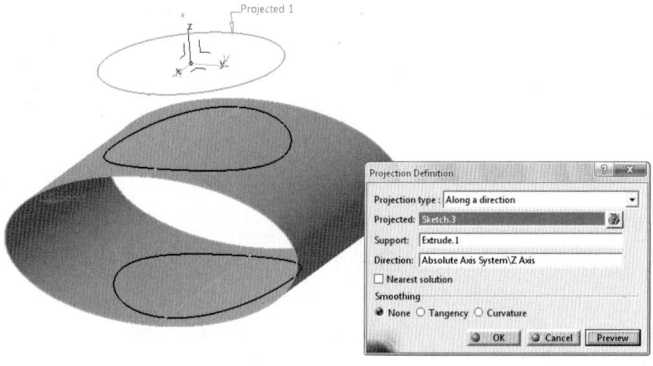

때로는 이 Option으로 인해 투영이 바르게 안 나오는 경우도 있습니다. 투영되는 형상이 바르게 나오지 않을 때 이 Nearest solution Option을 '체크 해제'해 보기 바랍니다.

- **Smoothing**

투영되는 요소가 Surface에 부드럽게 투영되도록 Option을 조절할 수 있습니다. 'None'으로 하면 따로 Smooth를 적용하지 않고 있는 그대로 투영한다는 것이고 'Tangency'로 하면 투영될 때 Tangent하게 이어주도록 합니다. 'Curvature'는 곡률을 가지게 투영을 정의하는 방식입니다. 물론 곡면의 형상에 따라 이와 같은 설정이 아무런 변화가 없을 수도 있습니다.

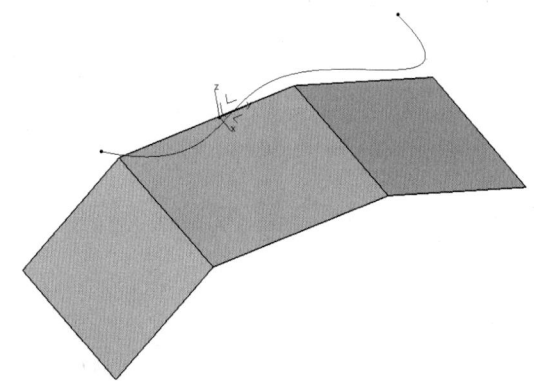

Projection을 실행해 보면 다음과 같은 결과를 확인할 수 있습니다.

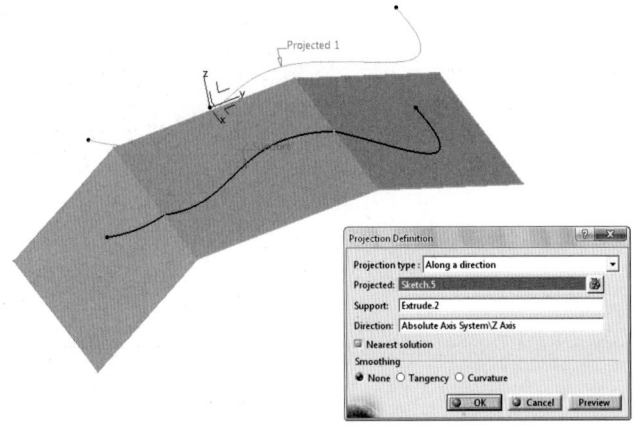

Smoothing에서 Tangency와 Curvature를 사용하면 편차 값(Deviation)을 주어야 합니다. 그리고 3D Smoothing 기능을 사용할 수 있어 중간에 불연속인 지점을 부드럽게 이어줄 수 있습니다.

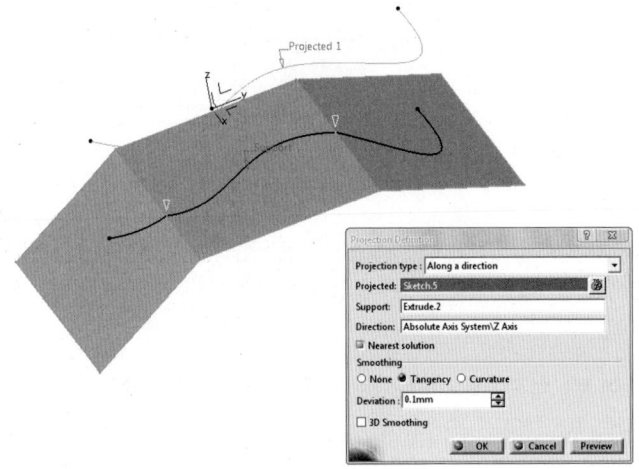

■ **Combine**

이 명령은 두 개의 Wireframe요소에 대해서 이 두 개의 곡선의 각 방향에서의 형상을 모두 가지는 한 개의 요소를 만듭니다. 각 방향의 형상을 모두 지니는 결과물을 만들어 3차원 곡률을 가진 형상을 만듭니다.

Combine 명령을 실행시키면 다음과 같은 Definition 창이 나타납니다. 여기서 각각의 Curve를 선택하게 되면 계산을 통하여 두 개의 Curve의 곡률을 모두 가지는 Curve가 만들어집니다.

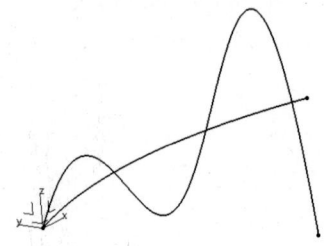

Combine 명령을 실행하고 두 곡선을 차례대로 선택하여 그 결과를 확인합니다.

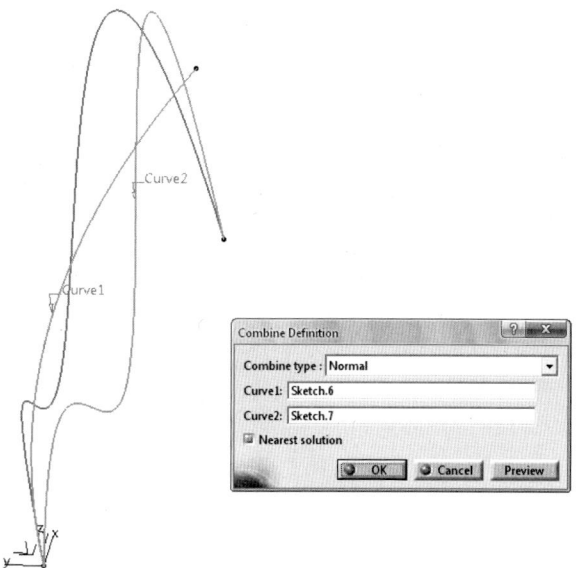

물론 이 두 개의 Curve의 요소는 같은 평면상에서 만든 요소여서는 안 된다는 것을 명심하기 바랍니다. 또한 두 Curve를 보았을 때 서로 동떨어진 위치에 있는 경우에도 만들어지지 않습니다.(연산이 이루어지지 않기 때문입니다.)

■ Reflect line

Reflect line은 선택한 Surface에 대해서 임의의 기준점으로 부터 선택한 방향으로 일정한 각도를 가지는 점들을 이어 Curve를 만드는 명령입니다.

Reflect line 명령을 실행하면 다음과 같은 Definition 창이 나타납니다.

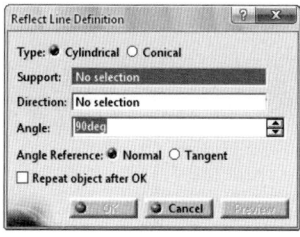

- Type: Cylindrical 또는 Conical로 Reflect line Type을 선택할 수 있습니다.
- Support: Surface를 선택합니다.
- Direction: Reflect Line을 만들기 위한 기준 방향이 됩니다. 임의의 Line 요소나 축 요소를 사용할 수 있습니다. 이렇게 선택한 방향을 기준으로 각도를 입력하게 됩니다. Cylindrical로 Type을 선택할 경우에는 Direction 값을 지정해 주어야 합니다.
- Origin: Reflect Line을 만들기 위한 기준점이 됩니다. 이렇게 선택한 방향을 기준으로 각도를 입력하게 됩니다. Conical로 Type을 선택할 경우 기준점을 지정해 줍니다.
- Angle: Direction에 대해서 각도를 입력합니다.

● Angle Reference: Reflect Line에서 각도를 계산하는 방식을 정의합니다. Normal과 Tangent가 있습니다.

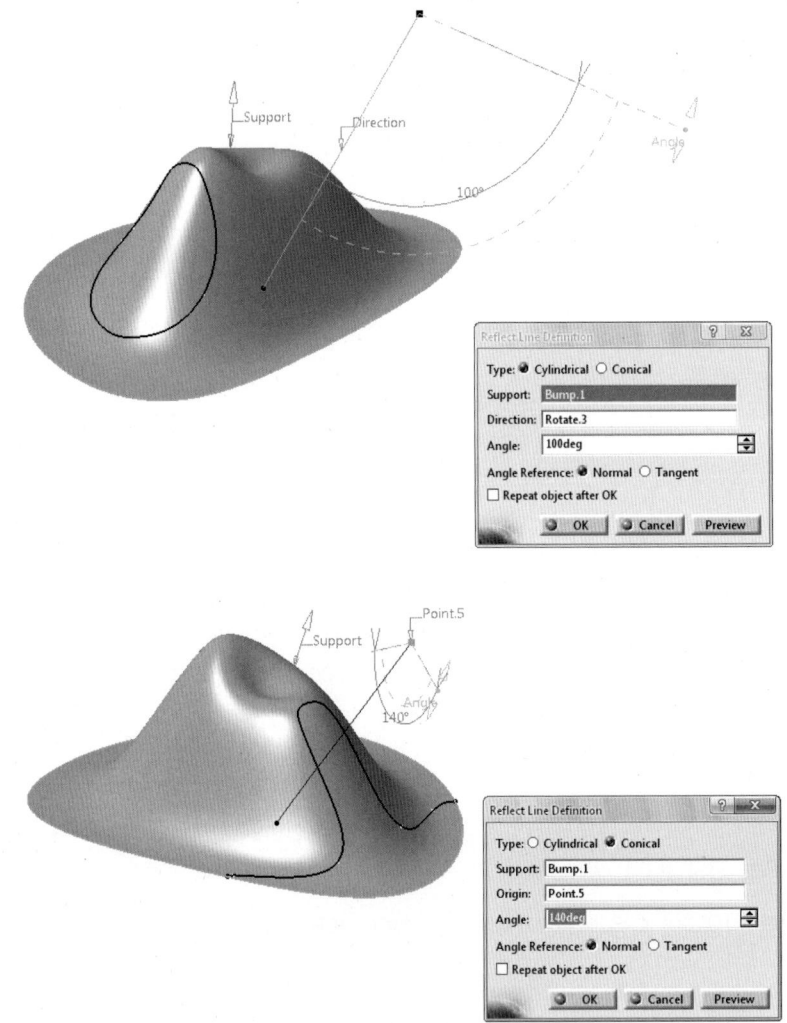

지정한 값 또는 형상이 잘못된 경우에는 다음과 같은 Error 메시지가 출력되므로 조건을 변경하여 다시 입력해 보기 바랍니다.

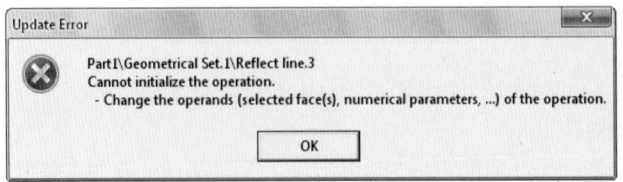

■ Silhouette

V5-6 R2013이후 기능으로 선택한 형상에 대해서 지정한 평면으로 형상이 가지는 윤곽을 와이어프레임 형식으로 생성하는 기능을 갖습니다. 날카롭지 않은 형상이 가지는 윤곽을 투영하는 데 유용하게 사용할 수 있습니다.

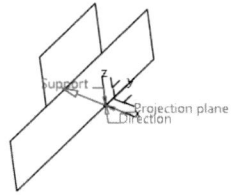
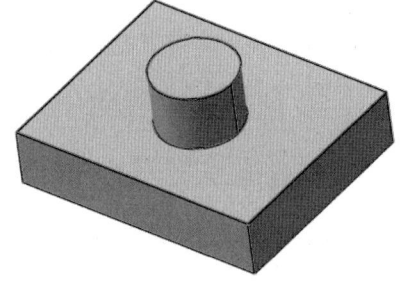
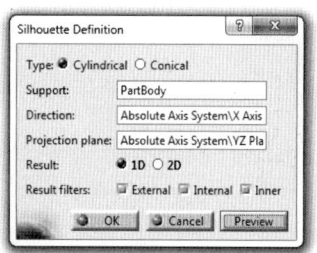

■ **Intersection**

Intersection이란 말 그대로 형상과 형상 사이에 교차하는 부분을 형상 요소로 만들어 주는 명령입니다. 모델링 작업을 수행하면서 필요에 의해 앞서 작업된 형상들 사이에 교차하는 형상을 만들어 주고자 할 경우에 유용합니다. 선과 선이 교차하면 그 교차하는 부분에 Point가 만들어지고 Surface와 Surface가 교차하면 선이 만들어지는 것을 생각한다면 쉽게 결과물을 예상할 수 있고 활용할 수 있을 것입니다.

다음은 간단한 Intersection 대상들 간의 작업 결과 예입니다.

First Element	Second Element	Result
Curve	Curve	Point
Curve	Surface	Point
Curve	Plane	Point
Curve	Point	Point
Surface	Surface	Curve
Surface	Plane	Curve

Intersection에서 선택할 수 있는 요소는 다음과 같습니다. Point를 제외한 모든 형상 요소들 사이의 교차하는 결과 형상을 만들 수 있다고 생각하면 됩니다.

> Wireframe Elements
> Solid Elements
> Surfaces
> Planes

Intersection 명령을 실행시키면 다음과 같은 Definition 창이 나타납니다.

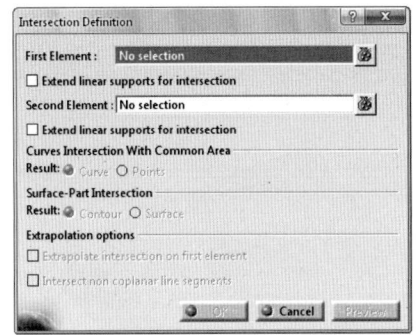

여기서 각각 First Element와 Second Element에 교차시킬 요소를 선택합니다. 물론 복수 선택이 가능합니다. 표시가 있는 부분은 모두 복수 선택이 가능합니다. 여러 대상을 교차시킨다면 하나씩 명령을 수행하지 말고 한 번에 모두 선택해 주는 게 바람직합니다.

Extend linear supports for intersection을 사용하면 각 형상을 선형 확장하여 실제로 교차하는 부분까지 형상이 이어져 있지 않더라도 교차하는 위치에 결과물을 만들어 줍니다.

다음과 같이 두 곡면 사이에 교차하는 형상을 만들어 보도록 합니다.

Intersection을 이용하여 두 형상의 교차되는 형상을 만들기 위해 두 Surface를 각각 선택해 줍니다.

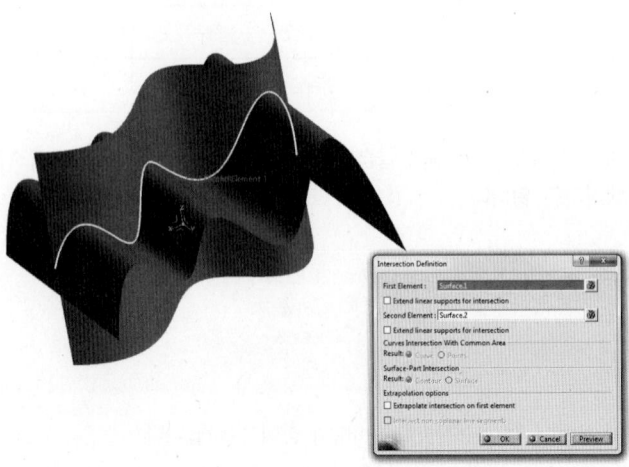

이렇게 교차하는 두 곡면에 대해서 Intersection을 하면 다음과 같은 형상을 만들 수 있습니다.(곡면 형상은 화면에서 숨기기 하였습니다.)

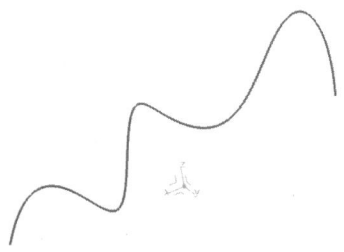

이번에는 다음과 같이 교차하는 곡선 형상들이 있습니다.

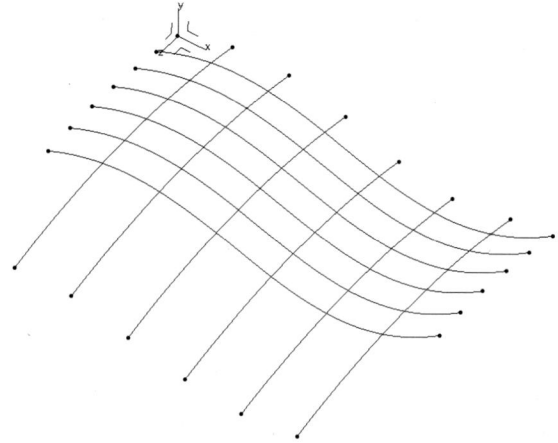

Intersection 명령을 실행시키고 First Element에 한 방향으로 나란한 곡선 6개를 모두 선택해 줍니다.

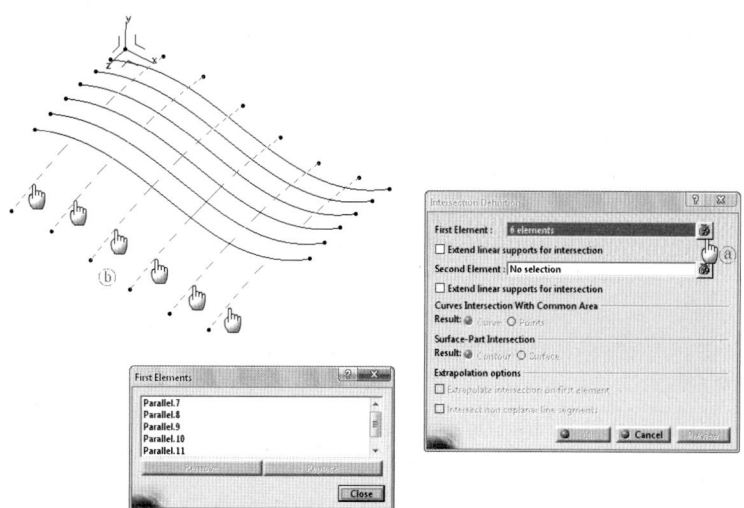

마찬가지로 Second Element에 곡선들을 선택해 주면 다음과 같이 곡선과 곡선들이 교차하면서 해당 위치에 Point 들이 만들어지는 것을 확인할 수 있습니다.

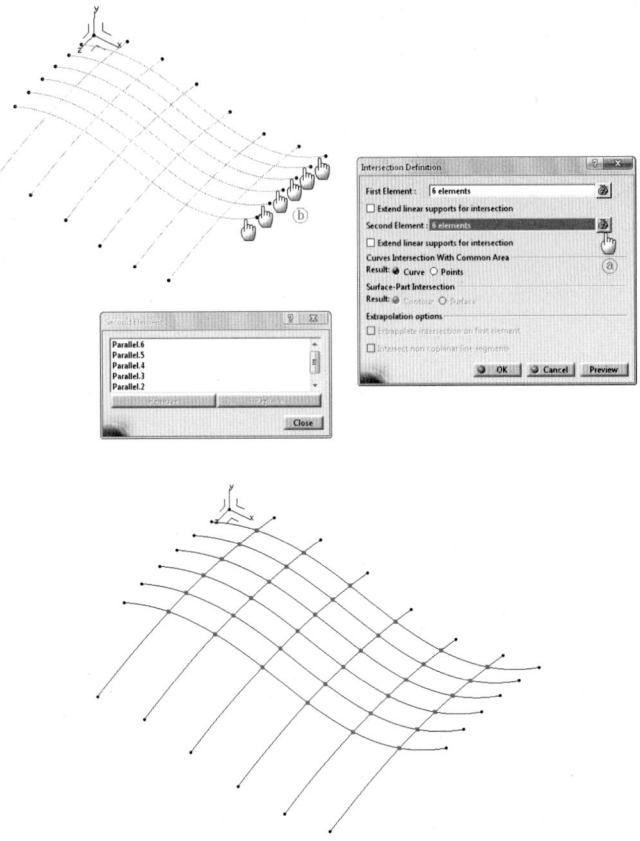

앞서 설명한대로 복수 선택을 하면 한 번에 여러 결과 형상을 얻을 수 있습니다. Spec Tree에는 다음과 같이 표시가 됩니다.('+'를 열어보면 각 형상들이 들어있습니다.)

물론 서로 교차하지 않는 대상들에 이 명령을 사용하면 아무런 의미가 없으므로 대상들이 교차하는지의 여부를 먼저 파악해야 합니다.

4. Offset2D3D Sub Toolbar

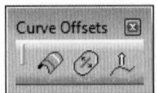

■ Parallel Curve

Surface 위의 Curve나 Surface의 모서리(Edge)를 Surface면 위를 따라 평행하게 이동시켜 Curve를 만들어 주는 명령입니다. Curve는 반드시 Surface 위에 있어야 하며 그렇지 않을 경우엔 Projection을 사용하여 우선 Surface 위에 있도록 Curve를 만들어야 합니다.

Parallel Curve를 실행시키면 다음과 같은 Definition 창이 나타납니다.

- Curve: 만들고자 하는 Curve의 기준이 되는 Surface 위의 Curve나 Sketch 또는 모서리(Edge)를 선택합니다.
- Support: Curve가 지나갈 Surface를 선택해 줍니다.
- Constant: 기준이 되는 Curve와 거리 값을 입력해 줍니다. 또는 Point 부분에 옮겨지고자 하는 위치의 Point를 입력해 주어 거리 값없이 Parallel Curve를 만들 수 있습니다.
- Point: Parallel Curve가 만들어질 위치를 거리로 지정하지 않고 Point의 위치에 생성되게 할 수 있습니다. Parallel Curve가 만들어질 위치를 Point로 지정하면 Constant 값은 쓸 수 없습니다.
- Parameter: Parallel Curve를 만드는 Mode를 선택하는 부분으로 다음 두 가지 Mode가 있습니다. 그러나 실제 사용에 있어 전문적인 사용이 아니라면 Mode를 분류해 가며 작업하는 일은 거의 없습니다.
   - Euclidean: 기준이 되는 Curve와 Parallel Curve 사이의 거리가 최소가 되도록 Parallel Curve를 만듭니다. 그러나 Euclidean Mode는 Support에 구애 받지 않습니다.
   - Geodesic: 기준이 되는 Curve와 Parallel Curve 사이의 거리가 최소가 되도록 Parallel Curve를 만듭니다. Geodesic Mode는 Support의 곡률의 영향을 고려합니다.
- Smoothing: Parallel Curve를 만들 때 부드럽게 만들어 주는 역할을 합니다. 3가지 Type이 있는데 이는 앞서 Projection 명령과 같습니다.

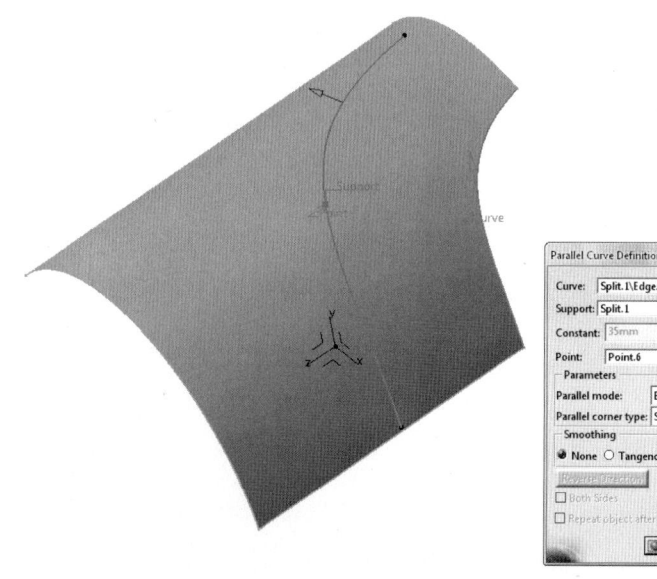

■ Rolling Offset

V5-6 R2013 이후 기능으로 Curve의 양 방향으로 오프셋 된 Curve를 생성하여 부드럽게 이어주는 기능을 합니다.

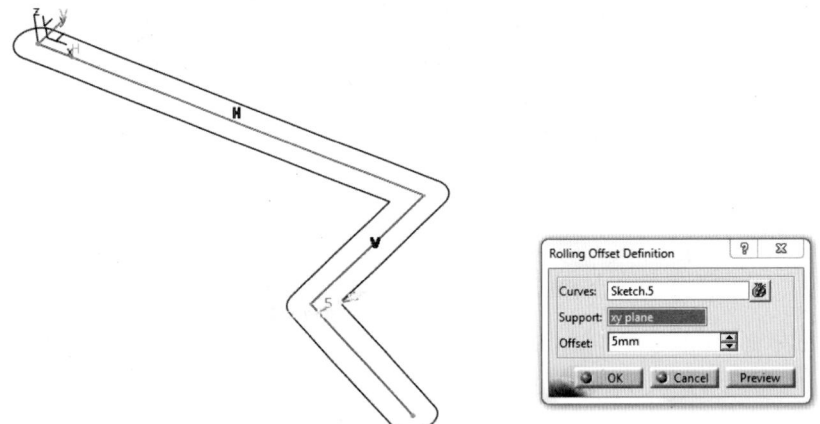

■ 3D Curve Offset

3차원 상에서 Wireframe이나 Sketch 요소를 Offset하는 명령입니다. 선택한 방향에 따라 Offset 할 수 있으며 Curve와 평행한 방향으로는 만들 수 없습니다.

3D Curve Offset 명령을 실행시키면 오른쪽과 같은 Definition 창이 뜹니다.

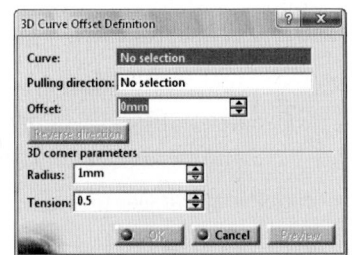

- Curve: Offset 하고자 하는 Curve나 Sketch를 선택합니다.
- Pulling direction: Offset 하고자 하는 방향을 선택해 줍니다. Contextual Menu를 사용하거나 실제 형상에서 원하는 방향을 가리키는 선 요소를 선택합니다.
- Offset: Offset 하고자 하는 거리를 입력해 줍니다.

3D corner parameters: Offset하는 과정에서 형상이 가진 곡률 반경 등의 이유로 결과에 Error가 생기지 않도록 'Radius'와 'Tension' 값을 정의할 수 있습니다.

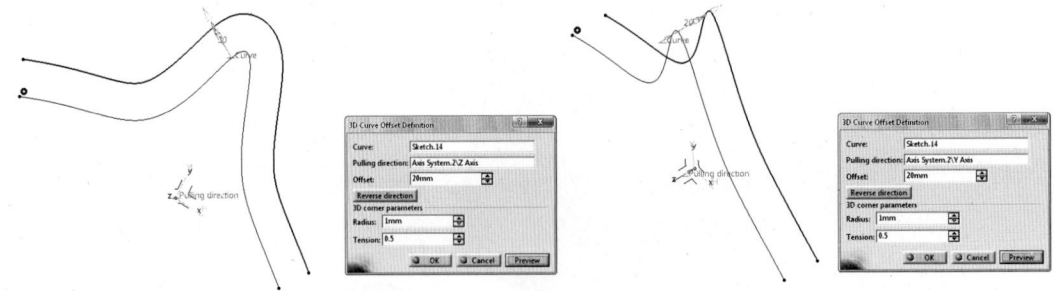

5. Circles-Corner-Connect Sub Toolbar

■ Circle

3차원 상에서 원이나 호를 만드는 명령입니다. Circle은 Circle Type에 따라 다음 9가지 방식으로 만들 수 있습니다.(Circle 명령은 그렇게 많이 사용되진 않습니다.)

• Center and radius

원을 구성하기 위해 원의 중심점(Center)과 기준 면(Support), 그리고 반경 값(Radius)을 선택해 줍니다.

여기서 Circle Limitations를 사용하여 결과물을 완전한 형태의 원으로 만들 것인지 도는 호를 만들 것인지를 선택할 수 있습니다.

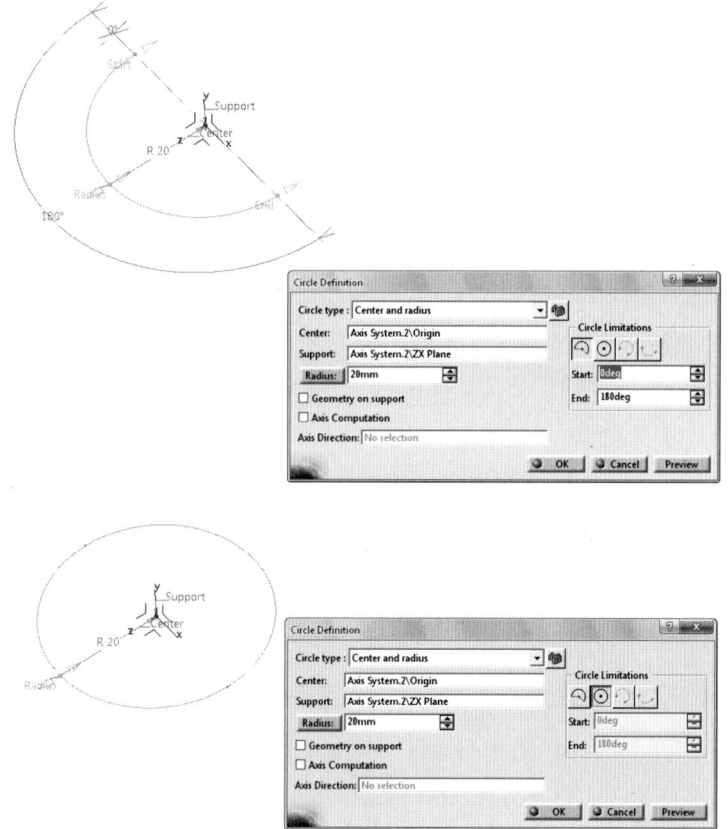

또한 여기서 Axis Computation을 체크하면 원의 중심에 Axis를 동시에 만들 수 있습니다.

• Center and point

원을 구성하기 위해 원의 중심점(Center)과 원을 지나는 Point(Point)를 선택해 줍니다. 물론 기준 면(Support)을 선택해 주어야 합니다.

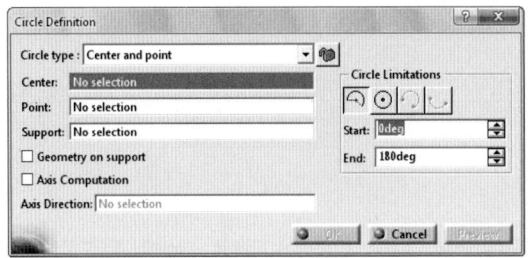

- **Two point and radius**

이 방법은 원을 지나는 두 개의 점과 반경(Radius)을 입력하면 이 두 점을 지나는 원을 만듭니다. 물론 기준면(Support)을 선택해 주어야 합니다.

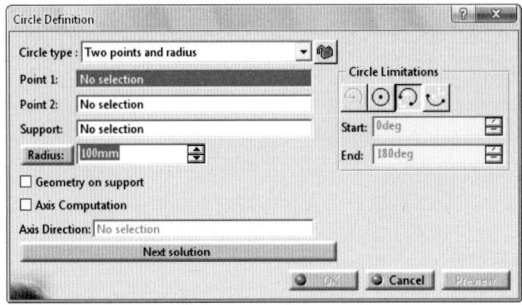

원의 반경과 그 원을 지나는 두 개의 점을 알 경우 만들어 질 수 있는 원은 두 개입니다. 따라서 이 Type으로 원을 만들 경우 Definition 창의 Next solution 버튼을 이용하여 원하는 원을 선택할 수 있습니다.

- **Three points**

원을 지나는 3개의 Point를 선택하여 원을 만듭니다. 3개의 Point를 차례대로 입력해 주면 원이 완성됩니다.

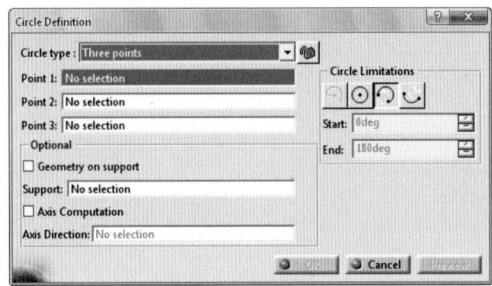

부가적으로 Geometry on support를 사용하여 곡면 위에 놓인 원을 만들 수 있습니다. Support에 Point들이 놓여있는 곡면을 선택해 주면 됩니다.(원 생성 후 따로 곡면에 투영시킬 필요가 없습니다.)

- **Center and Axis**

원의 중심 축(Axis/line)과 Point(Point), 그리고 반경(radius)을 이용하여 원을 구성합니다. Project point on Axis/line이 체크되어 있으면 Axis의 선상으로 Point가 투영되어 Axis를 기준으로 하는 원이 만들어집니다. 그리고 Project point on Axis/line이 해체되어 있으면 Point를 기준으로 원이 만들어집니다.

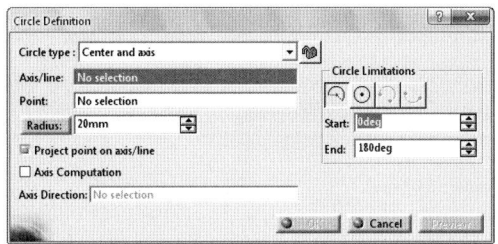

- **Bitangent and radius**

두 개의 요소가 있을 때 이 두 가지 요소에 모두 접하는 원을 만들 때 사용합니다. 물론 반경(Radius)을 입력해 주어야 합니다.

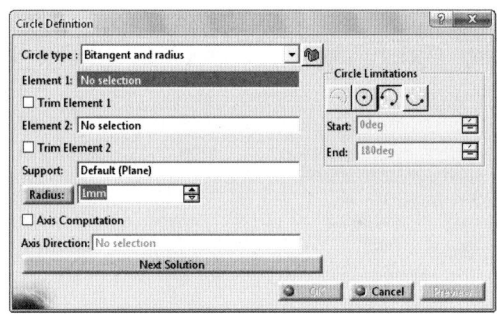

Sketcher에서 Bi-tangent line과 같이 두 곳의 접하는 지점을 이어 선을 그리는 원리로 원을 만든다고 보아도 됩니다. 이 방법 역시 형상에 따라 다르지만 접하는 부분이 여러 곳이면 이중에서 우리가 원하는 것을 Next Solution으로 선택해줍니다.

Trim Element를 사용하면 접하는 형상을 원이 아닌 호로 만들 때 Element 1과 Element 2를 접하는 지점에서 자동으로 잘라서 이어주는 작업까지 하게 하는 Option입니다.

- **Bitangent and point**

두 개의 접하는 요소와 그 원을 지나는 Point 하나를 사용하여 원을 만듭니다. 반경 대신 Point를 사용하여 원의 크기를 정합니다.

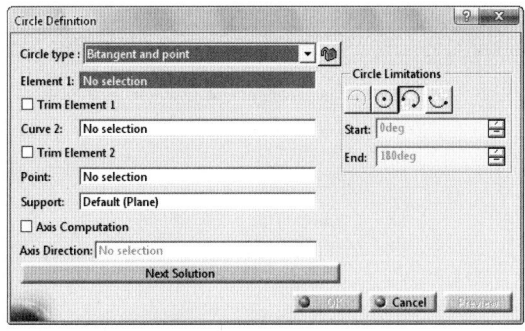

- **Tritangent**

3개의 요소에 대해서 접하는 원을 만들고자 할 때 사용합니다. 원과 접하는 3개의 지점을 아는 것이기 때문에 따로 반경은 필요하지 않습니다.

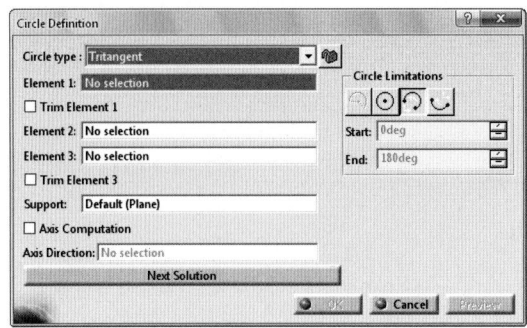

● Center and tangent

원의 중심(Center)과 접하는 요소를 사용하여 원을 만드는 방법입니다. 물론 반경(Radius)을 입력해 주어야 합니다.

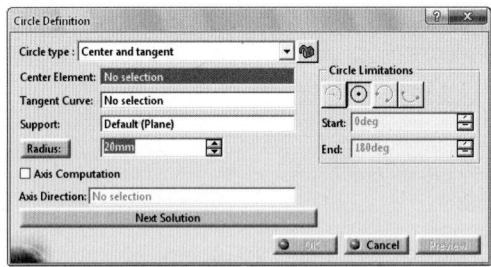

■ Corner

Sketcher에서와 같이 선과 선 사이에 뾰족한 부분(Vertex)을 둥글게 만들어 주는 명령입니다. Corner에는 두 가지 Type이 있습니다.

● Corner on support

같은 평면상에서의 임의의 반경(radius)으로 Corner를 할 때 사용합니다. Corner 주고자 하는 두 개의 요소를 각각 Element 1과 Element 2에 선택합니다. 다음으로 부여하고자 하는 Corner 반경 값을 입력합니다. 그러면 조건에 따라 여러 위치에 Corner가 만들어지는 형상이 미리 보기 됩니다.

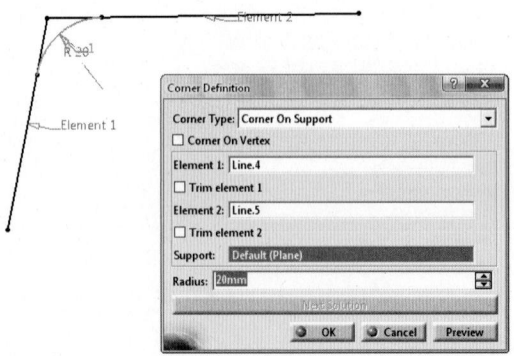

Trim Element를 사용하면 접하는 위치에서 Element에 Trim까지 함께 할 수 있는 Option입니다.

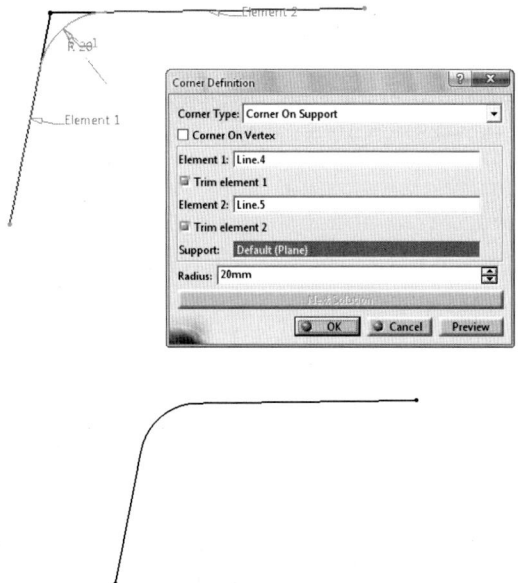

Corner 결과가 다양한 방향으로 나올 경우 아래와 같이 Next Solution이 활성화 되면서 원하는 위치의 Corner를 고를 수 있게 해줍니다.

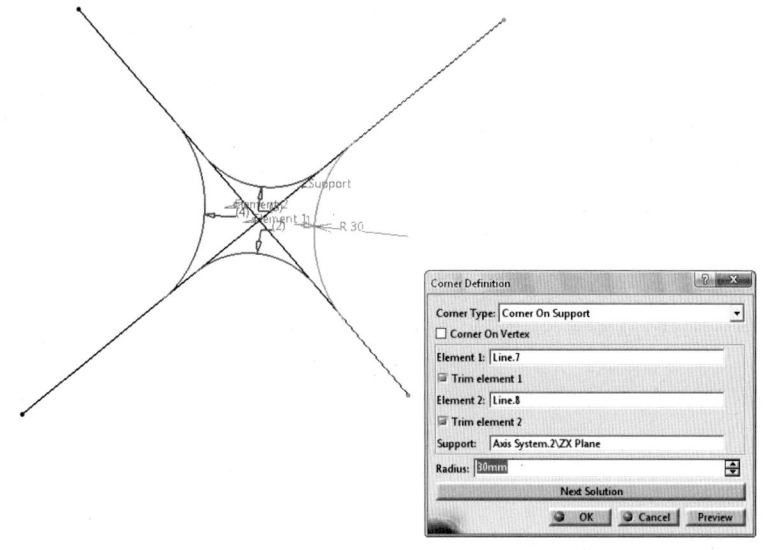

• 3D Corner

3D Corner는 같은 평면상의 Element를 사용하지 않은 경우에 사용하면 다른 기능은 Corner on support와 동일합니다.

■ Connect Curve

Curve와 Curve를 연결하는 명령으로 이 역시 Sketcher의 것과 유사합니다. Connect Curve에는 두 가지 Type이 있습니다.

• **Normal**

두 개의 Curve 요소 각각을 연결하는 기본적인 방식으로 각 Curve의 연결하고자 하는 위치의 끝 점(Vertex)을 선택합니다. Curve의 끝점을 선택하면 Curve는 자동적으로 선택이 됩니다.

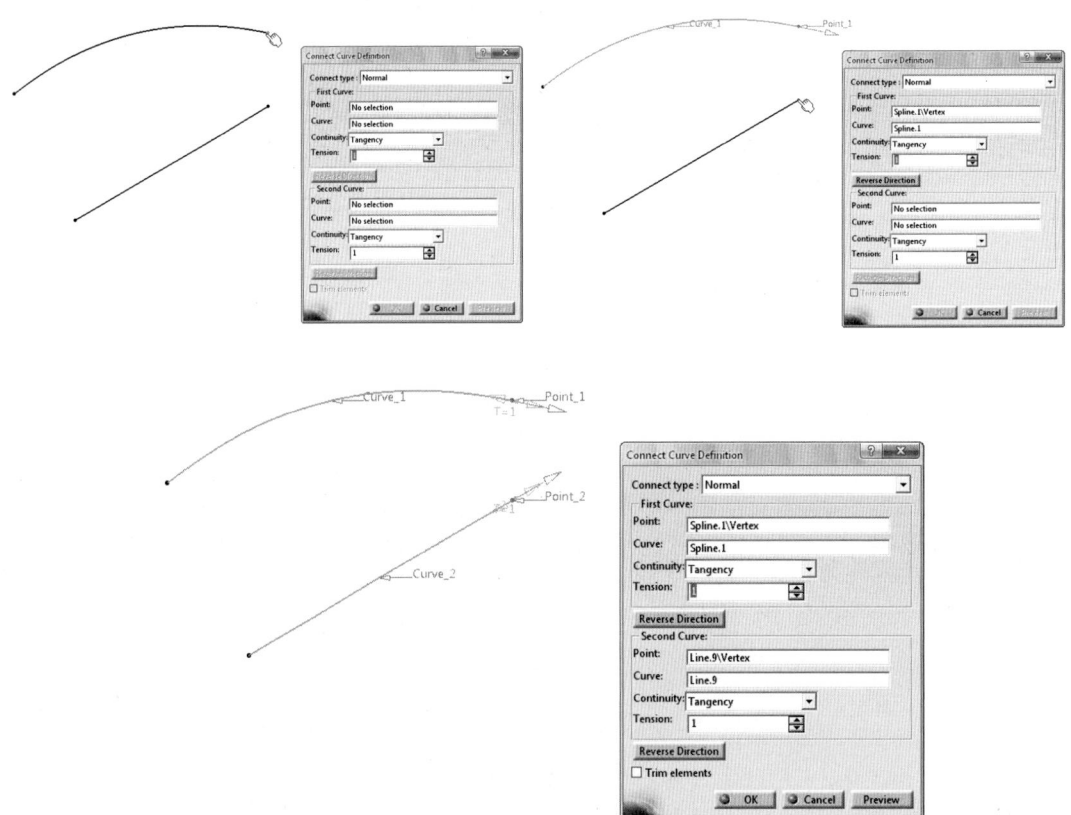

여기서 각 Curve에는 방향을 나타내는 화살표가 보이게 되는데 원하는 형상에 맞게 이 화살표를 클릭하거나 Reverse Direction을 이용하여 방향을 조절할 수 있습니다.

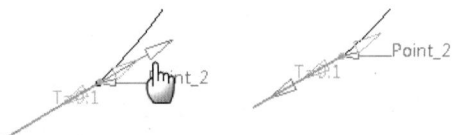

또한 각 Curve 마다 연결을 해줄 때 연속성(Continuity)을 조절할 수 있는데 Point, Tangency, Curvature가 있습니다.

'Tension'이란 장력, 긴장을 의미하는 단어로 여기서는 각 Curve의 연속성에 따른 영향력 정도로 생각하면 됩니다. CAD 이론에서는 다른 표현으로 Weight라고 부르기도 하며 가중치 개념으로 사용합니다. 즉, 각 Curve의 Tension 값이 클수록 연속성에 따른 영향력을 크게 Connect Curve를 만듭니다.

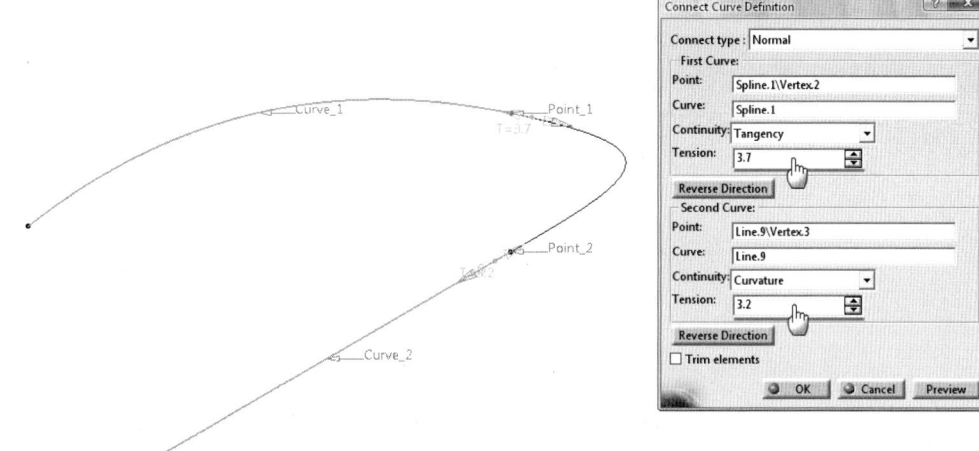

다음과 같이 두 개의 Curve 요소를 연결하는 Connect Curve가 만들어집니다.

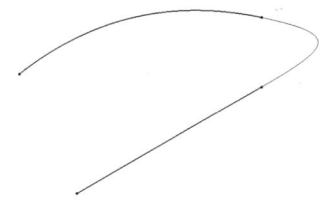

• Base Curve

이 Option은 기준이 되는 Curve를 사용하여 두 개의 Curve를 연결하는 방법입니다. 기준이 되는 Curve를 가지고 여러 개의 형상을 만드는 경우라서 따로 연속성이나 Tension 값을 주지는 않습니다. Base Curve의 형상에 맞추어 Connect Curve가 만들어지기 때문에 이를 잘 선택해야 하며 여러 개의 Connect Curve를 하나의 Curve를 기준으로 만들고자 할 때 유용합니다.

다음과 같이 Base Curve를 사용하려면 우선 Base Curve가 만들어져 있어야 합니다.

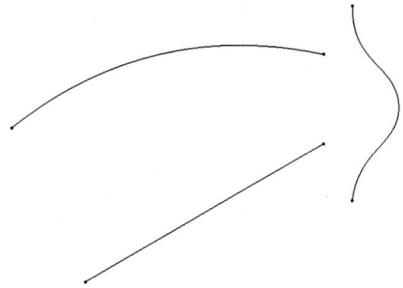

명령을 실행하고 다음과 같이 순서대로 대상을 선택합니다.

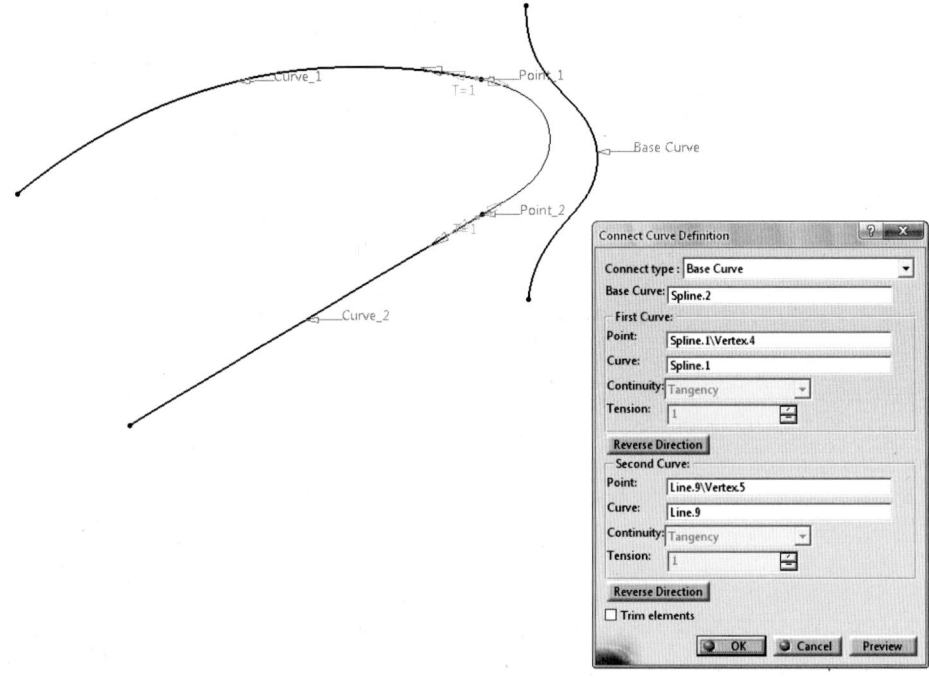

다음과 같이 Base Curve를 이용한 Connect Curve가 만들어집니다.

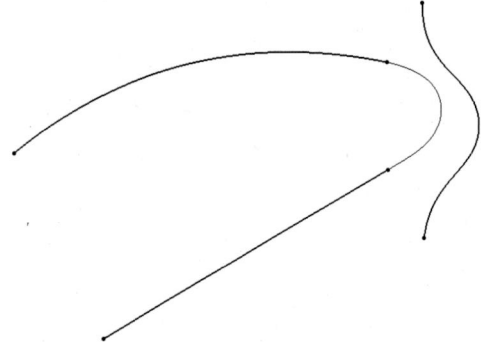

■ Conic

이 명령은 3차원 상에 Conic 형상을 만드는 명령으로 다음과 같은 조건 하에서 형상을 정의할 수 있습니다. (Sketcher에서 정의하던 것과 유사한 방법입니다.)

> Two points, start and end tangents, and a parameter
> Two points, start and end tangents, and a passing point
> Two points, a tangent intersection point, and a parameter
> Two points, a tangent intersection point, and a passing point
> Four points and a tangent
> Five points

Definition 창의 구조는 다음과 같습니다.

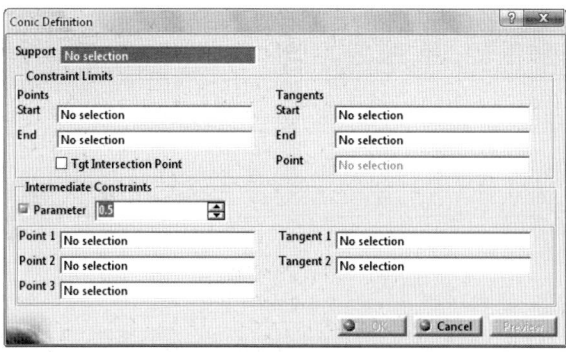

6. Curves Sub Toolbar

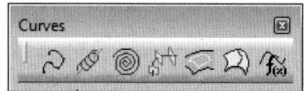

■ Spline

3차원 상의 Point를 이용하여 Curve를 만드는 명령입니다. 여기서 Point는 실제의 3차원상의 Point 또는 형상의 Vertex 등을 사용할 수 있습니다.(Sketcher에서의 Spline을 생각하면 쉽게 배울 수 있을 것입니다.)

Spline 명령을 실행하면 다음과 같은 Definition 창이 뜨며 여기서 각각의 Point를 수정하거나 관리할 수 있습니다. 앞서 미리 Point 요소들이 정의가 되어 있어야 합니다.

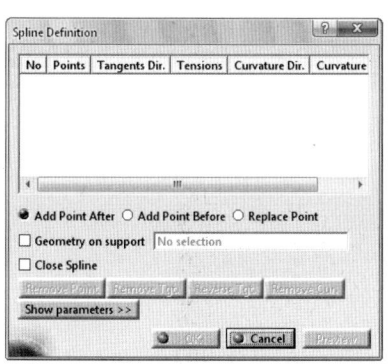

다음과 같이 Spline 명령을 실행하여 순서대로 Point들을 선택해 줍니다.

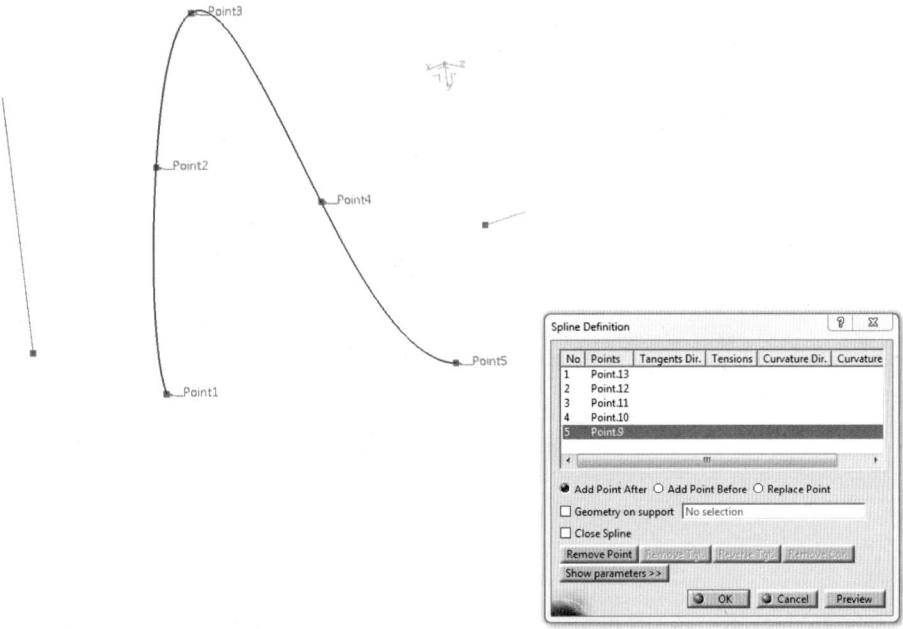

'Close Spline' Option을 체크하면 Spline의 시작점과 끝점을 부드럽게 이어 완전히 닫힌 Spline을 만들 수 있습니다.

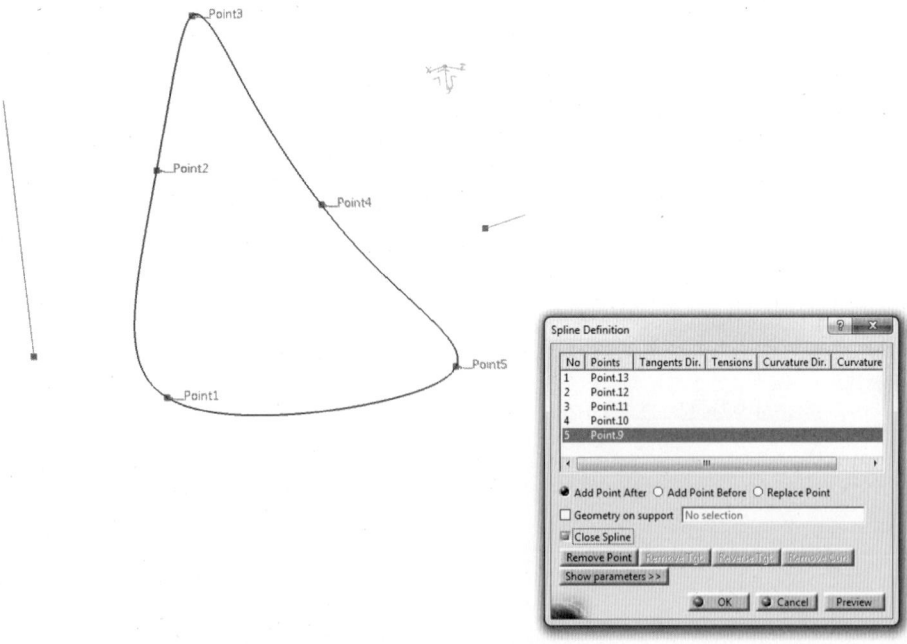

각각의 Point에는 그 지점에서 그 점을 지나는 Curve와 접하는 방향(Tangent Dir.)을 만들어줄 수 있습니다. 아래 그림과 같이 포인트를 선택해 주고 직선을 선택합니다.

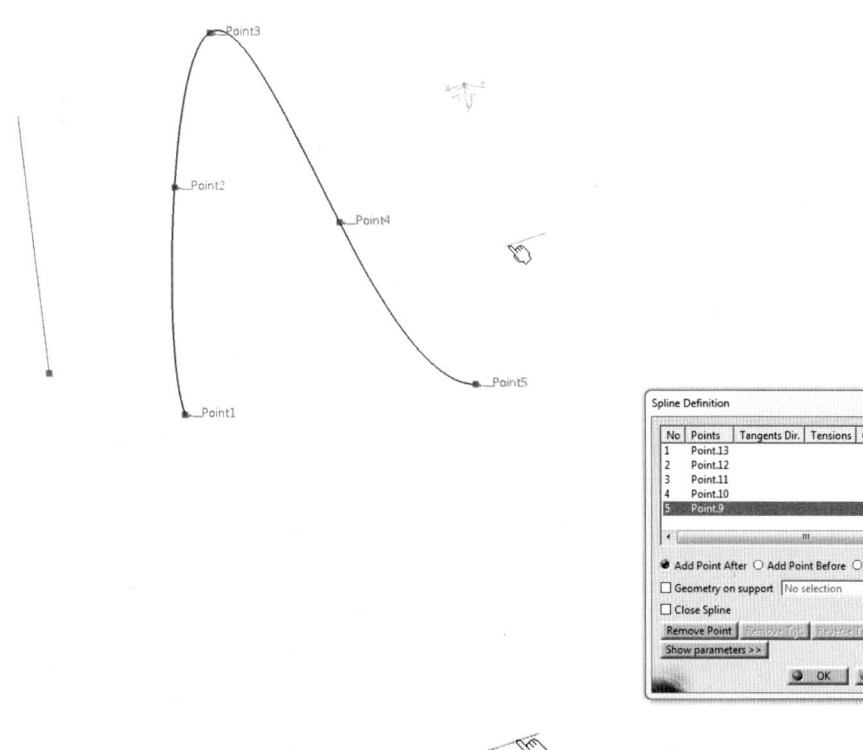

그러면 Definition 창의 그 Point에 Tangent Dir. 이라는 부분으로 입력이 되는 것을 볼 수 있습니다.

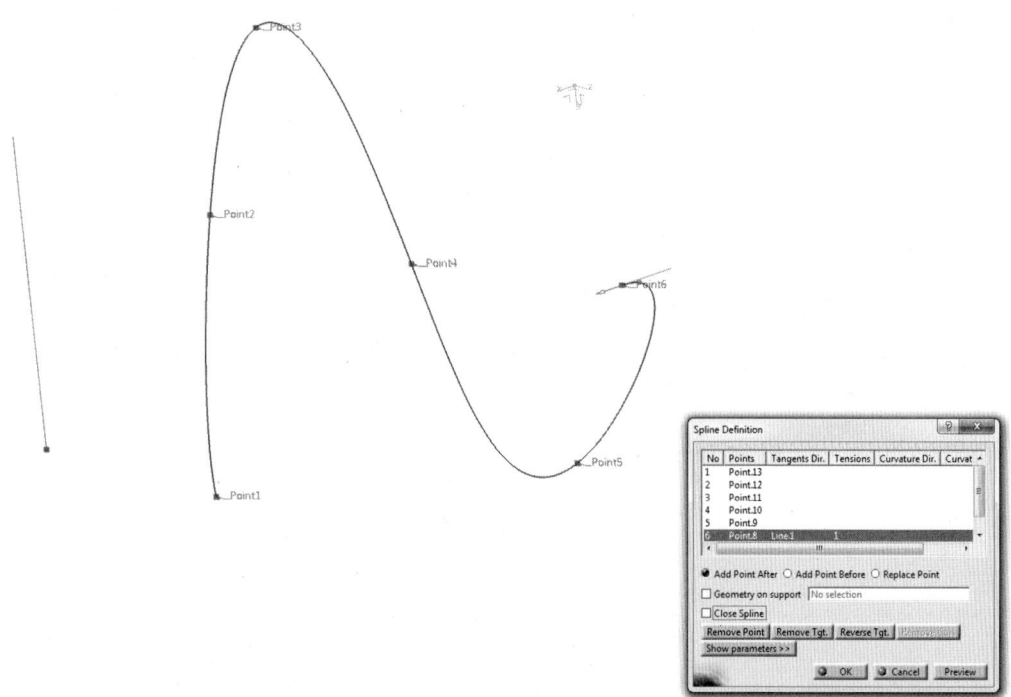

여기서 Tangent 방향을 변경해 주려면 화살표를 클릭하면 됩니다. 또는 Definition 창의 'Reverse tgt.' 버튼을 클릭합니다.

또한 접하는 형상과의 Tension을 조절할 수도 있는데 다음과 같이 하단의 Show Parameters를 클릭하면 Tension 값을 입력할 수 있는 부분을 확인할 수 있습니다.

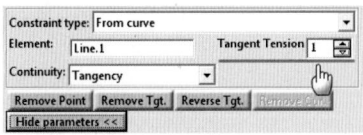

또한 'Geometry on support' 기능을 사용하여 곡면 위를 지나는 Spline을 만들 수도 있습니다.

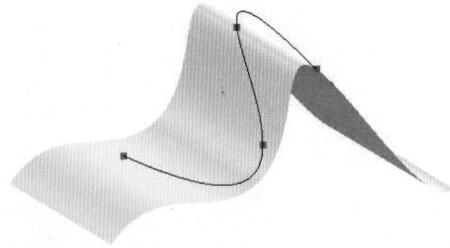

■ Helix

용수철과 같이 회전하면서 축을 따라 올라오는 형상을 그리는데 사용하는 명령입니다. 명령을 실행시키면 다음과 같은 Definition 창이 나타납니다.

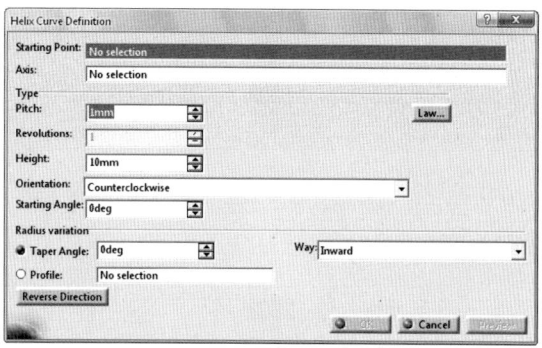

Helix 형상을 만드는데 필요한 요소는 회전의 반경, 즉 지름선상의 점 하나(Starting Point)와 회전축이 되는 Axis입니다.(이 Starting Point에서 Helix가 시작됩니다.) Starting Point와 Axis를 선택 하였다면 Helix가 Default 값으로 미리 보기가 될 것입니다.

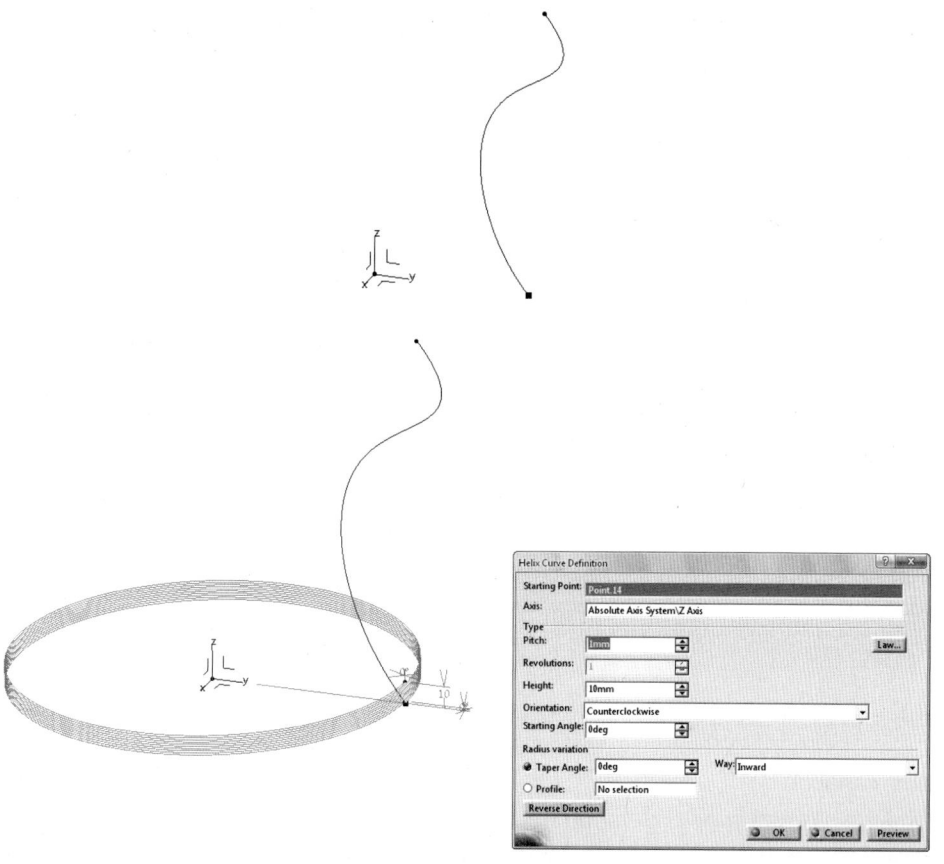

• Type

이제 다음으로 할 일은 Helix의 Pitch와 전체 높이를 입력해 주는 것입니다. Pitch란 Helix가 한번 회전해서 같은 위치에 올 때까지 올라간 높이입니다.

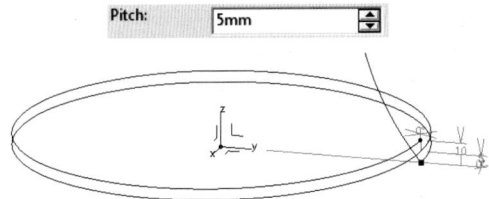

Heigh에서는 전체 Helix 형상의 높이를 정의합니다.

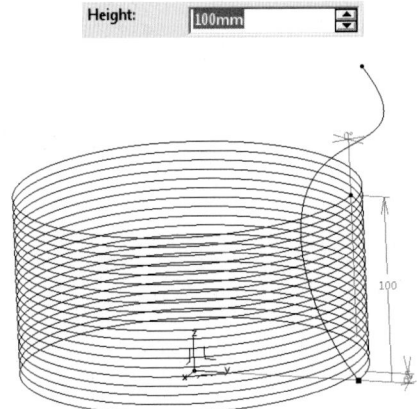

Orientation에서는 Helix의 회전 방향을 잡아 줄 수 있습니다. 시계 방향(Clockwise) 또는 시계 반대 방향(Counter clockwise)으로 할 수 있습니다.

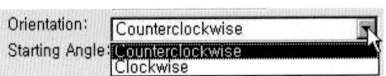

Starting Angle은 Starting Point에서 입력한 각도만큼 떨어져 시작 위치를 잡을 수 있는 Option입니다.

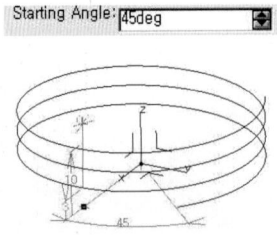

• Radius variation

Taper Angle을 사용하면 Helix를 수직이 아닌 경사각을 주어 만들어 줄 수 있습니다. Inward로 way를 정하면 안 쪽으로 기울어진 Helix가 만들어지고 Outward로 하면 바깥 방향으로 기울어진 Helix가 만들어집니다.

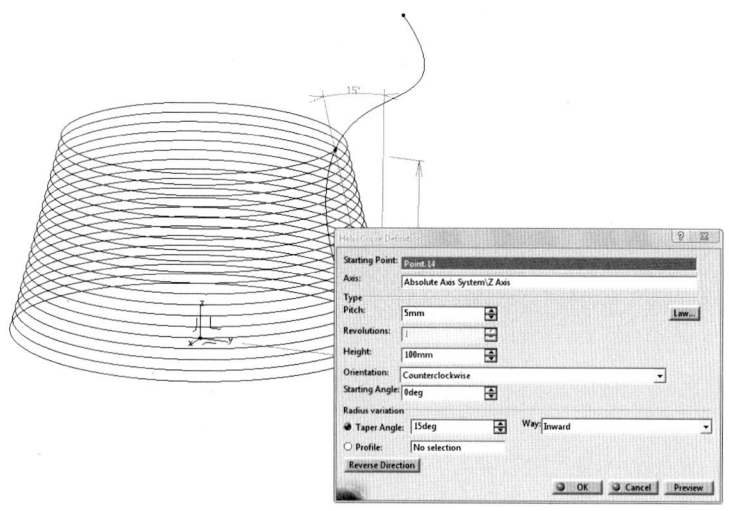

Profile은 우리가 Helix가 만들어지는 옆 실루엣 모양을 그려주고 이 Profile을 따라 Helix가 만들어 지게 하는 방법입니다. 이 Profile의 끝 점은 반드시 Starting Point를 지나야 한다는 것을 명심해야 합니다.

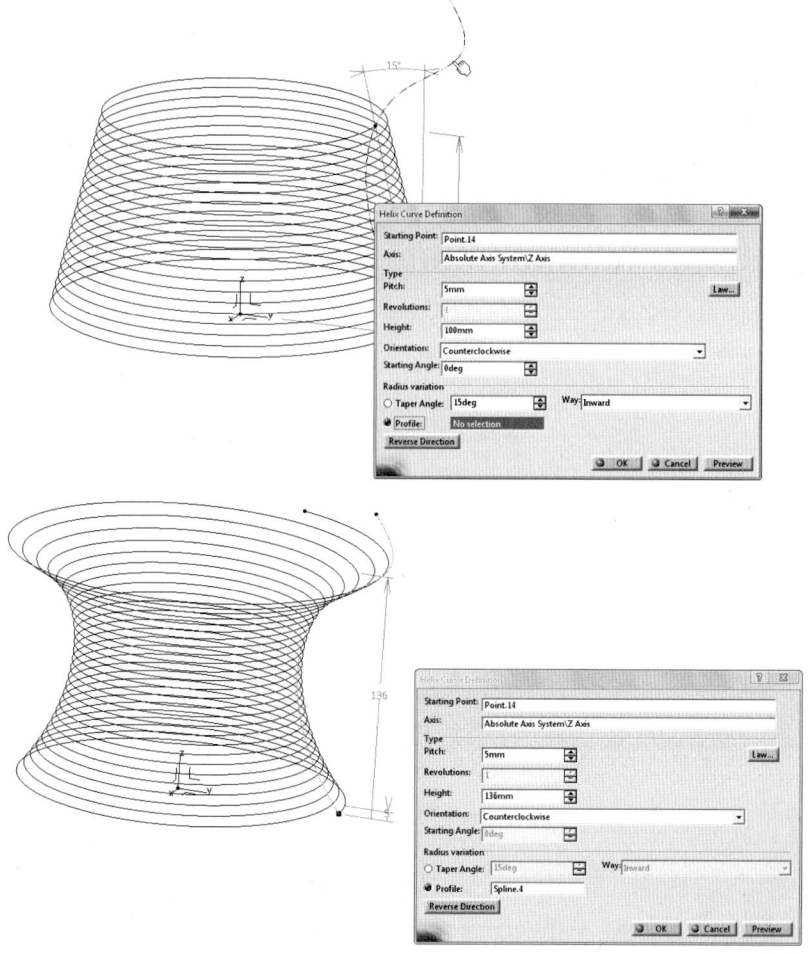

■ Spiral

시계태엽에 사용하는 스프링처럼 기준면을 중심으로 반경 방향으로 회전하면서 반경이 커지는 형상을 그리는 명령입니다. 명령을 실행시키면 다음과 같은 Definition 창이 나타납니다.

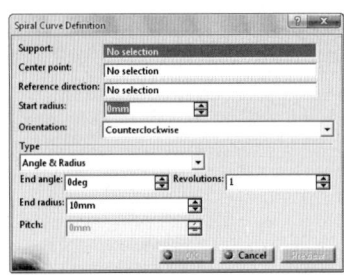

하나의 새로운 Part Document를 실행합니다.

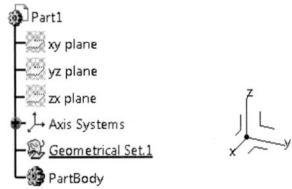

Spiral을 만들기 위해 가장 먼저 입력해 주어야 할 값은 기준면(Support)과 중심점(Center Point) 그리고 기준 방향(Reference Direction)입니다. 이 3가지 값이 입력되면 Default 값으로 미리 보기가 가능합니다.

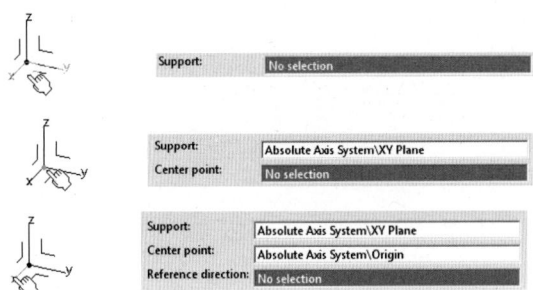

Start radius는 Spiral의 시작 위치에서의 반경 값입니다. 만약 '0'으로 한다면 원점에서 시작하게 됩니다.

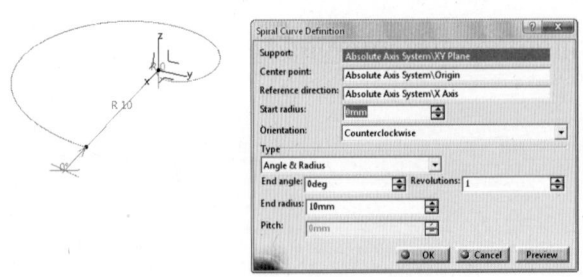

Orientation은 Spiral의 회전 방향입니다.

시계 방향(Clockwise)과 시계 반대 방향(Counterclockwise)이 있습니다.

Type에는 Angle & radius와 Angle & Pitch, Radius & Pitch가 있습니다. 각각의 Type에 따라 입력 값을 다르게 해줍니다. 여기서는 간단히 Angle & Radius으로 했을 경우만 설명하도록 하겠습니다. Angle & Radius으로 Type을 정하게 되면 끝나는 지점에서의 시작점의 위치에서 벌어진 각도인 End Angle 값과 끝나는 지점의 반경 값인 End radius, 그리고 Spiral의 감기는 수인 Revolutions 값이 있습니다.

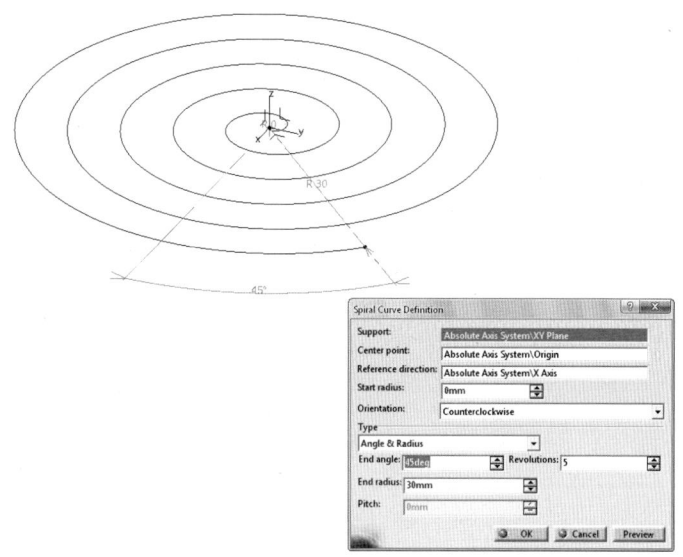

■ Spine

Spine이란 실제 형상을 만드는 명령은 아니고 Guide Curve가 필요한 작업에서 여러 개의 Guide Curve 대신에 하나의 기준선을 사용하여 형상을 만들 때 이 하나의 기준선을 그려주는 명령입니다. Multi-section Surface/Solid나 Sweep등과 같은 형상을 그려줄 때 사용합니다.(일부 형상 중에는 Spine이 없으면 형상이 정의되지 않는 것도 있으므로 주의 바랍니다.)

Spine을 만드는 방법에는 두 가지가 있는데 각 단면 Profile의 평면들을 지나가는 Spine을 만드는 방법(Section/Plane)과 Guide Curve들을 이용하는 방법(Guide)이 있습니다.

Spine 명령을 실행하면 다음과 같은 Definition 창이 나타납니다.

• Section/Plane

다음과 같이 어떤 형상을 이어가는 Plane들이 있다고 했을 때 이러한 Plane들을 이용하여 Spine을 만들어 줄 수 있습니다.

여기서 Spine을 실행하고 Definition 창에서 Section/Plane 위치에 각 Plane들을 순서대로 선택해 줍니다.

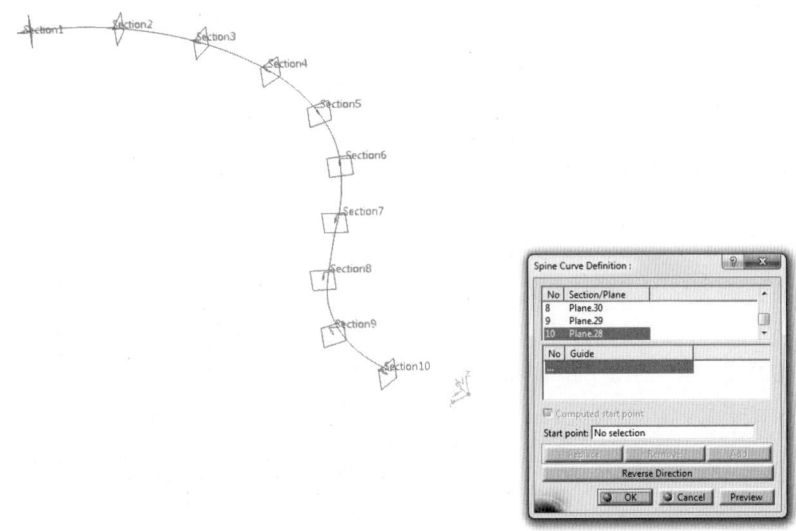

그럼 다음과 같이 평면들의 중심에 수직한 Spine이 만들어집니다. 혹시나 방향이 잘못 나타난다면 Reverse Direction을 눌러보기 바랍니다.

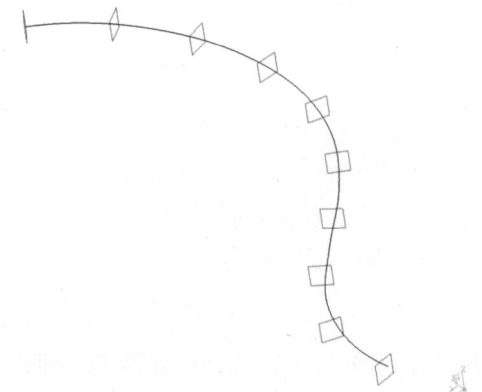

• **Guide**

Guide를 이용하는 방식은 Spine Definition 창에서 다음과 같은 Guide Curve들을 선택하여 Spine을 만드는 방식입니다.

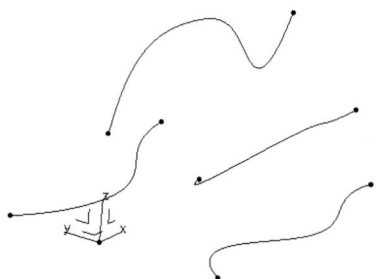

다음과 같이 Spine Curve Definition 창에서 아래의 Guide를 선택하고 앞서 그려진 4개의 Guides을 선택해 줍니다.

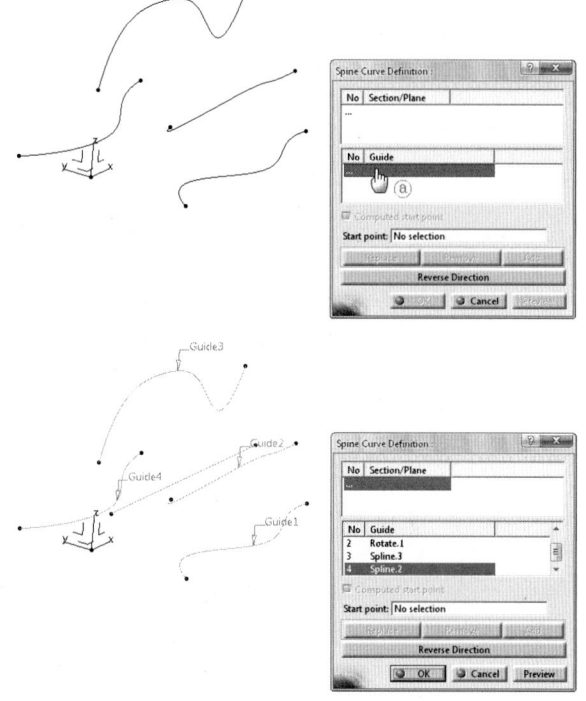

그럼 다음과 같이 3개의 Guide를 지나는 Spine이 만들어집니다.

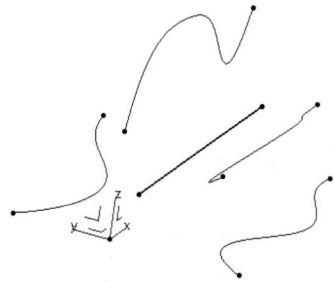

■ Contour

R21이후 새로이 등장하는 기능입니다. 이 명령은 곡면 위에 놓인 선 요소들을 이어 닫혀있는 곡선을 만들어 주는 기능을 합니다.

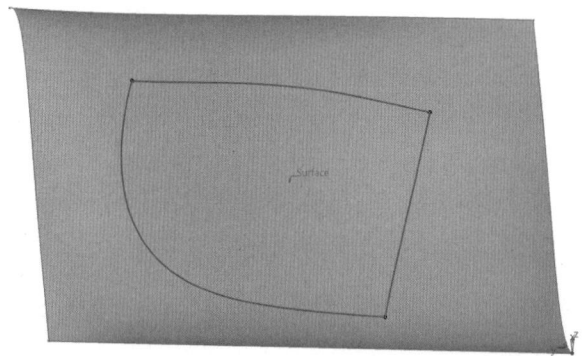

■ Isoparametric Curve

이 명령은 선택한 곡면에 대해서 그 곡면 위를 지나는 Isoparametric Curve를 만들고자 할 경우에 사용합니다.

명령을 실행하면 다음과 같은 Definition 창이 나타납니다.

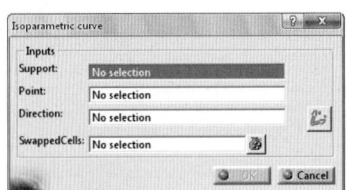

- Support: Curve가 지나갈 곡면을 선택해 줍니다.
- Point: Curve가 위치할 지점을 선택합니다. 미리 Point가 생성되어 있으나 마우스로 임의의 지점을 선택할 수 있습니다.
- Direction: Curve가 만들어질 방향을 선택할 수 있습니다. 따로 방향을 지정하지 않으면 직교하는 두 방향으로 마우스 선택이 가능합니다.

버튼을 클릭하면 Curve의 방향을 U ⇔ V로 변경시킬 수 있습니다.

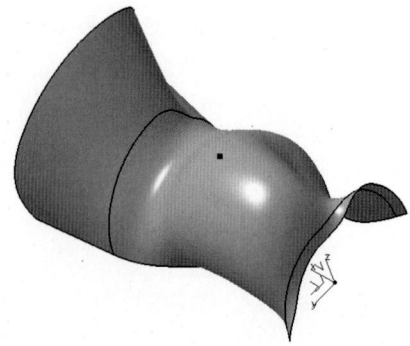

Isoparametric Curve를 실행하고 곡면을 선택합니다. 그럼 다음과 같이 마우스가 이동하는 지점을 따라 붉은 색으로 Curve가 표시되는 것을 확인할 수 있습니다.

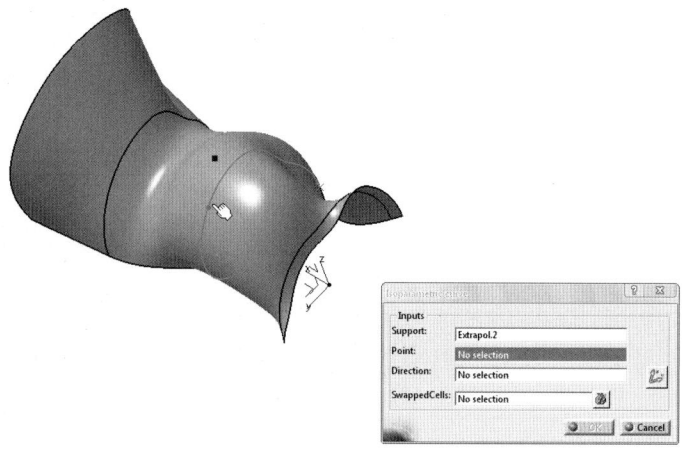

여기서 곡면 위에 있는 Point를 선택합니다.

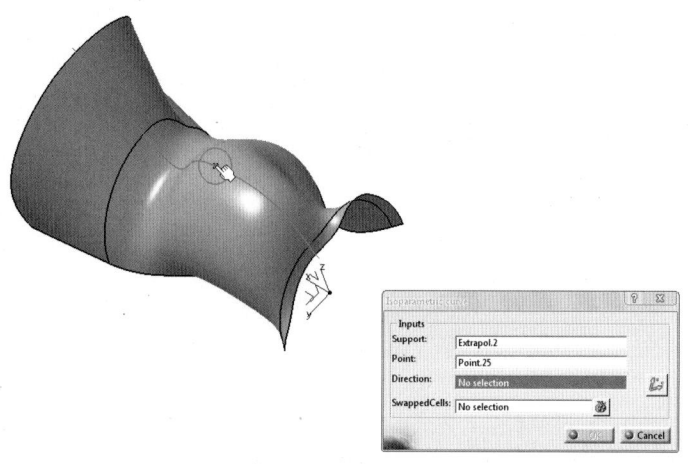

여기서 OK를 누르면 다음과 같이 Curve가 선택한 Point를 기준으로 만들어진 것을 확인할 수 있습니다.

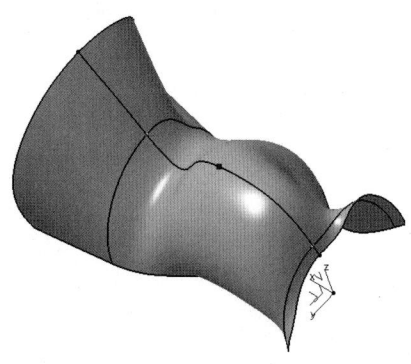

■ Curve From Equation

V5-6 R2013 이후 기능으로 앞서 버전에서 우리가 Law 기능을 사용하여 수식화된 곡선을 작업하였던 기능을 좀 더 편리하게 사용하기 위하여 생성되었습니다. Gear 설계나 수식화된 모델 설계에 유용합니다.

명령을 실행시키면 다음과 같은 화면이 나타나며 X, Y, Z 축 방향에 대한 Law를 정의할 수 있게 됩니다.

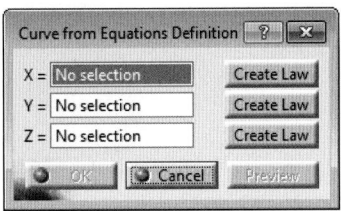

각각의 축 방향 대해서 수식을 정의하기 위해 Law를 클릭하여 수식을 정의해 주어야 합니다. 상세한 수식 정의 설명은 이 책의 수준을 벗어나므로 Knowledge 관련 교재의 Set of Equation 명령을 참고 바랍니다.

C. Surface

앞서 Wireframe 작업 또는 Sketch에서 작업 다음 단계로 Surface를 만드는 Toolbar입니다. 각각의 특성에 따라 많은 응용 부분이 있기 때문에 다소 어려운 명령이 있기도 하지만 기능을 이해하면 손쉽게 Surface 형상을 만들 수 있습니다.

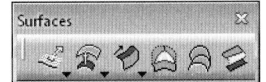

참고로 여기서 만들어지는 곡면 형상 요소들을 '종이'라고 생각하시기 바랍니다.

1. Extrude-Revolution Sub Toolbar

■ Extrude

Profile에 길이 값을 입력하여 선택한 방향으로 Profile 형상이 직선 방향으로 늘어나는 Surface를 만드는 명령입니다.

명령을 실행시키면 다음과 같은 Definition 창이 나타납니다.

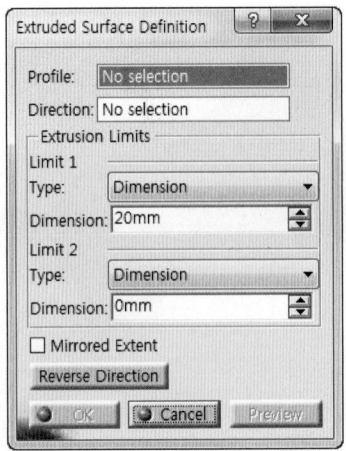

여기서 우선 선택되어야 할 요소는 Profile이며 Direction은 Profile이 Sketch인 경우엔 Default 로 Sketch에 수직한 방향이 됩니다. 그렇지 않은 경우에는 직접 방향 요소를 선택해 주어야 합니다.

다음과 같이 새로 Part Document를 실행하여 XY 평면에 지름 100mm짜리 원을 그리도록 합니다.

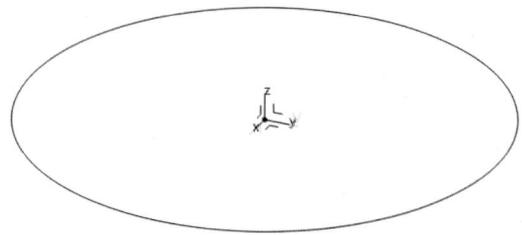

다음으로 Extrude 명령을 실행하고 Sketch를 Profile에 선택해 줍니다. 그럼 다음과 같이 미리 보기가 출력됩니다. 여기서 원하는 치수를 입력하고 OK를 눌러줍니다.

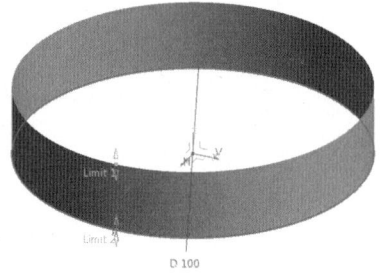
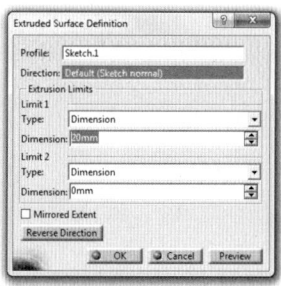

Profile 방향에 대해서 양쪽 방향으로 같은 값으로 곡면을 늘려주고자 할 경우에는 'Mirrored Extent'를 눌러줍니다.(Release 20부터 지원됩니다.)

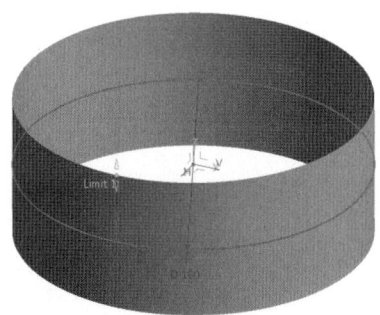

Sketch가 Profile이 아닌 경우에는 Direction을 지정해 주어야 합니다.(Sketch를 Profile로 하는 경우에는 따로

Direction을 지정하지 않아도 Sketch 형상의 기준이 되는 Plane 요소가 방향 성문으로 작용합니다.) 또는 Sketch 형상을 임의의 직선 방향으로 Extrude하고자 할 경우에는 다음과 같이 Direction을 선택해 주도록 합니다. Extrude 의 방향은 임의적인 직선 방향이면 축 요소나 선이나 모서리 모두 가능합니다.

다음과 같이 앞서 Sketch한 PartDocument에 이번에는 ZY 평면으로 Sketch 들어가 원점에서부터 45도 기울어진 직선을 Sketch하도록 합니다. 그리고 다시 Extrude를 실행하여 다음과 같은 순서로 대상을 선택해 줍니다. 그럼 Profile의 곡면 생성 방향이 변경되는 것을 확인할 수 있습니다.

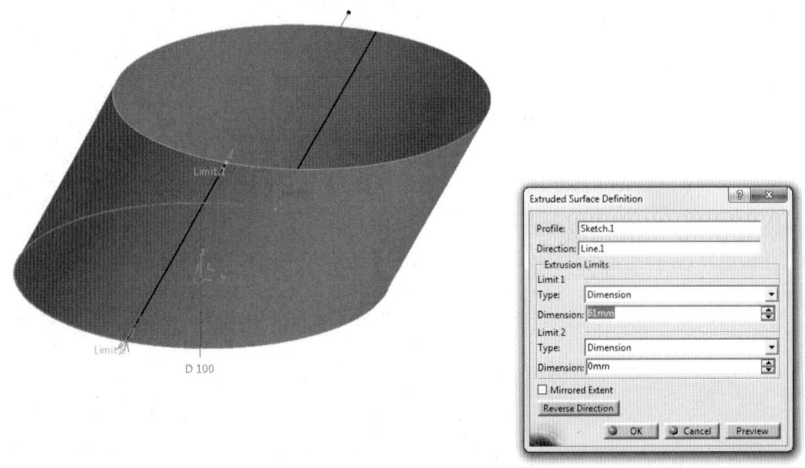

또한 Extrude는 Profile에 대해서 두 가지 방향으로 길이를 부여할 수 있으며 각각 다른 값을 입력할 수 있습니다. Type을 Dimension이 아닌 'Up-to Element'를 사용하면 다른 Surface 면이나 평면 등을 기준으로 Extrude 할 수 있습니다.

아래 그림과 같이 임의의 곡면을 만든 후 해당 곡면까지 Extrude를 수행해 보기 바랍니다.

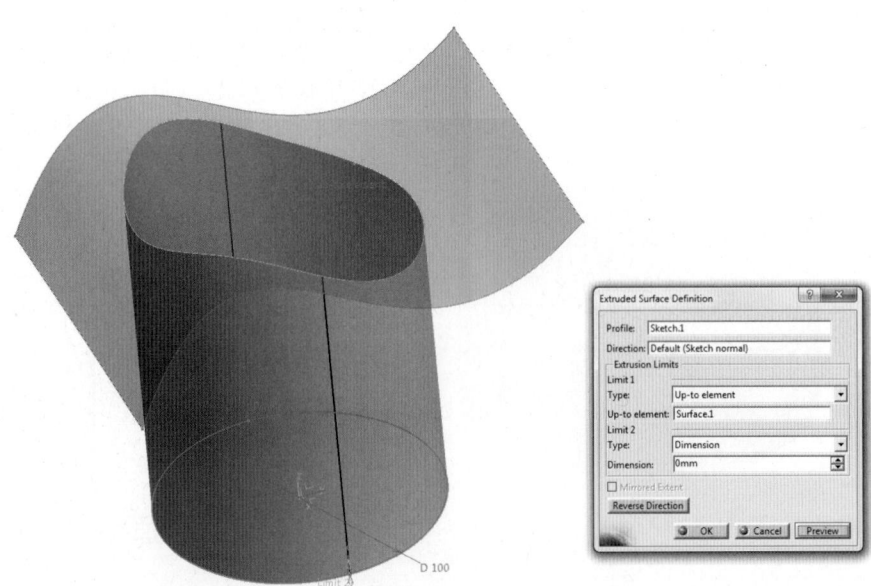

참고로 Point(Point) 요소를 Extrude하면 직선이 만들어집니다.

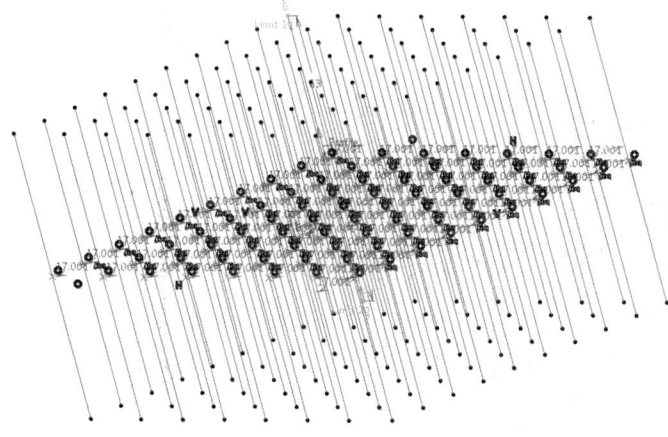

■ **Revolve**

Profile을 회전축을 중심으로 회전하여 Surface 형상을 만드는 명령입니다. Profile과 Revolution Axis를 먼저 선택해 줍니다. 다음으로 각도를 입력하여 완전한 회전체(360도) 또는 일부 각도를 가지는 형상을 만들 수 있습니다.

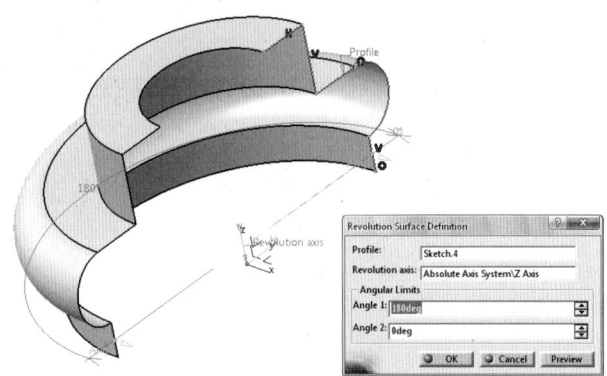

■ **Sphere**

구를 만드는 명령으로 구의 중심점(Center)을 먼저 선택해 줍니다. Sphere Axis는 굳이 선택을 해주지 않아도 Default 로 알맞은 값을 찾아 줍니다.

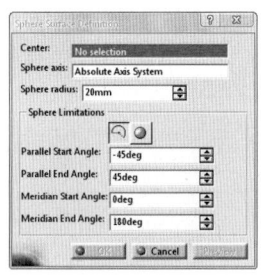

다음으로 선택해줄 값은 Sphere radius로 구의 반지름 값입니다. 적절한 반경 값을 입력해 줍니다.

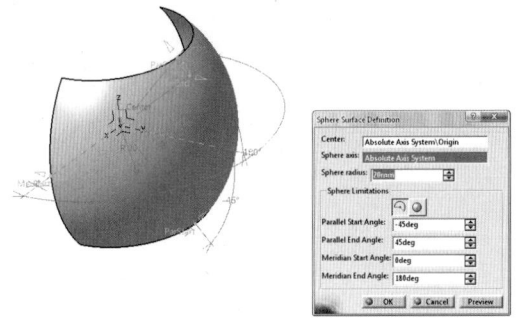

Sphere Limitation에서는 구의 각을 조절하여 완전한 구 또는 일부만을 만들 수 있습니다. 완전한 구를 만들고자 한다면 을 선택하면 됩니다.

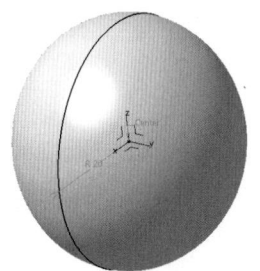

■ Cylinder

손쉽게 원통 형상을 만드는 명령으로 중심점(Point)과 방향(Direction)을 선택한 후 반지름(Radius)을 입력하여 원통 형상을 만듭니다.

간단한 예를 위해 빈 Part에 Cylinder를 실행하고 Point에는 원점을, Direction에는 Z축을 선택합니다. 그리고 Radius 값을 입력합니다.

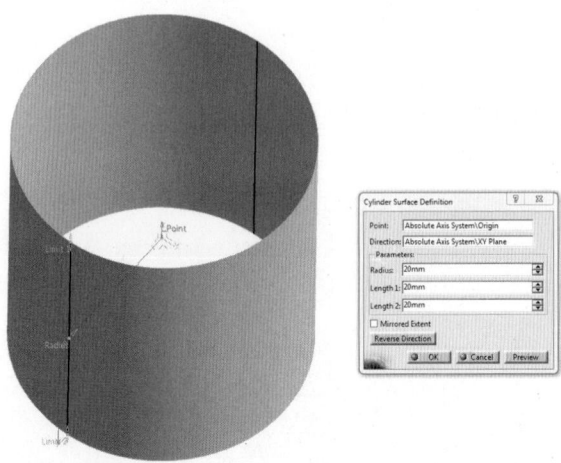

'Length 1'과 'Length 2'를 입력하여 원통의 길이를 조절합니다.

2. OffsetVar Sub Toolbar

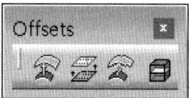

■ Offset

Surface를 일정한 거리를 띄워 새로운 Surface를 만드는 명령입니다. 명령을 실행시키면 다음과 같은 Definition 창이 나타납니다.

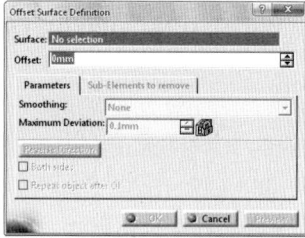

Offset 하고자 하는 Surface를 선택하고 Offset 수치 값을 입력합니다.

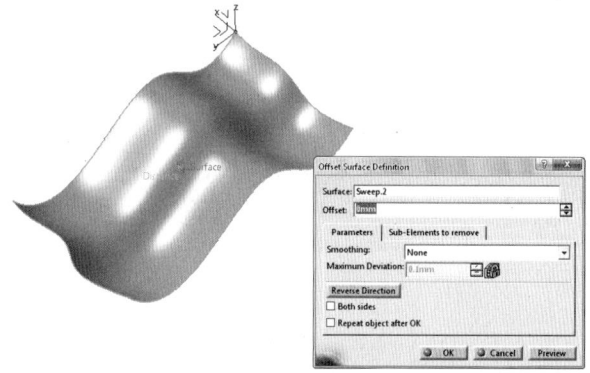

Offset은 형상에 나타나는 붉은색 화살표 방향대로 곡면이 만들어지며 이 화살표를 클릭하거나 Definition 창에서 Reverse Direction을 이용하여 Offset되는 방향을 바꿀 수 있습니다.

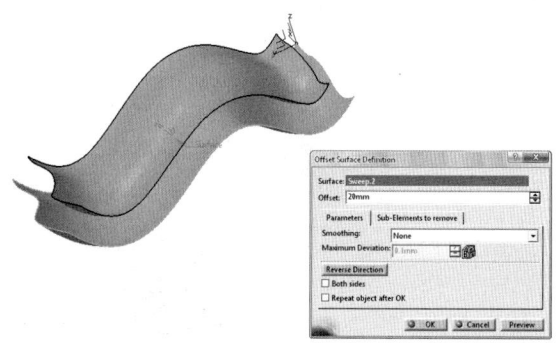

'Both sides'를 체크하면 Surface를 기준으로 양쪽 방향으로 Offset 시킬 수 있습니다.

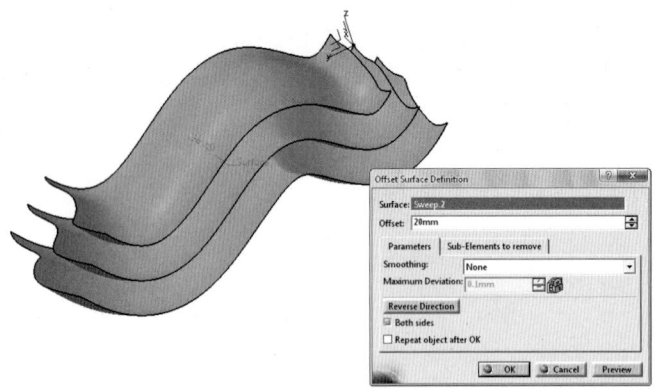

■ **Variable Offset**

이 명령은 Offset을 여러 개의 Sub Element로 이루어진 Surface에 대해서 일정한 값으로 동일하게 Offset 하는 것이 아닌 Sub Element(Domain Surface) 마다 Offset 값이 변화하는 Offset을 수행하는 명령입니다. Variable Offset을 사용하려면 선택한 Surface 요소는 여러 개의 Sub Element로 나뉘어져 있어야 합니다.(특별한 경우가 아니고는 사용하기가 조금 까다로운 명령입니다.) 즉, 다음과 같은 하나의 Domain으로 이루어진 Surface는 Variable Offset을 사용할 수 없습니다.

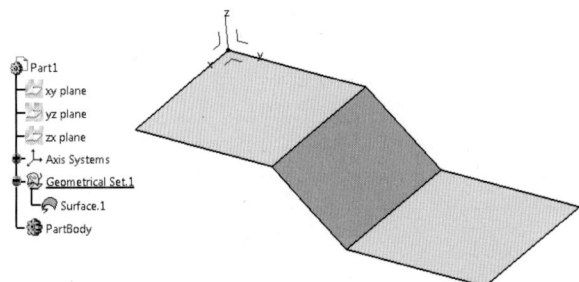

예제 파일을 준비합니다. 각 Surface가 어떠한 형상을 가지고 있는지 잘 살펴보기 바랍니다. 여기서 'GlobalSurf'는 전체 형상을 모두 가진 Surface이고 나머지 3개의 Surface는 각각의 부분적인 형상을 나타내는 Domain Surface 입니다.

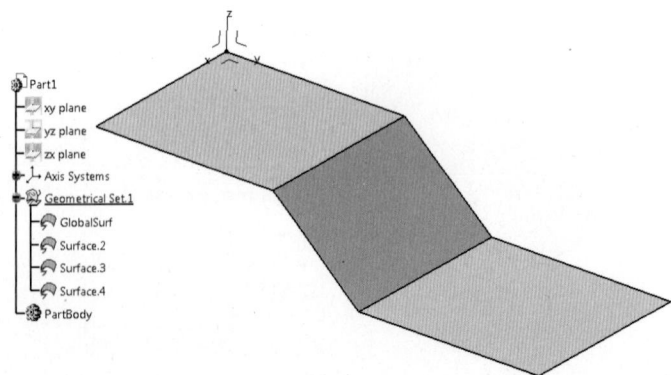

Variable Offset을 실행시키면 다음과 같은 Definition 창이 나타납니다.

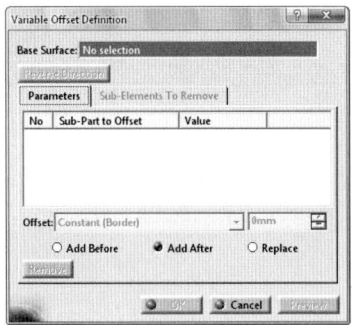

- Global Surface: 전체 Surface 형상을 선택해 줍니다. 앞서 언급하였듯 여러 개의 조각으로 이루어진 Surface를 선택해야 합니다.

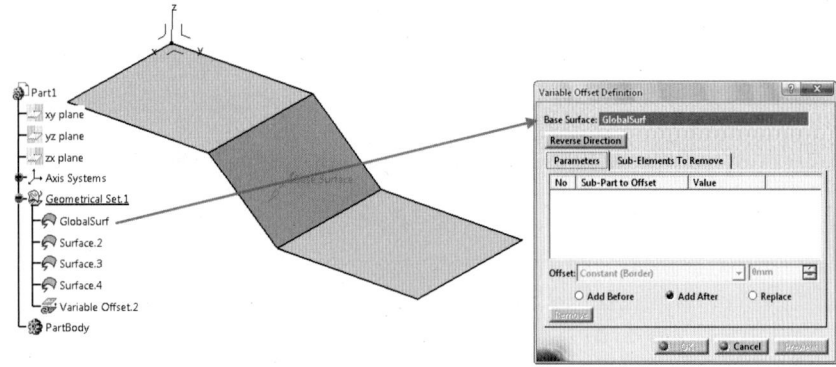

- Sub-Partto Offset: 여기서는 위의 Global Surface를 구성하는 Sub Element를 차례대로 선택해 줍니다.

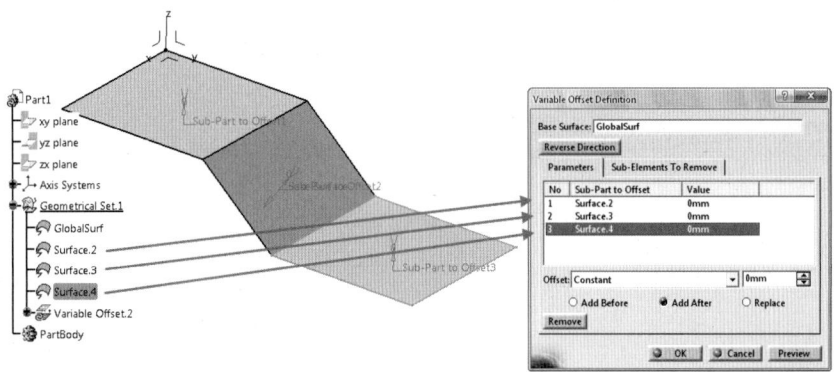

여기서 각 Sub Element에 Offset 값을 입력해 줍니다.

No	Sub-Part to Offset	Value
1	Surface.2	10mm
2	Surface.3	5mm
3	Surface.4	-10mm

그 결과는 다음과 같습니다.

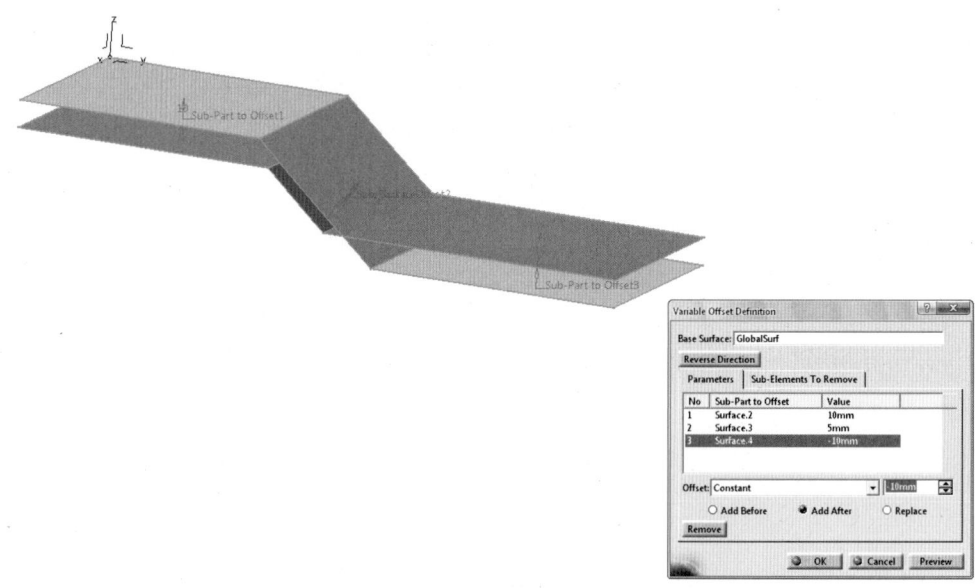

만약에 Offset 값을 Constant에서 Variable로 변경하게 되면 다음과 같은 결과를 확인할 수 있습니다. 가운데 Surface의 경우 양쪽 Surface의 Offset 값에 절충하여 형상이 변경됩니다.

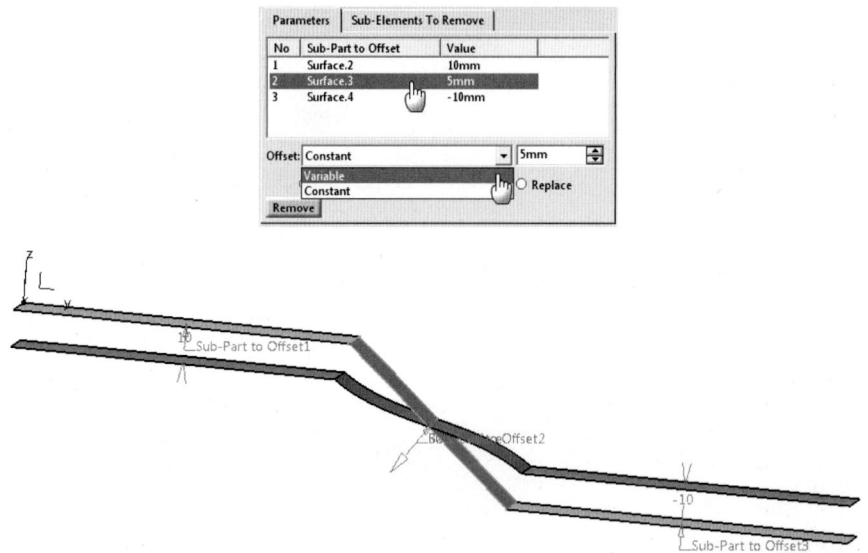

■ Rough Offset

Rough Offset은 원래의 Surface의 특성만을 유지한 채 일정한 간격으로 Offset하는 명령입니다. 일반적인 Offset과 다른 점은 일단 Deviation 값이 1mm에서부터 시작하는 것입니다. 편차를 1mm 이상 줄 수 있다는 것은 그만큼 실제 형상에서 Offset한 형상이 차이가 날 수 있으나 그만큼 더 넓은 범위까지 Offset을 만들어 낼 수 있게 됩니다. 복합한 형상의 Domain들을 단순화 시킬 수 있는 장점이 있습니다.

예제 파일을 준비합니다.

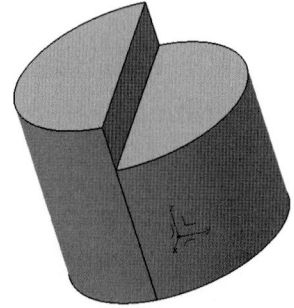

Rough Offset을 실행시키고 Surface를 선택해 주고 Offset 하고자 하는 값을 입력해 줍니다.

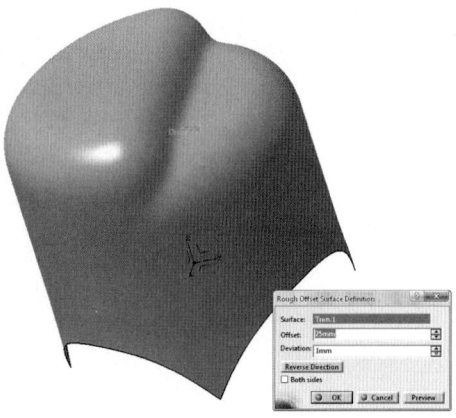

미리 보기나 OK를 하면 다음과 같이 Computing하는 것을 확인할 수 있습니다.

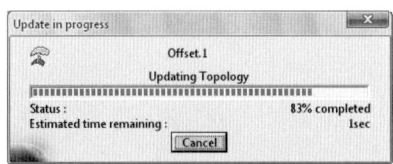

다음과 같이 다소 거칠게 Offset 된 형상을 볼 수 있습니다. 그리고 하나의 Domain으로 Surface가 만들어 진 것을 확인할 수 있습니다.

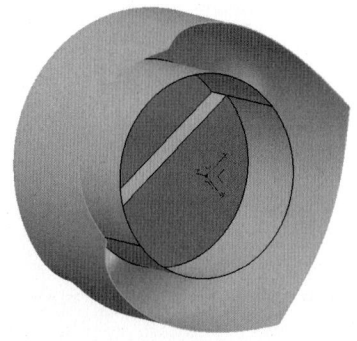

Deviation은 1mm부터 줄 수 있습니다.

■ Mid Surface

V5-6 R2013 이후의 기능으로 선택한 형상이 가지는 나란한 면 사이에 중립인 면을 생성해 주는 기능입니다. 앞서 많은 CAD 툴에서 제공을 원했으며 이미 제공하는 기능인데 CATIA에서도 드디어 이 기능을 사용할 수 있게 되었습니다.

아래와 같이 원하는 형상을 선택한 상태에서 등간격으로 오프셋 된 면을 선택하여 정의가 가능합니다.

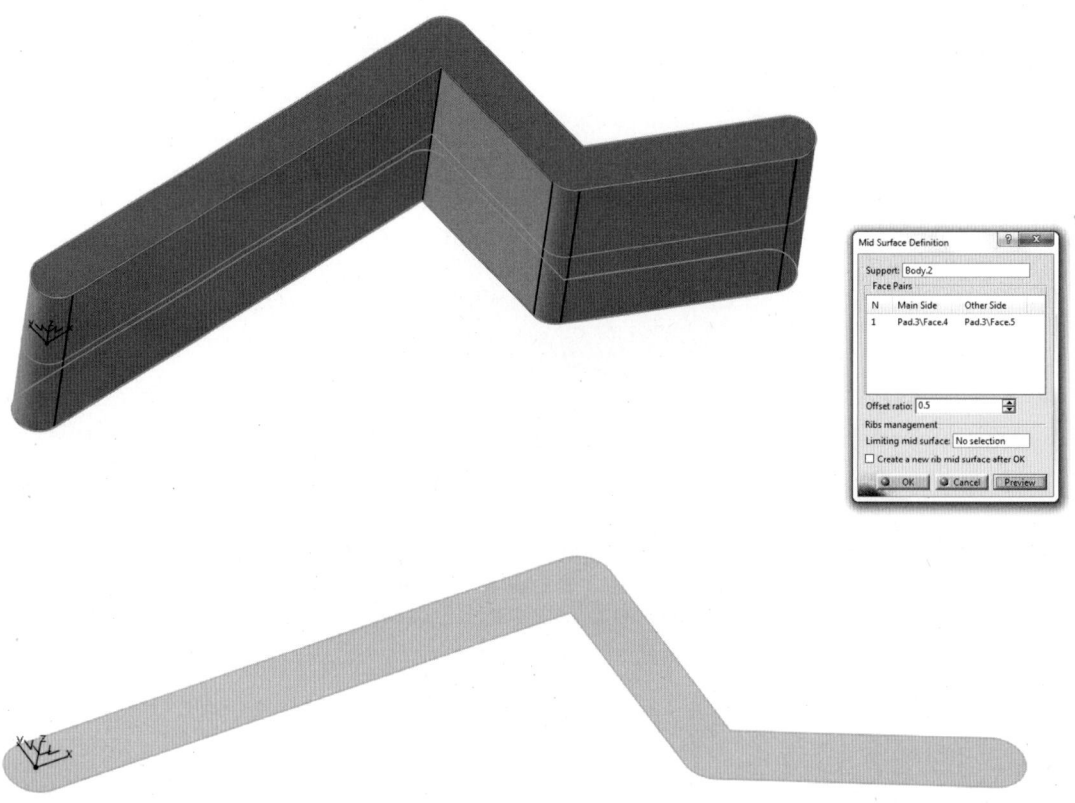

하지만 아직은 나란하지 않은 면에 대해서는 중립면을 생성할 수 없다는 점을 기억하기 바랍니다.

3. Sweeps Sub Toolbar

■ Sweep

GSD Workbench의 Surface 생성 명령 중에 가장 많은 Type을 가지고 있으며 사람들이 가장 어렵게 생각하는 명령이 바로 Sweep입니다. 그러나 그 만큼 표현할 수 있는 형상 또한 많기 때문에 중요한 명령입니다. GSD에서 Sweep을 사용할 주 모른다면 Surface 모델링 쪽에서 형상 구현에 제약이 많이 따른다.

Sweep에는 Profile에 따라 다음과 같은 4개의 Type을 가지고 있습니다. 이 중에 한 개만이 Explicit Type 이고 나머지 3개는 형상이 이미 정의된 Implicit Type입니다. 그리고 이러한 Profile Type은 각각 Subtype을 가지고 있어 그 안에서 또 다시 여러 가지 방식으로 표현할 수 있습니다.

• Explicit

한 개 또는 두 개의 Guide를 따라 Profile 이 지나가면서 Surface를 형상을 만들 때 사용합니다. Explicit 이라는 말에서 알 수 있듯이 Profile 형상을 임의로 그릴 수 있습니다.

Explicit의 Subtype은 다음과 같습니다.

- With reference Surface

Sweep에서 가장 기본적이면서 많이 사용하는 Type입니다. 하나의 Profile과 Guide Curve를 사용하여 Guide Curve를 따라 Profile 형상이 지나가면서 Surface를 만듭니다. 이 Type으로 형상을 만들기 위해서는 앞서 설명대로 Profile과 Guide Curve를 선택해 주면 됩니다.

예제 파일을 준비합니다.

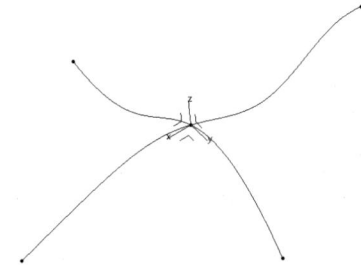

Profile 형상과 Guide Curve 형상을 순서대로 선택해 줍니다.

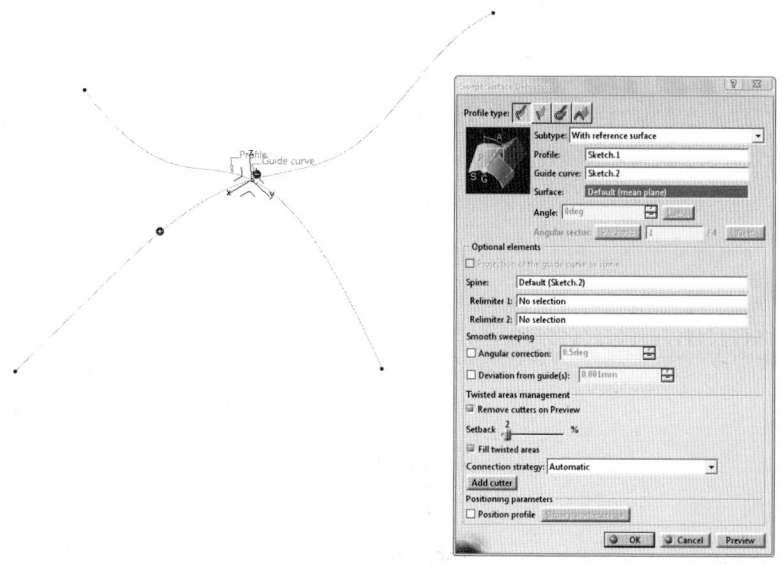

미리 보기해보면 다음과 같은 결과를 확인할 수 있습니다.

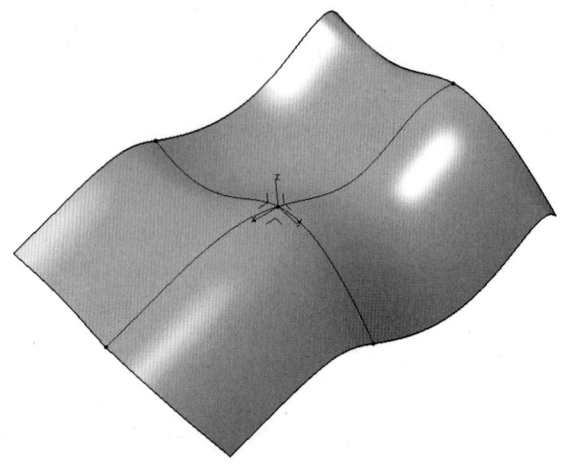

Surface는 부수적인 부분으로 대부분의 경우 사용하지 않습니다. Surface를 선택하지 않는 경우 Default 로 mean plane을 잡습니다.

- Law

Reference Surface가 선택된 경우 다음과 같이 Law 기능을 사용하면 Profile 형상이 가이드 Curve를 지나가는 형상을 좀 더 세밀하게 조절해 줄 수 있습니다.

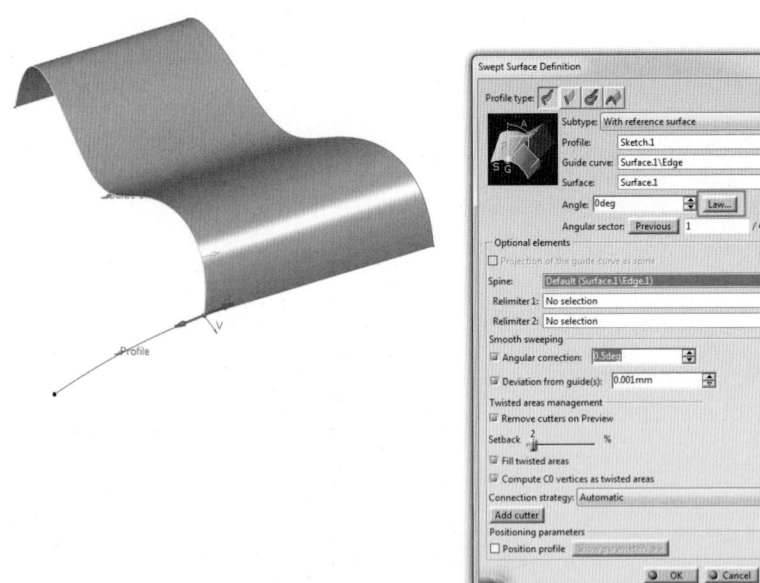

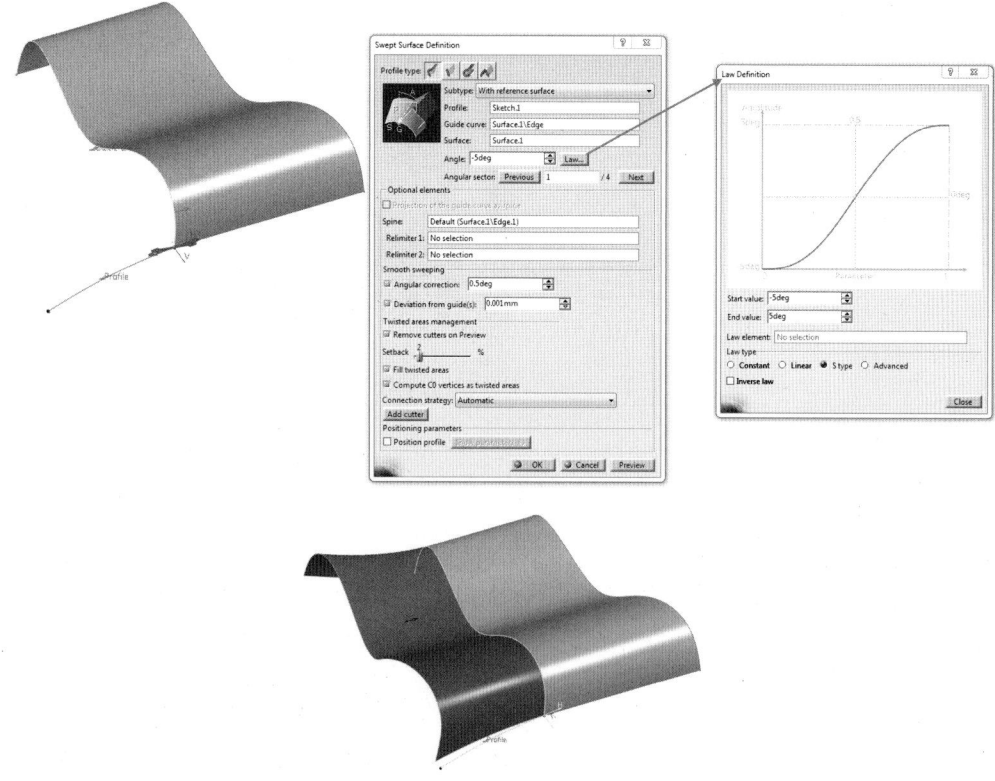

(Advanced에서는 GSD Law 나 Knowledge Law 를 사용하여 적용해 줄 수 있습니다.)

- Positioning parameters
Profile의 위치를 항상 현재 단면 위치를 벗어나 만들고자 할 경우 Position profile 옵션을 체크한 후에 위치를 설정할 수 있습니다.

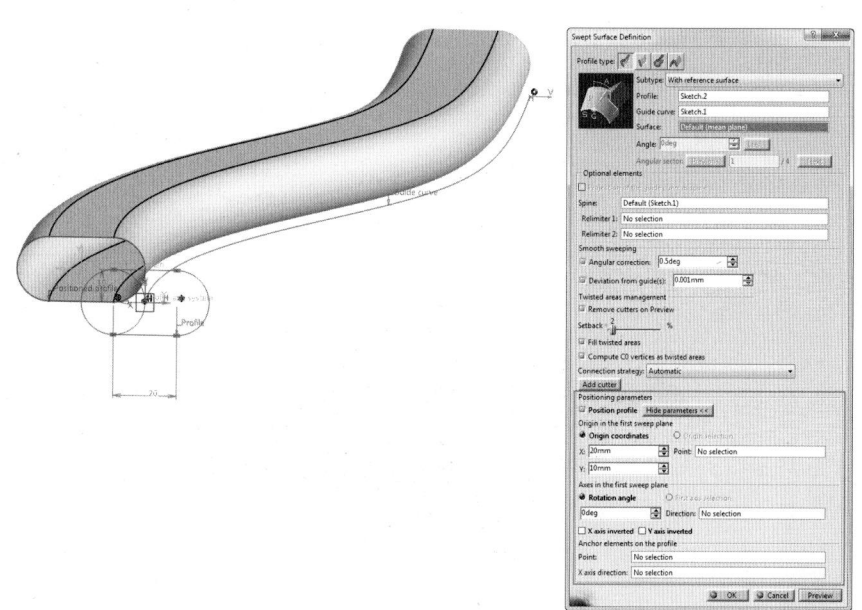

- With two Guide Curves

Profile과 두 개의 Guide Curve를 사용하여 형상을 만드는 방법입니다. Profile을 선택하고 Guide Curve를 각각 선택해 줍니다.

예제 파일을 준비합니다.

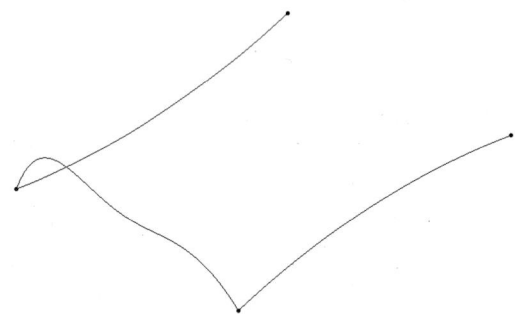

명령을 실행하고 Subtype을 'With two Guide Curve'로 변경한 후에 다음과 같은 순서로 대상을 입력합니다. 여기서 Anchor Point는 각 Guide Curve의 Profile쪽 끝점(Vertex)를 선택해줍니다. 위의 형상의 경우에는 Profile의 끝점과 Guide Curve의 끝점이 일치하기 때문에 자동적으로 위치를 잡아 준 것입니다.(Computed)

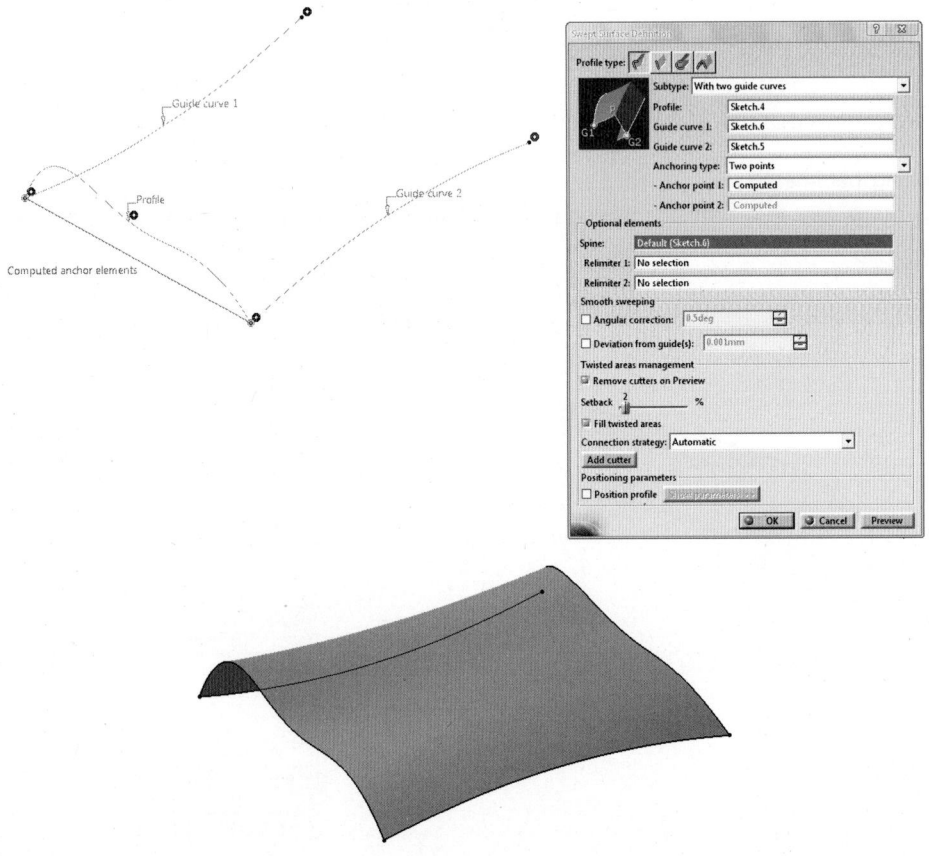

예제 파일을 준비합니다. 그리고 앞서와 같은 방법으로 Sweep을 실행합니다.

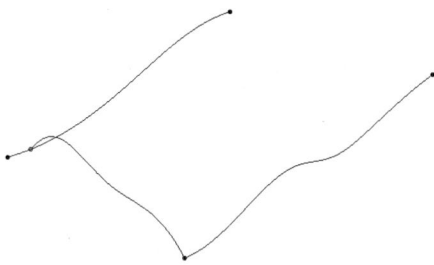

그러나 이 형상의 경우 원하는 값으로 형상이 나온 것 같지 않다는 걸 확인할 수 있습니다.

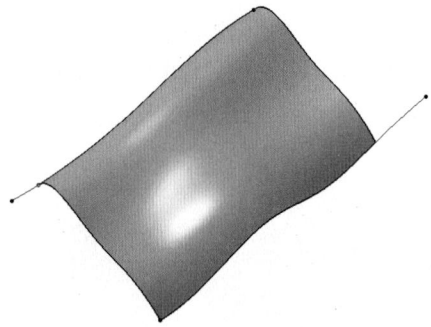

두 개 이상의 Guide Curve를 사용하는 경우 Spine을 필요로 하게 되는데 Spine을 따로 지정해 주지 않으면 Guide Curve 1을 Spine으로 인식합니다. 이런 경우 Guide Curve 1에 의해서 Surface 형상이 만들어지기 때문에 Guide Curve 2에 대해서 완전한 표현이 힘들다. 따라서 이런 경우에는 Spine을 만들어 줍니다. 다음과 같이 Spine에서 Contextual Menu(MB3 버튼)를 클릭하여 'Create Spine'을 선택합니다.

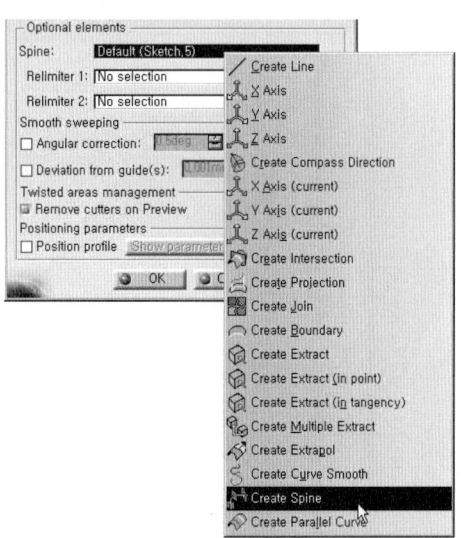

그러면 다음과 같이 Spine Definition 창이 나타납니다. Guide를 이용한 Spine 생성이므로 아래와 같이 Guide Tab에서 두 개의 Guide를 선택해 줍니다. 두 가이드 Curve에 의한 Spine이 만들어지는 것을 볼 수 있습니다.

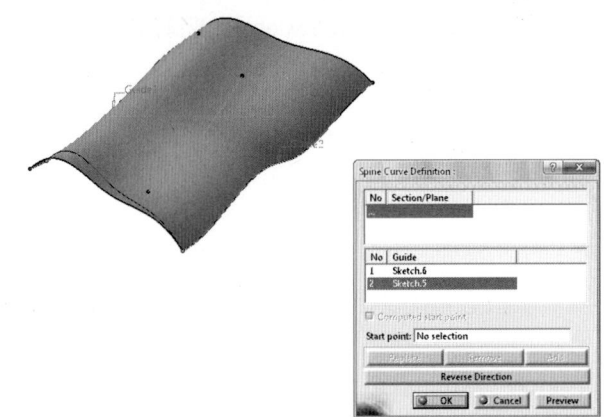

OK를 클릭하면 Sweep Definition 창으로 돌아오게 됩니다. 이제 Spine부분에 Guide Curve 1이 아닌 Spine. 1이 입력된 것을 볼 수 있습니다. 그리고 이제 Sweep 형상이 양쪽 Guide Curve를 모두 완전히 지나가고 있음을 보여 줍니다.(Spine은 이러한 역할을 합니다.)

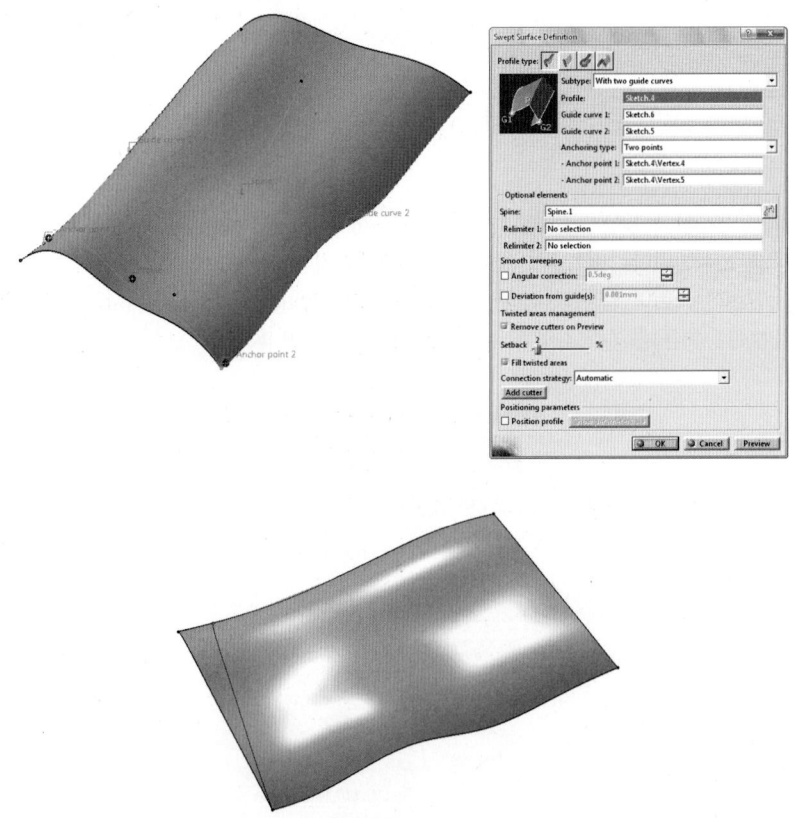

- With pulling direction

Profile이 Guide Curve를 따라 지나가면서 형상을 만드는 방법은 위의 Reference Surface와 유사하나 Pulling direction을 지정해 각도를 주어 Profile이 Guide Curve를 따라 지나가면서 기울어지는 형상을 만듭니다.

예제 파일을 준비합니다.

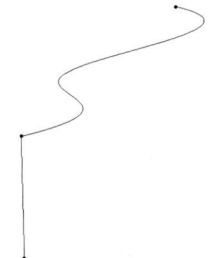

Sweep 명령을 실행하고 Subtype을 'With pulling direction'으로 변경해 줍니다. 그리고 Profile과 Guide Curve 를 선택하고 다음으로 Direction을 선택해 줍니다.

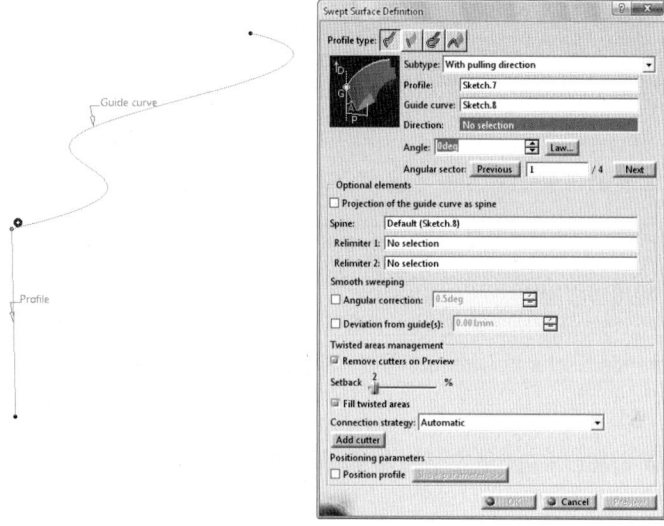

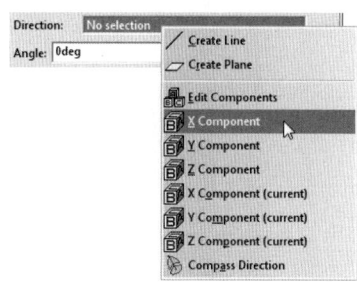

그리고 이 방향에 대한 각도를 입력해 주면 다음과 같이 Sweep 형상이 나타납니다.

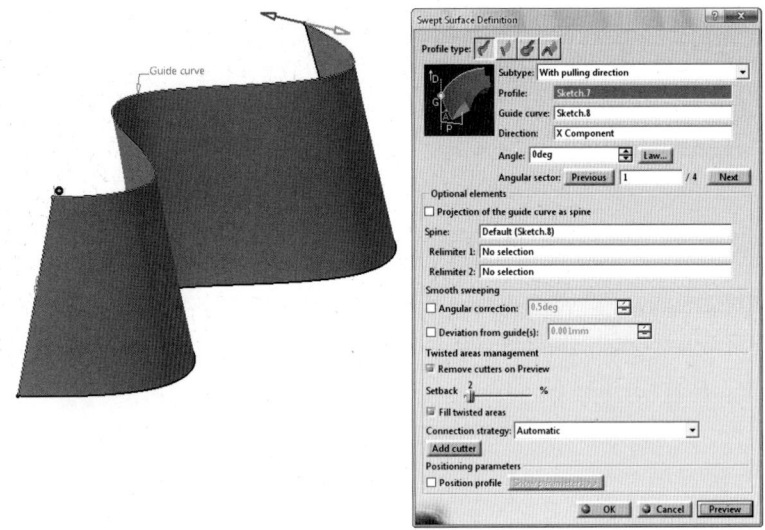

Angular Sector에서 Previous나 Next로 위와 같은 조건으로 만들어 질 수 있는 Surface 형상 중에 원하는 것을 선택할 수 있습니다.

• **Implicit Line**

Profile의 형태가 Line인 Sweep Surface를 만드는 방법입니다. Implicit형으로 따로 Line 형태의 Profile을 그려주지 않고 Guide나 Reference Surface, Direction등에 의해 결정됩니다. Subtype은 다음과 같습니다.

- **Two limits**

두 개의 Guide Curve를 사용하여 형상을 만드는 방법으로 Guide Curve를 선택합니다.

예제 파일을 준비합니다.

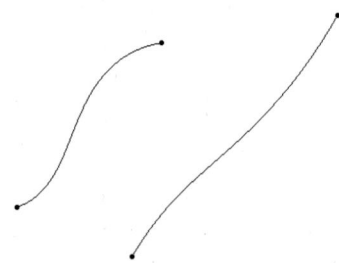

Sweep 명령을 실행하고 Profile Type을 Line으로 바꿔줍니다.

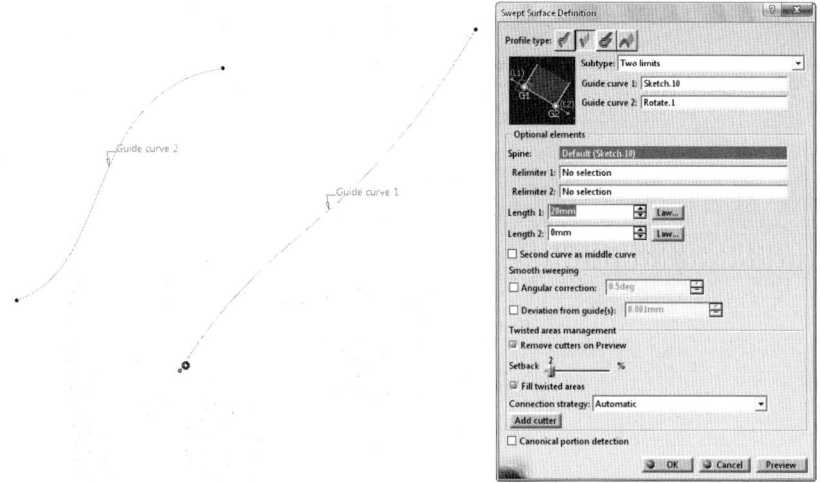

여기서 Guide Curve가 곡선이라서 형상이 바르게 나오지 않는 경우 Spine을 입력해 줍니다.

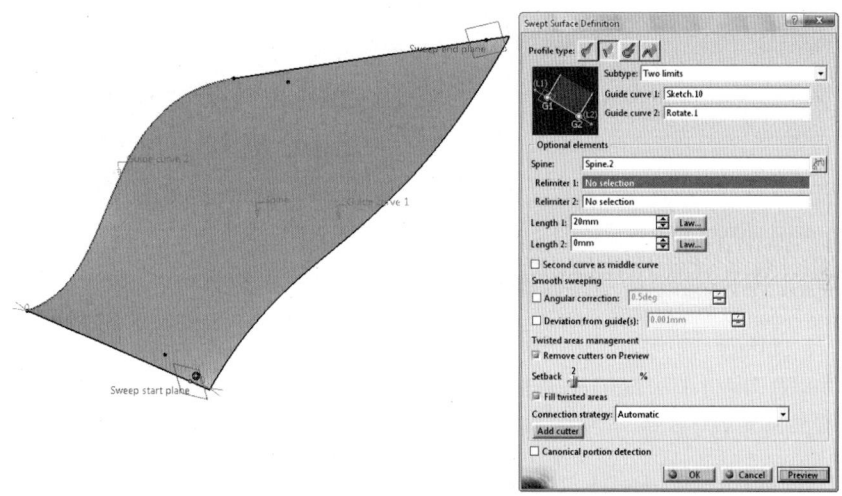

'Length.1'과 'Length.2'는 이 두 Guide Curve 바깥으로의 너비 Profile의 너비를 확장하는 길이입니다. 이 두 값을 입력해 주지 않으면 두 Guide Curve를 따라 그 사이만 형상이 만들어집니다.

- Limit and middle

두 개의 Guide Curve 중에 하나는 첫 번째 Guide Curve는 경계선 역할을 하고 두 번째 Guide Curve는 중간 위치의 Guide Curve로 인식하여 형상을 만드는 방식입니다. 다음과 같이 두 개의 Guide Curve를 선택해 줍니다.

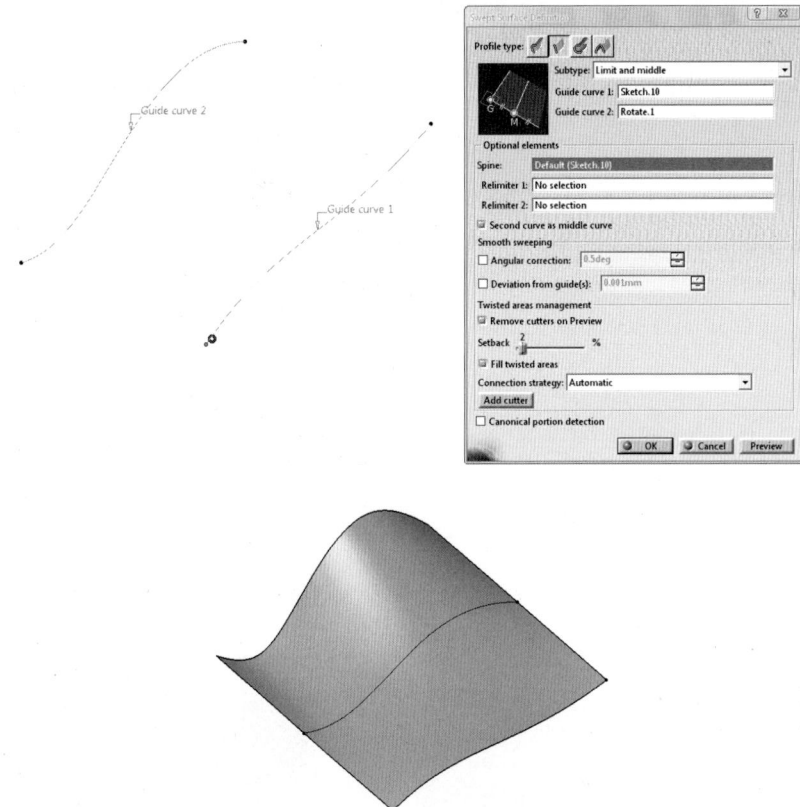

Second Curve as middle Curve를 해제하면 위의 Two limits Type이 됩니다.

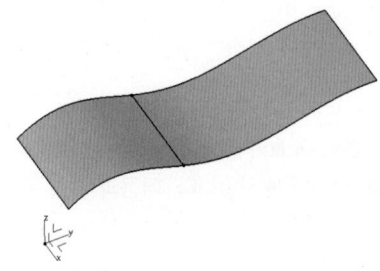

- With reference Surface

Guide Curve 하나와 기준이 되는 Reference Surface를 이용하여 형상을 만드는 방식으로 Reference Surface와 이루는 각도를 입력하여 경사를 줄 수 있습니다.

예제 파일을 준비합니다. 하나의 곡선과 그 곡선 위에 놓인 Curve를 확인할 수 있습니다.

Sweep 명령을 실행하여 Profile Type과 Subtype을 변경해 주고 대상을 차례대로 선택해 줍니다.

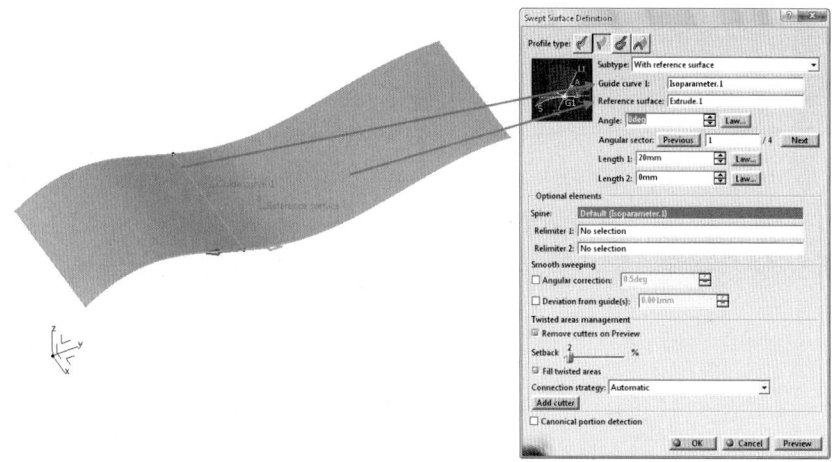

Length 값을 적절히 입력하고 미리 보기하면 만들어진 결과 형상을 확인할 수 있습니다. Angle 값을 지정하고 Angular sector에서 원하는 위치의 형상을 선택합니다.(Angle은 '0'으로 해도 됩니다. Angle이 0이라는 건 해당 위치에서 곡면에 접하는 곡면이 만들어 진다는 의미가 됩니다. 아래 그림에서는 Angle을 45도로 지정하고 Length 1을 100mm로 지정하였습니다.)

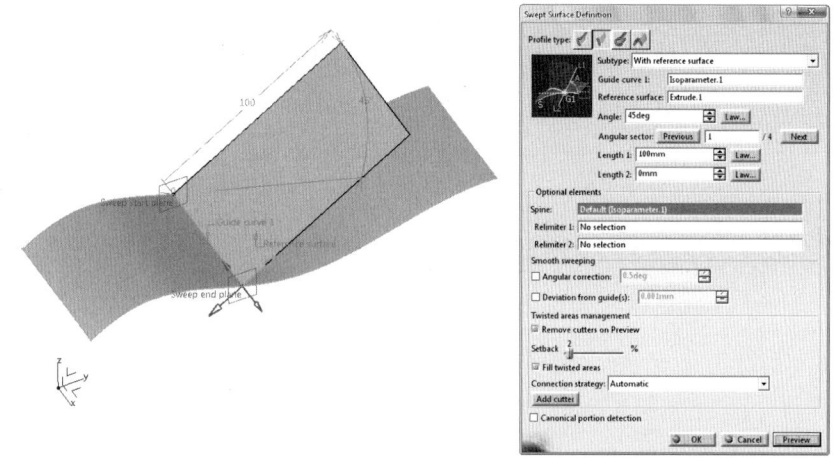

- With Reference Curve

Guide Curve하나와 기준이 되는 Reference Curve를 사용하여 형상을 만드는 방식으로 위의 Reference Surface 를 만드는 방식과 유사합니다. 마찬가지로 경사각을 주어 Surface 형상을 만들어 냅니다.

예제 파일을 준비합니다.

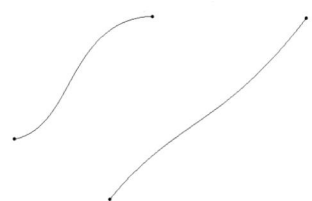

Sweep 명령을 실행하여 Profile Type과 Subtype을 변경해 주고 대상을 차례대로 선택해 줍니다.

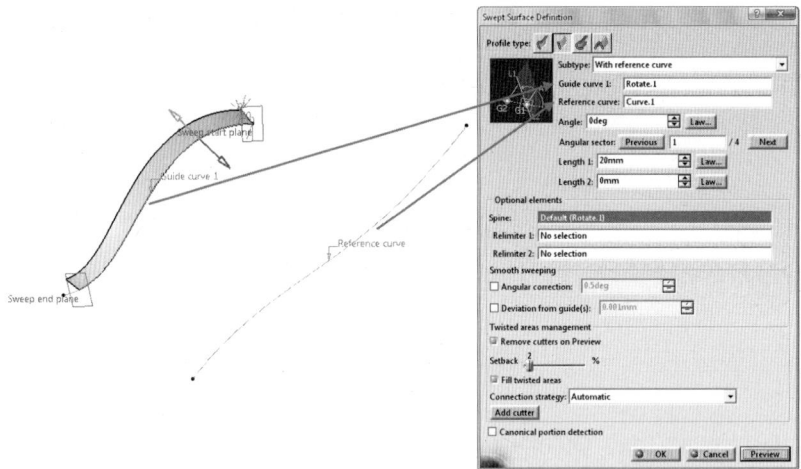

Angle과 Length.1, Length.2 값을 입력하여 형상의 위치와 길이를 조절합니다. 원하는 위치의 Surface는 Angular sector에서 고릅니다.(아래 그림에서는 Angle을 '15deg'로 지정하고 'Length.1'을 '100mm'로 지정하였습니다.)

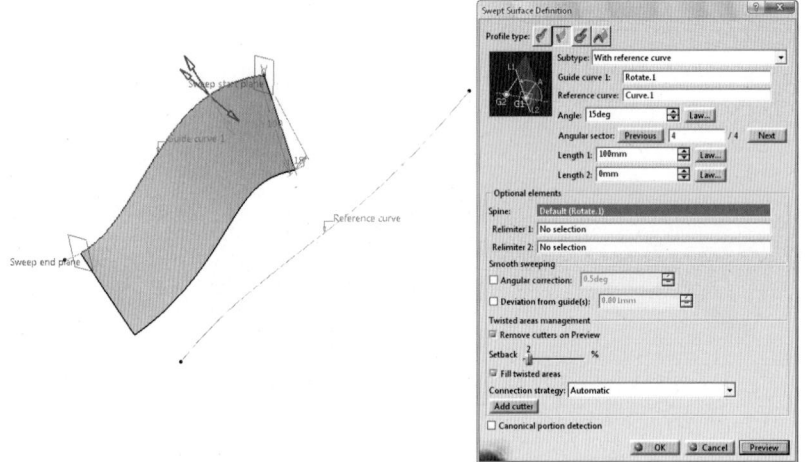

- With Tangency Surface

한 개의 Guide Curve와 Tangency Surface를 사용하여 형상을 만드는 방식입니다. 형상이 만들어지면 Guide Curve를 기준으로 Surface에 접하게 만들어집니다.

예제 파일을 준비합니다.

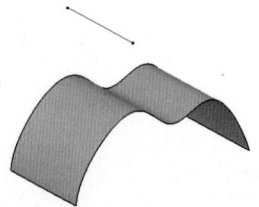

Sweep 명령을 실행하여 Profile Type과 Subtype을 변경해 주고 대상을 차례대로 선택해 줍니다.

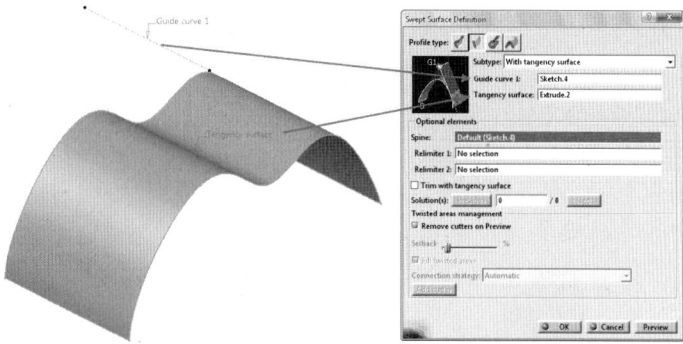

Guide Curve에서 Surface로 접하는 지점이 여러 개 존재한다면 이 중에서 Previous나 Next를 사용하여 원하는 형상을 선택할 수 있습니다.(주황색이 생성되는 결과입니다.)

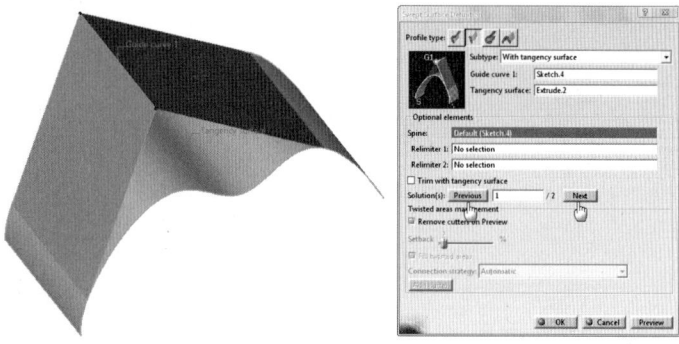

Trim with Tangency Surface를 체크하면 Sweep으로 만들어진 Surface와 접하는 지점을 기준으로 Tangency Surface를 절단하여 Sweep Surface와 이어줍니다.

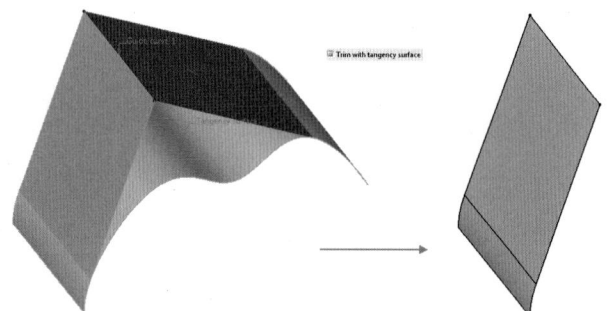

- **With draft direction**

Guide Curve를 선택한 Pulling direction을 기준으로 각도를 주어 형상을 만들 수 있습니다. 여기서 Guide Curve 에 Sketch로 임의의 형상을 그린 Profile을 사용하여도 됩니다.

예제 파일을 준비합니다.

Sweep 명령을 실행하여 Profile Type과 Subtype을 변경해 주고 대상을 차례대로 선택해 줍니다.

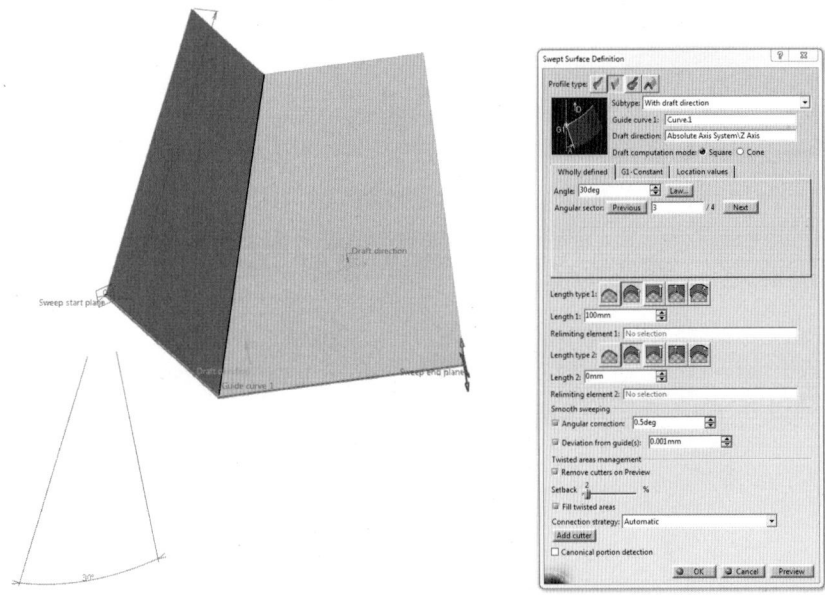

여기에 적절한 Draft Angle 값을 입력하고 길이를 정의합니다.(아래 그림에서는 Draft Angle을 '15deg'로 하고 Length 1을 '100mm'로 지정하였습니다.)

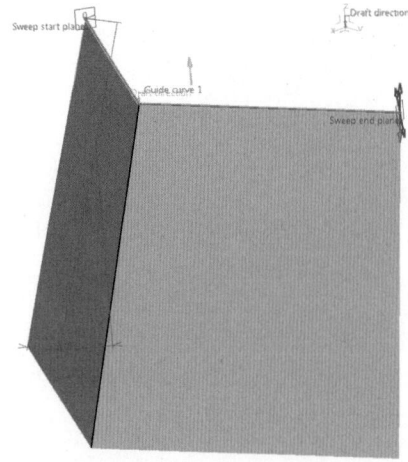

아래는 그 길이를 나타내는 방식들 입니다. 단순히 수치 값으로 지정하는 방식 외에 Up to Element와 같은 방법이 존재합니다.

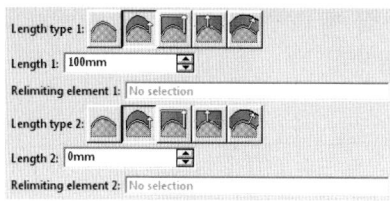

- With Two Tangency Surfaces

이 방법은 두 개의 접하는 Surface를 이용하여 그 접하는 지점을 잇는 형상을 만드는 방법입니다. 두 Surface를 Tangent 하게 연결하기 위해 Spine을 필요로 합니다.

예제 파일을 준비합니다.

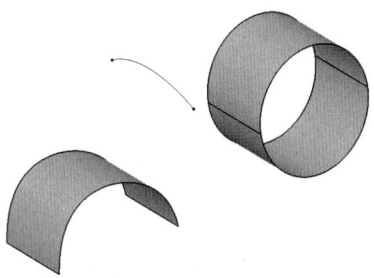

Sweep 명령을 실행하여 Profile Type과 Subtype을 변경해 주고 대상을 차례대로 선택해 줍니다.

Trim first/second Tangency Surface를 체크하면 접하는 부분을 기준으로 Tangency Surface를 잘라내어 Sweep 으로 만든 Surface와 이어줄 수 있습니다.

• **Implicit Circle**

Profile의 형태가 원형을 가지는 방식으로 따로 반경 값을 넣어 주거나 Guide나 Tangency한 Surface에 의해 정의 됩니다.

- Three Guides

3개의 Guide line에 의해 형상을 만드는 방법입니다. 이 방법으로 만들어진 형상은 단면으로 잘랐을 때 형상이 3개의 Guide line을 지나는 원형을 띕니다. 3점을 알고 있는 경우 이 점들을 지나는 원을 만들 수 있는 것과 같은 원리입니다.

예제 파일을 준비합니다.

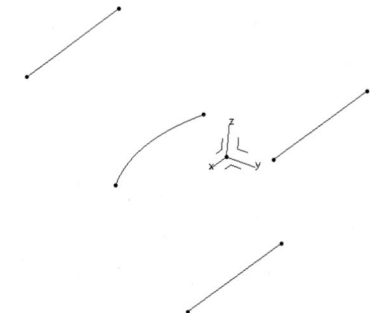

Sweep 명령을 실행하여 Profile Type과 Subtype을 변경해 주고 대상을 차례대로 선택해 줍니다. 다음과 같이 3개의 Guide Curve를 선택해 줍니다.

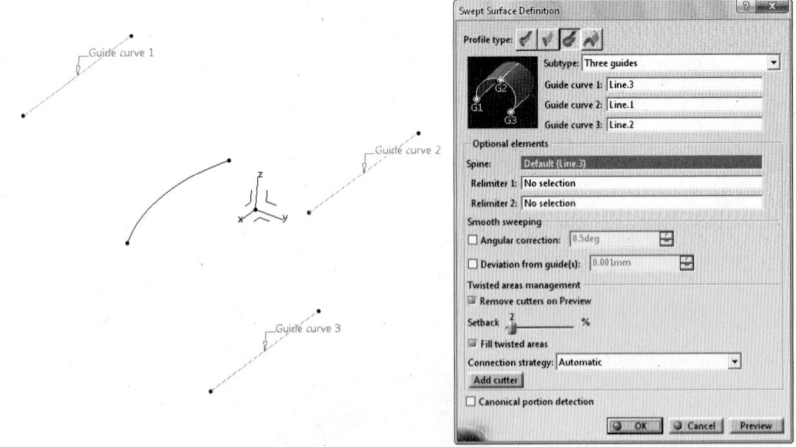

미리 보기를 해 보면 알겠지만 이 3개의 Guide Curve를 지나는 원형의 Surface가 만들어집니다.

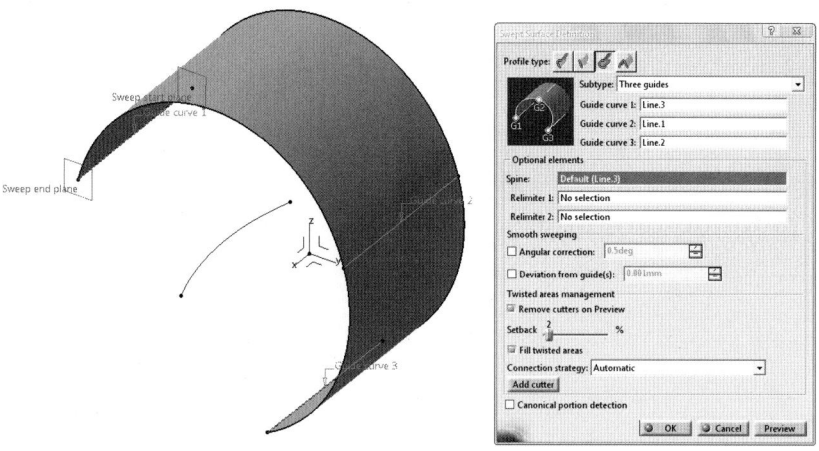

이번에는 다음과 같이 3개의 Curve를 순서대로 선택해 보기 바랍니다.

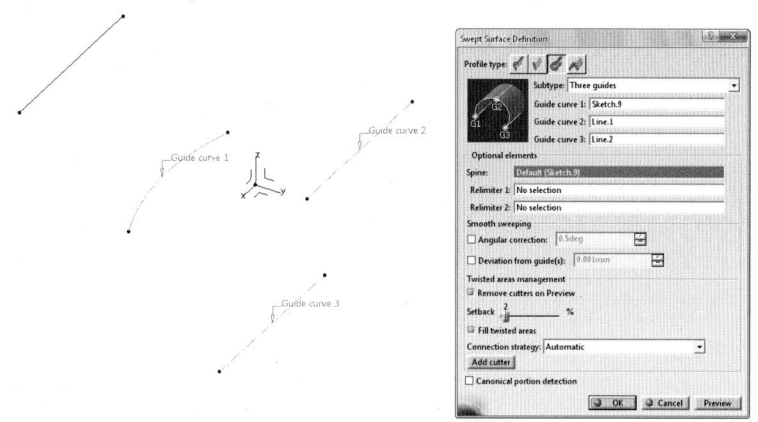

하나의 Curve가 곡선으로 이루어졌기 때문에 형상이 곡률을 지니면서 완전하지 않은 형상으로 곡면이 만들어지는 것을 확인할 수 있습니다. 이런 경우는 앞서와 마찬가지로 Spine을 지정해 주면 해결됩니다.

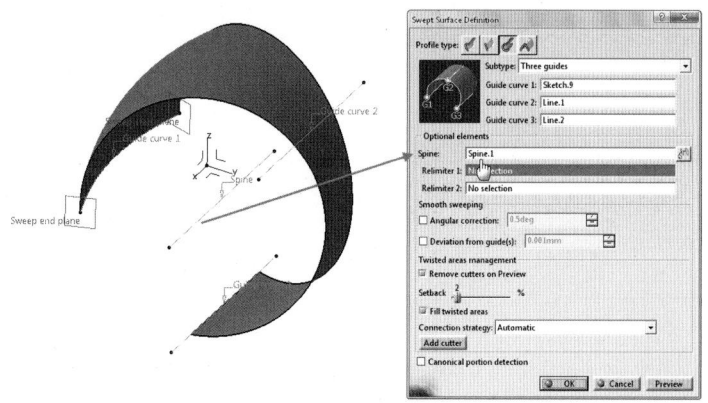

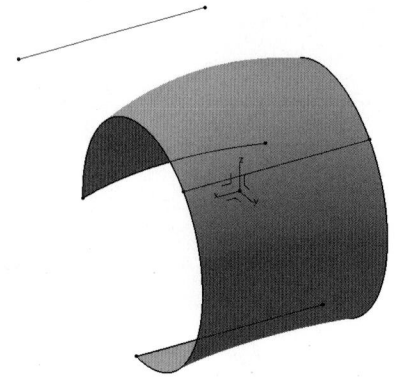

- **Two Guides and radius**

두 개의 Guide Curve와 반경 값(radius)을 입력하여 Sweep 형상을 만듭니다.

예제 파일을 준비합니다.

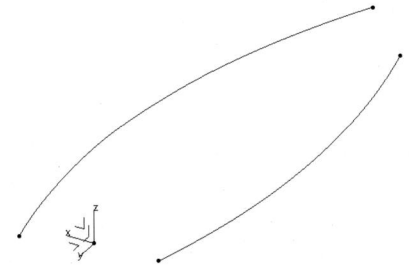

Sweep 명령을 실행하여 Profile Type과 Subtype을 변경해 주고 대상을 차례대로 선택해 줍니다.

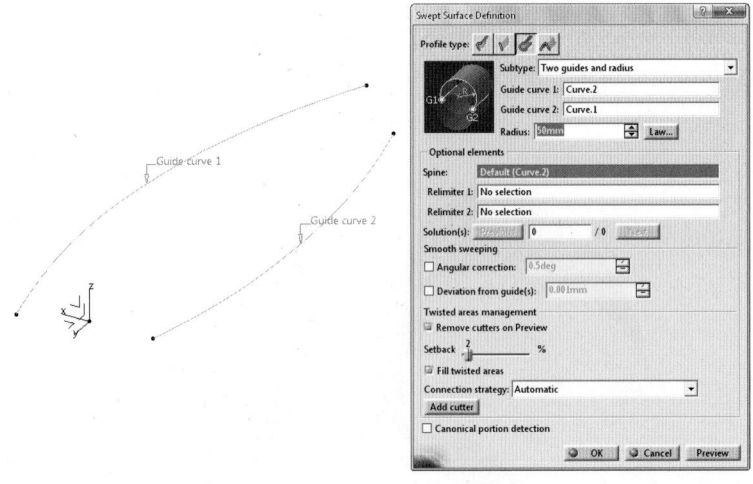

다음으로 반경 값을 입력해 줍니다. 만약에 반경 값이 두 Guide Curve로 만들 수 없는 경우에는 다음과 같이 메시지를 출력합니다.

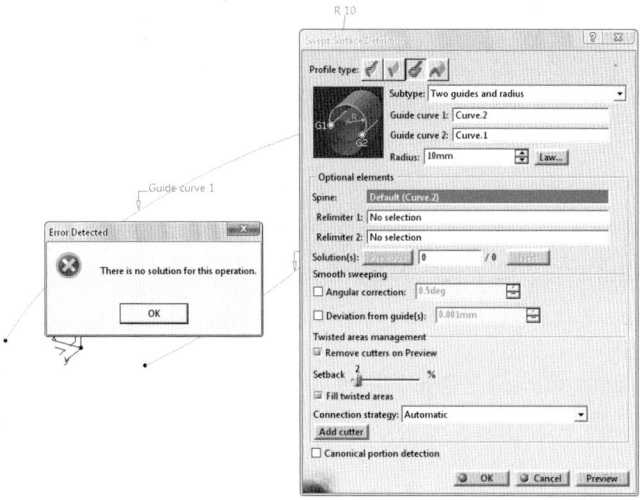

두 개의 곡선과 반경을 알 경우 만들 수 있는 형상의 수가 여러 개일 경우 마찬가지로 원하는 형상을 Previous와 Next를 이용하여 고를 수 있습니다.

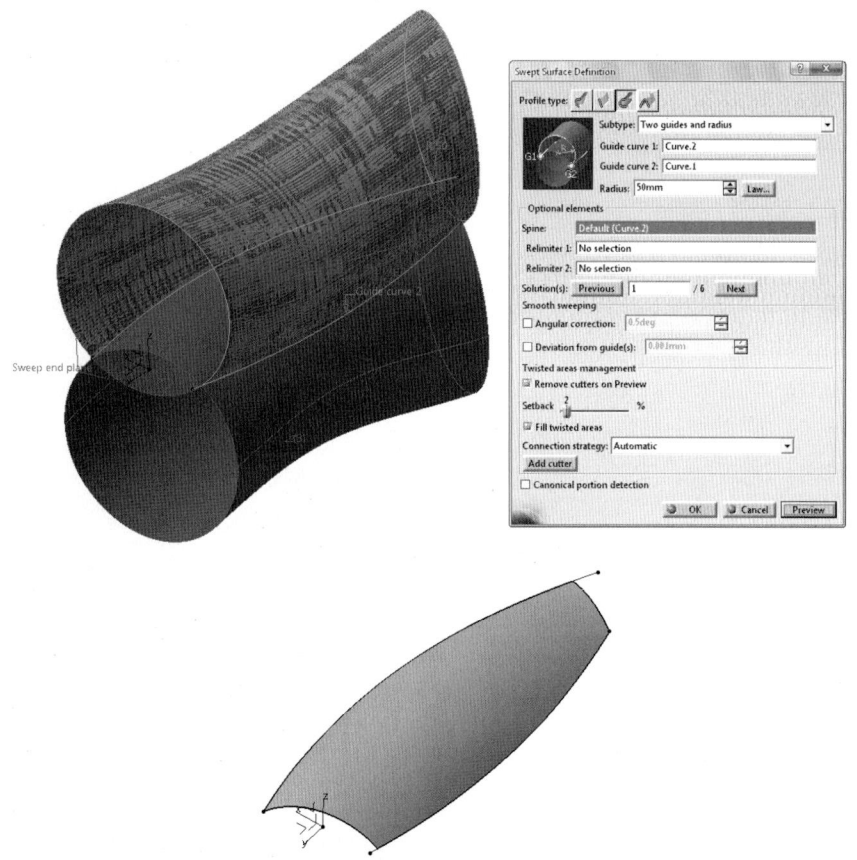

마찬가지로 Guide Curve를 두 개 이상 사용하는 경우 결과가 잘못 생성될 수 있는데 이런 경우라면 Spine을 잡아 주어야 합니다. Spine을 잡아 주면 다음과 같이 결과가 나옵니다.

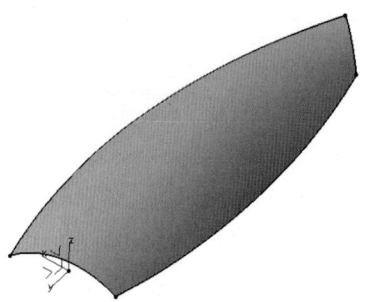

- **Center and two angles**

단면 원의 중심 지나는 Center Curve와 반경에 해당하는 Reference Curve를 사용하여 형상을 구성하는 방법입니다.

예제 파일을 준비합니다.

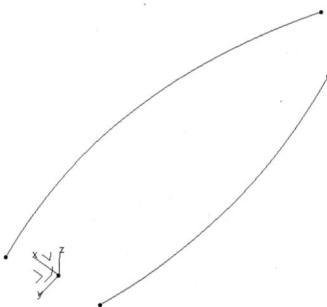

Sweep 명령을 실행하여 Profile Type과 Subtype을 변경해 주고 대상을 차례대로 선택해 줍니다.

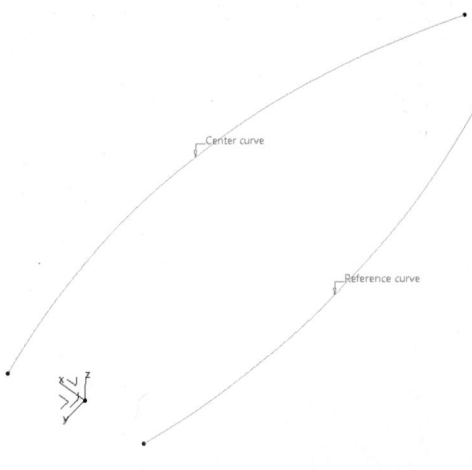
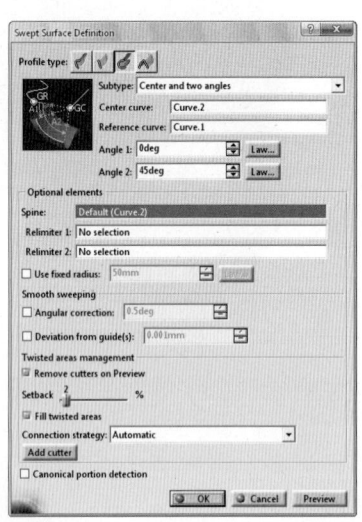

마지막에 Angle을 주어 원형 형상을 어느 정도 각 크기로 만들 것인지 정할 수 있습니다. 아래는 360deg를 입력하여 완전한 원형으로 만든 형상입니다.(Spine도 잡아 지정해 주었습니다.)

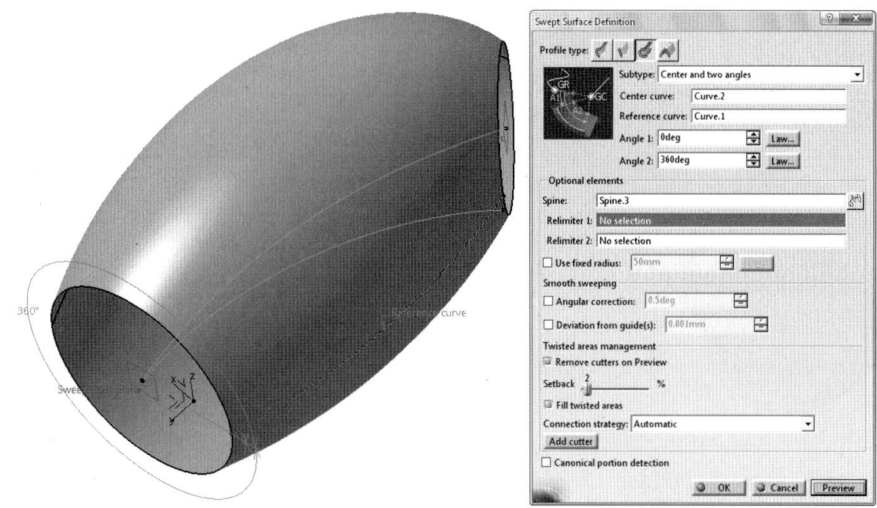

- Center and radius

원의 중심을 지나는 Center Curve와 반경 값(Radius)을 이용하여 Sweep 형상을 만드는 방식입니다. 아래 그림과 같이 Center Curve를 선택해 주고 반경 값을 입력해 줍니다.

예제 파일을 준비합니다. Sweep 명령을 실행하여 Profile Type과 Subtype을 변경해 주고 대상을 차례대로 선택해 줍니다.

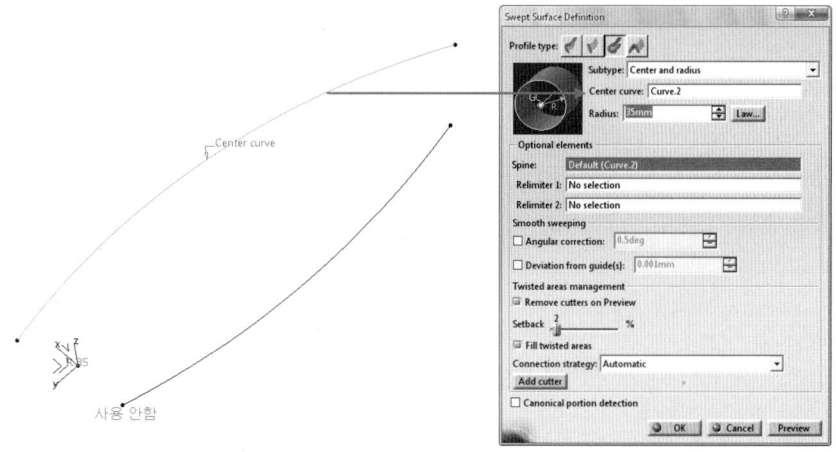

미리 보기를 해보면 아래와 같이 Center Curve를 따라서 원형 형상이 이어지는 Sweep 형상을 만들 수 있습니다.

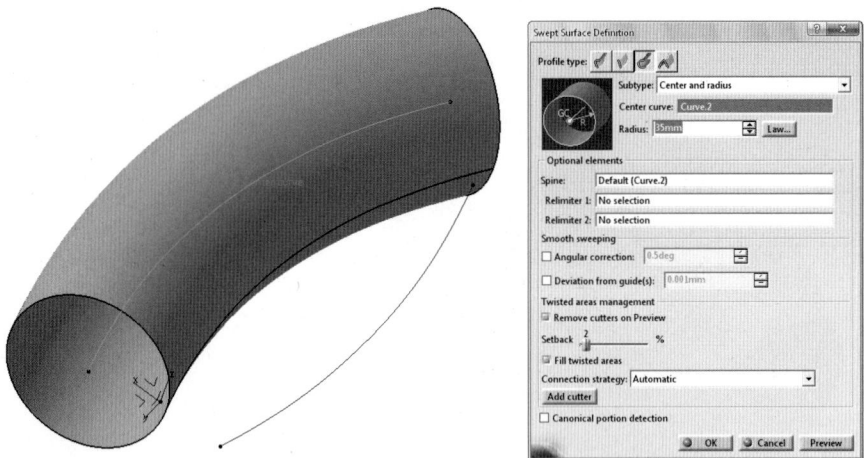

- Two Guides and Tangency Surface

두 개의 Guide Curve와 하나의 Tangency Surface를 사용하여 형상을 만든 방법입니다. 두 개의 Guide Curve 중에 하나는 Tangency Surface의 위에 놓여 Sweep 형상이 접할 위치를 잡아주는 데 사용하는 Curve로 Limit Curve with tangency에 입력해 줍니다. 이 Curve는 반드시 Surface 형상 위에 놓여있어야 합니다. 다른 하나의 Guide Curve은 Limit Curve에 입력해 줍니다.

예제 파일을 준비합니다.

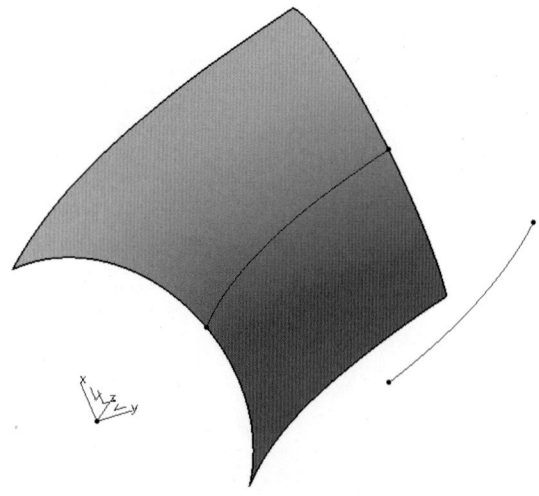

Sweep 명령을 실행하여 Profile Type과 Subtype을 변경해 주고 대상을 차례대로 선택해 줍니다.

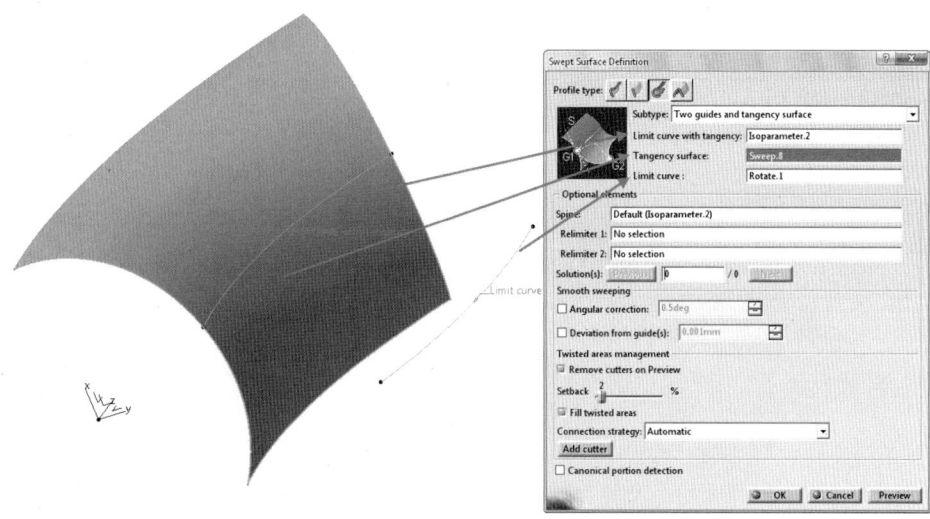

선택한 요소가 바르게 또는 계산 가능하도록 선택이 되면 아래와 같이 미리 보기가 가능하여 원하는 Surface 형상을 선택할 수 있습니다.(Spine까지 적용하였습니다.)

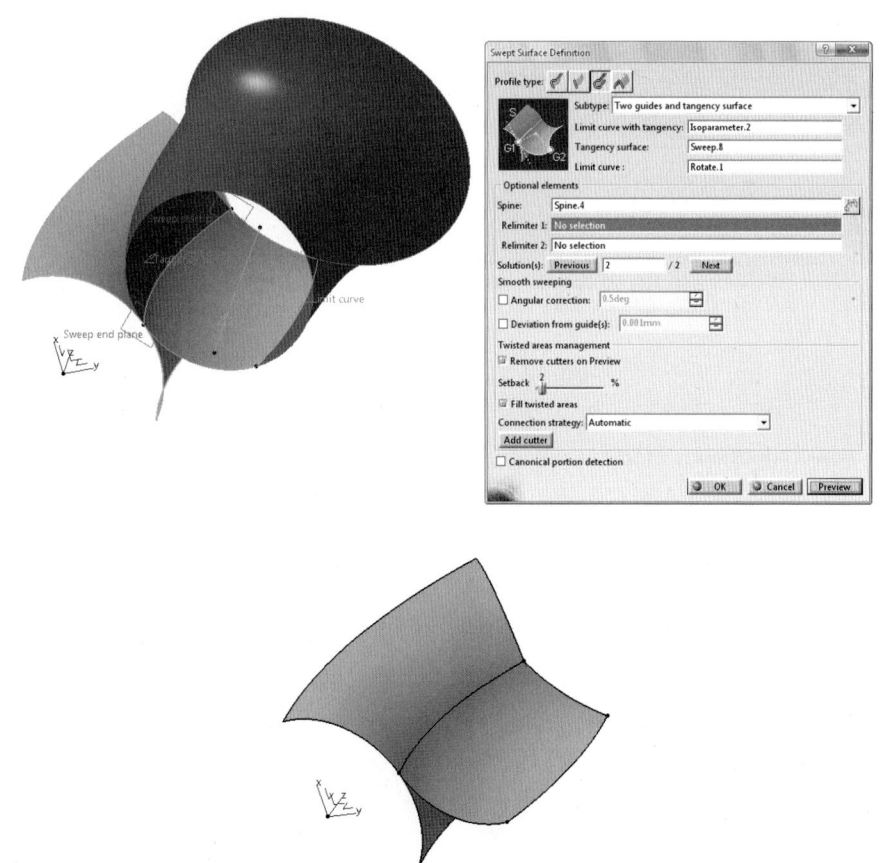

- One Guide and Tangency Surface

한 개의 Guide Curve와 Tangency Surface, 그리고 반경(radius)을 사용하여 Sweep 형상을 만드는 방법입니다. 다음과 같이 Tangent한 Surface 형상과 Guide Curve를 선택합니다.

예제 파일을 준비합니다. Sweep 명령을 실행하여 Profile Type과 Subtype을 변경해 주고 대상을 차례대로 선택해 줍니다.

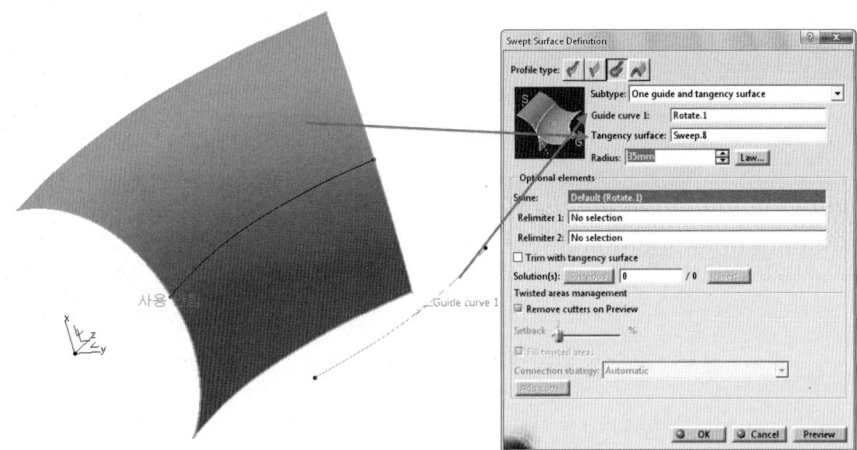

조건이 부합되면 다음과 같이 미리 보기가 될 것입니다. 여기서는 반지름을 150mm로 입력합니다. 만약에 형상을 만들 수 없는 경우에는 Error 메시지 창이 뜨는 것을 확인할 수 있습니다.

위의 조건으로 만들어지는 Sweep 형상은 다음과 같습니다.(여기서는 두 개의 Curve를 이용하여 Spine까지 정의하였습니다.)

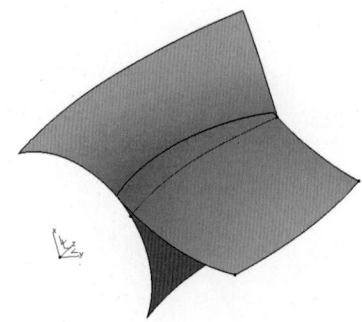

Trim with Tangency Surface를 체크하면 접하는 지점을 기준으로 Tangency Surface와 Sweep Surface를 Trim 시킵니다.

• **Implicit Conic**

Profile의 형상이 원뿔 모양인 Sweep 형상을 만들 때 사용하는 Type입니다. 원뿔의 단면 형상을 가지는 타원이나, 포물선, 쌍곡선과 같은 형상을 Profile로 하는 형상을 그리는데도 사용할 수 있습니다.

- Two Guides

두 개의 Guide Curve를 사용하여 Sweep 형상을 만드는 방법입니다. 이 두 개의 Guide Curve는 접하는 Surface 가 있어서 Tangency에서 선택해 줄 수 있어야 합니다.

예제 파일을 준비합니다.

Sweep 명령을 실행하여 Profile Type과 Subtype을 변경해 주고 대상을 차례대로 선택해 줍니다.

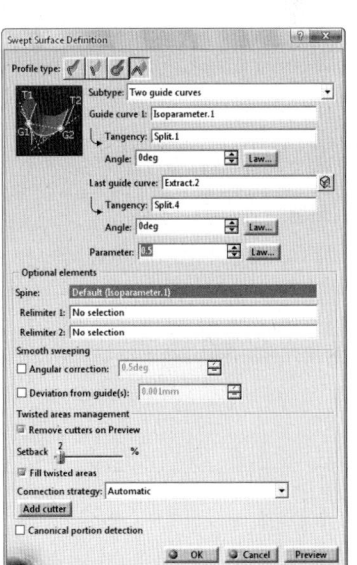

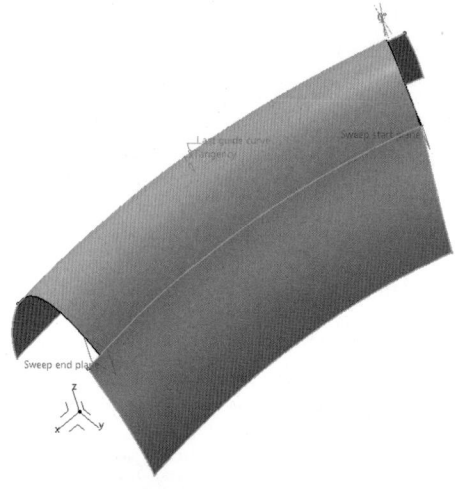

Spine을 잡아주면 형상은 다음과 같이 완성됩니다.

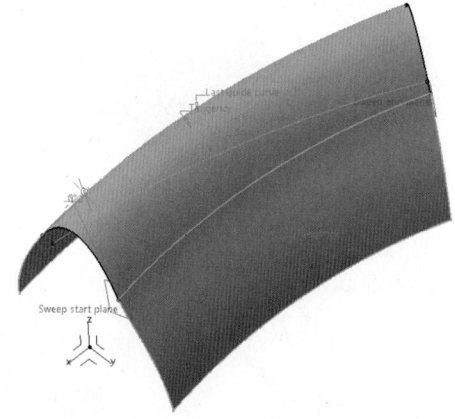

Parameter는 '0'에서 '1'까지의 범위를 갖습니다.

- **Three Guides**

3개의 Guide Curve를 사용하는 방법으로 두 개의 Guide Curve는 접하는 두 개의 Surface를 선택해 줄 수 있고, 나머지 한 개의 Guide Curve는 이 두 개의 Guide Curve 사이에 위치하게 됩니다.

예제 파일을 준비합니다.

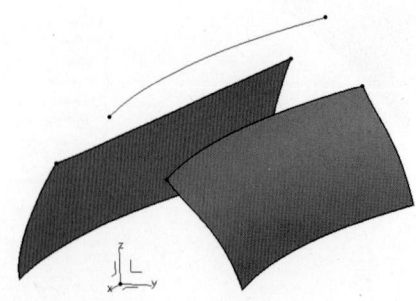

Sweep 명령을 실행하여 Profile Type과 Subtype을 변경해 주고 대상을 차례대로 선택해 줍니다.

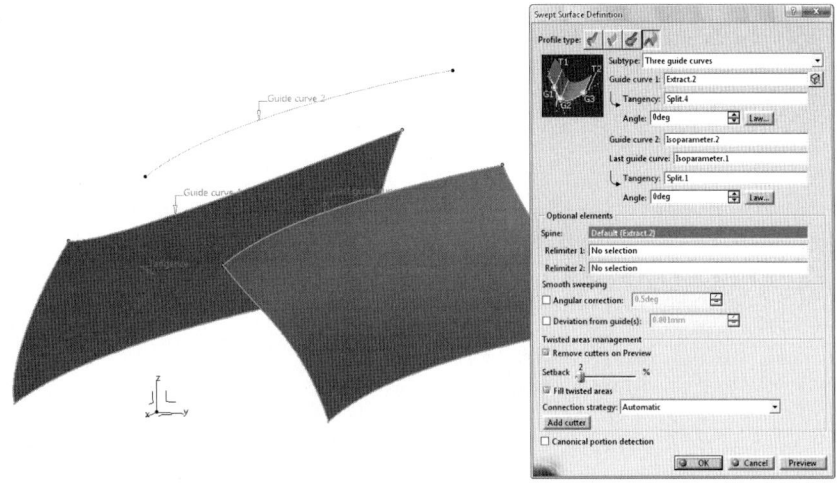

다음으로 Spine을 잡아줍니다.

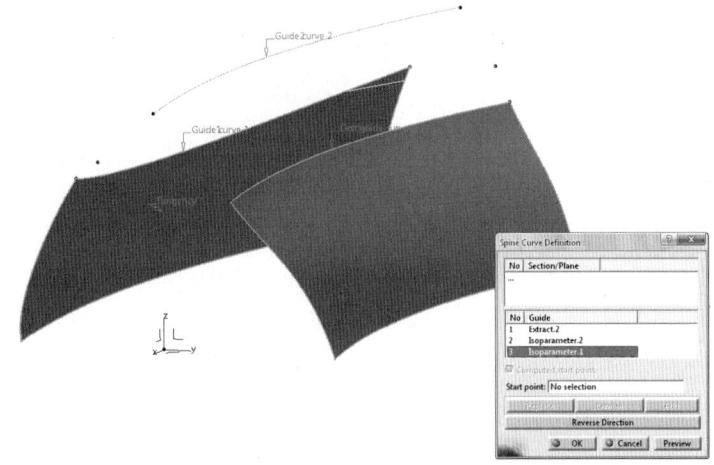

다음과 같은 형상을 얻을 수 있습니다.

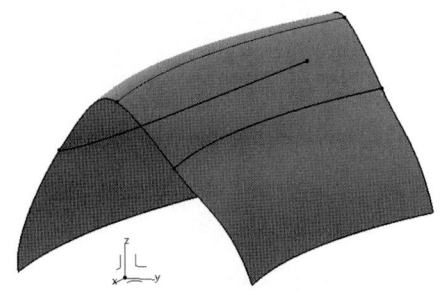

- Four Guides

4개의 Guide Curve를 사용하는 방법은 1개의 Guide Curve가 접하는 Surface를 선택할 수 있고 나머지 3개의

Curve가 각각 Guide Curve 2, Guide Curve3, Last Guide Curve로 선택됩니다. Guide Curve 1은 반드시 Tangency Surface가 있어야 합니다.

- **Five Guides**

5개의 Guide Curve를 사용하는 방법은 순차적으로 5개의 Curve를 손서대로 선택하는 다소 간단한 방법을 사용합니다.

다음과 같은 5개의 Curve가 있다고 했을 때 작업 순서는 손서대로 대상들을 선택해 주면 됩니다. 예제 파일을 준비합니다.

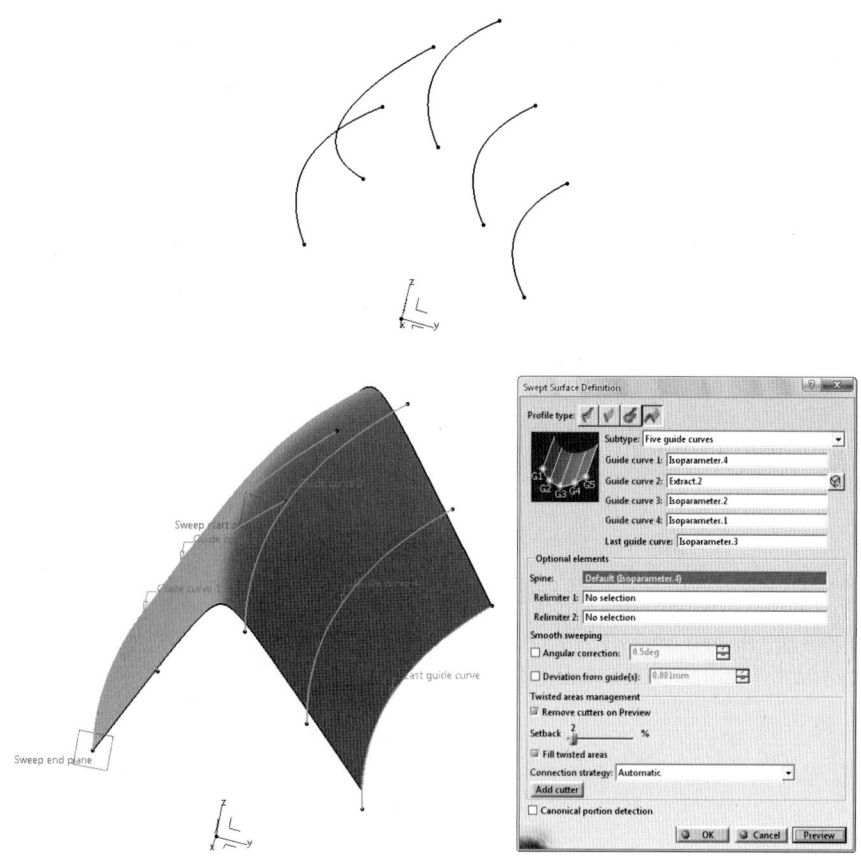

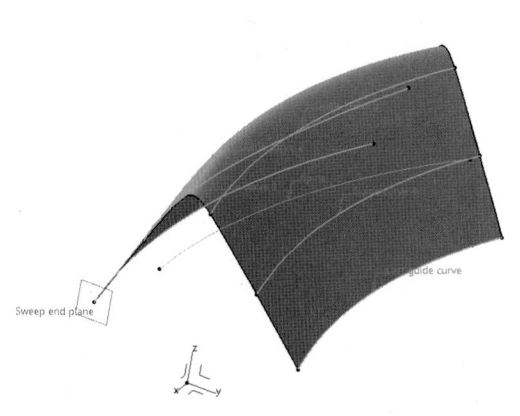
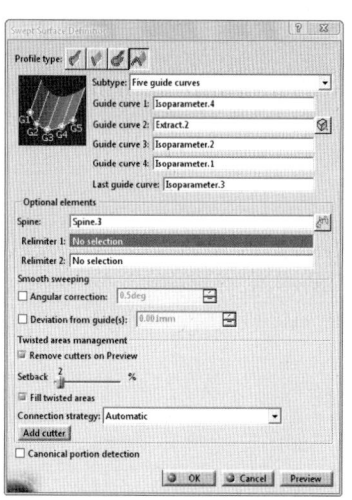

마찬가지로 여러 개의 가이드 Curve를 사용하는 경우 Spine을 설정해 주어야 바른 결과가 나옵니다.

■ Adaptive Sweep

이 명령은 단편 Profile 형상을 경계 구속된 Guide Curve를 따라 지나가도록 하는 곡면을 생성합니다. 쉽게 Sweep 에서 Two Guide Curve type을 연상시킬 수 있겠지만 단면 형상이 Guide Curve와 구속되어 있어야 하는 점이 다르다고 할 수 있습니다.

기본적으로 단면 형상을 Guide Curve 및 Spine에 따라 지나가는 곡면을 생성하지만 단면 Profile이 가지는 치수 구속과 문자 구속을 부존하면서 곡면을 생성하는 점이 특징입니다.

명령을 실행하면 다음과 같은 창이 나타납니다.

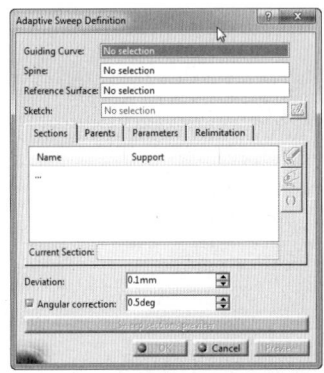

- Guide Curve

단편 Profile 형상이 따라지나갈 Curve를 선택해 줍니다. 이 Curve에 단면 Sketch가 구속되어 있어야 합니다.

- Spine

단면과 Guide Curve가 지나가는 궤적을 보다 정밀하게 정의하고자 할 때 중심선 역할을 하는 Spine을 정의합니다.

- Sketch

단면 Profile을 선택합니다. 여기서 단면 Profile은 무조선 Sketch여야 하며 Guide Curve 및 Spine에 구속되어 있어야 합니다.

다음의 예를 따라해 보기 바랍니다. 우선 새로운 Part의 XY 평면에 다음과 같이 Sketch합니다.

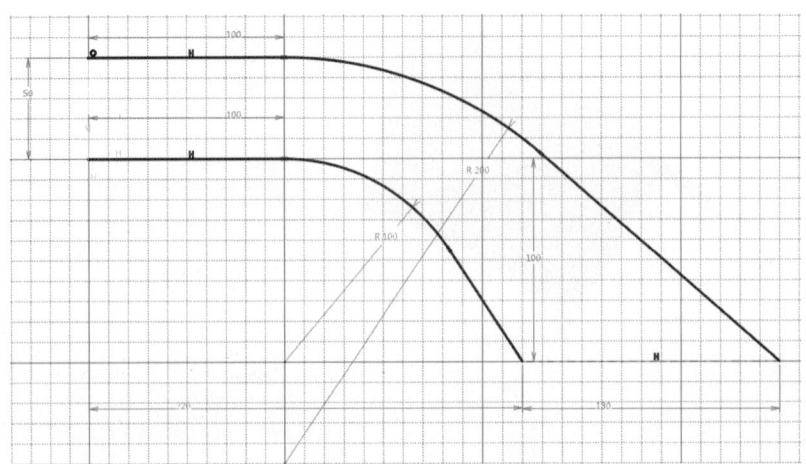

다음으로 Profile Feature로 두 개의 Curve를 각각 분리하여 인식할 수 있도록 정의 해줍니다.

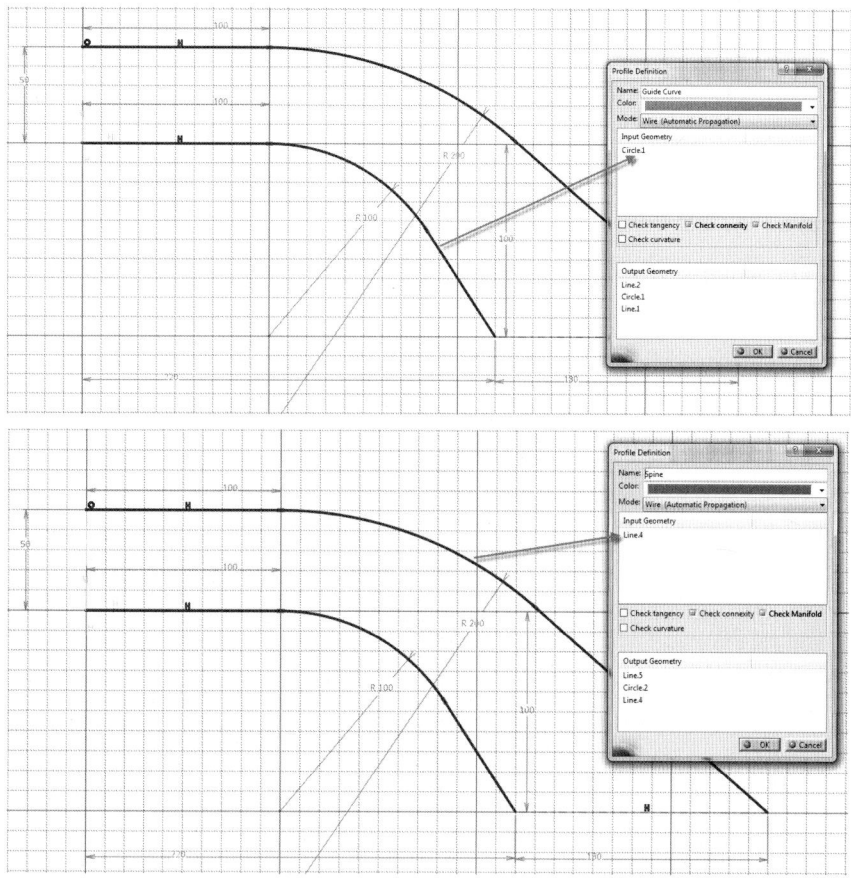

다음으로 Positioned Sketch를 사용하여 다음과 같이 ZY 평면을 기준으로 Guide Curve의 끝점을 원점으로 하여 Sketch에 들어갑니다.

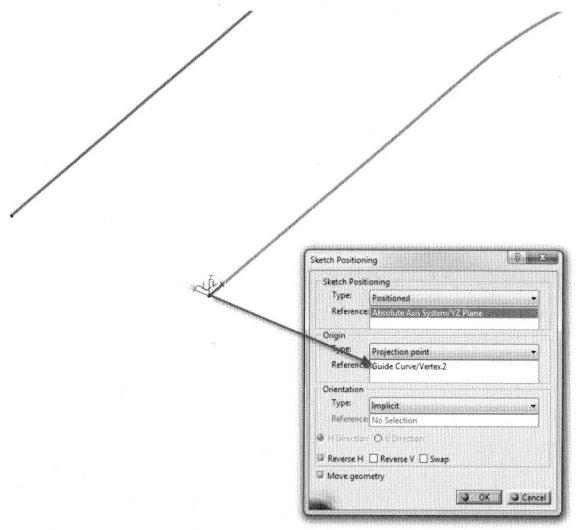

그리고 다음과 같이 Sketch 해 줍니다. 가운데 수평한 선에는 길이 구속을 일부러 넣지 않았습니다. 추후에 가이드 Curve를 따라 단면이 변할 수 있게 의도적으로 구속이 안된 부분을 만들어주는 것이라는 것을 기억하기 바랍니다.

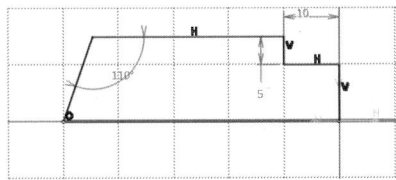

특히 여기서 왼쪽의 직선의 일치하는 부분은 앞서 그려준 곡선의 바깥쪽 것으로 Intersect 3D Element 로 Profile 전체를 선택해 주어야 합니다. 그렇지 않으면 제대로 구속이 잡히지 않아 Adaptive Sweep이 만들어지지 않습니다. 프로파일 전체를 투영함으로 해당 위치의 꼭지점이 프로파일을 벗어나지 않은 상태로 Surface가 만들어 지게할 수 있습니다.

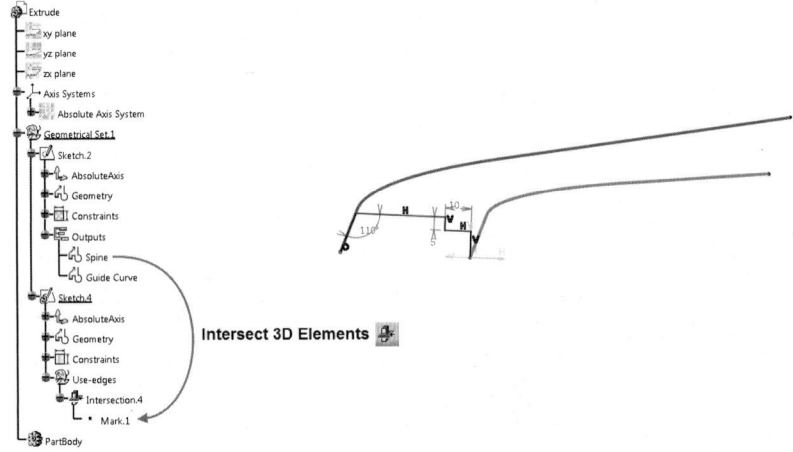

이제 Sketch에서 나와 Adaptive Sweep을 실행합니다. 그리고 다음과 같이 순서대로 선택해 줍니다.

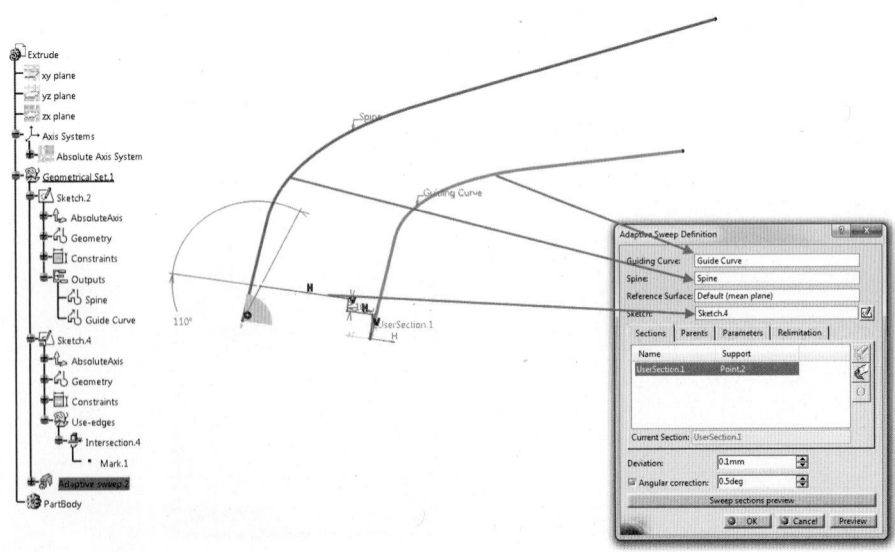

Definition 창에 가조면 Parameter Tab에서 앞서 단면 Profile을 Sketch 하였던 구속들이 보일 것입니다. 여기서 변경도 가능합니다.

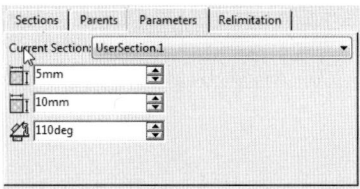

이제 미리보기를 해보면 다음과 같은 결과를 확인할 수 있습니다. 단면 Profile에 구속한 값 외에 나머지 부분은 Guide Curve 및 Spine에 맞게 변형되어 곡면이 생성되는 것을 확인할 수 있을 것입니다.

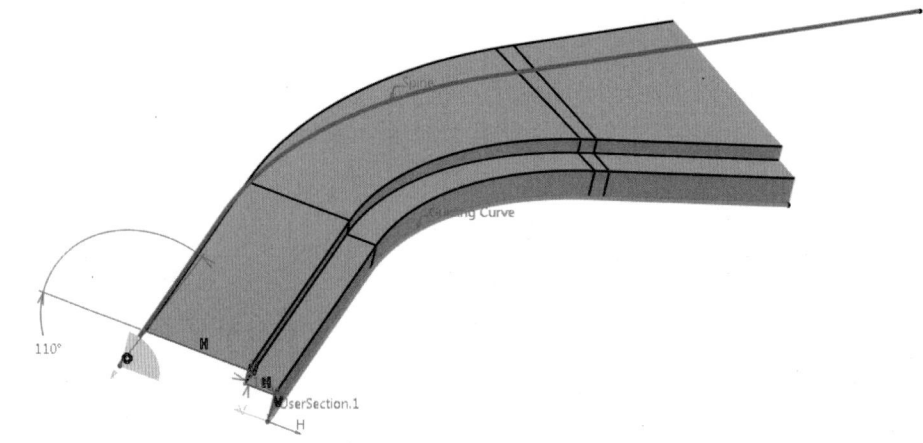

여기서 노란색의 Manipulator를 움직여 보면 해당 위치에서의 단면 형상을 미리 볼 수 있으며 혹시나 문제가 있을 경우 어디에서 문제가 발생하는지 확인할 수도 있습니다.

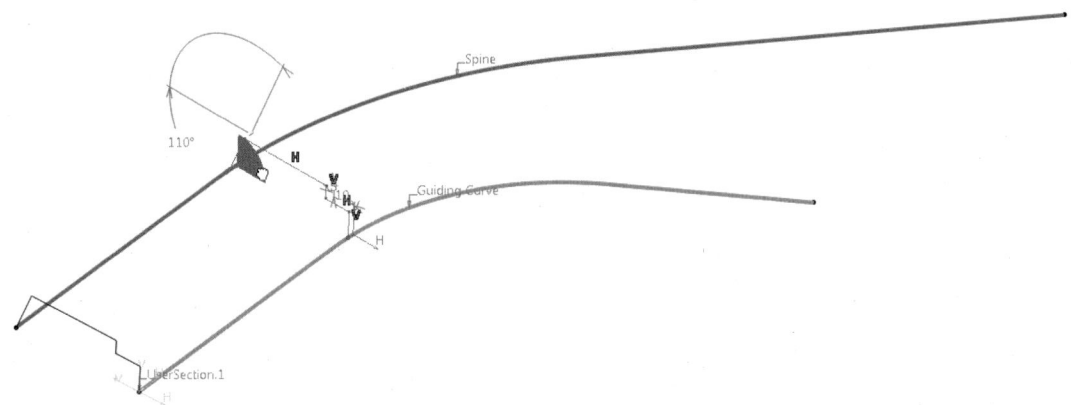

반드시 주의할 것은 단면 Profile과 Guide Curve 및 Spine과 관계입니다. 이것들이 어긋나거나 구속이 바르지 않을 경우 Adaptive Sweep은 절대 만들어지지 않습니다.

■ Fill

형상의 경계 모서리(Boundary Edge)나 Curve들이 닫힌 형상을 만들 때 이 부분을 Surface로 채워주는 명령입니다. 또는 Sketch로 하나의 닫힌 형상을 그렸을 때 이것을 Fill로 Surface를 채울 수 있습니다.

Fill을 사용하면 다음과 같이 여러 개의 끝이 일치하지 Curve 요소들이 교차하면서 이루는 닫힌 부분을 Surface로 채워 줄 수 있습니다.

예제 파일을 준비합니다.

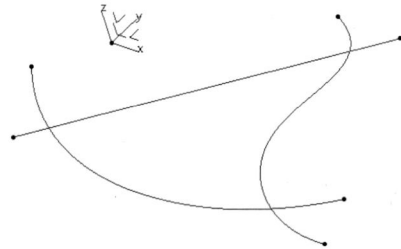

Fill 명령을 실행시키면 다음과 같은 Definition 창이 나타납니다.

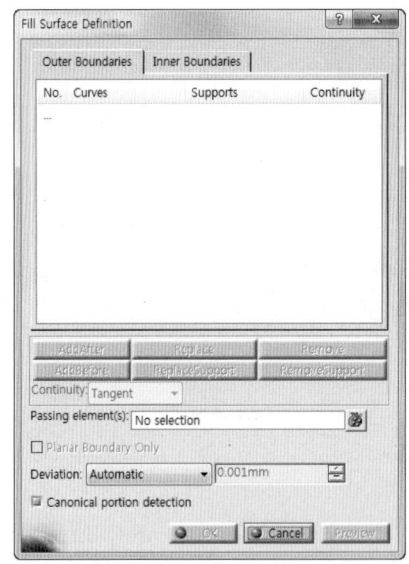

여기서 각 형상의 모서리나 Curve들을 순차적으로 선택해 주면 Boundary의 Curve 목록에 하나씩 쌓이는 것을 확인할 수 있을 것입니다.

Fill을 하기 위해 명령을 실행시키고 각 모서리들을 순차적으로 선택해 줍니다. 하나의 방향성을 가지고 시계 방향이나 시계 반대 방향으로 선택해 주어야 합니다. 순서가 틀리게 선택을 하면 Error가 발생하니 주의하기 바랍니다.

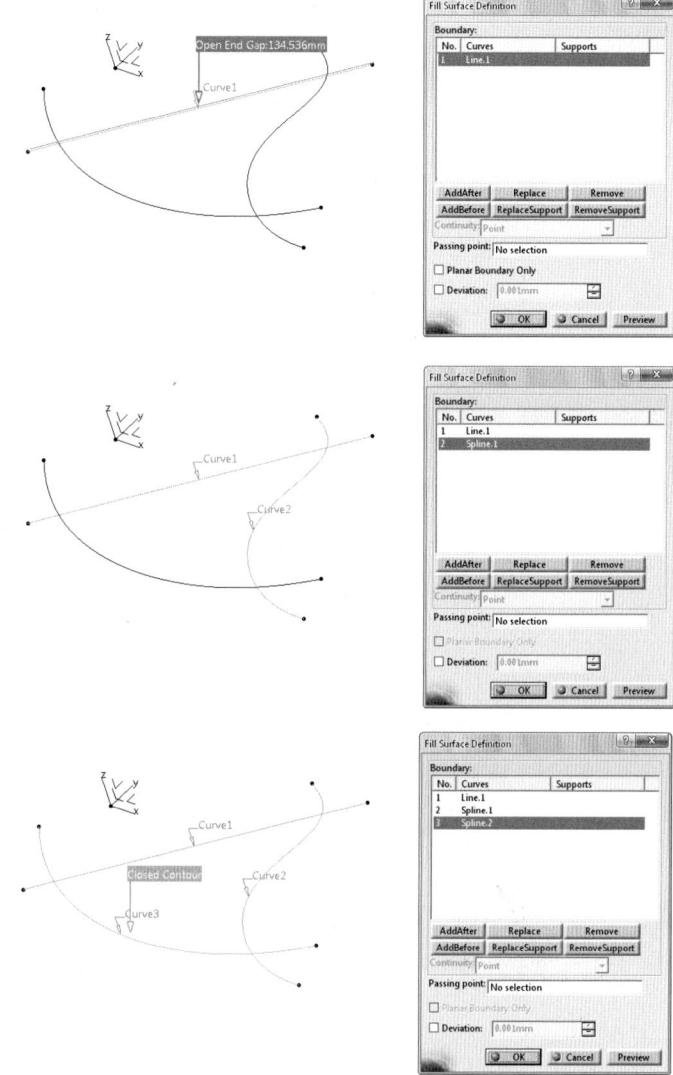

최종적으로 시작 모서리와 끝 모서리가 이어지거나 교차하면 'Closed Contour'라는 표시가 되며, 다음과 같이 곡면이 만들어지는 것을 확인할 수 있습니다.

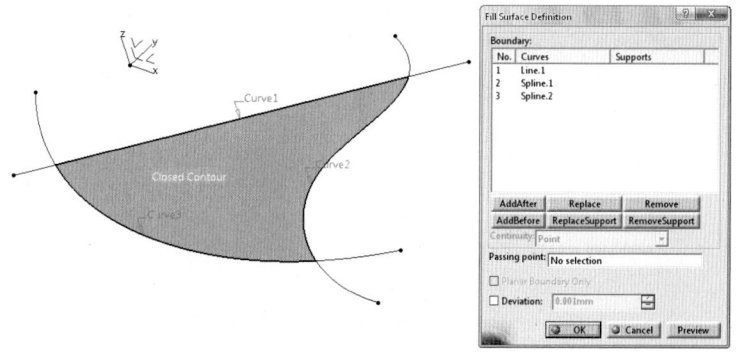

다음과 같은 경우에는 Fill을 사용할 수 없습니다. 완전히 닫혀있는 면을 만들지 못하기 때문입니다.

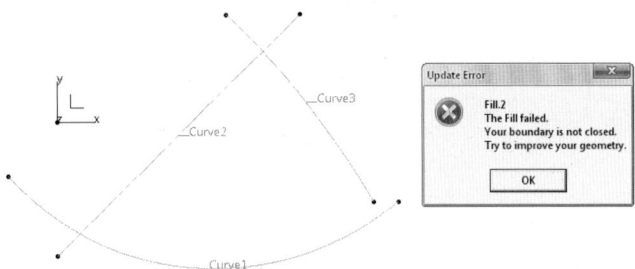

Fill을 사용하려면 Curve와 Curve 사이에 떨어진 간격이 0.1mm을 넘겨서는 안 된다는 것을 기억해 두기 바랍니다. 그리고 이렇게 떨어진 공간이 발생하면 Fill하는 Surface 형상이 바르게 만들어 지지 않고 발산하는 경우도 있습니다.

예제 파일을 준비합니다.

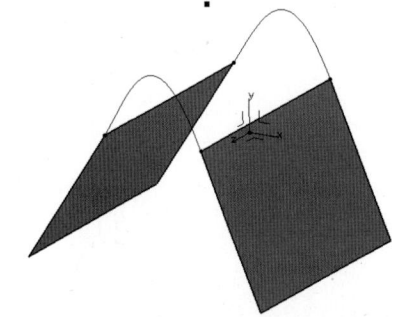

만약에 선택한 모서리를 그 모서리와 닿아있는 곡면과 접하게 하려면 모서리를 선택 후 해당 곡면을 다음으로 선택해 주면 목록에서 Support로 그 곡면이 선택된 것을 확인할 수 있습니다.

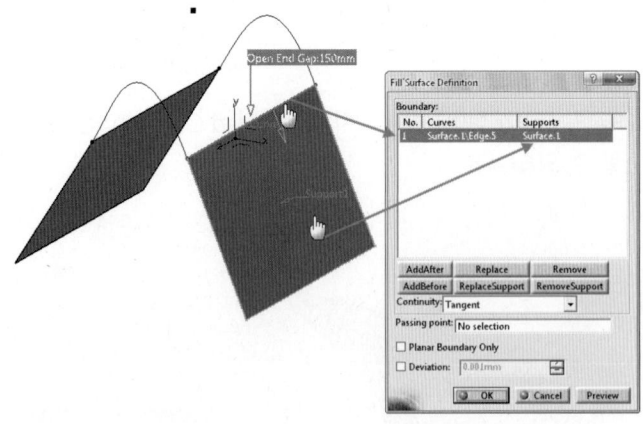

마찬가지로 다른 부분에 대해서도 같은 작업을 해주면 다음과 같은 결과를 얻을 수 있습니다.

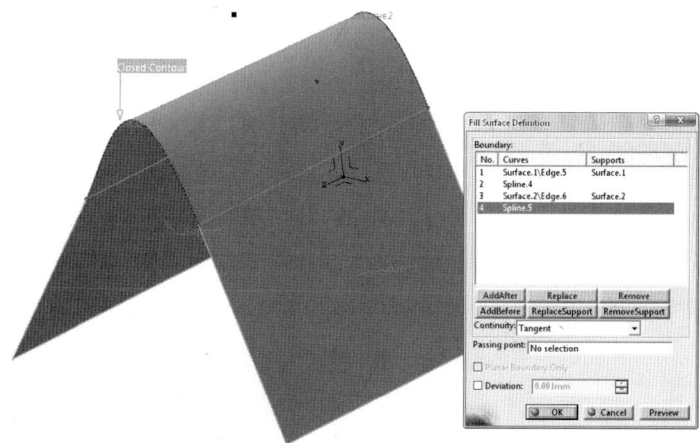

이와 같이 이웃하는 Surface 형상에 대해서 Tangent 조건을 줄 수 있으며 이러한 경우에는 가능한 반드시 Tangent 조건을 넣어주어야 합니다.

Passing Point에 Point를 선택하면 Fill 형상이 그 Point를 지나가도록 만들 수 있습니다.

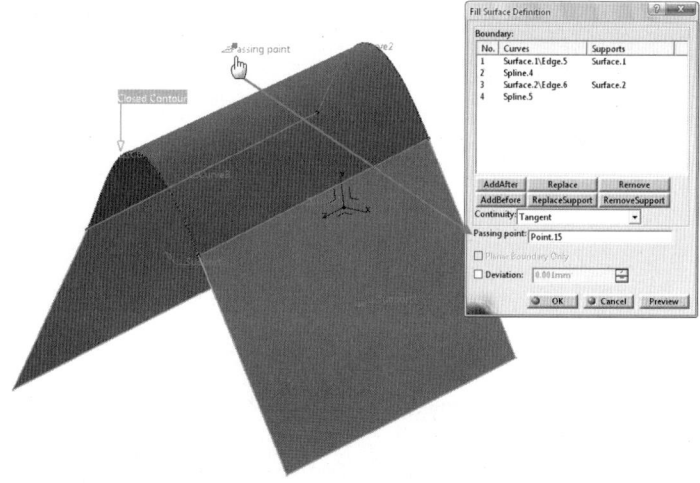

Passing Point를 적용한 형상입니다.

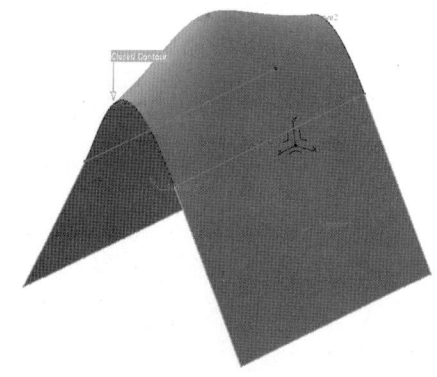

■ Multi-Sections Surface

여러 개의 단면 Profile을 이용하여 곡선을 만드는 명령으로 항공기나 선박의 동체 단면을 이어 외형을 입히거나 날개 형상을 그리는 경우 유용하게 사용할 수 있습니다. 두 개 이상의 단면 형상을 이용하여 그 단면들을 따라 이어지는 곡면 형상을 만들 수 있습니다. 복잡한 형상의 경우 여러 개의 단면 Profile 외에 Guide Curve나 Spine 등을 필요로 합니다.

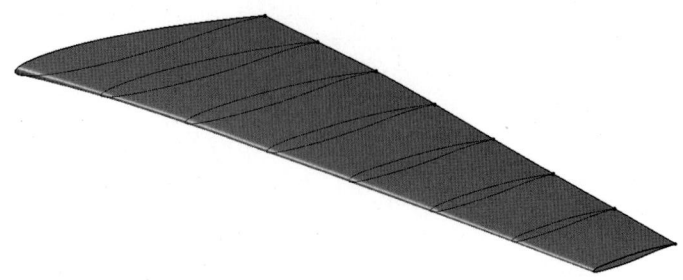

예제 파일을 준비합니다.

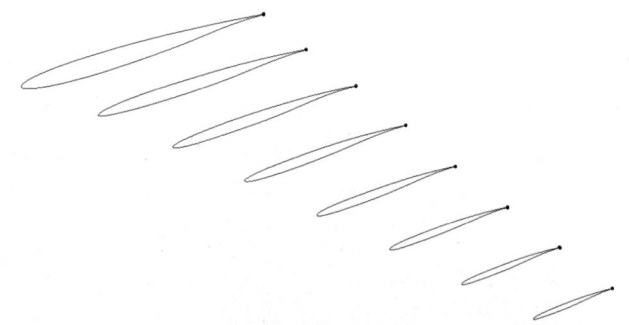

Multi-Sections Surface 명령을 실행하면 다음과 같은 Definition 창이 나타납니다.

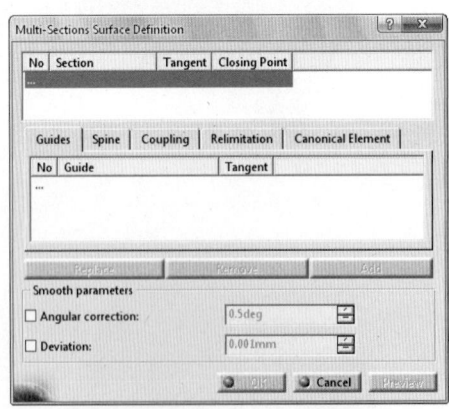

• Section

단면 Profile을 선택해 주는 부분입니다. 다수의 단면 Profile을 입력할 수 있습니다. 각각의 단면에는 Section1, Section2…와 같이 표시가 되며 단면 Profile을 선택할 때는 반드시 순서대로 선택하도록 합니다.

각 단면 Profile을 선택할 때는 반드시 순서대로 선택을 해주어야 한다는 것을 명심하기 바랍니다.(처음 중간 끝

이런 식으로 선택하면 안 됩니다. 단면 선택 작업이 순서에 영향을 받습니다.)

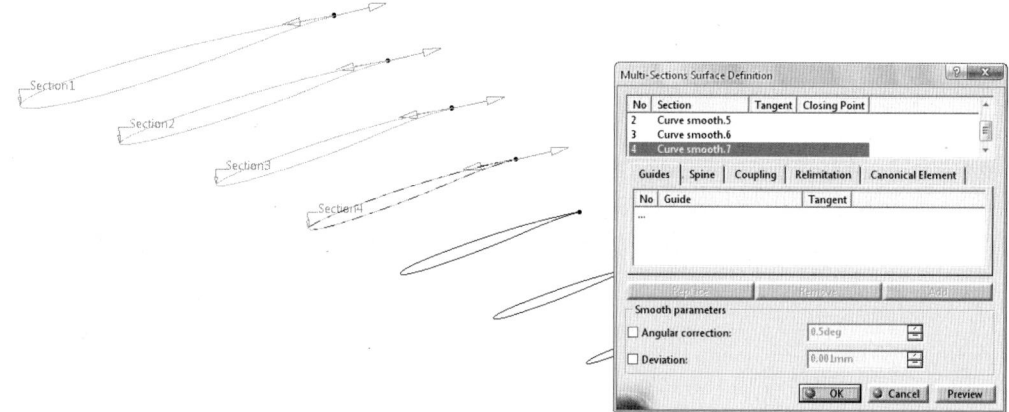

- Guides Tab

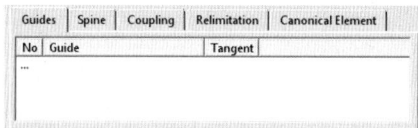

각각의 단면 Profile의 형상을 잇는 선으로 임의로 Guide line을 그려주었을 때 이 Tab에서 선택해 주면 됩니다. Guide Curve는 주로 GSD Workbench의 Spline 등의 명령을 사용합니다.

- Spine Tab

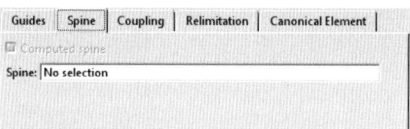

Spine은 '척추'라는 의미는 갖는데 이 작업에서도 같은 역할을 합니다. 전체 단면 형상을 가로지르는 Center Curve를 형상 정의에 사용한 방법입니다. Guides는 단면 Profile에 대해서 형상의 각 마디마다 그려주어야 하는 반면 Spine은 단면 형상들을 지나는 단 하나의 Guide Curve으로 형상을 정의할 수 있습니다. Multi-Sections Surface에서 각 단면들의 위치의 Plane 요소를 사용하여 Spine을 정의하거나 Guide Curve 또는 임의적인 Profile 작업을 사용하여도 됩니다.

- Coupling Tab

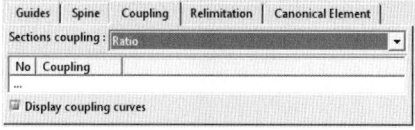

Coupling은 각각의 단면 Profile이 가지고 있는 꼭짓점(Vertex)들을 각각의 위치에 맞게 이어주는 작업 방식입니다. 앞서 Guide와는 결과나 그 의미가 다릅니다. Guides는 실제 이 라인을 따라 형상을 만드는 것이지만 Coupling은 단순히 이 단면의 Vertex가 다음 단면의 이 Vertex와 이어지고 또 다음 단면의 Vertex와 이어진다는 정의를 해주는 것입니다. 주로 단면의 형상이 제각기 다를 때 이 Coupling을 사용하여 Vertex들을 짝지어 줍니다.

Coupling에도 몇 가지 종류가 있으나 다른 것들은 각각의 Vertex의 수가 같아야만 작업을 할 수 있습니다. 주로 Coupling에서는 'Ratio'를 많이 사용합니다.

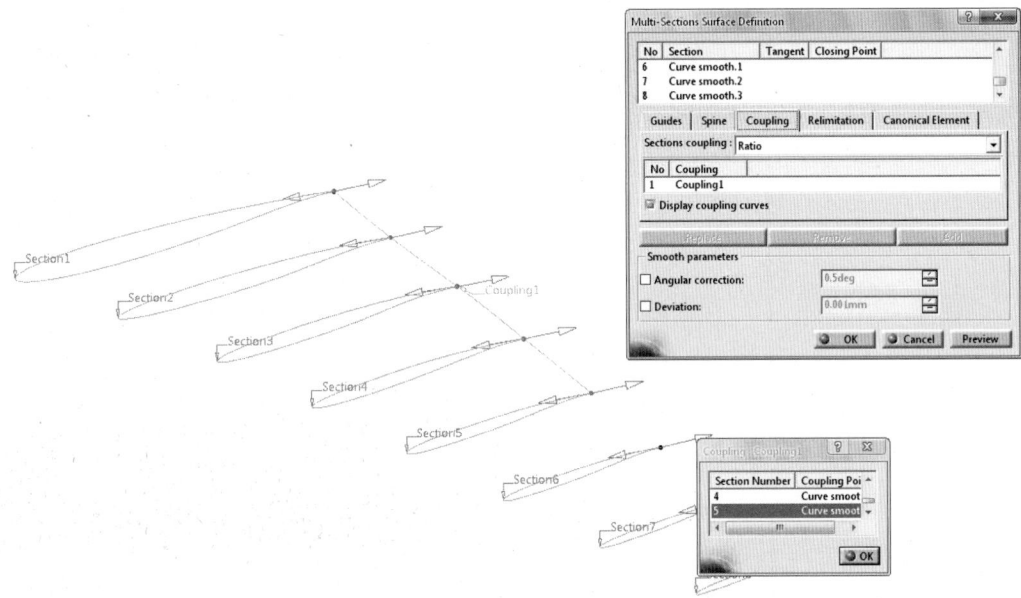

Section에서 단면 형상은 만들려는 Surface이기 때문에 반드시 닫힌 Profile을 사용할 필요는 없습니다. 물론 단면에 대한 방향성은 여전히 중요하기 때문에 각 단면들의 방향을 잘 맞춰 주어야 합니다. 닫힌 Profile에 대해서는 Closing Point가 나타날 것이며 열린 형상의 경우에는 화살표만이 나타납니다.

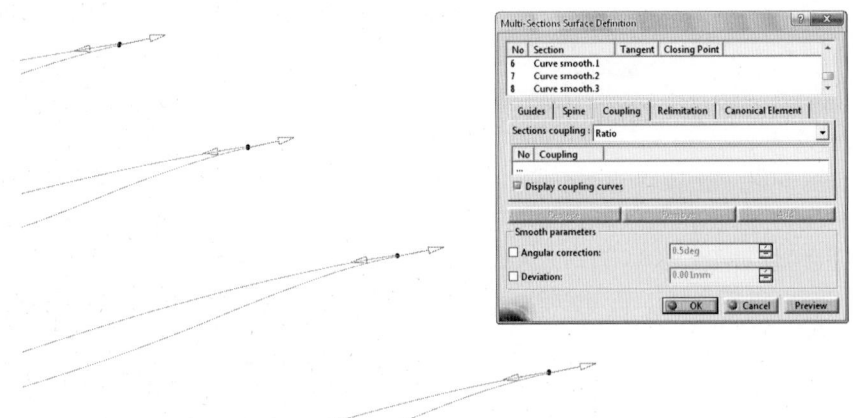

만약에 이웃하는 단면과 화살표의 배열 방향이 다르다면 반드시 방향을 하나의 방향으로 맞추어 주어야 합니다. 단면의 방향 조절은 해당 화살표를 클릭해 주면 됩니다.

본 예제 파일에서는 6 번째 단면의 화살표 방향이 반대로 되어 있으므로 이를 수정해 주어야 합니다. 단면 선택 후 화살표 방향을 맞추어 준 후에 미리보기를 하면 다음과 같은 결과를 확인할 수 있습니다.

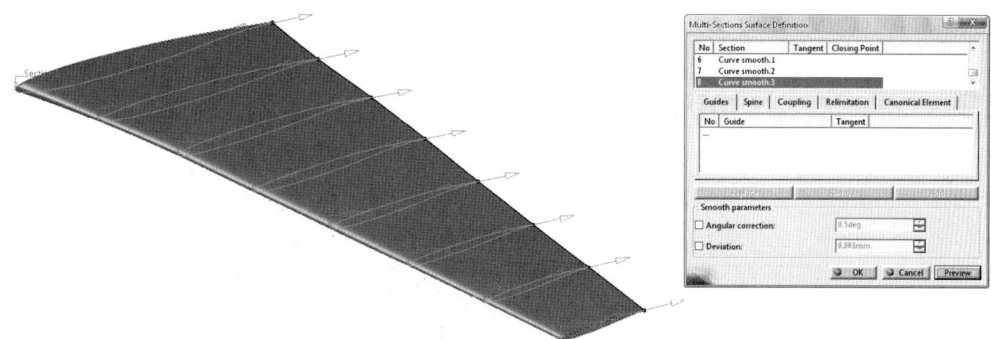

예제 파일을 준비합니다.

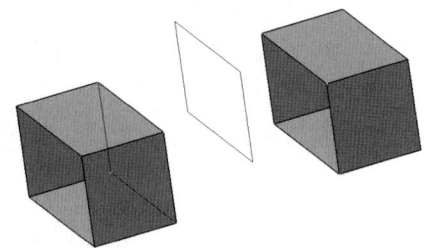

각 Section에 대해서도 Section으로 선택한 Curve에 대해서 이웃하는 Surface와 접하도록 조건을 넣어 줄 수 있습니다. 다음과 같이 해당 단면을 선택하고 그 단면과 접하는 곡면을 선택해 주면 Tangent 부분에 선택한 곡면이 들어가는 것을 확인할 수 있습니다.(그림에 잘 안보일 수 있으나 단면 Profile과 사각형 곡면이 함께 있습니다. 단면을 선택하고 그 다음으로 곡면을 선택합니다.)

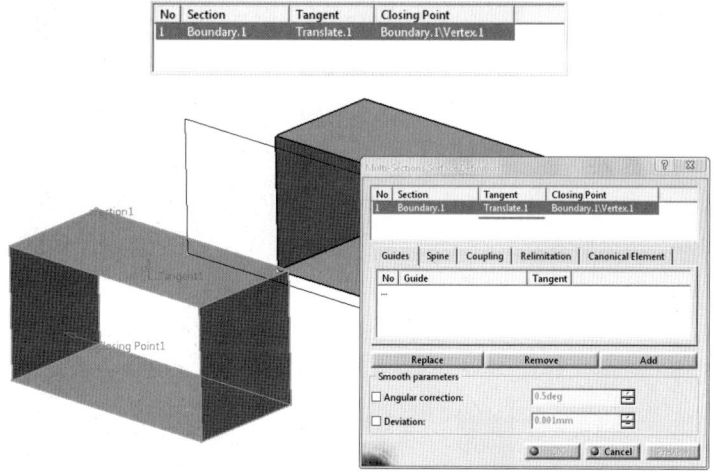

만약에 다시 이웃하는 접하는 곡면을 제거하고자 한다면 해당 Section을 선택하고 Contextual Menu에서 'Remove Tangent'를 선택합니다.

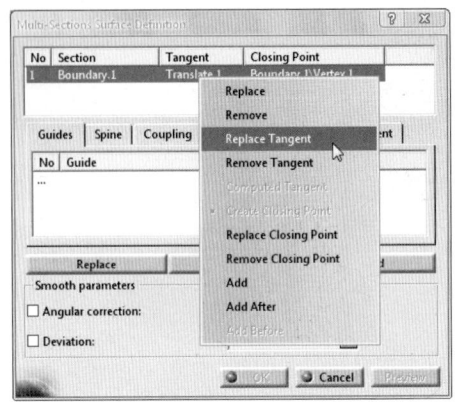

본 형상을 통해 이웃하는 Surface와 접하는 곡면을 만들어 보도록 하겠습니다. 우선 다음과 같은 순서대로 단면을 선택합니다. 여기서 자세히 관찰하면 각 단면에 'Closing Point x'라는 것이 생긴 것을 확인할 수 있습니다.

이것은 단면 형상이 닫힌 Profile인 경우에 나타나는 표시로 한 단면을 그린다고 하였을 때 시작점과 끝점이 만나는 부분이라고 생각하기 바랍니다. 그런데 여기서 중요한 것은 이 Closing Point들은 각 단면의 위치에서 그 방향이 동일해야 한다는 것입니다.

'각 단면의 Closing Point는 Closing Point를 따라간다.'

따라서 각 단면의 Closing Point의 위치가 다른 경우에는 이를 조절해 주어야 합니다. 아래 그림에서는 Section.1의 Closing Point의 위치가 다른 두 개와 다릅니다. 따라서 이를 조절해 줄 것입니다.

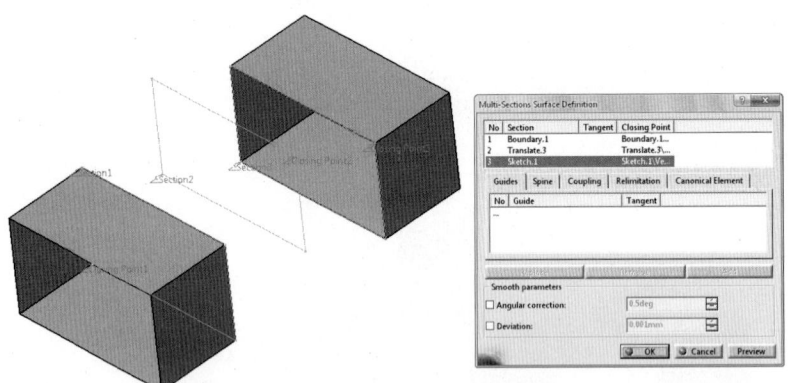

먼저 Section의 Closing Point를 선택한 후에 Contextual Menu를 선택 'Replace'를 선택합니다.

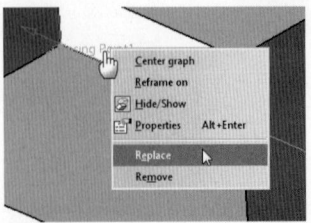

다음으로 뒤의 두 단면들의 Closing Point의 위치와 같은 지점을 마우스로 클릭해 줍니다.

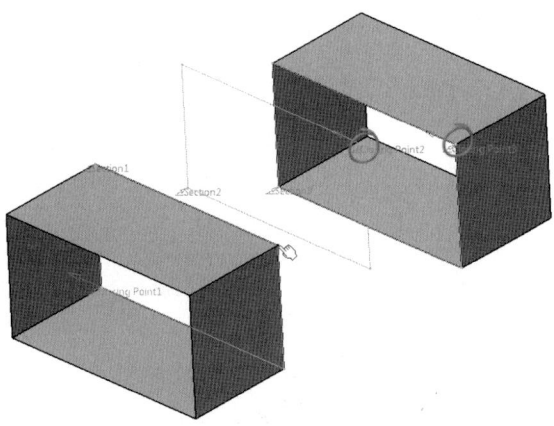

그럼 다음과 같이 Closing Point의 위치가 변경됩니다.

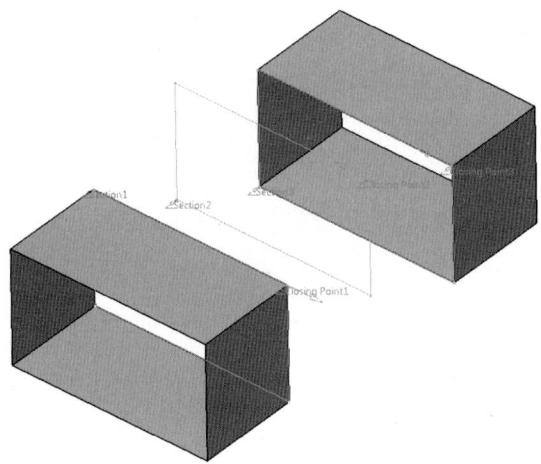

다음으로 해주어야 할 일은 회전 방향을 맞추는 것인데 아직 Section 1의 Closing Point의 방향이 뒤의 두 개와 동일하지 않다. 따라서 마우스 클릭을 통하여 변경해 줍니다.

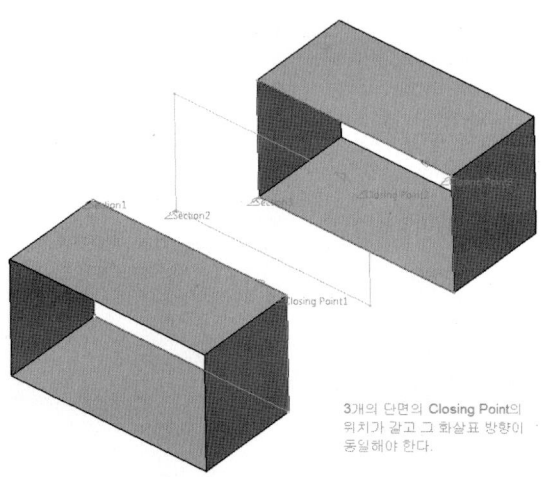

3개의 단면의 **Closing Point**의 위치가 같고 그 화살표 방향이 동일해야 한다.

이 상태에서 미리보기를 하면 다음과 같은 결과 형상이 나옵니다.

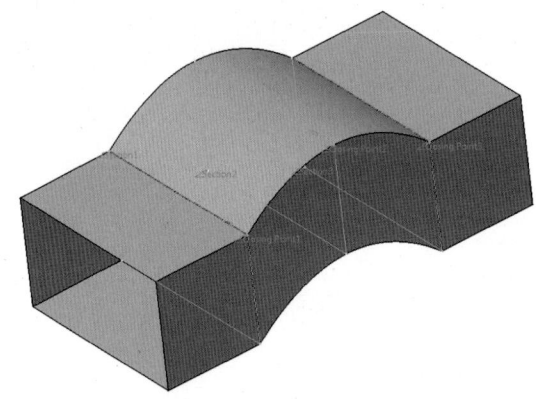

이제 이 형상에 Tangent 조건을 넣어주도록 합니다. 다음과 같이 Section 1을 Definition 창에서 선택하고 해당 위치의 곡면 형상을 선택합니다.

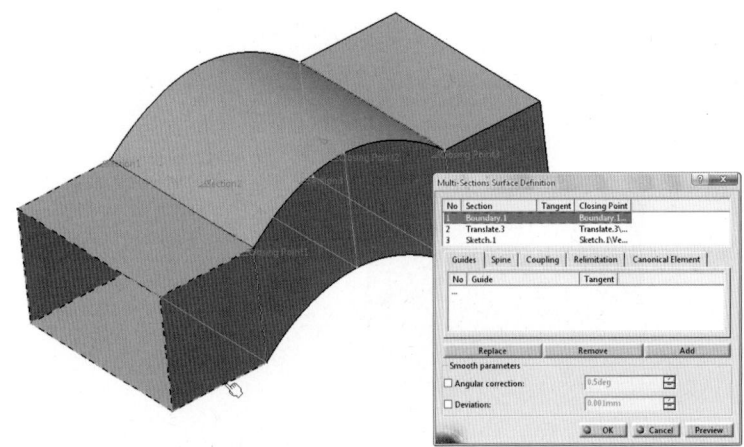

그럼 다음과 같이 Tangent가 입력되는 것을 확인할 수 있습니다.

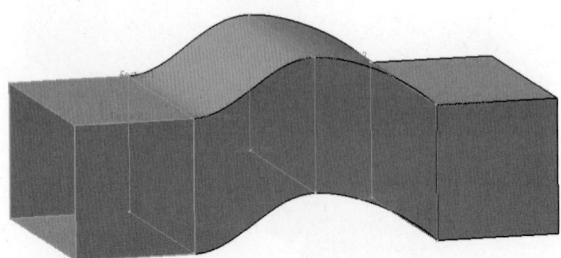

이 상태에서 미리보기 합니다. 아래 그림과 같이 선택한 단면부의 곡면이 변경된 것을 확인할 수 있습니다.

반대편의 단면에도 동일한 작업을 수행하였습니다.

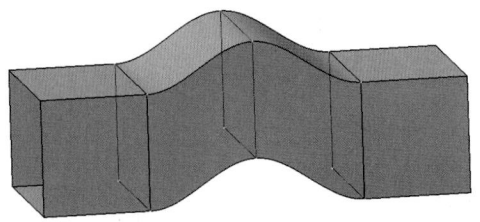

이웃하는 Surface가 있는 경우에는 연속성을 생각하여 반드시 Tangent 조건을 주어야 하는 경우를 잘 결정해야 합니다.

■ Blend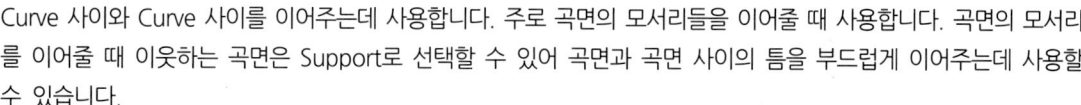

Curve 사이와 Curve 사이를 이어주는데 사용합니다. 주로 곡면의 모서리들을 이어줄 때 사용합니다. 곡면의 모서리를 이어줄 때 이웃하는 곡면은 Support로 선택할 수 있어 곡면과 곡면 사이의 틈을 부드럽게 이어주는데 사용할 수 있습니다.

예제 파일을 준비합니다.

일반적으로 아래와 같이 Blend 명령을 실행하고 두 Curve 요소를 선택하면(Curve 또는 Edge) 다음과 같이 두 대상 사이가 이어지는 것을 확인할 수 있습니다. 여기서 화살표 방향이 어긋나지 않도록 방향을 잘 맞춰 주어야 합니다. 방향 설정은 마우스로 클릭하면 됩니다.

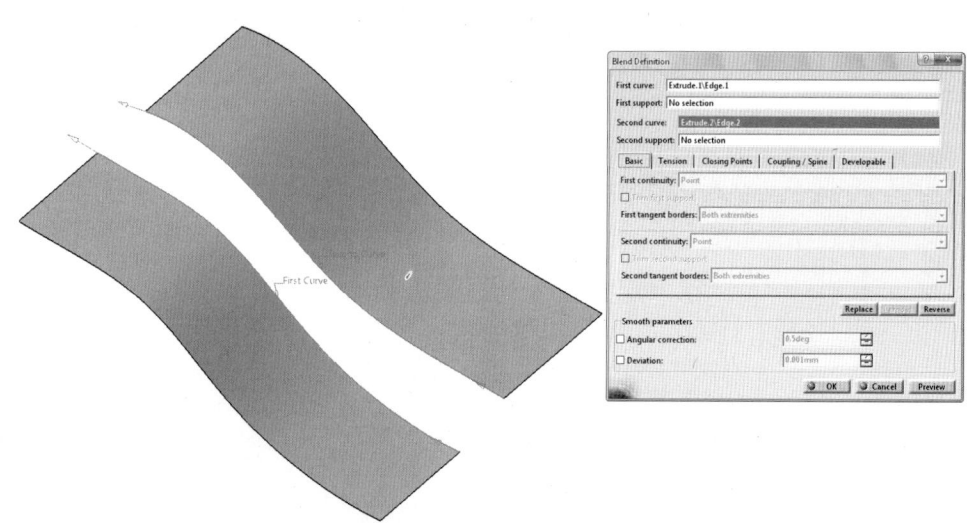

이런 경우 Support 성분을 입력해 주기 않았기 때문에 다음과 같이 두 대상이 날카롭게 이어진 것을 확인할 수 있습니다.

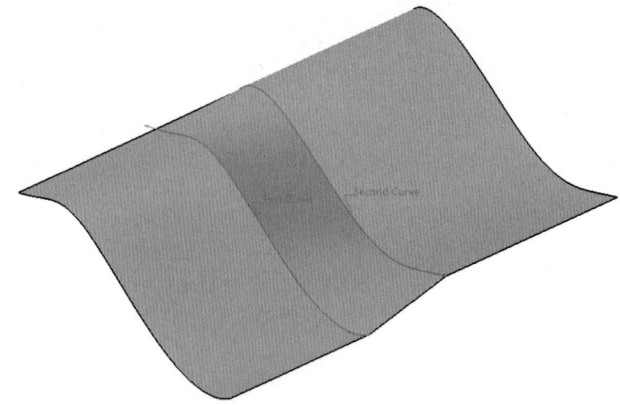

여기에 다시 각각의 Curve 성분에 Support를 넣어주면 이 Surface와 접하게 Blend Surface가 만들어집니다.

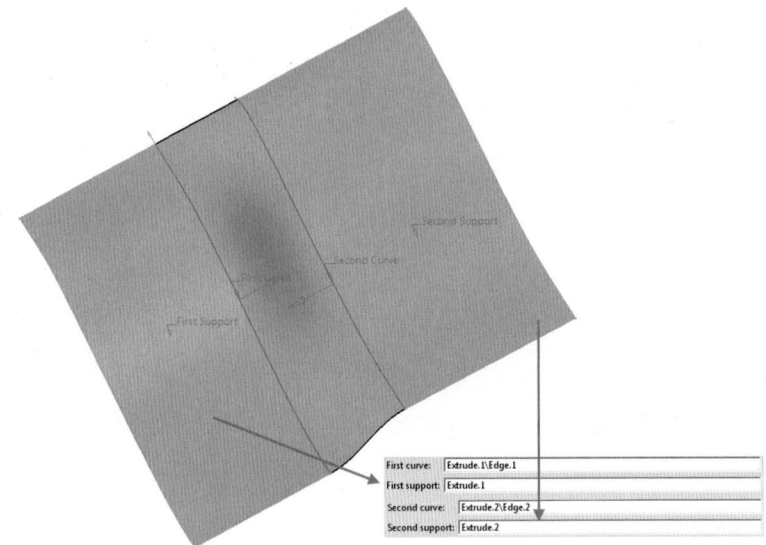

위 경우와 같이 Surface의 틈 사이를 이어줄 때 유용하게 사용할 수 있습니다.

- Basic Tab

각 Curve의 연속성에 대한 정의와 Trim Support를 지원합니다.

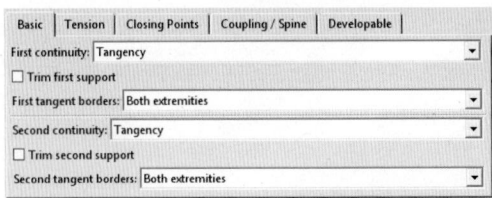

• Tension Tab

각 Curve 지점의 Tension 값을 조절할 수 있습니다.

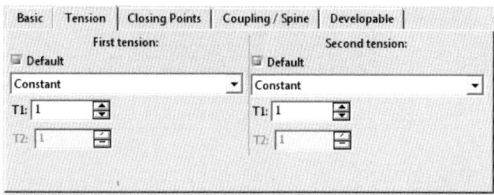

• Closing Point Tab

닫혀있는 Curve 요소를 선택할 경우 Closing Point의 위치를 지정해 줄 수 있습니다.(위 형상과 같이 Open된 형상에는 의미가 없습니다.)

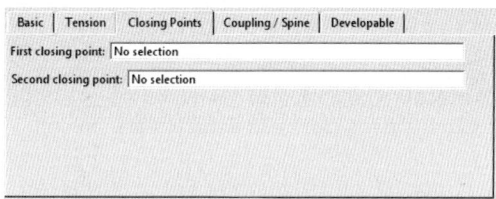

• Coupling/Spine Tab

여러 개의 마디로 나눠진 복잡한 Curve 형상의 경우 각 Vertex 지점으로의 연결 위치를 Coupling으로 잡아 주거나 두 Curve 요소 사이에 Spine을 지정해 줄 수 있습니다.

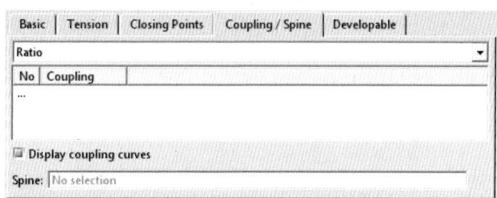

D. Operation

GSD Workbench 중에서 가장 중요한 Toolbar를 묻는다면 바로 이 Operation Toolbar가 아닐까 생각합니다. 실제로 Wireframe Toolbar와 Surface Toolbar가 없다면 형상을 그려낼 수 없는 게 사실이지만 이 Operation Toolbar가 없다면 이렇게 만들어 놓은 형상을 아무도 손도 델 수가 없게 됩니다. 각각의 곡면들끼리 이어 줄 수도 없고 불필요한 부분을 잘라낼 수도 없게 되는 것입니다. 실제로 Solid 모델링 보다 GSD에서 작업의 강점을 나타내는 부분도 이 Operation Toolbar라고 생각합니다.

매우 중요한 부분이므로 이 Toolbar의 기능들을 확실히 체크해 두도록 하겠습니다.

1. Join-Healing Sub Toolbar

■ Join

GSD Workbench에서 하나 또는 여럿의 Geometrical Set에서 만들어진 형상들은 서로 이웃하고 있더라도 낱개의 Wireframe 또는 Surface 요소로 분류됩니다. 즉, 이어준다는 정의를 하지 않는 이상 각각의 작업으로 만들어진 결과 형상들은 독립적이다 할 수 있습니다. 다시 정리하자면

"하나의 Geometrical Set안에서라도 Surface 또는 Wireframe 형상을 만들고 다른 Surface나 Wireframe 형상을 만들어 주어도 이들을 이어주는(또는 합쳐주는) 명령을 실행하지 않는 이상 이 둘은 서로 독립적인 Surface, Wireframe 형상이 됩니다."

따라서 GSD Workbench에는 Surface나 Curve 형상을 하나로 이어주는 명령이 반드시 필요한데 그러한 명령이 바로 Join입니다.

Join은 여러 개의 Surface 또는 Curve들을 하나로 합쳐주는 역할을 수행합니다. Join 명령을 실행시키면 다음과 같은 Definition 창이 나타납니다.

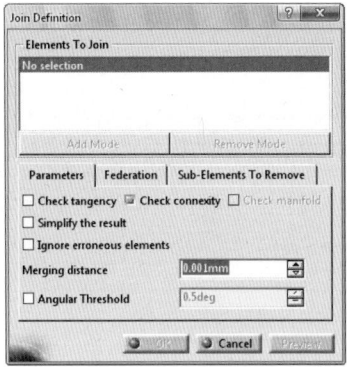

물론 Surface는 Surface 요소끼리 Curve는 Curve 요소끼리 선택을 해주어야 합니다. 즉, Surface와 Curve는 하나로 Join할 수 없다는 것입니다. 만약에 다른 차원의 요소들끼리 Join 하려고 한다면 다음과 같은 메시지가 출력될 것입니다.

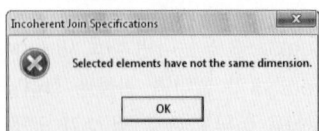

같은 차원의 요소들끼리(Wireframe 요소는 Wireframe 요소들끼리 Surface 요소는 Surface 요소들 끼리) 선택하면 Definition 창의 'Element to Join'에 차례대로 나타날 것입니다.

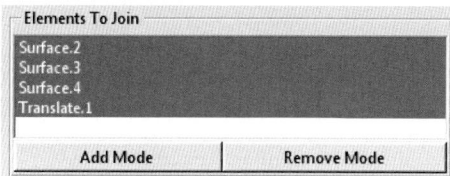

여러 개의 Surface를 선택할 경우 Spec Tree를 열어서 'SHIFT Key'나 'CTRL Key'를 이용하여 선택하면 보다 편리합니다. 만약에 선택한 대상을 제거하고자 한다면 'Remove Mode'를 선택한 다음 Spec Tree에서 제거할 대상을 선택합니다. 반대로 추가하고자 하는 대상이 있다면 'Add Mode'를 선택하고 대상을 선택하도록 합니다.

• Check Tangency

이 Option을 체크하면 합치고자 하는 형상들이 Tangent한지를 체크할 수 있습니다. 그래서 만약 Tangent하지 않다면 Error 메시지를 내보냅니다. 예제 파일을 통해 확인해 보기 바랍니다.

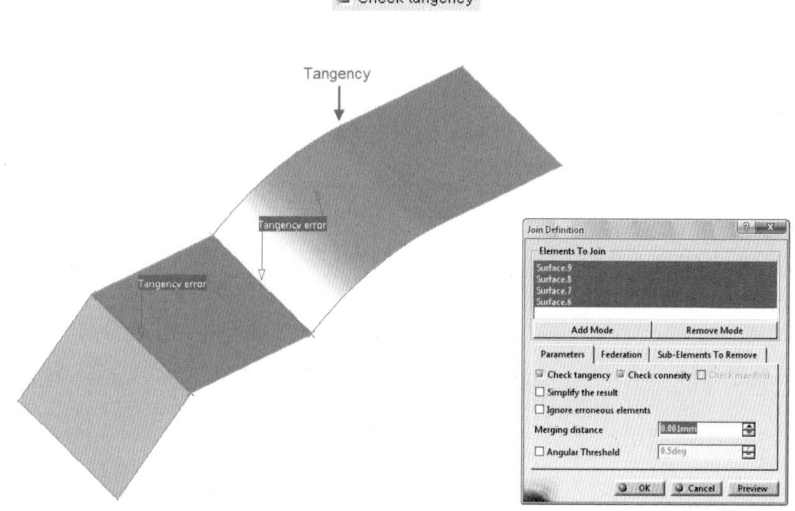

Tangent한 형상만을 Join하고자 할 때 유용합니다. 그러나 일반적으로 형상을 Tangent한 경우에 대해서만 Join하지는 않기 때문에 Default 로는 해제되어 있습니다.

• Check Connexity

Join하고자 하는 요소들끼리 이웃하는지를 체크하는 Option으로 이웃하지 않거나 요소들 사이의 떨어진 거리가 '0.1mm'보다 클 경우에 Error 메시지를 내보냅니다. 예제 파일을 준비합니다. 그리고 Join 명령을 실행하여 대상을 선택합니다.

그럼 다음과 같은 메시지 창이 나타날 것입니다.

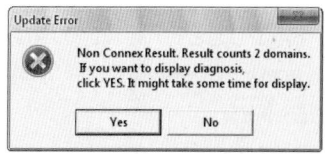

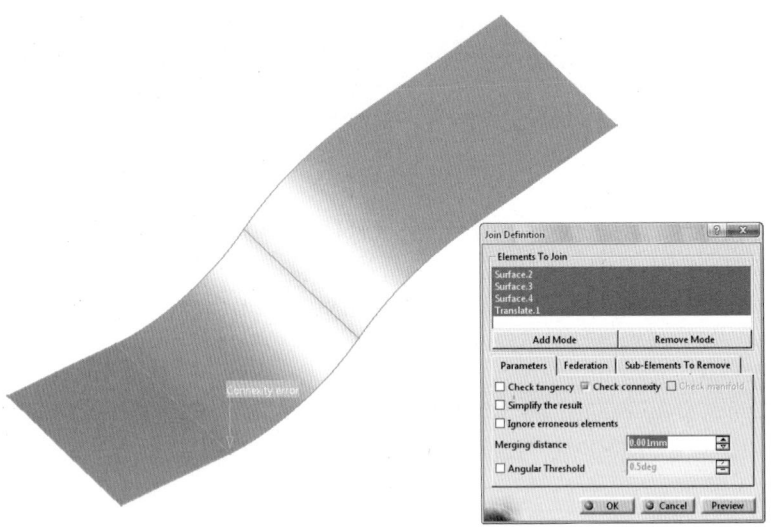

일반적으로 선택한 요소들을 하나의 형상으로 합치는 것이 목적이기 때문에 이 Option은 Default 로 체크되어 있습니다. 그리고 만약에 이 Error가 발생한 경우에는 형상을 수정하거나 Join이 아닌 Healing과 같은 방법을 사용해야 합니다. 절대 이 Error를 무시하고 넘어가지 말아야 합니다. 여기서는 이 형상들 사이에 틈새가 0.1mm 이상이기 때문에 나타나는 것으로 Definition 창의 Merging Distance 값을 0.1mm로 바꾸어 줍니다. 그럼 다음과 같이 Error가 발생하지 않습니다.

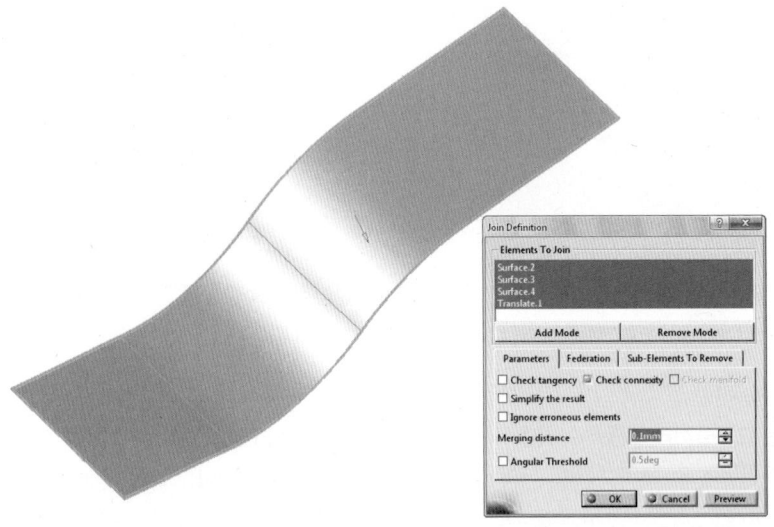

그러나 종종 실제로 이웃하는 형상을 이으려는 목적이 아닌 단순히 하나의 작업으로 묶으려는 목적으로 이 Option을 해제하고 Join하기도 합니다.

- **Simplify the result**

Join으로 여러 개의 형상을 합치다 보면 복잡하게 형상이 나타날 수 있습니다. 이 때 이 Option을 체크하면 형상을 단순화시킬 수 있습니다. 즉, 불필요한 Face나 Edge를 줄일 수 있습니다. 복잡한 형상의 경우엔 매우 유용한 Option입니다. 다음의 예를 보도록 하겠습니다.

예제 파일을 준비합니다.

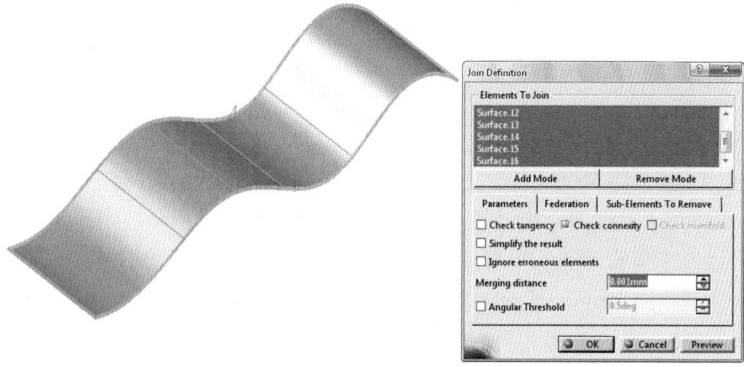

Join 명령을 사용하여 하나의 Surface 형상으로 합치면 다음과 같습니다. 그림에서 볼 수 있듯 각각의 형상의 마디의 흔적이 그대로 남아 있습니다.

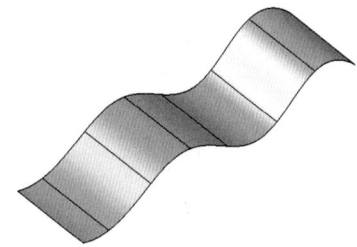

여기서 다시 Join 명령을 실행 시켜 이번엔 'Simplify the result' Option을 체크하고 Join을 해보면 다음과 같은 결과를 볼 수 있습니다.

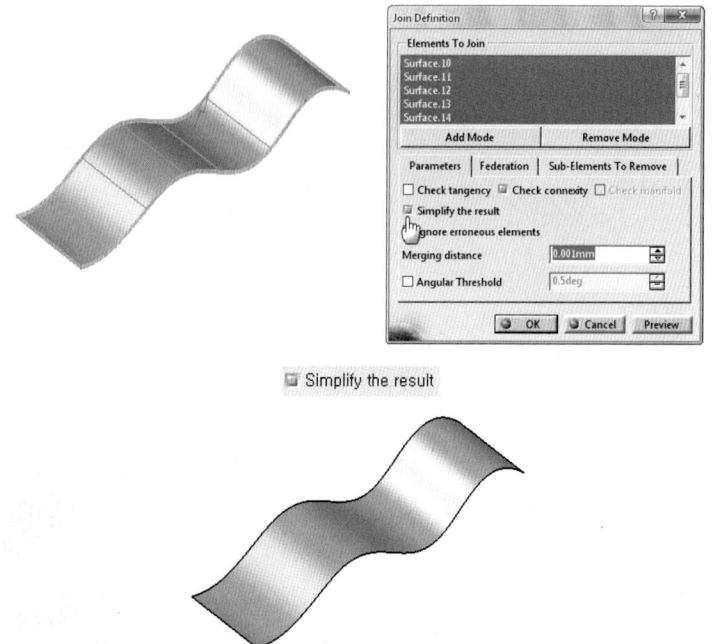

● Ignore Erroneous Elements

Join을 하면서 많은 부분을 한 번에 작업하다 보면 일부를 Join하지 못하는 요소가 있게 됩니다. 이 때 이러한 Error로 인식되는 부분을 무시하도록 하는 Option입니다. 이 Option을 체크하면 Error되는 부분은 Join에서 제외시킵니다.

● Merging Distance

Join하려고 하는 형상이 반드시 이어져 있는 것은 아닙니다. Surface의 경우 이 들 사이에 틈이 있을 수도 있고 Curve와 Curve가 이어지지 않은 경우가 있을 수도 있습니다. 이러한 경우 Join은 허용된 범위 안의 거리나 틈에 대해서는 컴퓨터 스스로 형상을 수정하여 틈을 제거하고 합쳐주는 작업이 가능합니다. 이러한 허용 범위가 바로 Merging Distance로 공차(Tolerance)로 생각하여도 됩니다. 그러나 Merging Distance는 최대가 '0.1mm'의 값을 갖습니다. 그 이상의 값은 입력해 줄 수 없으며 이 보다 공차가 큰 경우에는 Healing ⚠ 명령을 사용하길 권장합니다. 다음의 예를 보도록 하겠습니다.

예제 파일을 준비합니다. 다음과 같이 두 개의 Surface가 있습니다. 이 두 형상은 '0.095mm'만큼 틈이 존재합니다.

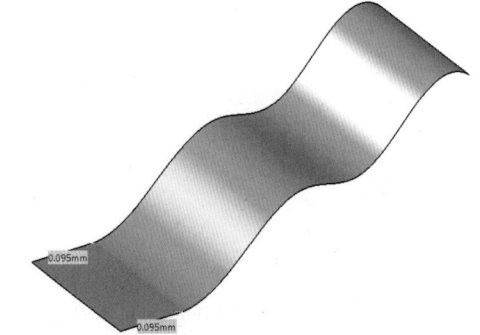

이 두 Surface 형상을 Join을 사용해 합치려 하면 'Connexity error'가 될 것입니다.

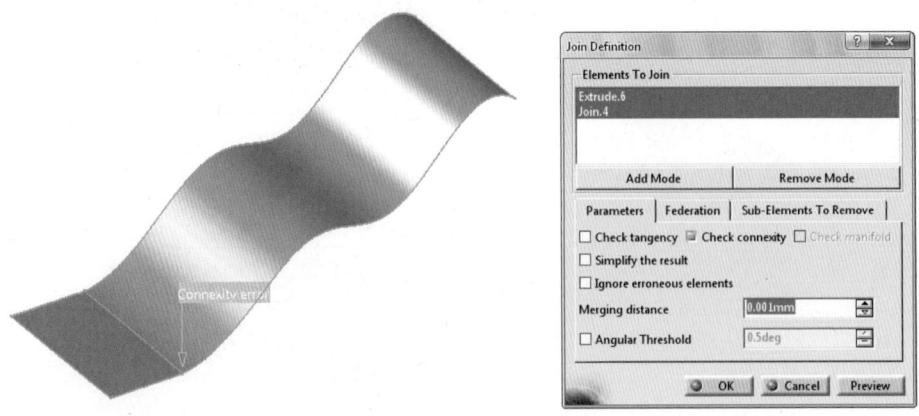

여기서 Merging Distance 값을 '0.1mm'로 변경 하고 다시 미리 보기를 해 보면 이번에는 Error 없이 Join이 되는 것을 볼 수 있습니다.

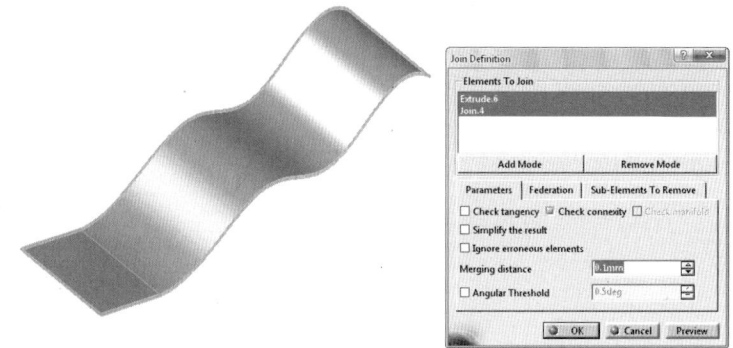

물론 여기서는 0.1mm를 Merging Distance로 사용하였지만 두 Surface 형상 사이의 거리가 '0.095mm' 인걸 알았다면 Merging Distance도 '0.095mm'로 사용했어야 바람직합니다.

'Merging Distance는 항상 최솟값을 사용해야 합니다.'

Join으로 형상을 합친 후에 미리 보기를 선택하면 다음과 같이 녹색의 Boundary가 보이게 됩니다. 물론 Join이 바르게 되었다면 Boundary가 Surface와 Surface 사이에 나타나서는 절대 안 된다는 것을 기억해야 합니다. 다음의 첫 번째 형상은 잘못된 Join의 결과이고 두 번째 형상은 바른 Join 결과라고 할 수 있습니다.

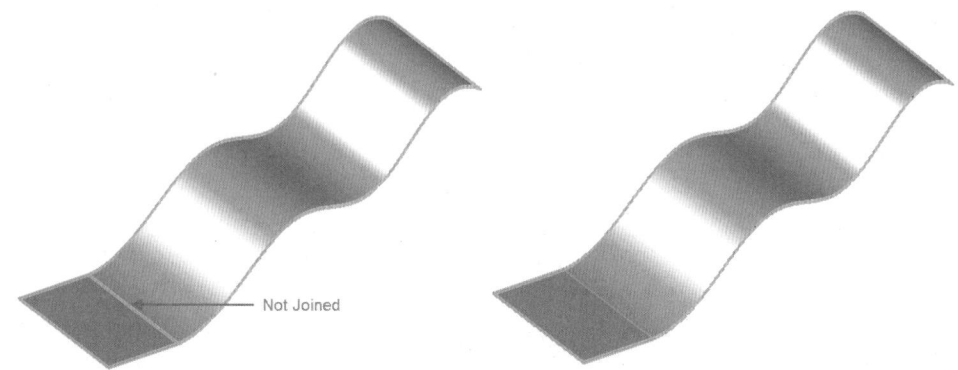

추가적으로 설명을 할 것이 있습니다. 바로 Join을 하면서 나타나는 화살표에 대한 것인데 이것은 이 Surface 형상의 법선 벡터(Normal Vector)의 방향을 나타냅니다. 이 법선 벡터의 방향에 의한 작업의 영향이 있으므로 주의해야 합니다.

만약에 이 법선 벡터의 방향을 바꾸고자 한다면 Join 명령이 활성화된 상태에서는 단순히 클릭만으로 변경이 가능합니다. 또는 다음과 같이 Invert 라는 명령을 사용하기도 합니다. 이 명령은 따로 Insert ⇨ Operations ⇨ Invert Orientation에서 선택합니다.

예제 파일을 준비합니다. 파일을 보면 Curve 요소들 역시 Join할 수 있다는 것을 확인할 수 있습니다.

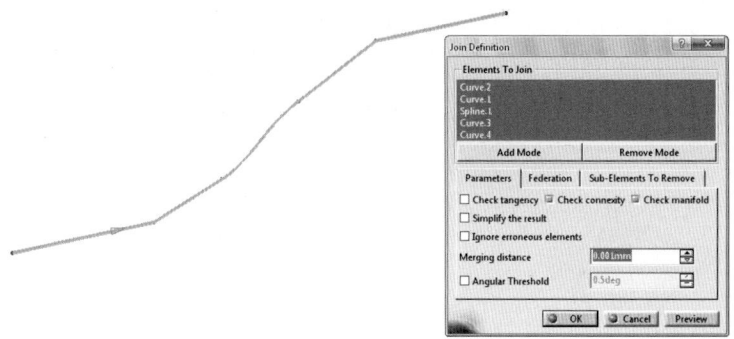

■ Healing

우선 Healing은 Join과 유사하게 Surface와 Surface를 하나로 합쳐주는 명령입니다. 그러나 Healing은 Curve 요소에는 사용할 수 없습니다. 또한 Healing은 일반적으로 Join이 해결하지 못할 정도로 큰 공차를 가진 Surface들을 하나로 합쳐주는데 사용됩니다.

명령을 실행시키면 다음과 같은 Definition 창이 나타납니다.

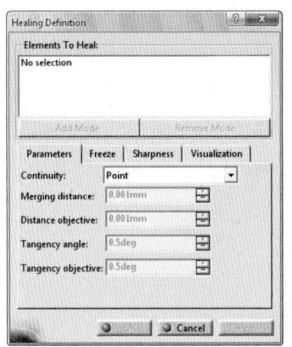

사용방법은 Join과 크게 다르지 않다. 합치고자 하는 Surface들을 선택하여 적절한 Merging Distance 범위 안에서 형상들을 합친다.

그러나 Healing은 Merging Distance값에 제한이 없다는 게 Join과 큰 차이이자 큰 이점입니다. Healing은 형상의 대 변형을 이용하여 형상의 벌어진 틈을 제거해 합치는 명령입니다. 그렇기 때문에 사용에 주의를 가져야 하는데 원본 형상을 크게 변형시킬 수 있기 때문에 가급적 Merging Distance 값은 최소로 해주어야 합니다.

Healing은 그래서 Analysis Toolbar에 있는 Connect Checker 라는 명령과 함께 사용합니다. 뒤에서 배우겠지만 Connect Checker는 Surface와 Surface의 틈 사이의 간격을 측정해 줍니다. 따라서 이 명령을 이용해서 Surface 형상들의 틈의 최대값에 맞추어 Merging Distance를 입력해 주어야 합니다. Healing을 공부하기에 앞서 Connect Checker 부분을 먼저 공부하면 도움이 될 것입니다.

예제 파일을 준비합니다.

우선 Analysis Toolbar에서 Connect Checker 명령을 찾아 실행합니다. 그리고 다음과 같이 두 곡면을 선택합니다. 여기서 두 곡면의 선택은 CTRL Key를 사용합니다. 그럼 다음과 같은 메시지 창이 나타납니다.

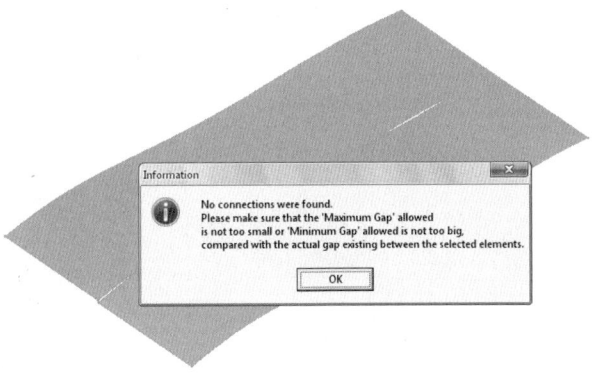

이것은 두 대상 사이의 곡면사이의 Gap이 현재 Definition 창에 입력된 값보다 클 경우를 나타내는 것으로 Definition 창에서 Maximum Gap을 3mm로 변경해 줍니다. 그럼 다음과 같이 출력됩니다.

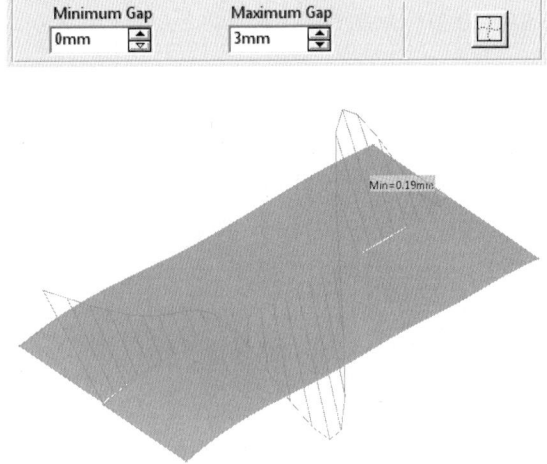

여기서 Definition 창에서 Full Color Scale ![icon] 아이콘을 클릭합니다. 그리고 다음과 같이 Auto Min Max를 체크합니다. 다음으로 Definition 창에서 ![icon] 를 해제합니다.

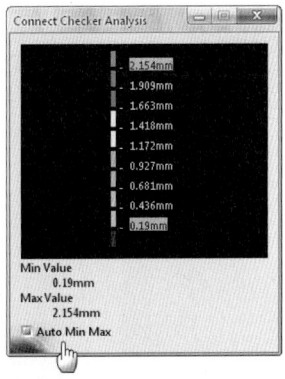

그럼 다음과 같이 두 곡면 사이의 틈을 표시하는 정보를 확인할 수 있습니다.

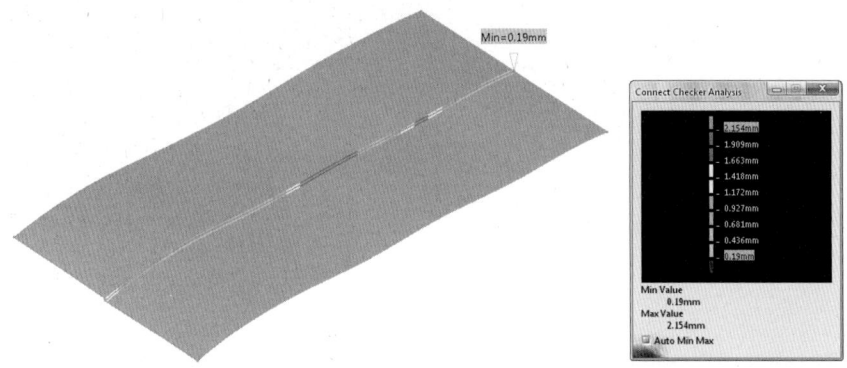

위 그림은 Connect Checker를 사용하여 두 Surface 형상 간의 틈 간격을 분석한 결과입니다. 최대 Gap이 '2.154mm'로 나오므로 Healing에서 Merging Distance를 '2.154mm'에서 약간의 '+'값을 가지게 잡아 줍니다. 값을 조금씩 변경하여 최소가 되는 값에서 OK를 해주어야 합니다.(여기서는 '2.2mm'를 입력했습니다.)

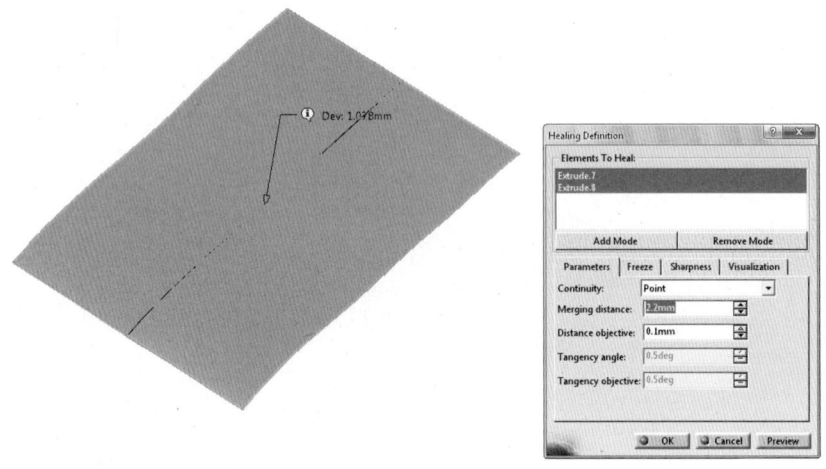

Distance Object는 Healing할 때 허용할 수 있는 최대의 차이 값을 말합니다. 최대 '0.1mm'까지 입력이 가능합니다.

● Freeze Tab

Parameter Tab을 지나 Freeze라는 Tab을 가면 선택한 Surface의 모서리(Edge) 중에서 Healing할 때 현재 위치에서 변형이 일어나지 않도록 부분을 선택을 할 수 있습니다. 여기서 선택된 Edge 성분 곡면은 Healing 시에 변형이 최소화됩니다.

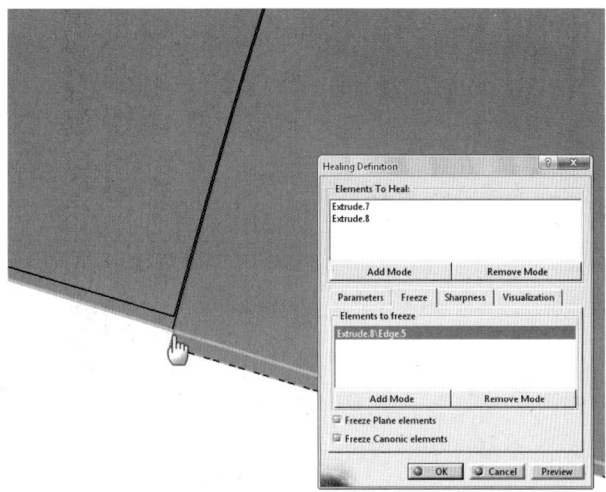

종종 형상이 이러한 Freeze를 수행하지 못할 경우에는 다음과 같이 Error 창을 띄웁니다.

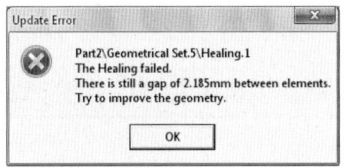

다시 한 번 강조하지만 Healing은 형상을 변형하여 벌어진 틈을 조여 합치는 명령입니다. 따라서 불필요하게 Merging Distance 값을 크게 하지 않기 권합니다. 그리고 Connect Checker 명령을 먼저 사용하고 Healing을 사용하면 도움이 될 것입니다.

■ Curve Smooth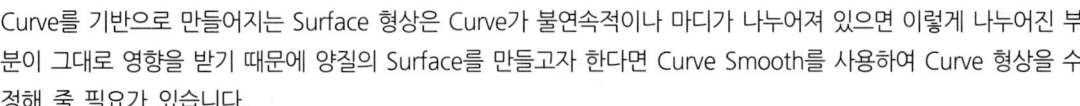

Curve를 기반으로 만들어지는 Surface 형상은 Curve가 불연속적이나 마디가 나누어져 있으면 이렇게 나누어진 부분이 그대로 영향을 받기 때문에 양질의 Surface를 만들고자 한다면 Curve Smooth를 사용하여 Curve 형상을 수정해 줄 필요가 있습니다.

다음 두 형상은 같은 Curve 요소를 하나는 있는 그대로 Extrude 시킨 것이고 다른 하나는 Curve Smooth를 사용하여 Curvature를 약간 수정해 준 결과입니다.

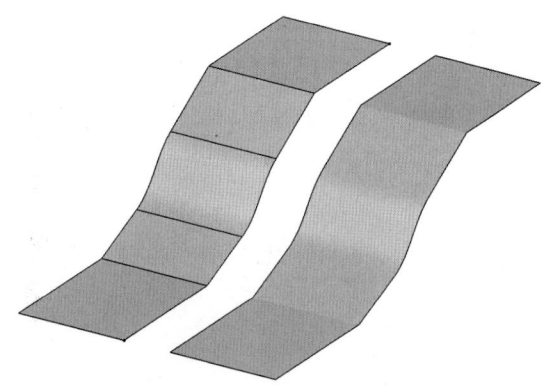

이 명령은 Curve에 적용하는 명령으로 여러 개의 Sub Element로 즉, 여러 마디로 이루어진 Curve 형상에 대해서 각 연결지점을 부드럽게 처리해 주는 명령입니다. 여기서 선택하는 Curve는 반드시 이어져 있어야 하며 떨어진 경우 명령 실행이 되지 않습니다. 그리고 연속하더라도 Join과 같은 명령으로 묶여져 있어야 합니다.(낱개의 Curve 요소들 사이에 작업해주고자 한다면 Join을 먼저 수행하기 바랍니다.)

- 불연속인 마디나 Curve 요소들이 이어져 있지 않은 경우 출력되는 경고 메시지

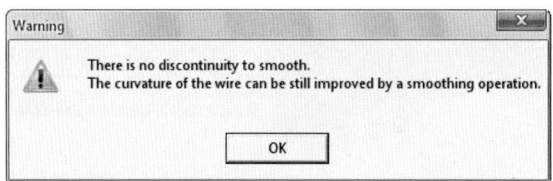

- 선택한 Curve 요소에 완전히 이어져 있지 않거나 겹치는 Profile이 존재하는 경우 출력되는 경고 메시지

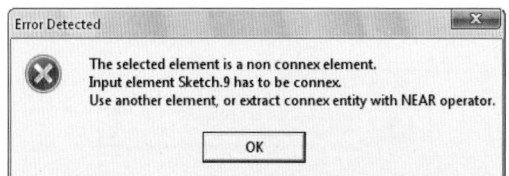

예제 파일을 준비합니다.

Curve Smooth 명령을 실행시키면 다음과 같은 Definition 창이 나타납니다.

Curve를 선택하면 Curve to Smooth라는 부분에 입력이 되며 동시적으로 불연속적인 부분을 표시해 줍니다. 곡선에 대한 연속성(Continuity)은 크게 3가지로 Point discontinuous(C0 Continuity), Tangency discontinuous(C1 Continuity), Curvature discontinuous(C2 Continuity)가 있습니다. Curve Smooth를 사용하고자 하는 Curve 요소를 선택하면 자동적으로 연속적이 못한 부분이 표시되면서 어떠한 연속 상태인지 알려줍니다.

'In: 현재 두 곡선 사이 연속인 상태'

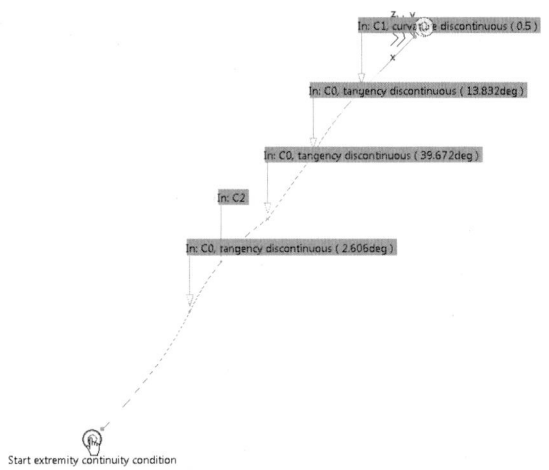

각 연속성의 속성을 이해하고 필요한 Smooth하게 하려는 Type을 Continuity에서 선택해 줍니다.

* Threshold: Default 모드로 Tangency와 Curvature를 처리할 수 있습니다.

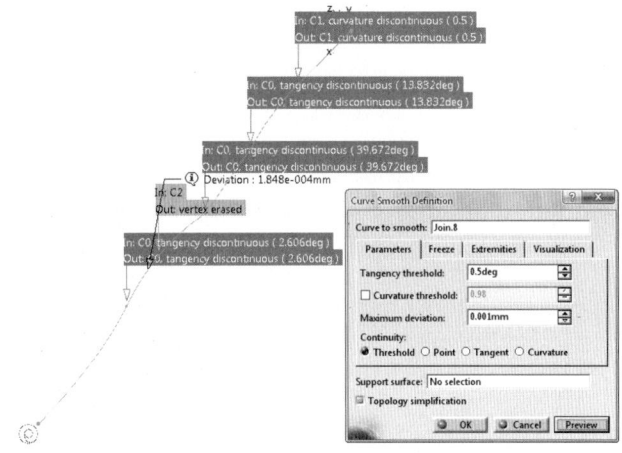

* Point: Point 연속(C0)인 부분이 사라집니다.

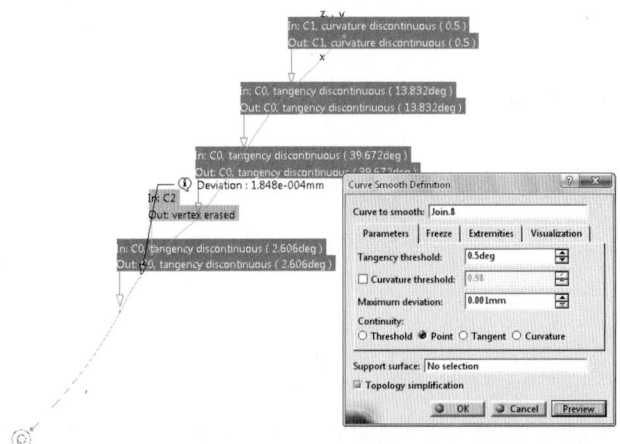

- Tangent: Tangency(C1) 연속인 것을 Curvature Continuous(C2)로 만듭니다.

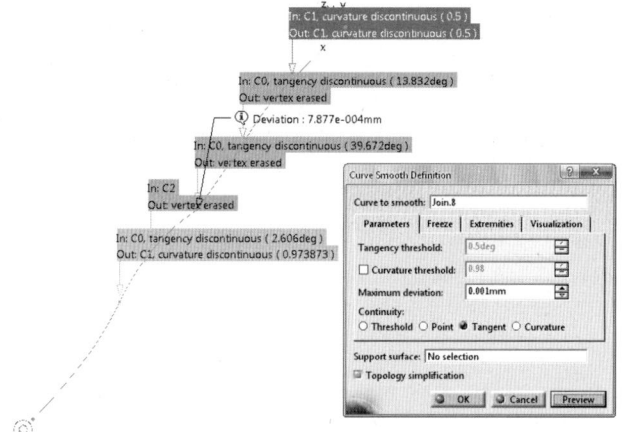

- Curvature: C0, C1 Continuity가 사라집니다. 모든 마디에 Vertex가 사라지고 C2 Continuity가 됩니다. 일반적으로 곡선의 모든 불연속 Vertex를 제거하고자 할 때 사용합니다.

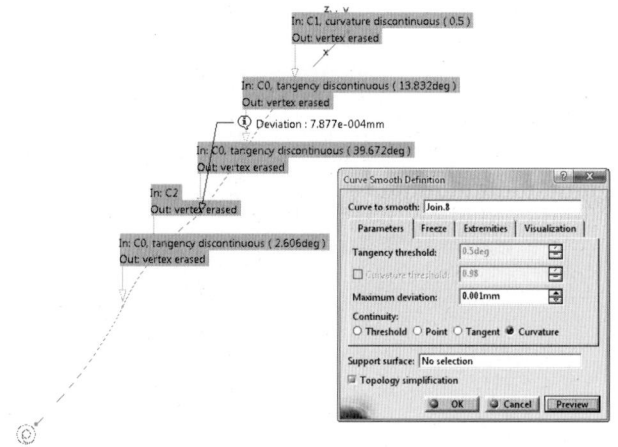

Maximum deviation(최대 편차) 값을 사용하여 Curve가 연속적이게 Curve를 변형 시킬 수 있으나 이 값 역시 너무 큰 값을 입력해 두면 Curve 형상에서 벗어나게 되므로 주의해야 합니다.

이러한 작업으로 불연속적인 부분이 제거 되면 화면에서 붉은 색으로 나타나던 Vertex 부분이 녹색으로 바뀌면서 'Vertex erased'라고 표시됩니다.

'Out: vertex Erased'

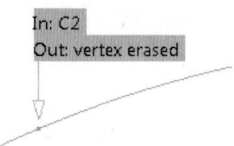

Parameters Tab을 지나 Freeze Tab에서는 변형을 일으키지 말아야 한 Curve 요소를 선택할 수 있습니다.

Maximum deviation을 0.1mm로 하고 Freeze Tab에 Curve의 한 마디를 선택합니다.

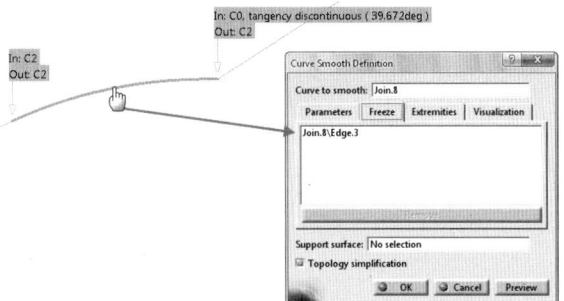

Curve Smooth 명령 역시 원본 형상에 변형을 주는 명령이기 때문에 Maximum deviation(최대 편차)을 너무 크게 주지 않도록 주의해야 합니다.

■ Surface Simplification

R21이후 새로이 선보이는 기능입니다. 곡면 Topology를 분석하여 단순화시키는 기능을 합니다. 여러 개의 패치들로 이루어진 곡면들을 하나의 부드러운 면으로 수정하는 것이 가능합니다.

명령을 실행하면 다음과 같은 창이 나타납니다.

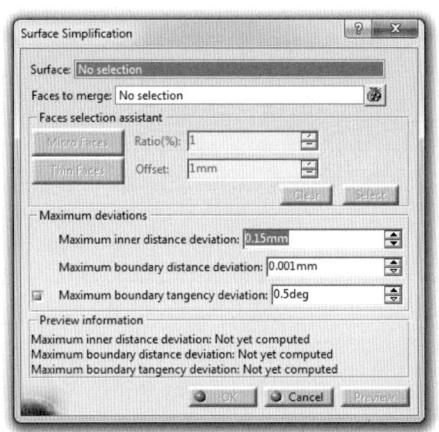

- Surface

단순화시키고자하는 기준 면을 선택합니다. 여기서 단순화시킬 면 패치들은 하나로 Join되어 있어야 합니다.

- Face to merge

곡면을 단순화하기 위해서 수정되어야 할 부분을 선택해 줍니다.

- Faces selection assistant

미세한 곡면들을 선택하기 위해 Ratio, Offset 값을 정의해 줄 수 있습니다.

- Maximum deviations

곡면을 단순화시키는 작업 자체가 곡면의 변형을 요구하는지라 이 변형에 대한 값을 정의해 줄 수 있습니다.

다음은 두 가지 Surface Simplification 예입니다.

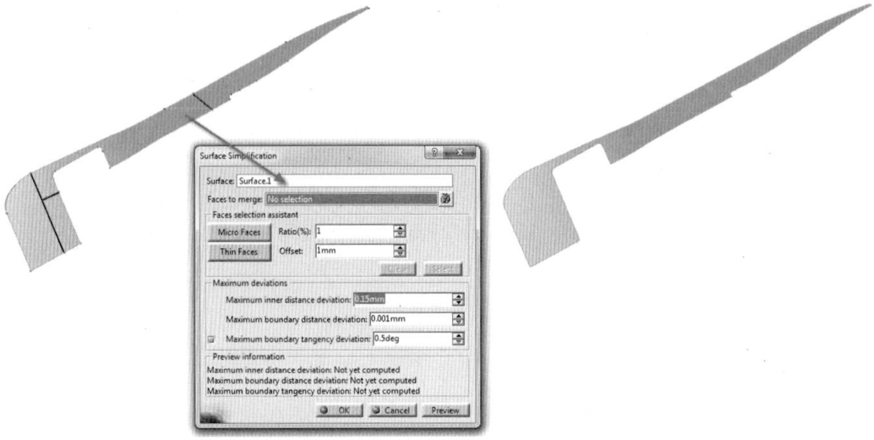

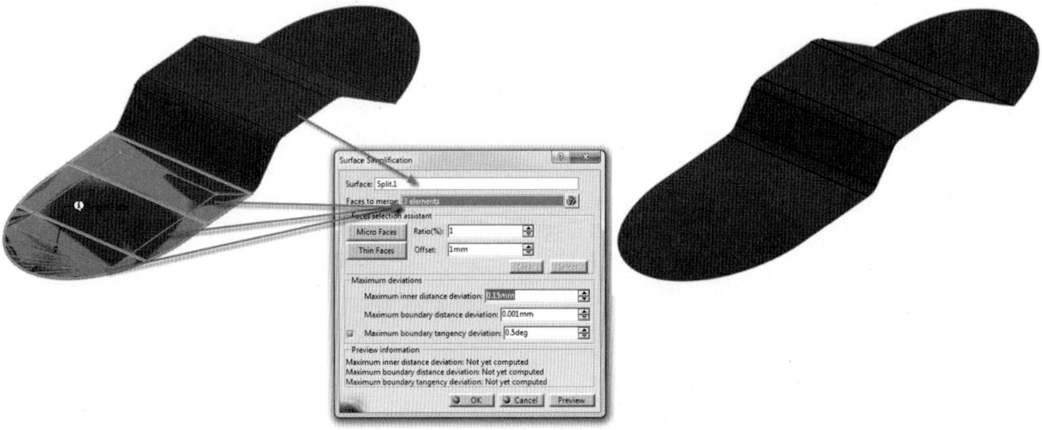

■ Untrim

이 명령은 Surface를 GSD Workbench의 Split 나 FreeStyle Workbench의 Break Surface or Curve 로 절단한 후 다시 이 절단되어 사라진 부분을 복구하는 명령입니다. 물론 앞서 명령을 취소하는 방법도 있을 수 있지만 명령을 취소할 수 없거나 형상이 Isolate된 경우라면 Untrim 명령을 사용하는 것이 제일 적합합니다.

예제 파일을 준비합니다. 그리고 Untrim 명령을 실행시키고 다음과 같이 곡면을 선택합니다.

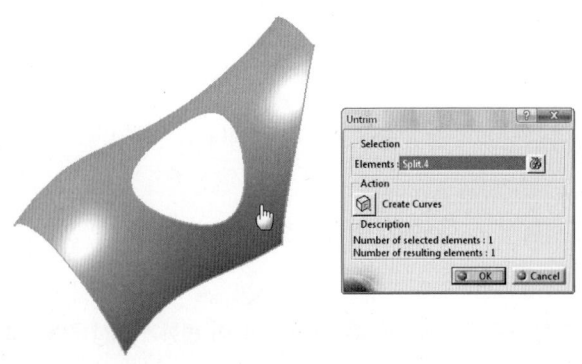

OK를 선택하면 일련의 Process가 진행되는 게 출력되면서 Split 이전의 형상이 다시 만들어집니다.(아래 그림에서는 원본 형상과 Untrim 결과 형상이 겹쳐진 것입니다. Untrim 형상을 사용하려면 원본 형상은 숨기기 하면 됩니다.)

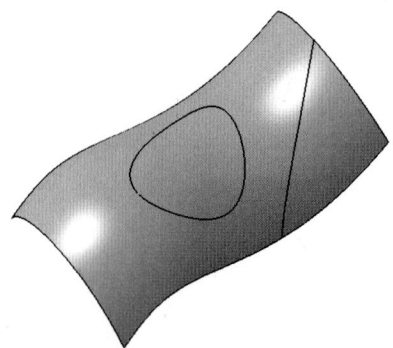

앞서 Definition 창에서 Create Curves 🔲 를 체크하면 Untrim을 수행하면서 잘려나간 지점에 경계 요소가 Curve 로 추출되어 만들어집니다.

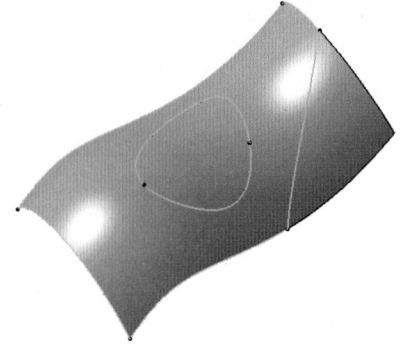

■ **Disassemble**

이 명령은 여러 개의 Sub Element로 이루어진 Surface나 Curve를 Domain을 기준으로 쪼개어 버리거나 또는 모든 Sub Element를 낱개의 요소로 쪼개어 버립니다. Surface의 경우 여러 개의 마디로 나누어 졌을 경우 이 각각을 낱개의 Surface 들로 분리가 가능합니다. 마찬가지로 Curve의 경우도 연속적이지 않고 마디가 나누어진 부분들을 모두 쪼개어 낱개의 Curve 조각을 만들어 냅니다.

이렇게 Disassemble된 Surface/Curve는 Isolate된 상태이기 때문에 Spec Tree 상에서 Parent/Children 관계가 모두 끊어진다는 것을 기억하기 바랍니다. 즉, Profile을 수정하거나 변경이 불가능 합니다.

　　　　　　　🌀 Curve.1
　　　　　　　🌀 Surface.1

예제 파일을 준비합니다.

명령을 실행시키고 대상을 선택하면 다음과 같은 Definition 창이 나타납니다.

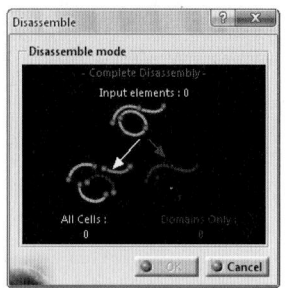

여기서 Input Elements를 입력하면 Default 로 Definition 창 왼쪽의 'All Cells'로 즉, 모든 Sub Element 단위로 Disassemble하도록 선택이 됩니다. 동시에 몇 개의 요소로 나누어지는지도 알 수 있습니다.

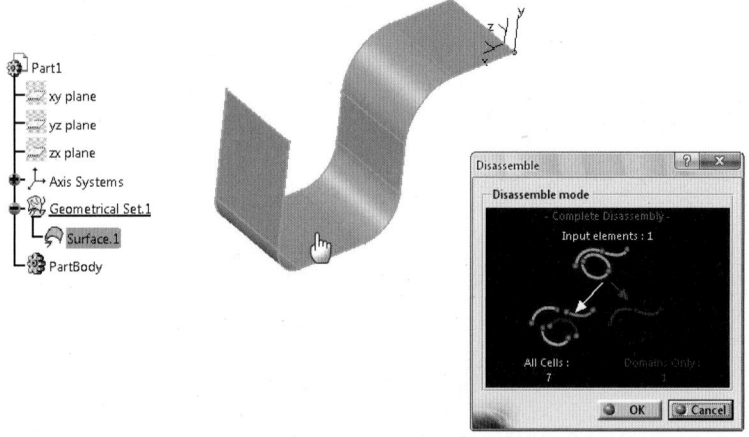

Disassemble 후에는 원본 형상은 그대로 있고 이 형상을 구성하던 요소들이 분리되어 따로 생기는 것을 볼 수 있습니다.

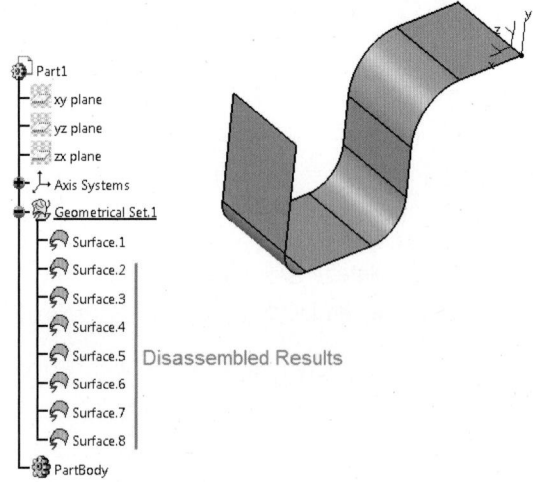

이렇게 분리된 형상들은 따로 숨기기나 또는 삭제, 경계면 수정과 같은 독립적인 작업이 모두 가능해 집니다.

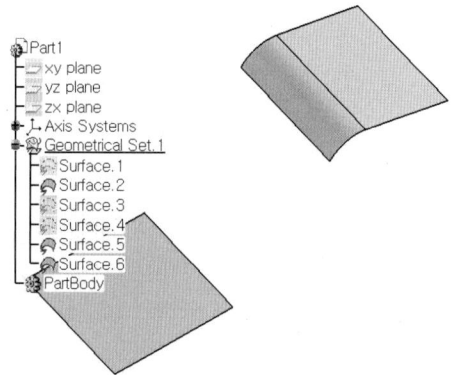

만약에 Domain 단위로 Disassemble하고자 한다면 Definition 창에서 오른쪽의 'Domain Only'를 선택해 줍니다. Domain 단위로 Disassemble을 하면 연속적인 부분은 나누어 지지 않고 떨어진 요소들끼리만 분리가 됩니다. Domain이 어떤 의미인지 안다면 결과도 쉽게 예상할 수 있을 것입니다.

다음과 같은 형상을 Sketch 한 후에 연습해 보도록 합니다.

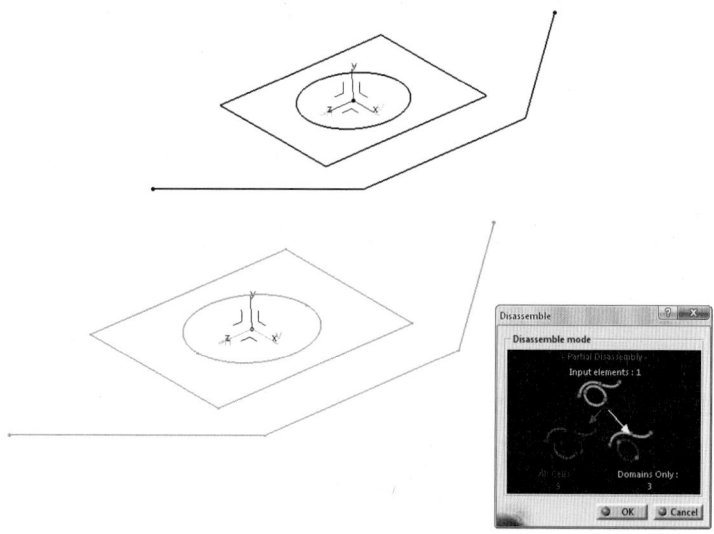

'Domain Only'로 작업한 결과입니다.

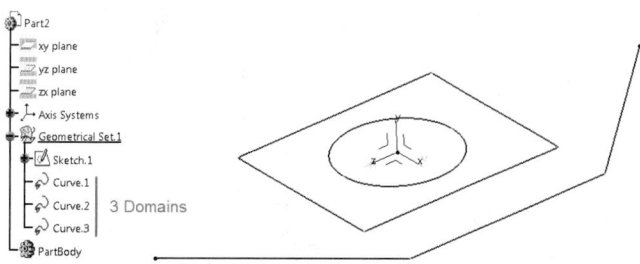

한 가지 주의할 것은 Disassemble에 의한 결과는 완전히 Isolate된 결과이기 때문에 앞서 원본 형상의 업데이트나 수정에 따라 달라질 수 없다는 점을 주의해야 합니다. 따라서 무작정 이 명령으로 형상 요소들을 분리한 후에 작업하

는 것은 위험할 수 있습니다.

2. Split-Trim Sub Toolbar

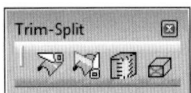

■ Split

이 명령은 Surface 또는 Curve 형상을 임의의 기준 요소를 경계로 하여 절단하는 명령입니다. GSD Workbench에서는 형상을 만드는 과정에서 형상을 만들고 불필요한 부분을 잘라내어 다른 형상과 이어주는 작업 방식을 사용하기 때문에 필수불가결한 명령입니다.

Surface를 이와 교차하는 다른 Surface 면을 기준으로 절단하거나 또는 평면이나 Surface 위에 놓인 Curve를 사용하여 절단이 가능합니다. Curve의 경우에는 교차하는 다른 Curve를 기준으로 절단하거나 또는 평면, Curve 위의 Point를 사용하여 절단이 가능합니다.

다음의 경우를 보도록 하겠습니다.

[예1] Surface 위에 있는 Curve로 Split

[예2] Surface를 교차하는 다른 Surface로 Split

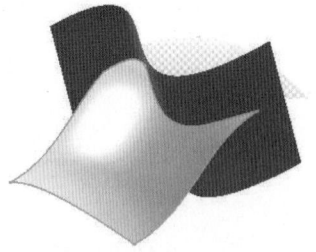

[예3] Curve를 Curve와 교차하는 Plane으로 Split

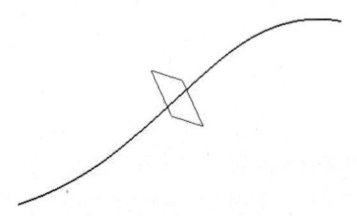
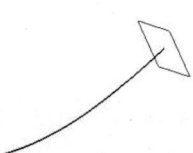

[예4] Curve를 Curve와 교차하는 다른 Curve로 Split

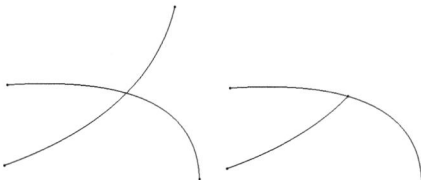

[예5] Curve를 Curve위의 Point로 Split

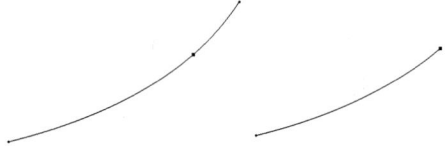

예제 파일을 준비합니다.

Split 명령을 실행시키면 다음과 같은 Definition 창이 나타납니다.

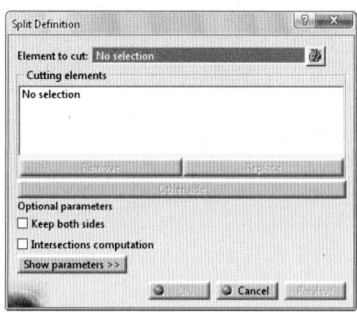

'Element to cut' 항목에 절단하고자 하는 대상을 선택합니다. 물론 복수 선택이 가능하기 때문에 동시에 여러 개의 요소를 절단할 수 있습니다. 여기서는 Surface와 Curve를 동시에 선택 가능합니다.

대상을 복수 선택할 때는 CTRL Key를 누르고 대상들을 먼저 선택한 후에 명령을 실행시키거나 명령을 실행시키고 을 클릭한 후 대상들을 하나씩 선택해 줍니다.

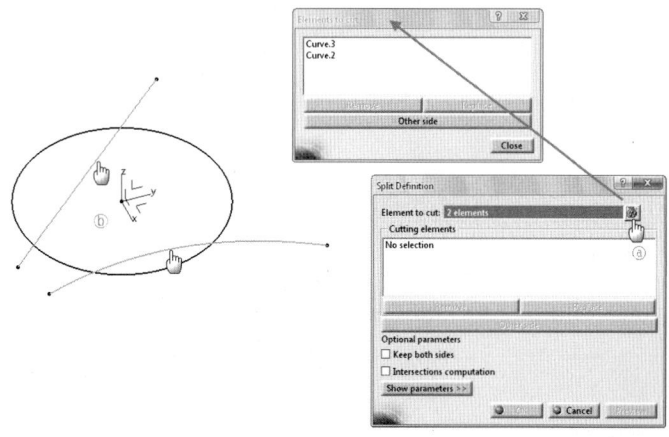

'Cutting Elements'에는 절단의 기준이 되는 요소를 선택해 줍니다. 만약에 절단하려는 대상과 교차하지 않거나 절단을 할 수 없는 기준이라면 바로 Error를 표시합니다. 'Cutting Elements' 역시 복수 선택이 가능합니다.

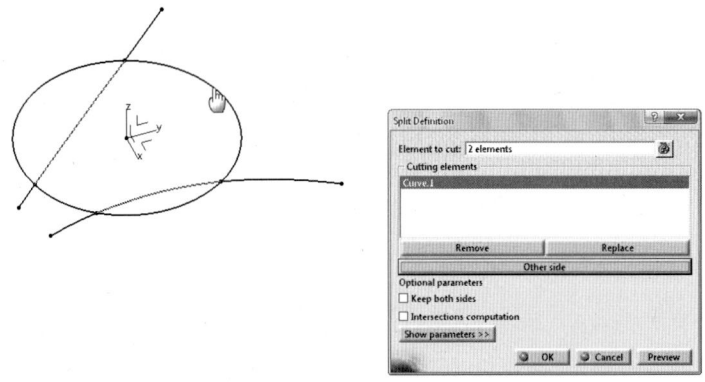

여기서 Split되어 남아있게 되는 부분이 주황색으로 표시되는데 만약 방향이 맞지 않는 경우 'Other Side'를 클릭하여 방향을 잡아 줄 수 있습니다. 아래와 같은 결과를 만들어 보고 Tree를 확인해 보기 바랍니다.

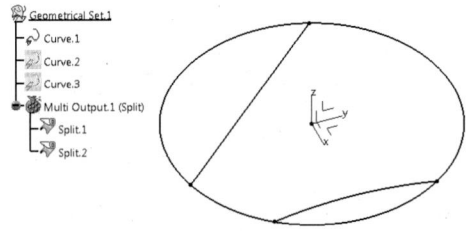

예제 파일을 준비합니다.

자르고자 하는 대상과 자를 기준이 선택되면 Slit되는 형상을 미리 보기 할 수 있습니다. 형상 중에 주황색으로 반투명하게 보이는 부분이 제거될 부분이 됩니다.

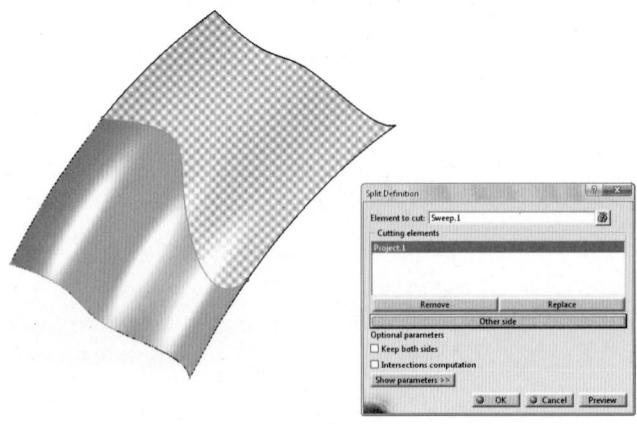

마찬가지로 'Other side'를 이용하여 Split 되어 잘려나가는 부분을 선택할 수 있습니다.

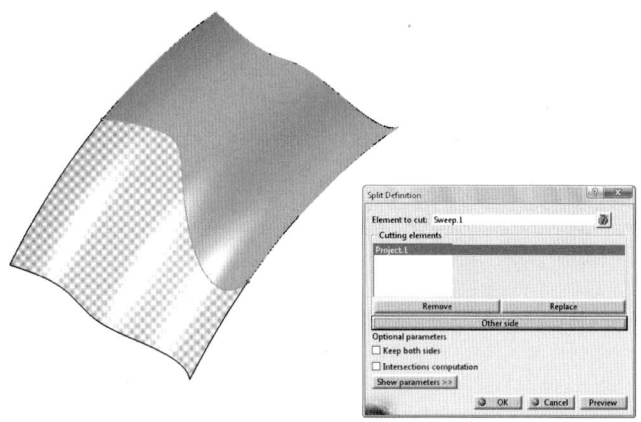

물론 Split가 경계를 기준으로 한쪽 부분을 무조건 잘라 없애는 것은 아닙니다. 아래의 'Keep both sides'를 체크하게 되면 경계를 기준으로 형상을 둘로 나누어 놓기만 하기 때문에 형상을 둘로 나누기만 원할 경우 이 Option을 체크합니다.

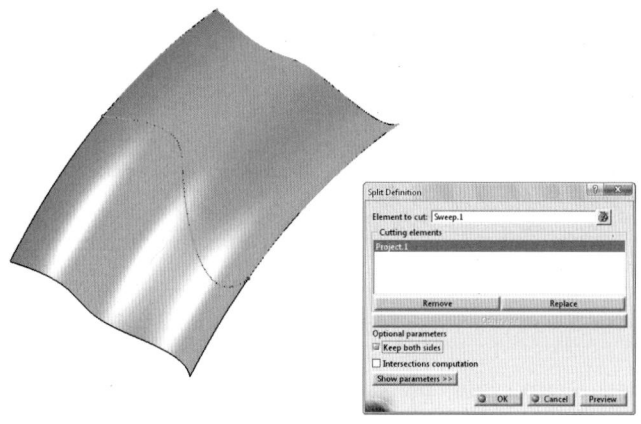

이 Option을 체크하면 Spec Tree에서는 다음과 같이 나타납니다.

또한 Split에서 기준면이 자르려고 하는 형상을 완전히 나누지 못하면 Automatic extrapolation 기능에 의해 자동적으로 기준면을 늘려 Split를 시킬 수 있습니다.

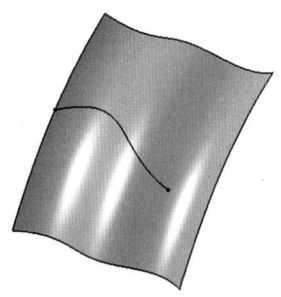

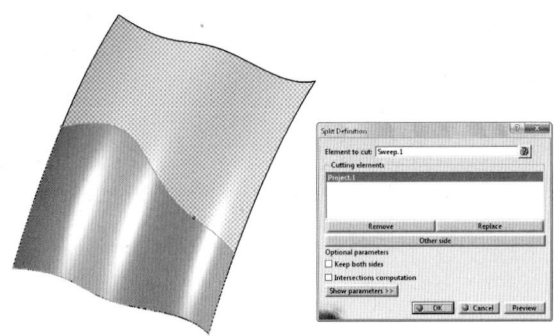

예제 파일을 준비합니다.

만약에 Split를 사용하여 Surface나 Curve 요소를 절단할 때 다음과 같이 여러 곳을 한 번에 제거하는 것도 가능합니다.

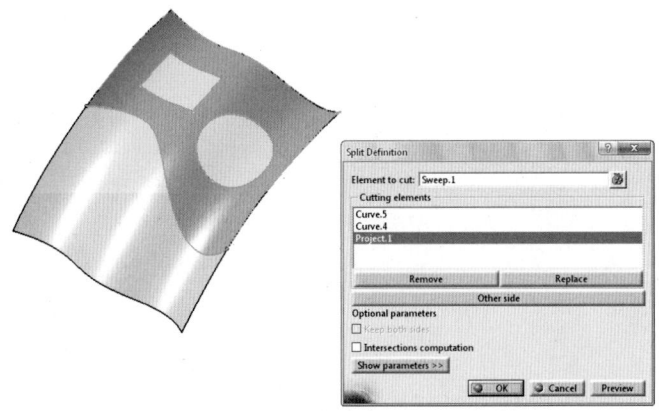

이 경우 각각의 Cutting Element에 대해서 절단 방향을 설정해 줄 수 있습니다.

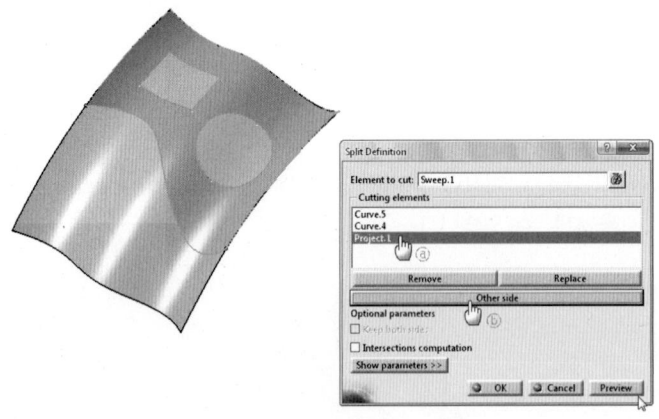

종종 Split 작업을 수행하는 과정에서 'Multi-Result'가 나온 경우에는 이 중에 원하는 한 부분을 선택해 주거나 또는 모두 현재 그 상태로 놔둘 수도 있습니다. 그러나 하나의 작업을 하였을 때 나오는 결과물이 여러 개로 나뉠 경우 이들을 독립적으로 사용할 수 없기 때문에 위와 같은 Multi-Result Management를 해주어야 합니다. 그리고 의도하지 않은 상황에서 Multi-Result Management 창이 나타나면 작업에 자를 대상과 자를 기준 요소 사이에 문제가 있다는 것을 직감해야 합니다.

Multi-Result Management는 따로 설명을 추가하였으니 참고하기 바랍니다.

■ Trim

앞서 Split가 형상을 단순히 절단하는 것에서 그친 반면 Trim은 선택한 형상들을 서로를 기준으로 절단을 하면서 동시에 이 두 형상을 하나의 요소로 합쳐줍니다. 결국 Trim은 Split 명령 2번과 Join 명령 1번을 수행하는 것과 같은 결과를 가져옵니다.

'Trim 1회 = Split 2회 + Join 1회'

Trim은 두 가지 Mode를 가지고 있는데 'Standard Mode'와 'Piece Mode'입니다. 예제 파일을 준비합니다. Trim을 사용하기 위해 명령을 실행시키면 다음과 같은 Definition 창이 나타납니다.

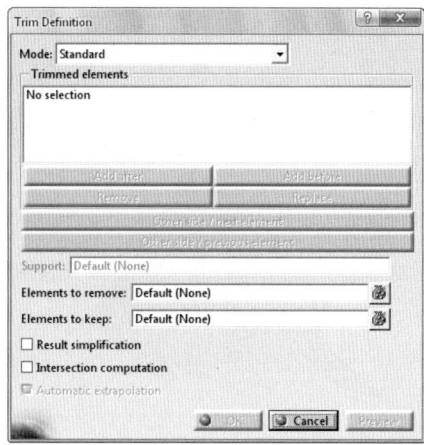

• Standard Mode

Default Mode이며 선택한 요소들을 인위적으로 Trim할 수 있습니다. Surface나 Curve 모두 선택이 가능하며 일반적으로 형상을 절단하여 합치고자 할 경우에 사용합니다.

Trim하려는 대상을 선택하면 'Trimmed Elements'에 리스트가 나타나는데 여기서 두 개 이상의 형상을 선택할 수 있습니다. 반드시 두 개라는 것이 아니기 때문에 복수 선택하여 각각의 이웃하는 형상들끼리 Trim하여 전체 Trim 형상을 만들게 됩니다.(Trim하고자 하는 대상이 여러 개인 경우에도 이들을 모두 하나의 명령 창 안에서 선택해 줄 수 있습니다. 물론 대상들 간에 교차가 확실히 이루어져야 합니다.)

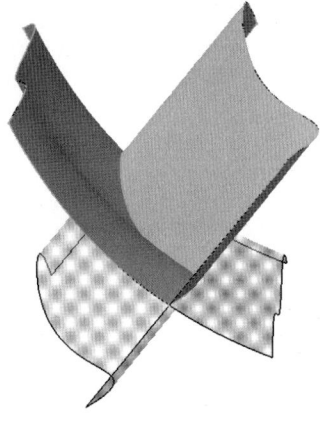

이렇게 선택된 요소들은 각각의 성분끼리 경계에 의하여 다음과 같이 두 가지의 부분으로 나누어집니다. 그리고 이 두 가지 방향 중에 원하는 위치에 맞게 'Other Side'를 사용하여 선택해 주면 됩니다.

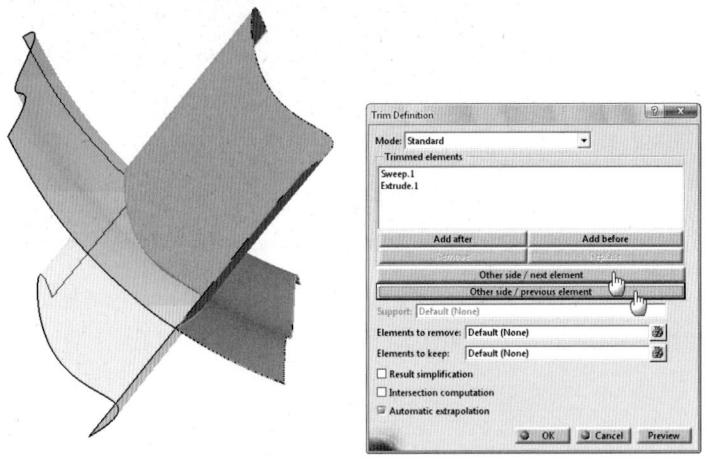

원하는 위치가 잡히면 Preview를 클릭하여 형상을 확인해 본 후 OK를 눌러줍니다.

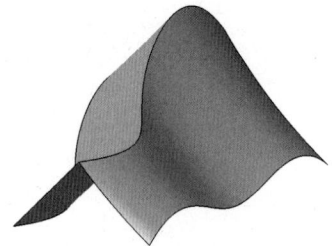

- Piece Mode

예제 파일을 준비합니다.

이 Mode는 Curve 요소에만 사용이 가능한 방법입니다. 교차하는 Curve들을 한 번에 손쉽게 Trim 할 수 있으며 역시 복수 선택이 가능합니다. Trim 명령을 실행시키고 Mode를 Pieces로 변경해 줍니다.

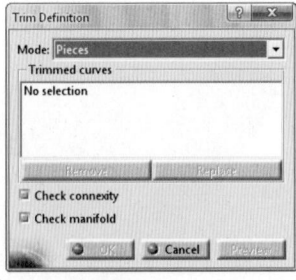

이 방법은 Trim할 요소를 선택하면서 Trim할 때 남아 있을 부위를 함께 선택합니다. 즉, Trim 명령을 실행하고 남아 있어야 하는 부분을 클릭하여 Curve를 선택하여야 합니다.

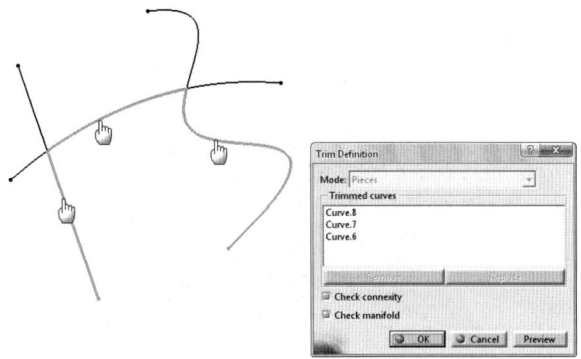

Curve 요소에서 마우스로 선택한 부분이 다른 Curve 요소를 경계로 남는 부분이 됩니다. 주황색 선으로 미리 보기가 됩니다. Pieces Mode로 Curve 요소를 Trim한 결과입니다. 물론 이 Curve 요소들은 하나로 묶이게 됩니다.

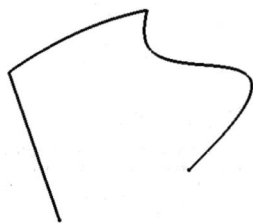

■ Sew Surface

Part Design에 있던 기능을 GSD로 가져왔습니다. 앞서 Workbench인 Part Design을 참고하기 바랍니다.

■ Remove Faces

Part Design에 있던 기능을 GSD로 가져왔습니다. 앞서 Workbench인 Part Design을 참고하기 바랍니다.

3. Extracts Sub Toolbar

■ Boundary

Surface나 Solid 형상의 모서리(edge)를 Curve 요소로 추출하는 명령입니다. 일반적으로 Surface의 모서리나 solid 형상의 것을 직접 선택하여 작업에 이용할 수 있습니다. 그러나 이 모서리는 내부 요소이기 때문에 수정하여 길이를 조절하거나 임의의 길이만큼 잘라서 사용할 수는 없습니다.

이런 경우 형상의 모서리를 따로 추출하여 사용하고자 할 필요성을 느끼게 되며 이런 경우 사용할 수 있는 방법이 Boundary를 이용하는 방법입니다. 주로 Surface의 모서리를 추출하는데 사용하고 Solid 형상에서는 면 단위로 경계선 추출이 가능합니다.

예제 파일을 준비합니다.

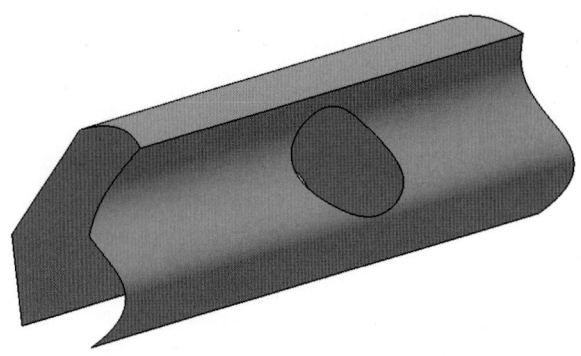

Boundary에는 다음과 같은 네 가지 Propagation Type이 있으며 필요에 따라 각 Type 중에서 선택해 주면 됩니다.

• **Complete boundary**

형상이 가지고 있는 모든 모서리의 Edge가 Boundary로 추출됩니다. 형상이 가진 모든 Free Edge가 추출됩니다.

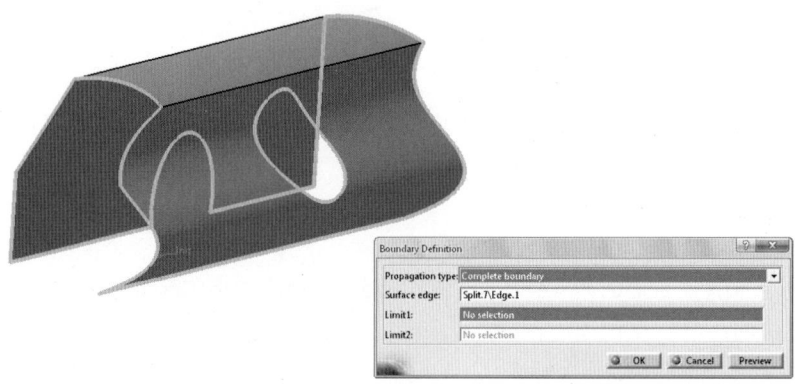

그러나 이런 경우 결과물이 형상의 내부 및 외부 Edge가 모두 추출되기 때문에 다음과 같은 Multi-Result Management가 필수적입니다.

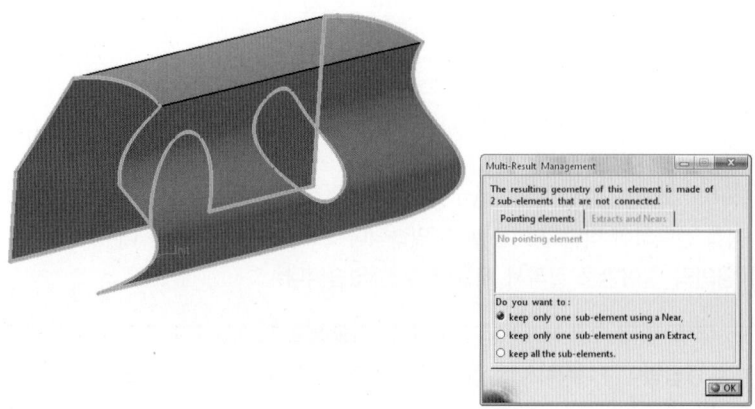

• **Point Continuity**

현재 선택한 모서리와 이어져 있는 모든 모서리가 Boundary로 추출됩니다. 선택한 Edge를 따라서 연속된 모든 형상의 경계를 추출합니다.

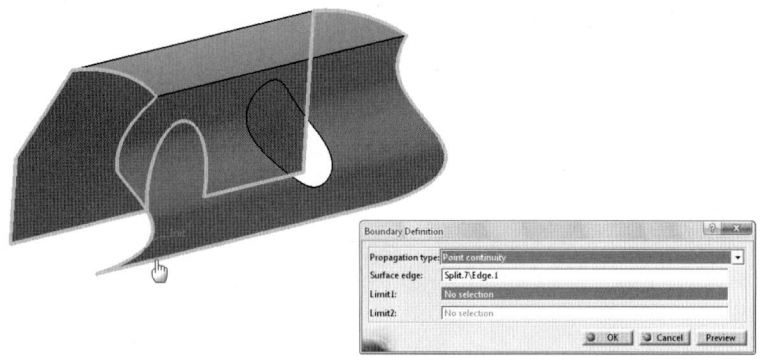

• Tangent Continuity

현재 선택한 모서리와 Tangent하게 접하고 있는 모서리까지 Boundary로 추출됩니다.

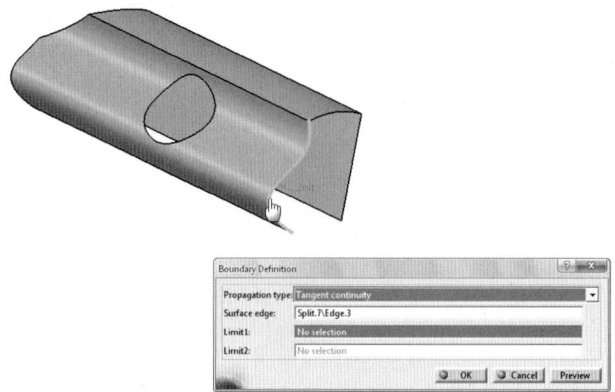

• No propagation

현재 선택한 모서리만이 Boundary로 추출됩니다.

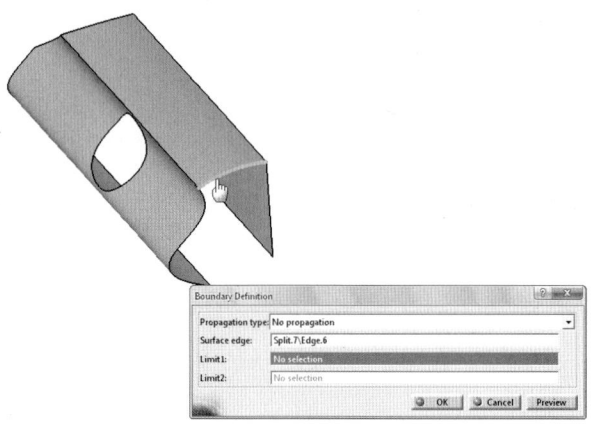

만약에 형상에서 추출할 수 없는 Non Free Edge를 선택하면 다음과 같이 Error 메시지가 나타납니다.

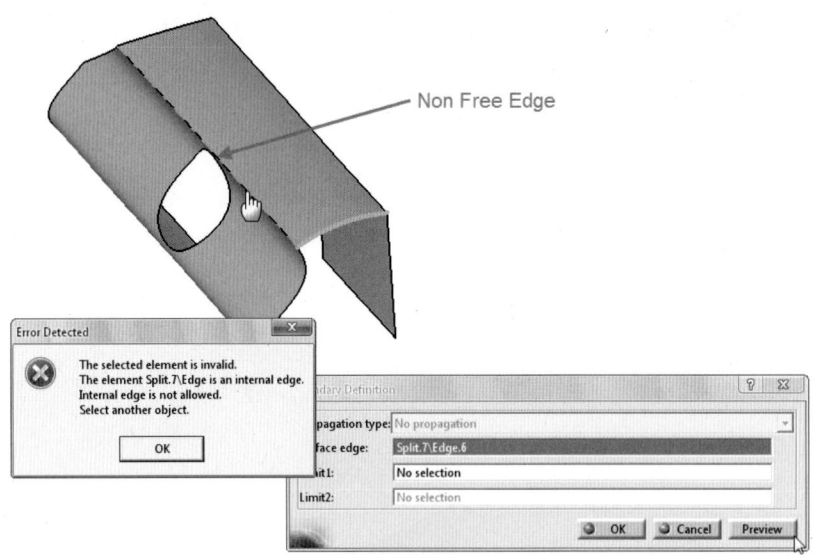

예제 파일을 준비합니다.

여기서 다음과 같이 모서리를 선택하고 Limit 요소(일반적으로 Point나 Vertex 등)를 선택하면 그 것을 기준으로 Boundary를 경계 지을 수 있습니다. 아래 그림과 같이 두 Limit 요소를 선택해 줍니다.

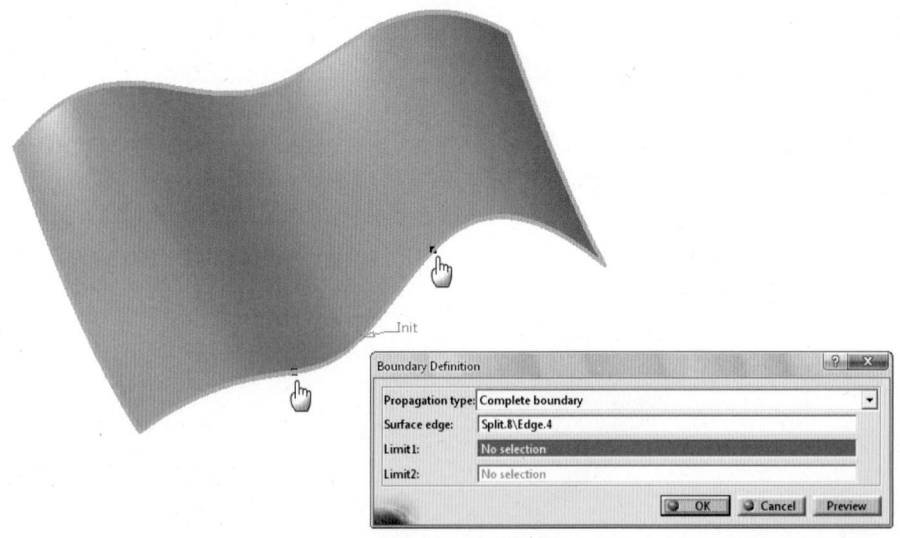

여기서 Limit 1의 화살표 방향에 맞추어 Boundary가 결정이 됩니다.

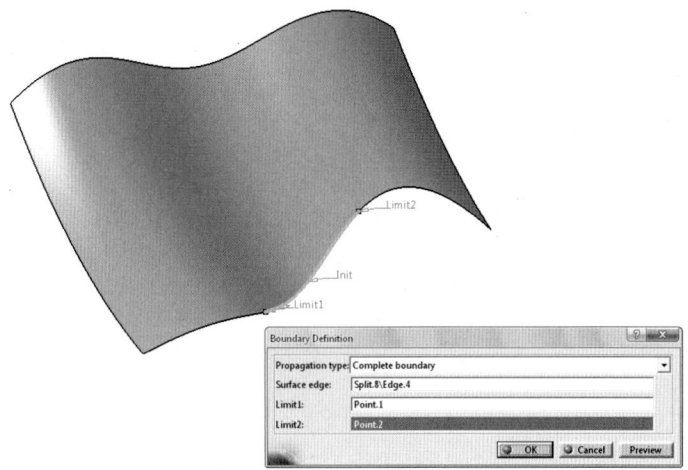

여기서 화살표의 방향으로 Limit에 의한 Boundary 생성 방향을 결정할 수 있습니다. 방향을 바꾸고자한다면 Limit 1의 화살표를 마우스로 클릭합니다.

형상의 전체 Boundary를 추출하려는 게 아니라 임의의 부분까지 만을 추스르려할 경우에 유용합니다.(물론 추출한 후에 Split 등을 사용하여 제단이 가능하지만 번거롭게 작업이 두 번 오가는 것이므로 Limit를 지정하는 방법이 나을 것입니다.)

■ **Extract**

이 명령은 3차원 형상에서 Sub Element를 추출하는 명령으로 Curves, Points, Surfaces, Solids 등에서 형상을 추출 가능합니다. 만약에 곡면의 모서리(Edge)를 Extract한다고 하면 선택한 모서리를 Curve 요소로 추출할 수 있습니다.

명령을 실행시키면 다음과 같은 Definition 창이 나타납니다.

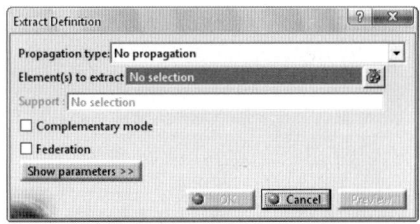

여기서 Complementary Mode란 선택한 대상을 뺀 나머지 모두를 Extract하라는 Option입니다.

예제 파일을 준비합니다.

명령을 실행하고 다음과 같이 대상을 선택합니다.

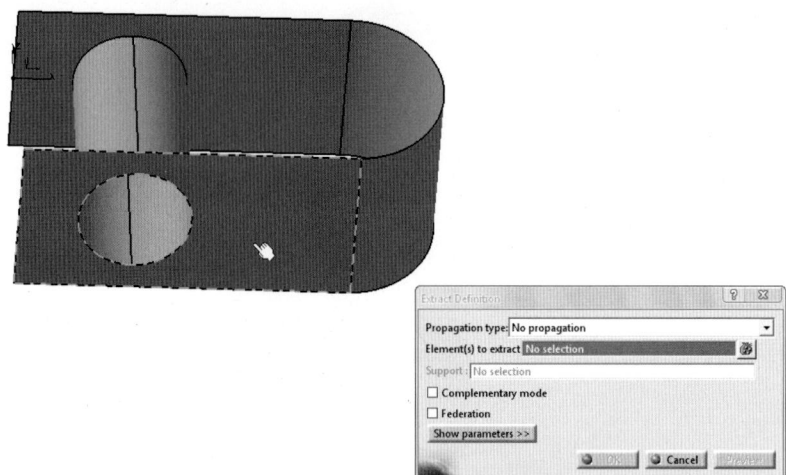

그럼 아래와 같이 선택한 부분이 추출되면서 녹색으로 하이라이트 됩니다.

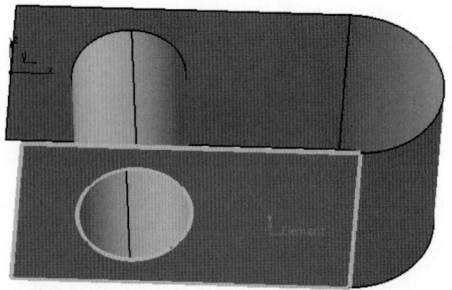

다음과 같은 요소들을 차례대로 추출해 보도록 합니다.

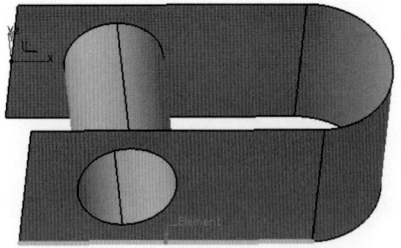

Extract 역시 Element를 복수 선택 가능하고 Boundary와 같이 네 가지의 Propagation Type이 있습니다. 복수 선택한 대상의 경우 각각의 Surface 형상은 따로 Spec Tree에 나타납니다. 여기서 복수 선택을 했다고 해서 대상이 하나로 이어지는 것은 아닙니다.(Extract는 서로 복수 선택한 대상들을 합치는 게 아니기 때문에 서로 다른 차원의 형상들을 함께 선택하여도 됩니다.)

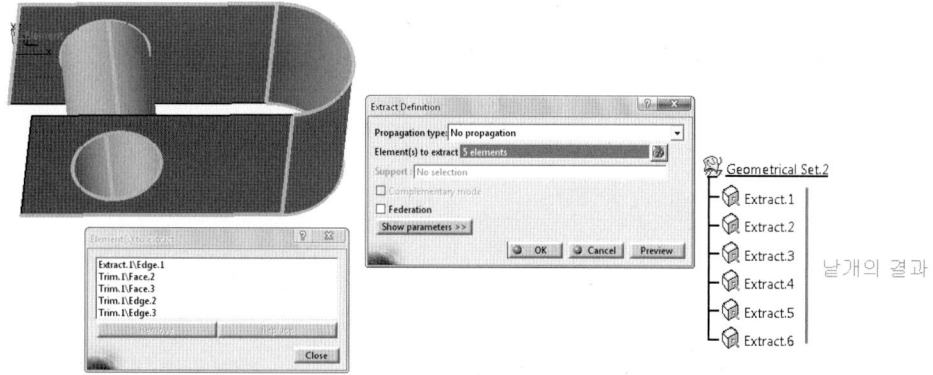

Extract와 같은 명령은 다른 형상 모델링 명령의 Stacking Command로 자주 활용할 수 있습니다.

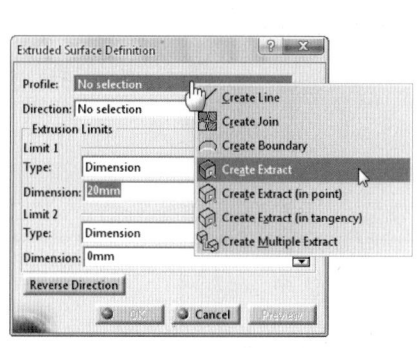
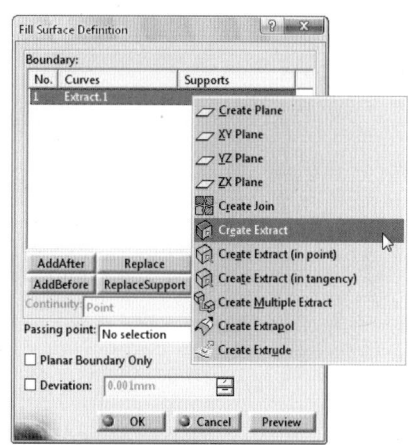

■ Multiple Extract

이 명령은 위의 Extract와 유사한 명령으로 선택한 요소를 추출해 내는 기능을 합니다. 다만 차이가 있다면 Multiple Extract는 선택한 대상에서 동시에 여러 개의 요소를 같이 추출할 수 있다는 것입니다.

일반적인 Extract는 복수선택으로 대상을 선택하였더라도 각각이 서로 독립적인 향상으로 추출이 됩니다. 그러나 이 Multiple Extract는 한 명령에서 선택한 모든 형상은 하나의 형상으로 모아져 추출이 됩니다.

예제 파일을 준비합니다.

그리고 다음과 같이 복수 선택을 통하여 형상의 면들을 잡아주도록 합니다.

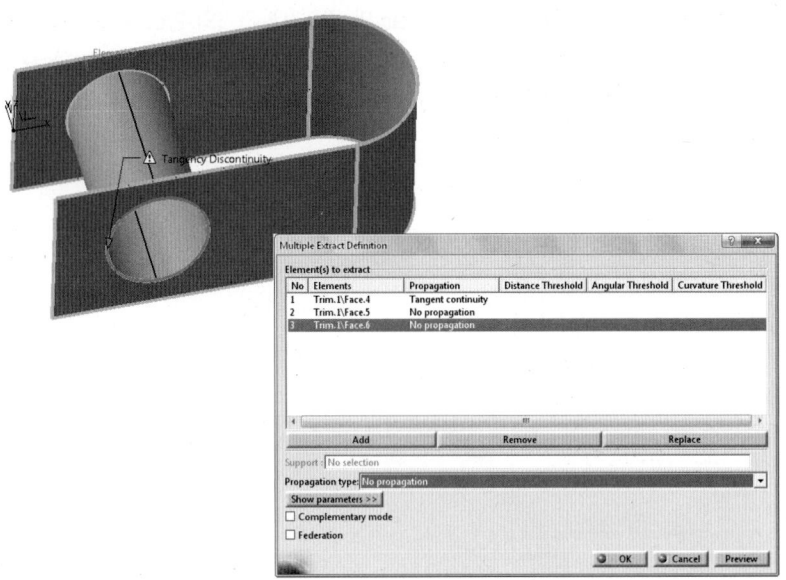

결과는 다음과 같습니다. 아래 형상은 하나의 곡면 형상으로 이어진 것을 확인할 수 있습니다.

따라서 다음과 같이 서로 이어지지 않은 두 개의 대상을 선택하여 Multiple Extract를 수행하는 것은 바람직하지 않다. 즉각적으로 Multi-Result Management 창이 뜨는 것을 확인할 수 있습니다.

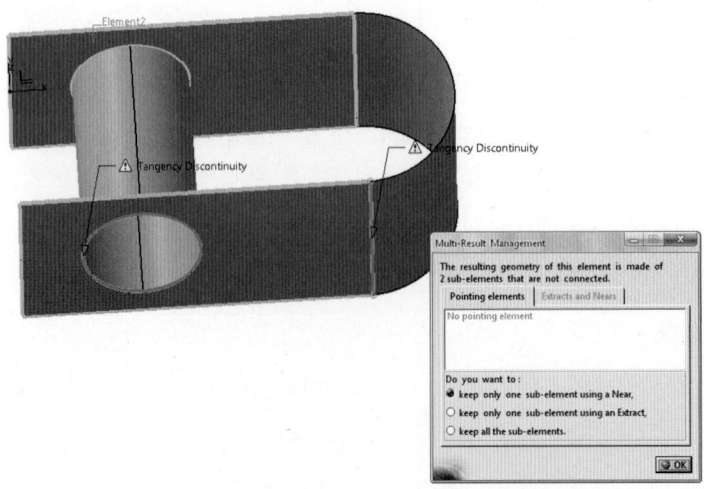

4. Fillets Sub Toolbar

■ **Shape Fillet**

두 개 또는 새 개의 Surface 사이에 Fillet을 수행하는 명령으로 이 명령은 서로 합쳐지지 않은 Surface들 간의 Fillet 작업입니다.(Join되어 있지 않은 곡면들 사이에 사용합니다.)

Shape Fillet에는 다음과 같은 두 가지 Fillet Type이 있습니다.

• **Bitangent Fillet**
두 개의 Surface 사이를 Fillet하고자 할 때 사용합니다. Default Type이며 두 개의 Surface를 각각 선택해 주면 Support1, Support2로 입력이 들어간다.

예제 파일을 준비합니다. 그리고 다음과 같이 대상을 순서대로 선택합니다.

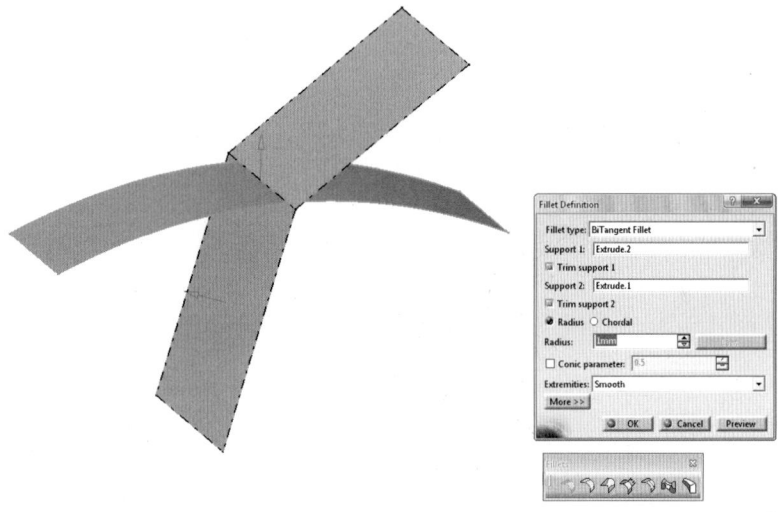

여기서 각 Surface에 나타나는 화살표의 방향을 주의해야 하는데 이 두 방향을 기준으로 Fillet이 들어간다. 따라서 원하는 방향에 맞게 화살표 방향을 조절해 주어야 합니다. 물론 간단히 클릭을 해주면 방향을 바꿀 수 있습니다.

Trim Support란 Fillet을 두 Surface 사이에 만들어 주면서 원래의 Surface 형상을 이 Fillet 지점을 기준으로 잘라서 이어주는 작업을 합니다. 즉, 이 Option을 체크해 주면 Shape Fillet 후 두 형상은 Fillet이 들어가면서 하나로 합쳐지게 됩니다. 여기서 화살표 방향에 따라 반투명해 지는 부분이 잘려나가게 됩니다.

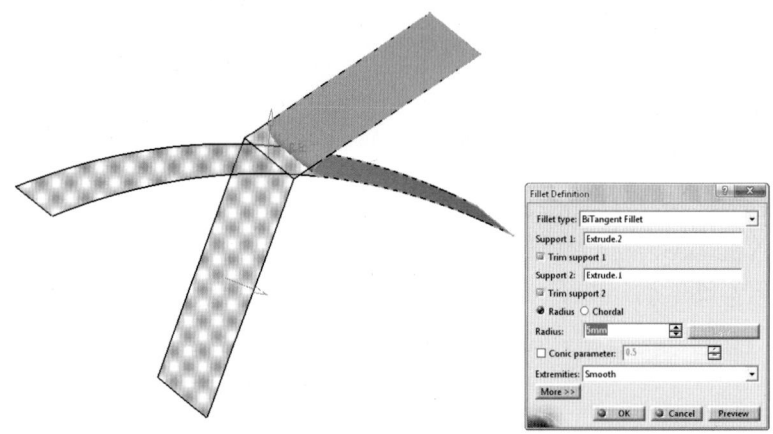

Fillet을 주기 위해 곡률 값(radius)을 입력해 주어야 합니다. Default 값은 1mm입니다.

본 예제와 같이 두 곡면의 길이가 다른 경우에는 자연스럽게 다음과 같이 Fillet 형상이 만들어집니다.

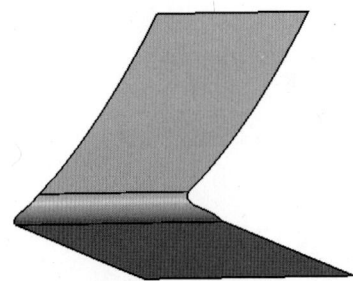

'Hold Curve'를 사용하면 곡률이 변하는 Fillet을 줄 수 있는데 이는 Fillet 이 Hold Curve에 입력한 곡선을 따라 두 Surface 사이를 Tangent하게 만들어 지기 때문입니다. Hold Curve를 사용하고자 한다면 곡률 값을 넣어줄 필요 없이 이 Curve를 선택해 주면 됩니다.

예제 파일을 준비합니다. 그리고 다음과 같이 순서대로 대상을 선택하고 Definition 창에서 Mode를 클릭합니다.

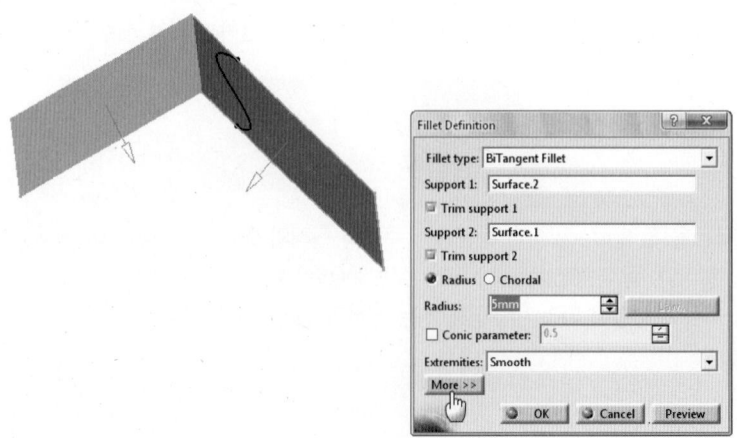

여기서 Hold Curve란 부분에 다음과 같이 곡선을 선택하고 Spine 역시 선택해 줍니다. 여기서는 간단히 Surface의 Edge를 선택하였습니다.

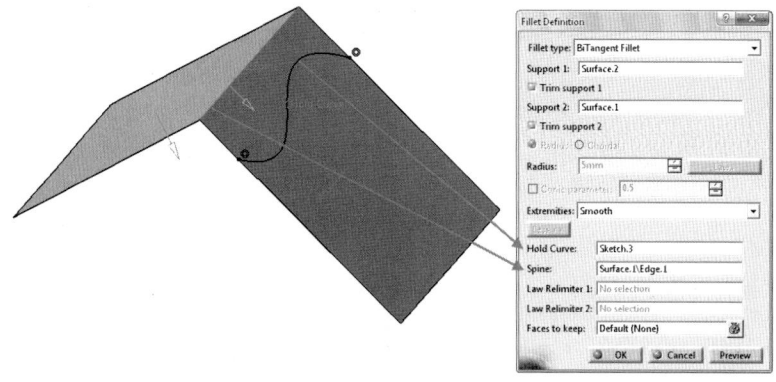

다음과 같이 두 Surface 형상을 Hold Curve를 따라 Tangent하게 Fillet이 만들어집니다.

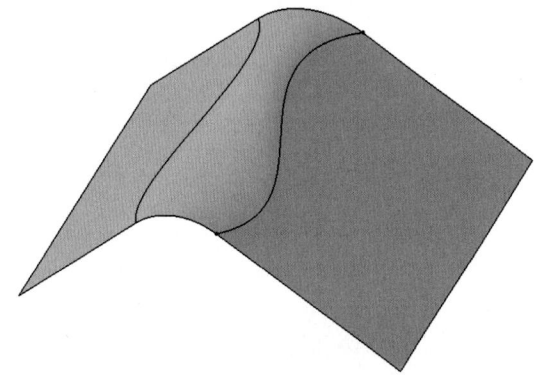

Shape Fillet에서도 Law 기능을 사용하여 Fillet이 들어가는 모양을 정의해 줄 수 있습니다.

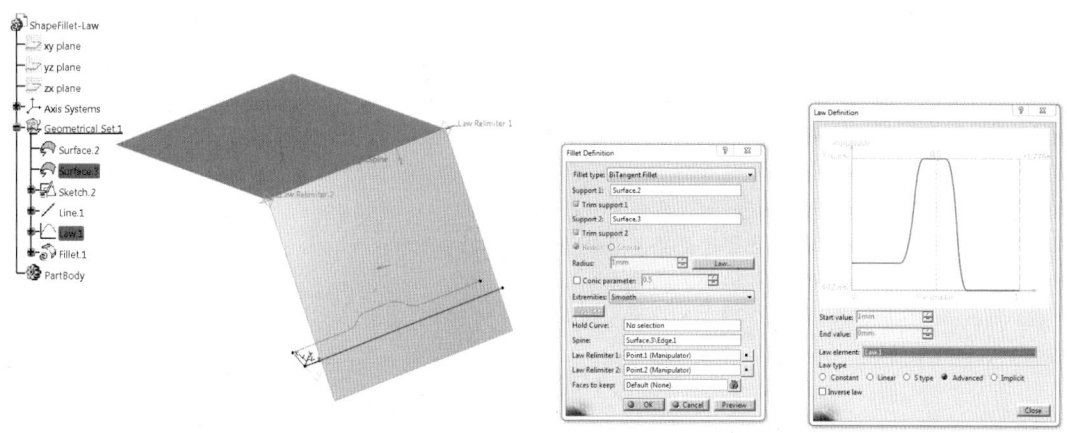

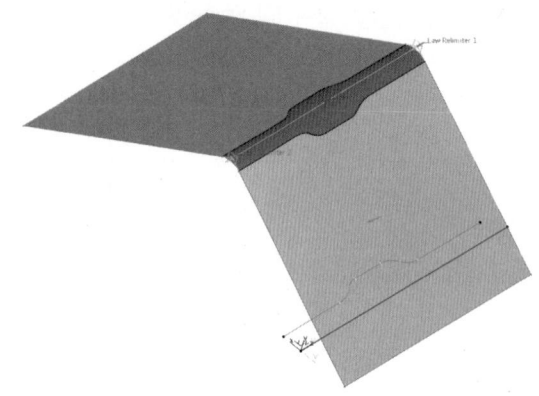

• TriTangent Fillet

이 방식은 3개의 Surface를 선택하여 마지막을 선택한 Surface 면으로 Fillet이 들어가게 합니다. 역시 여기서도 화살표의 방향을 유의해서 방향을 맞추어야 합니다. 3개의 Surface에 접하는 Fillet이기 때문에 따로 곡률 값은 필요하지 않다.

예제 파일을 준비합니다. 그리고 다음과 같이 Fillet Type을 변경하여 순서대로 곡면을 선택합니다. 각 곡면의 화살표 방향을 아래와 같이 맞추어 줍니다.

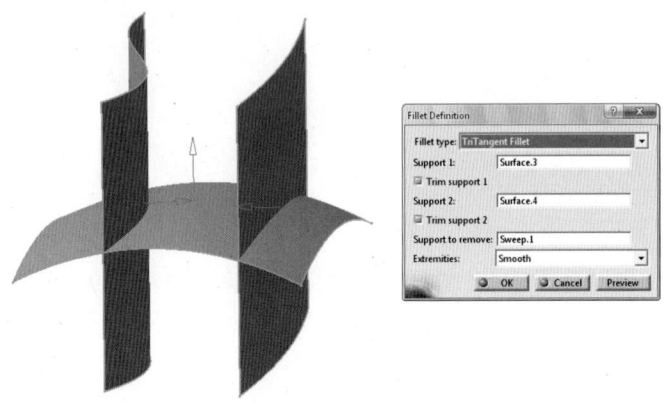

위 상태에서 Shape Fillet을 실행하면 다음과 같은 결과가 나옵니다.

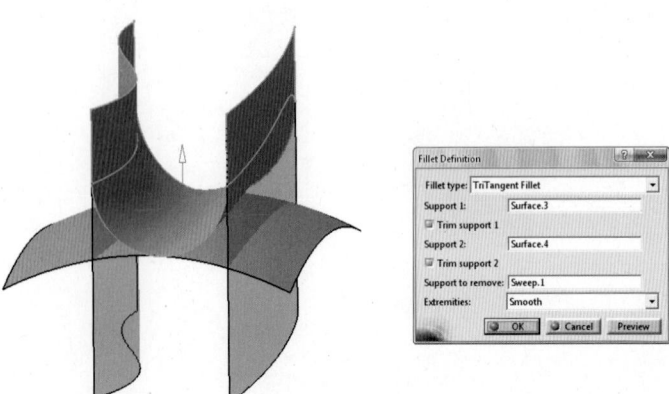

앞부분의 Surface를 Hide시키면 다음과 같습니다.

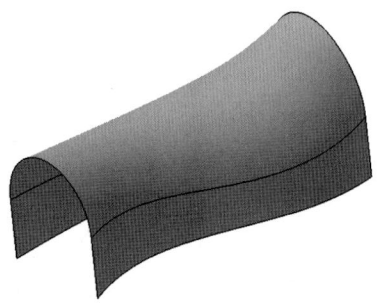

■ **Edge Fillet**

일반적인 Surface의 모서리(Edge)를 Fillet하는 명령으로 하나로 묶여있는 형상들의 모서리를 둥글게 라운드 처리하는데 사용합니다. 형상의 날카로운 모서리를 제거하고자 할 경우에 사용합니다.

하나로 합쳐지지 않은 두 Surface 사이를 Fillet하려고 할 경우에는 위의 Shape Fillet을 사용해야 합니다. 이웃하는 Surface와 하나로 묶여있지 않으면 다음과 같은 Error 메시지를 출력합니다.

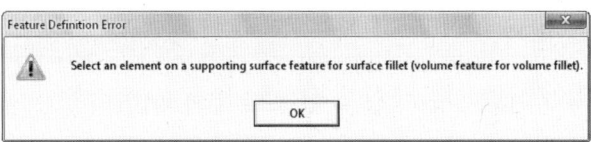

또는

와 같이 출력되기도 합니다.

따라서 Edge Fillet을 사용하기 위해서는 우선 하나의 곡면으로 만들어진 형상인지 확인하거나 Join으로 이웃하는 Surface들을 묶어준 후에 작업해야 한다는 것을 기억하기 바랍니다.

명령을 실행하면 다음과 같은 Definition 창이 나타납니다.

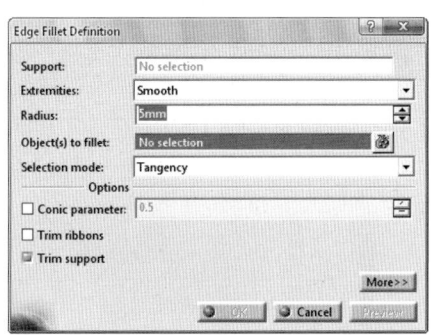

● Radius

Constant Radius Fillet이기 때문에 지정한 하나의 곡률 값으로 Fillet을 수행합니다.

● Object(s) to fillet

Edge Fillet의 사용은 우선 Fillet을 주고자 하는 모서리를 선택해 주는 것입니다. 복수 선택이 가능하므로 같은 곡률 값을 가지는 부분을 같이 선택해 주는 것이 좋습니다. 모서리마다 한번씩 Edge Fillet을 사용하는 것은 Spec Tree를 불필요하게 길게 하므로 지양하는 것이 좋습니다.

● Propagation

Fillet을 모서리에 넣어줄 때 주변으로 전파를 Tangency 한 부분에까지 하는지 아니면 현재 선택한 모서리까지로 최소화(Minimal)할 지를 정합니다.

● Conic Parameter

Fillet의 단면 값을 반경이 아닌 Parabola, Ellipse, Hyperbola 형태로 변형할 수 있는 Option입니다. Option을 체크하고 다음과 같은 범위 내의 값을 입력할 수 있습니다.

0 < Parameter < 0.5	Ellipse
0.5	Parabola
0.5 < Parameter < 1	Hyperbola

Conic 형상은 형상에 따라 종종 Fillet Error가 날 수 있으므로 주의 바랍니다.

● Extremities

Fillet의 한계 값을 정의하는 부분으로 선택한 모서리에 대해서 Fillet을 어떻게 줄지를 선택할 수 있습니다.

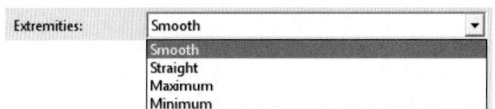

Default 로는 Smooth로 사용하고 있으나 Straight, Maximum, Minimum으로 변경해 줄 수 있습니다. Smooth 모드는 두 Surface 사이에 Tangent 구속을 부여한 채로 Fillet 형상을 만듭니다.

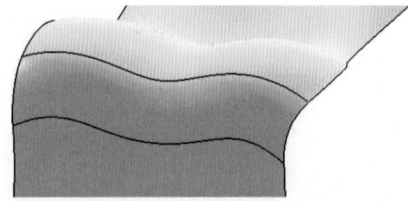

Straight 모드는 Tangency 구속 없이 두 Surface사이에 Fillet을 만들어 냅니다.

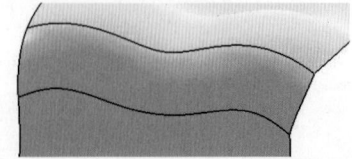

Maximum 모드는 Fillet을 만들 수 있는 가장 최대의 값으로 Fillet을 합니다.

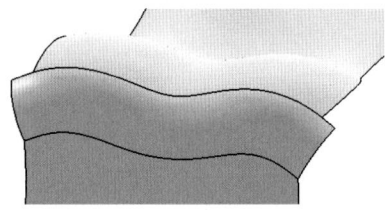

Minimum 모드는 Fillet을 만들 수 있는 가장 최소의 값으로 Fillet을 합니다.

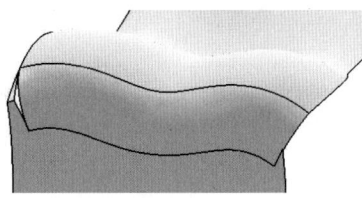

Selection Mode는 이웃하는 모서리들과의 연속성을 설정하는 부분으로 Tangency, Minimal, Intersection Edges 모드가 있습니다. Default 로는 Tangency 모드를 사용합니다.

예제 파일을 준비합니다.

그리고 다음과 같이 Fillet을 연습해 보도록 합니다.

다음으로 Edge Fillet에 More를 열어 확장해 보면 다음과 같은 부가 Option이 있습니다.

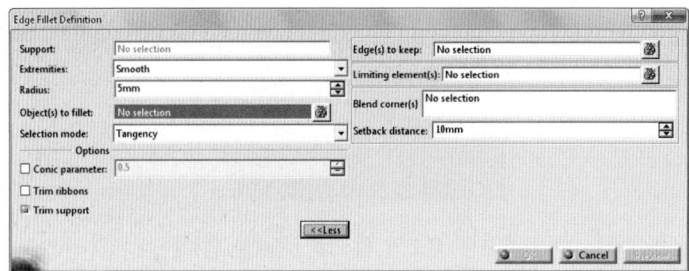

- **Edge(s) to keep**

형상의 Fillet 값은 주고자 하는 부분 외에 그 주변의 모서리에 의해 그 범위가 제한이 됩니다.

예제 파일을 준비합니다.

Fillet 값으로 50mm를 입력해 본다. 그럼 다음과 같은 메시지와 함께 Fillet이 실행되지 않는 것을 확인할 수 있습니다.

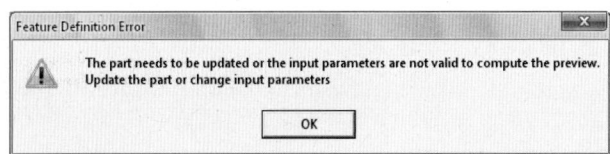

이 때 Definition 창에 More를 선택하고 Edge to keep 부분에 아래와 같이 모서리를 선택해 줍니다.

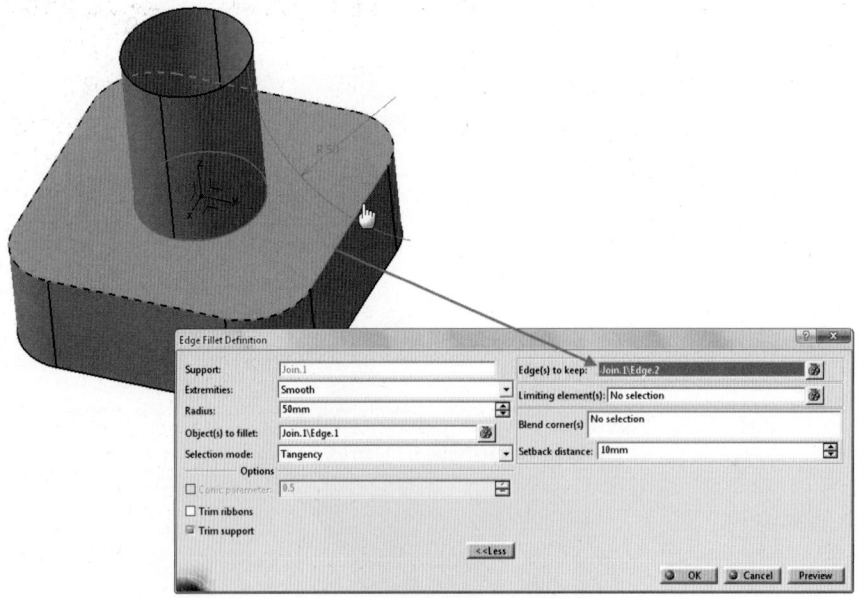

그럼 다음과 같이 해당 모서리에 Fillet 문제를 해결한 상태로 Fillet할 수 있습니다.(Edge to keep은 선택한 모서리를 무시한다고 생각하면 됩니다.)

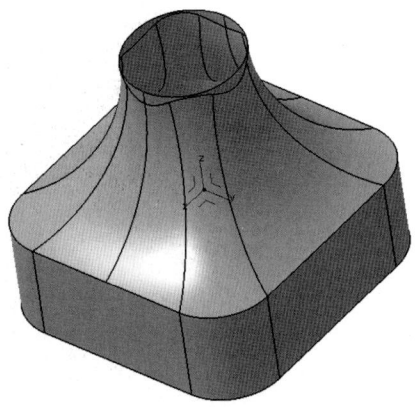

- Limiting Element(s)

Edge(s) Fillet의 경우 하나의 모서리를 선택하면 그 모서리 전체에 대해서 Fillet 이 들어간다. 모서리에 임의의 기준을 넣고 이 기준까지 Fillet하게 할 수 있는데 이것을 Limiting Element(s)로 부릅니다.

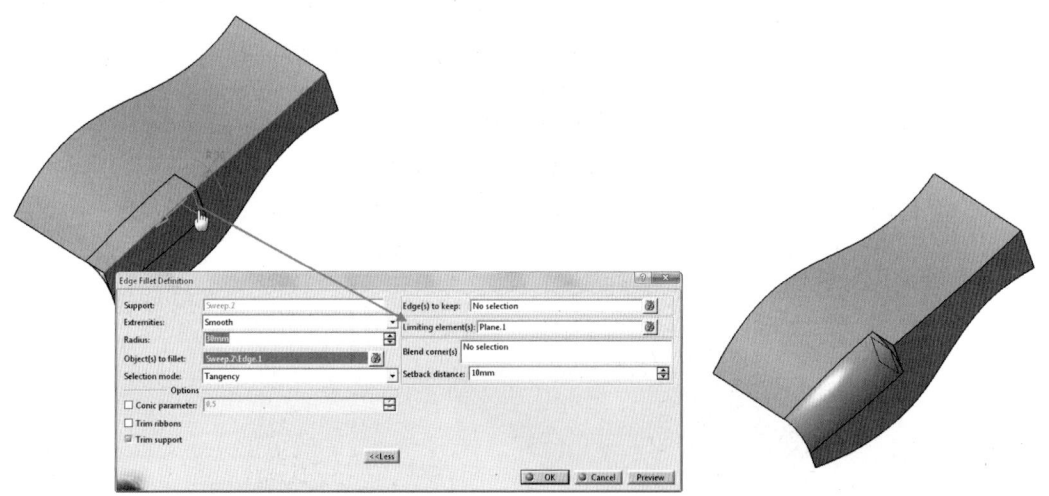

물론 Limiting Element(s)로 여러 개를 선택할 수 있습니다.

- Blend corner(s)

가끔 Fillet을 여러 곳에 주다 보면 형상을 매우 지저분하게 만드는 경우가 생깁니다. 이럴 경우 이렇게 Fillet 이 모여 복잡한 형상을 나타내는 부분을 부드럽게 뭉개어 형상을 수정할 수 있습니다.

■ Variable Radius Fillet

앞서 Edge Fillet 이 모서리에 대해서 일정한 곡률 값으로 Fillet을 준 것과 달리 곡률 값이 변하는 Fillet 하는 명령으로 임의의 지점에 곡률 값을 다양하게 정의해 줄 수 있습니다. 즉 우리가 곡률 값일 일정하지 않고 모서리를 따라 변한다면 바로 이 명령을 사용하여 구현할 수 있습니다. Surface나 Volume 요소에 대해서만 사용할 수 있습니다.

명령을 실행하면 다음과 같은 Definition 창이 나타납니다. 일반적인 명령 창 구조는 Edge Fillet과 유사합니다.

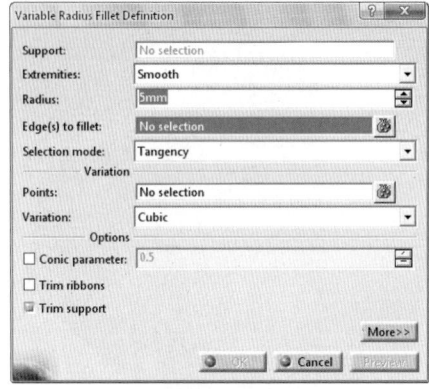

- Points

바로 이 부분에 Fillet의 곡률을 변화시킬 지점을 선택하여 주면 되는데 작업자가 임의로 점을 선택하거나 또는 모서리가 Tangent하게 옆의 모서리와 연결되면서 그 사이의 마디 점을 곡률이 변하는 지점으로 선택될 수 있습니다. 또한 fillet 하고자 선택한 모서리와 교차하는 평면을 선택하여도 교차하는 부분의 교차점이 생겨 그 점을 기준으로도 곡률 값을 바꾸어 줄 수 있습니다.

물론 여기서 필요하지 않은 점을 제거할 수도 있습니다. 현재 선택된 점들 중에서 필요하지 않은 부분을 다시 클릭해 주면 제거시킬 수 있습니다.

예제 파일을 준비합니다.

명령을 실행하고 Fillet할 모서리를 선택하면 다음과 같이 두 개의 곡률 값이 나타나는 것을 확인할 수 있습니다.

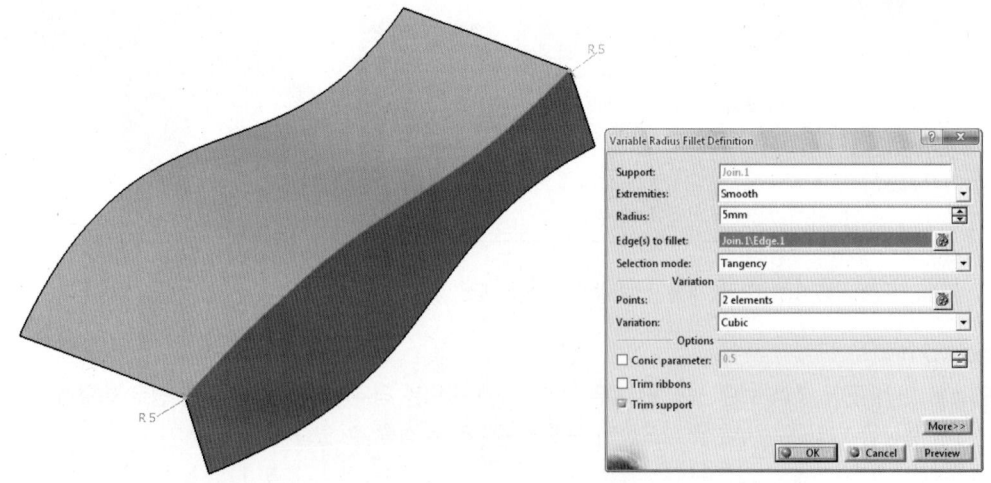

여기서 하나의 곡률 값을 더블 클릭하여 다음과 같이 수정하면 Fillet 값은 선택한 모서리를 따라 변하면서 만들어집니다.

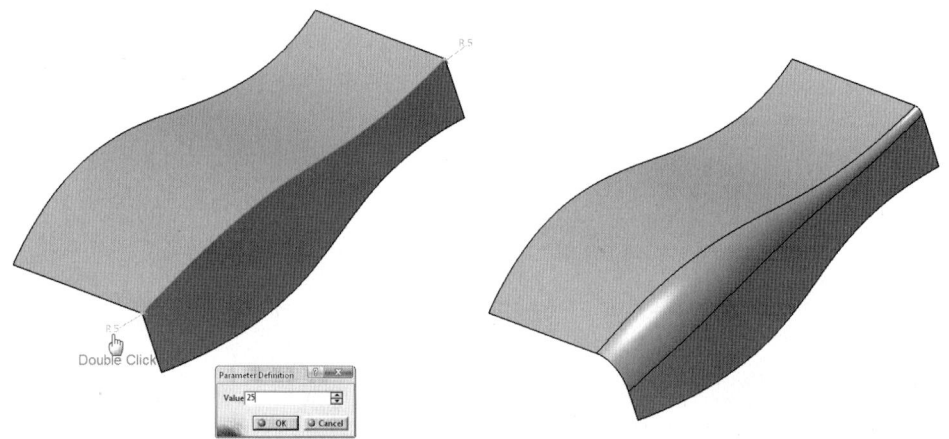

여기서 Definition 창에 보면 Point 입력란에 두 개의 Point가 잡힌 것을 확인할 수 있습니다. 선택한 모서리의 양 끝 점이 인식된 것입니다.

이 외에도 작업자의 의도나 필요에 따라 원하는 지점을 곡률이 변하는 지점으로 입력해 줄 수 있습니다.

Point 입력란에서 Contextual Menu를 선택하면 다음과 같이 'Create Point'를 확인할 수 있습니다. 이것을 선택합니다.

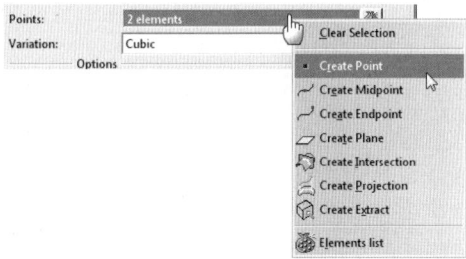

그러고 나서 다음과 같이 Fillet할 모서리를 선택 On Curve Type으로 0.5 지점에 Point를 하나 생성합니다.

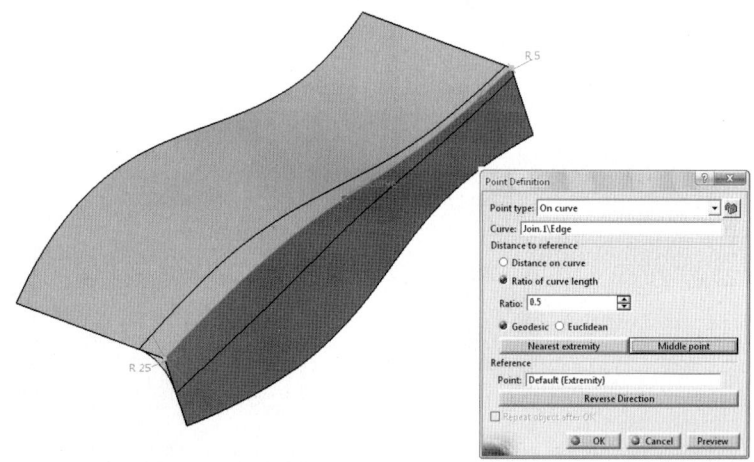

그럼 아래와 같이 해당 지점으로 곡률을 변경할 수 있는 입력란이 생성됩니다. 이 값을 변경하면 3 지점에 의한 Variable Radius Fillet을 만들 수 있습니다.

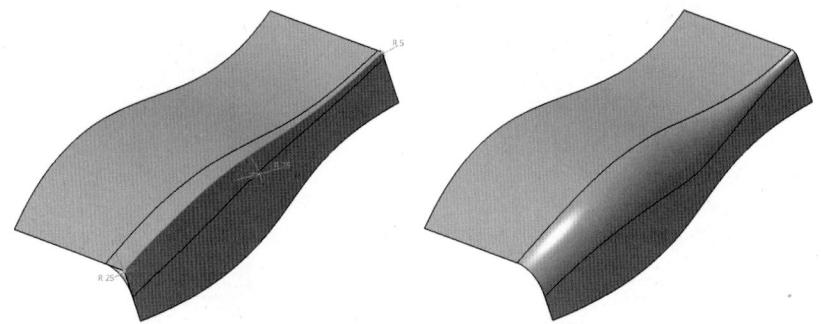

나머지 세부 명령 Option들은 Edge Fillet와 유사합니다.

■ **Chordal Fillet**

이 명령은 R18 이후에서부터 새로이 등장한 명령으로 Fillet을 부여하는데 있어 곡률 값을 사용하는 것이 아니라 값을 입력하는 지점에서의 현의 길이 즉, Fillet이 들어갔을 때 곡률이 끝나는 양 끝단의 거리를 입력하여 Fillet을 주는 방법입니다.

명령을 실행하면 다음과 같은 Definition 창을 확인할 수 있습니다.

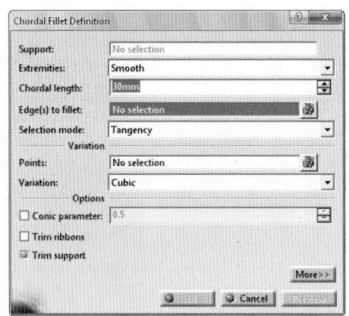

앞서의 예제 파일을 통해서 실습해 보면 다음과 같은 결과를 확인해 볼 수 있습니다. 치수의 표현은 곡률 형상의 양 끝단 길이를 나타냅니다.

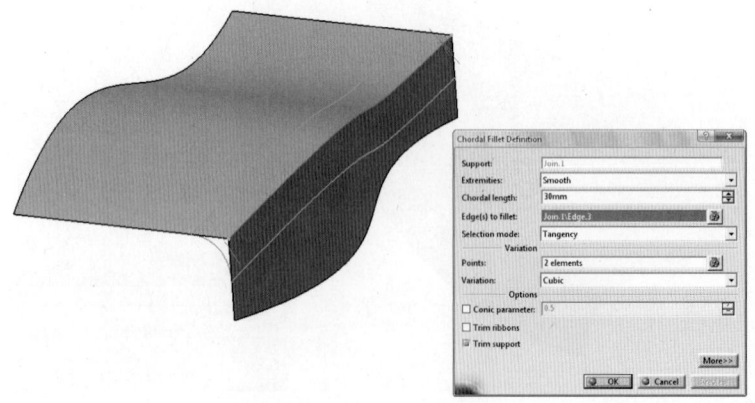

Variable Radius Fillet처럼 여러 곳에 값을 다르게 입력할 수 있습니다.

■ Styling Fillet

이 명령은 이웃하는 두 곡면 사이에 Fillet을 수행하는 데 있어 좀 더 고급적인 작업을 수행할 수 있는 명령으로 Free Style Workbench가 설치된 경우에 한하여 사용할 수 있습니다. Fillet 부위의 연속성과 함께 Trim Support 설정을 할 수 있습니다.

명령을 실행하면 다음과 같은 Definition 창을 확인할 수 있습니다.

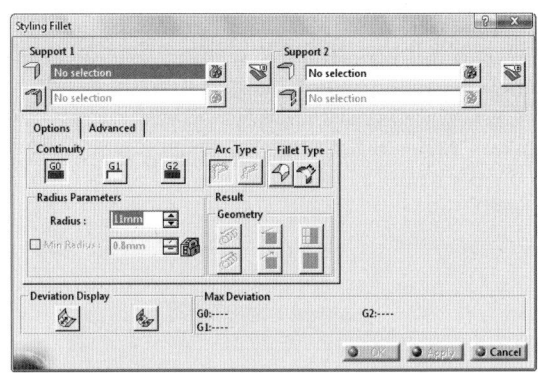

예제 파일을 준비합니다. 그리고 다음과 같이 순서대로 각 곡면을 선택하여 Support 1, Support 2에 입력해 줍니다.

그럼 다음과 같이 형상에 출력이 됩니다.

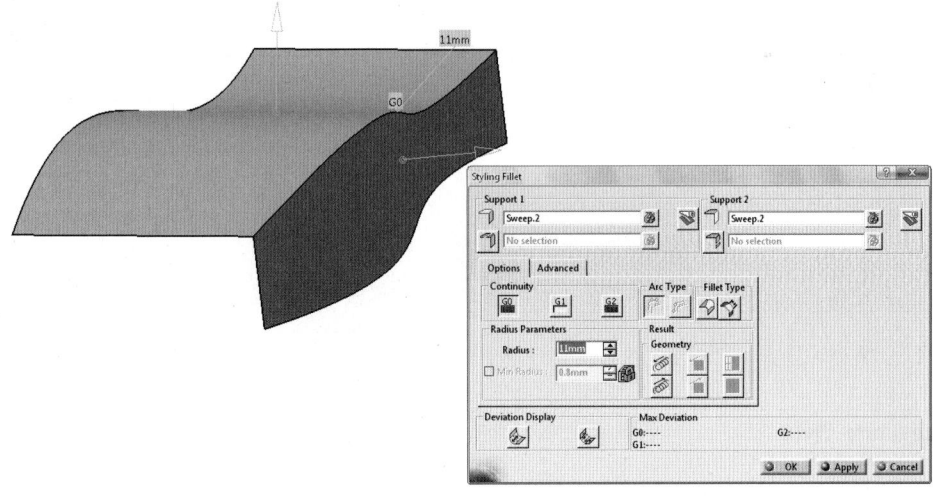

여기서 각 곡면 형상의 녹색 화살표 방향으로 Fillet이 적용되기 때문에 우리가 원하는 Fillet 방향으로 맞추어 주도록 합니다. 마우스로 간단히 그 방향을 변경해 줄 수 있습니다.

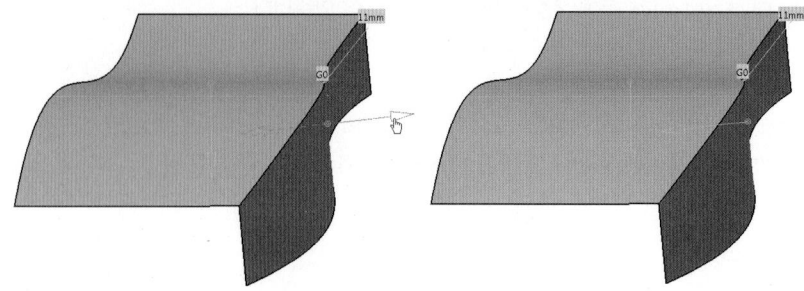

다음으로 두 곡면 사이에 Fillet을 통하여 Trim을 설정할 것 인지를 각 Support의 옆의 🗦 아이콘을 통하여 설정이 가능합니다.(이것을 체크해 주어야 Fillet 후 곡면들이 하나로 합쳐집니다.)

다음으로 Fillet에 대한 Geometry Continuity를 설정해 주도록 합니다.

- G0: Point 연속(최단 거리 Fillet)

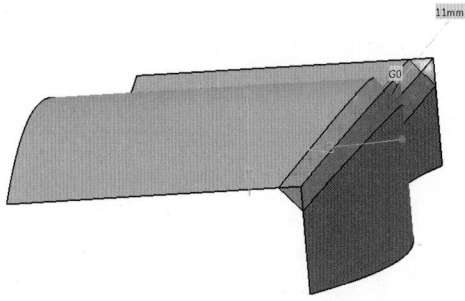

- G1: Tangent 연속, Arc Type 설정 가능

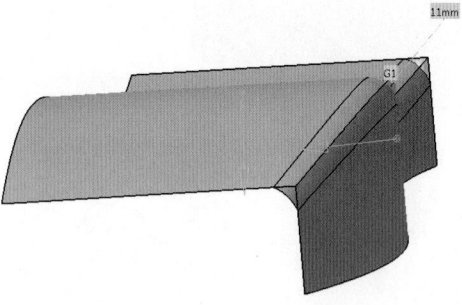

- G2: Curvature 연속

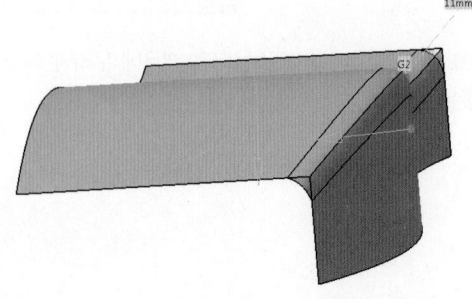

Fillet하고자 하는 Continuity를 정한 후에는 곡률 값의 설정이 가능하며(Min Radius도 설정 가능) Fillet Type도 변경 가능합니다.

그 외에도 Advance Tab에서는 Tolerance 값 설정도 가능합니다.

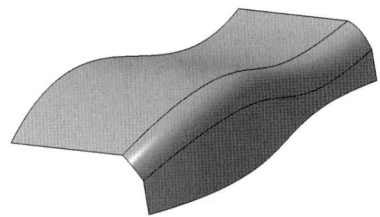

■ Face-Face Fillet

두 개의 Surface면과 Tangent하게 Fillet을 하는 명령으로 이 명령은 모서리가 아닌 형상의 면(Face)을 선택하여 그 면과 면 사이에 Fillet을 주는 명령입니다. 여기서 선택한 면은 서로 교차하는 않는 면입니다.

명령을 실행하면 다음과 같은 Definition 창이 나타납니다.

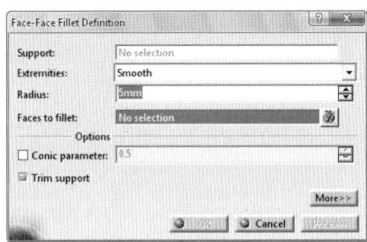

예제 파일을 준비합니다.

다음과 같이 두 면을 순서대로 선택하고 곡률 값을 20mm로 입력합니다.(모서리 선택이 아닙니다.)

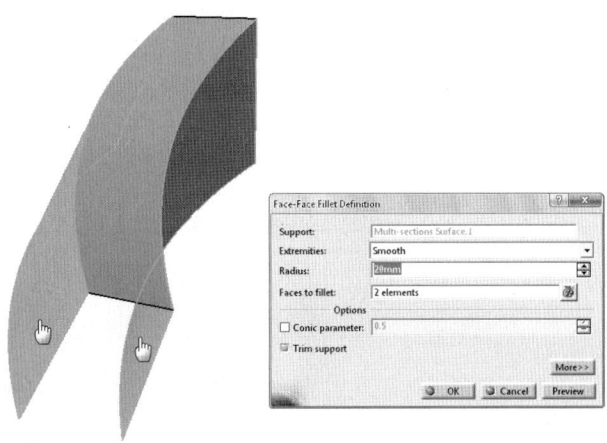

그럼 다음과 같은 결과를 확인할 수 있습니다. 이렇듯 Face-Face Fillet은 선택한 두 곡면 사이에 입력한 반경으로 접하는 Fillet 형상을 만듭니다. 중간에 부속된 면들은 무시할 수 있습니다.

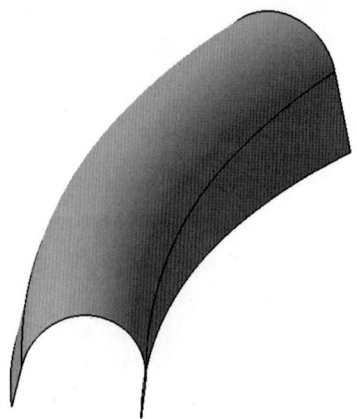

Definition 창에 More를 열어보면 다음과 같이 Limiting Element와 Hold Curve에 대한 설정을 해줄 수 있습니다.(이 부분은 위 다른 명령의 것과 동일한 방식입니다.)

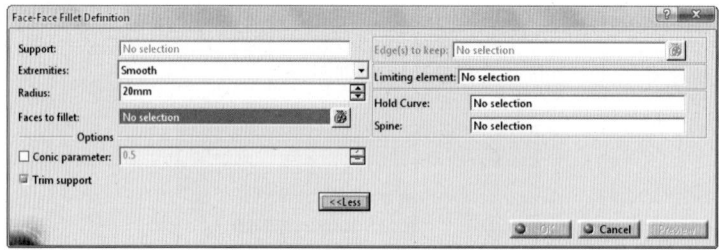

■ **Tritangent Fillet**

Tri-tangent Fillet은 곡률 값을 따로 지정하지 않고 3개의 면에 대해서 접하도록 Fillet을 주는 명령입니다. Surface 나 Volume 요소에 대해서 사용합니다. 그리고 Fillet 형상은 세 면에 모두 대해서 접하게 만들어집니다. Tri-tangent Fillet을 주기 위해서 우선 양 옆의 두 개의 면을 선택하고 마지막으로 Fillet 이 생길 면을 Face to remove 부분에 선택해 줍니다.

예제 파일을 준비합니다.

명령을 실행하면 다음과 같은 Definition 창이 나타납니다.

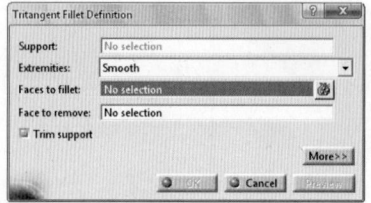

여기서 다음과 같은 순서대로 곡면을 선택해 줍니다.

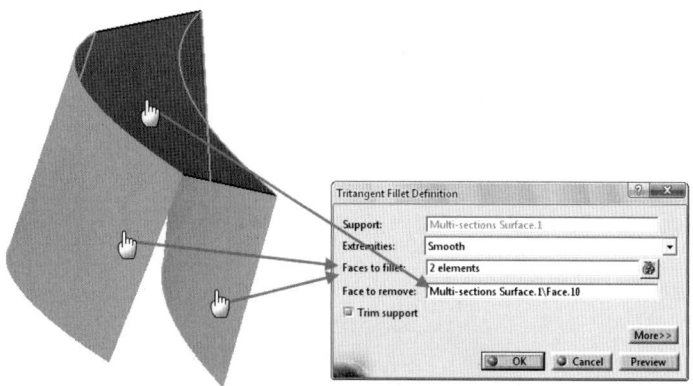

그럼 다음과 같은 결과가 나옵니다.

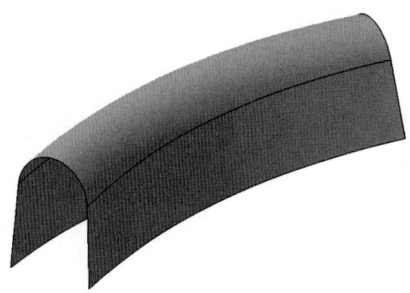

5. Transformations Sub Toolbar

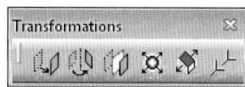

■ Translate

Surface나 Curve, Point, Sketch 등의 요소를 평행 이동시키는데 사용하는 명령입니다. Geometrical Set 안에서 선택한 요소만을 이동시킬 수 있으며 복수 선택 또한 가능합니다. Geometrical Set을 선택하면 그 안에 있는 모든 요소가 이동된다는 점을 기억하시기 바랍니다.

명령을 실행시키면 다음과 같은 Definition 창이 나타납니다.

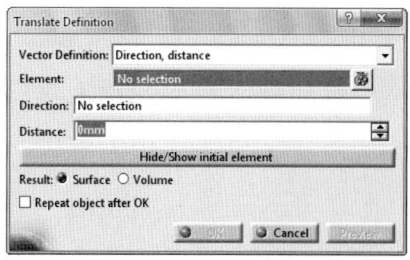

예제 파일을 준비합니다.

평행 이동하고자 하는 대상(들)을 선택하고 이동할 방향을 선택하여 거리 값을 입력하는 것은 크게 다르지 않습니다. 우선 두 개의 곡면 형상이므로 복수 선택을 하고 방향을 지정하도록 합니다. 방향성분은 직선 요소인 Line이나 축, 평면 등이 가능합니다.

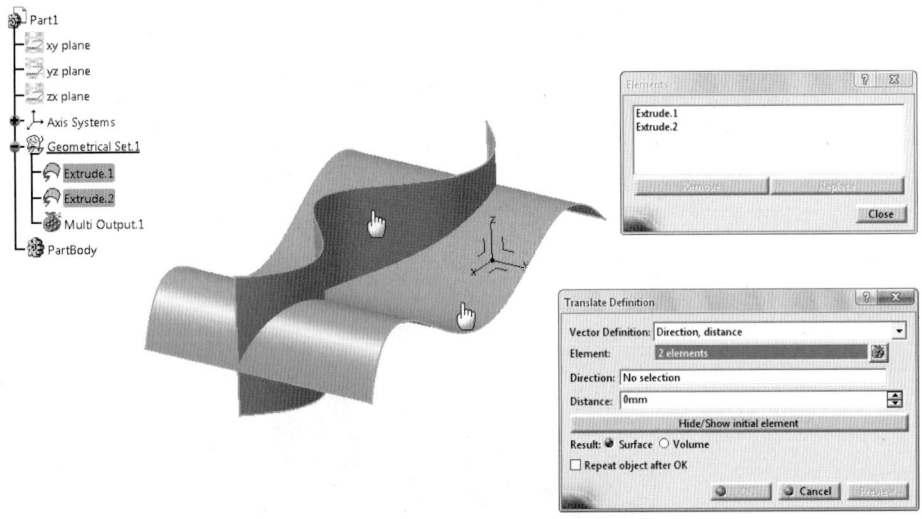

여기서 방향 성분은 Axis의 Y축을 선택하였습니다. 선택 후 이동할 거리 값을 입력하고 미리보기를 클릭하면 다음과 같은 결과를 확인할 수 있습니다.

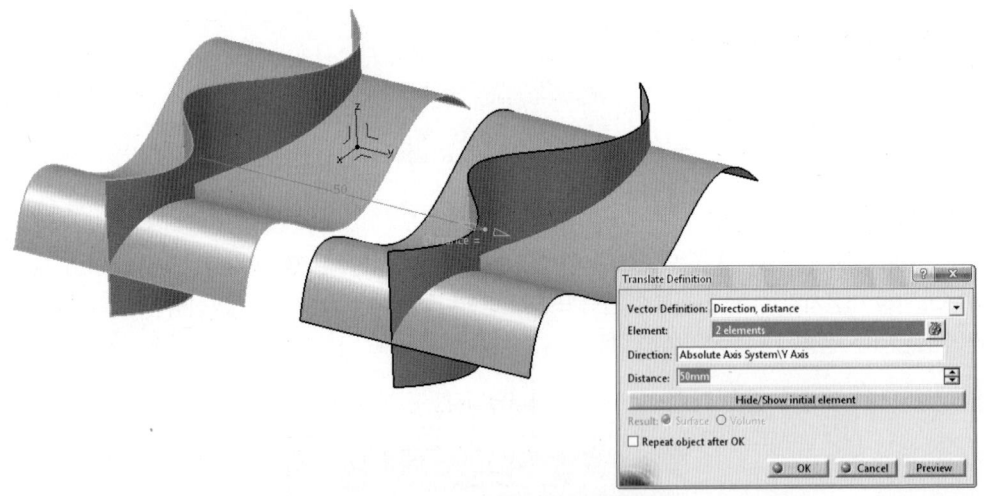

여기서 'Hide/Show initial Element'를 클릭하면 원본 형상을 화면에 나타나게도 할 수 있고 또는 숨기기 할 수 있습니다. 따라서 원본 형상을 원래 자리에 두고 임의의 거리만큼 떨어진 지점에 같은 형상 하나를 복사해 놓게 사용할 수도 있다는 것입니다.

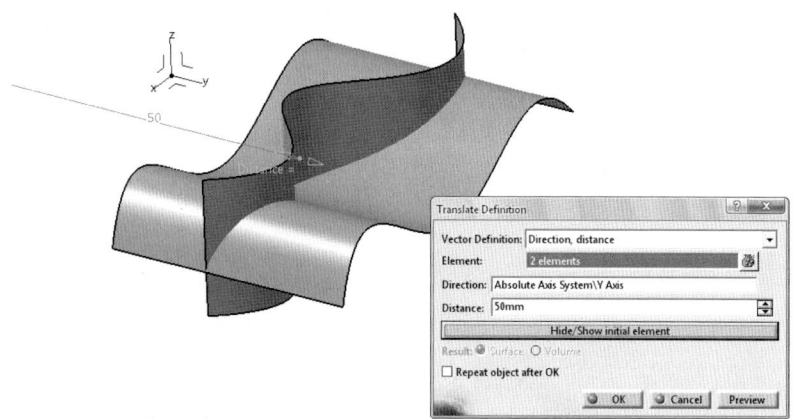

중요한 개념인데 GSD Workbench에서의 작업한 Surface나 Curve 요소는 절단이나 잇기 등의 작업으로 처음 만든 형상을 수정해 다른 형상을 만들어도 원래 상태의 모습을 가지고 있습니다. Spec Tree에서 단지 숨기기만 되는 것이기 때문에 언제든지 다시 사용할 수 있습니다.

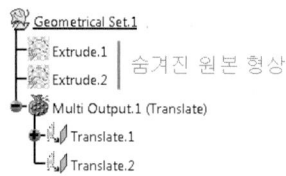

■ Rotate

Surface나 Curve, Point, Sketch 등의 요소를 임의의 기준을 이용하여 회전 시키는 명령입니다. 역시 선택한 대상만을 이동하는 것이 가능하고 복수 선택도 가능합니다.

앞서 불러온 형상을 Y축 방향으로 50mm정도 Transform한 다음 Rotate 명령을 실행하여 다음과 같이 대상을 선택, 축, 회전각을 입력합니다. 여기서 축 요소는 Axis 'Z축'을 회전각은 '100deg'를 입력합니다.

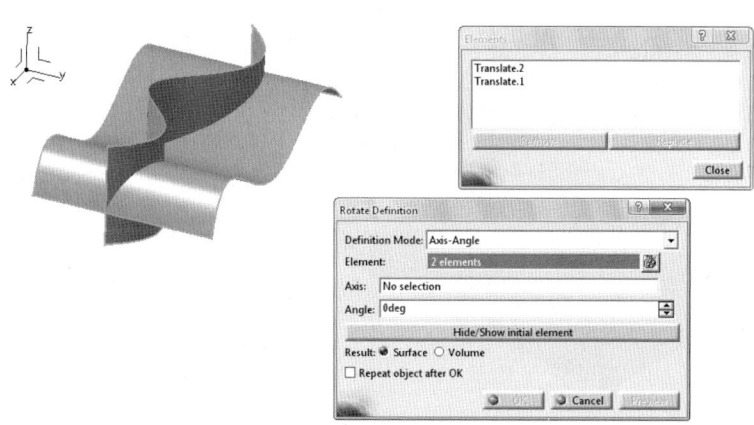

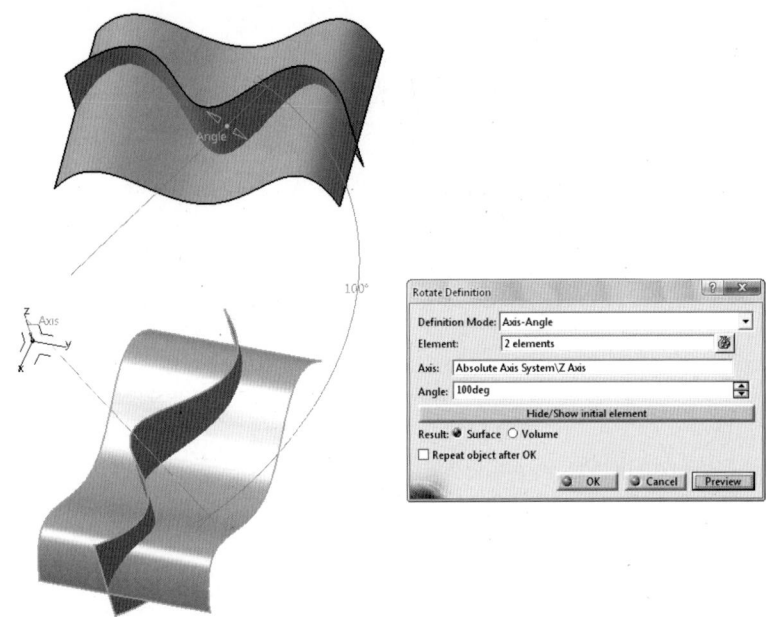

대상을 복수 선택한 경우에는 다음과 같이 Spec Tree에 형상이 나타납니다.

■ **Symmetry**

Surface나 Curve, Point, Sketch 등의 형상의 대칭 형상을 만드는 명령으로 Hide/Show Initial Element를 이용하면 형상을 대칭 복사하여 반쪽 부분을 손쉽게 만들 수 있습니다.

예제 파일을 준비합니다.

그리고 명령을 실행해서 대상 선택, 기준 면 선택을 수행합니다.

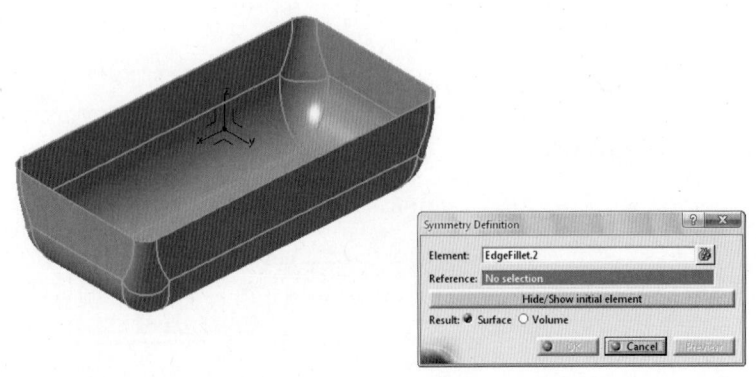

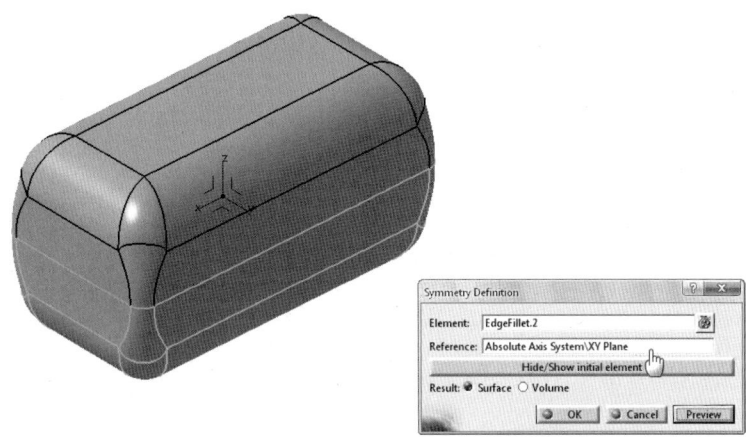

■ Scaling

Surface나 Curve, Point, Sketch 등의 형상을 임의의 방향을 기준으로 크기를 조절하는 명령입니다. 이 역시 3차원 방향에 대해서 각 방향으로 Scale을 따로 해주어야 합니다.

아래와 같이 원점 위치에 반지름 40mm짜리 원을 생성합니다.

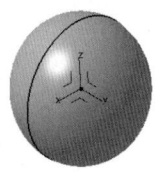

그리고 다음과 같이 명령을 실행한 후에 대상을 선택(복수 선택 가능합니다.), 기준 방향과 비율 값을 입력합니다.

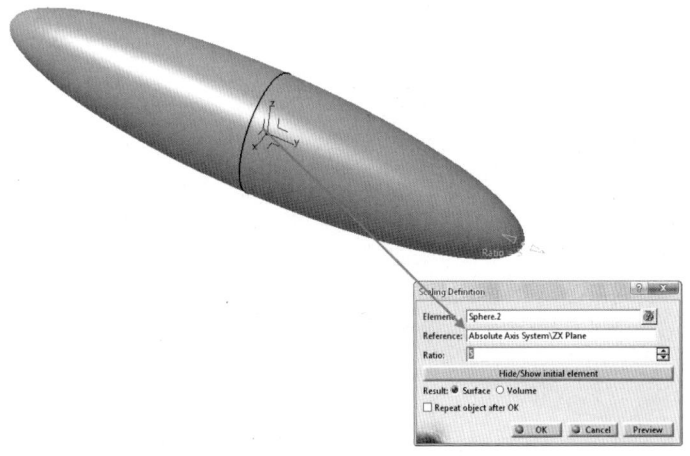

■ Affinity

앞서 설명한 Scaling의 보다 업그레이드 된 명령이라 할 수 있는데 대상을 3차원 모든 방향으로 크기를 조절할 수 있습니다. 어떻게 보면 진정한 의미의 3차원 Scale 명령이라 할 수 있습니다.

명령을 실행시키면 다음과 같은 Definition 창이 나타납니다.

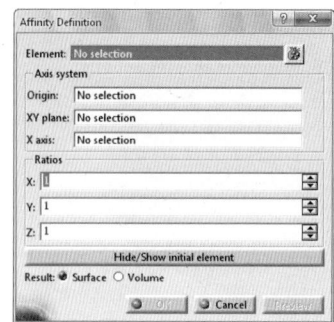

여기서 대상을 선택하고 방향을 잡기 위해 원점(Origin)과 평면(XY Plane), 축(X Axis)을 잡아 줍니다.

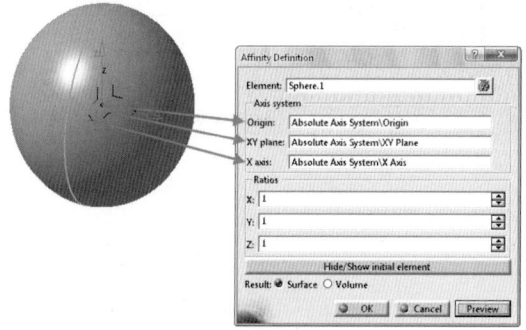

그 다음으로 각 축 방향의 Ratio를 조절하여 형상의 크기를 조절할 수 있습니다. 즉 3 축 방향의 모든 비율을 한 번에 조절 가능하다는 것입니다.

아래 형상은 원래의 구 형상을 3차원으로 각각 비율을 조절하여 만들어준 결과입니다. 원본 형상이 겹쳐져 있다는 것을 기억하기 바랍니다. 불필요한 요소는 숨기기 하면 됩니다.

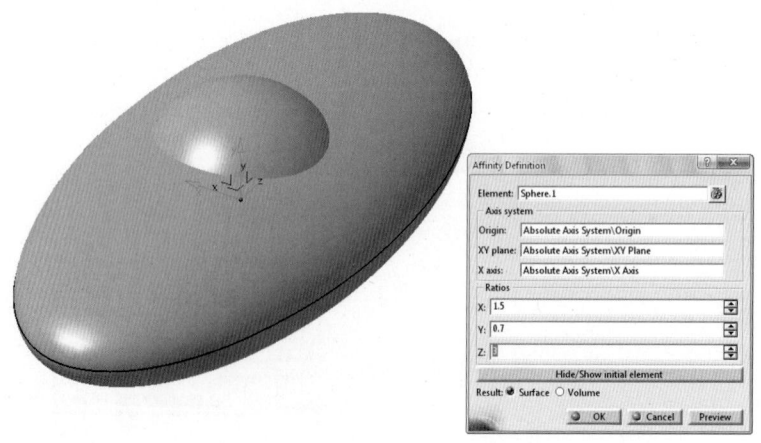

■ Axis to Axis

이 명령은 이동하고자 하는 대상을 Axis system을 이용하여 빠르고 간편하게 이동시키는 명령입니다. 옮기고자 하는 형상(Element)을 선택하고 이 형상이 있는 부위의 Axis를 Reference에 선택합니다. 그리고 Target에 새로이 옮기고자 하는 위치의 Axis를 선택해 줍니다.

우선 이와 같은 작업을 연습해 보기 위해 원점에 구 형상을 만들고 Axis System을 실행합니다.

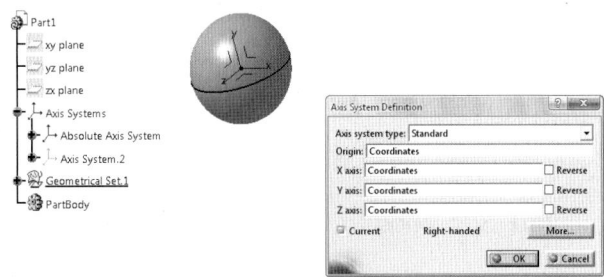

여기서 원점의 위치가 아직 정의되지 않았으므로 Definition 창에서 Contextual Menu에서 Create Point를 선택하고 다음과 같이 Coordinate 좌표를 생성하도록 합니다.

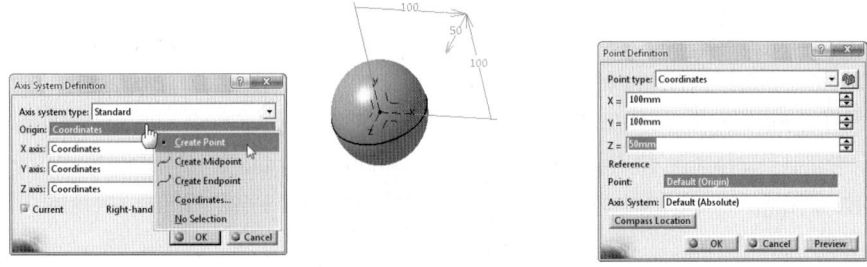

그럼 다음과 같은 위치에 Axis System이 정의됩니다. 물론 여기서 Axis의 축 방향을 변경해 원하는 임의의 방향으로 정의해주고 사용할 수 도 있습니다.

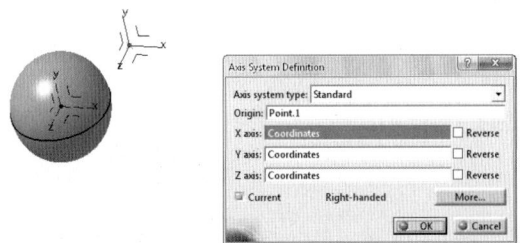

이제 Axis to Axis 명령을 실행하여 원점의 Axis에 만들어진 구 형상을 새로 만들어진 Axis로 이동시켜 보도록 합니다.

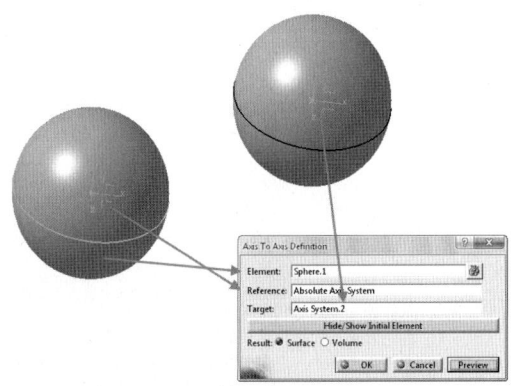

즉, 어떠한 형상을 복사해 옮기고자 할 때 원래 지점에 Axis를 생성해 주고 새로이 옮길 위치에 Axis를 만들어 주면 바로 형상을 복사하여 이동할 수 있게 되는 것입니다. 명령은 형상을 복사만 하는 것이기 때문에 Spec Tree에는 다음과 같이 나타납니다.

⎿ Axis to axis transformation.1

물론 원본 형상이 수정되면 Axis to Axis로 복사한 형상 역시 같이 수정됩니다.

6. Extrapolate Near Invert Sub Toolbar

■ **Extrapolate**

이 명령은 Surface나 Curve 요소에 대해서 선택한 지점을 기준으로 그 길이를 연장 시켜주는 명령입니다. Surface 나 Curve를 이용하여 어떠한 작업을 하려고 할 때 그 길이가 모자란 경우 간단히 그 형상의 늘리고자 하는 위치의 Vertex나 Edge를 Boundary에 선택하고 대상을 Extrapolated에 선택해 줍니다. 그 다음으로 원하는 Continuity Option을 선택하고 늘리고자 하는 길이 값을 입력해 줍니다. Continuity Option은 Tangent, Curvature 두 가지가 있으며 늘어나는 값을 길이(Length)가 아닌 'Up to Element'를 사용하여 임의의 위치의 대상까지 연장 시킬 수 있습니다.

예제 파일을 준비합니다.

우선 Curve의 경우를 예를 들어보면 다음과 같이 연장될 부분의 Vertex를 Boundary로 선택해 주고 Extrapolated 에 Curve를 선택해 줍니다.

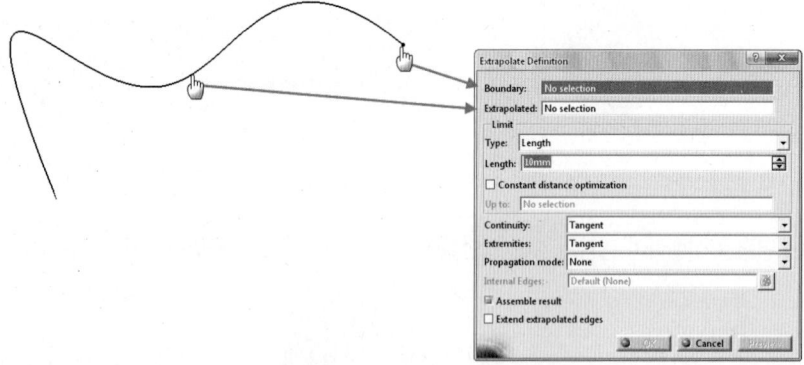

그러면 다음과 같이 선택한 Boundary를 기준으로 Curve 요소가 연장되는 것을 볼 수 있습니다. 현재 Continuity Type은 'Tangent'입니다.

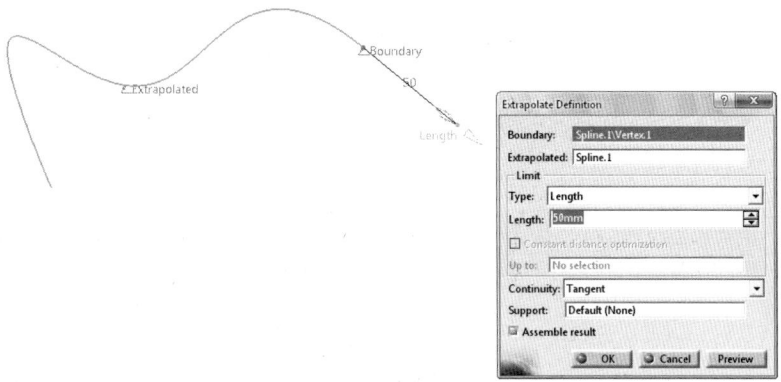

그런데 Curve 요소를 Extrapolate 시킬 때 주의할 것은 위와 같이 Tangent Type으로 할 경우 Curve가 불연속적이라는 것입니다. Boundary로 선택한 Vertex를 기준으로 이 지점에서만 Tangent하게 연장이 되는 것이기 때문입니다.

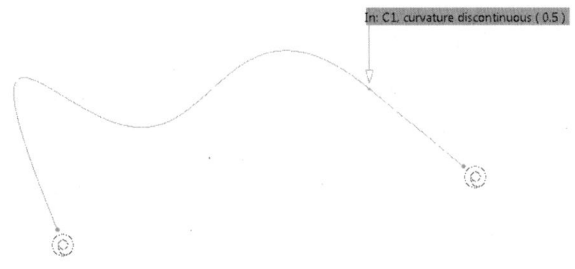

따라서 곡선 요소를 연장 시킬 때는 형상에 따라 이런 점을 고려해야 합니다. 아래는 Continuity Type을 'Curvature'로 하는 모습입니다.

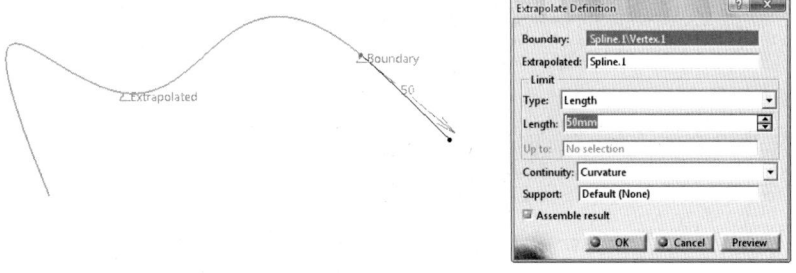

위와 같은 경우에는 Curve가 곡률에 맞추어 자연스럽게 연장이 됩니다.

예제 파일을 준비합니다.

다음은 Surface를 Extrapolate하는 예입니다. Surface의 경우 Boundary를 Surface형상의 Edge나 실제 Profile Curve를 선택하면 됩니다. Extrapolated에는 물론 대상 Surface를 선택해 줍니다.

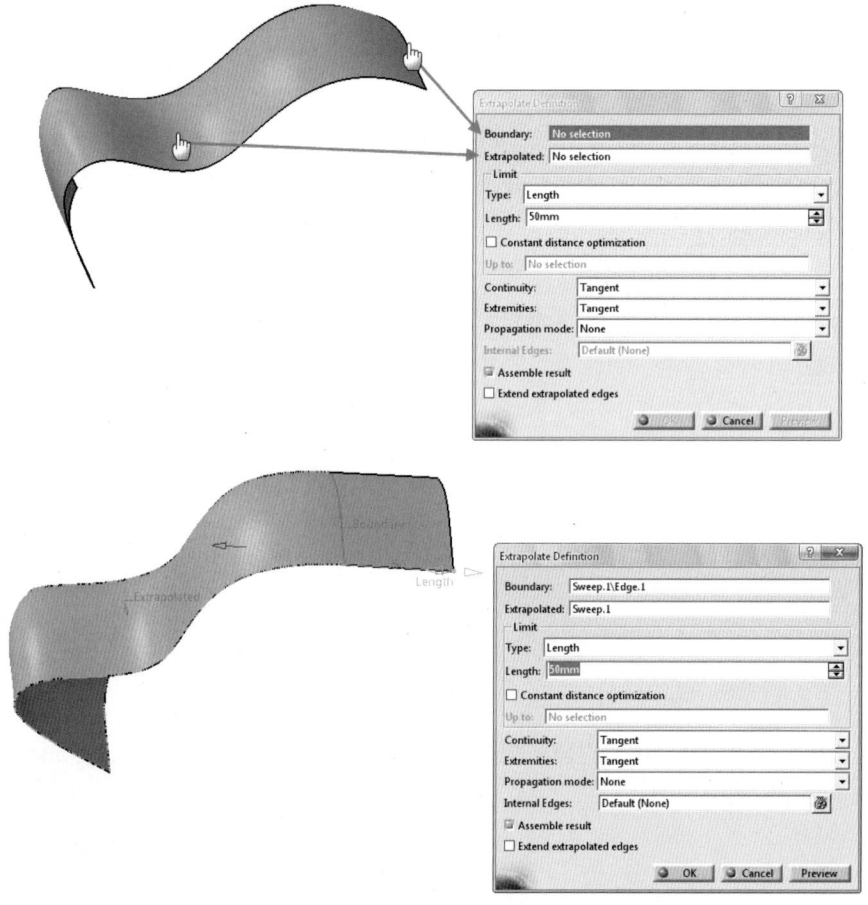

Extrapolate를 하여 만들어진 연장된 형상은 원본 대상과 하나로 합쳐지게 된다는 것을 마지막으로 기억하기 바랍니다. 이것은 Definition 창의 'Assemble result'가 체크되었기 때문입니다. 이것을 해제하면 원래 형상과 연장된 형상을 분리할 수도 있습니다.

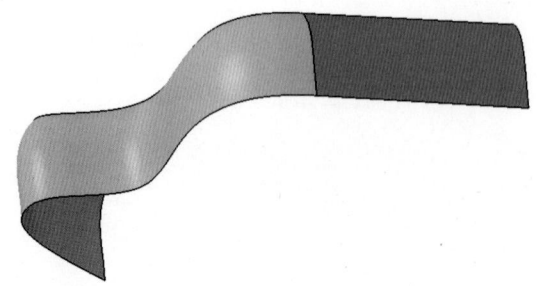

이렇게 Curve나 Surface 형상을 연장시킬 때 형상이 복잡한 경우 연장되는 형상을 만들어 내지 못하는 경우가 있으니 주의하기 바랍니다.

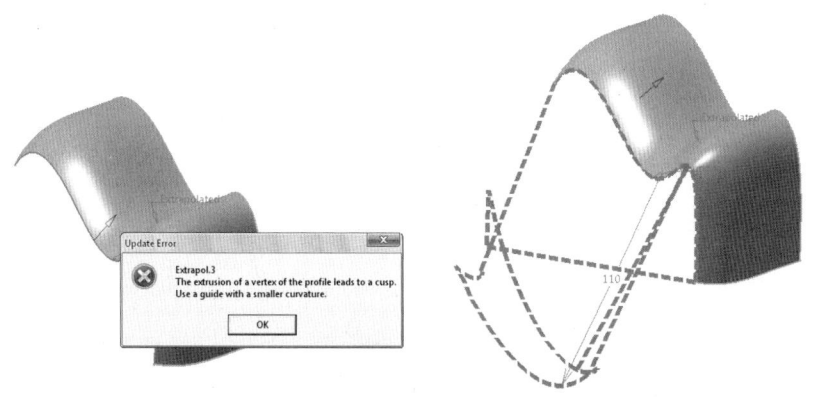

V5-6 R2013이후부터는 아래 그림과 같이 경계를 인식하는 표시 방식이 달라졌습니다.

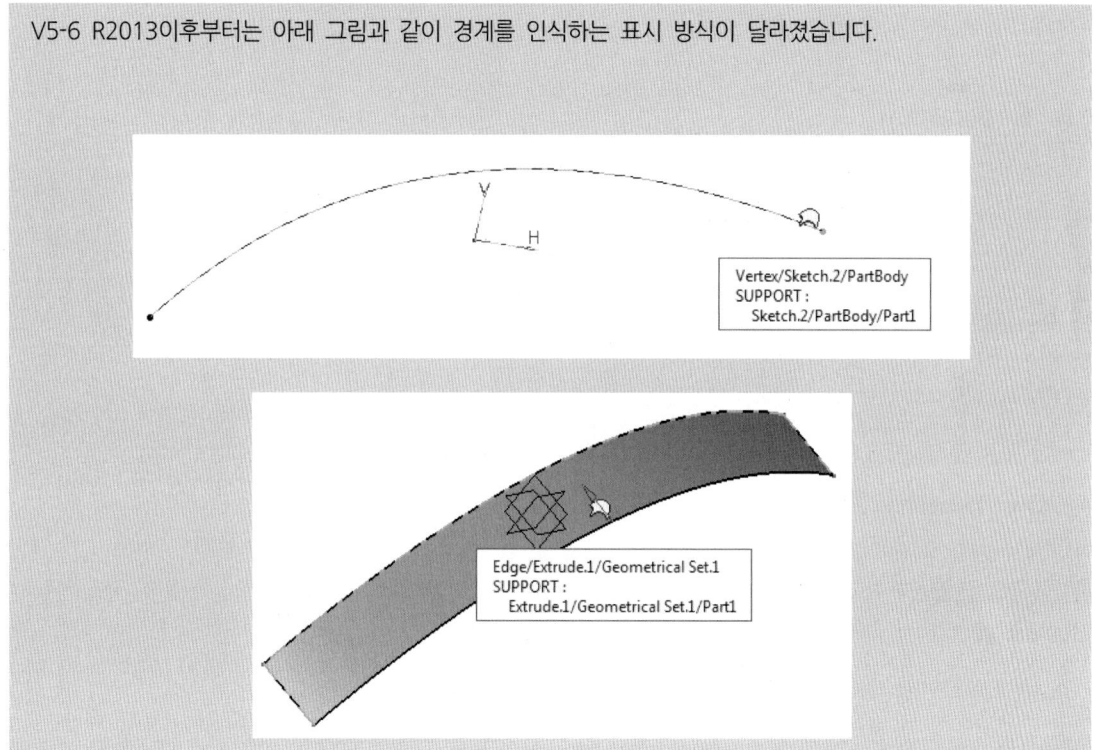

■ Invert

이 명령은 기존까지 풀다운 메뉴에만 있었는데 정식으로 Toolbar로 옮겨졌습니다. 이 명령의 기능은 설계한 Surface 요소의 Normal Vector 방향을 반전시켜주는 기능으로 금형 설계나 해석 작업 등에 있어 면 요소가 가지는 수직 벡터 방향에 대한 재정의가 필요한 경우에 사용합니다.

앞서 Join 명령에서도 언급한 바 있지만 Surface의 수직 방향에 대한 재설정이 필요한 경우가 있음을 인지하고 사용하기 바랍니다.

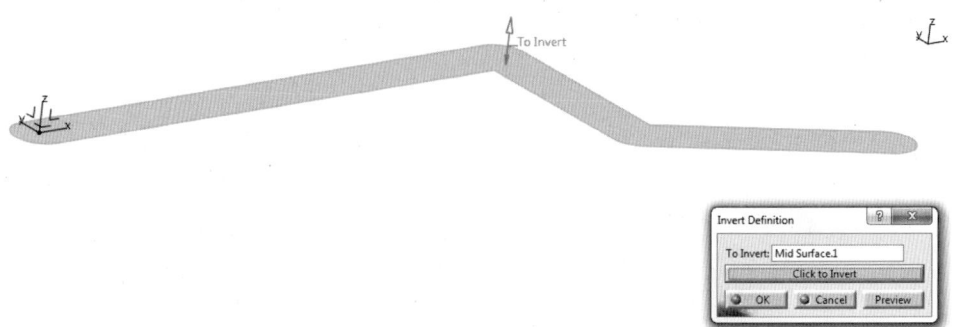

■ Near/Far

이 명령은 기존까지 풀다운 메뉴에만 있었는데 정식으로 Toolbar로 옮겨졌습니다. 이 명령의 기능은 주로 명령의 실행 결과가 복수의 결과를 나타낼 때(Multi-Result Management) 기준 요소에 대해서 가장 가깝거나 멀리 떨어진 요소를 선택하고자 할 경우에 사용합니다.

E. Replication

1. Repetitions Sub Toolbar

■ Object Repetition

이 명령은 현재 어떠한 대상을 만드는 작업을 한다고 할 때 이 생성 작업을 반복해서 하게 하는 명령입니다. 즉, 어떠한 작업을 한번 마치고 이 명령에 의해 그 작업을 몇 차례 반복해서 수행할 수 있게 합니다. 일부 작업 명령에 Repeat object after OK라는 것이 있는데 이것을 사용하는 것과 같은 효과입니다.

Repeat object after OK Option이 있는 명령은 다음과 같은 종류들입니다.

> Point 생성 명령에서 Point Type이 On Curve인 경우
> Line 생성 명령에서 Line Type이 Angle/Normal to Curve인 경우
> Plane 생성 명령에서 Plane Type이 Offset from Plane인 경우
> Plane 생성 명령에서 Plane Type이 Angle/Normal to plane인 경우
> Surface 또는 Curve 요소를 Offset시키는 경우
> Surface 또는 Curve 요소를 Translate시키거나 Rotate시키는 경우
> Surface 또는 Curve 요소를 Scale하는 경우

명령을 실행시키면 다음과 같은 Definition 창이 나타납니다.

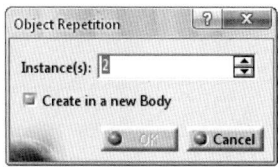

여기서 Instance(s)에 입력한 수만큼 선택한 작업을 반복하게 됩니다. Create in a new Body를 체크하면 선택한 작업을 반복한 결과는 따로 Geometrical Set을 나누어 줄 수 있습니다.

예제 파일을 준비합니다.

다음의 예를 보도록 하겠습니다. Curve 위에 Point를 생성하는 명령을 반복해서 수행해 볼 것입니다.

Point를 On Curve Type으로 길이 비율을 '0.2'로 하여 생성하도록 설정해 줍니다. 여기서 하단의 'Repeat object after OK'를 체크해 줍니다. 그리고 OK를 눌러줍니다.

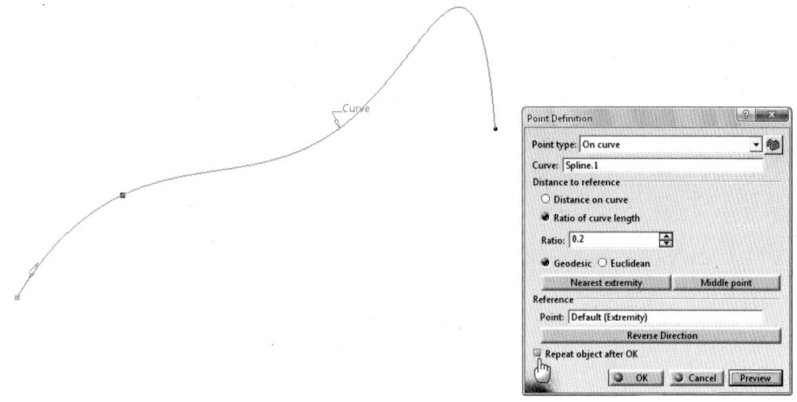

그럼 아래와 같이 Repetition 명령 창이 나타나게 됩니다. 여기서 원하는 수만큼의 반복 회수를 입력합니다.

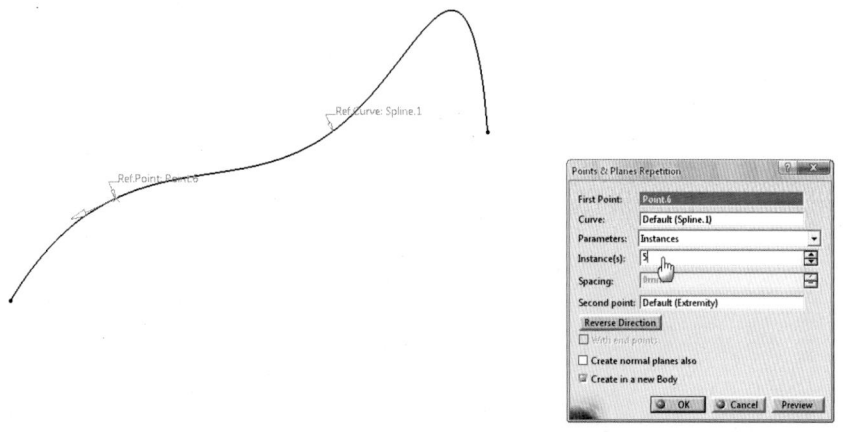

그럼 다음과 같이 처음 만든 Point와 같은 비율을 유지한 채 Point들이 만들어지는 것을 확인 할 수 있습니다. 'Create in a new Body'를 체크하였다면 앞서 언급한 대로 Geometrical Set이 추가되어 나머지 반복되는 Point들

이 따로 저장이 될 것입니다.

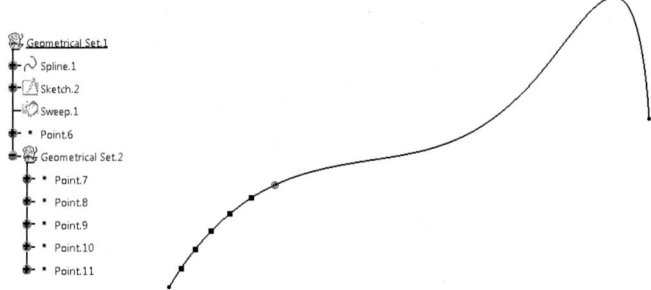

또는 Repeat object after OK를 선택하지 않고 Point 하나를 생성한 후에 Object Repetition 명령을 실행시키고 위의 Point를 선택해도 됩니다.

이와 같은 방식으로 정해진 몇 가지 작업에 대해서 반복적인 작업을 손쉽게 할 수 있습니다.

■ Points Creation Repetition

이 명령은 일정한 간격으로 포인트나 해당 포인트 위치에 기준이 곡선에 수직인 평면 요소를 생성하기 위한 기능으로 앞서 Wireframe Toolbar의 Point & Planes Repetition에서 설명하였으므로 그 부분을 참고하기 바랍니다.

■ Planes Between

이 명령은 두 개의 평면 사이에 등 간격으로 평면을 만드는 명령입니다. 평행한 두 평면이 있다고 했을 때 이 사이에 일정한 간격으로 평면을 만들고자 할 때 사용할 수 있습니다. 명령을 실행시키면 다음과 같은 Definition 창이 나타납니다.

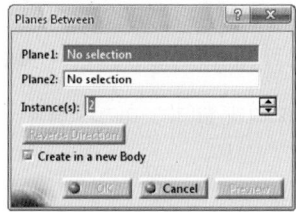

새로 Part Document를 실행하여 XY 평면을 기준으로 100mm 만큼 Offset한 평면을 생성합니다.

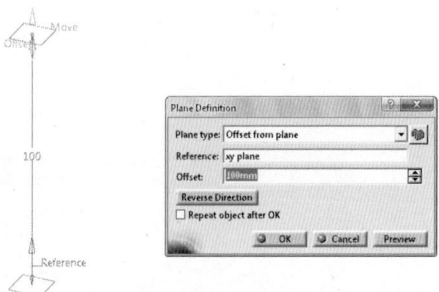

여기서 Plane 1, Plane 2에 각 평면을 선택해 주고 아래의 Instance(s)에 필요한 수를 입력하는 비교적 간단한 방법을 사용합니다.

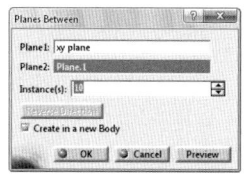

물론 이 두 평면은 서로 평행한 상태이어야 합니다. 역시 'Create in a new Body'를 체크하면 따로 Geometrical Set을 이용하여 새로 만들어진 Plane들을 묶어줄 수 있습니다.

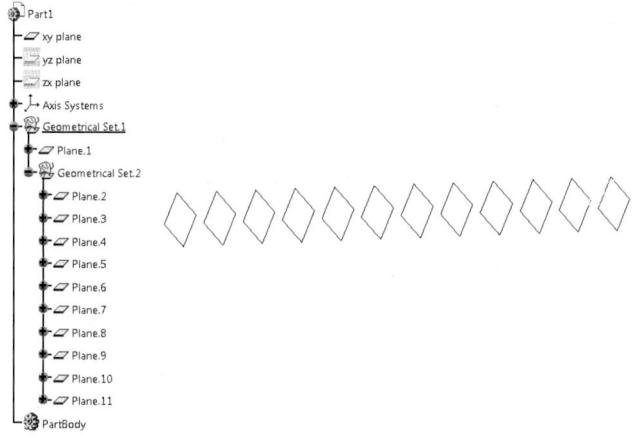

2. Patterns Sub Toolbar

■ Rectangular Patterns

Pattern이란 일정한 규칙성을 가진 채 반복되는 형상을 가리키는데 직각의 두 방향으로 임의의 선택한 Surface, Curve 형상을 복사하는 명령입니다.

Rectangular Pattern을 클릭하면 오른쪽과 같은 창이 나타납니다.

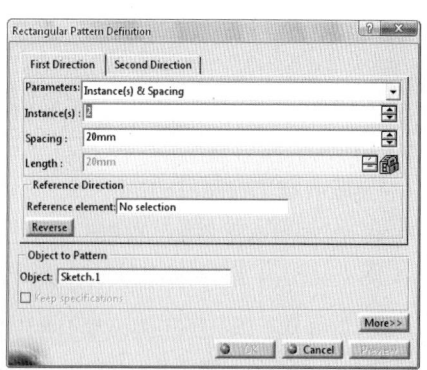

여기서 우선 First Direction과 Second Direction 이 있는 것을 볼 수 있을 것입니다. 각각 두 개의 방향에 대해서 다른 값을 넣어줄 수 있습니다.

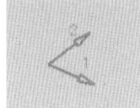

- **Instance & Spacing**

Instance 란 반복하여 만들 복사본의 수를 의미합니다. Spacing은 이들 사이의 간격이 됩니다.

- **Reference Direction**

Pattern이 만들어질 기준 방향을 선택하게 되는데 직선 요소를 선택하거나 평면 요소를 선택하여도 됩니다. Reverse를 사용하면 선택한 방향에 대해서 반대 방향으로 Pattern의 방향을 바꾸어 줄 수 있습니다.

- **Object to Pattern**

Pattern 하고자 하는 대상을 선택하는 부분으로 GSD의 Pattern의 경우 Pattern할 대상을 선택하지 않으면 명령이 실행되지 않습니다.

만약에 pattern 대상이 여러 개라면 pattern 명령을 시작하기 전에 미리 CTRL Key를 누르고 원하는 형상을 모두 선택한 후에 pattern 아이콘을 눌러야 합니다.

- **Keep Specifications**

이는 pattern하고자 하는 대상을 현재 형상만이 아닌 대상의 특성을 유지한 채 pattern하라는 Option으로 다음 예를 통하여 이해하게 될 것입니다.

- Pattern에서 필요 없는 부분 제거하기

Pattern을 하게 되면 두 개의 방향에 대해서 격자 형태로 형상이 복사됩니다. 그런데 항상 이렇게 모든 위치에 대해서 Pattern을 필요로 하지는 않습니다.

이럴 경우 Pattern 미리 보기 상태에서 각 형상이 만들어질 위치에 있는 주황색 Point를 클릭하여 제거해 줍니다. 물론 다시 클릭하여 해당 위치에 Pattern되게 할 수 도 있습니다.

또한 여기서 More를 열어보면 다음과 같은 Option이 더 나타납니다.

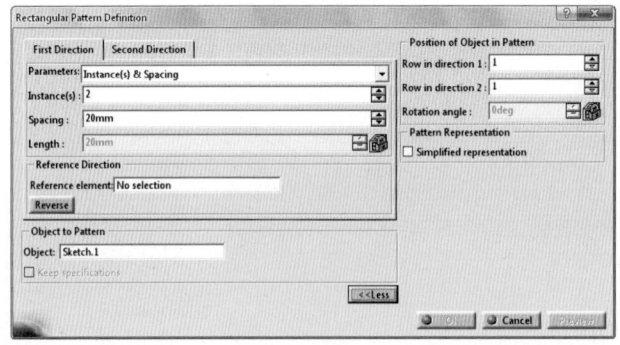

- **Position of Object in Pattern**

Pattern을 하게 되면 정해진 방향에 대해서 한쪽으로만 만들 수가 있는데 여기서 이 Row in direction의 값을 바꾸어 주게 되면 그 줄에서의 반대쪽으로의 Pattern을 조절할 수 있습니다.

다음과 같이 새로 Part Document를 실행하여 구 형상을 만들어 줍니다. 그리고 Pattern 하고자 하는 구 형상을 선택하고 Pattern 명령을 실행합니다. GSD의 Pattern은 복수선택이 되지 않으니 이 점을 유의해야 합니다. 따라서 여러 형상을 한 번에 같이 Pattern 하려고 한다면 그 형상들을 모두 하나로 묶어 주어야 합니다.

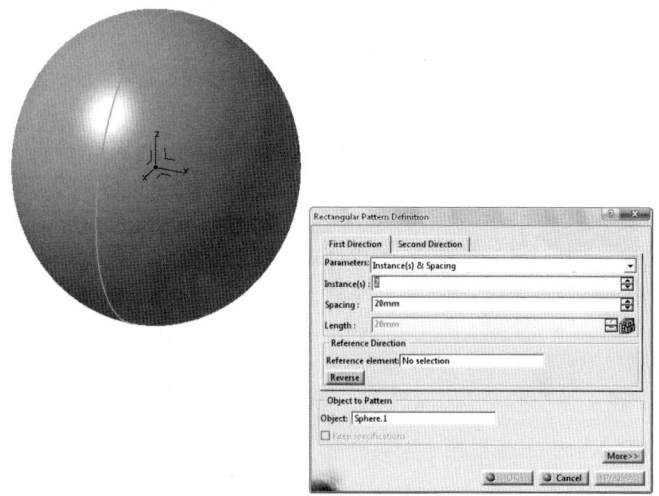

다음으로 형상의 Pattern 방향을 잡아 줍니다. Rectangular Pattern이므로 두 개의 직교 방향을 잡아 주면 됩니다. (각각 Axis의 X축과 Y축을 잡아줍니다.) 그리고 Pattern 간격을 잡아 줍니다.

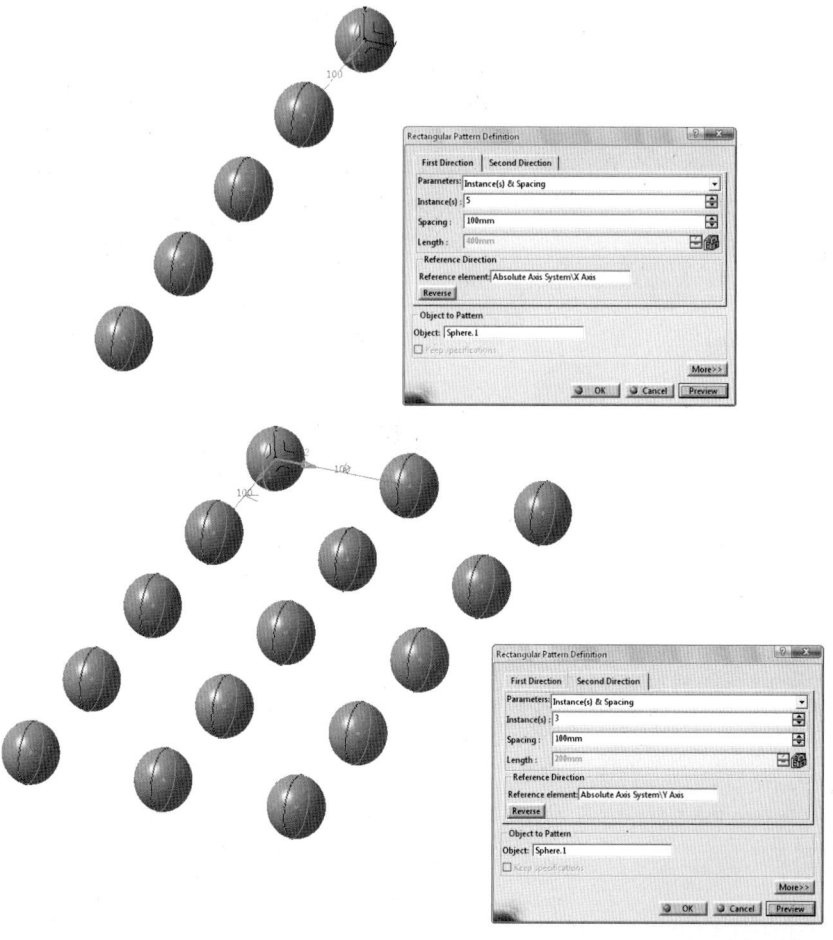

여기서 각 복사된 형상들의 중앙에 있는 Point를 클릭하면 해당 위치의 Pattern 형상을 제거해 줄 수 있습니다. 반대로 다시 이를 클릭하면 다시 형상을 그 위치에 복사하게 정의할 수 있습니다.

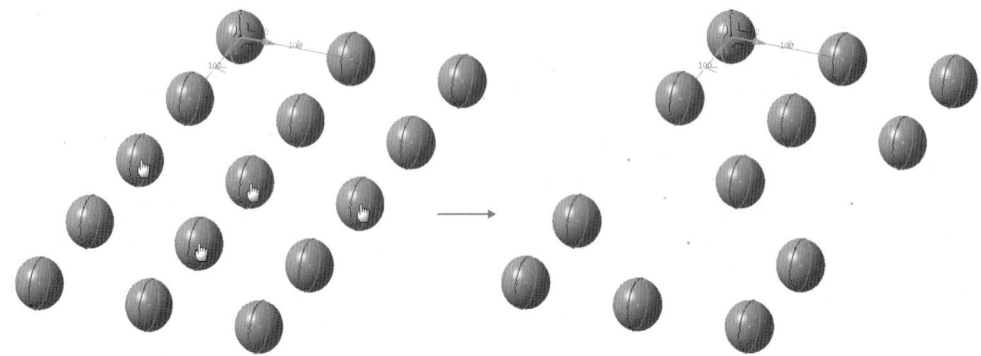

앞서 설명과 같이 Definition 창에서 More를 클릭하고 'Row in direction'을 조절하면 Pattern의 생성 방향을 설정해 줄 수 있습니다.(반드시 원점에서 한 방향으로 Pattern이 되는 것은 아닙니다.)

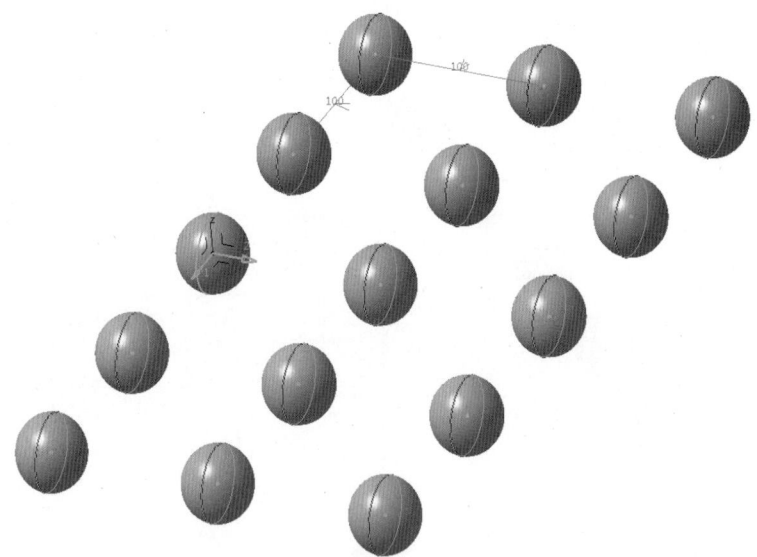

Anchor의 경우 각 단면 형상의 기준점의 위치를 맞추는데 사용합니다.

■ Circular Pattern

Circular pattern은 앞서 Rectangular Pattern과 마찬가지로 어떤 규칙을 가진 채 형상을 복사하게 되는데 이 명령은 회전축을 잡아 그 축을 중심으로 회전하여 원형으로 형상을 복사시킵니다. 선택한 기준 축을 중심으로 임의의 선택한 Surface, Curve 형상을 복사합니다.

Circular Pattern 역시 Pattern 명령을 실행하고 Pattern 하고자 하는 대상을 선택해 주어야 명령이 활성화 됩니다. 회전의 중심을 'Reference Element'에 선택해 주면 다음과 같이 원하는 각도와 수를 입력하여 형상을 원형으로 복사할 수 있습니다.

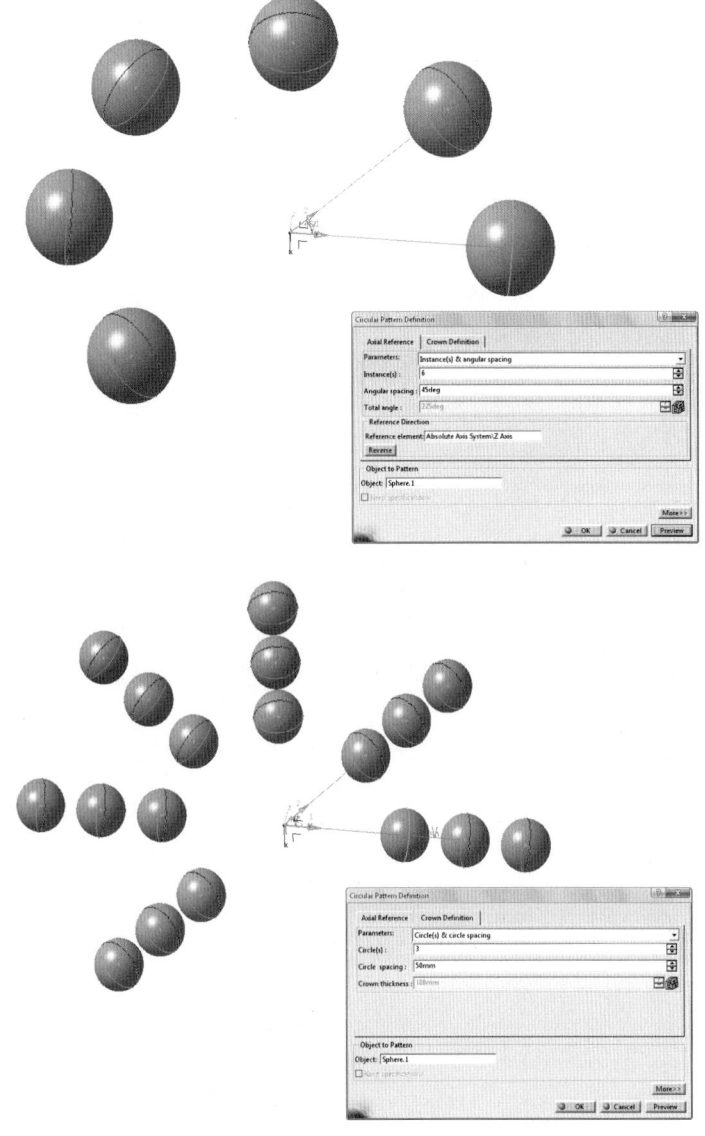

물론 이러한 Pattern은 Curve 요소에 대해서도 적용이 가능합니다.

■ User Pattern

User Pattern은 앞서 Pattern과 다소 차이가 있는데 이 명령은 일정하게 Pattern되는 룰이 정해진 것이 아니라 자신이 Pattern으로 복사될 지점을 Sketch에서 Point로 만들어서 이 지점으로 선택한 형상을 Pattern 시킵니다.

따라서 User Pattern에는 오른쪽과 같이 Position이라는 부분이 있어 이곳에 작업자가 Sketch로 그린 Point들의 위치를 입력 받는다. 복사할 대상의 위치를 사용자가 Sketch에서 Point로 Profile하여 임의의 선택한 Surface, Curve 형상을 복사하는 명령입니다.

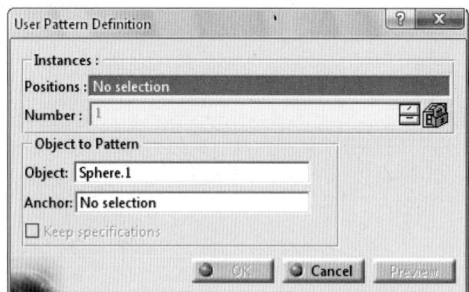

아래의 간단한 예를 따라해 보기 바랍니다.

다음과 같이 Pattern 하고자 하는 형상과 이 형상이 Pattern 될 위치를 나타내는 위치를 Sketch에서 만들어 주도록 합니다.(간단한 구형과 Sketch로 복사할 대상의 위치를 Sketch합니다.)

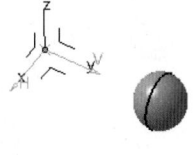

User Pattern 명령을 실행시키고 Pattern하고자 하는 대상을 선택합니다. 복사될 위치를 나타내는 Position에 앞서 Sketch를 선택해 줍니다. 그럼 다음과 같이 각 Point의 위치에 형상이 Pattern됩니다.

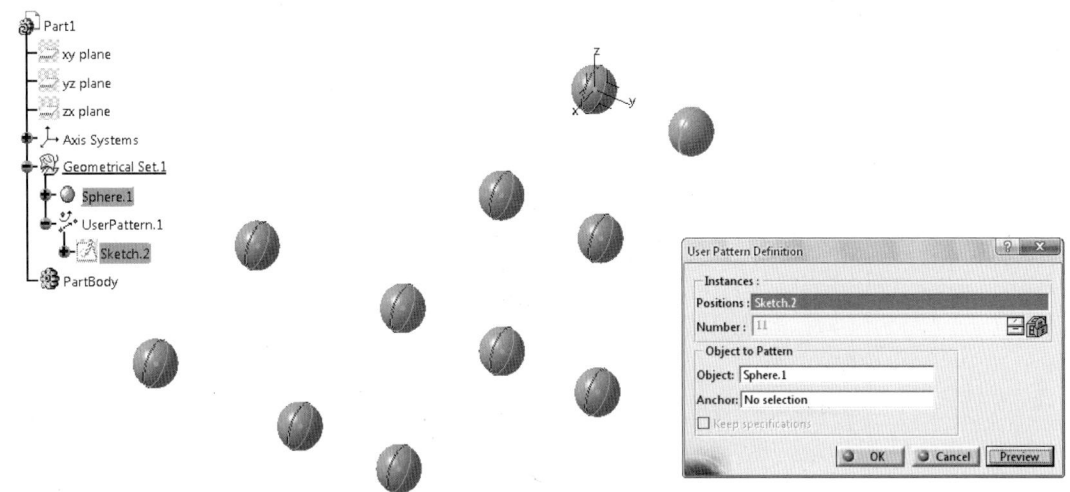

■ Duplicate Geometrical Set

이 명령은 Geometrical Set의 형상 전체를 복사해서 새로운 기준에 복사하여 붙여 넣는 방법입니다. 하나의 Geometrical Set에서 만들어진 형상과 전체의 작업을 이에 사용된 기준 요소(Plane, Axis, Point, Line, Face 등)를 이용하여 새로이 옮기고자 하는 위치에 같은 기준 요소를 준비하여 그대로 복사를 시킬 수가 있습니다. 다음의 예를 보도록 하겠습니다.

다음과 같은 형상을 가진 Geometrical Set 전체를 복사하려고 합니다.

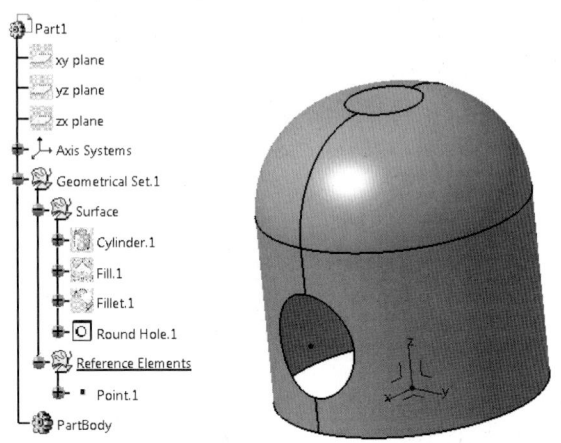

여기서 다음과 같은 위치에 새로운 Axis를 정의하였습니다.(축 방향이 변경된 것을 확인할 수 있을 것입니다.)

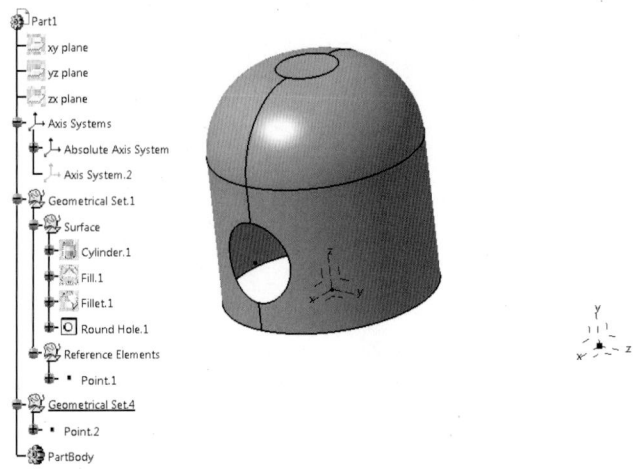

Duplicate Geometrical Set 명령을 실행시키고 복사하고자 하는 Geometrical Set을 선택해 줍니다.

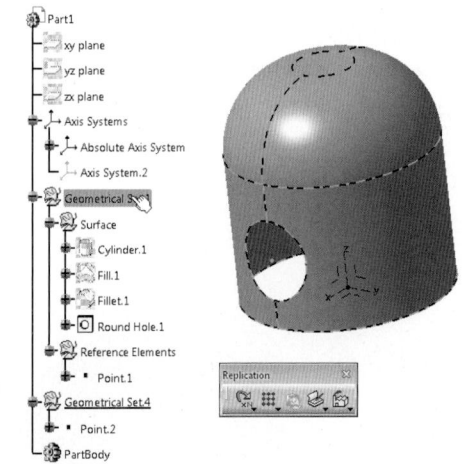

그러면 다음과 같이 Insert Object 창이 나타납니다.

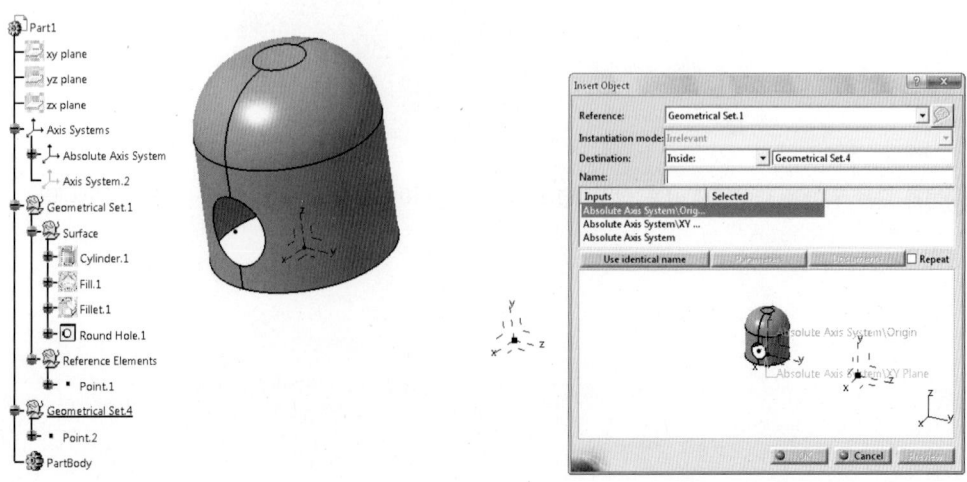

여기서 원본 Geometrical Set의 형상을 구성하는데 사용한 Plane이나 Axis 같은 기준 요소를 복사할 위치에 맞게 선택해 줍니다. 물론 입력 요소에 맞게 복사할 위치에 Axis나 평면을 미리 만들어 놓아야 함을 잊지 말기 바랍니다. 아래와 같이 기준 요소가 될 Axis를 만들어 줍니다. 위의 경우에는 설명을 간단히 하기 위해서 Axis 하나로만 모든 값을 복사할 수 있도록 기준을 잡아 주었습니다.

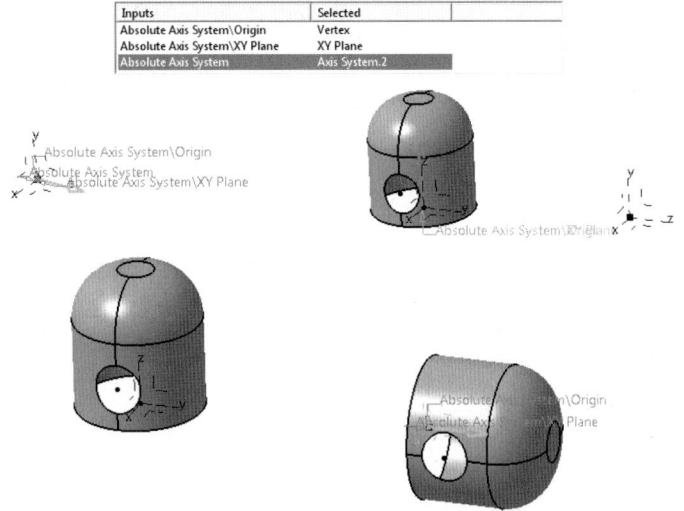

입력 요소를 바르게 잡아 주면 다음과 같이 형상을 원하는 위치에 복사할 수 있습니다. 물론 Spec Tree 역시 그대로 복사됩니다.

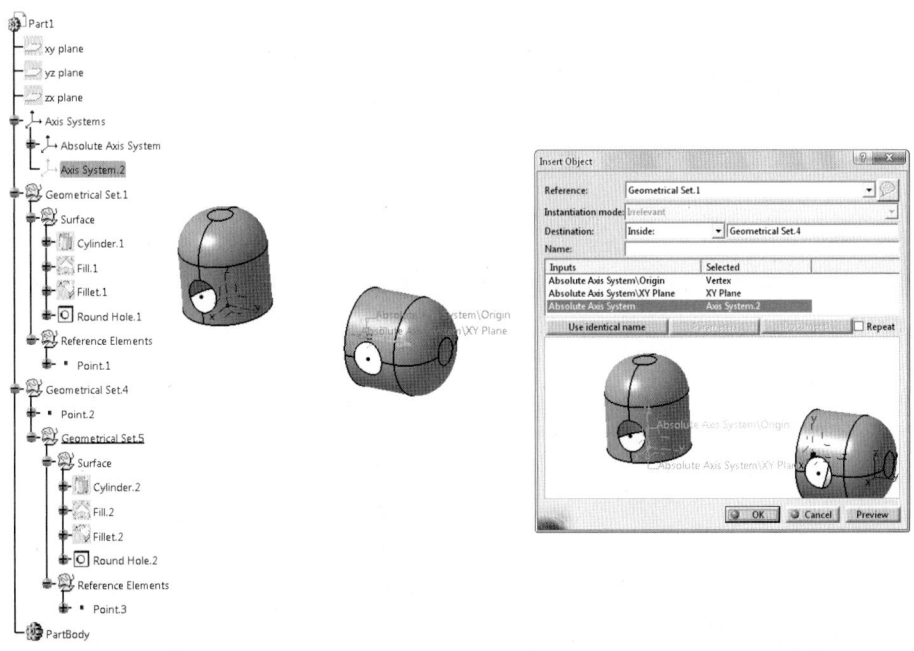

Geometrical Set에서의 동일한 작업을 다른 위치에서 하고자 할 때 반복 작업 없이 복사가 가능하므로 편리하게 사용할 수 있습니다. 그러나 형상을 만드는데 있어 입력 요소를 설정하는 것과 원점과의 구속으로 인해 형상이 바르게 복사되지 않는 경우가 있을 수 있으므로 원본 형상을 만드는데 이러한 문제를 잘 고려해야 합니다.

F. Advanced Surface

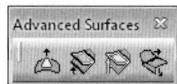

Advanced Surface에 속하는 명령들은 이미 만들어진 형상을 여러 가지 방법을 사용하여 변형시키는 명령입니다. 고급 기능에 속하는 만큼 자주 사용한다고는 할 수 없으나 형상을 변형시키는 강력하면서도 효율적인 방법들입니다.

■ Bump

Bump라는 명령은 말 그대로 혹을 만드는 명령으로 Surface 형상을 돌출시킨 모양을 만들어 줍니다. 명령을 실행시키면 다음과 같은 Definition 창이 나타납니다.

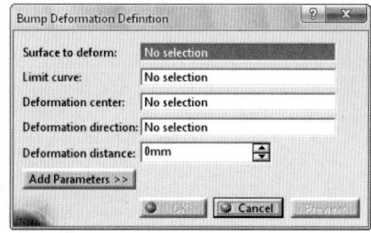

예제 파일을 준비합니다. 그리고 아래와 같이 XY 평면에 지름 70mm짜리 원을 그려줍니다.

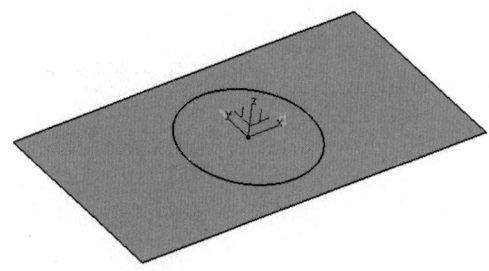

우선적으로 Bump 형상을 만들기 위해서는 변형시킬 Surface 형상(Surface to deform)과 변형이 일어날 범위를 제한하는 Curve(Limit Curve), 변형이 일어날 부위의 중심위치(Deformation center)를 선택해 주어야 합니다. 변형시키고자 하는 대상이 있다면 위와 같이 3가지 선택 요소를 미리 만들어 놓아야 합니다. 마지막으로 변형이 있어날 방향(Deformation Direction)을 선택해줍니다.(Deformation Direction은 지정해 주지 않으면 그냥 수직 방향으로 적용됩니다.)

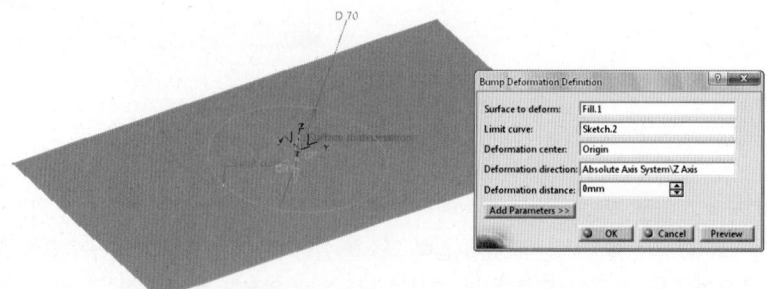

이렇게 기본 선택요소가 모두 선택이 되면 형상을 돌출시킬 수 있습니다. 돌출되는 값은 거리(Deformation Distance)로 입력을 받습니다.

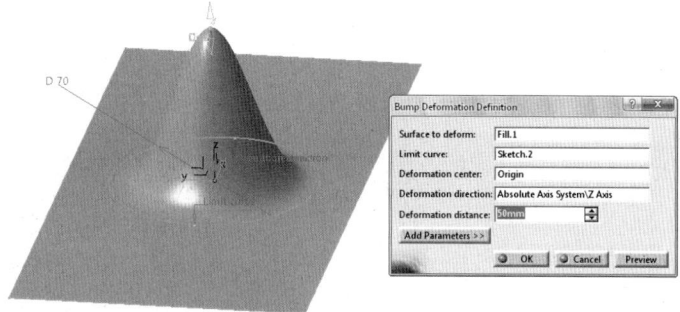

여기서 Definition 창 아래 Add Parameter를 클릭해 Definition 창을 확장해 보면 다음과 같은 Continuity Type을 선택할 수 있습니다.

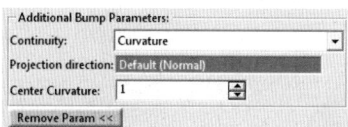

- Curvature Continuity

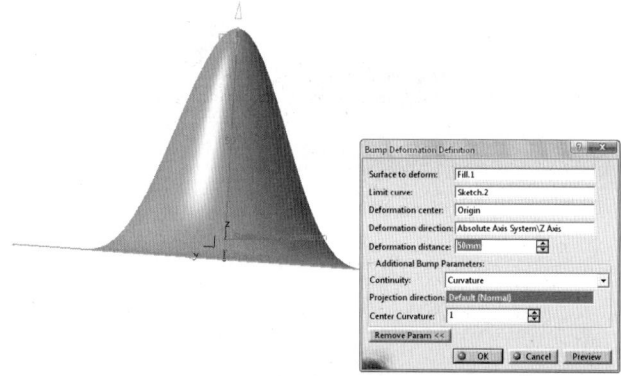

- Tangent Continuity

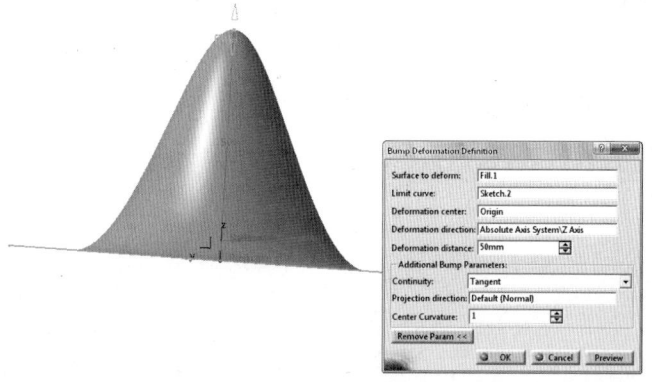

• Point Continuity

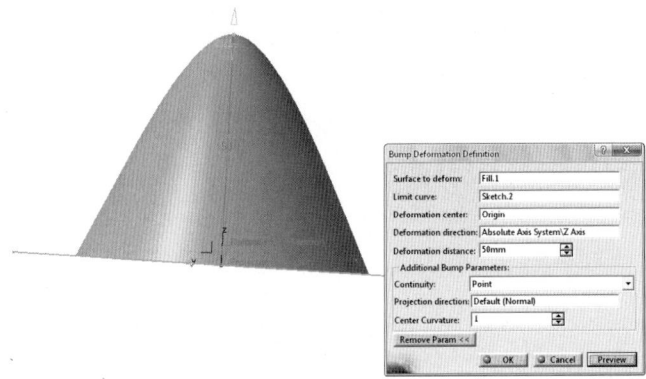

여기서 Continuity를 Point, Tangent, Curvature로 바꾸어 줄 수 있습니다. Center Curvature 값을 이용하면 돌출되는 Surface 형상의 머리 부분의 곡률을 조절할 수 있습니다.

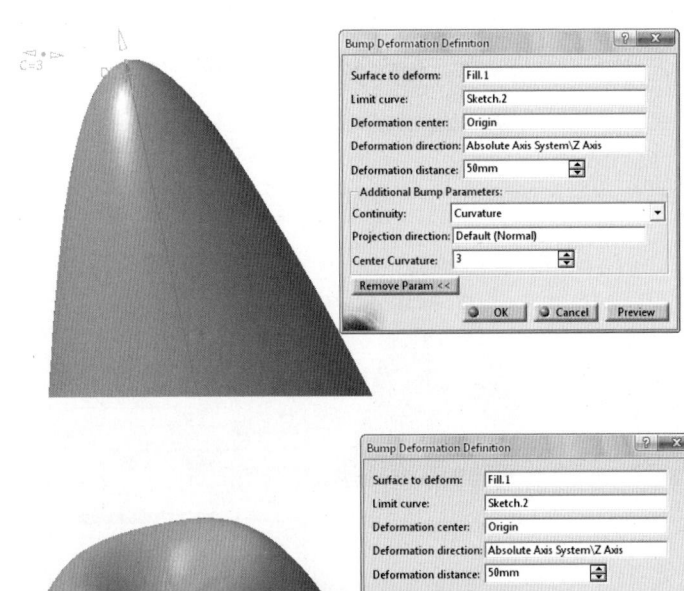

■ Wrap Curve

이 명령은 Surface 형상을 Curve를 이용하여 구부러트리는 명령입니다. 즉, 현재의 Surface를 임의의 Curve의 형상으로 휘게 하거나 펼치는 작업이 가능합니다. 명령을 실행시키면 다음과 같은 Definition 창이 나타납니다.

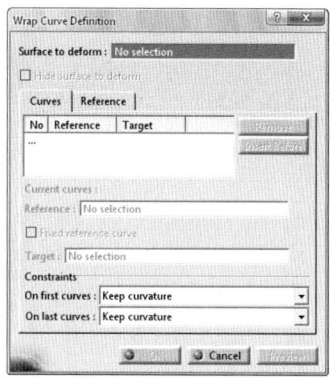

여기서 필요한 3가지 변수가 있는데 바로 변형시키고자 하는 Surface 형상(Surface to deform), 그리고 현재 형상에서 변형 시키고자 하는 방향으로의 기준 Curve(Reference), 변형 시킬 형상의 모양을 지닌 Curve(Target)입니다. 변형시키고자 하는 Surface는 하나이나 Reference와 Target은 변형을 원하는 부위의 Curve마다 선택을 해 줄 수 있습니다.

예제 파일을 준비합니다. 그리고 우선 다음과 같이 ZY 평면에 다음과 같은 형상을 Sketch합니다.

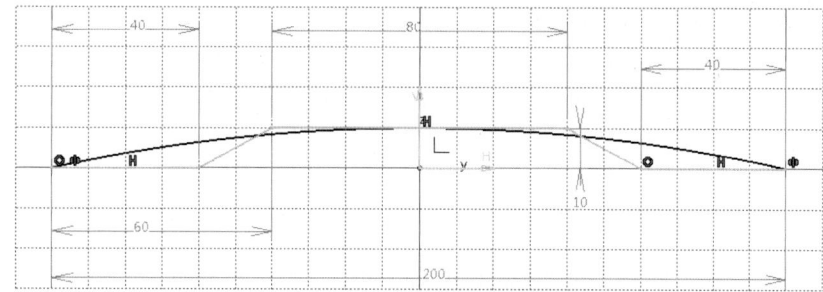

그리고 WrapCurve 명령을 실행하여 다음과 같은 순서대로 형상을 선택해 줍니다.

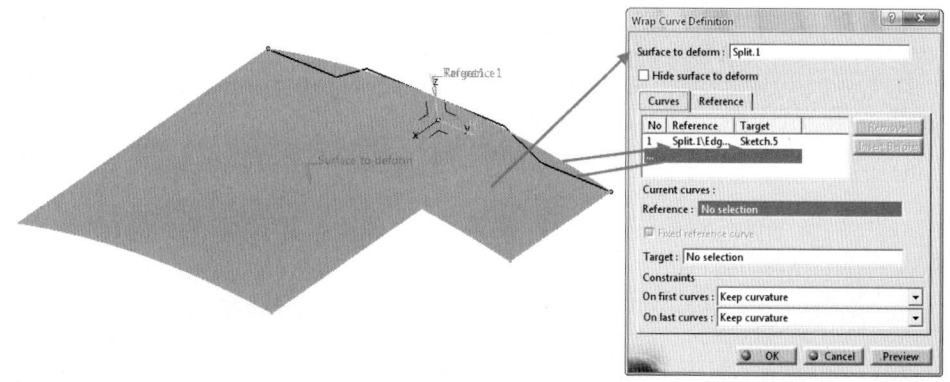

그럼 다음과 같은 결과를 미리보기 할 수 있습니다.

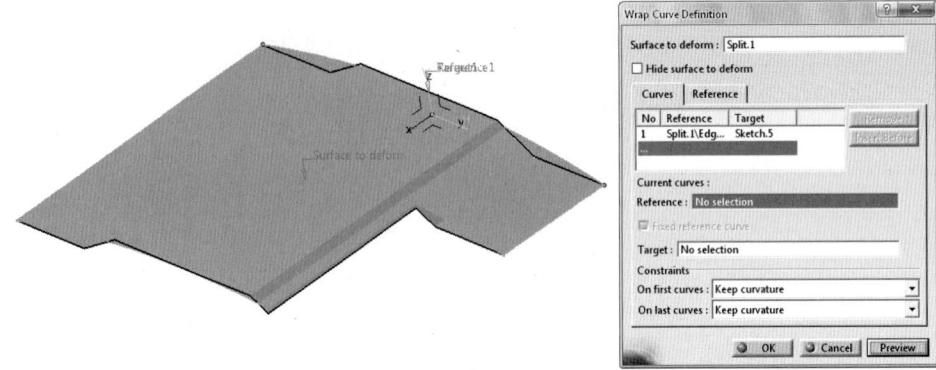

현재 형상의 위치에서 변형시키기를 원치 않는 부분은 해당 모서리(Edge)나 Boundary를 Reference로 선택한 후 Fixed reference Curve를 체크하면 이 부분은 변형 후에도 현재의 형상을 유지하게 됩니다. 따라서 다음과 같은 고수준의 Surface형상을 만들 수 있습니다.

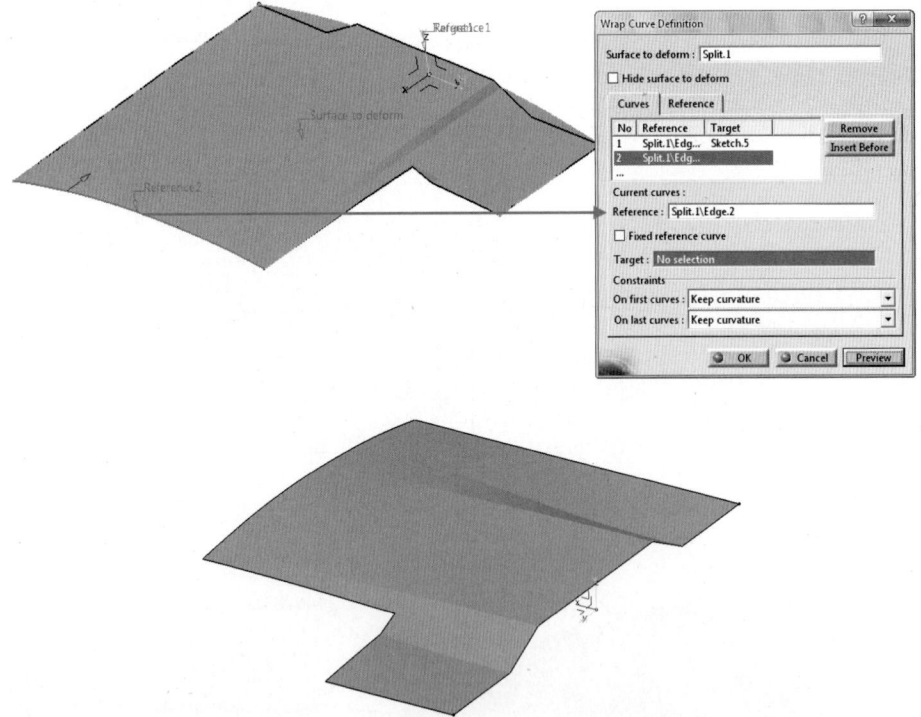

물론 여기서 사용하는 Curve의 수는 제한이 없으므로 위 Surface를 지나는 여러 개의 Curve를 사용하여 Surface를 변형시킬 수 있습니다.

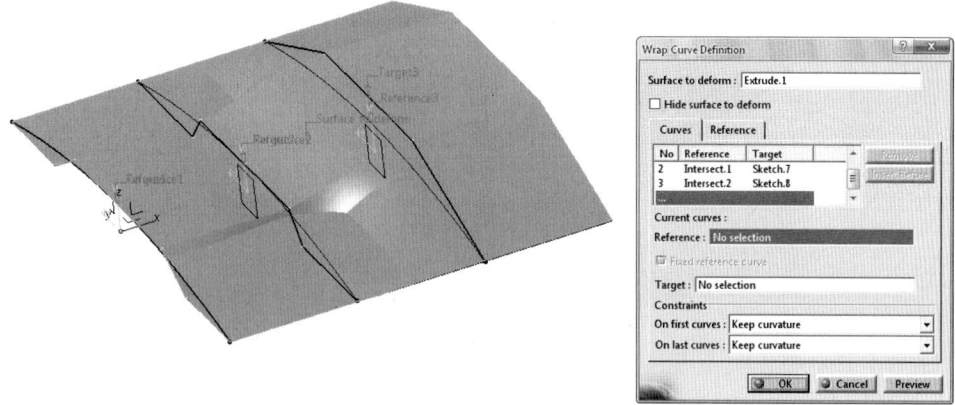

■ Wrap Surface

이 명령은 Surface 형상을 다른 Surface를 기준으로 형상을 이용하여 구부러트리거나 펼치는 명령입니다. Wrap Surface 명령을 사용하려면 우선 변형시키고자 하는 Surface 형상(Surface to Deform)과 이에 기준이 되는 Surface 형상(Reference Surface) 그리고 변형의 기준이 될 Surface 형상(Target Surface)을 필요로 합니다.

예제 파일을 준비합니다.

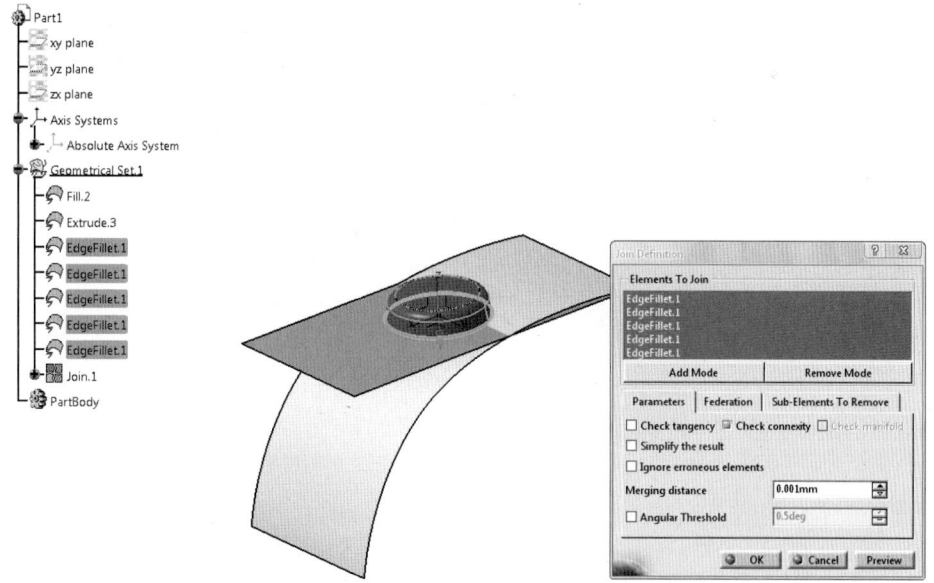

다음으로 아래와 같은 순서로 대상을 선택해 줍니다.

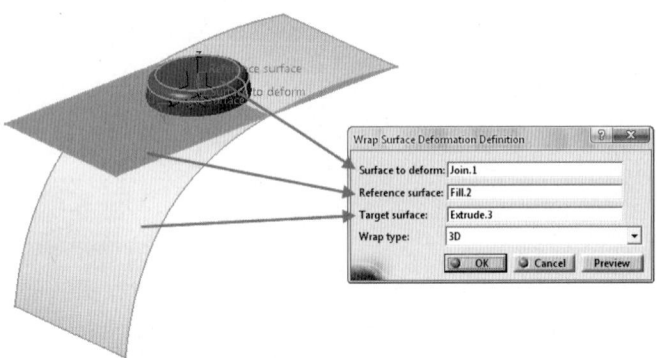

결과는 오른쪽과 같이 나타납니다. 원본 형상에 비하여 앞서 곡면들에 영향을 받아 형상이 변형된 것을 확인할 수 있습니다.(사용한 곡면은 숨기기 하였습니다.)

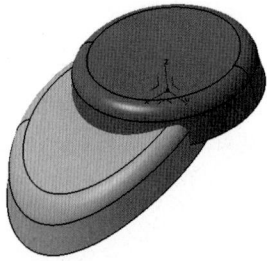

또한 Wrap Surface는 Wrap Type으로 다음과 같이 3D, Normal, With direction 3가지 방식을 가지고 있습니다. 각 방식에 따른 Wrap Surface 결과입니다.(아마 대부분의 작업은 Normal Type이 적합할 것입니다.)

- 3D Type

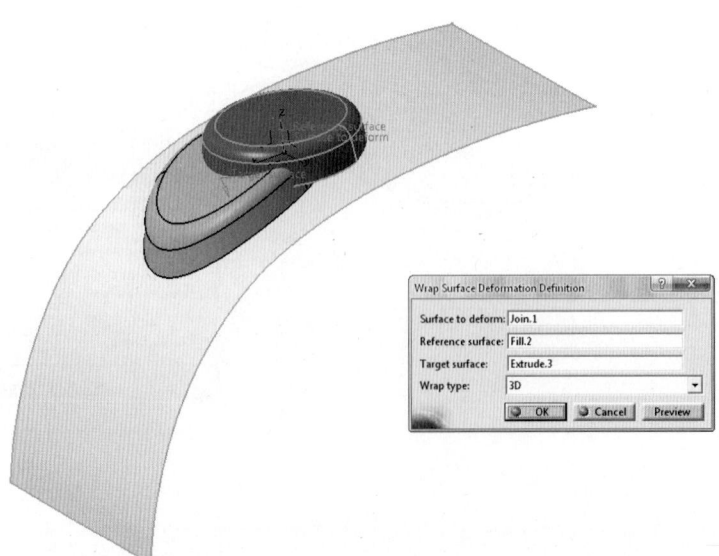

• Normal Type

Target Surface에 대해서 수직하게 결과 형상을 만듭니다.

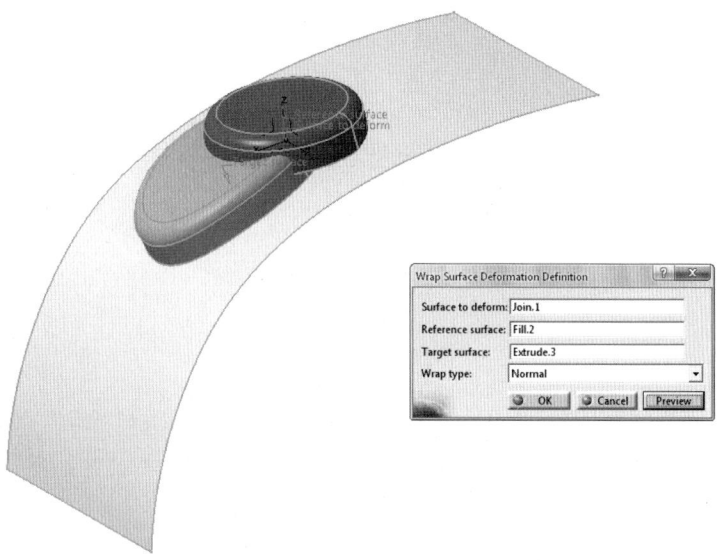

• With Direction Type

방향을 축 요소나 직선 요소로 지정해 줍니다.

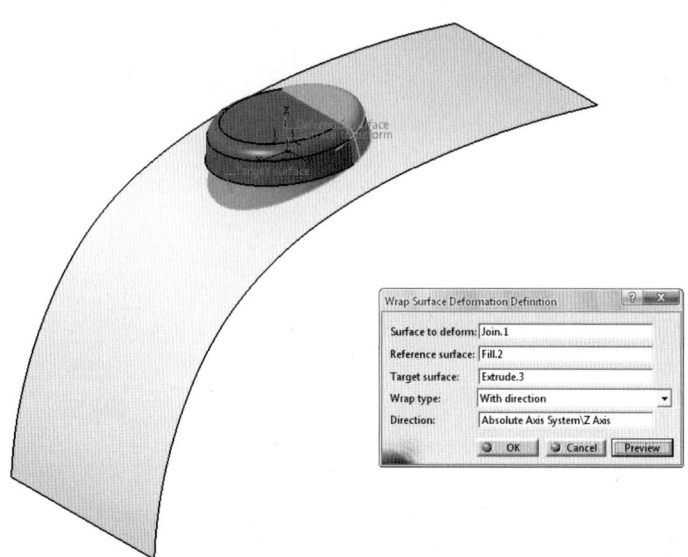

위와 같은 3가지 Wrap Type 중에 원하는 조건에 맞게 선택을 해주면 다음과 같이 원본 형상은 Hide되고 Wrap된 형상이 남게 됩니다.

■ Shape Morphing

이 명령은 앞서 Wrap Curve의 한 단계 진보된 형상을 만드는 명령으로 생각할 수 있는데 변형시키고자 하는 Surface 형상(Surface to Deform)을 기준이 되는 Curve (Reference)에서 대상이 될 Curve (Target)로 형상을 변경시킵니다.(Wrap Curve와 다소 비슷하나 표현할 수 있는 범위가 더 넓습니다.)

예제 파일을 준비합니다. 여기서는 변형시키고자 하는 Surface 형상을 4곳의 Curve를 이용하여 형상을 변형시킬 것입니다. 그림에서 볼 수 있듯 두 곳에 대해서는 Reference를 다른 Curve로 대체할 것이며 한 곳에서는 현재의 Reference를 그대로 사용할 것입니다.

변형 시키고자 하는 Surface를 선택해 주고 Curve 요소는 Reference에서 Target 순으로 선택해 줍니다. Target 부분이 비어 있는 곳은 현재 Reference를 그대로 유지한다는 뜻이 됩니다.(여기서 첫 번째 Curve 요소는 Reference와 Target 모두 곡면의 끝 Edge를 선택하였습니다.)

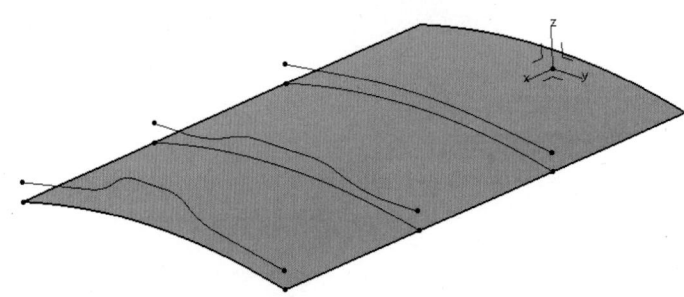

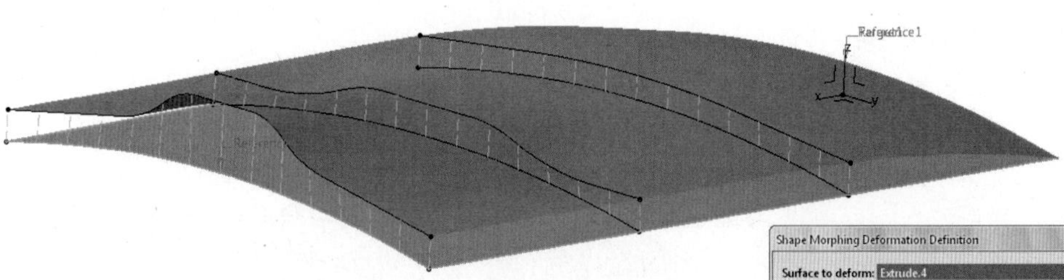

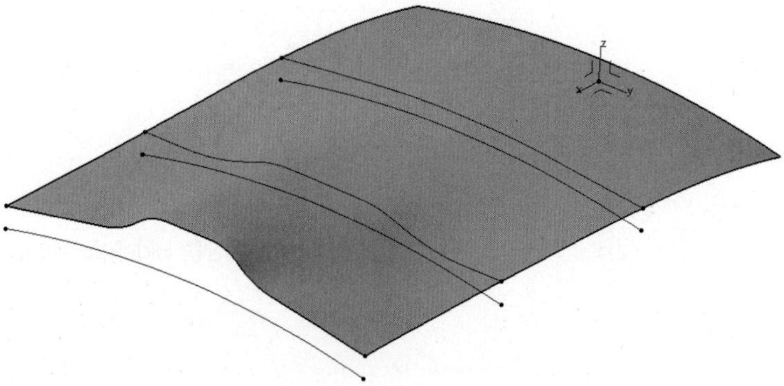

또한 Target이 되는 Curve 지점에 Surface가 있다면 이를 이용하여 다음과 같이 Tangent하게 형상을 변형시킬 수 있습니다.

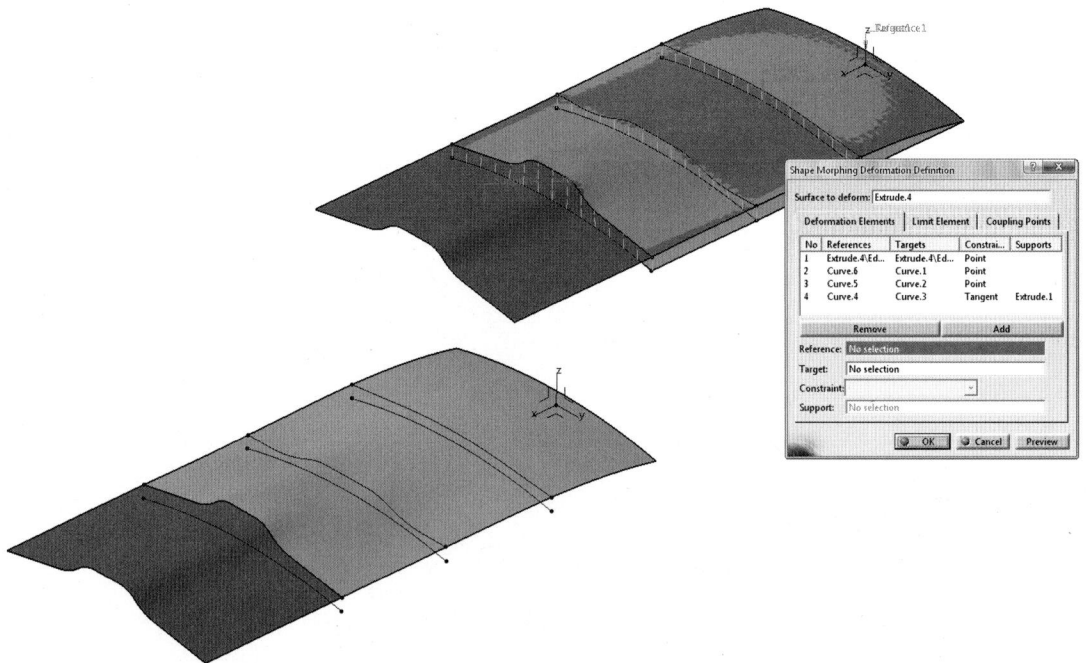

Limit Element Tab으로 이동하면 Limit Curve를 선택할 수 있는데 이 Curve를 기준으로 만들질 Surface를 제한할 수 있습니다. Limit 할 때 Continuity를 Point, Tangent, Curvature로 선택할 수 있습니다. 아래와 그림과 같이 Limiting Element는 Deformation Element와 중복을 선택해서는 안 되며 Limiting Element에 나타난 화살표 방향 쪽의 형상을 변형하게 됩니다.(앞서 예제 파일에서 동일하게 선택하고 작업을 수행해 보기바랍니다.)

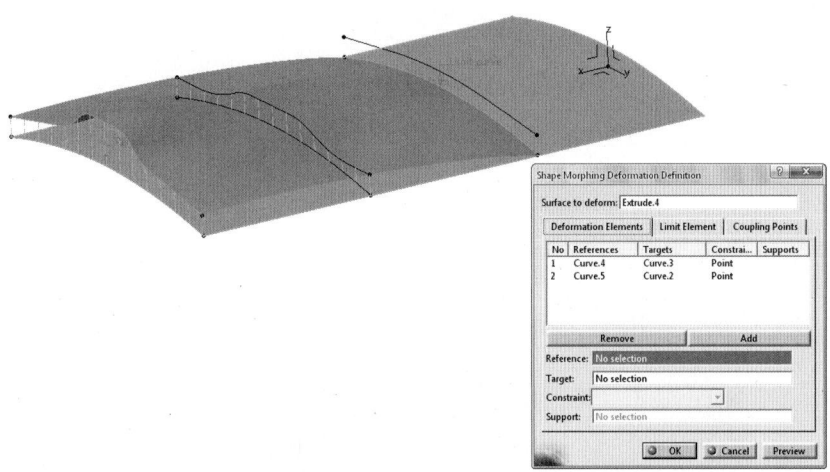

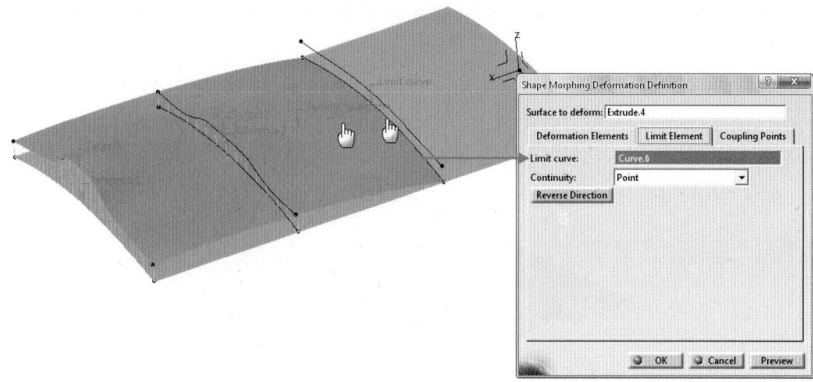

- Point Continuity 경우

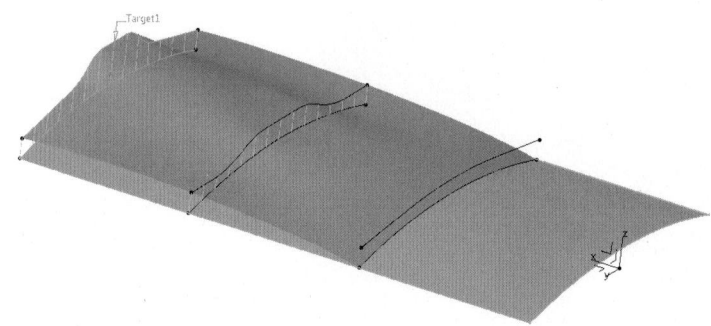

- Tangent Continuity 경우

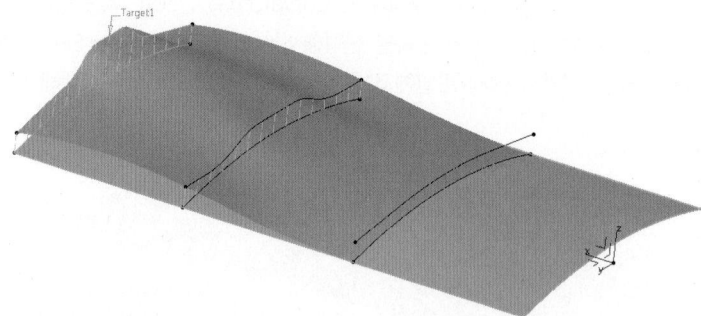

- Curvature Continuity 경우

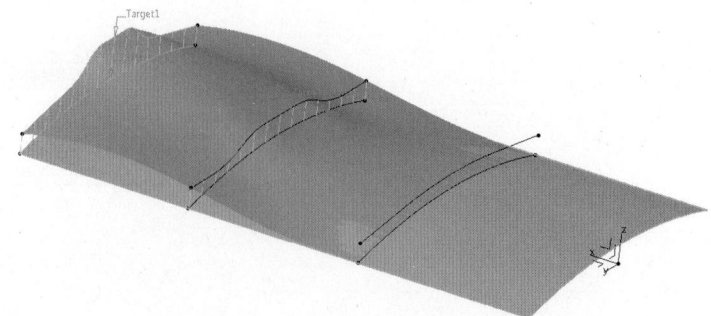

다음은 완성된 형상의 모습입니다.

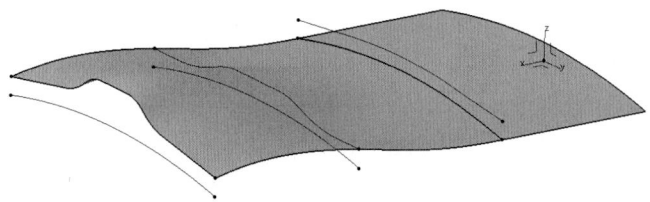

Shape Morphing과 같은 명령은 곡면 형상의 수정과 응용에 훌륭하게 적용할 수 있습니다.

G. Developed Shapes

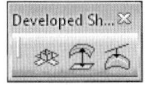

■ **Unfold**

단 차원으로 구부러진 Surface 형상을 하나의 기준 평면에 펼치는 명령입니다. 여기서 단 차원 Surface란 Multi-Section이나 Sweep 등과 같이 각 단면의 형상이 일정하지 않게 그려진 Surface 형상을 일컫습니다.(다차원 곡률을 가진 Surface 형상을 Unfold하는 방법은 CATIA V5 Release 17부터 지원합니다.)

따라서 Release 16이하에서는 3차원 곡률을 가지는 형상을 Unfold 하려면 다음과 같은 메시지가 출력됩니다.

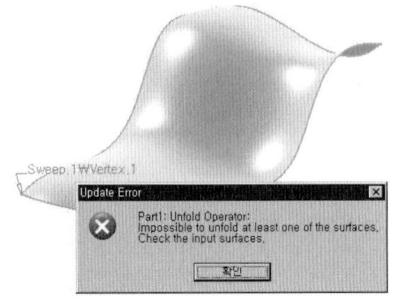

그러나 CATIA 곡면 처리 기술의 발달로 이제는 이와 같은 처리가 간단해 졌습니다. 그러나 여기서 주의할 것이 있습니다. 3차원 방향으로 곡률진 곡면의 경우 형상에 따라 Unfold되면서 길이가 달라지는 경우가 있습니다. 따라서 Unfold 후 반드시 Measure로 길이를 자시 측정해 보셔야 합니다.

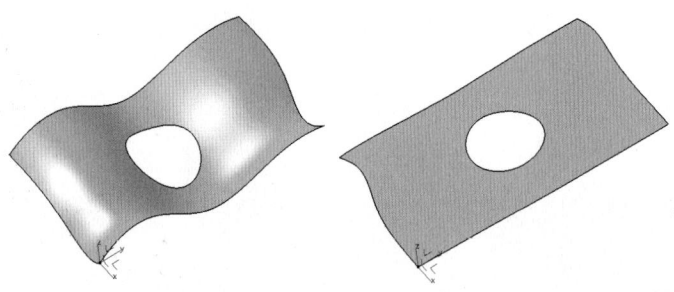

Unfold하고자 하는 대상을 선택한 후에 명령을 실행시키면 다음과 같은 Definition 창이 나타납니다. 여기서 Surface가 닫혀있는 형상이 아니라면 Unfold할 수 있는 형상은 바로 펼쳐진 형상이 미리 보기가 될 것입니다.

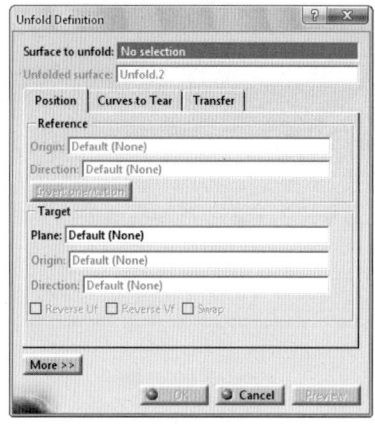

예제 파일을 준비합니다.

명령을 실행하고 대상을 선택합니다.

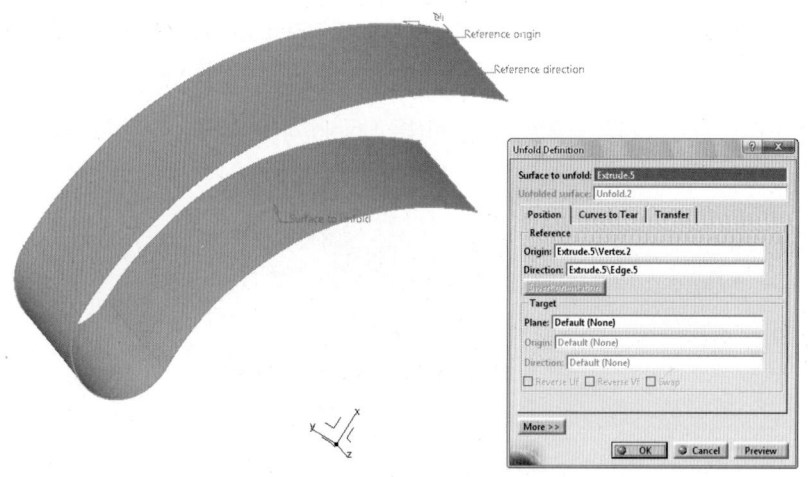

여기서 바로 미리 보기를 수행하면 다음과 같습니다.

여기서 Unfold 된 형상이 원본 형상의 끝에 만들어지는데 Position Tab에서 Target에서 Plane을 선택해 주면 선택한 평면으로 Unfold되는 형상이 옮겨집니다.

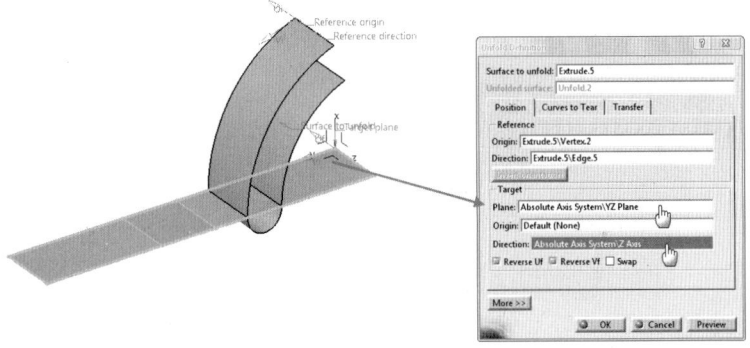

이렇게 Unfold된 형상을 사용하여 실제 제작을 위한 대상의 전개 곡면을 생성할 수 있습니다.

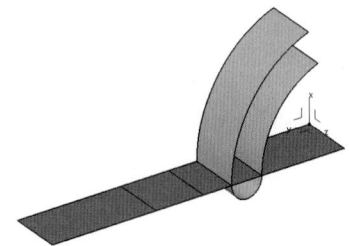

그러나 만약에 Surface 형상이 Band Type으로 이어져있거나 Shell Type이라면 바로 Unfold되지는 못하고 형상이 펼쳐질 수 있도록 찢을 부분을 선택해 주어야 합니다.

예제 파일을 준비합니다.

명령을 실행하고 미리보기를 하면 다음과 같이 파란 선과 Annotation으로 찢을 수 있는 부분을 나타내 주고 있기 때문에 선택만 해주면 됩니다.

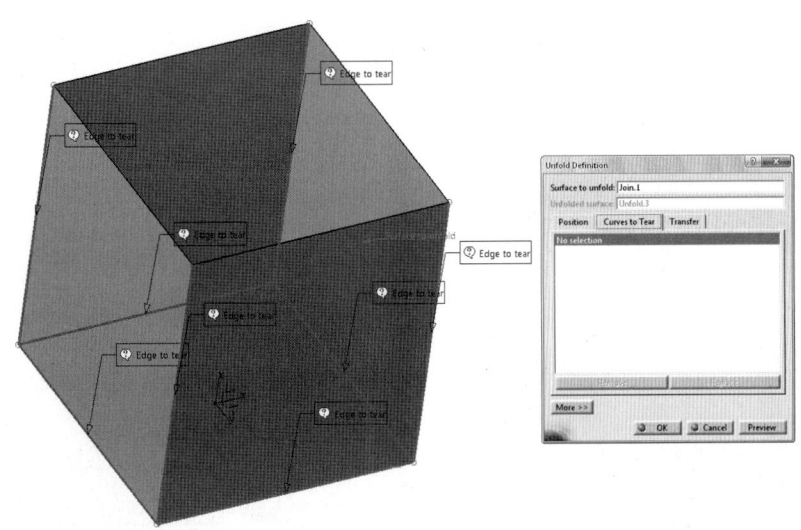

형상에 맞게 찢을 부분을 하나씩 선택해 줍니다.

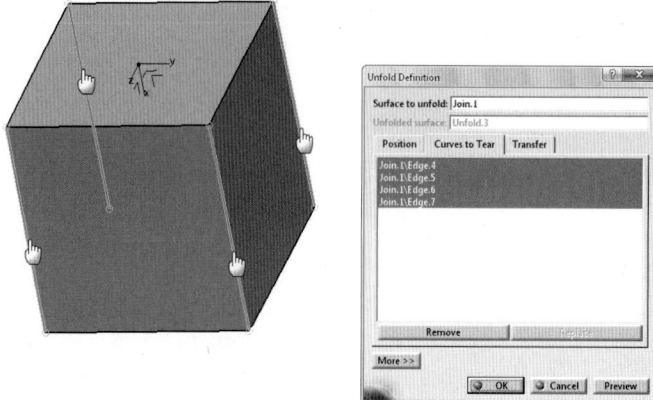

다음으로 다시 Position Tab으로 이동해서 원점을 정의해 주도록 합니다.

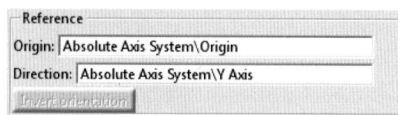

원점을 정의하지 않으면 다음과 같은 Error 창이 나타납니다.

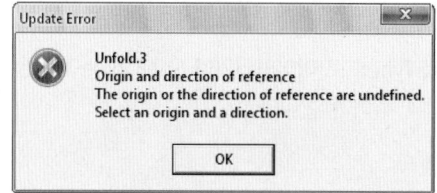

형상을 완전히 펼칠 수 있는 부분까지 선택을 하면 다음과 같이 미리 보기가 됩니다.

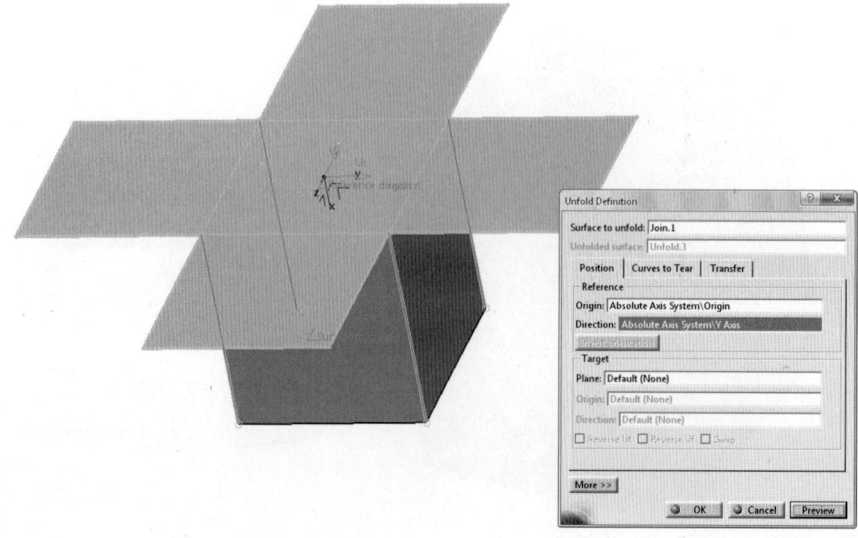

마찬가지로 Plane을 이용하면 Unfold된 형상의 위치를 잡아줄 수 있습니다.

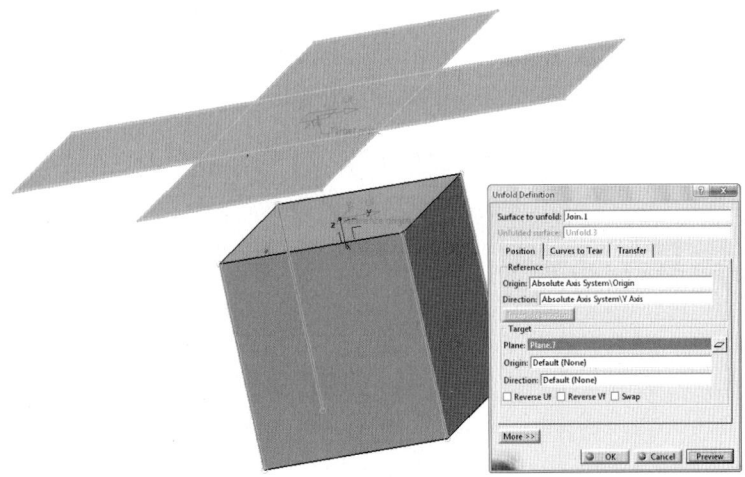

결국 다음과 같은 형상을 얻을 수 있습니다.

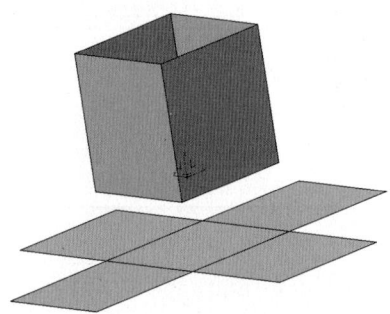

예제 파일을 준비합니다. 마지막으로 다음과 같은 곡면 형상을 Unfold해 보기 바랍니다. 3차원 방향으로 모두 휘어진 곡면에 대해서는 완벽한 Unfold가 불가능하다는 점을 기억하기 바라며 반드시 작업 후 경계 모서리 길이나 면적 측정 등을 통하여 오차 범위 내에 Unfold인지를 확인해야 합니다.

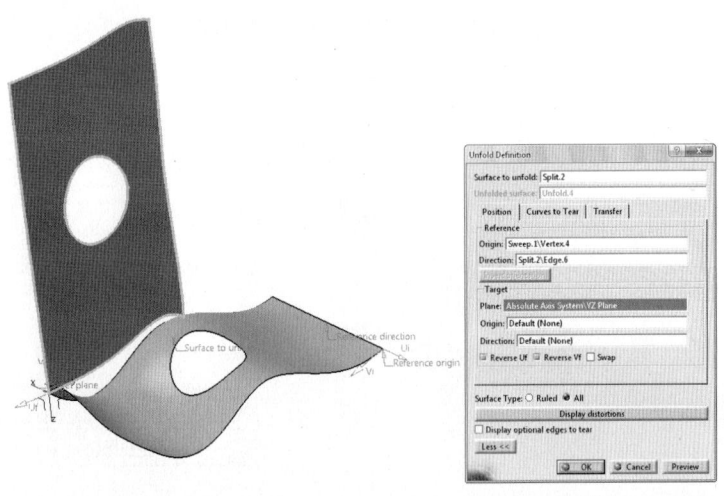

■ Transfer

이 명령은 Point, Curve, Sketch와 같은 Wireframe 요소를 기준이 되는 곡면의 Unfold 형상에 맞추어 기존 위치에서 Unfold 후의 위치로 전가하는 명령입니다. 즉, Unfold 이전의 형상을 기준으로 만든 Wireframe 형상을 Unfold 후 형상에 맞게 변형시켜주고자 할 때 사용할 수 있습니다.

명령을 실행하면 다음과 같은 Definition 창이 나타납니다.

예제 파일을 준비합니다. 그리고 아래와 같이 XY 평면을 기준으로 원을 Sketch합니다.

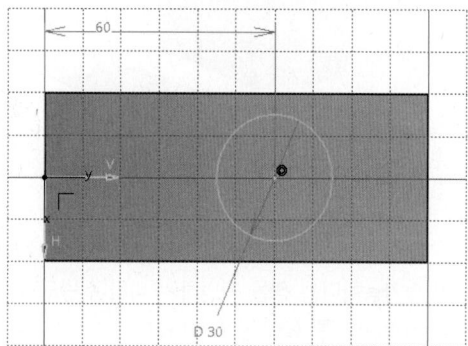

그리고 Transfer 명령을 실행하고 다음과 같은 순서대로 대상을 선택합니다.

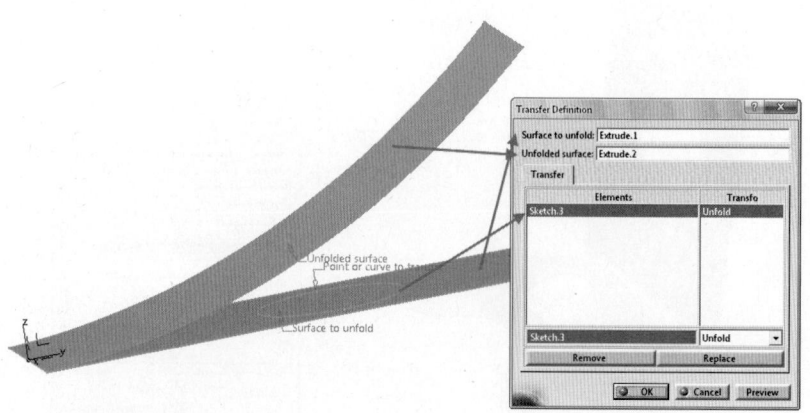

그럼 다음과 같은 결과를 확인할 수 있습니다.

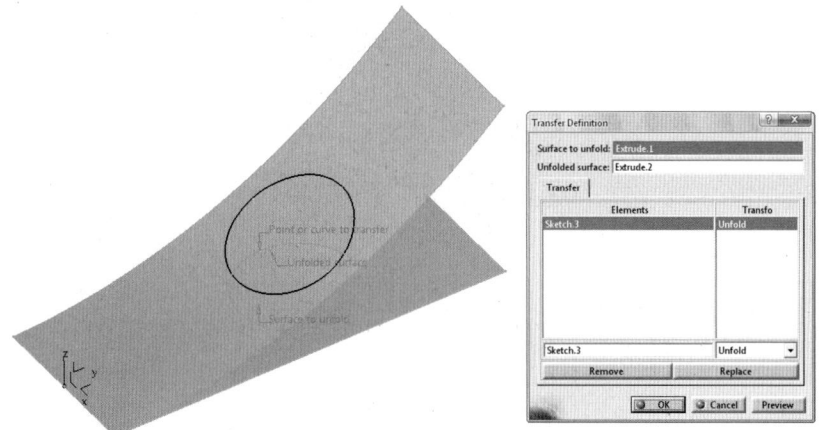

■ **Develop**

이 명령은 Curve, Sketch, Point와 같은 Wireframe 요소를 회전체의 곡면 형상의 위로 전개하고자 할 경우에 사용할 수 있는 명령입니다. Domain이 교차하지 않는 Open된 형상이나 완전히 Closed된 Wireframe 요소만을 수행할 수 있습니다. 또한 회전체가 아닌 곡면은 사용할 수 없습니다.

명령을 실행하면 다음과 같은 Definition 창이 나타납니다.

전개 작업을 수행할 수 있는 방법으로는 다음의 세 가지 Method를 제공하고 있습니다.

- Develop-Develop
- Develop-Project
- Develop-Develop inverted

예제 파일을 준비합니다.

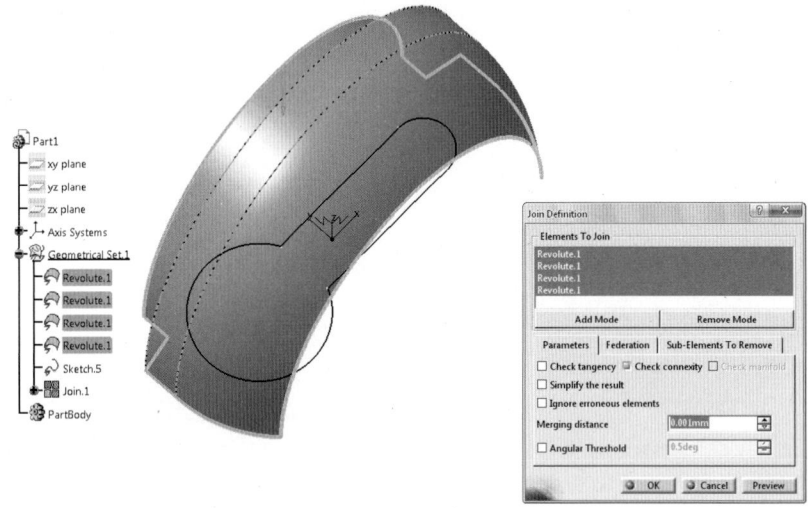

다음으로 Develop 명령을 실행하여 순서에 맞게 대상을 선택하여 줍니다.

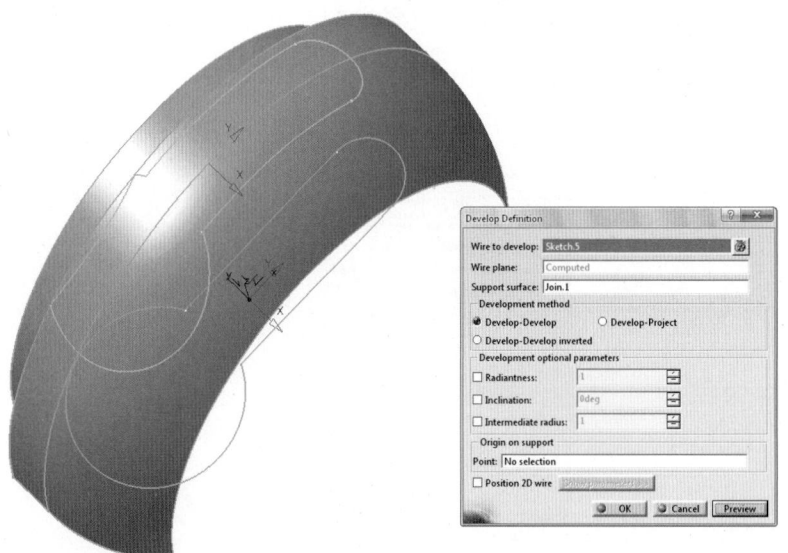

각 Method를 변경해가며 명령을 다시 수행해 보기 바랍니다. Optional Parameter를 사용하면 전개의 속성을 추가적으로 변경해 줄 수 있습니다.

H. BIW Template

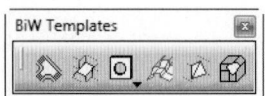

BIW - Body In White란 도색을 하기 직전의 완성된 차체를 부르는 명칭으로 샤시 설계를 목표로 고안된 기능인만큼 역시나 고급 Surface 모델링 기능을 수행합니다.

■ **Junction**

이 명령은 두 개 이상의 Surface 형상을 이어주는 명령입니다. 각 Surface 형상의 단면과 단면을 이어주는 작업을 수행하며 따로 Guide를 그려주거나 방향성을 맞추어줄 필요 없이 스스로 각 단면의 마디와 방향, Guide 등을 감지하여 형상을 만들어 냅니다.

명령을 실행시키면 다음과 같은 Definition 창이 나타납니다.

예제 파일을 준비합니다.

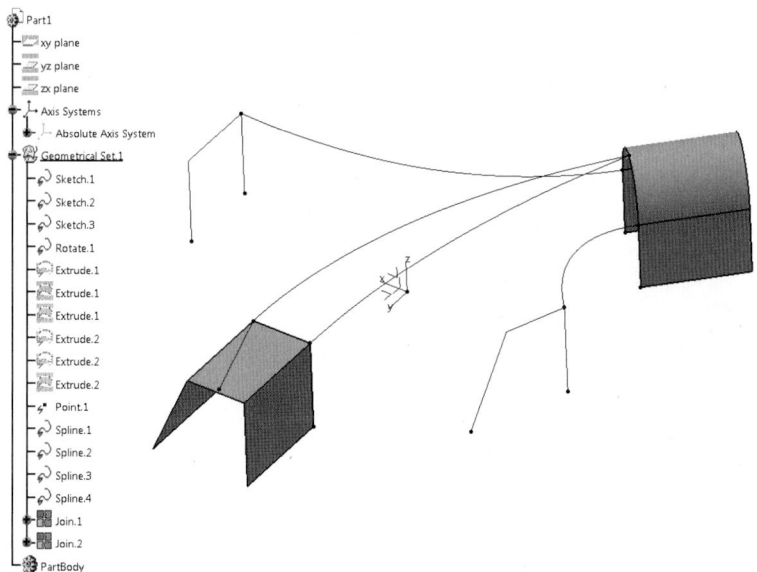

여기서 위의 Section이라는 부분에 각 Surface 형상의 이어질 부분의 단면 Curve를 선택해 줍니다. 우선은 다음과 같이 두 개의 Surface를 가지고 작업을 해 볼 것입니다. 단면을 선택했을 때 나타나는 녹색의 Guide는 CATIA 내에서 계산한 것입니다.

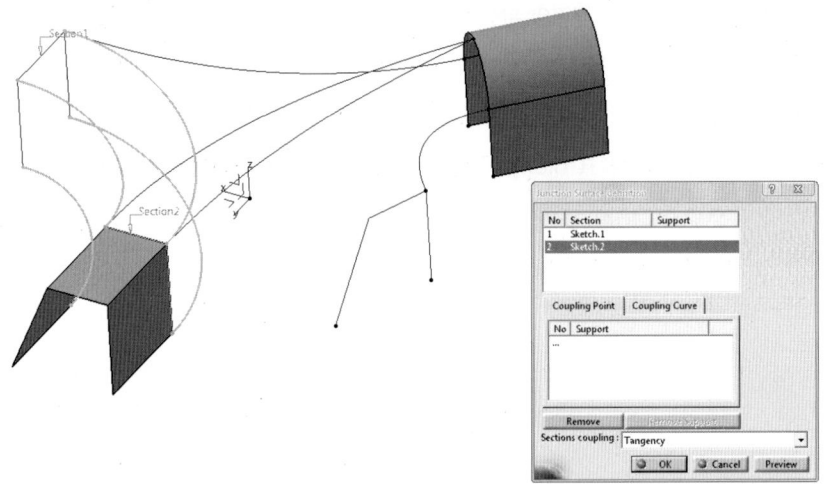

이렇게 단면상의 Curve들을 선택해 주고 미리 보기를 해 보면 손쉽게 두 대상 간을 이어지는 것을 볼 수 있습니다.

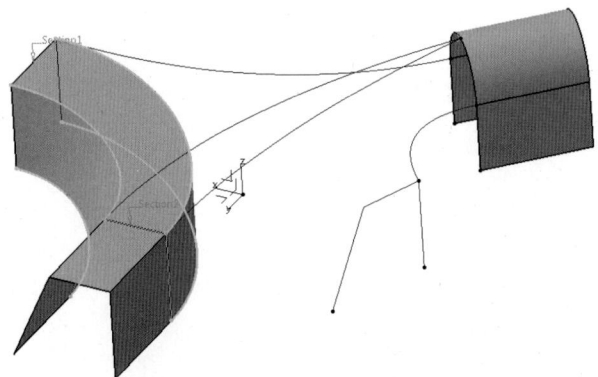

이제 3개의 Surface를 사용해 보도록 하겠습니다. 3개의 단면에 해당하는 Curve를 선택해 주면 자동적으로 Guide 가 잡힙니다.

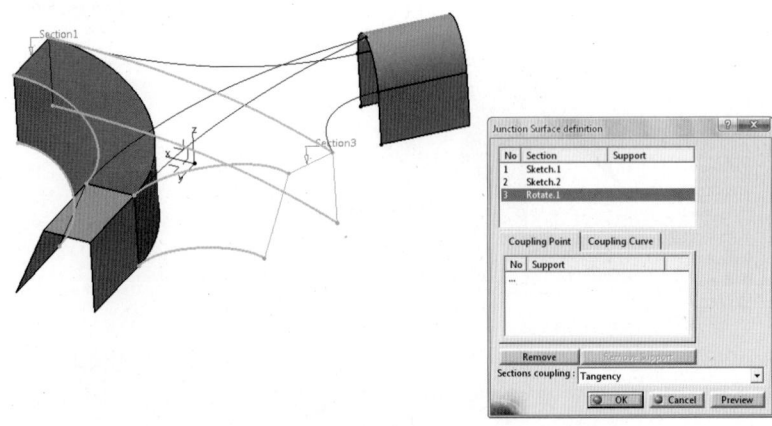

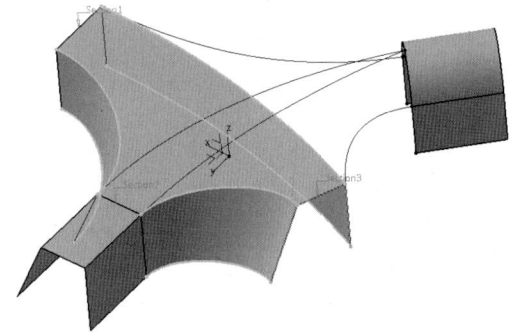

또한 각 단면의 Curve를 Surface에 Tangent하게 하기 위해 Curve를 선택하고 Surface를 선택하여 Support로 입력을 해주면 Junction으로 만들어지는 Surface 형상과 단면을 가진 Surface가 연속적으로 이어집니다.

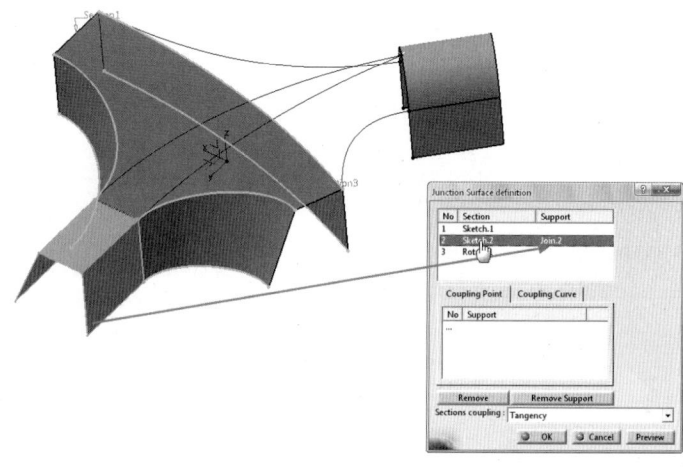

Definition창 아래의 Coupling Point나 Coupling Curve를 이용하여 각 단면의 이어지는 모양을 잡아 줄 수 있습니다.(단면이 복잡하거나 여러 개인 경우에 사용하게 됩니다.) 다음은 4개의 Coupling Curve를 사용하여 Junction을 작업한 것입니다.

위 작업 상태에서 둥근 단면 형상을 선택한 후에 Coupling Curve Tab에 Coupling Curve에 4 Curve 요소를 선택해 줍니다.

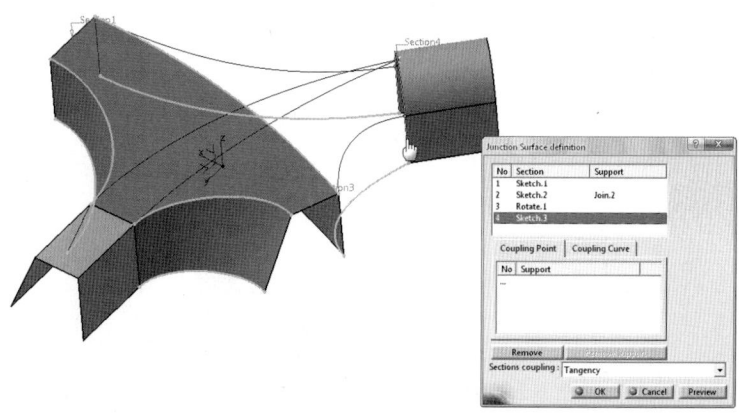

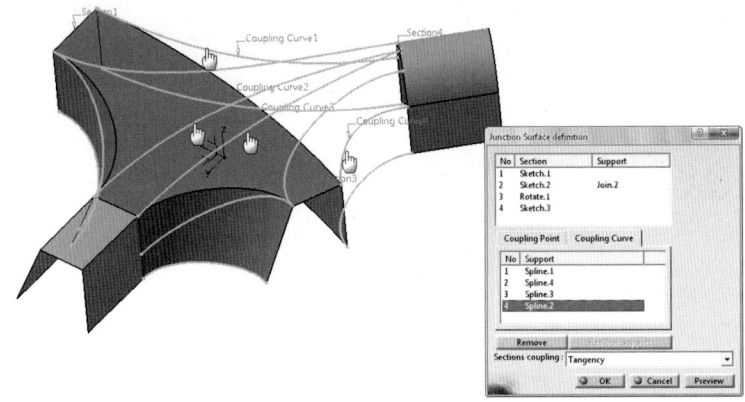

아래 그림에서 볼 수 있듯이 형상이 이어지는 부분이 변경된 것을 확인할 수 있습니다.

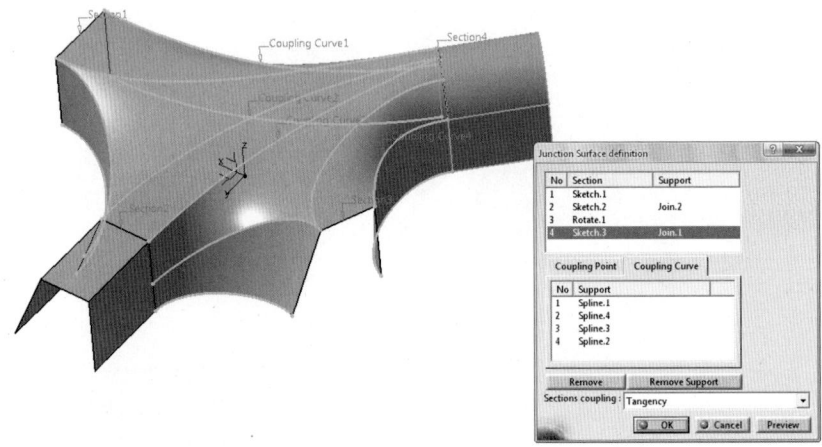

결국 다음과 같은 결과를 얻게 됩니다.

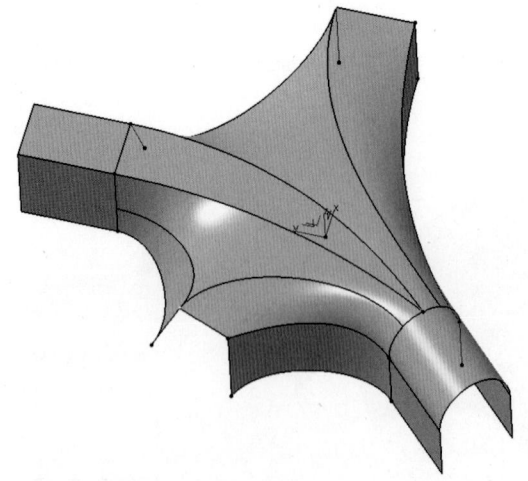

■ Diabolo

이 명령은 하나의 Surface 형상에 또 다른 Surface 형상을 합쳐 넣는 명령입니다. 작업한 곡면 형상의 중간에 임의의 공간을 설계하기 위한 경우에 유용하게 사용할 수 있습니다.

명령을 실행하면 다음과 같은 Definition 창이 나타납니다.

여기서 기준에 되는 Surface 형상을 Base Surface라고 부르고 이 Base Surface에 합쳐질 Surface 형상을 Seat Surface라고 부릅니다.

예제 파일을 준비합니다.

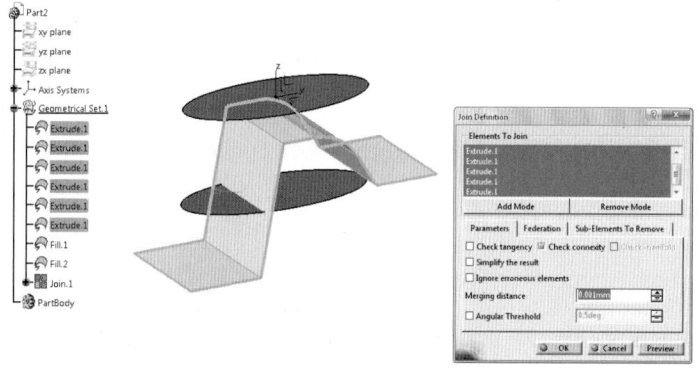

그리고 다음과 같이 대상을 순서대로 선택해 줍니다.

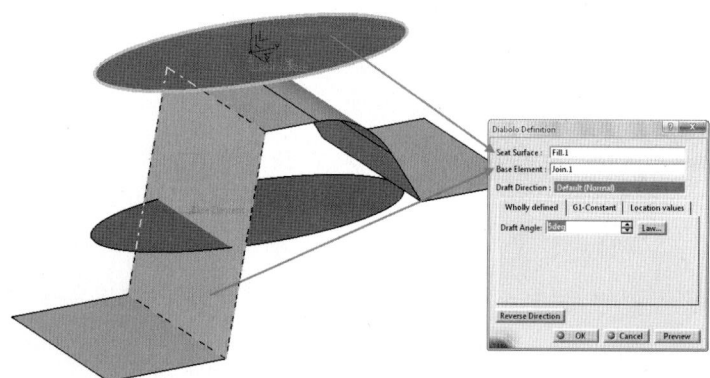

위와 같은 조건에서 Diabolo 명령을 실행한 결과는 다음과 같습니다.

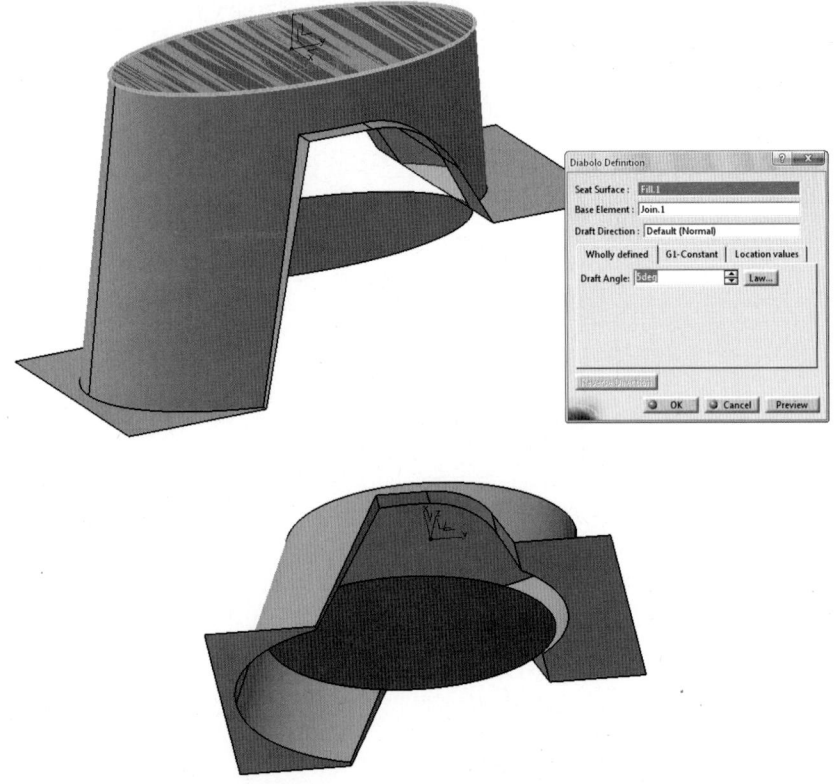

Diabolo를 사용하여 두 형상을 합치면서 Seat Surface와 base Surface 사이에 Draft를 줄 수 있습니다.

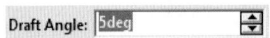

또한 Seat Surface와 Base Surface의 위치는 다음과 같은 조건에서도 가능합니다.

- Seat Surface와 Base Surface가 교차할 경우

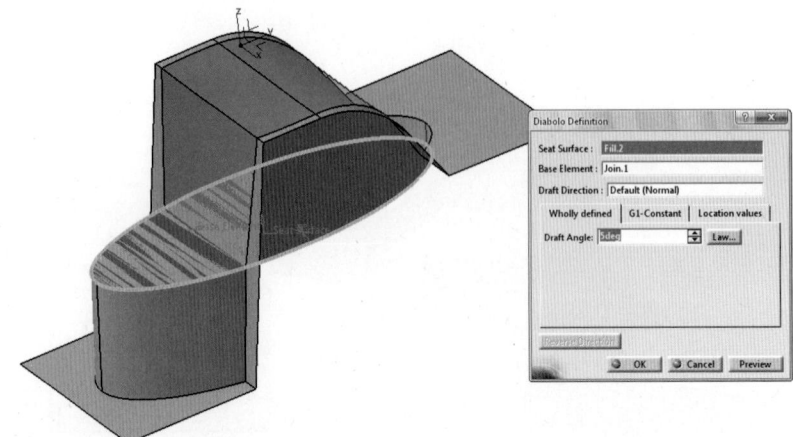

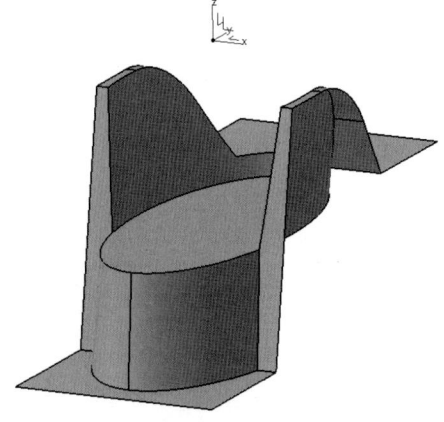

- Seat Surface와 Base Surface가 평행하지 않을 경우

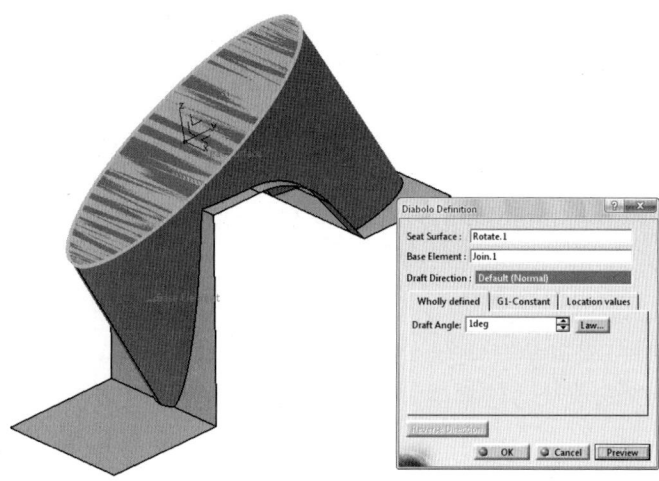

물론 이 경우에는 Draft Direction을 잡아 주어야 합니다. 조건이 맞지 않는 경우에는 다음과 같이 Error 메시지가 출력됩니다.

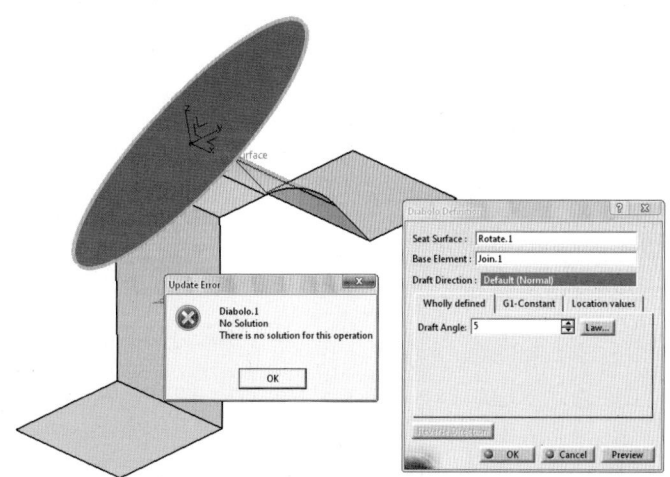

Diabolo를 서로 떨어진 Surface 형상을 자유롭게 합성하는 작업을 매우 쉽게 할 수 있습니다.

1. Holes Sub Toolbar

■ Hole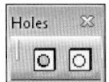

이 명령은 Hole(Round) 또는 Rectangle, Square, Elongated Hole(Slot) 형상을 Surface 위에 직접 만들어 주는 명령입니다. Surface 형상 위에 펀치를 뚫는다고 생각하면 더 쉽게 이해될 것입니다.

명령을 실행시키면 다음과 같은 Definition 창이 나타납니다.

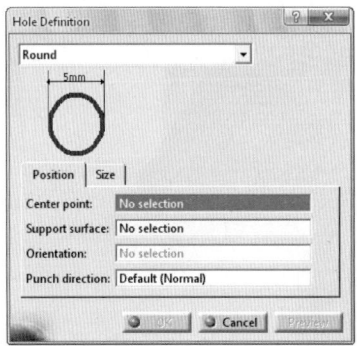

여기서 기본적으로 선택해야 할 요소로 Hole의 중심(Center Point), 기준 면(Support Surface)입니다. 이 두 가지 요소를 선택해 주면 Type을 정해서 형상을 뚫게 됩니다. Punch Direction의 경우는 일반으로 잡아주지 않아도 Default로 잡아 줍니다.

예제 파일을 준비합니다.

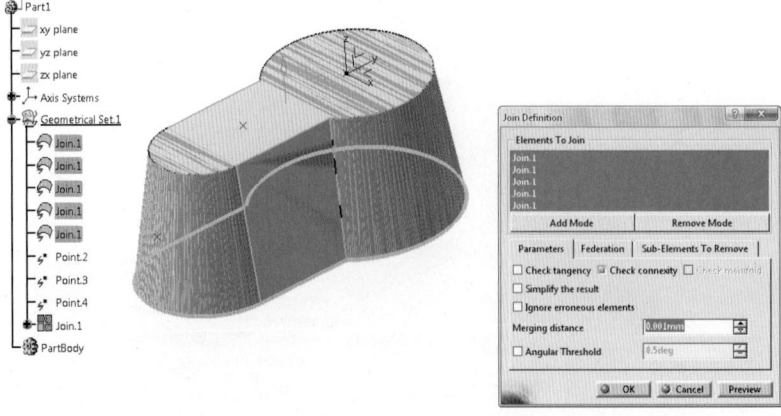

그리고 명령을 실행하여 다음과 같이 Center Point와 Support Surface를 선택합니다.

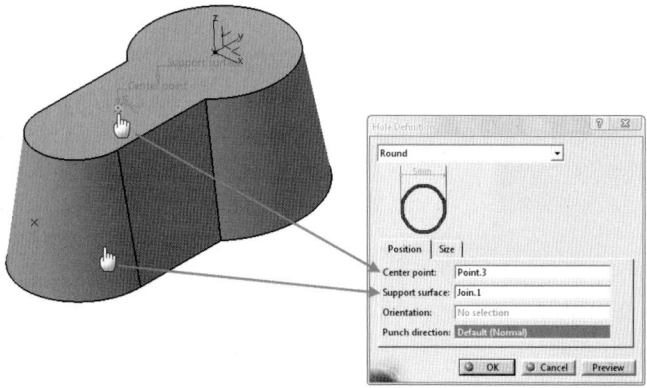

Definition 창에 미리 보기 되는 값을 더블 클릭하여 수치 값을 입력해 줍니다.

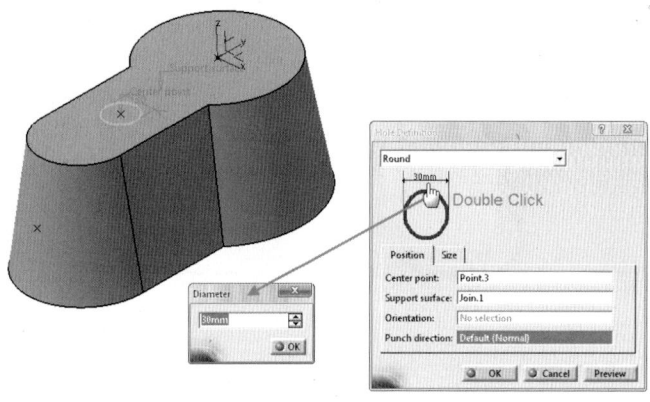

그러면 다음과 같이 Surface 위에 Hole이 만들어지는 것을 볼 수 있습니다.

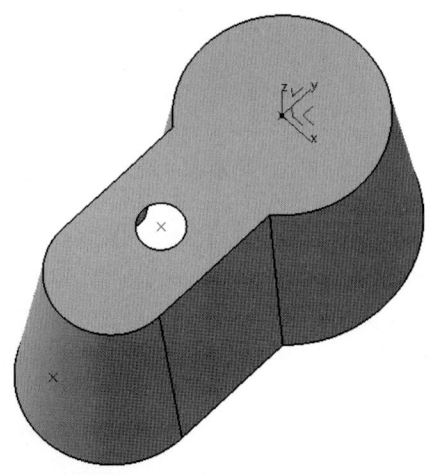

물론 Surface 위에 Hole을 생성하는 데 있어 평평한 부분에만 가능한 것은 아닙니다. 아래와 같이 굴곡이 있는 면에 대해서도 Hole을 생성하는 것이 가능합니다.

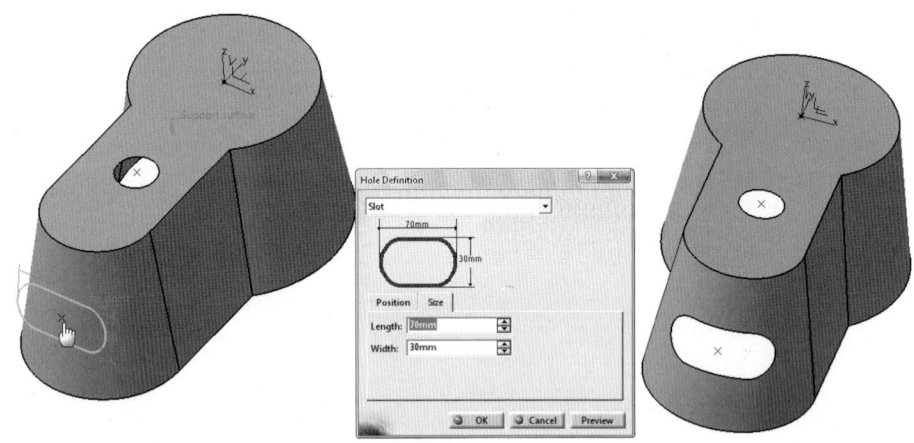

앞서 말한 네 가지 Type을 선택해 주면 그 형상이 Definition 창과 형상에 미리 보기가 됩니다. 여기서 수치 값을 더블 클릭하여 값을 바꾸어 주면 됩니다.

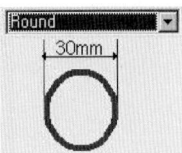 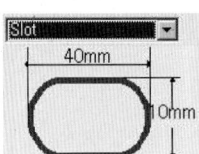 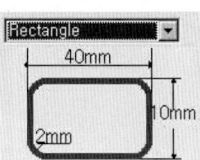 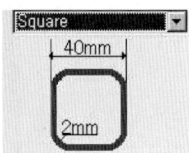

■ Hole Curve

이 명령은 위의 Hole 명령과 조금 다르게 Surface 형상 위에 Hole(Round) 또는 Rectangle, Square, Elongated Hole(Slot) 형상을 투영하여 그려줍니다. 즉, 단순히 곡면 형상위에 Hole 형상을 투영시켜 그려주는 것입니다. 여기에 Split를 명령을 포함하면 위의 Hole과 동일한 명령이 될 것입니다.

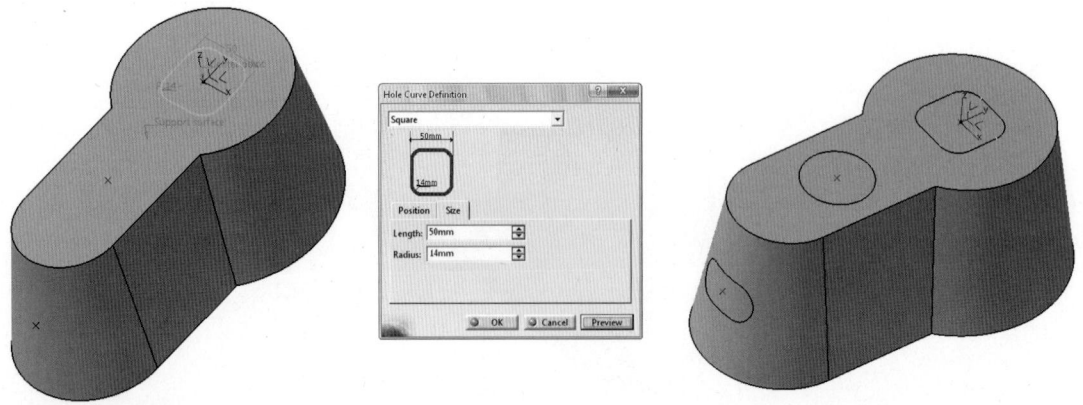

기본적으로 선택하는 요소나 4가지 Type 모두 위의 Hole과 동일하므로 이를 참고하기 바랍니다.

■ **Mating Flange**

Mating Flange는 현재의 Surface 형상에 Flange 형상을 만들어 주는 명령입니다.

다음과 같은 Definition 창에서 가장 먼저 선택 해주어야 할 요소는 Flange가 들어갈 Base Surface와 Flange가 시작되는 위치인 Reference Element입니다. 이 Reference Element는 반드시 직선일 필요는 없습니다. 추가적으로 Reference Direction은 따로 선택해 주지 않으면 Reference Element에 대해서 수직 방향으로 선택이 됩니다. Flange의 방향은 Reverse Direction을 사용하여 변경이 가능합니다.

예제 파일을 준비합니다.

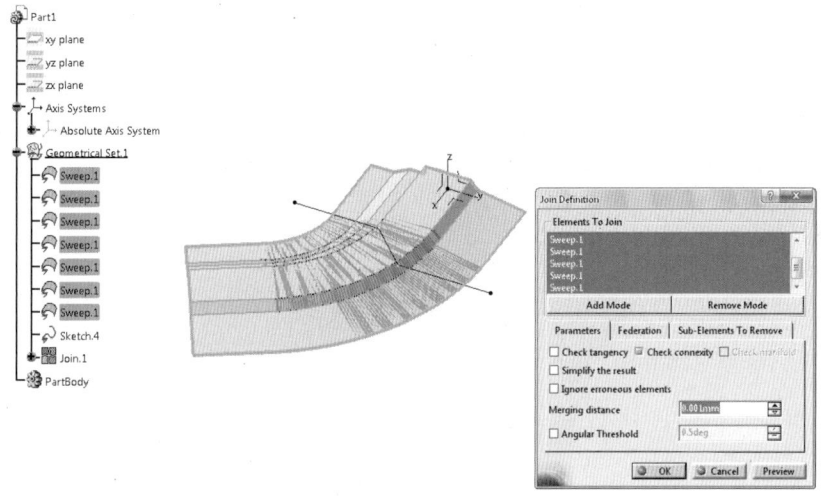

그리고 다음과 같이 순서대로 대상을 선택합니다. Reference Direction은 Z 축은 선택합니다.

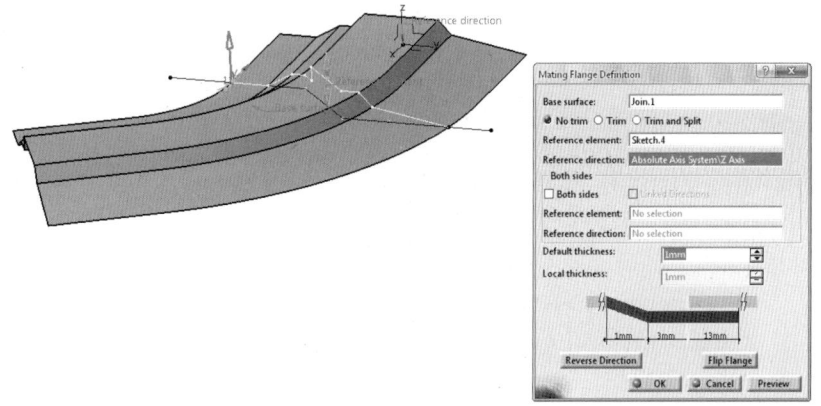

Flange를 만들 때 기존의 Base Surface 위에 그대로 만들 것인지(No trim), 또는 Base Surface와 하나로 합칠 것인지(Trim)를 결정할 수 있으며 Flange가 들어가는 부분은 Trim하고 반대 부분은 Flange를 기준으로 절단하게 (Trim and Split) 할 수도 있습니다.

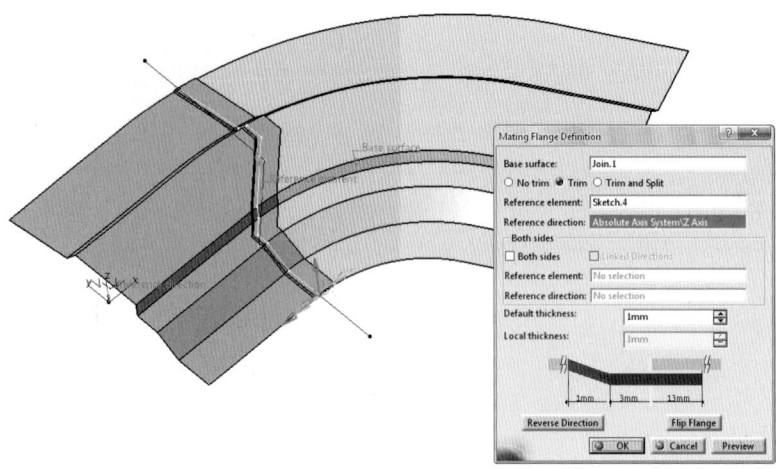

Trim을 사용한 결과입니다.

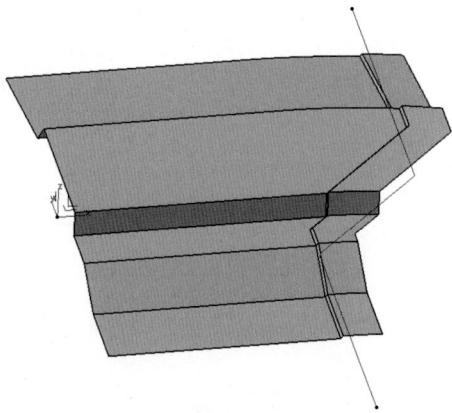

Trim & Split를 사용하면 다음과 같이 반대편 부분은 절단하여 두고 Flange가 들어가는 부분은 형상을 Trim해 버립니다.

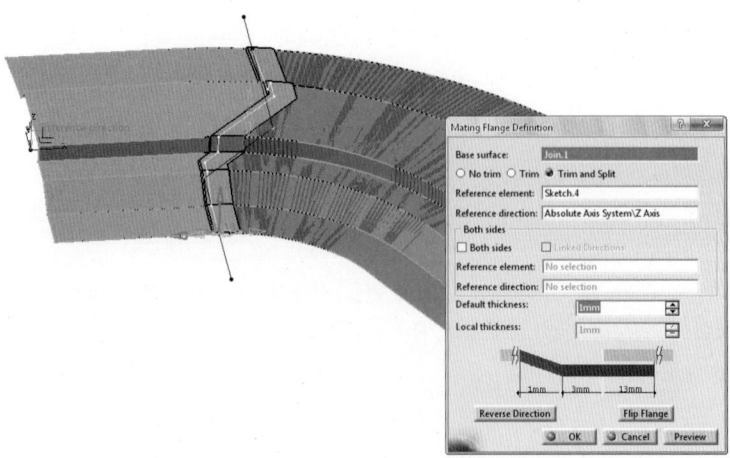

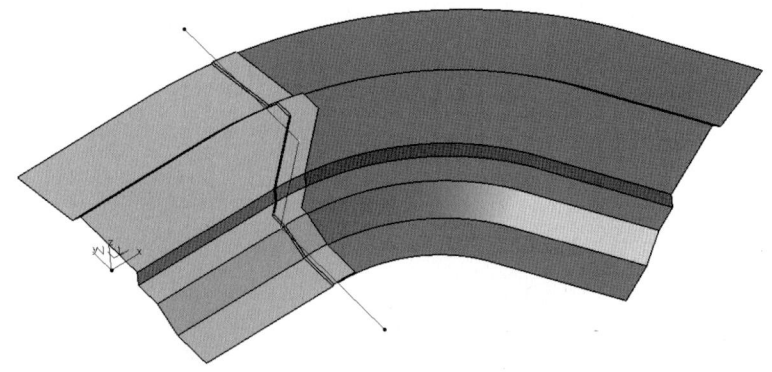

중간의 Both sides를 체크하게 되면 양쪽으로 Flange를 만들게 됩니다.

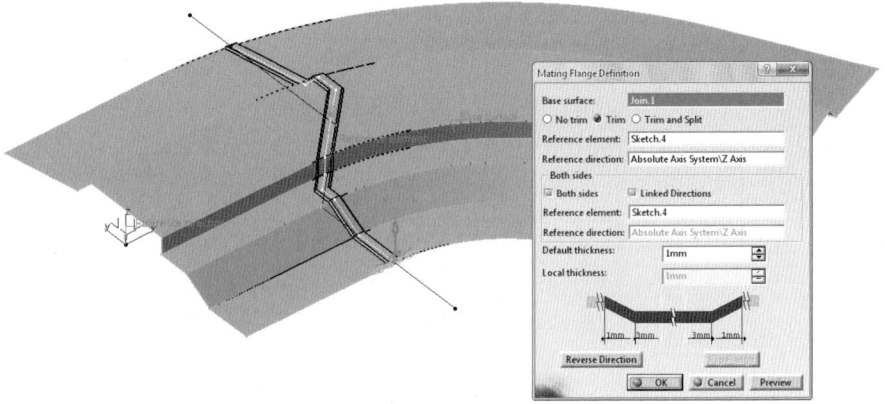

다음으로 Flange의 수치 입력은 Thickness 값과 Width, Margin, Wrap을 수치를 더블 클릭하여 입력해 줍니다.

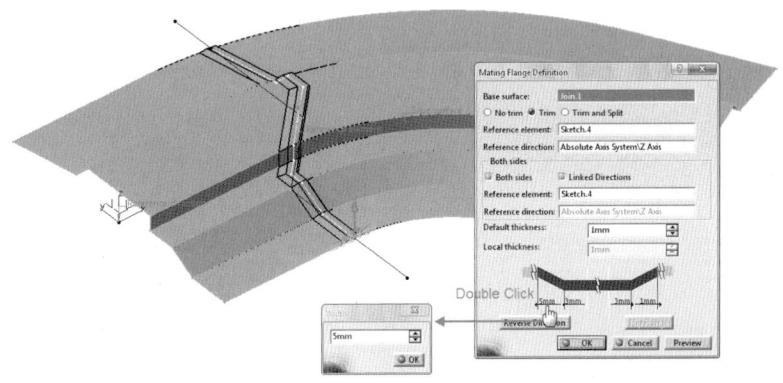

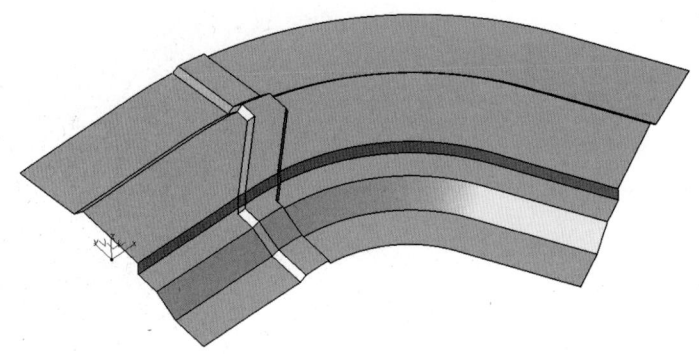

■ Bead

이 명령은 차체 형상에 보강 부위를 만들어 주는 명령으로 다음과 같이 형상에 각진 돌출 형상을 만들어 줍니다.

명령을 실행하면 다음과 같은 Definition 창이 나타납니다.

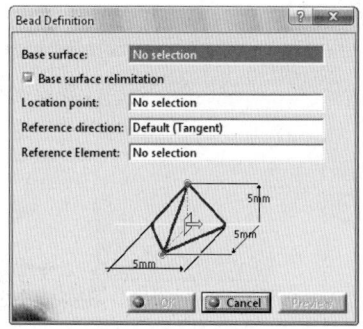

예제 파일을 준비합니다.

Definition 창에서 다음과 같이 기준이 될 Base Surface를 선택해 주고 Bead가 들어갈 위치를 Point로 Location point에 입력해 줍니다. 대상을 선택해 주면 다음과 같이 미리 보기 형상이 나타납니다.

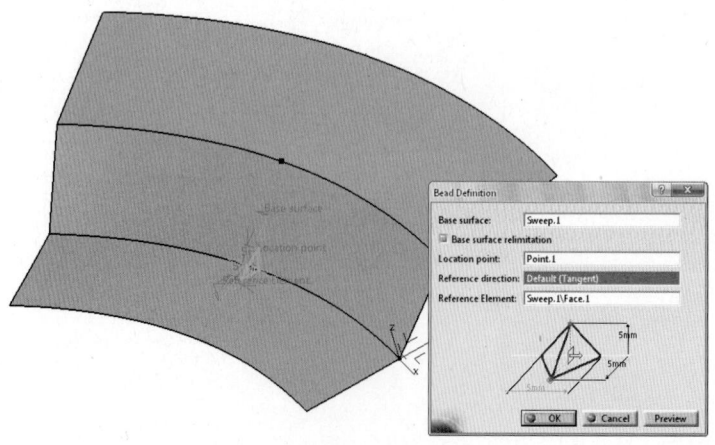

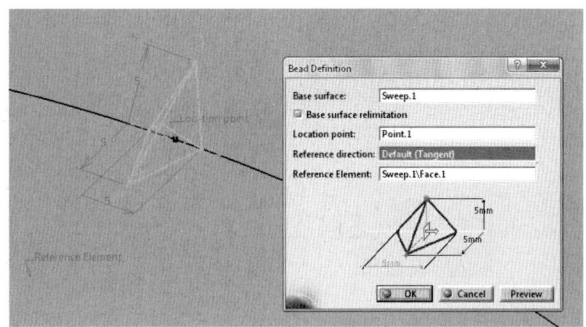

여기서 원하는 수치 값을 더블 클릭하여 입력해 줍니다.

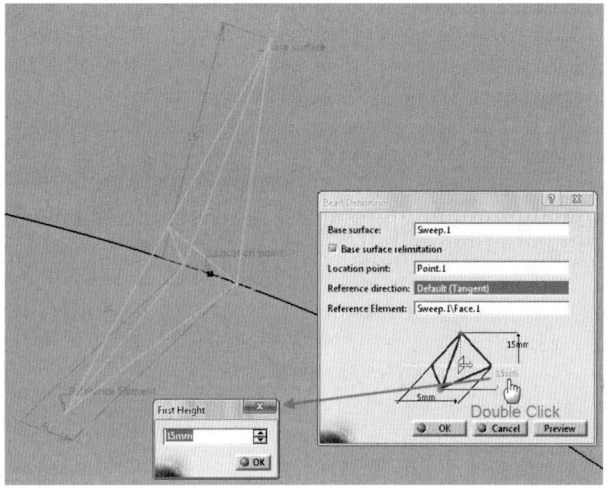

다음과 같이 Surface 형상이 만들어집니다.

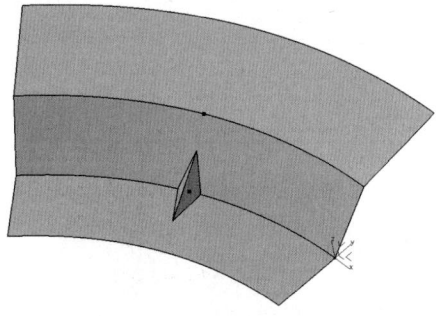

다음과 같이 오목한 형상이 아닌 위치라 하더라도 Bead의 형상은 정의가 가능합니다.

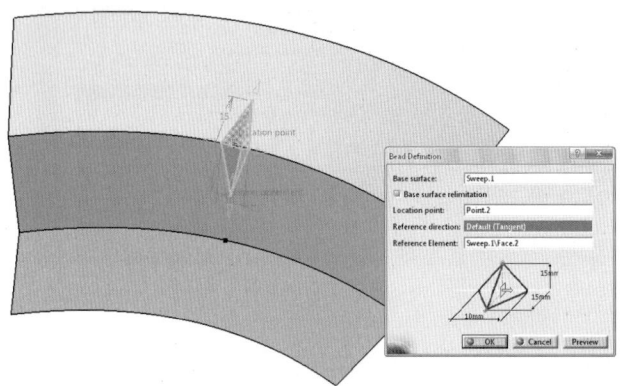

■ Blend Corner

V5-6 R2013이후 명령으로 선택한 면 사이를 부드럽게 이어주고자 할 경우에 사용합니다. 아래의 그림을 참고 바랍니다.

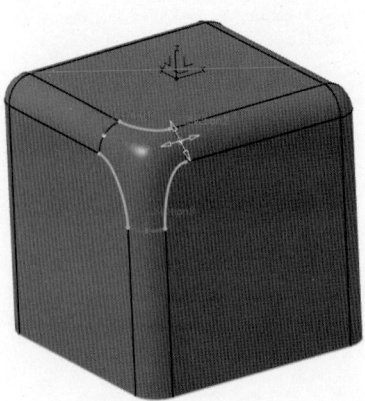

I. Product Knowledge Template Toolbar

■ **PowerCopy Creation**

PowerCopy란 CATIA 모델링에서 사용자의 작업 및 작업 노하우를 재사용하는 방법 중에 하나로 이미 완성한 작업 형상에서 일부 요소만을 입력 요소로 받아 같은 방식의 형상을 손쉽게 만드는 방법입니다.

즉, 한번 유사한 작업을 하였다면 Power Copy를 통해 이 작업의 전 과정을 다시 실행하지 않고 필요한 요소만을 변경하여 형상을 완성 시킬 수 있는 이점이 있습니다.

단순한 각각의 요소나 결과적인 형상만이 복사되는 것이 아닌, 형상의 구체적인 생성 과정인 Spec Tree의 항목까지 복사하여 원하는 위치에 적용하는 것이 가능하여 반복적인 작업을 피하고 작업 효율을 높일 수 있습니다.

PowerCopy로 형상을 재사용하기 위해서는 원본 Part Document에 PowerCopy를 만들어 주어야 합니다. 그리고 새로운 Part Document에서는 필요한 입력 요소만을 구성한 뒤 PowerCopy를 불러와 입력 요소만을 잡아 주면 됩니다. 여기서는 다음과 같은 예를 이용하여 PowerCopy를 설명하도록 하겠습니다.

우선 PowerCopy를 생성하기에 앞서 다음과 같은 생각을 가져야 합니다.

"어떤 형상을 어느 위치에 어떤 입력 요소를 가지고 복사하여 붙여넣을 것인가?"

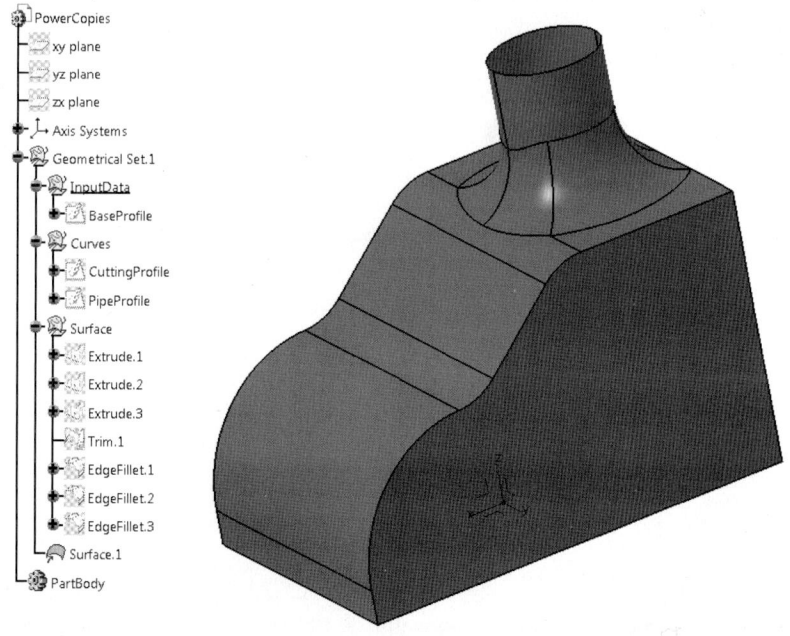

PowerCopy Creation 명령을 실행시키면 다음과 같은 Definition 창이 나타납니다.

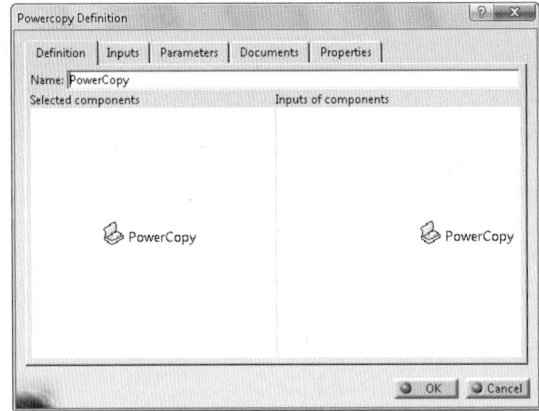

- **Definition**

여기서 'Name'은 적절한 이름으로 바꾸어 주면 됩니다. 중요한 부분은 바로 아래 Selected Components와 Inputs of Components입니다. 여기서 Selected Components는 PowerCopy에서 나중에 불러오게 될 형상을 의미합니다. 따라서 현재 형상을 PowerCopy에 넣어주고자 한다면 Selected Components에 Spec Tree에서 원하는 형상들을 모두 선택해 주어야 합니다. 간단히 클릭만 해주면 선택한 요소들이 선택됩니다. 아래의 그림에서 Geometrical Set의 요소를 일일이 선택하지 않고 다음과 같이 Geometrical Set을 선택하면 전체 형상이 들어가게 됩니다.

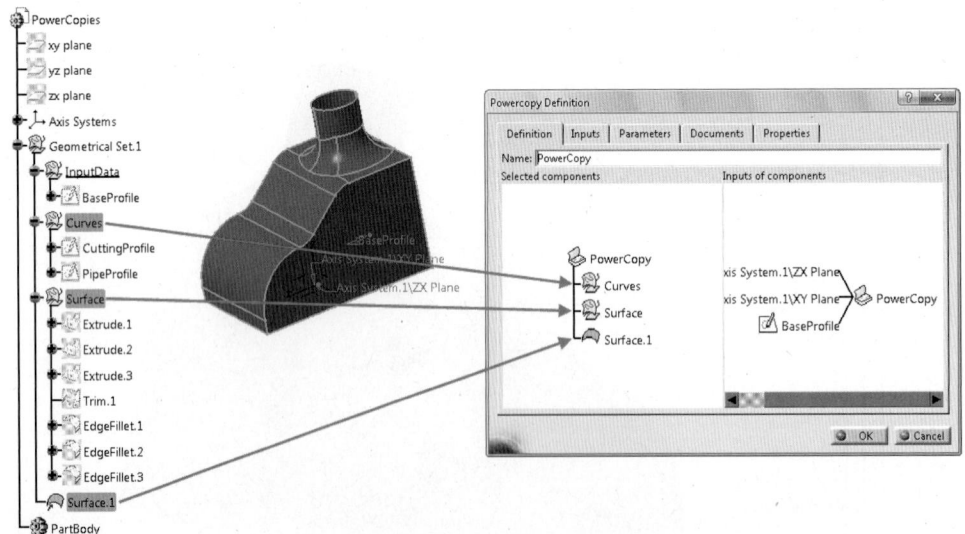

- **Inputs**

다음으로 이 형상에서 PowerCopy로 불러올 때 필요한 입력 요소를 선택해 주어야 합니다. Inputs of Components가 이러한 형상에서 새로운 Part에서 만들어 주어야 하는 입력 요소를 의미합니다. 아래 그림과 같이 이 형상에서는 'BaseProfile'이라는 Sketch를 입력 요소로 하여 형상을 복사할 수 있도록 할 것입니다. 입력 요소에 대해서 다음과 같이 Name에 별칭을 입력할 수도 있습니다.

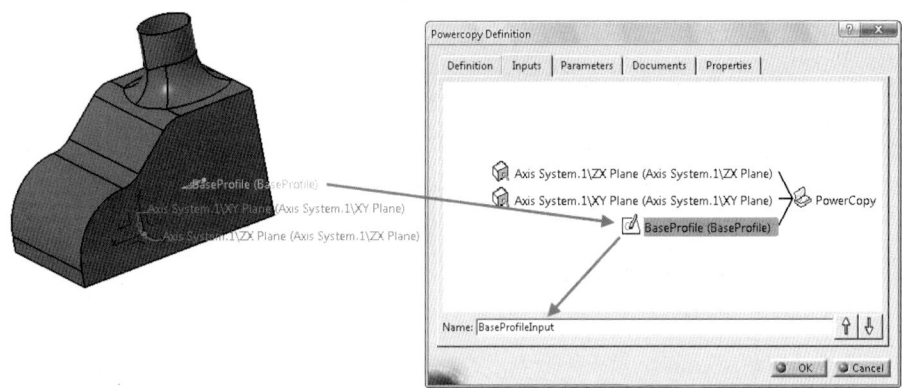

이렇게 Inputs of Components에 있는 요소들을 새로 Part Document를 만들 때 미리 갖추어 놓아야 할 요소가 됩니다. 즉, 위의 예의 경우에는 ZX 평면과 XY 평면, BaseProfile Sketch가 될 요소만 있으면 위 형상을 반복하여 작업하지 않고 만들어 낼 수 있습니다.

Input 요소는 가급적 적은 수로 정의될수록 좋으며, Sketch를 Input 요소로 사용할 경우 완전히 구속된 상태를 유지 하여야 좋습니다.

3차원 상에서 형상을 정의할 수 있는 기본 Input 요소 3가지를 기준 면, 기준 점, 기준축이라 하는데 이에 맞추어 PowerCopy를 생성하면 좋습니다.(물론 다른 Input 요소를 추가하는 것도 가능합니다.)

한 가지 주의할 점으로 Input 요소들 사이에 가급적 연결되지 않도록 구성하는 것이 좋습니다. Input 요소들이 서로 연관된 경우 범용적으로 활용이 어렵거나 복사 생성을 방해할 수 있기 때문입니다. 따라서 독립적인 관계로 Input 요소들을 정의하기를 추천합니다. 그리고 Part가 가지는 Local Axis 성분(X,Y,Z축)을 사용하지 않아야 합니다.

그런데 간혹 Inputs of Components에 입력하지 않은 요소가 포함되기도 하는데 이것은 현재 자신이 선택한 입력 요소와 관계된 요소이기 때문에 강제로 제거할 수 없습니다. Vertex나 Plane, Axis 등이 그러한 예입니다. 이럴 경우 PowerCopy를 불러오는 과정에서 이것들 역시 짝을 맞추어 주어야 합니다.

• Parameters

다음으로 Parameter Tab에 가면 현재 형상 중에 임의의 치수를 공개시켜 놓을 수 있습니다. 치수를 공개해 놓으면 PowerCopy로 형상을 불러왔을 때 이 값을 Definition 창에서 임의로 조절하여 형상을 불러 올 수 있습니다. 여기 서는 간단히 Fillet 곡률 값만을 Parameter화 하도록 합니다.

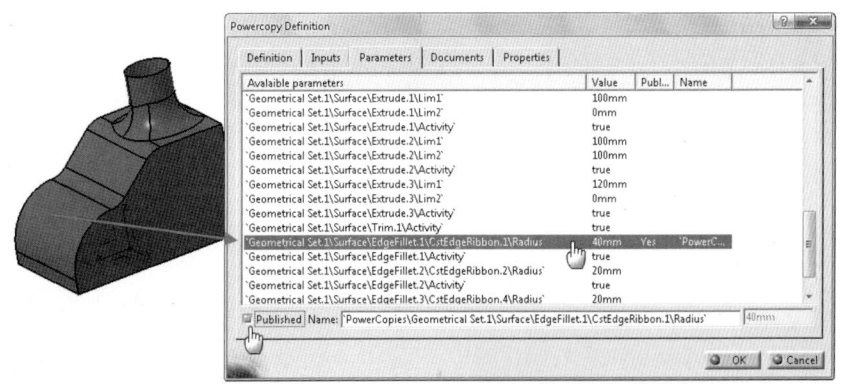

Parameter에서 공개를 원하는 수치를 선택하고 아래의 Published Name을 체크한 뒤 이름을 입력해 줍니다.

여기까지 작업이 되었다면 이제 'OK'를 누른다. 뒷부분에 아이콘을 생성하거나 하는 부분은 생략하도록 합니다. 그러면 다음과 같이 Spec Tree에 방금 작업한 PowerCopy가 생기는 것을 볼 수 있습니다.

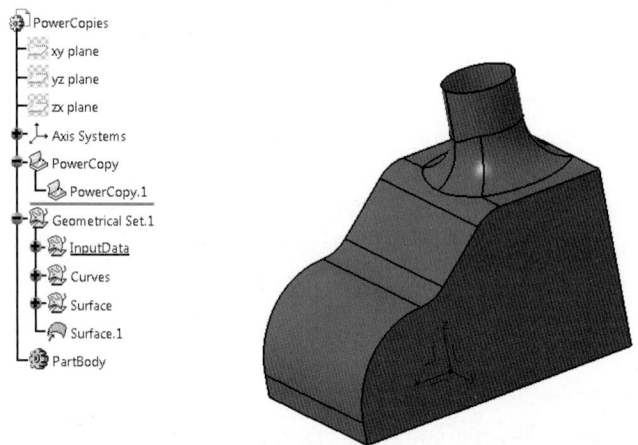

이 Part Document가 원본이기 때문에 파일의 경로나 이름을 잘 정의하기 바랍니다.

다음의 나올 Instantiate From Document 명령을 통하여 이렇게 생성한 PowerCopy를 불러와 재사용하는 방법을 설명하도록 하겠습니다.

■ UserFeature

이 명령 역시 작업 및 작업 노하우를 재사용하는 방법으로 위의 PowerCopy와 유사한 방법으로 원본 형상에서 입력 요소만을 사용하여 형상을 재구성합니다.

UserFeature 명령을 실행시키고 재사용하고자 하는 원본 형상을 선택해 주고 입력 요소를 선택, 필요한 부분에 대해서 Parameter를 공개하여 변경할 수 있도록 하는 방법 모두 PowerCopy와 유사합니다. 대신에 User Feature는 복사될 형상으로 작업 Tree가 공개되지 않습니다.

UserFeature 명령을 실행시키고 복사할 형상과 입력 요소를 선택해 줍니다.

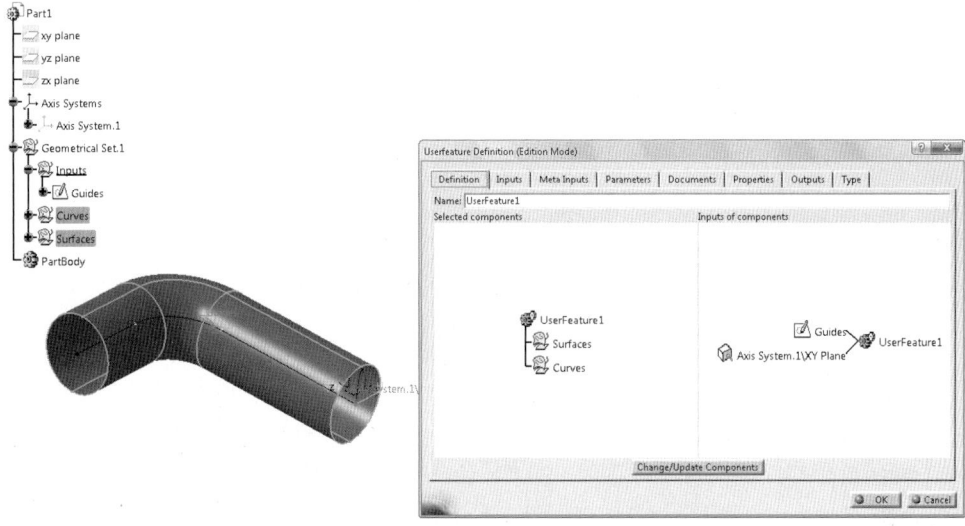

UserFeature 작업이 완성되면 다음과 같이 Spec Tree에 나타납니다.

이러한 UserFeature를 만들어 불러올 때 역시 Instantiate From Document 를 클릭해 원본이 들어 있는 파일을 선택해 줍니다. 다음과 같이 입력 요소를 준비해 주고 형상을 불러온다. 입력 요소를 맞춰 주고 Parameter를 변경해 주고 OK를 선택합니다.

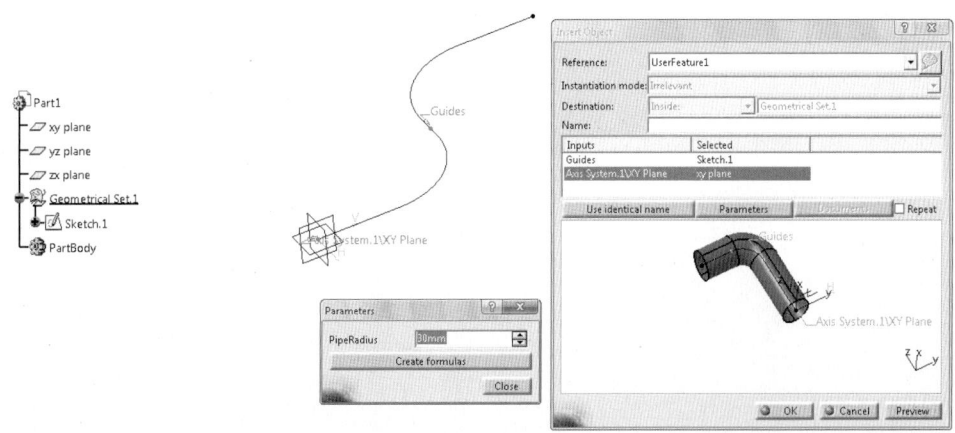

다음과 같이 형상이 복사되어 만들어지는 것을 볼 수 있습니다.

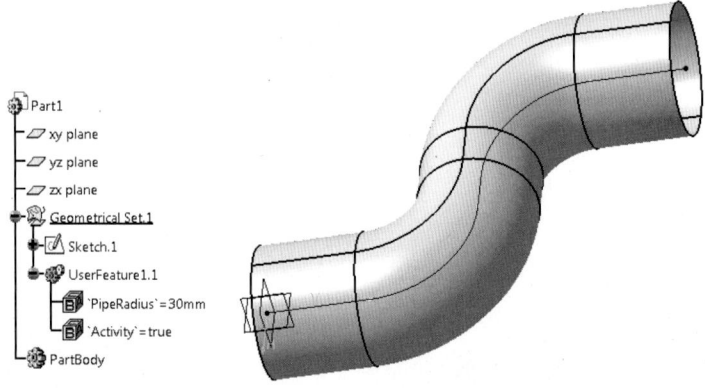

그러나 새로운 Part Document에서 UserFeature에 입력한 형상을 가져온다고 했을 때 불러온 형상은 보이지만 그 Spec Tree는 따라오지 않는다는 것이 큰 차이입니다. UserFeature를 사용해 형상을 불러오면 Input 요소와 공개된(Published) Parameter 만이 Spec Tree에 나타나고 나머지는 UserFeature안에 모두 담겨 버립니다. 즉, 공개한 Parameter나 입력 요소로 선택한 것 이외에는 형상을 구성하는 다른 요소에는 접근을 제한한다는 것이 PowerCopy와 다른 점입니다.

■ Instantiate From Document

이제 앞서 PowerCopy Creation으로 만든 형상을 불러와 새로운 Part Document를 구성하는 방법을 설명하겠습니다.

새로운 Part Document를 불러온다. 이제 여기에 앞서 형상에서 입력 요소로 선택한 대상을 구성해 줍니다. 필요한 요소만을 그려주면 됩니다. 위의 형상의 예에서는 'Base Profile' Sketch와 ZX 평면만을 준비하면 되었습니다.

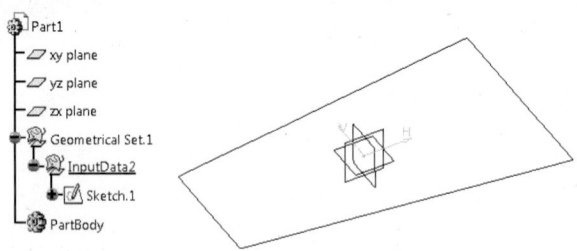

다음으로 풀다운 메뉴의 Insert ⇨ Instantiate From Document 를 클릭합니다.

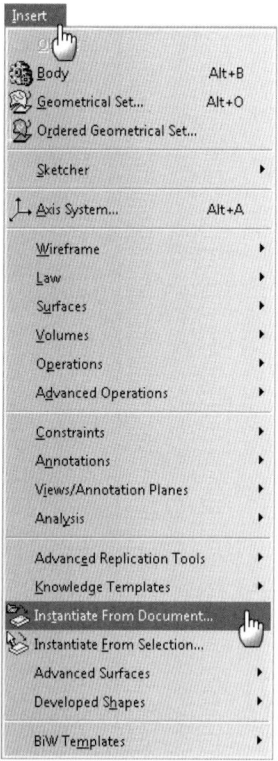

그러면 다음과 같이 파일 선택 창이 나타나게 되는데 여기서 앞서 PowerCopy 형상을 만들었던 파일을 선택합니다.

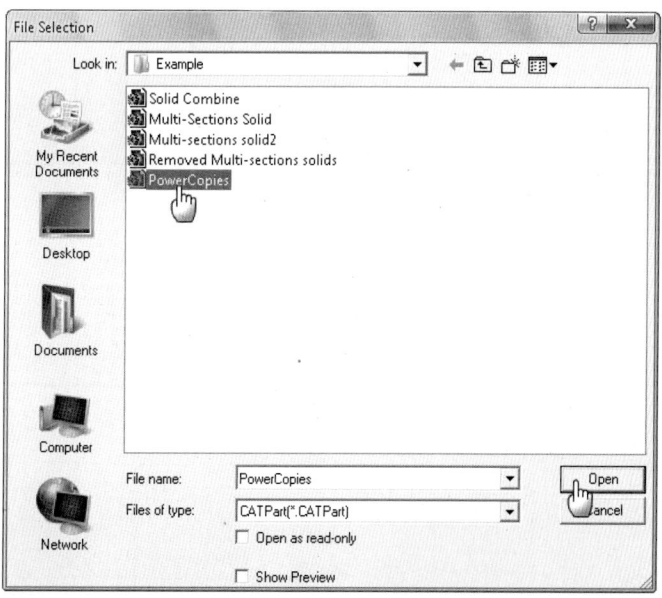

이제 Insert Object 창이 나타납니다. 여기서 중간의 Inputs 요소를 현재의 Part Document에 맞게 선택해 줍니다. Inputs에 있는 게 앞서 PowerCopy에서 입력 요소로 선택한 요소들이고 Selected에 새로이 만든 Part Document에 만들어 놓은 대상을 선택해 주는 것입니다.

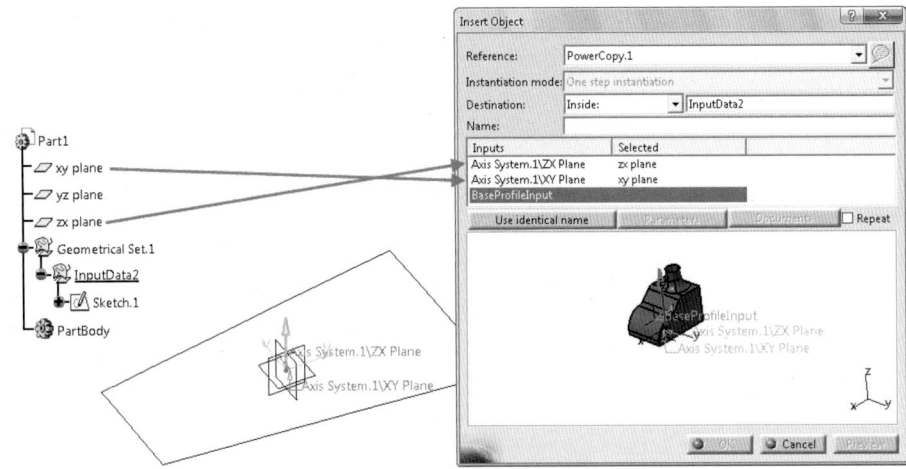

Sketch와 같이 복잡한 입력 요소의 경우에는 아래와 같이 Replace Viewer를 통하여 대체시킬 부분을 정의하여야 합니다.

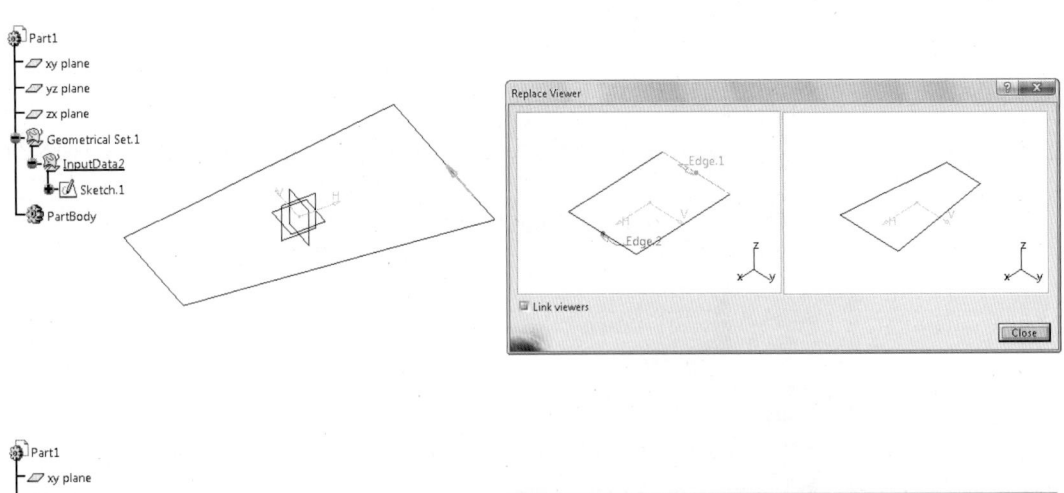

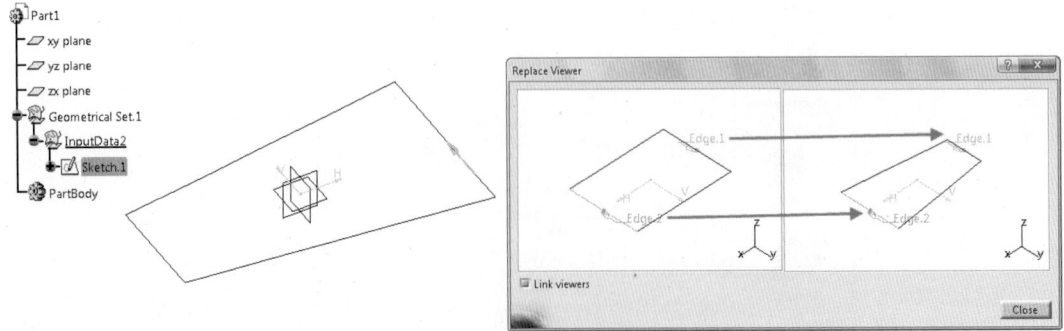

다음으로 Parameter를 클릭하여 앞서 Publish한 치수 값을 수정 입력해 줄 수가 있습니다.

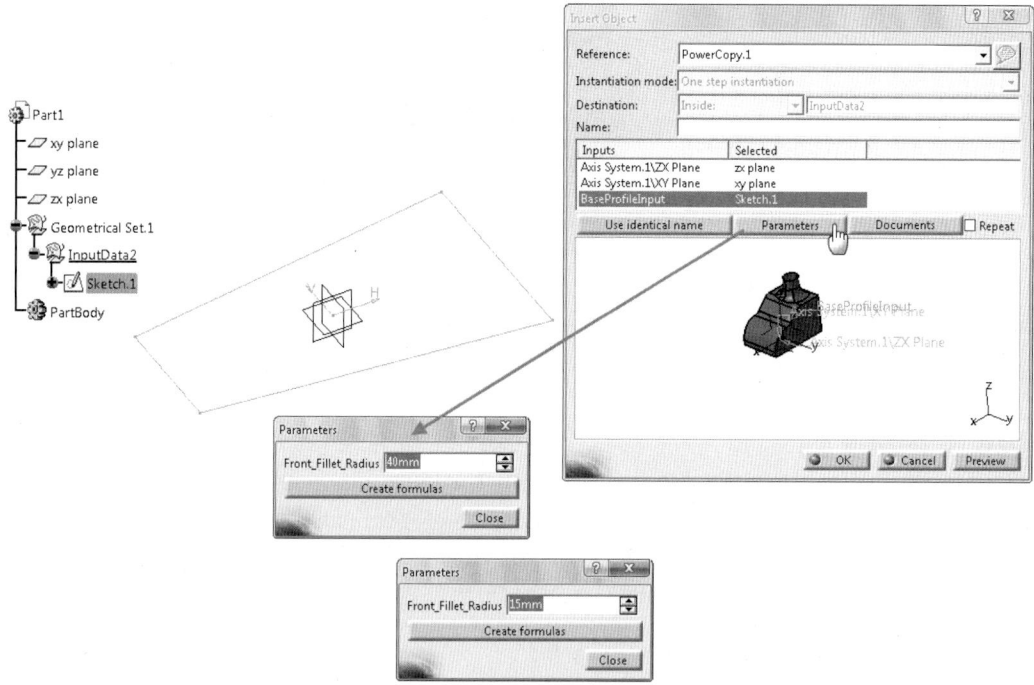

이제 미리 보기나 OK를 해 보면 앞서 PowerCopy 형상으로 만들었던 형상을 입력 요소에 해당하는 부분만 바꾸어 형상이 만들어지는 것을 볼 수 있습니다.

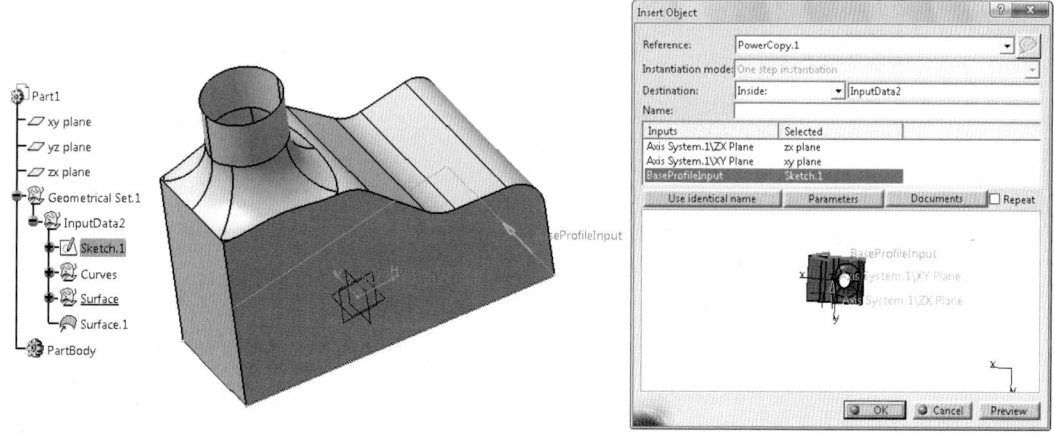

여기서 작업에 따라 일부 형상을 수정해야 하는 경우가 발생하기도 합니다. 위의 예에서는 Spec Tree를 변경해 주어야 할 필요가 있습니다.

이러한 방법을 사용하여 원본 형상을 재사용하는 기술을 PowerCopy라 하며 PartBody의 형상이나 Geometrical Set의 형상 모두 사용 가능합니다.

■ Save in Catalog

이 명령은 현재 PowerCopy를 카탈로그(Catalog)라고 하는 CATIA Document 형식으로 저장하는 방법입니다. 카탈로그 역시 작업 및 작업 노하우를 CATIA에서 재사용하는 방법 중에 하나입니다.

원본 형상이 있는 Part Document에서 Save in Catalog를 실행시킵니다. 그럼 다음과 같은 Catalog Save 창이 나타납니다.

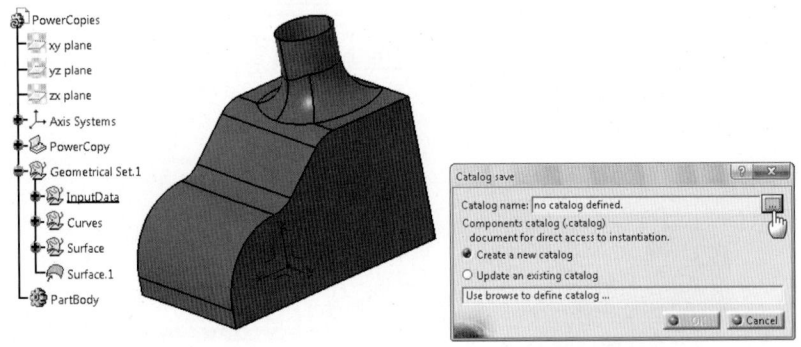

여기서 우측의 저장 경로 선택 아이콘을 클릭하고 파일이 저장될 경로와 Catalog Name을 입력해 줍니다.

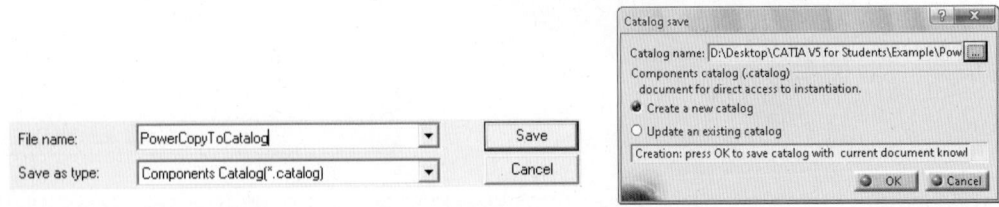

그 다음으로 'Create a new Catalog'로 선택 후 OK를 누르면 PowerCopy 형상이 저장된 Catalog가 만들어집니다.

J. Law Toolbar

CATIA 설계 기능에 있어 2차원 형상의 Geometry 파형을 복사하여 원하는 위치에 재사용할 수 있도록 하는 기능이 있습니다. 바로 Law 인데요. Sweep과 같은 곡면 형상에서 형상의 파형을 Law 기능을 사용하여 불러와 사용할 수 도 있으며 Fillet에서 곡률 값을 입력하지 않고 Law에서 생성한 모양을 따라 Fillet이 만들어지게 할 수 도 있습니다. GSD Workbench에서 사용되는 Law와 Knowledge Toolbar에서 사용하는 Law가 있습니다.

GSD의 것은 여러분이 직접 제도하거나 정형화된 Geometry 형상을 Law로 지정하여 다른 형상을 작업할 때 그러한 모양을 불러와 재사용할 수 있게 해 줍니다. Sketch 또는 Wireframe으로 형상이 만들어져 있어야 하는 것이지요.

■ Law

이 명령은 Sweep이나 Parallel Curve, Shape Fillet등에서 하나의 Part Document 상에서 특정한 형상을 정의한 후에 이를 필요한 작업에 불러와 사용할 수 있게 하는 기능입니다. 따라서 반복적으로 형상의 모양을 다른 여러 작업 위치에 반복하여 사용하고자 할 경우에 유용하다고 할 수 있습니다.

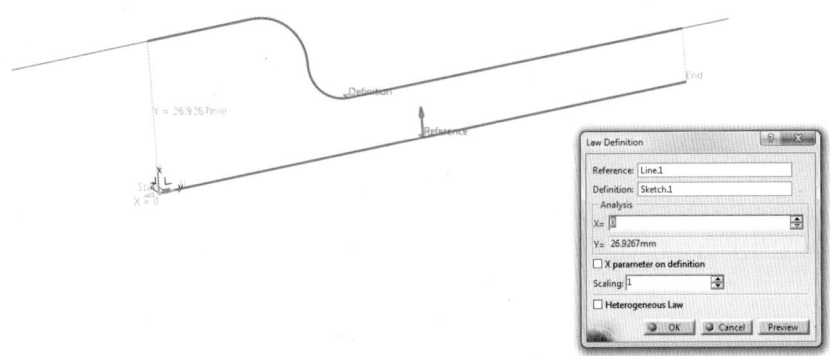

XY 평면에 원점에서부터 Y 축 방향으로 100mm 길이의 직선을 그려줍니다.(Line으로 그려 줍니다.)

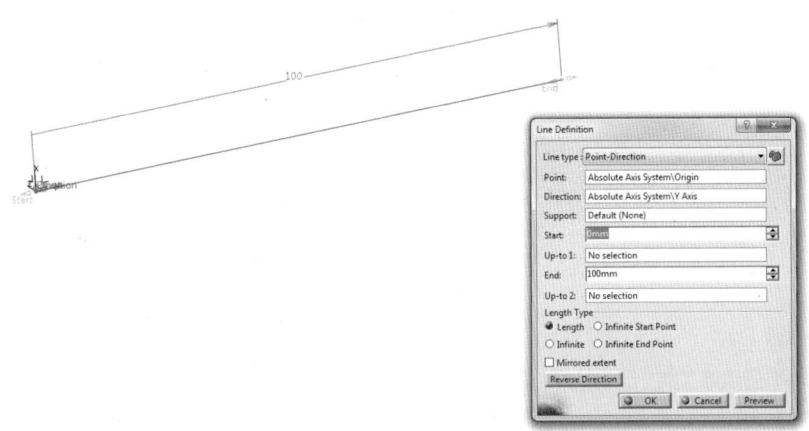

다음으로 XY 평면에 임의의 Spline 또는 Profile 등으로 곡선을 그려줍니다.

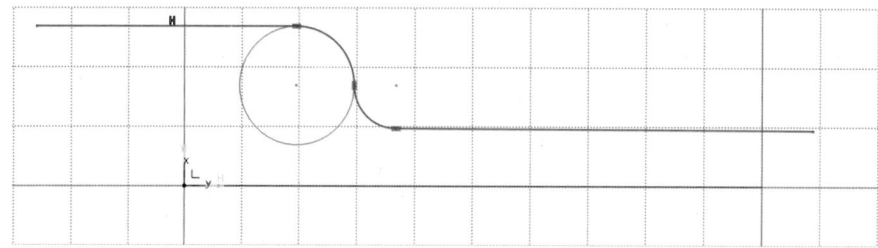

이렇게 두 개의 Wireframe이 그려준 후에 Law 기능을 실행합니다. 그러고 나서 Reference에는 직선을, 그리고 곡선을 Definition에 선택해 줍니다. 그러면 하이라이트를 통해 현재 활성화된 Law의 파형을 확인할 수 있습니다.

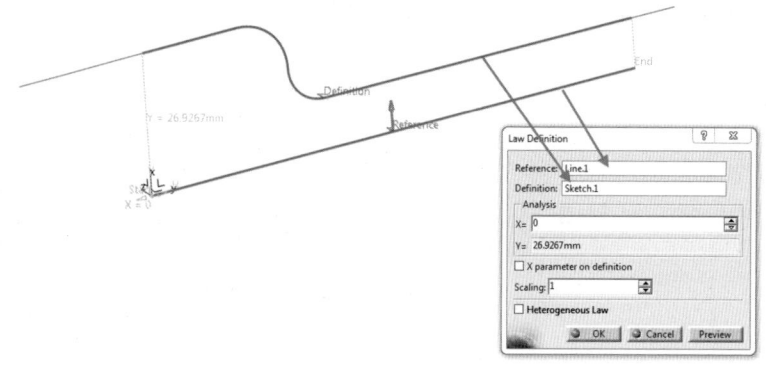

• X parameter on definition

X parameter on definition 이라는 옵션을 체크하면 X 방향 시작 및 끝 기준 값을 Reference의 값으로 부터가 아닌 Definition에 입력한 Curve의 길이를 기준으로 설정하게 됩니다.

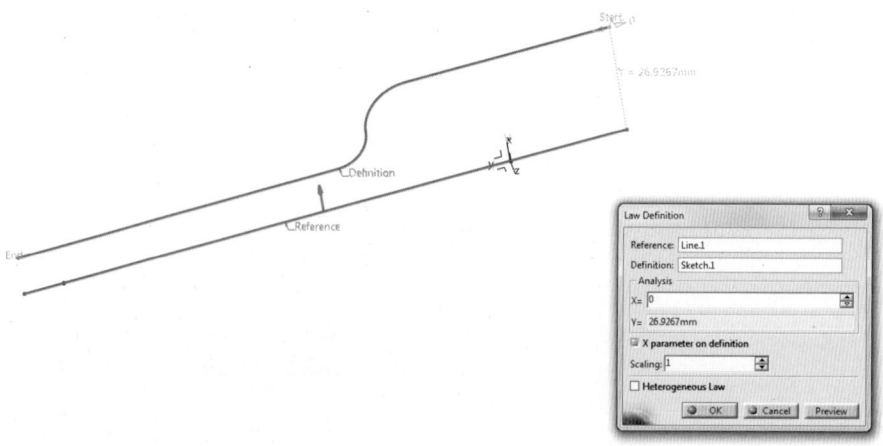

• Heterogeneous Law

이 옵션을 체크하면 단위에 대한 설정을 해 줄 수 있습니다.

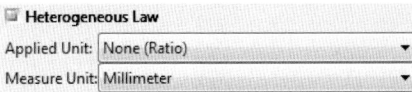

여기에 필요하다면 Scale로 그 파형의 크기 값을 스케일 변경해 줄 수 있습니다. 아래 그림은 간단히 Shape Fillet 에서 적용한 예입니다.

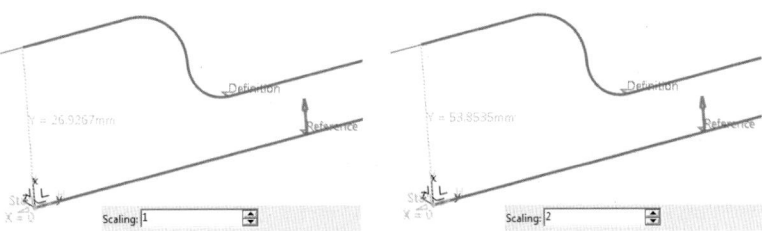

이렇게 만들어진 Law는 Law를 지원하는 명령에 활용할 수 있습니다.

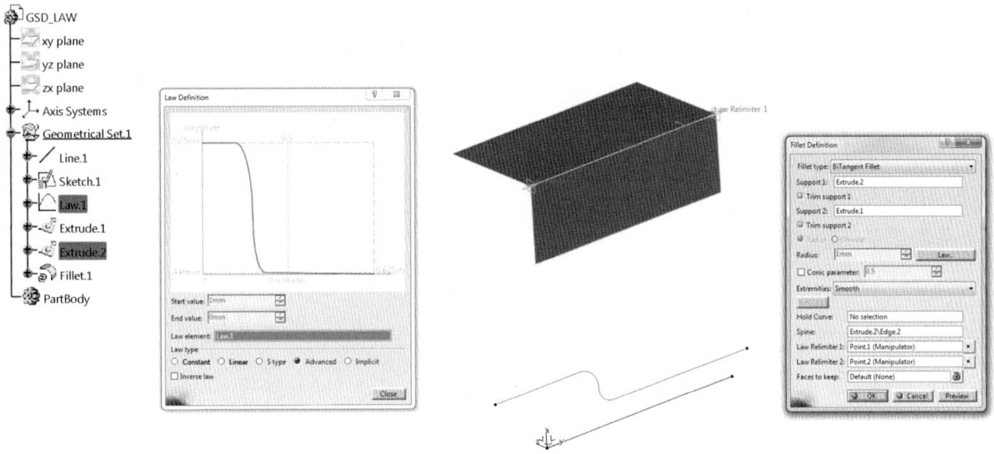

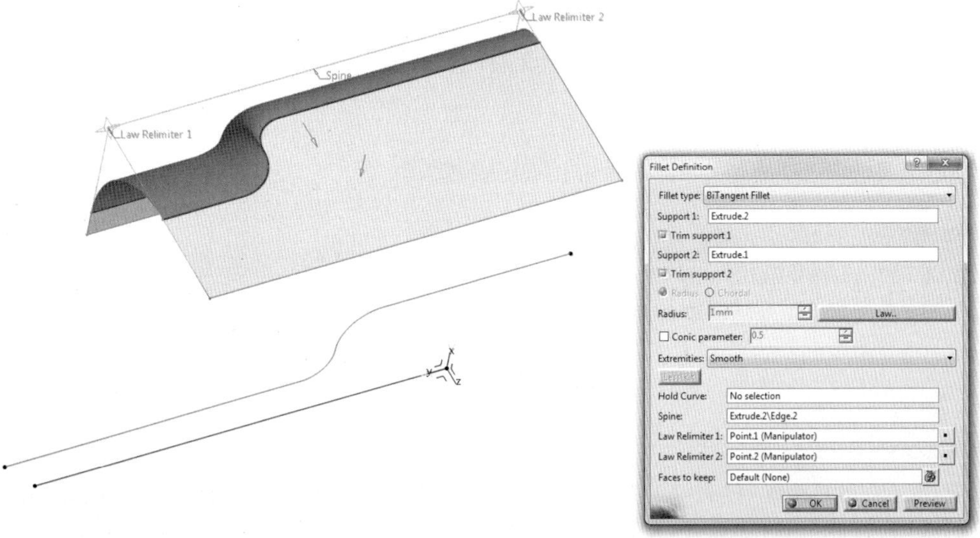

K. Analysis

Analysis Toolbar에서는 현재 만들어진 형상의 상태를 분석해 주는 역할을 합니다. 가장 쓰임새가 많은 일부 명령에 대해서 설명을 하도록 할 것입니다.

■ Connect Checker

이 명령은 앞서 Healing 명령을 설명하면서 언급한 바 있는데 이웃하는 Surface 또는 Wireframe 형상들 간의 떨어진 정도를 분석해 주는 명령입니다.

명령을 실행시키면 다음과 같은 Definition 창이 나타납니다.

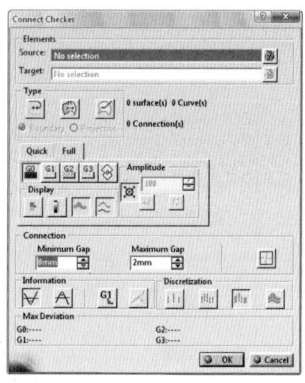

• Type

여기서 대상을 선택하기에 앞서 해석 Type을 결정해 주도록 합니다.

- Curve-Curve Connection

서로 나누어진 곡선들 사이에 연속성을 분석하기 위해 선택합니다.

- Surface-Surface Connection

서로 나누어진 곡면들 사이에 연속성을 분석하기 위해 선택합니다.

- Surface-Curve Connection

선택한 곡면과 곡선 사이에 연결 정보를 분석하기 위해 사용합니다.

• Continuity

Geometry에 대한 네 가지 Continuity Mode를 설정하고 분석할 수 있습니다. 일반적으로 G0 Continuity가 이어지지 않은 형상들 사이에 제일 먼저 파악되어야 하지만 연속을 고려한 G1, G2도 고려해야 하는 경우가 많습니다.

• Connection

분석할 대상들 사이의 Gap을 지정합니다. Maximum Gap은 특히 선택한 대상들 사이의 최대 Gap 보다 큰 값을 지정해 주어야 합니다.

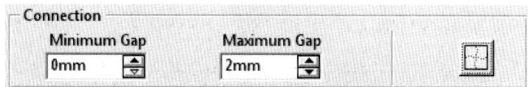

❶ 예제 파일을 준비합니다. 그리고 Connect Checker 명령을 실행하여 Curve-Curve Connection으로 분석 Type을 설정하고 CTRL Key를 사용하여 곡선들을 선택합니다.

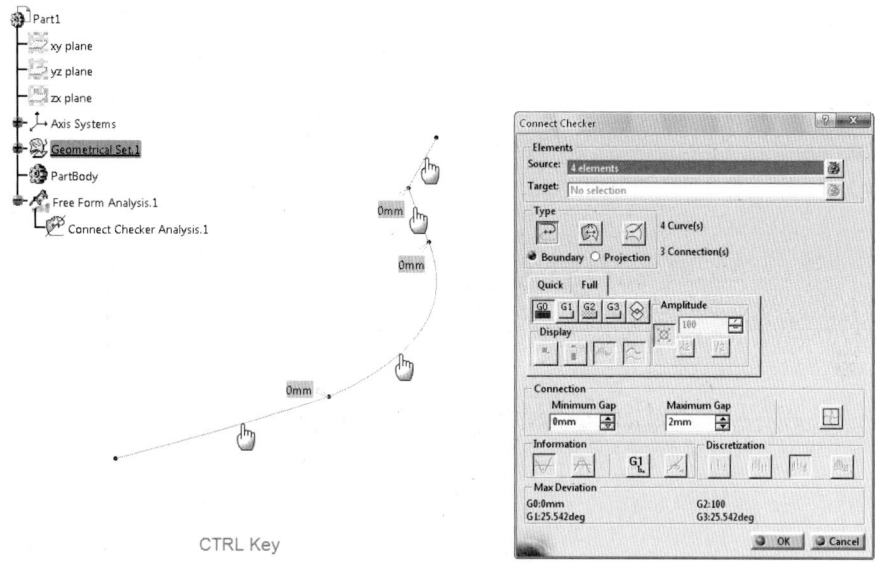

❷ 그림 아래와 같이 Maximum Devigation 값을 확인할 수 있습니다.

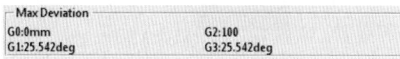

❸ 이번에는 다음 예제 파일을 준비합니다. 그리고 Connect Checker 명령을 실행하여 Surface-Surface Connection으로 분석 Type을 설정하고 CTRL Key를 사용하여 곡선들을 선택합니다.

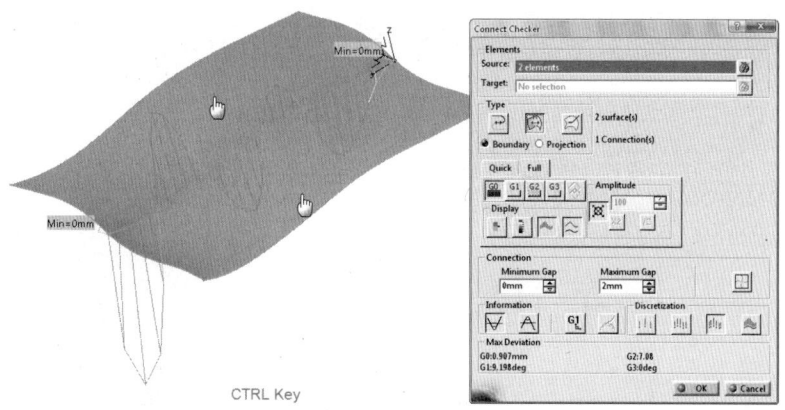

간혹 Surface 형상을 복수 선택하면 바로 다음과 같은 메시지가 뜰 수 있습니다.

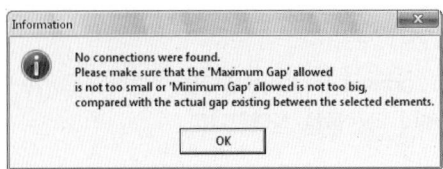

이것은 Definition 창의 Maximum Gap 값 때문인데 이 값이 현재 Surface 형상들 간의 Gap 보다 작기 때문입니다. 이런 경우에는 이 값을 큰 값에서부터 서서히 작게 입력하여 적절한 범위를 찾아 주어야 합니다.

❹ 적절한 Maximum Gap 값이 입력되었다면 화면에 다음과 같이 Surface 형상 사이에 색으로 벌어진 틈을 표시해 줍니다. 여기서 Comb를 해제하고 Full Color Scale을 선택하면 다음과 같은 Color Scale 창이 나타납니다.

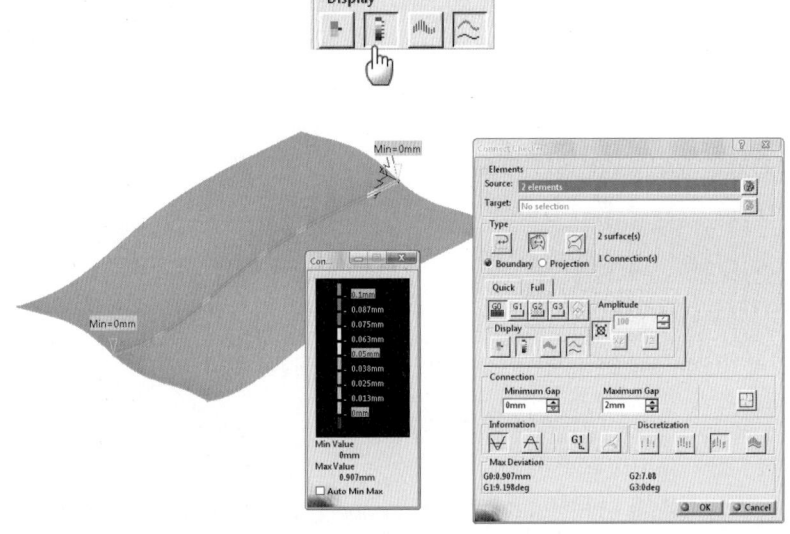

여기서 'Auto Min Max'를 체크하여 두 Surface 사이의 최대와 최소 Gap을 자동적으로 찾아 표시해 줍니다. 그리고 그 사이의 값들 역시 등분할 하여 다시 표시해 줍니다.

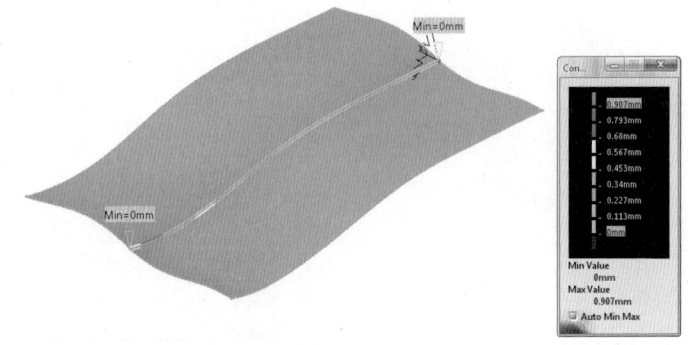

마찬가지로 Continuity를 변경해 그 결과를 확인해 볼 수 있습니다.

■ **Feature Draft Analysis**

이 명령은 형상의 면에 대해서 기울어진 값을 찾아내는 명령입니다. 즉, Draft를 얼마를 주었는지를 작업 후 역 추적할 수 있습니다. 이 명령을 실행하려면 우선 다음과 같이 View Mode를 'Shade with material'로 변경해 주어야 합니다.

명령을 실행시키고 Surface를 선택하면 다음과 같은 창이 나타납니다.

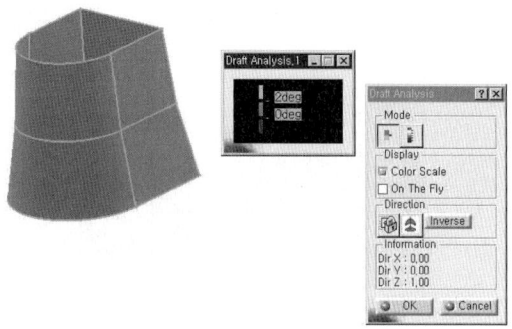

여기서 위와 같은 Quick Analysis Mode인 경우에는 간단히 3개의 각도 값을 이용해 Analysis합니다. Full Analysis Mode인 경우에는 다음과 같이 6개의 각도 값을 사용할 수 있습니다.

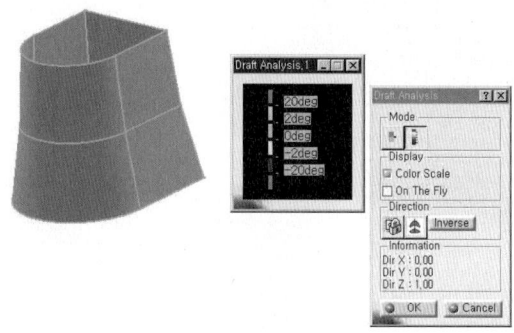

물론 여기서의 각도 값은 고정된 것이 아니기 때문에 직접 각 각도 값을 수정해 줄 수 있습니다.

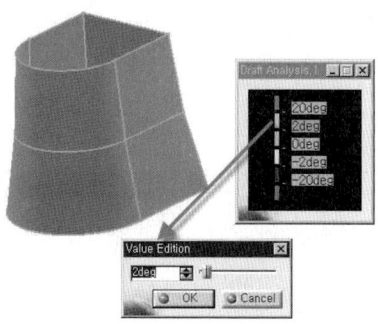

이러한 각도 값을 변경하는 것을 반복하여 실제 Draft 각도 값을 찾을 수 있습니다.

이 예제에서는 윗부분의 Surface는 5도의 각도를, 아래 부분의 Surface는 10도의 Draft 각도를 가짐을 알 수 있습니다.

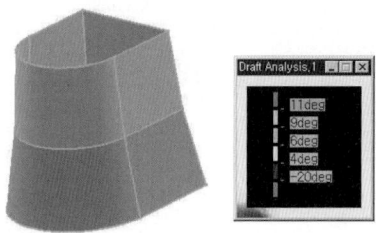

물론 이와 같은 작업은 위와 같은 곧은 Surface 형상뿐만 아니라 곡선이나 Solid 형상의 Draft 면에 대해서도 가능합니다.

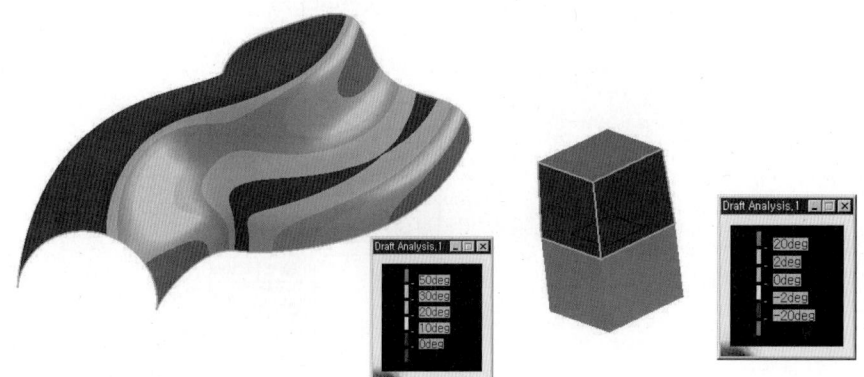

Spec Tree에는 다음과 같이 나타납니다.

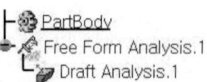

■ **Surface Curvature Analysis**

이 명령은 Surface의 곡률을 분석하는 도구입니다. 평평한 Surface 형상이 아닌 경우 사용할 수 있으며 이 명령을 실행하려면 우선 다음과 같이 View Mode를 'Shade with material '로 변경해 주어야 합니다.

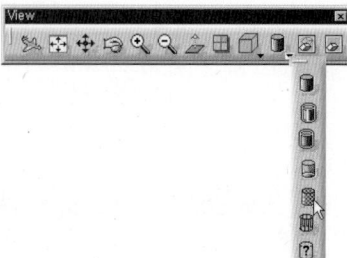

혹 다음과 같은 메시지가 출력되면 View Mode를 체크하기 바랍니다.

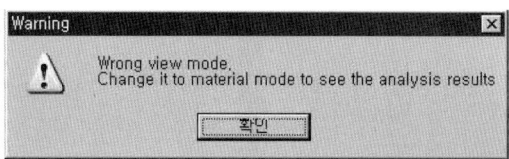

View Mode 설정 후 다음과 같이 Surface를 선택해 주면 다음과 같은 Definition 창과 Surface 형상에 표시가 나타날 것입니다.

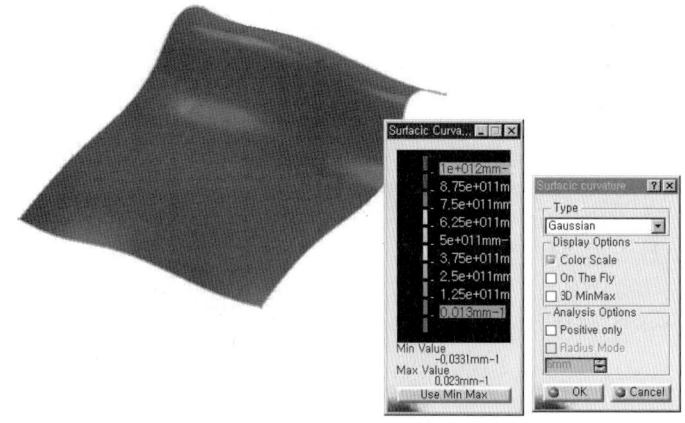

그러나 위에서 바로 원하는 곡률 값을 볼 수는 없습니다. 여기서 Use Min Max를 클릭해 주면 다음과 같이 Surface의 곡률을 최대에서 최소로 나누어 나타내 줍니다.

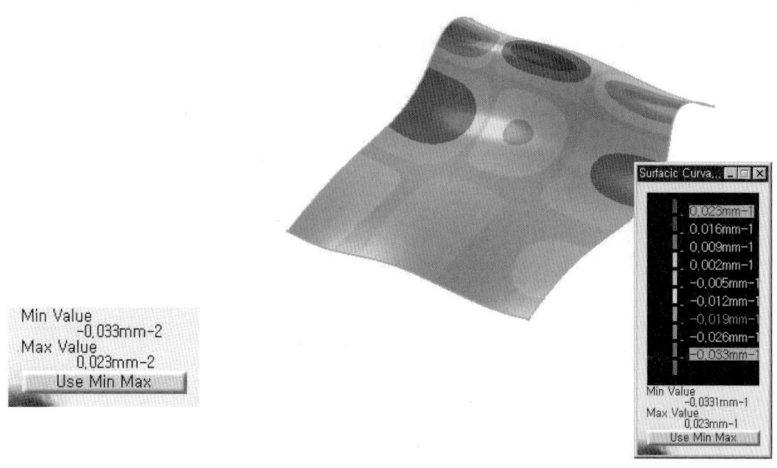

여기서 Surface Curvature 창에서 Type을 Gaussian, Minimum, Maximum, Limited, Inflection Area로 변경하여 분석할 수 있습니다. 또한 다음과 같이 '3D Min Max'를 체크하면 Surface 위에 곡률 값이 최대와 최소인 지점을 표시해 주며 Positive Only를 체크하면 곡률이 양의 값을 가지는 곳만을 표시하게 할 수 있습니다.

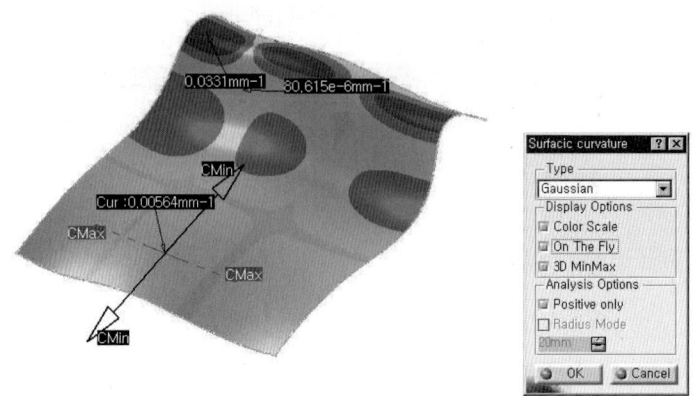

■ **Porcupine Analysis**

이 명령은 Curve나 Surface의 Edge 요소에 대해서 곡률을 분석하는 명령입니다. 명령을 실행하고 Curve 요소를 선택해 주면 다음과 같이 Curve 요소가 어떠한 곡률을 가지고 있는지 나타내 줍니다.

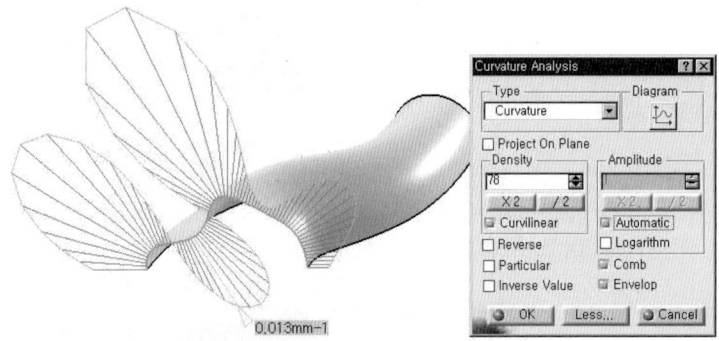

선택한 Curve 요소에 대해서 Curvature 또는 Radius 두 가지 Type으로 분석해 볼 수 있습니다. 아래의 경우는 Radius로 Curve의 곡률을 분석한 모습입니다. 반경이 큰 부분일수록 높게 솟아나는 것을 볼 수 있으며 방향에 따라 위쪽이나 아래쪽으로 나타나 보입니다.

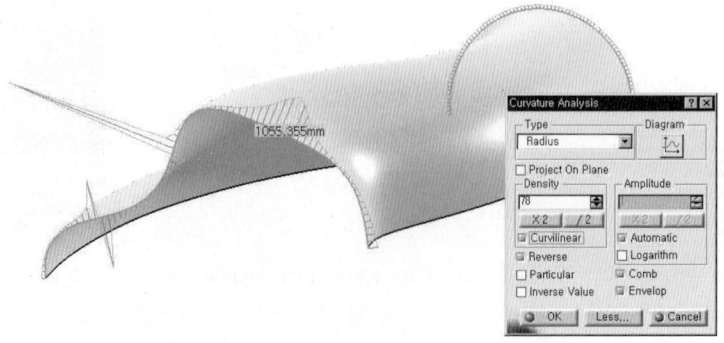

또한 다음과 같이 여러 개의 Curve 요소를 동시에 선택하여 한 번에 관찰이 가능합니다.

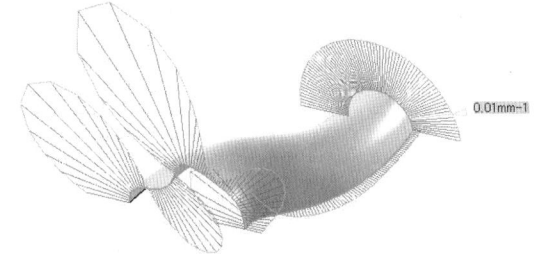

Diagram을 이용하여 각 Curve 요소에 대한 분석 값을 그래프화 할 수 있습니다. Definition 창에서 Diagram을 선택합니다.

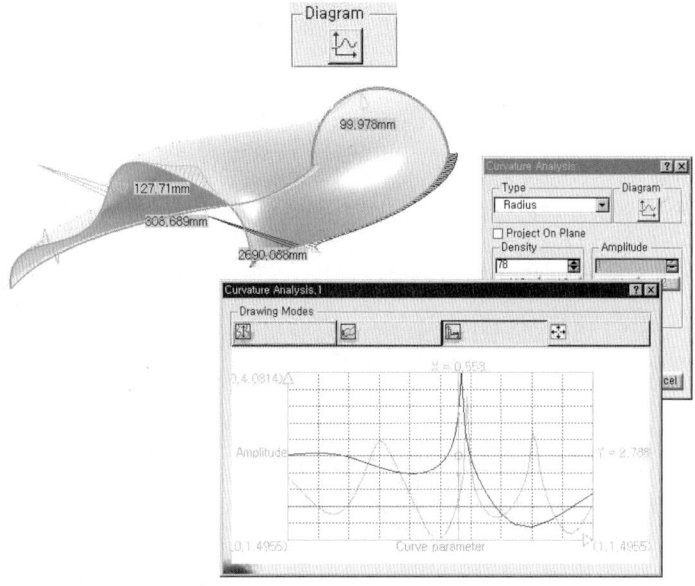

위 Diagram에서 상단의 각 Drawing Modes를 변경하여 그래프를 그려 볼 수 있습니다. 왼쪽에서부터 순서대로 Same vertical length, Same origin, Vertical logarithm scale입니다.

L. Tools

■ Update All

이 명령은 모델링 작업에 있어 형상 변경 후 수정 사항이 업데이트되지 않았을 경우에 사용합니다. 자동 업데이트 옵션을 설정해 놓았다면 비활성화되며 업데이트가 항상 자동으로 수행됩니다.

작업을 수행하고 결과가 바로 업데이트 되지 않으면 이 명령을 확인하기 바랍니다.

자동 업데이트 설정은 Tools ⇨ Options ⇨ Infrastructure ⇨ PartInfrastructure ⇨ General Tab에서 설정 가능합니다.

■ Manual Update Mode

모델링 작업에서 수정 상황이 발생하였을 때 자동으로 업데이트 하지 않고 작업자의 지시에 따라 업데이트 하도록 하고자 할 경우에 설정합니다. 이 명령이 켜있으면 위의 Update All 명령을 사용하여 수동으로 업데이트 합니다.

■ Create 3D Axis System

이 명령은 모델링 작업 시 작업 기준이 되는 Axis를 생성하여 정의할 수 있습니다.

Axis란 CATIA에서의 Reference Element의 일종으로 원점과 3축 방향, 그리고 XY, YZ, ZX 평면 요소를 가진 요소입니다. 하나의 Axis에 7개의 Reference Element를 가지고 있습니다.

기본적으로 원점에 정의된 Axis와 달리 추가적으로 새로운 위치에 Axis를 생성하고자 했을 때 사용할 수 있습니다.

명령을 실행하면 다음과 같은 Definition 창이 나타납니다.

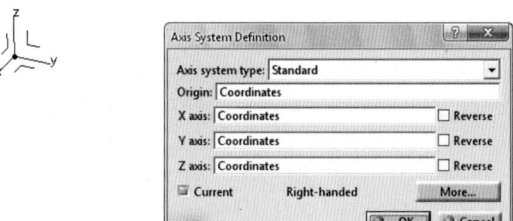

여기서 반드시 설정되어야 할 요소로 원점(Origin) 성분이며 그 다음으로 부가적으로 X, Y, Z 각 축 방향 성분을 지정할 수 있습니다. 반드시 Part의 각 축 방향을 그대로 사용하지 않고 새로운 방향을 정의할 수 있습니다.

원점은 기존의 3차원 형상의 꼭짓점(Vertex)을 사용할 수 있으며 Point를 생성하여 이것을 원점의 위치로 지정할 수 있습니다.

- **Geometry 이용**

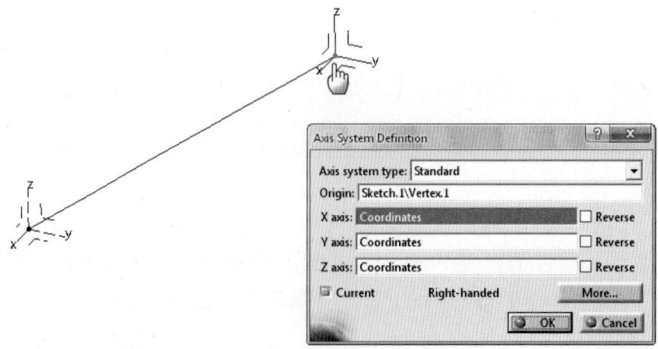

● Point 생성

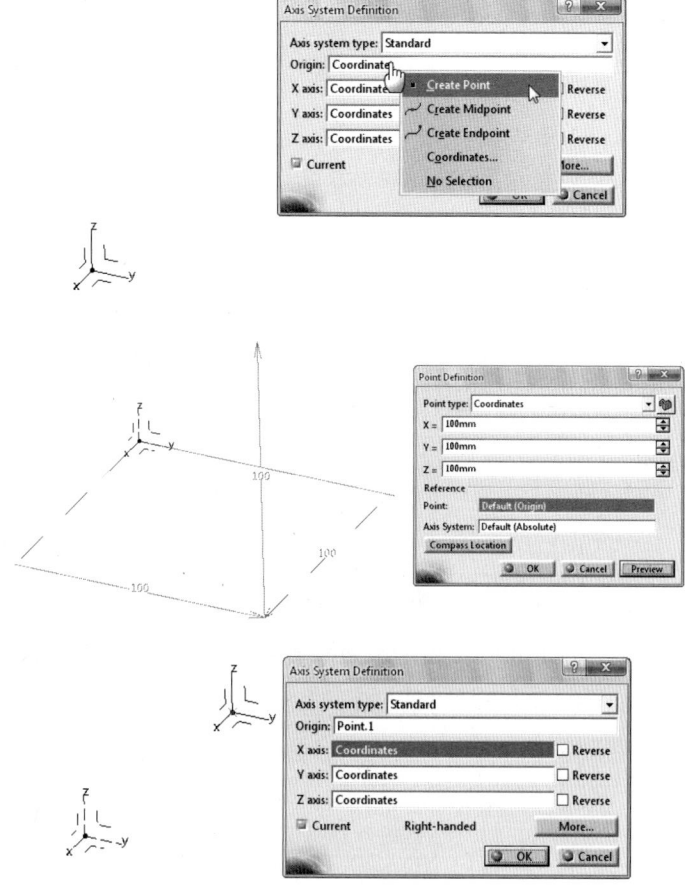

Axis를 지정하면 각 위치를 상대적인 원점으로 사용할 수 있습니다.

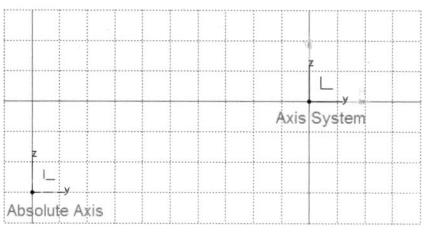

자신이 사용하고자 하는 Axis에 Set as Current로 지정해 주도록 합니다.

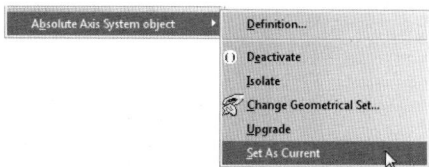

Axis의 사용은 필요한 경우에만 생성해 주고 기본적인 Reference Element인 Plane을 사용하도록 합니다.

1. Grid Sub Toolbar

■ **Work On Support**

이 명령은 3차원 GSD 상에서 공간을 제약적으로 사용하기 위해 Support를 지정하는 기능으로 여기서 Support를 지정하면 해당 평면 위치로 한 차원으로의 자유도가 제거되어 마치 평면에서 Sketch를 하듯이 GSD 메뉴를 다룰 수 있습니다.

명령을 실행하면 다음과 같은 창이 나타납니다.

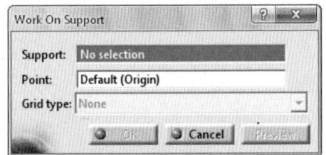

여기서 Support에 평면 요소를 선택하면 아래와 같이 창이 확장됩니다. 여기서 Work on Support의 원점이 될 지점을 선택해 주고 Grid Spacing 등의 설정을 추가로 해줄 수 있습니다.

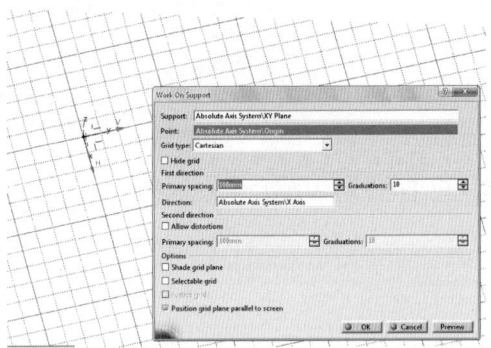

설정이 완료되면 OK를 눌러 줍니다. 그럼 다음과 같이 GSD 상에서 2차원 평면상에 Sketch를 들어온 것과 같은 상태를 확인할 수 있습니다.

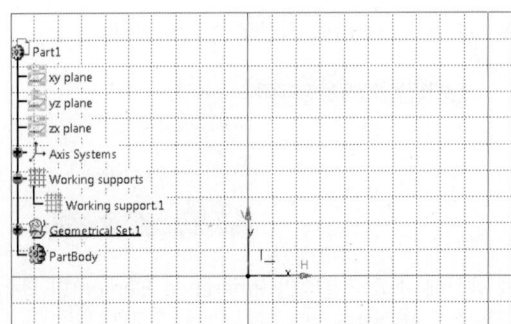

여기서 만약에 다음과 같이 Line 요소를 그린다고 하였을 때 작업을 따라해 보기 바랍니다. 따로 포인트 정보를 정의하지 않아도 작업자가 가리키는 지점으로 포인팅 되는 것을 확인할 수 있습니다.

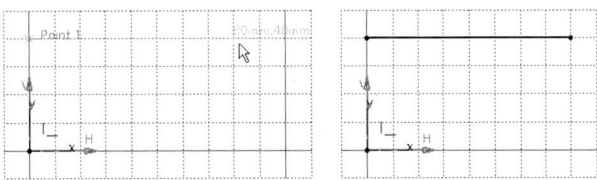

물론 현재 작업 Workbench이기 때문에 다음과 같이 GSD 작업을 능숙하게 소화할 수 있습니다.

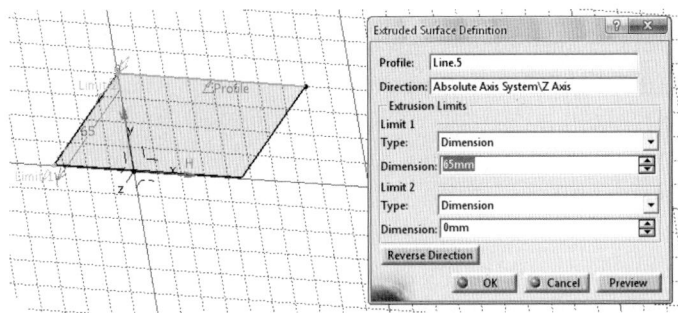

이러한 Work on Support는 작업의 필요에 따라 임의의 평면 위치에 설정이 가능하며 한번 작업을 마친 후에도 필요에 따라 재사용이 가능합니다. Spec Tree에서 Work on Support는 다음과 같이 기록됩니다.

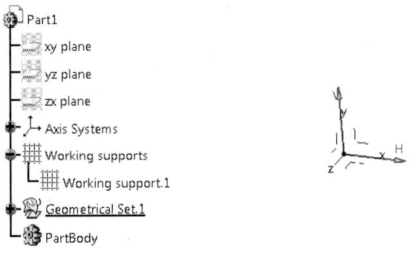

여기서 Work on Support가 활성화되면 붉은 색으로 표시가 납니다.

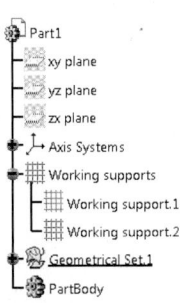

위와 같이 여러 개의 Work on Support를 사용할 경우에는 활성화하고자 하는 경우에는 원하는 Work on Support를 선택하고 Work Supports Activity 명령을 사용하여 전환이 가능합니다.

Work on Support의 사용 종료 역시 Work Supports Activity 명령을 사용합니다.

■ Snap To Point

앞서 Work on Support 상에서 작업하는 경우에 Grid가 생성되어 마치 2차원 Sketcher와 같은 환경에서 3차원 모델링 도구를 사용할 수 있습니다.

■ Work Supports Activity

앞서 Work on Support를 사용하다 종료를 하려거나 또는 Support로 이동하고자 할 경우에 이 명령을 사용합니다.

Work on support와 연동하여 반드시 알아두어야 합니다.

■ Plane System

Plane System은 선체나 항공기의 경우에 등간격으로 Plane을 정의하고 작업해야 하는 경우에 유용하게 사용할 수 있는 명령으로 수작업으로 일일이 평면 요소들을 정의하지 않고 Primary Set 및 Secondary Subset까지 정의가 가능합니다.

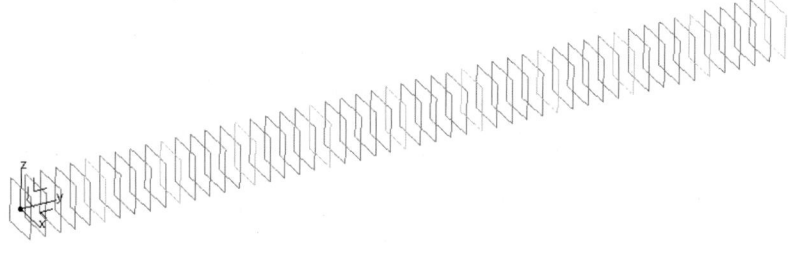

명령을 실행하면 다음과 같은 Definition 창이 나타납니다.

Type으로는 Plane 생성에 대한 정렬 방식을 의미합니다.

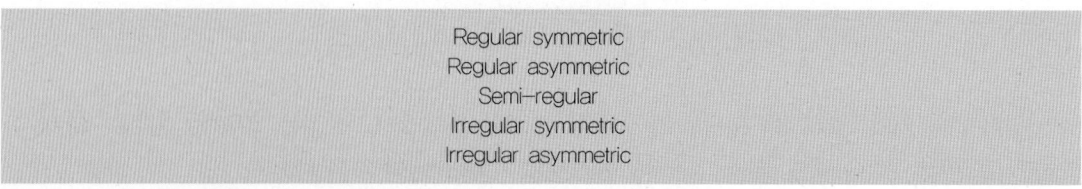

Regular symmetric
Regular asymmetric
Semi-regular
Irregular symmetric
Irregular asymmetric

여기서 Plane이 생성될 방향과 원점 성분을 차례대로 선택해 줍니다.

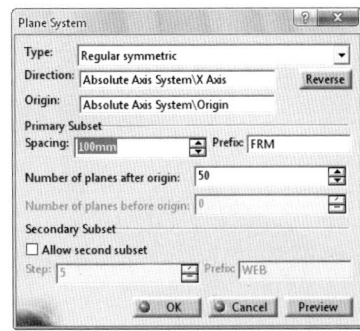

다음으로 Plane 사이의 간격과 Plane의 수, Prefix 값을 정의해 주고 추가적으로 필요한 경우 Primary Set 두 평면 사이에 위치할 Secondary Subset의 수를 정의할 수 있습니다.

다음은 원점을 기준으로 Spacing을 100mm로 50개씩 대칭으로 Primary Set을 만들고 Secondary를 Subset을 지정한 결과입니다.

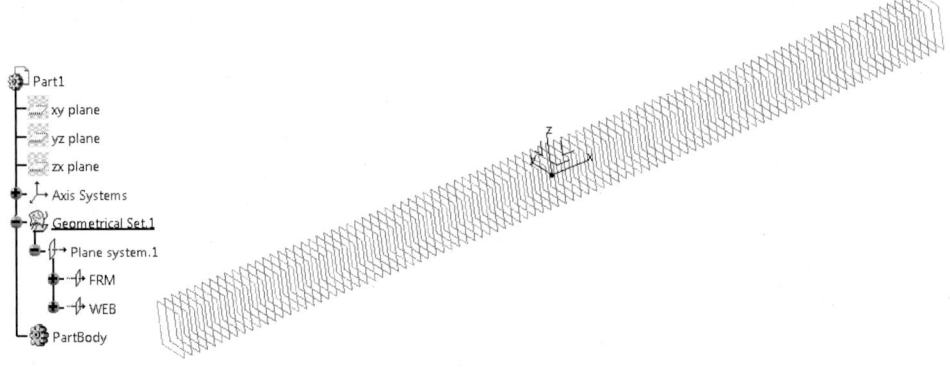

이와 같은 Plane System은 Structural Design에 유용하게 사용할 수 있습니다.

■ Create Datum

이 명령은 CATIA Modeling 시 Historical Mode를 해제하는 명령입니다. Historical Mode란 일반적으로 어떠한 모델링 작업을 수행하는데 있어 Parents/Children 관계를 유지한 상태에서 작업을 수행하는 Mode를 의미합니다. 일반적으로 우리가 수행하는 모델링은 작업에 종속 관계에 따른 Link가 있기 때문에 작업 과정에서 수정이나 데이터 변경/삭제에 따른 업데이트가 수행됩니다.

그러나 Datum Mode를 사용하면 만들어진 결과 형상을 Parent와 상관없이 Isolate된 형상을 만들어 줍니다.

Datum을 실행한 상태에서 다음과 같이 간단한 Profile을 이용하여 Extrude를 실행해 보기 바랍니다.

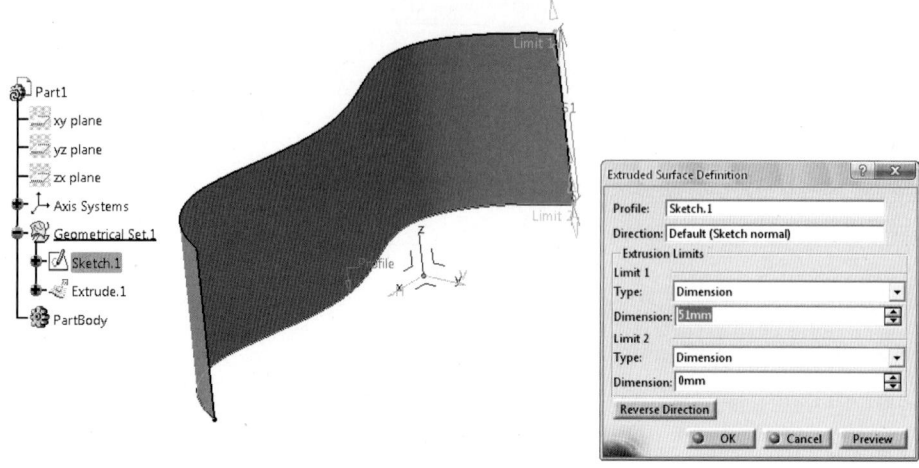

그 결과는 다음과 같습니다.

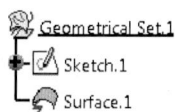

Isolate 된 상태이기 때문에 여기서 Sketch 형상을 삭제하거나 수정해도 곡면 형상에는 아무런 문제가 없습니다.

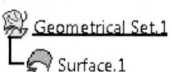

이러한 속성 때문에 원본에 상관없이 결과 형상을 만들고자 할 경우에 매우 유용하게 사용할 수 있습니다. 그러나 이러한 속성이 유지되는지 아닌지 작업자 자신이 파악하고 작업에 임해야 하겠습니다.

Section 04 | Multi-Result Management

종종 Surface와 Wireframe 형상을 이용해 작업을 하다 보면 작업한 결과 형상이 연속적으로 이어지지 않고 따로 떨어지는 경우가 있습니다. 이런 경우 CATIA에서는 바로 결과를 출력하지 않고 Multi-Result Management 창을 띄워 이 결과를 어떻게 할 것인지 선택하게 합니다. 그 이유는 이러한 결과가 의도한 것일 수도 있고 그렇지 않은 것일 수도 있으나 하나의 작업으로 인해 나온 결과 형상은 연속적이어야 하기 때문입니다. 물론 Disassemble과 같은 명령을 제외하고 말입니다.

다음과 같은 형상을 가정해 보겠습니다.

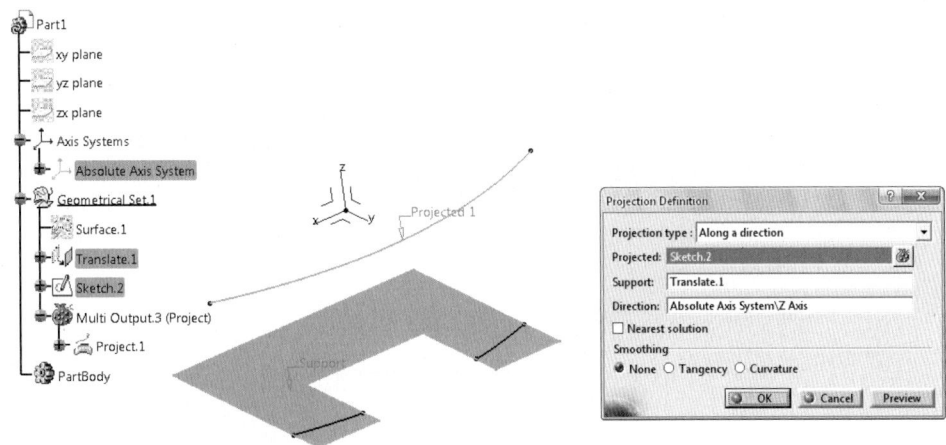

이러한 경우 한 작업 의해 여러 개로 나누어진 형상 결과물이 만들어지는 것을 Multi-Result라고 하며 다음과 같은 Multi-Result Management 창이 나타나게 됩니다.

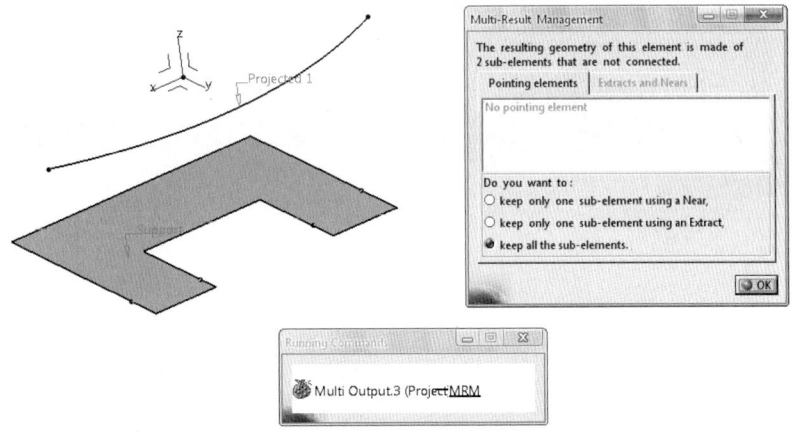

다음과 같이 Surface 형상 위에 Curve 요소를 Project 하는 과정에서 연속적이지 않은 결과가 나타났다고 했을 때 이 경우를 예를 들어 Multi-Result Management를 설명하도록 하겠습니다.

Multi-Result Management는 다음의 세 가지 Type으로 결과를 처리합니다.

■ Keep one Sub-Element using the Near command

복수의 결과로 나타난 형상 중에 임의의 기준 요소와 가장 가까운 부분을 살리고 나머지는 제거하는 방식입니다.

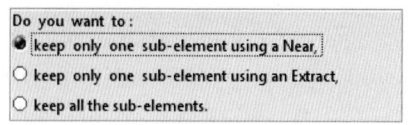

이 방식을 사용하면 Near라는 명령의 Definition 창이 나타나 남겨놓고자 하는 부분의 근처에 있는 요소를 선택할 수 있는 창이 나타납니다.

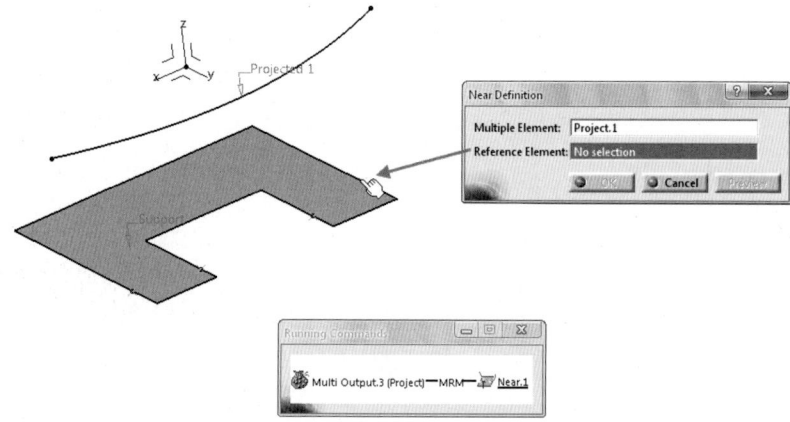

여기에 Surface의 꼭짓점이나 모서리 등을 선택해 주면 그 것과 가장 가까운 부분이 남게 되고 다른 부분은 제거됩니다.

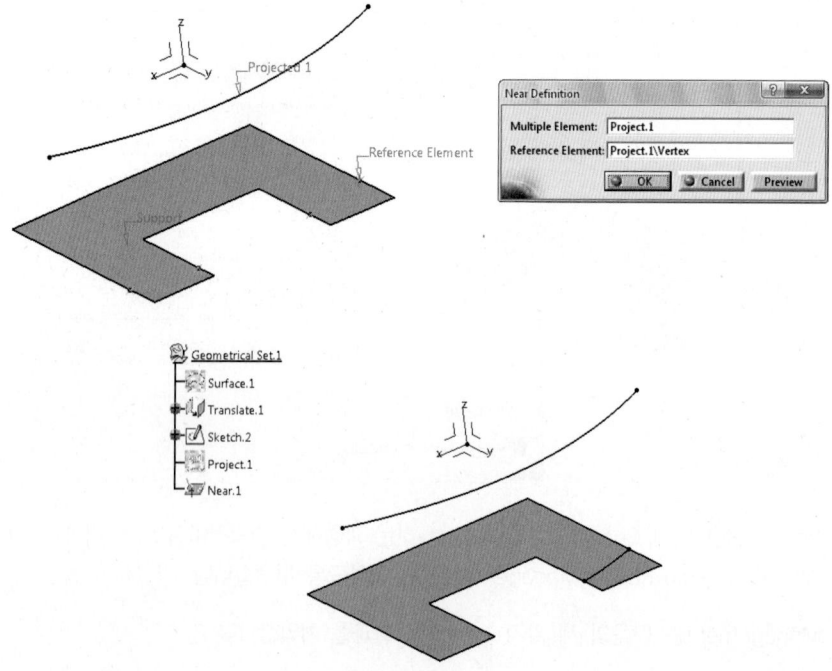

- Keep One Sub-Element using the Extract command

이 방법은 복수의 결과로 나타나는 형상 중에 원하는 부분만을 Extract 명령을 사용하여 남기는 방법입니다.

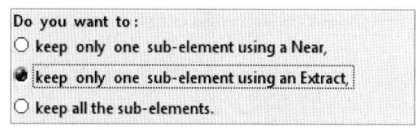

이 방식을 선택하면 다음과 같이 Extract Definition 창이 나타납니다.

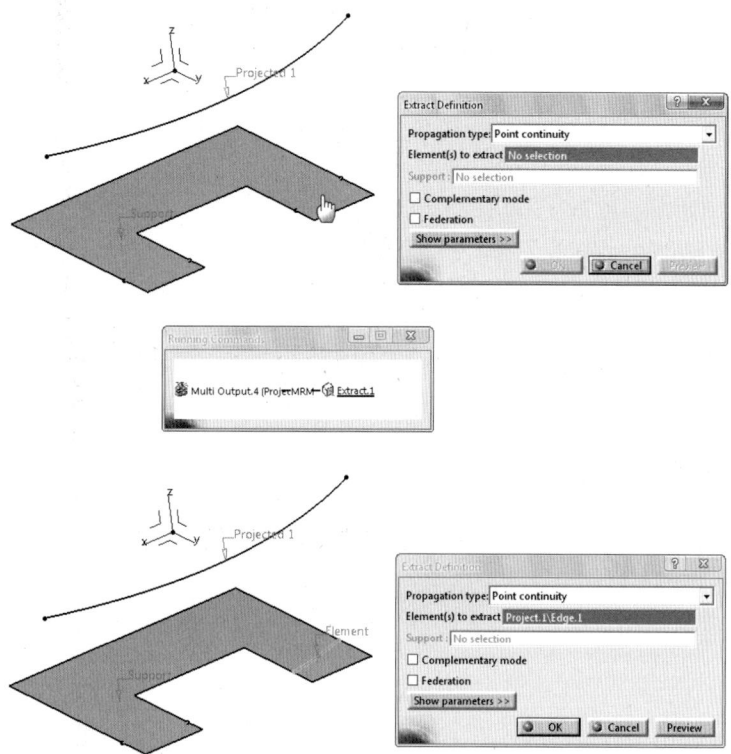

여기서 원하는 형상의 부분을 선택하면 이 부분이 표시되는 것을 볼 수 있습니다.

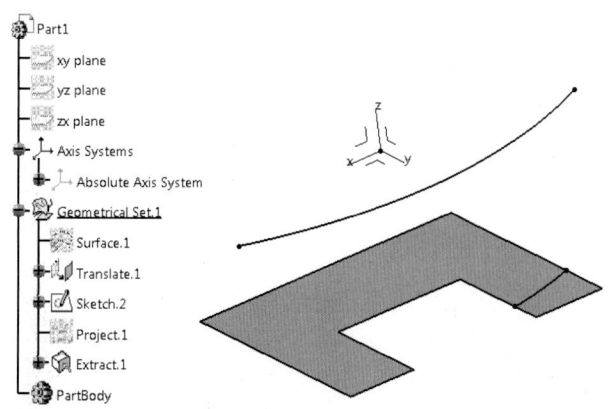

- Keep all the sub-elements

이 방식은 복수의 결과로 나온 형상을 변경하지 않고 있는 그대로 놔두는 것입니다. 말 그대로 복수 요소를 그대로 놔두는 것입니다.

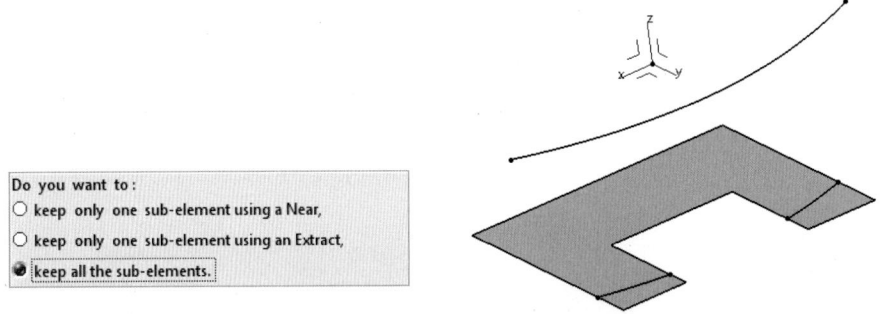

그러나 이 방식을 선택할 때는 한 가지 사실을 알고 있어야 합니다. 그것은 복수 요소는 다른 작업을 하는데 있어 항상 이 Multi-Result Management를 가지고 간다는 것입니다. 우리가 대상을 선택했을 때 선택한 대상은 연속적으로 이어진 대상이 아니라면 여러 개가 동시에 선택되어서는 안 되기 때문입니다.

따라서 이 방식으로 사용은 이 점을 감안하고 나중에 따로 이 목수의 결과물들을 수정할 경우에 사용하길 권장합니다.

그리고 가급적 어떠한 형상을 만든다고 했을 때 이러한 복수의 결과가 나오지 않도록 작업을 하는 게 좋습니다.

이 장에서 여러분은 Generative Shape Design Workbench에서 사용하는 작업 순서나 방식 그리고 이에 필요한 기능들을 공부하였습니다. 이에 대한 기본적인 이론을 습득하고 다음으로 수행해야 할 것은 많은 연습의 시간입니다. 따라서 이 교제의 카페(cafe.daum.net/ASCATI)에서 수 백여 장의 연습 도면과 실기 강좌를 통하여 실제 모델링 하는 감을 익히기 바랍니다.

MEMO

Chapter 11

FreeStyle

Section 01 | FreeStyle Workbench에서의 모델링 방식 접근하기
Section 02 | Toolbar

Section 01 | FreeStyle Workbench에서의 모델링 방식 접근하기

FreeStyle이라는 이름의 Workbench가 의미하는 것처럼 이 Workbench에서의 곡면 또는 곡선을 설계하는 방법은 치수나 경계 조건에 크게 구애받지 않고 자유롭게 정의가 가능합니다. 단순히 주어진 치수에 맞추어 형상을 완성해 나가는 설계를 넘어 주로 스타일링 디자인을 위한 도구로 사용될 수 있습니다. 앞서 이론 부분에서 보았겠지만 CATIA는 곡면 설계를 정의하는 가장 강력한 방법을 제공합니다.

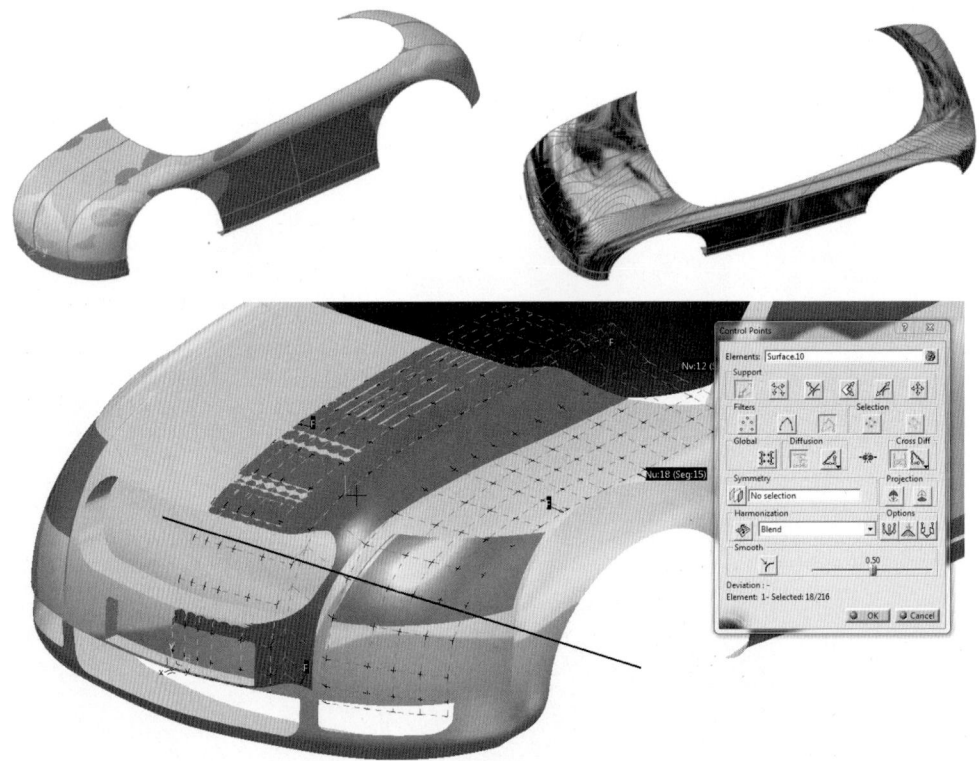

일반적으로 우리가 곡면 모델링을 한다고 할 경우에 일반적으로 작업하는 Workbench는 GSD입니다. 정형화된 치수로부터 형상을 만들어내는 작업을 하는 대부분의 작업이 GSD에서 가능하기 때문입니다. 그런데 많은 분들이 느끼시겠지만 GSD 모델링의 단점은 프로파일이나 치수에 따른 설계기 때문에 딱 맞아 떨어지지 않으면 오류가 난다거나 추가적으로 전체 곡면이 매끄러운 연속을 유지하면서 자연스럽게 변형하는 처리가 어렵습니다. 경우에 따라 부드럽게 이어주어야 할 곡면들이 매끄럽지 못하게 연결되는 경우도 발생하게 됩니다. 치수에 프로파일에 곡면의 연속성에 여러 가지를 동시에 만족하는 곡면을 생성하기가 그렇게 쉽지만은 않은 부분이라 할 수 있습니다.

대신에 FreeStyle의 경우에는 딱 정해진 치수를 기반으로 형상을 만들지는 않습니다. 사용자의 직접적인 제어점(Control Point)의 조작을 통하여 곡면을 변형 시킬 수 있으며 부분적(Local)으로 또는 전체적인(Global) 변형이 가능합니다.

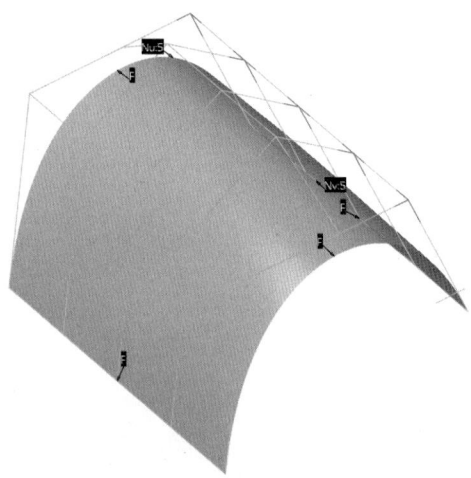

또한 사용하는 곡면 자제가 수학적으로 완벽하다고 평가되는 NURBS를 기반으로 하기 때문에 형상 정의가 매우 포괄적입니다. 전체적인 크기를 가늠해서 그 안에서 자유로이 형상을 수정할 수 있으며 매우 자연스럽게 이웃하는 곡면들과 이어줄 수 도 있습니다. 또한 실시간 곡면 분석 기능을 통하여 곡면의 품질 분석이 가능합니다. 모델링 작업을 하면서 분석도 동시에 가능하지요.

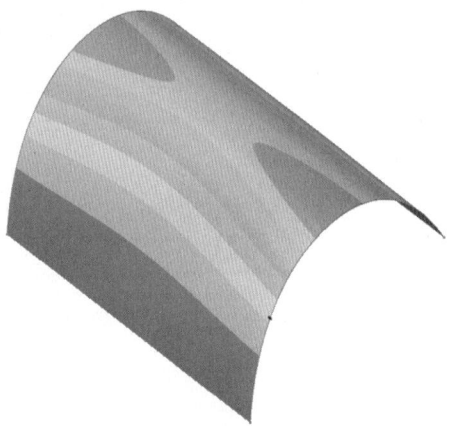

특히 FreeStyle의 경우에는 기본에 GSD 로 만들어진 형상이나 외부에서부터 불러온(Import) IGES, STEP 등의 중립파일(Neutral File)에 대해서도 형상 수정 및 연관된 작업이 가능합니다.

다만 FreeStyle을 이용해 작업할 경우 우리가 주의할 사항이 하나 있습니다. FreeStyle을 통해 생성한 곡면은 Datum과 같은 형태를 지니게 됩니다. Spec Tree에 보이는 바와 같이 Isolate된 상태를 띄게 됩니다. 일반적인 History 기반의 모델링 방식이 아니기 때문에 이와 같이 표시가 됩니다. 물론 한번 생성한 곡면은 수정이 가능합니다. 하지만 FreeStyle 기능을 사용해 만들어진 대상은 그 기능의 특성은 끊어진 채 각각의 곡면 Patch로만 인식되게 됩니다.

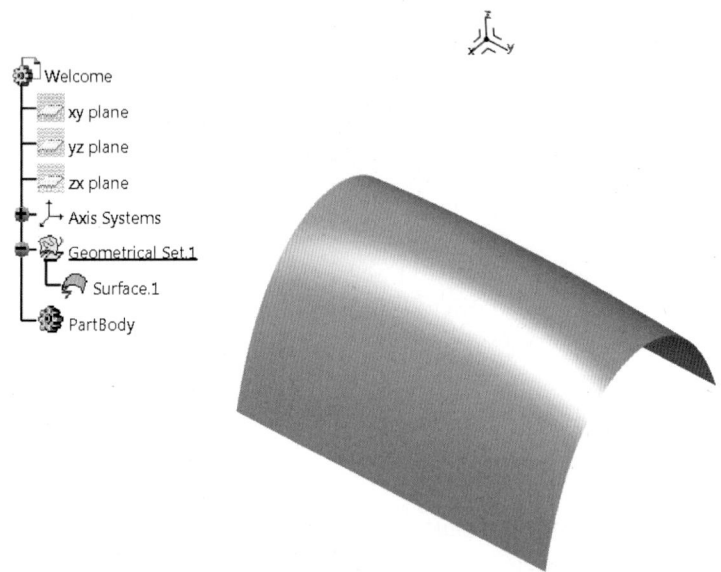

다음은 하나의 예로 FreeStyle Blend 명령을 사용하여 두 곡면 사이를 이어주는 경우입니다. Spec Tree에서 보이듯이 Blend라는 특정 기능에 의해서 기록되지 않고 서피스로만 인식되어 버리는 것을 확인할 수 있을 것입니다. 물론 더블클릭하여 다시 Blend의 연속성과 같은 값을 수정하는 것도 불가능합니다.

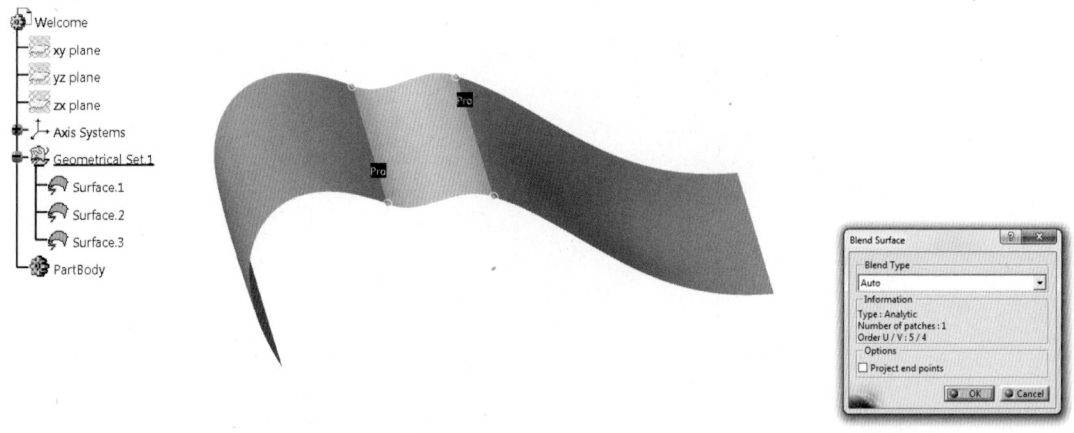

더욱이 만약에 양쪽에 있던 곡면이 수정된다고 했을 때 이를 반영하여 중간에 곡면이 자동으로 업데이트 되지는 않는다는 것도 알아두시기 바랍니다.

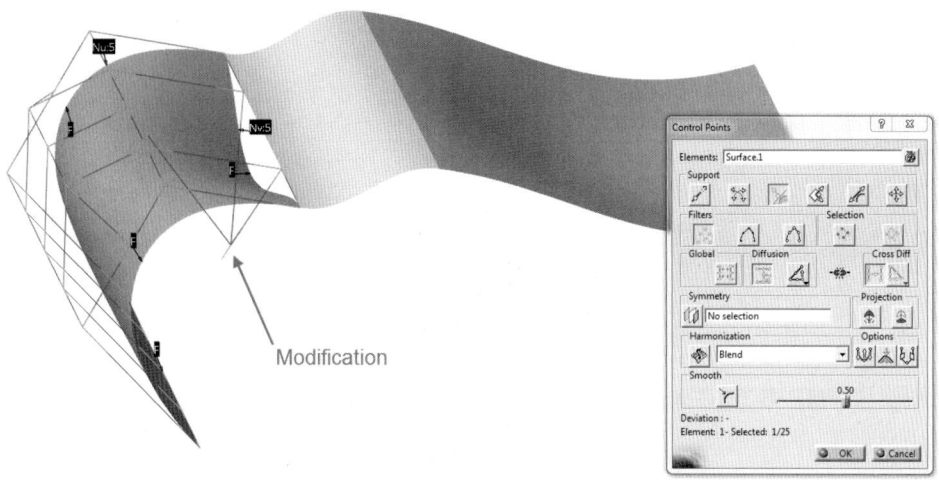

물론 각 기능의 특성상 동시 업데이트가 안 된다는 것이지 곡면 요소들을 전체적으로 변형이 함께 일어나도록 하는 것은 언제든 가능합니다.

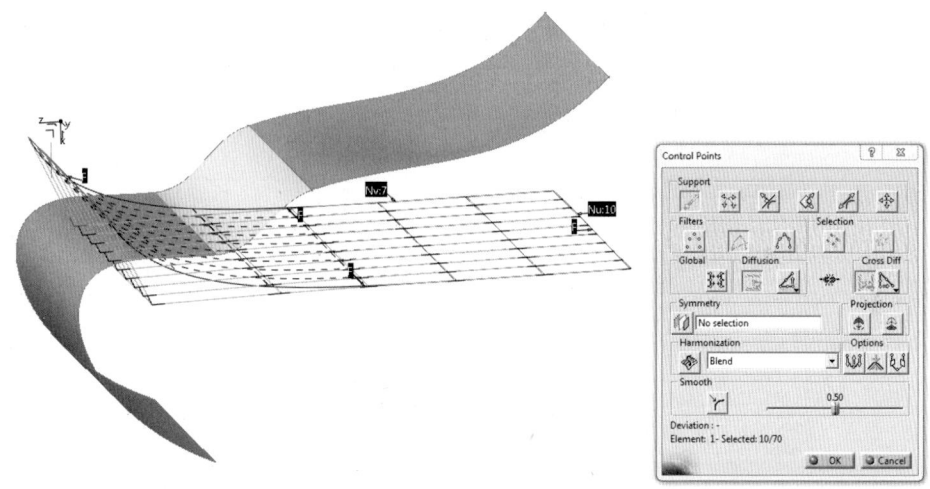

일부 명령 중에는 History 기반이나 Feature로 인식되어 작업에 사용되는 명령도 있으니 이를 구분하여 사용 바랍니다.

보다 직관적이면서 신속하게 치수나 프로파일에 구애받지 않고 형상을 정의할 수 있는 이점으로 FreeStyle은 스타일 디자인 분야에서 각광받고 있습니다. FreeStyle은 CATIA의 기존 기계 디자인 부분과 산업 디자인적인 감각적인 부분이 조화될 수 있는 주요한 소통이 되리라 생각합니다.

Section 02 | Toolbar

A. Generic Tools Toolbar

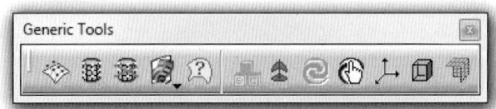

본 Toolbar의 도구들은 특정한 FreeStyle의 기능적인 역할을 하는 부분은 아닙니다. 그러나 FreeStyle에서 작업을 하면서 작업자에게 안내 또는 보조 도구 역할로 작용하는 도구들을 담고 있습니다.

• Dress-Up

이 명령은 FreeStyle에서 생성한 곡면(또는 곡선)이나 외부에서 작업한 곡면(또는 곡선)의 제어점(Control Point)나 Segment 등을 화면에 출력하도록 설정하는 기능을 합니다. 나중에 배우시게 될 곡면 수정을 위한 Control Point 명령을 실행한 것과 유사한 화면을 출력하여 작업자로 하여금 현재 형상의 곡면(또는 곡선)의 상태를 확인할 수 있게 합니다.

명령을 실행하면 다음과 같은 창이 나타납니다.

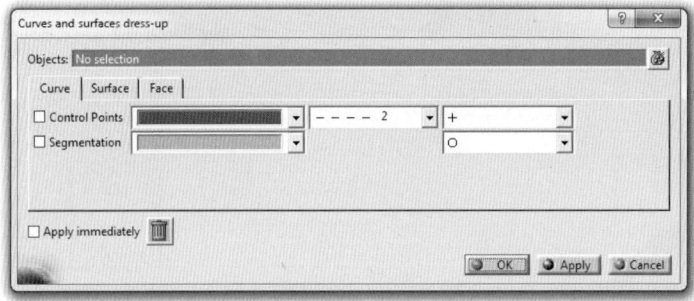

• Objects: Dress-up을 적용하고자 하는 대상을 선택합니다. 복수 선택도 가능합니다. 여기서 어떤 대상을 선택하느냐에 따라 아래의 3가지 탭 요소 중에 하나로 자동으로 탭이 변경됩니다.

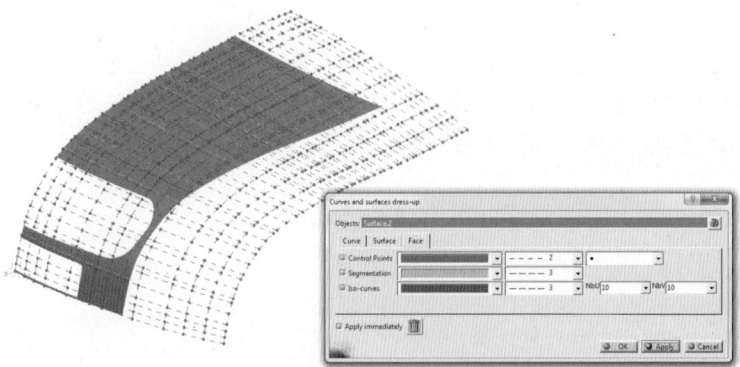

• Apply Dress-Up

위의 Dress-Up 과 유사한 명령으로 선택한 곡면 요소에 제어점이나 Segment를 출력해 주는 기능을 합니다.

명령을 실행하고 대상들을 선택한 후에 Control Points 또는 Segmentation을 체크해 주고 Apply를 눌러 줍니다.

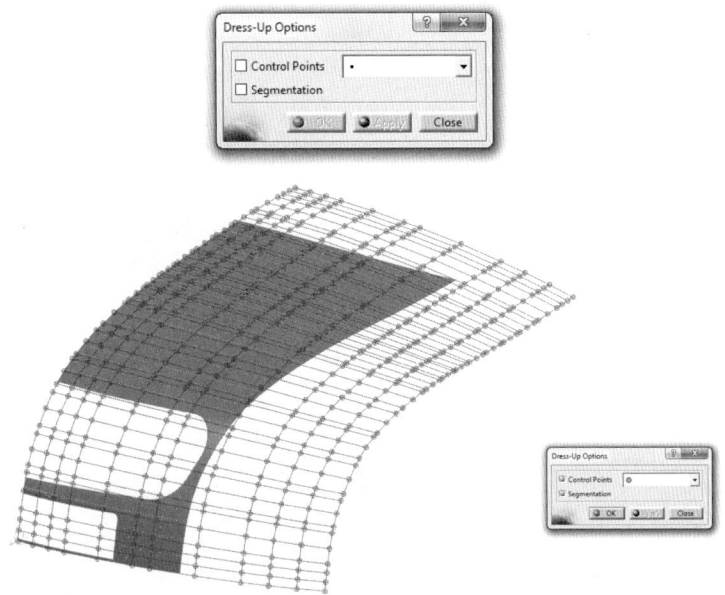

• Remove Dress-Up

앞서 Apply Dress-Up을 적용한 대상의 Dress-Up을 제거하고자 할 경우에 사용합니다.

명령을 실행한 상태에서 Dress-Up을 제거하고자 하는 대상을 클릭해 주면 됩니다.

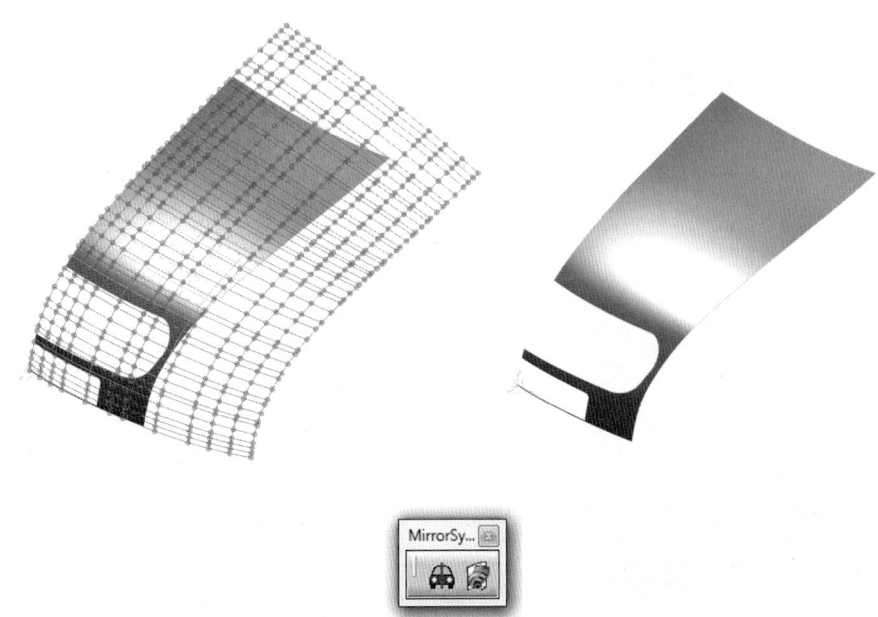

- **Visual Symmetry**

이 명령은 Product상에 속한 Part의 FreeStyle 곡면 요소의 대칭 요소를 생성해 주는 기능을 합니다. Part 도큐먼트만 열려있는 상태에서는 실행이 안 되며 반드시 Product에 Part가 삽입된 상태에서 실행해 주어야 합니다.

Product에 배치된 Part에 Define한 후에 명령을 실행하고 대칭의 기준이 되는 평면을 선택하면 새로운 Part가 Product에 생성되면서 Mirror된 반대 형상이 만들어지는 것을 확인할 수 있습니다.

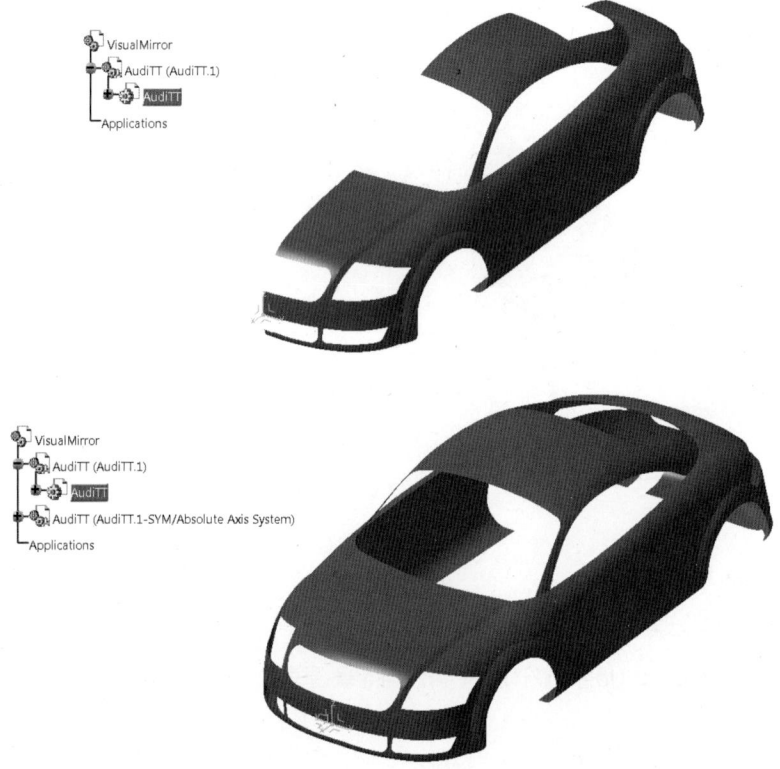

이렇게 Mirror된 Part는 원본 Part의 FreeStyle에서 수정을 같이 적용받습니다.

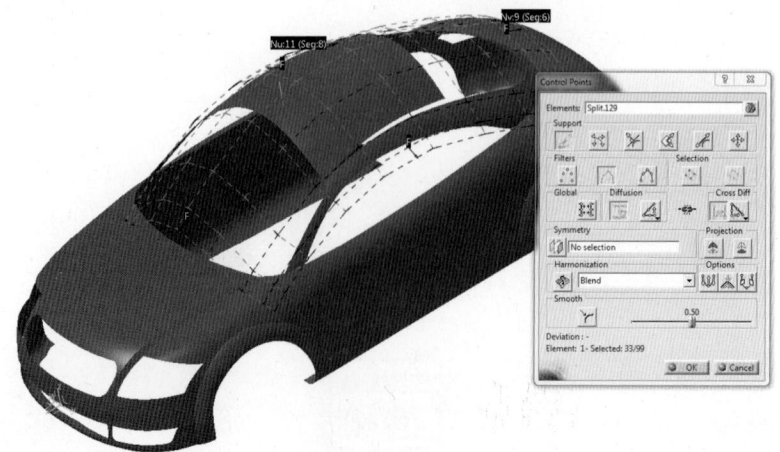

• Mirror Analysis

이 명령은 작업한 형상의 대칭되는 부분을 가상적으로 만들어 주는 명령입니다. 대칭 기준면이 잡히면 자동으로 대칭되어 나타날 반대편 형상을 보여 줍니다. 추가적으로 대칭 기준면이나 복사된 형상을 회색으로 출력되게 할 수 있습니다.

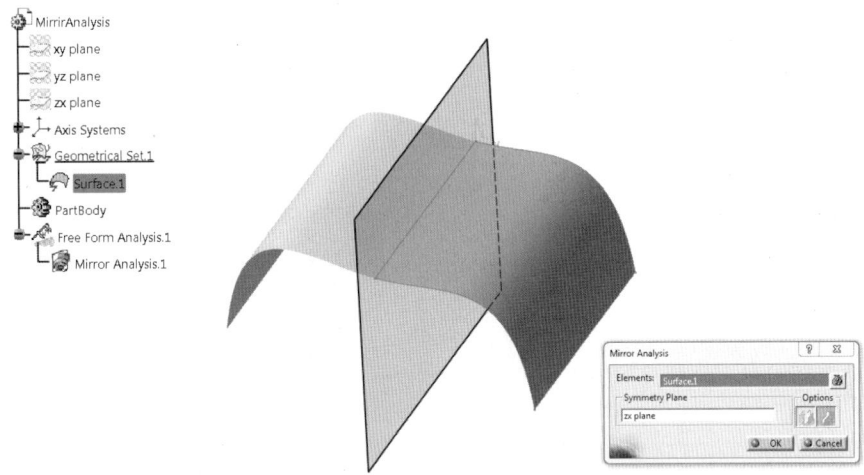

본 명령으로 Mirror된 형상은 가상의 형상이기 때문에 서피스로 인식되지는 않습니다.

• Geometric Information

이 명령은 앞서 GSD Workbench의 것과 동일한 명령으로 선택한 형상 요소의 특성을 표로 알려 주는 기능을 합니다.

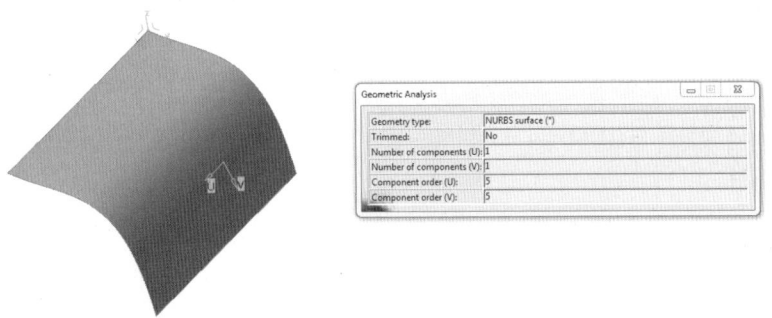

• Dashboard dialog box

이 명령은 화면에 Dashboard Tools Toolbar를 출력하는데 사용합니다. 활성화되지 않으면 Dashboard Tools가 나타나지 않습니다.

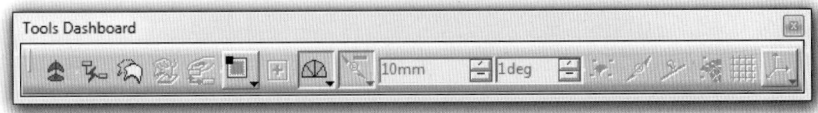

• Quick Compass Orientation

이 명령은 FreeStyle에서 형상을 수정하는데 굉장히 유용한 요소입니다. 곡면 또는 곡선의 방향을 지정하여 변형을 주고자 할 때 일일이 Compass에서 변경해 주지 않고도 손쉽게 방향을 정의할 수 있습니다.

일반적으로 방향을 정의하여 모델링을 수행하는 경우 우리는 화면 우측 상단에 있는 Compass를 마우스 오른쪽 메뉴(Contextual Menu)에서 정의합니다. 이것은 View의 방향을 전환하는 것이 아닌 모델링 상에서 기준 방향을 설정하는 것이니 View 설정과 혼동하지 않기 바랍니다.

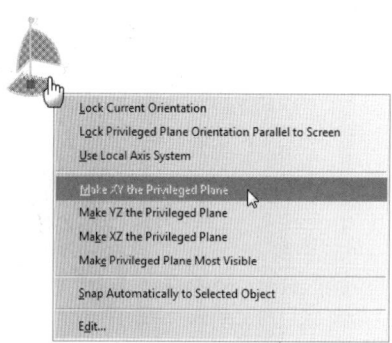

키보드에서 F5를(또는 F6) 입력하여도 출력됩니다.(F5키를 반복적으로 누르면 순서대로 기분 방향이 XY에서 YZ로 그리고 ZX로 변경됩니다.)

여기서 앞의 3가지 방향을 가리키는 명령어들은 Compass 기준 방향을 변경할 때 사용합니다. 만약에 'Z 방향'으로 제어점(Control Point)를 변경한다고 했을 때, 위에서 Flip to UV or XY를 선택한 후에 형상의 제어점(Control Point)를 조절해 주면 됩니다.

그 외에도 Compass의 방향을 변경한다거나 초기화하는 등의 명령을 담고 있어 모델링하는 과정에서 중요한 도구로 사용하게 될 것입니다.

• Flip to UV or XY

Compass의 기준 방향을 XY평면으로 설정합니다. 따라서 수직 벡터 방향은 Z 방향이 됩니다. 절대 좌표가 아닌 사용자가 직접 정의한 방향으로 Compass를 설정한 경우에는 UV방향으로 정의되며 수직 벡터 방향은 W방향입니다. 아래 그림은 곡면의 Control Point를 수정하는 과정에서 Compass 방향을 XY로 잡고 변형시키는 모습입니다. 이렇게 방향을 설정한 경우에는 다른 방향으로의 움직임을 제한할 수 있어 형상을 수정하는데 방향에 맞춘 수정을 가능케 합니다.

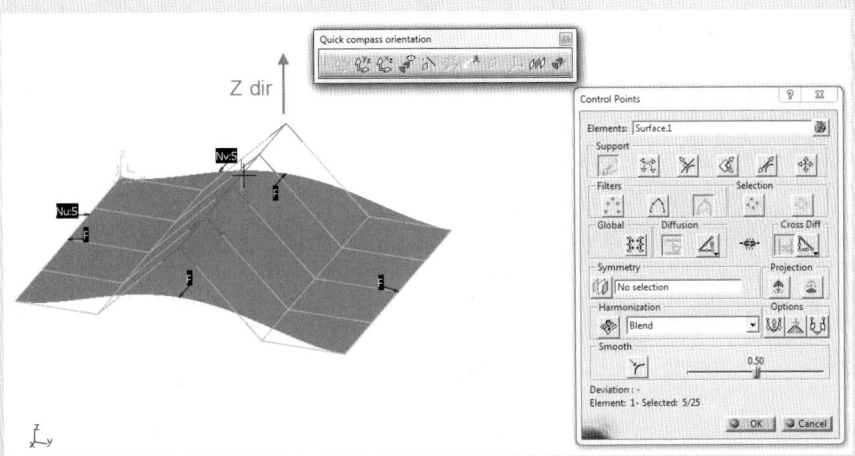

- Flip to VW or YZ

Compass의 기준 방향을 YZ평면으로 설정합니다. 따라서 수직 벡터 방향은 X 방향이 됩니다. 절대 좌표가 아닌 사용자가 직접 정의한 방향으로 Compass를 설정한 경우에는 VW방향으로 정의되며 수직 벡터 방향은 U방향입니다.

- Flip to WU or XZ

Compass의 기준 방향을 ZX평면으로 설정합니다. 따라서 수직 벡터 방향은 Y 방향이 됩니다. 절대 좌표가 아닌 사용자가 직접 정의한 방향으로 Compass를 설정한 경우에는 WU방향으로 정의되며 수직 벡터 방향은 V방향입니다.

- Most Seen Plane

이 옵션은 Compass를 화면에 수직인 평면에 가장 가까운 평면으로 정의합니다. 따라서 우리가 일일이 방향을 변경하지 않아도 화면의 회전을 통해 Compass에서 수직 벡터 선택이 가능합니다.

- Set Compass Orientation

기존의 절대 좌표계상의 방향의 아닌 사용자 정의의 임의의 방향으로 Compass 방향을 설정하고자 할 경우에 사용합니다. UVW 방향 개념은 이것을 통하여 좌표계 방향을 임의로 한 경우입니다.
이 명령은 다음과 같은 경우에 사용가능합니다. 수정하고자하는 곡면이 있습니다. 아래 그림처럼 수직 방향으로 중간 Mesh를 늘린 상태에서 Mesh가 가지는 사선 방향으로 기준 방향을 변경하고자 합니다. 이때 이 명령을 실행합니다.

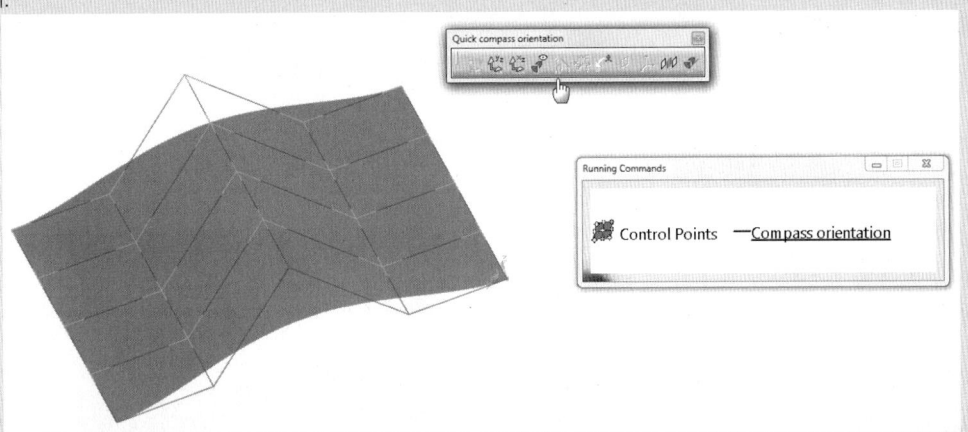

이제 여기서 Compass에서 기준 방향을 먼저 정의합니다. 그러고 나서 시작점 위치를 선택합니다. 그리고 두 번 더 클릭하여 3점에 의한 평면을 정의합니다. 그럼 앞서 선택한 평면 기준 방향이 3차례 클릭한 점들의 평면 방향으로 변경이 되면서 Compass가 XYZ가 아닌 UVW로 변경됩니다.

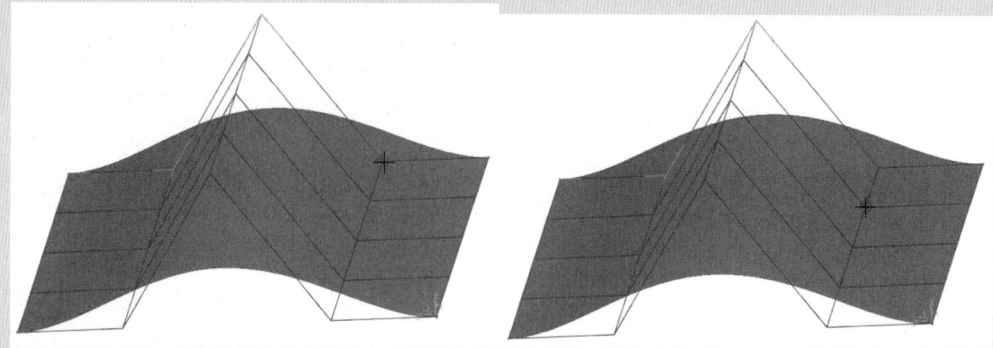

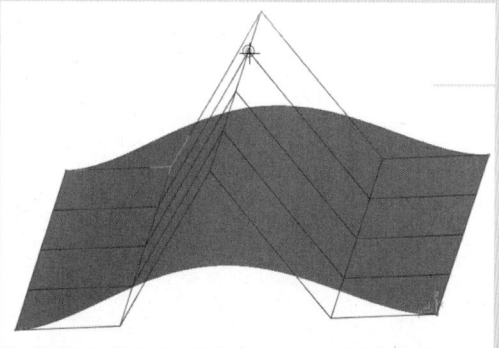

- Reset Compass to XYZ

위의 명령을 통해 Compass 방향을 변경한 후에 다시금 원래 절대 좌표계의 방향으로 Compass를 초기화 하고자 할 때 이 버튼을 클릭합니다.

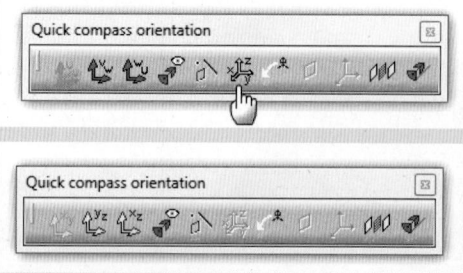

- In Model or on Perch

이 옵션은 Compass를 화면 우측 상단에 표시할지 또는 Model에 지정한 기준 위치에 출력할지를 설정합니다.

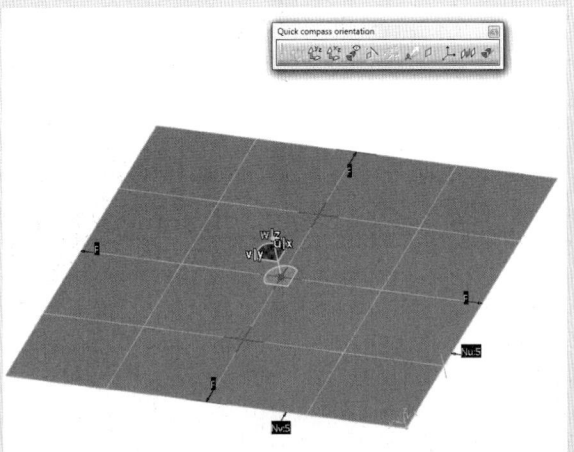

- Create Compass Plane

이 옵션은 Compass가 Model 형상에 위치한 상태에서 Compass가 위치한 곳에 Plane을 생성합니다. Compass가 우측 상단에 있는 경우에는 활성화되지 않습니다.

- Create axis system

이 옵션은 Compass가 Model 형상에 위치한 상태에서 Compass가 위치한 곳에 Axis를 생성합니다. Compass가 우측 상단에 있는 경우에는 활성화되지 않습니다.

- Set compass to mean plane

이 옵션은 Model 형상에 Compass가 있는 상태에서 두 면 요소의 중간 위치에 Compass가 위치하도록 하는 설정입니다.

- Set compass to trace plane

이 옵션은 면을 따라 Compass 위치를 설정하고 표시하도록 합니다.

- Axis System

Axis란 3차원 상에서 기준 축 요소 및 면 요소, 원점 요소 등을 포함하는 Reference Element로 Axis 하나 당 3개의 축과 3개의 면, 1개의 원점을 지니고 있어 곡면 모델링에서 Plane 보다 중요하게 사용되고 있습니다.

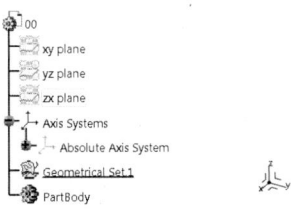

Axis는 필요에 따라 Part에 필요한 개수만큼 생성이 가능합니다. 물론 필요한 수만큼 생성하는 것이 좋습니다. 나중에 다른 Part로 형상을 복사할 경우 Tree를 보전한 상태로 한다했을 때 Axis가 함께 복사되지 않으면 Error가 날 수 있다는 점도 기억하기 바랍니다.

Axis 생성 및 정의 방법은 GSD Workbench의 Tools Toolbar를 한 번 더 참고해 보시기 바랍니다.

• Mask

이 명령은 3차원 박스 형상을 만들어 공간상에 영역을 지정해 줍니다. 관찰하고자 하는 영역을 지정하여 형상의 출력을 제한할 수 있으며(실제로 형상을 잘라 내거나 하지는 않습니다.) 형상의 실측 사이즈를 가늠해 볼 수 있습니다.

명령을 실행하면 다음과 같은 창이 나타납니다. 그리고 여기서 원하는 형상에 대해서 사이즈를 맞추기 위해 크기를 조절할 수 있습니다.

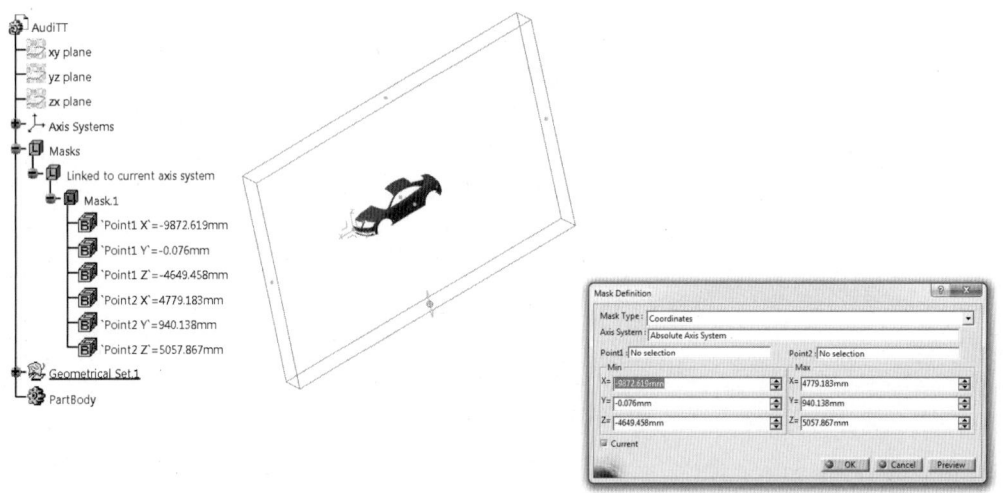

여기서 Mask의 크기를 지정하는 방법으로는 Mask 화면에 나타나 있는 6개의 면 중앙에 있는 녹색 점에 커서를 놓고 드래그 하여 위치를 변경할 수 있습니다. 또는 두 점을 기준으로 6면체 Mask를 생성할 수 있습니다.

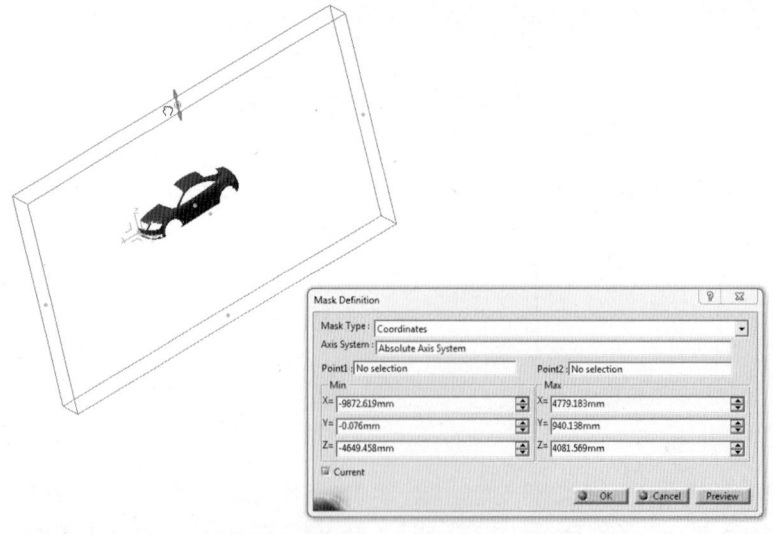

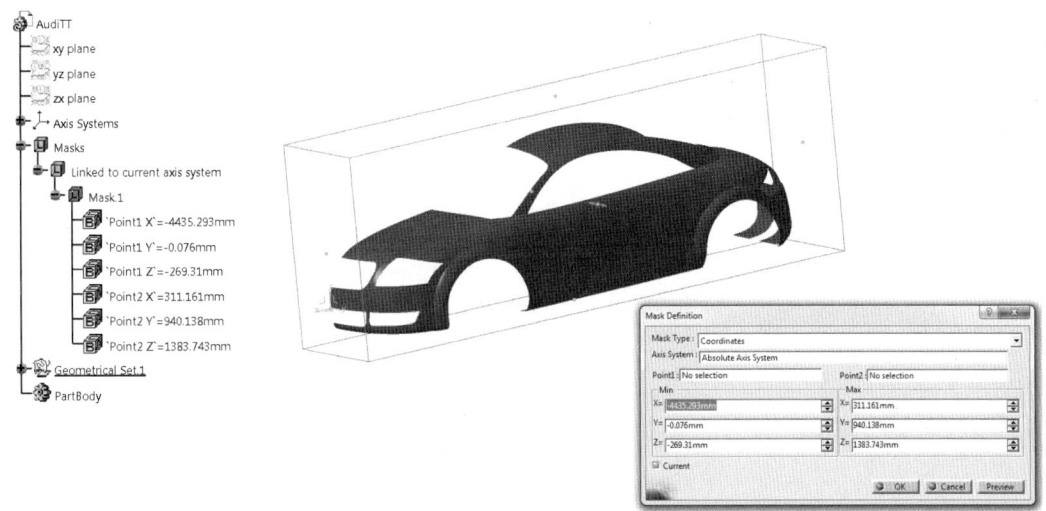

• Work on Support 3D

이 명령은 3차원 공간상에 Sketch에서 Grid 및 Snap to point가 실행되는 것과 같은 상태로 3차원 형상을 정의할 수 있게 해줍니다.

명령을 실행하면 다음과 같은 창이 나타나며 설정해 줄 수 있습니다.

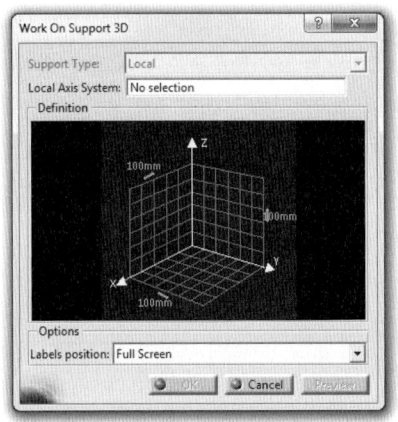

Work on 3D Support는 각 좌표 방향에 나란한 경우에만 Grid가 출력됩니다.

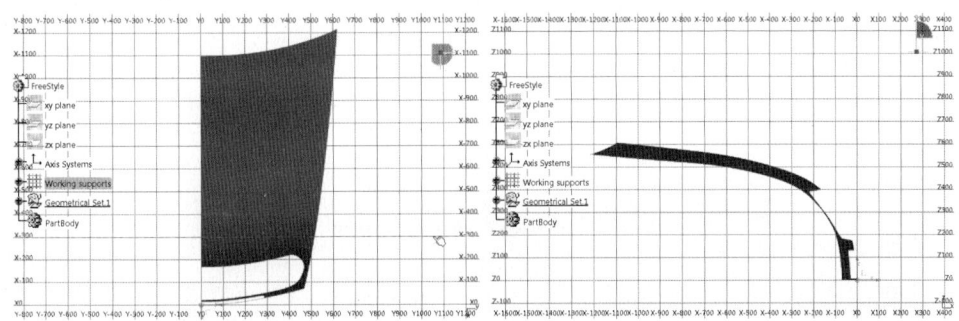

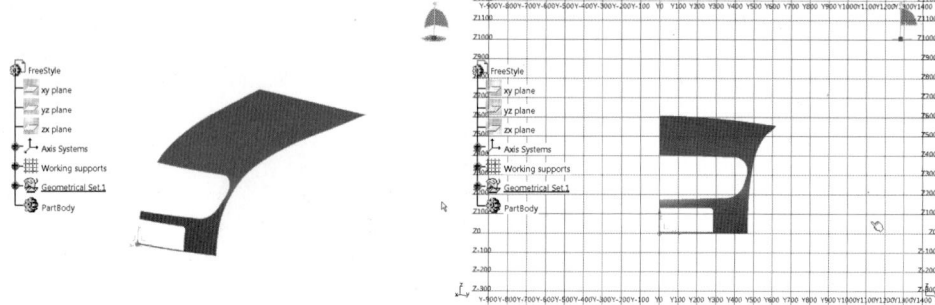

B. Curve Creation

본 Toolbar에서는 FreeStyle 상에서 곡선을 정의하는 방식에 대해서 설명하도록 하겠습니다. 3차원 상에서 형상이 가지게 될 Guide Curve나 Boundary를 만드는 유용한 방법을 공부할 수 있을 것입니다.

• 3D Curve

이 명령은 3차원 공간상에서 선택한 위치 또는 포인트들을 잇는 곡선을 만들어 주는 명령입니다. 앞서 GSD를 공부한 분들이라면 이와 비슷하게 3차원 상에 점들을 이어 곡선을 생성하는 것을 쉽게 이해할 것입니다. 그런데 3D Curve는 여기에 더 나아가서 빈 공간상의 임의의 위치를 지나가는 곡선을 생성할 수 있습니다. 즉, 포인트가 없더라도 해당 위치를 클릭하여 곡선의 정의 점으로 입력할 수 있다는 것입니다.

- Creation

명령을 실행하면 다음과 같은 창이 나타납니다.

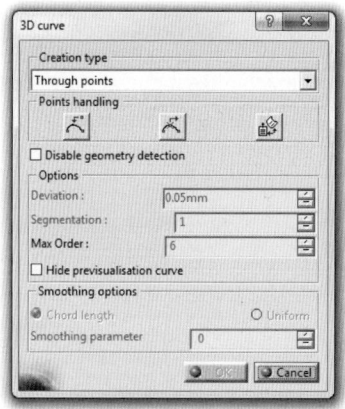

• Creation Type: 3D Curve를 만드는데 있어 선택하는 위치 또는 포인트 정보를 곡선 정의에 어떠한 방식으로 정

의할지를 결정합니다. 다음의 3가지 방식이 있습니다.

- Through points: 선택한 점들을 지나는 Multi-Arc Curve가 만들어 집니다.

- Control points: 선택한 점들을 제어점으로 하는 Curve가 만들어 집니다.

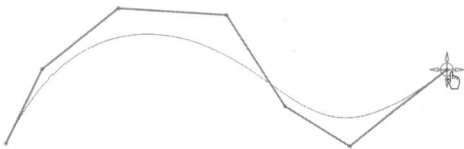

- Near points: 선택한 점들에 가장 가까이 부드럽게 지나는 Curve가 만들어 집니다. 따로 곡선의 방정식의 차수 (Order)를 정의할 수 있습니다.

3D Curve를 사용할 때 주의할 것은 방향 성분을 잘 맞추어야 하는 것인데요. F5나 F6를 눌러 Quick Compass Orientation을 통해 방향을 잡거나 또는 우측 상단의 Compass를 통해서 방향을 현재 그리고자하는 방향에 맞추어 주어야 합니다.

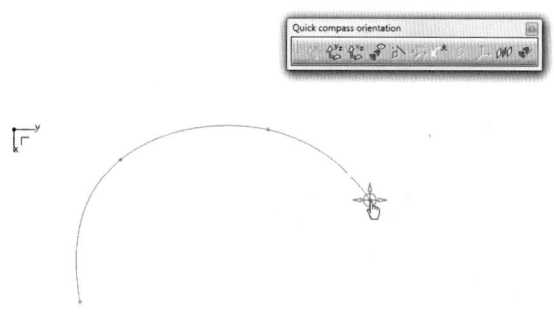

그렇지 않으면 엉뚱한 방향으로 3D Curve가 생성됩니다.

만약에 Geometrical Set을 통해서 입력하고자 하는 포인트들의 위치가 모두 정의되어 있다면 다음과 같이 간단한 방법으로 포인트들을 정의할 수 있습니다. 명령을 실행하고 Geometrical Set을 선택한 후에 오른쪽 마우스를 선택하면 다음과 같은 메뉴를 확인할 수 있을 것입니다. 단, 여기서 입력되는 순서는 Point들의 번호 순입니다.

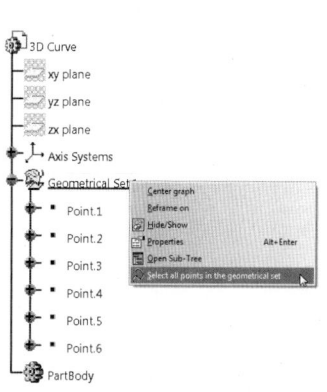

- **Modification**

3D Curve가 만들어진 후 더블클릭을 해주면 수정 모드가 됩니다. 여기서 각 점의 위치를 변경하거나 Type을 변경해 주거나 차수(Degree)를 변경해 주는 것이 가능합니다.(물론 3D Curve를 만드는 동안에도 이러한 변경은 가능합니다.)

또한 여기서 각 지점의 위치를 수정하는 방법으로 3D Curve Definition 창이 활성화 된 상태에서 각 포인트를 마우스로 이동 시킬 수 있습니다. Quick Compass Orientation을 이용하여 방향을 Compass 방향을 정의하면 더 다양한 수정이 가능합니다. 화살표를 선택하면 해당 방향으로만 이동을, 가운데 원 기호를 선택하면 평면 방향으로 이동이 가능합니다.

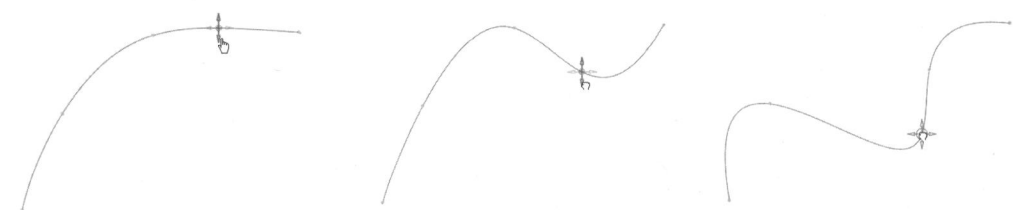

또는 포인트 위치에서 마우스 오른쪽(Stacking Command)을 눌러 다음과 같이 수정도 가능합니다.

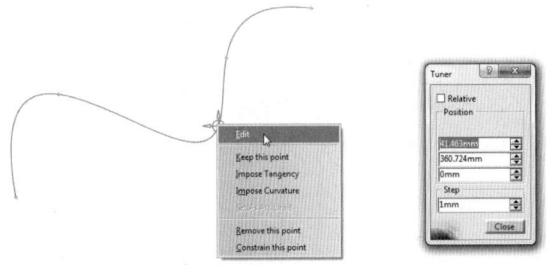

그 외에도 Contextual Menu를 통해서 Tangency(접하는 방향으로 표시)나 Curvature(수직인 방향으로 표시)도 정의가 가능합니다.

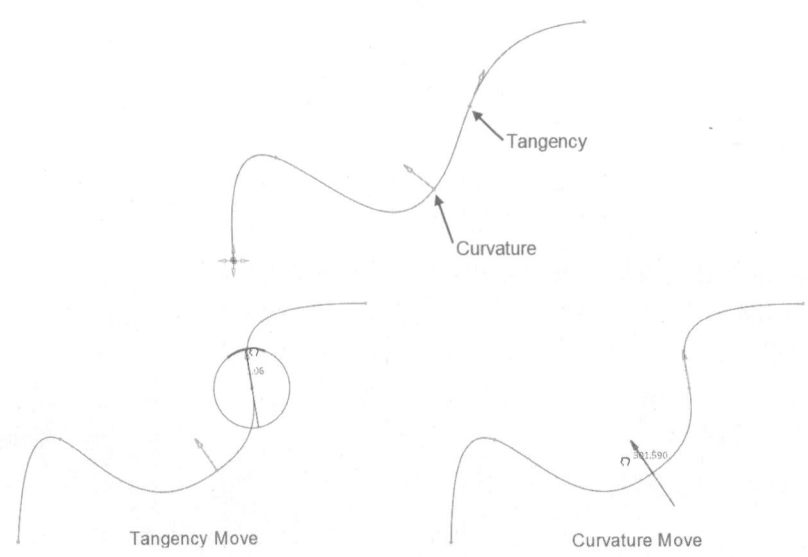

• Point handling
3D Curve를 수정할 경우 Spline처럼 추가로 마지막 지점에 다른 포인트를 추가하고자 할 경우에는 그냥 이어서 클릭만해주면 됩니다.

- Insert a point : 현재 만들어진 Curve의 포인트 사이에 새로운 포인트를 입력해 주기 위해 사용합니다. 3D Curve Definition 창이 활성화 된 상태에서 Insert a point를 클릭하고 원하는 두 포인트 사이의 Curve를 선택합니다. 그리고 추가할 위치를 클릭해 줍니다.
- remove a point : 현재 만들어진 Curve의 불필요해진 포인트 요소를 제거해 주고자 할 때 사용합니다.
- Free or constrain a point : 현재 만들어진 Curve의 포인트를 다른 실제 Point나 형상의 꼭지점에 구속을 주는 또는 반대로 구속되어진 포인트 요소의 구속을 풀어주고자 할 경우에 사용합니다. 3D Curve Definition 창이 활성화 된 상태에서 Free or constrain a point를 누르고 원하는 포인트를 선택한 후 형상 요소의 꼭지점이나 포인트를 선택해 줍니다.(구속을 풀어주고자 할 경우에는 원하는 포인트만을 선택해 주면 됩니다.)
- Disable geometry detection: 이 Option이 켜 있으면 3D Curve를 그리는 동안 외부 Geometry의 꼭지점이나 3차원 포인트 등을 인식하지 못하게 됩니다.

● **Curve on Surface**
이 명령은 곡면 위에 놓인 Curve를 그리는 기능을 합니다.

명령을 실행하면 다음과 같은 창이 나타납니다.

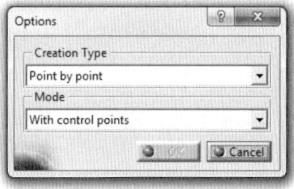

● Creation Type: 곡선을 정의하는 방식을 설정합니다.
- Point by point: 앞서 3D Curve와 같이 3가지 방식으로 곡면 위의 곡선 모양을 정의할 수 있습니다.

Mode 항목에서 Through points, Near Points, With control points 방식으로 정의가 가능합니다.

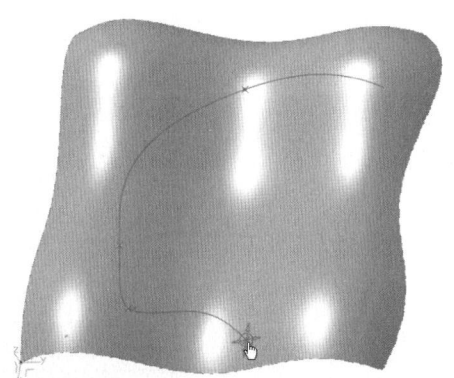
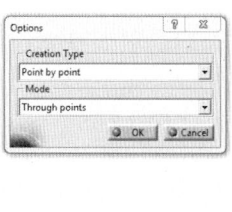

- Isoparameter: 곡면 위에 Isoparametric Curve(Isocurve)를 생성할 수 있는 Option입니다. Isoparametric

Curve의 경우 곡면의 특성을 반영한 곡선이라 모양은 직접 정의할 필요는 없으며 위치를 정의하기만 하면 됩니다.

Isoparameter인 경우에는 Mode에 다음과 같이 수동 또는 자동 두 가지가 나타납니다. 자동인 경우에는 여러분이 직접 U, V 방향의 Isocurve의 개수를 입력할 수 있습니다. Isoparameter인 경우 동시에 여러 개의 곡선 생성이 가능합니다.

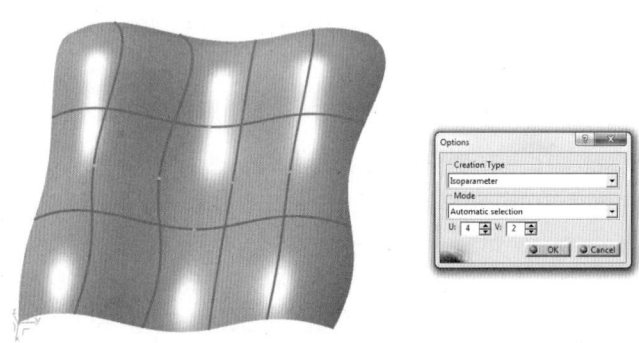

또한 여기서 각 곡선의 녹색 포인트를 통해 위치를 수정하는 것도 가능합니다.

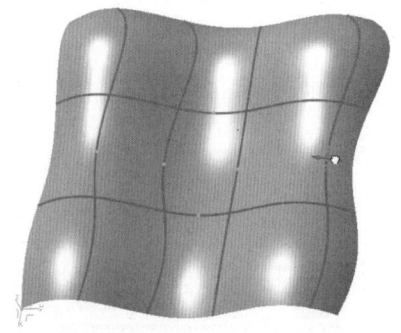

단, 이 명령으로 만들어진 곡선은 Datum(Isolate된 형상)이 됩니다.

• Isoparametric Curve

이 명령은 곡면 위에 Isocurve를 생성해 주는 명령으로 위의 Curve On Surface 또는 GSD의 Isoparametric Curve 명령을 참고하기 바랍니다.

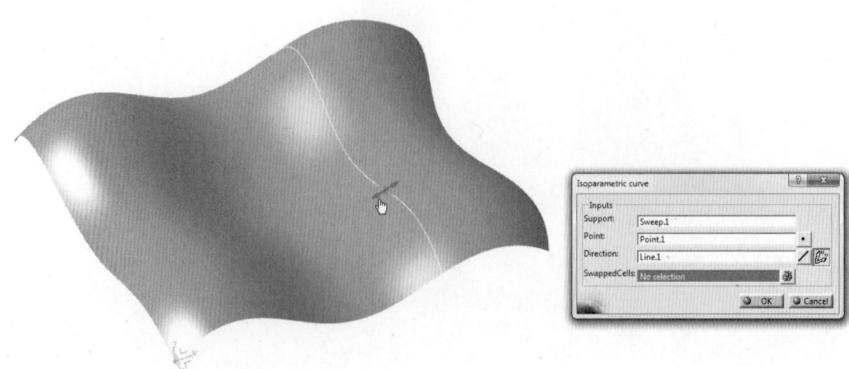

• Project Curve

이 명령은 3차원 상의 곡선을 곡면 위에 투여시키는 기능을 합니다. GSD 의 Projection 과 유사하다고 할 수 있습니다.

명령을 실행하면 다음과 같은 창이 나타납니다. 여기서 두 가지 Mode를 선택할 수 있습니다.

- **Normal to the Surface**

곡면에 대해서 곡선 요소를 수직이 되도록 투영을 시킵니다. 원래 곡선의 모양과는 달리 곡면에 대해서 수직인 형상을 갖게 됩니다. CTRL Key를 누르고 곡면과 곡선을 함께 선택해 줍니다.

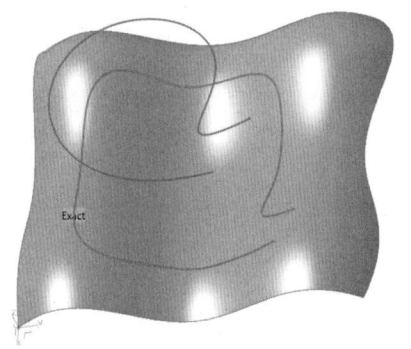

- **Compass Projection**

이 방식은 Compass가 이루고 있는 방향에 따라 곡선을 곡면에 투영시키는 방법입니다. GSD 의 Projection 에서 Along a direction과 유사하다고 할 수 있습니다. Mode를 변경한 후에 F5를 눌러 Compass 방향을 설정하고 CTRL Key로 곡면과 곡선을 모두 선택합니다.

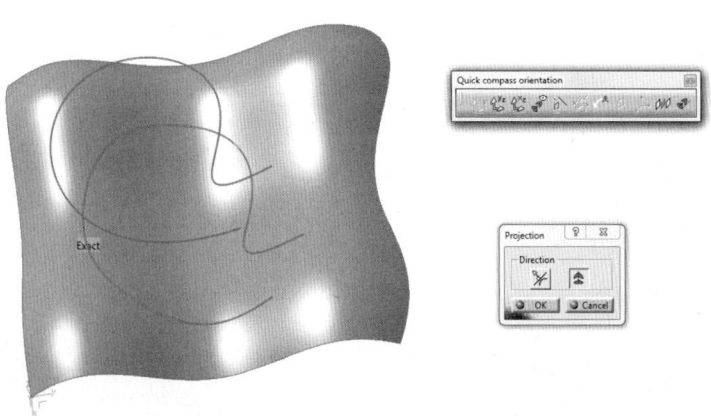

이 명령으로 만들어지는 곡선은 Tree에 새로 생기지 않으며 투영시키기 위해 선택한 곡면이 변형되어 옮겨집니다. (원래 곡선은 남지 않고 투영된 곡선으로 바뀌게 됩니다.)

• FreeStyle Blend Curve

이 명령은 두 곡선 사이를 이어주는 기능을 합니다.

명령을 실행하고 곡선 요소를 선택하면 다음과 같이 자동으로 이어주는 곡선을 미리보기 해 줍니다.

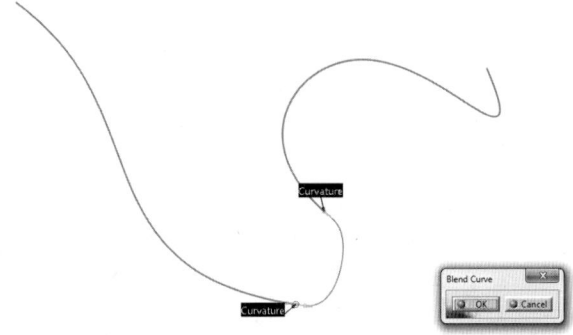

여기서 곡선 요소간의 연속성을 변경해 주고자 할 경우에는 해당 위치에서 연속성의 종류를 나타내는 글씨 부분에서 Contextual Menu를 선택하여 연속성 값을 변경해 줄 수 있습니다.

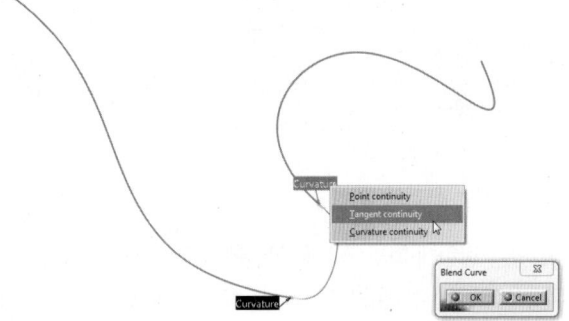

여기서 Blend Curve가 만들어지는 위치를 각 끝점을 옮김으로 변경할 수 있다는 점과 Dashboard로 Tension 값을 변경해 줄 수 도 있다는 점을 확인해 보시기 바랍니다.

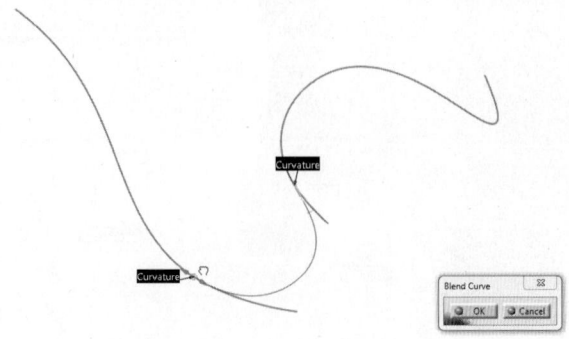

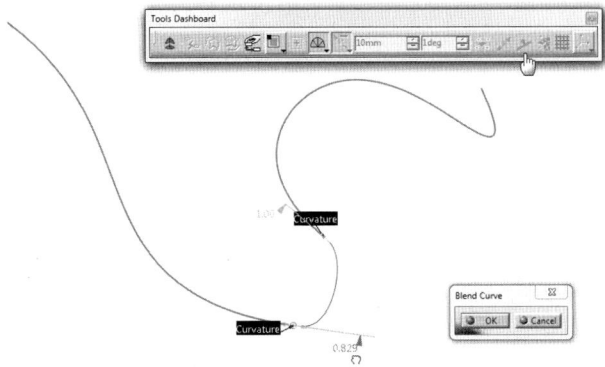

이 명령으로 만들어진 Curve 역시 Datum이 됩니다.

• Styling Corner

이 명령은 곡선 요소 사이에 Corner를 주는 기능으로 GSD의 그것보다 강력합니다.

명령을 실행하면 다음과 같은 창이 나타납니다.

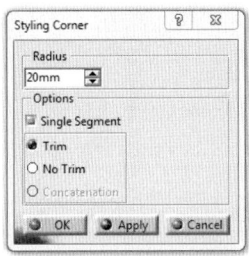

여기서 곡선 요소들을 선택해 준 후에 적당한 R 값을 주고 Apply를 실행하면 다음과 같이 미리보기 됩니다.

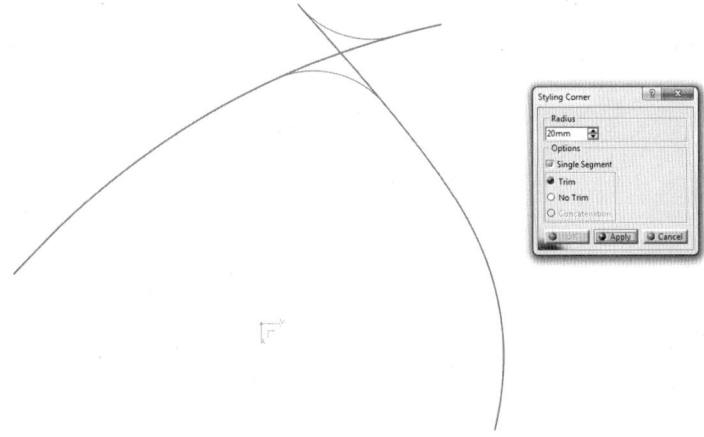

여기서 원하는 방향으로 만들어진 Corner를 선택해 주면 다음과 같이 Corner가 변경된 것을 확인할 수 있습니다.

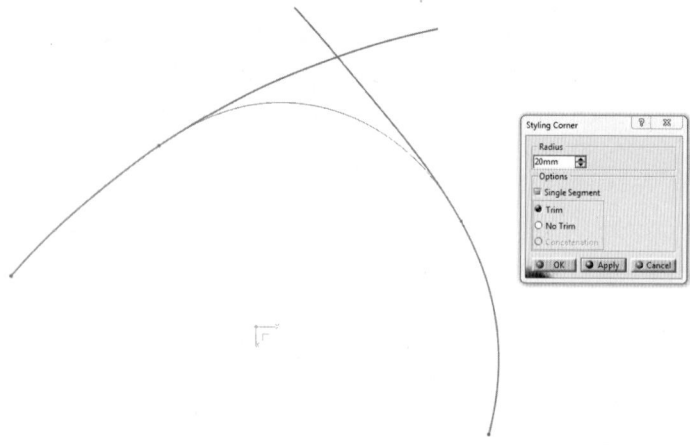

추가적으로 Corner의 시작 위치를 조작해 줄 수 있습니다. Trim 옵션이 체크되어 있으면 원래 곡선은 그대로 남겨두고 새로이 Corner와 연결되는 부분으로 곡선이 잘려 붙여지게 됩니다.

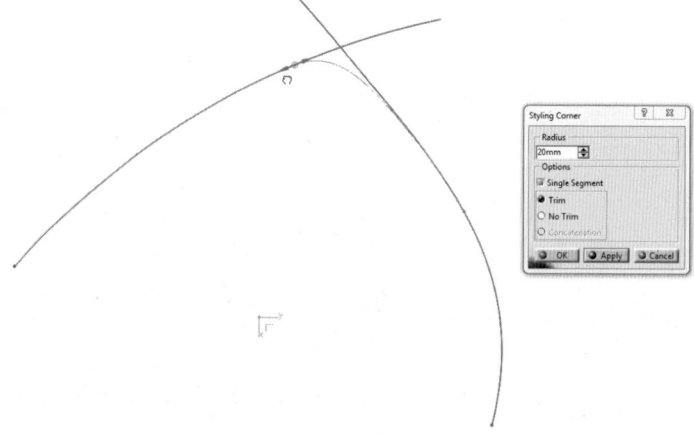

또한 Single Segment를 해제하면 R 값으로 인식되는 부분의 영역을 정의해 줄 수 있기도 합니다.

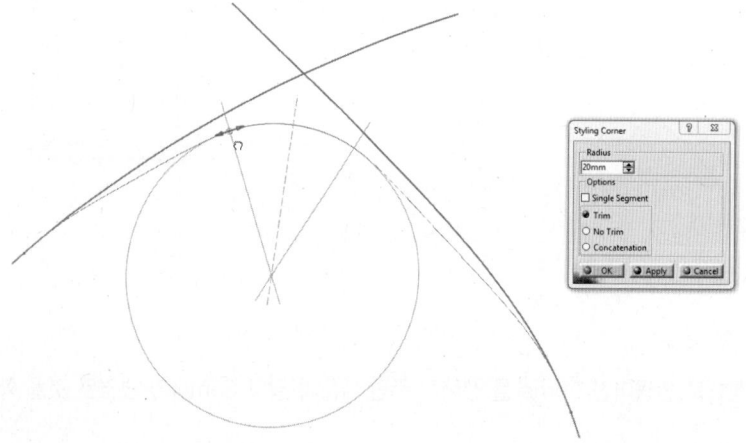

이 명령으로 만들어진 곡선은 Tree에 남아있어 언제든 수정이 가능합니다.

• Match Curve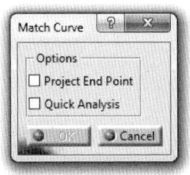

이 명령은 곡선을 다른 곡선을 기준으로 또는 포인트를 기준으로 목표하고자 하는 대상에 맞추어 변형시키는 기능을 합니다. 작업 중에 서로 닿지 않는 곡선들 때문에 고민하신 분들에게는 추천할만한 명령이라 할 수 있겠습니다. 앞서 Blend Curve의 경우에는 그 사이에 새로 곡선을 만든 것이라 한다면 이 명령의 경우에는 곡선 스스로가 변형되어 이어진다는 게 다르다 할 수 있습니다.

명령을 실행하면 다음과 같은 창이 나타납니다.

다음으로 곡선을 선택해줍니다. 여기서 첫 번째 선택한 곡선이 변형되어 목표로 하는 대상과 이어지게 됩니다. 우선은 한 포인트와 Matching하는 경우입니다. 포인트와는 Tangency나 Curvature로는 연결이 불가능하기 때문에 Point 연속으로 이어지는 것을 확인할 수 있습니다. 여기서 추가적으로 곡선의 차수(Degree)가 출력됩니다. 원한다면 차수를 낮추거나 높이는 것도 가능합니다.

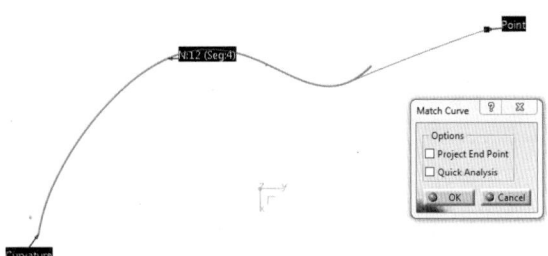

결과는 다음과 같습니다.

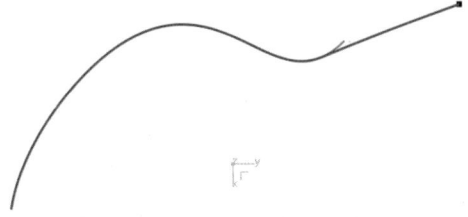

곡선을 기준으로 Matching하는 경우에는 다음과 같습니다. 곡선과의 연결이기 때문에 연속성을 3가지 방식으로 정의할 수 있습니다.

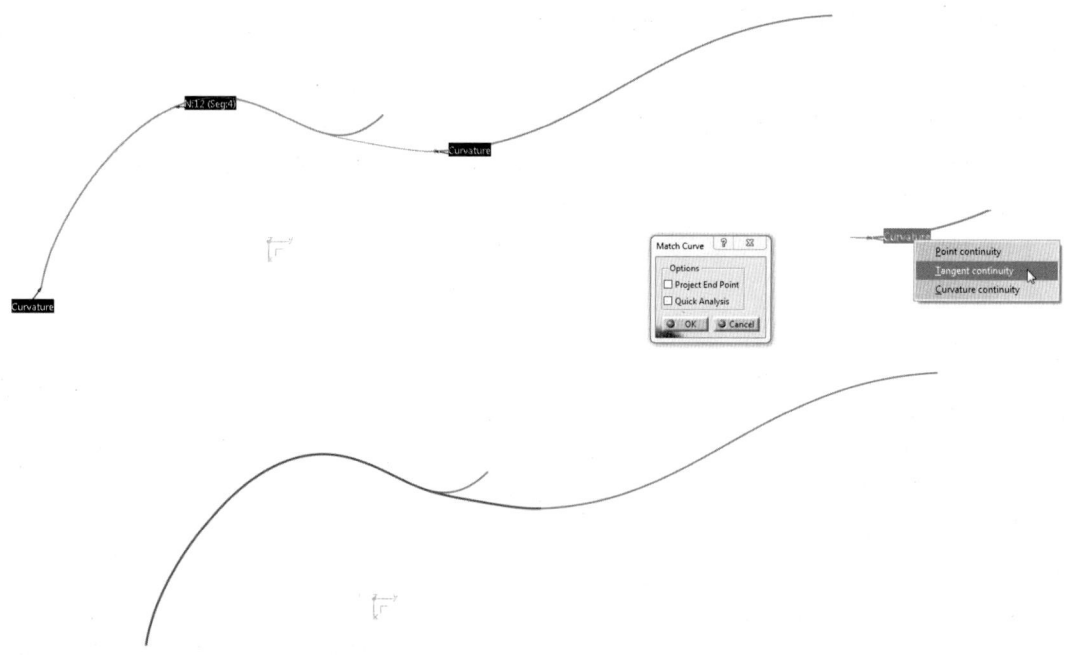

앞서 곡선을 선택할 때 선택한 곡선이 Datum이 아닌 경우 원래의 곡선은 숨기고 그것과 동일한 Datum Curve를 만들어냅니다. 그리고 다음과 같은 메시지를 출력합니다.

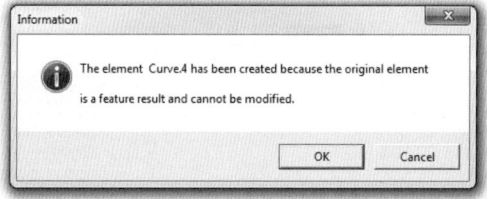

이 명령에 의해 만들어진 곡선은 Datum으로 됩니다.

C. Surface Creation

본 Toolbar에서는 FreeStyle에서 생성할 수 있는 곡면을 생성하는 방법을 공부할 것입니다. 일반적으로 처음 설계에서부터 곡면 생성을 FreeStyle에서 하는 경우도 있으며 때로는 다른 Workbench나 외부 프로그램으로부터 작업한 곡면을 수정하는 경우도 있습니다.

■ Patches Sub-toolbar

• Planar Patch

Patch란 Boundary의 내부를 정의하는 곡면이라고 할 수 있습니다. 일반적으로 CATIA에서는 4개의 경계선을 가지는 Patch를 주로 생성하는데요. 이 명령은 이러한 Patch를 대각선으로 두 점을 지정하여 생성합니다.

우선 F5 또는 F6를 눌러 Quick Compass에서 패치가 만들어질 방향을 잡아줍니다. 또는 Compass에서 오른쪽 마우스를 눌러(Contextual Menu) 패치의 생성 방향을 정의할 수 있으니 참고 바랍니다.

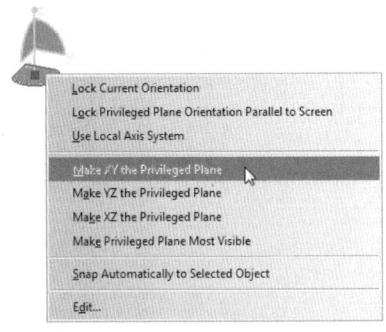

FreeStyle에서 모든 곡면 또는 곡선의 생성, 수정에서는 이와 같은 방향 설정이 매우 중요합니다.

명령을 실행하고 우선은 임의의 지점에 클릭을 합니다. 그리고 마우스를 움직이면 다음과 같이 패치의 미리보기 형상이 보일 것입니다.

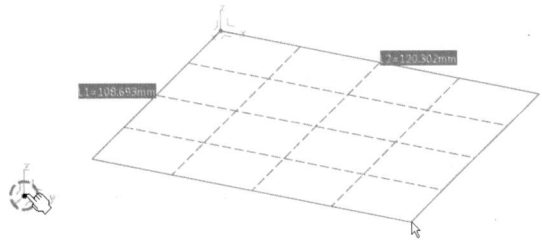

여기서 다음 위치의 지점에 클릭을 해주면 바로 패치가 만들어 지는 것을 확인할 수 있습니다.

앞서 두 번째 지점을 클릭하기에 앞서 마우스 오른쪽의 Contextual Menu를 보면 다음과 같이 곡면의 차수 (Degree)와 U, V 방향 길이를 정의할 수 도 있습니다.

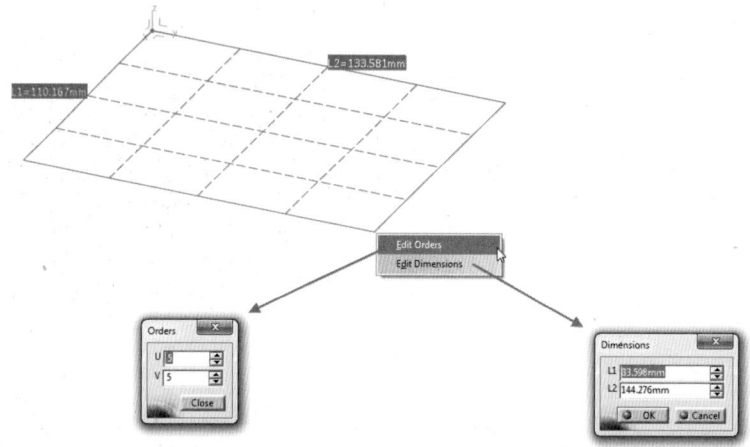

이렇게 만들어진 곡면은 Datum 형태로 나타나며, 수정을 통해 원하는 형상으로 변형해 나가게 됩니다. 마치 종이 접기와 같습니다.

• 3-Point Patch

이 명령은 패치를 생성하는데 3번 클릭하는 것 외에는 위의 명령과 동일합니다.

방향을 정의한 후에 먼저 한 지점을 클릭한 후에 직선 방향으로 한 번 더 클릭합니다. 그럼 다음과 같은 빨간 선을 확인할 수 있습니다.

여기서 마지막으로 한 번 더 클릭해 주면 됩니다.

• 4-Point Patch

이 명령은 4개의 점을 이용하여 패치를 생성합니다. 일반적으로 4개의 모서리와 4개의 꼭지점을 가지는 패치를 정의한다고 할 때 기본적으로 사용됩니다.

곡면 위의 4개의 지점을 잇는 패치를 만든다거나 곡선 사이를 잇는 패치를 만들기도 합니다.

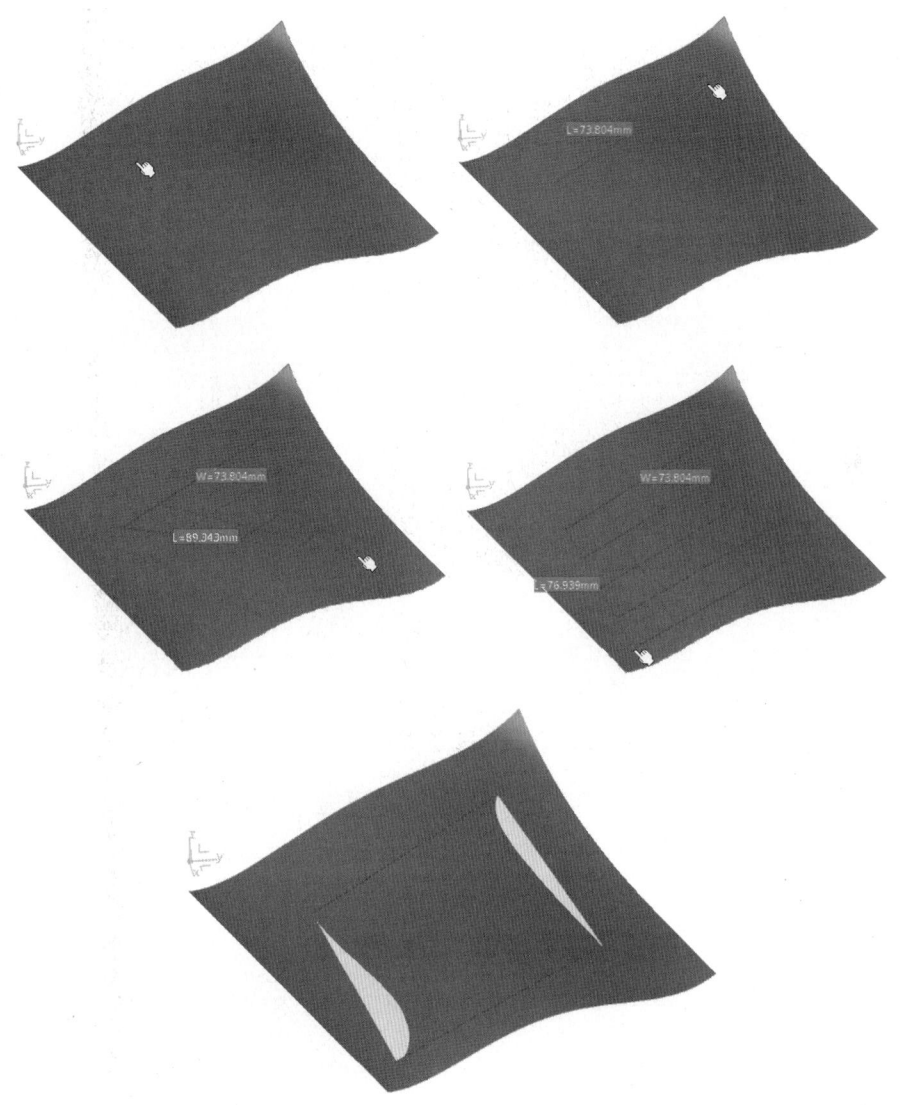

물론 곡률진 곡면위의 4점을 선택한다고 해서 그 면의 곡률을 따라가는 패치가 만들어지지는 않습니다.

 • Geometry Extraction

만약에 곡률진 곡면의 일정 부분만을 잘라내어 새로운 면으로 만들고자 할 경우에는 이 명령을 사용합니다.

명령을 실행한 후에 추출하고자 하는 곡면을 먼저 선택합니다. 그리고 나서 추출이 시작될 위치를 클릭해 줍니다.

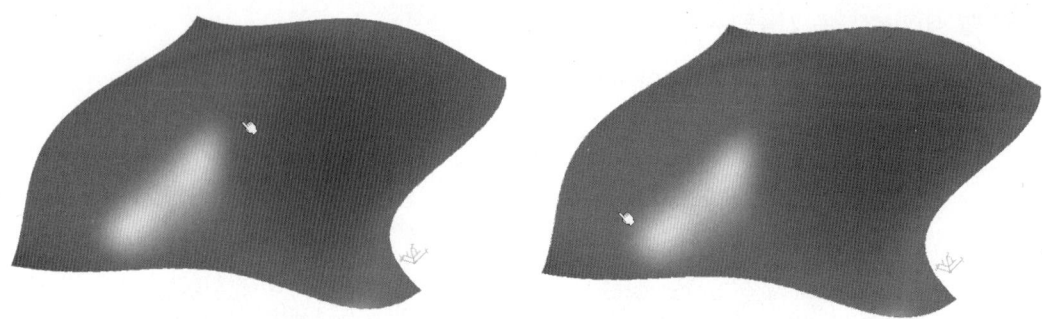

마지막으로 대각선 맞은편의 위치를 지정해 주면 곡면 추출이 완료됩니다.

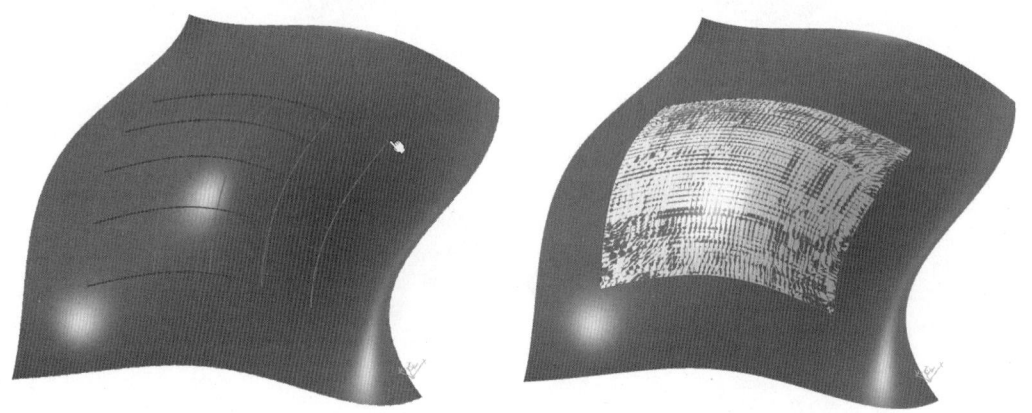

• Extrude Surface

이 명령은 선택한 곡면 요소를 곡선에 수직하게 또는 Compass로 방향을 지정하여 해당 방향으로 늘려 곡면을 생성합니다. GSD 에서 Extrude를 사용해 보신 분들이시라면 쉽게 이해하실 수 있을 것입니다.

명령을 실행하면 다음과 같은 창이 나타납니다.

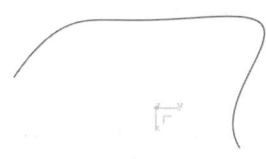
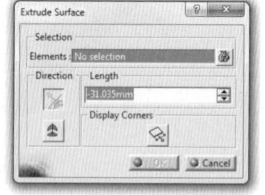

- Normal to curve

여기서 곡선 요소를 선택해 줍니다. 여기서 아래와 같은 미리보기를 확인할 수 있으며 길이 값을 조절해 줄 수 있습니다.

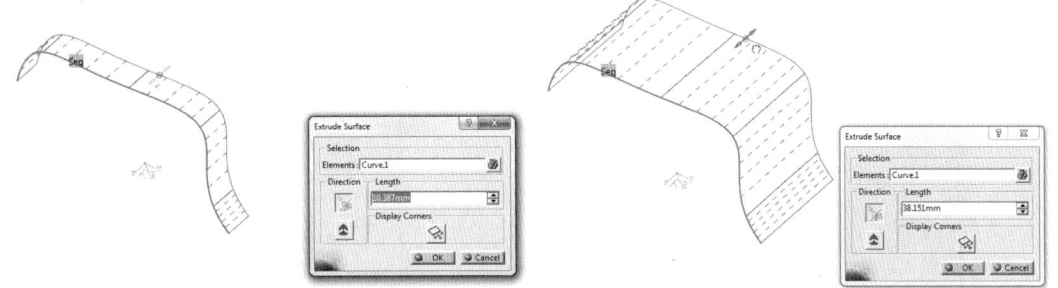

- Compass direction

Compass의 방향으로 곡면이 만들어 질 방향을 정의할 경우에는 곡면선 특성에 따라 일정 방향으로는 만들어지지 않을 수도 있다는 점을 유의하기 바랍니다. 마찬가지로 F5 또는 Compass를 통해서 방향을 설정해 줍니다.

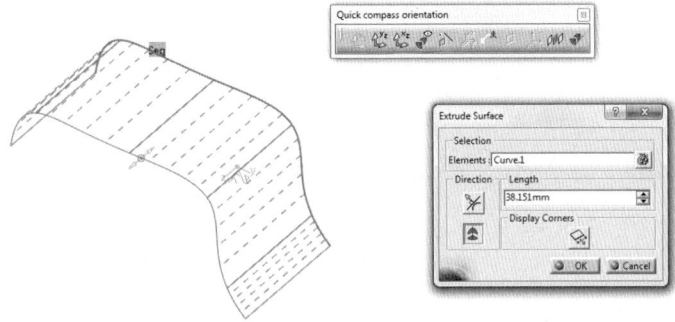

곡면 생성이 불가능한 방향의 경우에는 다음과 같은 창이 나타나니 이런 경우 방향을 수정해 주기 바랍니다.

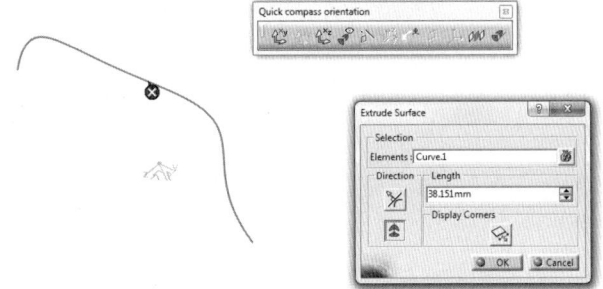

• Revolve

이 명령은 GSD 의 Revolute 와 마찬가지로 프로파일 형상을 지정한 축 요소를 기준으로 회전시켜 곡면을 생성시켜 줍니다. 기본적으로 프로파일 형상과 축 요소를 필요로 합니다.

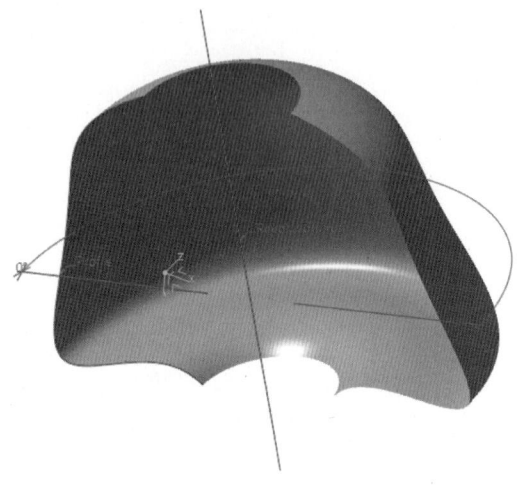
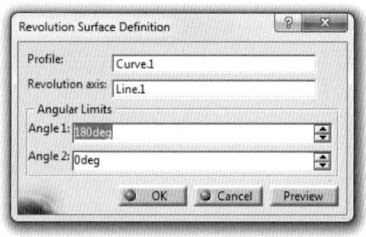

- **Offset**

이 명령은 선택한 곡면을 일정 간격을 유지한 상태로 Offset 을 해주는 기능입니다. Sketch나 GSD 에서 기능적으로 생각하시는 Offset 이기는 하지만 FreeStyle의 Offset인 만큼 강력한 Offset 능력을 제공합니다.

명령을 실행하면 다음과 같은 창이 나타납니다.

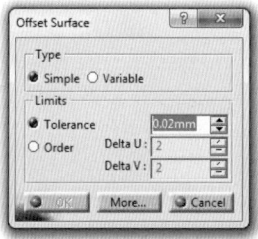

- **Type**
- Simple : 일정한 간격으로 Offset 곡면이 만들어지게 정의합니다. Type이 Simple인 상태에서 곡면을 선택하면 다음과 같이 화면에 나타납니다.

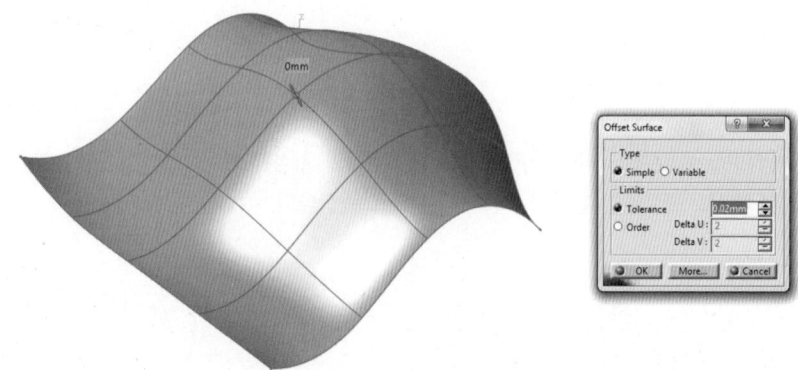

여기서 가운데 녹색으로 하이라이트 되어 있는 Tuner를 마우스로 조작하여 Offset 값을 정의할 수 있습니다.

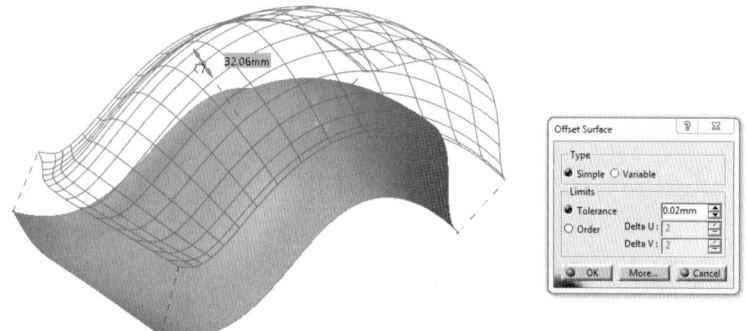

여기에 Tuner에서 마우스 오른쪽을 눌러 보면 다음과 같은 창 메뉴로도 수정이 가능한 것을 확인할 수 있습니다.

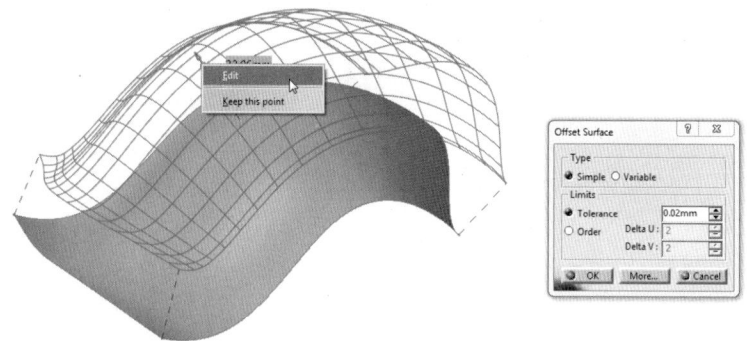

• Variable: 곡면 형상을 Offset한다고 했을 때 각 꼭지점 위치에서 Offset 값을 다르게 지정해 줄 수 있습니다. Type을 바꾼 후에 곡면을 선택하면 다음과 같이 각 위치에 Tuner가 나타나는 것을 확인할 수 있습니다.

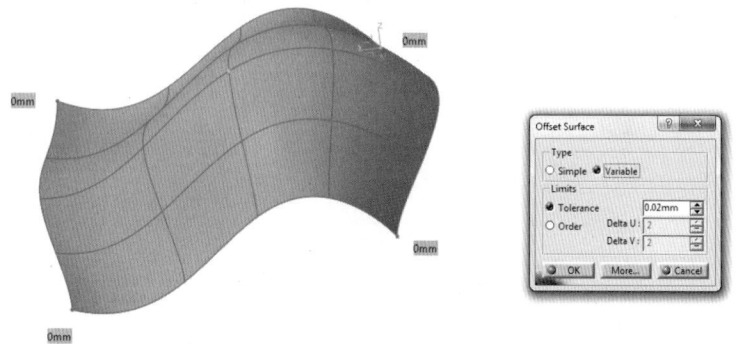

여기서 각 지점을 직접의 Offset 값을 수정해 줄 수 있습니다.

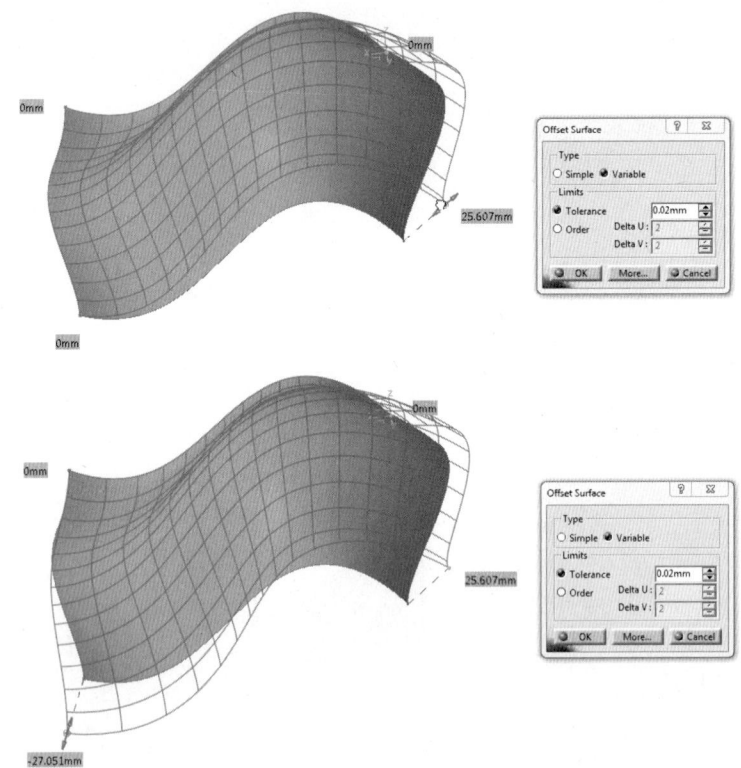

- Limit
- Tolerance : Offset을 할 때 기본적인 공차 값을 정의해 줄 수 있습니다.
- Order : Offset할 때 U, V 방향 차수를 조절할 수 있습니다.

추가로 Definition 창에서 More를 클릭하면 다음과 같은 추가 옵션 설정이 가능합니다.

- Display

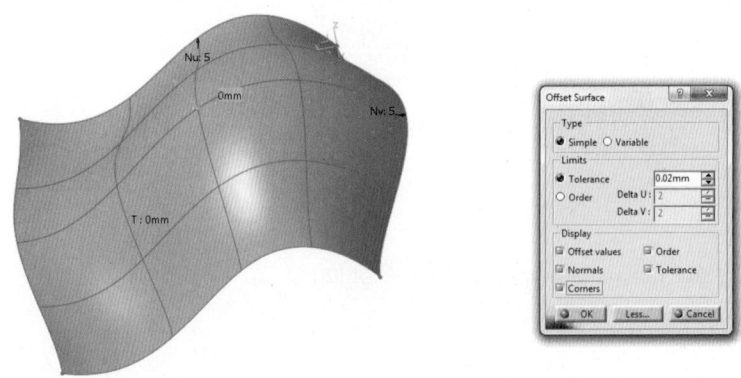

- Styling Extrapolate

이 명령은 곡선 또는 곡면의 경계를 연장하는 기능을 합니다. GSD 의 것과 유사하다고 할 수 있습니다. 하지만 좀 더 직관적이죠.

명령을 실행하면 다음과 같은 창이 나타납니다. 여기서 연장시키고자 하는 대상을 선택하는데 늘어날 경계의 방향에 맞춰 선택해주도록 합니다.

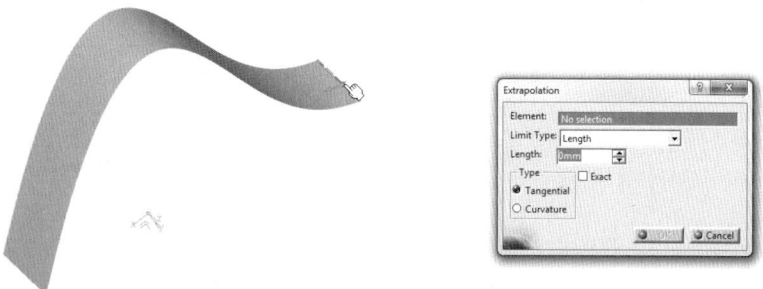

다음으로 늘어날 길이 값과 연속성 Type을 결정합니다. 아래 그림은 각각 Tangential과 Curvature Type의 따른 형상입니다.

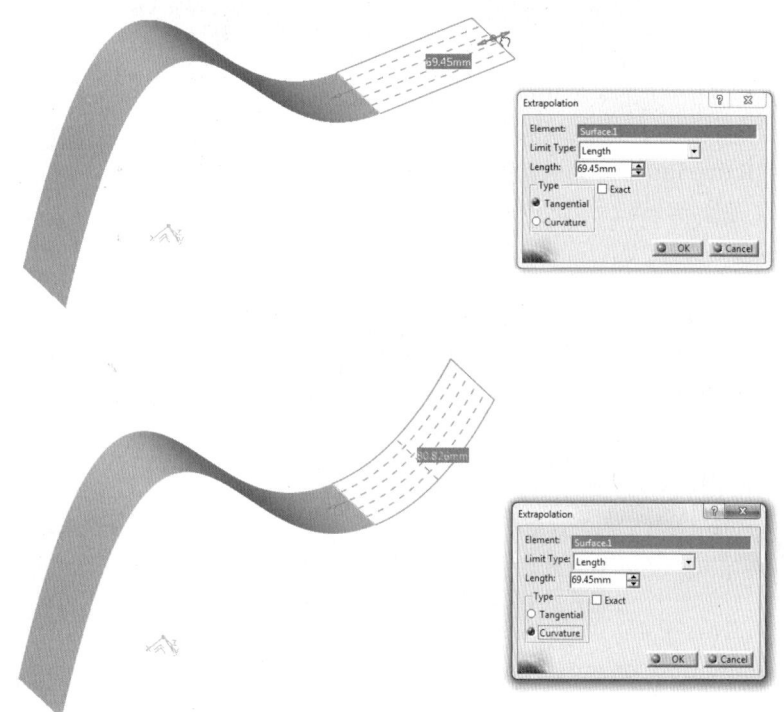

이 명령 역시 GSD 와 마찬가지로 곡선에 대해서도 가능하다는 점을 잊지 말기 바랍니다.

• FreeStyle Blend Surface

Blend라는 명령은 서로 일정 간격이상 떨어진 두 곡면의 모서리 사이를 연결하는 곡면을 생성하는 명령입니다.

명령을 실행하고 연결하고자 하는 모서리 방향에 맞게 곡면을 순서대로 선택하면 다음과 같은 모습을 볼 수 있습니다.

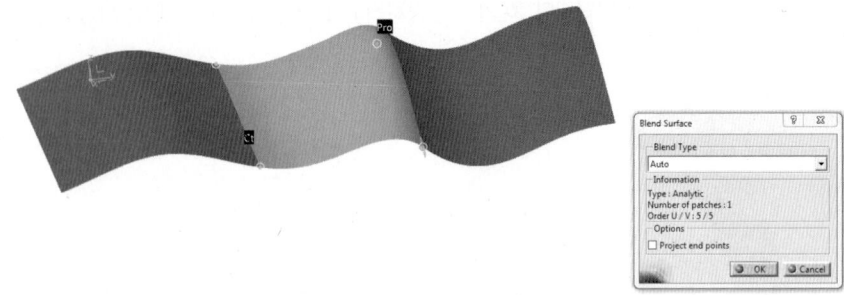

여기서 Blend로 원래의 곡면과 이어지는 부분에 대해서 연속성을 정의할 수 있습니다. Contextual Menu를 사용하거나 단순히 마우스 클릭만으로도 순차적으로 연속성을 변경해 줄 수 있습니다.

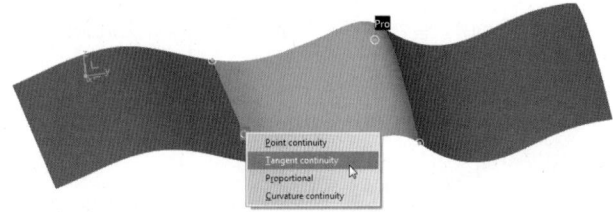

연속성의 종류로는 Point, Tangent, Proportional(Tangent와 유사), Curvature가 있습니다. 또한 Dashboard를 통하여 Tension 값 등을 추가적으로 설정해 줄 수 있습니다.

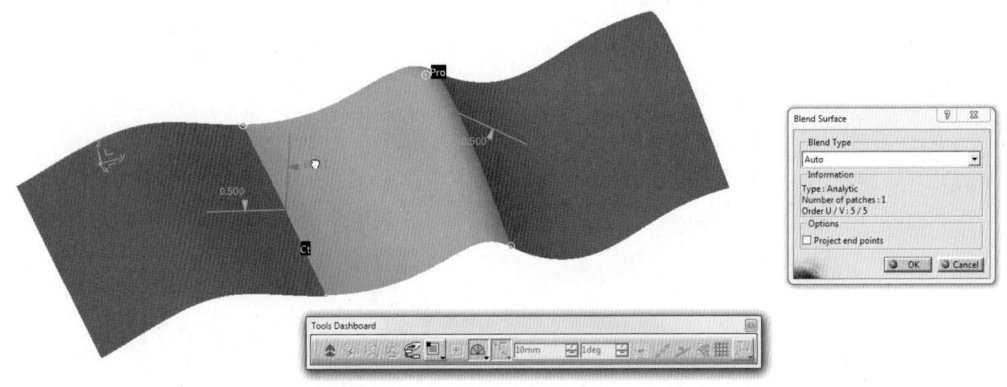

여기서 선택한 곡면의 경계 양 끝에 있는 Tuner를 조절하여 Blend의 크기를 조절할 수 도 있습니다.

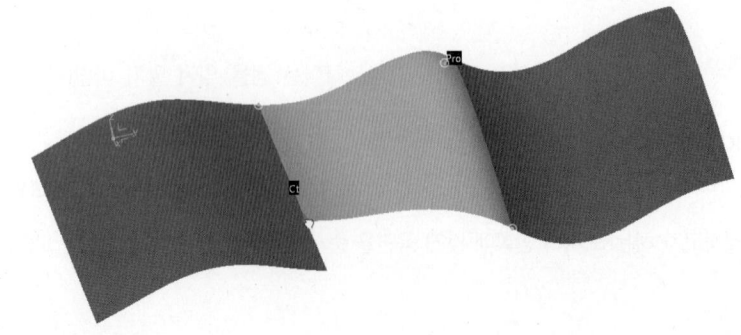

• ACA Fillet

ACA Fillet은 Styling Fillet으로 불리는데요. 단순히 면 사이에 곡률 값으로 라운드를 주는 것 이상으로 다양한 정의가 가능합니다. 앞서 GSD에서 Styling Fillet으로 설명한 부분을 참고하기 바랍니다.

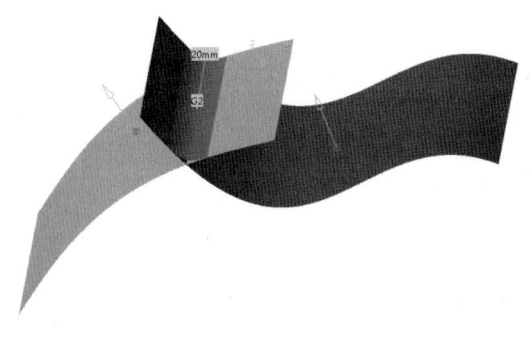
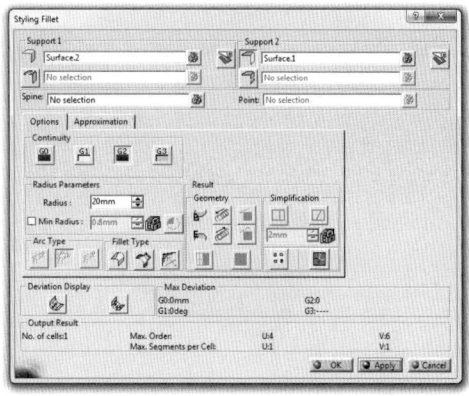

■ Fills Sub-toolbar

• Fill

이 명령은 곡면들 사이 또는 곡선들 사이에 경계들에 의해 닫혀있는 부분을 곡면으로 채워주는 기능을 합니다. 앞서 GSD를 공부하신 분들이라면 Fill의 기능을 충분히 이해하시리라 생각합니다. 다면 FreeStyle의 것인 만큼 좀 더 직관적이고 경계 곡면들과의 연속성을 중요하게 생각합니다. Blend 명령은 두 경계 사이의 빈곳을 이어주는 것이고 Fill의 경우에는 복수의 경계들에 의해 닫힌 부분을 채워주는 것입니다.

명령을 실행하면 다음과 같은 창이 나타납니다. 여기서 순차적으로 곡면의 모서리와 곡선을 선택해 채워주어야 할 부분을 정의합니다.

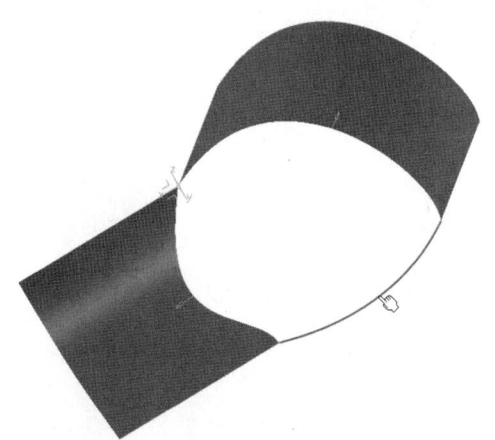
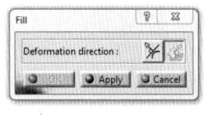

선택해준 경계들이 Fill을 수행할 수 있는 닫혀있는 조건이 되면 자동으로 다음과 같이 곡면이 표시됩니다. 여기서 각 경계 위치에서 이웃하는 경계 요소와의 연속 상태를 표시해줍니다. 원한다면 이 연속의 종류를 바꾸어 줄 수 있습니다. 그러나 곡선의 경우에는 오로지 Point 연속만이 허용된다는 점을 기억하기 바랍니다. Point 연속과 Tangency 연속으로 각 경계 부분을 변경해 보기 바랍니다.

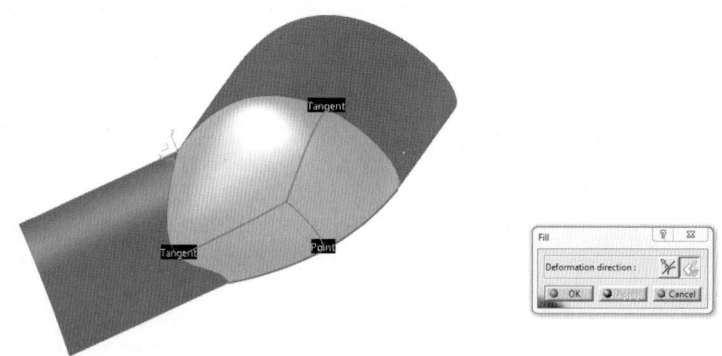

여기서 추가적으로 Fill 곡면의 채워진 부분에 대한 미세 조정이 가능한데요. Definition 창에서 Deformation direction에 있는 Normal to surface direction 또는 Compass direction으로 곡면의 중앙에 있는 Tuner로 설정해 줄 수 있습니다.

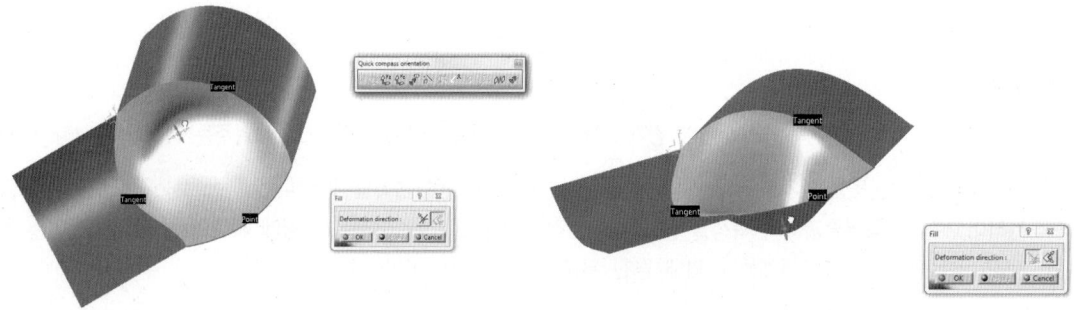

FreeStyle Fill은 패치들로 해당 곡면을 정의하기 때문에 하나의 서피스로 Fill이 만들어지지 않고 3 개의 패치들로 만들어 집니다. 아래는 3개의 패치로 만들어진 결과입니다.

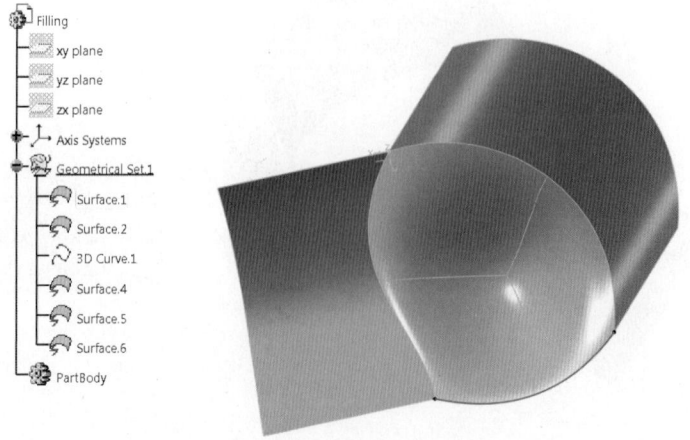

• **FreeStyle Fill**

FreeStyle Fill은 앞서의 것 보다 강력한 성능을 발휘합니다. 이웃하는 경계에 대해서 Curvature 연속까지 정의가 가능하며 세부 설정으로 Fill로 만들어지는 곡면의 차수(Degree)나 공차를 정의할 수 있습니다.

명령을 실행하면 다음과 같은 창이 나타납니다. 여기서 여러분은 Fill Type을 변경해 줄 수 있으며 More 버튼을 눌러 세부 설정이 가능합니다.

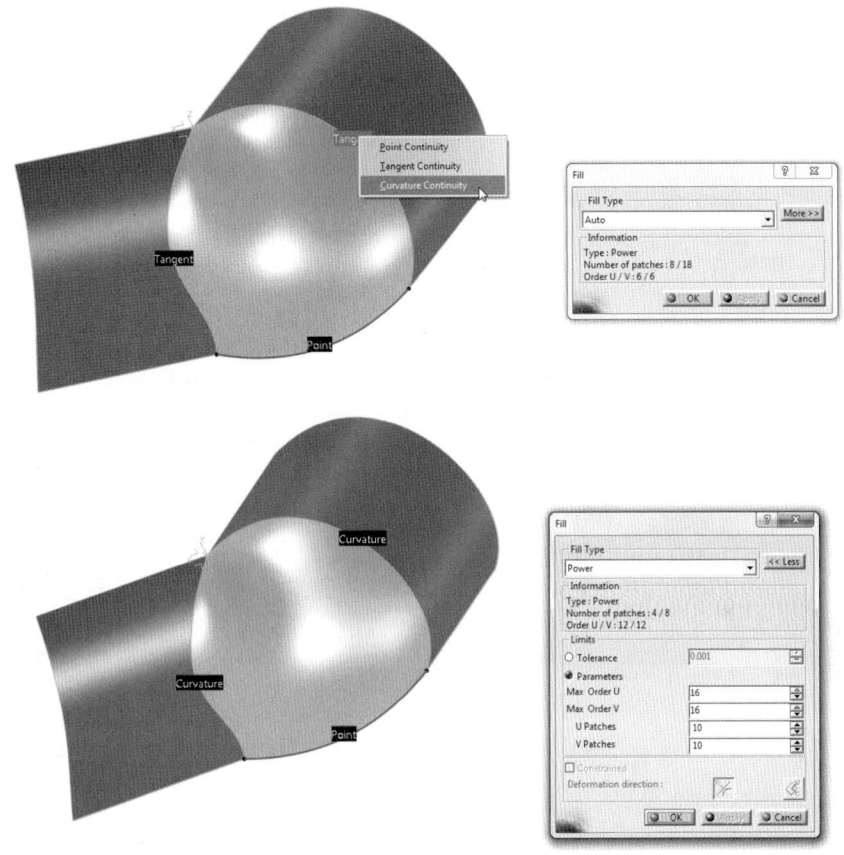

FreeStyle Fill은 Datum이 되지 않고 Tree에 남아있어 언제든 수정이 가능합니다.

• **Net Surface**

이 명령은 마치 그물과 같이 서로 교차하는 여러 개의 곡선들 사이를 곡면으로 만들어 줍니다. GSD에서 공부한 Multi-sections Surface보다 강력한 기능이라 할 수 있습니다.

명령을 실행하면 다음과 같은 창이 나타납니다. 여기서 Profile과 Guide를 잘 구분하여 선택을 해주어야 합니다. 우선 한 방향으로 나란히 있는 곡선들의 경우 일반적으로 함께 선택해 주기 바랍니다. CTRL Key를 누르고 대상들을 복수 선택해 줍니다. 우선은 Guide부터 선택해 보겠습니다.

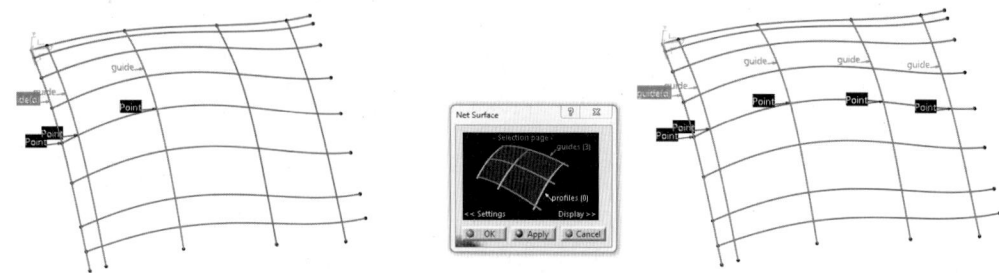

여기서 단순히 Apply를 눌러 보아도 곡면이 만들어 지는 것을 확인할 수 있습니다. 일반적으로 Guide는 그 형상이 완전히 모양을 따라가지는 않습니다. Profile을 기준으로 형상이 만들어집니다.

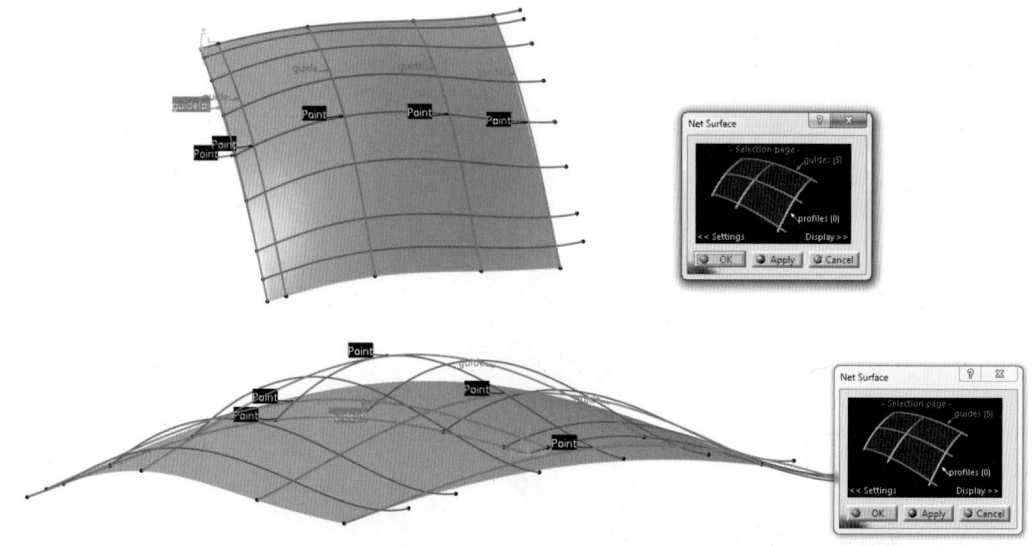

그러나 Profile 방향으로의 곡선들의 세부적인 변형은 고려하기 어렵기 때문에 Definition 창에서 Profile을 클릭하고 다시금 CTRL Key로 Profile 방향에 들어가게 될 곡선들을 순서대로 선택해 줍니다.

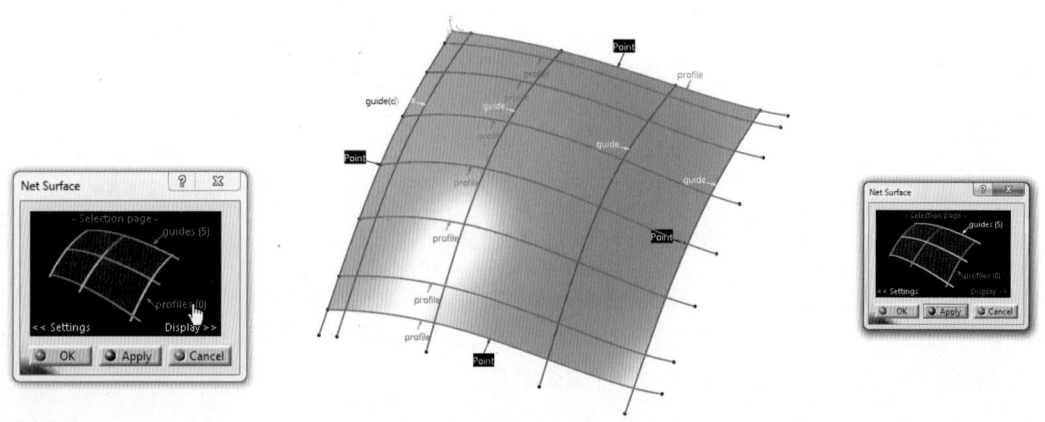

완벽히 두 방향으로의 곡선들을 지나는 곡면이 만들어지는 것을 볼 수 있습니다.

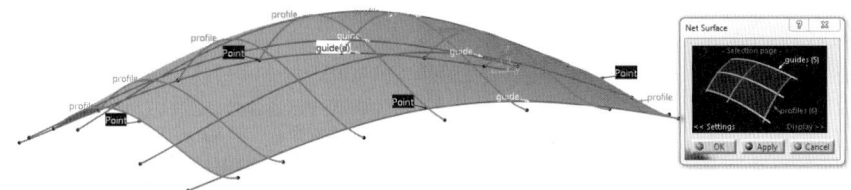

여기서 경계선으로 잡은 대상이 곡면의 경계선이었다면 연속성을 Tangency나 Curvature로도 변경해 줄 수 있습니다.

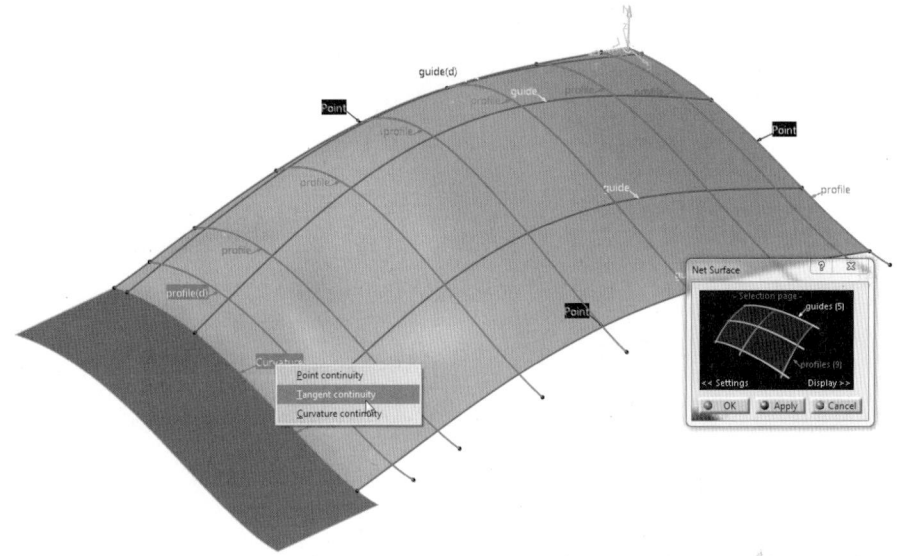

Net Surface는 Tree에 남아있기 때문에 언제든 수정이 가능합니다.

• Styling Sweep

이 명령은 GSD의 Sweep과 같이 Profile과 Guide에 의한 곡면 형상을 정의하는 방법을 제공합니다.

명령을 실행하면 다음과 같은 창이 나타납니다.

- Sweep Type
• Simple sweep: 기본적인 방식으로 하나의 Profile과 Spine에 의해 곡면을 생성합니다.

순서에 맞게 Profile부터 선택해 줍니다.

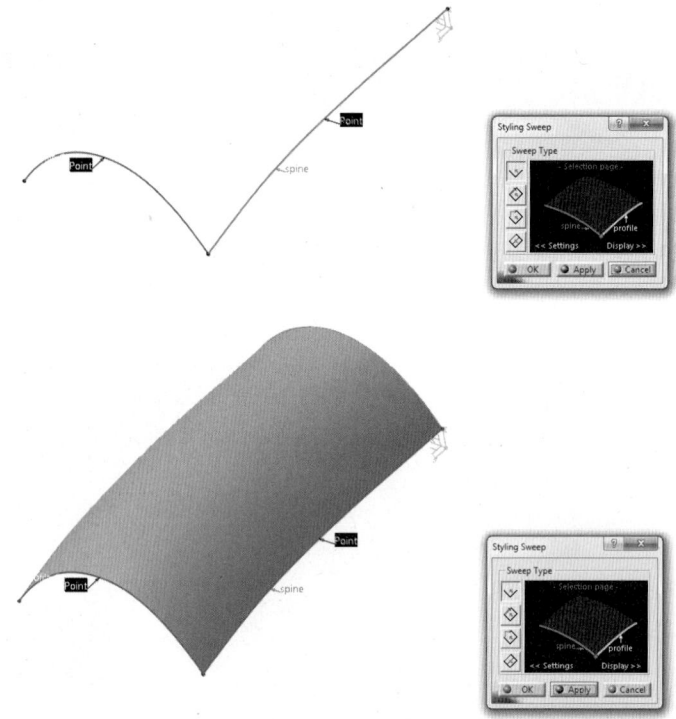

- Sweep and snap: Profile과 Spine 그리고 Guide를 사용하여 곡면을 생성합니다.

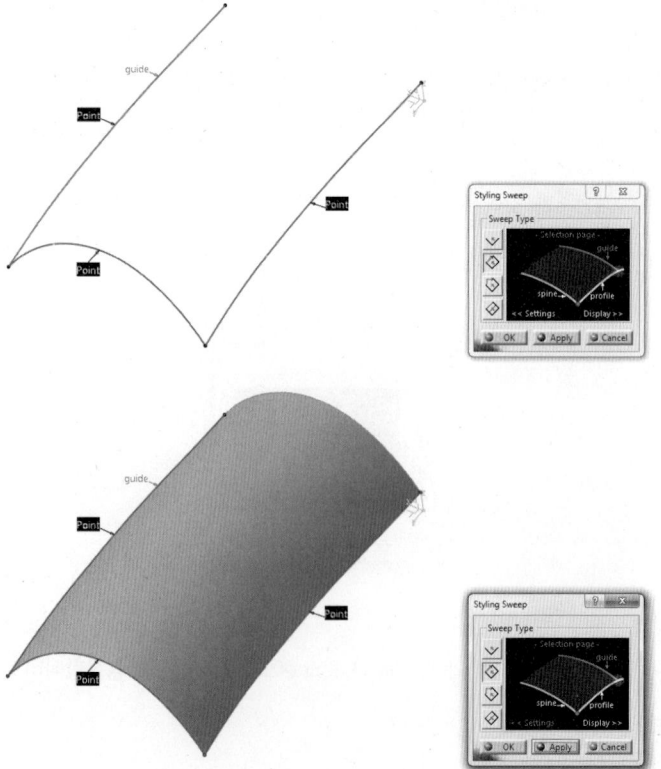

여기서 Guide에 따라 Profile의 일부만이 곡면으로 만들어 질 수 있습니다.

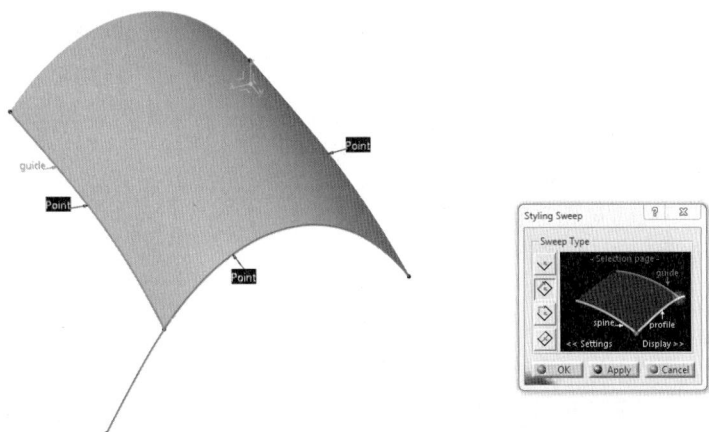

• Sweep and fit: Profile, Spine, Guide에 의한 곡면을 생성합니다.

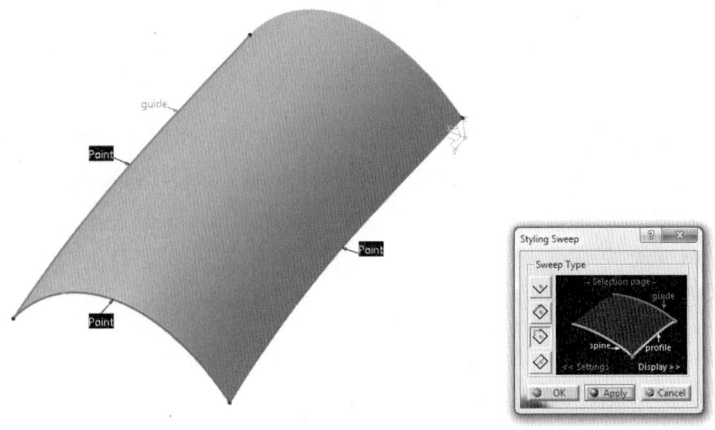

• Sweep and near profile: Profile, Spine, Guide와 함께 최소 한 개 이상의 Reference Profile을 사용하여 곡면을 생성합니다. 여기서 Reference Profile은 Sweep을 할 때 참고용으로 사용되며 반드시 해당 Profile을 지나지 않습니다.

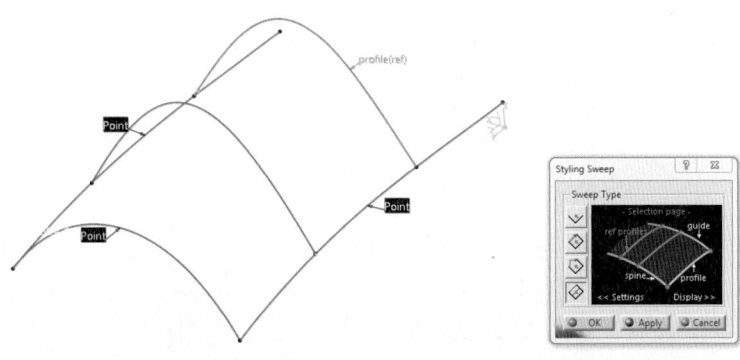

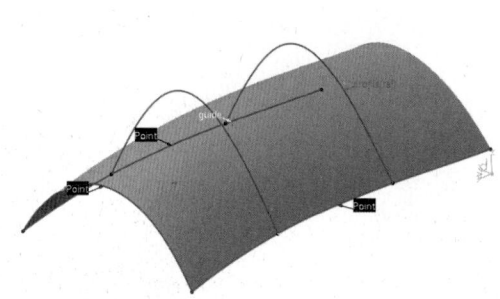
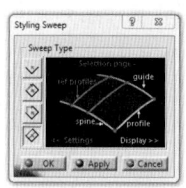

D. FreeStyle Constraints Toolbar

• Matching Constraint

이 명령은 우리가 여러 개의 낱개의 곡면 패치들을 가지고 작업할 경우에 이들을 서로간의 경계에 맞추어 변형시킬 수 있습니다. 일반적으로 두 개의 곡면 사이가 떨어져 있을 경우 Blend로 그들 사이에 새로운 곡면을 생성하여 이어줄 수 있습니다. 그러나 패치의 수가 증가하기 때문에 항상 좋은 방법이라고 할 수는 없습니다. 또는 Fill 명령을 사용하여 곡면들의 틈을 채울 수 도 있을 것입니다. 그러나 이 경우는 반드시 닫혀있는 경계가 만들어져야만 하기 때문에 제한이 있습니다.

그래서 Matching Constraint 명령이 사용되는 경우가 많이 있는데요. 이 명령은 하나의 Reference 곡면에 대해서 다른 곡면들을 늘려 줍니다. 물론 연속성(G0, G1, G2, G3)을 정의할 수 있습니다.

명령을 실행하면 다음과 같은 창이 나타납니다.

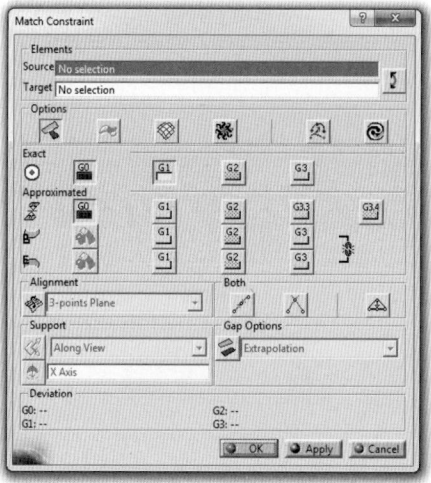

- **Elements**
- Source: 변형시키고자 하는 곡면의 모서리를 선택합니다.
- Target: 변형의 기준이 되는 곡면의 모서리를 선택합니다.

위 순서에 맞게 곡면 모서리를 선택한 후에 Apply를 눌러보기 바랍니다.

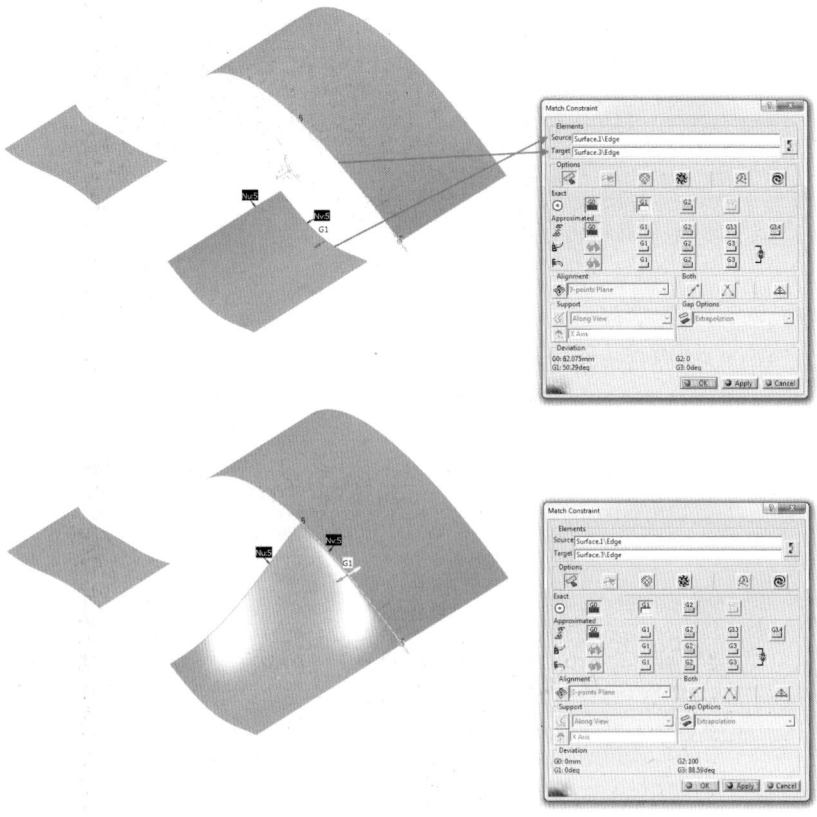

현재는 Target이 되는 곡면 모서리에 일부만 닿도록 설정이 되어 있는데요. 이 경우에는 가운데 보이시는 Tuner를 조절하여 조절이 가능합니다.

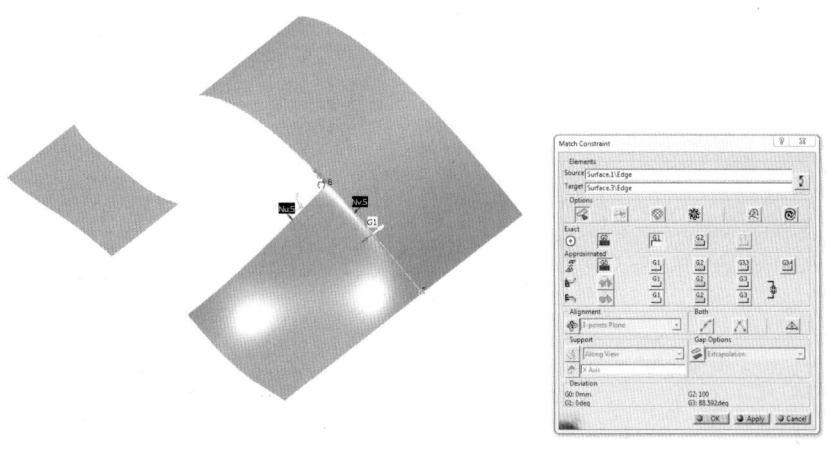

만약 두 모서리 사이를 완전히 같은 길이로 닿게 하고자 할 경우에는 Options에서 Partly를 해제해 줍니다. 그럼 다음과 같이 변경된 결과를 확인해 볼 수 있습니다.

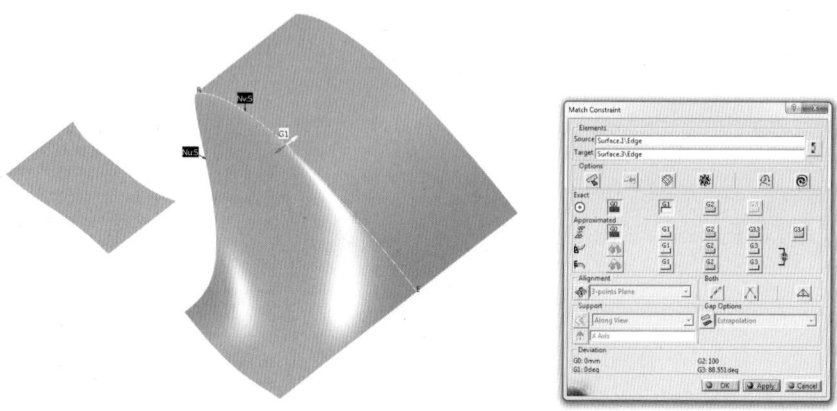

여기서 연결되는 부분에서의 연속성을 조절해 줄 수 있는데요. Exact 항목에서 G2까지 설정이 가능합니다. Approximated에서는 G3까지 연속을 정의할 수 있습니다. G3는 Curvature 연속으로 G2보다 높은 차수의 연속을 정의합니다.

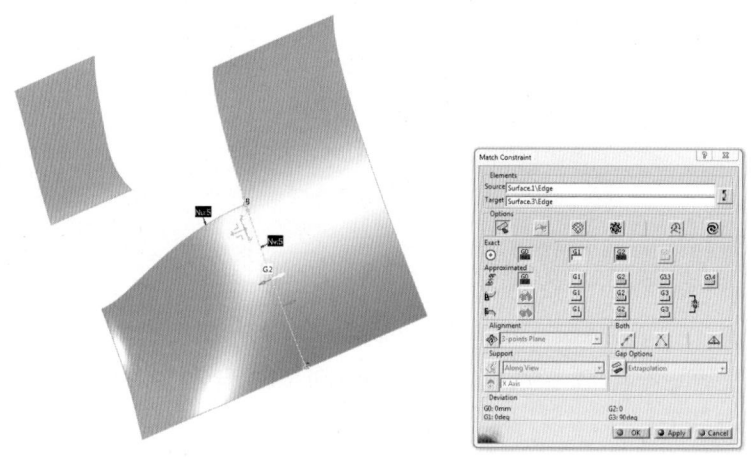

필요한 경우에는 Both에서 Source와 Target 모두 변형될 수 있도록 설정해 줄 수 도 있습니다.

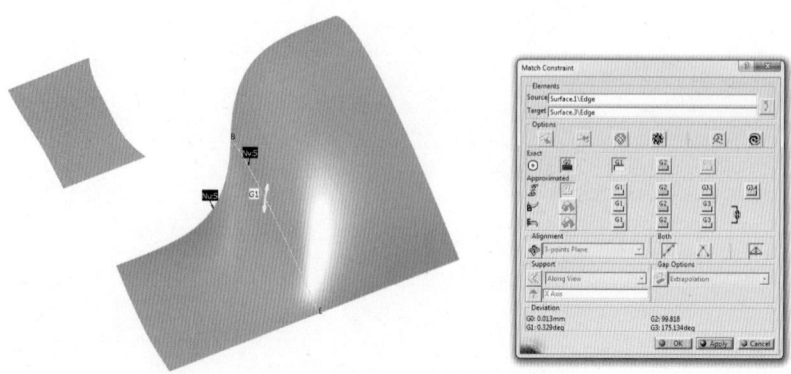

Matching Constraint가 생성된 후에는 Tree에 이 항목이 남아 있어 Target이 되는 곡면에 종속되게 됩니다. 따라서 Targer 곡면이 수정되면 Source 곡면에 그 변형이 전달됩니다.

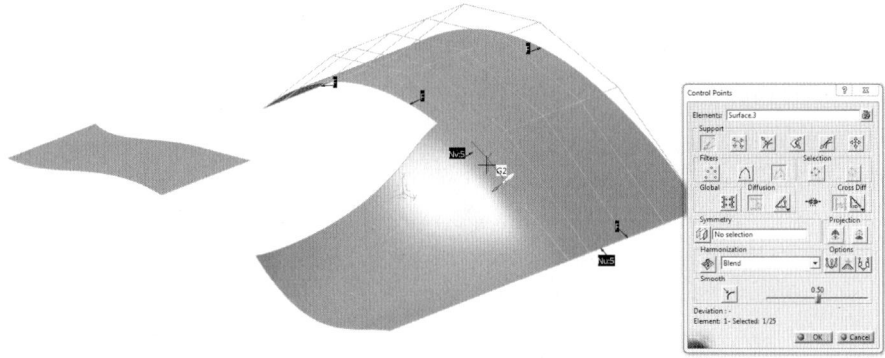

대신에 Source 곡면은 움직임이 제한적이 됩니다. 특히 Target 곡면과 연결되는 부분과는 묶어 버리기 때문에 Source 부분에서는 해당 모서리 부분에 대한 변형이 제한됩니다.

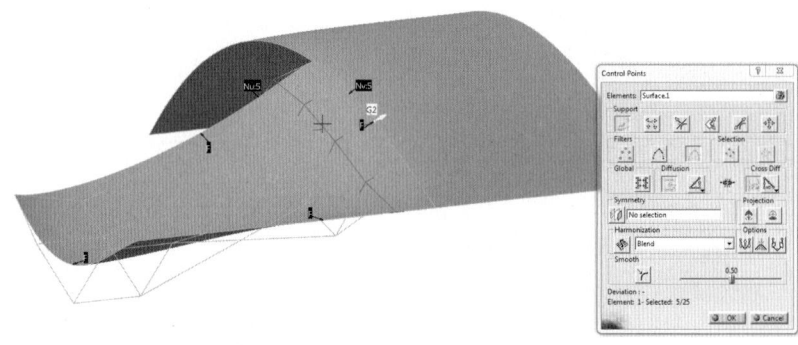

E. Operation

여기서는 FreeStyle에서 곡면 또는 곡선을 수정하는 방법에 대해서 알아보도록 하겠습니다.

- **Break Surface or Curve**

이 명령은 GSD의 Split와 유사한 기능으로 곡면이나 곡선을 절단해 줍니다.

명령을 실행하면 다음과 같은 창이 나타납니다.

- **Break Type**: 자르고자 하는 대상을 선택합니다.

- Break Curves ↖ : Type을 변경한 후에 자리고자 하는 곡선을 선택합니다. 그리고 기준이 될 다른 곡면 또는 곡선, 점 요소를 선택합니다. 서로 교차하지 않는 대상으로는 절단이 안 되니 주의 바랍니다.

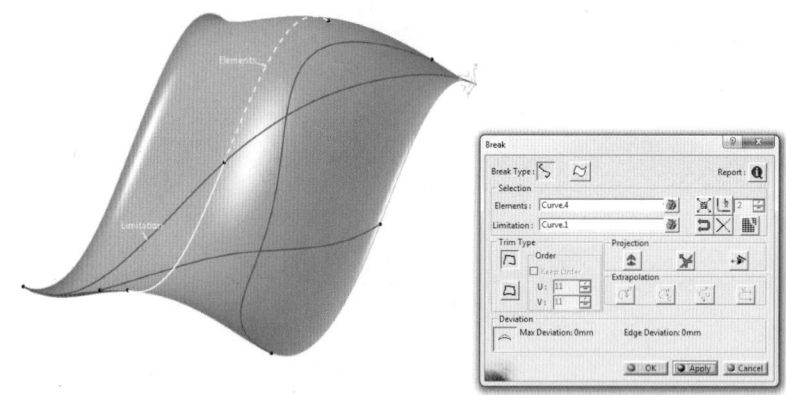

Break Both ✕ 를 체크하면 자를 대상과 자를 기준을 서로가 서로를 기준으로 잘라낼 수 있습니다.

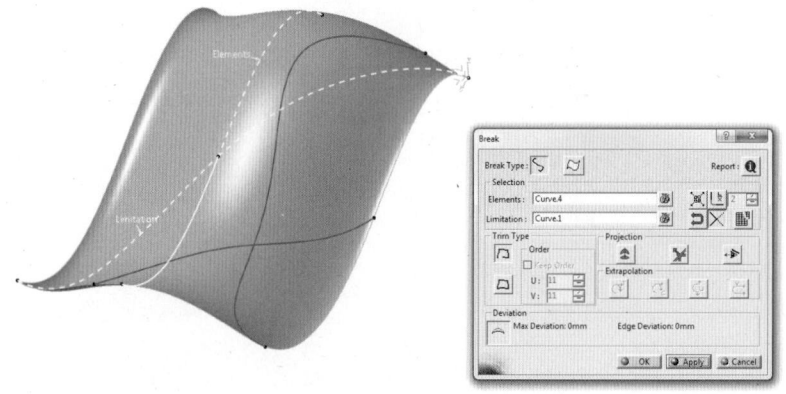

- Break Surface ◯ : Type을 변경한 후에 자리고자 하는 곡면을 선택합니다. 그리고 기준이 될 다른 곡면 또는 곡선, 점 요소를 선택합니다. 곡선과 마찬가지로 원하는 방향의 것을 선택해 주면 해당 곡면이 남고 나머지 부분이 잘려나갑니다.

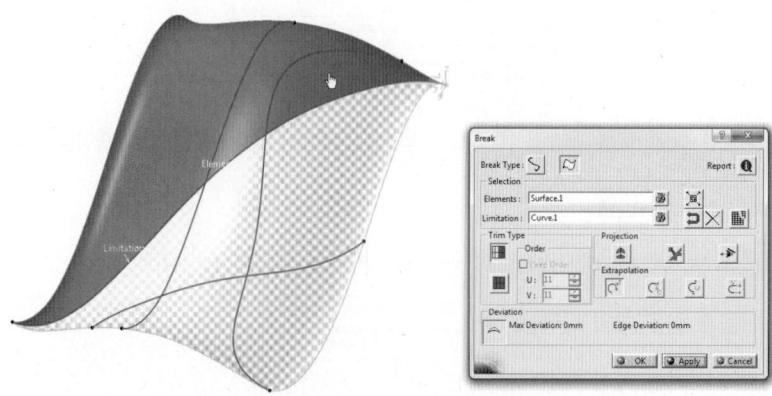

곡면의 경우에는 대상을 잘라낼 경우 연장할 수 있는 옵션을 추가로 사용할 수 있습니다. 접하는 방향 또는 곡률 방향 에 대해서 연장을 지원합니다.

Break된 대상은 Tree에서 새로 생겨나지 않으며 기존 Feature가 그것으로 변경됩니다.

• Untrim Surface or Curve

이 명령은 절단되었던 곡면이나 곡선의 형상을 인식하여 원래의 형상으로 복원해 주는 기능을 합니다. 앞서 GSD 의 Untrim을 참고해 보기 바랍니다.

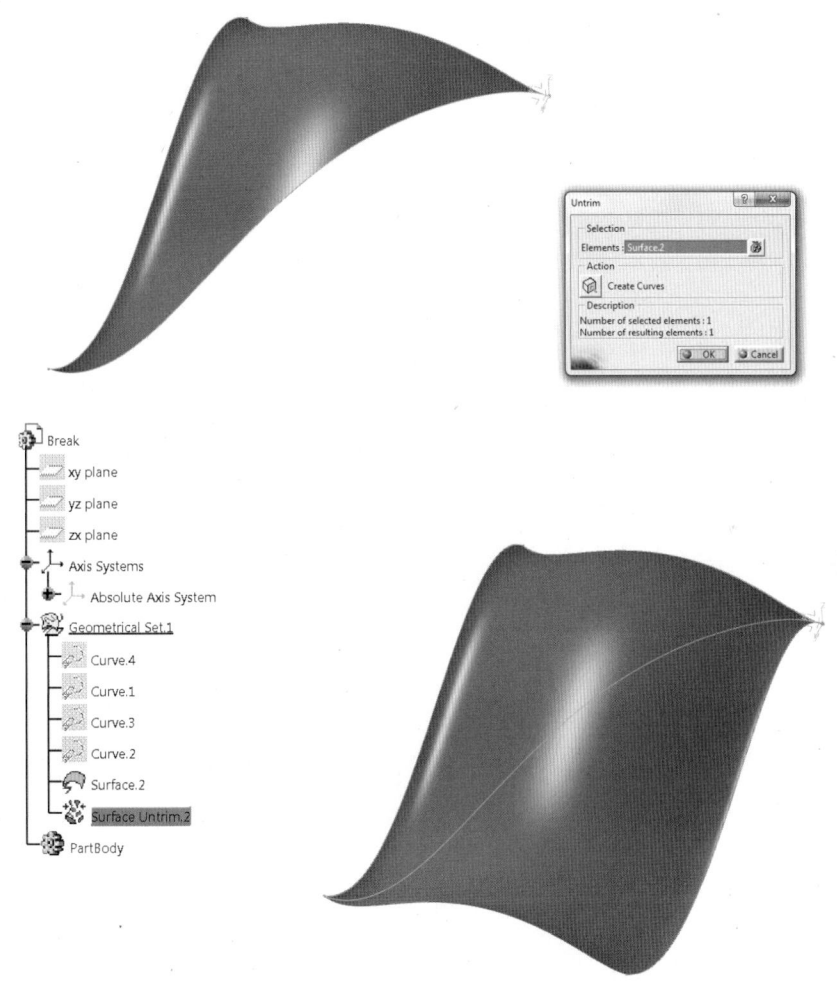

• Concatenate

이 명령은 낱개의 단일 도메인 곡선들을 하나의 곡선으로 연결시킵니다.

명령을 실행 한 후에 하나로 이어줄 곡선들을 선택해 줍니다.

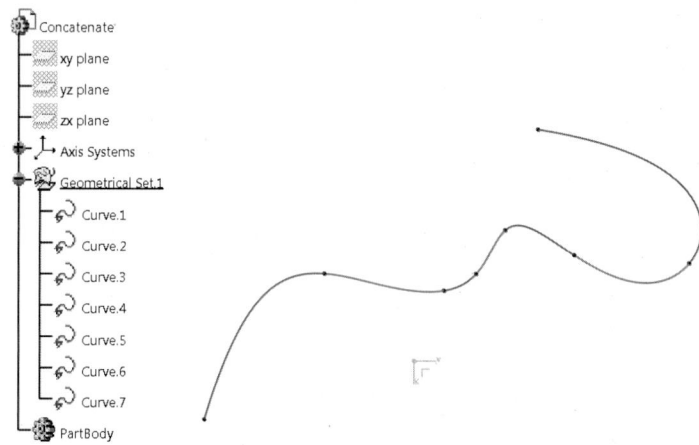

그리고 적절한 크기의 공차 값을 입력합니다. 이 값보다 곡선들 사이의 Gap이 큰 경우에는 합쳐지지 않게 됩니다.

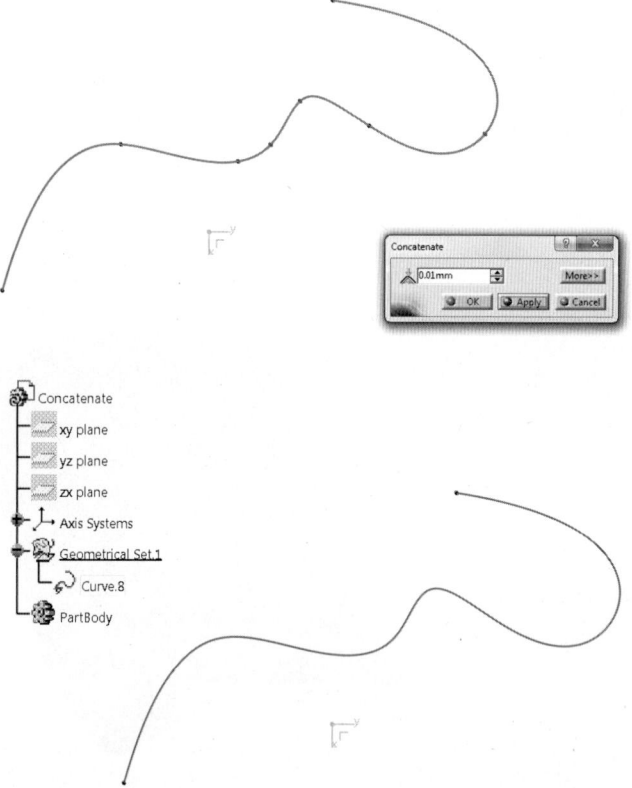

• Fragmentation

이 명령은 단편화라는 뜻의 Fragmentation라는 단어를 사용하는데요. 곡면 또는 곡선을 여러 개의 셀 단위로 나누어주는 기능을 합니다.

명령을 실행하면 다음과 같은 창이 나타나며 Type을 U 또는 V, UV로 정의할 수 있습니다.

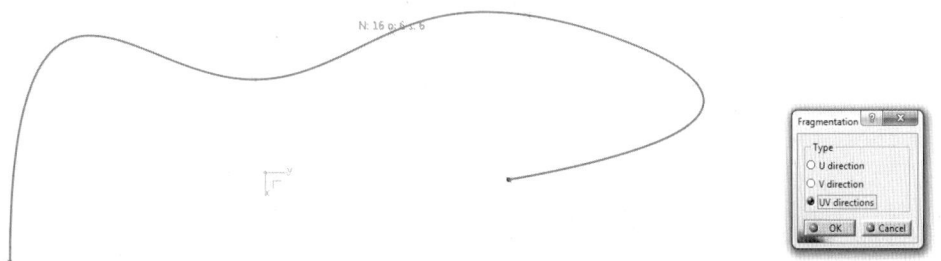

단편화 후에는 아래에서와 같이 낱개의 호 형상(Mono Arc)으로 분리된 것을 확인할 수 있습니다.

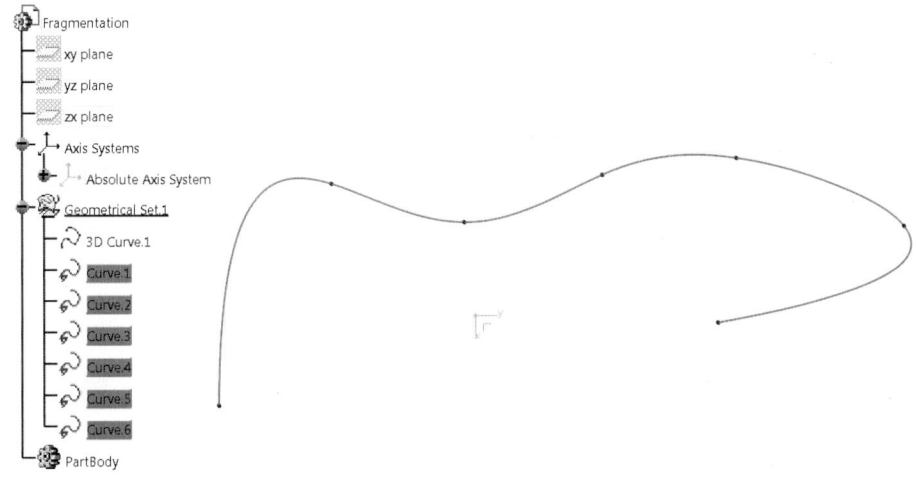

물론 곡면의 경우도 마찬가지입니다.

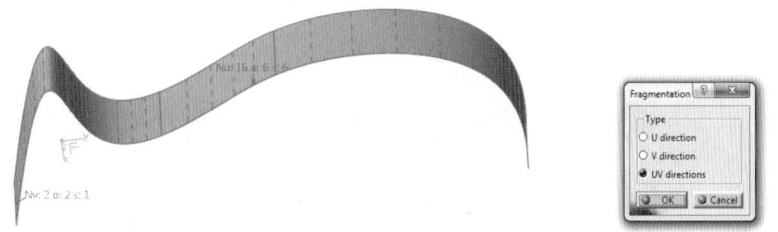

• Disassemble

이 명령은 여러 개의 패치, 셀의 조합으로 만들어진 곡면 또는 곡선을 낱개의 Datum들로 분리하는 역할을 합니다. GSD 에도 동일한 명령에 대한 설명이 있으므로 이를 참고하기 바랍니다.

• Converter Wizard

이 명령은 FreeStyle Workbench에서 만들지 않은 곡면 형상을 NURBS로 변환해 주는 기능을 합니다. (곡선의 경우는 NUPBS - Non Uniform Polynomial B-Spline으로 변환합니다.)

명령을 실행하고 곡면 또는 곡선을 선택하였을 때 자동으로 완벽히 변환되는 Definition 창이 출력되지 않습니다.

그러나 완벽하게 변환이 안 되는 경우에는 공차나 차수를 정의하기 위하여 Definition 창이 나타납니다.

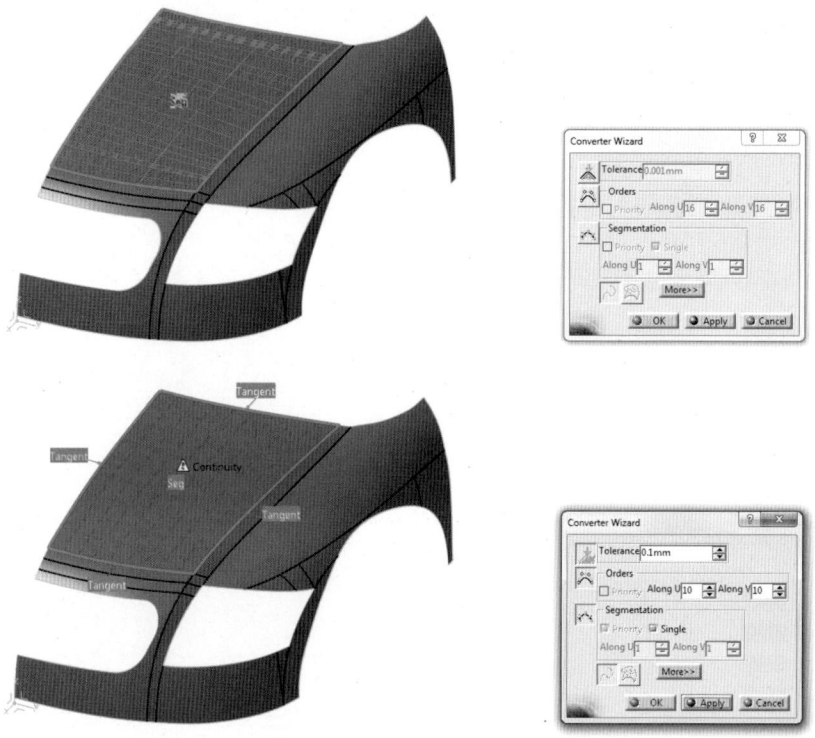

이렇게 변환된 곡면 또는 곡선은 FreeStyle 명령으로 수정이 가능합니다.

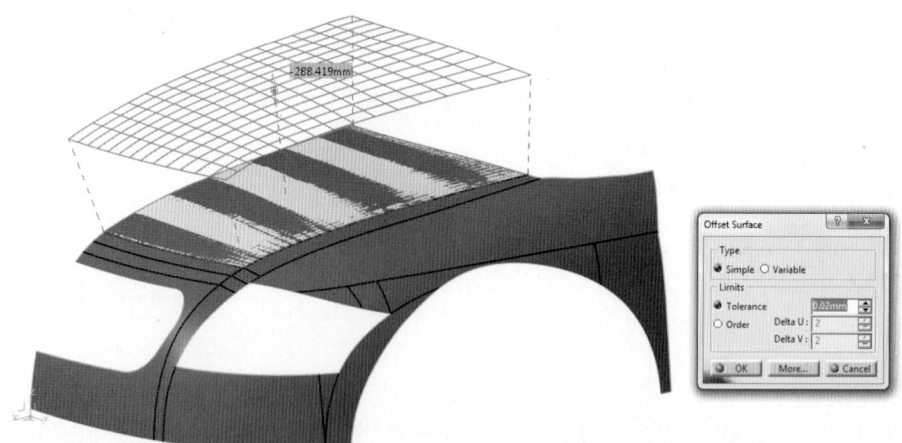

- **Copy Geometric Parameters**

이 명령은 하나의 곡선이 가지는 Geometric Property를 다른 곡선에 부여하고자 하는 경우에 사용합니다.

명령을 실행하면 다음과 같은 창이 나타납니다. 여기서 우선 기준이 될 Template Curve를 선택합니다. Template Curve의 Arc에 대한 차수 및 수가 나타납니다.

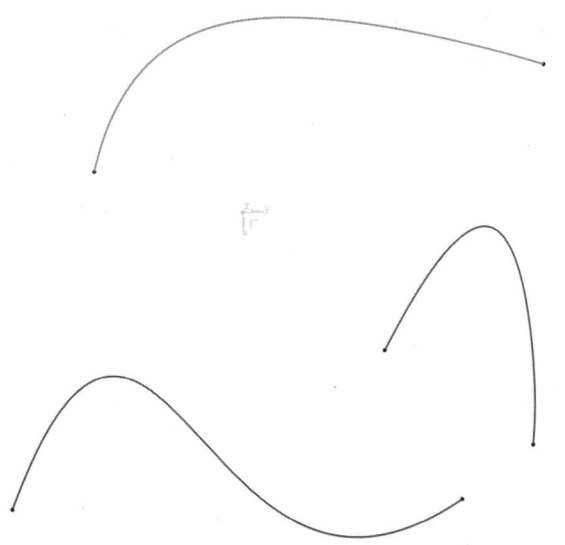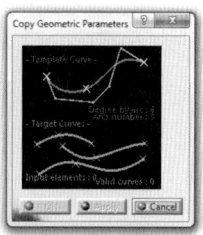

그러고 나서 속성을 부여하고자 하는 Target Curve들을 선택해 줍니다. 그리고 Apply를 눌러주면 속성이 동일하게 부여되는 것을 확인할 수 있습니다.

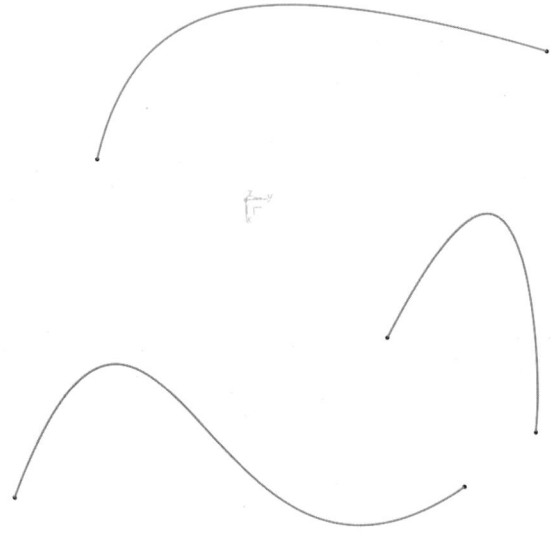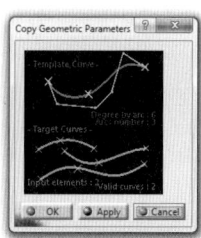

만약에 Valid Curve로 표시되는 것이 없으면 곡선들을 선택했더라도 적용할 수 없으니 주의 바랍니다.

F. Shape Modification

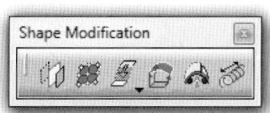

여기서는 우리가 설계한 형상의 수정을 위한 도구를 공부할 것입니다. Operation Toolbar 별도로 Modification Toolbar가 어떤 특성에 의해 구분되는지 확인해 보기 바랍니다.

• **Symmetry**

일반적으로 우리가 설계하는 대상의 경우 대칭인 성질을 많이 가지고 있습니다. 대칭인 물체라 한다면 우리가 일부러 같은 작업을 반복해가며 다른 방향으로 같은 모양을 만들 필요는 없을 것입니다. 따라서 Symmetry 명령을 통하여 대칭을 통해 작업 시간을 단축할 수 있습니다. 자세한 설명은 GSD 의 것과 동일하니 참고 바랍니다.

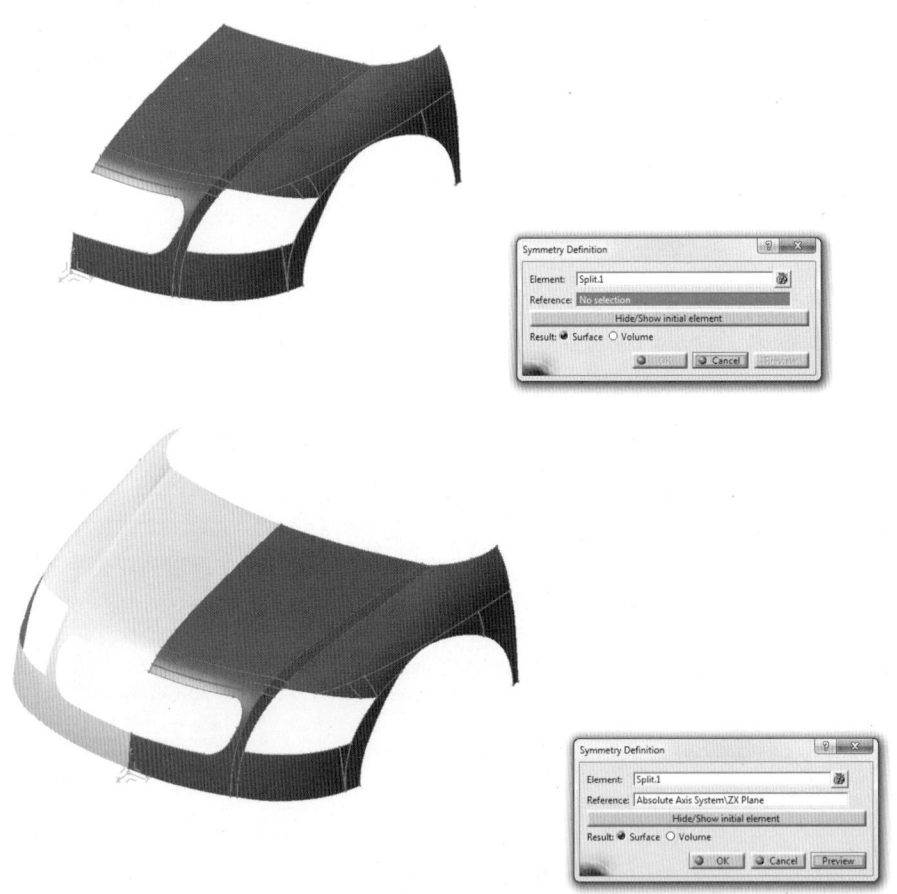

• **Control Points**

이 명령은 FreeStyle에서 가장 중요한 명령이라 할 수 있습니다. 우리가 생성한 패치나 외부로 불러온 곡면 또는 곡선 형상을 제어점을 이용해서 변형하거나 수정하는 작업을 수행할 수 있기 때문입니다. 이 명령을 사용할 때는 수치 값에 의존하여 형상을 변형하는 것이 아닌 직접적인 조작을 통해서 형상을 정의하기 때문에 여러분의 직관과 감각, 숙련도가 결과물에 중요한 영향을 주게 됩니다. 처음에 FreeStyle로 형상을 설계한다고 할 때 제일 어려운 부분이 치수로 설계하는 것이 아닌 감각적인 부분을 적용해야 하는게 아닐까 생각합니다.

명령을 실행하면 다음과 같은 창이 나타납니다.

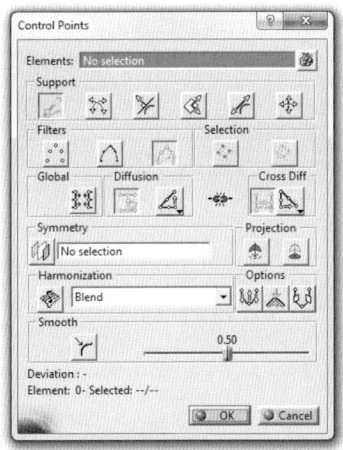

- **Elements**

수정하고자 하는 대상을 선택합니다. 복수 선택도 가능하나 Global한 변형을 위해서는 나중에 배우게 될 Global Deformation 을 통해서 수정해야 합니다.

여기에 선택할 수 있는 대상은 다른 명령에 의한 Function이 살아있는(Fill, Multi-section Surface, Join 등) 대상이어서는 안 됩니다. 그러나 완전히 선택이 안 되는 것이 아니고요. 이러한 대상을 선택하면 다음과 같은 메시지와 함께 선택한 대상을 NURBS로 만들어줍니다. (Datum 표시)

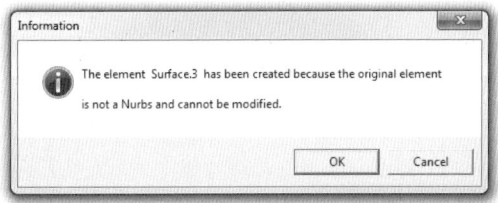

그럼 다음과 같이 선택한 대상의 Control Mesh와 차수, 연결속성 등이 나타납니다.

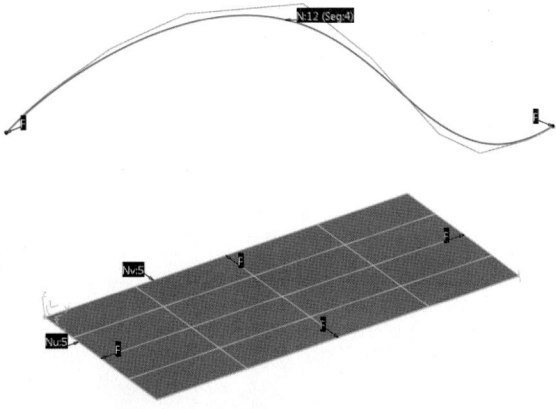

여기서 필요하다면 여러분은 각 방향으로의 차수를 조절해 줄 수도 있습니다.

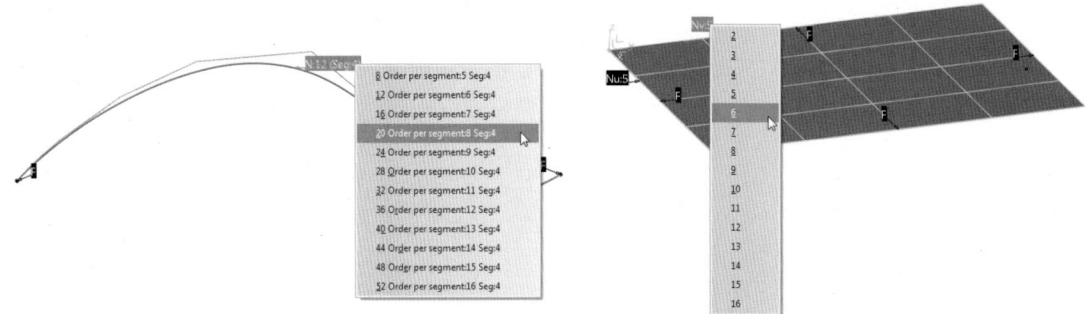

- Support

Control Point를 통해서 형상을 어떻게 변형시킬지를 정의하는 부분입니다. 주로 Normal to Compass나 Local Normal 등과 같이 몇 가지 방식이 많이 사용되고는 있지만 모든 방식으로의 정의방법을 익혀두기 권장합니다.

• Normal to compass

Compass로 방향을 정의한 후에 해당 방향으로 Control Point 또는 Control Mesh를 선택하여 변형시킵니다. 따라서 먼저 F5 또는 Compass에서 방향을 정의한 후에 Control Points 또는 Mesh를 선택합니다.(만약에 원하는 방향이 직교 좌표 방향이 아닌 임의의 방향이라면 Compass의 방향을 Quick Compass Orientation에서 재설정하여 작업하는 것이 가능합니다.) 그리고 마우스로 이동을 하면 Control Point(Mesh)와 곡면 또는 곡선이 함께 변형되는 것을 확인할 수 있습니다.

Control Point냐 Mesh인지에 따라 변형되는 범위가 다르기 때문에 원하는 목적에 맞추어 잘 선택해 주어야 합니다.

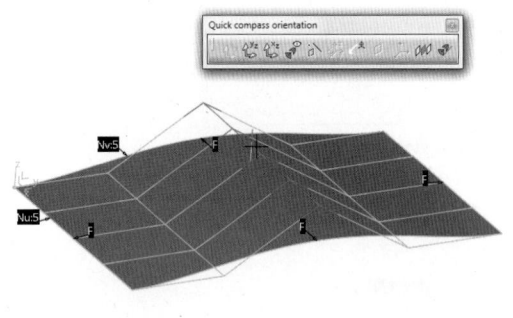
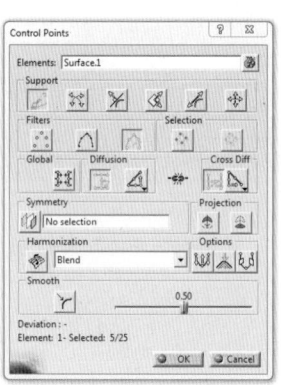

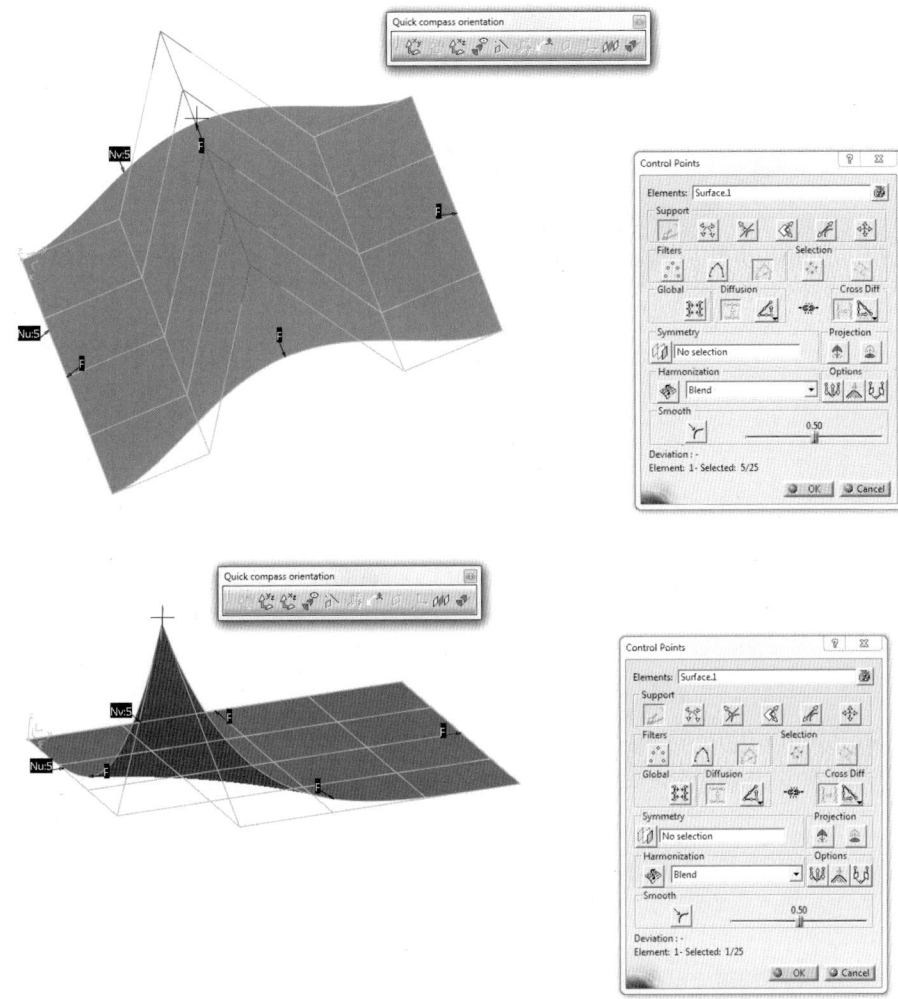

FreeStyle에서 작업은 작업 History가 없기 때문에 Control Point 명령이 활성화된 상태에서 CTRL + Z를 눌러서 취소하는 것만이 가능하다는 것을 알아두기 바랍니다. 명령이 일단 닫힌 후에는 CTRL + Z로 Control Point 명령에서 변형한 스텝별로 뒤로 가는 것이 안 됩니다.

• Mesh Lines
Control Mesh로 잡힌 형상의 Mesh Line 방향을 따라 곡면 또는 곡선이 변형되도록 하는 방법입니다. 선택한 Control Point 또는 Mesh의 Line 방향으로만 움직일 수 있다는 점을 주의하기 바랍니다.

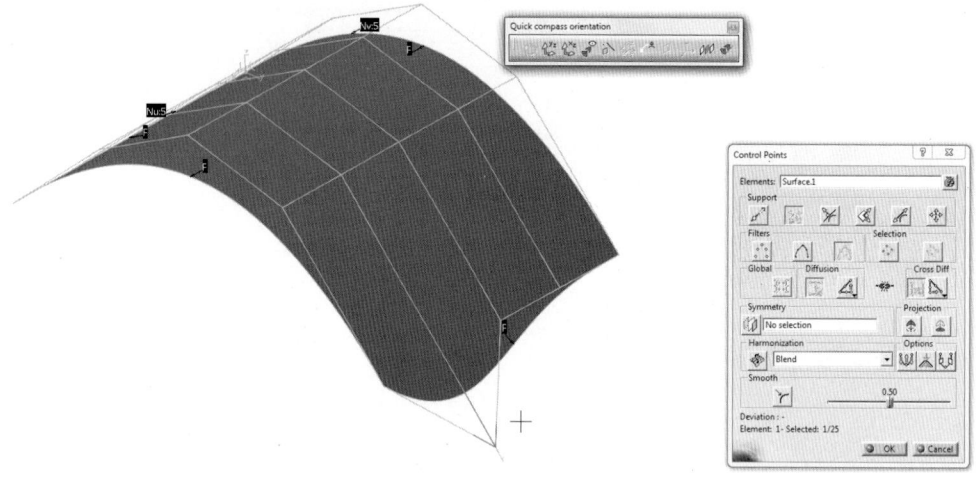

- Local normals

각 Control Point(또는 Mesh) 위치에서의 수직 벡터 방향으로 변형되도록 정의합니다.

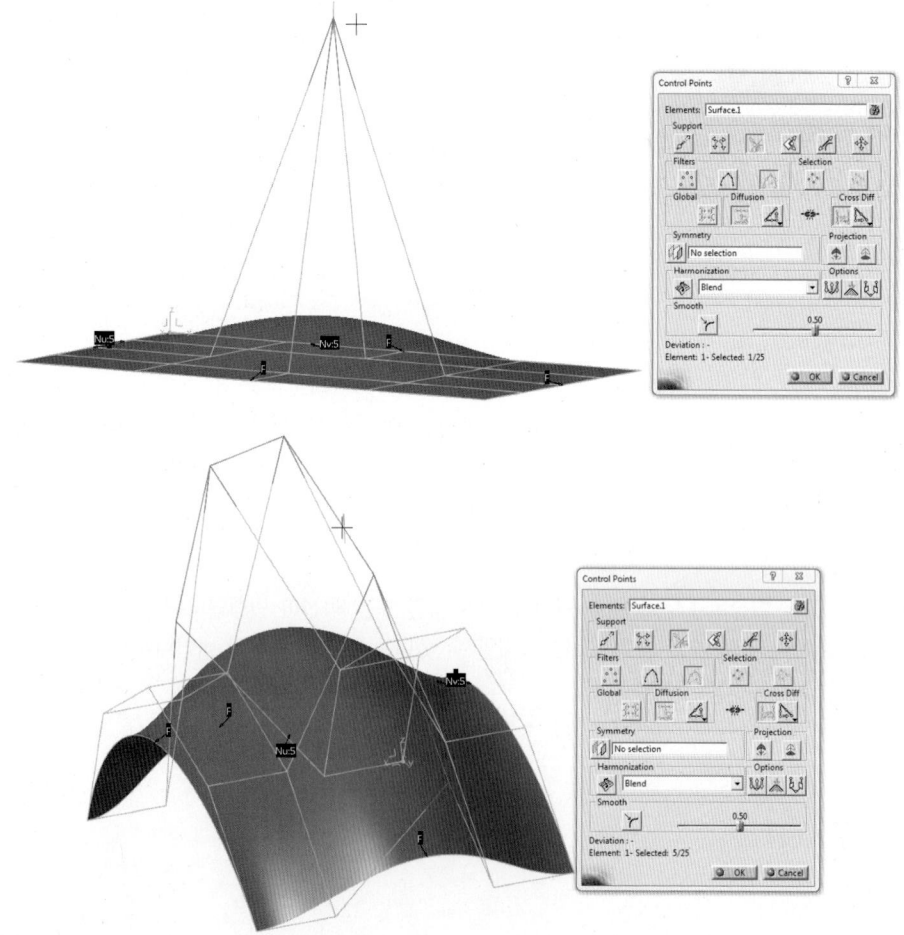

• Compass Plane
Compass의 평면 방향으로 변형될 수 있게 하는 방법입니다. 3개의 직교 방향 중 한 방향이 고정된 상태에서 평면 상에서 자유롭게 변형시킬 수 있습니다.

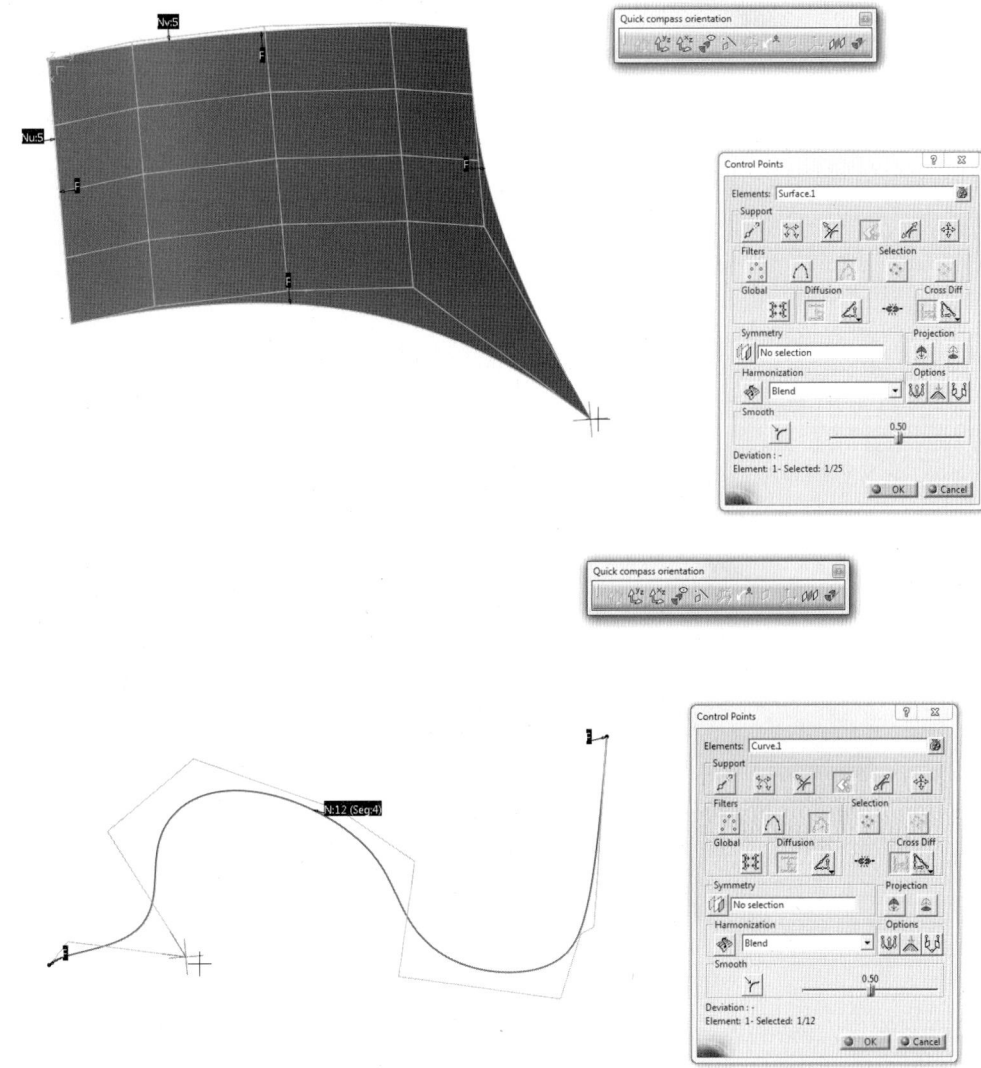

• Local Tangent
Control Mesh의 Line의 접하는 방향으로 대상을 변형 시킬 수 있습니다. Control Point 선택만 가능하며 한 지점에서 접하는 방향은 유일한 접선 방향이기 때문에 다른 방향으로의 변형은 제한됩니다.

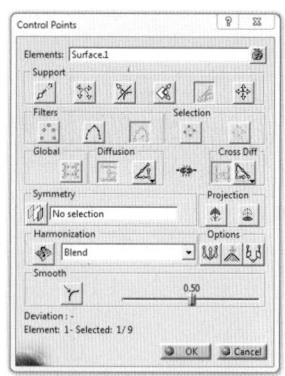

- **Screen Plane**

이 방식은 현재 작업자가 바라보는 화면 방향에 나란하게 Control Point(또는 Mesh)를 이동시켜 변형하는 방법입니다.

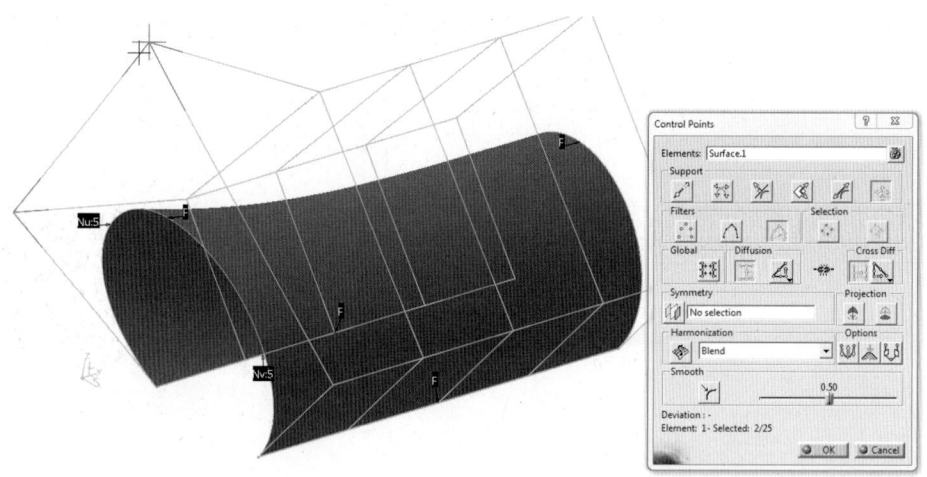

- Filters

- **Point Only**

수정하기 위해 Control Point만을 선택할 수 있게 설정합니다. 이 방식으로 설정되면 Control Mesh는 선택되지 않습니다.

- **Mesh Only**

수정을 하기 위해 Control Mesh만을 선택할 수 있게 설정합니다. 이 방식으로 설정되면 Control Point는 선택되지 않습니다.

- **Point and mesh**

수정을 하기 위해 대상의 Control Point와 Control Mesh 모두를 선택할 수 있습니다. 일반적으로 이 방식을 사용합니다.

- Selection

• Select all points
만약에 전체 Control Point를 선택하고 싶을 때 이 아이콘을 클릭합니다.

• Deselect all points
전체 선택된 Control 요소를 취소하고자 할 때 선택합니다.

- Global
이 부분은 Global Deformation을 실행한 상태에서 활성화되며 여러 개의 독립적인 패치들을 동시에 변형 시킬 수 있습니다.

- Diffusion
곡면 또는 곡선을 변형시킨다고 할 때 연결된 부위에서 일부 부분을 변형시키는 것이기 때문에 변형에 대한 성질이 주변으로 연결되게 되어있습니다. 여기서는 그러한 연결되어 주변으로 변형의 속성이 전달될 때 어떠한 양상으로 전달될지를 정의하게 됩니다.

• Constant Law
일반적으로 가장 많이 사용되는 방식으로 선택된 제어 지점에서의 변형이 일정하게 전달됩니다.

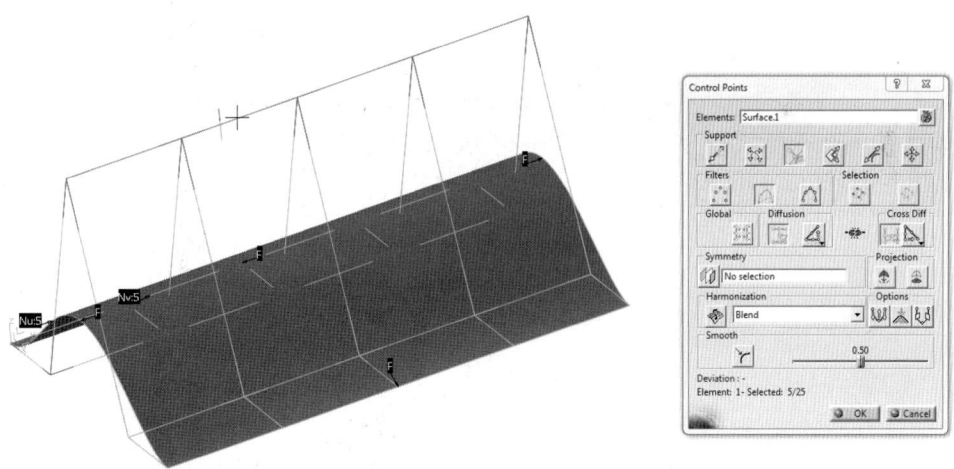

• Linear Law
선택한 지점에서 변형되는 양상이 이웃으로 선형적이도록 합니다.

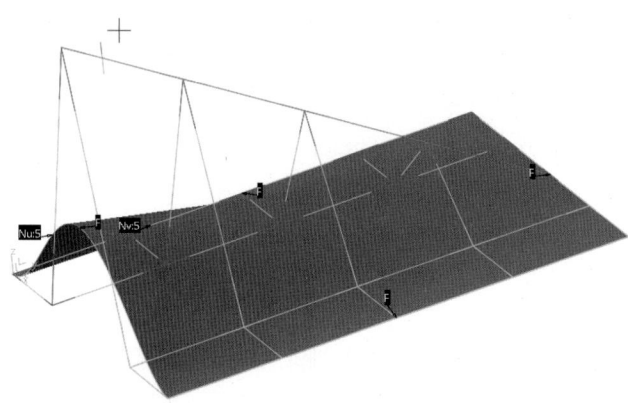 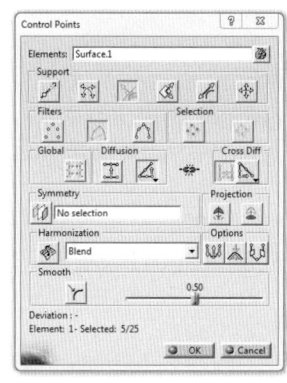

- Concave Law
선택한 지점에서 변형되는 양상이 이웃으로 오목하게 변형되도록 합니다.

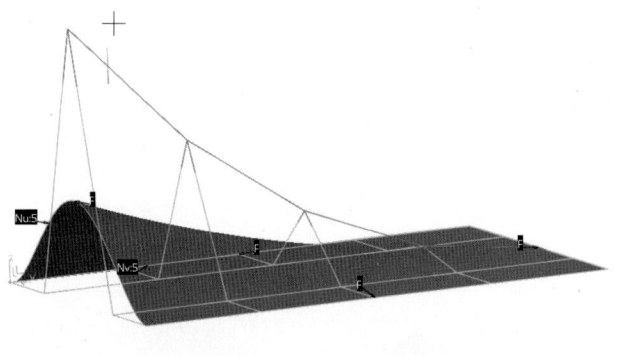 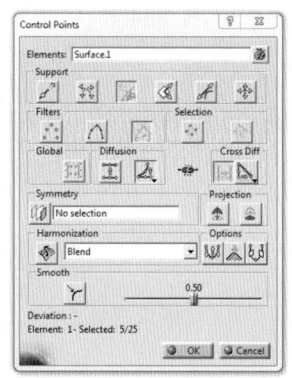

- Convex Law
선택한 지점에서 변형되는 양상이 이웃으로 볼록하게 변형되도록 합니다.

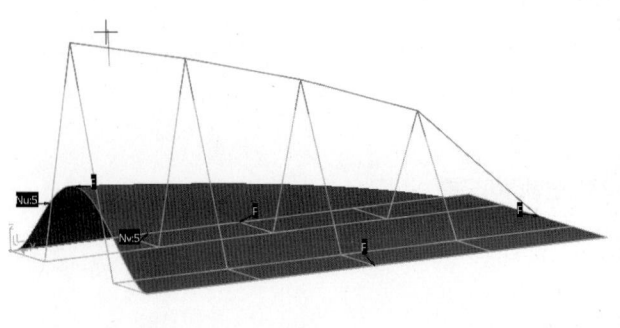 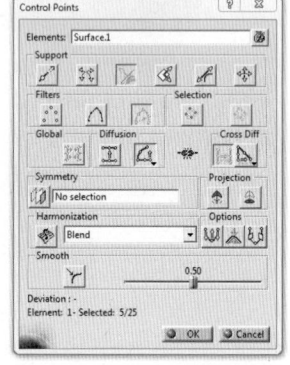

- Bell Law
선택한 지점에서 변형되는 양상이 이웃으로 종 모양처럼 변형되도록 합니다.

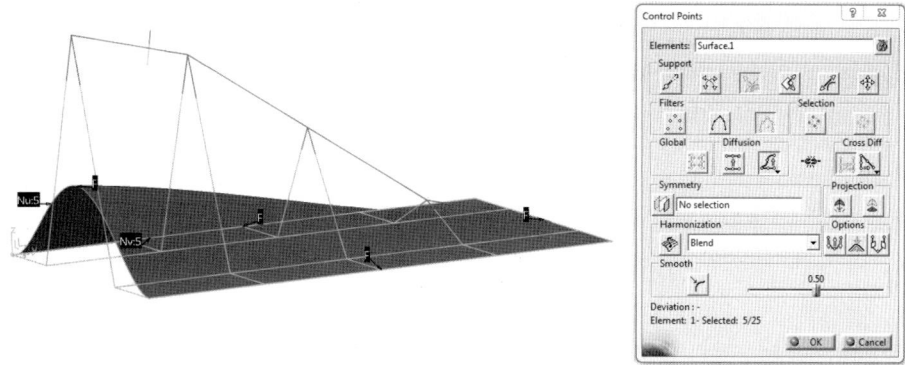

- Symmetry

여기서는 Control Point 대상이 선택한 기준면에 대해서 대칭이 되어 변형되도록 정의할 수 있습니다. 일반적으로 완성 후 Symmetry로 형상을 생성하는 것이 간결한 방법이긴 하지만 작업에 따라 변형하는 동안 대칭이 필요할 경우 대칭면을 정의해 줍니다.

대칭 평면을 지정하고 간단한 변형을 시켜보면 다음과 같이 대칭이 들어가는 것을 볼 수 있습니다.

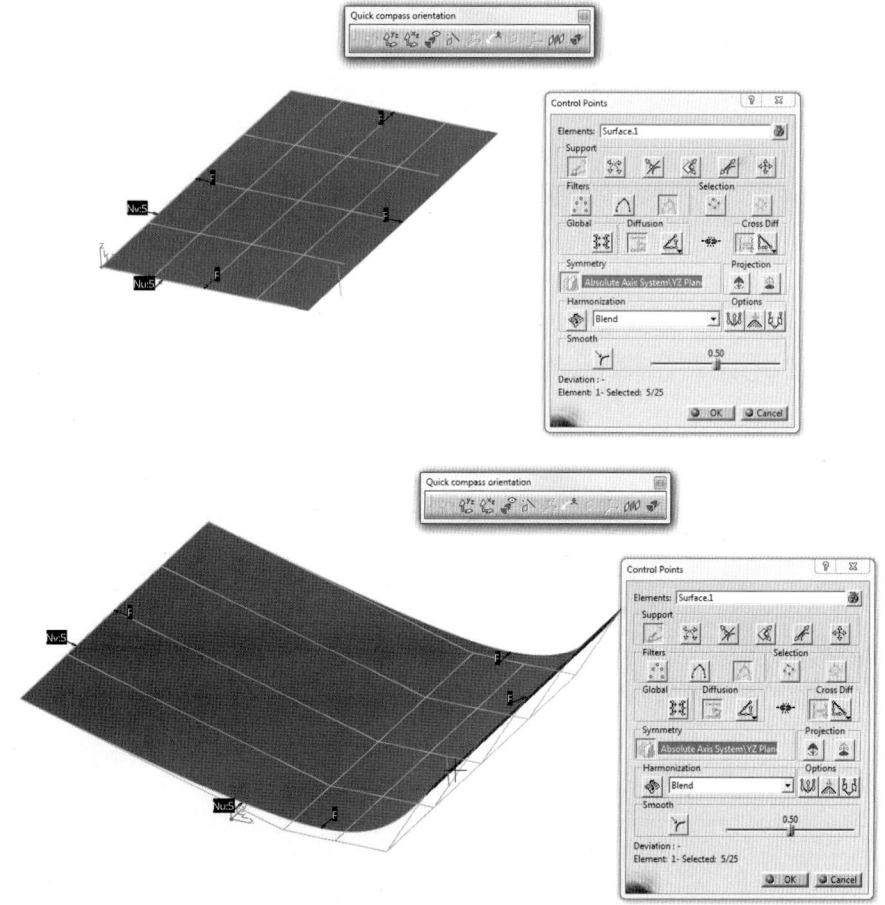

- Smooth

여기서는 Control Point를 이용하여 변형을 줄 때 곡면 또는 곡선의 변형 정도를 다시 부드럽게 처리해 줄 수 있습니다. 슬라이드를 조절하여 값을 정하고 좌측의 Smooth 버튼을 클릭합니다. 1로 가까이 값을 줄수록 대상의 Smooth한 정도가 커집니다.(평평하게 펴진다는 말입니다.)

■ Match Sub Toolbar

• Match Surface

이 명령은 두 곡면을 하나를 기준으로 다른 하나의 곡면을 맞추거나 곡선에 곡면을 맞추기 위해 사용합니다.

명령을 실행하고 변형될 곡면의 모서리를 선택합니다. 그러고 나서 맞추고자하는 곡면의 모서리 또는 곡선을 선택합니다.

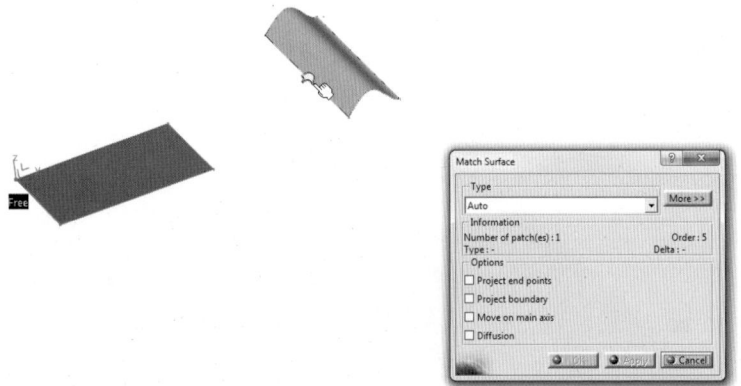

여기서 조건이 바로 만족된다면 다음과 같이 미리보기가 될 것입니다. 여기서 곡면의 경우에는 필요에 따라 연속성을 정의하거나 맞춰지는 범위를 정해줄 수 있습니다.

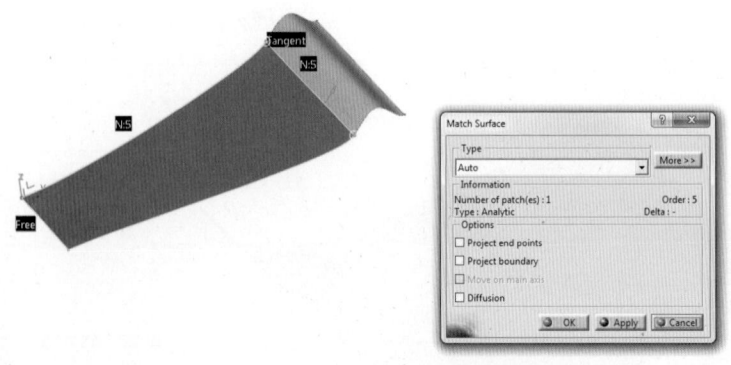

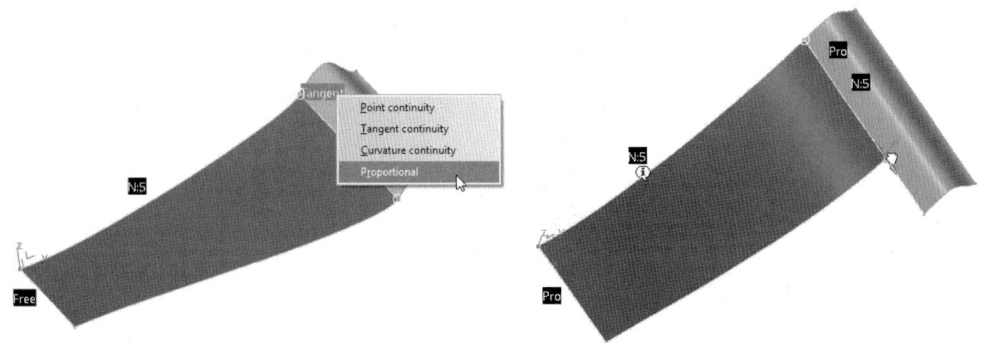

곡선을 기준으로 Matching할 경우에도 이와 유사합니다.

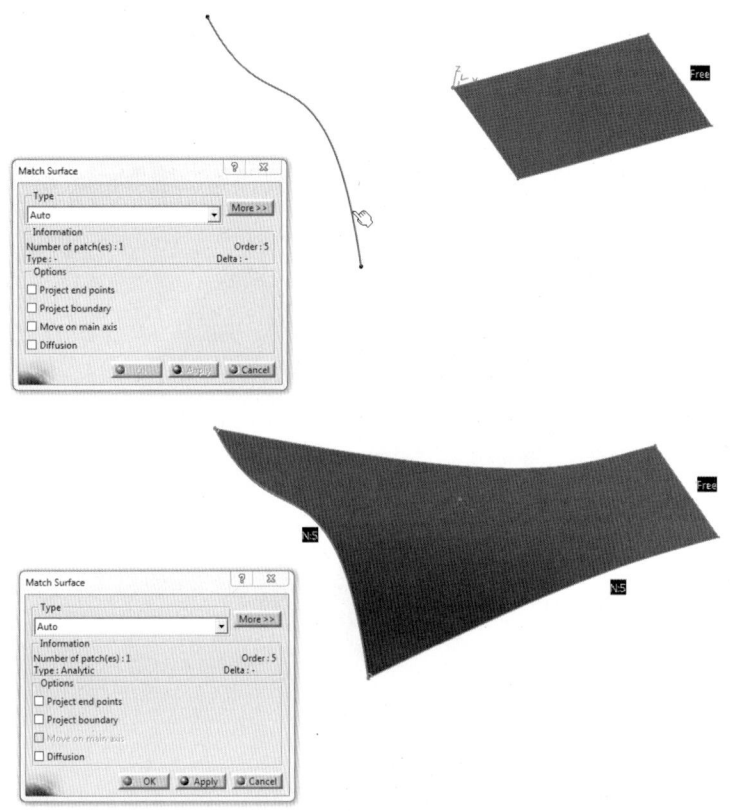

추가로 필요한 경우에는 More 버튼을 눌러 Control Point를 선택하여 Matching과 동시에 Control Point를 조절해 줄 수 있습니다.

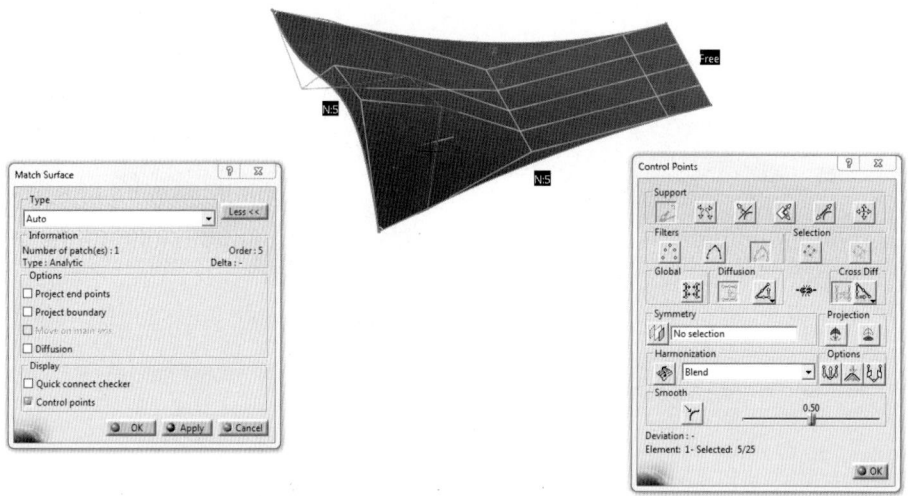

- **Multi-Side Match Surface**

이 명령은 위에서 공부한 것과 유사한 기능이지만 동시에 여러 곡면의 모서리를 Matching해줄 수 있다는 장점이 있습니다.

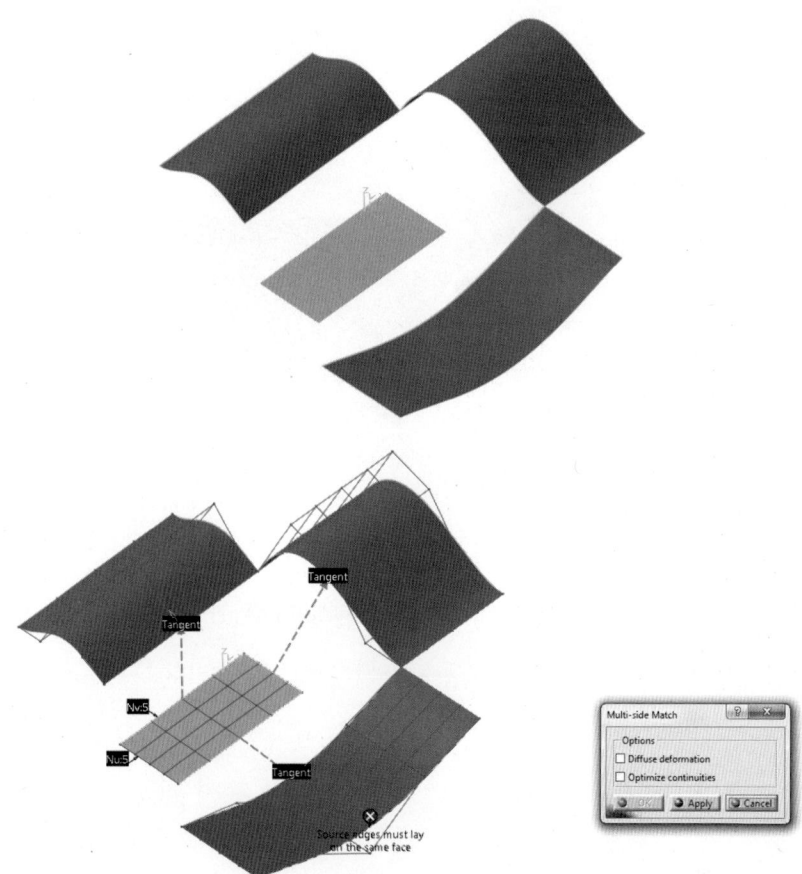

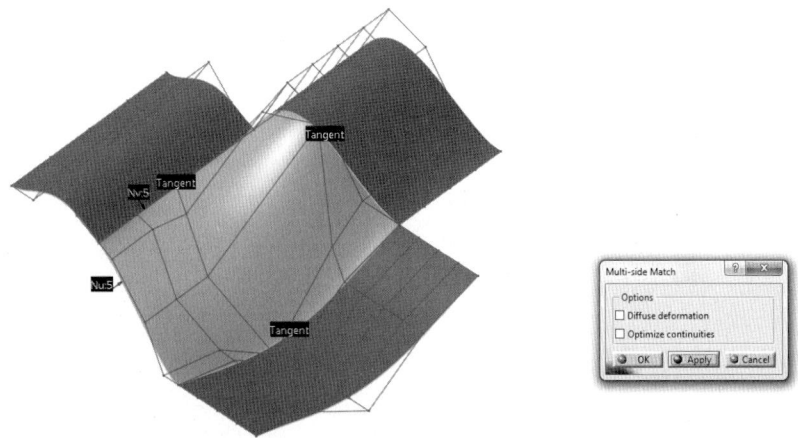

- **Fit to Geometry**

이 명령은 Scan 데이터에 의한 점 데이터에 곡선이나 곡면을 입히는 방법으로 후에 역설계를 다루는 교제에서 다루도록 하겠습니다.

- **Global Deformation**

여러 개의 곡면 패치를 이용해 설계 작업을 하는 경우 각각의 패치들이 서로 연결되어 있지 않다면 Control Point를 통해 수정을 할 때 선택한 하나의 패치에만 수정이 될 것입니다.

따라서 이웃하는 여러 개의 패치들을 동시에 수정할 수 있도록 설정하는 방법이 필요한데 이 명령이 바로 그렇습니다.

아래 그림처럼 복수의 곡면이 만들어진 상태에서 명령을 실행합니다. 그리고 CTRL Key를 사용하여 복수선택을 해 줍니다. 다음과 같이 Control Mesh가 두 대상 사이에 출력되는 것을 볼 수 있습니다.(자신의 Compass 방향 설정에 따라 다른 방향으로 보일 수 있습니다. 여기서는 XY 방향 기준입니다.)

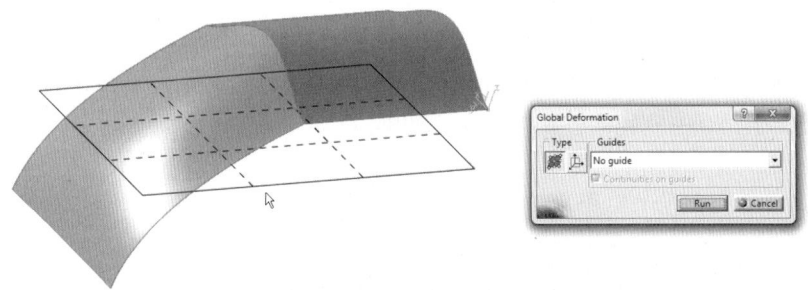

여기서 Run을 실행하면 Control Point 가 실행되어 복수의 대상에 대한 수정 작업을 동시에 수행해 줄 수 있습니다.

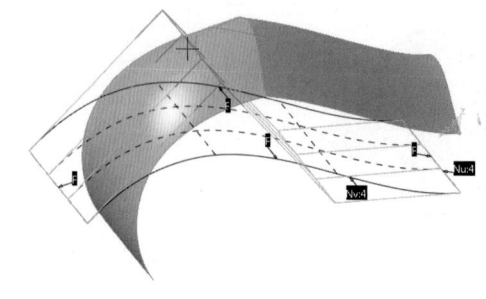
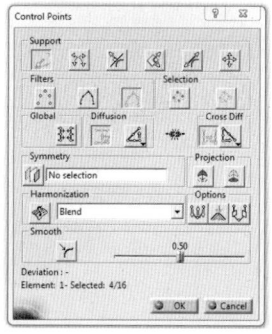

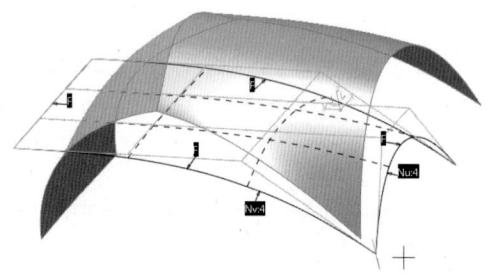
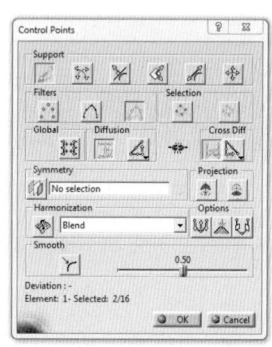

● Extend

이 명령은 곡선 또는 곡면의 경계를 연장해 주는 기능을 합니다. 앞서 Styling Extrapolate와 유사하다는 느낌을 받으실 것입니다. 다만 이 명령은 길이에 의해서 연장하거나 줄이는 두 가지가 모두 가능한 점을 기억해두시면 좋을 것 같습니다.

명령을 실행하고 곡선 또는 곡면을 선택한 후에 양쪽 경계에 있는 Tuner를 이동시켜 보면 대상의 길이가 연장되거나 줄어드는 것이 가능하다는 것을 확인할 수 있을 것입니다.

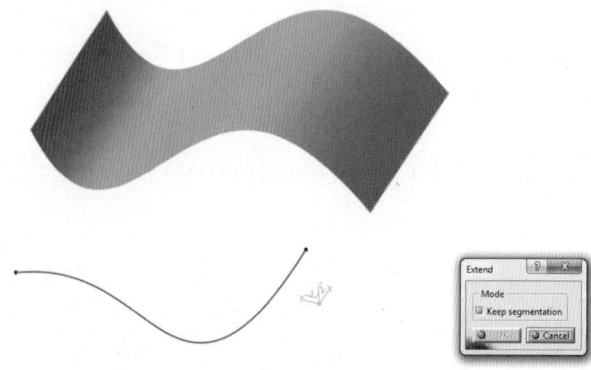

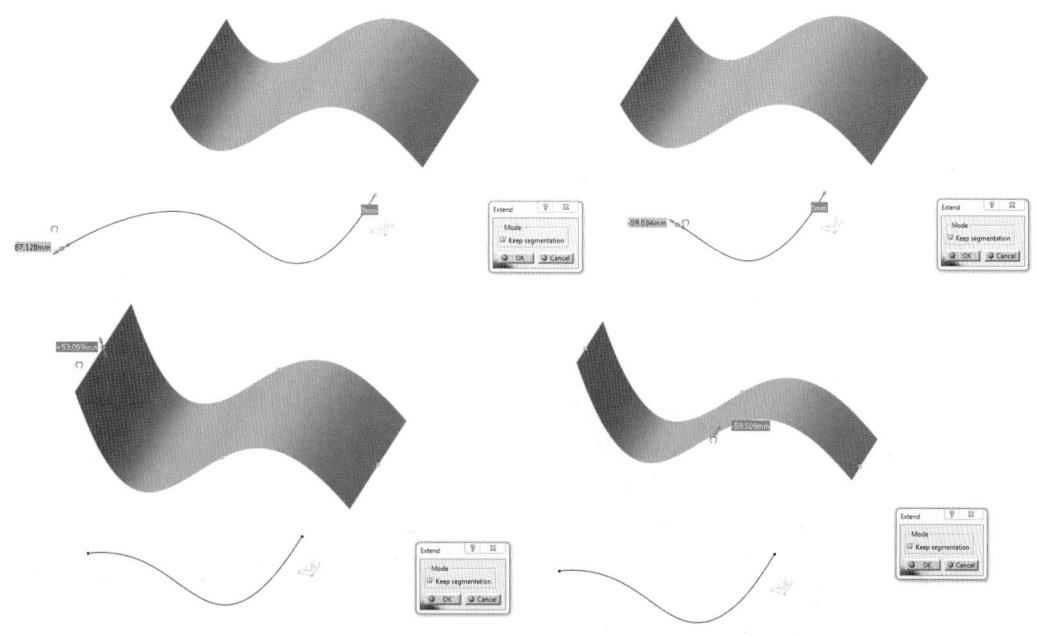

G. Shape Analysis

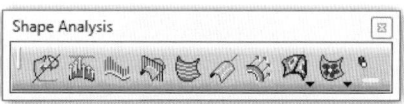

● Connect Checker Analysis

이 명령은 떨어진 두 곡면 또는 곡선 사이 또는 선과 면사이의 거리를 측정하는 기능을 가지고 있습니다. GSD 의 Analysis에서 상세히 언급하였으므로 이 부분을 참고 바랍니다.

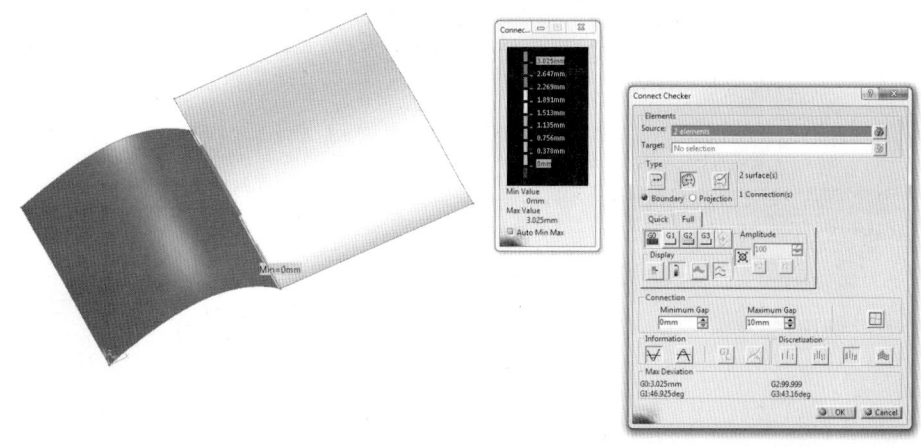

• **Distance Analysis**

이 명령은 두 형상 요소(들) 사이에 떨어진 거리를 측정하는 기능을 합니다.

명령을 실행시키고 떨어진 두 형상 요소를 각각 First Set과 Second Set에 입력해 줍니다. 복수 선택이 가능합니다. 그리고 나서 거리 측정이 이루어질 방향을 설정합니다. 원하는 좌표 방향이 아닌 경우 일반적으로 Normal Distance를 선택합니다.

아래 그림은 곡선과 두 곡면 사이의 거리 측정 결과입니다.

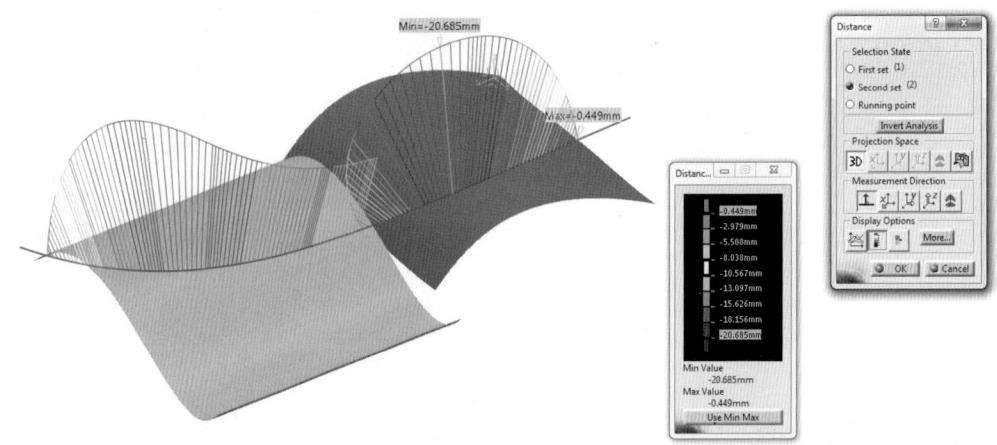

다음으로 출력하고자 하는 방식에 맞추어 Display 옵션을 설정해 줍니다. More 버튼을 누르면 추가적인 상세 설정이 가능합니다.

아래 그림은 두 곡면 사이의 거리 분석입니다. 특히 여기서는 곡면 사이의 거리 측정에 대한 효과를 돋보이기 위해 'Texture' 옵션을 사용하였습니다. View 모드에서 재질을 포함한 View 상태에서만 출력 가능합니다.

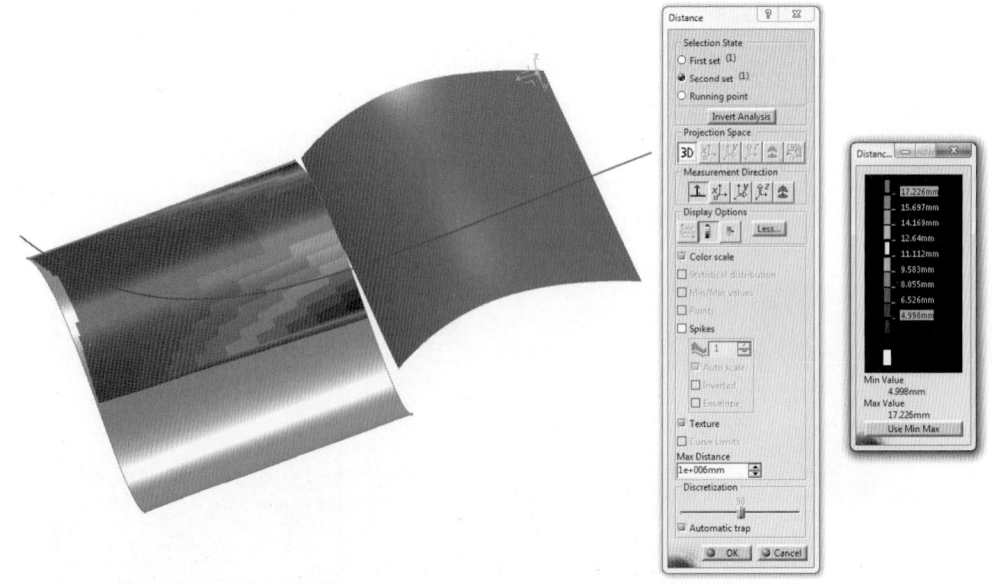

• Porcupine Curvature Analysis

이 명령은 곡선의 곡률 또는 곡면이 가지는 경계(Boundary)에 대한 곡률을 분석하는 명령입니다. GSD 의 Analysis에서 상세히 언급하였으므로 이 부분을 참고 바랍니다.

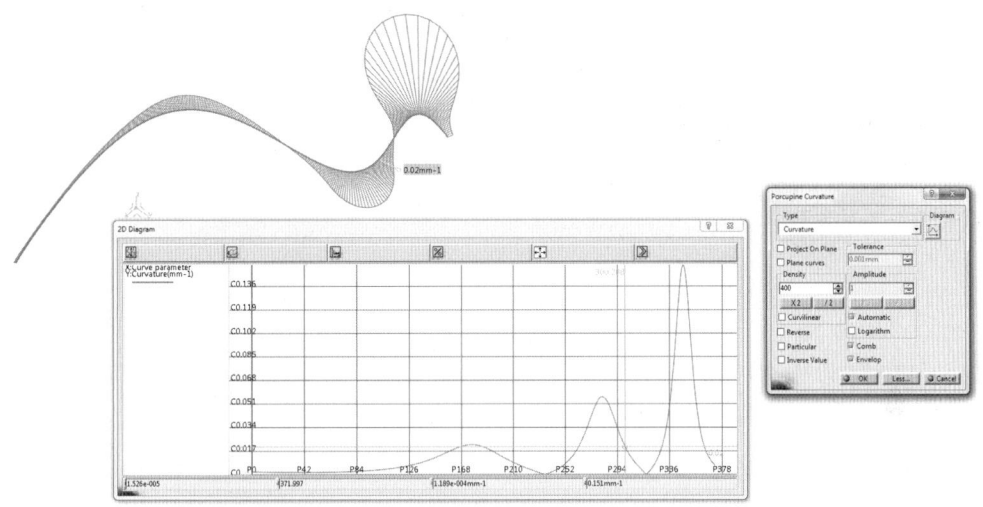

• Cutting Plane Analysis

이 명령은 곡면 위에 나란한(또는 곡선에 수직이 되도록) 평면을 생성하여 곡면이 가지는 경계뿐만 아니라 곡면의 사이사이에 곡률의 특성 등을 굳이 실제로 곡면을 절단하지 않고도 분석할 수 있게 해 줍니다.

명령을 실행하고 곡면(들)을 선택하면 Cutting Plane의 방향을 설정하게 됩니다.(곡면을 선택할 때 낱개로 선택할 수 도 있지만 Geometrical Set을 잡으면 그 안의 전체 성분을 선택할 수 있습니다.) 물론 Compass를 사용하여서입니다.

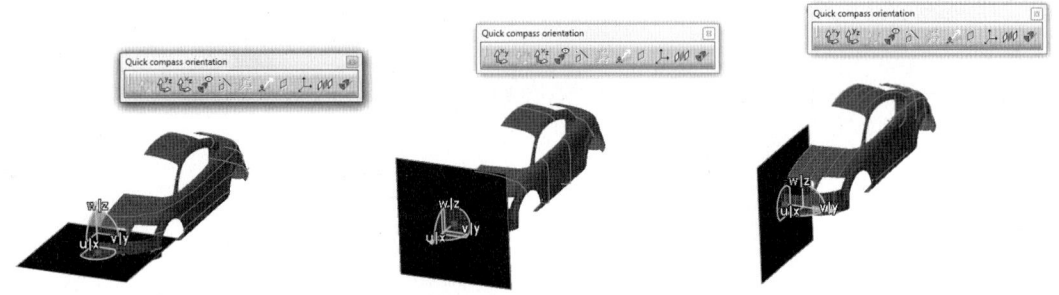

그러고 나서 Cutting Plane의 수를 정의합니다. 또는 거리 간격을 입력할 수 도 있습니다.

여기에 추가적으로 Plane을 표시하거나 곡면과 Cutting Plane의 교차로 만들어진 Intersection Curve의 길이를 표시하거나 또는 Porcupine Curvature Analysis를 수행하게 할 수 있습니다.

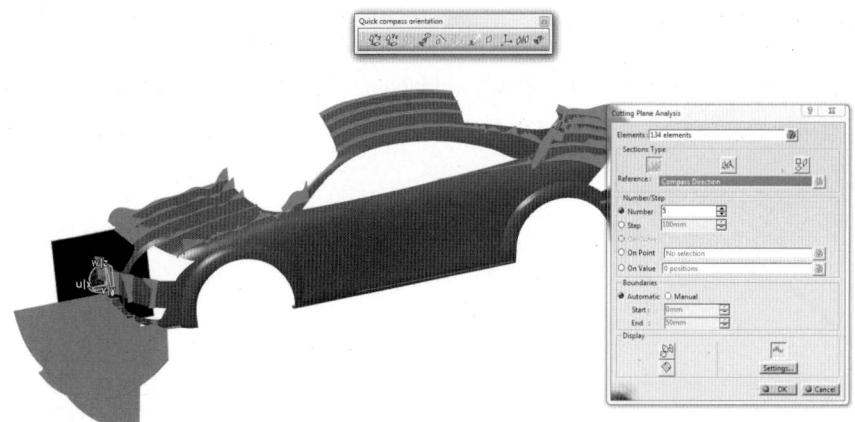

• Reflection Lines

이 명령은 곡면 위에 마치 선들이 나란히 비춰진 것 같은 효과를 줍니다. 이 효과를 통해서 작업자는 자신이 설계한 곡면이 얼마나 매끄럽고 부드럽게 이어지고 있는지를 가늠할 수 있습니다.

명령을 실행하면 다음과 같은 창이 나타납니다. 여기서 Line들의 수와 거리 간격을 정의할 수 있습니다. 아직 곡면을 선택하지 않았기 때문에 곡면에는 아무것도 나타나지 않습니다.

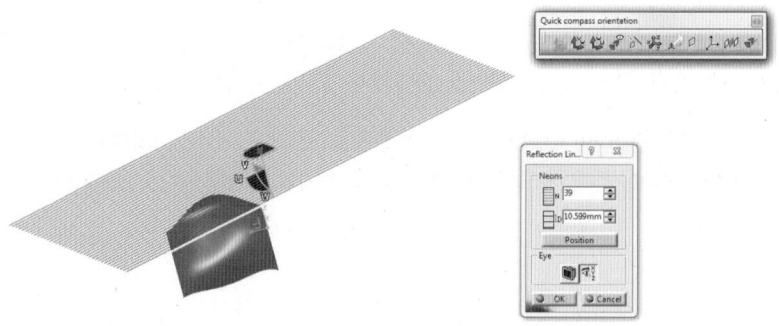

Line들의 방향은 Compass를 통해서 정의되며 곡면을 선택하여서 Compass에 의한 곡면들의 나열 방향을 맞춰 보기 바랍니다.

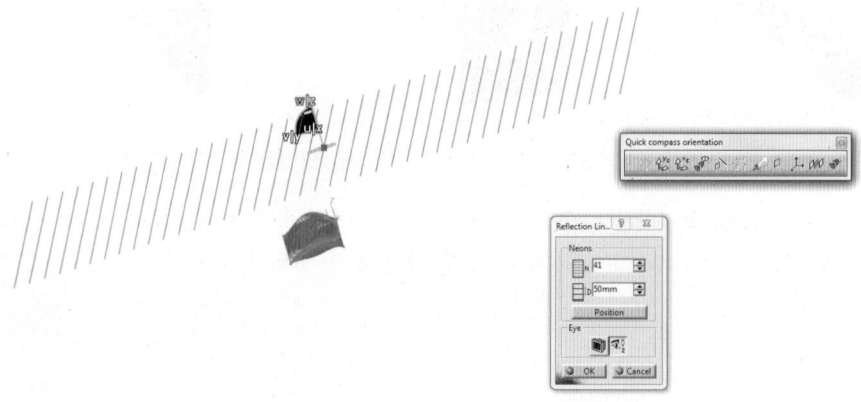

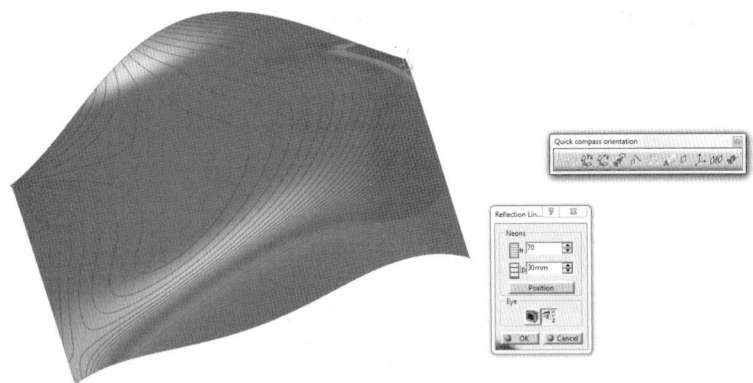

여기서 필요에 따라 시선의 방향을 변경해 줄 수 있습니다.

• Infection Lines

Infection Line이란 곡률 값이 Null인 지점들을 연결한 선입니다. Compass의 방향이나 Parametric에 의해 값을 설정할 수 있습니다.

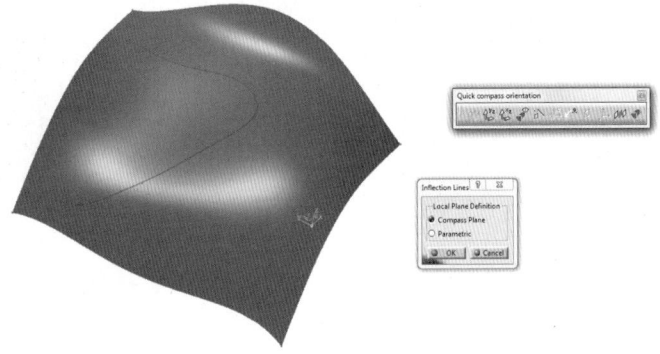

• Highlight Lines Analysis

이 명령은 곡면의 형상과 곡률의 변화를 분석하기 위해서 사용하는 기능으로 선택한 곡면에 각도나 포인트를 기준으로 접하는 또는 수직인 지점들을 이어서 곡선으로 보여줍니다.

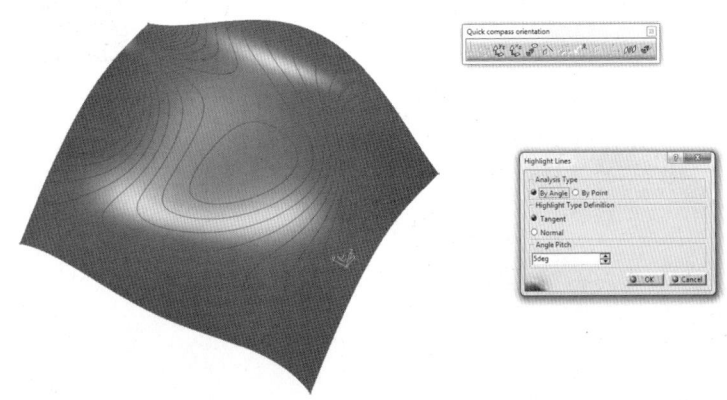

일반적으로 이러한 곡선들의 분포는 자연스럽게 유선을 따르는 게 좋습니다. 균일한 것도 중요합니다.

■ Draft Sub Toolbar

• Surfacic Curvature Analysis

이 명령은 곡면 자체가 가지는 곡률의 분포를 보여주는 명령으로 곡면의 품질을 평가하는 또 다른 방법이라 할 수 있습니다. GSD의 Analysis에서 상세히 언급하였으므로 이 부분을 참고 바랍니다.

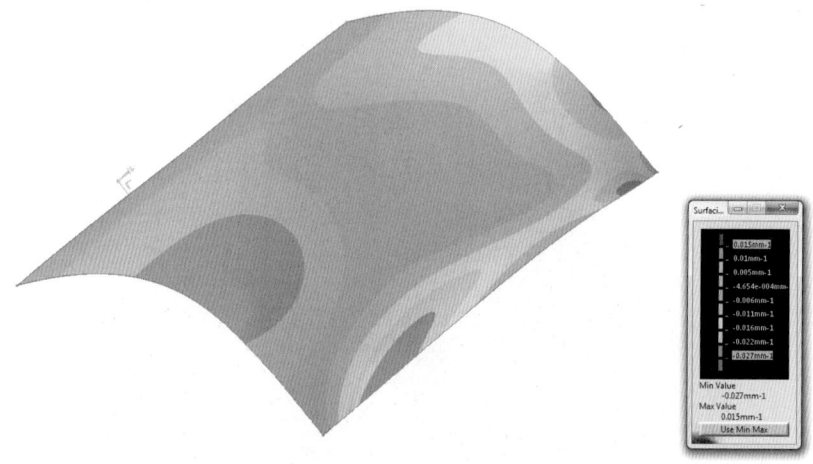

• Draft Analysis

이 명령은 면이 가지는 각도 분포를 측정합니다. GSD의 Analysis에서 상세히 언급하였으므로 이 부분을 참고 바랍니다.

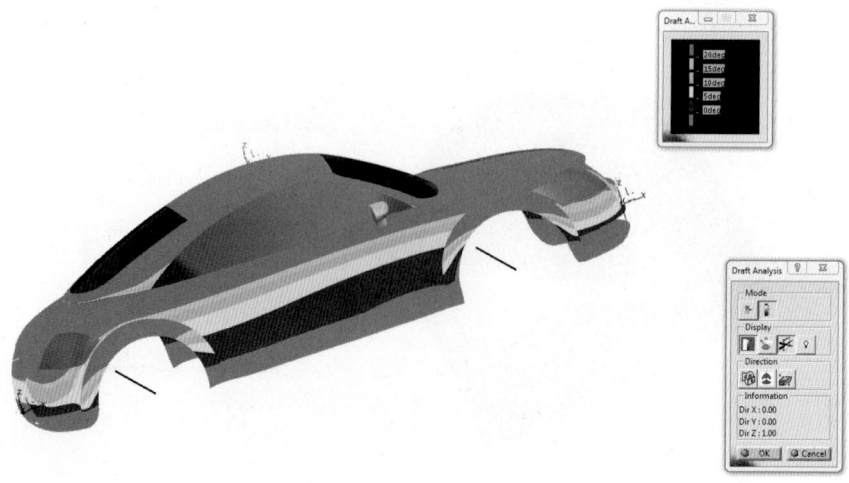

■ Image Mapping Sub Toolbar

• Environment Mapping

이 명령은 주변의 실제 사물이 곡면에 지추어지는 것 같은 효과를 통해서 곡면의 자연스러운 정도나 표면의 질감을 가늠할 수 있게 해 줍니다. 앞서 공부한 곡률 분포 해석이나 Reflection line등과 같이 곡면의 품질을 검사하는 도구가 됩니다.

View Mode를 Shade with Material로 설정한 후, 명령을 실행하여 이미지 소스를 선택해 줍니다. 그러고 나서 곡면을 선택합니다.

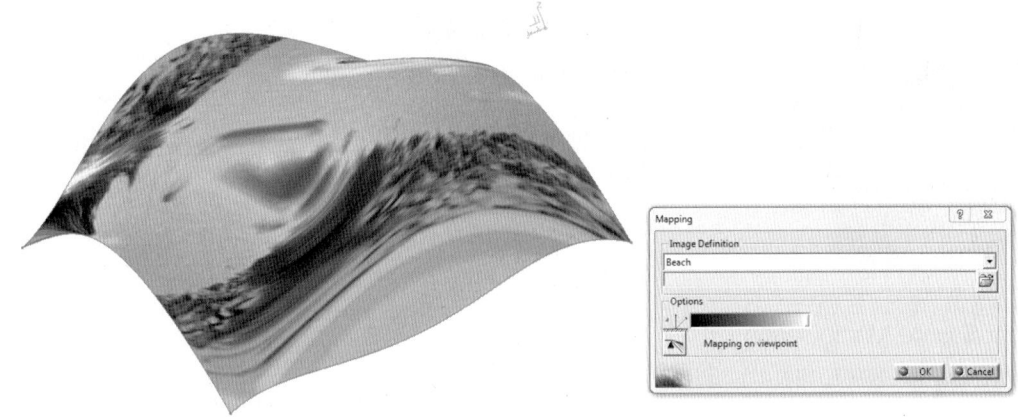

필요한 경우 반사도를 조절해 줄 수 도 있습니다.

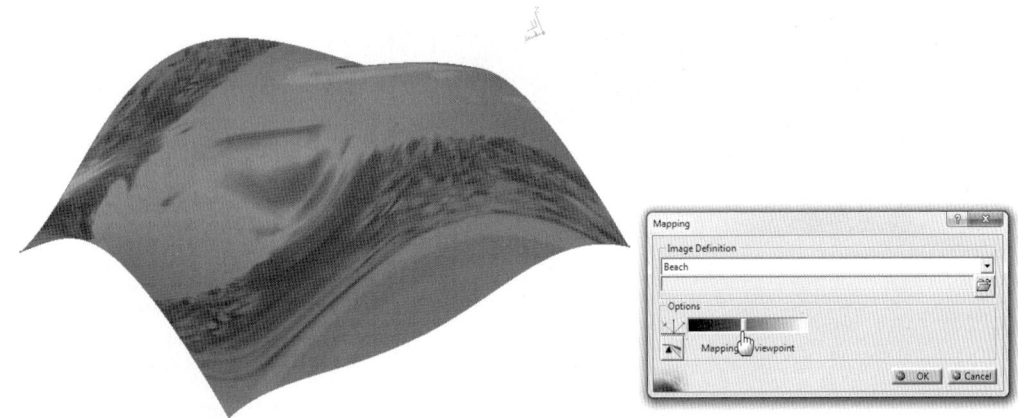

이러한 곡면 분석을 통해서 여러분은 설계한 곡면 형상이 자연스러운지, 설계 의도를 잘 반영하는지를 골똘히 생각해 보셔야 합니다.

• Isophotes Mapping Analysis

Isophote는 등광도선이라고 불리는데요. 설계한 곡면에 이러한 등광도선을 적용하여 구, 원통, 평면 등의 방식으로 일정한 빛의 발생에 의한 곡면의 상태를 분석할 수 있습니다. 설계한 형상이 실제로 양산되어 만들어 진다고 했을 때 외관적인 미를 강조하는 제품의 경우 이러한 분석이 필수적이라 할 수 있습니다.

여기에 Zebra Parameter라고 해서 얼룩무늬와 같은 효과를 통해 표면의 상태를 분석할 수 있습니다.

• Light Source Manipulation

이 명령은 화면의 물체에 비춰지는 조명의 위치를 조절합니다.

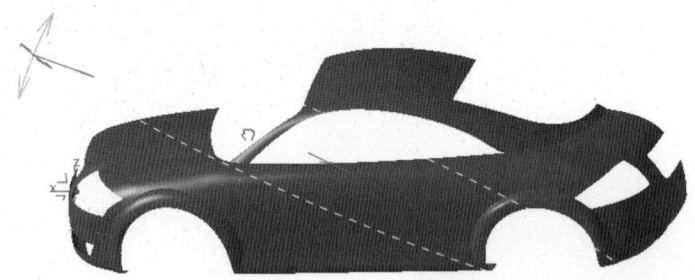

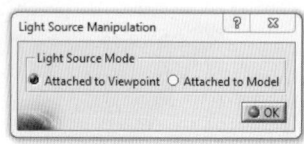

물론 풀다운 메뉴의 View에서 Lighting으로 설정하는 것과 동일합니다. 1장의 Interface 부분을 참고 바랍니다.

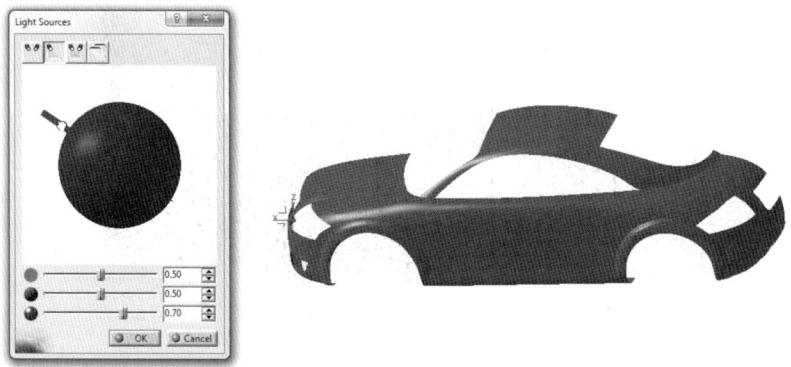

H. Tools Dashboard

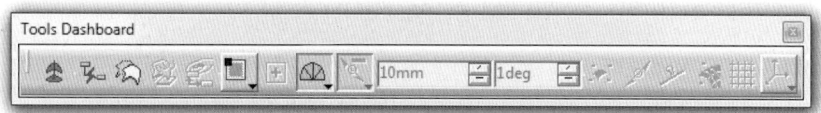

본 Toolbar에서는 FreeStyle에서 작업을 돕기 위한 보조도구들이 있습니다. 간단히 참고해 보도록 하겠습니다.

• Quick Compass Orientation

FreeStyle에서 Quick Compass Orientation 창을 출력하게 하는 명령입니다. 이 명령 보다 단축키인 F5를 사용하기 권장합니다.

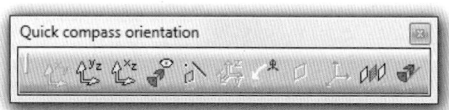

• Create Datum

Datum을 생성하기 위한 옵션으로 이것이 체크되어 있으면 만들어지는 결과물은 무엇이든 History를 갖지 않는 Datum이 됩니다.

아래는 간단히 프로파일 형상을 GSD 에서 Extrude하는 것인데요. Datum을 활성화 한 상태와 그렇지 않은 경우를 보도록 하겠습니다.

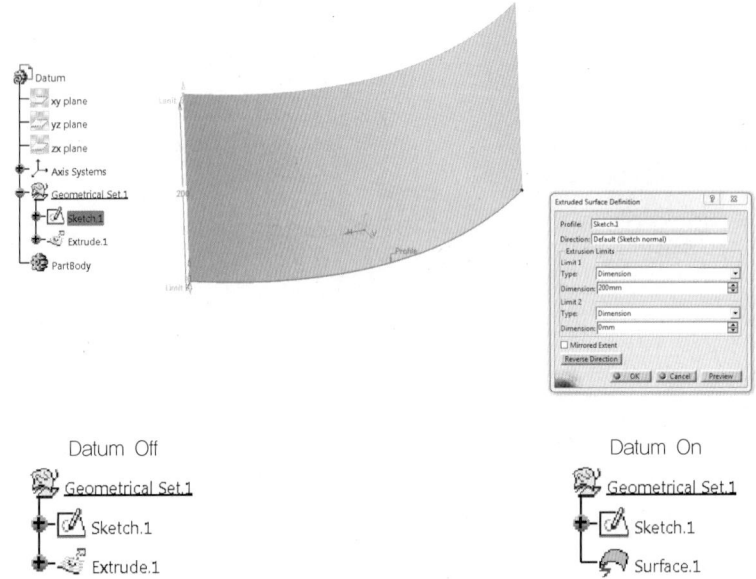

이 명령은 반드시 사용 후 다시 체크 해제를 해야 명령이 비활성 됩니다.

• Keep Original

FreeStyle에서 형상에 대한 수정 작업을 한다고 했을 때 원본 형상이 변경되거나 없어지지 않고 원래 것이 남아있게 할 수 있습니다.

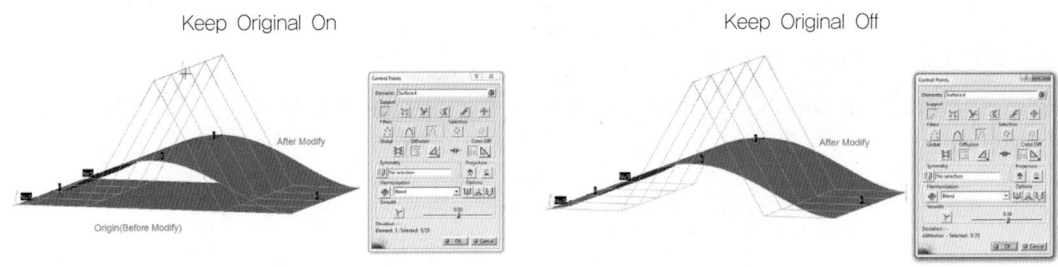

• Insert In a New Geometrical Set

이 옵션은 명령을 통하여 곡면 또는 곡선과 같은 결과물이 새로 생성될 경우 이를 새로운 Geometrical Set을 생성하여 분류시켜주는 기능을 합니다. 모든 기능에 대해서 활성화되지는 않습니다.

• Displaying Continuities On Elements

형상에 연속성 정보를 기호로 출력하게 해줍니다. 만약에 이 옵션이 꺼지게 되면 이웃하는 대상들과의 연속 정보를 확인할 수 없으므로 주의바랍니다.

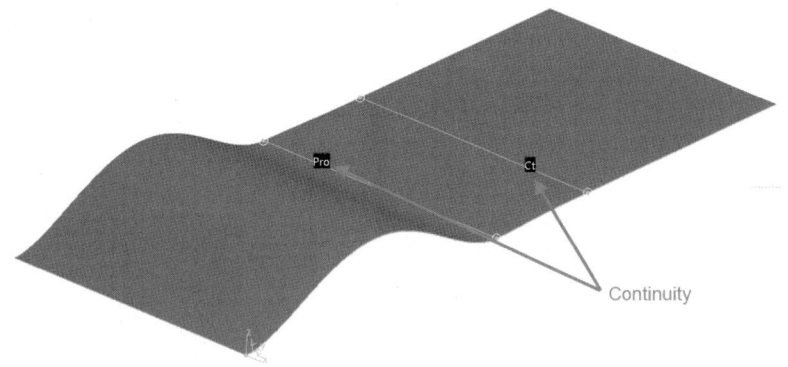

- **Temporary Analysis mode**

이 옵션은 형상을 생성하는 단계에서 Analysis Toolbar에 있는 명령들을 사용하여 생성 또는 수정과 동시에 분석을 같이 할 수 있게 해 줍니다.

다음과 같이 곡면 패치를 선택하여 Control Point 명령을 실행한 상태에서 Temporary Analysis mode를 켜고 Analysis에 있는 Reflect Line 명령을 실행합니다. 그럼 다음과 같이 Reflect Line이 실행되고 여기서 우선 설정을 해준 후에 Reflect Line을 OK하고 Control Point를 통해 수정을 진행합니다. 그럼 보시는 바와 같이 해석 모드와 수정을 동시에 할 수 있습니다.

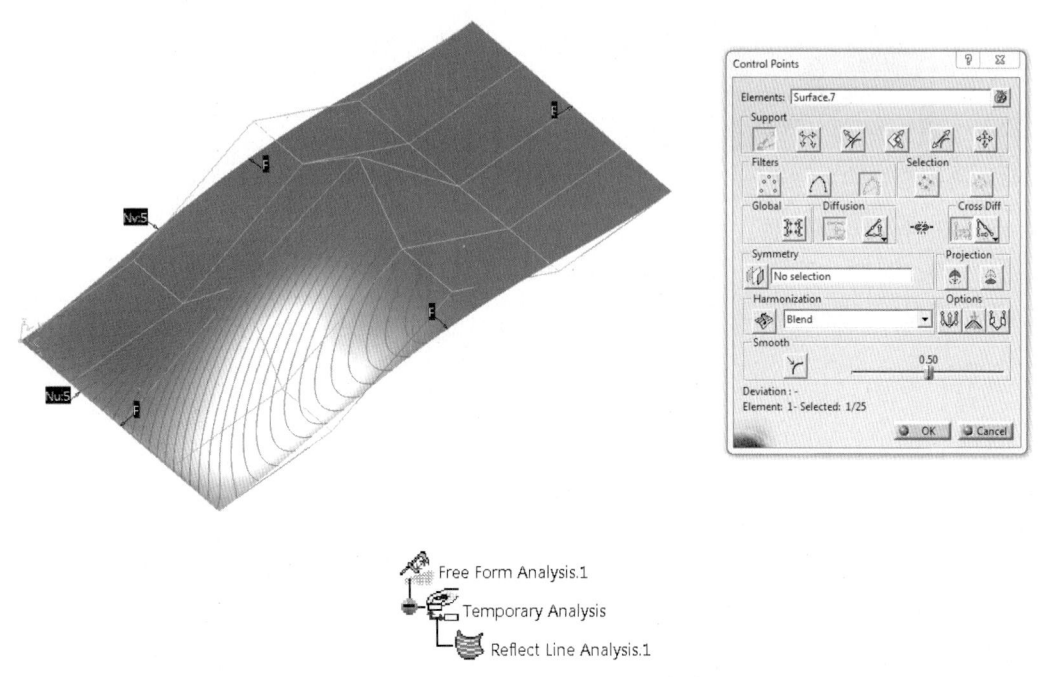

- **Auto detection mode**

여기서는 대상을 선택하거나 수정하는데 있어 필요한 제어점을 선택하는 옵션을 제공합니다.

	Snap On Vertex	포인트 요소를 선택할 때 형상이 가지고 있는 꼭지점만 선택할 수 있습니다.
	Snap On Edge	포인트 요소를 선택할 때 형상이 가지고 있는 모서리 상에서 임의의 위치만을 선택할 수 있게 합니다.
	Snap On Cpt	포인트 요소를 선택할 때 형상이 가지고 있는 Control Point만을 선택할 수 있게 합니다.
	Snap On Segment	포인트 요소를 선택할 때 형상이 가지고 있는 Control Mesh 상의 임의의 점만을 선택할 수 있게 합니다.

● Manipulators Snap

이 옵션은 Control Point를 사용하는 과정에서 Snap 기능을 사용할 수 있게 정의합니다. Control Point를 실행한 상태에서 이 옵션을 활성화 하면 꼭지점, Control Point, 곡선 위의 임의의 점, 곡면위의 임의의 점만을 선택할 수 있습니다. 그리고 다음과 같이 대상 출력 시 표시됩니다.

● Attenuation

이 옵션은 마우스 동작의 움직임과 그에 따른 형상에 변화의 상대적 크기를 조절합니다. 즉, 마우스 조작과 그에 대한 상대적인 형상 변화의 크기를 조절할 수 있습니다.

	No Attenuation
	Slow
	Medium
	High

● Manipulator mode

이 옵션은 우리가 Control Point를 이동시킬 때 대상을 선택하고 마우스로 움직일 때 움직임 양상을 정의합니다.

Dynamic mode의 경우에는 우리가 커서를 움직이는 대로 Control point가 따라 움직입니다. Step mode의 경우에는 임의의 거리 값을 정의하여 해당 거리만큼씩 움직이게 할 수 있습니다. 거리 값의 정의는 Dash Board Toolbar에 기입란 10mm 에 입력해 주면 됩니다. Grid mode도 이와 유사합니다.

• Contact Points
이 옵션은 선택한 형상 요소들 사이에 접촉이 일어나는 지점을 하이라이트해 줍니다. 그리고 우리는 이것을 선택하여 위치를 조절해주는 것이 가능합니다.

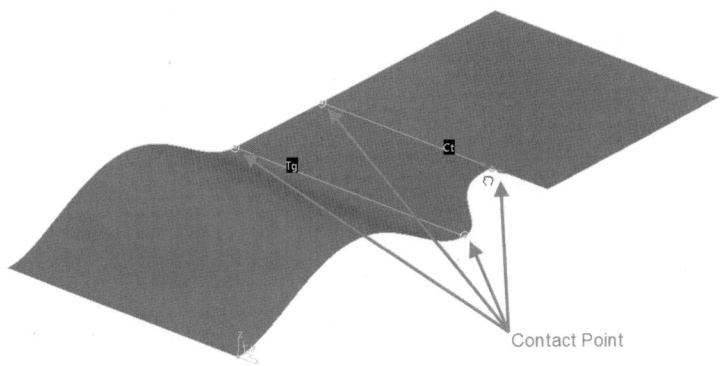

Contact Point

• Displaying Tensions On Elements
곡선 또는 곡면이 연결되는 지점에어 G1이상의 연결 속성을 지닐 때 가중치를 줄 수 있는 Tension 값을 출력하여 세부 조절이 가능하게 해줍니다.

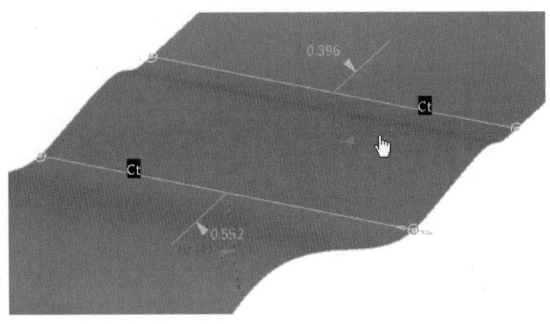

• U, V Orders
이 옵션은 선택한 곡면 또는 곡선 형상의 차수(Degree)를 출력하는 기능을 합니다.

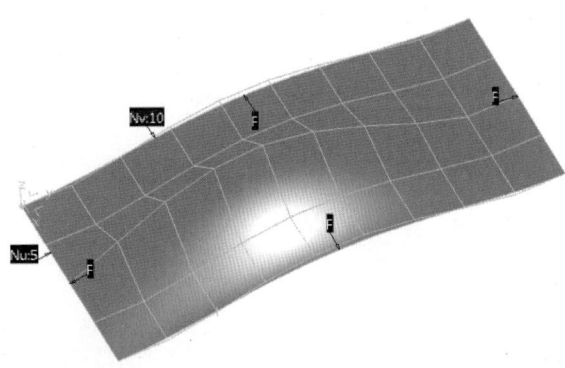

곡면 또는 곡선의 차수가 출력된 상태에서 여기에 Contextual Menu를 눌러 차수를 변경해 주는 것도 가능합니다.

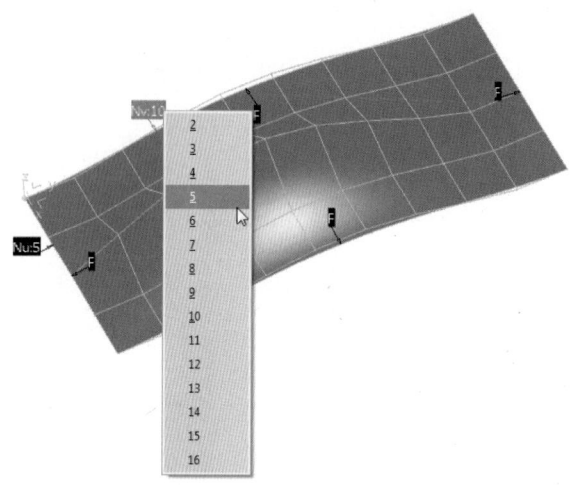

• **Furtive Display**

이 옵션은 FreeStyle의 기능을 사용할 때 Control Point를 임시로 출력해 주는 기능을 합니다. 다음과 같이 곡면 사이를 Blend로 이어주는 경우에 한번 호라성해 보기 바랍니다.

• **Manipulator Position**

여기서는 형상의 Control Point를 Manipulate할 때 선택한 지점에 대한 정보를 출력하는 옵션을 변경할 수 있습니다.

- **3D Manipulator** : 선택한 Control Point의 기존 Control Point의 위치와 수정 후 Control Point의 위치 사이에 거리를 표시해 줍니다.

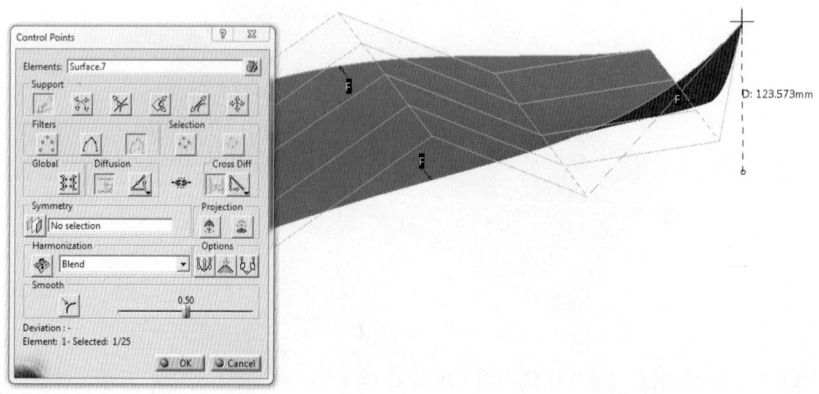

- **Local Coordinates** : 선택한 Control Point의 기존 Control Point의 위치와 수정 후 Control Point의 위치 사이에 3축 방향 변화량을 표시해 줍니다.

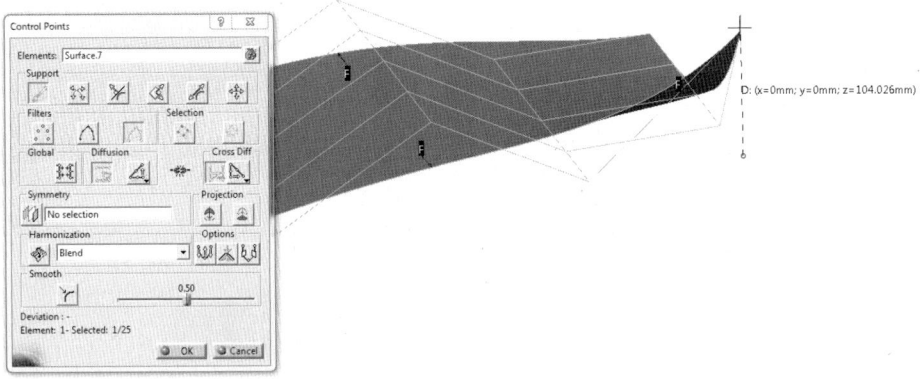

- **Absolute Coordinates** : 선택한 Control Point의 수정 후 위치를 좌표로 표시해 줍니다.

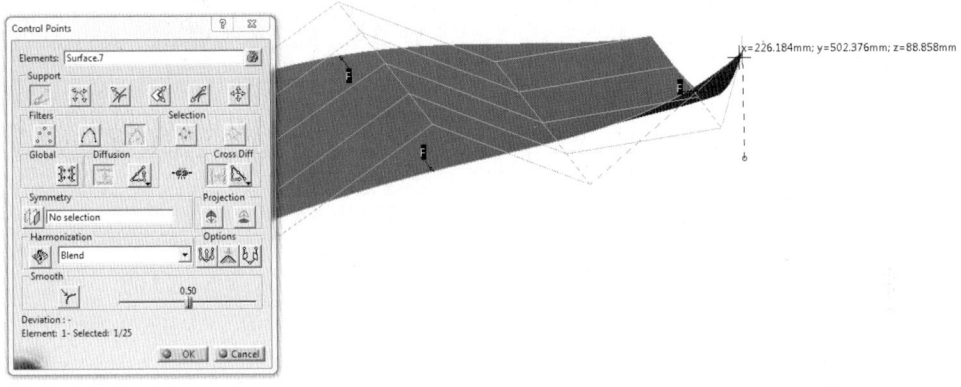

이 장에서 여러분은 FreeStyle Workbench에서 사용하는 작업 순서나 방식 그리고 이에 필요한 기능들을 공부하였습니다. 이에 대한 기본적인 이론을 습득하고 다음으로 수행해야 할 것은 많은 연습의 시간입니다. 따라서 이 교제의 카페(cafe.daum.net/ASCATI)에서 수 백여 장의 연습 도면과 실기 강좌를 통하여 실제 모델링 하는 감을 익히기 바랍니다.

Chapter 12

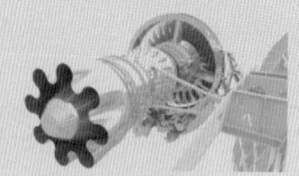

Quick Surface Reconstruction(QSR)

Section 01 | STL 이란?
Section 02 | Toolbar

Section 01 | STL 이란?

A. STL(STereoLithography) 파일 형식이란 무엇인가?

STL이란 STereo Lithography의 약자로 3차원 형상에 대한 외부 정보를 무수한 점들을 삼각형으로 구성하도록 정의하는 파일 형식입니다. 세 개의 꼭지점 좌표 값과 삼각형 법선 벡터 정보로 형상을 표현하기 때문에 매우 단순하고 처리가 간편하다는 장점을 가집니다. 무수히 많은 3각형 면으로 입체 형상을 표현하는 데이터 형식이라 생각하면 됩니다.

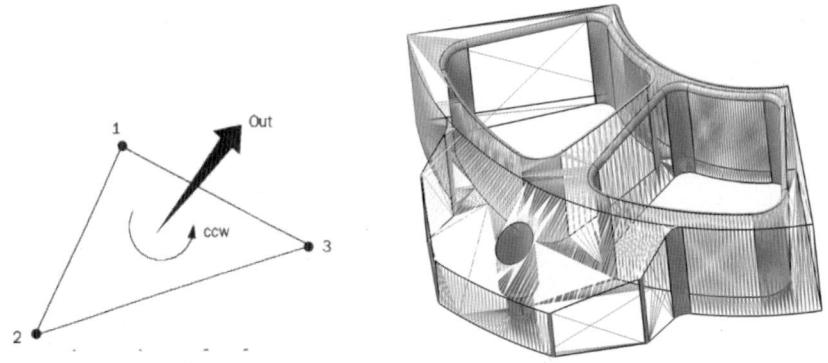

STL은 1986년 3D Systems라는 회사에 의해 상용화 되어 지난 세기동안 많은 발전을 거쳐 왔습니다. RP(Rapid Prototyping)가 유행하던 시절부터 유용하게 사용되던 표준 파일 형식이라 할 수 있습니다. 따라서 3각형의 크기가 작으면 작을수록 형상의 정밀도가 높아진다는 점도 기억해 두기 바랍니다. (STL 포맷은 형상의 색상 정보는 저장되지 않기 때문에 색상 출력이 가능한 SLS 방식의 3D 프린터에서는 색상 및 질감 정보가 보존이 가능한 PLY, VRML 포맷의 데이터가 필요합니다.)

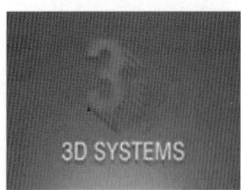

B. STL 파일 형식의 특징

다음은 단순한 가로 세로 높이가 각각 100mm인 사각형 형상에 대한 STL 파일의 구조입니다. 형상을 생성하고 STL 파일 형식으로 저장한 후 Text Editor로 열면 확인이 가능합니다.

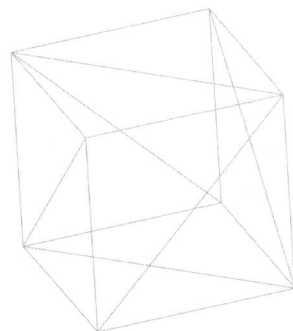

```
solid CATIA STL
  facet normal  0.000000e+000  0.000000e+000  1.000000e+000
    outer loop
      vertex -5.000000e+001 -5.000000e+001  5.000000e+001
      vertex  5.000000e+001 -5.000000e+001  5.000000e+001
      vertex -5.000000e+001  5.000000e+001  5.000000e+001
    endloop
  endfacet
  facet normal -0.000000e+000  0.000000e+000  1.000000e+000
    outer loop
      vertex -5.000000e+001  5.000000e+001  5.000000e+001
      vertex  5.000000e+001 -5.000000e+001  5.000000e+001
      vertex  5.000000e+001  5.000000e+001  5.000000e+001
    endloop
  endfacet
  facet normal  0.000000e+000  0.000000e+000 -1.000000e+000
    outer loop
      vertex -5.000000e+001 -5.000000e+001 -5.000000e+001
      vertex -5.000000e+001  5.000000e+001 -5.000000e+001
      vertex  5.000000e+001 -5.000000e+001 -5.000000e+001
    endloop
  endfacet
  facet normal  0.000000e+000  0.000000e+000 -1.000000e+000
    outer loop
      vertex  5.000000e+001 -5.000000e+001 -5.000000e+001
      vertex -5.000000e+001  5.000000e+001 -5.000000e+001
      vertex  5.000000e+001  5.000000e+001 -5.000000e+001
    endloop
  endfacet
  facet normal  1.000000e+000  0.000000e+000  0.000000e+000
    outer loop
      vertex  5.000000e+001  5.000000e+001 -5.000000e+001
      vertex  5.000000e+001  5.000000e+001  5.000000e+001
      vertex  5.000000e+001 -5.000000e+001 -5.000000e+001
    endloop
  endfacet
  facet normal  1.000000e+000  0.000000e+000  0.000000e+000
    outer loop
      vertex  5.000000e+001 -5.000000e+001 -5.000000e+001
      vertex  5.000000e+001  5.000000e+001  5.000000e+001
      vertex  5.000000e+001 -5.000000e+001  5.000000e+001
    endloop
  endfacet
  facet normal  0.000000e+000 -1.000000e+000 -0.000000e+000
    outer loop
      vertex  5.000000e+001 -5.000000e+001 -5.000000e+001
      vertex  5.000000e+001 -5.000000e+001  5.000000e+001
      vertex -5.000000e+001 -5.000000e+001 -5.000000e+001
    endloop
  endfacet
  facet normal  0.000000e+000 -1.000000e+000  0.000000e+000
    outer loop
      vertex -5.000000e+001 -5.000000e+001 -5.000000e+001
      vertex  5.000000e+001 -5.000000e+001  5.000000e+001
      vertex -5.000000e+001 -5.000000e+001  5.000000e+001
    endloop
  endfacet
  facet normal -1.000000e+000  0.000000e+000  0.000000e+000
    outer loop
      vertex -5.000000e+001 -5.000000e+001 -5.000000e+001
      vertex -5.000000e+001 -5.000000e+001  5.000000e+001
      vertex -5.000000e+001  5.000000e+001 -5.000000e+001
    endloop
  endfacet
  facet normal -1.000000e+000  0.000000e+000  0.000000e+000
    outer loop
      vertex -5.000000e+001  5.000000e+001 -5.000000e+001
      vertex -5.000000e+001 -5.000000e+001  5.000000e+001
      vertex -5.000000e+001  5.000000e+001  5.000000e+001
    endloop
  endfacet
  facet normal  0.000000e+000  1.000000e+000  0.000000e+000
    outer loop
      vertex -5.000000e+001  5.000000e+001 -5.000000e+001
      vertex -5.000000e+001  5.000000e+001  5.000000e+001
      vertex  5.000000e+001  5.000000e+001 -5.000000e+001
    endloop
  endfacet
  facet normal  0.000000e+000  1.000000e+000 -0.000000e+000
    outer loop
      vertex  5.000000e+001  5.000000e+001 -5.000000e+001
      vertex -5.000000e+001  5.000000e+001  5.000000e+001
      vertex  5.000000e+001  5.000000e+001  5.000000e+001
    endloop
  endfacet
endsolid CATIA STL
```

이렇듯 STL 파일은 형상을 정의하는 정보를 3차원 좌표를 기반으로 하여 이들을 잇는 삼각형으로 나타나게 됩니다. 여기에 추가적으로 형상의 내부와 외부를 구분할 수 있도록 법선 벡터의 정보도 기록됩니다.

이러한 STL 파일은 삼각형 형상 사이의 연결 관계를 고려하지 않아 근사화하는 과정에서 삼각형이 없는 영역이 발생할 수 있다는 점과 개별 삼각형의 법선 방향이 솔리드 모델의 법선 방향과 반대 방향이거나 차이가 생길 수 있다는 점, 두 개 이상의 STL 파일을 병합하여 하나의 파일을 만들 때 각각의 STL 생성 공차가 다를 경우 접합 부분에서 경계 곡선이나 곡면이 일치하지 않는 경우가 발생할 수 있음을 주의하여야 한합니다.

STL 파일은 형상에 대한 외부 정보를 가지며 색상은 단색으로만 나타낼 수 있습니다. 3D 프린터에서 여러 가지 색상을 가진 형상을 정의하고자 하는 경우 VRML, PLY와 같은 파일 형식을 사용합니다.

C. STL 파일의 수정

STL 파일이 가지는 장점은 삼각형 요소들로 구성된 형상 정의 방식으로 구현 방법이 간단하는 것에 있습니다. 그러나 파일 형식 자체가 포인트 데이터를 기반으로 하고 작업 과정이나 History를 가지고 있는 것이 아니기 때문에 특정 부분을 수정한다거나 치수를 바꾸는 등의 작업은 생각할 수 없습니다. STEP이나 IGES 파일은 형상의 선, 면 요소를 활용한 역설계 방식의 접근이 가능하지만 STL 파일의 경우 Import를 해오면 아래와 같이 하나의 항목으로 묶이게 됩니다.

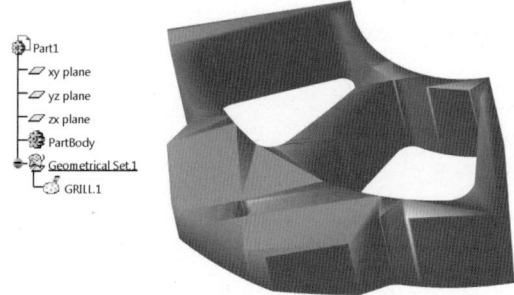

게다가 면이나 모서리에 대한 접근까지 불가능합니다. 부분 요소 선택이 불가능 한 것을 확인할 수 있습니다.

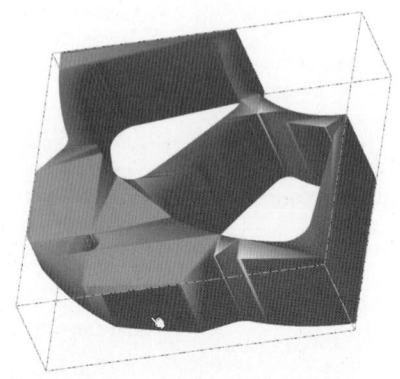

Text Editor로 파일을 열어 포인트를 수정한다고 생각할지 모르지만 최소 수천 개에서 수만에 이상을 가지는 형상의

경우 이것은 불가능하다고 할 수 있습니다.

대신 이런 경우를 위하여 CATIA와 같은 프로그램에서는 STL을 수정하여 형상을 역설계할 수 있는 도구들을 제공합니다. 이러한 도구들이 있어야지만 손실된 부분을 재생성하거나 원하는 모양으로 수정하는 등의 작업이 가능하게 됩니다. STL 수정 기능을 모르는 사람들은 단순히 모델링 파일을 만들어 STL로 변환하여 출력만 할 수 있습니다. 3D 스캐너에 의해 얻은 형상 정보를 다듬거나 History 없는 형상을 수정할 수 도 없는 것입니다. IGES나 STEP과 같은 파일을 수정하는 수준 이상의 기술이 필요하다는 점을 다시 한 번 말씀 드립니다.

D. STL 파일의 활용 분야

STL 파일은 3D 프린터의 표준 포맷으로 그전에는 CAM이나 RP를 위한 파일로 활용되었습니다. 이제는 3D 프린터와 3D 스캐너의 호환 파일 형식으로 많이들 인식하게 될 것입니다. 또 다른 예로 CT 촬영에 의한 형상 데이터로 STL 파일 형식으로 가져올 수 있습니다.

Section 02 | Toolbar

A. Cloud Edition

- Activate

이 명령은 불러오거나 만들어진 스캔 데이터에 대해서 전부 또는 일부를 사용하기 위하여 그 범위를 정해 활성화해 주는 기능을 합니다. 이러한 명령이 필요한 이유는 전체 스캔 데이터가 반드시 원하는 부분만으로 나누어지지 않을 경우가 있기 때문입니다.

명령을 실행하면 다음과 같은 창이 나타납니다.

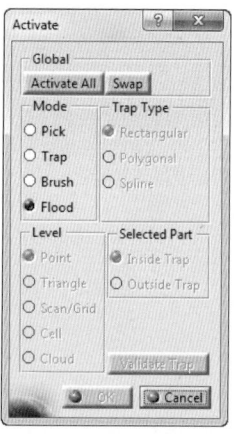

스캔한 포인트 데이터를 먼저 선택한 후 여기서 Mode를 통해 스캔 파일을 선택하는 방식을 정의할 수 있습니다.

- Pick: 원하는 스캔 포인트를 직접 선택합니다.

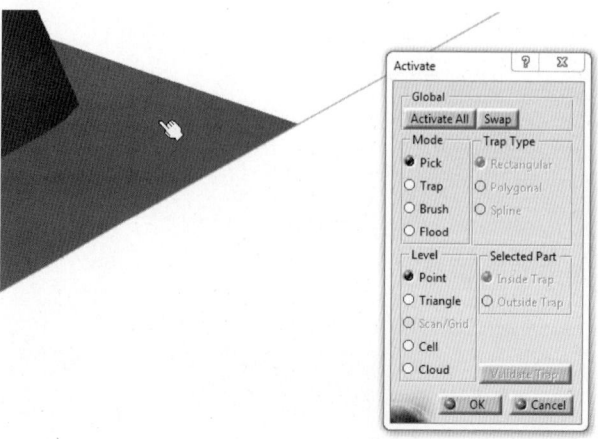

- Trap: Trap 상자를 조절하여 해당 범위 안에 스캔 포인트를 선택합니다.

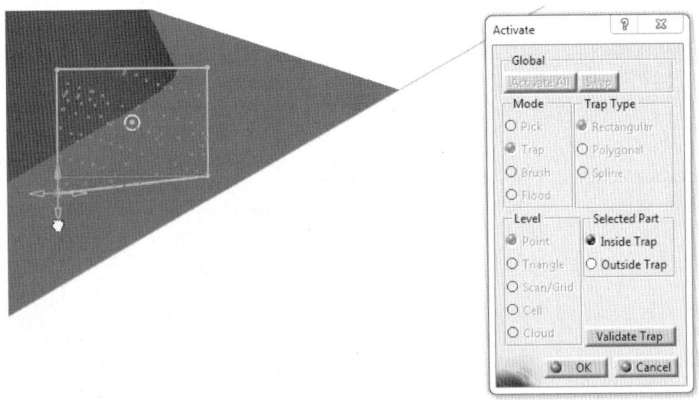

- Brush: 화면에서 마우스도 드래그 한 구간의 스캔 포인트들을 선택합니다.

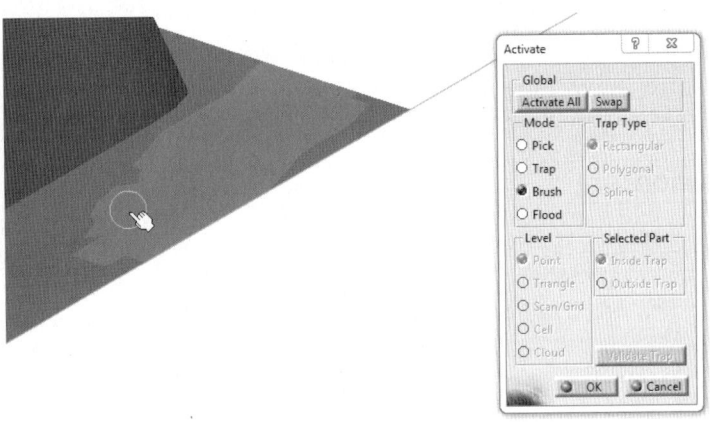

- Flood: 이어져있는 대상을 한 번에 선택해 줍니다.

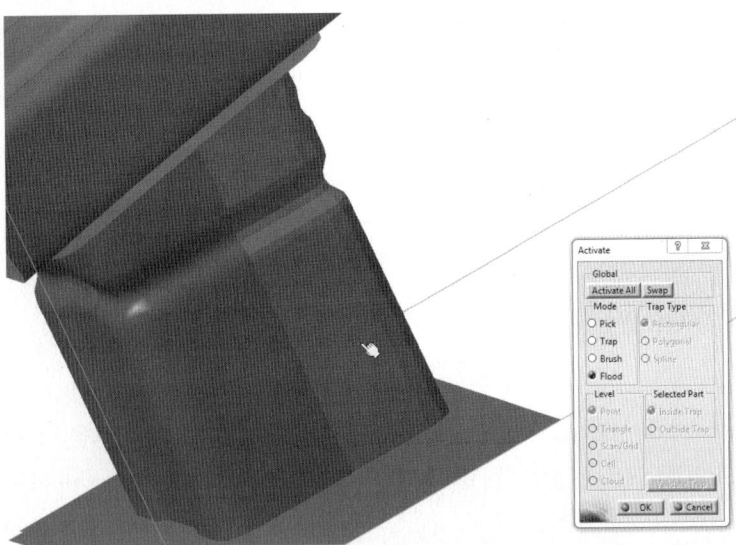

이렇게 선택하여 활성화하게 되면 나머지 스캔 데이터는 화면에서 사라집니다.

이렇게 활성화 하고 숨겨진 부분을 다시 전체 활성화해 살릴 수 있습니다.

B. Scan Creation

• Project Curves

이 명령은 격자 형상에 커브 요소를 지정한 방향으로 투영시키는 기능을 합니다. 투영된 커브는 GSD의 선 요소가 아닌 스캔된 선 요소와 같은 역할을 합니다.

명령을 실행하면 다음과 같은 창이 나타납니다.

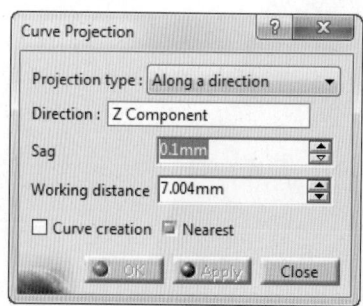

여기서 작업자는 커브 요소를 선택하고 격자 형상을 선택한 후 투영 방향과 Sag 값 등을 정의해 줄 수 있습니다. 기본적인 원리는 GSD의 Projection 과 동일합니다.

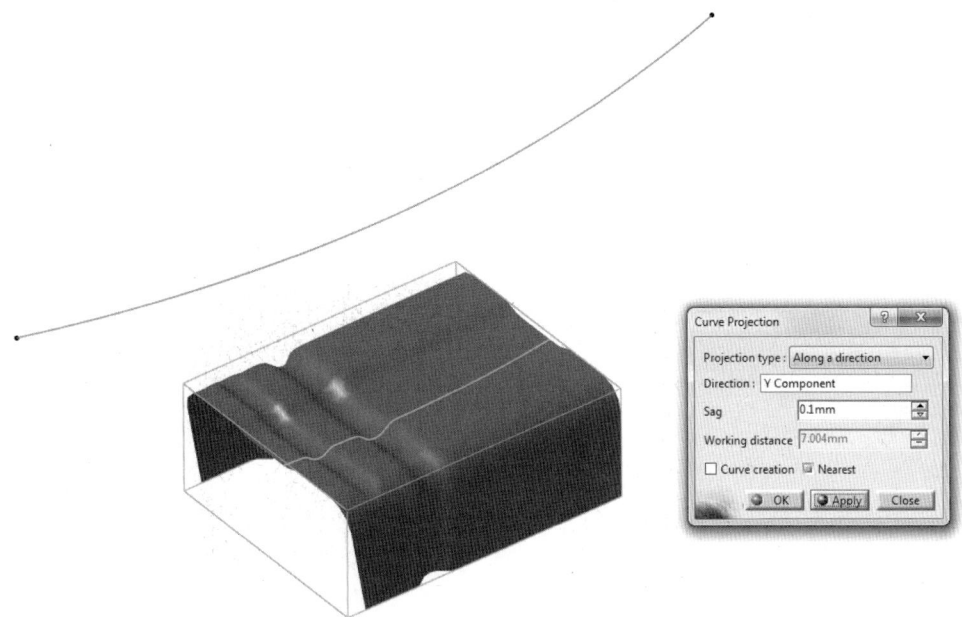

이 명령을 사용하면 투영된 위치의 포인트 데이터를 Export하거나 Split의 Cutting Element 요소로 사용할 수 있습니다.

■ Planar Sections Sub-Toolbar

• Planar Sections
이 명령은 평면 영역을 사용하여 스캔 형상으로부터 면에 교차하는 결과 형상(커브 요소)을 만들어 줍니다.

명령을 실행하면 다음과 같은 창이 나타납니다.

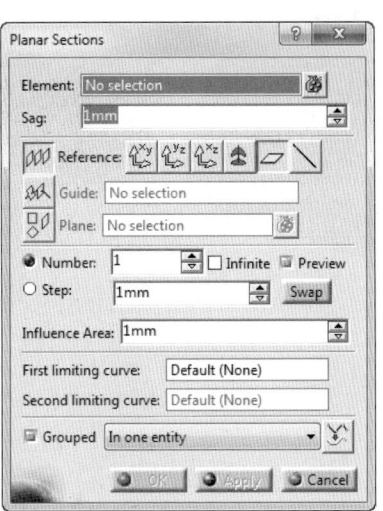

여기서 작업자는 선 요소들이 만들어질 기준이 되는 격자 요소를 선택해 주고 적절한 세그먼트 크기를 입력합니다. 그리고 평면 요소들이 만들어질 방식을 정의합니다. 축 방향에 나란하게 정의하거나(Parallel planes) 가이드 커브에 직교하도록(Planes perpendicular to a guide) 또는 개별적으로(Independent planes) 정의가 가능합니다.

명령이 실행중인 상태에서 평면은 언제든 원하는 위치로 이동과 배열이 가능합니다.

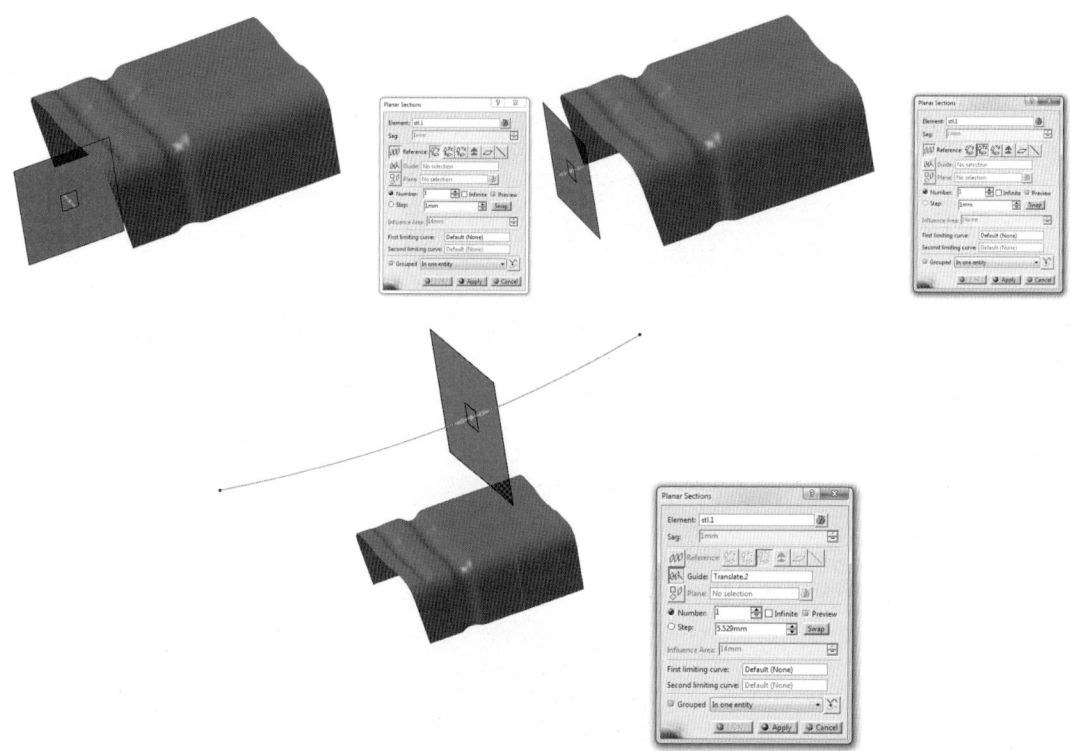

마우스로 평면을 이동하여 원하는 위치에 배치가 가능하며, 해당 위치에 선 요소가 생성되게 됩니다.

Number 값을 조절하면 동시에 등간격으로 만들어질 선 요소를 정의할 수 있습니다. 간격도 정의가 가능합니다.

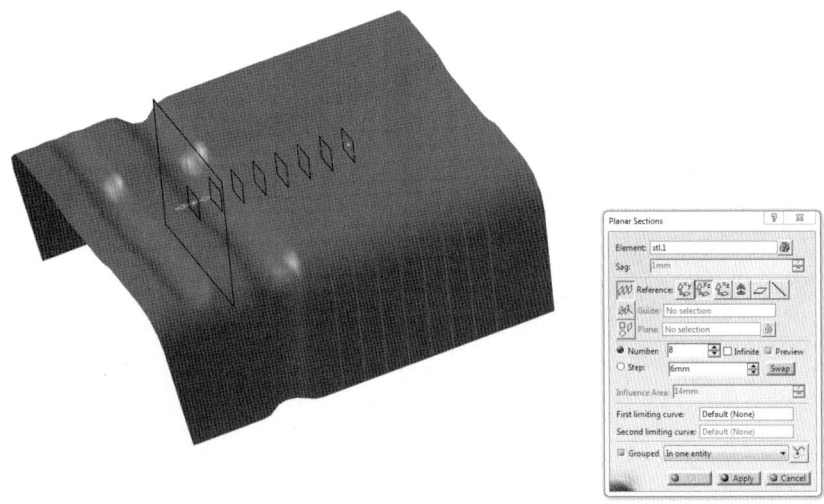

Influence Area 값은 스캔한 포인트 데이터의 경우 선 요소 생성을 위해 형상 데이터에 영향을 줄 영역 값을 지정해 주는 기능을 합니다.

Apply를 누를 때 마다 지정한 위치에서 선 요소가 만들어져 복수의 결과를 만들 수 있습니다.

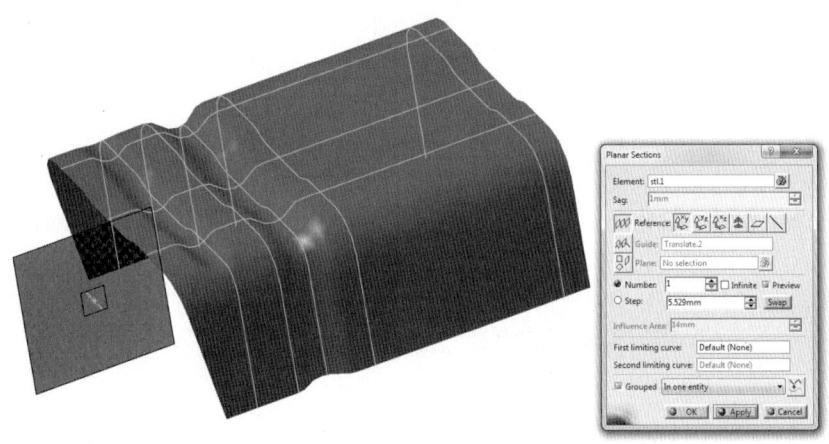

● XYZ Automatic Planar Sections

이 명령은 X, Y, Z 축 방향으로 등간격으로 형상에 선 요소를 생성하는 기능입니다. 별도의 방향 지정이 필요 없으며 간격 값을 Step에 정의할 수 있습니다.

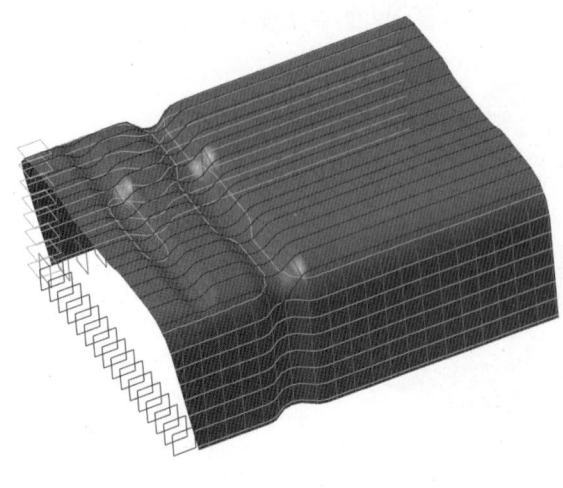
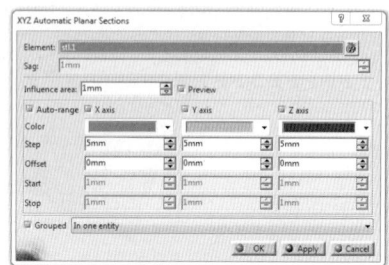

- **Create Free Edges**

이 명령은 격자 형상 또는 스캔 형상의 열려있는 모서리를 추출하여 선 요소를 만드는 명령입니다.

명령을 실행하면 다음과 같은 창이 나타납니다.

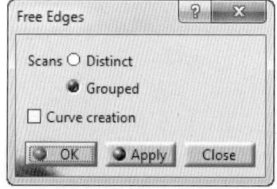

여기서 Curve Creation을 체크하면 Geometry 커브를 함께 생성할 수 도 있습니다. 옵션을 체크하면 아래와 같은 창이 나타나며 여기서 적절한 값을 입력해 주어야지만 원하는 커브 형상을 얻을 수 있습니다. 반드시는 아니지만 공차는 최소로 최대 차수는 크게, 최대 세그먼트는 최소일 경우가 복잡한 형상을 제일 잘 간결히 나타냅니다. 커브 생성 모드는 Smoothing과 Interpolation 두 가지가 있습니다.

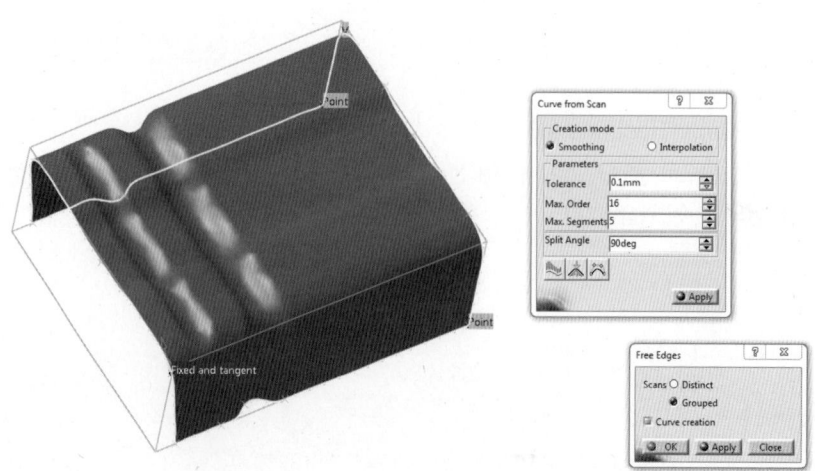

만들어진 커브의 품질을 확인하기 위해 분석 옵션을 출력하여 볼 수 있다는 점도 기억하기 바랍니다.

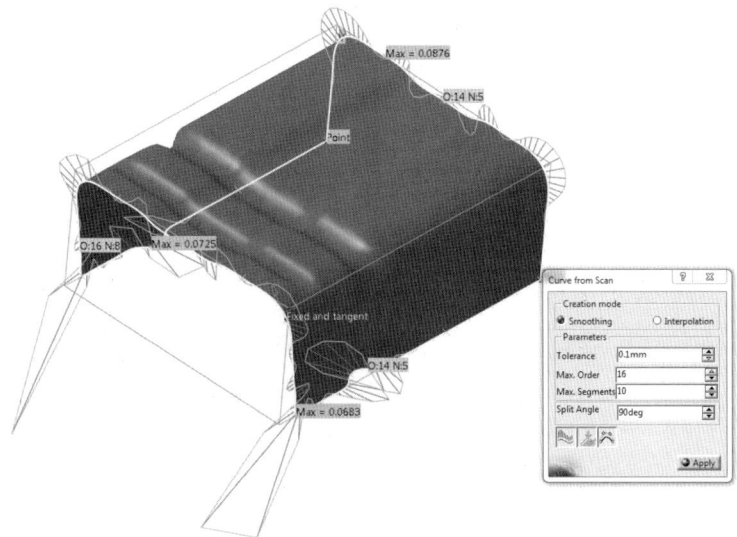

C. Curve Creation

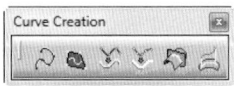

- **3D Curve**

이 명령은 3차원 공간상에서 선택한 위치 또는 포인트들을 잇는 곡선을 만들어 주는 명령입니다. 앞서 GSD를 공부한 분들이라면 이와 비슷하게 3차원 상에 점들을 이어 곡선을 생성하는 것을 쉽게 이해할 것입니다. 그런데 3D Curve는 여기에 더 나아가서 빈 공간상의 임의의 위치를 지나가는 곡선을 생성할 수 있습니다. 즉, 포인트가 없더라도 해당 위치를 클릭하여 곡선의 정의 점으로 입력할 수 있다는 것입니다.

- **Creation**

명령을 실행하면 다음과 같은 창이 나타납니다.

- Creation Type: 3D Curve를 만드는데 있어 선택하는 위치 또는 포인트 정보를 곡선 정의에 어떠한 방식으로 정의할지를 결정합니다. 다음의 3가지 방식이 있습니다.

- Through points: 선택한 점들을 지나는 Multi-Arc Curve가 만들어 집니다.

- Control points: 선택한 점들을 제어점으로 하는 Curve가 만들어 집니다.

- Near points: 선택한 점들에 가장 가까이 부드럽게 지나는 Curve가 만들어 집니다. 따로 곡선의 방정식의 차수(Order)를 정의할 수 있습니다.

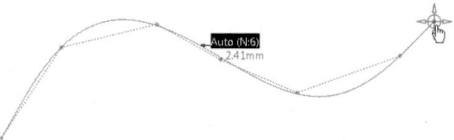

3D Curve를 사용할 때 주의할 것은 방향 성분을 잘 맞추어야 하는 것인데요. F5나 F6를 눌러 Quick Compass Orientation을 통해 방향을 잡거나 또는 우측 상단의 Compass를 통해서 방향을 현재 그리고자하는 방향에 맞추어 주어야 합니다.

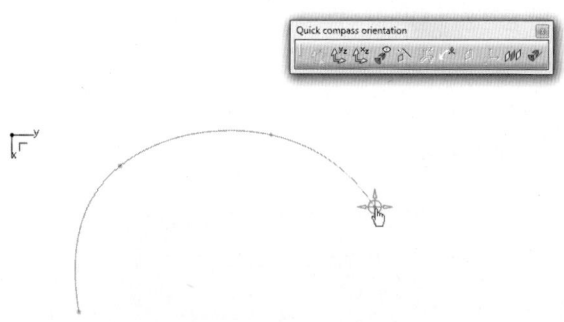

그렇지 않으면 엉뚱한 방향으로 3D Curve가 생성됩니다.

만약에 Geometrical Set을 통해서 입력하고자 하는 포인트들의 위치가 모두 정의되어 있다면 다음과 같이 간단한 방법으로 포인트들을 정의할 수 있습니다. 명령을 실행하고 Geometrical Set을 선택한 후에 오른쪽 마우스를 선택하면 다음과 같은 메뉴를 확인할 수 있을 것입니다. 단, 여기서 입력되는 순서는 Point들의 번호 순입니다.

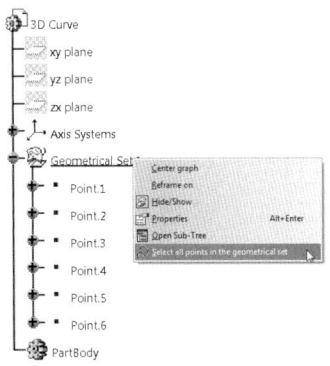

또한 스캔한 형상으로부터 만든 선 요소를 선택하여 이 선 요소를 잇는 커브의 생성 역시 가능하다는 점도 기억하기 바랍니다.

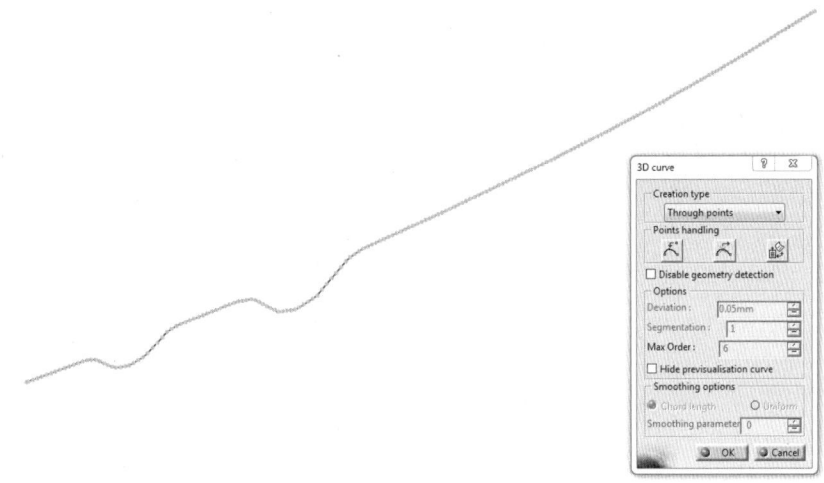

- **Modification**

3D Curve가 만들어진 후 더블클릭을 해주면 수정 모드가 됩니다. 여기서 각 점의 위치를 변경하거나 Type을 변경해주거나 차수(Degree)를 변경해 주는 것이 가능합니다.(물론 3D Curve를 만드는 동안에도 이러한 변경은 가능합니다.)

또한 여기서 각 지점의 위치를 수정하는 방법으로 3D Curve Definition 창이 활성화 된 상태에서 각 포인트를 마우스로 이동 시킬 수 있습니다. Quick Compass Orientation을 이용하여 방향을 Compass 방향을 정의하면 더 다양한 수정이 가능합니다. 화살표를 선택하면 해당 방향으로만 이동을, 가운데 원 기호를 선택하면 평면 방향으로 이동이 가능합니다.

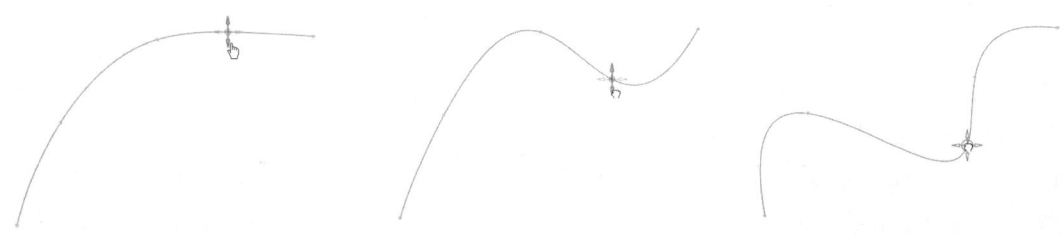

또는 포인트 위치에서 마우스 오른쪽(Stacking Command)을 눌러 다음과 같이 수정도 가능합니다.

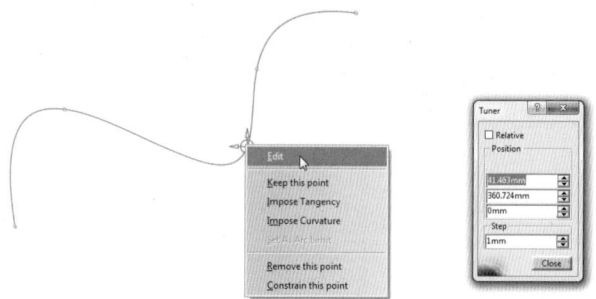

그 외에도 Contextual Menu를 통해서 Tangency(접하는 방향으로 표시)나 Curvature(수직인 방향으로 표시)도 정의가 가능합니다.

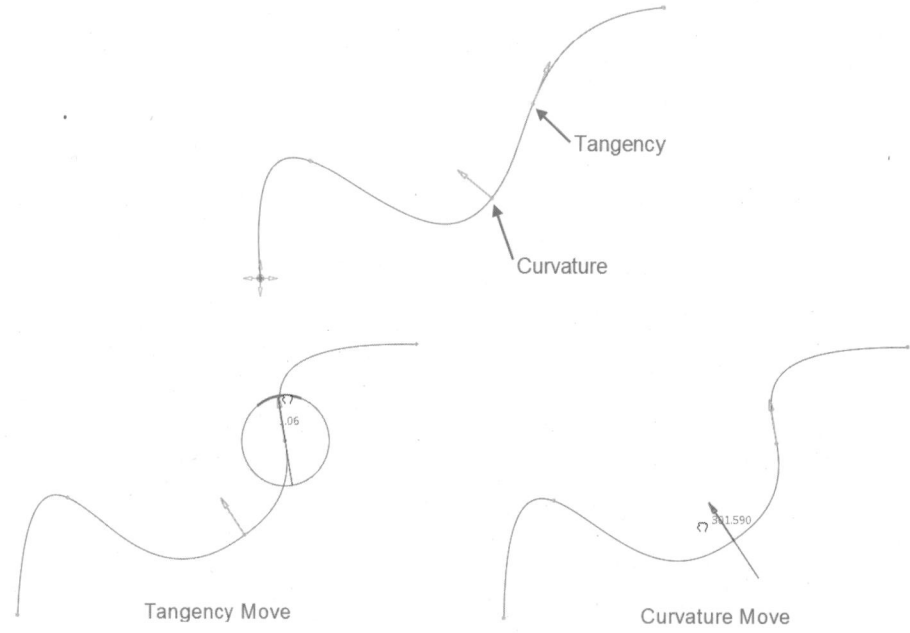

• Point handling

3D Curve를 수정할 경우 Spline처럼 추가로 마지막 지점에 다른 포인트를 추가하고자 할 경우에는 그냥 이어서 클릭만해주면 됩니다.

- Insert a point : 현재 만들어진 Curve의 포인트 사이에 새로운 포인트를 입력해 주기 위해 사용합니다. 3D Curve Definition 창이 활성화 된 상태에서 Insert a point를 클릭하고 원하는 두 포인트 사이의 Curve를 선택합니다. 그리고 추가할 위치를 클릭해 줍니다.

- remove a point : 현재 만들어진 Curve의 불필요해진 포인트 요소를 제거해 주고자 할 때 사용합니다.

- Free or constrain a point : 현재 만들어진 Curve의 포인트를 다른 실제 Point나 형상의 꼭지점에 구속을 주는 또는 반대로 구속되어진 포인트 요소의 구속을 풀어주고자 할 경우에 사용합니다. 3D Curve Definition 창

이 활성화 된 상태에서 Free or constrain a point를 누르고 원하는 포인트를 선택한 후 형상 요소의 꼭지점이나 포인트를 선택해 줍니다.(구속을 풀어주고자 할 경우에는 원하는 포인트만을 선택해 주면 됩니다.)

- Disable geometry detection: 이 Option이 켜 있으면 3D Curve를 그리는 동안 외부 Geometry의 꼭지점이나 3차원 포인트 등을 인식하지 못하게 됩니다.

● Curve on Mesh

이 명령은 스캔한 형상 위에 직접 커브 요소를 그려주는 기능입니다. 일반적인 명령 도구로는 스캔 파일 상에 직접 형상을 그려주지 못하고 투영하는 방법만 가능한 것에 반해 이 기능은 직접 작업자가 원하는 지점들을 이어 커브를 생성합니다.

명령을 실행하면 다음과 같은 창이 나타납니다.

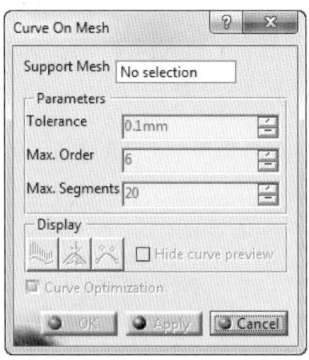

여기서 작업자는 우선 격자 형상을 선택해 주고 그려주고자 하는 형상에 맞추어 형상 위를 클릭해 주면 됩니다. View 방향을 나란하게 해주어 좀 더 편의를 줄 수 있습니다.

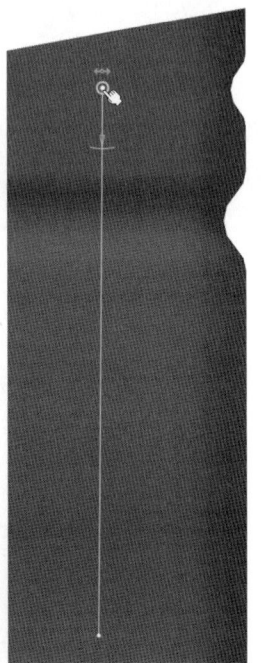
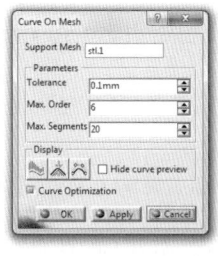

이렇게 만들어진 커브는 격자 사이에 놓여 있는 것을 확인할 수 있습니다.(마치 GSD에서 Spline을 생성하면서 Geometry on support를 사용하는 것과 유사하다고 할 수 있습니다.)

명령 실행 중 우 마우스를 클릭하여 연결 지점에 따른 연속성을 변경해 줄 수 도 있으며 닫힌 커브로 정의하는 것도 가능합니다.

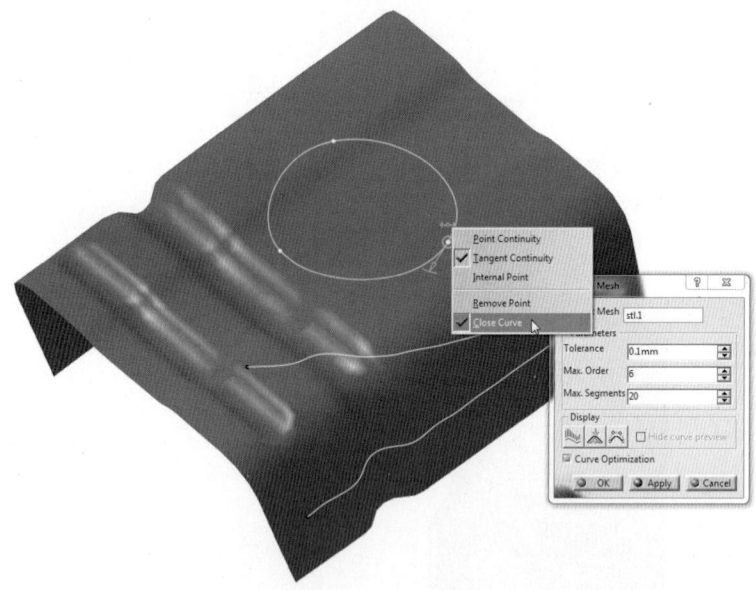

격자나 스캔한 형상 위를 지나는 커브이기 때문에 격자의 품질에 따라 매끄럽지 않은 커브가 나타날 수도 있음을 유의 바랍니다.

- **Curve from Scan**

이 명령은 이산화 된 커브 등으로부터 포인트들을 이어 커브를 생성하는 기능을 합니다.

명령을 실행하면 다음과 같은 창이 나타납니다.

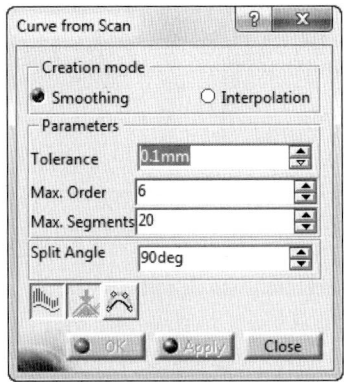

여기서 작업자는 Scan 형상을 선택한 후 값을 지정해 주게 됩니다. 커브 생성 모드를 Smoothing과 Interpolation 으로 변경할 수 있으며, 공차 값과 커브를 구현하기 위한 함수의 차수, 최대 세그먼트 값 등을 설정할 수 있습니다. Apply를 눌러 변경되는 값에 따라 커브 형상이 어떻게 달라지는지를 확인하면서 값을 조정하기 바랍니다.

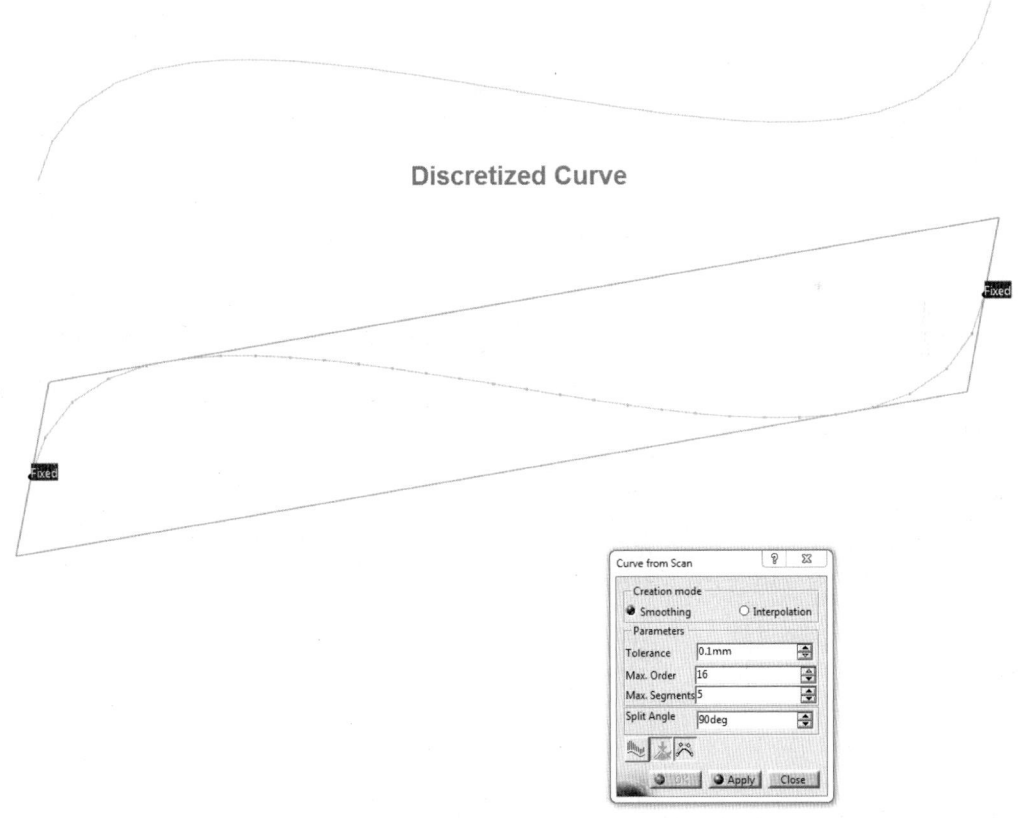

여기서 Fixed인 상태의 커브 끝단은 고정된 상태로 커브가 만들어질 것 이며 이를 클릭하여 Free로 변경하면 변형이 가능한 상태가 됩니다.

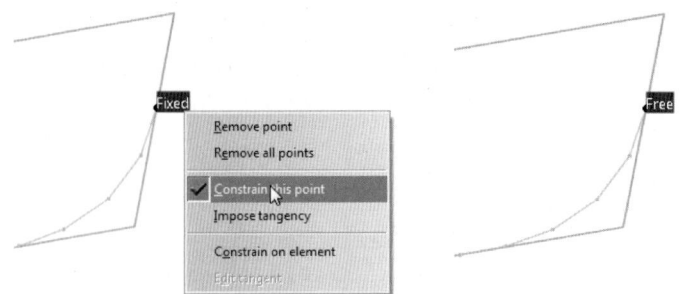

또한 Analysis 값을 사용하여 만들어질 커브의 상태를 분석할 수 있습니다. 이러한 분석은 해당 커브를 그대로 사용할지 값이나 옵션을 변경할지 등의 결정을 하는데 도움을 줍니다.

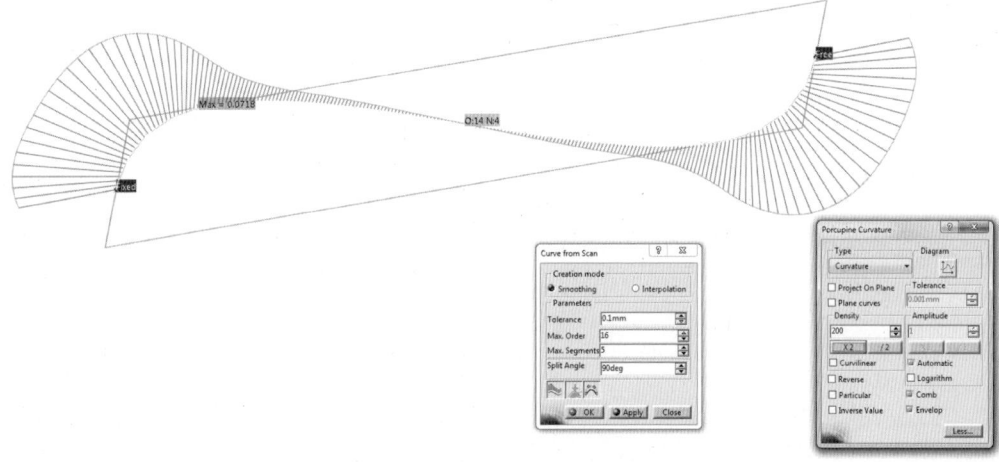

이렇게 만들어진 커브는 일반 Geometry 커브로 만들어지며 Datum으로 만들어 집니다. 앞서 Free Edge 명령에서 잠시 살펴본 바 있습니다.

• Sketch from Scan

이 명령은 평면상에 정의된 이산화 된 커브를 기본 형상들(직선, 원, 타원)을 사용하여 스케치 형식으로 Geometry를 생성하는 기능을 합니다. 커브와 달리 스케치로 결과가 나온다는 것은 수정 가능성을 좋게 하는 특징이 있습니다.

명령을 실행하면 다음과 같은 창이 나타납니다.

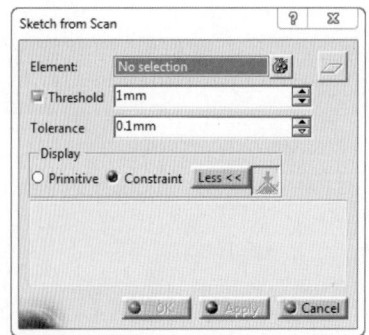

여기서 작업자는 이산화 된 커브 데이터를 선택하고 공차 값을 조절하여 스케치를 생성합니다. Apply를 눌러주었을 때 분석되는 결과에 따라 결과로 나오는 스케치를 생성할 수 있습니다. 반드시 형상 전부를 스케치로 생성하지 못하는 경우도 있습니다. 아래 그림의 경우 선택한 형상 중에 원 요소 하나만이 인식되는 것을 확인할 수 있습니다.

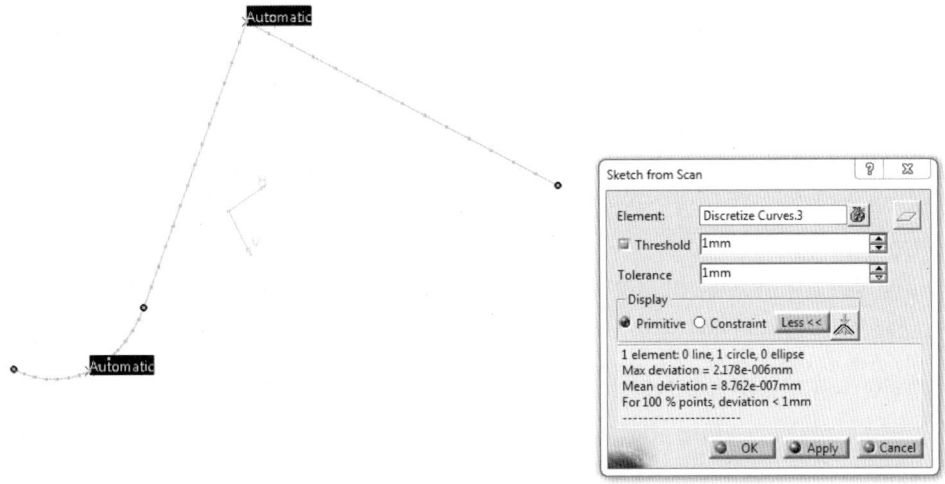

이런 경우 Threshold 값을 변경하여 Geometry의 인식률을 높일 수 있습니다. 이제 2개의 직선과 1개의 원 요소를 인식했기 때문에 원하는 결과의 형상이 스케치로 만들어 질 것입니다.

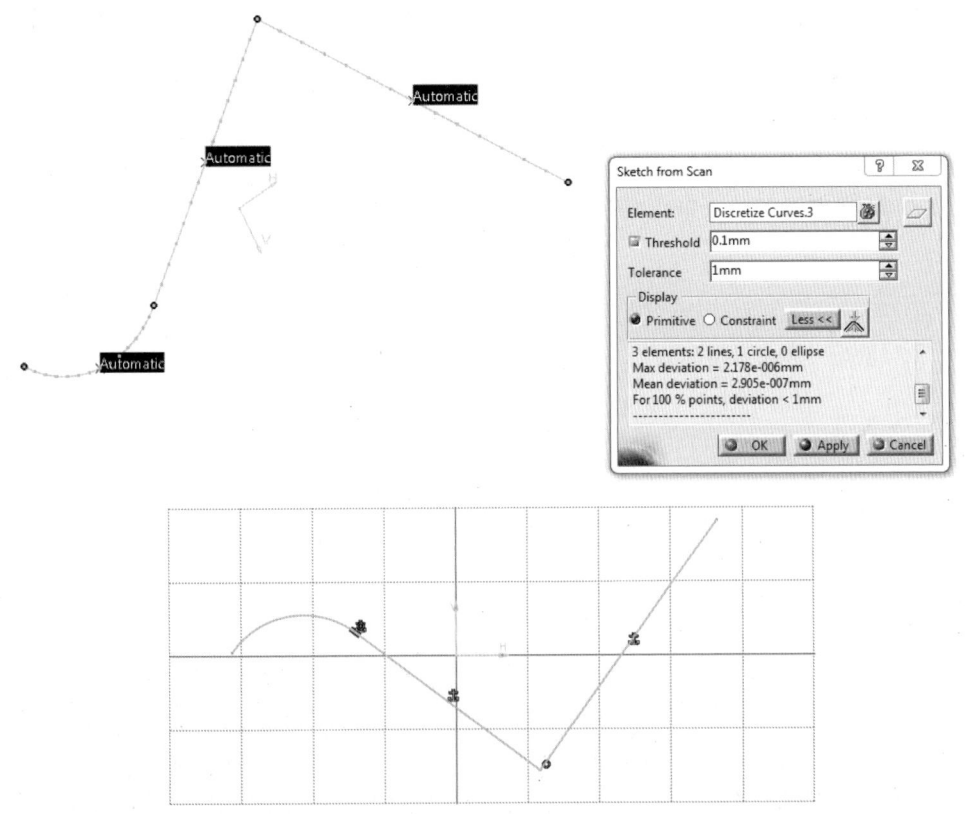

• Intersection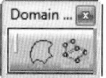

Chapter 10를 참고 바랍니다. GSD Workbench와 중복인 부분은 명시 후 생략도록 하겠습니다.

D. Domain Creation

• Clean Contour

이 명령은 커브 요소들을 이어 깨끗이 닫힌 폐곡선을 만들어 주는 기능을 합니다. GSD Workbench의 Join을 사용하여 선 요소들을 하나로 이어주는 것과 비슷하다고 할 수 있습니다.

명령을 실행하면 다음과 같은 창이 나타납니다.

여기서 작업자는 연결되어야 하는 선 요소들을 선택해 주어야 합니다. 여기서 Apply를 눌러 녹색으로 커브들이 하이라이트 되어야만 바르게 하나의 닫힌 폐곡선이 만들어지게 됩니다.

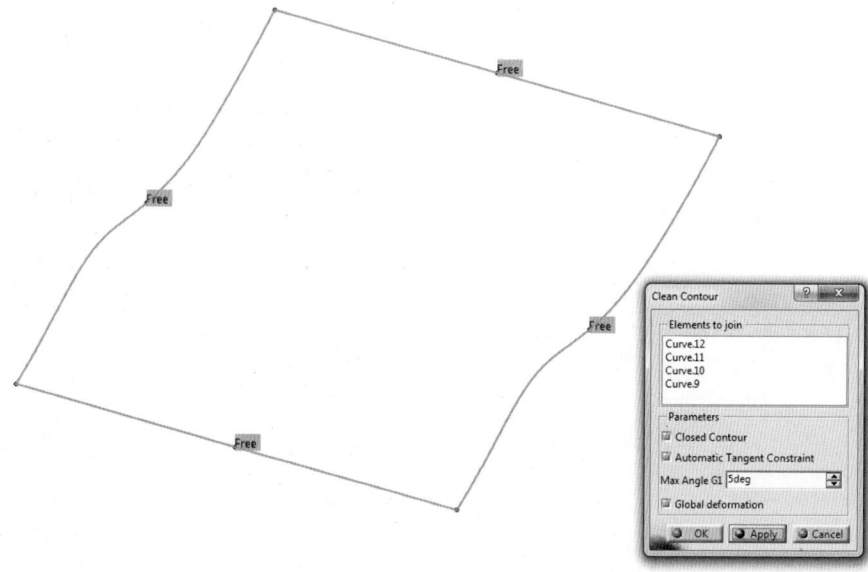

필요에 따라 원하는 커브 요소는 변형이 적용되지 않도록 Free에서 Fix로 변경이 가능합니다.

한 가지 주의할 것은 이 명령에서는 이웃하는 커브 요소들의 0.01의 Tolerance 범위 안에 들지 못하면 에러가 발생한다는 점입니다.

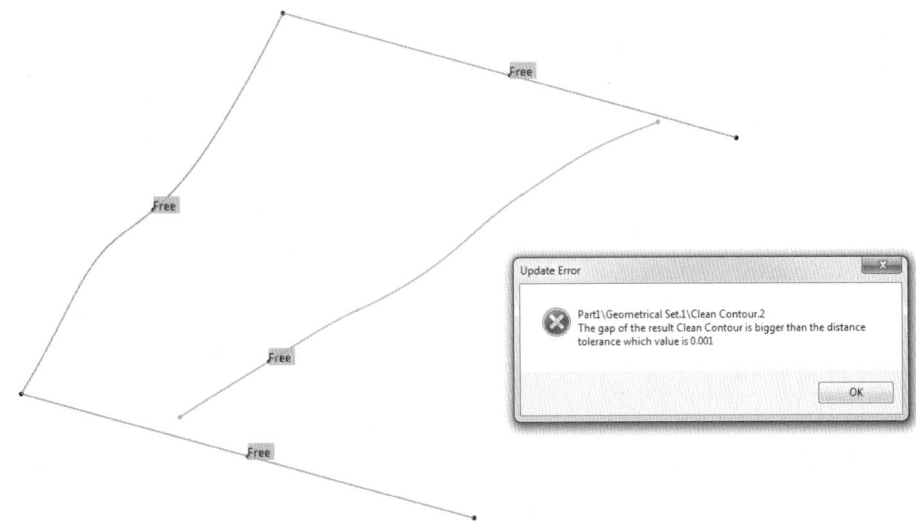

이런 경우의 에러를 해결하기 위해서는 커브가 이어져야 하는 부분에 최대한 가깝도록 커브를 미리 잘라 주어야 합니다. 아래 그림을 유심히 살펴보기 바랍니다.

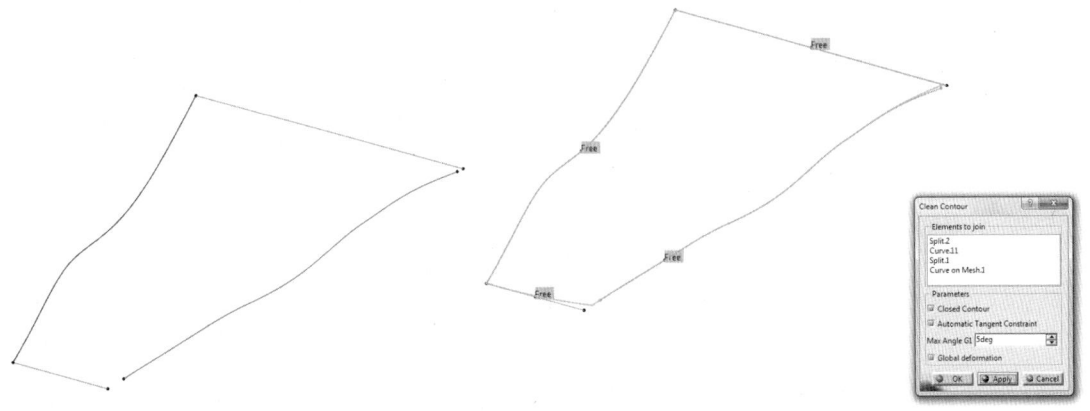

여기서 이어지는 커브들 사이에 큰 변형이 적용되는 것이 보일 것입니다. Global Deformation이 체크되어 있기 때문입니다. 따라서 필요에 따라 변형되어서는 안되는 부분을 Fix하는 것이 필요 합니다.

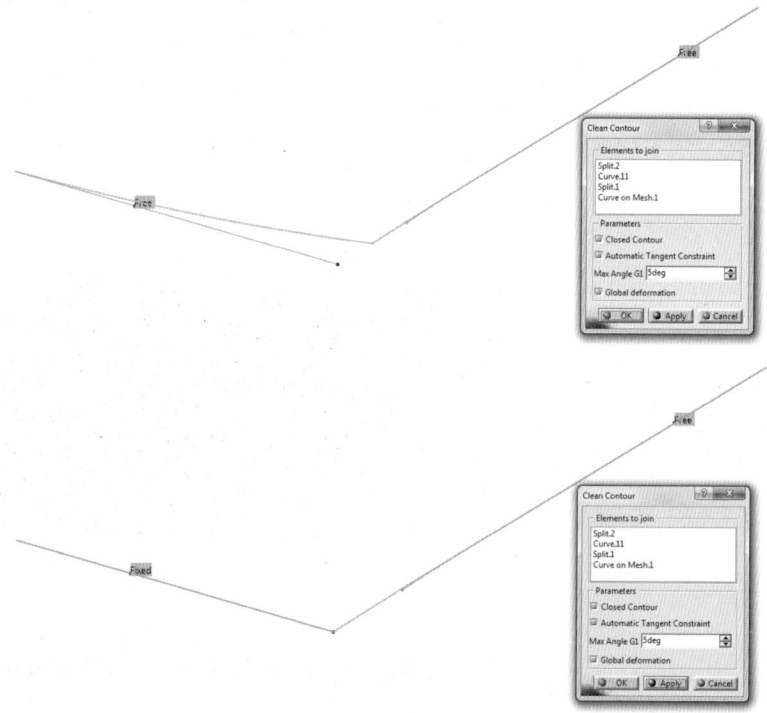

• Curves Network

이 명령은 앞서 Clean Contour와 유사하게 커브 요소들을 이어 닫힌 상태의 폐곡선을 정의하는 기능을 합니다. 그러나 확실히 다른 것은 앞서 Clean Contour 명령은 하나의 닫힌 폐곡선만을 만드는 것이지만 이 명령은 그물망처럼 복수의 폐곡선 망을 생성할 수 있다는 특징이 있습니다. 그리고 이렇게 만들어진 Curves Network는 나중에 배울 Surface Network를 통해 Surface를 생성하는데 사용됩니다.

명령을 실행하면 다음과 같은 창이 나타납니다.

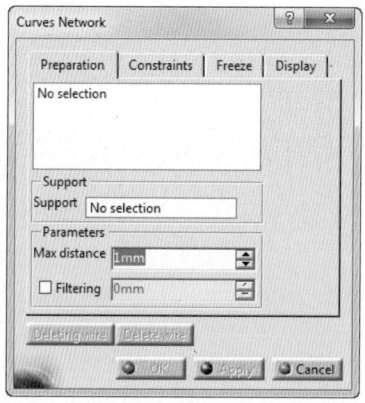

여기서 작업자는 연결해주고자 하는 커브 요소들을 선택해 주며 Support에 커브들을 이어주는데 기준이 될 격자나 스캔 대상을 선택해 줍니다.

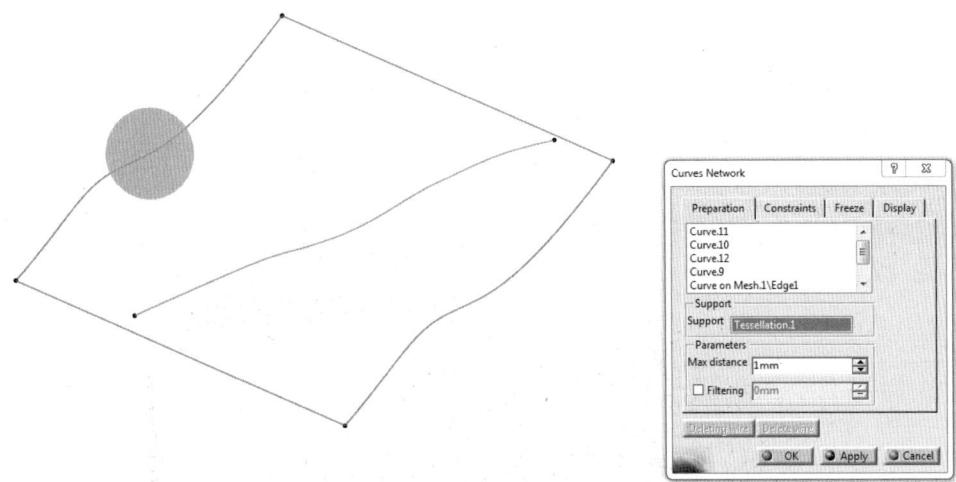

여기서 추가적으로 구속 값이나 고정되어야 할 커브 요소를 선택해 줄 수 있습니다.

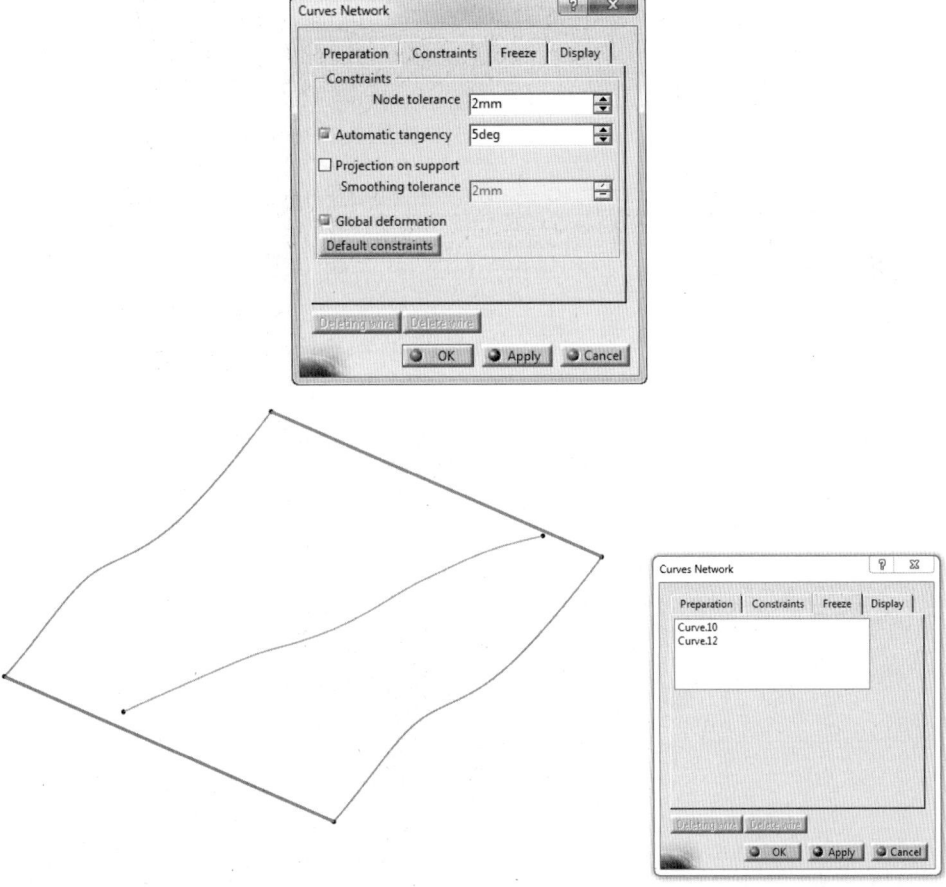

이렇게 조건을 정의한 후에 Apply를 눌러 상태를 확인할 수 있습니다.

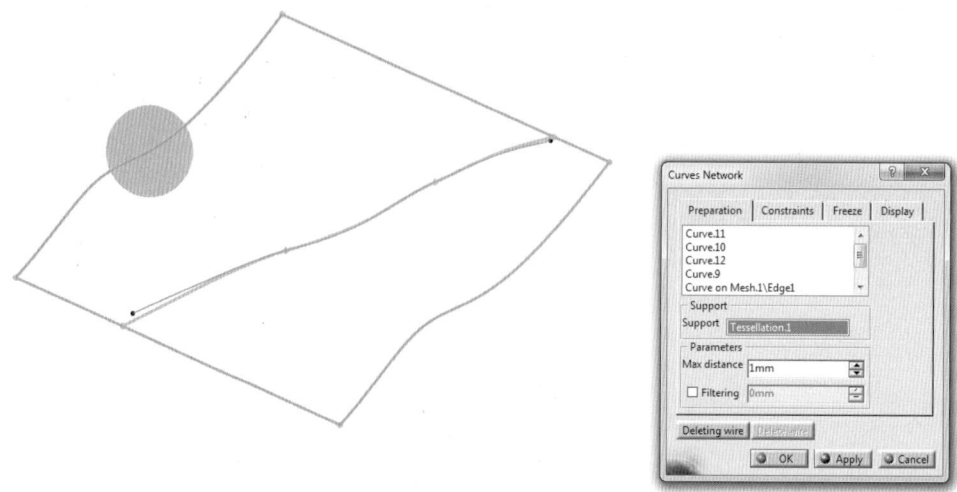

여기서 Curve Networks를 만들어주는 이유는 나중에 Surface Network을 만들어 주는 것이기 때문에 커브의 정확도를 높이는 것이 필요합니다. 필요에 따라 아래와 같이 Constraints 탭에서 Projection on support를 사용하여 커브와 격자 또는 스캔 데이터와의 틈을 줄여줄 수 있습니다.

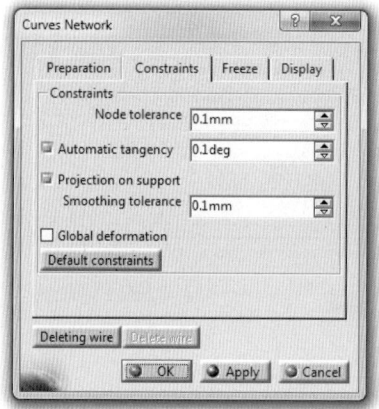

OK를 누르면 다음과 같이 확인 메시지를 띄우고 Yes를 눌러 커브를 생성하게 됩니다. 커브는 Datum 형식으로 만들어 집니다.

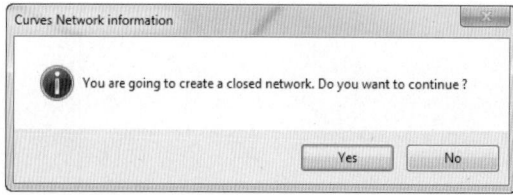

이 명령은 추후의 Surface Network 작업에서 한 번 더 확인해 보기 바랍니다.

E. Surface Creation

- **Basic Surface Recognition**

이 명령은 격자 형상으로부터 기본 형상으로 정의 되는 평면이나 구, 원통, 원뿔과 같은 형상을 지니고 있을 경우 이것을 손쉽게 Surface로 생성하는 기능을 합니다.

명령을 실행하면 다음과 같은 창이 나타납니다.

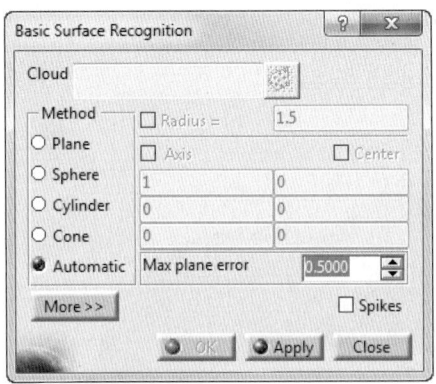

여기서 작업자는 스캔 파일 또는 격자 형상을 선택해 주고 어떤 기본 형상으로 인식 시킬 수 있을지 선택하게 됩니다. 형상을 보고 작업자가 직접 판단이 어려운 경우에는 Automatic으로 선택합니다.

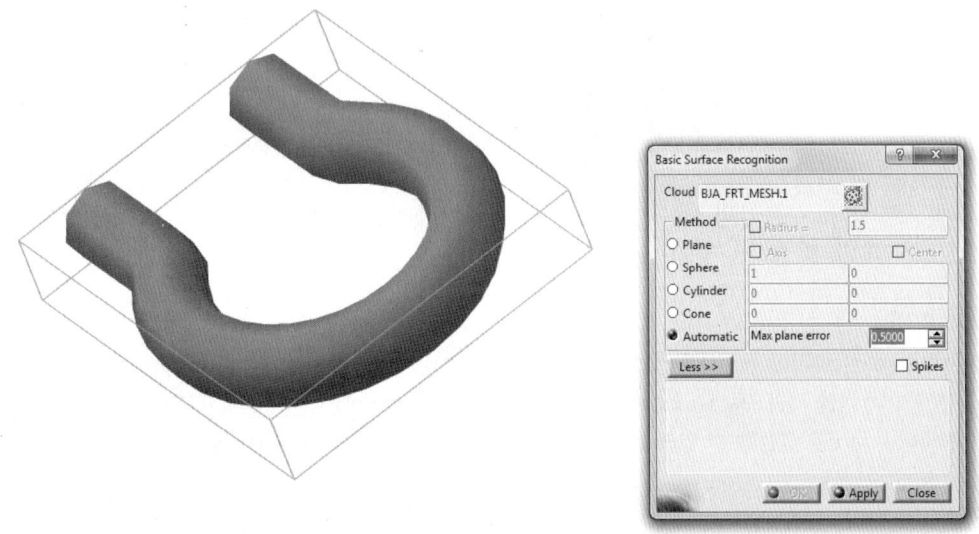

Apply를 누르면 Surface 형상이 만들어지는데 이를 보고 활용할지를 작업자가 결정하면 됩니다. 아래 형상과 같은 경우에는 후크 연결 고리의 원형과 원통 Surface 형상이 크기는 맞게 만들어지지만 위치가 어긋난 것으로 확인됩니

다. 이런 경우라면 Surface를 생성하고 Translate해 주면 활용할 수 있습니다.

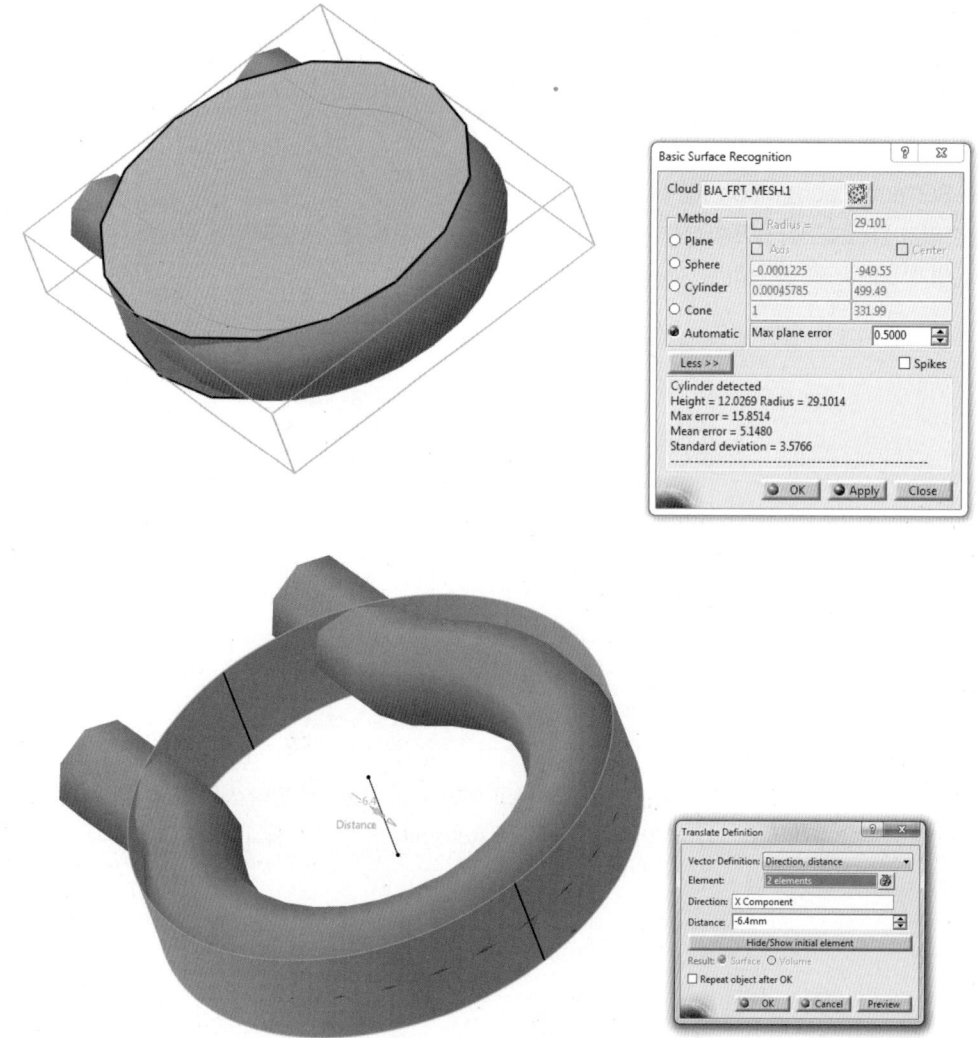

물론 이러한 기본 Surface 생성 명령을 사용하려면 형상이 단순하거나 필요한 부분만을 선별적으로 이용하기 위해 격자 또는 스캔 데이터를 원하는 부분만 Activate하는 작업 등이 우선 필요로 합니다.

● PowerFit

이 명령은 격자/ 스캔 파일과 경계선 등을 요소로 Surface를 만들어 내는 기능을 합니다. 작업자는 격자 또는 스캔 데이터를 선택하여 이를 기반으로 Surface를 생성할 수 있으며 또는 Surface를 구성하고자 하는 형상의 외부 경계선을 선택하여 Surface를 생성할 수 있습니다. 보다 높은 형상 정밀도를 위해 Surface 내부를 지나가는 경계 요소를 선택할 수 도 있습니다.

명령을 실행하면 다음과 같은 창이 나타납니다.

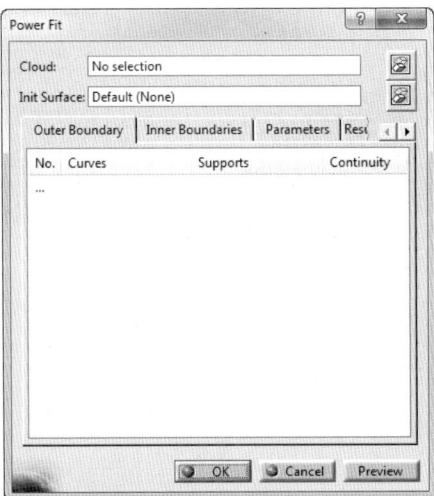

여기서 작업자는 앞서 언급한 입력 요소를 선택해 Surface를 생성할 수 있습니다. Outer Boundary를 사용할 때는 반드시 닫혀 있는 폐곡선이 되도록 선택해 주어야 합니다.

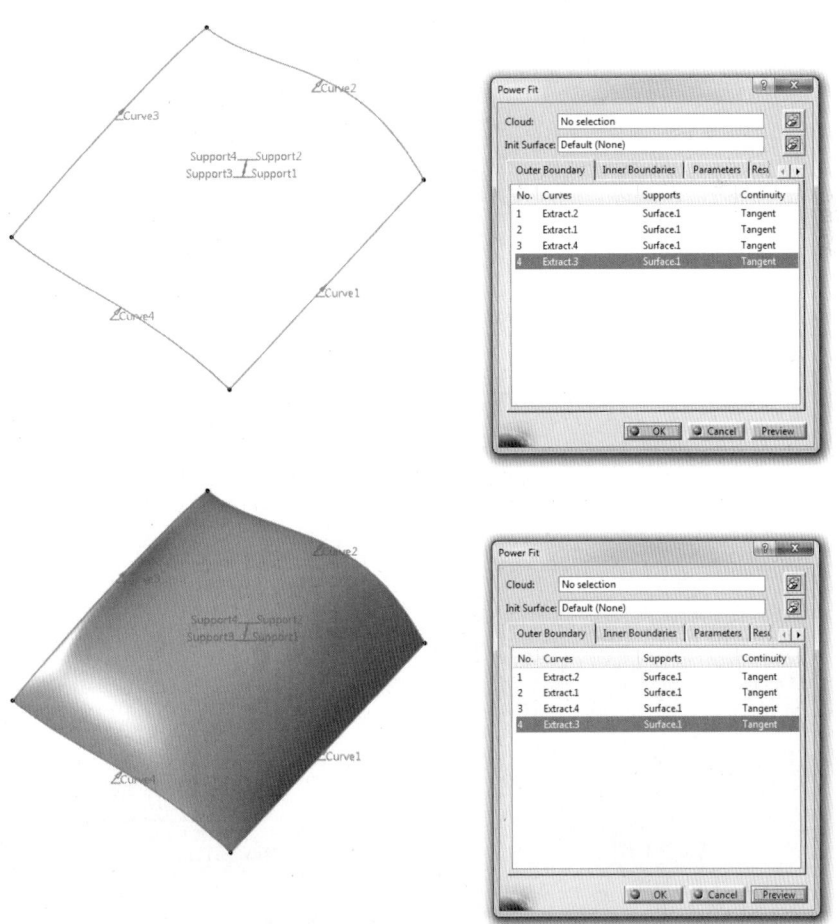

보다 형상의 정밀도를 높이기 위해서는 가급적 많은 입력 요소를 정의해 주는 것이 좋습니다. Cloud에 격자 형상이나 스캔 포인트 데이터가 들어가면 보다 정확한 Surface 생성이 가능합니다.

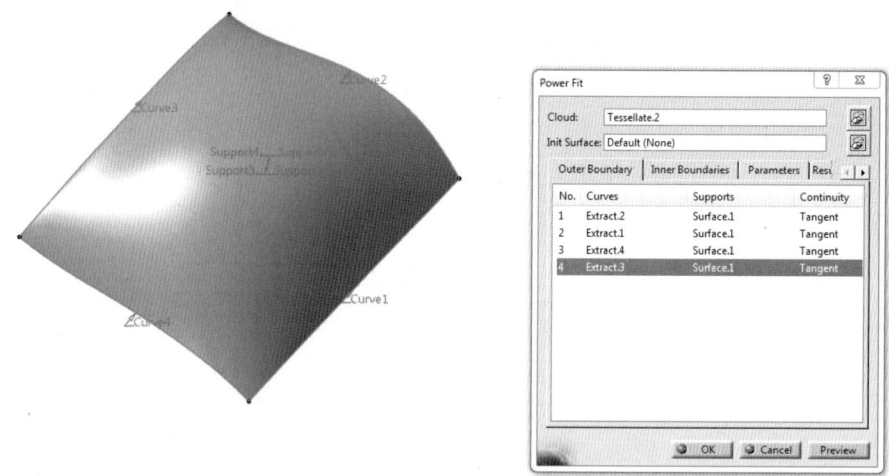

Outer Boundary만 사용하는 경우에는 형상의 내부를 보현하는데 제한이 있습니다.

이런 경우 Inner Boundary 요소를 정의해 사용할 수 도 있습니다.

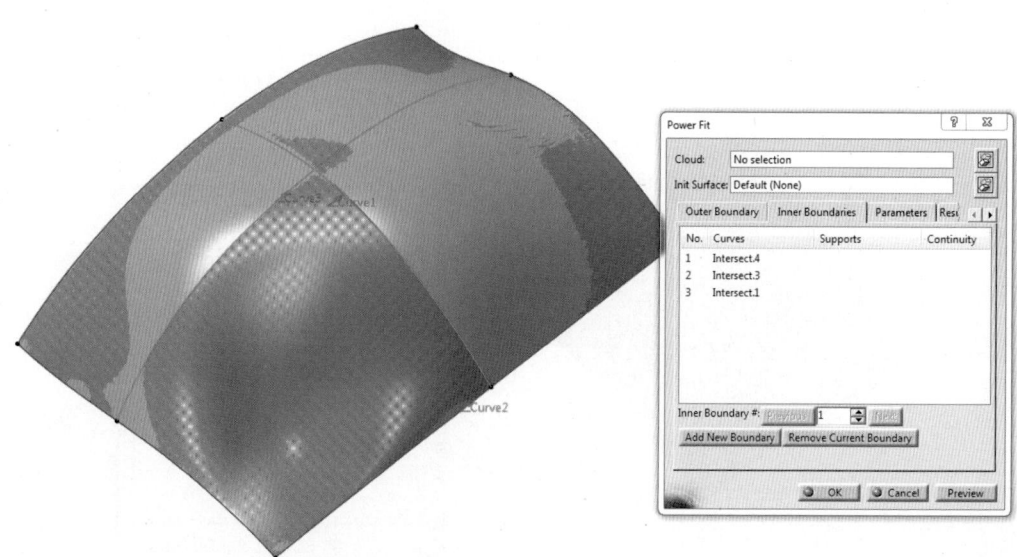

기본적으로 Outer Boundary와 Cloud를 포함하면 다음과 같은 결과를 확인할 수 있습니다.

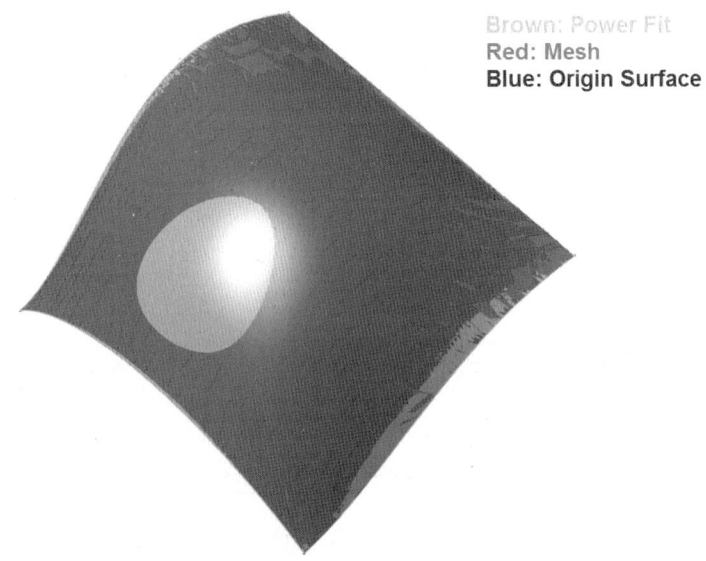

여기서 Parameter 탭에서 공차나 U, V 방향 형상 함수 차수, 세그먼트 값을 조절하여 보다 정밀한 정의가 가능합니다.

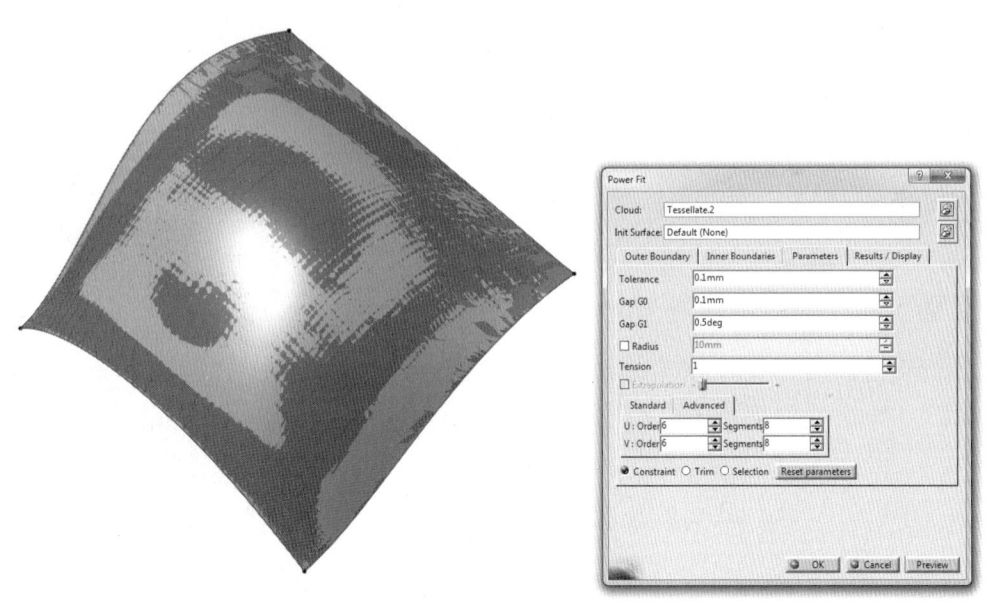

물론 형상의 복잡도에 따라 Surface로 생성하지 못하는 경우가 있음을 인지하고 부위별로 나누어 작업하거나 다른 방법을 강구해야 함을 기억해 두기 바랍니다.

• Surfaces Network

이 명령은 앞서 생성한 Curves Network를 사용하여 Surface를 생성하는 명령입니다. Curves Network가 정의된 상태에서 작업이 가능하다는 점을 제외하고는 PowerFit 과 유사하게 Surface를 생성할 수 있습니다.

명령을 실행하면 다음과 같은 창이 나타납니다.

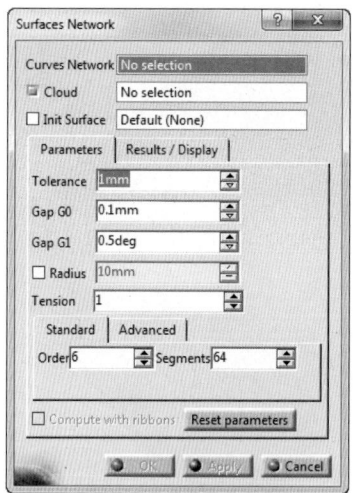

여기서 작업자는 Curves Network를 선택해 주고 Surface를 생성하기 위한 파라미터를 선택합니다. 보다 정밀도를 높이기 위해 격자/ 스캔 데이터가 있으면 추가적으로 선택해 주면 좋습니다. 여기에 추가적으로 Surface를 정의하기 위한 Surface 구현 차수(Order)를 정의할 수 있기도 합니다.

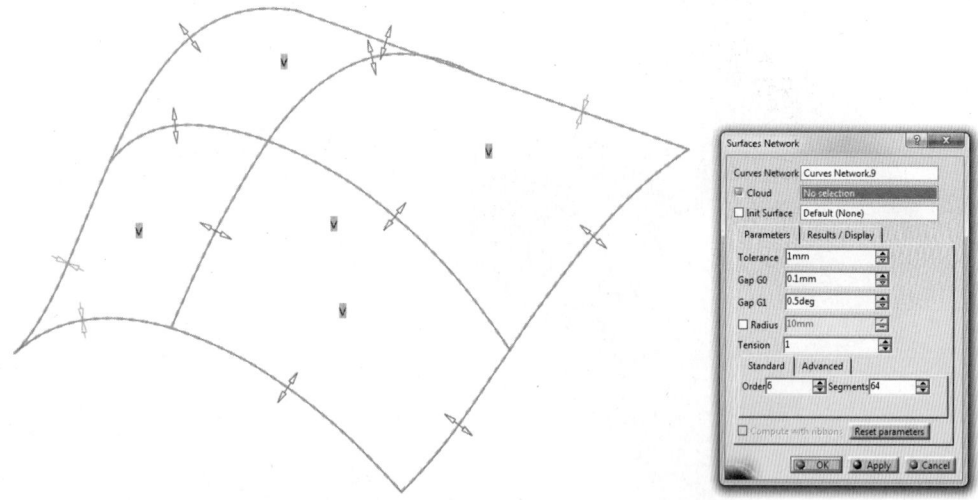

Curves Network 요소를 선택해 주면 화면에 Surface가 미리보기 되면서 녹색 또는 빨간색 화살표시가 커브마다 나타나는 것이 보일 것입니다. 여기서 빨간색 표시는 커브 지점에서 탄젠트하게 Surface가 지나가도록 하는 것이며 녹색의 화살 표시는 포인트 접촉으로 Surface가 생성되도록 연속성을 변경해 줄 수 있습니다.

물론 여기서도 격자 형상이 존재한다면 이 정보까지 입력해 주는 게 형상 정밀도 차원에서 좋습니다.

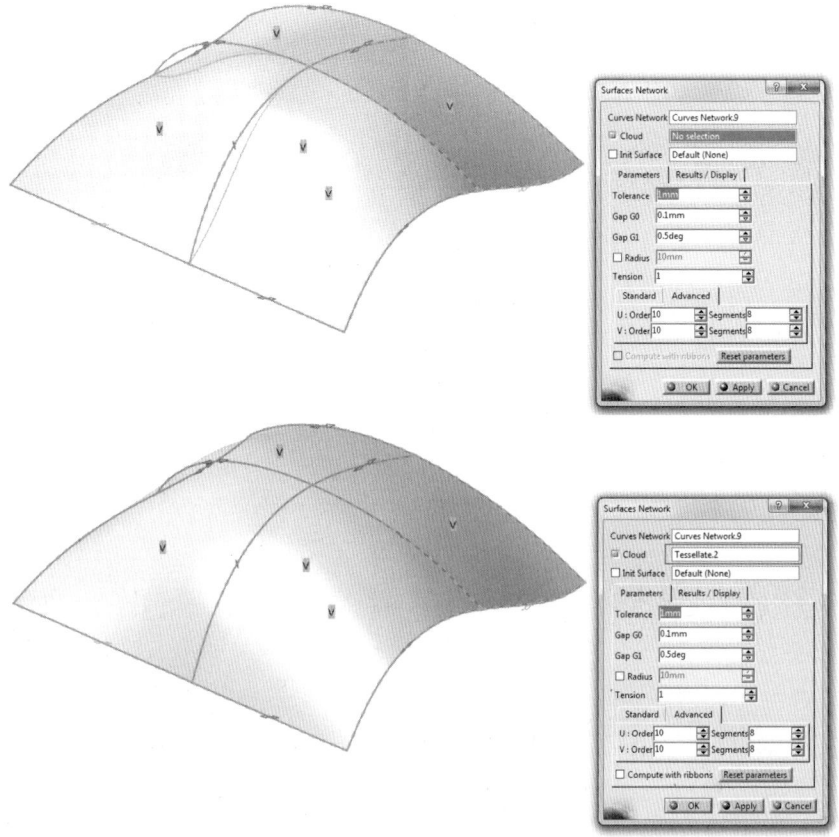

Result/Display 탭에서 수치 데이터도 확인이 가능합니다.

• Automatic Surface

이 명령은 격자 형상으로부터 자동으로 Surface를 생성하는 기능입니다. 다소 복잡한 형상을 지닌 경우라 하더라도 가장 손쉽게 Surface 생성이 가능한 명령입니다. 참고로 이 명령은 격자 형상에 대해서만 적용이 가능합니다.

명령을 실행하면 다음과 같은 창이 나타납니다.

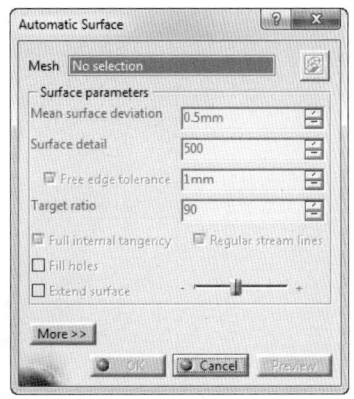

여기서 작업자는 격자 형상을 선택해 줍니다. 격자 형상은 반드시 하나의 격자로 인식되어야 하며 서로 떨어진 형상들이 묶여있는 격자라면 선택이 불가능합니다.(필요에 따라 원하는 부분만을 Activate해 주어야 합니다.)

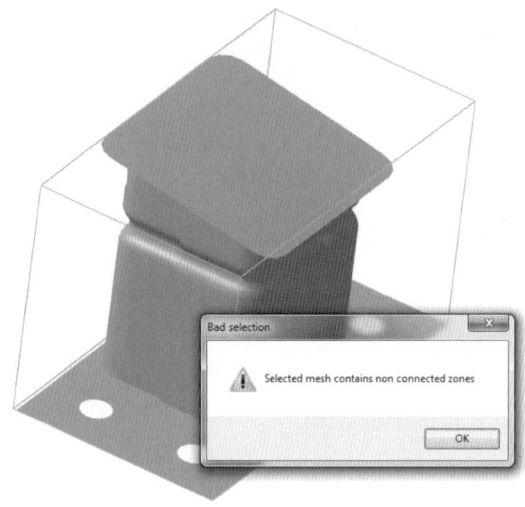

Mean Surface Deviation 값은 작을수록 Surface Detail 값은 클수록 형상을 보다 자세하게 표현이 가능합니다.

Full Internal Tangency: 이 옵션이 체크된 상태로 형상을 정의하면 이웃하는 모든 격자 사이가 탄젠트 한 연결 속성을 유지합니다. 그러나 원본 형상 자체가 날카로운 모서리를 가진 형상의 경우에는 이 옵션을 해제해 주는 게 맞습니다.

Regular Stream Lines: 이 옵션이 선택된 경우에는 Geometry 형상을 기반으로 Surface가 생성됩니다.

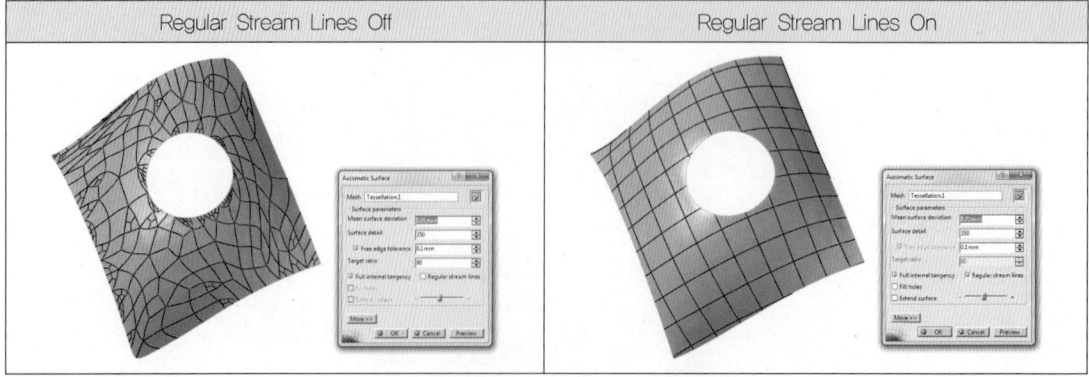

Fill Hole: 이 옵션을 체크하면 격자에 존재하는 Hole을 채우는 작업을 동시에 수행할 수 있습니다.

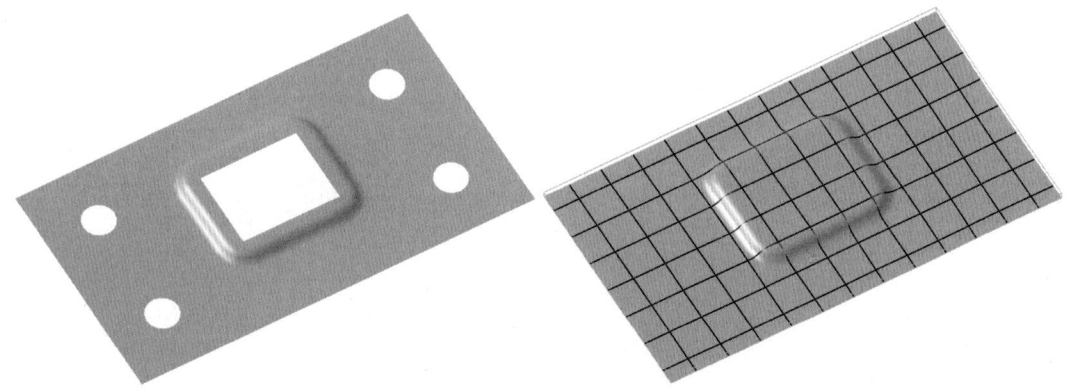

그리고 More 버튼을 클릭하여 기존 격자와 Gap이나 형상의 차이를 분석할 수 있는 옵션을 사용할 수도 있습니다.

F. Operations

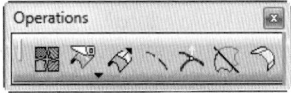

● Curves Slice

이 명령은 서로 교차하는 커브나 모서리 요소에 대해서 교차하는 지점을 기준으로 절단해주는 기능을 합니다. 일종의 Split 기능과 유사하다고 할 수 있습니다.

명령을 실행하면 다음과 같은 차이 나타납니다.

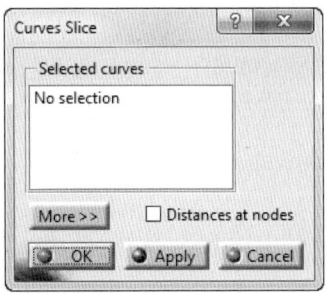

여기서 작업자는 원하는 커브 요소들을 선택해 줍니다. 그럼 다음과 같이 커브들이 절되어 새로운 커브들이 새로운 Geometrical Set에 만들어지는 것을 확인할 수 있습니다.

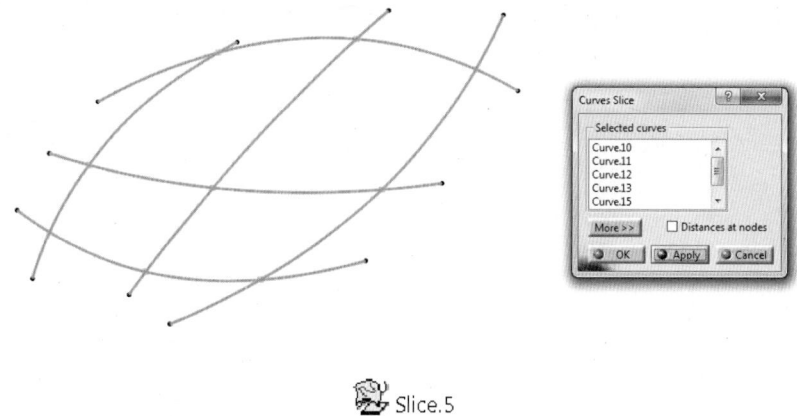

물론 서로 교차하지 않는 대상에 대해서는 Slice 작업이 불가능하다는 점을 기억해두기 바랍니다.

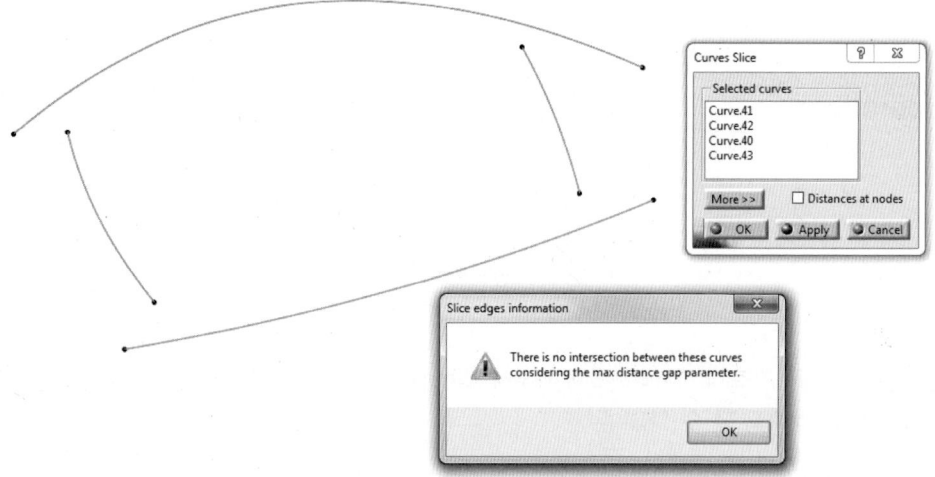

• Adjust Nodes

이 명령은 이웃하는 커브들 사이의 연속성을 높여 보다 부드럽고 완만한 Surface를 생성하기 위한 커브 수정 작업을 하는 기능을 합니다.

명령을 실행하면 다음과 같은 차이 나타납니다.

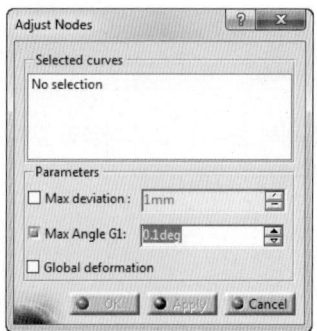

여기서 작업자는 이웃하는 커브 요소들을 선택하여주고 각 커브들의 연속성 모드를 Fix, Continuous, Continuous and tangent로 설정해 줄 수 있습니다.

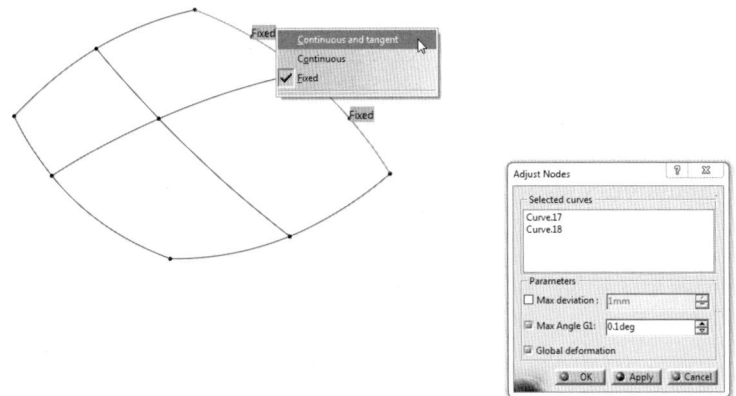

이 결과는 커브 요소들을 연속 정도를 수정하여 하나의 커브로 합쳐주는 기능을 하나 필요에 따라 Multi-Result Management로 처리해 주어야 하는 경우도 있습니다.

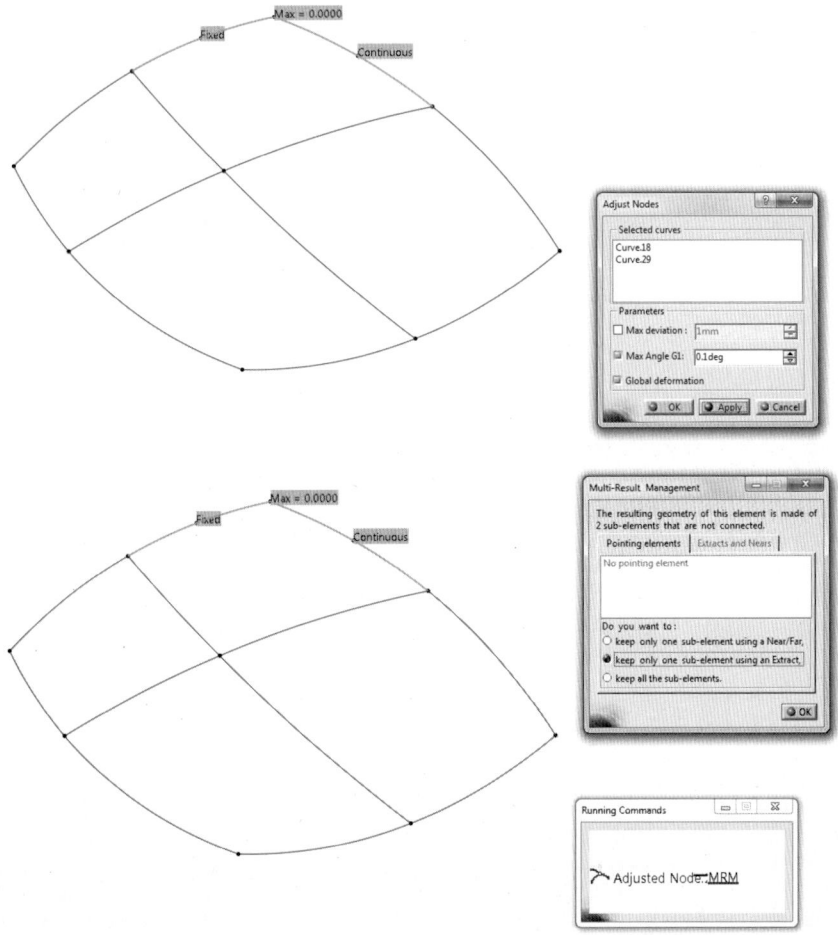

• Split Clean Contour
이 명령은 완전히 닫혀있는 폐곡선을 기준이 되는 요소를 사용하여 절단하는 기능을 합니다. 이 역시 Split 기능과 유사한 역할을 합니다.

명령을 실행하면 다음과 같은 차이 나타납니다.

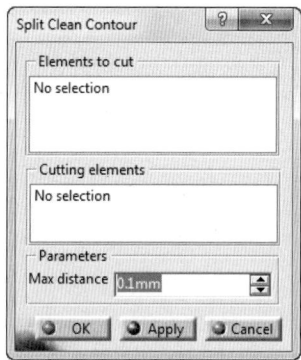

여기서 작업자는 절단할 대상과 그 기준을 선택해 줄 수 있습니다.

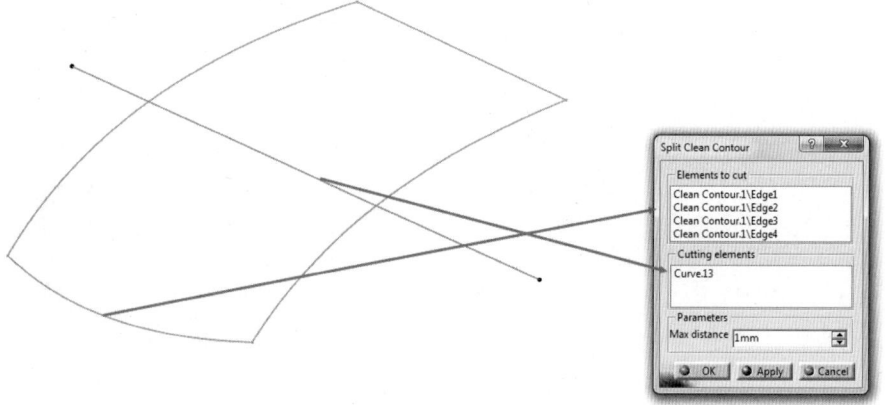

Apply를 눌러보면 나누어지는 커브의 결과를 확인할 수 있습니다.

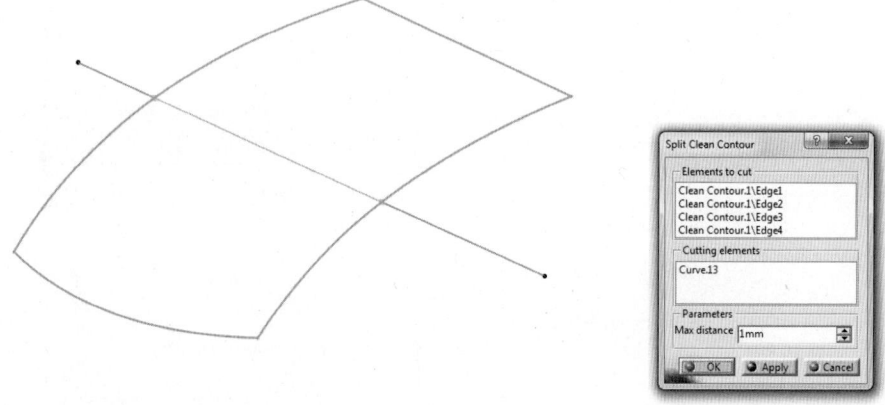

G. Segmentation

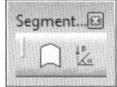

- **Segmentation by Curvature Criterion**

이 명령은 형상의 곡률을 기준으로 형상으로부터 일정 영역을 지정하는 기능을 합니다. 곡률을 정의하는 방법에는 5가지가 있습니다.

명령을 실행하면 다음과 같은 창이 나타납니다. 여기서 작업자는 형상을 선택합니다. View Mode는 Shade with Material로 변경해 주어야 Curvature Mapping 값을 확인할 수 있습니다.

여기서 Influence Radius를 정의하고 Parameter 값을 조절해 주어 결과를 생성할 수 있습니다. 입력한 조건에 따라 스캔 커브와 더불어 Sub Mesh가 생성되기도 합니다.

• Segmentation by Slope Criterion

이 명령은 지정한 방향으로의 각도 조건에 맞추어 격자 형상에 스캔 커브를 생성합니다. 일정한 각도상의 동일 지점을 연결한 스캔 커브를 사용할 수 있습니다.

H. Analysis

• Information

이 명령은 선택한 격자 요소 묶음의 수치 정보를 확인하고자 할 경우에 사용합니다. 기본적으로 Cell의 수나 포인트의 수, 삼각형 격자의 수, 전체 크기 등을 확인할 수 있습니다.

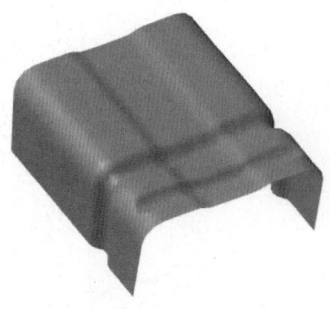
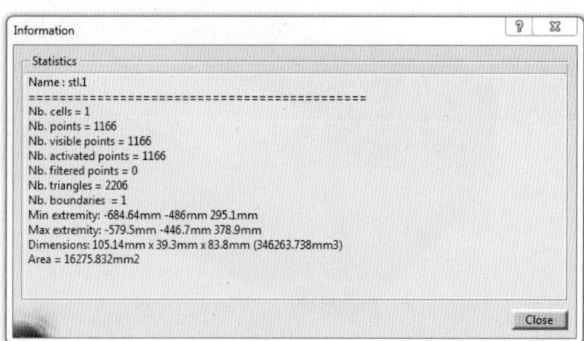

- **Deviation Analysis**

이 명령은 기준이 되는 격자 대상과 측정하고자 하는 대상 격자나 Surface를 선택하여 이들 사이의 편차를 측정하는 기능을 합니다. 이 명령을 사용하여 변형 전후의 측정 데이터나 설계 수정 후 이들 형상 간의 편차를 확인할 수 있습니다.

명령을 실행하면 다음과 같은 창이 나타납니다.

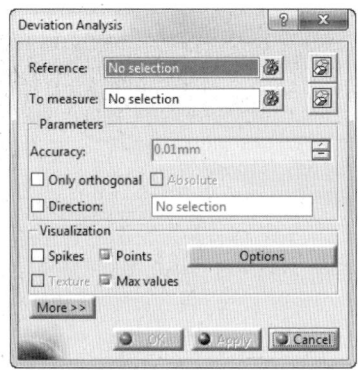

여기서 작업자는 Reference에 기준 요소를, To measure에 측정하고자 하는 요소를 선택해 줍니다. 그러고 나서 정밀도 값이나 직교하는 값으로만 측정할지 또는 지정한 방향으로의 편차만을 측정할지를 결정할 수 있습니다.

예제 파일을 준비합니다.

DeviationAnalysis_Reference.stl 파일과 DeviationAnalysis_Target.stl 파일을 불러와 하나의 Part에 정의해줍니다. 이제 명령 창에서 Reference와 To measure에 각 격자 형상을 선택해 줍니다. 항상 Reference의 값을 기준으로 To measure와 차이를 비교하기 때문에 이 둘의 선택을 잘 해주어야 합니다.

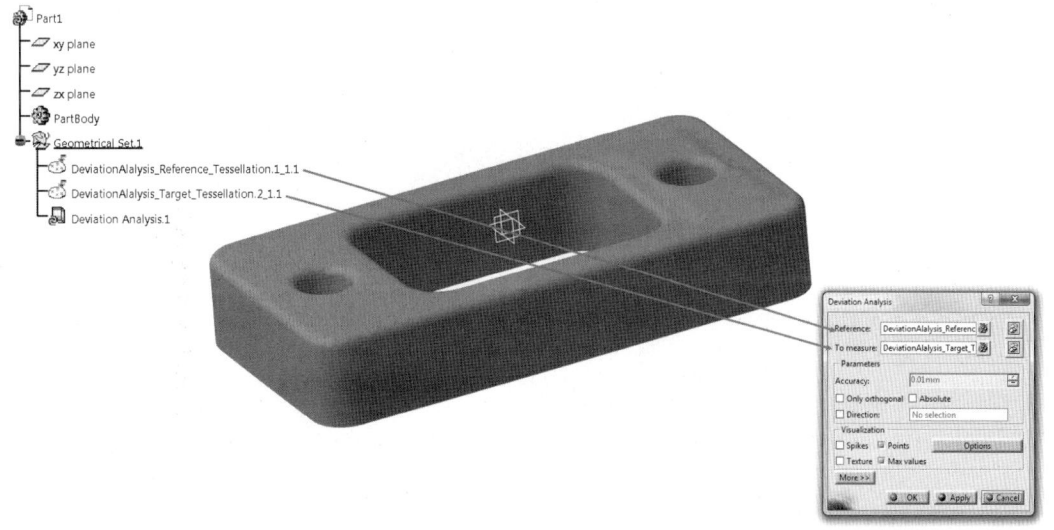

이제 Apply를 클릭하면 다음과 같은 결과를 확인할 수 있습니다. 여기서 작업자는 두 형상 요소 사이의 거리 간격을 분석할 수 있어 얼마만큼의 차이가 있는지 확인할 수 있습니다.

시각화 방식을 달리하여 결과를 분석할 수도 있습니다. Texture를 선택하면 다음과 같이 보다 구분이 쉽게 정의해 줄 수 도 있습니다.

물론 두 비교 대상이 반드시 일치하지 않아도 분석을 수행할 수 있습니다. 아래 그림을 참고 바랍니다. 가운데 작은 격자 형상과 아래의 큰 형상 사이의 편차 분석을 Z 방향으로 수행한 결과입니다.

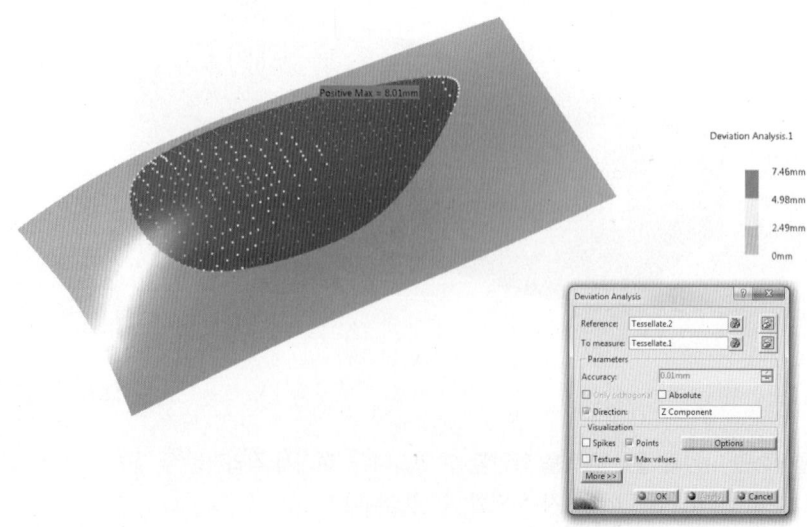

I. Deviation Check

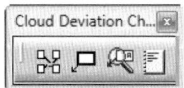

- **Annotation Set**

이 명령은 현재 도큐먼트에 주석을 정의하기 위한 묶음(Set)을 생성하는 기능을 합니다. 이렇게 만들어진 Annotation Set을 통하여 앞으로 주석에 관련된 기능들을 정의해줄 것입니다.

명령을 실행하면 Spec Tree상에 Annotation Set이 생성됩니다.

Annotation Set은 별로도 실행하지 않아도 Annotation을 실행하면 자동으로 생성됩니다.

- **Annotation**

이 명령은 Deviation 명령을 사용하여 만든 Analysis 값을 바탕으로 형상에 Deviation에 관한 주석을 정의하는 기능을 합니다. 우선 이 명령을 사용하기에 앞서 Deviation Analysis를 사용하여 분석을 마친 상태여야 합니다.

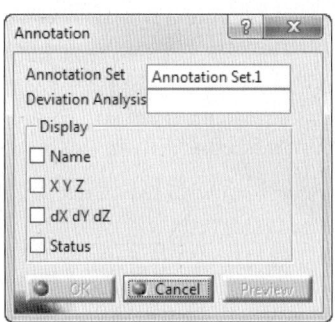

명령을 실행하면 다음과 같은 창이 나타납니다.

이제 주석에 포함하고자 하는 항목을 체크하고 원하는 위치를 선택해 줍니다.

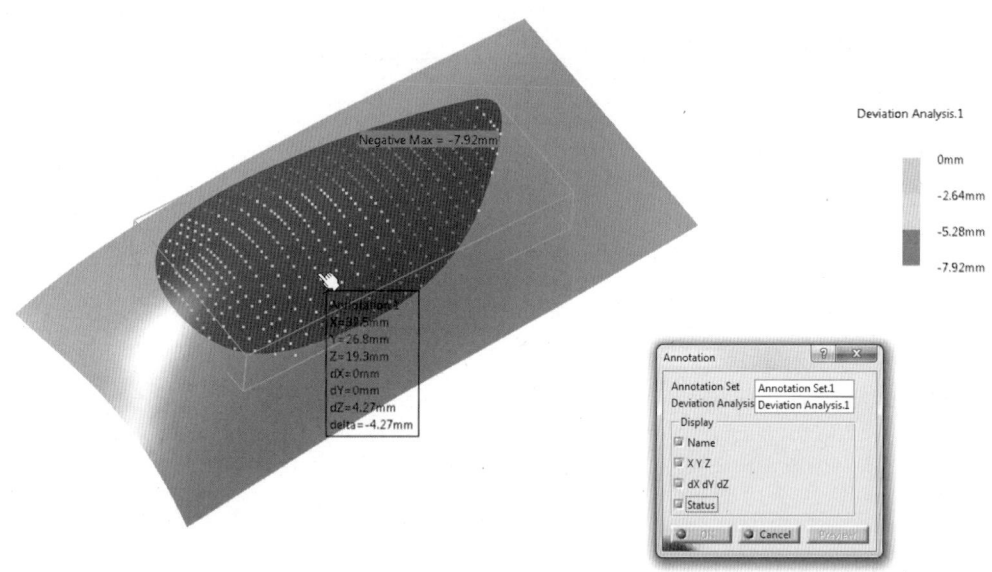

명령이 활성화된 상태에서는 반복 사용이 가능하기 때문에 원하는 위치를 추가로 선택해 줄 수 있습니다.

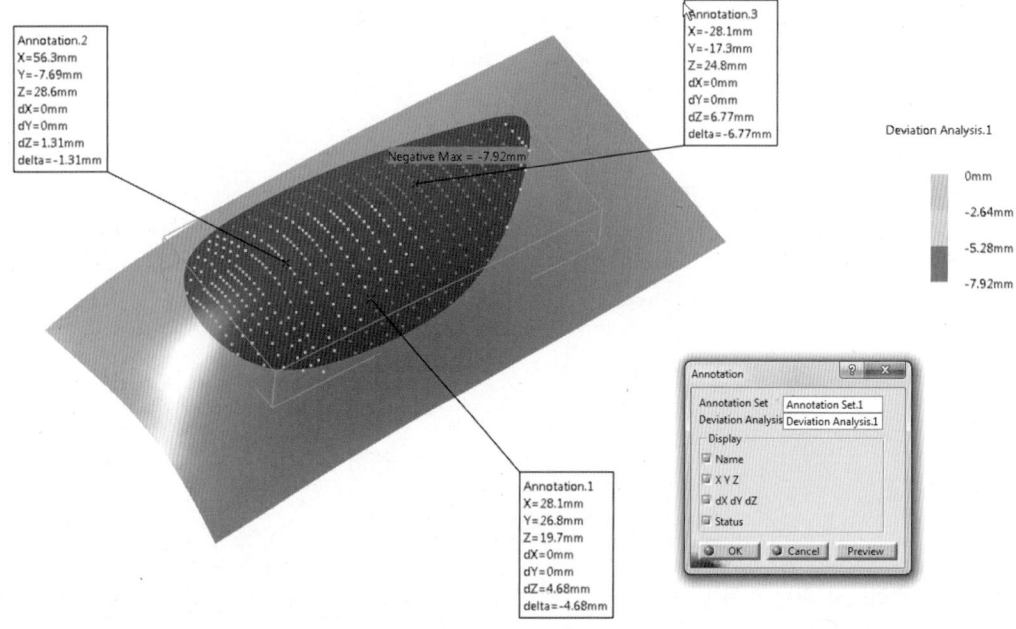

• Deviation Report

이 명령은 Deviation에 대한 리포트를 생성하는 기능을 합니다. Deviation Analysis가 만들어진 후 이에 대한 리포트 파일을 만들기 위해 사용합니다.

명령을 실행하면 다음과 같은 창이 나타납니다. 여기서 작업자는 General 탭에서 프로젝트의 이름 및 추가적인 코멘트가 가능합니다. 여기서 반드시 정의해 주어야 할 것은 Deviation 탭에서 Deviation Analysis를 선택해 주어야 합니다.

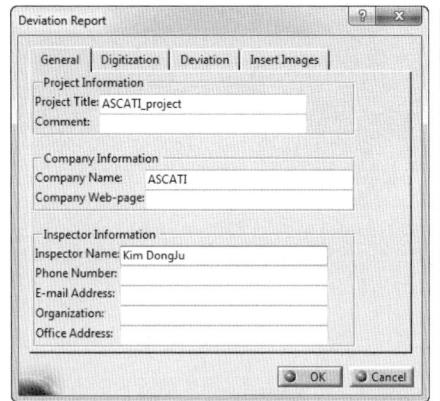 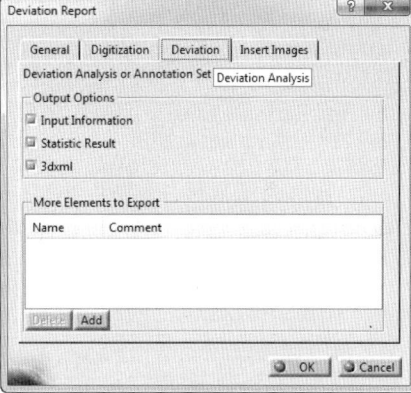

이러한 정보는 Spec Tree에 저장됩니다.

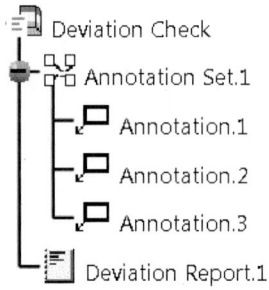

이 장에서 여러분은 Quick Surface Reconstruction Workbench에서 사용하는 작업 순서나 방식 그리고 이에 필요한 기능들을 공부하였습니다. 이에 대한 기본적인 이론을 습득하고 다음으로 수행해야 할 것은 많은 연습의 시간입니다. 특히 이 Workbench의 경우 직접적인 형상 모델링이 아닌 STL이라는 데이터를 재사용하기 위하여 활용하는 것임을 명심하기 바랍니다.

Chapter 13

Mechanical Engineering
Optimizing end to end design to manufacturing process

Systems Engineering
Bringing products to life

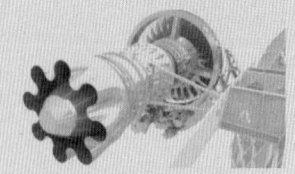

Design
Delivering advantage by design

Digitized Shape Editor

Section 01 | Toolbar

Section 01 | Toolbar

A. Cloud Import and Cloud Export

STL 파일을 불러오기 위한 명령입니다. 스캔되거나 작업된 STL 파일에 대해서 수정을 위해 불러오기 위한 기능을 합니다. STL 파일은 기본적으로 CATIA에서 Open으로 불러와지지 않기 때문에 Import 기능이 반드시 필요합니다.

명령을 실행하면 다음과 같은 창이 나타납니다.

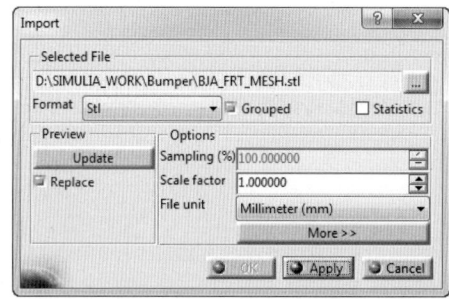

파일을 불러오기에 앞서 파일 형식을 지정할 수 있는데요. STL 파일 외에 ASCII free, Cgo, Iges, 3DXml 파일 형식도 가능합니다. Format을 지정한 후에 명령어 오른쪽 위의 불러오기를 통해 파일을 선택하면 됩니다. 여기서 한 가지 주의할 것은 일부 파일 형식은 불러올 수 있는 스캔 포인트 데이터는 10,000개를 넘길 수 없기 때문에 이런 경우 Sampling 값을 사용하여 전체 포인트 수에 대한 비율을 조절해야 할 수 있습니다.

Statistics를 통해 불러와 지는 파일의 정보를 확인할 수 있습니다. 아래 그림의 경우는 2만 8천여 개의 포인트가 불러온 것을 확인할 수 있습니다.

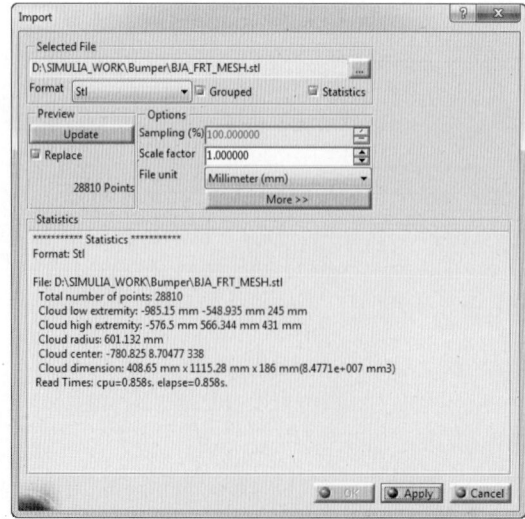

또한 Import되는 파일의 정보가 변경된 경우에는 파일 경로가 변하지 않는 이상 좌측의 Update를 통하여 스캔 데이터의 갱신이 가능합니다.

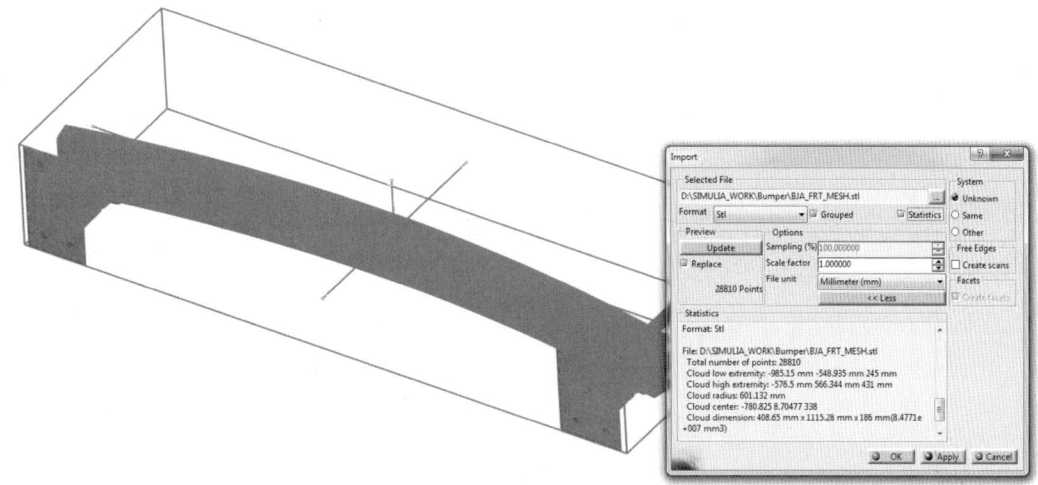

- Export

Workbench에서 변환하거나 수정한 형상의 포인트 데이터를 STL등의 파일 형식으로 내보내기 위한 명령입니다. 만들어진 형상을 Save As로 STL 파일 형식으로 저장하는 것과는 다르다고 할 수 있습니다.

명령을 실행하면 다음과 같은 창이 나타나며 Export하고자 하는 대상을 Element에 선택해 주고 저장될 경로를 지정해 주어야합니다.

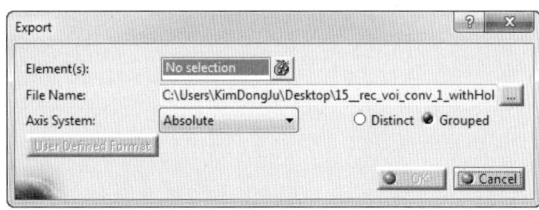

B. Cloud Edition

- Active

이 명령은 앞서 Chapter 12의 STL Rapid Prototyping Workbench에서 공부한 바 있습니다.

- Filter

이 명령은 스캔된 점 데이터에 대해서 일정 간격으로 필터링을 하는 기능을 합니다. 즉, 입력한 값으로 스캔 포인트의 수를 조절할 수 있어 데이터를 조절할 수 있습니다.

명령을 실행하면 다음과 같은 창이 나타납니다.

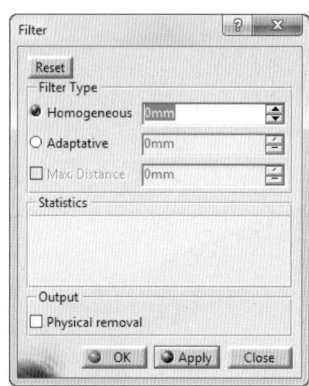

여기서 작업자는 두 가지 모드로 필터링을 선택해 줄 수 있습니다. Homeogenous ahem일 경우 입력한 반지름 값을 기준으로 구가 만들어져 구간 거리 간격을 기준으로 스캔 포인트를 간소화 할 수 있습니다.

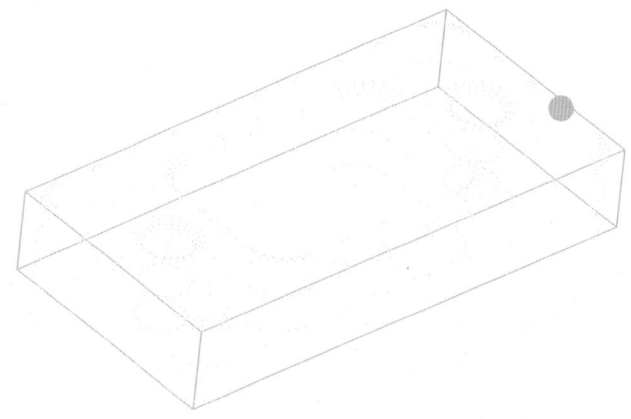 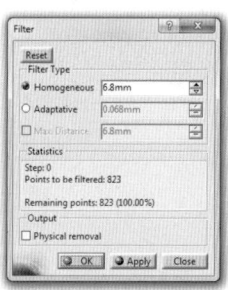

Statistics에 변화하는 데이터양을 확인할 수 있습니다.

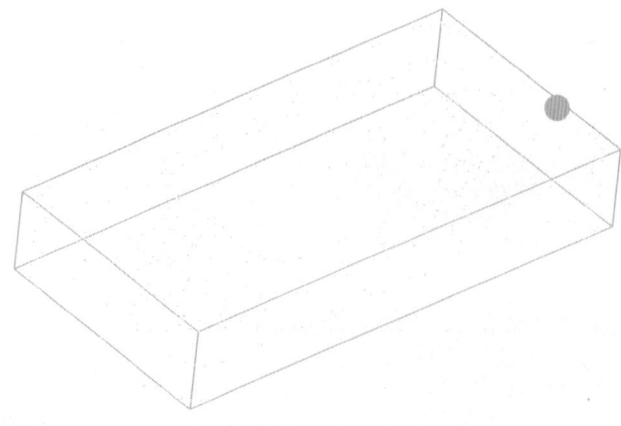 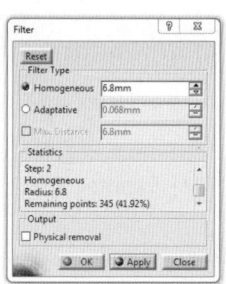

이렇게 스캔 포인트 수를 조절한 후에 격자를 생성하여 계산 양을 줄일 수도 있습니다.

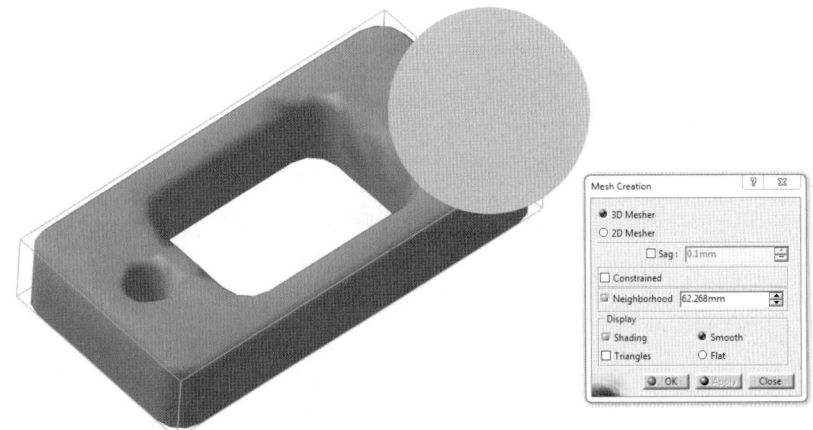

• Remove

이 명령은 스캔 데이터에서 특정 부분만을 제거하기 위하여 앞서와 같은 스캔 포인트의 선택 작업을 수행하게 됩니다. 명령을 실행하고 특정 스캔 포인트를 앞서 Active와 같은 명령으로 선택해 주고 OK를 선택하면 대상 포인트들이 삭제됩니다. 불필요한 스캔 데이터를 삭제하는데 사용한다고 생각하면 됩니다.

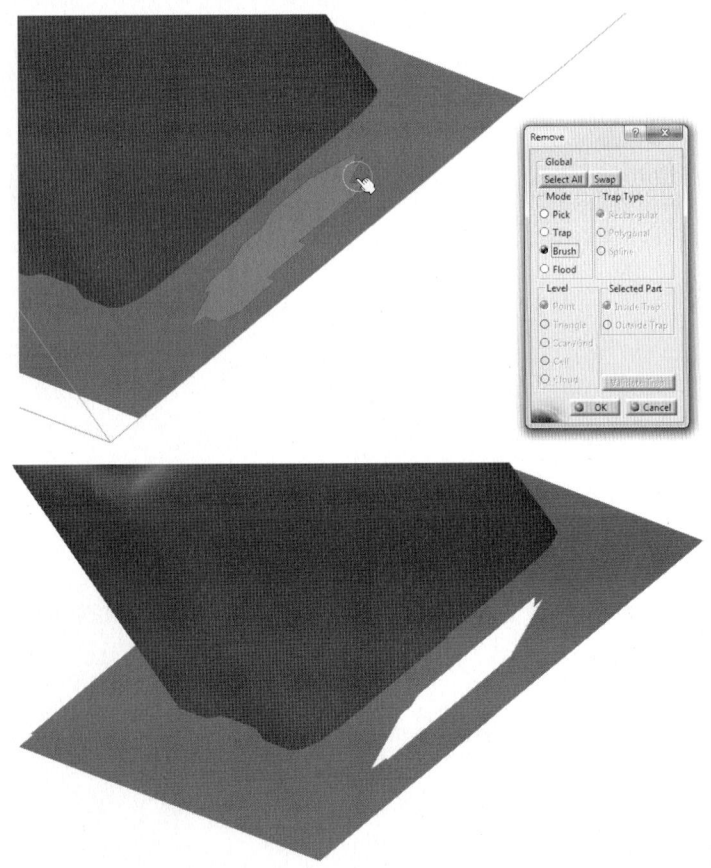

이렇게 삭제된 포인트들은 다시 살리는 것은 불가능합니다. 또한 STL 수정 작업에서 CTRL+Z 기능은 먹히지 않습니다.

> 스캔 데이터나 격자 형상을 다루는 대부분의 작업은 작업 내용이 기록되는 것이 아닌 작업 별로 Datum 식으로 끊어지기 때문에 Undo를 잘못 사용하면 전체 작업이 날아갈 수 있으므로 주의 바랍니다.

• Protect

이 명령은 스캔 데이터나 격자 커브 요소에 대해서 보호 기능을 적용하여 필터링이나 제거되지 않도록 하는 기능을 합니다.

명령을 실행하면 다음과 같은 창이 나타납니다.

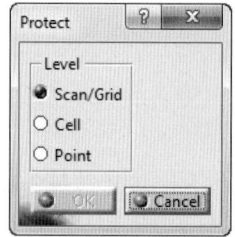

여기서 작업자는 대상 요소를 선택하고 Unprotected를 클릭하여 Protected로 변경해 줍니다.

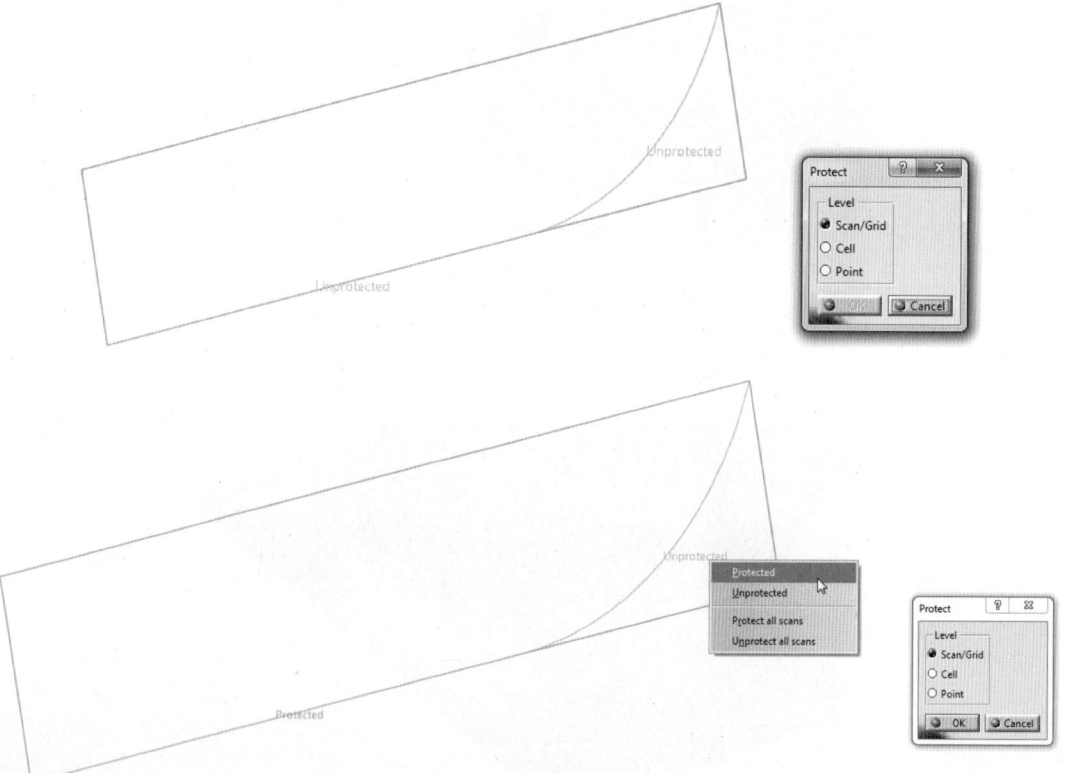

이렇게 Protected된 대상은 필터링이나 삭제가 불가능 합니다.

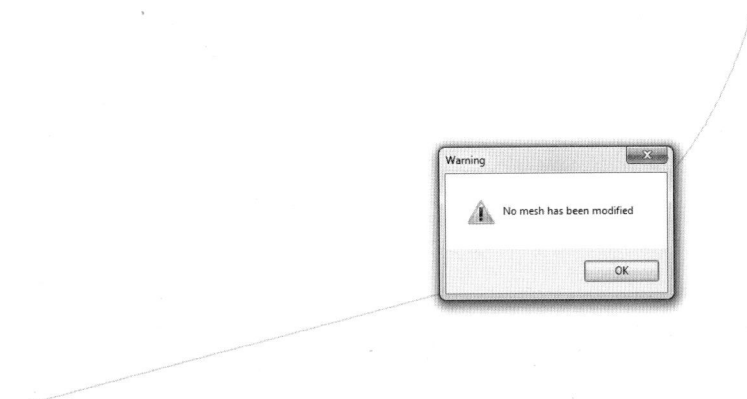

C. Cloud Reposit

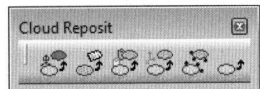

- Align using the compass

이 명령은 스캔 데이터나 격자 형상을 Compass를 사용하여 이동시키는 기능을 합니다.

명령을 실행하면 다음과 같은 창이 나타납니다. 여기서 작업자는 형상을 선택한 후에 Compass의 선, 면, 축 요소를 사용하여 이동이 가능합니다. 이동된 대상은 Keep Initial이 체크되면 복사되기 때문에 원본 위치의 데이터가 불필요하면 숨기기 해 줍니다.

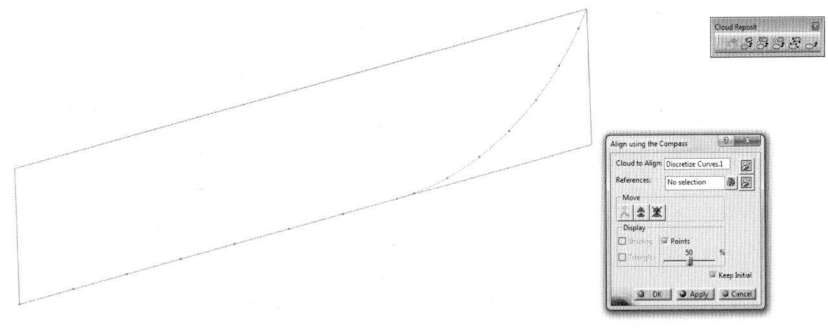

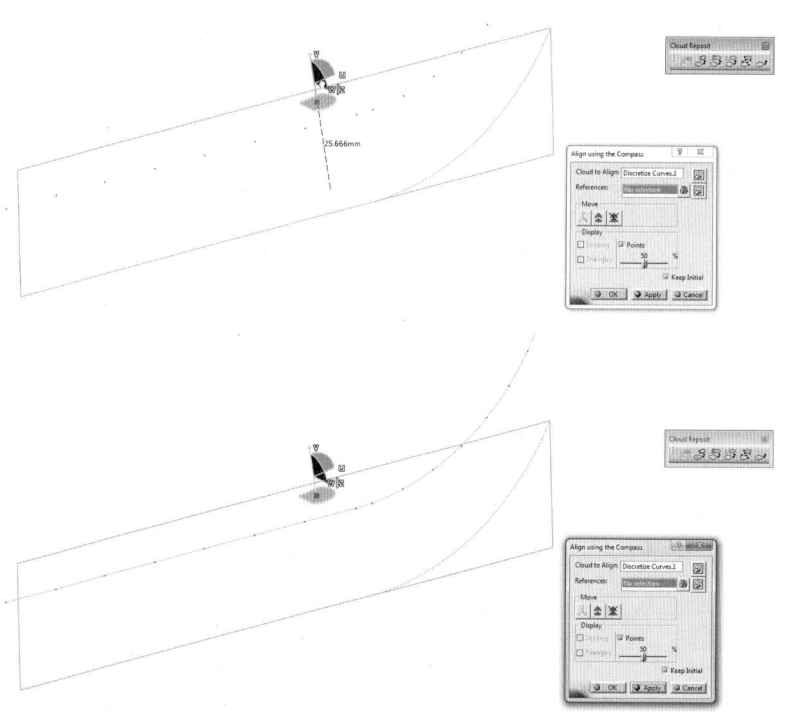

• Align by Best Fit

이 명령은 스캔 데이터나 격자 형상을 기준이 되는 대상에 맞추어 이동하도록 하는 기능을 합니다.

명령을 실행하면 다음과 같은 창이 나타납니다. 여기서 작업자는 이동시킬 대상을 선택하고 이동할 기준 위치의 대상을 선택해 줍니다.

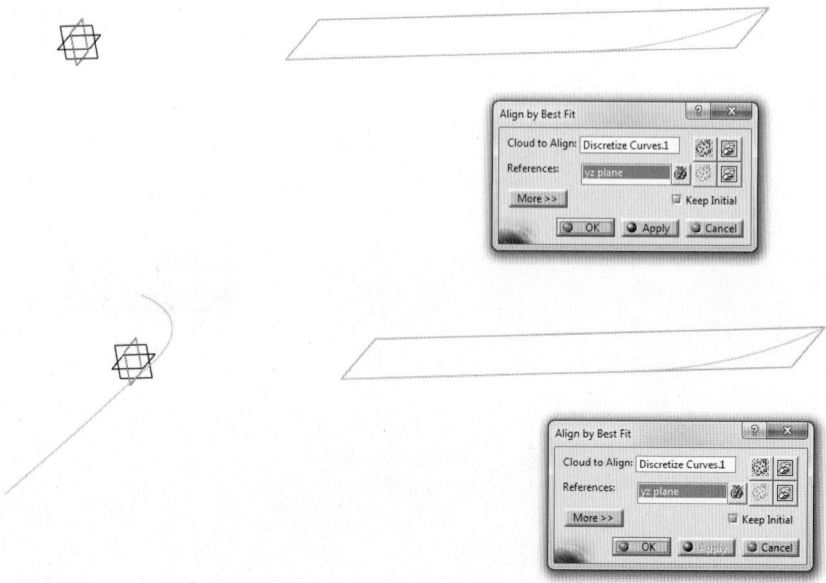

• Align with Constraints

이 명령은 스캔 데이터나 격자 형상을 구속 요소를 사용하여 이동을 시키는 기능을 합니다. 명령을 실행시키고 정렬시킬 격자 형상을 선택하고 구속의 기준이 될 점이나 선, 면 요소를 Add 버튼을 눌러 기준이 될 대상을 먼저 선택하고 목적하는 위치의 대상을 선택해 줍니다.

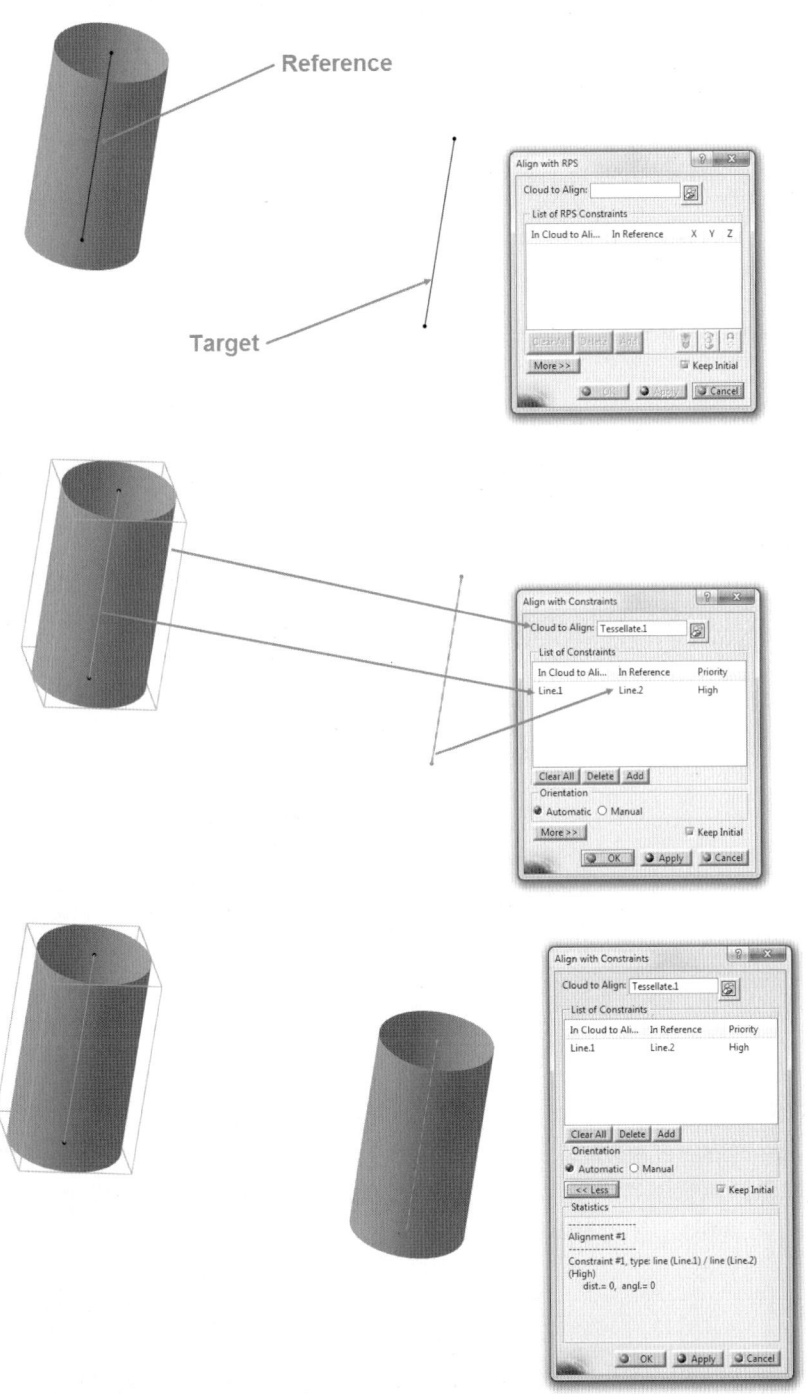

• Align with RPS

이 명령은 스캔 데이터나 격자 형상을 RPS를 사용하여 정렬 시킵니다.

• Align using Spheres

이 명령은 스캔 데이터나 격자 형상을 다른 스캔 포인트 묶음의 포인트를 선택하여 이를 Sphere로 인식 후 사용하여 정렬을 시킵니다.

• Align with Previous Transformation

이 명령은 스캔 데이터나 격자 형상을 이전에 사용하였던 이동 방식을 재사용하여 동일하게 이동하게 하는 기능을 합니다.

D. Mesh

• Mesh Creation

이 명령은 기존 Mesh(격자)를 수정하여 재생성하거나 스캔 데이터에 대해서 Mesh를 생성하는데 사용합니다.

명령을 실행하면 다음과 같은 창이 나타납니다.

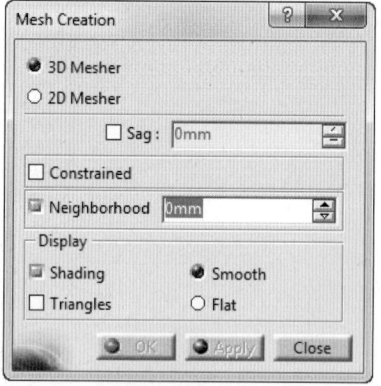

여기서 대상을 선택한 후 Neighborhood 값을 조절하여 이웃하는 포인트 데이터의 거리 간격을 인식하게 합니다. 녹색으로 나타나는 구(Sphere) 형상이 그 정보를 나타내며 이 값이 너무 크거나 작을 경우 Mesh 생성 작업이 의도 하지 않은 모양으로 될 수 있습니다. 하단의 Display 모드를 조절하여 화면의 표시 스타일을 변경할 수 도 있습니다. 필요에 따라 Sag(세그먼트) 값을 수정해야 할 수 있습니다.

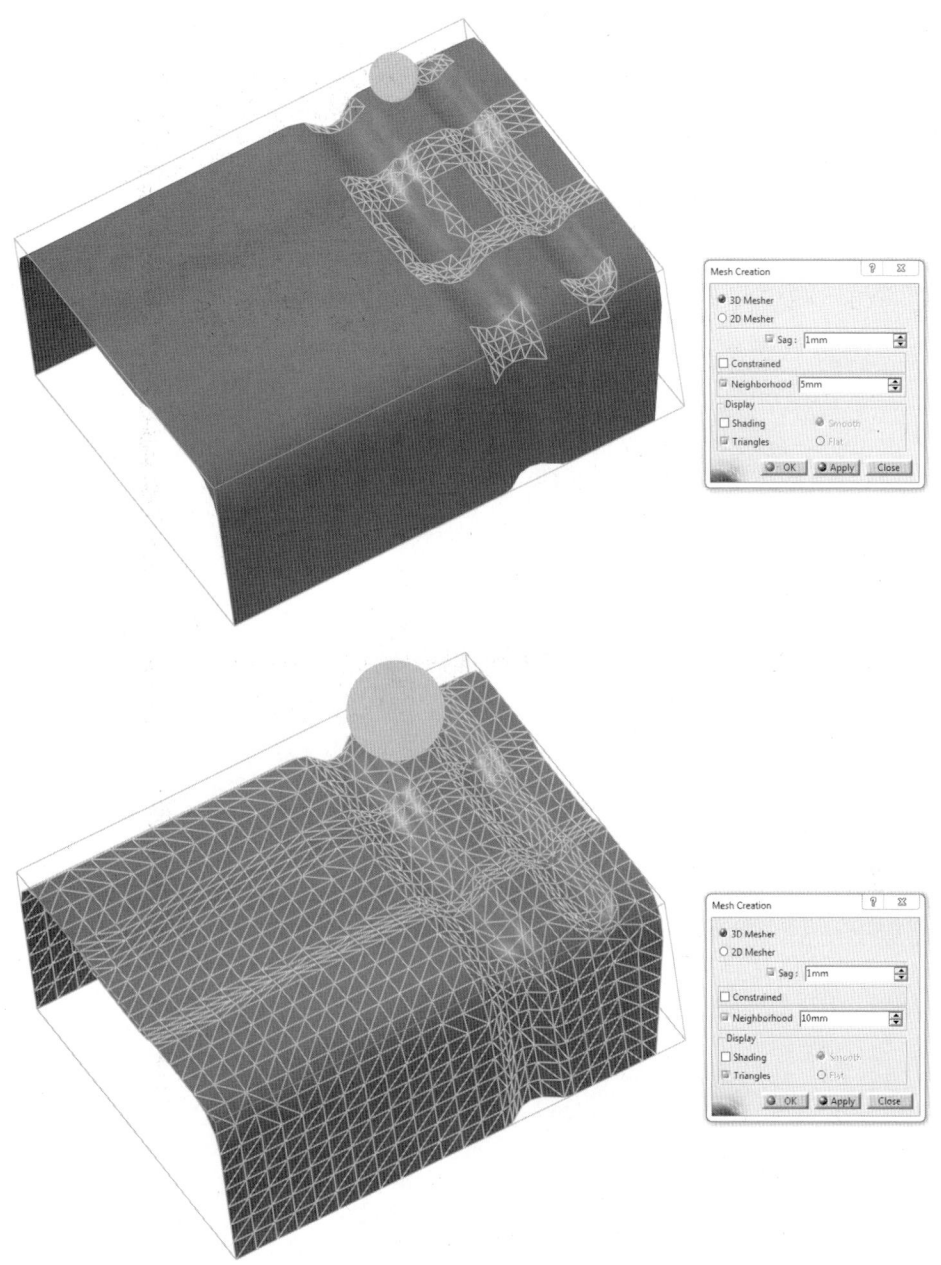

이렇게 만들어진 Mesh는 앞서 생성한 스캔 포인트와 별도로 Spec Tree에 기록되며 수정은 불가능 합니다. 다시 Mesh를 수정하고자 한다면 다시 명령을 사용하여 생성해 주어야만 합니다.

• Mesh Offset

이 명령은 생성된 격자를 일정한 간격을 주어 새로운 격자를 생성하는데 사용합니다. 또는 일정한 두께를 가지는 Shell 격자로 정의할 수 있습니다.

명령을 실행하면 다음과 같은 창이 나타납니다.

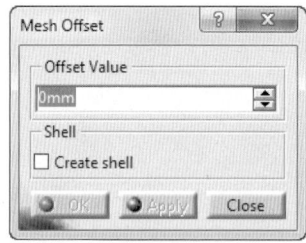

여기서 작업자는 오프셋 하고자 하는 격자를 선택한 후에 값을 입력해 줍니다.

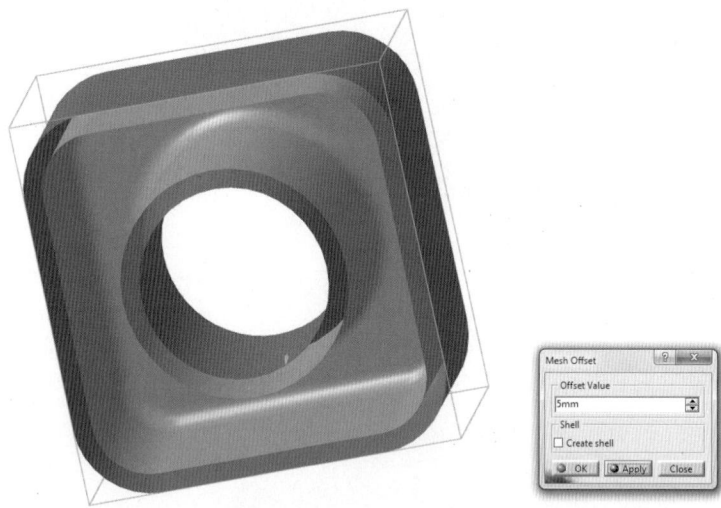

오프셋 값이 '-'인 경우 바깥 방향으로 정의가 가능합니다.

Create shell을 체크하면 별도의 격자가 생성되는 것이 아니라 기본 격자와 오프셋 된 격자가 하나로 일정한 오프셋 두께를 가지는 격자가 만들어 집니다.

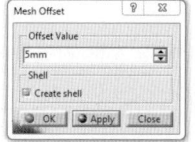

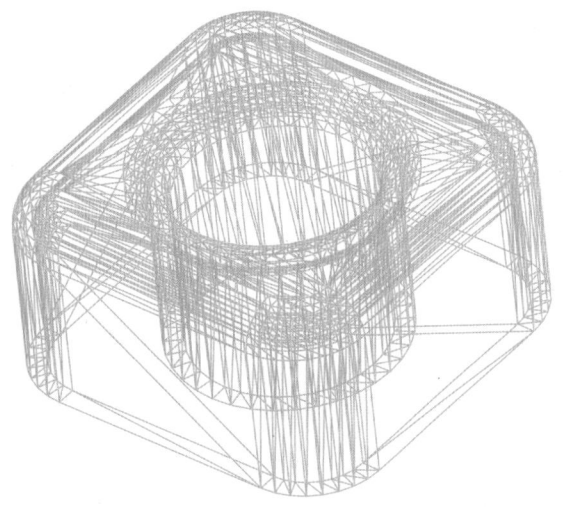

- **Rough Offset**

이 명령은 앞서 3.1절의 STL Rapid Prototyping Workbench에서 공부한 바 있습니다.

- **Flip Edges**

이 명령은 형상을 좀 더 바르게 표현할 수 있도록 생성된 격자의 Edge 방향을 바꿔주는 기능을 합니다.

명령을 실행하면 다음과 같은 창이 나타납니다. 여기서의 Depth는 Flip할 모서리를 어느 단계까지 고려하는지를 정의하는 값입니다.

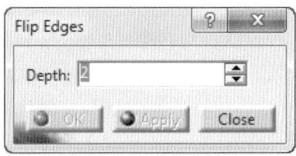

다음은 간단한 Flip Edges 결과입니다.

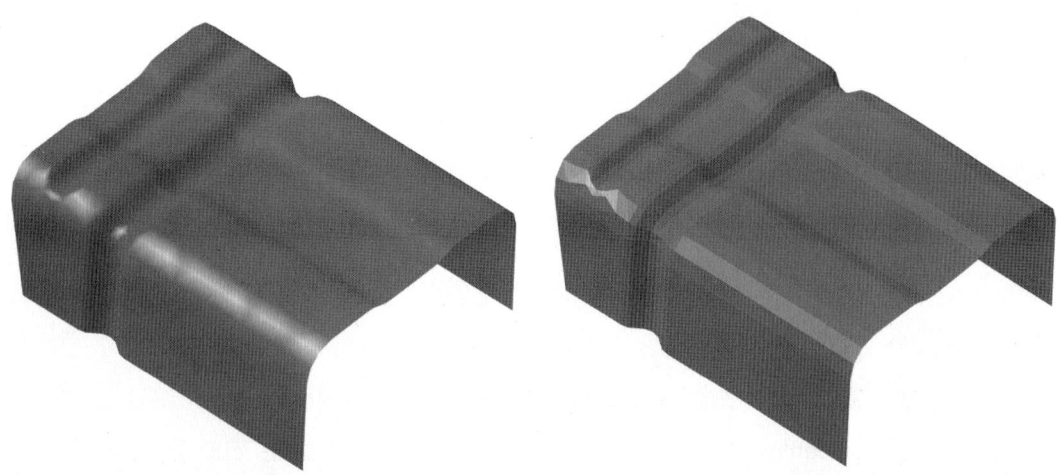

이 명령은 Apply를 반복하여 눌러주면 동일 작업을 반복하게 됩니다.

• Mesh Smoothing

이 명령은 만들어진 격자의 날카로운 부분을 부드럽게 정의하는 기능을 합니다. 스캔 포인트의 수나 격자의 구성으로 인해 매끄럽지 못한 부분을 다듬는 역할을 한다고 보면 됩니다. 스캔에서 발생할 수 있는 노이즈(정밀도, 측정 오차 등)에 대해 수작업으로 다듬지 않고 부드럽게 처리할 수 있습니다.

명령을 실행하면 다음과 같은 창이 나타납니다.

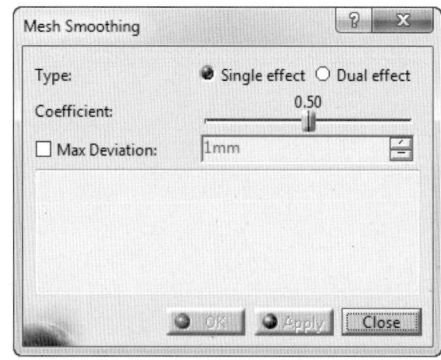

Type은 두 가지가 있는데 Single Effect는 격자 전체를 수정하기 때문에 형상을 부드럽게 하는 대신 형상이 왜곡되고 변형이 심하게 됩니다. Dual Effect는 형상이 가지는 날카로운 모서리 등을 고려하기 때문에 형상을 유지하는 상태로 부드럽게 격자를 수정하는 것이 가능합니다. 아래 그림을 참고 바랍니다. Apply를 반복하여 눌러주면 명령을 연속으로 이용할 수 있습니다.

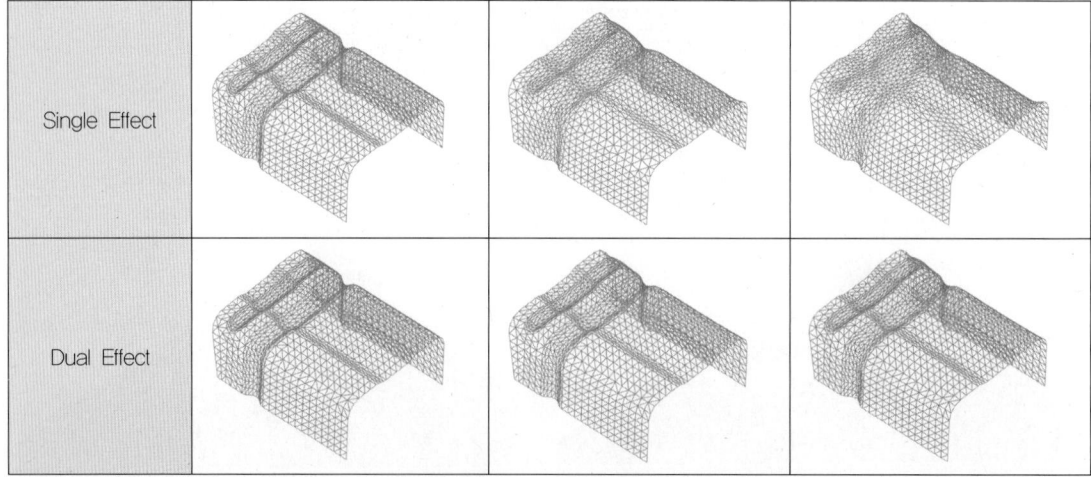

Coefficient 값을 조절하여 기존 위치와 변경될 위치의 이동 범위를 조절할 수 있습니다.(최대 1까지 가능하며 0이면 이동이 전혀 없는 것입니다.)

또한 Max Deviation을 사용하여 포인트 이동의 최대 범위를 제한할 수 있습니다.

아래 Statistics 창에 Smoothing 정보를 확인할 수 있으니 값을 확인하며 작업하는 것도 좋습니다.

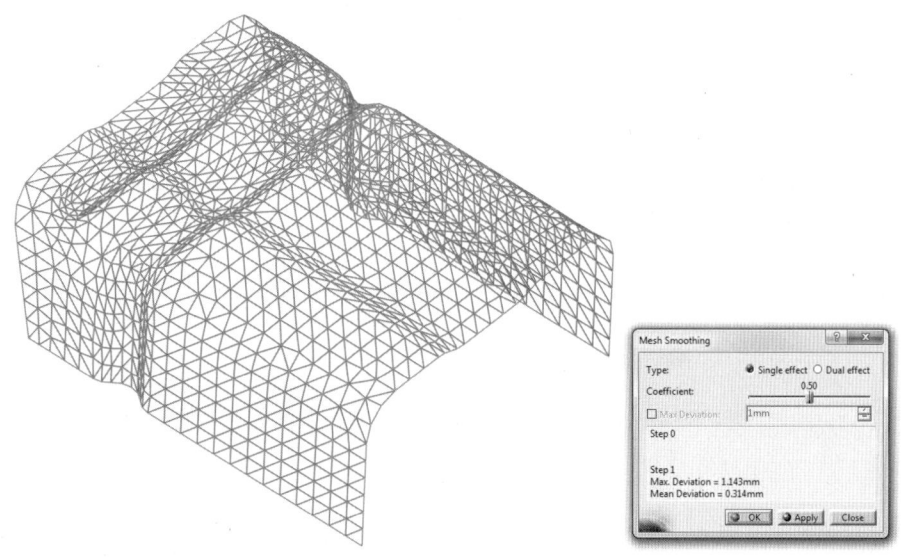

• Mesh Cleaner

이 명령은 불러온 격자에 문제되는 부분 가령 중복되어 겹치거나 연결되지 않은 격자에 대해서 이를 찾아내어 손쉽게 정리해 주는 기능을 합니다. 대량의 격자 형상을 불러와 작업할 경우 문제되는 부분을 일일이 찾아 수정하기 어려운 경우 사용하면 유용한 기능입니다.

명령을 실행하면 다음과 같은 창이 나타납니다.

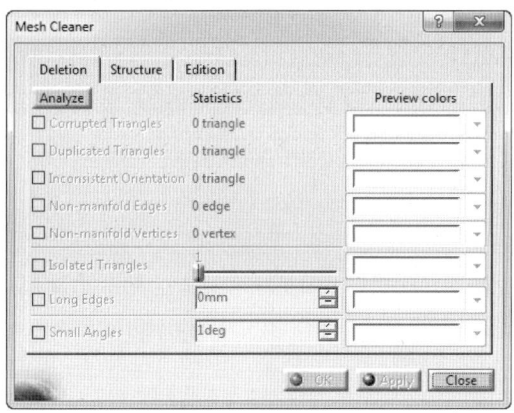

여기서 작업자는 격자를 먼저 선택하여 Analysis를 실행, 문제되는 부분을 확인하여 수정하는 것이 가능합니다.

- Deletion

이 탭에서는 격자 형상을 선택한 후에 Analyze를 눌러 형상을 분석하여 불필요한 부분을 삭제하는데 사용할 수 있습니다. 중복되는 격자가 있거나 연결되지 않는 모서리와 같은 요소가 있는 경우 해당 요소에 대해서 숫자를 표시하며 색상을 다르게 하여 화면상에서 확인이 가능합니다.

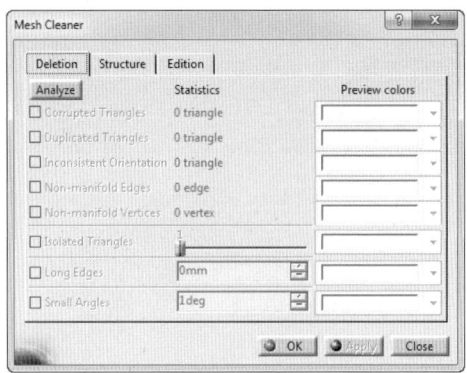

여기서 제거할 대상을 체크한 후에 Apply를 눌러주면 문제되는 요소가 있는 부분의 격자가 삭제되는 것을 확인할 수 있습니다.

- **Structure**

이 탭에서는 격자들이 가지는 수직 방향 벡터의 방향을 정렬해 주는 기능을 합니다. 탭을 변경한 후에 Orientation을 클릭해 주면 현재 선택한 격자의 방향 벡터를 표시해 줍니다. 여기서 필요에 따라 방향을 원하는 방향으로 정렬해 주는 게 가능합니다.

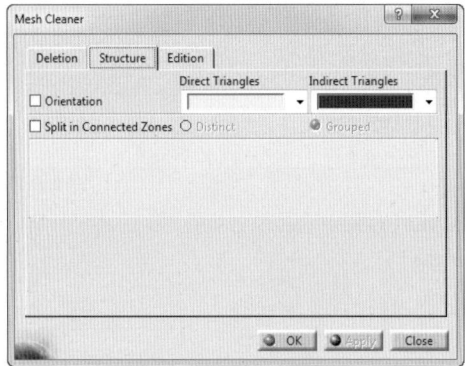

- **Edition**

이 탭에서는 격자 형상에서 삼각형 형상을 이루는 각도가 일정 각도 이하인 경우를 찾아내어 수정해 주는 기능을 합니다. Small Angle을 체크하면 입력한 각도 이하의 격자가 하이라이트 되며 Apply를 눌러 해당 격자를 수정해 줄 수 있습니다.

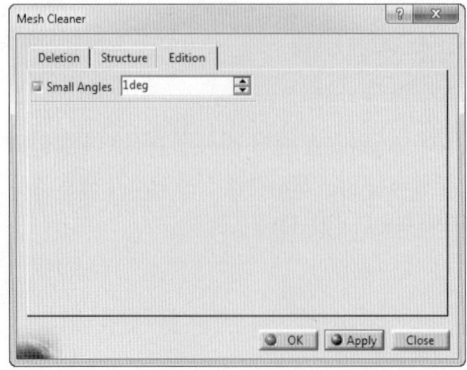

• Fill Holes

이 명령은 불러온 STL 파일이 스캔 오류 또는 처리 과정에서 생길 수 있는 틈을 메우기 위한 명령입니다. STL 파일 자체가 GSD Workbench의 Fill과 같은 명령처럼 일일이 해당 부분을 찾아 메우는 것이 불가능하기 때문에 이 명령을 사용하여 일정한 Hole Size에 대해서 동시에 포인트 사이를 채워주는 기능을 사용하게 됩니다.

명령을 실행하면 다음과 같은 창이 나타납니다.

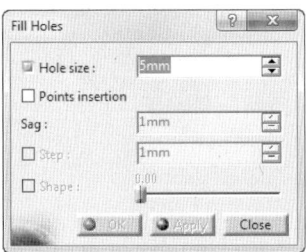

명령을 실행한 후에 스캔 파일을 선택하면 우선 현재 입력한 Hole Size에 대해서 열려있는 부분에 채우기가 가능한 곳과 불가능한 곳이 표시가 됩니다. 여기서 x 표시난 곳은 Hole을 채울 수 없는 부분임을 알려줍니다.

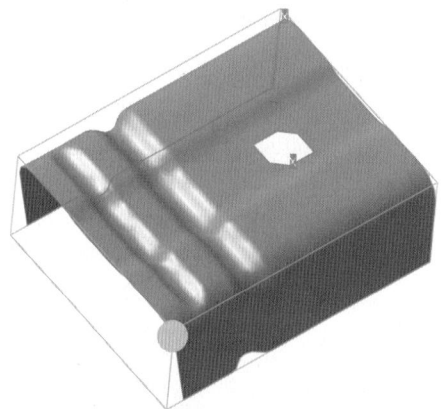
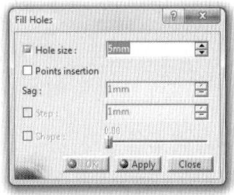

여기서 필요에 따라 Hole Size를 변경하며 채워줄 부분을 잡아 주도록 합니다.

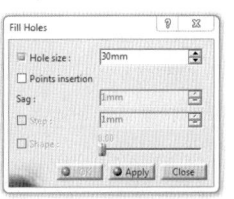

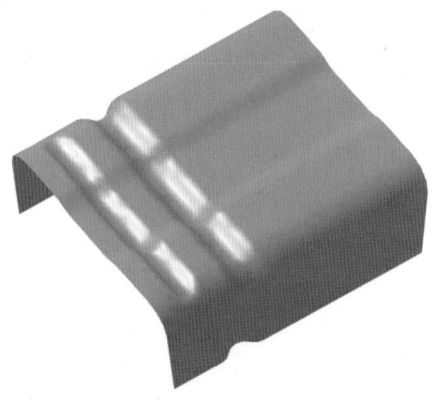

• Interactive Triangle Creation

이 명령은 개개의 Hole 위치에 대해서 작업자가 삼각형 요소의 모서리나 GSD 포인트 등을 활용하여 새로운 격자를 생성하는 기능입니다.

명령을 실행하면 다음과 같은 창이 나타납니다.

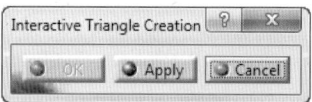

여기서 작업자는 포인트 또는 격자의 모서리를 선택하여 삼각형 격자를 기존 격자에 추가로 만들어 줄 수 있습니다.

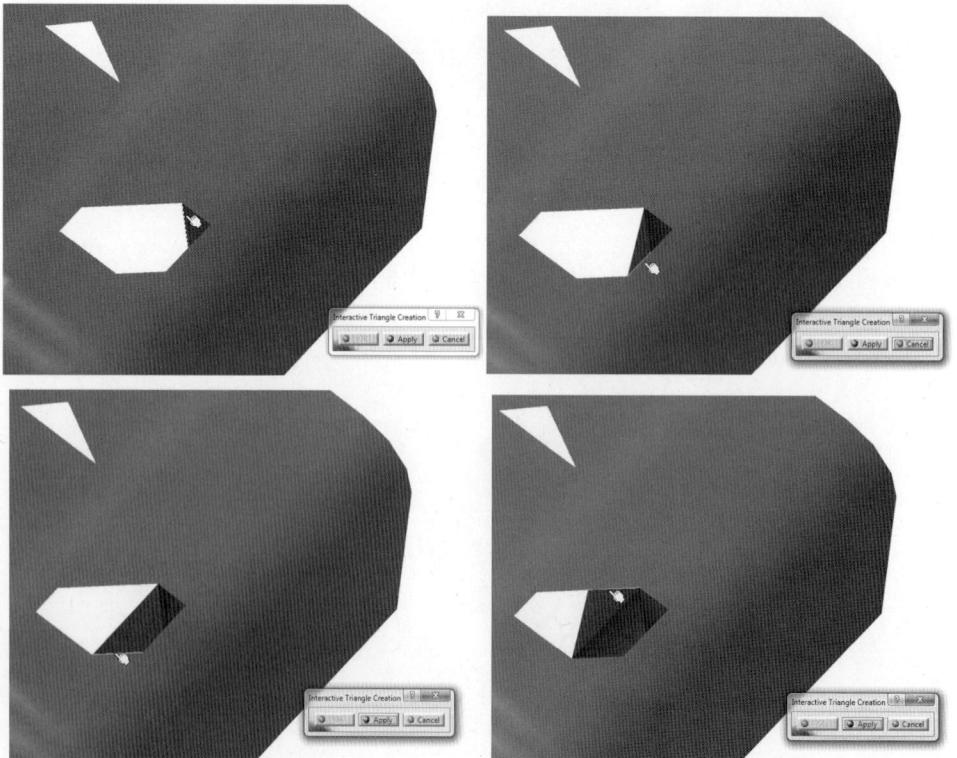

• Decimate

이 명령은 기존 격자의 수를 줄이기 위하여 앞서 만들어진 격자들을 병합하여 수를 줄이는 기능을 합니다.

명령을 실행하면 다음과 같은 창이 나타납니다.

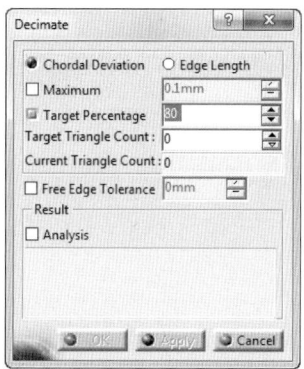

격자를 선택한 후 위의 값을 정의해 준 후 Apply를 반복적으로 실행하여 명령을 재실행할 수 있습니다.

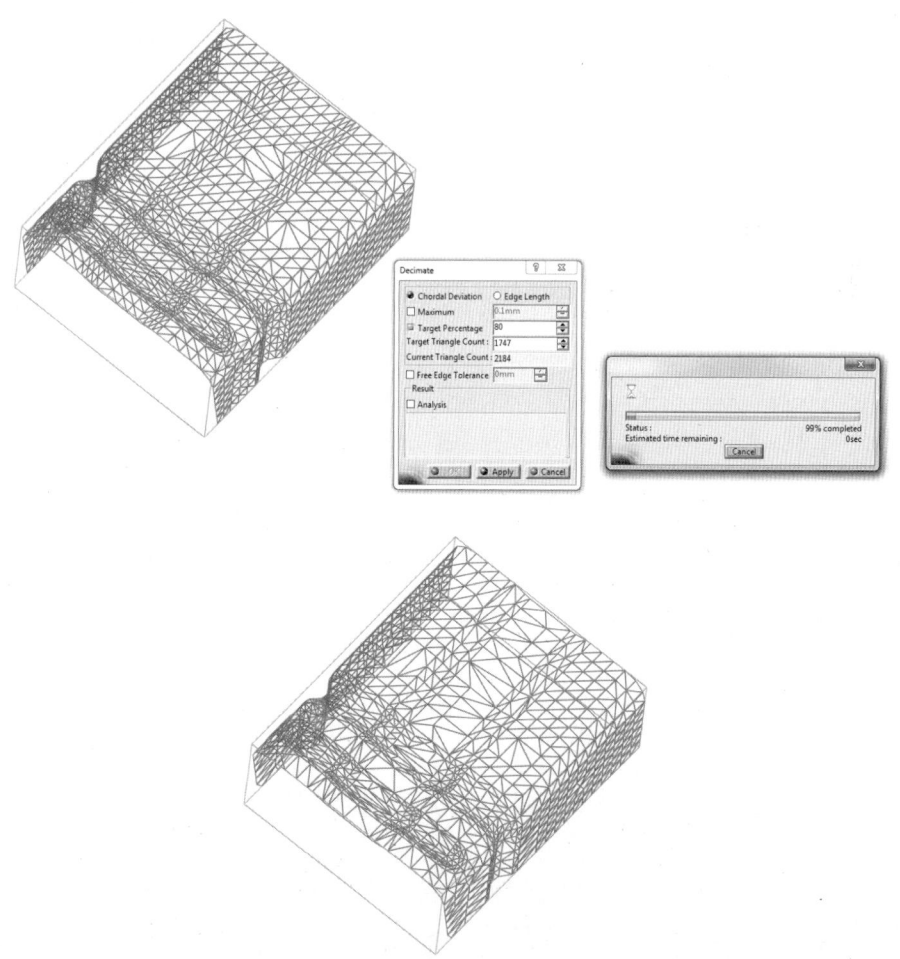

여기서 주의할 것은 이러한 단순화 과정에서 형상이 왜곡될 수 있음을 반드시 인지해야 합니다.

• Optimize

이 명령은 기존의 격자 형상을 일정한 값으로 최적화해주는 기능을 합니다.

명령을 실행하면 다음과 같은 창이 나타납니다.

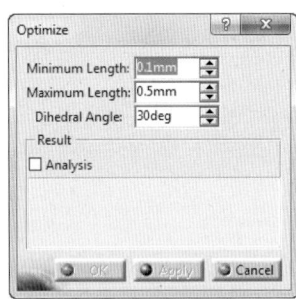

여기서 작업자는 격자의 최소 길이와 최대 길이 그리고 이면각 값을 정의하여 새로운 격자를 구성해 줄 수 있습니다.

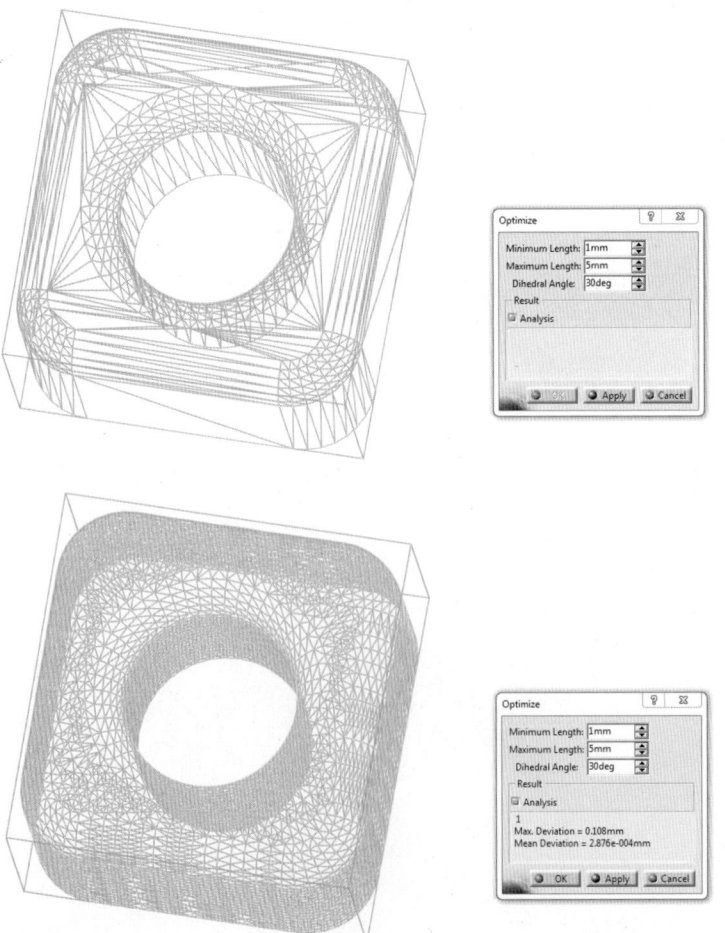

E. Operations

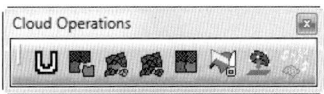

- **Merge Clouds**

이 명령은 각각의 나누어진 스캔 포인트들을 하나로 합쳐주는 기능을 합니다. 서로 독립적으로 작업하거나 불러온 스캔 데이터들은 서로 별도로 인식이 되기 때문에 다음 작업을 위하여 이들을 병합하여 하나의 형상으로 인식시켜 주게 합니다.

명령을 실행하면 다음과 같은 창이 나타납니다. 여기서 작업자는 낱개로 구분되는 스캔 포인트를 선택하여 합쳐주도록 합니다.

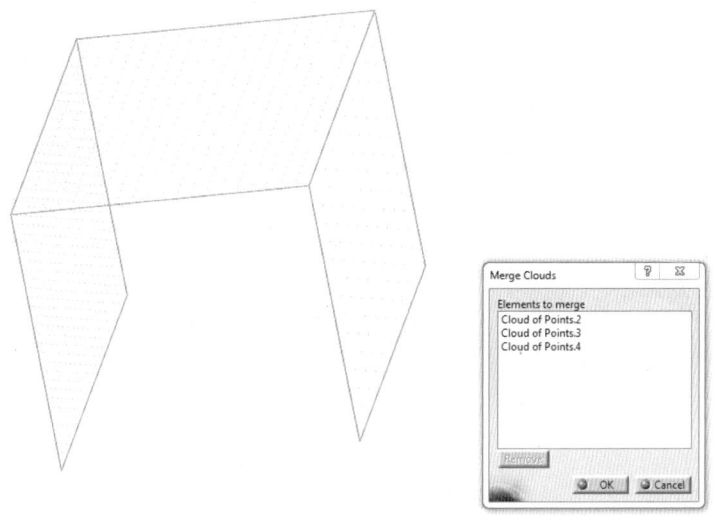

- **Merge Meshes**

이 명령은 앞서의 과정에 의해 생성한 격자들을 합쳐주는 기능을 합니다. Surface 모델링과 같이 각각의 작업에 의해 만들어진 격자들은 개별적인 요소들로 인식되기 때문에 반드시 합쳐주는 작업을 해주어야 합니다.

명령을 실행하면 다음과 같은 창이 나타납니다.

여기서 만들어진 격자들을 선택하여 OK를 눌러주면 하나의 격자로 합쳐지는 작업이 가능합니다.

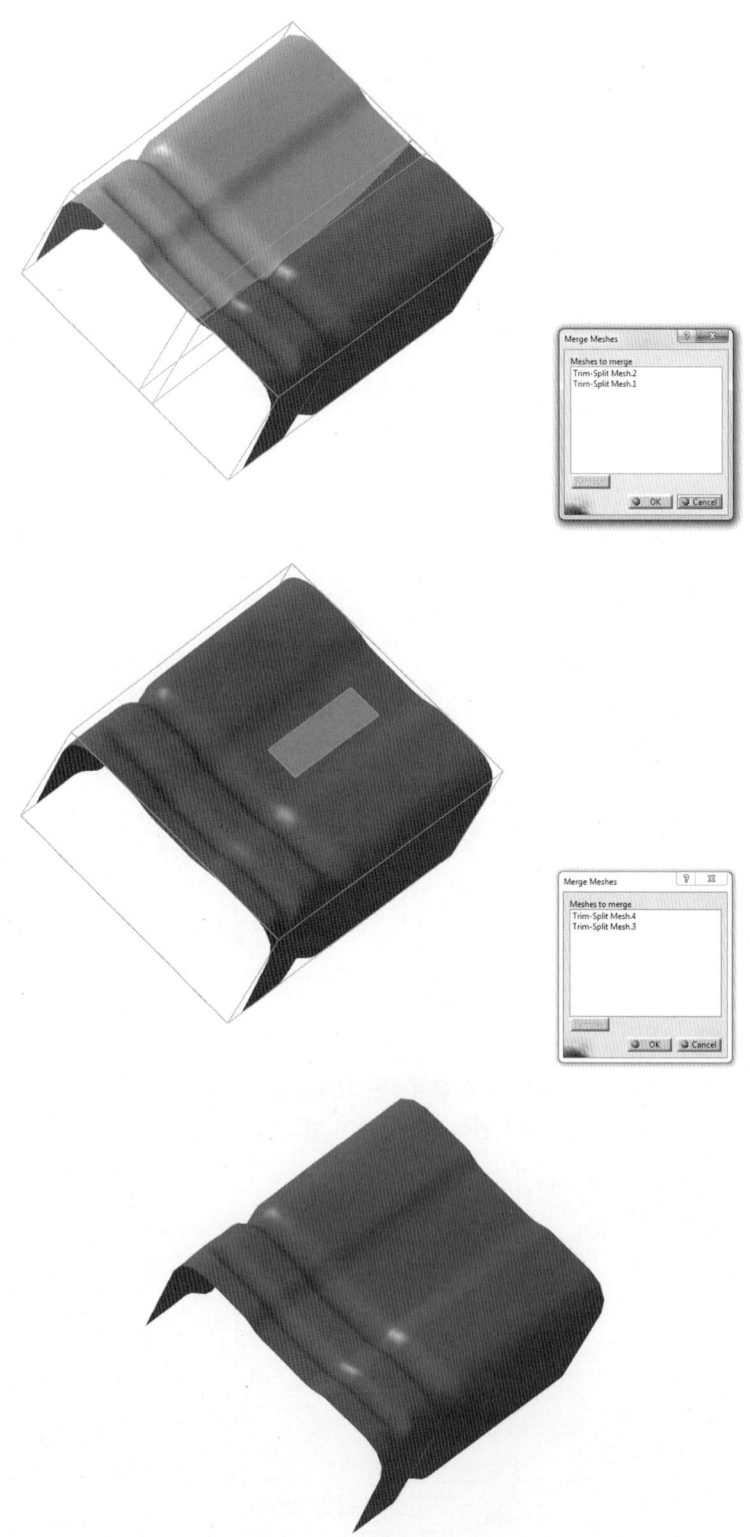

그러나 격자 요소들 사이에 중첩되는 부분이 있으면 다음과 같은 중대한 오류가 발생함을 주의해야 합니다.(GSD Workbench에서 중첩되는 Surface들을 합칠 때 오류가 생기는 것과 동일하다고 보면 됩니다.)

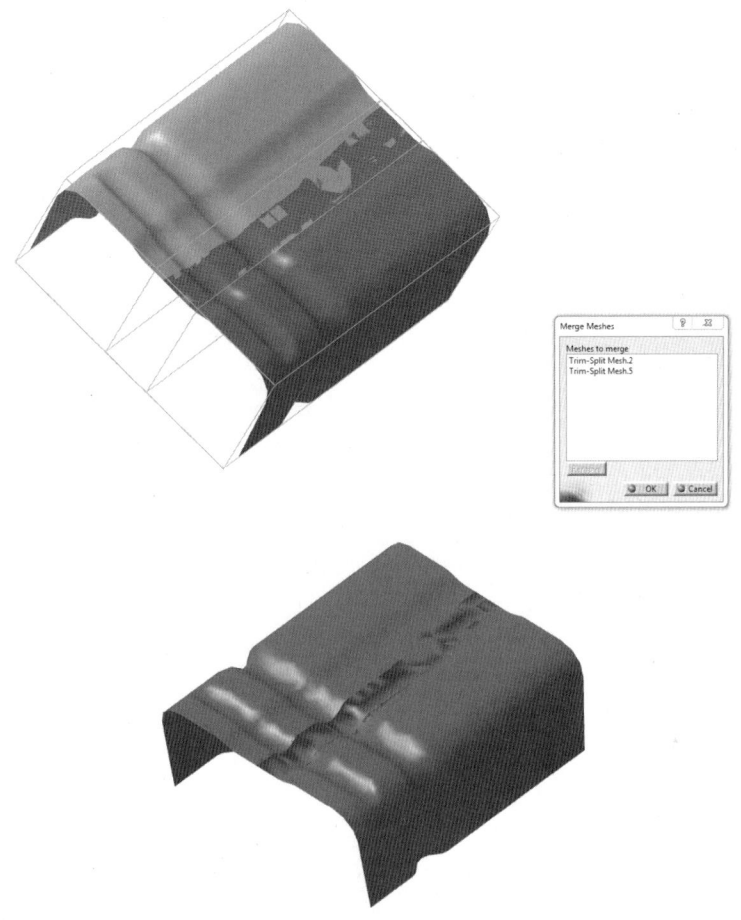

이런 경우 Mesh Smoothing과 같은 명령이 형상을 수정하는데 도움이 될 것입니다.

아래와 같이 서로 떨어진 격자를 합칠 경우에는 Spec Tree상에만 합쳐질 뿐 서로 떨어진 사이를 연결해주거나 하지는 않으니 주의 바랍니다.

• Extract Data

이 명령은 현재 수정한 상태의 스캔 포인트 데이터를 새로운 스캔 데이터로 추출하는데 사용합니다. 명령을 실행하고 필터링 또는 병합 등의 작업을 수행한 스캔 데이터를 선택해 줍니다. 그럼 추출된 데이터가 만들어 집니다.

일반적으로 이 명령은 Contextual Menu를 통하여 많이 사용됩니다.

• Disassemble Data

이 명령은 앞서 Merge로 합친 스캔 포인트 데이터들을 분리하는 데 사용합니다.

• Split a Mesh or a Cloud

이 명령은 앞서 Activate 명령과 같은 방식을 사용하여 원하는 부분을 제외한 나머지 부분을 잘라주는 기능을 합니다.

명령을 실행하면 다음과 같은 창이 나타납니다.

여기서 작업자는 잘라주어야 할 부분을 정의하게 되며 선택 작업 후에 만들어진 결과는 다음과 같이 두 가지로 나누어 결과가 Spec Tree에 나타납니다.

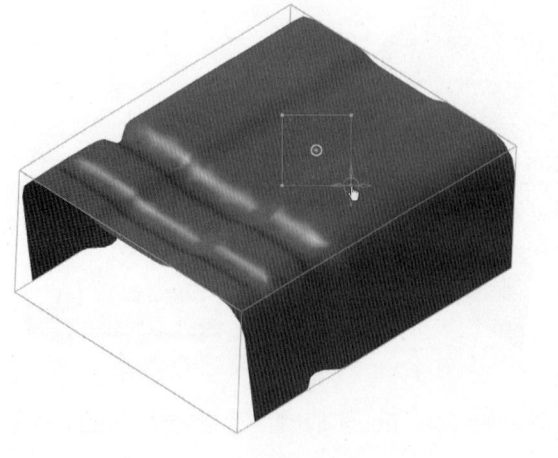

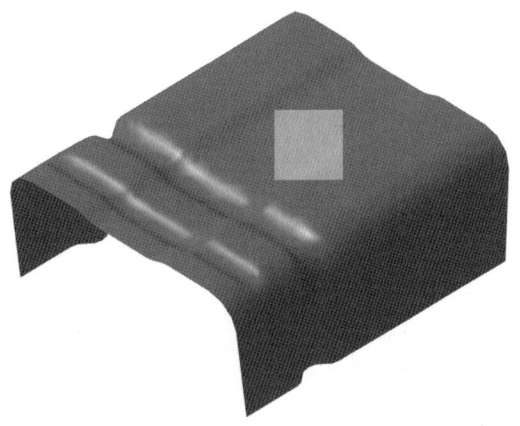

- Trim/Split

이 명령은 불러오거나 작업한 격자 형상을 Plane이나 Surface/Curve와 같은 형상 요소를 사용하여 절단 분리 또는 Trim하는 기능을 합니다.(물론 다른 격자 요소를 절단 기준으로 사용하여도 됩니다.)

명령을 실행하면 다음과 같은 창이 나타납니다.

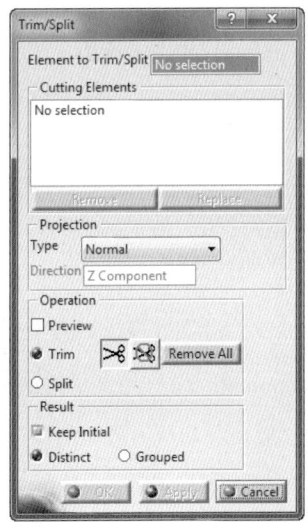

여기서 작업자는 Trim/Spilt 할 대상을 Element to Trim/Split에 선택하고 Cutting Elements에 그 기준이 될 대상을 선택합니다. 그러고 나서 Trim인지 또는 Split할지에 대한 선택을 해주면 됩니다. Split한 결과는 절단 요소를 기준으로 나누어져 각각이 Spec Tree에 나타나게 됩니다.

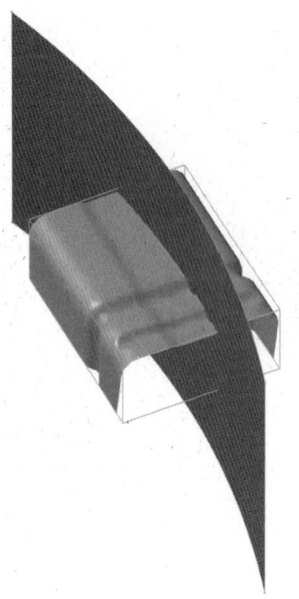
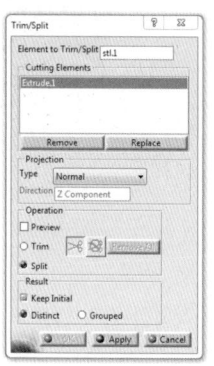

일반적으로 격자 형상을 교차하는 기준 요소를 사용하는 경우에는 자연스럽게 Split 작업이 가능하며, Curve 요소를 사용하고자 하는 경우에는 격자 요소를 지정한 방향으로 투영할 수 있는 경우여야만 가능합니다.

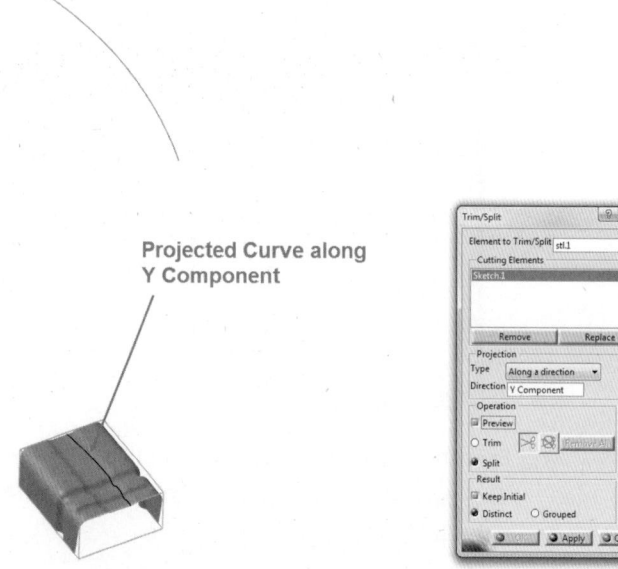

이렇게 Trim 또는 Split 된 요소는 재수정이 불가능하기 때문에 수정이 필요한 경우 이것을 지우고 새로이 이전 격자에서부터 작업에 들어가야 합니다.

• Projection on Plane

이 명령을 3차원 상의 스캔 포인트들을 지정한 평면으로 투영시켜 줍니다.

명령을 실행하면 다음과 같은 창이 나타납니다. 여기서 작업자는 스캔 포인트를 선택하고 평면 요소를 선택합니다.

Axis의 평면은 안 됩니다.

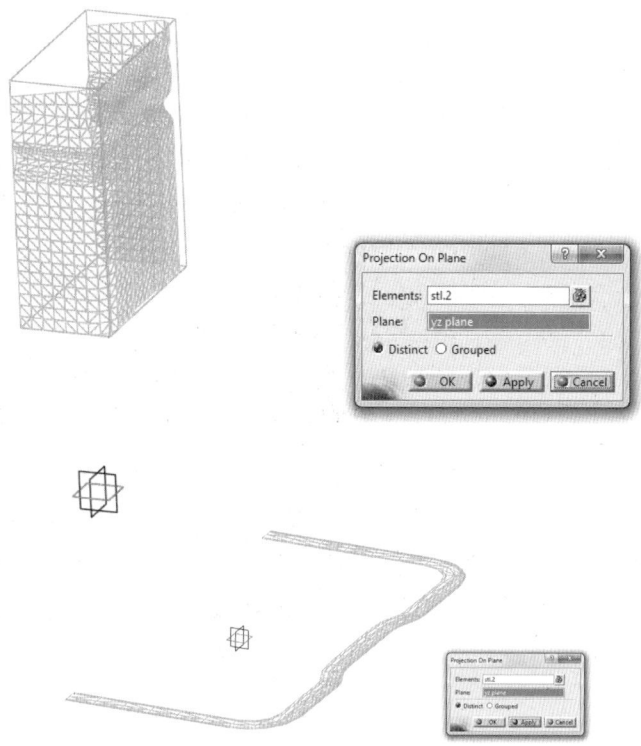

• Cloud/Points

이 명령은 스캔 포인트나 격자를 Geometry 포인트로 만들어 줍니다. 또는 반대로 3차원 포인트들 정보를 가지고 스캔 포인트를 만들어 줍니다.

명령을 실행하면 다음과 같은 창이 나타납니다. 여기서 작업자는 스캔 또는 포인트 데이터를 선택해 줍니다. 그러고 나서 Apply를 눌러 줍니다. 여기서 포인트의 수가 많으면 처리할 수 없다고 나타납니다.

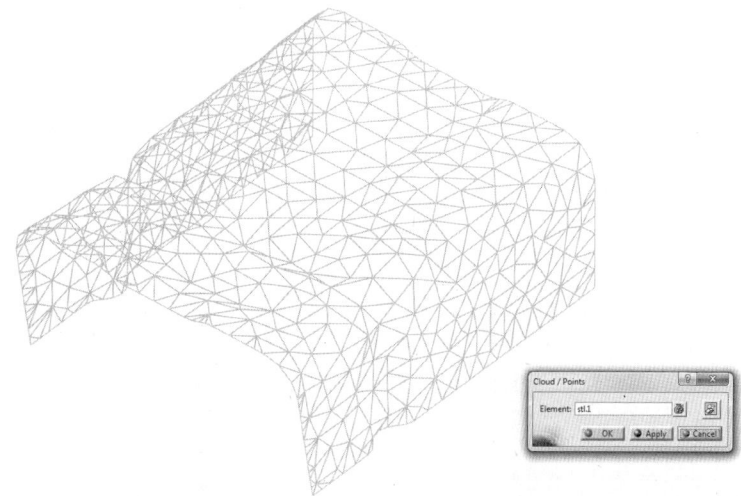

포인트 데이터의 생성 결과는 Geometrical Set에 기록됩니다.

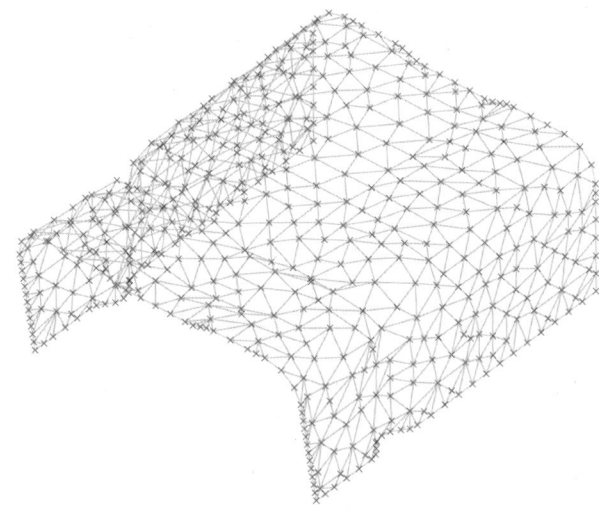

이렇게 선택한 대상은 앞서 방법대로 결과가 만들어 집니다. 포인트 데이터를 선택할 때는 Geometrical Set을 선택해 주면 편리합니다.

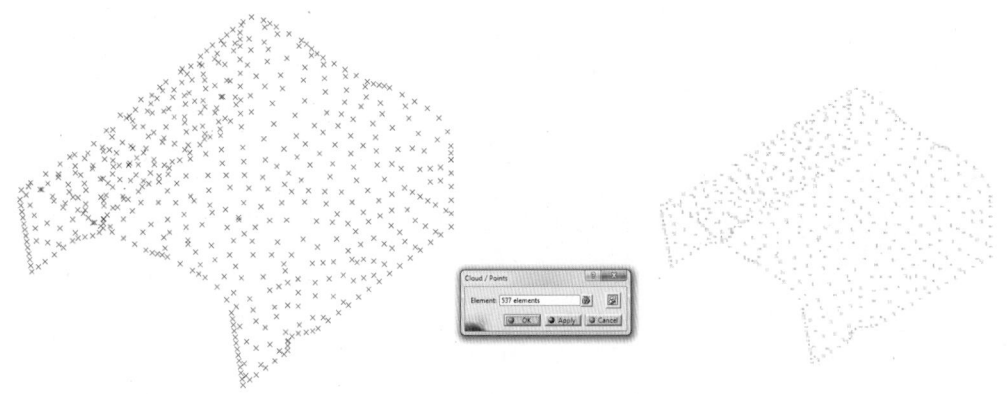

F. Scan Creation

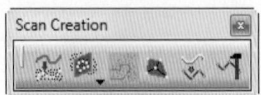

- **Curve Projection**

이 명령은 격자 형상에 커브 요소를 지정한 방향으로 투영시키는 기능을 합니다. 투영된 커브는 GSD의 선 요소가 아닌 스캔된 선 요소와 같은 역할을 합니다.

명령을 실행하면 다음과 같은 창이 나타납니다.

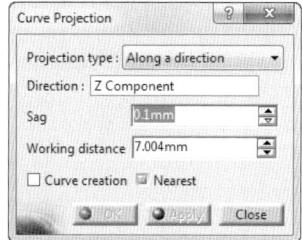

여기서 작업자는 커브 요소를 선택하고 격자 형상을 선택한 후 투영 방향과 Sag 값 등을 정의해 줄 수 있습니다. 기본적인 원리는 GSD의 Projection 과 동일합니다.

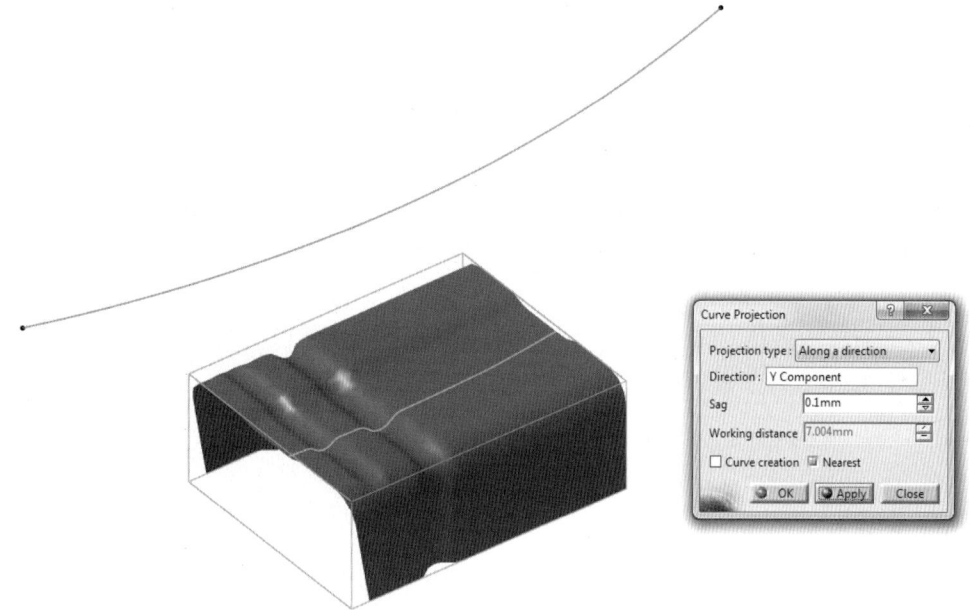

이 명령을 사용하면 투영된 위치의 포인트 데이터를 Export하거나 Split의 Cutting Element 요소로 사용할 수 있습니다.

■ Planar Sections Sub-Toolbar

• Planar Sections

이 명령은 평면 영역을 사용하여 스캔 형상으로부터 면에 교차하는 결과 형상(커브 요소)을 만들어 줍니다.

명령을 실행하면 다음과 같은 창이 나타납니다.

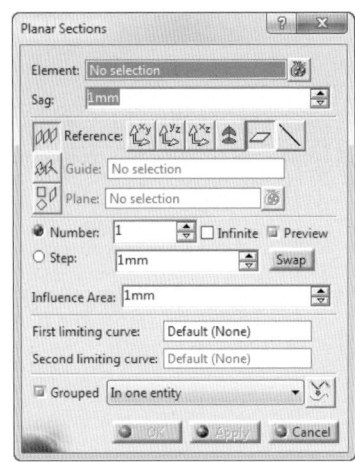

여기서 작업자는 선 요소들이 만들어질 기준이 되는 격자 요소를 선택해 주고 적절한 세그먼트 크기를 입력합니다. 그리고 평면 요소들이 만들어질 방식을 정의합니다. 축 방향에 나란하게 정의하거나(Parallel planes) 가이드 커브에 직교하도록(Planes perpendicular to a guide) 또는 개별적으로(Independent planes) 정의가 가능합니다.

명령이 실행중인 상태에서 평면은 언제든 원하는 위치로 이동과 배열이 가능합니다.

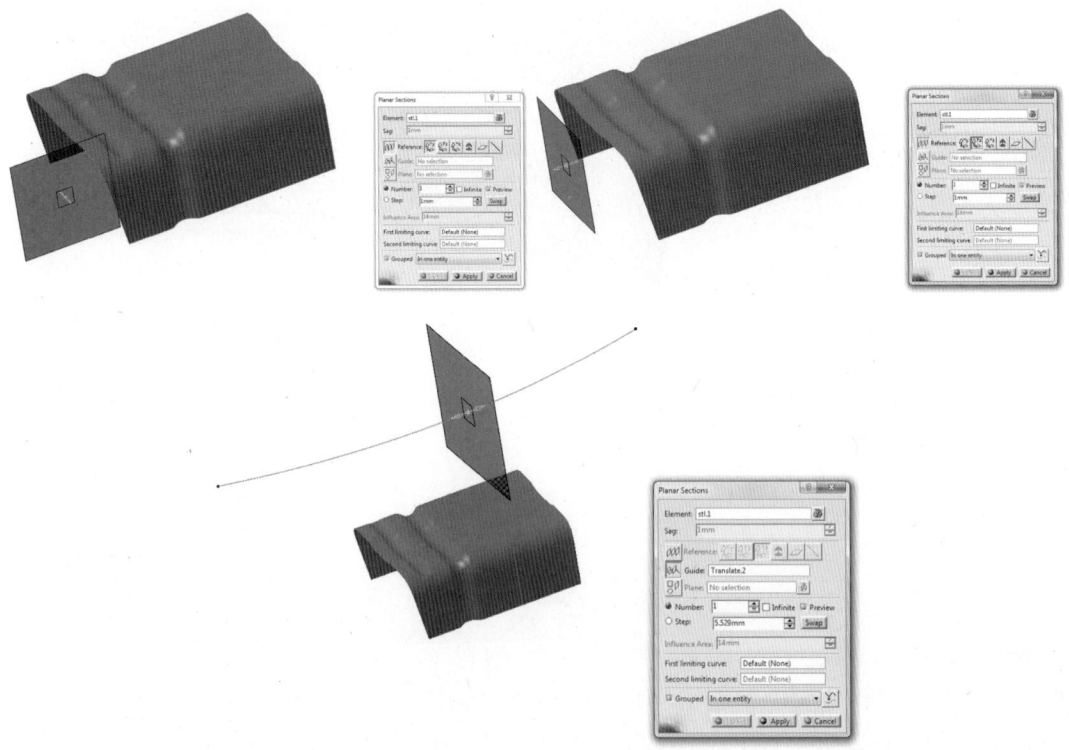

마우스로 평면을 이동하여 원하는 위치에 배치가 가능하며, 해당 위치에 선 요소가 생성되게 됩니다.

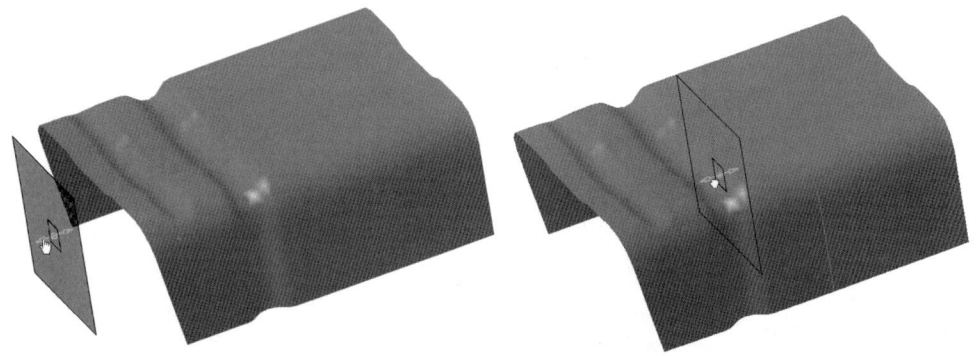

Number 값을 조절하면 동시에 등간격으로 만들어질 선 요소를 정의할 수 있습니다. 간격도 정의가 가능합니다.

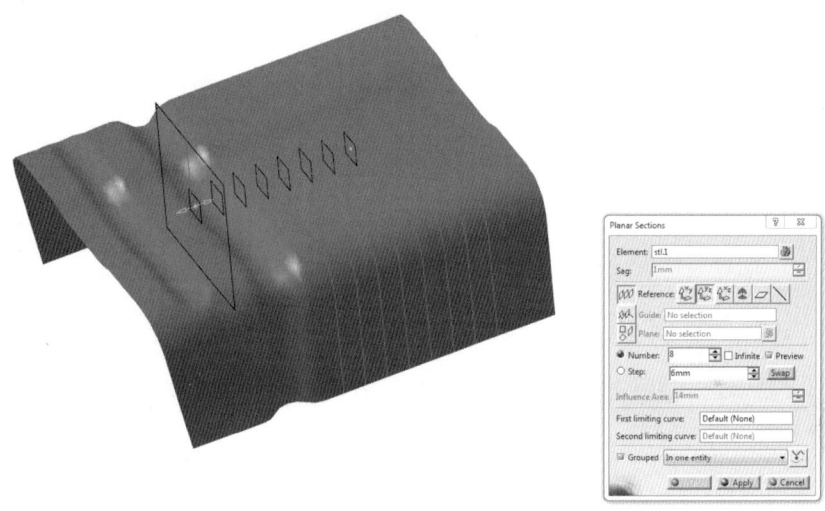

Influence Area 값은 스캔한 포인트 데이터의 경우 선 요소 생성을 위해 형상 데이터에 영향을 줄 영역 값을 지정해 주는 기능을 합니다.

Apply를 누를 때 마다 지정한 위치에서 선 요소가 만들어져 복수의 결과를 만들 수 있습니다.

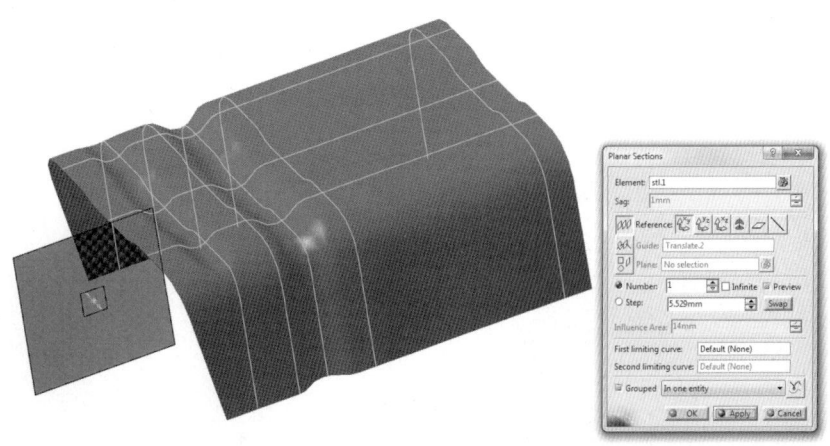

• XYZ Automatic Planar Sections

이 명령은 X, Y, Z 축 방향으로 등간격으로 형상에 선 요소를 생성하는 기능입니다. 별도의 방향 지정이 필요 없으며 간격 값을 Step에 정의할 수 있습니다.

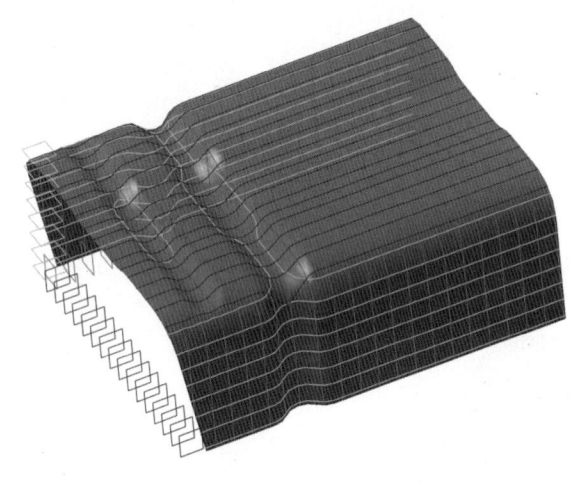
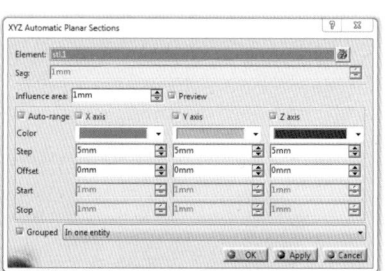

• Scan on Cloud

이 명령은 스캔 포인트 데이터의 포인트들을 직접 하나씩 선택하여 커브를 생성하는 기능을 합니다.

명령을 실행하고 우선 스캔 포인트 전체를 선택한 후 이어주고자 하는 포인트들을 순차적으로 선택해 줍니다.(드래그는 불가능 합니다.)

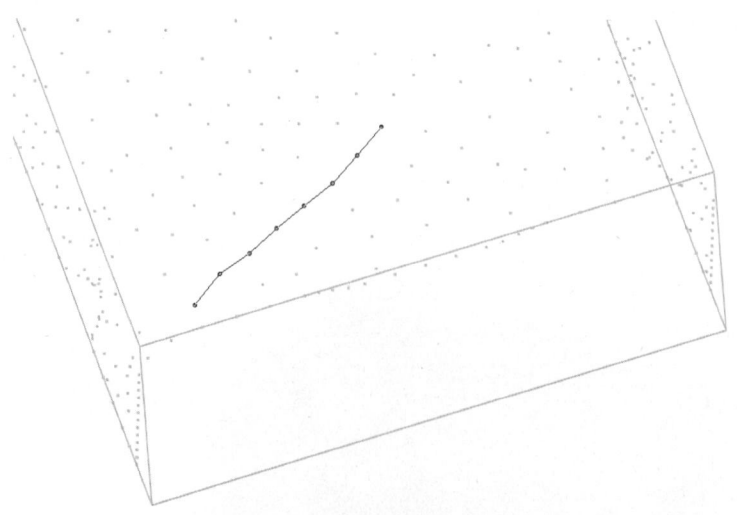

명령을 종료하면 커브가 생성됩니다.

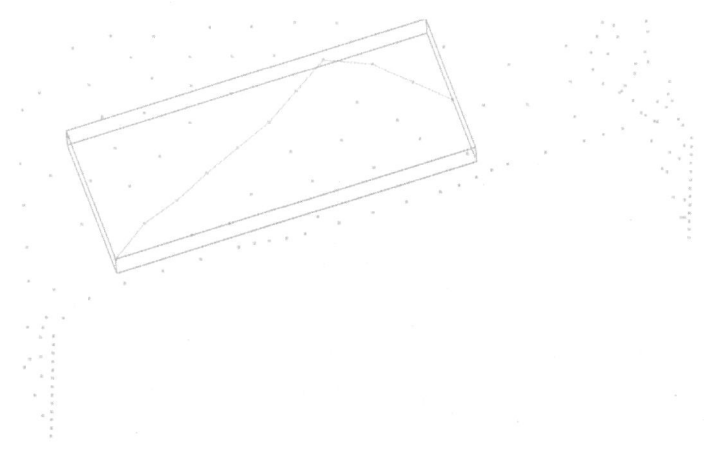

• Free Edges

이 명령은 격자 형상 또는 스캔 형상의 열려있는 모서리를 추출하여 선 요소를 만드는 명령입니다.

명령을 실행하면 다음과 같은 창이 나타납니다.

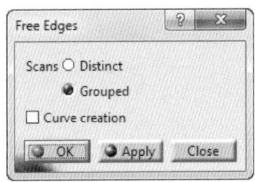

여기서 Curve Creation을 체크하면 Geometry 커브를 함께 생성할 수 도 있습니다. 옵션을 체크하면 아래와 같은 창이 나타나며 여기서 적절한 값을 입력해 주어야만 원하는 커브 형상을 얻을 수 있습니다. 반드시는 아니지만 공차는 최소로 최대 차수는 크게, 최대 세그먼트는 최소일 경우가 복잡한 형상을 제일 잘 간해 나타냅니다. 커브 생성 모드는 Smoothing과 Interpolation 두 가지가 있습니다.

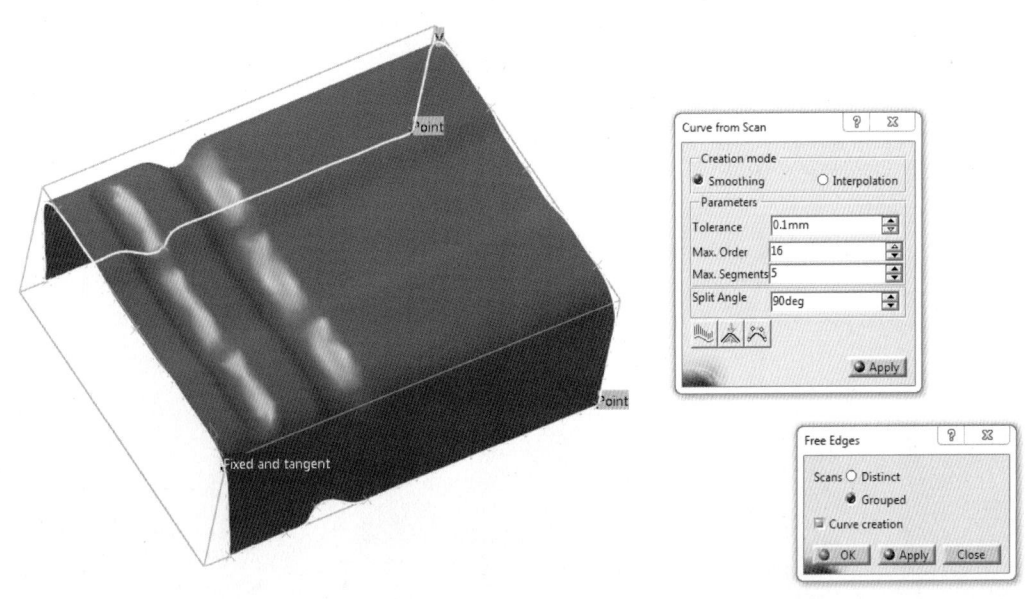

만들어진 커브의 품질을 확인하기 위해 분석 옵션을 출력하여 볼 수 있다는 점도 기억하기 바랍니다.

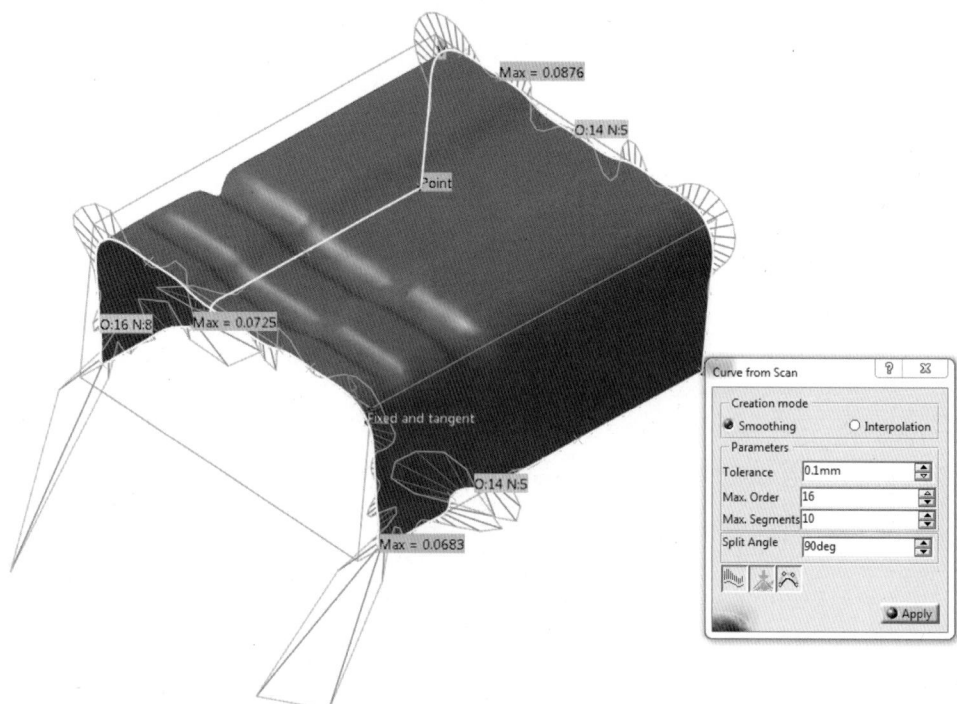

• Discretize Curves

이 명령은 Geometry 커브를 이산화 된 격자 커브로 변환해 줍니다.

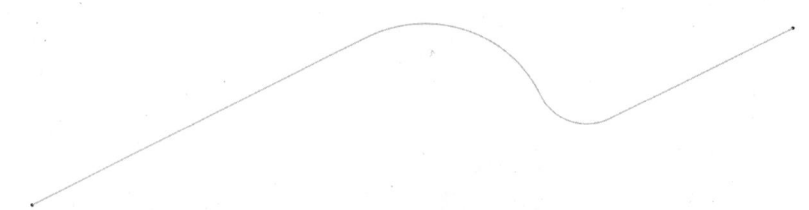

명령을 실행하면 다음과 같은 창이 나타납니다.

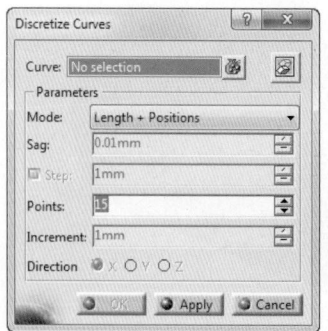

여기서 작업자는 Geometry 커브를 선택한 후에 파라미터를 조절하여 이상화 된 커브를 선택합니다.

파라미터를 정의하는 방식은 다음과 같습니다.

- Chord
- Length + Positions
- Length + Increment
- Parameter + Positions
- Direction + Increment

곡률을 지닌 형상의 경우에는 특히 해당 부분에 정밀도를 잘 파악하여 값을 입력해야 합니다.

• Scan Edition

이 명령은 생성한 선 요소를 수정하기 위하여 사용하는 기능입니다.

명령을 실행하면 다음과 같은 창이 나타납니다.

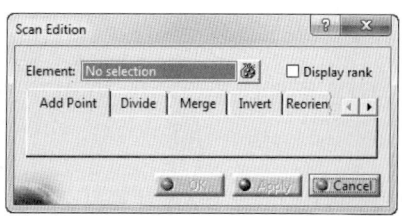

여기서 작업자는 포인트를 추가하거나 커브를 수정, 병합하는 등의 작업을 수행할 수 있습니다.

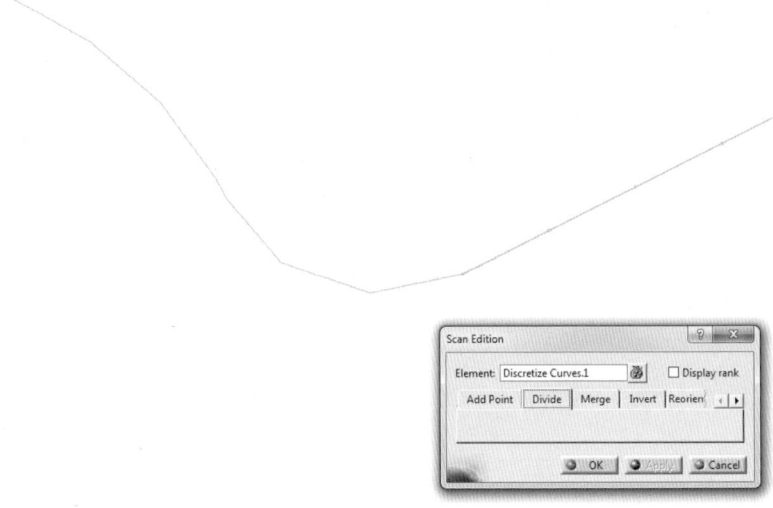

G. Mesh Edition

- **Adding Point**

이 명령은 격자 형상에 임의의 데이터 포인트를 추가하여 격자를 늘려주는 기능을 합니다.

명령을 실행한 후에 원하는 지점에 대해서 포인트를 클릭해 줍니다. 여기서 공간 좌표의 위치를 확인할 수 있습니다.

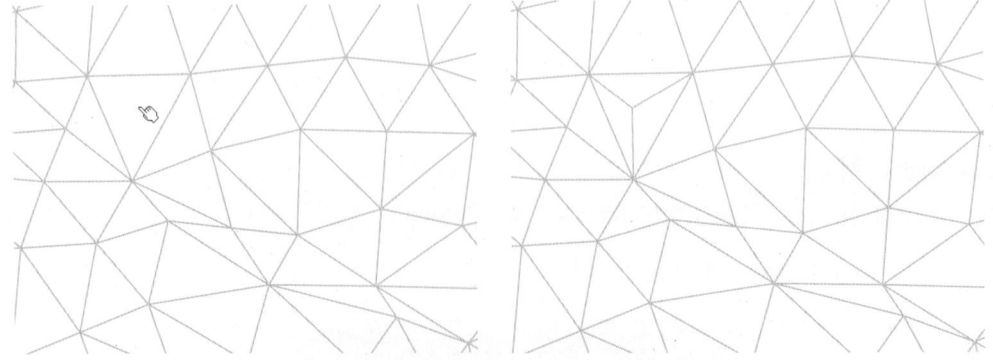

물론 수동으로 하나하나의 포인트를 추가해 주어야 한다는 점을 기억하기 바랍니다.

- **Move Point**

이 명령은 격자 형상의 데이터 포인트의 위치를 직접 이동시켜 주는 기능을 합니다.

명령을 실행한 후에 격자 형상의 데이터 포인트를 선택하고 마우스로 이동시켜 줍니다.

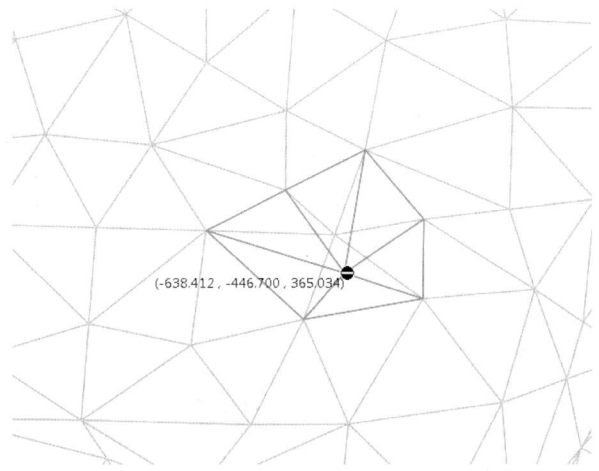

- Remove Element ✕

이 명령은 격자 형상으로 요소를 제거해 줍니다. 명령을 실행하여 노드를 선택해 주면 삭제됩니다.

이렇게 삭제된 위치는 격자에 구멍이 나고 다른 격자 지점에 의해 채워지는 것은 아니라는 것을 기억하기 바랍니다.

- Collapse Element

이 명령은 선택한 데이터 포인트를 지워주면서 동시에 다른 포인트로 격자를 이동시켜주는 기능을 합니다. 단순히 데이터 포인트만을 지워주고 격자 형상은 구멍 나는 것이 아닌 새로 구성된 격자로 채워진다는 것을 기억해 두기 바랍니다.

- Flip Edge

이 명령은 앞서 공부한 바 있습니다.

이 장에서 여러분은 Digitized Shape Editor Workbench에서 사용하는 작업 순서나 방식 그리고 이에 필요한 기능들을 공부하였습니다. 이에 대한 기본적인 이론을 습득하고 다음으로 수행해야 할 것은 많은 연습의 시간입니다. 특히 이 Workbench의 경우 직접적인 형상 모델링이 아닌 STL이라는 데이터를 재사용하기 위하여 활용하는 것임을 명심하기 바랍니다.

Chapter 14

Sketch Tracer

Section 01 | Sketch Tracer란?
Section 02 | Sketch Tracer 의 활용 예

Section 01 | Sketch Tracer란?

Sketch Tracer란 CATIA에서 이미지 형상을 이용하여 3차원 곡면 형상을 설계하기 위한 보조 도구입니다. 실제로 3차원 형상을 만들어 낸다거나 이미지로부터 직접 형상을 뽑아내는 것은 아닙니다. 그러나 우리가 인식할 수 있는 형상의 이미지가 있다고 했을 때 스케치 또는 FreeStyle와 같은 자유 곡선 및 곡면 프로파일 기능을 통하여 3차원 형상을 2차원 이미지로부터 뽑아낼 수 있는 것입니다. 물론 쉬운 일은 아닙니다. 또한 정확도 100%를 보장하는 작업 방식도 아닙니다. 하지만 3차원 형상을 이미지 파일로만 유추하여 만들어 낼 수 있다는 점은 굉장히 큰 매력이라 할 수 있습니다.

디자인 작업은 아직까지 2차원으로 시작되는 경우가 많습니다. 자동차만 생각하더라도 전체적인 윤곽이나 Style, 포인트 등을 표현하기위해 스케치 한두 장이 만들어지게 됩니다. 그리고 그것을 기반으로 3차원 형상이 만들어 지게 되는데 주로 Clay를 이용하여 만들어 내는 경우가 대부분입니다. 그리고 다시 이것을 3차원 스캔하여 이를 곡면으로 재탄생시키는 작업이 디자인 부서의 업무입니다. 하지만 시간과 노력이 상당히 소요됩니다. 앞서 STL 관련 Workbench가 바로 그러한 스캔 데이터를 활용하는 방법을 제공할 것입니다.

이러한 방식을 벗어나 2차원 이미지 도안에서 바로 3차원 곡면 디자인을 생성하는 방법을 생각해 볼 수 있을 것입니다. 그래서 강구한 것 중에 CATIA에서 제시하는 방법이 Sketch Tracer를 통한 이미지 View를 CATIA Workbench로 가져오는 것입니다. 그리고 Sketch, FreeStyle, Imagine&Shape 등과 같은 유용한 툴을 사용하여 곡면을 생성하는 것이지요.

Section 02 | Sketch Tracer 의 활용 예

본 Workbench를 설명하는 데는 기능 위주의 방식보다 예제를 중심으로 어떻게 실제로 적용할 수 있는지를 보여드리도록 하겠습니다.

우선 Option에 가서 다음과 같이 Setting 합니다. Sketcher Workbench에서 그리는 프로파일 선의 색상을 바꾸어 주는 것인데 나중에 이것은 Sketch 를 그려 줄 때 불러온 그림의 바탕색이 하얀 색이어서 선을 그리는데 불편하므로 미리 설정을 바꾸어 주는 것입니다.

다음과 같이 풀다운 메뉴의 Tool ⇨ Option ⇨ Mechanical Design ⇨ Sketcher Tab: Color항목을 선택합니다.

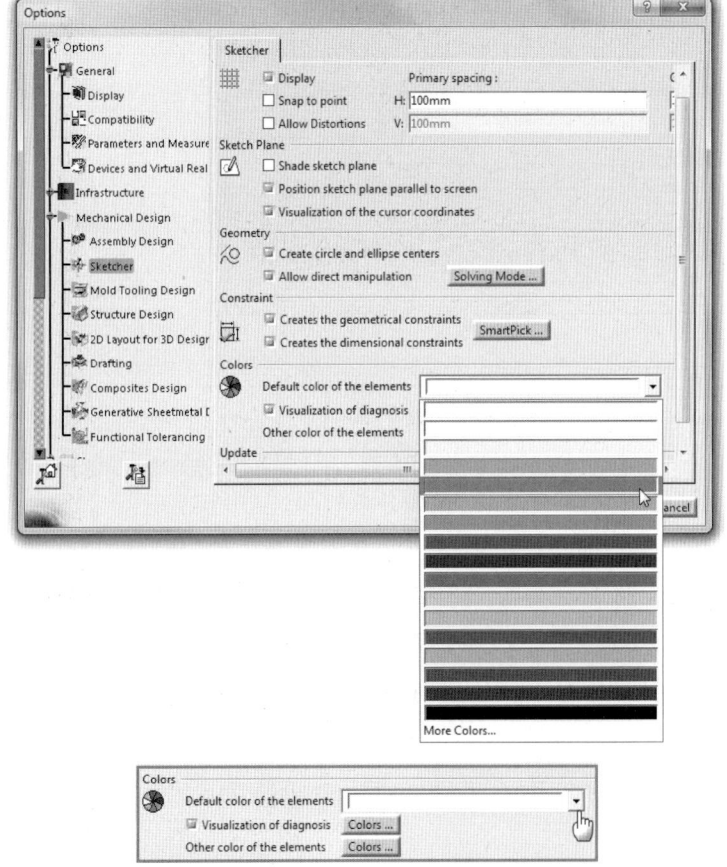

이제 이미지 형상을 CATIA로 불러오는 작업을 수행도록 하겠습니다.

Sketcher Tracer 는 Start ⇨ Shape ⇨ Sketcher Tracer에서 시작합니다.

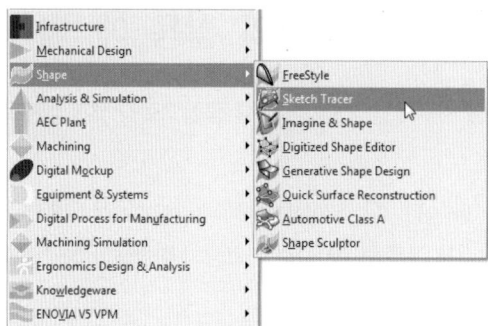

Workbench를 실행하면 다음과 같은 화면을 확인할 수 있을 것입니다. Sketch Tracer 는 Product를 활용한 Workbench로 CATIA에 이미지 파일을 불러와 공간상에 배치하는 작업을 수행합니다.

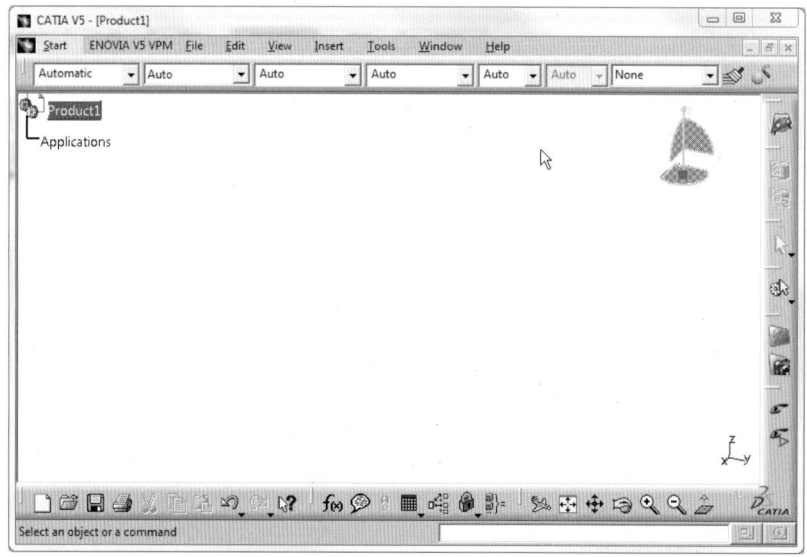

따라서 실제의 Sketch 작업을 수행하기 위해서는 현재의 Product에 모델링 데이터가 들어가는 Part 도큐먼트를 삽입해 주어야 합니다. 기초서적을 보시면 아시겠지만 Product 도큐먼트는 Application 기능을 주로 담으며 3차원 모델링 데이터는 오로지 Part 도큐먼트에 저장해서 사용할 수 있습니다.

Part 도큐먼트를 추가하기 위해 Spec Tree에서 Product를 선택한 후 풀다운 메뉴의 Insert ⇨ New Part를 선택합니다.

그리고 Part 도큐먼트가 삽입될 Product를 선택하면 다음과 같이 현재의 Product에 Part 도큐먼트가 삽입됩니다.

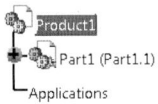

이런 상태에서 적절히 Product와 Part의 이름을 변경해 주고 Sketch Tracer에서 Audi TT 이미지 파일을 불러오도록 하겠습니다.

이미지 파일을 불러오기 전에 우선 View Toolbar에서 View Mode를 Top view 를 선택합니다. 화면에 불러질 그림이 좌표계와 나란하게 하기 위함입니다. 절대 Isometric view 상태로 OK 하지 않기 바랍니다. 그러게 되면 화면에 불러온 그림 파일이 Sketch 하고자 하는 화면과 비틀어져 보입니다. 주의 하세요!

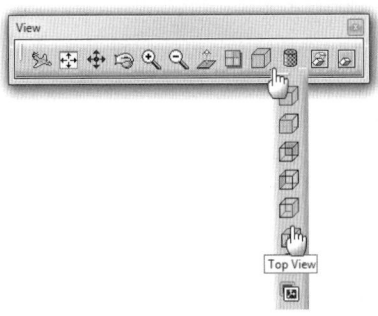

그 다음으로 그림 파일을 불러오기 위해 사용해야할 명령은 'Painting' Toolbar에서 Creating an Immersive Sketch입니다.

이 명령을 실행하면 아래와 같이 이미지 파일을 선택하는 창이 나타납니다. 여기서는 'CATIA를 이용한 Audi TT만들기' 교재의 Audi TT 형상의 정면 평면 측면 후면의 사면도가 들어있는 파일을 선택합니다.

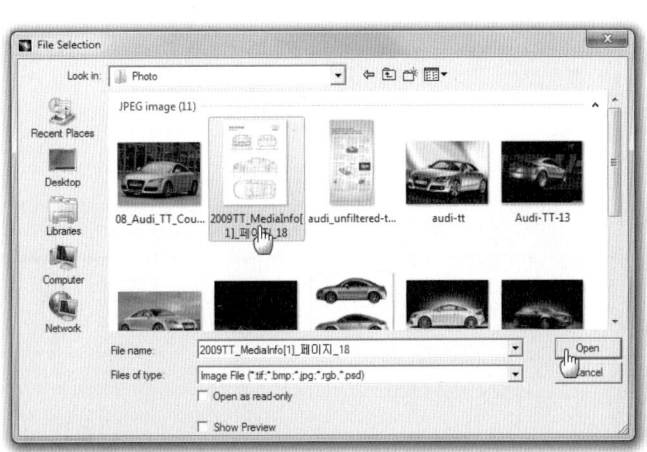

이미지 파일이 불러와졌을 때 화면에 이미지가 보이기 위해서는 View Toolbar에서 View mode가 Shade with material 로 체크되어 있어야 합니다.

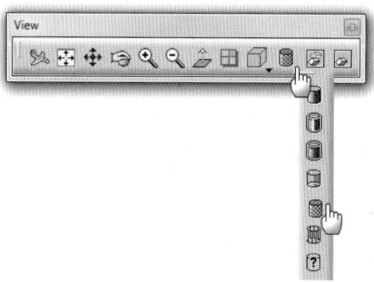

그러지 않은 경우 Material을 적용하라는 메시지가 뜨면서 그림 파일의 내용이 보이지 않을 것입니다.

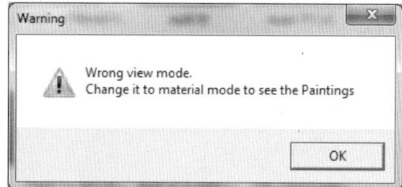

View Mode와 Quick View를 바르게 설정 하였다면 그림 파일이 열리면 다음과 같이 그림 형상이 CATIA 화면에 나타날 것입니다.

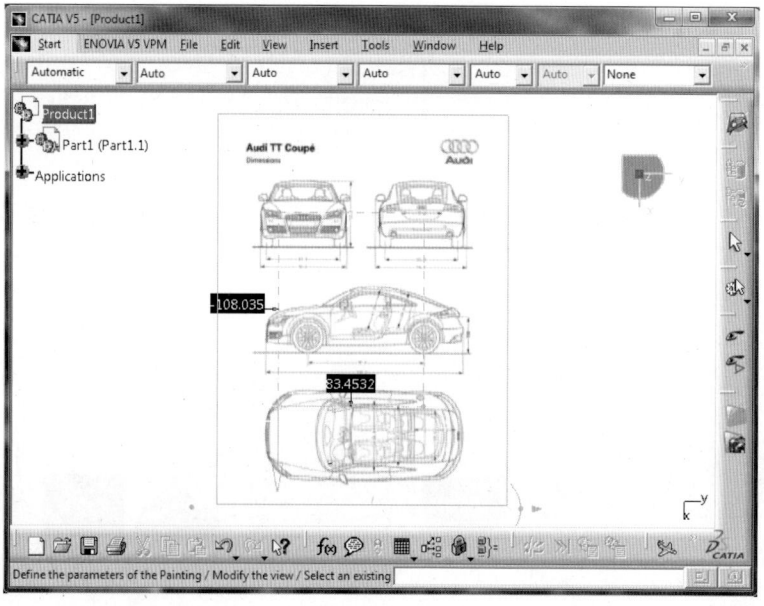

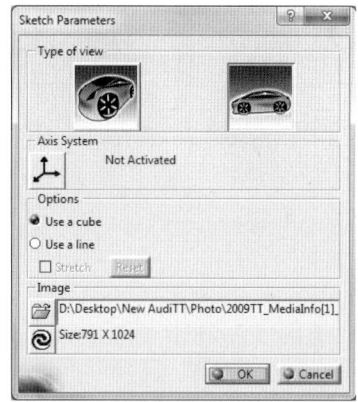

여기서 Sketch Parameter 창을 바로 OK를 눌러 닫아버리지 말고 Part 도큐먼트의 원점과 Sketch의 이미지에서의 차체 형상의 중심을 맞추어 주도록 합니다. 원점을 맞추어 주는 방법은 마우스를 사용하여 원점 표시가 있는 위치의 화살표를 이동하면 됩니다.

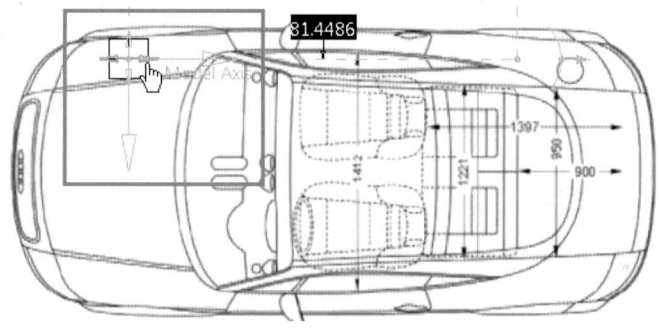

다음과 같이 평면도 상의 좌우 대칭 위치를 기준으로 차체 전면에 위치시키도록 합니다.

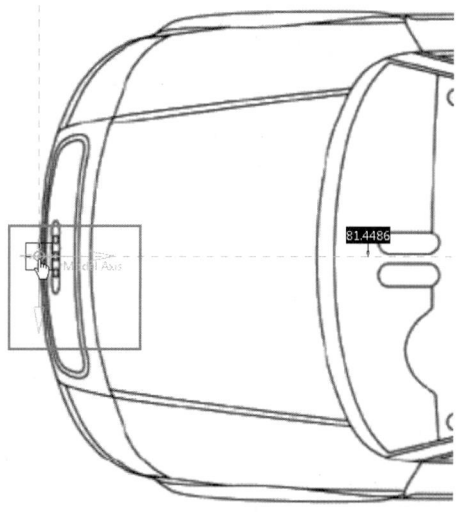

위치를 바르게 맞춘 후에는 이미지 파일이 Focus OFF 라고 표시가 될 것입니다.

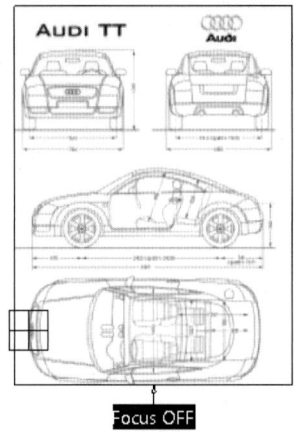

만약에 다시 원점의 위치를 맞추어 주고자 한다면 이미지 파일을 더블 클릭하여 위치 조절을 할 수 있습니다.

이렇게 원점을 맞추어 주게 되면 Sketch 작업 및 모델링 작업에서 상당한 이점이 있습니다. 이는 모델링 작업에서 확인할 수 있을 것입니다.

Sketch Tracer를 사용하는데 있어 각 방향의 View를 이러한 방법으로 불러와 3차원 상에 배치를 시키고 모델링하는 방법을 추천하기는 합니다. 그러나 이미지를 각 평면 방향을 기준으로 불러오게 되었을 때 원점 기준의 정의 및 이미지 파일의 스케일 조절에 어려움이 있어 우리는 현재의 평면도를 기준으로 사면도를 모두 Sketch하고 나중에 모델링 전에 위치를 맞추어 주도록 할 것입니다.

아래 그림은 New Audi TT로 Sketch 작업을 마친 결과입니다. 앞으로 Audi TT 형상을 Sketch 하신다면 아래와 같이 모든 형상을 다 그리는 것이 아닌 모델링에 필요한 부분을 추려 내어 Sketch해야 한다는 것을 명심해 두기 바랍니다.

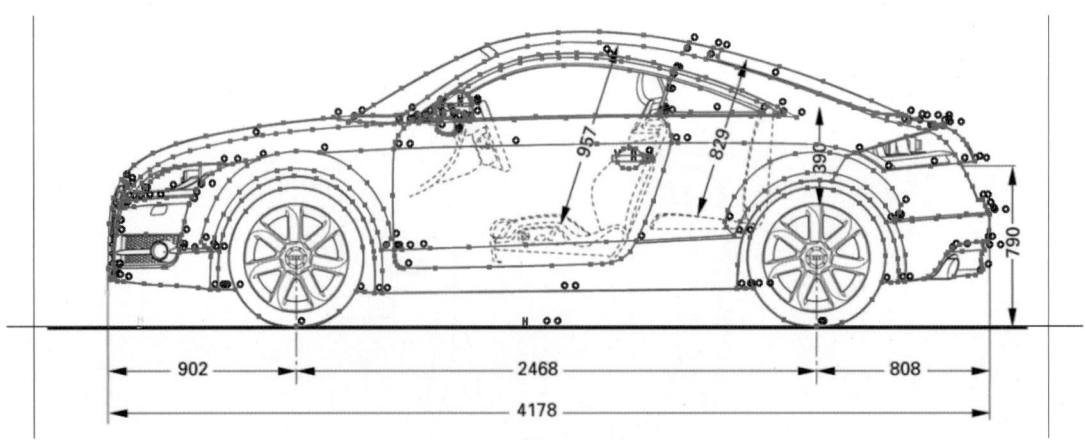

처음에 이러한 스킬이나 직관력을 가지기는 어려울 수도 있으니 Sketch Tracer 작업 파일을 잘 Backup하고 필요할 때마다 수정할 수 있도록 준비해야합니다. 다음은 스케치 작업을 마친 상태입니다.

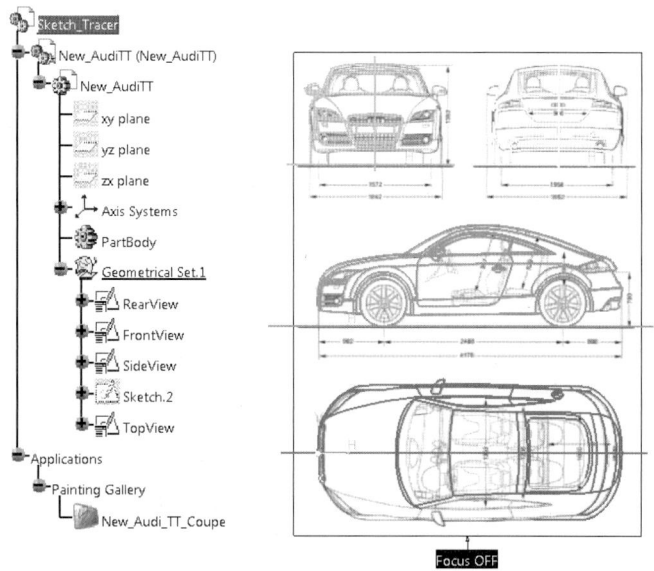

이제 Spec Tree에서 삽입 된 Part를 더블 클릭하여 Product에서 Part로 이동합니다. 더블 클릭하게 되면 파란색으로 Part가 Spec Tree에서 표시됩니다. (Spec Tree에서 대상을 더블 클릭하면 작업 공간이 해당 영역으로 이동됩니다.)

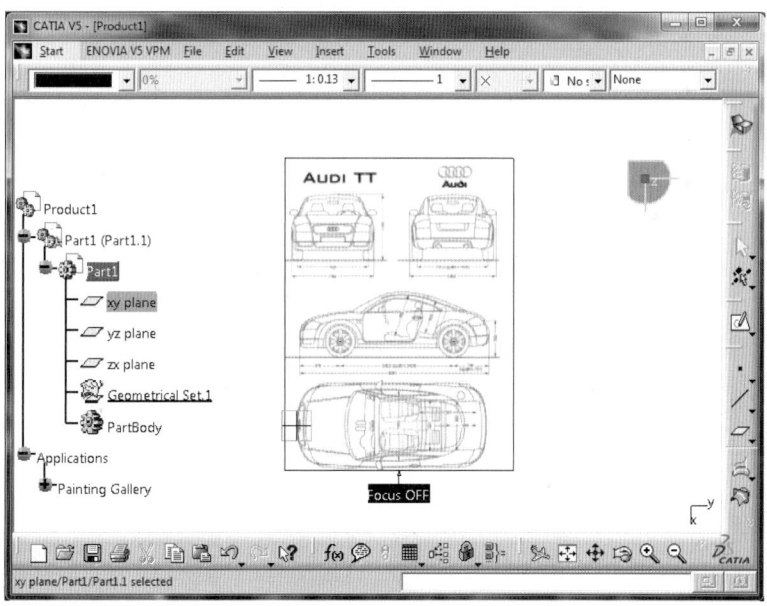

다시금 강조하지만 Sketch Tracer라는 게 형상에 대한 Sketch 정보를 CATIA가 자동으로 직접 다 그려주거나 추출하는 것은 아닙니다. 여러분이 직접 Sketcher에서 그려주어야 하는 것입니다. 따라서 직접 Sketch하는 정확도와 그림 파일의 질(Quality)에 따라 형상을 더 잘 표현 할 수 있습니다.

Sketch 버튼을 누르고 불러와 있는 그림 파일과 수직인 평면을 선택합니다.(만약에 수평 수직 축에 대한 방위가 맞지 않는다면 Positioned Sketch를 사용하기 권장합니다.) 위에서 View를 Top View로 했다면 XY 평면에 배경처럼 그림이 펼쳐져 보일 것입니다.

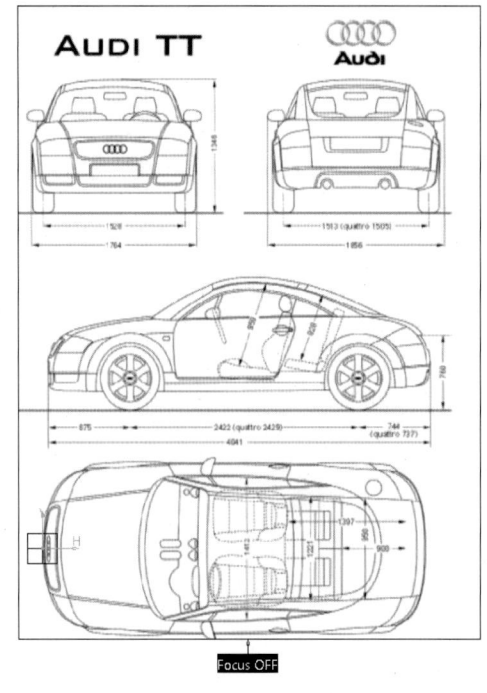

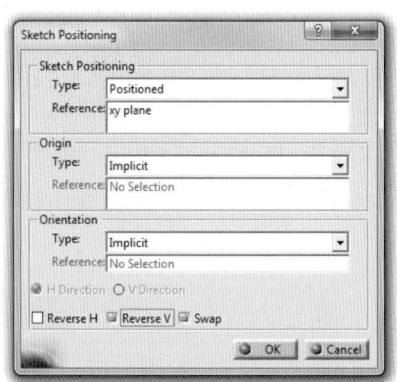

이제 Profile에 있는 명령들을 사용하여 이 그림에 있는 형상을 따라 그려줍니다. 곡선 형상이 많은 경우 Spline이 매우 유용합니다. 중심에 대해서 대칭일 경우 대칭인 성질을 잘 이용하여 형상을 그려 주도록 합니다. 아래 형상은 New Audi TT 형상을 가지고 작업한 결과입니다.

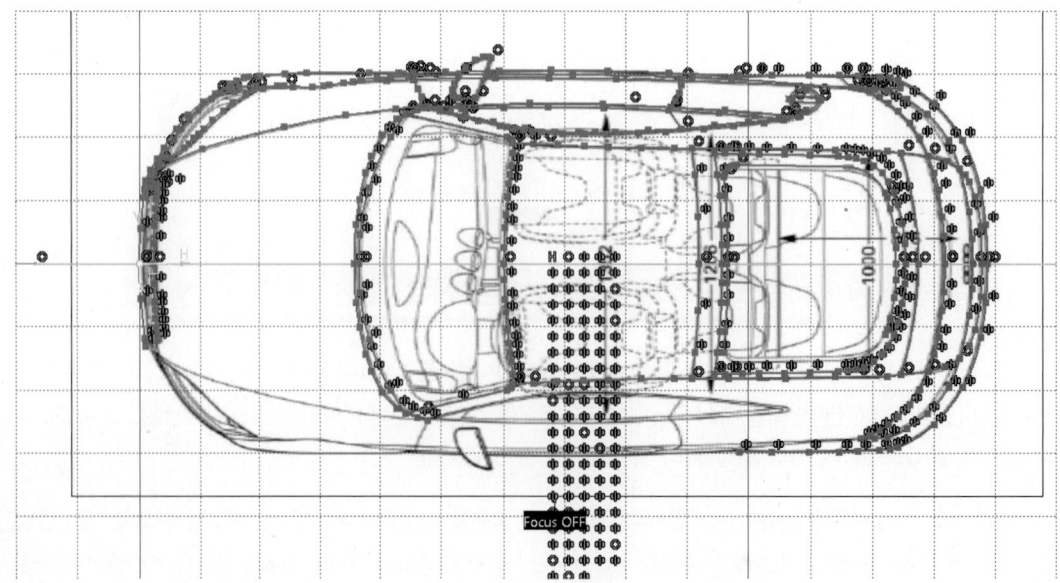

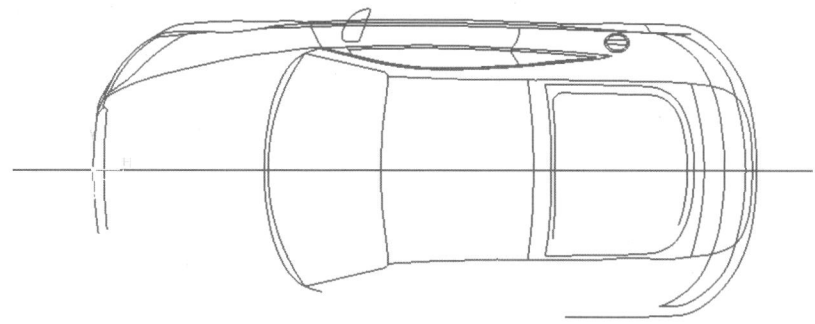

물체의 4개의 면 모두 그려 주어야 하며 그려주고 나서 나중에 이 개의 형상을 4개의 Sketch로 나눠져 주어야 합니다. (정면, 평면, 측면, 후면) 나눠진 각각의 Sketch는 원점을 기준으로 4개의 평면에 배치시킬 것입니다. 시간이 소요되더라도 정성과 노력을 기울여 자세하게 만들어야 합니다. 물론 사용 목적에 따른 단순한 형상을 요한다면 간단히 만들어 주어도 무방합니다. 하지만 아래와 같은 정도의 수준으로 Sketch가 작업되어 있어야 합니다. 아래 형상들은 하나의 Sketch에 있는 것이 아니고 4개의 Sketch로 따로 만들어 준 것입니다.

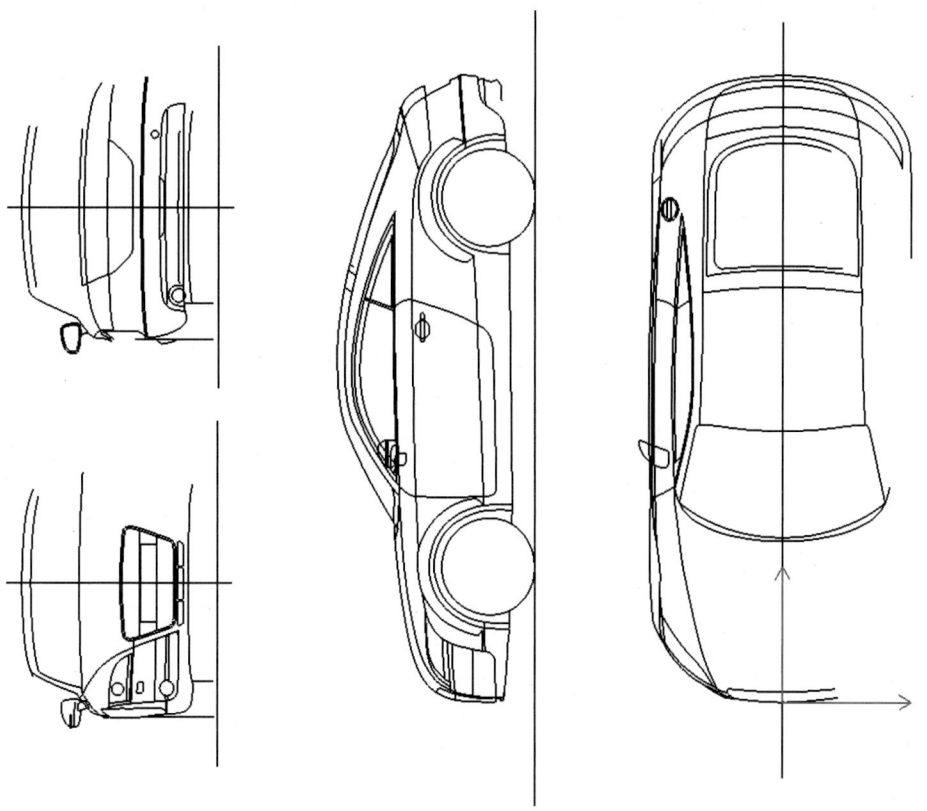

Sketch가 모두 끝나면 Sketch Tracer를 포함한 Product는 더 이상 쓸모가 없습니다. 모델링을 마친 후 Product에서 작업을 하게 되지만 지금의 Product1을 그대로 사용할 필요는 없으므로 Part만 따로 열고 Product는 저장하고 닫아 줍니다.

이제 Part 도큐먼트만 따로 Product에서 불러내 사용하려면 다음과 같이 Part 도큐먼트를 선택하고 Contextual Menu에서 'Open in New Window'를 클릭합니다.

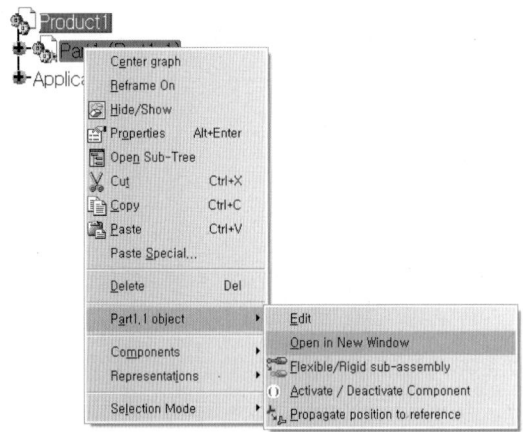

그럼 다음과 같이 Sketch 파일만을 가진 Part 도큐먼트가 열리는 것을 확인할 수 있습니다. 여기서 Sketch.2는 Positioned Sketch를 수행하기 위해 각 기준점 위치에 Point를 찍어 놓은 것입니다. (Positioned Sketch를 사용하면 원하는 기준 위치에 보다 편리하게 Sketch를 생성할 수 있습니다.)

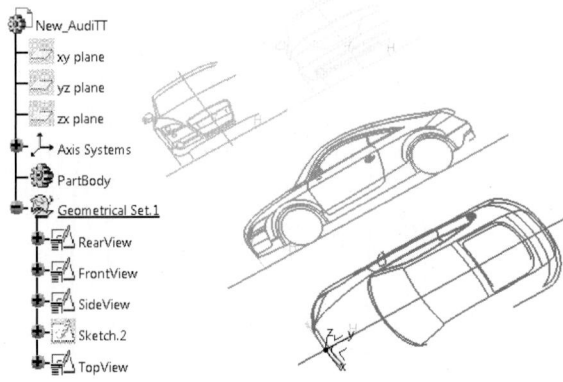

이와 같은 과정을 통해서 여러분은 이미지 파일로부터 3차원 형상을 만들기 위한 프로파일을 생성하였습니다.

이제 이 프로파일들을 이용하여 곡면을 생성해 나가는 것입니다. 곡면 또는 곡선을 직접 뽑아내는 기능이 아니라 조금 아쉬워하실 것 같은데요. 그래도 우리의 공간지각 능력을 CATIA와 접목한다면 그리 어렵지 않을 것입니다.

이미지 View가 반드시 정면 평면 측면으로 이루어질 필요는 없습니다. 다음과 같은 View를 이용해서도 3차원 형상을 얻기 위한 구도 배치가 가능합니다. 물론 이런 경우에는 구도를 잡아주기 위하여 3개의 축 방향으로의 설정이 필요합니다.

이 장에서 여러분은 Sketch Tracer Workbench에서 사용하는 작업 순서나 방식 그리고 이에 필요한 기능들을 공부하였습니다. 이에 대한 기본적인 이론을 습득하고 다음으로 수행해야 할 것은 많은 연습의 시간입니다. 필자의 도서 중에 'CATIA를 이용한 AudiTT 만들기' 교재를 통해서 연습한다면 큰 도움이 될 것입니다. 또한 이 교제의 카페(cafe.daum.net/ASCATI)에서 수 백여 장의 연습 도면과 실기 강좌를 통하여 실제 모델링 하는 감을 익히기 바랍니다.

Chapter 15

Imagine & Shape

Section 01 | Imagine & Shape Workbench에서의 모델링 특징 및 접근 방법
Section 02 | GSD vs. Imagine & Shape vs. FreeStyle
Section 03 | Toolbar

Section 01 | Imagine & Shape Workbench에서의 모델링 특징 및 접근 방법

CATIA Imagine & Shape(IMA) Workbench는 기본적으로 정의된 형상 Element만을 사용하여 복잡한 곡면 형상의 제작을 가능하게 하는 새로운 개념의 Surface Modeler로, 가히 New Generation Modeling Tool이라 불릴 만큼 지금까지 CATIA를 비롯한 일반적인 3차원 CAD 프로그램의 모델링 방식과 차별되는 설계 형상 구현의 길을 제시하고 있습니다. Imagine & Shape는 설계하고자 하는 대상을 치수나 구속 조건에 의한 프로파일들의 단계적 모델링 방식을 사용하지 않고 직관적인 디자인 감각을 활용하여 기본 형상(Primitive)을 가공하는 곡면 모델링 방식이라 할 수 있습니다.

따라서 작업자는 형상을 구현하는데 Plane이나 Axis와 같은 Reference Element에 완전히 종속되거나 구애받지 않으며 2차원 단면 프로파일 역시 필요로 하지 않습니다. 단순히 CATIA에서 기본적으로 정의된 형상(Primitive)을 변형(Transform)시켜 구현하고자 하는 디자인 형상을 만들어냅니다.

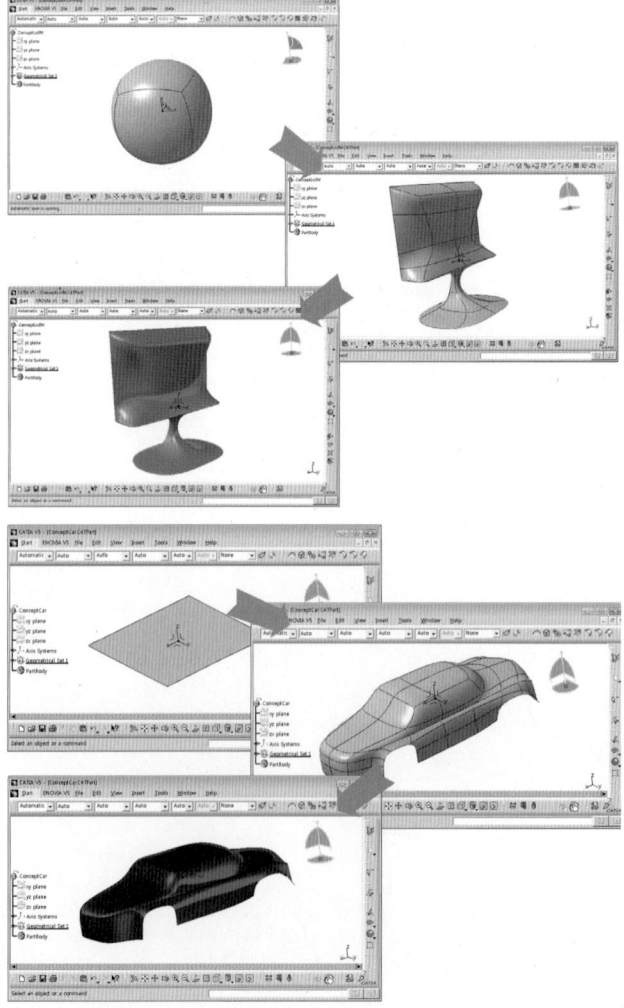

이러한 Imagine & Shape는 Mechanical Design이나 Surface Modeling 관련 비전문가도 사용할 수 있을 만큼 그 방법이 매우 간단하며, 결과물을 빠르고 손쉽게 만들어 낼 수 있습니다. 특히 치수나 구속에 의존하지 않고 형상을 구현할 수 있다는 점이 디자인 관련 분야에서 설계 프로그램을 사용하고자 하는 작업자에게 충분한 강점을 제공할 것입니다. 결과적으로 Imagine & Shape는 이 Workbench를 사용함으로써 Styling Designer와 Engineering Designer 사이의 작업 시간의 지연 및 데이터 괴리를 줄이는 것을 목표로 합니다. 디자인 부서와 설계 부서간의 흔히 일어나는 서로간의 작업 지연과 데이터 차이로 인한 논쟁을 경험한 작업자라면 Imagine & Shape Workbench의 필요성과 효과를 짐작할 수 있을 것입니다.

Imagine & Shape의 등장은 CAD/CAM/CAE 통합 솔루션인 CATIA를 산업 디자인 분야까지 포괄할 수 있는 제조업 분야의 최강자로 자리매김하는데 큰 역할을 할 것이라 확신할 수 있습니다.

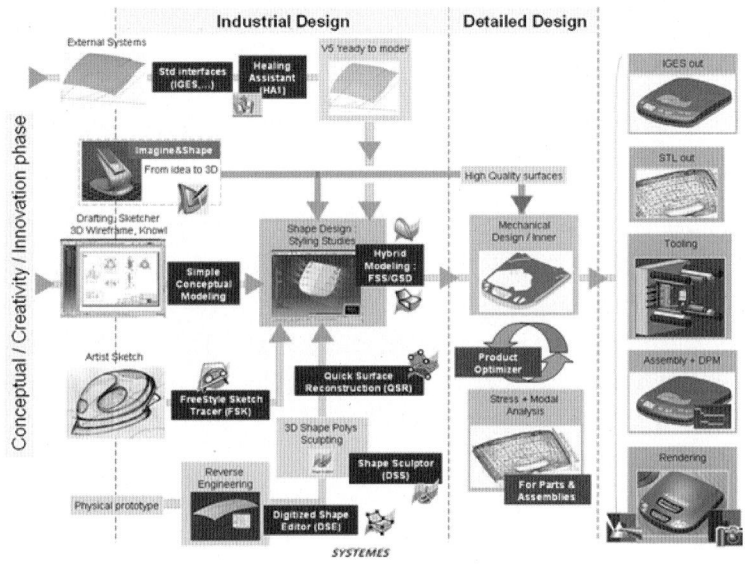

Section 02 | GSD vs. Imagine & Shape vs. FreeStyle

앞에서 Imagine & Shape(IMA)가 지금까지의 모델링 Workbench와 확연히 다른 방식으로 형상 모델링을 수행한 다고 소개한 바 있습니다. 그렇다면 실제로 어떠한 차이가 있는지 기존의 Workbench와 그 내부 작업 요소나 기능을 잠시 비교해 보도록 하겠습니다. 자유 곡면을 다루는 FreeStyle과도 다른 점이 있으니 이점도 놓칠 수 없을 것입니다.

지금까지 GSD(Generative Shape Design)을 사용하여 일반적인 Mechanical Design 방식의 설계 작업을 해온 독자라면 Profile이나 Guide Curve에 익숙하실 것입니다. 하지만 IMA에서는 이러한 2차원 요소를 통한 3차원 생성이나 수정이 필요 없습니다. Primitive라고 하는 기본 분할곡면 형상요소를 불러와 이를 조작하여 원하는 형상을 만들게 됩니다. 물론 분할곡면으로 만들어진 대상이라 하더라도 Split나 Trim, Join과 같은 수정 작업이 가능합니다. 자유롭게 원하는 부분을 늘리고 구부려 형상을 정의한 후 일반 Surface Operation 툴로 정형화된 모델링과 접목이 가능합니다. 또한 GSD에서는 Parameter가 지원하였지만 IMA에서는 Parameter, Formula, Rule과 같은 기능으로 형상이 변경되는 양상을 정의할 수 는 없습니다. GSD와 연결된 부분에서 Knowledge를 사용하고 이를 IMA와 접목하는 방법으로만 가능합니다.

FreeStyle의 경우 외부 Surface 형상을 NURBS 곡면으로 변환하여 수정이 가능한 반면 IMA는 오로지 IMA에서 생성한 Primitive만 가지고 부분적인 변형이나 수정이 가능합니다. 물론 GSD에서 작업하는 기본 Operation들은 똑같이 적용 가능하지만 Modification을 이용한 수정이 불가능하다는 것입니다. FreeStyle의 경우 이웃하는 곡면 또는 곡선들과 연속성 정의가 가능하여 Smooth하고 자연스러운 연결이 가능하지만 IMA의 경우에는 만들어진 하나의 Primitive를 주로 완성 형상으로 발전시켜 나가기 때문에 이웃하는 형상들과의 연속성을 세부적으로(G0, G1, G2 연속성처럼) 정의하거나 설정하는 부분은 없습니다. 두 Workbench 모두 Modification을 마치게 되면 작업하던 History들은 볼 수 없다는 점은 공통점이라 할 수 있습니다.

Section 03 | Toolbar

A. Text Help Toolbar

Imagine & Shape Workbench는 다른 Workbench들과 달리 작업을 수행하는 동안 직접적인 도움말 기능을 제공합니다.

• **Text Help Level**

Imagine & Shape에서는 다음의 3가지 Mode로 작업자에게 작업하는 동안 Text를 사용하여 선택한 대상이나 작업에 대해서 설명해주도록 할 수 있습니다. Text는 마우스 바로 옆에 생성됩니다.

- **Long Help**

Text level Help의 Mode가 Long Help로 설정한 경우에는 작업자에게 작업하는 동안 Full Text를 사용하여 도움말을 표시해줍니다. Imagine & Shape를 처음 사용하는 작업자에게 적합합니다.

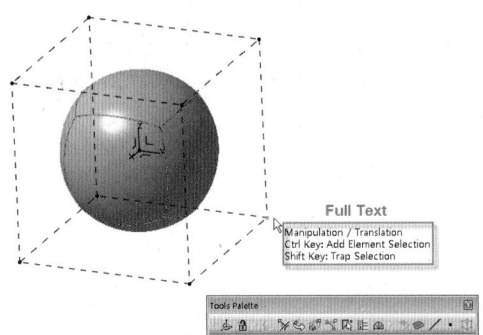

- **Short Help**

Text level Help의 Mode가 Short Help로 설정한 경우에는 작업자에게 간단한 Text를 사용하여 도움말을 표시해줍니다.

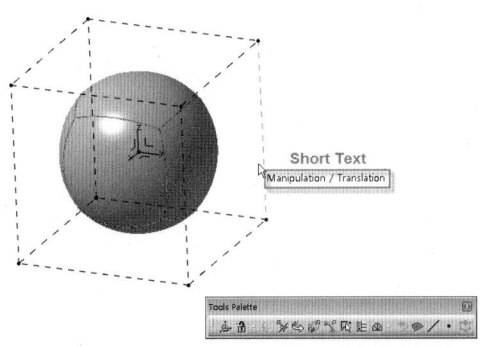

- ![icon] **No Help**

Text level Help의 Mode가 No Help로 설정한 경우에는 작업하는 동안 Text를 사용하여 도움말을 제공하지 않는다. Imagine & Shape 작업이 익숙한 작업자에게 화면에 불필요한 Text가 뜨지 않게 할 수 있습니다.

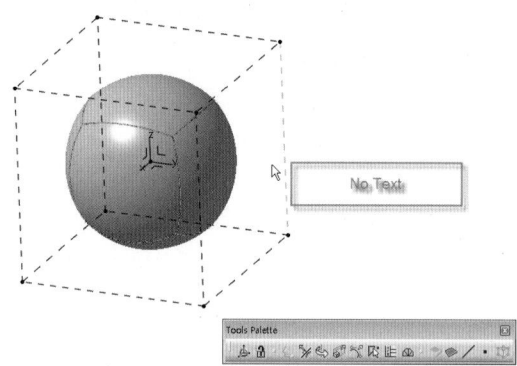

Text Help의 Mode를 변경하는 방법은 아이콘을 클릭하여 변경할 수 있는데 위 세 가지 순서에 따라 Mode가 변경됩니다.

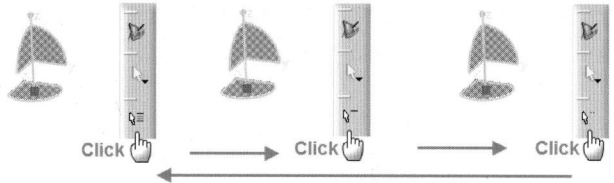

• **Show Coord**

이 옵션은 Compass의 변경된 값 표시를 설정하는 기능을 합니다. 다음과 같이 3가지 Mode가 있습니다.

- **Along Compass**

기본 옵션으로 Compass가 위치한 곳에 변형되는 값을 표시해 줍니다.

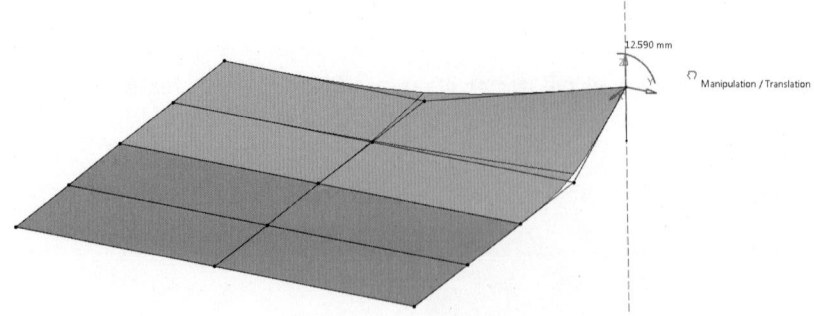

- **Along Cursor**

커서가 위치한 곳에 변형되는 값을 표시해 줍니다.

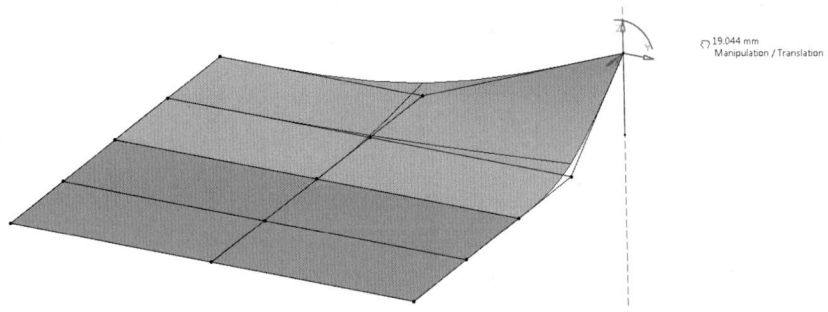

- None
값을 표시하지 않습니다.

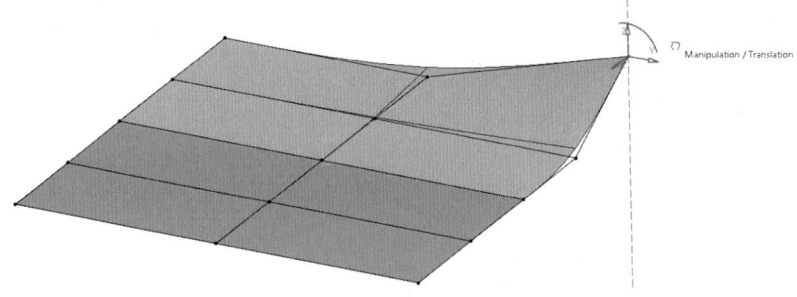

B. Creation

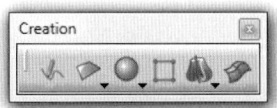

Imagine & Shape Workbench에서 모델링 작업을 수행하는데 있어 가장 먼저 사용되는 Toolbar로 작업에 사용하고자 하는 기본 Primitives를 생성하는 명령들을 담고 있습니다.

작업자는 여기에 주어진 기본 Primitives만을 사용하여 자신이 원하는 형상으로 변형을 시켜나가야 합니다. 따라서 작업하고자 하는 형상에 맞게 기본 Primitives를 잘 선택하는 것도 중요합니다.

명령을 실행하여 형상을 생성하고 나면 Tools Palette는 바로 Modification Mode로 전환되므로 대상의 생성 및 수정 작업이 끝난 후에는 반드시 ESC 키를 눌러 해당 작업을 종료해야 합니다.

● Sketch Curve

현재 Part 도큐먼트 상에 Styling Curve를 생성하는데 사용합니다. 여기서 생성되는 Styling Curve는 마우스를 이용해 작업자가 그리는 궤적을 따라 형상이 만들어집니다. Subdivision Surface의 보조 도구 역할을 하는 자유 곡선을 생성할 수 있습니다.

명령을 실행하면 다음과 같이 Tools Palette Toolbar가 나타납니다.

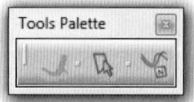

- **Sketch**

현재의 지정된 평면상에 Styling Curve를 그릴 수 있는 상태를 나타냅니다. Sketch Curve를 그리는 동안 해제되지 않습니다.

다음과 같이 Sketch Curve 명령을 실행하고 화면을 드래그 하면 다음과 같은 Styling Curve가 만들어집니다.

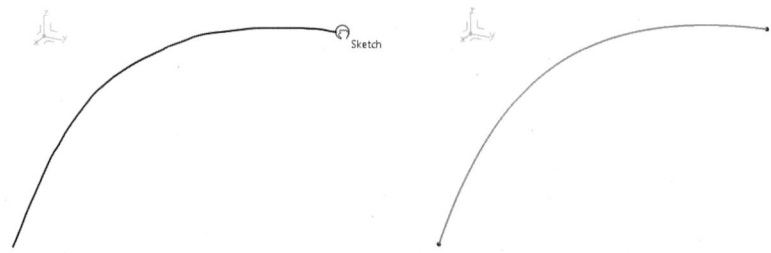

여기서 만들어지는 Styling Curve는 앞서 작업자가 그린 궤적을 완전히 따라가는 것은 아니며 Curve를 정의하는 함수식에 의해서 어느 정도 차이가 있습니다. 가능한 매끄럽게 그려진다고 보시면 됩니다.

- **Plane Selection**

Styling Curve를 그리고자할 때 기준이 되는 평면을 선택하는 명령입니다. 앞서 단순히 Sketch가 활성화된 상태에서 Styling Curve를 그려주면 임의의 위치상으로 Curve가 만들어집니다. 따라서 정확히 원하는 위치의 평면을 지정해주어야지만 자신이 의도한 위치에서 Styling Curve가 만들어집니다.

여기서 한 가지 Tip으로 View Toolbar에서 원하는 위치와 일치하는 View의 위치를 Quick View에서 선택한 후에 Styling Curve를 그려주면 한결 그리기가 수월합니다.

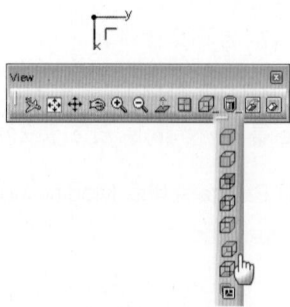

Plane Selection 을 클릭하고 Curve의 기준면으로 지정하고자 하는 평면을 선택합니다. 기본 원점 상의 평면을 사용하고자 하는 경우가 아닌, 다른 임의의 지점의 평면을 사용하고자 하는 경우라면 미리 평면을 생성해 주어야합니다.

평면을 지정하고 나면 Tools Palette가 Styling Curve를 그리는 단계로 다시 돌아가며, 이때 Curve를 그려주도록 합니다.

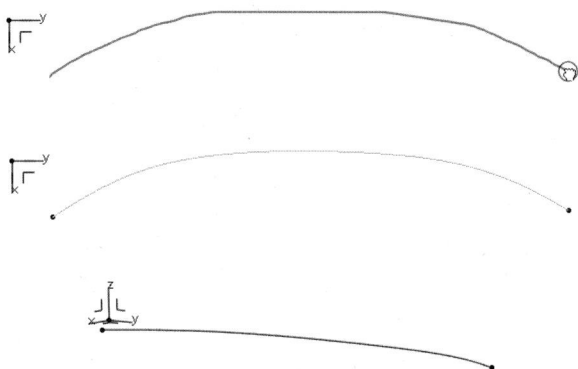

Styling Curve를 그리고자 하는 평면을 지정해 주지 않으면 임의의 공간상에 그려지므로 주의하도록 합니다.

● Characteristics

Styling Curve를 그릴 때 이 Curve의 특성을 조절할 수 있습니다. 여기서 Order는 Curve를 수학적으로 구성하는 함수의 차수를 재정의할 수 있습니다. Default로 6차로 정의되어 있으며 4에서 11까지 조절할 수 있습니다.

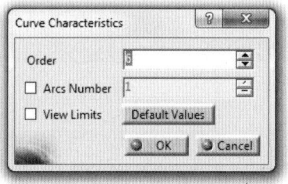

Arcs Number를 체크하면 Curve의 Arcs의 수를 조절할 수 있으며, 체크되지 않은 상태에서 Curve의 arcs 수는 Curve의 Curvature에 맞게 자동적으로 계산됩니다.

View Limit를 체크하면 Modification 상에서 limit arcs를 표시해 줍니다.

만약 다시 Curve의 초기 Characteristics로 변경하고자 하는 경우 Default Values 버튼을 클릭하도록 합니다.

마지막에 설정 완료 후 OK를 선택해야 입력한 Characteristics로 적용되며 이 값은 앞으로 만들어지는 다른 Curve에 대해서도 동일하게 적용됩니다.

Curve가 만들어진 후에는 바로 Modification이 활성화 됩니다.

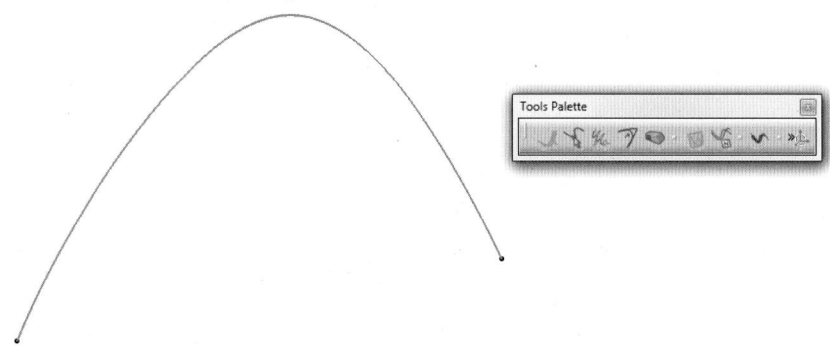

■ Open Primitives Sub Toolbar

Open Primitives Sub Toolbar를 사용하여 작업자는 Part 도큐먼트 상에 Surface 모델링에 사용할 기본형을 만들 수 있습니다. 2차원 평면인 Surface 형상을 만들어 냅니다. 여기서 Open이 의미하는 것은 곡면 형상이 안과 밖으로 나누어지지 않음을 의미합니다.

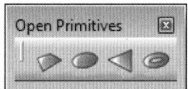

• Rectangle

단일 패치(또는 Section)로 구성된 사각형 형상의 Surface를 만드는데 사용합니다.

위치시키고자 하는 지점의 Reference Element를 선택한 후, 명령을 실행시키면 즉각적으로 화면상에 중앙에 Rectangle 형상의 Surface가 만들어 집니다.

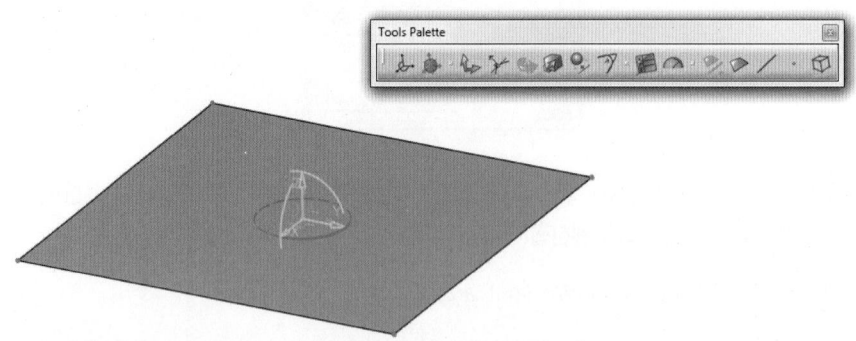

여기서 바로 Modification 작업을 수행할 수 있으며, Esc Key로 작업을 종료할 수 있습니다. Spec Tree에는 다음과 같이 나타납니다.

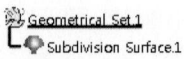

• Circle

5개의 패치(또는 Section)로 구성된 원형 형상의 Surface를 만드는데 사용합니다.

위치시키고자 하는 지점의 Reference Element를 선택한 후, 명령을 실행시키면 즉각적으로 화면상에 중앙에 Circle 형상의 Surface가 만들어 집니다.

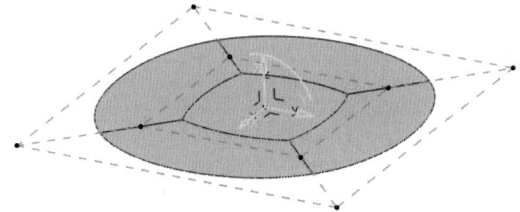

• Triangle
3개의 패치(또는 Section)로 구성된 삼각형 형상의 Surface를 만드는데 사용합니다.

위치시키고자 하는 지점의 Reference Element를 선택한 후, 명령을 실행시키면 즉각적으로 화면상에 중앙에 Triangle 형상의 Surface가 만들어 집니다.

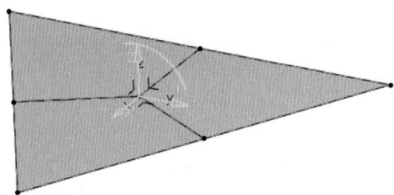

• Ring
8개의 패치(또는 Section)로 구성된 링 형상의 Surface를 만드는데 사용합니다.

위치시키고자 하는 지점의 Reference Element를 선택한 후, 명령을 실행시키면 즉각적으로 화면상에 중앙에 Ring 형상의 Surface가 만들어 집니다.

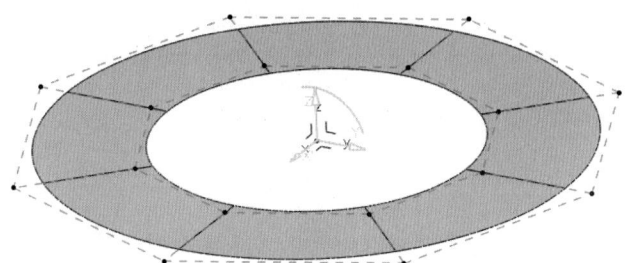

■ Closed Primitives Sub-toolbar

Closed Primitives Sub Toolbar를 사용하여 작업자는 Part 도큐먼트 상에 Surface 모델링에 사용할 기본형을 만들 수 있습니다. 2차원 평면 형상이 아닌 부피를 가진 3차원 Surface 형상들을 가지고 있습니다. 여기서 Closed가 의미하는 것은 곡면 형상이 안과 밖으로 나누어져 있음을 의미합니다.

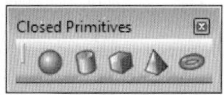

• Sphere

구형 Subdivision Surface를 만드는 명령입니다. 위치시키고자 하는 지점의 Reference Element를 선택한 후, Sphere 명령을 실행하면 즉각적으로 다음과 같은 Surface가 만들어 집니다.

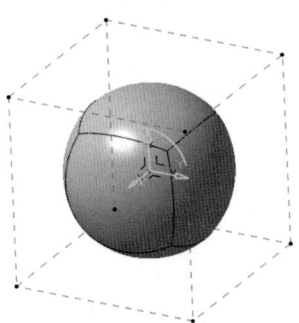

기본적으로 하나의 Sphere 형상은 6개의 Section으로 구성되어 있으며 각각의 Face와 Edge, Vertices을 사용하여 형상을 변형시킬 수 있습니다.

Sphere의 Weight는 전체 모서리가 0%인 상태로 만약에 모든 모서리의 Weight를 100%로 하면 Box 형상으로 변형되며, 상하 두 개의 면만을 선택하여 Weight를 100%로 변경하면 Cylinder 형상이 됩니다.

• Cylinder

원통형 Subdivision Surface를 만드는 명령입니다. 위치시키고자 하는 지점의 Reference Element를 선택한 후, Cylinder 명령을 실행하면 즉각적으로 다음과 같은 Surface가 만들어 집니다.

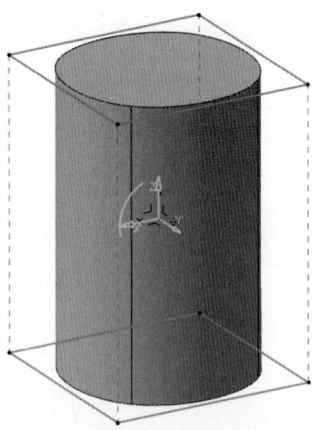

기본적으로 하나의 Sphere 형상은 6개의 Section으로 구성되어 있으며 각각의 Face와 Edge, Vertices을 사용하여 형상을 변형시킬 수 있습니다. 원형인 상·하면과 원통 면이 4개의 Section으로 나누어져 있습니다.

• Box

원통형 Subdivision Surface를 만드는 명령입니다. 위치시키고자 하는 지점의 Reference Element를 선택한 후, Cylinder 명령을 실행하면 즉각적으로 다음과 같은 Surface가 만들어 집니다.

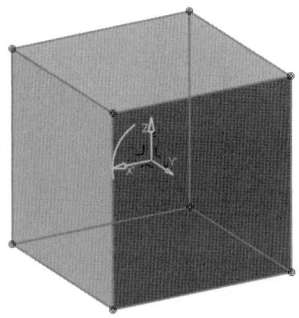

기본적으로 하나의 Box 형상은 6개의 Section(Patch)으로 구성되어 있으며 각각의 Face와 Edge, Vertices을 사용하여 형상을 변형시킬 수 있습니다.

• Pyramid

사면체 Subdivision Surface를 만드는 명령입니다. 위치시키고자 하는 지점의 Reference Element를 선택한 후, Cylinder 명령을 실행하면 즉각적으로 다음과 같은 Surface가 만들어 집니다.

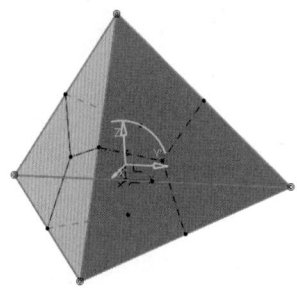

기본적으로 하나의 Sphere 형상은 12개의 Section으로 구성되어 있으며 한 면에 3개의 Section을 가지고 있습니다. 이들 각각에 대해서 Face가 만들어지므로 각각의 Edge와 Vertices를 사용하여 형상을 수정해 줄 수 있습니다.

• Torus

고리 모양의 Subdivision Surface를 만드는 명령입니다. 위치시키고자 하는 지점의 Reference Element를 선택한 후, Torus 명령을 실행하면 즉각적으로 다음과 같은 Surface가 만들어 집니다.

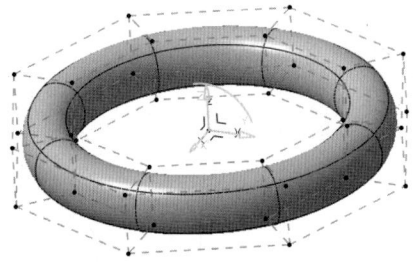

기본적으로 하나의 Sphere 형상은 32개의 Section으로 구성되어 있으며 이들 각각에 대해서 Face가 만들어져 각각의 Edge와 Vertices를 사용할 수 있습니다.

• Number of Sections

Closed Primitives를 생성할 때 곡률을 가지는 Primitives의 Section(Patch)의 개수를 조절할 수 있습니다. 여기서 단면의 수를 조절한다는 것은 작업자가 인위적인 입력 값을 이용하는 것이 아니라 Number of selections가 ▢때 는 기본 Section의 수로 Primitive가 만들어지고 ▣일 경우에는 좀 더 세분화하여 Primitive의 형상을 Section으로 표현해 주는 것입니다.

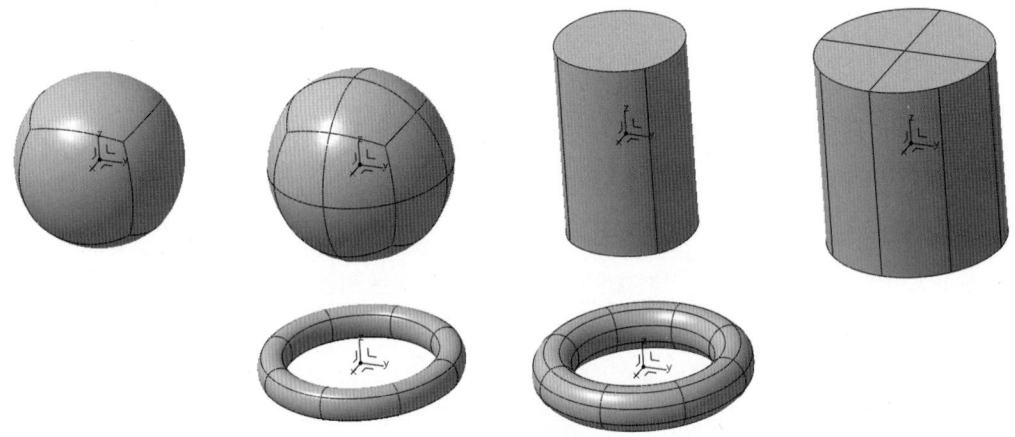

Section의 수는 결국 작업에 사용하는 Face, Edge, Vertices의 수를 의미하므로 많은 수의 Control Element를 다루게 됩니다. 따라서 작업의 목적과 용도에 맞게 처음부터 너무 많은 수의 Control Element를 다루지 말고 점차 적으로 필요에 맞게 정의하도록 합니다.

> Subdivision Surface의 Section의 분할은 작업자에게 곡면 형상을 성형할 수 있도록 Control Element를 생성해줍니다.

곡률을 가지는 Closed Primitives에만 적용되기 때문에 Box 나 Pyramid 형상에는 적용되지 않습니다.

■ Sweep Primitive Sub Toolbar

• Revolve

이 명령은 분할곡면을 사용하여 회전체 곡면을 만들고자 할 경우에 사용합니다.

명령을 실행하면 다음과 같은 창과 Tools Palette가 출력됩니다. 화면에는 종이와 같은 표시가 나타나고 중앙에는 회전 중심축이 출력됩니다.

여기서 일반적인 작업 순서는 Plane Selection ![icon]으로 회전체의 단면을 그리고자 하는 방향을 잡아 줍니다. 다음으로 Add Point ![icon] 명령으로 단면의 형상을 포인트를 추가하여 연결하는 방식으로 정의해 줍니다.

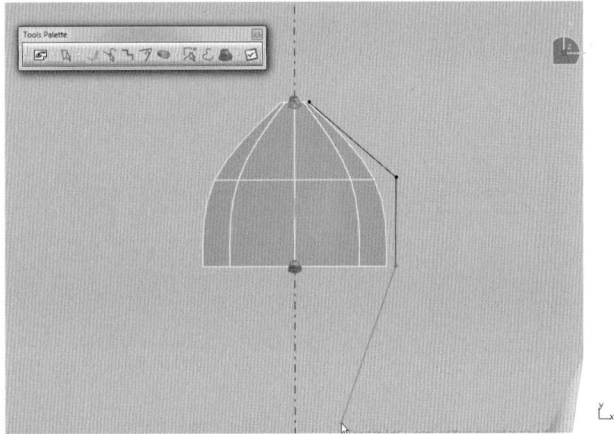

만약에 회전체의 윗면과 아랫면을 면으로 채워주거나 이를 다시 해제하고자 하는 경우에는 다음과 같이 클릭해 줍니다. 또는 Fill ![icon]을 클릭해 줍니다.

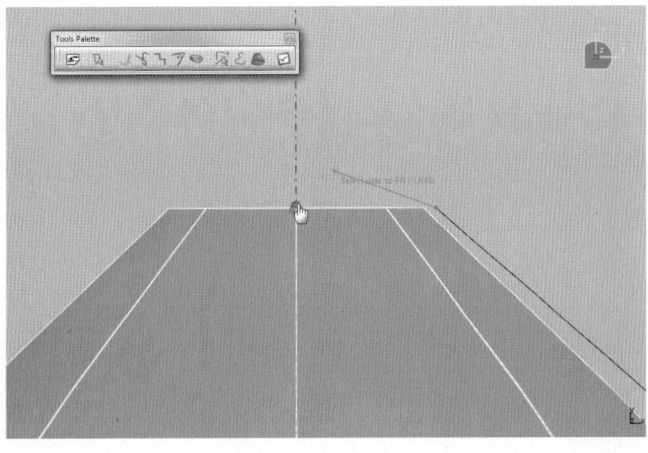

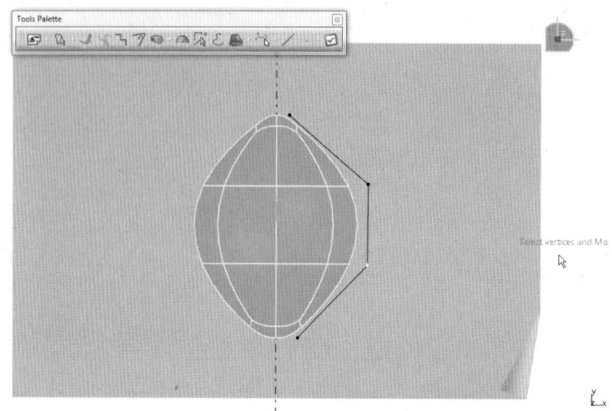

만약에 Point들의 위치를 수정하고자 한다면 Move Point 로 위치를 수정해 줍니다.

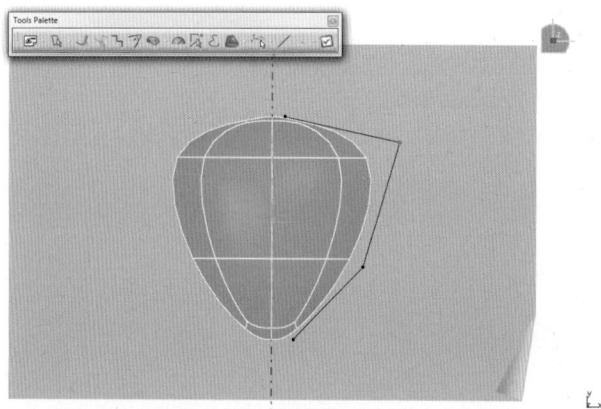

필요한 경우에는 원하는 방향으로 Point들을 정렬시킬 수도 있습니다.

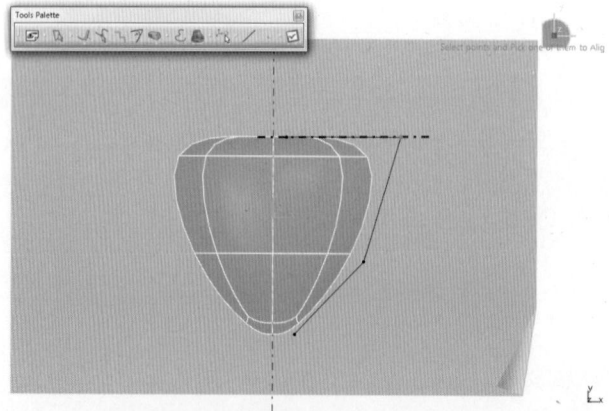

Attraction 을 통하여 날카로운 정도도 수정이 가능합니다. 우측에 나타나는 슬라이드로 Weight를 조절합니다.

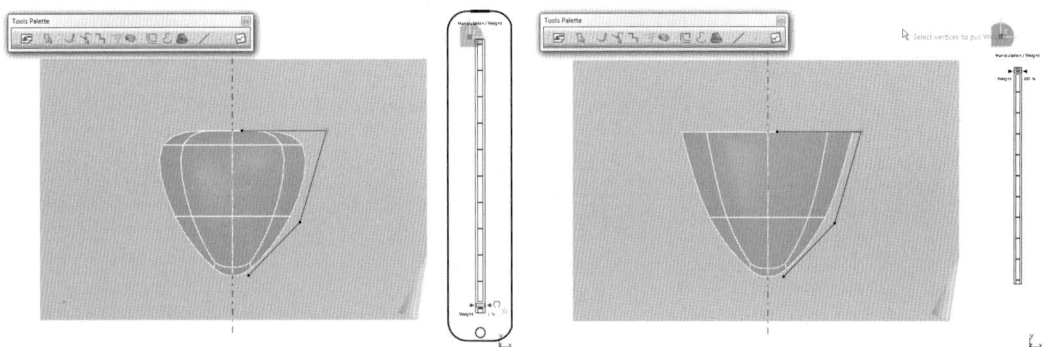

작업 후에는 Apply ☑를 반드시 눌러주어야 합니다.

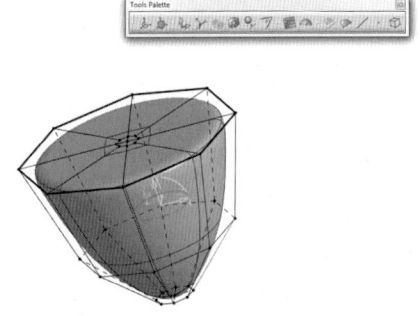

● Extrude

이 명령은 단면 형상을 직선 방향으로 늘려 분할곡면을 만들어냅니다

명령을 실행하면 다음과 같이 프로파일 형상을 정의할 수 있도록 화면과 Tools Palette가 출력됩니다.

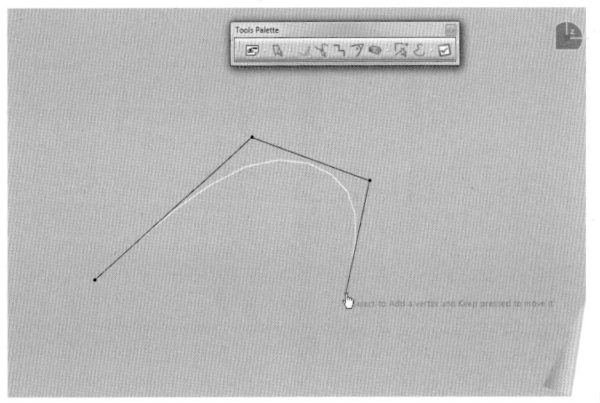

프로파일에 대한 설정을 마치면 Apply ☑를 눌러 이제 분할곡면의 길이를 정의해 줍니다. 길이의 연장은 Modification 에서 Translation 을 이용합니다.

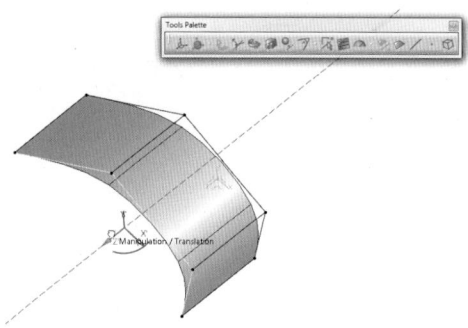

C. Modification Toolbar

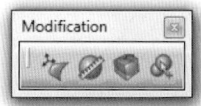

- Modification (Space)

Modification 명령은 기본적인 Primitive를 생성한 후에 원하는 형상으로 변형을 주거나 수정을 하는데 사용하는 명령으로 Imagine & Shape에서 가장 핵심이 되는 명령이라 할 수 있습니다. 이 명령을 사용하여 작업자는 Imagine & Shape에서 정의된 기본 Primitive를 자신이 의도한 형상으로 점차 변형시켜 나갈 수 있습니다.

선택한 대상이 Surface와 Curve이냐에 따라 두 가지 Mode로 Tools Palette Toolbar의 명령들을 사용할 수 있습니다. 처음 곡면이나 곡선 Primitive를 생성할 때 이러한 Tools Palette Toolbar가 화면에 표시되기 때문에 Primitive를 생성하면서 동시에 수정과 변형이 가능하기도 합니다.

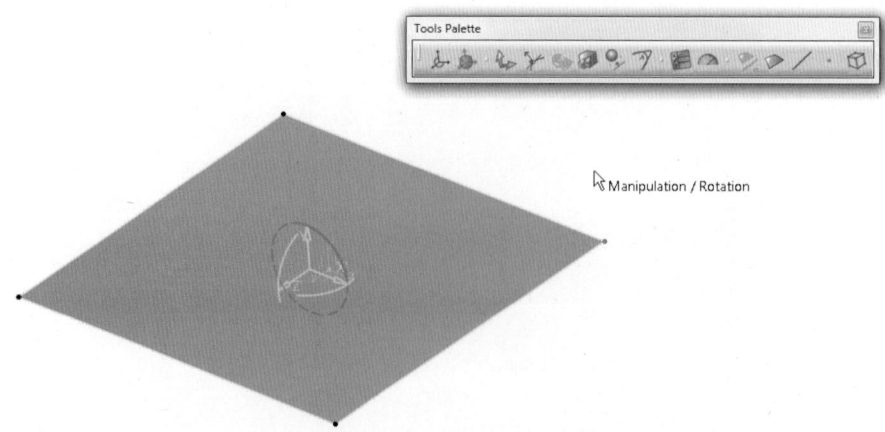

또한 Primitive의 생성 후 다른 Toolbar에서 작업하다 다시 수정하고자 하는 대상을 선택하고 Modification 명령을 실행하여도 Tools Palette라는 Toolbar가 나타나 대상을 변형시킬 수 있습니다.

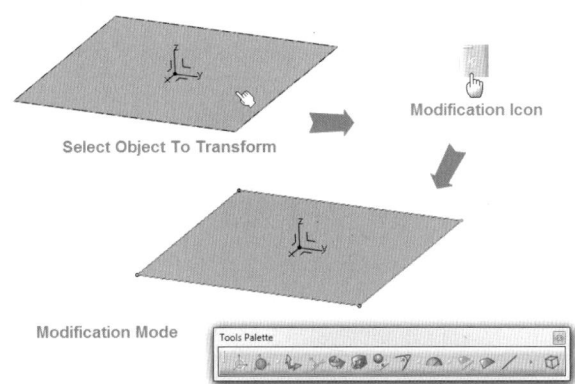

Modification을 실행하지 않고 대상을 더블클릭하여도 Tools Palette Toolbar를 이용한 수정 및 변형 작업이 가능합니다. 그러나 Modification 명령을 직접 선택하여 수정 및 변형 작업하기를 권장합니다. 또한 단축키인 Space bar를 이용하는 습관을 가지기 권장합니다.

이러한 Modification 명령들은 Contextual Menu 상에서도 이용이 가능합니다. 따라서 작업을 수행하는 도중에 Modification Mode 및 Selection Mode를 변경하고자 한다면 Modification Toolbar에서 일일이 변경하지 않고 손쉽게 Contextual Menu에서 변경이 가능합니다.

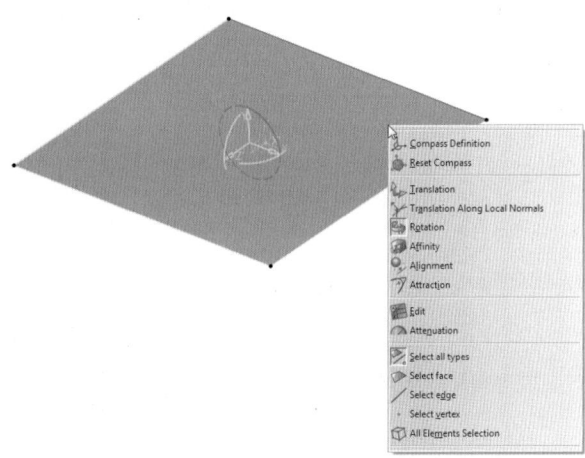

다음은 Surface 또는 Curve의 Primitive에 따른 Modification 명령의 사용 방법입니다. Modification 명령은 우선 기본적인 Primitive를 생성하는 방법을 습득한 후에 이 부분을 공부하기 바랍니다. 아무런 Primitive를 생성할 수 없는 상태에서 수정하는 방법을 먼저 익힌다면 괜히 어렵게 느껴질 수 있기 때문입니다.

우선은 여기서 간단히 알고 넘어가야할 IMA에서의 개념을 정리해 보도록 하겠습니다.

- Compass

Compass를 통하여 작업자는 변형하고자 하는 대상의 변형 방향을 정의하고 또한 변형을 조절하는데 사용합니다. Compass를 적절히 다룰 수 있어야 형상을 원하는 방향으로 자유롭게 변형시킬 수 있습니다.

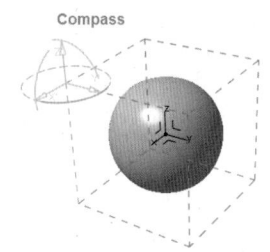

- **Control Mesh**

앞서 작업 환경을 유심히 보았다면 Modification하려하는 Surface를 점선의 Box가 둘러싸고 있는 것을 확인할 수 있을 것입니다.

이러한 점선 구조를 Control Mesh라고 부르는데 Face와 Edge, Vortex로 구성되어 있으며 이것을 사용하여 Primitive들을 수정하고 조정하는 것이 가능합니다. 실제로 Imagine & Shape Workbench에서 Subdivision Surface 형상에 변형을 주기위해서는 직접 Surface Geometry를 선택할 수 없으며 위와 같이 Mesh 구조의 Control Elements를 선택하여 작업에 이용하여야합니다.

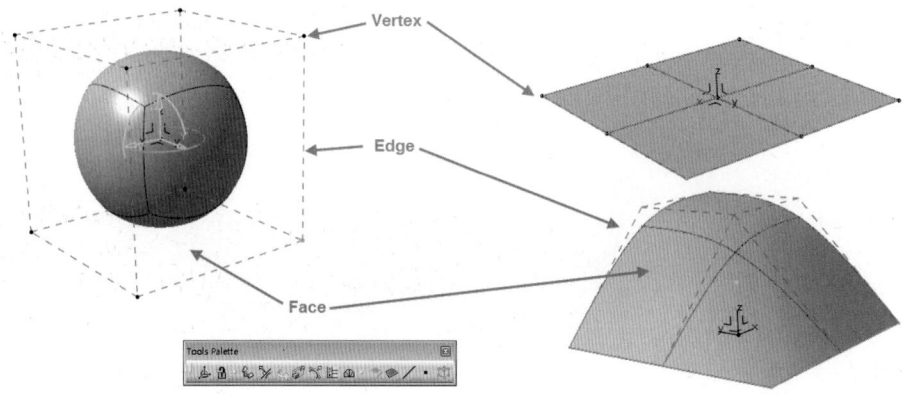

- **Basic keys**

다음의 Key 동작은 Imagine & Shape Workbench에서 모델링 작업을 수행하면서 반드시 손에 익혀두어야 하는 Key들입니다.

• Shift Key

작업을 수행하면서 Shift Key를 사용하면 Subdivision Surface 상의 Control Elements를 선택하는데 있어 Trap Mode를 사용할 수 있습니다.

Subdivision Surface를 Modification 할 때 동시에 여러 개의 Control Elements를 선택하는 작업은 대상의 복잡한 정도에 따라 매우 번거로울 수 있습니다. 이런 경우 Selection을 하는 과정에서 Shift Key를 누르고 마우스를 드래그 하여 드래그 상자 안에 포함된 영역을 동시에 선택할 수 있습니다.

다음과 같이 Subdivision Surface를 Modification을 실행상태에서 선택하고자 대상에 맞게 Selection Mode를 설정합니다.

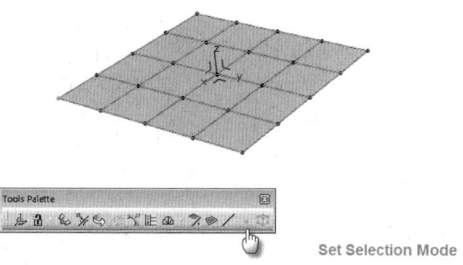
Set Selection Mode

다음으로 Shift Key를 누르고 선택하고자 하는 부분을 마우스를 드래그 하도록 합니다. 그러면 드래그 상자 영역의 Element들이 선택되어지는 것을 확인할 수 있습니다.

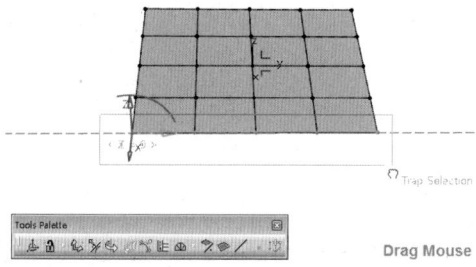
Drag Mouse

그리고 이렇게 선택된 Element들을 이용하여 형상을 수정하도록 합니다.

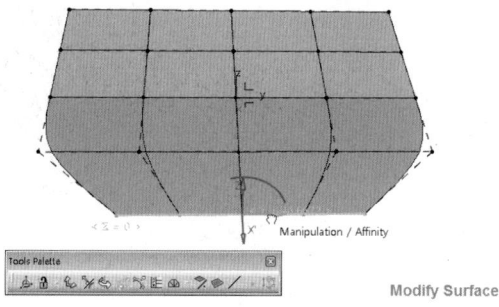
Modify Surface

서로 떨어진 위치의 복수 Control Element를 선택하려면 Shift Key와 CTRL Key를 동시에 사용해야 합니다. 먼저 선택하고자 하는 복수 Control Element를 Shift Key를 누른 채 선택하도록 합니다. 다음으로 다른 위치상의 복수의 Control Element를 선택하기 위해 Shift Key를 놓고 CTRL Key를 눌러줍니다. 다음으로 다른 위치의 Control Element를 선택하기 위해 CTRL Key를 누른 상태에서 Shift Key로 다른 위치의 Control Element 부분을 드래그 하여 선택합니다.

Shift Key ⇨ CTRL Key ⇨ CTRL Key + Shift Key ⇨ ...

• Ctrl Key

Shift Key와 더불어 다중 선택 작업에 있어 매우 중요한 기능을 하는 Key로 Ctrl Key가 있습니다.

여러 개의 Control Element 각각을 복수 선택하기 위해 Ctrl Key를 사용합니다. Shift Key와 유사하다고 할 수 있으나 Shift Key의 경우에는 연속적으로 이어지는 부분을 드래그 상자를 사용하여 동시에 선택할 때 사용할 수 있는 반면 Ctrl Key는 서로 이어지지 않은 Control Element들을 하나씩 선택하기 위해 사용할 수 있는 장점이 있습니다.

다음과 같이 대상의 Modification 상태에서 Selection Mode를 설정한 후, Ctrl Key를 누르고 대상을 하나씩 차분히 선택하도록 합니다.

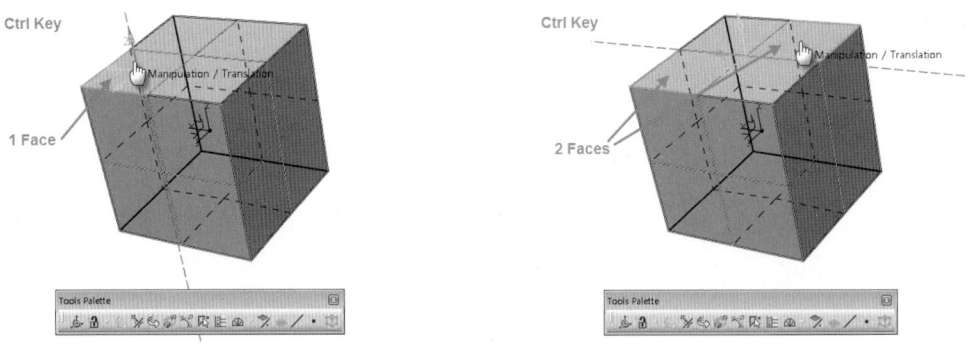

다음으로 이렇게 복수 선택한 Control Element들을 사용하여 형상을 수정해 줄 수 있습니다. 여기서 작업 결과를 보면 Ctrl key로 복수 선택한 대상이 동시에 변형되는 것을 확인할 수 있습니다.

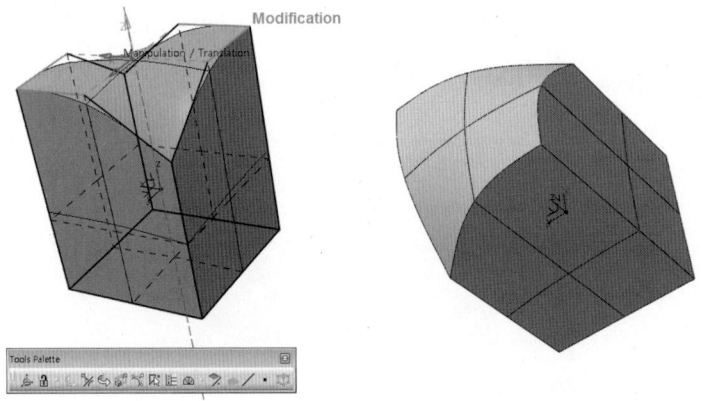

또는 선택된 Control Elements 중에서 일부분만을 제거하고자 할 경우에도 Ctrl Key를 누른 상태에서 제거하고자 하는 부분만을 선택하여 나머지 부분은 선택을 유지한 상태로 다음 작업에 이용할 수 있으므로 이를 참고하기 바랍니다.

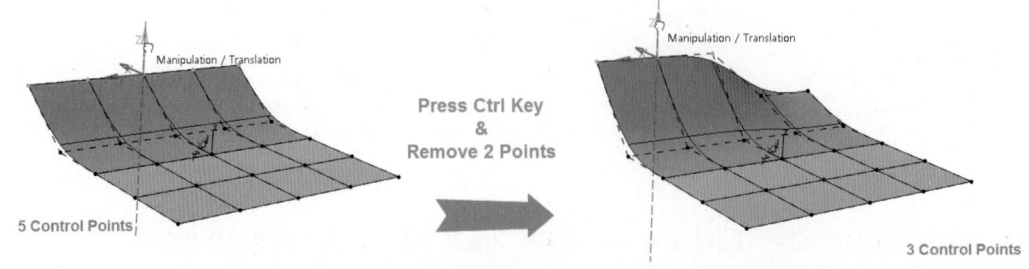

- Esc Key

Escape Key는 흔히 명령 실행을 취소하는 경우에만 사용하는 것으로 생각할 수 있으나 단일 수행 명령이 아닌 연속 수행 명령의 경우, 실행한 명령을 종료할 경우에도 사용할 수 있습니다.

Imagine & Shape 상에서도 Modification이나 Styling 작업의 경우 명령을 종료하지 않는 한 작업이 계속 진행됩니다. 따라서 작업을 수행 후 다음 작업을 위해 현재 실행된 명령을 종료하기위해 해당 명령의 아이콘을 다시 클릭하거나 Esc Key 사용해야 합니다.

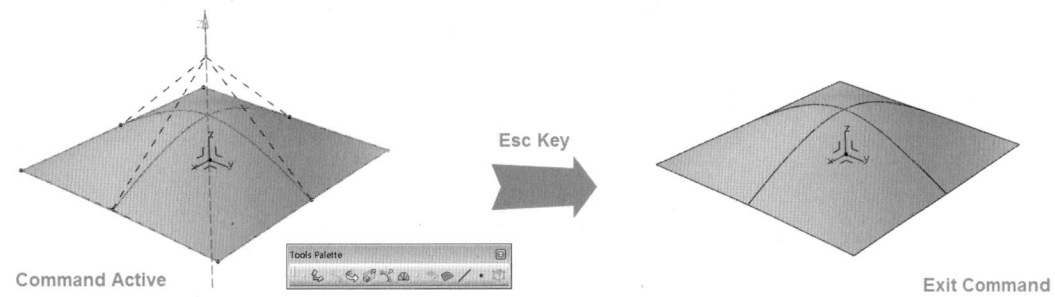

- Ctrl + Z Key

가장 일반적인 단축 명령어 중에 하나로 작업을 이전 상태로 되돌리는 Ctrl + Z Key가 있습니다. Imagine & Shape Workbench에서의 Modification이나 Operation 작업은 특히 History가 Spec Tree 상에 남지 않기 때문에 형상을 수정하는 과정에서 이전 상태로 되돌리고자 하는 경우에 일정한 작업 단계까지로만 변경이 가능합니다.

또한 하나의 명령이 실행되고 있는 상태에서 Ctrl + Z Key를 사용하면 해당 명령을 실행한 상태에서 작업한 순서대로 이전 상태로 되돌리는 것이 가능합니다. Modification이나 기타 Operation 명령의 실행을 종료한 후에 Ctrl + Z Key를 사용하면 하나의 명령 안에서 작업한 여러 개의 작업 군을 동시에 되돌리기 할 수 있습니다.

Ctrl + Z Key와 반대로 되돌리기가 아닌 앞서 작업으로 돌아가기 위해서는 Ctrl + Y key를 사용하도록 합니다.

- Positioning Primitive using Geometry

Imagine & Shape 상에서 기본 Primitive를 생성하기 위해서는 반드시 Reference를 필요로 하지 않는다. Mechanical Design Workbench의 경우에는 기본이 되는 Reference를 기준으로 작업이 진행되기 때문에 다소 생소할 수 있을 것입니다.

그러나 Reference를 설정하지 않으면 생성되는 Primitive가 화면의 임의의 공간상에 만들어지기 때문에 나중에 정형화된 수정 작업을 수행하는데 있어 형상을 이동시켜야하는 어려움이 발생할 수 있습니다. Reference를 잡지 않고 Primitive를 생성하면 화면의 중앙에 적절한 크기로 Primitive가 생성됩니다.

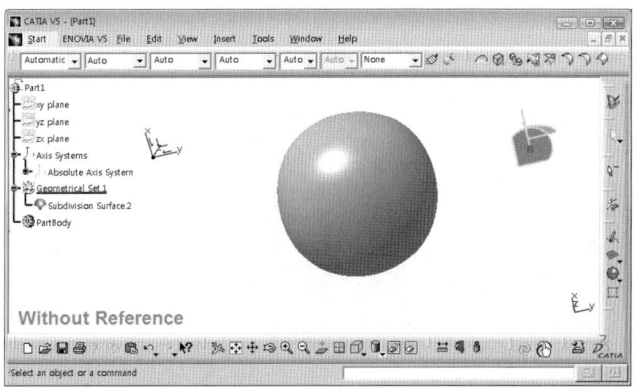

따라서 Primitive를 생성하는 작업을 수행하기에 앞서 기준이 될 대상을 선택해 주기를 권장합니다. Reference로 사용할 수 있는 Element로는 Point, Line, Plane, Axis 등이 있습니다.

Reference를 선택하고 Primitive를 생성하는 명령을 실행하면 다음과 같이 원하는 위치에 Primitive가 만들어지는 것을 확인할 수 있습니다.

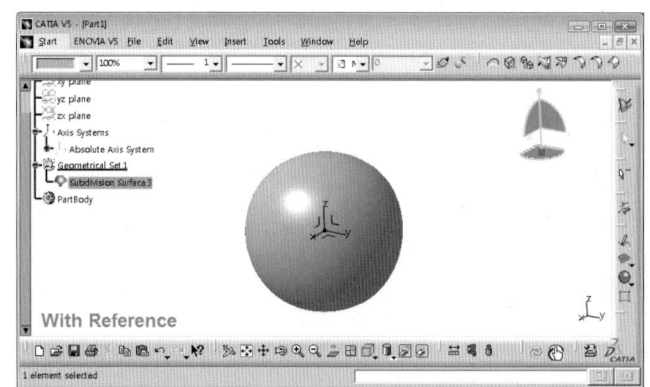

수정 또는 변형하고자 하는 대상이 Surface인 경우 Tools Palette는 다음과 같은 명령들로 구성되어 나타납니다.

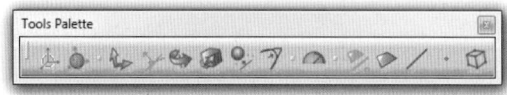

- **Compass Management**

Subdivision Surface의 수정 작업을 수행하는데 있어 선택한 대상에 표시되는 Compass를 이용하게 됩니다. Compass가 가지고 있는 원점 및 X, Y, Z 축을 사용하여 작업자는 손쉽게 선택한 대상을 이동 또는 변형시키는 (Translation, Rotate 등) 작업이 가능합니다.

Compass를 사용하여 특정한 요소를 선택하는 데 있어 우선 Compass에 대한 설정을 내리는 부분이므로 현재의 선택한 대상에 대해서 Compass가 바르게 잡혀있다면 굳이 설정하지 않아도 됩니다.

• **Compass Definition**

Compass의 원점 및 기준을 수정하고자 할 경우에 사용합니다. Compass Definition이 실행된 상태에서 화면상의 Geometry를 선택하면 선택한 대상을 따라 Compass가 이동되어 Compass의 위치와 방향을 설정해 줄 수 있습니다.

다음과 같이 기본 Primitive가 생성된 상태에서 Compass Definition을 실행하도록 합니다. 그럼 앞서 표시되어있던 회색의 Compass가 녹색으로 활성화되는 것을 확인할 수 있습니다.

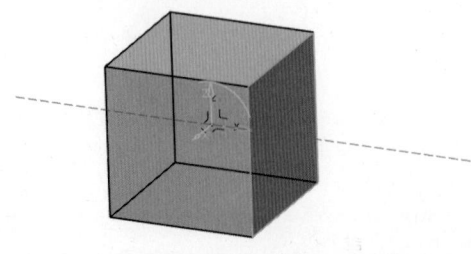

이 상태에서 Toolbar 끝의 Selection Mode에 따라 선택할 수 있는 요소의 위치상으로 Compass를 이동시킬 수 있습니다. 아래와 같이 Selection Mode에 따라 면(Face), 모서리(Edge), 점(Vertices)를 선택할 수 있는데 선택한 대상을 따라 Compass가 초기 위치에서 이동되어 있는 것을 확인할 수 있습니다.

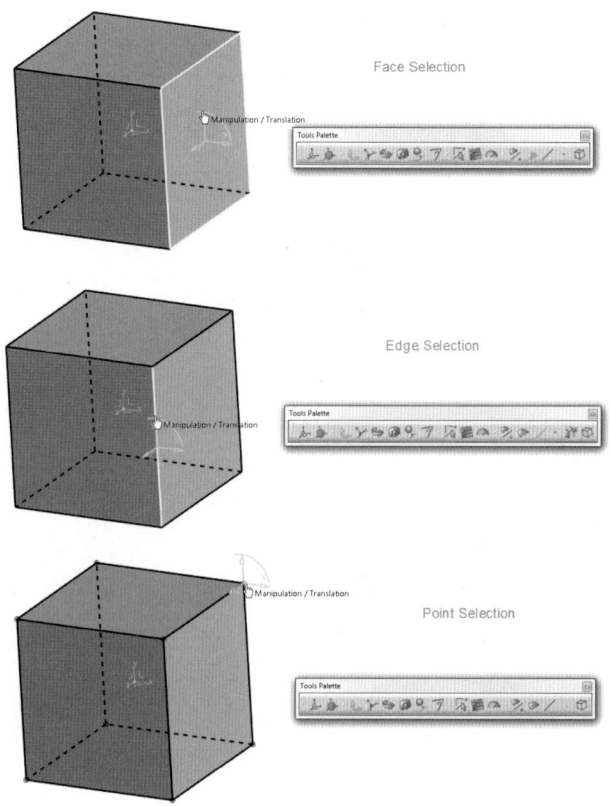

이러한 Compass의 설정은 변형시키고자 하는 곡면, 곡선 각각의 대상마다 설정해 줄 수 있는데 초기에 설정되는 기본 위치에서의 직교 좌표 방향 외의 다른 방향으로 형상을 변형시키고자 할 경우에 사용합니다.

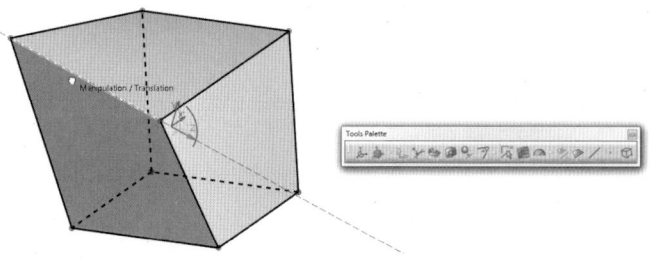

또한 Compass의 원점 및 기준 위치의 설정이 끝난 후, 본 Modification 작업으로 돌아가기 위해서는 다시 Compass Definition ⚒명령을 클릭해 주어야 합니다.

- **Reset Compass**

Compass의 기준을 Model의 Axis로 초기화하기 위해 사용합니다. 다른 임의의 위치에서 Compass를 잡아 수정한 작업이 끝나 다시 기본 위치에서의 작업을 돌아가기 위해 사용합니다.

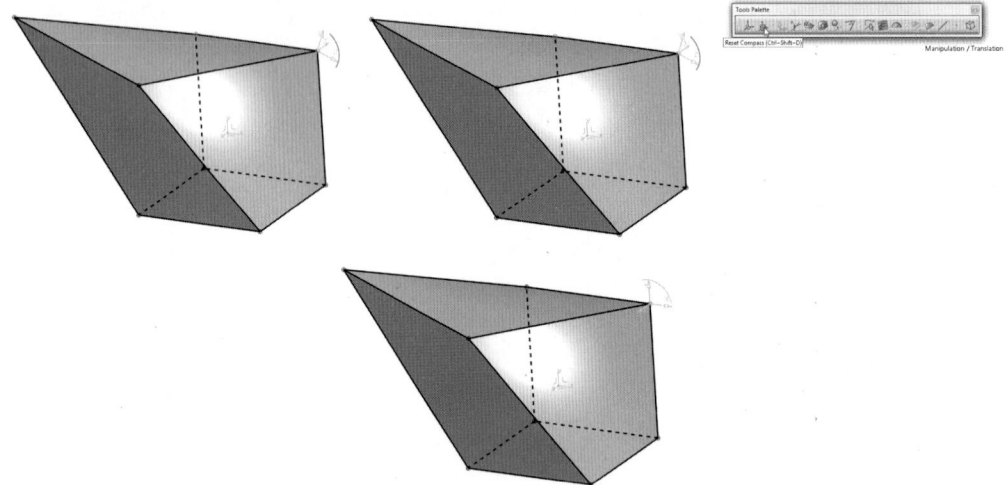

• Axes Permutation

Compass Definition이 실행된 상태에서만 나타나는 명령으로 Compass의 주 평면을 Compass의 3개의 Axis 중에 하나로 전환하기 위해 사용합니다. Axes Permutation을 실행할 대마다 주 평면이 변경됩니다.

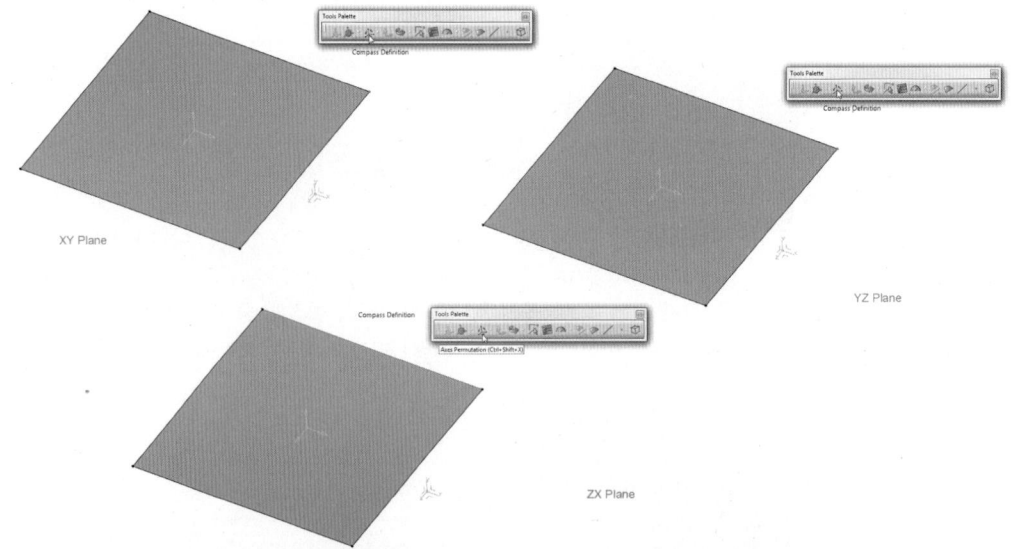

- Translation

선택한 곡면을 Control Elements를 사용하여 Compass의 지정된 Axis 방향으로 평행 이동 또는 변형시키기 위해 사용합니다. 다음과 같이 Subdivision Surface가 있다고 했을 때, Modification을 실행하고 Tools Palette에서 Translation 을 선택해 줍니다. 그리고 Translation하고자 하는 부분의 Control Element를 Selection Mode를 적절히 변경하여 선택해 줍니다. 그럼 다음과 같이 선택된 Element에 Compass가 이동되면서 3개의 축 방향으로 Translation가 가능한 상태가 됩니다.

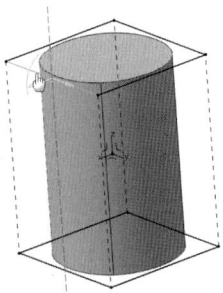

여기서 이동시고자 하는 방향의 Axis를 Compass에서 선택한 후, 마우스를 움직이면 해당 방향으로 Control Element가 움직이면서 형상을 변형시키는 것을 확인할 수 있습니다.

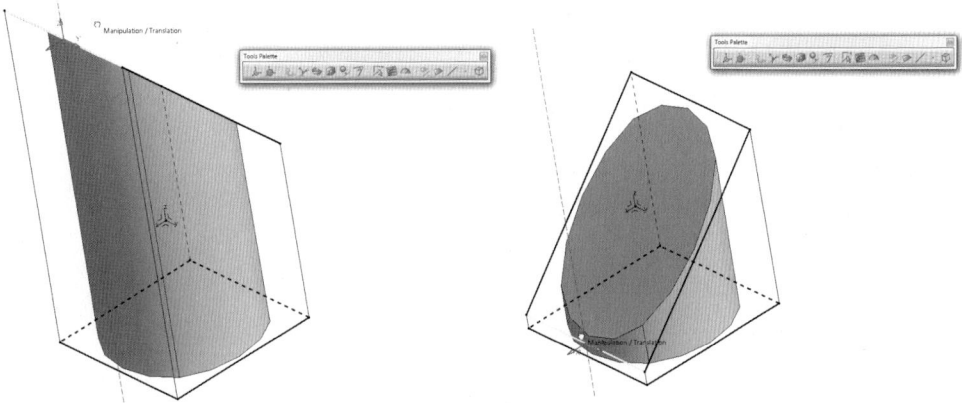

Modification이 활성화된 상태에서 한 반향으로의 Translation이 끝났더라도 다른 방향으로 또 다른 Translation이 가능합니다.

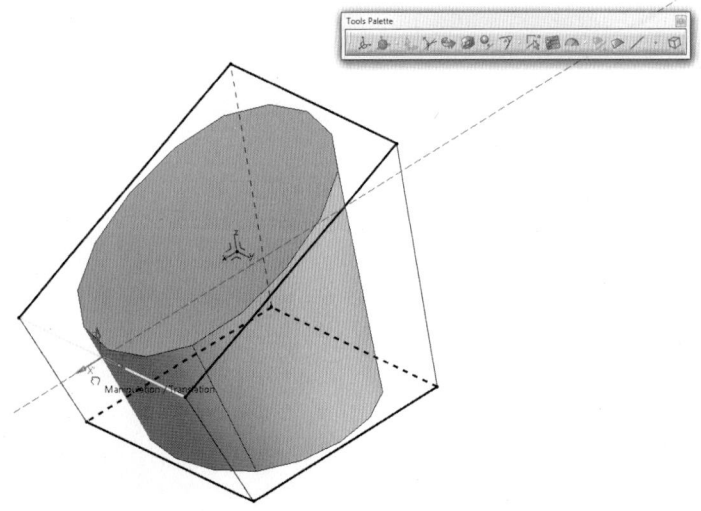

또한 앞서 Translation에 사용한 Element 이외에 다른 Element를 선택할 수도 있으며 복수 선택 역시 가능합니다.

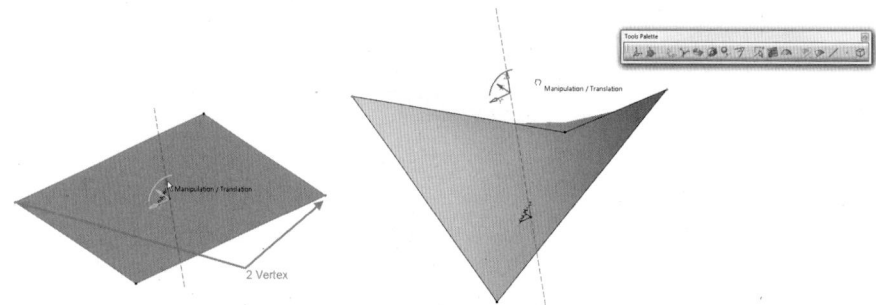

현재 지정된 Compass의 축 방향이 아닌 다른 방향으로 Translation을 수행하고자 한다면 앞서 공부한 Compass Definition 로 Compass를 먼저 정의하고 Translation을 작업하도록 합니다.

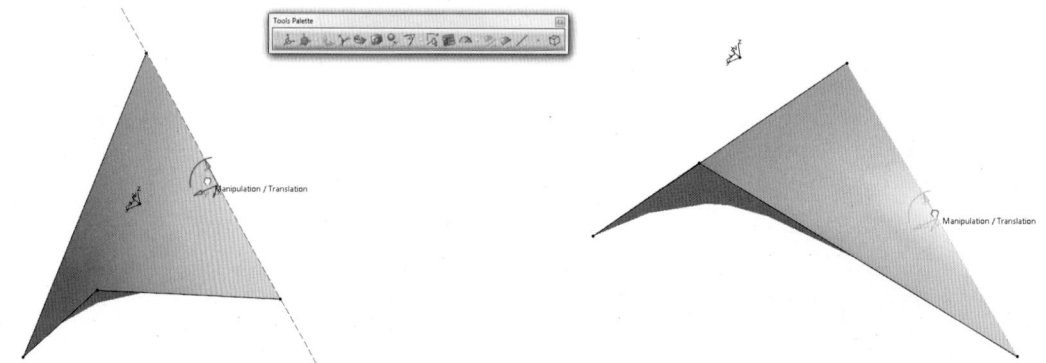

Tools Palette로 나타나는 명령들은 연속적으로 사용이 가능하므로 Modification을 수행하면서 각각의 명령을 필요에 따라 변경해 가며 작업해가도록 합니다.

만약에 형상의 전체 Element를 선택하여 Translation을 하면 다음과 같이 형상의 변형이 아닌 단순한 평행 이동을 수행합니다.

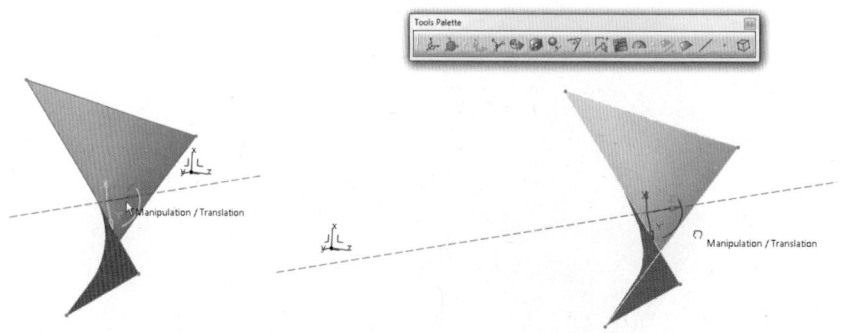

Subdivision Surface의 Translation은 이렇게 Control Element들을 사용하여 형상을 변형시키는 것이 주목적으로 자유롭게 곡면 형상을 늘리고 구부리는 작업을 가능케 합니다.

Translation 작업을 완료하여 Modification을 종료하고자 하면 Esc Key를 눌러주거나 다른 Modification 명령을 선택하면 됩니다. Space Bar를 눌러도 됩니다.

- **Local Normals**

Subdivision Surface의 Control Elements지점에서의 곡면과 수직(Surface Normal Vector) 방향으로 Translation시키기 위해 사용합니다. Local Offset과 같이 Control Elements에 대해서 곡면에 수직하게 곡면을 늘리거나 줄이는 것이 가능합니다.

다음과 같이 곡률을 가진 Subdivision Surface가 있다고 했을 때 대상을 선택하고 Modification 상태에서 Local Normals 을 선택합니다. 여기서 Subdivision Surface의 Control Elements를 선택하면 자동으로 곡면과 수직한 방향으로 Translation을 표시합니다.

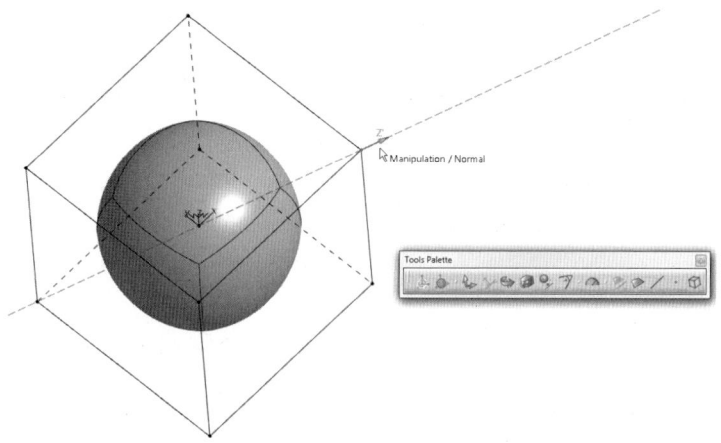

이 상태에서 마우스를 드래그 한 상태로 움직이면 선택한 Control Element를 통해 곡면을 변형 시킬 수 있습니다.

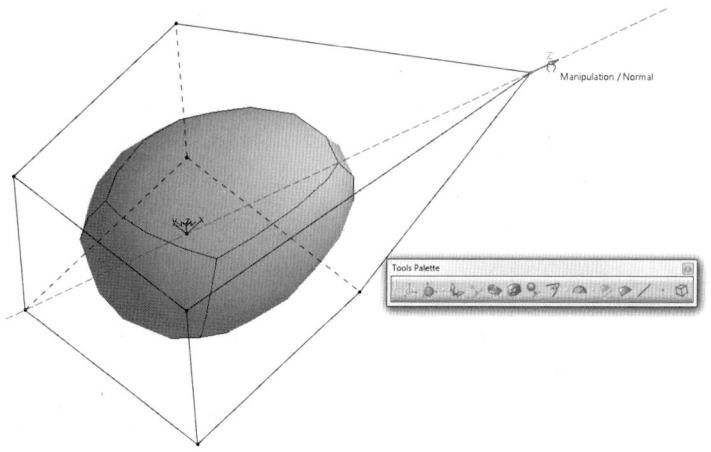

다음과 같은 경우에는 Sphere의 중간을 분할한 후, 중간 위치의 Control Point들을 복수 선택한 후에 곡면의 수직 방향으로 변형한 결과입니다.

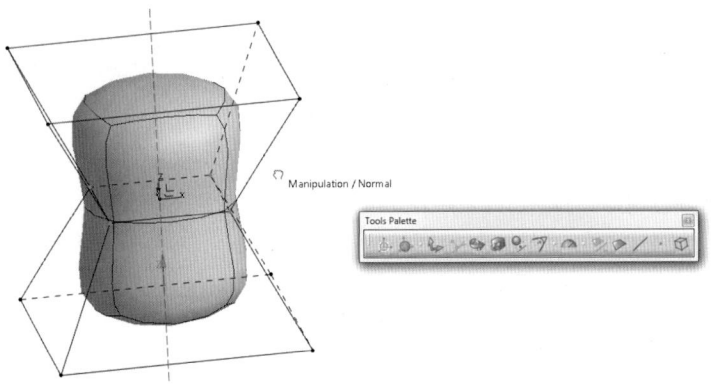

곡면의 수직 벡터 방향은 곡면의 변형에 따라 상시 변한다는 것을 잊지 말기 바랍니다.

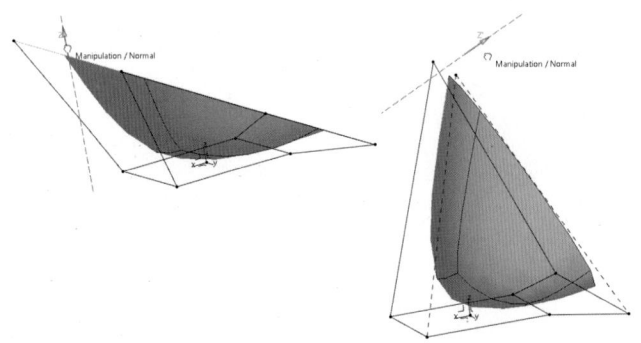

- Rotation

선택한 곡면을 Control Elements를 사용하여 Compass의 지정된 Axis 방향으로 회전시키고자 할 경우에 사용합니다.

Modification을 실행한 후 Rotation을 선택하여 회전시키고자 하는 Subdivision Surface의 성분을 선택합니다. 여기서 선택할 수 있는 Control Element로는 Edge와 Face가 있습니다. Edge를 선택한 경우에는 2축 방향으로 회전이 가능하며 Face를 선택한 경우에는 3축 방향 모두 회전이 가능합니다. Vertices를 사용하여서는 Subdivision Surface의 곡면을 회전시키는 것이 불가능합니다.

다음과 같이 Subdivision Surface를 선택한 후, Modification의 Rotation을 선택하면 Compass가 선택한 지점에 만들어지는 것을 확인할 수 있습니다. 여기서의 Compass에는 회전 방향을 선택하기위한 호 형상이 함께 표현되어 있습니다.

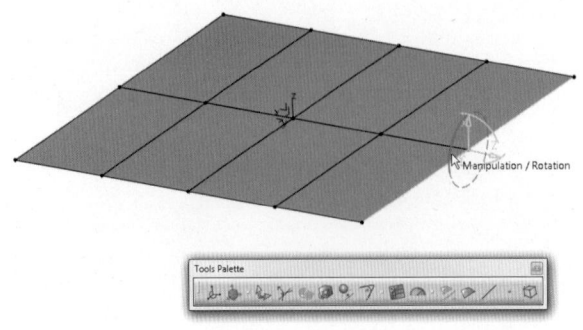

이렇게 Compass의 3개의 회전축을 중에 하나를 사용하여 곡면을 회전시키는 것이 가능합니다.

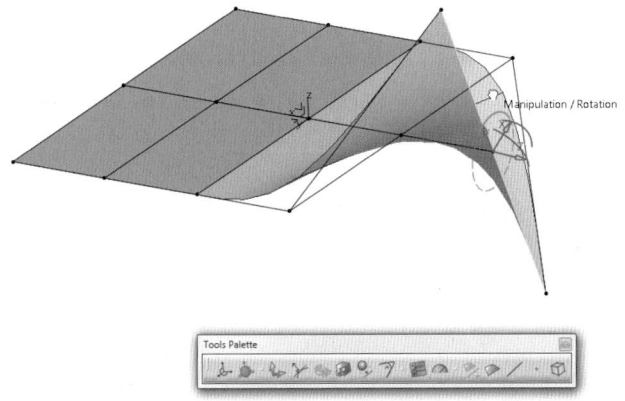

- Affinity

선택한 곡면을 Control Elements를 사용하여 Scale하고자 할 경우에 사용합니다. Scale하고자 하는 곡면의 Control Elements를 선택한 후, Compass에 나타나는 Axis 또는 두 Axis로 만들어지는 평면을 사용하여 Subdivision Surface의 크기 비율을 조절할 수 있습니다. Show Coord를 사용하면 Scale을 가늠하는데 도움이 될 것입니다.

Control Elements로는 Face, Edge, Vortices를 선택할 수 있습니다. 그러나 1차원의 Vertex로는 Scale이 불가능 하므로 선택하여도 Affinity를 이용할 수 없습니다.

다음과 같이 Subdivision Surface가 있다고 했을 때, Scale 하고자 한 모서리를 선택해 줍니다. 그리고 선택한 Control Elements를 지정된 Compass의 축 방향을 따라 드래그 하여 Scale을 조절합니다.

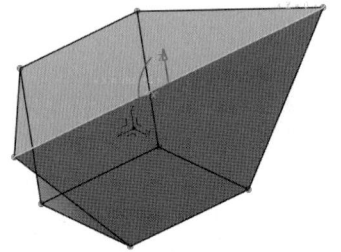 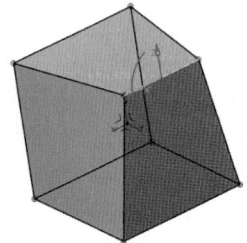

또는 다음과 같이 Face나 선택한 Control Element들로 Face를 변형시킬 수 있는 조건이 되면 Compass의 두 개의 Axes에 의한 평면을 사용하여 Scale할 수 있습니다.

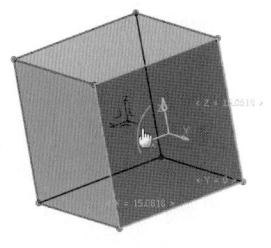 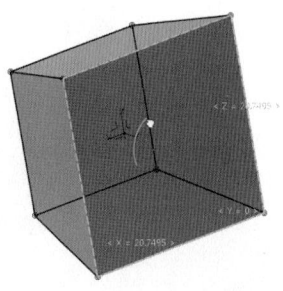

여기서 선택한 Control Elements에 따라 Scale로 적용되는 결과가 달라집니다. 또한 서로 다른 Control Elements를 선택하였더라도 그 결과로 만들어 지는 결과가 동일한 경우도 있습니다.

하나의 Edge를 선택한 것은 두 개의 양끝 Vertices를 선택한 것과 동일합니다.

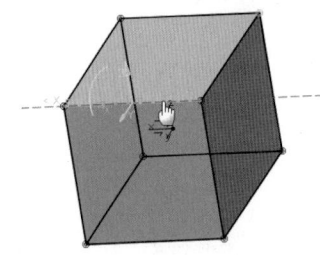
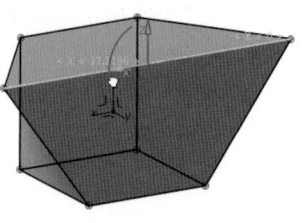

그리고 두 개의 Edge를 선택하면 두 개의 Edge로 구성된 하나의 Face를 선택한 것과 동일합니다.

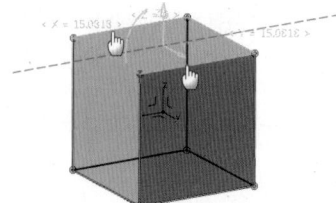
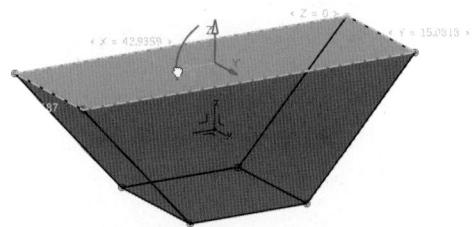

이런 식으로 Control Elements의 다중 선택과 Control Elements의 종류 사이에 관계를 이해한다면 쉽게 형상을 선택하고 변경하는 것이 가능합니다.

- Alignment

이 명령은 Imagine & Shape의 Subdivision Surface를 조절하는 Control Element인 Vertices의 위치를 기준 대상에 나란히 정렬하는데 사용합니다. Alignment가 필요한 이유는 작업을 하는 과정에서 무수히 많은 변형 작업을 수행하면서 각각의 Mesh의 Vertices가 바르게 나열되지 않거나 마우스 조절로 정확히 각각의 Vortices를 조정하기 어려울 때 사용합니다.

명령을 실행하고 대상인 Subdivision Surface를 선택하면 다음과 같이 Tools Palette가 변경됩니다.

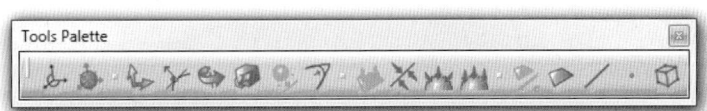

Alignment를 수행하기 위해서는 대상을 선택한 후에 Compass를 사용하여 원하는 기준의 위치를 잡아주는 것이 중요합니다. 이렇게 잡아준 Compass의 Plane과 Axis(Line)를 사용하여 Alignment로 Vertices를 조절하기 때문입니다.

• 기준 위치 설정

다음과 같이 Compass Definition을 실행하여 원하는 위치로 Compass를 위치시키도록 합니다. 필요하다면 방향도 잡아주어야 합니다.

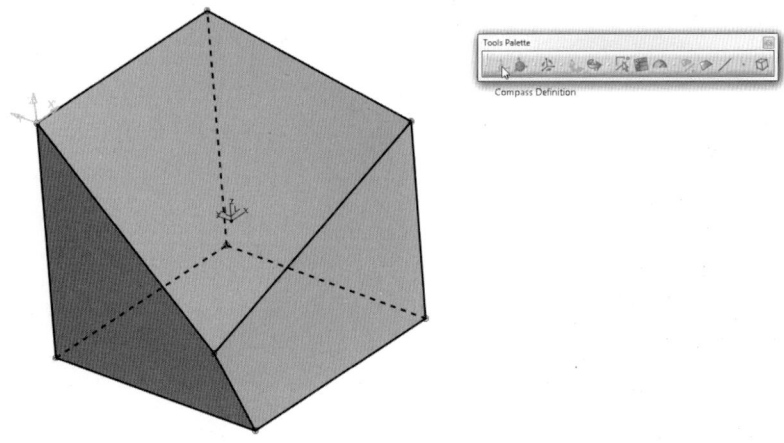

Compass에 대한 정의가 끝나면 Compass Definition을 나옵니다.

- Projection on Line

선택한 요소들을 지정한 Compass의 Axis Line에 일치하도록 하는 명령입니다.

Compass의 위치 설정이 끝난 후, Vertices들을 선택한 후에 Projection on Line을 실행하면 선택한 Vertices들이 모두 Compass의 Axis Line 상에 놓이는 것을 확인할 수 있습니다.

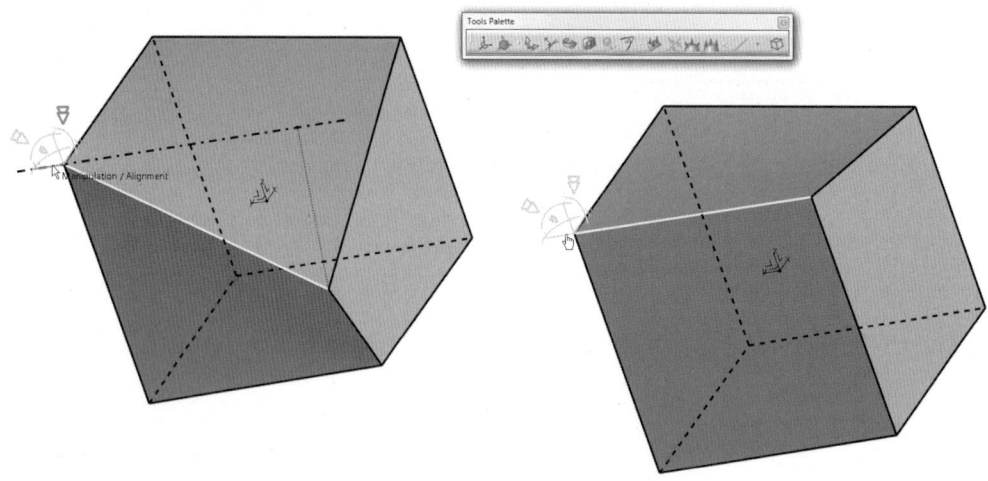

- **Projection on Plane**

선택한 요소들을 지정한 Compass의 Axis Plane에 일치하도록 하는 명령입니다.

Compass의 위치 설정이 끝난 후, Vertices들을 선택한 후에 Projection on Plane을 실행하면 선택한 Vertices들이 모두 Compass의 Axis Plane 상에 놓이는 것을 확인할 수 있습니다.

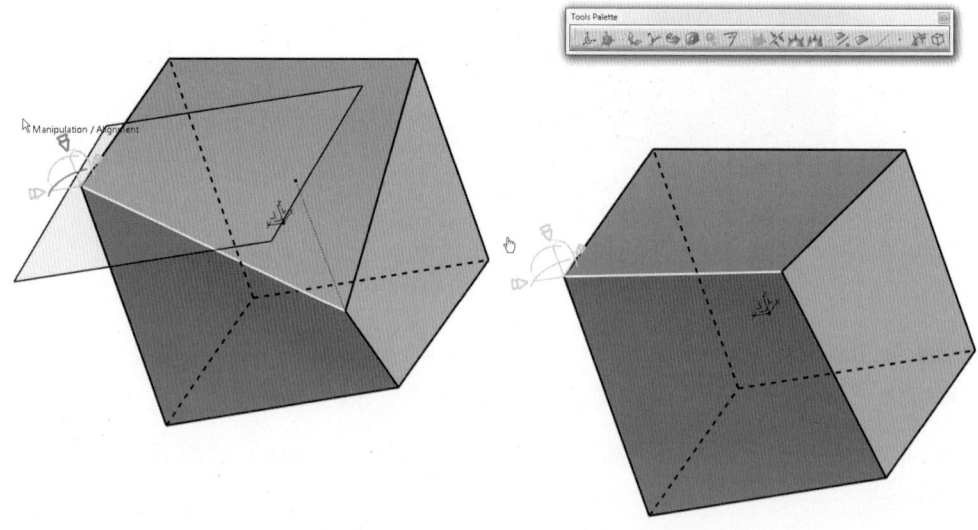

- **Orthogonal**

선택한 요소들을 지정한 면에 수직한 방향으로 정렬합니다.

Alignment를 실행한 상태에서 정렬하고자 하는 대상들을 선택한 후에 수직하게 정렬할 곡면을 선택합니다.

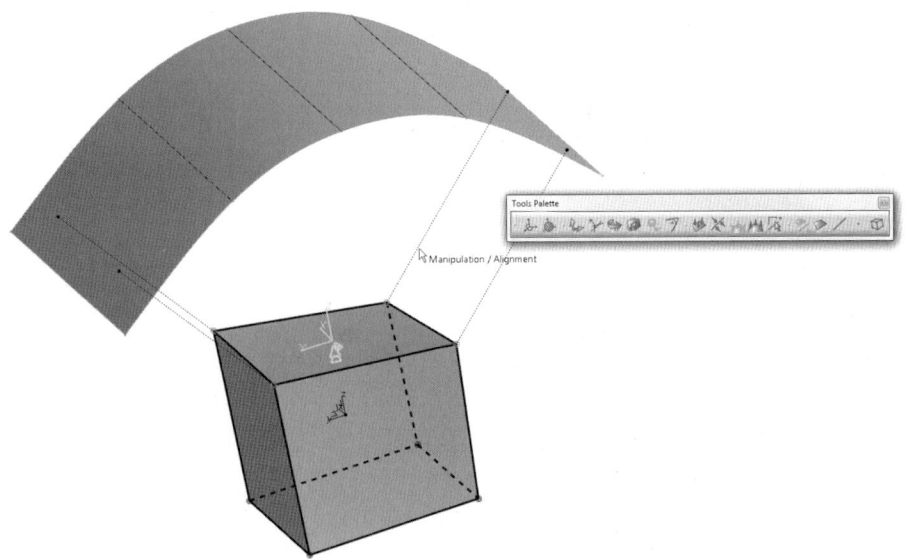

미리보기 되는 선을 선택해 주면 다음과 같이 정렬되는 것을 확인할 수 있습니다.

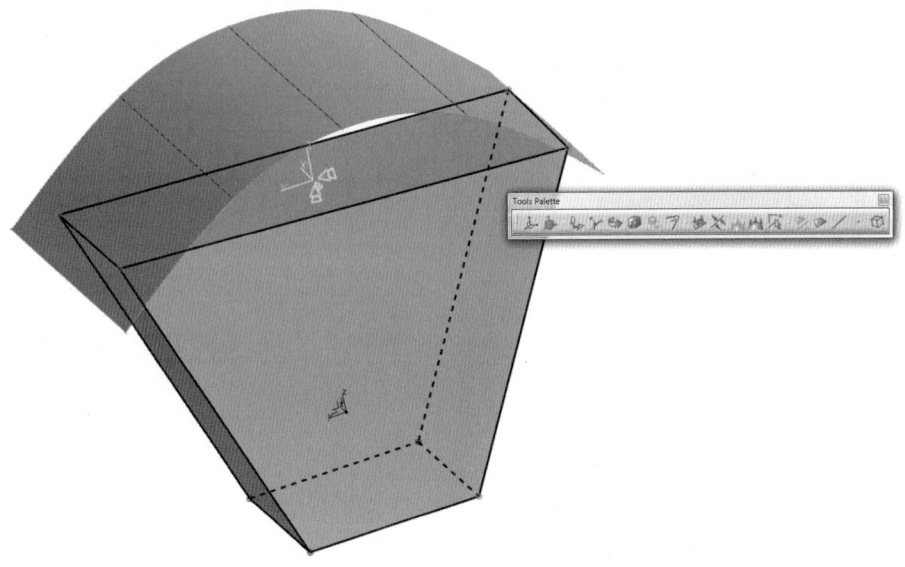

- Along Direction

선택한 대상들을 선택한 곡면으로 지정한 방향에 맞춰 정렬합니다.

Alignment를 실행한 상태에서 정렬하고자 하는 대상들을 선택한 후에 수직하게 정렬할 곡면을 선택합니다.

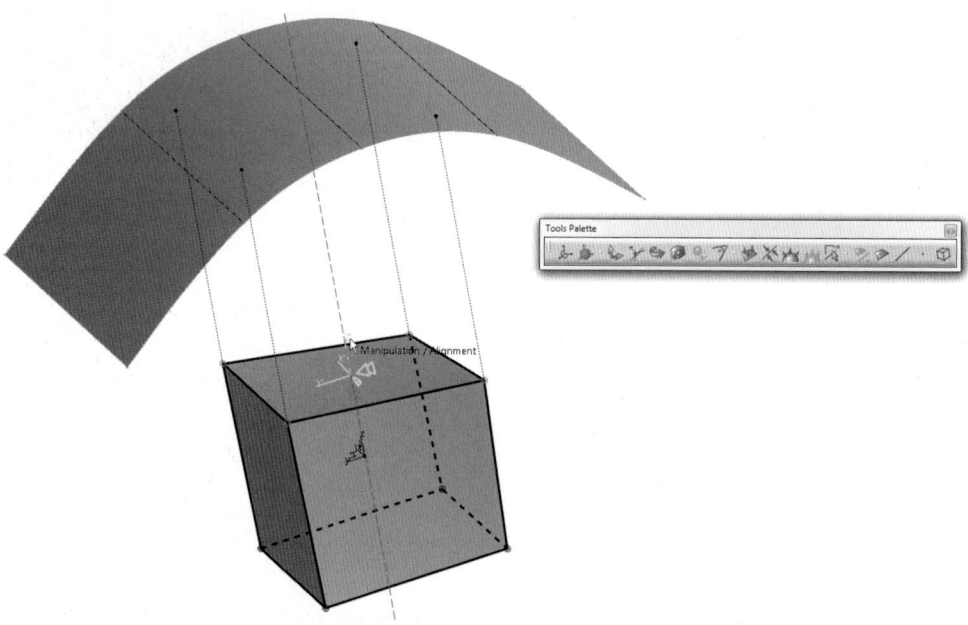

미리보기 되는 선을 선택해 주면 다음과 같이 정렬되는 것을 확인할 수 있습니다.

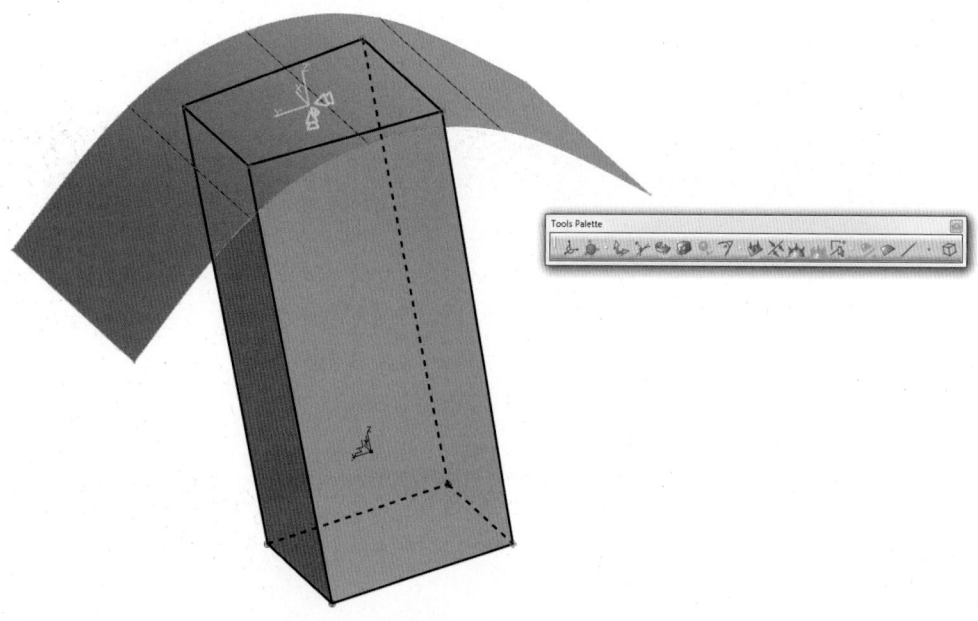

- **Attraction**

선택한 모서리 또는 Vertices의 이웃하는 곡면과의 비중을 조절합니다. 이웃하는 곡면과의 비중을 조절하여 곡면 사이의 곡률을 조절합니다. 이웃하는 곡면들이 서로 나란하지 않은 경우에만 사용가능합니다. Subdivision Surface 를 작업하는 과정에서 곡률을 부여하거나 날카롭게 형상을 수정하고자 할 경우에 사용합니다.

Attraction 을 선택하면 Smooth 와 Sharp 두 가지 Mode를 선택하여 사용가능합니다.

- Sharp Attraction

선택된 모서리의 날카로운 정도를 조절할 수 있습니다. 즉, Tangency와 Curvature를 가진 채 이어진 곡면 형상의 모서리를 불연속적이게 조절할 수 있습니다. 곡면을 선택하고 Modification을 실행하여 Attraction을 선택한 후, Sharp Attraction을 클릭합니다.

다음으로 변형을 주고자하는 부분의 Edge를 선택한 후 이 아이콘을 선택하면 우측에 다음과 같은 Slider가 나타납니다.

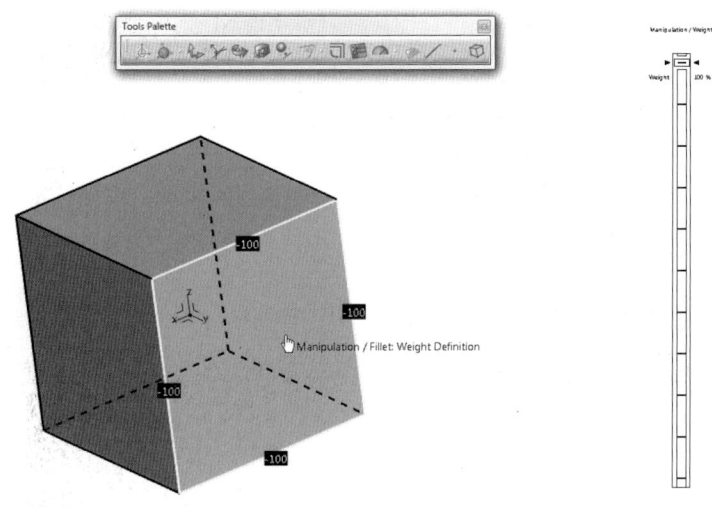

이것을 마우스를 사용하여 0에서 100사이의 값에 맞추어 모서리의 날카로운 정도를 조절할 수 있습니다.

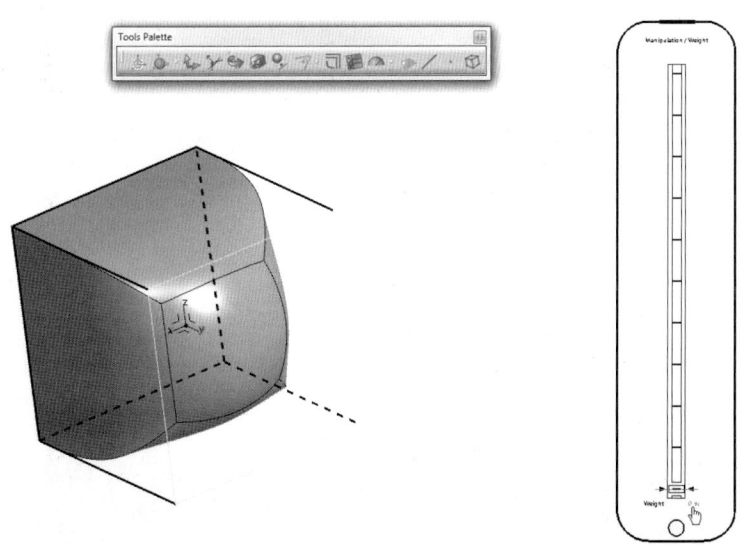

아래와 같이 이웃하는 Face와 곡률 적으로 연속적인 대상에 Sharp Attraction을 실행하면 다음과 같은 결과를 얻을 수 있습니다.

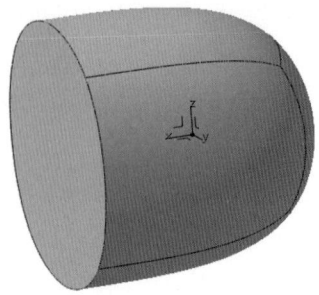

우측에 나타난 Slider를 다음과 같이 변경도 가능합니다. 하단에 있는 동그란 버튼을 아래로 잡아당깁니다.

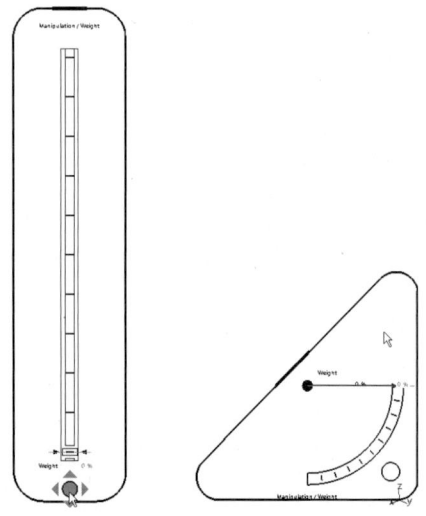

- **Smooth Attraction**

곡면에서 선택한 모서리를 부드럽게 곡률 처리할 수 있습니다. 즉, 불연속적인 곡면들 사이의 모서리를 Tangency 및 Curvature를 가진 채 연속적인 형상을 가질 수 있도록 합니다. 곡면을 선택하고 Modification을 실행하여 Attraction을 선택한 후, Smooth Attraction을 클릭합니다.

여기서도 위와 마찬가지로 변형하고자 하는 모서리를 선택한 후에 오른쪽의 Slider 값을 사용하여 해당부위의 곡률 값을 변경해 줄 수 있습니다.

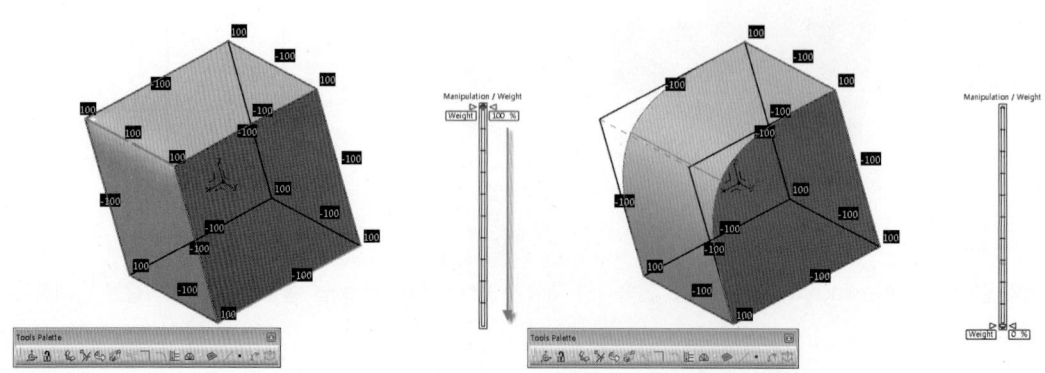

Smooth Attraction을 사용하면 아래와 같이 날카로웠던 Edge 부분을 곡률 처리해 줄 수 있습니다.

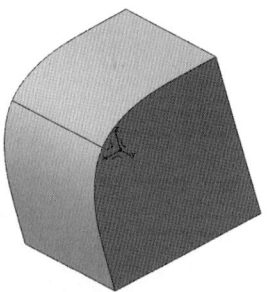

- Pick 🔧

Subdivision Surface의 Modification 작업을 수행하는 과정에서 Point나 Line, Plane과 같은 Element를 선택하기 위해 사용합니다. Pick 🔧 명령은 Compass Definition을 사용해 Axis를 설정하거나 Translation으로 선택한 Control Element인 Face나 Edge, Vertices를 이동시키는데 사용할 수 있습니다. Pick을 사용하지 않으면 Point, Line, Plane과 같은 3차원 요소는 Modification을 수행하는데 있어 선택할 수 없다는 점을 기억해두기 바랍니다.

다음과 같이 Subdivision Surface가 있다고 했을 때, Modification을 수행하여 Translation 🔧을 선택하면 다음과 같이 Pick 🔧 명령이 나타납니다.

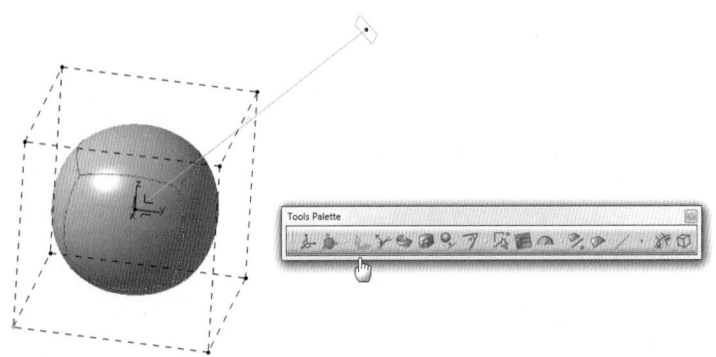

다음으로 수정하고자 하는 부분의 Control Element를 선택하도록 합니다. 여기서 선택할 수 있는 Control Element로는 Face, Edge, Vertices가 가능합니다.

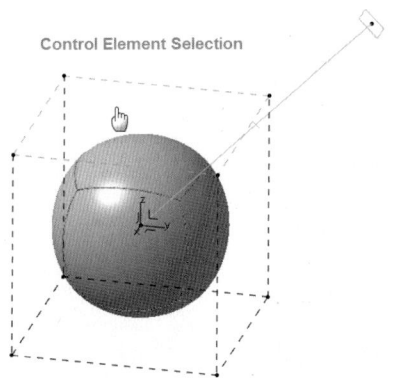

다음으로 3차원 요소를 선택하기 위해 Tools Palette에서 Pick 을 클릭합니다. 그럼 다음과 같이 Tools Palette 가 변경되면서 3차원 요소를 선택할 수 있는 상태가 됩니다.

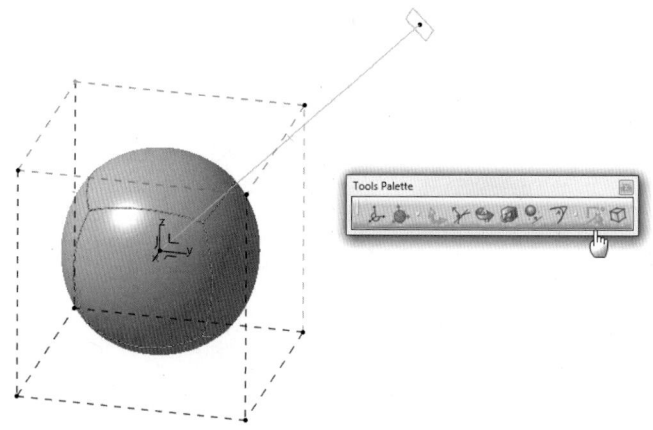

이제 앞서 선택한 Control Element에 맞추어줄 3차원 요소를 선택해 주도록 합니다. 여기서는 Plane을 선택합니다.

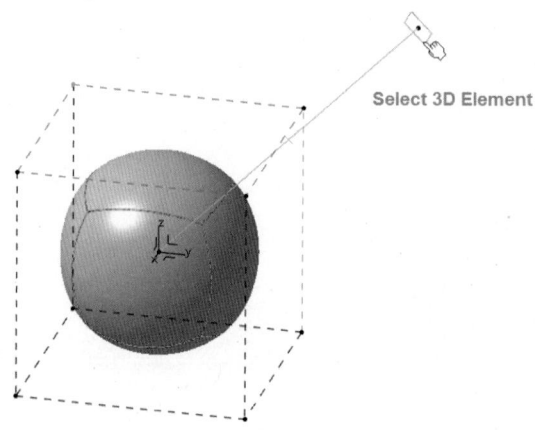

그럼 다음과 같이 앞서 선택한 Control Element가 3차원 요소와 일치하기 이동되는 것을 확인할 수 있습니다.

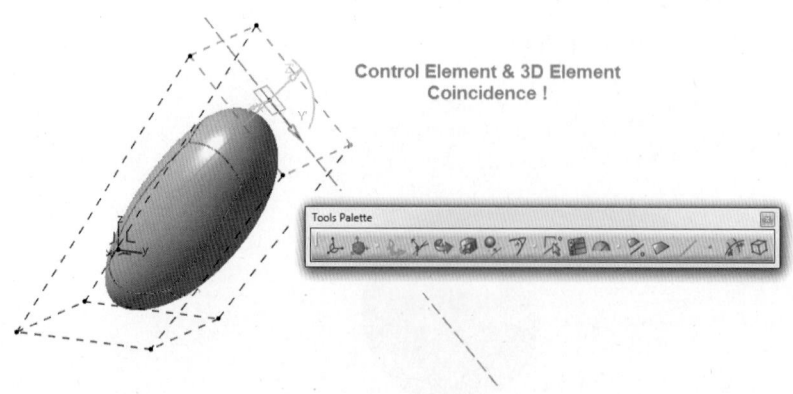

이와 같이 Translation 작업에서 Pick 명령을 사용하면 손쉽게 이동시키고자 하는 지점으로 Control

Element를 이동시킬 수 있습니다. 물론 우선 3차원 요소를 생성한 후에 작업을 진행해야 한다는 점을 명심하기 바랍니다.

다음은 Translation 에서 다른 Control Element인 Edge에 Pick 을 사용하는 예입니다.

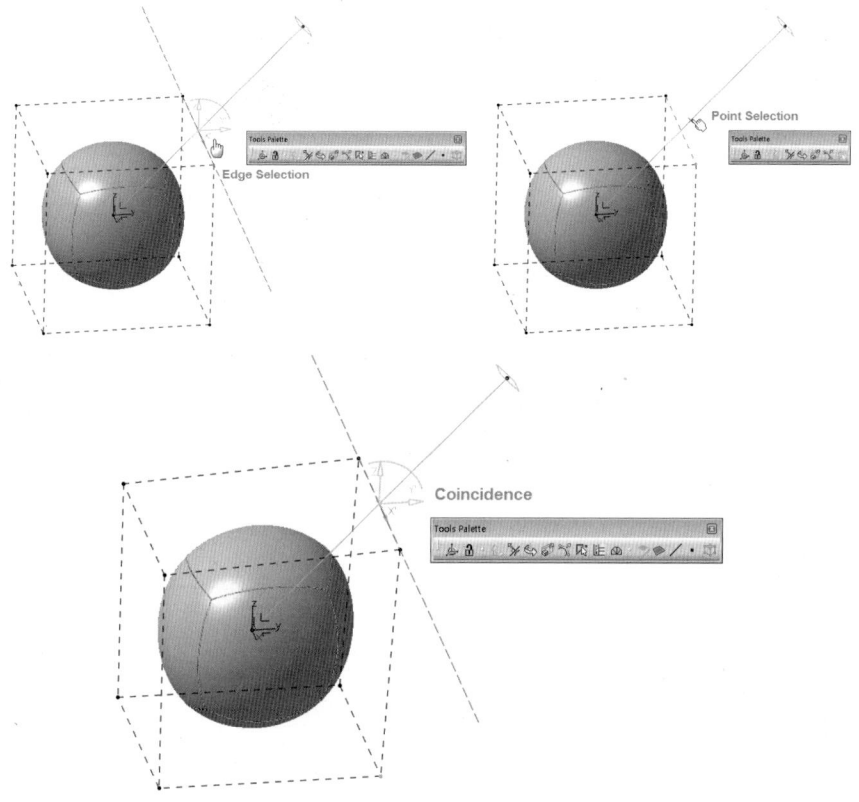

Pick 명령은 Compass Definition 에서 Axis 또는 Plane 설정에 있어서도 다음과 같이 사용할 수 있으므로 참고하기 바랍니다.

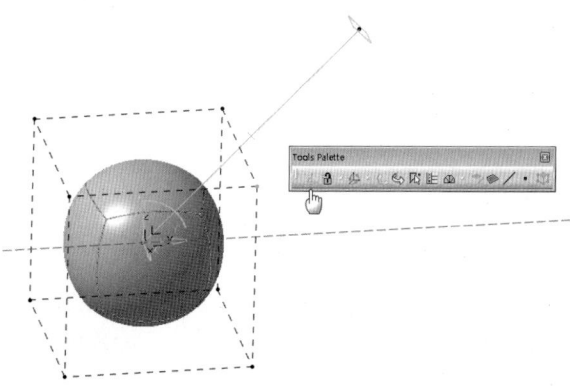

Compass Definition 이 활성화된 상태에서 Pick을 선택하여 Line을 요소를 선택하면 주축의 방향을 설정할 수 있습니다.

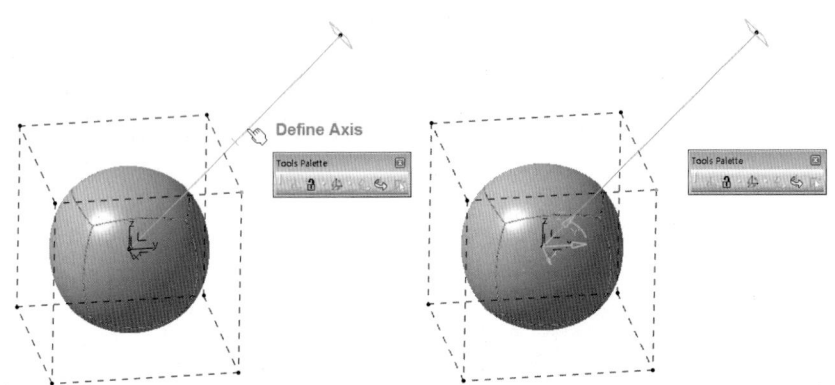

또한 Compass Definition 이 활성화된 상태에서 Pick을 선택하여 Plane을 사용해 주평면을 선할 수도 있습니다.

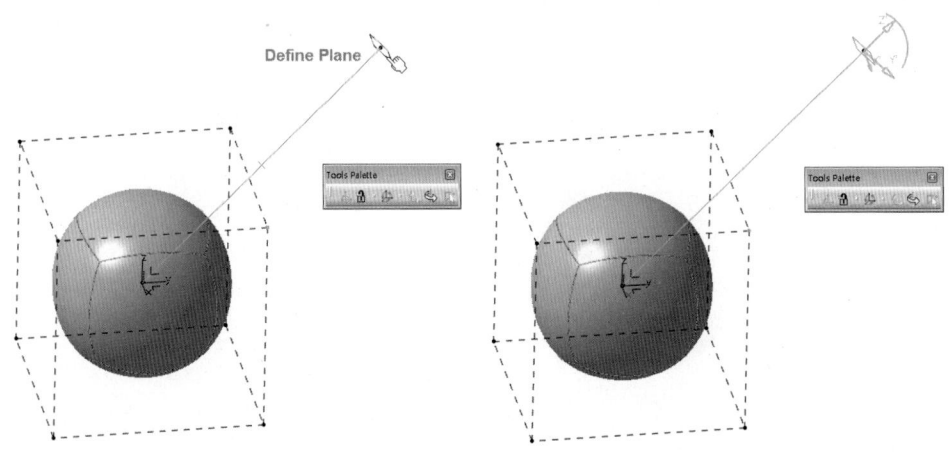

- Edition

Edition Panel을 사용하여 수치적인 값으로 수정 또는 변경하고자 하는 부분을 작업할 수 있습니다. Edition Panel 은 선택한 대상에 대해서 Translation , Rotation , Affinity , Attraction 과 같은 Transformation 작업을 수행하는데 사용할 수 있습니다.

즉, 각 Transformation 작업을 수행하는데 있어 마우스를 통한 조작이 아닌 Edition Panel을 통해서 지정하고자 하는 값을 입력해주어 그 값으로 곡면 형상을 변형시킬 수 있습니다. 따라서 선택한 Transformation 작업에 따라 Edition Panel에 나타나는 값이 다르다.

• Translation

선택한 Control Element의 위치 프로파일 값을 X, Y, Z 좌표 값을 변경하여 Translation을 수행합니다. 다음과 같이 Subdivision Surface를 선택한 후, Modification Mode에서 Translation을 선택합니다. 그리고 원하는 Control Elements를 선택합니다.

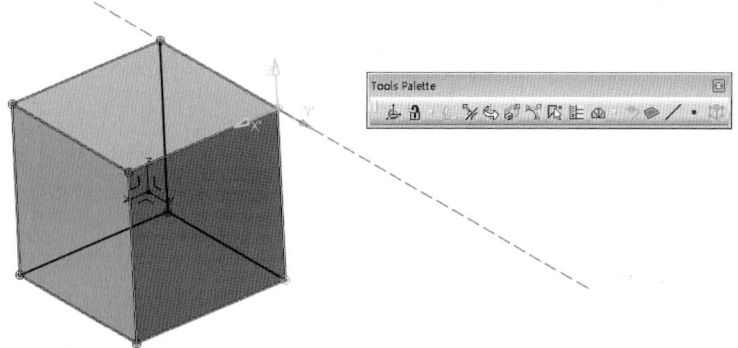

다음으로 Edition ![icon] 명령을 실행합니다. 그럼 다음과 같이 Translation Edition 창이 나타납니다. 여기에 나타난 각 좌표 값을 수정하여 Control Elements를 Translation시킬 수 있습니다.

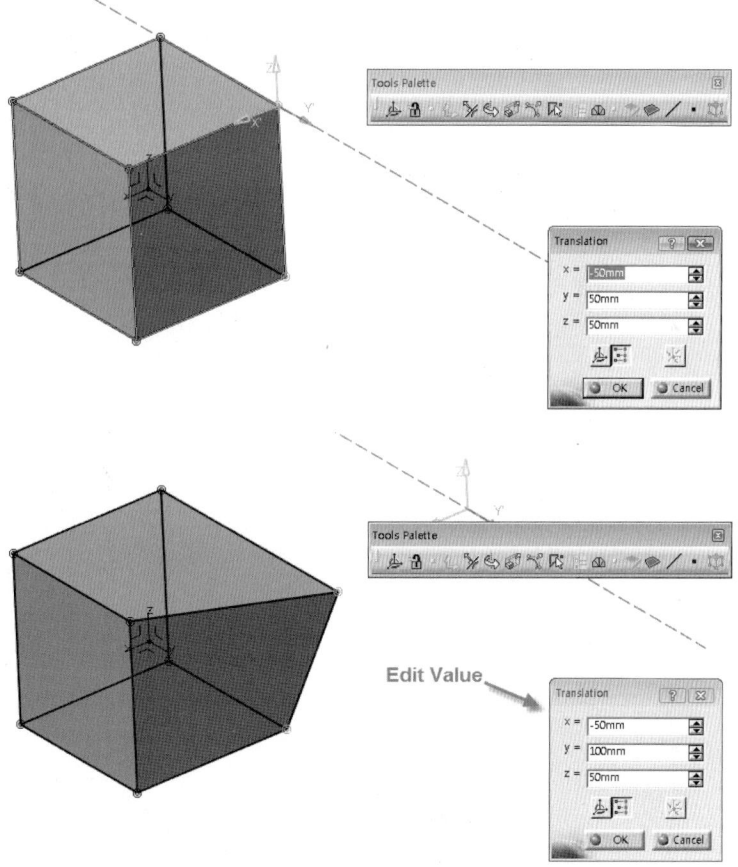

Edition 창에 추가적으로 다음과 같은 아이콘이 들어 있는 것을 확인할 수 있습니다.

Compass Translation ![icon]: Compass를 선택한 위치의 Vertices에 위치하도록 합니다.

Coordinates Alignment : 선택한 모든 Vertices들의 좌표 값을 동시에 같은 값으로 적용하여 정렬하도록 합니다. 이 명령이 켜진 상태에서 복수의 Vertices를 선택하여 Translation을 수행하는 경우에는 입력한 값에 맞게 모든 Vertices의 위치가 변경됩니다.

이 명령이 꺼진 상태에서 복수의 Vertices의 Translation 값을 입력하면 선택한 Vertices들의 중점의 위치가 입력한 값으로 변경됩니다.

Compass at the Origin : Compass의 위치를 원점으로 초기화하고자 할 경우에 사용합니다. Coordinates Alignment 가 선택된 상태에서는 사용할 수 없습니다.

• Rotation

선택한 Control Element의 위치 프로파일 값을 X, Y, Z 좌표 값을 변경하여 Rotation을 수행합니다. 다음과 같이 Subdivision Surface를 선택한 후, Modification Mode에서 Rotation을 선택합니다. 그리고 원하는 Control Elements를 선택합니다.

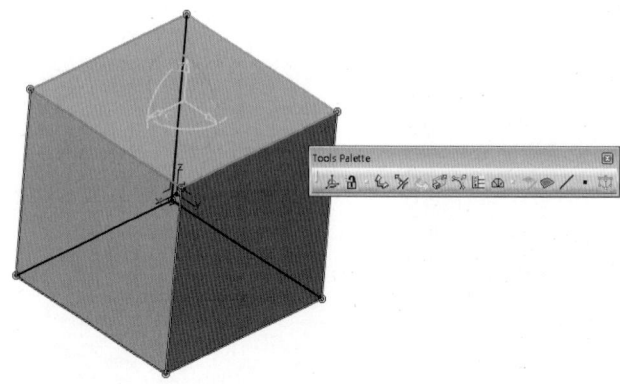

다음으로 Edition 명령을 실행합니다. 그럼 다음과 같이 Rotation Edition 창이 나타납니다. 여기에 나타난 각 좌표 값을 수정하여 Control Elements를 Rotation시킬 수 있습니다.

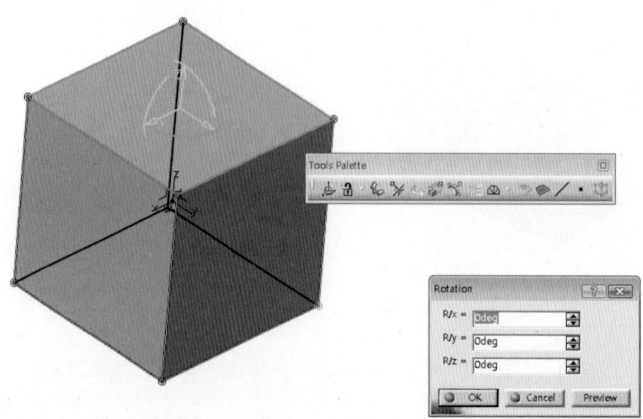

원하는 방향으로의 각도 값을 입력한 후, Preview를 선택하면 입력한 값에 따른 결과를 확인해 볼 수 있습니다.

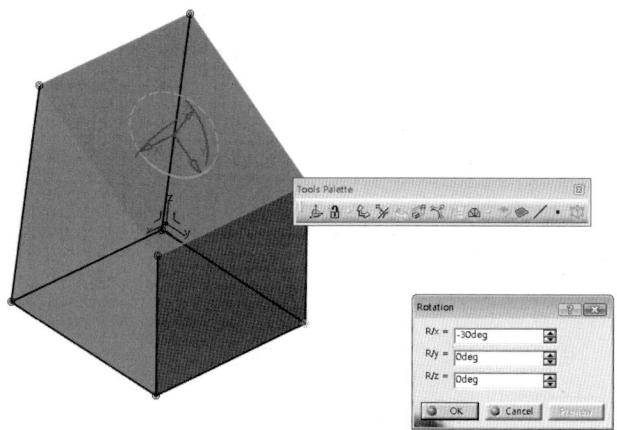

Rotation은 선택한 Control Element의 중심에 위치하기 때문에 원하는 지점을 기준으로 회전시키고자 하는 경우에는 Compass Definition으로 Compass의 위치를 잡아주도록 합니다.

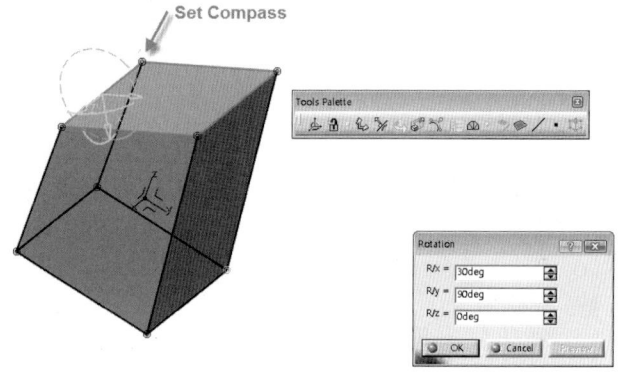

• Affinity

선택한 Control Element의 위치 프로파일 값을 X, Y, Z 좌표 값을 변경하여 Scale을 수행합니다. 다음과 같이 Subdivision Surface를 선택한 후, Modification Mode에서 Affinity를 선택합니다. 그리고 원하는 Control Elements를 선택합니다.

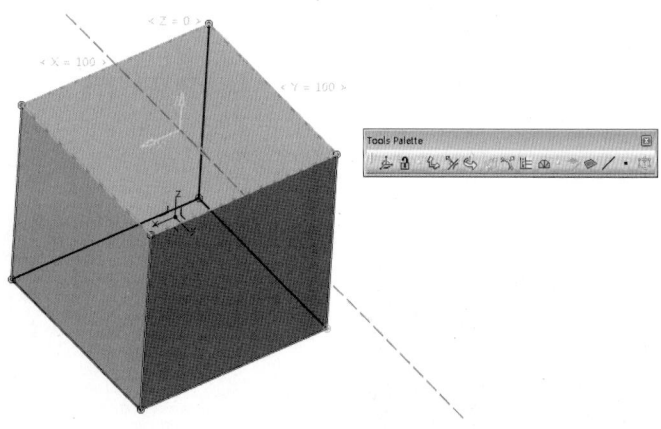

다음으로 Edition 명령을 실행합니다. 그럼 다음과 같이 Affinity Edition 창이 나타납니다. 여기에 나타난 각 좌표 값을 수정하여 Control Elements를 Affinity를 시킬 수 있습니다.

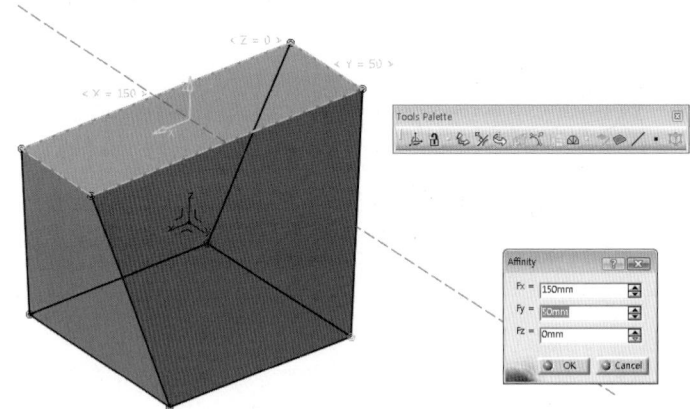

Affinity에 입력하는 값은 선택한 Control Element의 경우에 따라 사용할 수 있는 값이 다르다.

• Attraction
선택한 Control Element에 Edition 창으로 Weight를 부여하여 이웃하는 곡면끼리 부드럽거나 날카로운 정도를 조절할 수 있습니다.

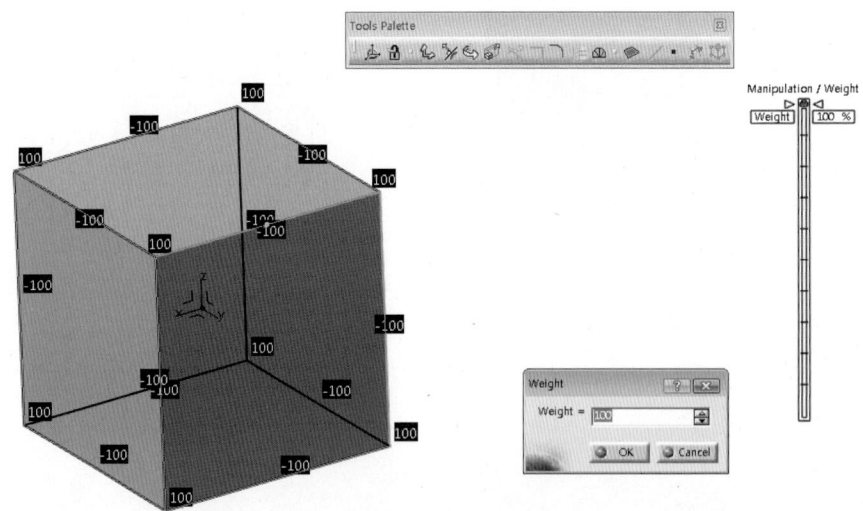

- Attenuation
Option에서 설정한 Attenuation 값을 사용할지에 대해서 설정할 수 있습니다. 즉, Subdivision Surface의 수정 또는 변형 작업하는 동안 마우스의 움직임과 실제 형상의 움직임의 비율을 다르게 할 것인지 같게 할 것 인지를 설정할 수 있습니다. Tools Palette에서 마우스로 그 크기를 조절하는 모든 명령에서 설정할 수 있습니다.

- No Attenuation
마우스 조작에 의한 움직임과 실제 형상에 대해 적용되는 움직임의 비율이 동일합니다. Attenuation를 사용하지 않을 경우입니다.

다음은 간단히 Translation을 수행하면서 마우스 움직임과 실제 Control Element의 움직임을 비교한 경우입니다. 쉽게 확인할 수 있듯이 마우스 움직임과 Control Element의 움직인 변위가 동일합니다.

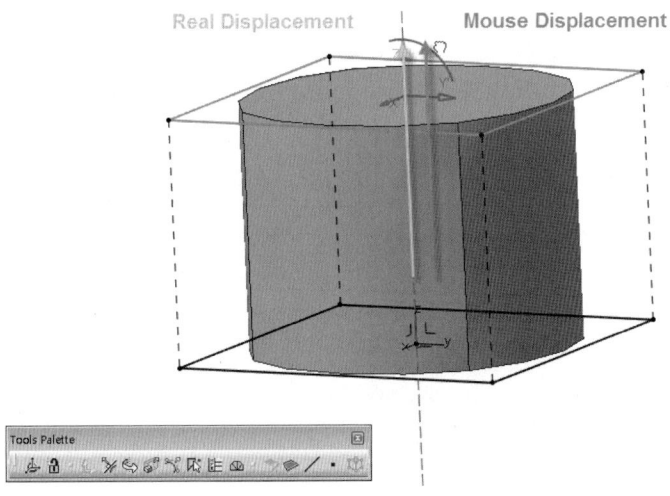

• Allow Attenuation

Attenuation을 사용하여 마우스의 움직임과 실제 형상에 대해 적용되는 움직임의 비율을 다르게 하고자 할 경우 선택합니다. 여기서의 다른 비율 값은 앞서 Options에서 설정한 Ratio 값입니다.

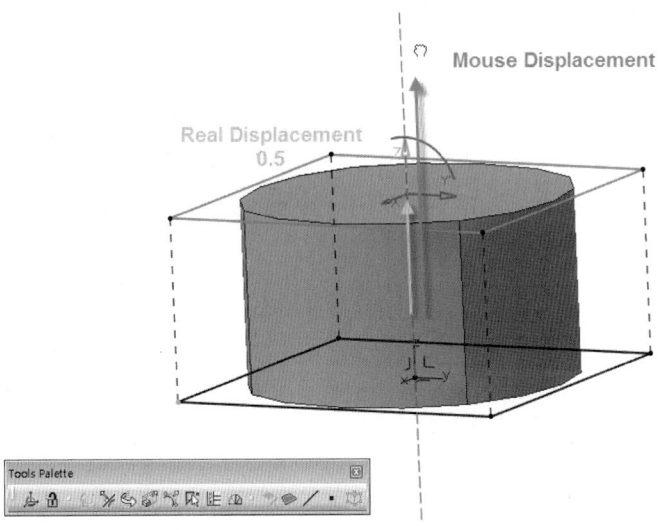

- Selecting Elements

Selecting Elements는 Imagine & Shape에서 변형시키고자하는 대상의 Control Element를 선택할 수 있게 하는 아주 중요한 도구입니다. 적절한 Control Element를 선택해야만 원하는 모양으로 형상을 변형시키는 것이 가능합니다. 다음의 각각의 Selection Mode를 익혀두기 바랍니다.

여기서 Default 설정의 경우 선택한 대상은 빨간색으로 표시되며 선택하고자 하는 대상은 주황색으로 표시됩니다.

• All Type Selection

3차원 상에서 모든 Control Element를 선택하기위해 사용합니다.(Vertices, Edge, Face) Imagine & Shape 상에서 곡면 형상을 수정 또는 변경하고자 할 경우 Mesh 요소의 Face, Edge, vertices 등의 대상을 모두 선택할 수 있도록 도움을 주는 명령입니다.

All Type Selection이 체크된 상태에서 Subdivision Surface를 선택하면 모든 Control Element가 다음과 같이 노출되는 것을 확인할 수 있습니다. 여기서 원하는 Control Element가 주황색이 되었을 때 마우스를 클릭하면 대상을 선택할 수 있습니다. 복수 선택은 물론 서로 다른 종류의 Control Element를 선택하는 것도 가능합니다.

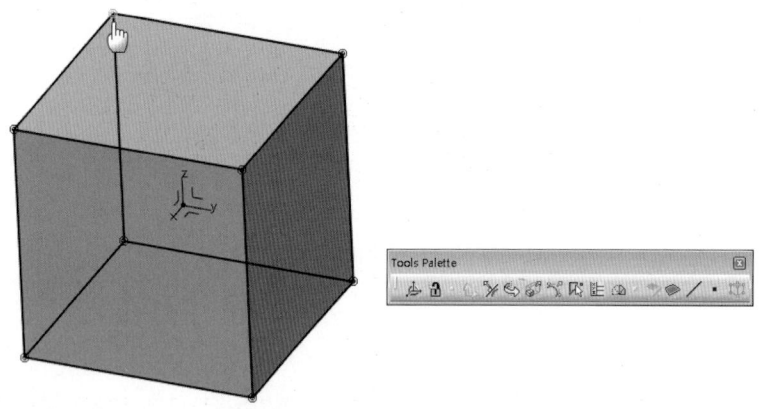

• Face Selection

3차원 상에서 곡면 형상 Mesh Control Element 중에 면 요소를 선택하기 위해 사용합니다. Face Selection이 체크된 상태에서는 작업하는 동안 Mesh의 Grid 면만을 선택할 수 있습니다. 면 이외의 불필요한 다른 Control Element를 신경 쓰고자 하지 않을 때 유용합니다.

다음과 같이 Selection Mode를 Face Selection으로 선택한 상태에서 Subdivision Surface에 마우스를 가져가면 면들만이 주황색으로 활성화되는 것을 확인할 수 있습니다. 여기서 선택하고자 하는 면이 주황색이 되었을 때 클릭하면 대상을 선택할 수 있습니다.

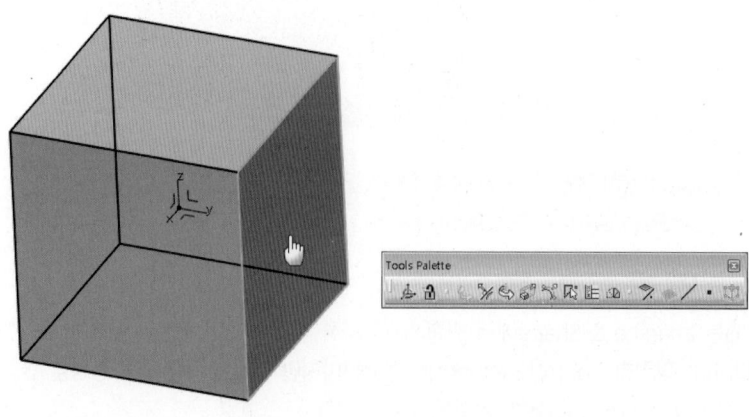

● Edge Selection

3차원 상에서 곡면 형상 Mesh의 모서리 요소를 선택하기 위해 사용합니다. Face Selection이 체크된 상태에서는 작업하는 동안 Mesh Control Element의 Edge만을 선택할 수 있습니다.

여기서 다른 Selection Mode와 마찬가지로 선택한 대상은 빨간색으로 표시되며 선택하고자 하는 대상은 주황색으로 표시됩니다.

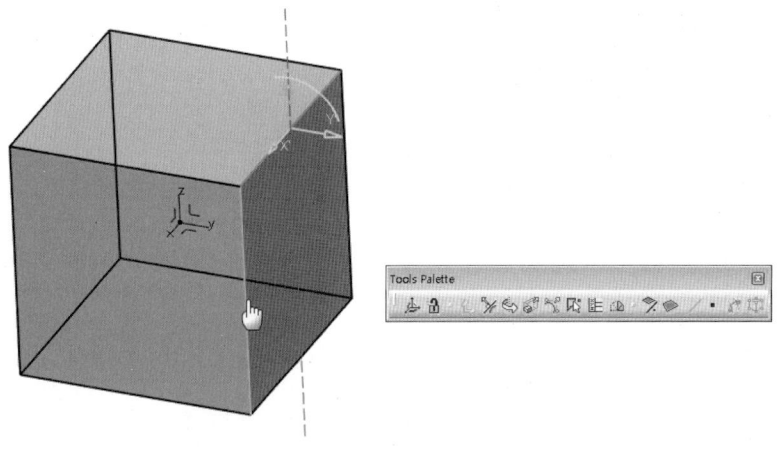

● Vertices Selection

3차원 상에서 곡면 형상 Mesh Control Element 중에 Vertices 요소를 선택하기 위해 사용합니다. Face Selection이 체크된 상태에서는 작업하는 동안 Mesh의 Vertices만을 선택할 수 있습니다.

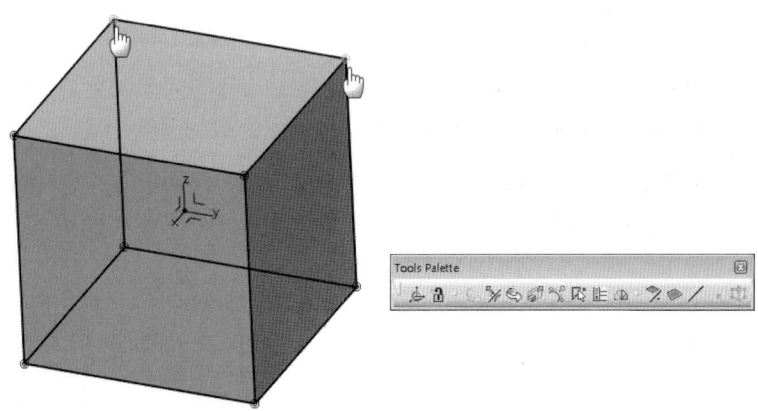

● All Elements Selections

3차원 상에서 수정하고자 하는 대상 Subdivision Surface 형상의 모든 Control Elements를 선택하기 위해 사용합니다.

명령을 실행하면 다음과 같이 전체 Control Element가 선택되어 빨간색으로 표시되는 것을 확인할 수 있습니다.

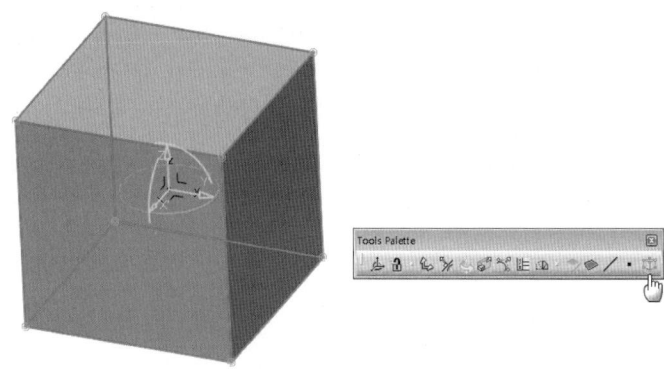

• Curve modification

수정 또는 변형하고자 하는 대상이 Imagine & Shape에서 만들어진 Styling Curve인 경우 이를 수정하기 위해 Modification을 실행하면 다음과 같은 Tools Palette로 작업할 수 있습니다. Tools Palette는 다음과 같은 명령들로 구성됩니다.

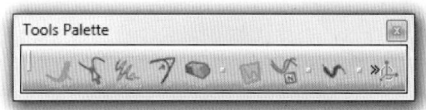

- Sketch

3차원 상에 생성된 Curve를 연장하여 그려주고자 할 경우나 또는 이미 그려진 Curve의 일부를 정제하여 새로운 형상으로 변경하고자 할 경우에 사용합니다.

• Modify Curve Shape

앞서 Sketch Curve 명령을 사용하여 곡선을 그려준 후, 곡선의 임의의 지점을 수정 또는 보완하고자 다시 그려주고자 할 경우 해당 지점에서 마우스를 드래그 하여 새로운 Curve의 궤적을 만들어 줍니다.

다음과 같이 앞서 그려진 Styling Curve가 있다고 했을 때 Modification을 실행하여 Sketch 를 선택하도록 합니다. 그리고 원하는 지점에 새로 변경하고자 하는 궤적을 마우스로 드래그 하도록 합니다.

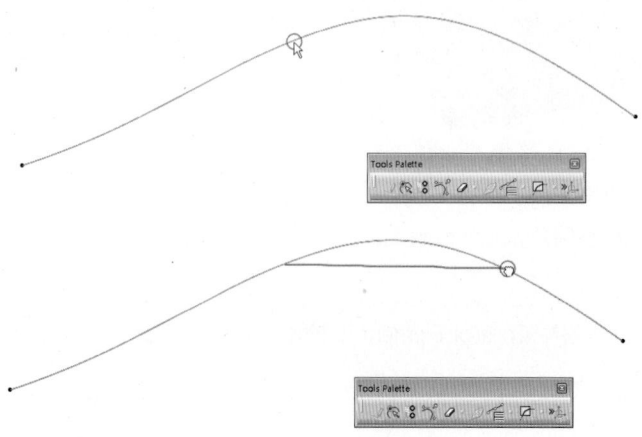

그럼 해당 궤적에 맞게 현재의 Curve의 형상이 변형됩니다.

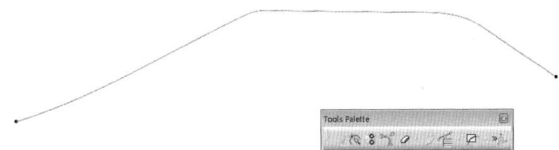

이와 같은 방법을 사용하여 작업한 Styling Curve를 원하는 형상으로 수정해 주는 작업이 가능합니다.

• Extend Curve
Sketch Curve로 생성한 Curve를 연장해서 그려주고자 할 경우 Curve가 끝나는 지점에서 마우스를 드래그 하여 궤적을 만들어 주면 Curve가 연장됩니다.

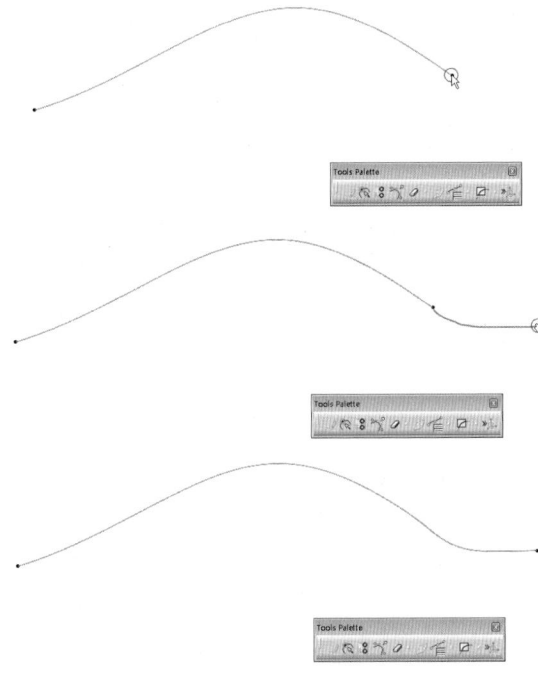

작업을 수행하는 동안 Planarity 가 체크되어 있으면 앞서 Sketch Curve로 작업한 Curve의 기준 평면상에서만 Curve의 수정이 가능합니다. (모든 Curve Modification 작업에서 동일하게 적용됨)

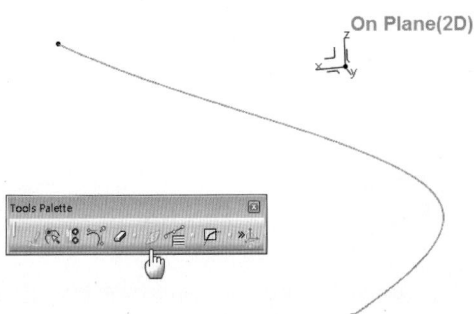

Curve의 일부분만을 지정하여 수정하고자 하는 경우 Area Selection 을 사용하여 변형이 가해질 부분을 지정하고 Sketch 를 수행하면 됩니다. (Area Selection 명령 설명을 참고바랍니다.)

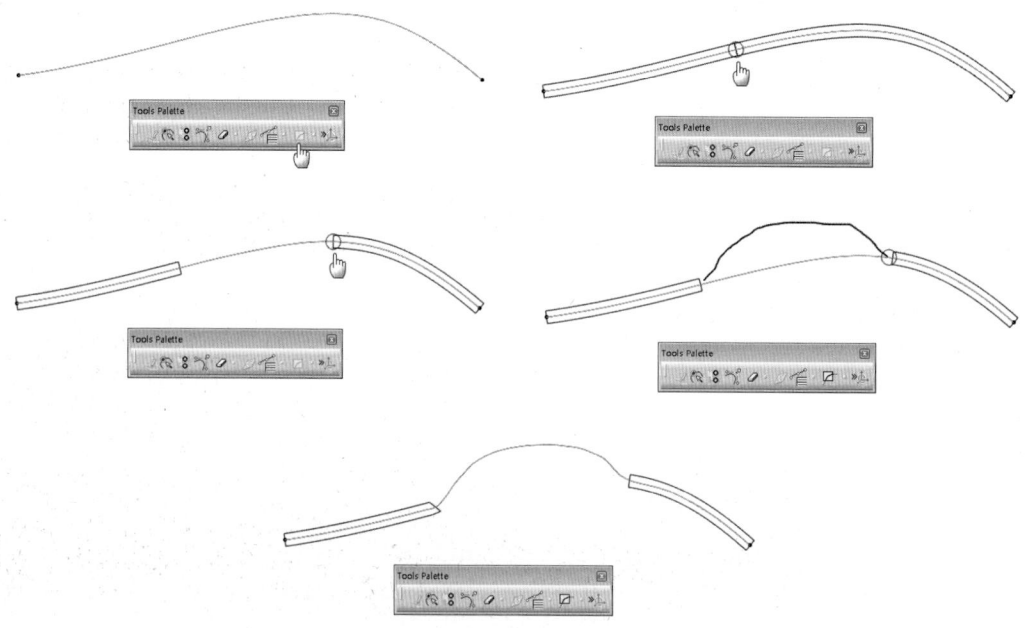

- Manipulation

Sketch Curve로 생성된 커브를 조작하기 위해 사용합니다. Manipulate하고자 하는 Curve의 부위를 선택하여 마우스를 이용, Curve를 변형시킬 수 있습니다. Curve의 Vertex나 Curve 상의 임의의 위치를 선택하여 Manipulate 하는 것이 가능하며 이런 경우 Curve 전체의 변형을 가져온다는 점을 기억하기 바랍니다.

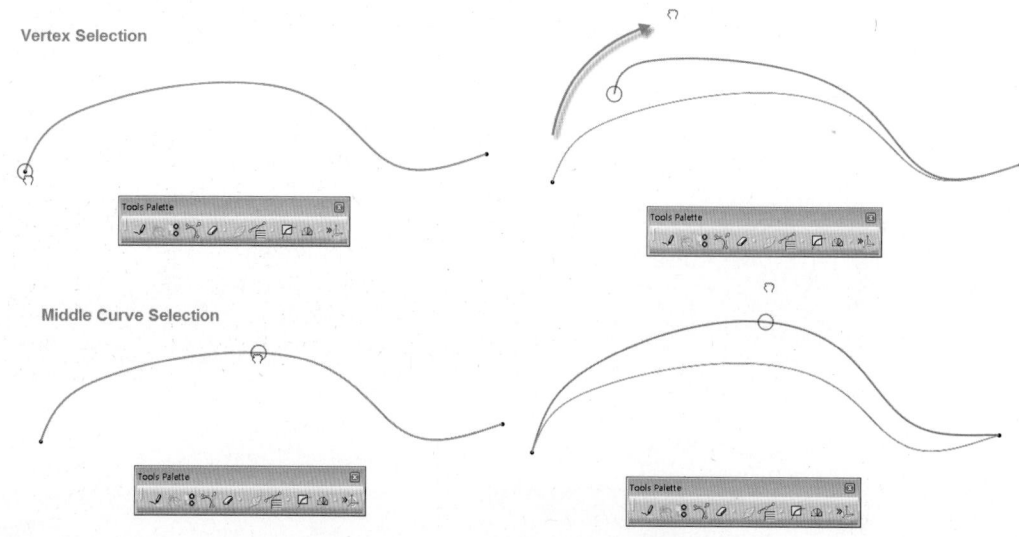

Curve의 일부분만을 지정하여 Manipulate하고자 하는 경우 Area Selection 을 사용하여 변형이 가해질 부분을 지정하고 Manipulation을 수행하도록 합니다.

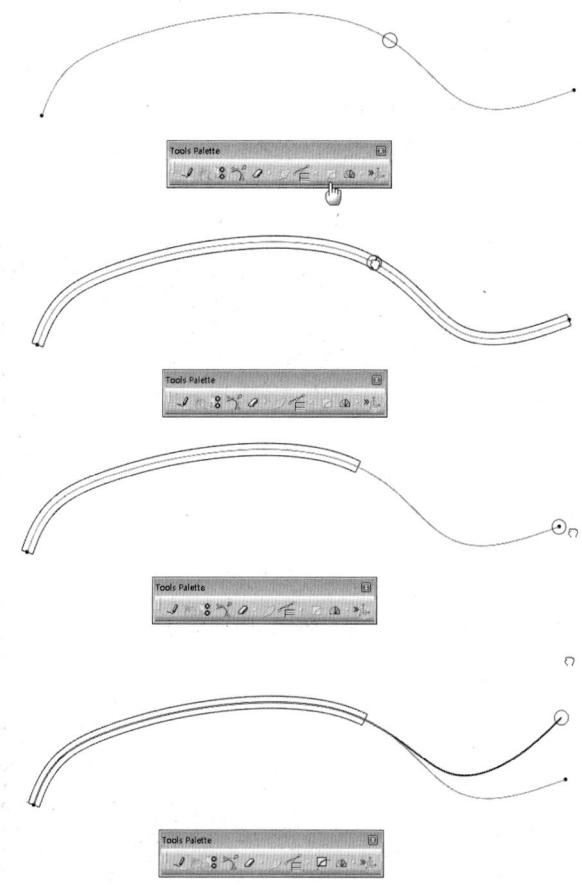

- Smoothing

Sketch Curve로 생성한 Curve를 부드럽게 펴주는 명령입니다. Smoothing을 하는 이유는 Imagine & Shape에서 만들어진 Curve가 정밀한 구속 작업이 아닌 마우스 궤적에 의해서 형상을 만들기 때문에 불필요하게 구불구불하거나 곡률이 고르지 못하기 때문에 이를 보정해 주기 위함입니다.

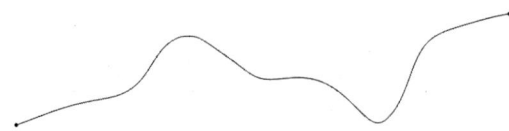

Smoothing을 수행하고자 하는 Curve를 선택한 후 Modification을 실행하여 Smoothing 을 선택, Curve를 클릭하면 Curve의 곡률이 점차 부드러워 지는 것을 확인할 수 있습니다.

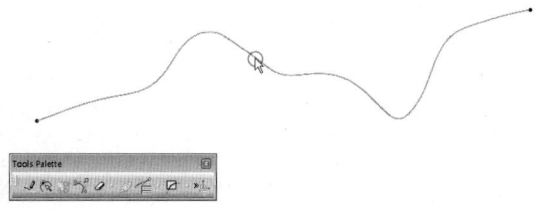

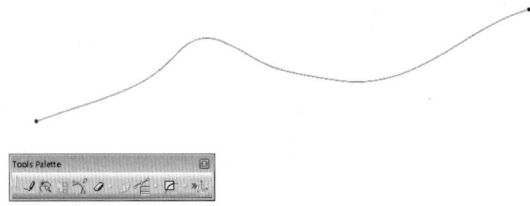

여기서 Smoothing 작업을 무한히 반복하면 Curve는 직선에 가까워집니다. 따라서 필요에 맞게 적절한 범위 안에서 Smoothing을 사용하도록 합니다.

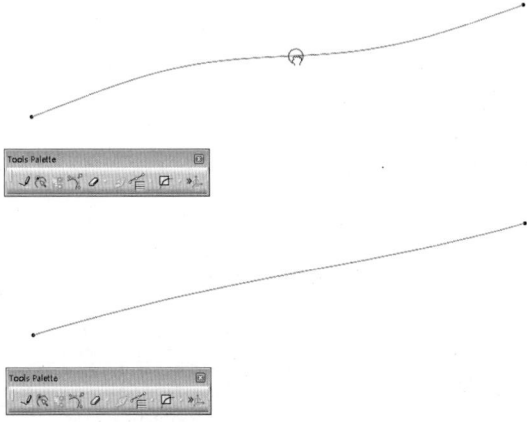

Curve의 일부분만을 지정하여 Smoothing을 수행하고자 하는 경우 Area Selection 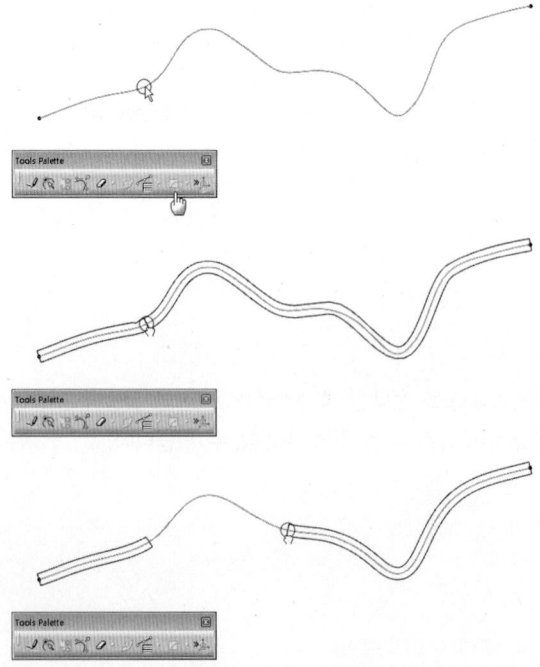을 사용하여 변형이 가해질 부분을 지정하고 Smoothing을 수행하도록 합니다.

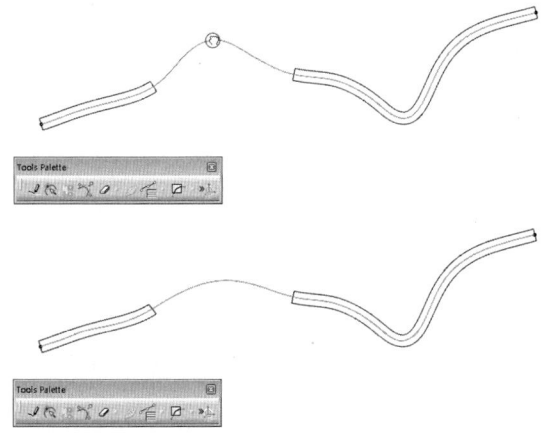

- Local Tuning ✏️

Sketch Curve로 만든 Curve의 일부를 지정하여 해당 부분을 Fillet 효과를 주어 곡률을 조절하는 명령입니다.

Styling Curve의 해당 부분에 Local Tuning을 해주기 위해서 우선 대상을 선택하여 Modification에 들어가 Local Tuning ✏️을 선택합니다.

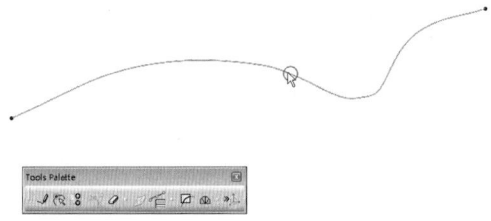

다음으로 Area Selection ✔️을 필히 수행하여 Fillet이 들어갈 지점을 잡아주도록 합니다. Area Selection이 잡히지 않은 상태에서는 Local Tuning ✏️을 수행할 수 없습니다.

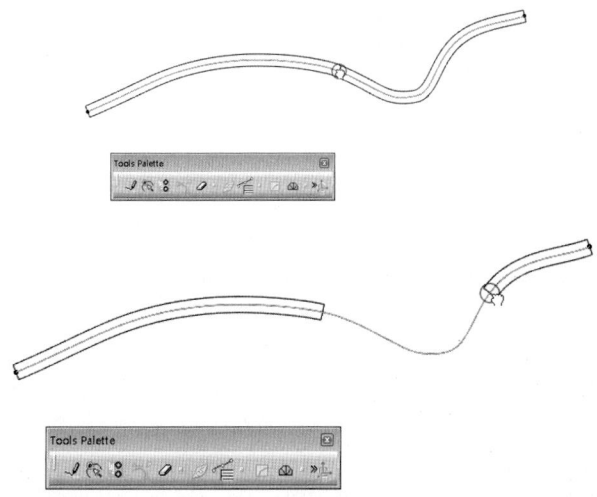

그리고 나면 Curve의 양쪽에 나타나는 녹색의 Slider를 마우스로 조절하여 해당 부분의 곡률을 수정해 줍니다.

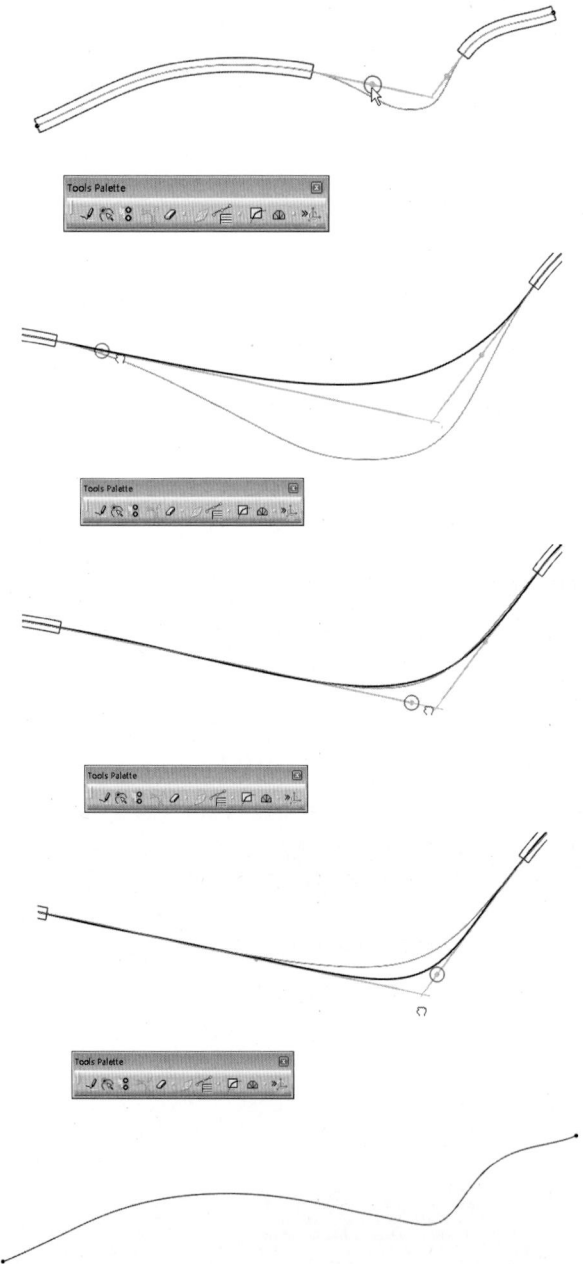

특히 Curve의 끝 지점에 Local Tuning을 수행하는 경우에는 다음과 같이 접선 방향과 끝점을 조절할 수 있습니다.

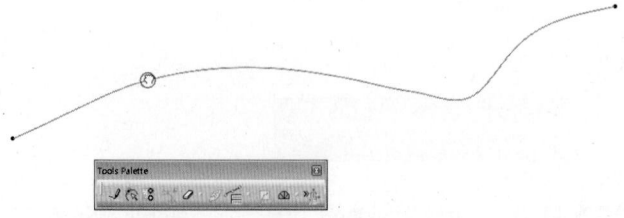

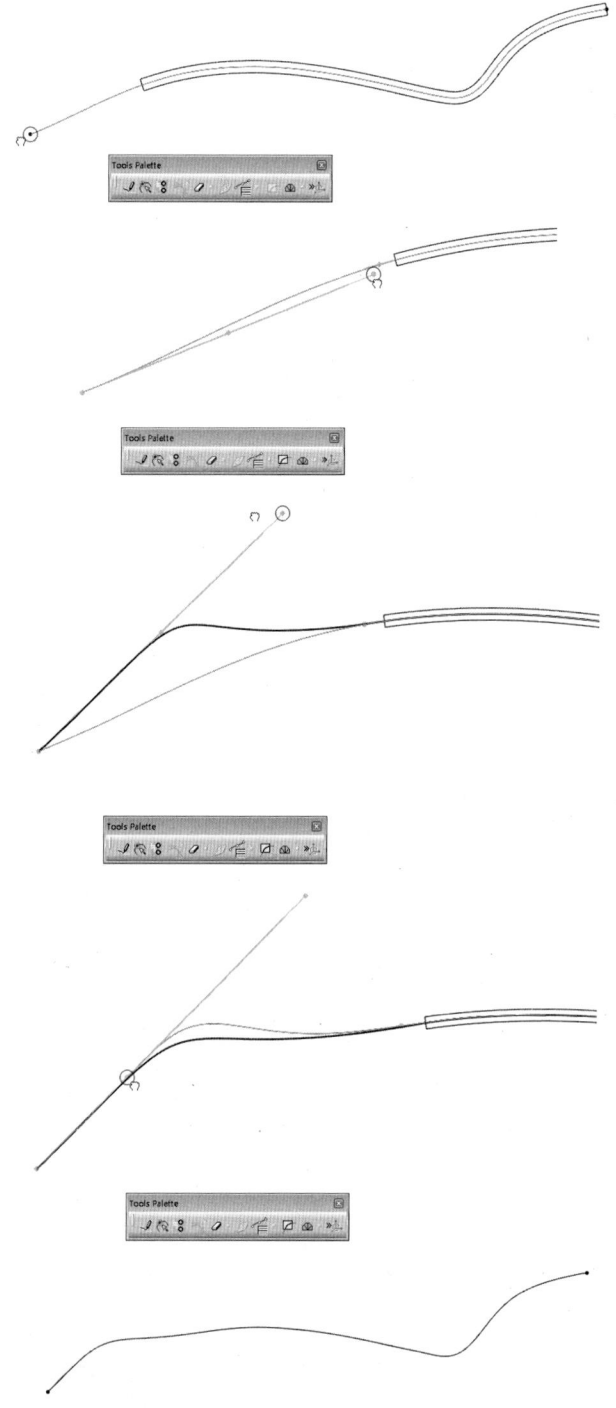

- Erasing

Sketch Curve로 생성된 Curve의 일부를 지우고자 할 때 사용합니다. Erasing은 Curve의 끝 지점을 지우는 경우와 Curve의 중간 지점을 지우는 경우로 나누어 생각할 수 있습니다.

• Erasing the extremity

Curve의 끝점을 포함하여 Curve의 일부를 지우고자 하는 경우에는 다음과 같이 Area Selection으로 Curve의 끝점에서부터 원하는 지점까지 선택해 주도록 합니다.

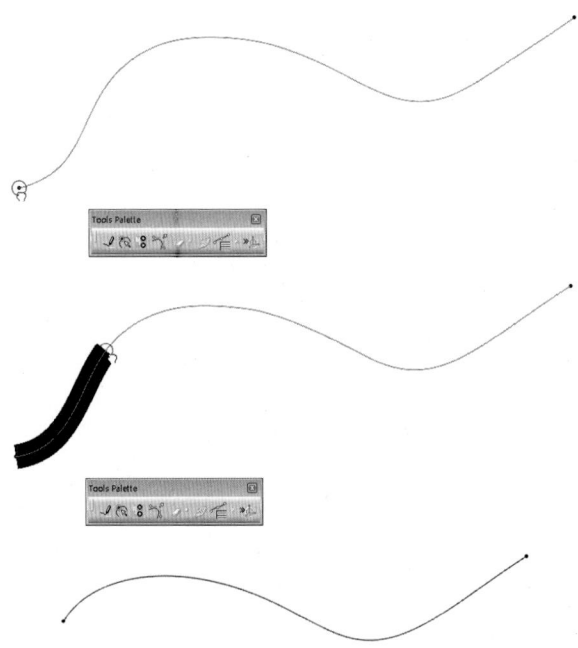

• Erasing an internal part

Curve의 내부를 지운다는 개념은 Curve를 끊어 버리는 것이 아닌, Curve의 일부 곡률이 심한 부분을 Area Selection으로 선택하여 해당 부분을 Smooth하게 조절하는 것과 같다고 할 수 있습니다.

Erasing을 실행한 후 Curve의 끝점을 벗어난 지점에서부터 곡률이 심한 부분을 포함하게 Area Selection을 선택하도록 합니다.

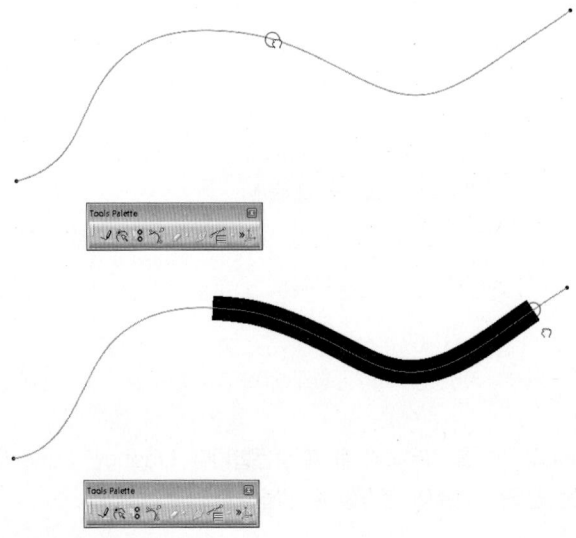

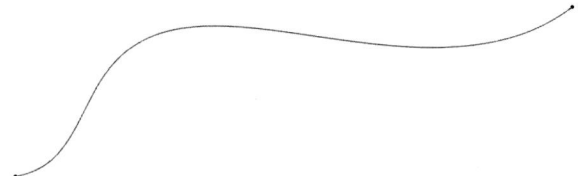

곡률이 심하지 않은 부분은 Erasing으로 Curve를 Smooth하게 처리할 수 없으니 유의하기 바랍니다.

- Planarity

Planarity를 체크하면 Curve를 생성할 때 임의의 평면을 기준으로 생성 및 수정하도록 합니다. 앞서 명령들에서도 간단히 언급한 것처럼 Planarity가 체크된 상태에서 만들어진 Curve는 3차원의 모든 방향으로 곡률을 가진 것이 아니라 처음에 작업할 때 정의된 평면 방향으로만 곡률을 표현할 수 있습니다.

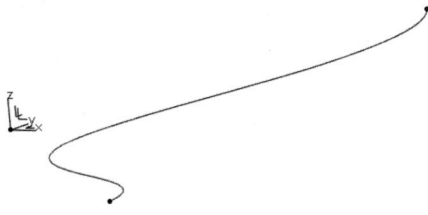

따라서 Planarity를 적절히 이용하면 지정한 평면상에 원하는 형상을 그려줄 수 있습니다. 그러나 초기에 Sketch Curve로 Curve를 생성할 당시의 Curve의 기준 평면과 다른 위치로 평면을 설정하게 할 수 는 없으며 오로지 처음 Curve가 생성될 당시의 기준 면 방향으로만 속성을 유지하게 할 수 있습니다.

만약에 Curve를 변형하고자 할 경우에 이러한 평면에 대한 속성을 해제하고자 한다면 Tools Palette에서 해당 아이콘을 비활성화 한 후에 작업하도록 합니다.

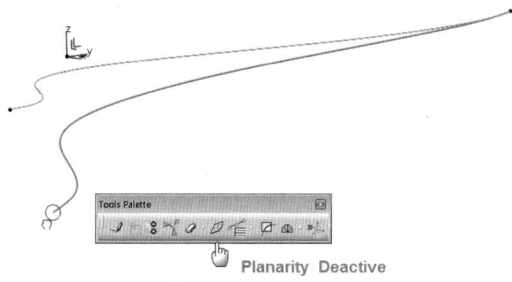

Planarity Deactive

한번 Planarity 가 해제된 상태에서 작업한 Curve는 다시 Planarity 속성을 유지한 채로 수정 작업을 할 수 없습니다. 따라서 작업의 목적에 맞게 Planarity를 설정/해제 하여 수정 작업을 진행하도록 합니다.

- Characteristics

Characteristics를 사용하여 Sketch Curve로 생성된 Curve의 특성을 조절할 수 있습니다. Curve를 선택하고 Modification을 실행하여 Characteristics 를 선택하면 다음과 같은 Curve Characteristics 창이 나타납니다.

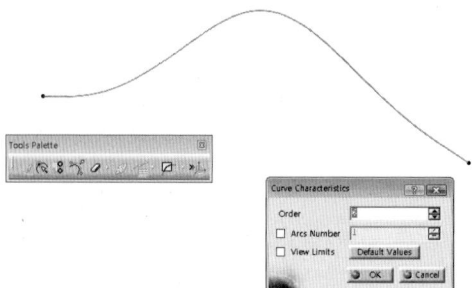

여기서 Order는 Curve를 수학적으로 구성하는 함수의 차수를 재정의할 수 있습니다. Default로 6차로 정의되어 있으며 4에서 11까지 조절할 수 있습니다.

Arcs Number를 체크하면 Curve의 arcs의 수를 조절할 수 있습니다. 체크되지 않은 상태에서 Curve의 arcs 수는 Curve의 Curvature에 맞게 자동적으로 계산됩니다.

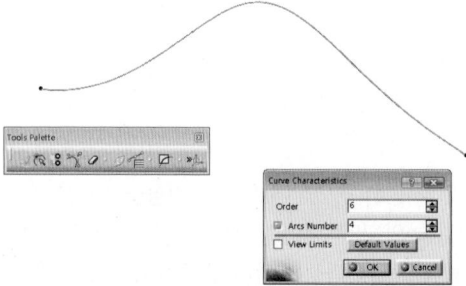

View Limit를 체크하면 Modification 상에서 limit arcs를 표시해 줍니다.

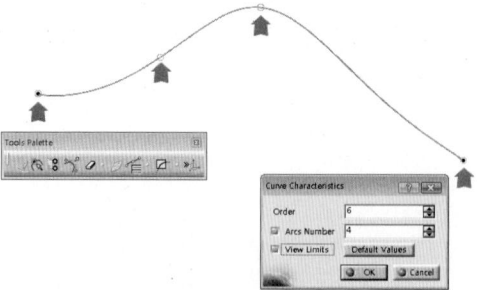

만약 다시 Curve의 초기 Characteristics로 변경하고자 하는 경우 Default Values 버튼을 클릭하도록 합니다.

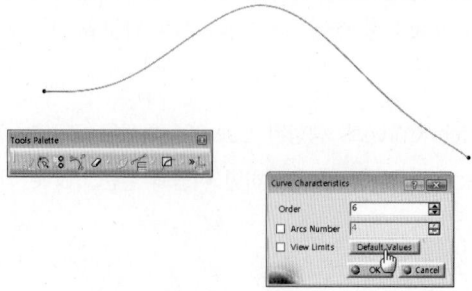

마지막에 설정 완료 후 OK를 선택해야 입력한 Curve Characteristics가 Curve에 적용되며 이 값은 앞으로 만들어지는 다른 Curve에 대해서도 동일하게 적용됩니다.

기본적으로 Default 입력 값을 사용할 경우가 Curve가 제일 Smooth하게 만들어집니다.

- **Area Selection**

Sketch Curve로 작업한 Curve를 수정하기 위해서 Curve 상에 작업 영역을 설정할 수 있게 하는 명령입니다. Styling Curve 전체에 대해서 변형을 주고자하는 경우가 아닌 Styling Curve의 일부분을 지정하여 지정된 부분만을 변형하고자 할 경우에 작업합니다.

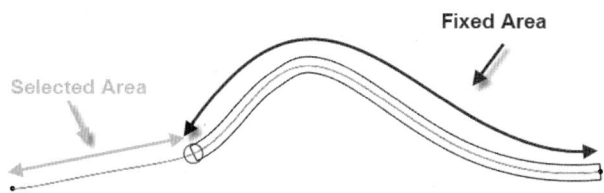

Modification ⇨ Area Selection을 실행하여 Curve 상에서 마우스로 드래그를 하면 해당 부분을 제외하고 나머지 부분이 모두 스카치테이프를 붙인 것처럼 리본으로 표시되는 것을 확인할 수 있습니다. 이렇게 고정된 부분들은 Curve를 변형하는 동안 가능한 온전히 현재 형상을 유지합니다.

그리고 나머지 부분, 즉 Area Selection에 들어간 부분은 Curve의 수정 작업에서 Tools Palette에 있는 도구를 사용하여 변형시킬 수 있습니다. Area Selection에 지정된 부분을 Working Area라고 부르기도 합니다.

Area Selection으로 작업 영역을 지정하여 Modification을 수행한 후, 다시 같은 Curve의 다른 영역을 선정하여 Modification하고자 하는 경우에는 Ctrl Key를 누르고 Curve의 원하는 부분을 드래그 하면 됩니다.

Ctrl Key를 사용하면 Area Selection 명령을 아이콘으로 실행시키지 않아도 Modification에서 Ctrl Key를 누른 상태에서 Curve 상에 지정하고자 하는 부분을 드래그 하여 Area Selection을 실행시킬 수 있습니다.

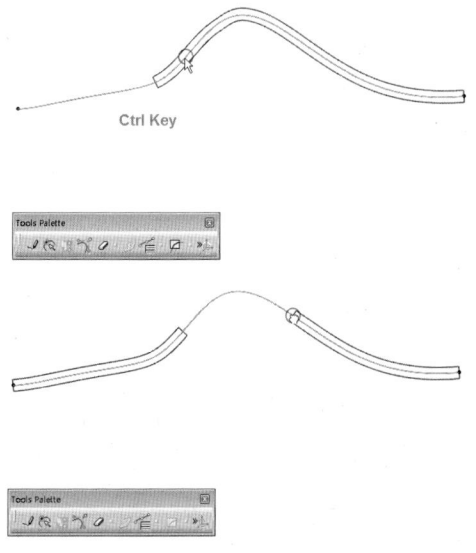

- Transformations

Curve를 Modification하는 과정에서 Curve에 Transformation 작업을 해주고자 할 경우 사용합니다. Transformations 를 클릭하면 다음과 같이 Tools Palette Toolbar에 명령들이 나타납니다.

- Compass Management

Surface에서와 마찬가지로 Curve의 수정 작업을 수행하는데 있어 선택한 대상에 표시되는 Compass를 이용하게 됩니다. Compass가 가지고 있는 원점 및 X, Y, Z 축을 사용하여 작업자는 손쉽게 선택한 대상을 이동 시키는 (Translation, Rotate 등) 작업이 가능합니다.

Compass를 사용하여 Curve 요소를 선택하는 데 있어 우선 Compass에 대한 설정을 내리는 부분입니다. 현재 선택한 Curve에 대해서 Compass가 의도한 방향과 일치하게 잡혀있다면 굳이 설정을 변경하지 않아도 됩니다.

- Compass Definition

Compass의 원점 및 기준을 새로 정의하고자 할 경우에 사용합니다. Compass의 원점 및 기준 위치의 설정이 끝난 후, 이전 작업으로 돌아가기 위해 다시 선택해 주어야 합니다.

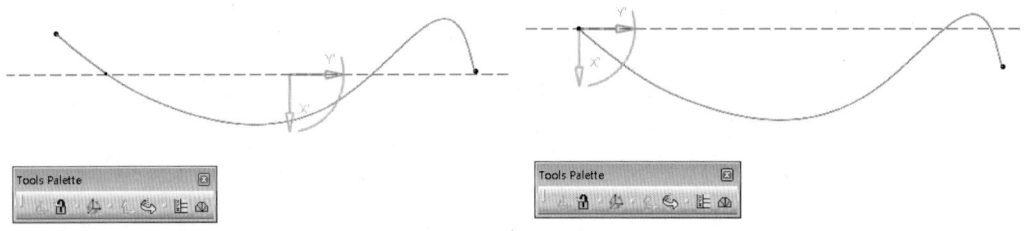

- Reset Compass

Compass의 기준을 Model의 Axis로 초기화하기 위해 사용합니다.

- Axes Permutation

주 평면을 Compass의 3개의 Axis 중에 하나로 전환하기 위해 사용합니다.

- Translation

선택한 Curve를 평행 이동시키기 위해 사용합니다. 작업 방법은 Surface에서와 동일합니다.

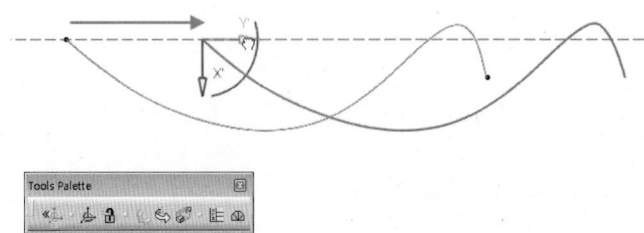

- Rotation
선택한 Curve를 회전 이동시키기 위해 사용합니다. 작업 방법은 Surface에서와 동일합니다.

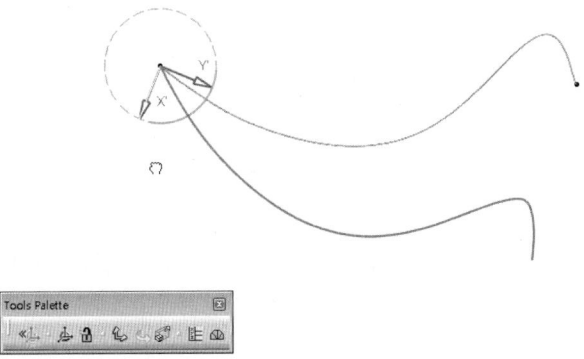

- Affinity
선택한 Curve를 Scale시키기 위해 사용합니다. 작업 방법은 Surface에서와 동일합니다.

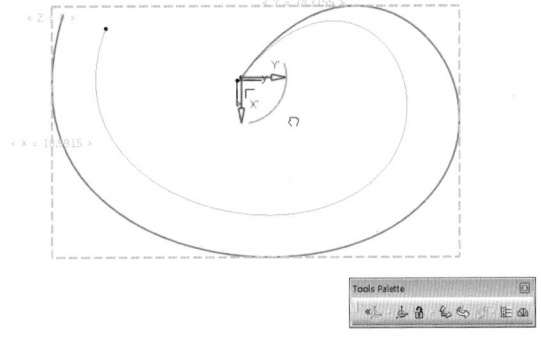

- Edition
Edition Panel을 사용하여 수치적인 값으로 수정 또는 변경하고자 하는 부분을 작업할 수 있습니다. Edition Panel 은 선택한 대상에 대해서 Translation, Rotation, Affinity, Weight와 같은 Transformation 작업을 수행하는데 사용할 수 있습니다.

즉, 각 Transformation 작업을 수행하는데 있어 마우스를 통한 조작이 아닌 Edition Panel을 통해서 지정하고자 하는 값을 입력해주어 그 값으로 형상을 변형시킬 수 있습니다. 따라서 선택한 Transformation 작업에 따라 Edition Panel에 나타나는 값이 다르다.

- Attenuation
Option에서 설정한 Attenuation 값을 사용할지에 대해서 설정할 수 있습니다. 즉, Curve의 수정 또는 변형 작업하는 동안 마우스의 움직임과 실제 형상의 움직임의 비율을 다르게 할 것인지 같게 할 것 인지를 설정할 수 있습니다.

- No Attenuation
마우스 조작에 의한 움직임과 실제 형상에 대해 적용되는 움직임의 비율이 동일합니다. Attenuation를 사용하지 않을 경우입니다.

- **Allow Attenuation**

Attenuation을 사용하여 마우스의 움직임과 실제 형상에 대해 적용되는 움직임의 비율을 다르게 하고자 할 경우 선택합니다.

이러한 Curve Modification 작업은 Tools Palette가 활성화된 상태에서 마우스 오른쪽 버튼(Contextual Menu)를 사용하여서도 각 명령들을 선택하여 작업에 이용할 수 있습니다.

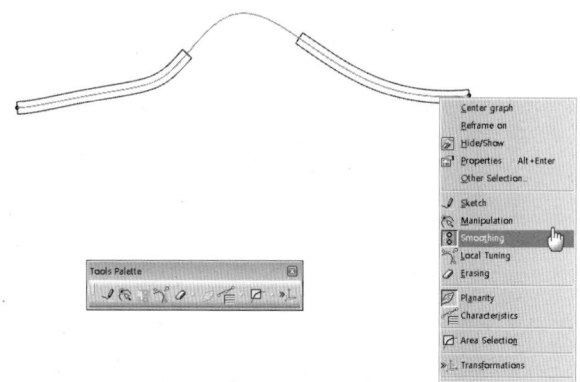

• **Dimension**

이 명령은 분할곡면으로 만들어진 곡면에 치수로 구속을 부여할 수 있습니다. 형상 전체를 정의할 수 있는 구속은 아니고 전체적인 크기 정도 등을 정의하는 수준입니다.

명령을 실행하고 분할곡면을 선택하면 다음과 같이 표시됩니다. 반투명한 평면 요소는 치수를 내기 위한 가상의 면요소입니다.

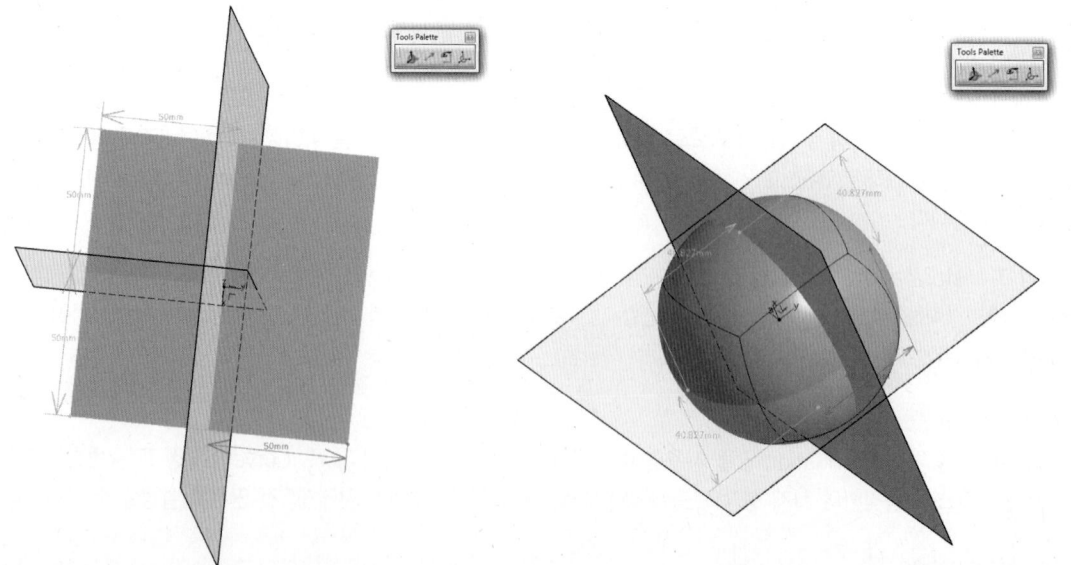

일반적으로 치수는 가상의 평면에 대해서 대칭을 이루고 있으며 서로 다른 값을 주고자 할 경우에는 Half Axis Deformation Mode 를 선택하고 입력하면 됩니다.

• Draft of subdivision

이 명령은 아래와 같이 한 방향으로의 면이 Open된 Primitive 형상의 측면에 Draft를 주는 기능을 합니다.

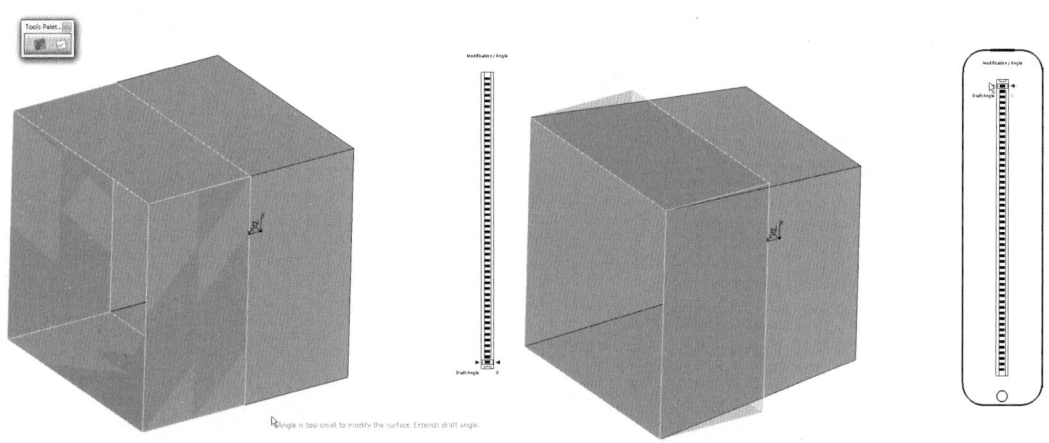

• Multi-Selection

이 명령은 Modification을 수행할 때 서로 다른 분할 곡면들을 동시에 선택하여 수정하기 위해 사용합니다.

Modification을 실행하고 하나의 기준 분할곡면을 선택합니다. 그러고 나서 CTRL Key를 누른 상태로 Multi-Selection을 실행하고 함께 수정하고자 하는 분할곡면들을 선택합니다. 그러고 나서 다시 Multi-Selection를 선택하면 동시에 각각의 분할 곡면들을 수정하는 것이 가능해 집니다.

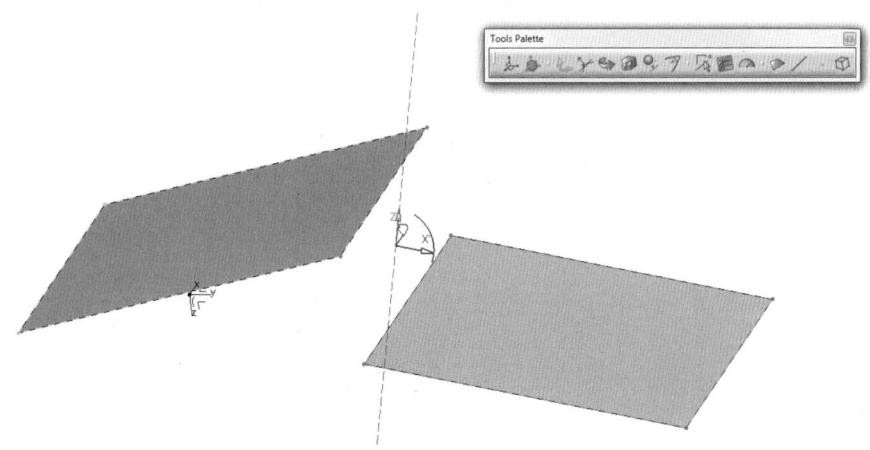

한번 묶어서 수정한 후에는 이러한 다중 선택의 효력이 사라지기 때문에 다시 동시에 수정하고자 할 경우에는 명령을 다시 실행해 주어야 합니다.

D. Styling Surface

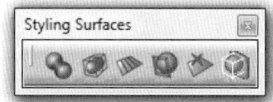

- Merge

이 명령은 이웃하는 분할곡면의 Open된 모서리를 이어 병합하는 기능을 합니다.

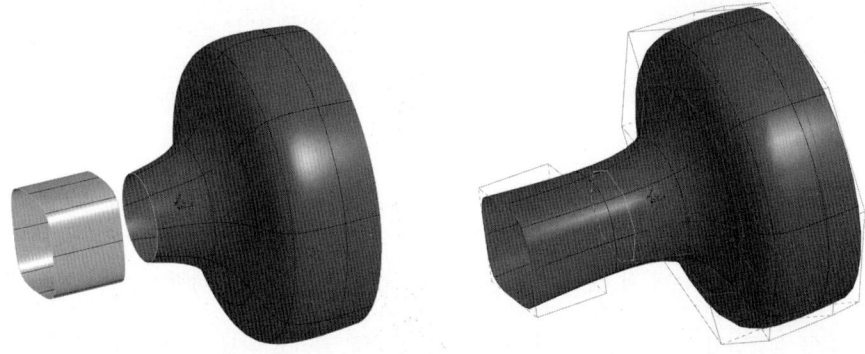

명령을 실행하면 다음과 같이 Tools Palette가 나타납니다.

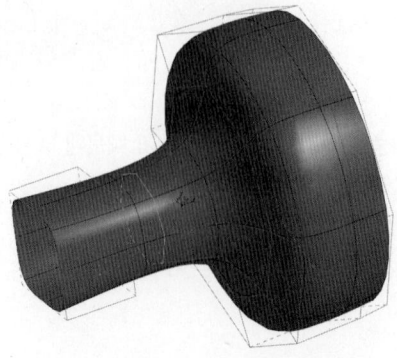

- Merge Surface Selection

병합하고자하는 분할곡면을 선택하거나 선택을 초기화할 때 사용합니다.

- Merge

두 분할곡면사이가 병합되도록 서로의 모서리 형상의 중간 형상으로 변형됩니다.

- Join
두 분할곡면 형상은 변하지 않고 자연스럽게 이어지도록 중간 부분이 만들어집니다.

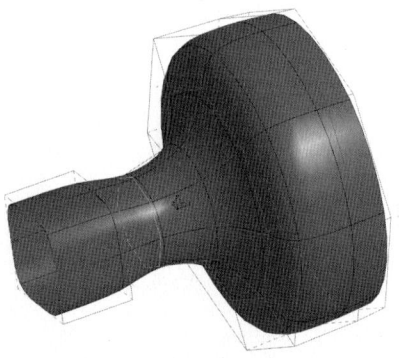

- Extrude
두 분할곡면이 서로의 모양을 최대한 유지한 상태로 돌출되어 하나로 합쳐집니다.

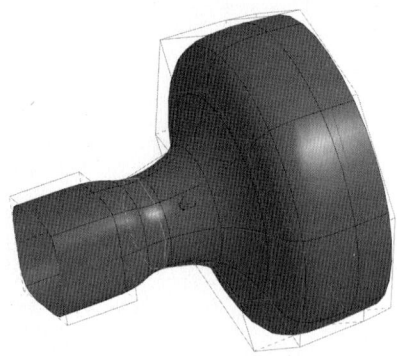

여기서 하나 주의할 것은 병합하고자 하는 모서리에서의 패치의 수가 같아야 한다는 것입니다. 그렇지 않으면 원하는 형상으로 병합되지 않습니다.

• Extrusion
선택한 면(Face)이나 모서리(Edge)를 이용하여 형상을 돌출시켜 형상을 확장시키는 명령입니다. 기본 Primitive의 형상을 세밀화하기 위해 추가적인 골격이나 형상을 만들어주고자 할 때 사용합니다.

Extrusion은 크게 두 가지 Mode로 나누어 설명할 수 있는데 하나는 Closed Primitives에 사용하는 Face Mode이고, 다른 하나는 Open Primitives에 사용하는 Edge Mode입니다.

명령을 실행하고 대상을 선택하면 다음과 같이 Tools Palette가 나타납니다.

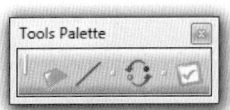

• **Face Extrusion**
- **Simple Face Extrusion**

앞서 생성한 Closed Primitive의 형상을 구성하는 면 중에 늘려주고자 하는 부분의 Mesh Face를 선택합니다. 그러면 이웃하는 주변 Surface들과의 형상 관계를 유지한 채 Face가 확장되는 것을 확인할 수 있습니다.

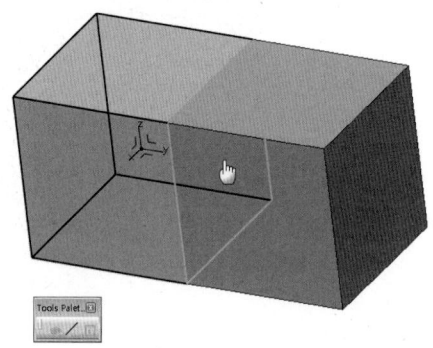

미리보기가 된 상태에서 대상이 아닌 화면의 빈 곳을 한번 클릭해 주거나 Esc Key를 입력하면 다음과 같이 Extrusion 된 결과를 확인할 수 있습니다.

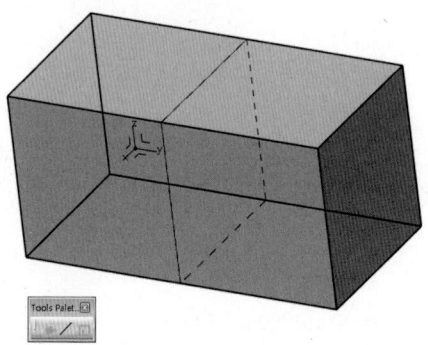

Face Extrusion을 수행하면 선택한 Face가 돌출되면서 이를 감싸는 나머지 Face들이 추가로 만들어지기 때문에 총 5개의 Face가 만들어 집니다.

물론 Open Primitive에 대해서도 다음과 같이 Face Extrusion을 실행하여 Face를 돌출시켜 형상을 잡아내는 것이 가능합니다.

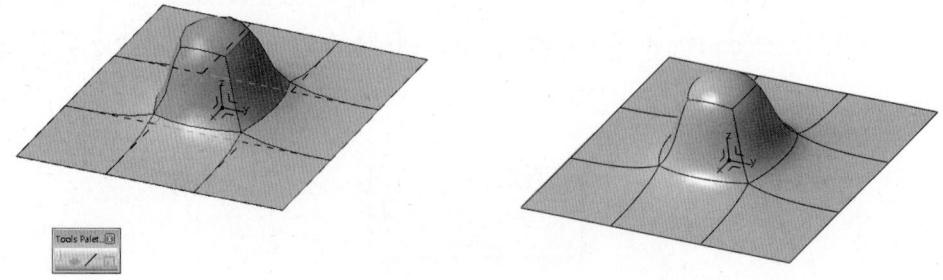

이렇게 Extrusion이 수행된 면에 다시금 Extrusion을 수행할 수 도 있으므로 복잡한 형상에 대해서 단계적으로 작

업을 수행하기 바랍니다.

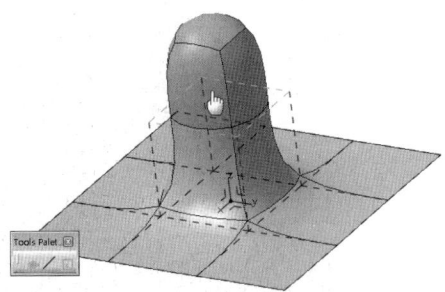

- **Multiple Faces Extrusion**

만약의 이웃하는 복수의 면이나 동시에 여러 개의 면을 선택하여 Extrusion하고자 하는 경우에는 Ctrl Key를 사용하여 대상을 복수 선택할 수 있으며, Ctrl Key를 놓으면 대상들에 대해서 동시에 Extrusion할 수 있습니다.

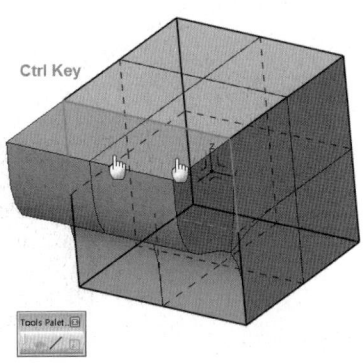

특히 연속적으로 이어진 Surface 면이 여러 개의 Face로 나누어진 경우 반드시 Ctrl Key로 각각의 Face를 복수 선택을 해주어야만 서로 분할되지 않고 동시에 Extrusion을 수행할 수 있습니다.
만약 연속적인 면을 서로 따로 Extrusion해 주면 다음과 같은 결과가 나옵니다.

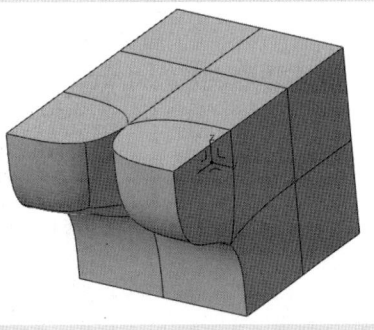

Multiple Face를 사용한 작업 중에 중요한 또 다른 한 가지는 바로 서로 마주보며 떨어진 Face와 Face를 복수 선택하여 이 두 Face 사이를 이어주는 것입니다. 다음과 같이 하나의 Closed Primitive에 서로 돌출 된 두 부분의 마주보는 Face를 복수 선택하면 이 두 Face가 이어지는 결과를 확인할 수 있습니다.

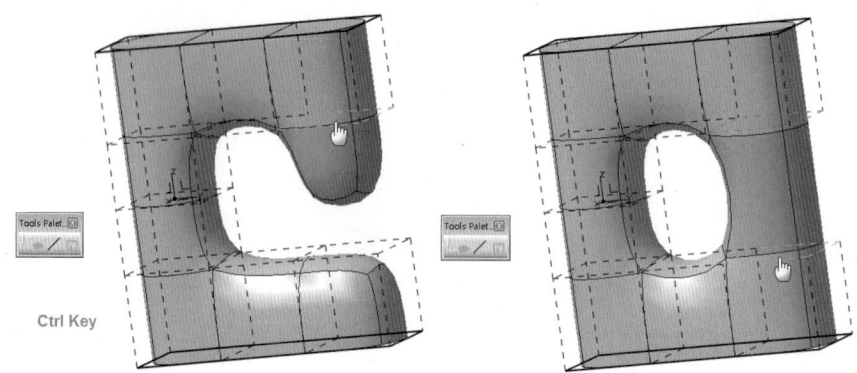

여기서 다시 강조하지만 Imagine & Shape의 작업은 각각 하나의 Primitive 형상에 대한 작업으로 나누어지기 때문에 서로 다른 Primitive들과 합치거나 이어주는 작업은 불가능합니다.

마지막으로 다음과 같이 이웃하는 Face들(Side by Side)을 복수 선택하는 경우에는 이들의 조합으로 Extrude 된 결과를 만들 수 있습니다.

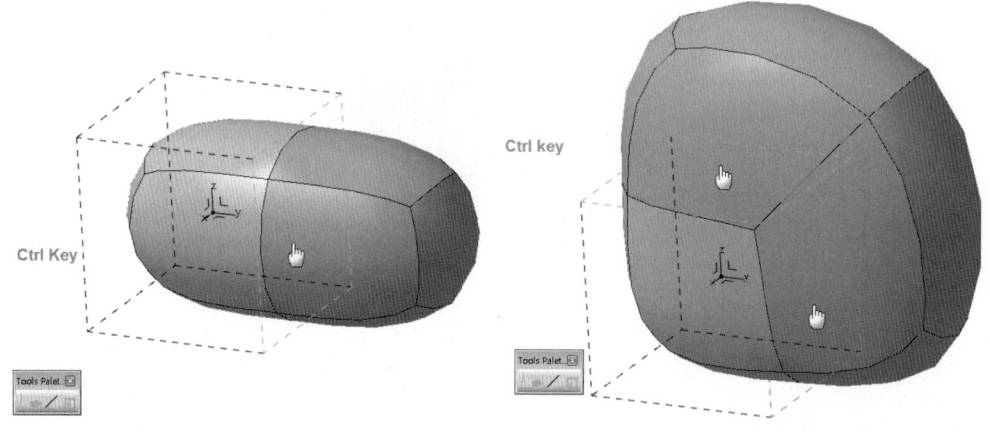

- Face to Face Holing

다음과 같이 Extrusion을 수행하는데 있어 서로 마주보는 Face를 Ctrl Key를 사용하여 복수 선택해 주면 다음과 같이 Closed Primitives에 Hole을 생성하는 결과를 만들어 낼 수 있습니다.

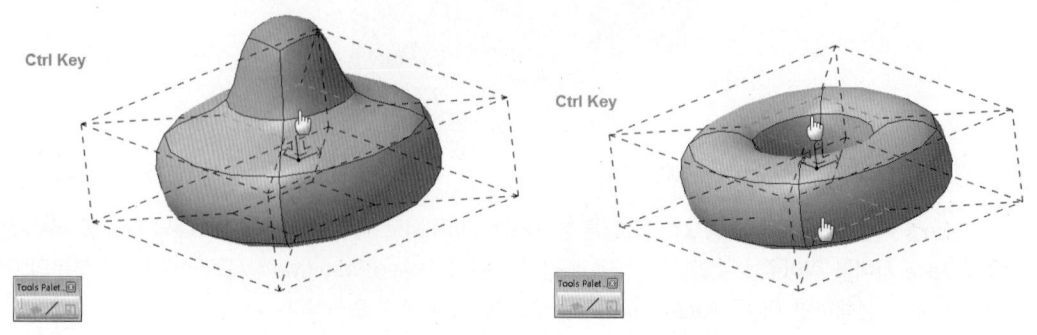

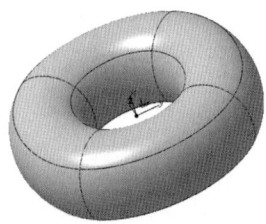

- Filling Faces

반대로 아래와 같이 Closed Primitive의 내부에 Hole이 생성된 경우에 이것을 감싸는 면들을 CTRL키로 복수선택을 하면 Hole을 메우는 결과가 만들어 집니다.

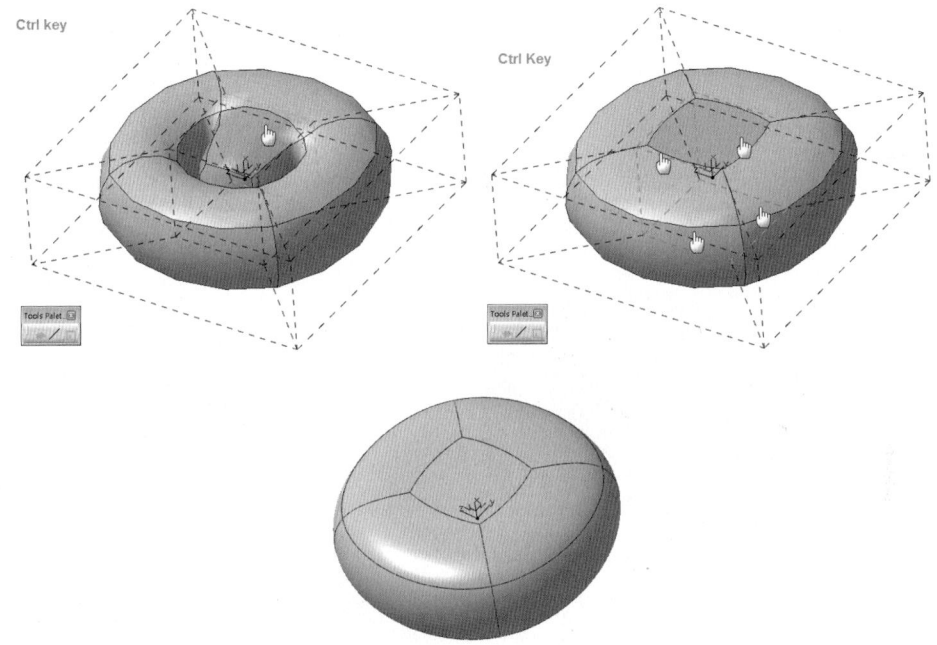

• Edge Extrusion

Edge Extrusion도 위의 face Extrusion의 작업 방식과 결과는 대부분 비슷하게 적용할 수 있습니다. 다만 Free Edge를 가지고 있는 형상에만 적용할 수 있다는 점이 다르다고 할 수 있습니다.

Open Primitive를 모서리 방향으로 돌출시키고자하는 경우 Extrusion의 Mode를 Edge Extrusion 으로 변경하여 대상을 선택해 주도록 합니다.

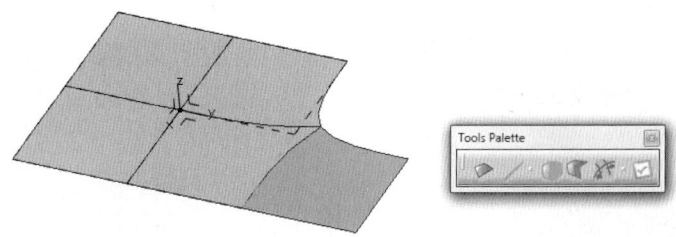

Closed Primitive의 경우에는 기본적으로 Edge Extrusion이 불가능합니다. Closed Primitive에 Edge Extrusion을 실행하려고 하면 다음과 같은 메시지가 출력되면서 모서리 선택이 불가능함을 나타냅니다.

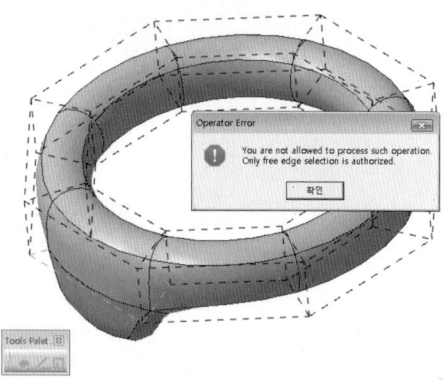

Closed Primitive로부터 만들어진 형상을 Edge Extrusion을 수행하려면 우선 아래와 같이 형상을 Open 시킨 후라야 가능합니다. Closed primitive를 Open시켜 Free Edge를 가진 형상을 만드는 방법은 Erasing ✖ 명령을 참고바랍니다.

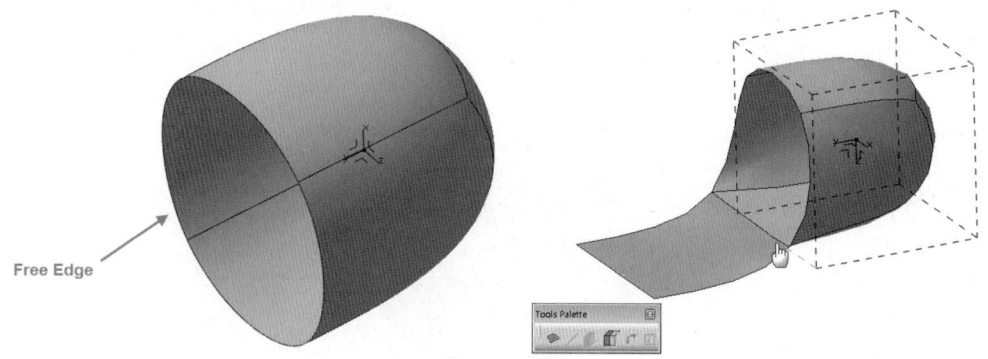

Open된 Primitive에는 다른 이웃하는 곡면과 연결되지 않는 Free Edge가 생기기 때문에 이를 이용할 수 있는 것입니다. Edge Extrusion ╱ 를 선택하면 다음과 같이 Tools Palette가 확장되는 것을 확인할 수 있습니다.

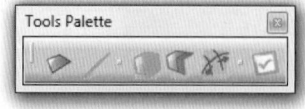

여기서 다음과 같이 추가적으로 Edge Extrusion의 Mode를 선택하여 작업을 수행할 수 있습니다. 일반적인 Open Primitive나 Edge를 단수 선택하는 경우에는 이 두 가지 Mode의 차이는 거의 없습니다. 그러나 작업의 결과는 두 가지 Mode가 다르게 나올 수 있다는 점을 감안해두기 바랍니다.

- Fill Mode

Edge Extrusion이 Fill Mode인 경우에는 이웃하는 여러 개의 Edge를 선택하는 경우 이들을 돌출 시키는 것이 아니라 이들 사이를 Face로 메워줍니다.

다음의 형상을 Edge Extrusion의 Fill Mode로 작업하는 과정을 보도록 하겠습니다.

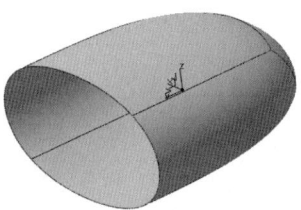

Extrusion을 실행하고 위와 같은 Subdivision Surface를 선택하도록 합니다. 다음으로 Edge Extrusion을 Fill Mode로 선택한 후, 각 모서리를 Ctrl Key로 복수 선택해 주도록 합니다.

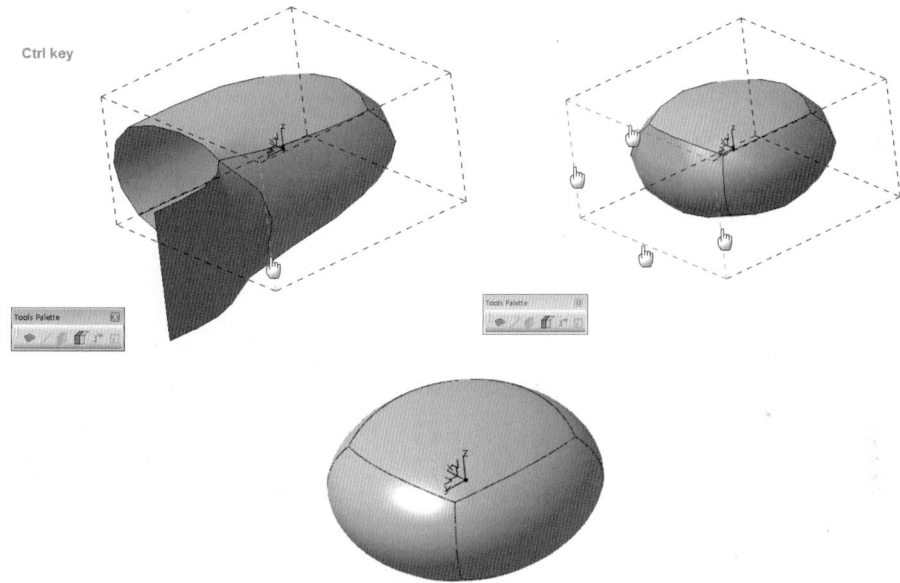

- Extrusion Mode

Edge Extrusion이 Fill Mode인 경우에는 이웃하는 여러 개의 Edge를 선택하는 경우 이들을 돌출시킨다. 기본적인 Extrusion의 기능을 수행합니다.

위의 Fill Mode에서와 동일한 형상을 Edge Extrusion의 Extrusion Mode로 작업하는 과정을 보도록 하겠습니다.

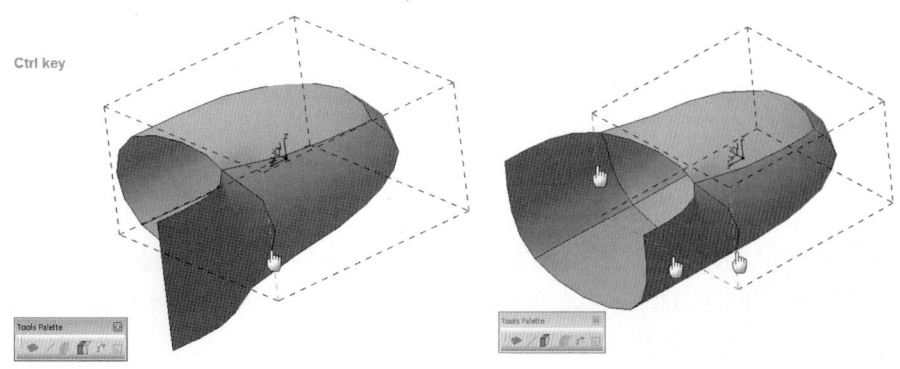

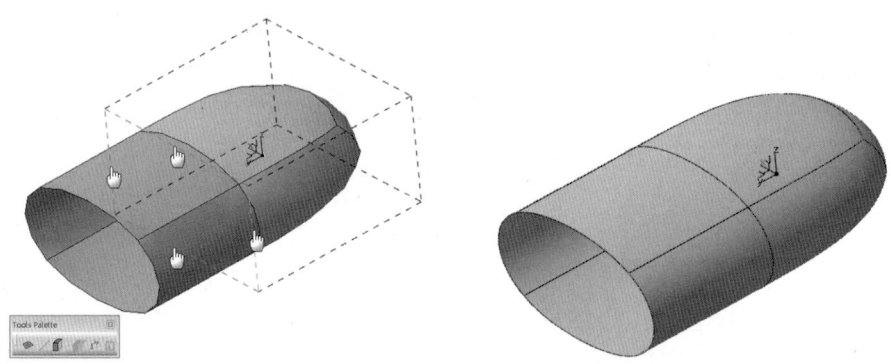

- Propagation

Propagation을 체크하면 Edge Extrusion시에 선택한 모서리와 연결된 모든 모서리를 일일이 선택할 필요 없이 동시에 잡아줄 수 있습니다. 따라서 Ctrl Key를 사용하지 않고 위에서 작업한 Fill Mode와 Extrusion Mode를 작업할 수 있습니다.

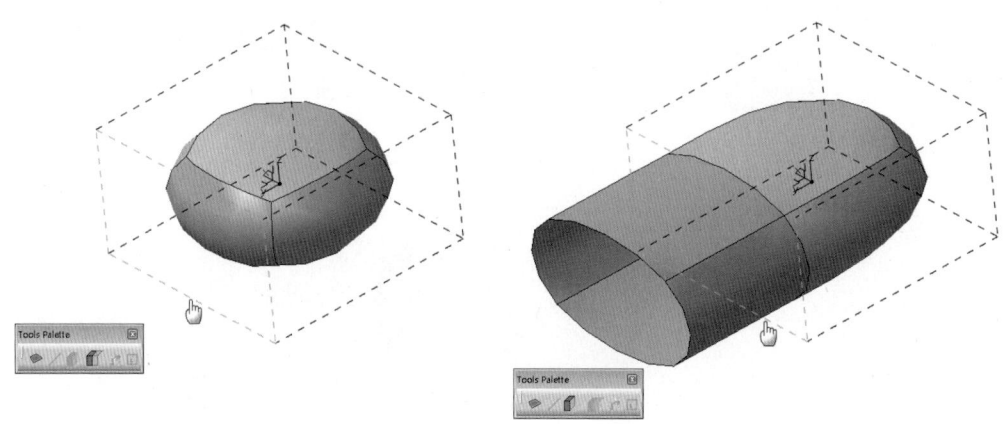

• Face Cutting

앞서 생성된 Surface Primitive들을 세분화하여 작업하기 위해 Face Section을 나누어주는데 사용합니다. 기본적으로 만들어지는 Primitives의 Section의 수를 조절하는 것은 형상을 생성하는 동안에는 매우 제한적이기 때문에 Primitive를 생성한 후, 필요한 부분의 Face만을 선택하여 나누어줄 수 있습니다. Face Cutting을 사용함으로써 작업자는 자신이 원하는 형상으로 대상을 조절하기 위한 충분한 Control Element를 생성할 수 있게 됩니다.

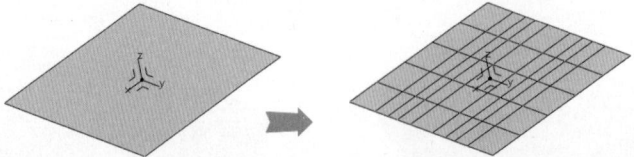

Face Cutting을 수행하기 위해 명령을 실행하고 대상을 선택하면 다음과 같이 우측에 Slider가 나타납니다. 이것을 마우스로 조작하여 사용하여 작업자는 Section의 수를 1개에서 9개로 변경하여 대상에 적용할 수 있습니다.

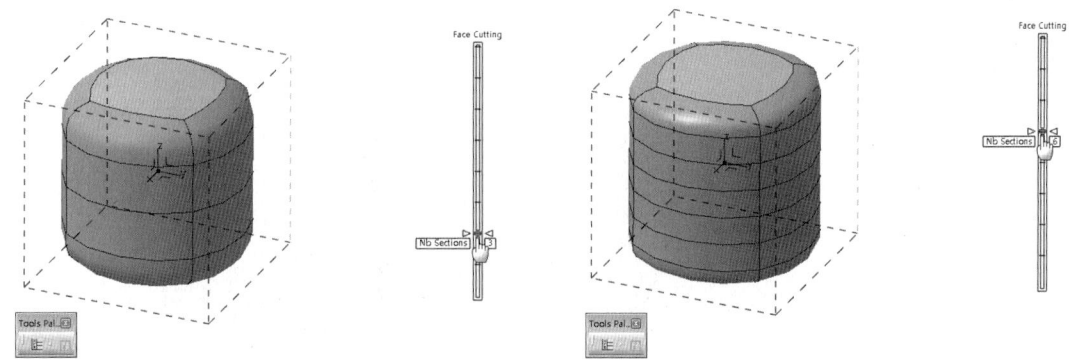

여기서 Face Cutting 작업을 수행하면 선택한 모서리의 횡 또는 종 방향에 속한 모든 Face의 Section이 나누어진다는 점을 기억하기 바랍니다.

또는 명령 실행 후 나타나는 Tools Palette을 이용하여 절단하고자 하는 Face의 Section 수를 설정할 수 있으며 미리보기 설정을 할 수 있습니다.

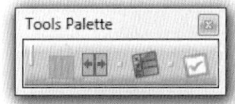

- Section Edition

Face Cutting을 수행할 때 Section의 수를 입력 창을 사용하여 정의할 수 있습니다. Tools Palette에서 Section Edition을 선택하면 다음과 같은 창이 나타나 Section 수를 입력할 수 있게 합니다.

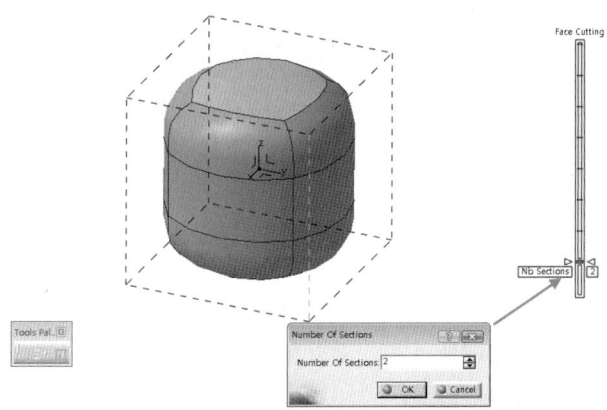

이렇게 만들어진 Face의 Section을 사용하여 작업자는 형상에 대해서 특정 부분에 대해 좀 더 세분화된 작업을 진행 할 수 있습니다.

• Face Subdivision

Face Cutting과 비슷한 작업으로 선택한 Surface의 Face를 나누어 주는데 사용합니다. 그러나 여기서 Face Subdivision은 선택한 하나의 Face에 대해서만 세분화 작업을 수행하며 Ratio를 사용하여 분할되는 Face의 크기를 조절할 수 있습니다.

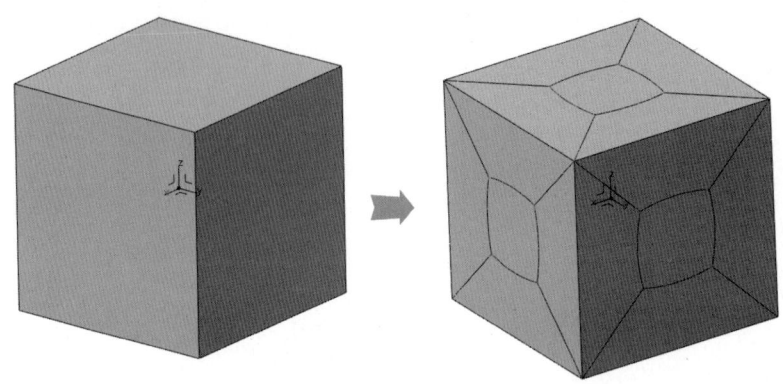

명령을 실행하고 대상을 선택하면 우측에 나타나는 Slider를 사용하여 Ratio를 조절할 수 있습니다.

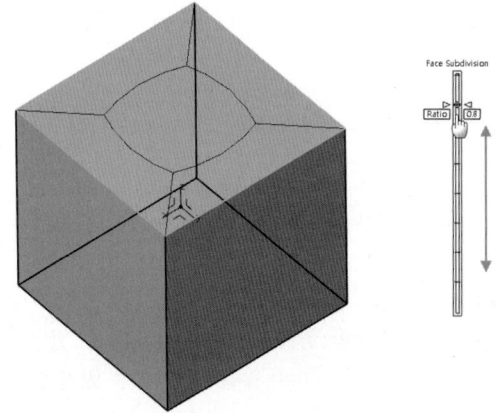

또는 Tools Palette에 Ration Edition을 이용하여 Ratio 값을 마우스가 아닌 직접 수치로 입력할 수 있습니다.

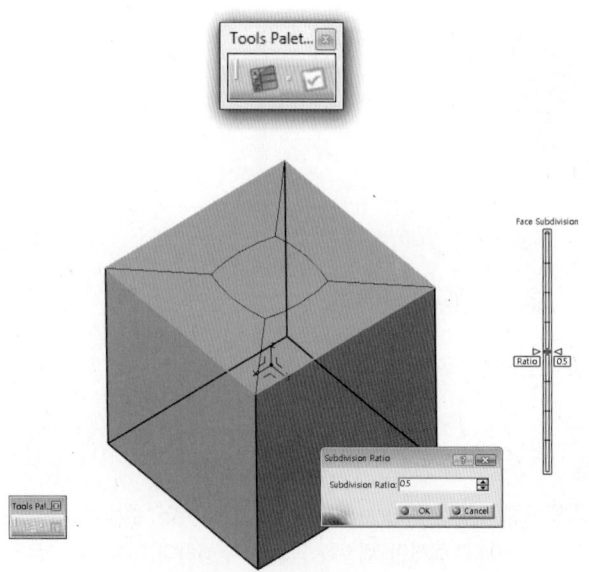

이렇게 분할된 Face는 하나의 Face를 세분화하여 각각의 Control Element를 사용할 수 있습니다.

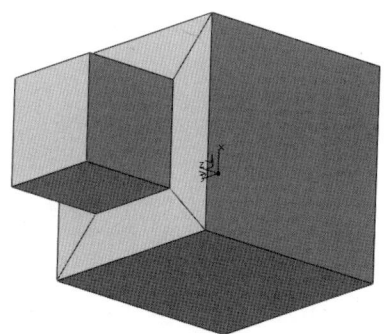

• Erasing

앞서 생성한 Surface의 Face나 Edge를 제거하는데 사용하는 명령입니다. 이 명령을 사용하여 작업자는 불필요한 Face나 Edge를 제거하여 형상의 성형 작업을 수행할 수 있습니다. Face나 Edge를 제거함으로써 작업자에게는 불필요한 Geometry를 제거하는 효과 또는 Control Element 수를 줄이는 효과를 기대할 수 있습니다.

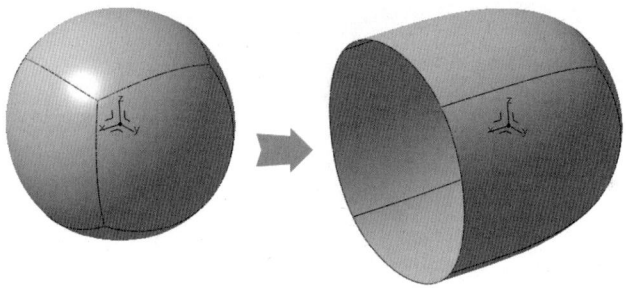

Erasing 명령을 실행하면 다음과 같이 Tools Palette가 나타납니다.

- Face Erasing

Surface 형상의 Face를 제거하는데 사용합니다. 대상 선택 후 Erasing을 실행하고 Face Erasing을 선택하면 마우스로 선택한 부분의 Face가 제거되는 것을 확인할 수 있습니다.

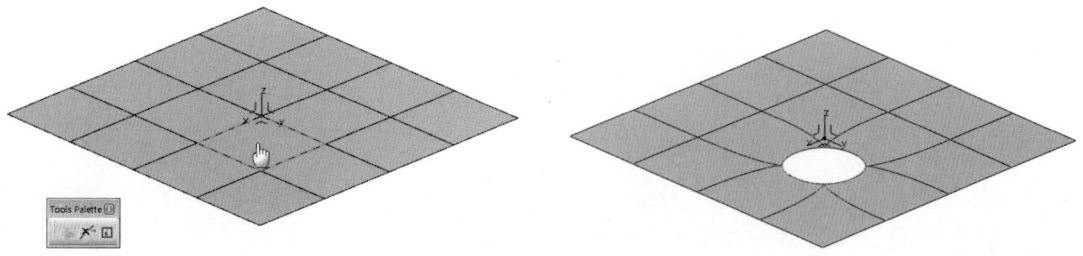

또한 Ctrl Key를 사용한 Face의 복수 선택이 가능하기 때문에 Face를 연속적으로 제거하고자 하는 경우에는 Ctrl Key를 사용하기 바랍니다.

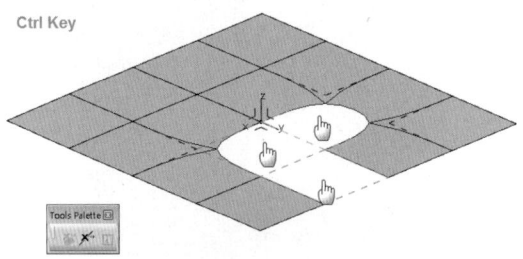

Open Primitive 및 Closed Primitive에 대해서 동일하게 사용할 수 있습니다. 그러나 Primitive 자체를 지우는 것은 Erasing으로 불가능하며, 또는 다음과 같이 Erasing으로 Primitive를 두 개의 Domain으로 나누도록 Face를 지울 수는 없습니다.

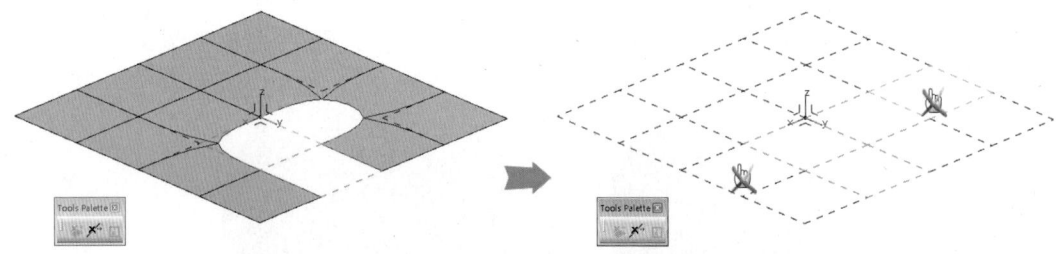

- Edge Erasing

Surface 형상을 구성하는 Face에 Section을 나누는 Edge를 제거하는데 사용합니다.

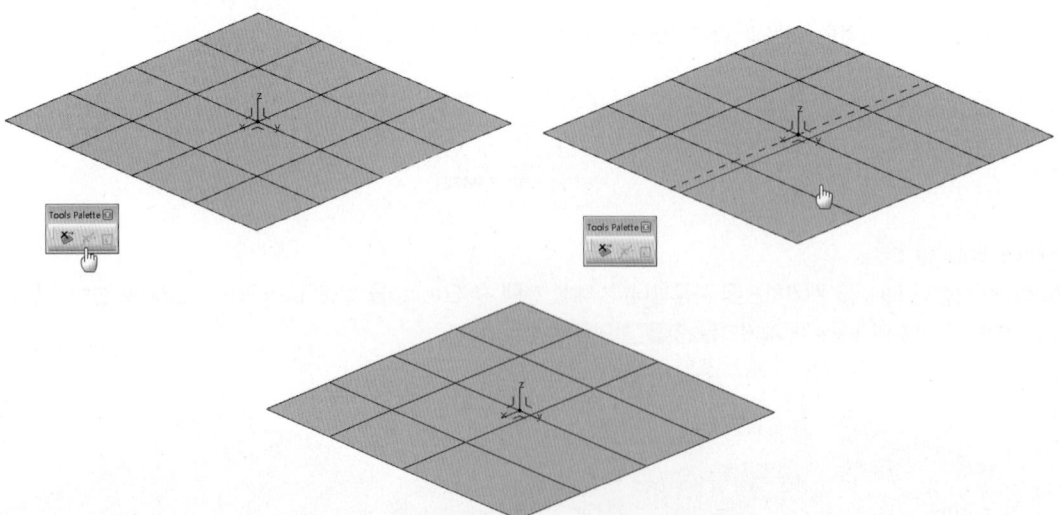

Primitive의 형상을 유지하는데 사용되는 Free Edge를 Erasing으로 지우는 것은 불가능하며 또는 다음과 같이 Face 사이의 Edge를 제거함으로 인해 양쪽의 Face를 유지하지 못하는 경우에도 사용할 수 없다는 점을 기억하기 바랍니다.

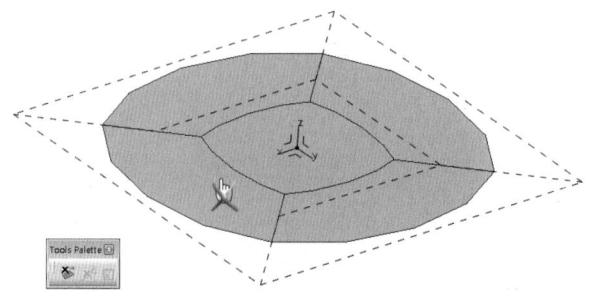

• Cut by Plane

이 명령은 분할곡면을 평면을 기준으로 절단하고자 할 경우에 사용합니다.

명령을 실행하면 다음과 같이 Tools Palette가 출력됩니다.

여기서 우선 분할곡면을 선택(Surface Selection)하고 평면(Plane Selection)을 선택해 줍니다. 필요한 경우에 평면의 위치를 평행 이동 또는 회전 이동해 줄 수 있습니다.

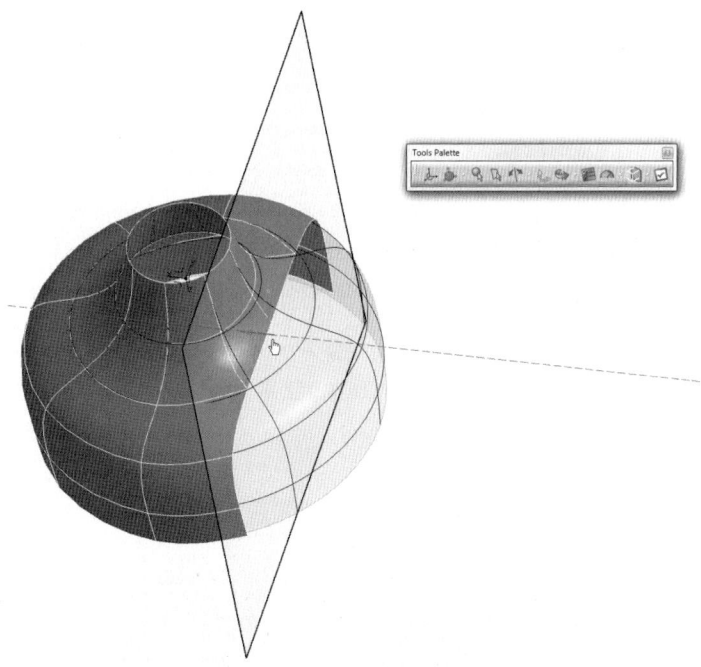

다음으로 방향이 맞을 경우 Apply를 누르고 명령을 해제해 주면 됩니다.

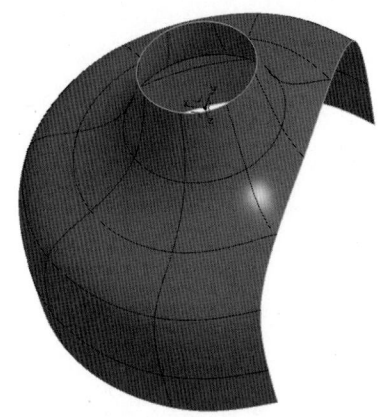

E. Operation

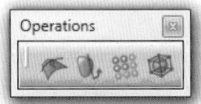

- Link

이 명령은 Imagine & Shape의 Surface 형상을 점(Point)이나 직선(Line), 곡선(Curve) 또는 다른 Surface와 같은 Geometric 요소와 연결(Associate)시키는 기능을 합니다. 작업 대상인 Surface를 다른 성분 요소와 Link해 줌으로 작업자는 하나의 기본 형상과 연결된 다른 대상들을 일일이 수정시켜줄 필요 없이 동시에 일괄적으로 변형 및 업데이트 하는 것이 가능해 집니다. 여기서 Link에 사용할 점이나 직선 및 곡선 요소는 Imagine & Shape가 아닌 다른 Workbench에서 작업한 형상이어도 가능합니다. Subdivision Surface의 각각의 Control Elements를 조절하지 않고도 손쉽게 Geometry 요소나 Styling Curve를 사용하여 형상을 변형시키는데 사용할 수 있습니다.

우선 다음과 같은 Subdivision Surface와 Styling Curve를 구성하도록 합니다. ZY 평면을 기준으로 Cylindrical Subdivision Surface를 생성하여 적당한 수로 Face를 Cutting한 후 Styling Curve로 ZY 평면을 기준으로 Curve를 그려줍니다.

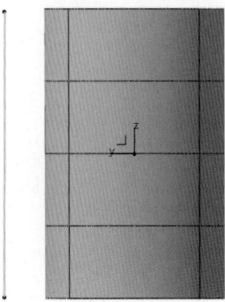 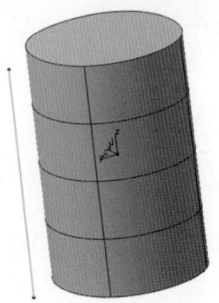

Link를 실행 시킨 뒤에 Link 잡힐 대상인 Subdivision Surface를 먼저 선택해 줍니다.

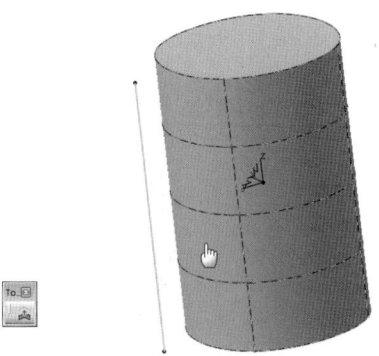

다음으로 Link의 기준이 될 Geometric 요소를 선택해 줍니다.

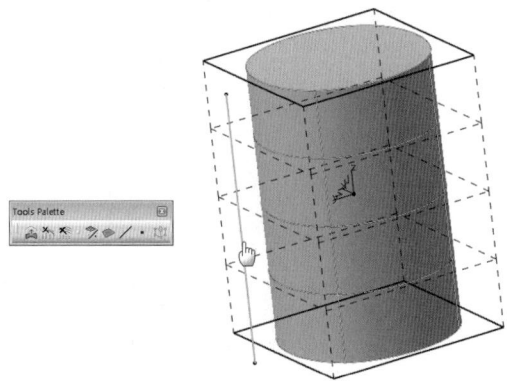

여기서 Link 대상을 선택해주면 다음과 같이 Tools Palette가 연장되면서 Surface 형상에서 Link할 부분을 지정할 수 있도록 도와줍니다. Selecting Elements에 대한 설명은 앞서 Modification 부분을 참고하기 바랍니다.

작업자는 앞서 Link에 사용할 대상으로 선택한 Geometric 요소와 Surface의 Link하고자 하는 부분을 지정하여 Link 시켜줍니다. 기억할 것은 Link할 대상인 Surface의 지점을 선택하는 것은 가능하지만 Link의 기준이 되는 Geometric 요소의 지점을 선택할 수는 없다는 것입니다. 따라서 작업자는 지정한 Geometric 요소의 CATIA 내에서 정의된 지점과 Surface의 지점을 Link하도록 합니다. 여기서도 다중 선택을 위해서 Ctrl Key를 사용할 수 있습니다.

위의 예제의 경우 다음과 같이 Styling Curve와 직교하는 Edge들을 복수 선택하여 주도록 합니다.

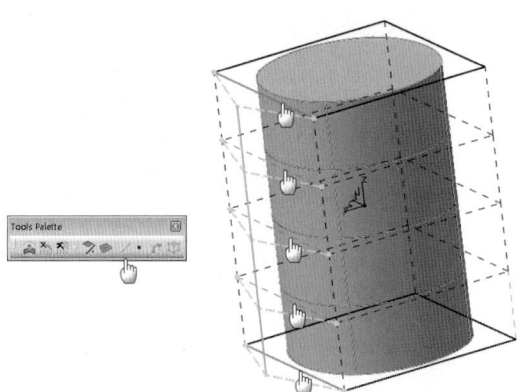

이렇게 Link된 Surface 대상은 Surface 자체의 Modification 만으로도 형상에 변형이 들어가지만 이와 더불어 Link된 Geometric 요소의 변형에도 함께 동기화되어 변형되게 됩니다.

다음과 같이 Styling Curve를 Modification하게 되면 Link된 Subdivision Surface가 함께 변형되는 것을 확인할 수 있습니다.

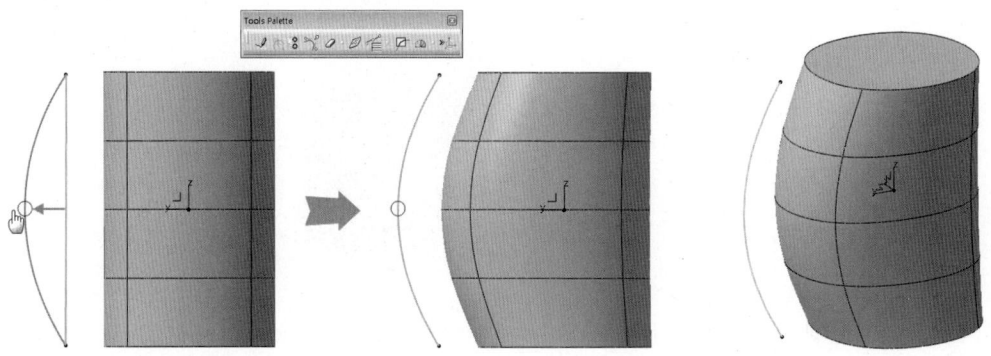

Link된 Subdivision Surface를 Modification할 때는 청록색 선으로 Link된 대상과 Surface의 Link된 부분이 연결되어 보이므로 이를 확인할 수 있습니다.

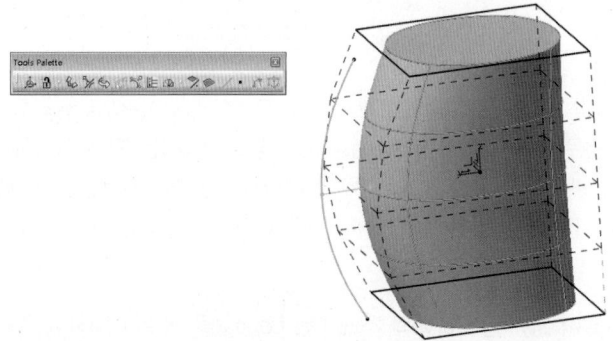

Surface와 Link된 Geometric 요소는 서로 구속관계가 성립된 것과 마찬가지이므로 Parent/Children 관계가 성립됩니다. 따라서 Link가 만들어진 상태에서 Geometric 요소를 지우려면 다음과 같이 종속된 대상의 삭제 여부를 결정할 수 있도록 할 수 있습니다.

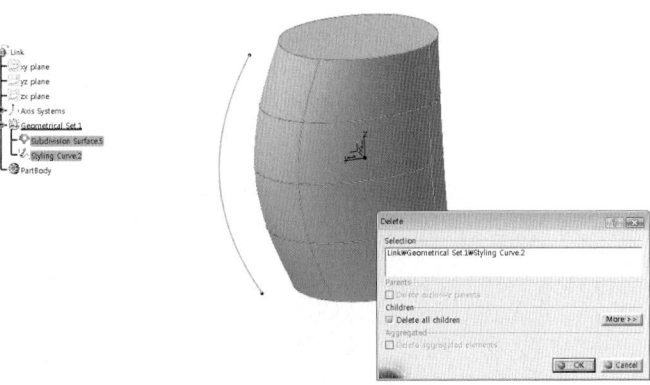

Link를 사용하여 Geometric 요소와 Surface를 연결한 후에 다시 Link 명령을 실행한 후, Tools Palette에서 Curve Selection 을 선택하여 다른 Geometric 요소를 Link에 추가해 줄 수 있습니다. 물론 새로운 Geometric 역시 Link 작업에 앞서 생성해 주어야합니다.

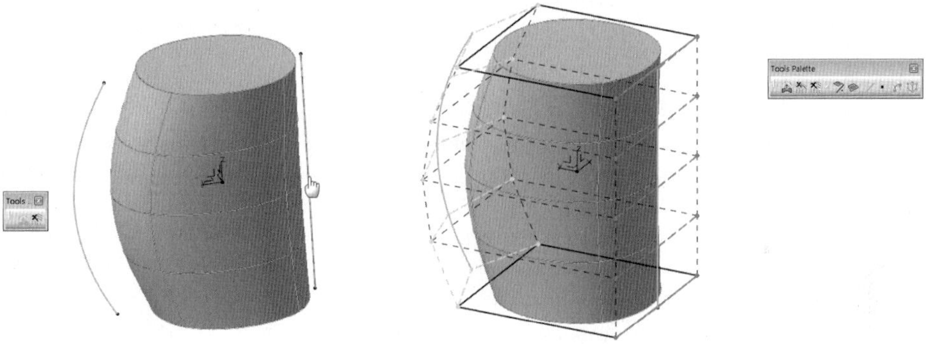

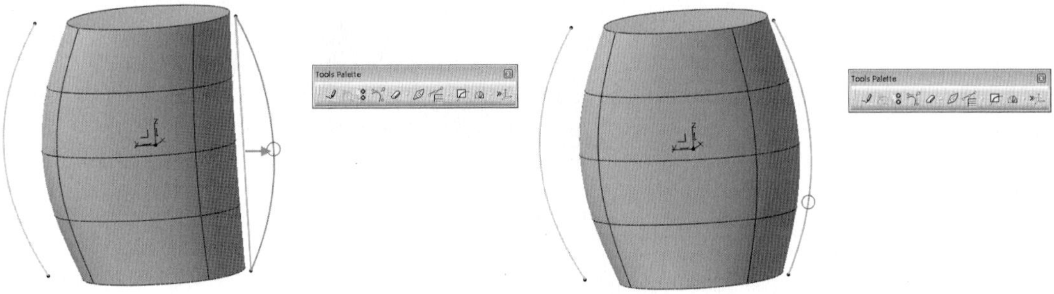

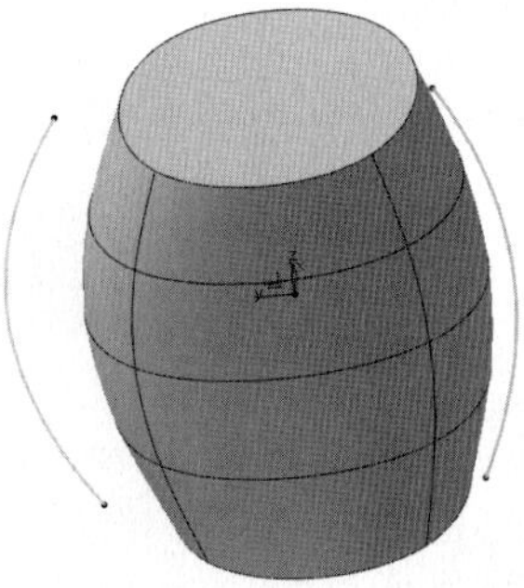

또한 Link 된 Subdivision Surface 형상을 다시 선택한 후, Association Removal 이나 All Association Removal 을 사용하여 Link된 Geometric 요소의 관계를 끊어줄 수 있습니다.

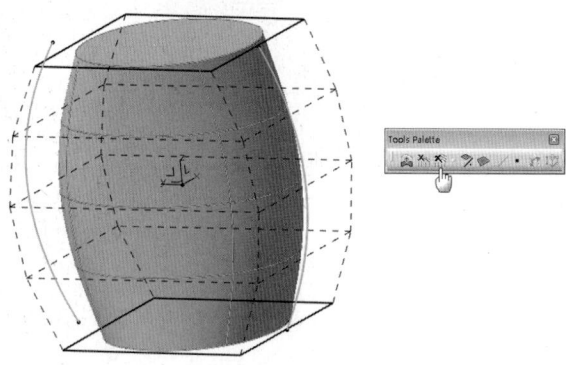

Link 작업은 서로 다른 요소들을 연결해 주는 작업이므로 복잡한 연산 작업 중에 불완전 종료되는 경우가 많다. 따라서 저장을 주기적으로 해주기를 권장합니다.

• Symmetry

Imagine & Shape 상에서 만들어진 Surface 형상을 대칭 복사하는 명령입니다. 일반적으로 대칭인 대상을 모두 만드는 작업은 비효율적일 뿐만 아니라 완전 대칭을 이루지 않게 결과를 만들어 낼 확률도 높다. 따라서 대칭인 형상에 대해서는 절반 형상만을 모델링하고 이를 대칭 복사하는 것이 현명하다할 수 있겠다.

우선 다음과 같은 Subdivision Surface를 구성하도록 합니다. (간단히 Sphere 형상을 만들어 준 후에 Extrusion으로 형상을 구성하였다.)

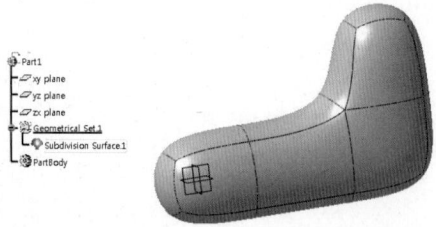

Symmetry 명령을 실행하고 대칭 복사하고자 하는 대상을 선택합니다.

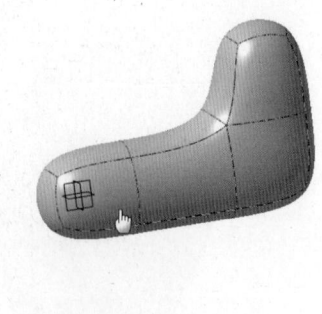

다음으로 대칭의 기준이 될 Plane을 선택해 주면 다음과 같이 형상의 결과 형상을 Preview할 수 있습니다.

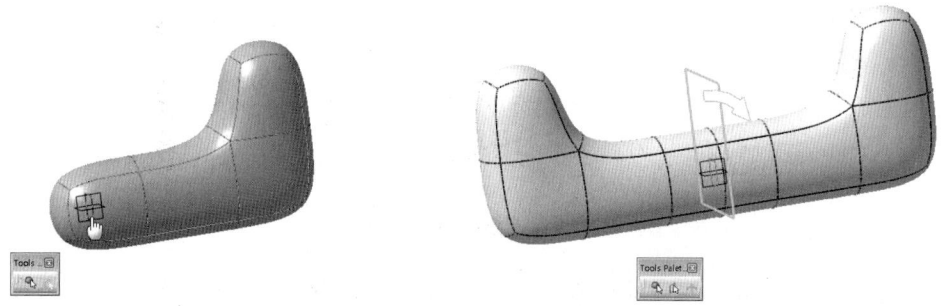

만약에 대칭 복사하려는 대상의 기준 평면이 형상을 가로지르고 있으면 두 가지 결과가 나올 수 있으므로 Tools Palette에서 Side Selection이 추가로 나타나 이것을 사용하여 그 중에 하나를 선택할 수 있습니다. 또는 마우스를 사용하여 화면 Plane 위치에 나타난 화살표를 클릭하여 선택할 수 있습니다.

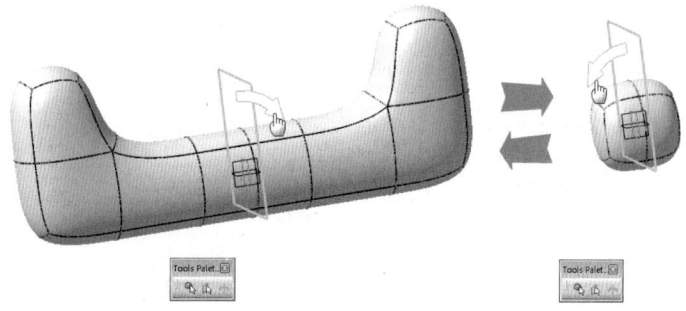

완성된 결과와 Spec Tree를 보면 다음과 같습니다. Symmetry된 형상은 본래의 Subdivision Surface의 색을 띄고 있지 않다. 이것은 앞서 Symmetry 작업이 형상의 Control Element를 이용한 작업이 아니기 때문입니다.

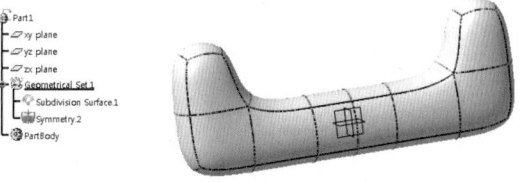

이렇게 Symmetry로 만들어진 결과 형상은 Spec Tree에 다음과 같이 표현되며 작업의 결과물 역시 앞서 작업에 사용하던 Subdivision Surface와는 약간 속성이 다르다. Symmetry로 만들어진 형상을 수정하려면 대칭 복사 이전의 원본 형상을 수정하여야합니다. Modification을 실행하고 Symmetry 형상을 선택하면 다음과 같이 Symmetry가 수행되기 이전의 형상이 선택되는 것을 확인할 수 있습니다.

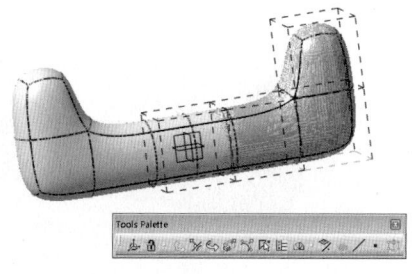

원본 Subdivision Surface를 수정하면 Symmetry 된 형상은 자동적으로 업데이트 됩니다.

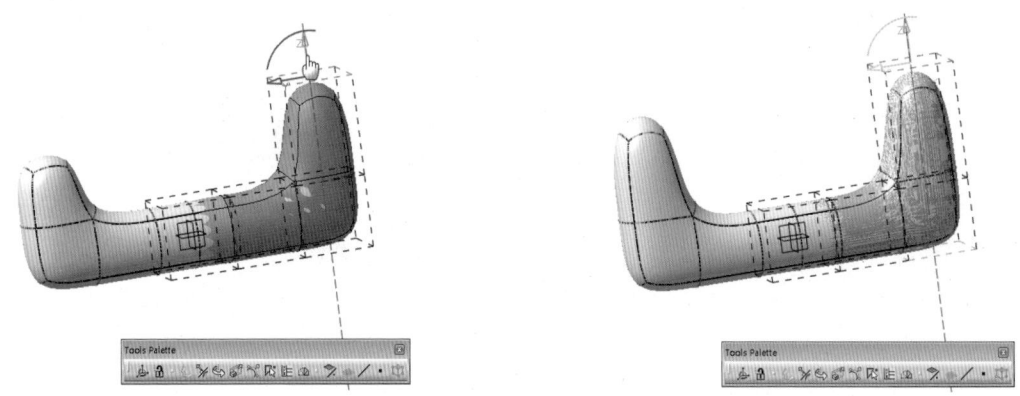

Symmetry 형상을 Spec Tree 복사하여 붙여 넣기를 하면 다음과 같은 메시지를 확인할 수 있습니다.

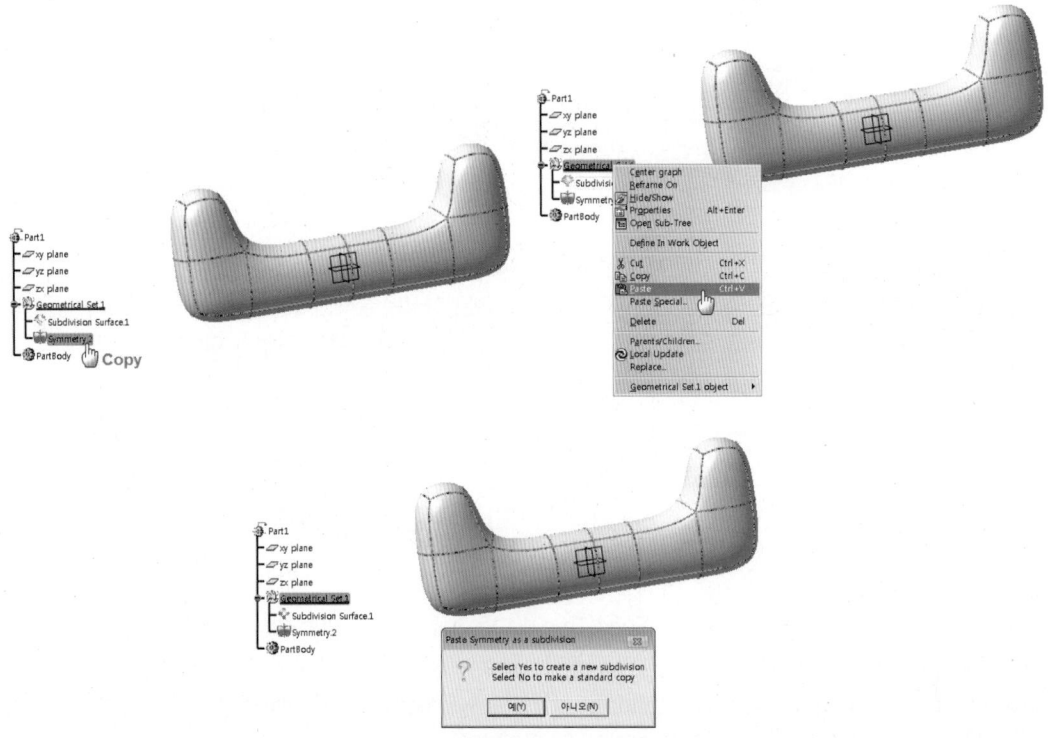

여기서 Yes를 선택하면 Symmetry된 Surface 형상을 다음과 같은 Subdivision Surface로 붙여넣기가 됩니다.

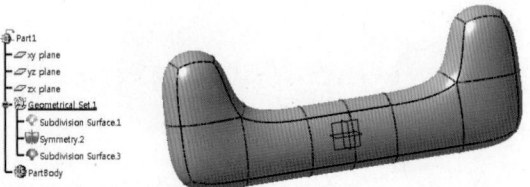

이렇게 new Subdivision으로 생성된 Surface는 일반 Subdivision Surface와 동일하게 모든 부분을 Modification 으로 작업할 수 있습니다.

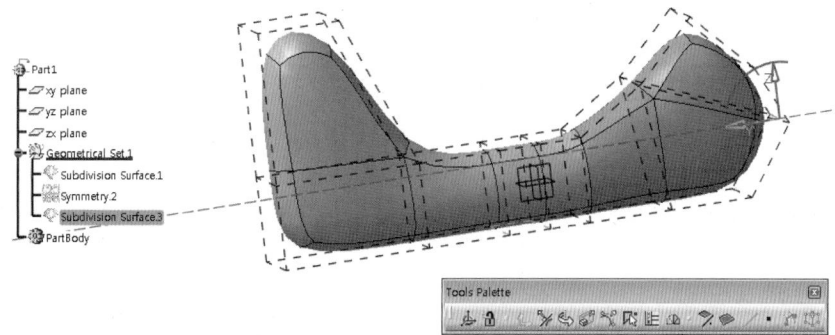

앞서 붙여 넣기에서 No를 선택하면 Symmetry Surface 형상을 Symmetry 속성 그대로 붙여넣기가 됩니다.

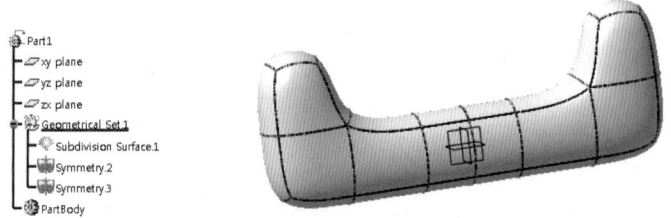

대칭 복사하려는 대상이 만약 기준 평면과 떨어져 교차하는 부분이 없다면 Symmetry 작업은 단순히 선택한 대상을 대칭 이동시키고 원본을 숨기기 하는 결과를 만든다. 즉, 대칭 이동이 됩니다.

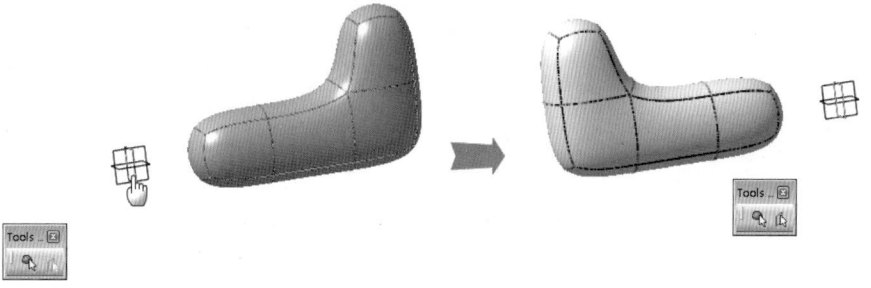

• Working Zone Definition

Imagine & Shape의 Surface 형상에 Modification 및 Operation 작업 등을 수행하기에 앞서 Mesh의 작업 영역을 설정해주는 명령입니다. Working Zone을 설정함으로써 작업자는 수정 작업에 사용하지 않을 부분의 Mesh를 노출시키지 않게 해 작업에 혼선을 줄일 수 있습니다.

Working Zone으로 설정되지 않은 부분의 Vertices, Edge, Face 등은 화면에 표시되지 않기 때문에 Modification 작업 시 이를 활용할 수 있습니다.

우선 다음과 같은 형상을 간단히 구성하도록 합니다.

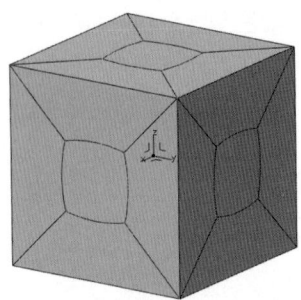

Working Zone Definition을 실행하고 대상을 선택하면 다음과 같이 Tools Palette가 나타납니다.

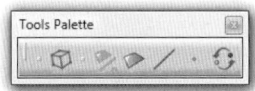

여기서 작업자는 Selecting Elements를 사용하여 Working Zone으로 설정하고자 하는 부분을 선택합니다. Face나 Edge, Vertex에 대한 선택을 위해서는 적절히 Selecting Elements를 선택해 주도록 합니다. 기본적인 Selecting Elements에 대한 자세한 설명은 Modification 명령을 참고하기 바랍니다. 여기서는 대상의 내부 Face의 Vertices를 Ctrl Key를 사용하여 선택해 주도록 합니다.

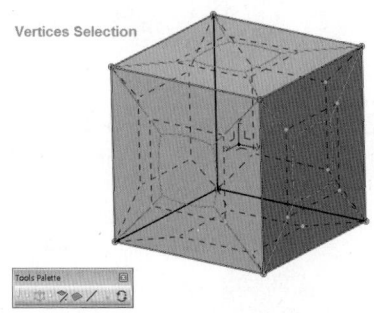

Selection Inversion 명령은 Working Zone으로 선택한 부분을 반전시켜 선택하지 않은 부분들을 Working Zone으로 설정하게 하는 명령입니다. Swap Selection 명령을 실행하면 현재 선택한 부분을 제외한 나머지 Control Elements가 선택됩니다. 물론 선택한 Control Elements는 동일한 종류의 Control Element로 한정됩니다. (Vertices를 선택하고 Swap Selection을 실행하면 선택하지 않은 나머지 위치의 Control Elements가 선택됩니다. Face나 Edge는 선택되지 않습니다.)

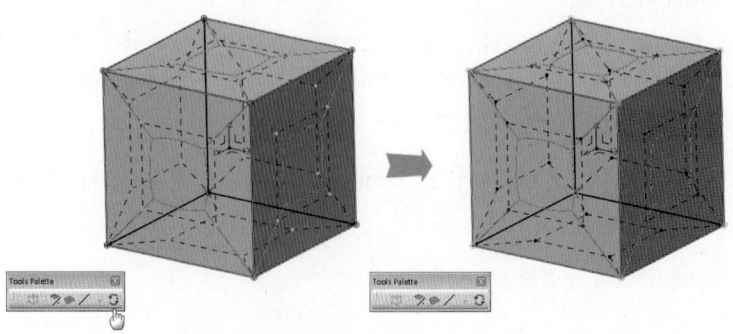

Working Zone을 설정한 후에 Subdivision Surface의 Modification에 들어가면 다음과 같이 앞서 정의한 Working Zone 부분만이 Control Elements로 나타는 것을 확인할 수 있습니다. 따라서 작업자는 앞서 정의한 이 부분만을 사용하여 원하는 수정 작업을 수행할 수 있습니다. 여기서 앞서 정의된 Control Element에 따라 선택할 수 있는 Control Elements가 정의됩니다. 그러나 여기서 Working Zone에 Vertices만을 선택하였더라도 반드시 Modification이나 기타 Operation에서 Vertices들을 사용할 수 있는 것만은 아니며 이러한 Vertices들로 인하여 정의되는 Edge나 Face를 사용할 수 있다는 점을 알아두기 바랍니다.

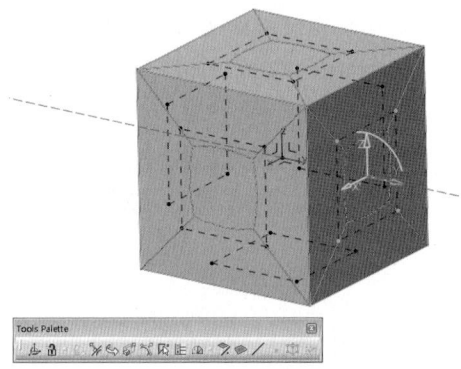

Working Zone을 설정하면 Modification이나 기타 Operation 명령들에서 Tools Palette에 다음과 같이 앞서 정의한 Working Zone 영역의 활성/비활성을 변경할 수 있는 Working Zone Activation/Deactivation 아이콘이 나타납니다.

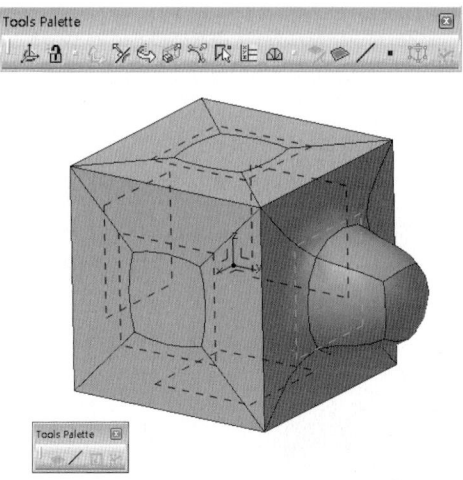

Working Zone 아이콘을 비활성화 하면 모든 Control Element 성분들을 선택하여 Working Zone을 설정하지 않은 상태에서와 같이 작업할 수 있습니다. 물론 다시 Working Zone 아이콘을 활성화하면 해당 작업에서 앞서 정의한 Working Zone의 영역을 이용할 수 있게 됩니다.

F. View Management

- **View Selection**

Imagine & Shape에서 작업을 수행하면서 마우스로 대상을 회전시켜 View를 지정하지 않고 View Selection을 사용하여 기본적인 Standard View Mode(Top, Bottom, Front, Back, Right, Left)로 대상을 관찰할 수 있게 하는 명령입니다.

View Selection 명령을 실행하고 대상에 마우스를 가져가면 다음과 같은 Manipulator가 나타나 보고자 하는 방향의 View를 표시해 줍니다. 여기서 원하는 View의 방향을 찾아서 클릭을 하면 해당 방향으로 대상을 보여줍니다.

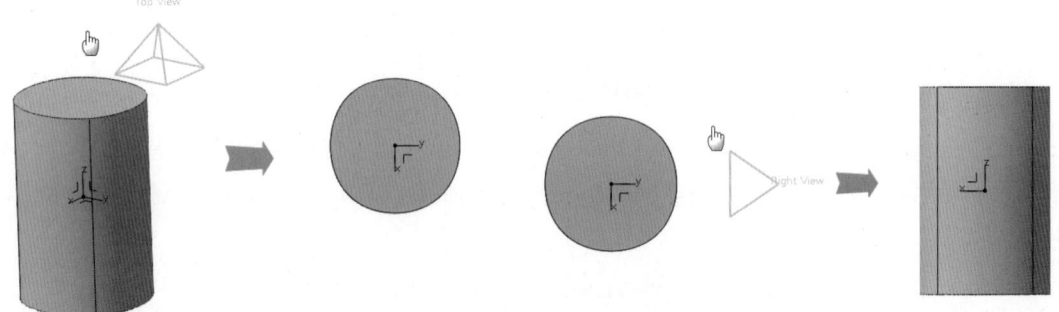

- **View Modification**

View Point의 View Angle을 수정하는 명령입니다. View Modification을 실행하면 다음과 같은 View Render Style창이 나타나면서 화면에 현재의 View Angle을 녹색의 원으로 표시해 줍니다.

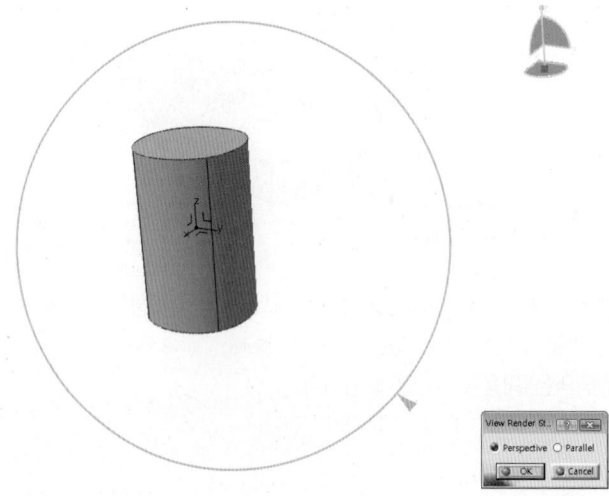

View Render Style은 Default로 Perspective Mode(Conical view)로 되어 있으며 Parallel Mode로 변경할 수

있습니다. Perspective Mode에서는 View Angle을 지정할 수 있으며, Parallel Mode(Cylindrical view)에서는 그럴 필요가 없습니다.

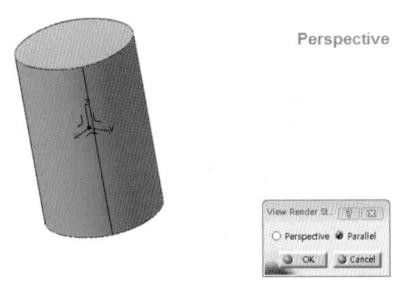

여기서 작업자는 녹색 원으로 표시된 View Angle 값을 화살표를 사용하여 변경할 수 있습니다. 그러나 View Angle이 90도를 벗어날 수는 없습니다. 원하는 적절한 값으로 View Angle을 지정한 후에는 OK를 눌러 View Angle을 잡아줍니다.

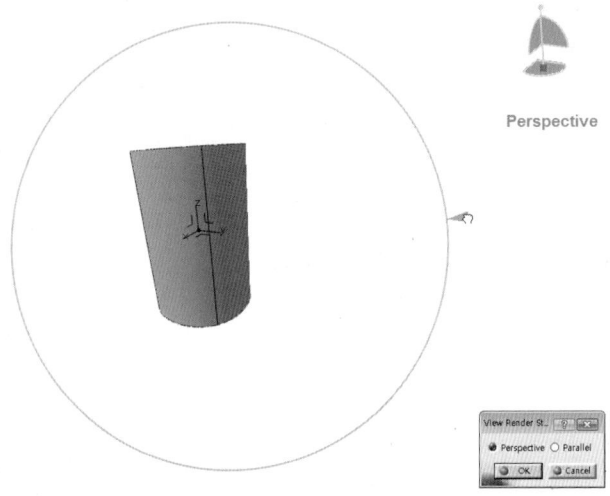

G. Shape Operation

Imagine & Shape Workbench에서 만들어진 Subdivision Surface에 일반적인 G.S.D 도구를 사용할 수 있습니다. 기본적으로 Part 도큐먼트를 사용하는 Workbench들끼리는 작업 환경을 전환하여 각 Workbench의 명령들을 사용할 수 있기 때문에 다른 Workbench의 기능을 아래와 같은 Shape Operations Toolbar를 이용하지 않아도 됩니다.

그러나 작업 Workbench를 빈번하게 이동하는 불편을 없애기 위해 자주 사용하는 명령들을 Toolbar로 조합하여 Imagine & Shape Workbench 내에 Shape Operation Toolbar가 구성되어있습니다. 여기서의 명령어들의 조합은 작업 단위에 의한 구분이라기보다는 Surface Design Workbench의 명령들을 사용 빈도에 잦은 것들끼리 모아놓은 것이라 할 수 있습니다.

이러한 Shape Operation Toolbar의 명령들은 Imagine & Shape의 명령들이 아니기 때문에 Subdivision Surface 나 Styling Curve에 이 명령들로 작업을 해주게 되면 본래의 Modification 으로 형상을 유지하던 형상이 더 이상 Subdivision Surface나 Styling Curve으로 유지되지 않습니다. 이것은 다른 Workbench에서 Surface나 Wireframe Operation을 사용하는 경우에도 동일하게 적용됩니다.

물론 이런 경우 완전히 Modification 작업을 수행할 수 없는 것은 아닙니다. Imagine & Shape Workbench의 고유 명령을 사용한 부분까지는 해당 Surface를 선택하여 Modification을 선택하면 형상의 Modification이 가능합니다.

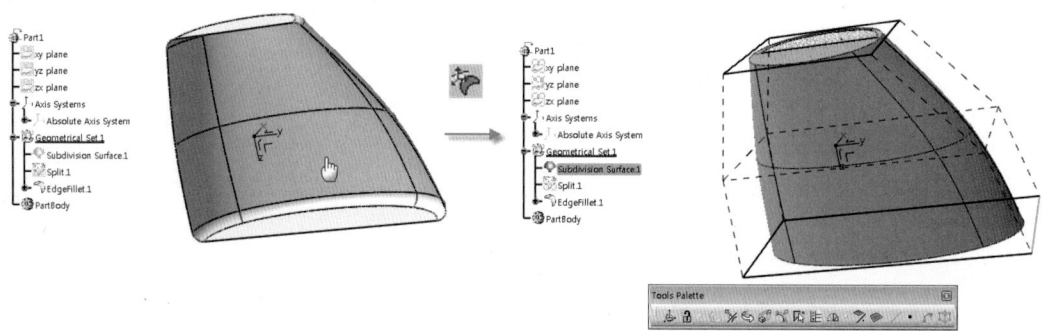

따라서 작업자는 이와 같은 성질을 잘 이용하여 Imagine & Shape Workbench에서의 Subdivision Surface 형상 및 Styling Curve에 대해서 작업해 주도록 합니다. 가급적 Styling Surface 작업이 모두 마무리된 상태에서 Shape Operation을 사용하기를 권장합니다.

Shape Operation Toolbar의 명령들은 다음과 같으며 앞서 GSD에서 기능들을 살펴보기 바랍니다. 여기서는 중복 설명을 피하기 위해 Toolbar 소개까지만 하도록 하겠습니다.

H. Update

- **Update All**

Imagine & Shape Workbench에서 작업을 수행한 후 자동적으로 업데이트 되지 않는 작업에 대해서 업데이트를 실행할 때 사용합니다. 명령을 누르는 것 보다는 단축키인 CTRL + U를 사용하도록 합니다.

- **Manual Update mode**

기본적으로 Imagine & Shape Workbench 상에서 작업을 수행하면 자동적으로 업데이트가 진행되어 수정한 사항에 대한 결과를 바로 확인할 수 있습니다. 여기서 Manual Update mode를 체크하면 작업을 진행하면서 업데이트가 필요한 시점에서 CATIA 스스로 그 작업을 수행하지 않고 작업자의 업데이트 명령을 기다리게 할 수 있습니다.

이 장에서 여러분은 Imagine & Shape Workbench에서 사용하는 작업 순서나 방식 그리고 이에 필요한 기능들을 공부하였습니다. 이에 대한 기본적인 이론을 습득하고 다음으로 수행해야 할 것은 많은 연습의 시간입니다. 따라서 이 교제의 카페(cafe.daum.net/ASCATI)에서 수 백여 장의 연습 도면과 실기 강좌를 통하여 실제 모델링 하는 감을 익히기 바랍니다.

Chapter 16

Photo Studio

Section 01 | Materials
Section 02 | 사용자 정의 재질 만들기
Section 03 | Photo Studio

Photo Studio라는 Workbench는 완성된 Product에 이미지 작업을 해주는 곳으로 재질을 비롯한 형상 표면에 이미지 삽입 및 조명 효과 등을 이용하여 간단한 렌더링 이미지를 만들어 낼 수 있습니다. 오늘날 시각적인 이미지를 중요시하기 때문에 완성품의 형상을 있는 그대로 보여주는 것 보다 이미지 작업을 거쳐 실물과 유사하게 렌더링을 한 사진을 내놓는다면 더욱 큰 효과를 거두게 될 것입니다.

Section 01 | Materials

CATIA에서는 형상에 대한 모델링 작업과 더불어 실제 형상에 대한 물성치를 부여할 수 있습니다. 이러한 물성치가 적용된 Document는 실제 형상이 가지는 무게를 가질 수 있으며 렌더링 작업이나 해석 작업과 같은 물성치를 이용한 작업에 활용할 수 있습니다.

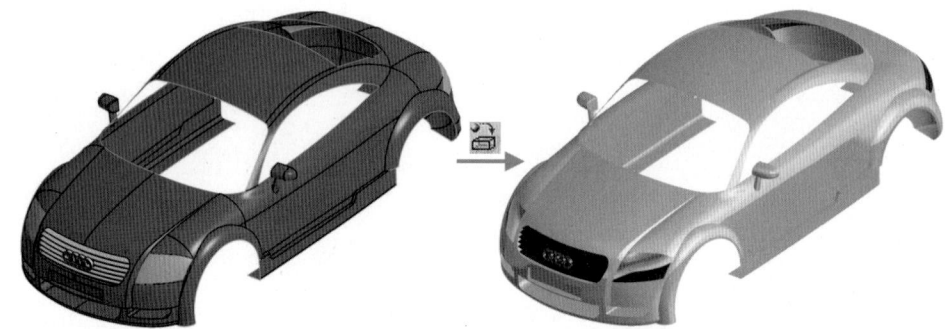

CATIA에서는 기본으로 구성된 몇 가지 재질이 있습니다. 따라서 작업자는 일반적인 작업의 경우 이 재질을 사용하여 Document에 재질을 입힐 수 있습니다. Document에 재질을 입히기 위해서는 우선 현재 View Mode를 Shade with Materials 로 변경해 줍니다.

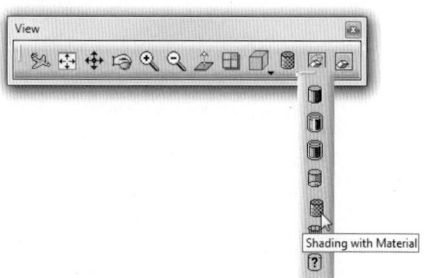

그 다음으로 Apply Material 명령을 실행시킵니다. 그러면 다음과 같은 Material Library가 열리는 것을 확인할 수 있습니다. 재질들은 따로 Family로 나누어져 있으며 비슷한 속성을 가진 재질끼리 하나의 Family를 구성합니다.

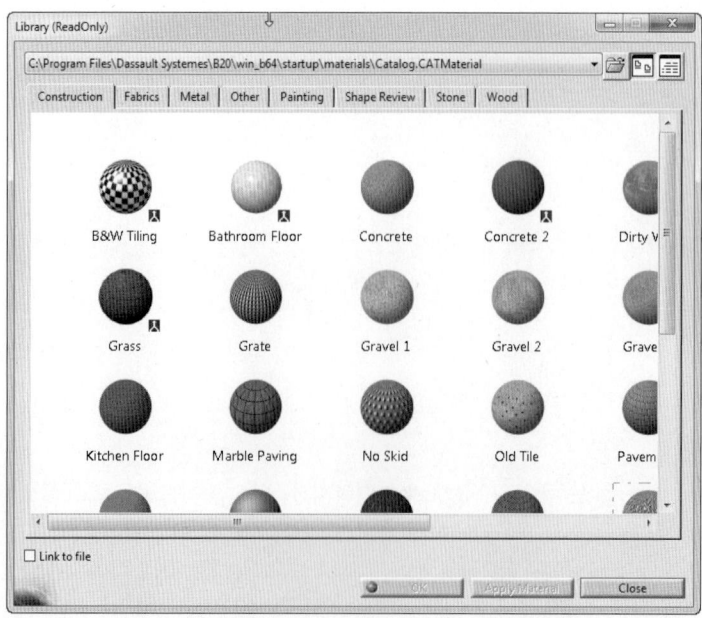

이 Library 중에서 형상에 입히고자 하는 재질을 선택한 후에 형상의 면이나 Body를 선택해 주고 Apply를 클릭해 주면 선택한 재질이 형상에 입혀지는 것을 확인할 수 있습니다. 재질은 Part Document에서는 Body 단위로 입력하는 것이 제일 좋습니다. 즉, 하나의 Document라 하더라도 Body가 다르면 서로 다른 재질을 입히는 것이 가능하다는 것입니다.

재질이 입혀지면 형상의 무게와 같은 물체가 가지는 물성치가 형상에 그대로 입력이 되며 Default 값으로가 아닌 마치 실물처럼 형상의 무게를 재고 무게 중심을 찾을 수 있습니다.

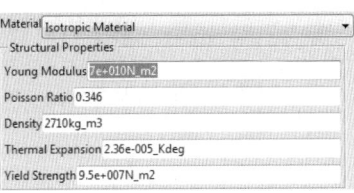

Section 02 | 사용자 정의 재질 만들기

그런데 여기서 주목할 것은 이 목록이 읽기전용으로 열린다는 것입니다.

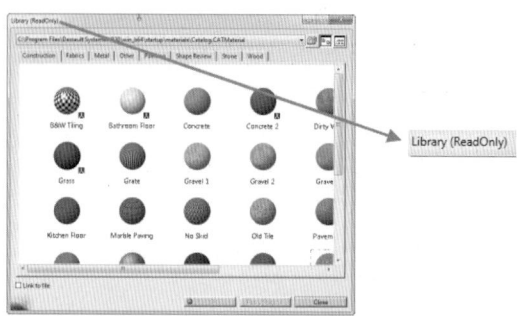

따라서 이 Material Library를 수정하고자 한다면 직접 이 파일을 찾아서 열어 주어야 합니다. CATIA의 Default Material Library의 파일 위치는 'C:₩Program Files ₩DASSAULT Systemes ₩B21 ₩win_b64 ₩startup ₩materials'에 가면 'Catalog'라는 이름의 CATIA Material파일을 찾을 수 있을 것입니다.(이상 또는 이하 버전도 위치는 유사하며 32비트의 경우에는 중간에 win_b 64 폴더가 없습니다.)

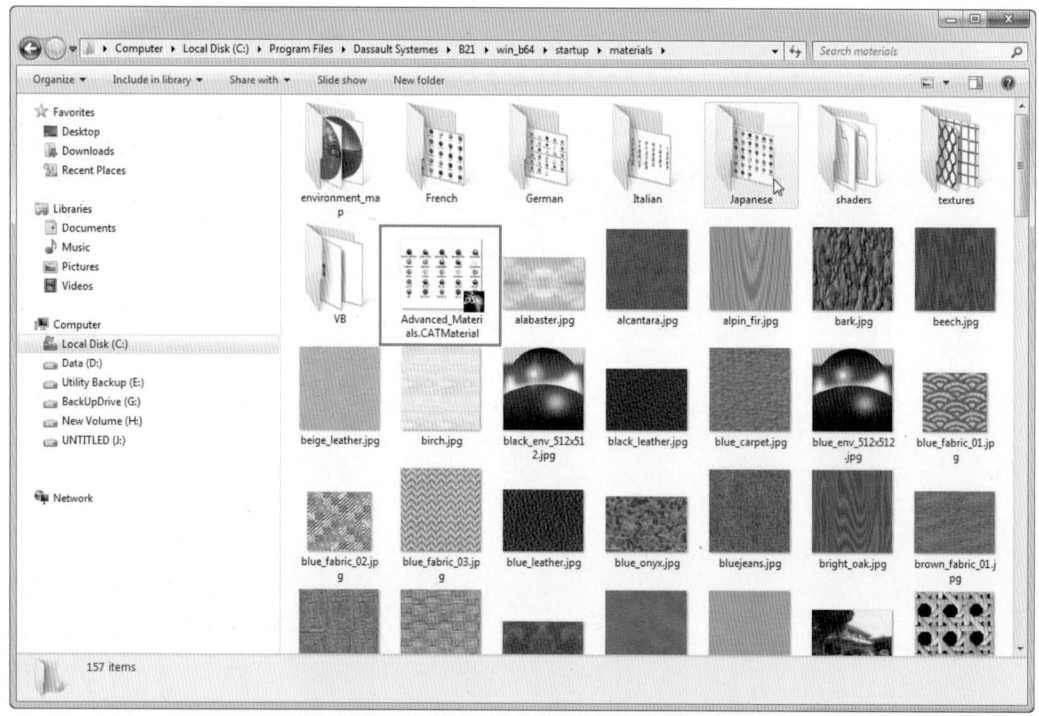

최근 V5 Release 업데이트 이후에는 다음과 같이 3가지 재질 Library가 제공되고 있습니다.

```
Advanced_Materials.CATMaterial
Catalog.CATMaterial
PHS_Materials.CATMaterial
```

여러분의 컴퓨터에서 Add Material을 실행한 후에 찾아보기 바랍니다.

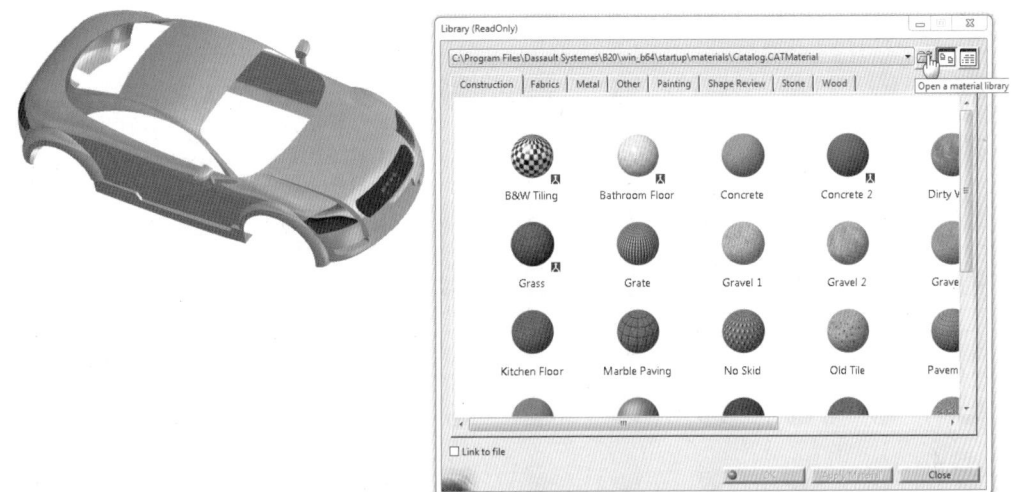

이 파일을 더블 클릭하여 열게 되면 더 이상 읽기 전용이 아닌 수정이 가능한 상태가 됩니다. 여기서 CATIA의 기본 재질 라이브러리에 추가로 재질을 만들거나 수정하는 작업이 가능합니다.

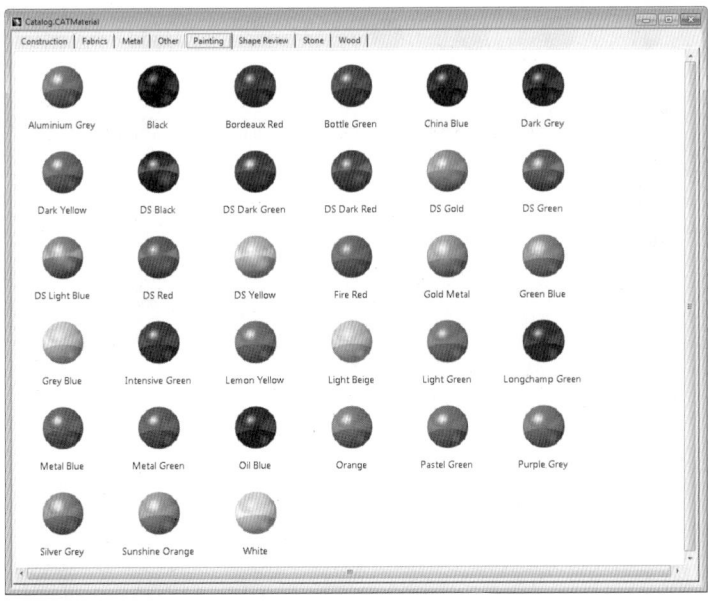

Advanced Material의 일부 재질들입니다. 상당한 재질이 확장된 것을 확인할 수 있을 것입니다.

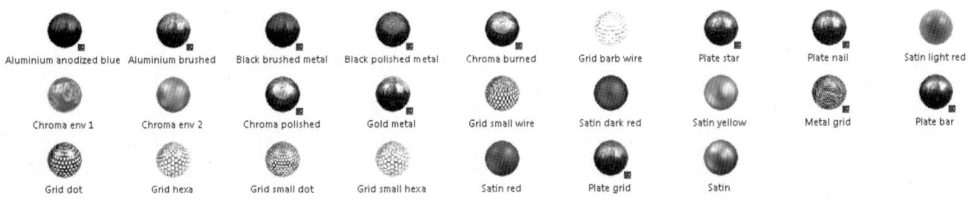

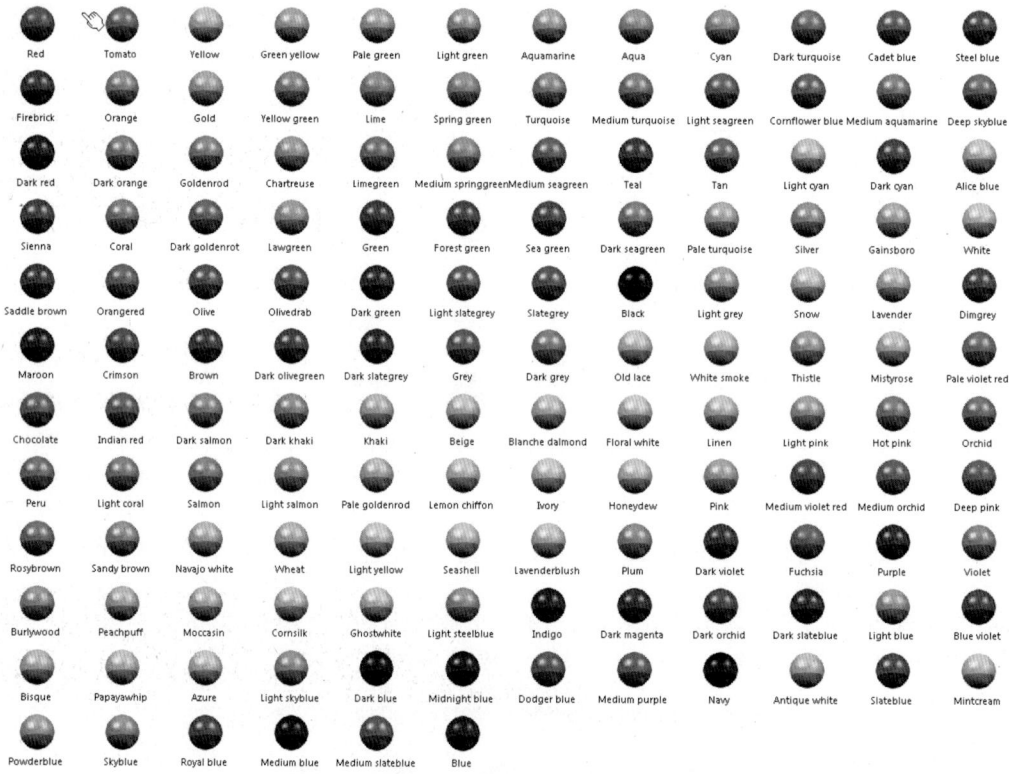

먼저 재질을 추가하기 위한 Family를 만들어 주도록 하겠습니다. 재질의 새로운 그룹을 만들어 주는 New Family 명령을 선택해 줍니다.

그러면 다음과 같이 새로운 재질 그룹이 만들어지는 것을 확인할 수 있습니다.

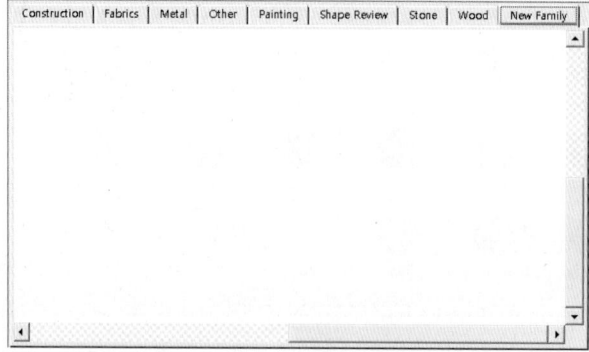

다음으로 새로 만들어준 재질의 이름을 변경해 줍니다. Rename Family를 선택하면 다음과 같이 그룹의 이름을 변경할 수 있는 창이 나타납니다. 여기에 원하는 이름을 입력해주면 됩니다.

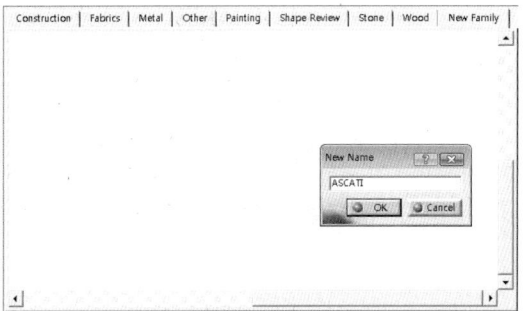

다음으로 여기에 새로운 재질을 추가해 주도록 하겠습니다. New Material을 실행하여 빈 재질을 하나 만듭니다.

이렇게 만든 재질에 원하는 물성치를 넣기 위해 빈 재질을 선택하고 Alt+Enter Key를 눌러 속성(Properties)에 들어갑니다.(또는 새로운 Material을 더블 클릭합니다.)

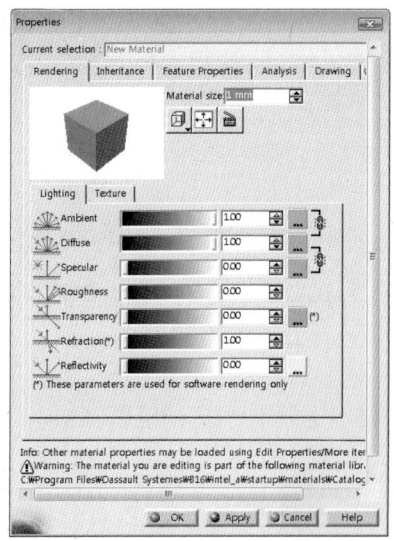

재질의 속성에 들어간 상태에서 원하는 정보를 넣어 주도록 합니다. 재질의 이름은 물론 재질의 이미지 등을 입력해

주도록 합니다. 질량 측정이나 해석 작업을 위해서라면 Analysis Tab에 있는 정보도 입력해 주도록 합니다.

A. 재질 이미지

Rendering Tab에서는 형상의 이미지를 입히는 Mapping Type을 변경해 줄 수 있으며, 재질 이미지의 사이즈를 조절할 수 있습니다.

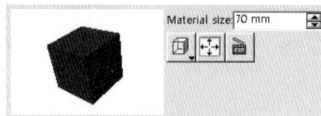

Texture에서는 Type을 Image로 변경한 후에 재질에 사용하고자 하는 이미지 파일을 엽니다. 이미지를 불러오면서 크기나 방향, 대칭성 등을 조절할 수 있습니다.

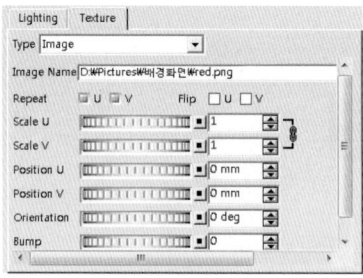

이미지를 입력한 재질은 다음과 같이 표시가 됩니다.

B. 해석치

재질의 해석치 값은 다음과 같이 Analysis Tab에서 설정 가능합니다.

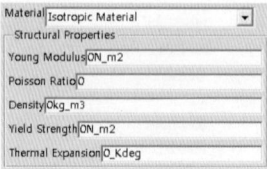

재질의 이름은 Rename Material 을 이용해서 변경도 가능합니다.

이렇게 재질을 만들어 준 후에 이 Catalog 파일을 저장하고 닫은 뒤에 일반 Workbench에서 다시 Apply Material 을 실행하면 앞서 새로이 만들어준 재질까지 나타나는 것을 확인할 수 있을 것입니다.

여기서 기억할 것은 이러한 CATIA 기본 파일의 설정을 변경하려면 관리자 모드에서 작업을 해야 하는 것을 잊지 마시기 바랍니다.

Section 03 | Photo Studio

Photo Studio는 3차원 형상에 대해서 이미지 작업을 위한 Workbench로서 형상 모델링이 완성 된 후 실물에 적용되는 재질과 그림 등을 형상에 입힐 수 있습니다. 또한 실물에 적용되는 것처럼 조명이나 배경 등의 효과를 주어 마치 실물과 같은 이미지를 얻을 수 있습니다. Photo Studio를 이용하면 전문 렌더링 프로그램과는 다소 효과가 부족할 수 있으나 충분한 양질의 이미지를 얻을 수 있을 것입니다.

다음은 기본적인 Photo Studio Workbench의 구조입니다.

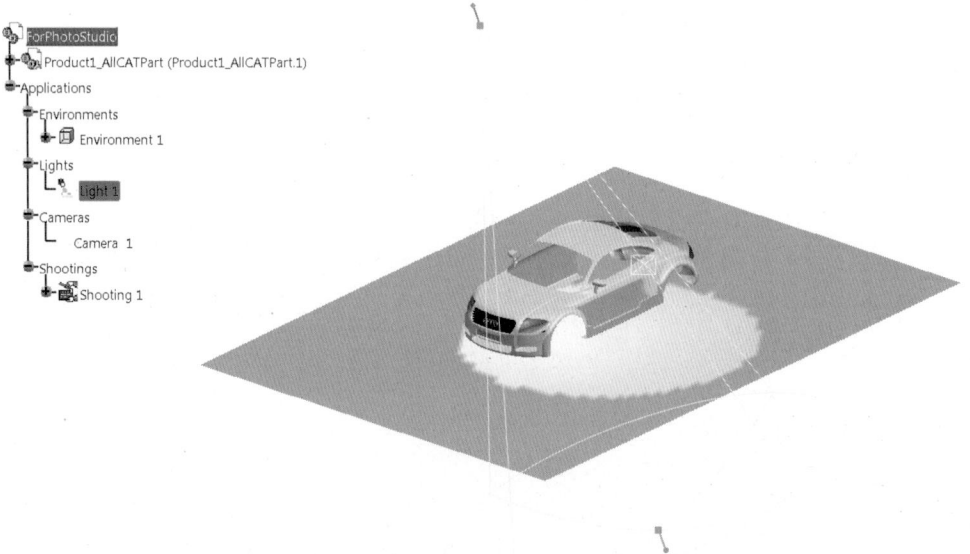

3차원 단품 및 조립품에 대한 정보를 Product 안에 보전한 상태에서 Application 항목 안에 물체에 대한 배경 및 조명, 시각 등의 정보와 렌더링 이미지를 생성하기 위한 설정을 수행하는 Shooting을 생성하게 됩니다.

Photo Studio에서는 주로 다음과 같은 공통적인 작업 과정을 거치게 됩니다.

- 이미지 작업하고자 하는 Product를 불러옵니다. 단품 하나에 대한 이미지 렌더링 하나다 하더라도 Product 구성은 필수입니다. Part Document에서는 바로 Photo Studio로 Workbench를 이동할 수 없기 때문입니다.

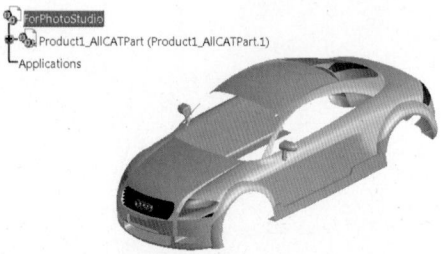

- 각 Component에 렌더링 작업을 위한 재질이 적용되지 않았다면 재질을 적용합니다. 가급적 Part나 Body 단위로 재질을 정의하기 바랍니다. 형상의 면을 선택하여 직접 재질을 입히는 건 좋지 않은 습관입니다.

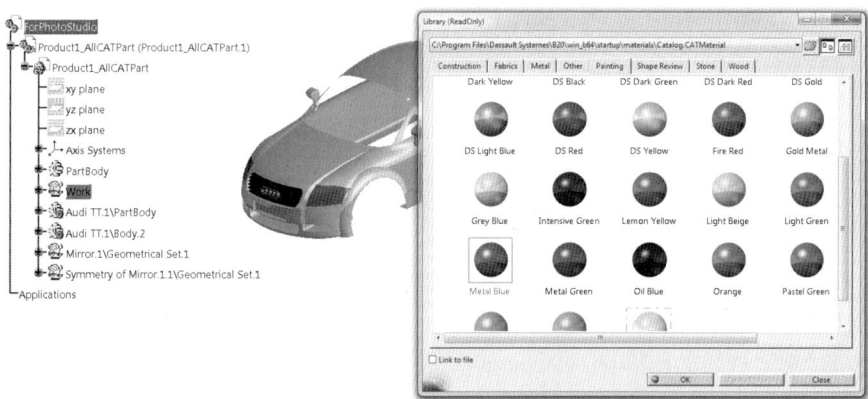

- Component에 입히고자 하는 그림 이미지가 있는 경우, 해당 이미지를 불러와(Sticker) 형상의 면에 입혀줄 수 있습니다.

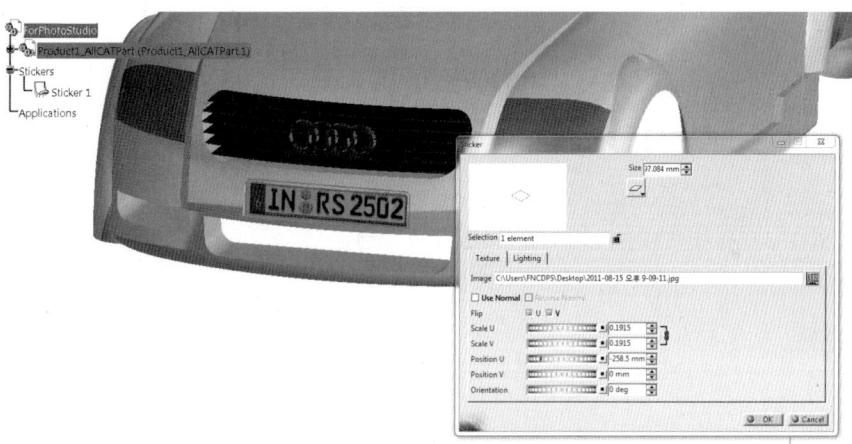

- 형상 주위를 채워줄 배경 요소를 만들어 줍니다. 인위적으로 배경으로 사용하고자 할 경우 새로운 Component를 만들어 줄 수도 있고 또는 Photo Studio 내의 Background 를 이용하여 배경을 만들어 줍니다. 각 배경 요소는 방향별로 크기를 조절할 수 있으며, 면을 구성하고 있는데 필요한 부분과 그렇지 않은 부분을 구별하여 불필요한 부분의 면 요소는 숨기기 해두어야 합니다.

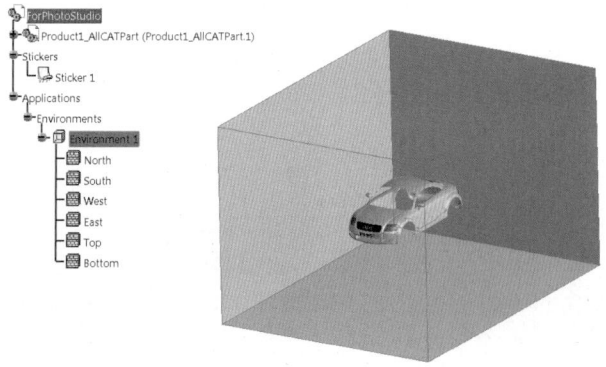

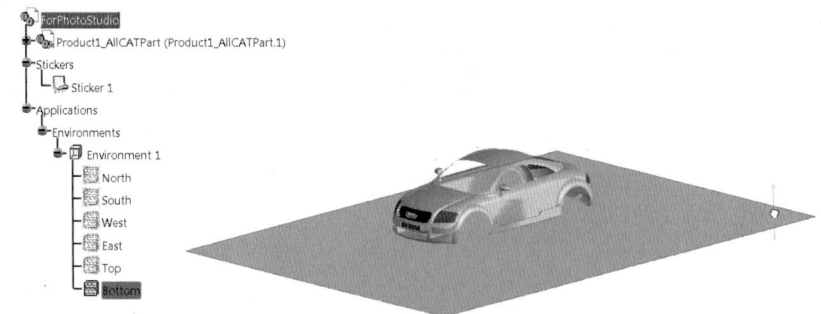

물론 이 배경 요소에도 재질이나 이미지 Mapping이 가능합니다.

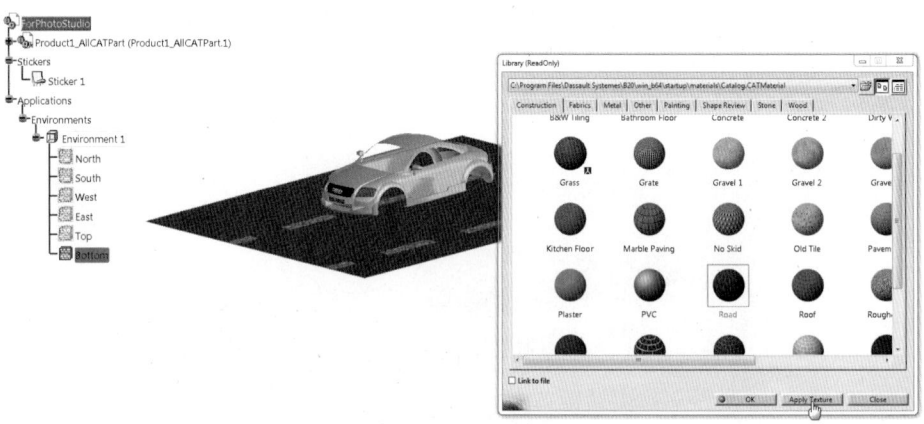

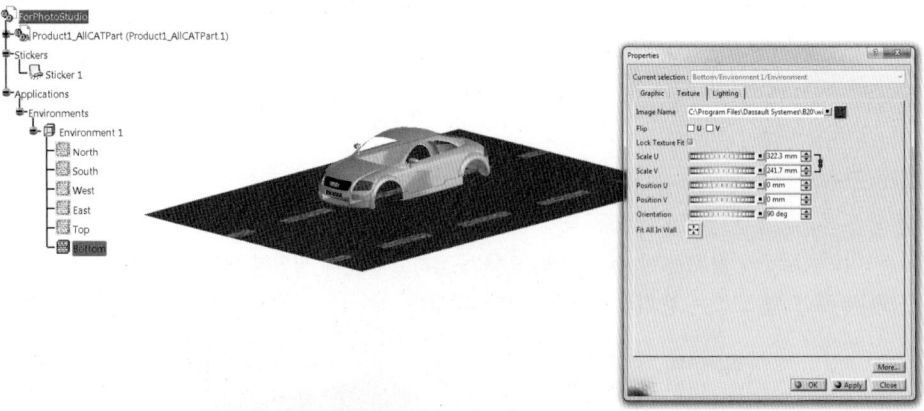

- Component에 조명 ![Create Light] 을 불러옵니다. Photo Studio 상에서 만들어지는 이미지에는 반드시 조명이 필요하다는 것을 기억하기 바랍니다. 광원의 종류와 위치, 방향, 세기 등에 따라 똑같은 형상이라 할지라도 전혀 다른 결과가 나온다는 점을 기억하기 바랍니다. 따라서 적절한 위치로 빛이 흐를 수 있도록 잡아 주어야 합니다. 조명은 한 번의 이미지 제작 작업에서 여러 개를 동시에 사용할 수 있습니다.

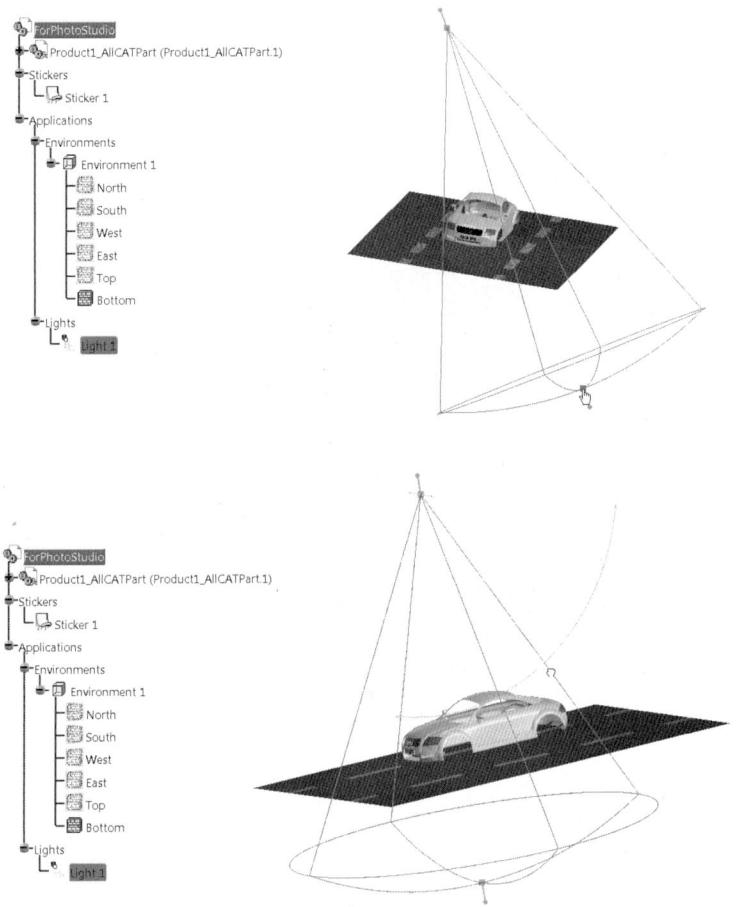

- 형상의 이미지를 찍기 위해 Camera 의 Frame을 잡아주거나 또는 형상을 움직여 구도를 잡아줍니다. 이는 나중에 Shooting에서 렌더링을 생성하는 방향과 각도가 됩니다. Frame은 반드시 필요한 것은 아닙니다.

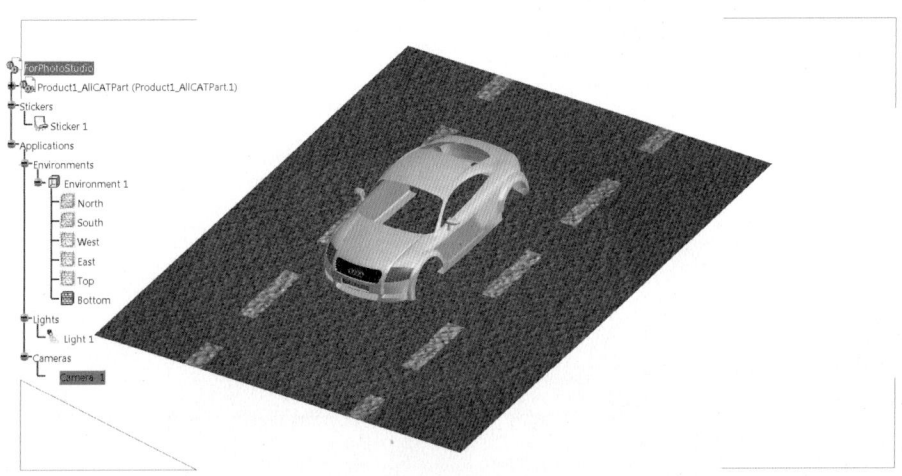

- 앞서 작업이 진행된 상태에서 Quick Render 를 사용하여 실제 렌더링 이미지를 뽑아내기 전에 간단히 현재

부여한 조건만으로 어떠한 이미지가 나오는지 감을 잡을 수 있습니다. 바로 렌더링에 들어가지 않고 Quick Render를 사용하는 이유는 실제 렌더링 이미지 하나를 뽑아내는데 소요되는 시간이 무척이나 길고 많은 컴퓨터 자원을 소모하기 때문입니다. 따라서 수정할 부분은 Quick Render에서 잡아내고 수정한 뒤에 다음 단계에 들어갑니다.

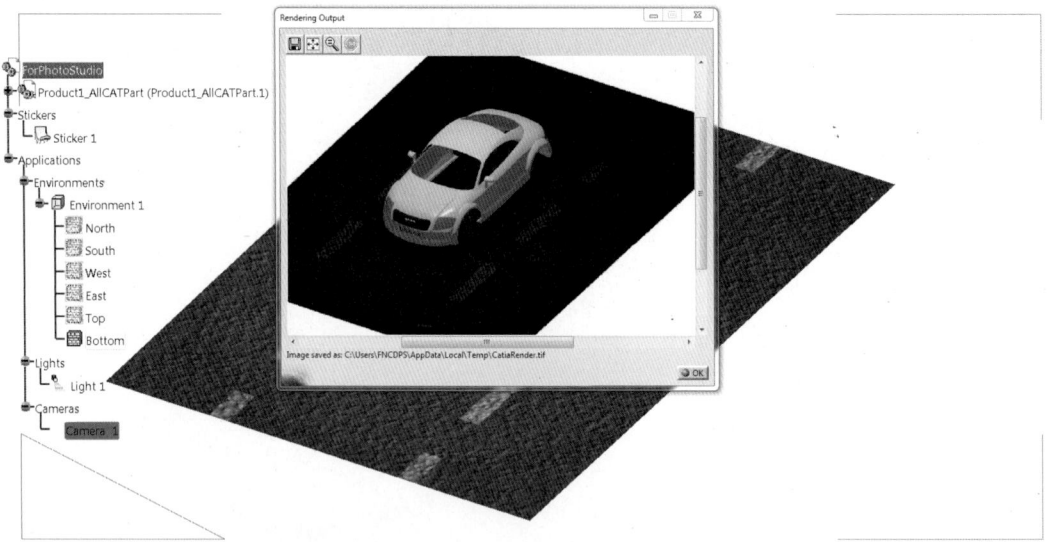

- Create Shooting 명령을 사용하여 최종 이미지 형상에 대한 속성을 결정해 줍니다. Frame의 크기, 조명의 수, 이미지의 크기 및 정밀도 등의 설정을 해줍니다. 많은 조건과 고화질을 선택할수록 나중에 렌더링 이미지를 뽑아내는 과정에서 시간이 오래 소요됩니다.

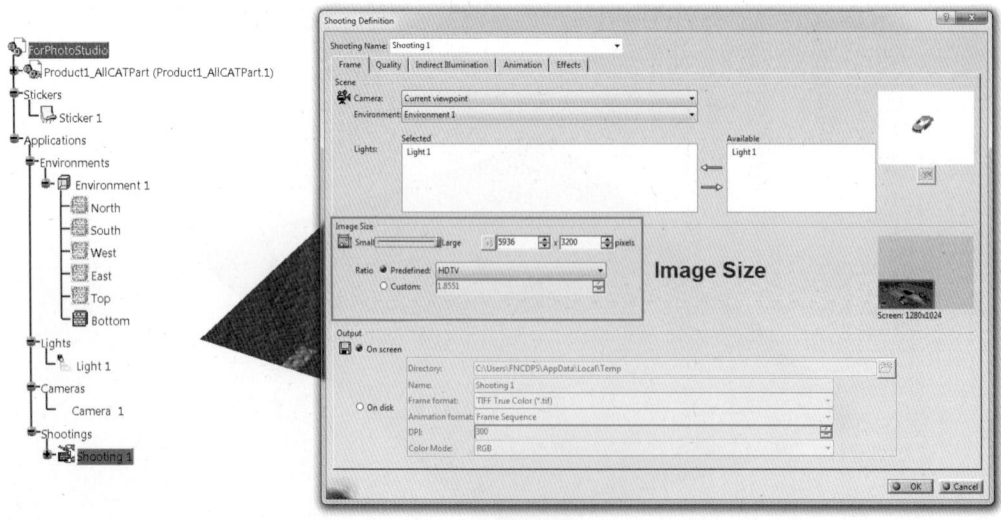

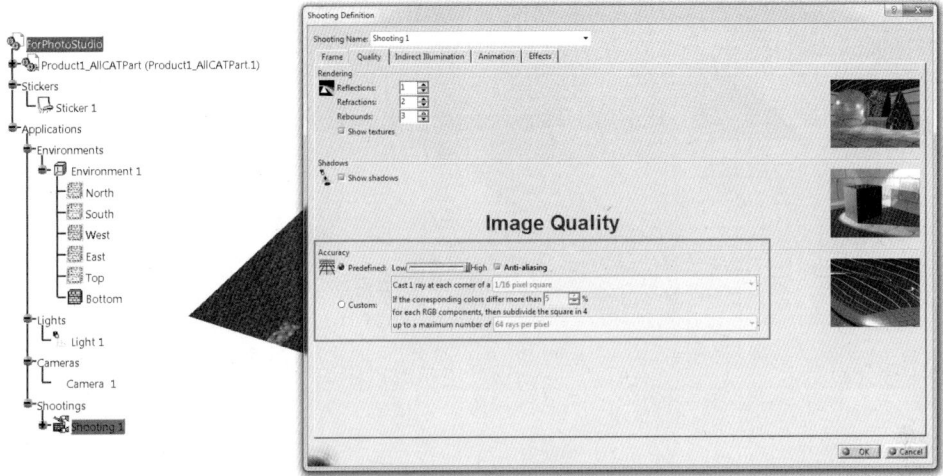

이외에도 Indirect Illumination, Animation, Effect와 같은 효과를 설정해 줄 수 있습니다.

- 마지막으로 Render Shooting 명령을 사용하여 최종 이미지 형상을 만들어 냅니다. Shooting을 하기 전에 Setup에서 압축률을 조절해 줍니다. 일단 Shooting을 시작하면 상당한 시간이 소요되는 점을 기억해 두기 바랍니다.

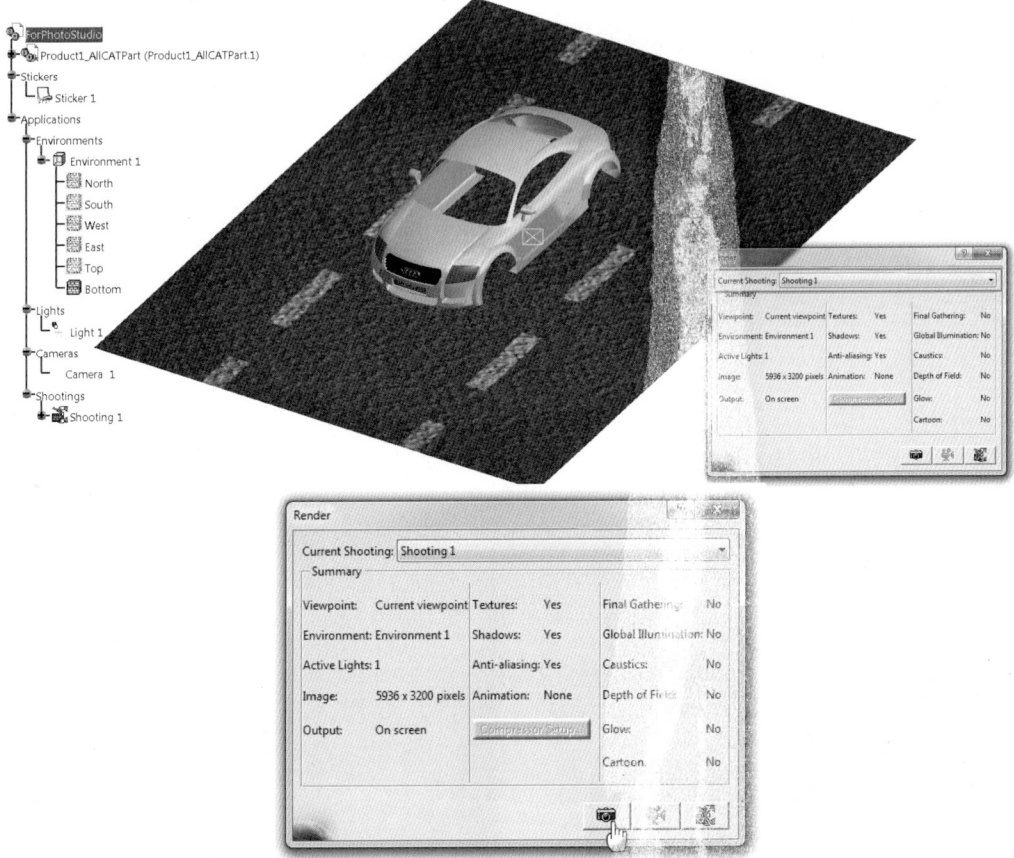

• Photo Studio에서는 반드시 여러 차례 Shooting을 하면서 선택한 값과 결과가 바르게 나오는지를 익숙하게 노력해야 합니다. 그래야지만 바른 설정 값으로 보다 실제와 같은 이미지 결과물을 얻을 수 있을 것입니다.

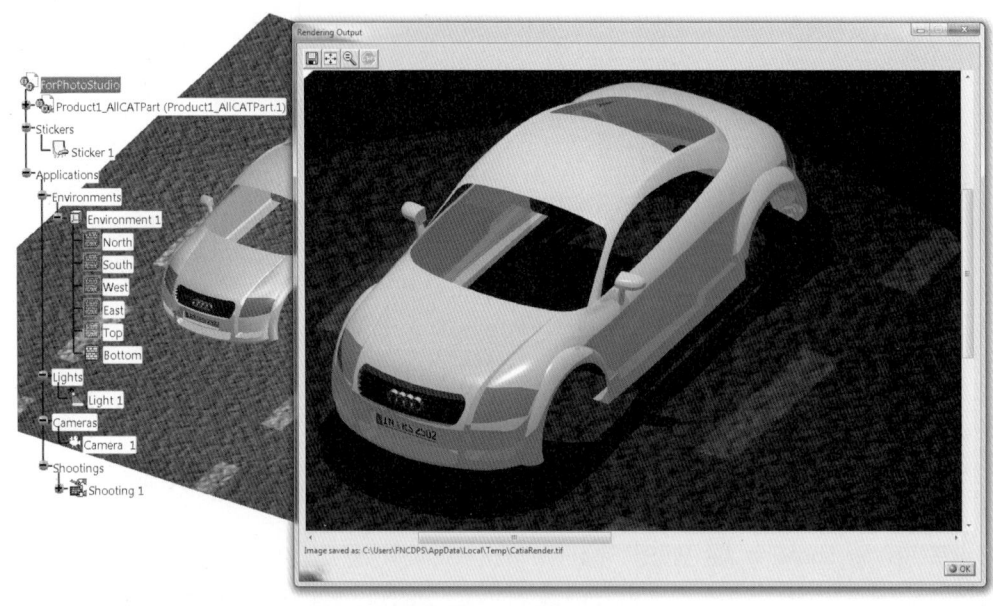

이 장에서 여러분은 Photo Studio에서 사용하는 작업 순서나 방식 그리고 이에 필요한 기능들을 공부하였습니다. 이에 대한 기본적인 이론을 습득하고 다음으로 수행해야 할 것은 많은 연습의 시간입니다. 따라서 이 교제의 카페 (cafe.daum.net/ASCATI)에서 수 백여 장의 연습 도면과 실기 강좌를 통하여 실제 모델링 하는 감을 익히기 바랍니다.

부록 | CATIA Workbench 구조도

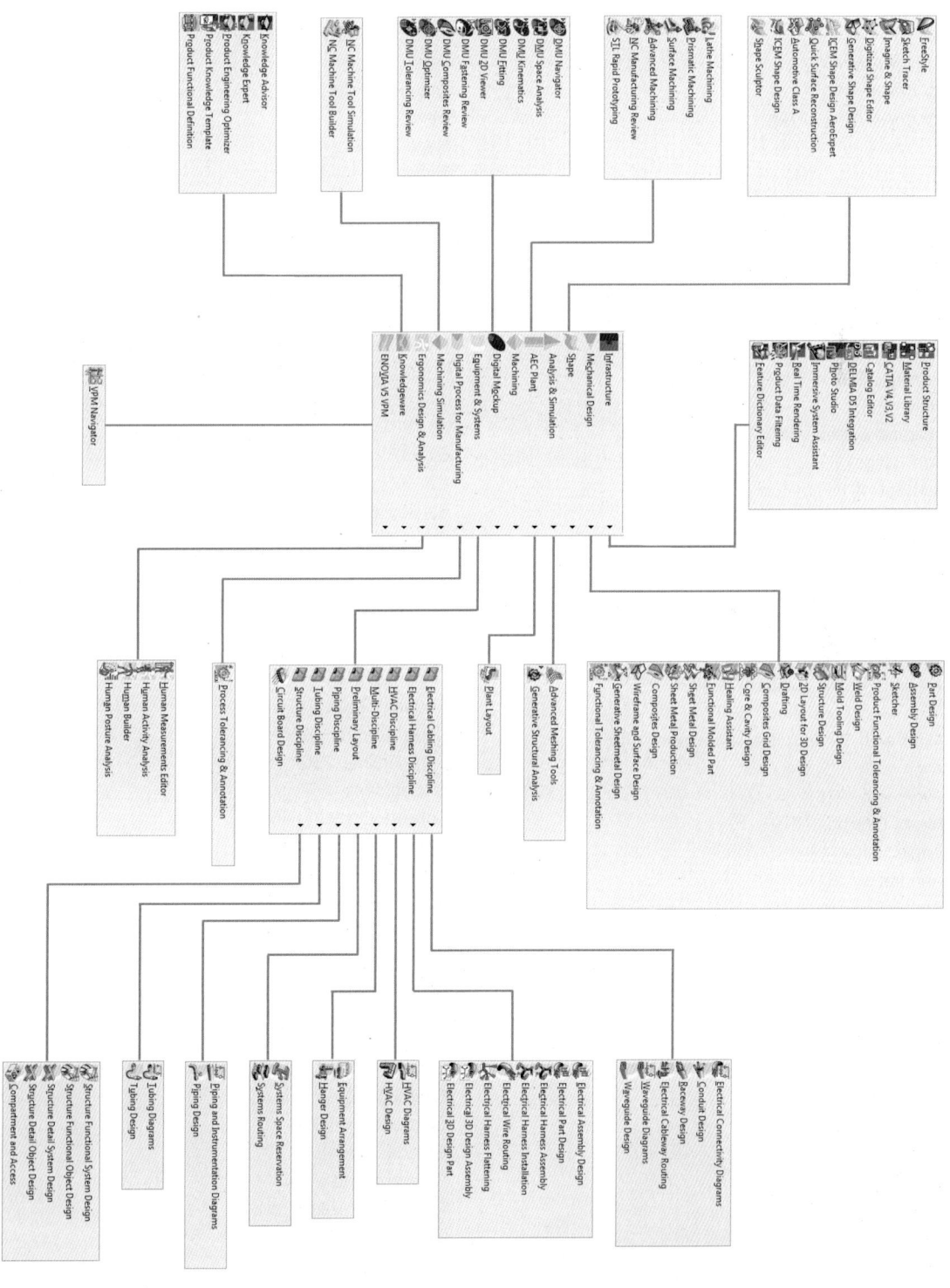

찾아보기

3
3-Point Patch 528
3D Curve 516, 597
3D Curve Offset 280

4
4-Point Patch 528

A
ACA Fillet 537
Action 17
Actions 164
Activate 590
Active 633
Adaptive Sweep 342
Add Range 39
Add Set of Parameters 177
Add Set of Relations 179
Adding Point 666
Adjust Nodes 620
Affinity 413, 715, 729, 747
Align by Best Fit 638
Align using Spheres 640
Align using the compass 637
Align with Constraints 639
Align with Previous Transformation 640
Align with RPS 640
Alignment 716
Along Direction 719
Angle 21
Annotation 627
Annotation Set 627
Apply Material 780
Area 21
Area Selection 745
Array 184
Attenuation 580
Attraction 720, 730
Attribute 56
Automatic Surface 617
Axis 261
Axis System 488, 513
Axis to Axis 414

B
Base Curve 287

Basic Surface Recognition 611
Bead 464
Bitangent Fillet 393
Blend 357
Blend Corner 466
Blend corner 401
Body 246
Boolean 20, 21
Boundary 385
Box 696
Break Surface or Curve 547
Bump 432

C
C0 371
C1 372
C2 372
Catalog Editor 169
Characteristics 693, 743
Check 17, 127
Check Connexity 361
Check Tangency 361
Chordal Fillet 404
Circle 281, 694
Circular Pattern 426
Clean Contour 606
Close Spline 290
Cloud/Points 657
Collapse Element 668
Combine 272
Concatenate 549
Conic 288
Connect Checker 480
Connect Checker Analysis 569
Connect Curve 285
Constraints Satisfaction 224
Constructor 17
Contact Points 581
Contour 300
Control Mesh 704
Control Point 567
Control Points 554
Converter Wizard 551
Copy Geometric Parameters 552
Corner 284
Create Datum 493, 577

Create Free Edges 596
Creating an Immersive Sketch 675
Curvature 372, 433, 442
Curve From Equation 302
Curve from Scan 602
Curve on Mesh 601
Curve on Surface 519
Curve Projection 658
Curve Smooth 369
Curves Network 608
Curves Slice 619
Cut by Plane 763
Cutting Plane Analysis 571
Cylinder 306, 696

D

Datum 199
Decimate 649
Design of Experiments 221
Design Table 16, 69
Develop 449
Deviation Analysis 625
Deviation Report 628
Diabolo 455
Dictionary 131
Dimension 748
Disassemble 375, 551
Disassemble Data 654
Discretize Curves 664
Displaying Continuities On Elements 578
Displaying Tensions On Elements 581
Distance Analysis 570
Draft Analysis 574
Draft of subdivision 749
Dress-Up 506
Duplicate Geometrical Set 429

E

Edge Fillet 397
Edition 726, 747
Environment Mapping 575
Equivalent Dimensions 107
Erasing 741, 761
Explicit 313
Export 633
Extend 568
External Parameter 67
External Parameters 27
Extract 389
Extract Data 654

Extrapolate 416
Extremum 256
ExtremumPolar 256
Extrude 302, 701
Extrude Surface 530
Extrusion 751

F

Face Extrusion 752
Face Subdivision 759
Face-Face Fillet 407
Feature Draft Analysis 483
Fill 346, 537
Fill Holes 647
Filter 633
Fit to Geometry 567
Flip Edge 668
Flip Edges 643
Formula 16, 18
Fragmentation 550
Free Edges 663
FreeStyle Blend Curve 522
FreeStyle Blend Surface 535
FreeStyle Fill 539
Freeze Tab 368
Furtive Display 582

G

G0 406
G1 406
G2 406
Geometric Information 509
Geometrical Set 233, 246
Geometry Extraction 529
Global Deformation 567

H

Healing 366
Helix 293
Highlight Lines Analysis 573
Hold Curve 395
Hole 458
Hole Curve 460

I

IGES 231
IGES, STEP 503
Infection Lines 573
Information 624
Insert In a New Geometrical Set 578

Instantiate From Document 472
Integer 20
Interactive Triangle Creation 648
Intersect 3D Element 344
Intersection 275, 606
Intrinsic Parameters 18
Invert 365, 419
ISO 170
Isolate 32
Isoparametric Curve 300, 520
Isophotes Mapping Analysis 576

J

Join 360, 419
Junction 451

K

Keep Original 578
Knowledge 10
Knowledge Inspector 97

L

Language Browser 120
Law 92, 314, 477
Length 21
Light Source Manipulation 576
Line 257
Link 764
List 17, 21, 184
Local Normals 713
Local Tuning 739
Lock Selected Parameters 105
Loop 195

M

Macro 17
Macros with Arguments 152
Manipulation 736
Manipulator mode 580
Manipulators Snap 580
Manual Update Mode 488
Mask 514
Mass 21
Match Curve 525
Match Surface 564
Matching Constraint 544
Materials 780
Mating Flange 461
Measure 62
Merge 750

Merge Clouds 651
Merge Meshes 651
Merging Distance 364
Mesh Cleaner 645
Mesh Creation 640
Mesh Offset 641
Mesh Smoothing 644
Method 16
Mid Surface 312
Mirror Analysis 509
Modification 702
Move Point 666
Multi-sections Surface 539
Multi-Selection 749
Multi-Side Match Surface 566
Multiple Extract 391
Multi-Sections Surface 350

N

Near/Far 420
Net Surface 539
Normal to Curve 266
Number of Sections 698
NURBS 503

O

Object 16
Object Repetition 420
Offset 307, 532
Operator 16
Optimization 216
Optimize 650
Orthogonal 718

P

Parallel Curve 278
Parameters 16, 18, 45, 60, 469
Parameters Explorer 181
Parametric Modeling 12
Parent/Children 12
Parents/Children 493
Pick 723
Piece Mode 384
Planar Patch 527
Planar Sections 593, 659
Planarity 743
Plane 264
Plane Selection 692
Plane System 492
Planes Between 422

PLM 10
Point 247, 434, 442
Point & Planes Repetition 252
Points Creation Repetition 422
Polyline 262
Porcupine Analysis 486
Porcupine Curvature Analysis 571
PowerCopy Creation 467
PowerFit 612
Primitive 688
Project Curve 521
Project Curves 592
Projection 268
Projection on Line 717
Projection on Plane 656, 718
Protect 636
Publish 41
Pyramid 697

Q
Query 190
Quick Compass Orientation 510

R
Reaction 17, 140
Real 20
Rectangle 694
Rectangular Patterns 423
Reflect line 273
Reflection Lines 572
Relations 16
Remove 635
Remove Element 667
Revolve 305, 531, 698
Ring 695
Rolling Offset 280
Rotate 411
Rotation 714, 728
Rough Offset 310, 643
Rule 16, 98, 109

S
Save in Catalog 476
Scaling 413
Scan Edition 665
Scan on Cloud 662
Segmentation by Curvature Criterion 623
Segmentation by Slope Criterion 624
Selection 732
Set of Equations 206

Shade with material 676
Shade with Materials 780
Shape Fillet 393
Shape Morphing 439
Sharp Attraction 721
Silhouette 274
Simplify the result 362
Sketch 692, 734
Sketch Curve 691
Sketch from Scan 604
Smooth Attraction 722
Smoothing 737
Snap To Point 492
Sphere 305, 696
Spine 297
Spiral 296
Spline 289, 351
Split 378
Split a Mesh or a Cloud 654
Split Clean Contour 622
Standard Mode 383
STL 586
String 20
Styling Corner 523
Styling Extrapolate 534
Styling Fillet 405
Styling Sweep 541
Suppress 35
Surface Curvature Analysis 484
Surface Simplification 373
Surfaces Network 615
Surfacic Curvature Analysis 574
Sweep 312
Symmetry 412, 554, 768

T
Tangent 372, 433, 442
Temporary Analysis mode 579
Tension 286, 359
Text Help Level 689
Tolerance 16
Torus 697
Transfer 448
Transformations 746
Translate 409
Translation 710
Triangle 695
Trim 383
Trim/Split 655
TriTangent Fillet 396

Tritangent Fillet 408

U
U, V Orders 581
Unfold 443
Unlock Selected Parameters 106
Untrim 374
Untrim Surface or Curve 549
User Pattern 428
UserFeature 470

V
Value 23
Variable Offset 308
Variable Radius Fillet 401

VBA 17
Visual Symmetry 508
Volume 21

W
Work On Support 490
Work on Support 3D 515
Work Supports Activity 492
Working Zone Definition 771
Wrap Curve 435
Wrap Surface 437

X
XYZ Automatic Planar Sections 595, 662